Dicționar englez-român – Volumul 2

Supliment până la 102000 cuvinte

DICȚIONAR
ENGLEZ-
ROMÂN

VOLUMUL 2
supliment până la
102000
cuvinte

Teora

Titlul: **Dicționar englez-român – volumul 2 – supliment până la 102000 cuvinte**

Copyright © 2004, 1996 Teora

Teora
Calea Moșilor nr. 211, sector 2, București, Romania
fax: 021/210.38.28
e-mail: office@teora.ro

Teora – Cartea prin poștă
CP 79-30, cod 72450 București, Romania
tel: 021/252.14.31
e-mail: cpp@teora.ro

Copertă: Gheorghe Popescu
Tehnoredactare: Techno Media
Director Editorial: Diana Rotaru

Președinte: Teodor Răducanu

NOT 6136 DIC ENGLEZ ROMAN VOL 2, 102000
ISBN 973-601-695-1

Printed in Romania

PREFAȚĂ

Publicarea **Suplimentului Dicționarului Englez-Român de 70.000 de cuvinte** vine să compenseze lipsa unui dicționar englez-român de mare cuprindere (peste 100.000 de cuvinte), care să conțină informații la zi. Astfel, Dicționarul Englez-Român de 70.000 de cuvinte formează, împreună cu Suplimentul său, un **Dicționar Englez-Român de 102.000 de cuvinte**, comparabil cu cel publicat de editura Academiei în anii '70, însă oferind, spre deosebire de acesta, avantajul unor **informații la nivelul anilor '90**.

Fondul lexical al suplimentului – de aproximativ **32.000 de cuvinte** – a fost selectat prin consultarea unei bibliografii extrem de bogate, în încercarea de a acoperi (împreună cu dicționarul de baza sus menționat) acea parte a lexicului limbii engleze care interesează nu numai marele public, ci și traducătorii, studenții, elevii ori largi categorii de specialiști din diverse domenii (știință, economie, cultură, artă) care au nevoie de informații cuprinzătoare asupra acestei limbi. În concluzie, fondul lexical al Suplimentului conține termeni care, în general, aparțin următoarelor categorii:

- **termeni pătrunși în limba engleză în ultimii 10-15 ani;**
- **termeni din științele exacte și cele umaniste;**
- **termeni din economie, finanțe, arte, sport etc.;**
- **termeni tehnici;**
- **termeni argotici;**
- **arhaisme întâlnite mai des în literatură;**
- **cuvinte cu circulație mai restrânsă în limba engleză.**

Bibliografia de bază folosită la redactarea acestui supliment cuprinde:

- **Webster's Third New International Dictionary, 1986**
- **The Compact Edition of the Oxford English Dictionary, 1971 și Supplement to the Oxford English Dictionary, 1987**
- **Grand Dictionnaire Français-Anglais / Anglais-Français, Larousse 1993**
- **Dictionary of Contemporary English, Longman 1987**
- **Dictionnaire des Techniques et Technologies Modernes Français-Anglais / Anglais-Français, Technique et Documentation – Lavoisier, 1993**
- **French-English / English-French Dictionary of Technical Terms and Phrases, Routledge 1980**
- **The Oxford Dictionary for the Business World, 1993**
- **Harrap's French-English / English-French Business Dictionary, 1991**
- **Harrap's Science French-English / English-French Dictionary, 1985**
- **Stedman's Medical Dictionary, 26th Edition, Wiliams & Wilkins, 1995**
- **Longman Pronunciation Dictionary, 1990 (pentru transcrierea fonetică a pronunției).**

Editura

LISTA PRESCURTĂRILOR

ac	acuzativ	*fon*	fonetică	*pers*	persoană; personal
adj	adjectiv(al)	*fot*	fotografie	*pict*	pictură
adj adv	adjectiv adverbial	*fr*	(termen) francez	*pl*	plural
adv	adverb(ial)	*gastr*	gastronomie	*pol*	politică
afirm	afirmativ	*gen*	genitiv	*poligr*	poligrafie
agr	agricultură	*geogr*	geografie	*pos*	posesiv
alim	(termen) alimentar	*geol*	geologie	*pr*	pronume
amer	americanism	*geom*	geometrie	*pred*	predicativ
anat	anatomie	*germ*	(termen) german	*prep*	prepoziție
aprox	aproximativ	*gram*	gramatică	*presc*	prescurtare; prescurtat
arheol	arheologie	*hidr*	hidrologie	*pret*	preterit, Past Tense
arhit	arhitectură	*hort*	horticultură	*prez*	prezent
art	articol	*iht*	ihtiologie	*prop*	propoziție
art hot	articol hotărât	*impers*	(verb etc.) impersonal	*prov*	proverb
art nehot	articol nehotărât	*ind*	(modul) indicativ	*psih*	psihologie
astr	astronomie	*inf*	infinitiv	*pt*	pentru
atr	atributiv	*interog*	interogativ	*ptc*	participiu trecut
augm	augmentativ	*interj*	interjecție	*rad*	radiofonie
auto	auto(mobilism)	*invar*	invariabil	*rec*	reciproc
autom	automatică	*ist*	istorie; istoria...	*refl*	reflexiv
av	aviație	*it*	(termen) italian	*reg*	regionalism
bibl	(termen) biblic	*înv*	(termen) învechit	*rel*	religie
biol	biologie	*jur*	(termen) juridic	*ret*	retorică
bis	(termen) bisericesc	*lat*	(termen) latin	*rus*	(termen) rusesc
bot	botanică	*lingv*	lingvistică	*S*	(termen) savant
brit	britanic	*lit*	literatură	*s*	substantiv
ch	chimie	*log*	logistică	*scot*	(termen) scoțian
cib	cibernetică	*masc*	masculin	*sg*	singular
cin	cinema	*mat*	matematică	*silv*	silvicultură
com	comerț	*med*	medicină	*sl*	slang, argoul din limba engleză
comp	comparativ; comparație	*met*	metalurgie		
cond	condițional	*meteor*	meteorologie	*smb*	somebody (cineva)
conj	conjuncție	*metr*	metrică, versificație	*smth*	something (ceva)
constr	construcții	*mil*	(termen) militar	*span*	(termen) spaniol
d	despre	*min*	minerit	*suf*	sufix
dat	dativ	*minr*	mineralogie	*superl*	superlativ
dem	demonstrativ	*mit*	mitologie	*școl*	(termen) școlar
dim	diminutiv	*muz*	muzică	*tehn*	tehnică
ec	economie	*nav*	navigație	*tel*	telecomunicații
el	electricitate	*neg*	negativ	*telev*	televiziune
elev	(stil) elevat	*nom*	nominativ	*text*	industria textilă
ent	entomologie	*num*	numeral	*top*	topografie
etc.	et caetera	*num card*	numeral cardinal	*turc*	(termen) turcesc
F	(stil) familiar	*num ord*	numeral ordinal	*umor*	umoristic
farm	farmaceutică	*od*	odinioară	*v*	vezi
fem	feminin		(azi noțiune perimată)	*vet*	medicina veterinară
ferov	(termen) feroviar	*opt*	optică	*vi*	verb intranzitiv
fig	(termen) figurat; folosit la figurat	*orn*	ornitologie	*vânăt*	(termen) vânătoresc
		P	(termen) popular	*voc*	vocativ
filoz	filozofie	*parl*	(termen) parlamentar	*vr*	verb reflexiv
fin	finanțe	*part adv*	particulă adverbială	*vt*	verb tranzitiv
fiz	fizică	*pas*	pasiv	*vulg*	vulgar
fizl	fiziologie	*peior*	(termen) peiorativ	*zool*	zoologie

A

AA *presc de la* **1** anti-aircraft antia-
erian **2** Automobile Association
clubul automobilistic britanic **3**
Alcoholics Anonymous liga antial-
coolism **4** *amer* Associate in Arts
(titularul de) diplomă universitară
americană în litere **5** *categorie
de filme interzise copiilor sub 14
ani (azi înlocuit prin „PG")*

AAA *presc de la* **1** Amateur Athlet-
ics Association *numele vechi al
federației britanice de atletism
(din 1991,* British Athletics Fed-
eration*)* **2** American Automobile
Association clubul automobilis-
tic american

Aachen ['ɑːkən] *s oraș în Germania*

aard-wolf ['ædwulf] *s zool* lup-de-
pământ *(Proteles lalandii)*

Aaron's rod [‚eərənz'rod] *s bot* lu-
mânărică, coada-vacii *(Verbas-
cum sp.)*

abacist ['æbəsist] *s* socotitor, cal-
culator *(care folosește un abac)*

abalienate [æb'eiliəneit] *vt* **1** *jur* a
aliena, a înstrăina **2** *fig înv* a
înstrăina, a pierde, a îndepărta
de la sine

abampere [æb'æmpeə] *s el* amper
absolut

abandonee [ə‚bændə'niː] *s* **1** *jur*
agent de asigurare în folosința
căruia se lasă încărcătura asi-
gurată a unui vapor naufragiat
sau epava **2** *jur* cesionar **3** *F*
vagabond, om fără căpătâi

abasia [ə'beiziə] *s med* abazie

abatable [ə'beitəbl] *adj jur* care
poate fi anulat / abrogat

aba(t)ised [ə'bætist] *adj mil* apărat
cu abatiză/palancă

abat-voix [‚æbæ'vwɑː *și pronunția
franceză*] *s fr arhit* ecran acustic

abaxial [æb'æksiəl] *adj* abaxial

abb [æb] *s text* **1** urzeală, natră **2**
deșeuri de lână

abba ['æbə] *s* **1** țesătură din păr de
cămilă *sau* capră **2** pelerină
(fără mâneci, purtată de arabi)

abbé ['æbei *și pronunția franceză*]
s fr abate, stareț, egumen

Abbevillian [‚æb'viliən] *adj arheol*
abbevillian

abbotship ['æbətʃip] *s* rangul, titlul
sau funcția de abate

abbr(ev) *presc de la* **1** abbreviation
abreviere **2** abbreviated abreviat

ABD *presc de la* all but dissertation
*s amer persoana care și-a înche-
iat studiul pentru doctorat rămâ-
nându-i doar să-și redacteze lu-
crarea*

Abderite ['æbdərait] *s fig, F* nă-
tâng, tont, nătărău

abdicator ['æbdikeitə] *s* persoană
care abdică

abduce [æb'djuːs] *vt anat, înv* **1** a
aduce, a deriva **2** *fig* a înde-
părta, a abate

abecedarium [‚eibiːsiː'deəriəm], *pl*
abecedaria [‚eibiːsi'deəriə] *s*
abecedar

abecedary [‚eibiː'siːdəri] **I** *adj* **1**
alfabetic **2** neînvățat, neinstruit
II *s* **1** abecedar **2** începător,
novice

abele [ə'biːl, 'eibəl] *s bot* plop-alb
(Populus alba)

abel tree ['eibəl‚triː] *s v.* **abele**

aberdavine [‚æbədə'vain] *s v.* **ab-
erdevine**

Aberdeen Angus [æbə'diːn ‚ænɡəs]
s rasă scoțiană de vaci

aberdevine [‚æbədə'vain] *s orn*
scatiu *(Fringilla spinus)*

aberrational [‚æbə'reiʃənəl] *adj* abe-
rant, de aberație

abetment [ə'betmənt] *s* ațâțare, în-
stigare *(la ceva rău)*

abetting [ə'betiŋ] **I** *s v.* **abetment**;
jur aiding and ~ complicitate **II**
adj de ațâtare, ațâțător, de insti-
gare, instigator; de complicitate

abeyant [ə'beiənt] *adj* **1** *(d bunuri
etc.)* vacant, fără stăpân **2** în
suspensie, nerezolvat

abhorrer [əb'hɔːrə] *s* **1** *(of)* disprе-
țuitor; dușman *(cu gen)* **2** Ab-
horrers denumire dată regaliș-
· tilor care sub Carol al II-lea și-au
manifestat disprețul față de con-
vocarea parlamentului (1679)

Abidjan [‚æbi'dʒɑːn] *s oraș în Côte
d'Ivoire*

abies [‚æbiiːz, 'eibiiːz] *s bot* brad
(Abies sp.)

abietene ['æbitiːn] *s ch* abietin

abiotic [‚eibai'ɔtik] *adj biol* abiotic

Abk(h)asian [æb'keiʒiən] *adj,s* abhaz

ablactation [‚æblæk'teiʃn] *s* **1** *med*
întărcare, întărcat **2** *agr, silv*
altoire prin apropiere

ablastous [ə'blæstəs] *adj biol* fără
embrion, fără germene

ablate [æb'leit] *vt med* a amputa; a
extirpa

ablatival [‚æblə'taivəl] *adj gram*
ablativ

ablative absolute [‚æblətaiv 'æb-
səluːt] *s gram* ablativ absolut

able-bodied seaman [‚eiblbɔdid
'siːmən], *pl* **ablebodied sea-
men** [‚eiblbɔdid 'siːmen] *s nav*
marinar de categoria întâi

ablegate ['æbligeit] *s* ablegat, tri-
mis special al papei

ablin(g)s ['eiblinz] *adv scot* **1** poate,
posibil, s-ar putea, se (prea)
poate **2** cam de, aproximativ

abloom [ə'bluːm] *adj pred, adv* în
floare, înflorit

ABM *presc de la* anti-balistic missile
s rachetă anti-rachetă balistică

abnormalism [æb'nɔːməlizm] *s* **1**
neregularitate, anormalitate, ca
racter neobișnuit; bizarerie **2**
anomalie, neregularitate, aba-
tere de la regulă

abnormal psychology [‚æb‚nɔːməl
sai'kɔlədʒi] *s med* psihopatolo-
gie

abnormous [æb'nɔːməs] *adj rar*
anormal; neobișnuit

abo ['æbəu] *s sl (cuvânt australian)
termen rasist de desemnare a
unui aborigen*

abogado [‚ɑːbə'gɑːdəu] *s span* avocat

aboil [ə'bɔil] *adj pred, adv și fig* în
fierbere, în clocot; *fig* all ~ în
mare fierbere

abolishment [ə'bɔliʃmənt] *s* des-
ființare; anulare; abolire; abro-
gare; lichidare, înlăturare

abolitiondom [ə'bɔliʃəndəm] *s amer
v.* **abolitionism**

abolitionism [əbə'liʃənizm] *s ist*
aboliționism, antisclavagism *(miș-
care pentru abolirea sclaviei în
S.U.A.)*

abolitionize [əbɔ'liʃənaiz] *ist amer* **I** *vi* a face propagandă pentru aboliționism **II** *vt* a atrage de partea aboliționismului

aboma [ə'bəumə] *s zool* (șarpele) aboma *(Boa aboma)*

abord [ə'bɔːd] *înv* **I** *s* **1** apropiere **2** primire călduroasă; salut **II** *vt* a se apropia de

abordage [ə'bɔː didʒ] *s amer nav* abordaj

ab origine [æbəu'ridʒini] *adv lat* ab origine, de la început, de la origine, din capul locului

abortifacient [ə,bɔːti'fei ʃnt] **I** *adj* abortiv, care provoacă avortul **II** *s* agent abortiv, agent care provoacă avortul

abortionist [ə'bɔː ʃənist] *s* persoană care provoacă avorturi

abortiveness [ə'bɔːtivnis] *s* caracter abortiv *și fig*; insucces, nereușită

abought [ə'bɔːt] *pret și ptc de la* **aby(e)**

about [ə'baut] *vt nav* a schimba direcția *(vasului)*

abovo [æb'əuvəu] *adv lat* ab ovo, de la obârșie, de la început

abrader [ə'breidə] *s* (material) a-braziv

Abraham-man [,eibrəhæm 'mæn], *pl* **Abraham-men** [,eibrəhæm 'men] *s sl* cerșetor care se preface că e bolnav

Abraham's bosom [,eibrəhæmz 'buzm] *s F* sânul lui Avraam

abreact [,æbri'ækt] **I** *vt psih* a se elibera *(de tensiuni psihice)* prin abreacție **II** *vi* a manifesta o abreacție

abreaction [,æbri'æk ʃn] *s psih* abreacție

abri [æ'briː *și pronunția franceză*] *s fr* adăpost

abrotanum [ə'brotənəm] *s bot un lemn exotic;* lemnul-Domnului *(Artemisia abrotanum)*

abruption [ə'brʌpʃn] *s* **1** întrerupere bruscă *(a șirului de cuvinte etc.)* **2** *fig* distrugere, nimicire **3** *geol* afloriment, deschidere geologică

Abruzzi [ə'brutsiː] *s pl regiune muntoasă în Italia*

ABS *presc de la* **Antiblockier system** *s auto* sistem antiblocaj

abseil ['æbseil] **I** *vi* a coborî în rapel **II** *s (coborâre în)* rapel

absentia [æb'sen ʃiə] *s lat (↓ jur)* in

~ în lipsă, în absență, în contumacie; **to be tried in** ~ a fi judecat în lipsă /în contumacie

absent-mindedly [,æbsənt 'maindidli] *adv* absent, dus pe gânduri; neatent

absent-mindedness [,æbsənt'maindidnis] *s* neatenție, nebăgare de seamă, distracție, absență.

absinthism [æbsin'θizm] *s med* absintism

absinthium [æb'sinθiəm, æb'sinθjəm] *s* **1** *bot* pelin *(Artemisia sp.)* **2** absint, pelin, bitter *(băutură)*

absolute ceiling [,æbsəluːt 'siːliŋ] *s av* plafon absolut / teoretic

absoluteness ['æbsəluːtnis] *s* **1** deplinătate, perfecțiune *etc.* **2** caracter absolut **3** absolut(ul)

absolute pitch [,æbsəluːt 'pitʃ] *s (poziția înălțimii unui sunet pe)* scara absolută a înălțimii sunetelor

absolute pressure [,æbsəluːt 'preʃə] *s fiz* presiune absolută

absolute temperature [,æbsəluːt 'tempritʃə] *s fiz* temperatură absolută

absolutist ['æbsəluːtist] **I** *adj* **1** despotic, tiranic **2** absolutist; care sprijină absolutismul **II** *s* absolutist, susținător al absolutismului

absolutistic [,æbsəluː'tistik,] *adj* *v.* **absolutist (I, 1)**

absolvitor [əb'zɔlvitə] *s jur* sentință de achitare *(în Scoția)*

absorbedly [əb'sɔː bidli] *adv* (cu un aer) preocupat; cu mare atenție

absorbent cottonwool [əb,sɔːbənt 'kɔtnwul] *s* vată higroscopică

absorbent paper [əb,sɔːbənt 'peipə] *s* hârtie absorbantă

absorber [əb'sɔːbə] *s* **1** *ch* vas de absorbție, absorber; aparat de absorbție **2** substanță higroscopică **3** *tehn* amortizor

absorption circuit [əb'sɔːpʃn ,sə:kit] *s rad* circuit de absorbție

abstemiously [əb'stiːmiəsli] *adv* sobru; frugal

abstemiousness [əb'stiːmiəsnis] *s* cumpătare, măsură; sobrietate, austeritate

abstersive [əb'stə:siv] **I** *adj* **1** care spală, curățitor, detergent **2** *med* purgativ, dezinfectant **II** *s* **1** detergent, substanță curățitoare / detergentă **2** purgativ, dezinfectant

abstract expressionism [,æbstrækt ik'spreʃənizm] *s* expresionism abstract

abstractly [æb'stræktli] *adv* **1** (în) abstract **2** (în mod) distrat, neatent; cu gândul în altă parte **3** ~ **from** făcând abstracție de

abstractor [æb'stræktə] *s* persoană care face rezumatul unui document *etc.*

abstrusely [əb'struːsli] *adv* abstrus; complicat

abstruseness [əb'struːsnis] *s* **1** *v.* **abstrusity (1)** **2** complexitate

abstrusity [əb'struːsiti] *s* **1** neclaritate, obscuritate **2** punct neclar

absurdness [əb'sə:dnis] *s* absurditate, prostie, nonsens

absurdum [əb'sə:dəm] *s lat* absurd, absurditate; **to reduce ad** ~ a reduce la absurd

ABTA ['æbtə] *presc de la* Association of British Travel Agents *s* asociația agenților de voiaj britanici

Abu Dhabi [,æbuː'dɑːbi] *s oraș în Emiratele Arabe Unite*

abuser [ə'bjuːzə] *s* **1** seducător (de minore) **2** detractor, defăimător

abusiveness [ə'bjuːzivnis] *s* **1** caracter abuziv **2** insulte; jigniri **3** clevetiri, bârfeli

abutilon [ə'bjuːtilən] *s bot* pristolnic *(Abutilon avicennae)*

abutment pressure [ə'bʌtmənt ,preʃə] *s constr* contrapresiune, presiune de reazem

abutment stone [ə'bʌtmənt ,stəun] *s constr* piatră de reazem, cuzinet

abutter [ə'bʌtə] *s jur* (proprietar) vecin

abutting surface [ə'bʌtiŋ ,sə:fis] *s* suprafață de contact

abuz(z) [ə'bʌz] *adj pred* bâzâind, zumzăind

aby(e) [ə'bai] *pret și ptc* **abought** [ə'bɔːt] *înv* **I** *vt* a plăti pentru, a se căi de / pentru; **he shall** ~ **it!** se va căi el (pentru asta)! **II** *vi* a dura, a rezista

abysmally [ə'bizməli] *adv* extraordinar (de)

abyssal zone [ə,bisəl 'zəun] *s* zonă abisală

acacia gum [ə'keiʃə gʌm] *s* gumă arabică

academe [,ækə'diːm] *s (poetic)* școală

academically [,ækə'diːmikəli] *adv* (în mod) academic

Academy Award [ə'kædəmi ə,wɔ:d] s cin (premiul) Oscar

Acadia [ə'keidjə] s Acadia (veche posesiune franceză în Canada)

Acadian [ə'keidjən] I adj din Acadia II s locuitor din Acadia

acantha [ə'kænθə] s bot ghimpe, spin

acanthite [ə'kænθait] s min acantit, argentit

acanthous [ə'kænθəs] adj bot cu ghimpe, cu spini

a cappella [,ɑ:kə'pelə] adj, adv neacompaniat de instrumente muzicale, a capella

acapsular [ə'kæpsjulə] adj bot fără capsulă, acapsular

acariasis [,ækə'raiəsis] s med acarioză

acarid ['ækərid] s zool acarian

ACAS ['eikæs] presc de la Advisory, Conciliation and Arbitration Service s organism britanic de conciliere și arbitraj în conflictele de muncă

acaudal [æ'kɔ:dl] adj fără coadă

accelerant [æk'selərənt] s ch catalizator

accelerating force [æk,seləreitiŋ 'fɔ:s] s fiz forță de accelerație, forță acceleratoare

accelerative [æk'selərətiv] adj accelerator

accentual [æk'sentjuəl] adj referitor la accent, tonic; bazat pe accent

acceptable [ək'septəbl] adj 1 acceptabil, admisibil, rezonabil 2 plăcut, agreabil; oportun; your advice is most ~ sfatul dumitale este cât se poate de binevenit

acceptant [ək'septənt] adj care primește, primitor

accepter [ək'septə] s 1 persoană care primește ceva 2 ec v. acceptor

acception [ək'sepʃn] s rar sens, înțeles, accepție (a unui cuvânt) in the full ~ of the word în toată puterea cuvântului

acceptive [ək'septiv] adj ~ of gata de a accepta / îmbrățișa / primi

acceptor [ək'septə] s com tras, acceptant

access board ['ækses ,bɔ:d] s scară mobilă / dublă; rampă, schelă

access door ['ækses ,dɔ:] s tehn gură de intrare, cămin, carelă

access gully ['ækses ,gʌli] s tehn puț / cămin de vizitare

access hatch ['ækses hætʃ] s v. access gully

accessit [æk'sesit] s lat (în școlile engleze) premiul al doilea

accessorial [ækse'sɔ:riəl] adj accesoriu, suplimentar

accessorize [æk'sesəraiz] vt a furniza accesorii, a aproviziona cu accesorii; a adăuga accesorii (la ceva)

access road ['ækses rəud] s cale /drum / de acces

access time ['ækses taim] s cib timp de acces

accidented ['æksidentid] adj (d teren) accidentat

accipiter [æk'sipitə] s ornit pasăre de pradă; uliu (Accipiter sp.)

accipitrine [æk'sipitrin, æk'sipitrain] adj (d păsări) răpitor, de pradă

acclimatization [ə,klaimətai'zeiʃn] s 1 aclimatizare, deprindere (cu un mediu nou) 2 animale sau plante aclimatizate

acclimatized [ə'klaimətaizd] adj aclimatizat și fig; to become / to get ~ (to) a se aclimatiza (cu); și fig

acclivitous [ə'klivitəs] adj în urcuș / în pantă, povârnit

accollé [æk'ɔlei și pronunția franceză] s fr ist acoladă

accomodatingly [ə'kɔmədeitiŋli] adv 1 (în mod) îndatoritor, cu amabilitate 2 într-un spirit de înțelegere, conciliant

accommodation bill [əkɔmə'deiʃn bil] s ec poliță amicală; gir

accommodation ladder [əkɔmə'deiʃn ,lædə] s nav scară de bord

accompanier [ə'kʌmpəniə] s însoțitor

accompanyist [ə'kʌmpəniist] s amer muz acompaniator

accordion player [ə'kɔ:djən ,pleiə] s acordeonist

accostable [ə'kɔstəbl] adj rar accesibil, abordabil; prietenos

accountableness [ə'kauntəblnis] s răspundere, responsabilitate

account day [ə'kaunt dei] s ec zi de plăți (la bursă)

account executive [ə'kaunt igzekjutiv] s ec persoană care administrează bugetul

accounts receivable [ə'kaunts ri,si:vəbl] s pl ec conturi debitoare

accreditation [əkredi'teiʃn] s acreditare

accrescence [ə'kresəns] s 1 jur acrescământ 2 creștere

accretive [ə'kri:tiv] adj care crește organic sau prin adăugare

accrual [ə'kru:əl] s creștere

accrued interest [ə,kru:d 'intrist] s ec dobândă capitalizată

accumbent [ə'kʌmbənt] adj culcat

accumulator box [ə'kju:mjuleitə bɔks] s el cuvă de acumulator

accumulator car [ə'kju:mjuleitə ka:] s tehn electrocar; electromobil

accumulator cell [ə'kju:mjuleitə sel] s el element de acumulator

accumulator jar [ə'kju:mjuleitə dʒa:] s cuvă de acumulator

accumulator plant [ə'kju:mjuleitə pla:nt] s el stație de încărcare a acumulatoarelor

accumulator plate [ə'kju:mjuleitə pleit] s el placă de acumulator

accurateness ['ækjuritnis] s exactitate, precizie; acuratețe

accurse [ə'kə:s] vt a blestema

accusable [ə'kju:zəbl] adj (of) acuzabil, condamnabil, blamabil (de, pentru)

accusant [ə'kju:zənt] s acuzator; reclamant, pârâtor, pârâș

accusatival [əkju:zə'taivəl] adj gram al cazului acuzativ

accustom [ə'kʌstəm] I vt to ~ to a obișnui cu / să, a deprinde cu / să, a învăța cu / să; a adapta la II vr a se obișnui cu / să, a se deprinde cu / să, a se învăța cu / să

accustomedness [ə'kəstəmdnis] s obișnuință, deprindere

AC/DC I presc de la alternating current / direct current curent alternativ / curent continuu II adj sl bisexual

Aceldama [ə'seldəmə] s fig câmp de bătălie

acellular [,ei'seljulə] adj biol acelular

acentric [ə'sentrik] adj marginal, periferic

acephala [ə'sefələ] s pl zool acefale

acephalous [ə'sefələs] adj 1 zool acefal 2 (d o carte) fără început 3 F (d o țară etc.) fără conducător

acerbic [ə'sə:bik] adj 1 (foarte) acru; aspru (la gust) 2 (d vorbire, temperament) acerb, aspru

acerose ['æsərəus] adj bot acicular

acerose leaf [,æsərəus 'li:f] s bot frunză aciculară; cetină

9

acerous [ə'sərəs] *adj bot* v. **acerose**

acervate [ə'sə:vit] *adj bot* acervat

acetal ['æsitəl] *s ch* acetal

acetic aldehyde [ə,si:tik 'ældihaid] *s ch* acetaldehidă

acetification [əsetfi'kei∫n] *s ch* acetificare; oxidare

acetometer ['æsitəmitə] *s ch* acidimetru

acetous ['æsitəs] *adj* **1** acetic **2** acru; acidulat

acetyl ['æsitil] *s ch* acetil

acetylate [ə'setileit] *vt ch* a acetila

acetylene generator [ə'setili:n ,dʒenəreitə] *s tehn* generator de acetilenă

acetylene series [ə'setili:n ,siəri:z] *s ch* acetilene, seria omologilor acetilenei

acetylene welding [ə'setili:n ,weldiŋ] *s tehn* sudare oxiacetilenică

acetyl value ['æsitil ,vælju] *s ch* indice de acetil

ACGB *presc de la* Arts Council of Great Britain *s* organism public britanic de promovare a artei

acharnement [*pronunția franceză*] *fr s* cruzime; îndârjire

Achillis tendon [ə,kilis 'tendən] *s anat* tendonul lui Ahile

aching ['eikiŋ] **I** *adj* dureros, bolnav **II** *s* durere, suferință

achroma [ə'krəumə] *s med* acromie; paliditate, paloare, lipsă de culoare

achromatism [ə'krəumətizm] *s* acromatism

achromatize [ə'krəumətaiz] *vt fiz* a acromatiza

achromatopsy [ə'krəumətɔpsi] *s med* acromatopsie, daltonism

achy ['eiki] *adj* **1** suferind **2** dureros

aciculate [ə'sikjulit] *adj* acicular, în formă de ac; cu ace; ascuțit

acid brick [,æsid 'brik] *s* cărămidă silica

acid carbonate [,æsid 'ka:bənit] *s ch* bicarbonat

acid drops [,æsid 'drɔps] *s pl* bomboane acidulate englezești

acid-fast [,æsid 'fa:st] *adj ch* acidorezistent

acid fastness [,æsid 'fa:stnis] *s ch* rezistență la acizi

acidhead ['æsidhed] *s sl* toxicoman care folosește LSD

acid house ['æsid haus] *s muz* muzică rock cu trimitere la experiențe / senzații legate de consumul de droguri

acidic acids [æ,sidik 'æsidz] *s pl ch* acizi rezinici

acidification [əsidifi'kei∫n] *s* acidulare

acidimeter [æsi'dimitə] *s ch* acidimetru, areometru pentru acizi

acidimetry [æsi'dimitri] *s ch* acidimetrie

acidize ['æsidaiz] *vt și vi* a (se) acidula, a (se) oțeti, a (se) acri; a (se) oxida

acid lining [,æsid 'lainiŋ] *s met* căptușeală acidă

acidly ['æsidli] *adv* **1** acru, cu acrime; ursuz **2** cu răutate, aspru; cu furie **3** rece, cu răceală; *(pe un ton)* glacial

acidness ['æsidnis] *s F* acreală

acid number ['æsid ,nʌmbə] *s ch* indice *sau* coeficient de aciditate

acidolysis [æsi'dɔlisis] *s ch* acidoliză

acidosis [æsi'dəusis] *s med* acidoză

acid radical [,æsid 'rædikəl] *s ch* radical acid

acid rain [,æsid 'rein] *s* ploaie acidă

acid rock ['æsid rɔk] *s* v. **acid house**

acid sludge [,æsid 'slʌdʒ] *s ch* rășină acidă

acidulate [ə'sidjuleit] *vt* a acidula

acidulated [ə'sidjuleitid] *adj* **1** acidulat **2** *fig* acru; morocănos, bombănitor

acidulated drops [ə,sidjuleitid 'drɔps] *s pl* v. **acid drops**

acidulation [ə'sidjulei∫n] *s* acidulare

acidulous [ə'sidjuləs] *adj* acid, acidulat; acru

acierage ['æsiəridʒ] *s met* oțelire, acoperire / placare cu oțel

acierate ['æsiəreit] *vt met* a oțeli, a acoperi / a placa cu oțel

aclinal [ə'klainəl] *adj* aclinal, orizontal, fără înclinație

acline [ə'klain] *s geol* strat orizontal

aclinic [ə'klinik] *adj fiz* aclin

aclinic line [ə,klinik 'lain] *s (linie)* aclină

ACLU *presc de la* American Civil Liberties Union *s* liga americană a drepturilor cetățenilor

acme thread ['ækmi θred] *s tehn* filet trapezoidal

acockbill [ə'kɔkbil] *adj, adv nav (d ancoră)* atârnat

acorn cup ['eikɔ:n kʌp] *s* cupă de ghindă

acorus ['ækərəs] *s bot* obligeană *(Acorus calamus)*

acotyledonous [ækɔti'li:dənəs] *adj bot* acotiledonat

acoustically [ə'ku:stikli] *adv* în mod acustic, din punct de vedere acustic

acoustic coupler [ə,ku:stik 'kʌplə] *s rad* cuplă acustică

acoustic duct [ə,ku:stik 'dʌkt] *s anat* conduct auditiv

acoustic feature [ə,ku:stik 'fi:t∫ə] *s* caracteristică acustică

acoustic nerve [ə,ku:stik 'nə:v] *s* nerv acustic

acoustic phonetics [ə,ku:stik fə'netiks] *s* fonetică acustică

acquired characteristic [ə,kwaiəd kæriktə'ristik] *s* caracter dobândit, caracteristică dobândită

acquired immune deficiency syndrome [ə,kwaiəd i,mju:n di'fi∫nsi ,sindrəum] *v.* **AIDS**

acquittance [ə'kwitəns] *s* **1** *jur (hotărâre judecătorească de)* achitare **2** *(of)* achitare *(a unei datorii, etc.)*, scutire, descărcare *(de)*; *prov* forbearance is not ~ ce s-a amânat nu s-a uitat **3** chitanță; recipisă de plată *(integrală)*

acreman ['eikəmən], *pl* **acremen** ['eikəmen] *s* agricultor, cultivator de pământ

acridine ['ækridi:n] *s ch* acridină

acridity [ə'kriditi] *s* **1** gust *sau* miros acru / înțepător / iritant **2** *fig* acreală; asprime *(în comportare, vorbe)* **3** *fig* sarcasm, ironie mușcătoare

acridly ['ækridli] *adv* cu acreală; înțepător; cu asprime

acridness ['ækridnis] *s rar* v. **acridity**

acrimoniously [ækri'məuniəsli] *adv* cu asprime, pe un ton răstit

acrook [ə'kruk] *adv, adj pred* strâmb

acrophobia [ækrə'fəubiə] *s med* acrofobie

across-the-board [ə,krɔs ðə 'bɔ:d] **I** *adj* general, sistematic **II** *adv* (în mod) sistematic

acrylic [ə'krilik] **I** *adj ch* acrilic **II** *s ch, text* fibră / vopsea acrilică

ACT *presc de la* American College Test *s* examen de sfârșit de studii secundare în S.U.A.

actinide ['æktinaid] *s ch* actinid, actinoid

actinium [æk'tiniəm] *s ch* actiniu

actino-chemistry [æk,tinəu'kemistri] *s ch* actino-chimie

actinograph [æk'tinəugrɑːf] *s fot* actinograf

actinometer [,ækti'nomitə] *s fot* actinometru

action packed [,ækʃn 'pækt] *adj* 1 *(d film)* cu acțiune susținută 2 *(d vacanță etc.)* plin de activități

action replay ['ækʃn ,riːplei] *s telev* reluare

action stations ['ækʃn ,steiʃnz] I *s mil* posturi de luptă II *interj* la posturi!

activate ['æktiveit] *vt* 1 *ch etc.* a activa 2 *fiz* a face să devină radioactiv

activated carbon [,æktiveitid 'kɑː-bən] *s* cărbune activ(at)

active carbon ['æktiv ,kɑːbən] *s ch* cărbune activ

active list [,æktiv 'list] *s mil* lista ofițerilor activi / din armata activă; cadrele active ale armatei; **on the ~** în serviciu activ, în activitate

active verb [,æktiv 'vəːb] *s gram* verb activ; verb tranzitiv

activism ['æktivizm] *s filoz, pol* activism

activity holiday [æk'tiviti ,hɔlidei] *s* vacanță activă

actressy ['æktrisi] *adj peior* teatral, cabotin

actual cost [,æktjuəl 'kɔst] *s ec* preț de cumpărare.

actualization [,æktjuəlai'zeiʃn] *s* actualizare

actualize ['æktjuəlaiz] *vt* 1 a actualiza 2 a împlini, a realiza, a pune în practică 3 a descrie (în mod) realist, a da viață *(unui fapt, unui scenariu)*

actuarial [,æktju'eəriəl] *adj* relativ la actuar *sau* la activitatea sa

actuation [,æktju'eiʃn] *s tehn* punere în mișcare *sau* funcțiune; manevrare, manipulare; comandă

acupuncturist ['ækjupʌnktʃərist] *s med* acupunctor, specialist în acupunctură

adamantly ['ædəməntli] *adv* cu hotărâre, cu fermitate, cu dârzenie

adamsite ['ædəmzait] *s ch* difenil aminclorarzină

Adam's needle [,ædəmz 'niːdl] *s bot* acul-doamnei *(Scandix pecten Veneris)*

adaptive [ə'dæptiv] *adj* care se adaptează (ușor), suplu, flexibil

added ['ædid] *adj* 1 adăugat 2 suplimentar

adder's fern ['ædəz fəːn] *s bot* fereguță *(Polypodium vulgare)*

adder's meat ['ædəz miːt] *s bot* iarbă-moale *(Stellaria holosteia)*

adder's spit ['ædəz spit] *s bot.* ferigă-de-câmp *(Pteris aquilina)*

addible ['ædəbl] *adj (to)* care poate fi adunat, adăugat (la)

addiction [ə'dikʃn] *s (to)* înclinație / aplecare spre; dedare la; lăsare /abandonare în voia (unei patimi), patimă, viciu *(al băuturii etc.)*

addictive [ə'diktiv] *adj med* care produce dependență; care produce înclinație (puternică) pentru

addled ['ædld] *adj* 1 *(d ouă)* stricat, alterat, clocit 2 *(d minte, cap)* zăpăcit

add-on ['æd ɔn] *s* 1 adaus, notă marginală; addenda 2 *cib* periferic

adduct [ə'dʌkt] *vt fizl (d mușchi etc.)* a apropia de linia mediană

Adélie Land [ə'deili lænd] *s* Țara Adélie *(zonă de coastă antarctică)*

adenoidal [,ædi'nɔidl] *adj anat, med* adenoid

adenopathy [,ædi'nɔpəθi] *s med* adenopatie

adequateness ['ædikwitnis] *s* 1 comensurabilitate; proporție justă, proporționalitate 2 potrivire, corespondență 3 competență

adequation [,ædi'kweiʃn] *s* 1 adecvare, potrivire; egalizare, nivelare 2 echivalent, echivalență

ad interim [æd'intərim] *adv lat* ad interim; între timp

adiposis ['ædipəosis] *s med* adipoză

adiposity [,ædi'pɔsiti] *s* adipozitate, grăsime, obezitate

adit ['ædit] *s* 1 intrare; ușă poartă; 2 acces 3 apropiere, venire 4 *min* galerie de zi, galerie principală de pătrundere; intrare în mină; **deep ~** galerie de scurgere a apelor

adjectivally [,ædʒek'taivəli] *adv gram* adjectival, ca adjectiv

adjudication [ədʒu:di'keiʃn] *s* 1 judecare 2 adjudecare, atribuire, decernare 3 *jur* darea unei sentințe; **of bankruptcy ~** declarație de faliment

adjudicative [ə'dʒu:dikətiv] *adj jur (d un act etc.)* declaratoriu

adjudicator [ə'dʒu:dikeitə] *s* arbitru; judecător

adjunct professor [,ədʒʌŋkt prə'fesə] *s amer rar* profesor adjunct

adjustable spanner [ə,dʒʌstəbl 'spænə] *s tehn* cheie universală, cheie reglabilă, cheie franceză

adjusted [ə'dʒʌstid] *adj* ajustat; adaptat (la); armonizat (cu)

adjutage ['ædʒutidʒ] *s tehn* 1 ajutaj, duză 2 țeavă de scurgere

adjutancy ['ædʒutənsi] *s mil* titlu / rang / funcție de adjutant; adjutantură

adjutant bird ['ædʒutənt bəːd] *s ornit* marabu, barză gușată *(din India) (Leptoptilus argala)*

admin ['ædmin] *presc de la* **administration** *s* muncă / activitate administrativă

adminicle [æd'minikl] *s* suport, sprijin *și fig*

administrable [əd'ministrəbl] *adj* administrabil

administrant [əd'ministrənt] *s* persoană care administrează; administrator

administrate [əd'ministreit] *vt amer* a administra, a conduce, a controla

admirably ['ædmərəbli] *adv* de minune, admirabil

admiralty law ['ædmərəlti lɔ:] *s nav* drept maritim

admiralty mile ['ædmərəlti mail] *s nav* milă maritimă engleză *(1853,248 m)*

admiringly [əd'maiəriŋli] *adv* cu admirație, (în mod) admirativ

adnominal [əd'nɔminəl] *adj (d părți de vorbire)* care determină un substantiv *sau* un grup nominal

adonize ['ædonaiz] *vt și vi rar* a (se) înfrumuseța

adoptee [,ædɔp'tiː] *s* adoptat, înfiat

adoptive [ə'dɔptiv] *adj* 1 adoptiv, înfiat 2 capabil să adopte 3 *fig* adoptiv, de adopțiune

adorably [ə'dɔːrəbli] *adv* adorabil, minunat

adoring [ə'dɔːriŋ] *adj* de adorație, plin de adorație

adoringly [ə'dɔːriŋli] *adv* cu adorație

ADP *presc de la* **automatic data processing** *s cib* prelucrarea automată a datelor

Adrianople red [eidriə,nəupl 'red] *s ch* roșu de alizarină

adroop [ə'druːp] *adj poetic* (a)plecat

adry [ə'drai] *adj P* 1 uscat 2 însetat

adscititious [,ædsi'tiʃəs] *adj* adițional, suplimentar

adscription [æd'skripʃn] *s* ~ of smth **to** atribuire a unui lucru *(cuiva)*

adsorption [æd'sɔːpʃn] *s ch* adsorpție

adsorptive [æd'sɔːptiv] *adj ch* adsorbtiv

ADT *presc de la* **Atlantic Daylight Time** *s* ora oficială a provinciilor maritime canadiene și a unora dintre insulele Caraibe

adularia [,ædju'leəriə] *s minr* adular

adulate ['ædjuleit] *vt* a linguși, a adula

adult education ['ædʌlt edju,keiʃn] *s* învățământ pentru adulți

adulterant [ə'dʌltərənt] **I** *adj* alterant, falsificator, care corupe / contraface / falsifică **II** *s* corp străin, impuritate

adulthood ['ædʌlthud] *s* vârsta adultă, maturitatea *(ca vârstă)*

adust [ə'dʌst] *adj* **1** ars, uscat de soare **2** *(d oameni)* bronzat, pârlit (de soare) **3** *(d vreme)* înăbușitor **4** *fig* acru; supărăcios

ad valorem duties [ædvə'lɔːrem ,djuː'tiz] *s pl ec* taxe vamale corespunzătoare prețului mărfii

advanced guard [əd,vaːnst 'gaːd] *s* v. **advance-guard**

Advanced level [əd'vaːnst ,levl] *s* nivel superior (↓ *în sistemul de învățământ englez)*

advance-guard [əd'vaːns gaːd] *s mil* avangardă

advancing [əd'vaːnsiŋ] *s* care avansează, care înaintează, care progresează

advantaged [əd'vaːntidʒd] *adj* avantajat, favorizat

Advent calendar ['ædvənt ,kælində] *s rel* calendar adventist

Adventism ['ædvəntizm] *s rel* adventism

adventure playground [əd'ventʃə ,pleigraund] *s* teren de joacă

adventurously [əd'ventʃərəsli] *adv* (în mod) aventuros, îndrăzneț

adverbial phrase [əd'vəːbiəl freiz] *s gram* locuțiune adverbială

adversarial [,ædvə'seəriəl] *adj* antagonist, ostil, advers, opus

advert [əd'vəːt] *vi elev* a se raporta, a se referi

advertence [əd'vəːtəns] *s* atitudine atentă; atenție, băgare de seamă

advertency [əd'vəːtənsi] *s* v. **advertence**

advertiser ['ædvətaize] *s* **1** persoană care publică un anunț, o reclamă **2** ziar cu anunțuri

advice boat [əd'vais bəut] *s nav* avizo, aviso

advisement [əd'vaismənt] *s rar* judecare, examinare, cercetare atentă

advocaat ['ædvəkaː] *s* băutură olandeză din brandy amestecat cu ouă, zahăr, cafea și vanilie

advocateship ['ædvəkitʃip] *s* **1** avocatură **2** rolul de mijlocitor / intermediar

advocation [,ædvə'keiʃn] *s* **1** pledoarie **2** mijlocire

advocator [,ædvə'keitə] *s* susținător, sprijinitor

adynamia [,ædi'neimjə] *s med* adinamie, slăbiciune musculară

adynamic(al) [,ædai'næmik(əl)] *adj med* adinamic; slab, sfârșit

adytum ['æditəm], *pl* **adyta** ['æditə] *s* **1** sanctuar **2** *fig* lucru sfânt

AEA *presc de la* **Atomic Energy Authority** *s* organism britanic de autorizare pentru energia atomică

AEC *presc de la* **Atomic Energy Commission** *s* organism american de autorizare pentru energia atomică

aecidiospore [i'sidəspɔː] *s bot* ecidiospor

aecidium [i'sidjəm, i'sidiəm], *pl* **aecidia** [i'sidjə] *s bot* ecidie

aedicula [i'dikjulə], *pl* **aediculae** [i'dikjuli] *s arhit* edicul

aedilian [i'diliən] *adj* de edil

aedilitian [,idi'liʃn] *adj v.* **aedilian**

aedility [i'diliti] *s* edilitate

AEEU *presc de la* **Amalgamated Engineering and Electrical Union** *s* sindicat britanic din industria mecanică

aegilops [i'dʒilɔps] *s med* egilops

Aegina [iː'dʒainə] *s* Egina *(insulă grecească)*

aegirine ['iːdʒirin] *s minr* egirin

aegophony [i'gofəni] *s med* egofonie

aegrotat [i'grəutæt] *s* certificat medical *(al studenților englezi care nu se prezintă la examene)*

aëneous [ə'iːnjəs] *adj zool* de culoarea bronzului

Aeolian [i'əuljən] *adj* **1** eolian, din Eolia **2** eolian; de vânt

Aeolian Islands [i,əuljən 'ailəndz] *s pl* insulele Eoliene

aeolian lyre [i,əuljən 'laiə] *s* harfă eoliană

aeolic [i'olik] *adj v.* **aeolian** (2)

aeolotropic [,iəulə'trɔpik] *adj ch* eolotrop, anizotrop

aeolotropy [,iəu'lɔtrəpi] *s ch* eolotropie

aeonial [i'əunjəl] *adj v.* **aeonian**

aeonian [i'əunjən] *adj* veșnic

aera ['iərə] *s* eră; epocă

aerated water [,eiəreitid 'wɔːtə] *s* apă gazoasă, sifon

aerial gunner [,eəriəl 'gʌnə] *s av* mitralior de avion

aerialist ['eəriəlist] *s* acrobat

aerial ladder ['eəriəl ,lædə] *s* scară extensibilă

aerial observation [,eəriəl ɔbzə'veiʃn] *s mil* observație aeriană

aerial root [,eəriəl 'ruːt] *s bot* rădăcină aeriană

aerial survey(ing) [,eəriəl sə'vei(iŋ)] *s* cartare fotogrammetrică, fotogrammetrie

aeriform ['eərifɔːm] *adj* **1** aerian, gazos, aeriform, de natura aerului **2** *fig* ireal, imaterial

aerify ['eərifai] *vt* **1** a gazeifica, a vaporiza; a carbura **2** a umple cu aer

aerobia [eə'rəubiə] *s pl biol* bacterii aerobe

aerobic [eə'rəubik] *adj biol* aerob

aerobics [eə'rəubiks] *s* gimnastică aerobică

aerobiology [,eərəubai'ələdʒi] *s* aerobiologie

aerocamera [,eərəu'kæmərə] *s* aparat pentru fotografiere aeriană

aerocartograph [,eərəu'kaːtəgraːf] *s* aerocartograf

aerocraft ['eərəkraːft] *s av* aparat de zbor, avion

aerocrete ['eərəkriːt] *s constr* gazbeton, gazocret, aerbeton, aerocret, beton poros

aerodyne ['eərədain] *s av* aparat de zbor mai greu decât aerul

aeroembolism [,eərə'embəlizm] *s med* embolie gazoasă

aeroengine [,eərə'endʒin] *s av* motor de avion

aerofoil ['eərə,fɔil] *s av* planuri, suprafețe, portante; aripă; profil de aripă; stabilizator

aerogram ['eərəgræm] *s tel* aerogramă

aerograph ['eərəgraːf] *s* **1** *tel* radiotelegraf **2** *tehn* aerograf, pistol de vopsit; pulverizator pentru retuș **3** *meteor* meteorograf

aerography [ɛə'rɔgrəfi] s 1 tel radiotelegrafie 2 tehn aerografie, vopsire prin pulverizare

aerohydrous [,ɛərə'haidrəs] adj minr aerohidric

aerolith ['ɛərəliθ] s aerolit, meteorit în care predomină silicaţii

aerological [,ɛərə'lɔdʒikəl] adj fiz aerologic

aerometer [ɛə'rɔmitə] s fiz aerometru

aeromodelling ['ɛərəu,mɔdliŋ] s aeromodelism

aerophone ['ɛərəfəun] s 1 tel portvoce; radio-telefon 2 pl muz suflător, instrument de suflat

aerophore ['ɛərəfɔ:] s aerofor, aparat pentru respiraţie

aerophotography [,ɛərəfə'tɔgrəfi] s top fotografie aeriană

aerophysics [,ɛərə'fiziks] s 1 fizica aerului 2 fizică aplicată în proiectarea vehiculelor / proiectilelor aerodinamice

aerospace [,ɛərəuspeis] s 1 spaţiul din jurul Pământului (cuprinzând atmosfera) 2 ramură a fizicii care se ocupă cu studiul acestui spaţiu 3 industria vehiculelor aerospaţiale

aerostatic [,ɛərəu'stætik] adj 1 aerostatic 2 pneumatic 3 aeronautic

aerostatics [,ɛərəu'stætiks] s pl (folosit ca sg) av 1 aerostatică 2 navigaţie aeriană

aerostation [,ɛərəu'steiʃn] s av 1 navigaţie aeriană 2 exploatare a aerostatelor; aerostaţie

aerotherapeutics [,ɛərəθerə'pju:tiks] s med aeroterapie

aerotherapy [,ɛərəu'θerəpi] s v. **aerotherapeutics**

aeruginous [iə'ru:dʒinəs] adj 1 coclit 2 de culoarea coclelii

aerugo [iə'ru:gəu] s cocleală

aestheticism [i:s'θetisizm] s estetism

aestho-physiology [,i:sθəufizi'ɔlədʒi] s med fiziologia organelor de simţ

aestival ['estivəl] adj înv de vară, văratic, estival

aestivation [,i:sti'veiʃn] s biol estivaţie

aetheling ['æθiliŋ] s ist 1 atheling, prinţ sau nobil anglo-saxon 2 prinţ moştenitor

aetiology [,i:ti'ɔlədʒi] s med etiologie

AFB presc de la **air force base** s mil bază a forţelor aeriene

AFC s 1 presc de la **automatic flight control** control automat al zborului 2 presc de la **automatic frequency control** CAF (control automat de frecvenţă)

AFDC presc de la **Aid to Families with Dependent Children** s tip de alocaţie pentru copii destinat familiilor cu un singur părinte

affableness ['æfəblnis] s afabilitate, amabilitate, politeţe, curtenie; bunăvoinţă

affectedly [ə'fektidli] adv (în mod) afectat, nenatural; cu afectare, fără naturaleţe

affectedness [ə'fektidnis] s afectare; fel de a fi nefiresc, manierism, artificialitate (a exprimării etc.); fandoseală, nazuri, fasoane

affectional [ə'fekʃnəl] adj afectiv

affective [ə'fektiv] adj afectiv, sufletesc

afferent ['æfərənt] adj aferent

afferent nerves [,æfərənt 'nə:vz] s pl anat nervi aferenţi

affiche [æ'fi:ʃ] s fr afiş

affiliated [ə'filieitid] adj afiliat; an ~ company o filială (a companiei)

affirmable [ə'fə:məbl] adj care se poate afirma, care poate fi afirmat

affirmative action [ə,fə:mətiv 'ækʃn] s măsuri de angajare (în muncă) nediscriminatorii (faţă de minorităţi)

affixture [ə'fikstʃə] s 1 ataşare, fixare 2 adaos, adăugire

afflictive [ə'fliktiv] adj dureros, trist, întristător; supărător, chinuitor

afflux ['æflʌks] s 1 afluent 2 hidr remu 3 afluenţă, curgere, flux 4 med aflux (de sânge)

affranchise [æ'fræntʃaiz] vt a (e)libera, a scăpa (din robie), a dezrobi; a scuti, a dezlega (de o promisiune, un jurământ etc.)

affreight [ə'freit] vt nav a afreta, a navlosi

affreightment [ə'freitmənt] s nav afretare, navlosire, închiriere, luare cu navlu (a unei nave)

affricative [ə'frikətiv] s fon africată

affuse [ə'fju:z] vt rar a stropi, a uda

Afgani [æf'gæni] I s 1 afgan 2 limba afgană II adj afgan

afghani [æf'gæni] s afgani (unitate monetară din Afganistan)

aficionado [ə,fisjə'nɑːdəu] s admirator înfocat, fan, suporter (mai ales al coridelor)

aflatoxin [,æflə'tɔksin] s ch toxină cancerigenă produsă de mucegaiuri

AFL-CIO presc de la **American Federation of Labor and Congress of Industrial Organization** s cea mai mare confederaţie sindicală americană

aforecited [ə'fɔ:,saitid] adj mai sus citat

aforehand [ə'fɔ:hænd] adv înainte, dinainte, cu anticipaţie

aforenamed [ə'fɔ:neimd] adj numit mai sus, de mai sus

aforesaid [ə'fɔ:sed] adj v. **aforenamed**

aforethought [ə'fɔ:θɔ:t] I adj premeditat, intenţionat, făcut dinadins; jur with / of malice ~ cu premeditare II s premeditare

a fortiori [,eifɔ:ʃi'ɔːrai] adv lat cu atât mai mult

afoul [ə'faul] adj pred, adv în conflict; to run ~ of a se ciocni de, a intra în conflict cu

afreet [æ'fri:t] s 1 duh rău, demon (în mitologia arabă) 2 fig pacoste, năpastă; monstruozitate

African American [,æfrikən ə'merikn] s american de culoare

African cherry [,æfrikən 'tʃeri] s bot macoré, păr african (Mimusops heckelii şi Dumaria L.)

Africanisme ['æfrikənizm] s cuvânt / stil specific unei limbi în varianta ei vorbită în Africa

Africanize ['æfrikənaiz] vt 1 a da un caracter specific african 2 a pune în funcţii administrative persoane de culoare

African violet [,æfrikən 'vaiələt] s bot plantă decorativă africană (Saint-paulia ionantha)

Afrikan(d)er [,æfri'kæn(d)ə] s băştinaş din Africa de Sud, de origine europeană (↓ olandeză); bur

afrit [ə'fri:t] s v. **afreet**

Afro ['æfrəu] I adj (d coafură) afro II s coafură afro

Afro-American [,æfrəu ə'merikn] I s american de origine africană, american de culoare II adj relativ la americanii de culoare

Afro-Asian [,æfrəu'eiʃən] adj afro-asiatic

Afro-Caribbean [,æfrəu kə'ribiən] I s caraibian de origine africană II adj relativ la caraibienii de origine africană

13

AFT *presc de la* **American Federation of Teachers** *s* sindicatul american al profesorilor

after-beat ['ɑːftə biːt] *s muz* contratimp; ~ **accompaniment** acompaniament în contratimp

afterblow ['ɑːftə bləu] *s* **1** o a doua lovitură și *fig* **2** *met* suflare ulterioară *(într-un cuptor Bessemer)*

afterburner ['ɑːftəbəːnə] *s av (cameră de)* postcombustie

afterburning ['ɑːftəbəːnin] *s av* postcombustie

aftercare ['ɑːftə keə] *s* îngrijire acordată după boală; ținere sub observație *(a unui bolnav, a unui delincvent)*

aftercastle ['ɑːftəkɑːsl] *s nav* **1** dunetă **2** castel pupa

afterclap ['ɑːftəklæp] *s* **1** *v.* **afterblow (1) 2** întâmplare / surpriză neplăcută; necaz, supărare

after-dinner ['ɑːftə dinə] **I** *s înv* după-amiază, după-masă **II** *adj* de după-amiază, după-masă

after-feed ['ɑːftə fiːd] *s agr* otavă, iarbă care crește după cosire

after-growth ['ɑːftəgrəuθ] *s* **1** a doua creștere; a doua recoltă **2** otavă **3** *fig* consecințe, urmări **4** *fig* noi întâmplări

after-hours ['ɑːftə auəs] **I** *adj* **1** de după ora de închidere **2** de după lucru / muncă **II** *adv* **1** după ora de închidere **2** după lucru / muncă

after-image ['ɑːftə imidʒ] *s med* imagine consecutivă

after-lunch ['ɑːftə lʌntʃ] *adj* de după masă; **to have an ~ nap** a-și face siesta

aftermath ['ɑːftəmæθ] *s* **1** otavă, iarbă care crește după cosire **2** al doilea cosit, a doua coasă, al doilea seceriș **3** *fig* urmări, consecințe (↓ *nedorite*)

after-mentioned ['ɑːftə menʃənd] *adj* amintit mai jos, menționat mai jos

aftermost ['ɑːftə məust] *adj* cel mai din urmă, ultimul, din urmă de tot

after-named ['ɑːftə neimd] *adj* numit / amintit mai jos

afternoon tea [ɑːftə nuːn 'tiː] *s ceai* servit cu prăjituri în cursul după-amiezii

afternoon watch [ɑːftə nuːn wɔtʃ] *s nav* cartul dintre orele 12°° – 16°°

after-part ['ɑːftə pɑːt] *s* **1** parte următoare, care urmează **2** parte din spate / de la urmă **3** *nav* pupa

afterpiece ['ɑːftəpiːs] *s* **1** parte din urmă / posterioară **2** divertisment, piesă de încheiere a unui spectacol

after-sales ['ɑːftə seils] *adj* de după vindere; ~ **services** servicii de după vinderea unui produs

after-school ['ɑːftə skuːl] *adj (d activități)* extrașcolar

after shock ['ɑːftəʃɔk] *s* replică *(a unui cutremur)*

aftertaste ['ɑːftəteist] *s* gust, iz *(care rămâne în gură)*; gust stăruitor / persistent; *fig* gust amar etc.

after-tax ['ɑːftə tæks] *adj ec* **1** *(d profit)* care rămâne după impozitare **2** *(d salariu)* net, după impozitare

after-treatment ['ɑːftə triːtmənt] *s tehn* tratament suplimentar

afterword ['ɑːftəwəːd] *s* postfață; epilog

agalactia [ægə'læktiə] *s med* agalactie

agal-agal [ægəl'ægəl] *s biol, med* agar-agar

agalaxy ['ægəlæksi] *s v.* **agalactia**

agamic [ə'gæmik] *adj biol* asexual, fără funcțiuni sexuale

agamous ['ægəməs] *adj v.* **agamic**

agape ['ægəpi], *pl* **agapae** ['ægəpiː] și **agapes** ['ægəpiz] *s* (↓ *rel*) agapă

agaric acid [æ gærik 'æsid] *s ch* agaricină

age bracket ['eidʒ brækit] *s* grupă de vârstă

agee [ə'dʒiː] *adj pred, adv dial* **1** strâmb, pieziș **2** căscat, întredeschis

ageism ['eidʒizm] *s* discriminare împotriva unei grupe de vârsta (↓ *împotriva bătrânilor*)

ageist ['eidʒist] **I** *adj* relativ la discriminarea împotriva unei grupe de vârstă **II** *s* persoană cu comportament discriminatoriu în raport cu o grupă de vârstă

age limit ['eidʒ limit] *s* limită de vârstă

agenesia [ædʒi'niːsiə] *s med* agenesie

agent general [eidʒənt 'dʒenərəl], *pl* **agents general** [eidʒənts 'dʒenrəl] *s com* reprezentant general

agential [ei'dʒənʃl] *adj* **1** activ; energic **2** de agent; de agenție

agentive ['eidʒəntiv] *s lingv* agent

Agent Orange [eidʒənt 'ɔrindʒ] *s mil* substanță care produce defolierea *(utilizată de americani în Vietnam)*

agger ['ædʒə] *s (în antichitate)* val, întăritură de pământ

agglutinant [ə'gluːtinənt] *adj ch* aglutinant

agglutinating [ə'gluːtineitin] *adj lingv* aglutinant

aggradation [ægrə'deiʃn] *s* **1** *geol* aluviune, depunere, sediment(are) **2** *hidr* supraînălțare

aggrade [ə'greid] *vi geol* a se depune, a se sedimenta

aggrandizer ['ægrəndaizə] *s* persoană care mărește

aggravating ['ægrəveitin] *adj* **1** agravant, care înrăutățește / îngreunează; *jur* ~ **circumstances** circumstanțe agravante **2** *F* plicticos, supărător, sâcâitor, enervant, exasperant

aggro ['ægrəu] *s F* **1** gâlceavă, ceartă, neînțelegere; bătaie, încăierare **2** frământare, supărare, agitație

aggroup [ə'gruːp] *vt și vi rar* a (se) grupa

agitational [ædʒi'teiʃnəl] *adj* agitatoric, de agitație

agitatorial [ædʒitə'tɔːriəl] *adj v.* **agitational**

agitprop ['ædʒitprɔp] *s* **1** agitație și propagandă (↓ *comunistă*) **2** organ(ism) care se ocupă cu agitația și propaganda **3** persoană care face agitație și propagandă

agley [ə'gli:, ə'glai] *adv scot* strâmb, încovoiat

a-glimmer [ə'glimə] *adj pred, adv* licărind, licăritor

a-glitter [ə'glitə] *adj pred, adv* scânteietor; strălucitor

AGM *presc de la* **annual general meeting** *s* adunarea generală anuală

agnomination [ægnɔmi'neiʃn] *s* aliterație

agonic line [ə gɔnik 'lain] *s mat* agonă, curbă agonică

agonized ['ægənaizd] *adj* de agonie; de supliciu; sfâșietor

agony aunt ['ægəni ɑːnt] *s* persoana care ține rubrica de ziar „curierul inimii"

agora ['ægərə], *pl* **agorae** ['ægəri:] *și* **agoras** ['ægərəz] *s* **1** agora, piață, loc de întrunire *(la vechii greci)* **2** adunare, întrunire

agoraphobic [,ægərə'fəubik] **I** *adj* agorafobic, care suferă de agorafobie **II** *s* persoană care suferă de agorafobie

agouti [ə'gu:ti] *s zool* aguti *(Dasyprocta, Myoprocta)*

agreeability [ə,griə'biliti] *s v.* **agreeableness**

agreeableness [ə'griəblnis] *s* caracter plăcut; farmec *(al unei persoane etc.)*

agrestic [ə'grestik] *adj* agrest, rustic; rural

agribusiness ['ægri,biznis] *s* activități agro-industriale

agricultural engineer [ægri,kʌltʃərəl endʒi'niə] *s* inginer agronom

agricultural engineering [ægri,kʌltʃərəl endʒi'niərin] *s* agrotehnică

agricultural show [ægri,kʌltʃərəl 'ʃəu] *s* expoziție de produse agricole

Agrigento [,ægri'dʒentəu] *s* oraș în Sicilia

agrimony ['ægriməni] *s bot* turiță mare *(Agrimonia eupatoria)*

agrimotor [,ægri'məutə] *s agr* tractor

Agrippina [,ægri'pi:nə] *s nume feminin (împărăteasă romană, mama lui Nero)*

agrobiologist [,ægrəubai'ɔlədʒist] *s* agrobiolog

agrogeology [,ægrəudʒi'ɔlədʒi] *s* agrogeologie

aguara [æ'gwɑːrə] *s zool* raton sud-american *(Procyon cancrivora)*

ague-cake ['eigju: keik] *s med* mărirea ficatului *sau* a splinei din cauza malariei *(cronice)*

aguish ['eigjuiʃ] *adj* **1** *med* de malarie, care cauzează malaria **2** *med* bolnav de malarie, în friguri **3** neregulat, intermitent **4** *fig* rece, glacial, distant

ahorse(back) [ə'hɔːsbæk] *adv înv* călare, de-a călare, de-a-ncălarele

ahungered [ə'hʌngəd] *adj* înfometat, flămând, lihnit de foame

ai [ai] *interj* vai!

AI *s presc de la* **1** Amnesty International *organizație internațională pentru promovarea drepturilor deținuților (politici)* **2** artificial intelligence inteligență artificială **3** artificial insemination însămânțare artificială

AIB *presc de la* Accident Investigation Bureau *s* comisia britanică de anchetă asupra accidentelor

AID *presc de la* **1** artificial insemination by donor însămânțare artificială de la donator **2** Agency for International Development Agenția Internațională de Dezvoltare

aid climbing ['eid ,klaimin] *s alpinism* escaladare cu ajutorul corzilor și pitoanelor

aider ['eidə] *s* ajutor, sprijin(itor)

aidman ['eidmən] *s mil amer* sanitar

Aids, AIDS [eidz] *presc de la* acquired immune deficiency syndrome *s med* SIDA, sindrom imuno-deficitar dobândit

aiglet ['eiglit] *s* **1** eghiletă **2** capătul de metal al unui șiret **3** *bot* mâțișor

aiguille ['eigwi:] *s fr* **1** vârf stâncos de munte *(ascuțit)* **2** ac

AIH *presc de la* artificial insemination by husband *s med* însămânțare artificială de la soț

aikido [ai'ki:dəu] *s* aikido

aikinite ['eikinait] *s minr* aikinit

ailantus [ei'læntəs] *s bot* cenușar *(Ailanthus glandulosa)*

aiming point ['eimin pɔint] *s mil, geodezie* punct de ochire / reper

Aintree ['eintri] *s* teren de curse în Marea Britanie

air alarm ['eə ə,lɑːm] *s av* alarmă aeriană

air alert ['eə ə,ləːt] *s v.* **air alarm**

air bag ['eə bæg] *s* **1** *av* balonet **2** *amer* cameră de aer *(la anvelope)*

air bath ['eə bɑːθ] *s* termostat; baie de aer

airbell ['eəbel] *s met* suflură

air-bound [,eə 'baund] *adj* plin / umplut cu aer

air brake ['eə breik] *s tehn* frână cu aer comprimat, frână pneumatică / aerodinamică

air brick ['eə brik] *s constr* **1** cărămidă crudă / nearsă, cărămidă uscată natural; chirpici **2** cărămidă cu goluri

air brush ['eə brʌʃ] *s* aerograf; pistol de vopsit

air bubble ['eə ,bʌble] *s* bășică de aer, bulă de aer

air carrier ['eə ,kæriə] *s av* avion de transport

air castle ['eə ,kɑːsl] *s* castel aerian

air cell ['eə sel] *s* **1** *anat* alveolă pulmonară **2** *tehn* acumulator pneumatic

air chamber ['eə ,tʃeimbə] *s* **1** *auto* cameră de aer *(la pneu)* **2** *nav* ladă de aer

air cleaner ['eə ,kli:nə] *s tehn* filtru de aer

Air Commodore [,eə 'kɔmədɔː] *s av mil* general-maior *(în aviația britanică)*

air condition ['eə kən,diʃn] *vt* a prevedea cu aer condiționat

air-conditioner ['eə kən,diʃənə] *s* instalație de aer condiționat

air conditioning ['eə kən,diʃnin] *s* condiționarea aerului

air-cooled ['eə ,ku:ld] *adj (d mașini)* răcit cu aer

air cooling ['eə ,ku:lin] *s* răcire cu aer

air corridor ['eə ,kɔridə] *s av* culoar aerian

air cover ['eə ,kʌvə] *s v.* **air umbrella**

aircraft man ['eəkrɑːft mən] *s* soldat de aviație *(în Anglia)*

aircraft(s) woman ['eəkrɑːft(s) ,wumən] *s av mil* femeie-soldat în serviciul auxiliar al aviației britanice

air crew ['eəkru:] *s av* echipaj de avion / bord

air current ['eə ,kʌrənt] *s* curent atmosferic

air curtain ['eə ,kəːtn] *s* perdea de aer *(cald sau rece)*

air cylinder ['eə ,silində] *s tehn* cilindru cu aer comprimat

air defence ['eə di,fens] *s* apărare antiaeriană

air drill ['eə dril] *s min* perforator pneumatic

airdrome ['eədrəum] *s (↓ amer)* aerodrom

air-drop ['eədrɔp] *s mil* parașutare *(de oameni și materiale)*

air-dry ['eədrai] **I** *vt* a usca la aer **II** *adj* uscat, cu umiditate normală

Airedale ['eədeil] *s ~* **terrier** terier Airedale *(rasă de câini)*

air ejector ['eər i,dʒektə] *s tehn* ejector de aer

air engine ['eər ,endʒin] *s* compresor; motor în care agentul de lucru este aerul; motor termic

airfare ['eəfeə] *s* prețul unui bilet de avion

air ferry ['eə ˌferi] *s av* avion pentru transportul de persoane și mărfuri

air fleet ['eə fli:t] *s av* flotă aeriană

airfoil ['eəfoil] *s amer av* suprafață portantă

airframe ['eə freim] *s av* scheletul / carcasa unui avion, minus motoarele

airfreight ['eəfreit] *s av* chiria plătită pentru un avion particular; transport aerian *(cu un avion închiriat)*; to send smth by ~ a expedia ceva par avion / cu poșta aeriană

air-freighter ['eə ˌfreitə] *s av* avion de transport / de transportat mărfuri

air furnace ['eə ˌfə:nis] *s met* cuptor cu tiraj natural

air gap ['eə gæp] *s* **1** *el* întrefier **2** *av* gol de aer **3** *tehn* interval de aer

air gas ['eə gæs] *s* gaz aerian

airgraph ['eə grɑ:f] *s* **1** microfilm *(al unei scrisori)* expediat cu avionul **2** sistem de fotografiere pe microfilm *(a unor documente)* și transport al acestora pe calea aerului

air hammer ['eə ˌhæmə] *s tehn* ciocan pneumatic, ciocan cu aer comprimat

airhead ['eəhed] *s F* persoană zăpăcită *sau* toantă

air hoist ['eə hoist] *s tehn* dispozitiv pneumatic de ridicare, ascensor pneumatic

air-hostess ['eə ˌhəustis] *s av* stewardesă

airing-cupboard ['eəiŋ ˌkʌbəd] *s* dulap încălzit pentru prosoape și rufărie de pat

air lock ['eə lok] *s* **1** *tehn* labirint de vid **2** *av* pungă de aer **3** *min* ecluză pneumatică, dop pneumatic

air log ['eə log] *s amer mil* altimetru

airman ['eəmən] *s av* aviator, pilot, zburător

Air Marshal [ˌeə 'mɑ:ʃəl] *s av mil* general-colonel *(în aviația britanică)*

air mass ['eə mæs] *s* masă de aer

air mattress ['eə ˌmætris] *s* saltea pneumatică

air-minded ['eə ˌmaindid] *adj* cunoscător în probleme de aviație; preocupat / interesat de problemele aviatice

airmobile ['eəmə ˌbi:l] *adj amer* aero-purtat

air-photography ['eəfə ˌtogrəfi] *s* fotografiere aeriană

air pistol ['eə ˌpistəl] *s* pistol cu aer comprimat

airplay ['eəplei] *s* that record is getting a lot of ~ piesa aceea este transmisă deseori la radio

air raid alarm ['eə reid əˌlɑ:m] *s v.* **air raid alert**

air raid alert ['eə reid əˌlə:t] *s* alarmă aeriană

air raid shelter ['eə reid ˌʃeltə] *s* adăpost

air raid warden ['eə reid ˌwɔ:dən] *s* șeful apărării antiaeriene civile locale

air-raid warning ['eə reid ˌwə:niŋ] *s mil* alertă antiaeriană

air rifle ['eə ˌraifl] *s* pușcă cu aer comprimat

airscape ['eəskeip] *s mil* fotografie aeriană

air scoop ['eə sku:p] *s* **1** luminator **2** *av* manșă de aer, priză de aer **3** *tehn* știuț de aspirație pentru aer

air-sea rescue ['eəsi: ˌreskju:] *s* salvare de pe mare cu elicopterul

airsickness ['eə ˌsiknis] *s* rău de avion

airsock ['eəsok] *s av* mânecă de vânt

air speed ['eə spi:d] *s av* viteza aerului; viteza reală a avionului; viteză relativă; viteză tehnică

air-speed indicator ['eə spi:d ˌindi-keitə] *s av* vitezometru, indicator de viteză

air station ['eə ˌsteiʃn] *s av* aerodrom, teren de aviație, aeroport

airstrike ['eəstraik] *s av mil* raid / atac aerian

air strip ['eə strip] *s av* câmp de aterizare

air survey ['eə ˌsə:vei] *s av mil* ridicare aerotopografică

air taxi ['eə ˌtæksi] *s av* avion-taxi

airtime ['eətaim] *s* that record is getting a lot of ~ piesa aceea este transmisă la radio / la televizor; the subject didn't get much ~ subiectului nu i s-a consacrat prea mult timp de emisie

air-to-air [ˌeə tu:ˈeə] *adj mil* aer-aer

air-to-surface [ˌeə tu:ˈsə:fis] *adj mil* aer-sol

air-traffic control [ˌeətræfik kən-'trəul] *s* controlul traficului aerian

air-traffic controller [ˌeə træfik kən'trəulə] *s* controlor de trafic aerian

air train ['eə trein] *s av* tren aerian

air umbrella ['eər ʌm,brelə] *s mil* forțe aeriene de escortă *(a unei operații navale sau terestre)*

air valve ['eə vælv] *s* supapă

airvent ['eəvent] *s av* priză de aer

Air Vice-Marshal [ˌeə vais'mɑ:ʃəl] *s av mil* general-locotenent *(în aviația britanică)*

airwaves ['eəweivz] *s pl* unde *(hertziene)*; on the ~ pe unde, la radio

air waybill ['eə ˌweibil] *s ec* fraht aerian

airwoman ['eə ˌwumən] *s* femeie-pilot

airworthiness ['eə ˌwə:ðinis] *s av* capacitate / calități de zbor, navigabilitate

airy-fairy [ˌeəri'feəri] *adj F* extravagant, abracadabrant

ait [eit] *s înv* insuliță, ostrov *(↓ pe un râu)*

AK *presc de la* Alaska

aka *presc de la* also known as alias

akinesia [ˌæki'ni:sjə] *s med* akinesie

AL *presc de la* Alabama

alabastrine [ˌælə'bæstrin] *adj* de alabastru; ca alabastrul

alack-a-day [əˌlæk əˈdei] *interj înv* vai (și-amar)! alelei! alei!

Aladdin [əˈlædin] *s* Aladin; ~ and the wonderful Lamp Aladin și lampa fermecată

alalia [æˈleiliə] *s med* afazie

Alamo ['æləməu] *s* the ~ (fort) Fort Alamo; bătălia de la Fort Alamo

à la mode [ˌɑ:lɑ:ˈməud] *adj amer gastr* cu înghețată

alar ['eilə] *adj* **1** înaripat, cu aripi **2** de forma unei aripi **3** axilar

alarmism [əˈlɑ:mizm] *s* alarmism

alary ['eiləri, 'æləri] *adj bot* în formă de aripă

Alaskan [əˈlæskən] *adj* **I** *s* locuitor din Alaska **II** *adj* din / despre Alaska

Alaskan pipeline [əˌlæskən 'paiplain] *s* the ~ conductă de petrol ce traversează Alaska

Alaska Range [əˌlæskə 'reindʒ] *s* the ~ lanțul muntos din Alaska

Alastor [əˈlæstɔ:] *s rar* demon al răzbunării; demon; zeu al răzbunării, Nemesis

alate ['eileit] **I** adj bot, orn v. **alar (1)** **II** adv înv de curând, recent

albacore ['ælbəkɔ:] s iht specie de thon (Thynnus thynnus; Ghermo alalunga)

albedo [æl'bi:dəu] s fiz albedo, coeficient de reflexie

albertite ['ælbətait] s minr albertit

Albigensian [,ælbi'dʒensiən] **I** s locuitor din Albigeois **II** adj din / despre Albigeois; **the ~ crusade** cruciada de la Albigeois

albinic [æl'binik] adj care suferă de albinism

albite ['ælbait] s minr albit, feldspat sodic

albitic [æl'bitik] adj minr albitic, de albit

albugo [æl'bju:gəu] s med albugo

albumina ['ælbjumi:nə] s ch albumină

albuminimeter [,ælbjumi'nimitə] s med albuminimetru

albuminuria [,ælbju:mi'njuəriə] s med albuminurie

albumose ['ælbjuməus] s ch albumoză

alburnum [æl'bə:nəm] s 1 bot alburn 2 iht oblet, oblete (Alburnus lucidus)

Alcaic [æl'keiik] adj metr alcaic

alcaide [æl'keid] s 1 (la spanioli și la mauri) alcaide, comandantul unei fortărețe 2 temnicer

alcalde [ɑl'kɑ:ldi] s (la spanioli) alcalde, primar al orașului

alcazar [,ælkə'zɑ:] s (la spanioli) alcazar, fortăreață; palat

alchemic(al) [æl'kemik(əl)] adj alchimic, de alchimie

alchemize ['ælkimaiz] vt a preface / a transforma prin alchimie

alcoholate ['ælkəhɔleit] s ch alcoolat

Alcoholics Anonymous [ælkə,hɔliks ə'nɔniməs] s Alcoolicii anonimi (ligă antialcoolică)

alcoholization [ælkəhɔlai'zeiʃn] s alcoolizare

alcoholize ['ælkəhɔlaiz] vt 1 a rafina; a rectifica 2 a trata sau a satura cu alcool; a alcooliza

alcoholometry [,ælkəhɔ'lomitri] s alcoolometrie

alcoholysis [,ælkəhɔ'laisis] s ch alcooliză

al dente [,æl' denti] adj (d orez, paste făinoase) fiert asfel încât să rămână tare

alder ['ɔ:ldə] s bot anin negru, arin negru (Alnus glutinosa)

alder buckthorn ['ɔ:ldə ,bʌkθɔ:n] s bot crușin, crăsici, lemn-câinesc (Rhamnus frangula)

aldermanry ['ɔ:ldəmænri] s 1 calitate / funcție de consilier municipal 2 district condus / administrat de un consilier municipal

Alderney ['ɔ:ldəni] s rasă de vaci

aldine ['ɔ:ldain] poligr **I** adj aldin **II** s 1 (literă) aldină; (caractere) aldine 2 carte sau ediție tipărită cu aldine

aldose ['ældəus] s ch aldoză

aleak [ə'li:k] adj pred, adv nav crăpat, cu (o) spărtură / o fisură

aleatoric [,æliə'tɔrik] adj aleator

aleft [ə'left] adv la / spre stânga

Alexandra Palace [ælig,zandrə'pælis] s Palatul Alexandra (sală de concerte și expoziții din Londra)

alexandrite [,ælig'zændrait] s minr alexandrit, varietate verzui-sticloasă de crisoberil

alexia [ə'leksiə] s psih alexie, pierdere a capacității de a citi

alexin [ə'leksin] s med alexină, substanță bactericidă

alexipharmic [ə,leksi'fɑ:mik] adj antidot, de antidot

Alf Garnett [,ælf'gɑ:nit] s personaj comic dintr-un serial englez, tipul muncitorului reacționar, rasist și sexist

alfilaria [,ælfi'leəriə] s v. **alfilerilla**

alfilerilla [,ælfilə'rijə] s bot pliscul-cocorului (Erodium cicutarium)

alforja [æl'fɔ:dʒə] s amer dial 1 desagă 2 pungă (la animale)

alfresco lunch [æl'freskəu lʌntʃ] s dejun / prânz la iarbă verde, în aer liber; picnic

alfresco picture [æl'freskəu 'piktʃə] s artă pictură al fresco

algal ['ælgəl] adj de alge, al algelor

algebraically [,ældʒi'breiikəli] adv algebric, pe cale algebrică

algebraist [,ældʒi'breiist] s specialist în algebră

algid ['ældʒid] adj med algid, rece

algidity [æl'dʒiditi] s med algiditate

Algiers [æl'dʒiəz] s Alger

algoid ['ælgɔid] adj algoid, ca o algă

ALGOL ['ælgol] presc de la algorithmic oriented language s cib ALGOL (limbaj de programare)

algolagnia [,ælgə'lægniə] s algolagnie; sadism, plăcere a autoflagelării; **active ~** sadism; **passive ~** masochism

algologist [æl'go0lədʒist] s (savant) algolog

algology [æl'goləgʒi] s algologie, știință sau studiu al algelor

Algonkian [æl'goŋkiən] s geol algonkian, eră algonkiană

algophobia [,ælgəu'fəubiə] s med algofobie, teamă de durere

algorithmic [,ælgə'riðmik] adj algoritmic

algous ['ælgəs] adj bot 1 (ca) de alge 2 plin de / cu alge

alible ['ælibl] adj alibil, nutritiv, hrănitor

Alicant ['ælikænt] s vin de Alicante

Alicante [,æli'kænti] s v. **Alicant**

Alice band ['ælis bænd] s bentiță pentru păr

aliad ['ælidæd] s tehn alidadă, diopter

alienability [,eiliənə'biliti] s jur alienabilitate

alienated ['eiljəneitid] s alienat, înstrăinat

aliform ['eilifɔ:m] adj în formă de aripă

alignment chart [ə'lainmənt tʃɑːt] s mat nomogramă; proiecție orizontală

alimental [,æli'mentəl] adj v. **alimentative**

alimentative [,æli'mentətiv] adj hrănitor, nutritiv

A-line [,ei'lain] adj (d rochie, fustă) cloș, stramtă sus și largă jos

aliped ['æliped] zool **I** adj aliped, cu picioarele în formă de aripi **II** s (animal) aliped

aliveness [ə'laivnis] s 1 vioiciune, însuflețire 2 ~ **to** înțelegere (cu gen), pricepere (cu gen)

alkalescence [,ælkə'lesəns] s ch alcalescență, slabă alcalinitate

alkalescent [,ælkə'lesənt] adj ch alcalescent, ușor alcalin

alkalify [æl'kælifai] vt v. **alkalize**

alkali metal ['ælkəlai ,metl] s metal alcalin

alkalimetry [,ælkə'limitri] s ch alcalimetrie

alkalinity [,ælkə'liniti] s ch alcalinitate

alkalize ['ælkəlaiz] vt ch a alcaliza, a alcaliniza

alkanet ['ælkənet] s bot limba-boului (Anchusa tinctoria)

alkie, alky ['ælki] s ← F bețivan; ~ **cooking** amer fabricare clandestină de băuturi alcoolice

allantois [ə'læntɔis] *s med* membrană alantoidă

All Black ['ɔːl,blæk] *s sport* the ~s echipa naţională de rugby a Noii Zeelande

all comers [ɔːl'kʌməz] *s sport* the British ~ 100 m record recordul britanic al probei de 100 m, accesibil tuturor

all-day [,ɔːl'dei] *adj* care durează toată ziua

allegiant [ə'liːdʒənt] *adj* înv credincios, leal

allegory ['æligəri] *s* 1 alegorie 2 înv emblemă, simbol

Allen key ['ælənkiː] *s tehn* cheie pentru şuruburi cu locaş hexagonal

allergen ['ælədʒen] *s farm* alergen

allergist ['ælədʒist] *s med* alergolog

alleviative [ə'liːvieitiv] *adj, s* calmant, paliativ

alleviator [ə'liːvieitə] *s* persoană sau lucru care aduce alinare; alinător; mângâietor; *med* ~ of pain calmant

alley cat ['æli,kæt] *s* pisică (vagaboandă) de rasă incertă

All-father ['ɔːl,fɑːðə] *s rel* Atoateziditorul, Dumnezeu

all-fired [,ɔːl 'faiəd] *adj F* foarte, extrem de, teribil de; what an ~ fool! ce probă de imbecil! ce caraghios notoriu!

Allhallowtide [,ɔːl'hæləutaid] *s bis* ziua tuturor sfinţilor (1 noiembrie)

allheal ['ɔːl hiːl] *s bot* 1 valeriană (Valeriana) 2 sanicioară (Sanicula) 3 vâsc (Viscum album)

alligation [,æli'geiʃn] *s* 1 legare, unire; amestecare 2 amestec, aliaj

all-in-one [,ɔːl in'wʌn] *s* corset (cu sutien)

all-in-wrestling [,ɔːl in 'resliŋ] *s sport* catch

alliteral [ə'litərəl] *adj* aliterativ

alliterate [ə'litəreit] I *vt* a alitera II *vi* a folosi aliteraţia

allness ['ɔːlnis] *s* totalitate

all night [,ɔːl'nait] *adj* care durează toată noaptea; de noapte, deschis toată noaptea; an ~ sitting of Parliament şedinţă parlamentară de noapte; ~ pass *mil* permisie de noapte; ~ showing *cin* proiecţie neîntreruptă care durează şi pe parcursul nopţii

allocable ['æleikəbl] *adj* alocabil

allochromatic [,æləkrə'mætik] *adj opt* alocromatic

allodium [ə'ləudiəm] *s ist* alodiu, proprietate liberă de obligaţiuni faţă de senior

allogamy [ə'logəmi] *s bot* fecundare încrucişată

allogeneous [,ælə'dʒiːnjəs] *adj* alogen

allopath ['æləpæθ] *s* alopat

allopathic [,ælə'pæθik] *adj* alopatic

allophone ['æləfəun] *s lingv* alofon

allotrope ['ælətrəup] *s ch* alotrop

allottee [ələ'tiː] *s* 1 persoană care primeşte un lot de pământ; mic arendaş 2 persoană care primeşte / căreia i se distribuie ceva

all-overish [,ɔːl'əuvəriʃ] *adj F* 1 general, relativ la întregul organism; an ~ feeling of sickness o indispoziţie generală 2 indispus; I feel ~ mă simt (uşor) indispus, am o stare de proastă dispoziţie

all-overs [,ɔːl'əuvəz] *s pl F* greaţă, greţuri

all-possessed [,ɔːlpə'zest] *adj amer F* posedat, stăpânit (de diavol)

all square [,ɔːl 'skweə] *adj* 1 *fin* cu conturile reglate, fără datorii 2 *sport* la egalitate

all told [,ɔːl 'təuld] *adv* cu toţii; there were six of us ~ eram şase cu toţii

allusiveness [ə'ljuːsivnis] *s* caracter aluziv

alluvial deposit [ə,ljuːviəl di'pozit] *s geol* zăcământ aluvionar

alluviation [ə,luːvi'eiʃn] *s geol* 1 procesul formării de aluviuni 2 aluviune

alluvion [ə'ljuːviən] *s geol* aluviune, zăcământ aluvionar; formaţie aluvională

all-weather [,ɔːl'weðə] *adj* 1 pentru toate anotimpurile 2 pentru orice timp / vreme

allwhere ['ɔːl weə] *adv rar* pretutindeni, peste tot

allyl ['ælil] *s ch* alil

Ally Pally [,æli'pæli] *s F* Palatul Alexandra

almandine ['ɑːməndain] *s minr* almandin

almightiness [,ɔːl'maitinis] *s* atotputernicie

almond-eyed [,ɑːmənd 'aid] *adj* cu ochi migdalaţi

almond oil ['ɑːmənd ɔil] *s* ulei de migdale

almond paste ['ɑːmənd peist] *s* aluat cu migdale; pastă de migdale

almond-shaped [,ɑːmənd'ʃeipt] *adj* migdalat, de forma unei migdale

almondy ['ɑːməndi] *adj v.* almond-shaped

almonry ['ælmənri] *s* locul unde se împart pomenile

almsdeed ['ɑːmzdiːd] *s* milostenie, faptă caritabilă

almsdish ['ɑːmzdiʃ] *s bis* farfuria milelor

alongshore [ə'lɔnʃɔː] *adv* de-a lungul ţărmului

alopecia [,ælə'piːʃiə] *s* alopecie, pierderea părului; chelie

alpestrian [æl'pestriən] *adj v.* alpestrine

alpestrine [æl'pestrin] *adj* 1 alpestru, din Alpi 2 *bot* subalpin

alphabetarian [,ælfəbi'teəriən] *s* 1 persoană care învaţă alfabetul, bucher; *fig* începător, novice, bucher 2 cunoscător a diverse alfabete

alphameric [,ælfə'merik] **alphanumeric** [,ælfənjuː'merik] *adj* alfanumeric

alpha ray ['ælfərei] *s fiz* radiaţie alfa

alpha-rays ['ælfəreiz] *s pl fiz* raze alfa

alpha wave ['ælfəweiv] *s fiz* unde alfa

alpinism ['ælpinizm] *s* alpinism

alright [,ɔːl'rait] *adv F* în regulă, s-a făcut

Alsatian [æl'seiʃən] I *adj* alsacian II *s* 1 alsacian 2 *ist* datornic (de la Alsatia, denumirea unei părţi din cartierul White Friars al Londrei, unde în sec. XVI – XVIII îşi găseau refugiul datornicii şi criminalii) 3 câine ciobănesc, dulău

Alta *presc de la* Alberta, nume fem

altar cloth ['ɔːltə klɔθ] *s* bis aer, vălul de pe masa altarului

alterative ['ɔːltəreitiv] I *adj* schimbător, care schimbă, modificator II *s med* alterativ, medicament pentru curăţirea sângelui

alternating ['ɔːltə(ː)neitiŋ] *adj* alternativ, care alternează

alternating current [,ɔːltə(ː)neitiŋ 'kʌrənt] *s el* curent alternativ

alternation [,ɔ(ː)ltə(ː)'neiʃn, ,æltə(ː)-'neiʃn] *s* alternare, alternanţă; ~ of day and night alternanţa zilei cu noaptea

alternative [ɔ(:)l'tə:nətiv] I s alternativă, alegere; **there is not other ~ but** nu există altă ieșire / altă soluție decât, singura soluție este II adj 1 care se exclud reciproc; **these two plans are not necessarily ~** aceste două planuri nu se exclud neapărat 2 alternativ

alternatively [ɔ:l'tə:nətivli] adv dacă nu, ca o alternativă; **you could travel by train or ~ by bus** puteți călători cu trenul sau, ca o alternativă, cu autocarul

altigraph ['æltigrɑ:f] s altigraf

altimetry [æl'timitri] s altimetrie, ipsometrie

altisonant [æl'tisənənt] adj răsunător, sonor, zgomotos

alto-cumulus [,æltəu'kju:mjuləs] s meteor nori altocumulus

alto-rilievo [,æltəurili'eivəu], pl **alto-rilievos** [,æltəurili'eivəuz] s artă altorelief, relief înalt

alto-stratus [,æltəu'streitəs] s meteor nori altostratus

ALU presc de la arithmetic and logic unit unitate logico-aritmetică

aluminate [ə'lju:mineit] s ch aluminat

aluminiferous [əlju:mi'nifərəs] adj aluminifer

alunite ['æljunait] s minr alunit; piatră acră

alveolate [æl'viəlit] adj alveolat

alyssum ['ælisəm] s bot albiță (Alyssum calycinum)

Alzheimer's disease ['æltshaiməz di,zi:z] s med boala lui Alzheimer

AMA presc de la American Medical Association s Asociația medicilor americani

amah ['ɑ:mə] s (cuvânt anglo-indian) 1 doică 2 servitoare, slujnică

amaranthine [æmə'rænθain] adj 1 purpuriu, cărămiziu, roșietic 2 fig nepieritor, veșnic

amaryllis [,æmə'rilis] s bot numele mai multor specii de plante tropicale cu flori parfumate (Amaryllis)

amassment [ə'mæsmənt] s 1 masare, îngrămădire, concentrare, (a)cumulare, adunare 2 grămadă, morman, maldăr, stivă

amate [ə'meit] vt înv a îmblânzi; a speria

amateurism ['æmətərizm] s 1 sport amatorism 2 peior diletantism

amative ['æmətiv] adj iubăreț, drăgăstos, care se îndrăgostește ușor; senzual

amatol ['æmətol] s ch amatol

amazedly [ə'meizidli] adv uluit, uimit, surprins

ambages [æm'beidʒi:z] s pl ocoluri; tertipuri; chichițe; amânări; scuze

ambassadorship [æm'bæsədəʃip] s funcția de ambasador

ambiance ['æmbiəns] s ambianță

ambidexterity [,æmbideks'teriti] s 1 ambidexteritate 2 fig fățărnicie, ipocrizie; duplicitate

ambitendency [,æmbi'tendənsi] s psih existența unor tendințe contradictorii într-un individ

ambitiously [æm'biʃəsli] adv (în mod) ambițios, cu ambiție

ambivalence [æm'bivələns] s ambivalență

ambrein(e) ['æmbriin] s ch ambrină

ambulance chaser [,æmbjuləns 'tʃeisə] s amer, jur, F jurist care se ocupă cu procesele victimelor accidentelor de circulație sau ale transportului feroviar

ameliorative [ə'miliəreitiv] adj care îmbunătățește, care ameliorează; de ameliorare

amenability [əmi:nə'biliti] s 1 jur răspundere, responsabilitate 2 promptitudine 3 expunere, predispoziție (la boli)

amenable [ə'mi:nəbl] adj amendabil, care poate fi îndreptat / ameliorat / îmbunătățit / modificat / schimbat

amen corner ['ɑ:men,kɔ:nə] s 1 colțul credincioșilor fervenți (în biserică) 2 colț (pentru discuții politice confidențiale)

amenity bed [ə'mi:nəti bed] s (în Marea Britanie) categorie de paturi într-un spital, pentru care bolnavii plătesc în schimbul unui plus de confort și intimitate

amenorrh(o)ea [ə,menəu'ri:ə] s med amenoree

ament [ə'ment] s bot ament, mâțișor

amentia [ə'menʃiə] s med debilitate mintală

amercement [ə'mə:smənt] s 1 amendare 2 amendă (bănească) 3 pedeapsă (ușoară)

Americana [əmeri'kɑːnə] (cu sensul de plural) obiecte și documente care fac parte din patrimoniul cultural american

American aloe [ə,merikən 'æləu] s bot aloe american (Agave americana)

American elm [ə,merikən 'elm] s bot ulm-alb (Ulmus americana)

American Indian [ə,merikən 'indjən] s indian din America, amerindian

American League [ə,merikən 'li:g] s una dintre cele două ligi profesioniste de baseball din S.U.A.

Amerind ['æmərind], **Amerindian** [,æmər'indjən] I s indian din America, amerindian II adj amerindian, cu privire la indienii din America

amethystine [,æmi'θistain] adj de ametist, de culoarea ametistului

ametropia [,æmi'trəupiə] s med ametropie

Amex ['æmeks] presc de la American Stock Exchange s a doua piață bursieră în S.U.A.

amiableness ['eimiəblnis] s amabilitate, bunăvoință, politețe, curtenie

amianthus [,æmi'ænθəs] s minr ambianță

amicability [,æmikə'biliti] s prietenie, sentimente amicale

amicableness ['æmikəblnis] s v. amicability

amildar ['æmaldɑ:] s (cuvânt anglo-indian) inspector financiar; agent fiscal

amin(e) ['æmin] s ch amină

aminoplast [ə'minəuplɑ:st] s ch aminoplast

amity ['æmiti] s prietenie, amiciție, relații prietenești; **treaty of ~** tratat de prietenie

Amman [ə'mɑ:n] s capitala Iordaniei

ammo ['æməu] s invar F muniție, muniții

ammonal ['æmənəl] s ch amonal (exploziv)

ammoniacal [,æmə'naiəkəl] adj ch amoniacal

Ammonites ['æmənaits] s pl ist amoniți

ammonium carbonate [ə,məuniəm 'kɑ:bənit] s ch carbonat de amoniu

ammonium sulphate [ə,məuniəm 'sʌlfeit] s ch sulfat de amoniu

ammonium sulphide [ə,məuniəm 'sʌlfaid] s ch sulfură de amoniu

ammunition belt [æmju'niʃn belt] s mil cartușieră

ammunition dump [æmju'niʃn dʌmp] s depozit de muniții

amnesiac [æm'ni:ziæk] **amnesic** [æm'ni:zik] s, adj amnezic

Amnesty International [ˌæmnəsti intəˈnæʃənəl] *s* Amnesty International *(organizaţie internaţională pentru apărarea drepturilor omului)*

amniocentesis [ˌæmniəusen'ti:sis] *s med* amniocenteză

amnioscope [ˌæmniə'skəup] *s med* amnioscopie

amniotic [ˌæmni'ɔtik] *adj* amniotic

amoebic [ə'mi:bik] *adj* din / despre amibă

amoebic dysentery [əˌmi:bik di'zentri] *s med* dizenterie cauzată de amibe

amontillado [əmɔnti'lɑːdəu] *s vin* / podgorie din regiunea Xeres

amorphism [ə'mɔːfizm] *s* amorfism, lipsă de formă

amorphous [ə'mɔːfəs] *adj* 1 *ch* amorf, necristalizat 2 *fig* amorf, fără formă

amort [ə'mɔːt] *adj* mort, fără viaţă, neînsufleţit

amortizement [ə'mɔːtizmənt] *s ec* amortizare, amortisment, stingere a unei datorii

Amos ['eimɔs] *s profet biblic*

amotion [ə'məuʃn] *s rar* înlăturare, îndepărtare, eliminare

ampere-turn ['æmpeətəːn] *s el* amper-spiră

ampersand ['æmpəsænd] *s* 1 semnul & 2 *F* şezut

amphetamine [æm'fetəmiːn] *s farm* amfetamină

amphibia [æm'fibiə] *s pl zool* amfibii

amphibian tank [æm'fibiən 'tæŋk] *s mil* tanc amfibiu

amphibole ['æmfibəul] *s minr* amfibol

amphibolic [ˌæmfi'bɔlik] *adj* 1 amfibologic, echivoc, ambiguu, confuz, cu dublu înţeles 2 nesigur, incert, fluctuant

amphibolite [æm'fibəlait] *s minr* amfibolit

amphibolization [ˌæmfibɔlai'zeiʃn] *s minr* amfibolizare

amphibology [ˌæmfi'bɔlədʒi] *s* amfibologie, construcţie / expresie cu două înţelesuri, expresie ambiguă

amphioxus [ˌæmfi'ɔksəs] *s iht* amfiox *(Branchiostoma lanceolatum)*

amphipod ['æmfipɔd] *adj, s zool* amfipod

amplification factor [æmplifiˌkeiʃn 'fæktə] *s* coeficient de amplifcare; factor de amplificare

ampoule ['æmpuːl] *s* fiolă, sticluţă

ampul ['æmpʌl] *s v.* **ampoule**

ampule ['æmpjuːl] *s v.* **ampoule**

Amtrak ['æmtræk] *s* Societatea naţională a căilor ferate din S.U.A.

Amur cork [ɑː'muə kɔːk] *s bot* arbore de plută de Amur *(Phellodendron amurense)*

amusement arcade [ə'mjuːzmənt ɑːˌkeid] *s* sală de jocuri *(în parcurile de distracţii)*

amusive [ə'mjuːziv] *adj* distractiv, amuzant; nostim, hazliu, de râs

amygdalin [ə'migdəlin] *s ch* amigdalină

amygdaloid [ə'migdəlɔid] *s geol* rocă amigdaloidă

amyl alcohol [ˌæmil 'ælkəhɔl] *s ch* alcool amilic

amylase [ˌæmi'leis] *s ch* amilază

amylene ['æmiliːn] *s ch* amilenă

amyloid ['æmilɔid] *ch* I *adj* amiloid(al), amidonos II *s* amiloid, amidon dextrinizat

amylolysis [ˌæmi'lɔlisis] *s ch* amiloliză

amylopectin [ˌæmiləu'pektin] *s ch* amilopectină

amylose ['æmiləus] *s ch* amiloză

amyotrophy [ˌeimi'ɔtrəfi] *s med* amiotrofie, atrofie musculară

ana ['ænə] *adv (d componenţii unei reţete)* în cantitate egală

ANA *presc de la* 1 American Newspaper Association sindicat american al presei scrise 2 American Nurses Association *s* sindicat american al surorilor medicale şi infirmierilor

anabaptism [ˌænə'bæptizəm] *s rel* anabaptism

anabaptize [ˌænə'bæptaiz] *vt* a boteza din nou, a da alt nume *(cuiva)*

anabasis [ə'næbəsis] *pl* **anabases** [ə'næbəsiːz] *s* expediţie militară

anabatic [ˌænə'bætik] *adj meteor* anabatic; *(d curent)* ascendent

anabiotic [ˌænəbai'ɔtik] *adj med* anabiotic

anabolic [ˌænə'bɔlik] *adj fizl* anabolic

anabolic steroid [ænəˌbɔlik 'stiərɔid] *s fizl* steroid anabolic

anachoret [ə'nækərit] *s v.* **anchoret**

anachronic [ˌænə'krɔnik] *s* anacronic

anachronical [ˌænə'krɔnikəl] *adj rar* anacronic

anachronous [ə'nækrənəs] *adj înv* anacronic

anachronously [ə'nækrənəsli] *adv* anacronic

anaclastics [ˌænə'klæstiks] *s pl (folosit ca sg)* fiz dioptrică

anacreontic [əˌnækri'ɔntik] I *adj* 1 *lit* anacreontic 2 *fig* uşor, frivol II *s lit* poezie anacreontică, poezie de dragoste

anacrusis [ˌænə'kruːsis] *s metr* anacruză

anadem ['ænədem] *s poetic* cunună de flori

anadiplosis [ˌænədi'pləusis] *s ret* anadiploză

anaerobium [æn,eiə'rəubiəm], *pl* **anaerobia** [æn,eiə'rəubiə] *s pl fizl* anaerob

anaesthetic [ˌæni(ː)s'θetik] *med* I *adj* anestezic II *s* anestezic, substanţă anestezică

anaglyphics [ˌænə'glifiks] *s pl (folosit ca sg)* procedeul anaglifelor

anaglyphy [ə'næglifi] *s v.* **anaglyphics**

anaglyptics [ˌænə'gliptiks] *s pl (folosit ca sg)* v. **anaglyphics**

anagogic [ˌænə'gɔdʒik] I *adj* anagogic, mistic II *s pl* anagogie, interpretare mistică a bibliei

anagram ['ænəgræm] *s* anagramă

anagrammatic(al) [ˌænəgrə'mætik(əl)] *adj* anagramatic

anagrammatist [ˌænə'græmətist] *s* anagramatist

anagrammatize [ˌænə'græmətaiz] *vi* a face anagrame

analcime [æ'nælsim, æ'nælsaim] *s minr* analcim

analcite [æn'ælsait] *s minr* analcit

analecta [ˌænə'lektə] *s pl v.* **analects**

analects ['ænəlekts] *s pl* analecte, antologie, crestomaţie

analemma [ˌænə'lemə] *s* 1 *mat* analemă, proiectare ortografică a globului pe suprafaţa meridianului 2 *astr* astrolab

analepsia [ˌænə'lepsiə] *s med* analepsie, întremare, restabilire, convalescenţă, întărire *(după boală)*

analepsis [ˌænə'lepsis] *s v.* **analepsia**

analepsy [ˌænə'lepsi] *s v.* **analepsia**

analeptic [ˌænə'leptik] *adj med* analeptic, întăritor

analgesia [ˌænæl'dʒiːʒiə] *s med* analgezie

analog ['ænəlɔg] s 1 expresie analoagă 2 *tehn* analog

analogically [,ænə'lɔdʒikəli] *adv* în mod analog / asemănător; prin analogie

analphabet [ən'ælfəbit] s *rar* analfabet

analphabetic(al) [æn'ælfə,betikəl] *adj* (de) analfabet

analphabetism [æn'ælfəbetizm] s analfabetism

analysand [ə'nælisænd] s *med* pacient sub analiză

analytic geometry [æna,litik dʒi-'ɔmitri] s *mat* geometrie analitică

anamorphic [,ænə'mɔ:fik] *adj geogr* anamorfic

anamorphism [,ænə'mɔ:fizm] s *zool, bot geol* anamorfism

anamorphosis [,ænə'mɔ:fəsis] s 1 anamorfoză, imagine diformă / grotescă a unui obiect 2 *bot* anamorfoză, dezvoltare anormală

ananas [ə'na:nəs] s *bot* ananas (*Annanassa sativa, Ananas sativus*)

anaphoric [,ænə'fɔrik] *adj gram* anaforic

anaphrodisiac [,ænæfrəu'diziæk] s *med* anafrodisiac

anaphylaxis [,ænəfi'læksis] s *med* anafilaxie

anaplasty ['ænəpla:sti] s *med* anaplastie, autoplastie

anarchial [æ'na:kiəl] *adj* anarhic

anarchistic [,ænə'kistik] *adj* anarhist

anarthria [ə'na:θriə] s *med* anartrie

anas ['einəs] s *orn* rață (*Anas*)

anathematization [ə,næθimətaizei-ʃn] s *bis* afurisenie; excomunicare

Anatolian [,ænə'təuljən] s, *adj* anatolian

an(a)esthetist [æ'ni:sθətist] s *med* anestezist

an(a)estrus [æ'ni:strəs] s *zool* perioada dintre două etape de activitate sexuală la mamifere

anbury ['ænbəri] s 1 *vet* umflătură, tumoare 2 *bot* hernia / ofilirea verzii

ANC *presc de la* **African National Congress** s ANC, Congresul Național African (*în Africa de Sud*)

ancestor worship ['ænsistə ,wə:ʃip] s cultul strămoșilor

anchorman ['æŋkəmæn] s 1 prezentator TV 2 *sport* pilier; pivot

anchor bolt ['æŋkə bəult] s 1 *ferov* ancoră 2 *tehn* bulon de ancorare 3 *constr* șurub de fundație

anchored ['æŋkəd] *adj* 1 ancorat 2 *fig* liniștit, sigur, încrezător 3 în formă de ancoră

anchoret ['æŋkəret] s anahoret, pustnic, sihastru, ermit, schimnic

anchoretic [,æŋkə'retik] *adj* de anahoret, de pustnic

anchorhold ['æŋkə ,həuld] s 1 *nav* fixarea ancorei 2 *fig* siguranță; fermitate

anchor ice ['æŋkər ais] s gheață de (la) fund

anchoring ['æŋkəriŋ] s 1 *nav* ancorare 2 *nav* ancoraj; loc de ancorare 3 *constr* ancoraj; ancorare

anchoritic [,æŋkə'ritik] *adj v.* **anchoretic**

anchor light ['æŋkə lait] s *nav* lumină de ancoră

anchor ring ['æŋkə riŋ] s *nav* inel de ancoră

anchorwoman ['æŋkə,wumən] s prezentatoare TV

anchylosis [,æŋkai'ləusis] s 1 *med anat* anchiloză; înțepenire (a unei încheieturi) 2 *fig* tâmpire, prostire

ancient history [,einʃənt 'histəri] s istoria antică

ancientness ['einʃəntnis] s antichitate, vechime

ancientry ['einʃəntri] s 1 antichitate, vechime 2 întâietate, precădere în baza vârstei

ancon ['æŋkɔn], *pl* **ancones** ['æŋkɔni:z] s 1 *anat* cot 2 meandră (de râu) 3 *arhit* consolă

Ancona [æŋ'kəunə] s oraș în Italia

Andalusian [,ændə'lu:zjən] *adj, s* andaluz

andalusite [,ændə'lu:sait] s *minr* andaluzit

andesin(e) ['ændizin] s *minr* andezin

Andorran [æn'dɔ:rən] I s locuitor din Andorra II *adj* din / despre Andorra

andradite ['ændrədait] s *minr* andradit

androcentric [,ændrəu'sentrik] *adj* androcentric

androgen ['ændrədʒen] s *fizl* androgen (*hormon*)

androgyny [æn'drɔdʒini] s *biol, med, bot* androginie

android ['ændrɔid] s, *adj* android

androsterone [æn'drɔsterəun] s *fizl* androsteron (*hormon*)

Andy Capp [,ændi'kæp] s personaj din benzile desenate, tipul muncitorului sexist, leneș, necioplit și fanfaron

anecdotage ['ænikdəutidʒ] s culegere de anecdote

anecdotic(al) [,ænek'dotik(əl)] *adj* 1 anecdotic, (care ține) de anecdotă, de întâmplare, de narațiune; neimportant, episodic 2 mucalit, hazliu, glumeț

anecdotist ['ænikdəutist] s povestitor de anecdote; culegător de anecdote

anencephalia [ən,ensi'feiliə] s *med* anencefalie

anencephalic [ən,ensi'fælik] *adj* anencefalic

anergy ['ænədʒi] s *med* anergie

anesthesiologist [ænis,θi:zi'ɔlədʒist] s *amer* anestezist

aneurin [ə'njuərin] s *ch* aneurină; vitamina B$_1$

anfractuosity [æn,fræktju'ositi] s anfractuozitate, sinuozitate

Anfield ['ænfi:ld] s stadion de fotbal în Liverpool

angary ['æŋgəri] s *jur* dreptul unui beligerant de a folosi, acapara sau distruge (contra compensație) bunuri ale unei puteri neutre

angel cake ['eindʒəl ,keik] s *gastr* prăjitură pufoasă din făină, zahăr și albușuri de ou

Angeleno [,ændʒə'li:nəu] s locuitor din Los Angeles

angelet ['eindʒəlit] s îngeraș și fig

angelfish ['eindʒəlfiʃ] s *iht* 1 scalar (*Pterophyllum scalare*) 2 rechin din genul *Squatina*

angerly ['æŋgəli] *poetic* I *adj* pornit spre mânie, iritabil, irascibil II *adv* cu mânie / supărare / necaz / furie, mânios, supărat, furios, cu o falcă în cer și alta în pământ

angle bar ['æŋgl ba:] s *met* fier *sau* oțel cornier

angle brace ['æŋgl breis] s 1 *constr* legătură de colț 2 *tehn* burghiu cu coarbă

angled ['æŋgld] *adj* cu unghiuri, cu colțuri; **right-** ~ dreptunghiular

angle-meter ['æŋgl,mi:tə] s *tehn* goniometru

angle plate ['æŋgl pleit] s *constr* cornier de fixare; colțar de fereastră

angle shears ['æŋgl ʃiəz] s *pl tehn* foarfece cu pârghie cotită

anglesite ['æŋgləsait] *s minr* anglezit, minereu de sulfat de plumb

angle valve ['æŋgl vælv] *s tehn* ventil unghiular

angle worm ['æŋgl wə:m] *s* râmă *(pentru pescuit)*

Anglice ['æŋglisi] *adv lat* (în) englezeşte

Anglicist ['æŋglisist] *s* anglist

Anglify ['æŋglifai] **I** *vt* a angliciza, a englezi, a face englez / englezesc **II** *vi* a se angliciza

Anglist ['æŋglist] *s* anglist

Anglo ['æŋgləu] *s* **1** *amer* american alb **2** *(în Canada)* canadian anglofil

Anglo-French [ˌæŋgləu'frentʃ] *adj* anglo-francez

Anglo-Irish [ˌæŋgləu'airiʃ] **I** *adj* anglo-irlandez **II** *s* **1** limba engleză vorbită în Irlanda **2** the ~ irlandez de origine engleză

Anglomania [ˌæŋgləu'meinjə] *s* anglomanie, admirare exagerată a tot ce este englezesc

Anglophobia [ˌæŋgləu'fəubjə] *s* anglofobie

Anglophobist [ˌæŋgləu'fəubist] *s* anglofob

Anglo-Saxon alphabet [ˌæŋgləu ˌsæksən 'ælfəbit] *s* alfabet compus din 23 de litere *(fără j, q şi w, folosit în Anglia la mijlocul sec. al XVII-lea)*

Anglo-Saxondom [ˌæŋgləu 'sæksəndəm] *s* **1** teritoriu locuit de anglo-saxoni **2** anglo-saxoni

Anglo-Saxonic [ˌæŋgləu sæk'sɔnik] *adj* anglo-saxon

Angolan [æŋ'gəulən] *s, adj* angolez

Angostura bitters [ˌæŋgə'stjuərə ˌbitəs] *s pl* marcă de bitter pe bază de extract din scoarță de Galipea Officinalis sau Cusparia trifoliata

angriness ['æŋgrinis] *s* supărare, mânie *(rar)*

angry young man [ˌæŋgri jʌŋ 'mæn] *s* tânăr furios *(care, mai ales în literatură, îşi manifestă protestul față de interdicțiile generațiilor mai vârstnice şi față de instituțiile contemporane)*

angst [æŋst] *s* angoasă

anguine ['æŋgwin] *adj* de şarpe, ca şarpele, şerpesc

angulation [ˌæŋgju'leiʃn] *s* formă unghiulară

anhydrite [æn'haidrait] *s minr* anhidrit, sulfat de calciu anhidru; karstenit

anhydrous alcohol [ænˌhaidrəs 'ælkəhɔl] *s ch* alcool absolut

a-night(s) [ə'nait(s)] *adv înv* în timpul nopții, noaptea

anilide ['ænilaid] *s ch* anilidă

aniline black [ˌænili:n 'blæk] *s ch* negru de anilină

aniline ink ['ænili:n iŋk] *s poligr* cerneală flexografică; cerneală pe bază de anilină

anima ['ænimə] *s* **1** suflet; spirit **2** însuflețire, animație

animal heat ['æniməl hi:t] *s* căldură animală

animalian [ˌæni'meiliən] *adj* animalic, de animal

animalization [ˌæniməlai'zeiʃn] *s* **1** *fizl* transformare în materie animală **2** *fig* abrutizare; neomenie, animalitate **3** reprezentare sub formă de animal

animalize ['æniməlaiz] *vt* **1** *fizl* a asimila *(hrană)*; a transforma în materie animală **2** *fig* a abrutiza; a îndobitoci, a dezumaniza **3** a reprezenta sub formă de animal

animal magnetism [ˌænimal 'mægnitizm] *s* **1** magnetism **2** *fig* vino-ncoa

animal oil ['ænimal ɔil] *s* ulei de oase

animatedly ['ænimeitidli] *adv* animat, vivace

animating ['ænimeitiŋ] *adj* care animează; însuflețitor

anise seed ['ænis si:d] *s* **1** anason, anison **2** sămânța plantei anason *(Pimpinella anisum)*

anisette [ˌæni'zet] *s* lichior aromat cu anason

anisol ['ænisol] *s ch* anisol

anker ['æŋkə] *s* măsură de capacitate egală cu 37,83 l

ankle boot ['æŋkl bu:t] *s* cizmuliță, botină; gheată

ankle-deep [ˌæŋkl'di:p] *adj* până la glezne

anlace ['ænlis] *s* un fel de pumnal; sabie scurtă

anna ['ænə] *s* **1** anna *(monedă indiană egală cu 1 / 16 de rupie)* **2** *ec, jur* a şaisprezecea parte

annalist ['ænəlist] *s* **1** analist, cronicar **2** istoric, istoriograf

Annamese [ˌænə'mi:z] *adj, s* anamit

Annamite ['ænəmait] *adj, s v.* Annamese

Annapurna [ˌænə'pə:nə] *s* vârf în munții Himalaya

annealer [ə'ni:lə] *s* pictor pe sticlă

annelid ['ænəlid] *zool* **I** *adj* de *(vierme)* anelid **II** *s pl* anelide

annelida [ə'nelidə] *s pl zool* inelate, anelide *(Annelida)*

annihilable [ə'naiələbl] *adj* destructibil, care poate fi nimicit

annihilator [ə'naiəleitə] *s* nimicitor, distructiv; **fire ~** aparat de stins incendii

annoyed [ə'nɔid] *adj* supărat, necăjit; iritat; plictisit, sâcâit; căruia i se urăşte *(cu sau de ceva)*, căruia îi este lehamite; **to be ~ with smb** a fi supărat pe cineva

annoyingly [ə'nɔiŋli] *adv* agasant, sâcâitor; enervant

annual general meeting [ˌænjuəl 'dʒenrəl mi:tiŋ] *s* adunare generală anuală

annualist ['ænjuəlist] *s* autor *sau* editor de anuare

annualize, annualise ['ænjuəˌlaiz] *vt* a calcula anual

annual report [ˌænjuəl ri'pɔ:t] *s fin* raport anual

annual ring [ˌænjuəl 'riŋ] *s bot* inel anual

annuary ['ænjuəri] *s* anuar

annuitant [ə'njuitənt] *s ec* beneficiarul unei anuități

annular vault [ˌænjulə 'vɔ:lt] *s constr* boltă cilindrică

annulary ['ænjuləri] **I** *adj* inelat, inelar, circular, în formă de inel **II** *s (deget)* inelar

annulate ['ænjuleit] *adj* inelat, alcătuit din inele

annulation [ˌænju'leiʃn] *s* **1** formă inelară, de inel **2** inel

annulet ['ænjulet] *s* **1** inel, ineluş **2** *arhit* spiră, volută **3** *mat* anulator

annunciate [ə'nʌnʃieit] *vt rar* a vesti

anodynic [ˌænəu'dinik] *adj med* calmant, liniştitor şi *fig*, analgezic

anointing [ə'nɔintiŋ] *s* **1** ungere, frecare *(cu ulei etc.)* **2** ungere, sfințire; miruire

anolyte ['ænəuˌlait] *s el* anolit

anomalistic [ənɔmə'listik] *adj astr* anomalistic; anomal; anormal

anonym(e) ['ænənim] *s* **1** anonim, necunoscut, neştiut **2** pseudonim; nume de împrumut

anopheline mosquito [ə͵nɔfilain məs'kiːtəu] *s ent* țânțar anofel (*Anopheles*)

anorexia nervosa [ænə͵reksiə nə:'vəusə] *s med* anorexie nervoasă

anormal [ə'nɔːməl] *adj rar* anormal

anormality [͵ænɔ:'mæliti] *s rar* anomalie (*de conformație, de comportament*)

anorthite [æn'ɔːθait] *s minr* anortit

anosmia [ə'nɔsmjə] *s med* anosmie

A.N.Other [͵ei en'ʌðə] *s* domnul / doamna X

anourous [ə'njuərəs] *adj zool* fără coadă; ecaudat, berc

anoxia [æ'nɔksiə] *s biol* anoxie

anserine ['ænsərain] *adj* **1** de gâscă **2** *fig* de gâscă, prost

ANSI *presc de la* **American National Standards Institute** *s* Institutul național american pentru standarde

answerer ['ɑːnsərə] *s* **1** persoană care răspunde **2** *jur* adversar (*într-un proces*)

answeringly ['ɑːnsəriŋli] *adv* corespunzător

answering machine ['ɑːnsəriŋ mə͵ʃiːn] *s* robot telefonic

answering service ['ɑːnsəriŋ ͵sə:vis] *s* serviciul telefonic permanent

answerless ['ɑːnsəlis] *adj* **1** fără răspuns, la care nu s-a răspuns **2** fără răspuns, la care nu se poate răspunde

anta ['æntə], *pl* **antae** ['ænti:] *s arhit* antă

ANTA *presc de la* **American National Theater and Academy** *s* Teatrul și Academia Națională de teatru din S.U.A.

antacid [͵ænt'æsid] *adj, s* anti-acid

Antalya [ɑːn'tɑːljə] *s* port antic turcesc la Mediterana

Antananarivo [͵æntənænə'riːvəu] *s* capitala Madagascarului

Antarctic Peninsula [ænt͵ɑːktik pə'ninsjulə] *s* peninsula Antarcticii

ant bear ['ænt beə] *s zool* furnicar (*Myrmecophaga jubata*)

ante ['ænti] **I** *s* **1** miză (*la cărți*); **to up the ~** *F* a mări miza **2** *F* (plată în) avans **II** *vi* a stabili miza (*la cărți*)

ante-bellum [͵ænti'beləm] *adj* **1** dinainte de război, antebelic **2** *amer ist* dinaintea războiului civil din S.U.A. (*1861 – 1865*)

antecedency [͵ænti'si:dənsi] *s* antecedență, anterioritate, precedență

antecessor [͵ænti'sesə] *s rar* premergător, înaintaș

antechapel ['ænti͵tʃæpəl] *s* portic (*al unei capele*)

antechurch ['ænti͵tʃə:tʃ] *s arhit* pridvor (*de biserică*)

antediluvial [͵æntidi'lu:viəl] *adj* antediluvian, dinainte de Potop

antefix ['æntifiks], *pl* **antefixae** [͵ænti'fiksi:] *sau* **antefixes** ['ænti͵fiksiz] *s arhit* antefix

antelopian [͵ænti'ləupjən] *adj* de antilopă

antemeridian [͵æntimə'ridiən] *adj* de dimineață, dinainte de amiază, a.m.

ante mortem [͵ænti'mɔːtəm] *adj, adv lat* ante mortem, înainte de moarte

ante-nati [͵ænti'neitai] *s pl* (*Ist S.U.A.*) cetățeni născuți înainte de proclamarea independenței (*7 iulie 1776*)

antenave ['æntineiv] *s arhit* pronaos

antennal [æn'tenəl] *adj* de antenă

antenniform [æn'tenifɔːm] *adj* în formă de antenă

antenuptial [͵ænti'nʌpʃl] *adj* prenupțial, dinainte de nuntă

ante-palatal [͵ænti'pælətl] *adj lingv* prepalatal

antepenult [͵æntipi'nʌlt] *s v.* **antepenultima**

antepenultima [͵æntipi'nʌltimə] *s* silabă antepenultimă

antetemple ['ænti͵templ] *s arhit* pridvor (*al unui templu*)

antevert [͵ænti'və:t] *vt* a apleca, a înclina înainte

ant heap ['ænt hi:p] *s* mușuroi de furnici, furnicar, cuib de furnici

anthelion [æn'θi:ljən], *pl* **anthelia** [æn'θi:ljə] *sau* **anthelions** [æn'θi:ljənz] *s astr* anthelic

anthemwise ['ænθəmwaiz] *adv bis* antifonic

anthracene oil ['ænθrəsi:n ɔil] *s ch* ulei antracenic / de antracen

anthropogenesis [͵ænθrəpə'dʒenisis] *s* antropogeneză

anthropogeny [͵ænθrə'pɔdʒini] *s v.* **anthropogenesis**

anthropogeography [͵ænθrəpə'dʒi'ɔgrəfi] *s* antropogeografie, geografie umană

anthropoidal [͵ænθrə'pɔidl] *adj* antropoid, asemănător omului

anthropometer [͵ænθrə'pɔmitə] *s* autropometru

anthropometry [͵ænθrə'pɔmitri] *s* antropometrie

anthropomorphist [͵ænθrəpə'mɔ:fist] *s* antropomorfist

anthropomorphize, anthropomorphise [͵ænθrəpə'mɔ:faiz] *vt* a antropomorfiza

anthropomorphous [͵ænθrəpə'mɔ:fəs] *adj* antropomorf

anthropophagi [͵ænθrə'pɔfəgai] *s pl* antropofagi, canibali, mâncători de oameni

anthropophagic [͵ænθrəpə'fædʒik] *adj* antropofag

anthropophagist [͵ænθrə'pɔfədʒist] *s rar* antropofag, canibal

anthropophagite [͵ænθrə'pɔfədʒait, ͵ænθrəu'pɔfədʒait] *s rar v.* **anthropophagist**

antiabortion [͵æntiə'bɔ:ʃn] *adj* the ~ movement mișcarea împotriva avortului

antiabortionist [͵æntiə'bɔ:ʃənist] *s* persoană care militează împotriva avortului

antiacid [͵ænti 'æsid] *s v.* **antacid**

anti-aircraft artillery [ænti͵eəkrɑ:ft ɑ:'tiləri] *s mil* artilerie antiaeriană

anti-aircrafter [ænti'eəkrɑ:ftə] *s amer mil* tunar sau mitralior antiaerian

antiapartheid [͵ænti'pɑ:theit] *adj* antiapartheid, împotriva segregației rasiale

antibacterial [͵æntibæk'ti:riəl] *adj* împotriva bacteriilor

anticardium [͵ænti'kɑ:diəm] *s anat* epigastru, regiune epigastrică

anticentre ['ænti͵sentə] *s geol* anticentru, antipod al epicentrului (*cutremurului*)

Antichrist ['ænti͵kraist] *s* the ~ Anticristul

antichristian [͵ænti'kristjən] *adj* anticreștin

anticipator [æn'tisipeitə] *s* persoană care anticipează / prevede *sau* presimte

anticlimactic(al) [͵æntiklai'mæktik(l)] *adj* cu / despre anticlimax

anticlinal [͵ænti'klainəl] *adj geol, anat* anticlinal

anticlinorium [͵æntiklai'nɔ:riəm], *pl* **anticlinoria** [͵æntiklai'nɔ:rjə] *s geol* anticlinoriu

anticlockwise [͵ænti'klɔkwaiz] *adj, adv* în sens invers acelor de ceasornic; **turn it in an ~** direction întoarce-l în sens invers acelor de ceasornic

23

anticoagulant [,æntikəu'ægjulənt] *s ch* anticoagulant

anticonstitutional [,æntikonsti-'tju:ʃənl] *adj* anticonstituţional

anticonvulsant [,æntikən'vʌlsənt] *s, adj med* antispasmodic, anticonvulsiv

anticreeper ['ænti,kri:pə] *s ferov* dispozitiv / proptea contra fugirii şinelor

antics ['æntiks] *s pl* bufonerie; **I'm fed up with her silly ~** m-am săturat de circul pe care-l face; **they're up to their (old) ~ again** iar au început cu prostiile lor

anti-dazzle [ænti'dæzl] *adj* **~ headlights** *pl* faruri cu geam fără efect de orbire / faruri pentru lumină de întâlnire

antidepressant [,æntidə'presnt] *s, adj farm* antidepresiv

antidotal ['æntidəutl] *adj med* antidot, contracarat, anihilant

antienzyme [,ænti'enzaim] *s ch* antienzimă

anti-Establishment [,æntiis'tæbliʃ-mənt] *adj* ostil principiilor sociale, economice şi politice ale unei clase conducătoare

antifebrin [,ænti'febrin] *s med* antifebrină

antifederalism [,ænti'federəlizəm] *s ist S.U.A.* antifederalism

antifederalist [,ænti'federəlist] *s ist S.U.A.* antifederalist

antiglare [,ænti'gleə] *adj* **~headlights** *pl v.* **anti-dazzle**

Antigua [æn'ti:gə] *s* insulă în Antile

Antiguan [æn'ti:gən] **I** '*s* locuitor din Antigua **II** *adj* din / despre Antigua

antihistamine [,ænti'histəmin] *s farm* antihistaminic

anti-icer [,ænti'aisə] *s tehn* dispozitiv de protecţie contra gheţii

anti-imperialism [,æntiim'piəriəl-izm] *s* antiimperialism

anti-inflammatory [,æntiin'flæmə-təri] *adj farm* antiinflamator

anti-inflationary [,æntiin'fleiʃnəri] *adj ec* antiinflaţionist

antilogy [æn'tilədʒi] *s* antilogie, contradicţie, antinomie *(de termeni sau idei)*

antimagnetic [,æntimæg'netik] *adj* antimagnetic

antimask ['æntimɑːsk] *s* antimască, interludiu comic

antimechanized [,ænti'mekənaizd] *adj amer mil* anti-tanc

antimilitarism [,ænti'militərizm] *s pol* antimilitarism

antimissle [,ænti'misail] *mil* **I** *adj* anti-rachetă **II** *s* rachetă anti-rachetă

antimony glance ['æntiməni glɑːns] *s minr* antimonit, stibină

anti-novel [,ænti'nɔvəl] *s lit* anti-roman

antinuclear [,ænti'nju:kliə] *adj mil* antinuclear

antioxidant [,ænti'ɔksidənt] *s ch* antioxidant

antioxygen [,ænti'ɔksidʒən] *s ch* antioxigen

antipathize [æn'tipəθaiz] **I** *vi* a manifesta antipatie; a nu fi de acord **II** *vt* a antipatiza, a arăta antipatie faţă de

antiperspirant [,ænti'pə:spirənt] *s, adj* deodorant

antiphlogistic [,æntifləu'dʒistik] *adj, s med* antiflogistic, antiinflamator

antiphonal [æn'tifənl] *adj muz* antifonic

antiphony [æn'tifəni] *s muz* antifonie

antiphrasis [æn'tifrəsis] *s* antifrază

antipodean [æn,tipə'diən] *adj* de la antipozi

antipole ['æntipəul] *s* **1** *pol* opus **2** ceea ce este diametral opus

antipope ['æntipəup] *s bis* antipapă

antipsychiatry [,æntisai'kaiətri] *s med* antipsihiatrie

antipyretic [,æntipi'retik] *adj, s ch, med* febrifug, antipiretic, antitermic

antipyrin(e) [,ænti'paiərin] *s farm* antipirină

antiqueness [æn'ti:knis] *s* antichitate, vechime, caracter antic

antirabic [,ænti'ræbik] *adj med* antirabic

antiracial [,ænti'reiʃl] *adj pol* antirasial, antirasist

antiriot [,ænti'raiət] *adj* împotriva răscoalelor, revoluţiilor *etc.*

antireligious [,æntiri'lidʒəs] *adj* antireligios

antiresonance [,ænti'rezənəns] *s tel* antirezonanţă

anti-roll bar [,æntirɔ:(l)'bɑ:] *s nav av* bară antiruliu, stabilizator

antirrhinum [,ænti'rainəm] *s bot* gura-leului *(Antirrhinum)*

antirust [,ænti'rʌst] *adj ch* anticoroziv; antirugină

antiscorbutic [,æntiskɔ:'bju:tik] *adj, s med* antiscorbutic, ascorbic

antisepsis [,ænti'sepsis] *s med* antisepsie

antiserum [,ænti'siərəm] *s med* antiser

antiskid [,ænti'skid] *adj tehn* antiderapant

antislip [,ænti'slip] *adj auto* antiderapant

antispasmodic [,æntispæz'mɔdik] *adj med* antispasmodic

antistatic [,ænti'stætik] *adj ch* antistatic

anti-submarine [,ænti'sʌbməri:n] *adj nav mil* antisubmarin

antitank gun [,ænti'tæŋk 'gʌn] *s mil* tun antitanc

antitheft [,ænti'θeft] *adj* antifurt **~ alarm** alarmă antifurt

antithesize [æn'tiθisaiz] *vt* a exprima prin antiteză; a contrasta, a pune în contrast

antitrust [,ænti'trʌst] *adj atr ec* antitrust; împotriva trusturilor

antiworld ['æntiwə:ld] *s* lume formată din antimaterie

antlike ['æntlaik] *adj* ca furnica, de furnică

ant lion ['æntlaiən] *s ent* leul furnicilor *(Myrmeleon)*

antonomasia [,æntənə'meiʒə] *s ret* antonomasie

antonymy [æn'tɔnimi] *s* antonimie

antre ['æntə] *s* înv, poetic hrubă, peşteră

antsy ['æntsi] *adj amer F* agitat, nervos

anuria [ə'njuəriə] *s med* anurie

anxiously ['æŋkʃəsli] *adv* **1** cu nelinişte / îngrijorare / neastâmpăr; cu nerăbdare **2** cu ardoare; arzător

anxiousness ['æŋkʃəsnis] *s* îngrijorare, nelinişte, neastâmpăr

anyhow ['enihau] *adv* **1** oricum, în orice caz; **you won't be late ~** oricum, n-ai să întârzii **2** *(în prop neg)* în nici un fel, cu nici un chip, nicicum; **I could not get in ~** n-am putut intra cu nici un chip **3** indiferent; aşa şi-aşa; (cam) nu ştiu cum; **he did it ~** a făcut-o de mântuială; **to feel ~** a nu se simţi prea bine, a se simţi cam ciudat

anyhows ['enihauz] *adv pop v.* **anyhow**

anythingarian [,eniθiŋ'geəriən] *s rar peior* indiferentist *(↓ cu privire la religie)*

anyway ['eniwei] *adv* **1** oricum, cât de cât, măcar; în orice caz **2** *(în prop neg)* nicidecum, în nici un chip, în nici un fel, de fel, deloc

anyways ['eniweiz] *adv* înv v. **anyway**

anywise ['eniwaiz] *adv* v. **anyway**

Anzac ['ænzæk] *s mil* **1** corpul de armată australiano-neozeelandez *(primul război mondial)* **2** militar aparținând acestui corp

ANZUS ['ænzəs] *presc de la* **Australia, New Zealand, United States** *s* alianța dintre Australia, Noua Zeelandă și S.U.A.

aob, AOB *presc de la* **any other business** *s* diverse

A-OK *adj, adv amer F* excelent, perfect

AP *s presc de la* **American Plan 1** regim de plată hotelieră incluzând și mesele și principiul relației dintre patron și angajați, neintermediate de sindicat

apartment building [ə'pɑːtmənt ˌbildiŋ] *s amer* imobil, bloc

apartment hotel [ə'pɑːtmənt həuˌtel] *s amer* hotel-locuință *(în care se pot închiria apartamente întregi, în parte mobilate, cu prestări de servicii)*

apartness [ə'pɑːtnis] *s* izolare; singularitate, ciudățenie

APB *presc de la* **all points bulletin** *s amer* mesaj radio transmis de poliție cu privire la o persoană căutată

ape man ['eip mæn], *pl* **ape-men** ['eip men] *s* om-maimuță (↓ *Pithecanthropus erectus*)

aperiodic [əˌpiəri'ɔdik] *adj* aperiodic

apery ['eipəri] *s* **1** maimuțărie, maimuțăreală, strâmbătură, schimonosire, scălâmbăială **2** maimuțăreală, imitare

apetalous [ə'petələs] *adj bot* apetal

APEX ['eipeks] *presc de la* **advance purchase excursion** *s* tarif redus pentru călătoriile aeriene, necesitând achitarea în avans și specificarea duratei călătoriei

apheresis [æ'fiərisis] *s lingv* afereză

aphid ['eifid] *s ent* păduche-defrunze (*Aphis*)

aphis ['eifis], *pl* **aphides** ['eifidiːz] *s ent* păduche de plantă (*Aphis*)

aphorize ['æfəraiz] *vi* a vorbi *sau* a scrie în aforisme

aphtha ['æfθə] *s med rar* **1** aftă, pușchea **2** *vet* febră aftoasă **3** mărgăritărel, muguet

aphyllous [ə'filəs] *adj bot* fără frunze

API *presc de la* **American Press Institute** *s* asociație a jurnaliștilor americani

apiarian [ˌeipi'eəriən] *adj* de apicultură

apical ['æpikəl] *adj* **1** *geol* apical **2** așezat în vârf, de sus **3** *mat* de vârf

apicultural [ˌeipi'kʌltʃərəl] *adj* apicol

apiculturist [ˌeipi'kʌltʃərist] *s* apicultor, stupar, prisăcar

apis ['eipis] *s ent* albină (*Apis mellifica*)

aplanatic [ˌæplə'nætik] *adj fiz* aplanatic

aplasia [ə'pleisiə] *s med* aplazie

a-plenty [ə'plenti] *adv amer F* din belșug, din plin, berechet, din abundență; cu prisosință.

aplite ['æplait] *s minr* aplit

apn(o)ea [æp'niːə] *s med* apnee

APO *presc de la* **Army Post Office** *s* serviciul poștal al armatei

apocopate [ə'pɔkəpeit] *vt* a apocopa

apodal ['æpədəl] *adj* v. **apodous**

apodictic(al) [ˌæpə'diktik(əl)] *adj log* apodictic

apodous ['æpədə(ː)s] *adj zool* fără picioare

apolitical [ˌeipə'litikəl] *adj* apolitic

apologetical [əˌpɔlə'dʒetikəl] *adj* care își cere iertare / scuze; he was very ~ și-a cerut mii de scuze

apologetically [əˌpɔlə'dʒetikli] *adv* în semn de scuză, pentru a se scuza

apologetics [əˌpɔlə'dʒetiks] *s pl (folosit ca sg)* apologetică, apărare

apologia [ˌæpə'ləudʒiə] *s* apologie

apologue ['æpəlɔg] *s* apolog, istorioară, fabulă

apolune ['æpəluːn] *s astr* aposeleniu, apolună

apoop [ə'puːp] *adj pred, adv* la pupa; spre pupa

apophony [ə'pɔfəni] *s lingv* alternanță (vocalică); ablaut; apofonie

apophthegm ['æpəθem] *s* apoftegmă, maximă, sentință, aforism

aporia [ə'pɔːriə] *s* aporie

a posteriori [ˌæpɔsti(ə)ri'ɔːrai] *adj, adv lat filoz* **1** a posteriori **2** empiric

apostil(le) [ə'pɔstil] *s* apostilă

apostolize [ə'pɔstəlaiz] *vi rar* a face apostolat

apostrophic [ˌæpə'strɔfik] *s* **1** de apostrofă **2** de apostrof

apothegmatic(al) [ˌæpəuθeg'mætik(əl)] *adj* aforistic, în aforisme

apothem ['æpəθem] *s mat* apotemă

apozem ['æpəzem] *s farm* apozemă, tizană compusă

Appalachia [ˌæpə'leitʃiə] *s* regiunea munților Appalachi

appalled [ə'pɔːld] *adj* scârbit, dezgustat

apparatchik [ˌæpə'rætʃik] *s* **1** agent secret comunist **2** membru al partidului comunist devotat orbește cauzei și superiorilor

apparatus criticus [ˌæpəˌreitəs 'kritikəs] *s* aparat critic

apparent horizon [əˌpærənt hə'raizn] *s* orizont aparent

apparent magnitude [əˌpærənt 'mægnitjuːd] *s fiz, astr* mărime / magnitudine aparentă

apparent noon [əˌpærənt 'nuːn] *s astr* amiază ecvatorială

apparent time [əˌpærənt 'taim] *s* **1** *astr* oră solară / siderală **2** *nav* timp adevărat

apparitional [ˌæpə'riʃənəl] *adj* **1** aparent; vizibil **2** fantomatic, spectral

apparitor [ə'pæritə, ə'pæritə] *s* **1** slujbaș la un tribunal civil *sau* bisericesc; aprod **2** pedel, ușier la o facultate

appealable [ə'piːləbl] *adj* **1** *jur* împotriva căruia se poate face apel **2** (**for**) care poate fi tras la răspundere / făcut răspunzător (pentru)

appeal court [ə'piːl kɔːt] *s jur* curte de apel

appealer [ə'piːlə] *s jur* apelant

appealing [ə'piːliŋ] *adj* **1** rugător **2** mișcător, emoționant **3** atrăgător

appearer [ə'piərə] *s jur* parte în proces

appearing [ə'piəriŋ] *s* apariție, ivire

appeasable [ə'piːzəbl] *adj* **1** care poate fi liniștit / calmat **2** împăciuitor; complezent; acomodabil

appeaser [ə'piːzə] *s* împăciuitor, conciliant, pacificator

appellate [ə'pelit] *adj jur* de apel

appellor [ə'pelə] *s jur* reclamant

appendant [ə'pendənt] **I** *adj jur* (**to, on**) pendinte (de), dependent (de); accesoriu, anex, subsidiar **2** *rar* **to** / **on** atârnat de, atașat la **II** *s* adaos, accesoriu, anexă, supliment

appendectomy [,æpen'dektəmi] *s med* apendic(ec)tomie

appendicectomy [ə,pendi'sektəmi] *v.* **appendectomy**

appendices [ə'pendisi:z] *pl de la* **appendix**

appendicle [ə'pendikəl] *s* mic adaos *(v.* **appendix**)

appendicular [,æpin'dikjulə] *adj anat, bot* apendicular

appendix [ə'pendiks], *pl* **appendices** [ə'pendisiz], **appendixes** [ə'pendiksiz] *s* **1** supliment, a-pendice **2** apendice *(al unei cărți etc.)* **3** *anat* apendice *(vermicular)* **4** *bot* formație adventivă

apperceive [,æpə'si:v] *vt* **1** *psih* a percepe **2** *înv* a observa, a nota

apperceptive [,æpə'septiv] *adj* aperceptiv

appetent ['æpitənt] *adj* (**of, for, after**) doritor (de), râvnitor (după), lacom (de), tânjind (după)

appetized ['æpitaizd] *adj* flămând, care are poftă de mâncare

Appian ['æpiən] *adj arheol* the ~ Way via Appia *(drum roman de la Roma la Brindisi)*

applaude [ə'plɔ:də] *s* **1** persoană care aplaudă **2** persoană care aprobă

applausive [ə'plɔ:siv] *adj* exprimare prin aplauze, aprobator

apple brandy ['æpl ,brændi] *s amer* rachiu de mere

apple butter ['æpl ,bʌtə] *s amer* magiun de mere

apple cheese ['æpl tʃi:z] *s* tescovină de mere

apple curculio [,æpl kə:'kju:ljəu] *s ent* gărgărița florilor de măr *(Anthononus pomorum)*

apple-green [,æpl'gri:n] *adj* verde deschis

apple rose ['æpl rəuz] *s bot* măceș *(Rosa canina)*

apple scab ['æpl skæb] *s bot* boala petelor cafenii

apple shell ['æpl ʃel] *s zool* melc de baltă *(Ampullaria)*

apple tree ['æpl tri:] *s bot* măr *(Malus silvestris)*

applicableness ['æplikəblnis] *s* aplicabilitate

application blank [æpli'keiʃn blæŋk] *s* chestionar *(în vederea angajării cuiva)*

application form [æpli'keiʃn fɔ:m] *s* formular de cerere, blanchet

application program [æpli'keiʃn ,prəugræm] *s cib* aplicație

applicative ['æplikətiv] *adj* aplicat, practic

applicator ['æplikeitə] *s* **1** instrument **2** *fiz* localizator *(de radiații)*

appointor [ə'pɔintə] *s jur* moștenitor care poate transfera asupra altei persoane uzufructul proprietății sale

appose [ə'pəuz] *vt* **1** (**to**) a pune, a aplica *(o semnătură etc.)* (pe) **2** a strânge laolaltă, a reuni, a întruni **3** a pune alături, a juxtapune; a contrasta

appositeness ['æpəzitnis] *s* bună cuviință, decență

appositional [,æpə'ziʃnəl] *adj gram* apozițional

appositive [ə'pɔzitiv] **I** *adj* **1** aplicabil **2** *gram* apozițional, de apoziție **II** *s gram* apoziție

appraising [ə'preiziŋ] *adj* **1** care apreciază / evaluează **2** *fig* care cântărește

apprecate ['æprikeit] *vt înv* a dori, a râvni

appreciativeness [ə'pri:ʃiətivnis] *s* capacitate de a aprecia; competență

appreciator [ə'pri:ʃieitə] *s* **1** apreciator, persoană care apreciază, judecător **2** persoană capabilă / abilitată să aprecieze, persoană competentă

appredicate [ə'predikeit] *s log* copulă

apprehensible [,æpri'hensəbl] *adj* perceptibil; sesizabil; inteligibil

apprehensiveness [,æpri'hensivnis] *s* **1** putere de înțelegere, agerime, perspicacitate **2** teamă, grijă, neliniște

apprize[1] [ə'praiz] *vt* a da de știre *(cuiva)*; a informa, a înștiința, a încunoștiința

apprize[2] [ə'praiz] *vt înv* a evalua; a aprecia; a prețui, a estima, a fixa *(valoarea / cantitatea)*

approach grafting [ə'prəutʃ ,grɑ:ftiŋ] *s bot* altoire prin apropiere

approach light [ə'prəutʃ lait] *s av* lumină de intrare

approach road [ə'prəutʃ rəud] *s* acces; drum de acces

approach shot [ə'prəutʃ ʃɔt] *s sport* lovitură la golf

appropinquate [,æprɔ'piŋkweit] *vt* și *vi înv* a (se) apropia

appropriable [ə'prəupriəbl] *adj* (**to**) aplicabil la; *(sau cu dat),* utilizabil (la), care poate fi folosit (la, pentru)

appropriative [ə'prəupirieitiv] *adj* care caută să facă avere; acaparator

appropriator [ə'prəupri'eitə] *s* persoană care-și însușește ceva; achizitor; acaparator

approver [ə'pru:və] *s* persoană care aprobă

approving [ə'pru:viŋ] *adj* aprobator

approximal [ə'prɔksiməl] *adj* contiguu

approximative [ə'prɔksimətiv] *adj* aproximativ, apropiat

appulse [ə'pʌls] *s* impuls, avânt

appurtenant [ə'pə:tinənt] **I** *adj* accesoriu, anex, dependent **II** *s* accesoriu, anexă

APR *s ec* **1** *presc de la* **annualized percentage rate** rată procentuală calculată anual **2** *presc de la* **annual purchase rate** rată anuală *(a achizițiilor)*

apraxia [ə'præksiə] *s med* apraxie

après-ski [,æprei'ski:] **I** *s* activitate socială după o zi de schi **II** *adj* de după o zi de schi; potrivit pentru activitățile de după o zi de schi

apricot tree ['eiprikət tri:] *s bot* cais *(Prunus armeniaca)*

April-fish ['eiprəlfiʃ] *s* păcăleală de 1 Aprilie

April fool ['eiprəl fu:l] *s* păcălit de 1 Aprilie

April-fool ['eiprəl fu:l] *vt* a păcăli de 1 Aprilie

apriorism [,eipri'ɔ:rizm] *s filoz* apriorism

apriorist ['eipriərist] *s filoz* apriorist

aprioristic [,eiprə'ristik] *adj filoz* aprioritate

apriority [,eiprai'ɔriti] *s* aprioritate

APT *presc de la* **advanced passenger train** *s ferov* tren de mare viteză

aptera [æp'tiərə] *s pl ent* aptere

aptitude test ['æptitju:d test] *s* test de aptitudini

aptote ['æptəut] *s gram* substantiv indeclinabil

aptotic [æp'tɔtik] *adj gram* indeclinabil

a-purpose [ə'pə:pəs] *adv P* dinadins, anume

apyrexia [,æpi'reksiə] *s med* apirexie

apyrous [ei'pairəs] *adj* ignifug

AQ *presc de la* achievement quotient *s* coeficient de performanţă *(obţinut prin împărţirea vârstei performanţei la vârsta biologică a subiectului)*

aqua ['ækwə] *s (↓ în farmacie)* 1 apă; lichid apos 2 lichid

aquafortist [,ækwə'fɔ:tist] *s artă* poroasă oare lucrează cu aovaforte; gravor

aquanaut ['ækwənɔ:t] *s* scafandru

aquarellist [,ækwə'relist] *s artă* acuarelist, pictor de acuarele

aquatical [ə'kwætikəl] *adj* acvatic, care trăieşte în apă, de apă

aquatics [ə'kwætiks] *s pl* sporturi acvatice

aquatinta [,eikwə'tintə] *s artă, poligr* acvatinta, gravură cu apă tare

aquavit ['ækwəvit] *s* băutură alcoolică incoloră sau gălbuie produsă în ţările scandinave din fermentaţia de grâu, cartofi etc.

aqueous humour [,eikwiəs 'hju:mə] *s fizl* umoare apoasă

aqueous rocks [,eikwiəs 'rɔks] *s pl geol* roci sedimentare

aquiculture ['eikwikʌltʃə] *s* acvicultură; piscicultură

aquifer ['ækwifə] *s geol* strat *sau* orizont acvifer

aquila ['ækwilə] *s* 1 *orn* vultur, acvilă *(Aquila)* 2 pajură

aquilegia [,ækwi'li:dʒə] *s bot* căldăruşă *(Aquilegia Migricans)*

Aquinas [ə'kwainəs] *s bis* Saint Thomas ~ Sfântul Toma d'Aquino

a-quiver [ə'kwivə] *adv* (with) *F* tremurând (de); he set the whole house ~ făcu să tremure toată casa

AR *presc de la* Arkansas

ARA *presc de la* Associate of the Royal Academy *s brit* membru asociat al Academiei Regale

araba [æ'ra:bə] *s (în Orient)* haraba

Arabian camel [ə,reibiən 'kæməl] *s zool* dromader *(Camelus dromedarius)*

Arabicize [ə'ræbisaiz] *vt* a arabiza

arability [,ærə'biliti] *s* calitate *(a unui pământ)* de a fi arabil

Arabist ['ærəbist] I *s* arabist, specialist în arabistică II *adj pol* pro-arab

arachis ['ærəkis] *s bot* arahidă, alună de pământ

Arachne [ə'rækni] *s mit* tânără iscusită la brodat şi ţesut, transformată de zeiţa Atena în păianjen

arachnoid [ə'ræknɔid] I *adj* 1 *ent, anat, bot* arahnoid II *s* 1 *anat* membrană arahnoidă 2 *ent* arahnidă

aragonite [ə'rægənait] *s minr* aragonit

ARAM *presc de la* Associate of the Royal Academy of Music *s brit* membru asociat al Academiei Regale de Muzică

Aramaic [,ærə'meiik] *s ist* (limba) aramaică

Aram(a)eans [,ærə'mi:ənz] *s pl ist* populaţii semitice nomade

Aramean [,ærə'miən] *s v.* **Aramaic**

arbalest ['a:bəlist] *s* 1 arbaletă 2 *v.* **arbalester**

arbalester ['a:bəlistə] *s* arbaletier, trăgător cu arbaleta

arbalist ['a:bəlist] *s v.* **arbalester**

arbiter elegantiarum [,a:bitə eligənti'eərəm] *s lat* arbitru al eleganţei

arbitrageur ['a:bitraʒə:] *s fin* arbitragist

arbitral ['a:bitrəl] *adj* arbitral, de arbitru

arbitrament [a:'bitrəmənt] *s* 1 arbitraj, arbitru 2 arbitraj, hotărâre *(a unui arbitru)* 3 hotărâre autoritară, finală

arbitrational [a:bi'treiʃnəl] *adj* de arbitraj

arbitration court [a:bi'treiʃn kɔ:t] *s jur* curte de arbitraj

arbitress ['a:bitris] *s (femeie)* arbitru

arbor[1] ['a:bə] *s* 1 *bot* arbore, copac, pom 2 arbore genealogic 3 *amer înv* grădină; livadă, pajişte 4 frunzar, chioşc, boltă *(de verdeaţă)*; pergolă, umbrar

arbor[2] ['a:bə] *s tehn* arbore, ax, osie, fus, dorn

arboraceous [,a:bə'reiʃəs] *adj* 1 *bot* arborescent 2 păduros, acoperit cu pădure

Arbor Day ['a:bə dei] *s amer* ziua sădirii pomilor

arborean ['a:bɔ:riən] *adj* 1 *bot* arborescent; de pom / arbore; de lemn 2 *biol* care trăieşte în pomi, arboricol

arborescence [,a:bə'resns] *s* arborescenţă

arboret [,a:bə'ret] *s rar* pomuşor, pomuleţ; arbust

arboriculture [a:bəri'kʌltʃə] *s* arboricultură

arboriculturist [a:bəri'kʌltʃərist] *s* arboricultor

arbor-vitae [,a:bə'vaiti] *s bot* arborele-vieţii *(Thuja sp.)*

arbuscle ['a:bʌsl] *s* arbore pitic; arbust

arbustum [a:'bʌstəm], *pl* **arbustums** [a:'bʌstəmz] *şi* **arbusta** [a:'bʌstə] *s* 1 tufăriş; crang 2 pomet, grădină cu pomi roditori, livadă (mică)

arbutus [a:'bju:təs] *s bot* subarbustul arbustus *(Arbutus unedo)*

ARC [a:k] *presc de la* AIDS related complex *s* complex psihologic în legătură cu SIDA

arcaded [a:'keidid] *adj* prevăzut cu arcade

Arcadianism [a:'keidjənism] *s* 1 viaţă de păstor; viaţă idilică; idilă 2 *fig* simplitate

Arcady ['a:kədi] *s* Arcadia

arcane [a:'kein] *adj* secret, ascuns, tainic

arc-boutant [a:bu:'ta:n] *pl* **arcsboutants** [a:bu:'ta:n] *s fr arhit* arc butant

archabbot ['a:tʃæbət] *s* arhiepiscop

archaean [a:'kiən] *adj, s geol* arheian; azoic

archaeology [,a:ki 'ɔlədʒi] *s* arheologie

archaeopteryx [,a:ki'ɔptəriks] *s zool* (pasărea) arheopterix

archaeus [a:'ki:əs] *s fizol* arheu

archaicism [a:'keiisizm] *s* arhaism, cuvânt învechit, expresie învechită

archaist ['a:keiist] *s* 1 *rar* arheolog; colecţionar de antichităţi 2 persoană care foloseşte termeni *sau* expresii învechite

archangelic(al) [,a:kən'dʒelik(əl)] *adj* de arhanghel

arch brick ['a:tʃ brik] *s* bolţar de cărămidă, cărămidă-pană

arch bridge ['a:tʃ bridʒ] *s v.* **arched bridge**

arch buttress ['a:tʃ ,bʌtris] *s v.* **arc boutant**

archducal [,ɑːtʃ'djuːkəl] adj arhiducal

archduchey [,ɑːtʃ'dʌtʃi] s arhiducat

Archean [ɑː'kiən] adj geol arheian

arched bridge ['ɑːtʃt'bridʒ] s constr pod în arc

archetypal [,ɑːki'taipl] adj arhetipal

archetypical [,ɑːki'tipikl] adj v. archetypal

arch-fiend ['ɑːtʃ,fiːnd] s 1 satan(a), starostele diavol, drac 2 dușman crâncen / jurat / de moarte

archidiaconal [,ɑːkidai'ækənəl] adj arhidiaconesc, de arhidiacon

archill ['ɑːkil, 'ɑːtʃil] s ch orceină

Archimedean [,ɑːki'miːdiən] adj al lui Arhimede

Archimedean screw [ɑːki,miːdiən 'skruː] s șurubul lui Arhimede, șurub fără sfârșit

archiphoneme [,ɑːki'fəuniːm] s lingv arhifonem

archival [ɑː'kaivəl] s de arhivă

archivistics [,ɑːki'vistiks] s pl (folosit ca sg.) arhivistică

archivolt ['ɑːkivɔlt] s arhit arhivoltă

archness ['ɑːtʃnis] s 1 șiretenie, viclenie 2 cochetărie

archon ['ɑːkən] s 1 ist arhonte 2 arhon, domn

archontate ['ɑːkəntit] s v. archonship

archpoet [,ɑːtʃ'pəuit] s poet excepțional, poet al poeților

archpriest [,ɑːtʃ'priːst] s bis protopop

archsee [,ɑːtʃ'siː] s reședința unui arhiepiscop, arhiepiscopie

arch stone ['ɑːtʃ stəun] s arhit cărămidă, piatră de boltă

archtype, archetype ['ɑːtʃtaip] s prototip, arhetip; tipul / modelul original, originalul

arc light ['ɑːk lait] s el lumină a lămpii cu arc

ARCM presc de la Associate of the Royal College of Music s brit membru asociat al Colegiului Regal de Muzică

arc-over ['ɑːk əuvə] s 1 constr suprapunere, planșeu 2 el conturare, rateu 3 av luping

arctic ['ɑːtik] presc de la articulated lorry s F trailer, remorcă

arcticize ['ɑːktisaiz] vt a adapta la condițiile arctice, a aclimatiza în regiunile arctice

Arctic Ocean [,ɑːktik 'əuʃn] s Oceanul Înghețat de Nord

arctic skua [,ɑːktik 'skjuːə] s orn lup de mare mic (Sterocorarius parasiticus)

arctic tern [,ɑːktik 'təːn] s orn specie de chiră arctică (Sterna paradisaea)

arcuate ['ɑːkjuit] adj arcuit, boltit; încovoiat, îndoit

arcuated ['ɑːkjueitid] adj v. arcuate

arcuation [,ɑːkju'eiʃn] s boltire, arcuire

arcubalist ['ɑːkjubəlist] s v. arbalester

arcubalister ['ɑːkjubəlistə] s v. arbalester

arc weld ['ɑːk,weld] s tehn sudură cu arc electric

ardentness ['ɑːdəntnis] s căldură, ardoare, foc, înfocat, patos; vehemență

ardent spirit [,ɑːdənt 'spirit] s rachiu

area code ['eəriə ,kəud] s 1 cod poștal 2 amer tel prefix regional

areal linguistics [,eəriəl liŋ'gwistiks] s pl (folosit ca sg) lingv geografie lingvistică

a-rear [ə'riə] adv rar în spate / dos

areaway ['eəriəwei] s constr spațiu în subsol pentru acces, iluminat sau ventilație; curte de lumină

arenarious [,æri'neəriəs] adj 1 nisipos, cu nisip 2 psammitic 3 fig nerodnic, neroditor, steril

areography [,æri'ɔgrəfi] s astr areografie, descrierea planetei Marte

areolar [ə'riːələ] adj mat areolar

areometer [,æri'ɔmitə] s fiz areometru

argentan ['ɑːdʒəntæn] s met alpaca

argentic [ɑː'dʒentik] adj ch care conține argint, de argint

argentiferous [,ɑːdʒən'tifərəs] adj (d minereu) argentifer, care conține argint

argentine ['ɑːdʒəntain] I adj argint, ca argintul, argintiu II s minr argentin

Argentinian [,ɑːdʒən'tiniən] s, adj argentinian

argentite ['ɑːdʒəntait] s minr argentit

argentum [ɑː'dʒentəm] s ch argint

argie-bargie [,ɑːdʒi'bɑːdʒi] s F ceartă zgomotoasă (dar nu prea serioasă); trăncăneală

argilliferous [,ɑːdʒi'lifərəs] adj minr argilifer, care conține argilă

Argive ['ɑːgaiv] s poetic grec, elen

argonauta [,ɑːgə'nɔːtə] s zool argonaut (moluscă) (Argonauta argo)

argueur ['ɑːgjuə] s gâlcevitor, certăreț

argufier ['ɑːgjuːfaiə] s F gâlcevitor, certăreț

argufy ['ɑːgjuːfai] F vi I a nu se da bătut, a se certa II vt a susține cu înverșunare

argumental [,ɑːgju'mentəl] adj 1 de argumentare 2 argumentator; amator de discuții 3 controversat; discutabil; presupus

argute [ɑː'gjuːt] adj 1 pătrunzător, perspicace 2 (d sunete) ascuțit, pătrunzător, strident; (d gust) iute, înțepător

arguteness [ɑː'gjuːtnis] s perspicacitate

argyle [ɑː'gail] I adj cadrilat II s șosetă cadrilată

Arianism ['ɑːriənizm] s bis arianism

ARIBA presc de la Associate of the Royal Institute of British Architects s membru asociat al Institutului Regal al Arhitecților Britanici

aridness ['æridnis] s ariditate, uscăciune

arioso [,ɑːri'əuzəu] muz I s arioso II adj, adv arioso, melodios

a-riot [ə'raiət] adv cuprins de tulburare / freamăt, agitat

a-ripple [ə'ripl] adv (d apă) cu încrețituri / valuri

arista ['æristə] pl aristae [ə'risti:] s lat bot aristă, țeapă, țepușă

Aristides [,æri'staidiːz] s general grec (540-468 î.Ch.)

Aristotelianism [,æristə'tiːliənizm] s filozofia aristoteliană

Aristotelic [,æristo'telik] adj aristotelic

Aristotelism [,æristo'telizm] s v. Aristotelianism

arithmometer [,æriθ'mɔmitə] s mat aritmometru

Arkie ['ɑːki] s amer F muncitor agricol rătăcitor din statul Arkansas

arkose [ɑː'kəus] s minr arcoză

Armageddon [,ɑːmə'gedn] s 1 bibl confruntarea finală dintre bine și rău, la Judecata de Apoi 2 fig apocalips, conflagrație

armiger ['ɑːmidʒə] s 1 ist scutier 2 v. esquire

armigerous [ɑːˈmidʒərəs] *adj înv* înarmat

armillary [ɑːˈmiləri] *adj* inelar

armipotent [ɑːˈmipətənt] *adj poetic* priceput în mânuirea armelor

armoire [ɑːˈmwɑː] *s fr* dulap de haine, garderob

armored [ˈɑːməd] *adj* blindat; cuirasat; de tanc(uri); armat

armorer [ˈɑːmərə] *s amer* **1** armurier *(fabricant sau reparator)* **2** maistru armurier; armurier-șef *(la o unitate militară sau pe un vas)*

Armoric [ɑːˈmɔrik] *adj* armorican, breton

Armorica [ɑːˈmɔrikə] *s ist geogr regiune din Galia antică (astăzi Bretania)*

Armorican [ɑːˈmɔrikən] *adj v.* **Armoric**

armoried [ˈɑːmərid] *adj* cu armorii, cu blazon

armour bearer [ˈɑːmə ˌbeərə] *s ist* purtătorul armurei, scutier

armour-piercing [ˈɑːmə ˌpiəsiŋ] *adj* perforant, care străpunge armura *sau* blindajul

arm rack [ˈɑːm ræk] *s mil* rastel

armrest [ˈɑːmrest] *s* rezemătoare *(pentru coate)*; braț de scaun / fotoliu

arm's length [ˌɑːmzˈleŋθ] *adj* **1** distant, rece **2** com~ price *preț fixat în condițiile normale de concurență*

arm-twisting [ˈɑːmˌtwistiŋ] *s F fig* presiune

arm-wrestle [ˈɑːmˌresəl] *vi* a se întrece în forța brațelor

arm-wrestling [ˈɑːmˌresliŋ] *s* întrecere în care cei doi participanți își încleștează mâinile drepte, sprijinindu-și coatele pe o masă, încercând fiecare să culce mâna adversarului

army ant [ˈɑːmiænt] *s ent* furnică călătoare *(Dorylinae)*

Arnaout [ˌɑːnəˈuːt] *s* arnăut, albanez

A-road [ˈeiˌrəud] *s drum național în Marea Britanie*

aroint [əˈrɔint] *înv* **I** *vt* a da / a scoate afară / a izgoni cu înjurături *sau* strigăte **II** *interj* ~ thee! (ieși) afară!

arolla [əˈrɔlə] *s bot* pin cembra, zîmbru *(Pinus cembra)*

aromatherapy [əˌrəuməˈθerəpi] *s med* terapie cu arome

aromaticalness [ˌærəuˈmætikəlnis] *s* aromă, caracter aromat

arousal [əˈrauzəl] *s rar* trezire, deșteptare

arraigner [əˈreinə] *s jur* acuzator

arranger [əˈreindʒə] *s* **1** persoană care aranjează, organizator **2** *muz* aranjor

arrayment [əˈreimənt] *s* **1** aranjare, așezare *etc.* **2** *înv* straie, veșminte

arrect [əˈrekt] *adj rar* drept; *(d urechi)* ciulit

arrestation [ærəsˈteiʃn] *s* **1** oprire **2** arestare

arresting gear [əˈrestiŋ giə] *s tehn* dispozitiv de frânare; frână

arrestment [əˈrestmənt] *s* **1** *rar* oprire, reținere, împiedicare, stânjenire **2** *rar,* ↓ *jur* arestare **3** *scot jur* sechestru, poprire; confiscare

arrêt [əˈrei, əˈret] *s fr jur* sentință *(a unei instanțe superioare)*

arrha [ˈærə], *pl* **arrhae** [ˈæriː] *s* arvună, acont

arrhythmia [əˈriðmiə] *s med* aritmie, puls neregulat

arrhythmic(al) [əˈriðmik(əl)] *adj med* aritmic

arride [əˈraid] *vt înv* **1** a râde de, a zeflemisi **2** a face plăcere *(cuiva)*, a mulțumi, a satisface *(pe cineva)*

arrière-ban [ˈæriəbæn] *s fr ist* **1** chemarea vasalilor, a gloatei la război **2** corpul vasalilor; gloată

arrière-fee [ˈæriə fiː] *s ist* feudă *(ce ține de un altul)*

arrière-fief [ˈæriə fiːf] *s v.* **arrière-fee**

arrière-pensée [ˌæriə ˈpɑːnsei] *s fr* gând ascuns, rezervă, arrière-pensée

arris [ˈæris] *s* **1** dungă, margine ascuțită **2** creastă, pisc, coamă **3** *constr* colț ascuțit / ieșit, muchie

arrivance [əˈraivəns] *s înv* vizită, musafiri

arrogancy [ˈærəgənsi] *s* aroganță, obrăznicie, insolență, îngâmfare, înfumurare, trufie, semeție

arrondissement [æˌrɔndisˈmɑːn] *s fr* arondisment *(subdiviziune a unui departament sau a Parisului)*

arrowed [ˈærəud] *adj poetic* **1** ca o săgeată; ascuțit **2** cu săgeți

arrow-head writing [ˌærəu hed ˈraitiŋ] *s* scriere cuneiformă

arrowroot [ˈærəuruːt] *s bot* **1** arorut *(Maranta arundinacea)* **2** amidon extras din rădăcina acestei plante

arroyo [əˈrɔiəu], *pl* **arroyos** [əˈrɔiəuz] *s span* curs de apă; râuleț, pârâiaș

arsehole [ˈɑːshəul] *s vulg* tâmpit; ticălos

arse-licker [ˈɑːsˌlikə] *s vulg* lingău, linge-blide, periuță

arse-licking [ˈɑːsˌlikiŋ] *vulg* **I** *s* lingușeală **II** *adj* lingău

arsenic oxide [ɑːˌsenik ˈɔksaid] *s ch* pentaoxil de arsen, arsenic alb

arsenide [ˈɑːsinaid] *s ch* arseniură

arsenious [ɑːˈsiːnjəs] *adj ch* arsenios

arsenious acid [ɑːˌsinjəs ˈæsid] *s ch* acid arsenios; acid ortoarsenios; acid metaarsenios; acid piroarsenios

arsenite [ˈɑːsinait] *s ch* arsenit

arsenolite [ɑːˈsenəlait] *s v.* **arsenite**

arsenous [ˈɑːsinəs] *s ch* arsenios

arshin [ɑːˈʃiːn] *s* arșin *(în Rusia etc. = 0,711 m; în Turcia = 0,685 m, de curând = 1,000 m)*

arsine [ˈɑːsin, ˈɑːsain] *s ch* arsină

arsonist [ˈɑːsənist] *s rar jur* incendiar

Art Deco [ɑːtˈdekəu] *s* stil arhitectural și decorativ *(caracterizat prin folosirea culorilor tari, a contururilor precise, a formelor geometrice și a materialelor confecționate manual, foarte popular în anii 1920-1940)*

art director [ˈɑːt diˌrektə] *s* **1** șef de atelier *(în cadrul serviciului de publicitate al unei firme)* **2** director artistic *(al unei reviste)*

artemisia [ˌɑːtiˈmiʃiə] *s bot* pelință, pelin mic *(Artemisia)*

arterialize [ɑːˈtiəriəlaiz] *vt* a oxigena *(sângele)*

arteriole [ɑːˈtiəriəul] *s anat* arteridă

arteriosclerotic [ɑːˌtiəriəuskliəˈrɔtik] *adj med* arteriosclerotic

arteriotomy [ɑːˌtiəriˈɔtəmi] *s med* arteriotomie

arterious [ɑːˈtiəriəs] *adj anat* arterial

arteriovenous [ɑːˌtiəriəuˈviːnəs] *adj anat* arteriovenos

arteritis [ˌɑːtəˈraitis] *s med* arterită, inflamarea arterelor

artesian [ɑːˈtiːzjən, ɑːˈtiːʒiən] *adj* artezian

29

artform ['ɑːt fɔːm] *s* mijloc de expresie artistică

arthralgia [ɑːˈθrældʒiə] *s med* artralgie, dureri articulare

arthritic [ɑːˈθritik] *adj med* artritic

arthrology [ɑːˈθrɔlədʒi] *s anat* artrologie

arthrosis [ɑːˈθrəusis] *s anat* articulație, încheietură

articled clerk [ˌɑːtikld ˈklɑːk] *s* ucenic al unui funcționar *(legat prin contract)*

articulary [ɑːˈtikjuləri] *adj anat* articulat

articulated lorry [ɑːˌtikjuleitid ˈlɔri] *s* trailer, remorcă

articulately [ɑːˈtikjulətli] *adv (d discurs, explicații)* clar, distins, coerent

articulationist [ɑːˌtikjuˈleiʃənist] *s* persoană care îi învață pe surdomuți să articuleze, logoped

articulative [ɑːˈtikjuleitiv] *adj fon* de articulație; de articulare

articulator [ɑːˈtikjuleitə] *s* **1** persoană care pronunță clar **2** *tel* regulator de ton și vibrații

articulatory [ɑːˈtikjulətri] *adj* articulatoriu; ~ **phonetics** fonetică articulatorie

artifact ['ɑːtifækt] *s* **1** artefact, obiect al omului primitiv **2** artefact, produs artificial

artificial intelligence [ɑːtiˌfiʃl inˈtelidʒəns] *s cib* inteligență artificială

artificial kidney [ɑːtiˌfiʃəlˈkidni] *s med* rinichi artificial

artificialness [ˌɑːtiˈfiʃəlnis] *s* artificialitate, afectare, prefăcătorie

artificial person [ɑːtiˌfiʃlˈpəːsən] *s jur* persoană juridică

artillerist [ɑːˈtilərist] *s mil* artilerist

artiste [ɑːˈtiːst] *s* **1** *(adesea glumeț sau ironic)* artist *(om priceput în profesia sa)*, maestru **2** artist *(profesionist)*, cântăreț, dansator *etc.*

artocarpus [ˌɑːtəuˈkɑːpəs] *s bot* arborele de pâine *(Artocarpus communis)*

artsy ['ɑːtzi] *adj peior* care se vrea artist *sau* boem; *(d film, stil etc.)* pretențios

artsy-craftsy [ˌɑːtziˈkrɑːftzi] *adj peior* care se vrea artist *sau* boem; **1** *(d un obiect)* cu aspect artizanal, dar fără utilitate practică **2** *(d stil etc.)* care se vrea artizanal și de efect

art work ['ɑːt wəːk] *s* lucrare de artă

artwork ['ɑːtwəːk] *s invar* ilustrație

arty-farty [ˌɑːtiˈfɑːti] *adj v.* **artsy-craftsy**

arundinaceous [əˌrʌndiˈneiʃəs] *adj bot* arundinaceu

ARV *presc de la* **American Revised Version** *s bibl* versiunea americană revăzută a Bibliei

aryl ['æril] *s ch* aril

ASA *s* **1** *presc de la* **Advertising Standards Agency** Agenția de Standarde Publicitare *(în Marea Britanie)* **2** *presc de la* **American Standard Association** Asociația Americană pentru Standarde

asbest [æsˈbest] *s înv constr* azbest

asbestosis [ˌæsbesˈtəusis] *s med* azbestoză

asbestus [æzˈbestəs] *s constr* azbest

asbolan ['æzbəlæn] *s minr* asbolan

asbolite ['æzbəulait] *s minr* asbolan

ascarid ['æskərid] *s zool* orice specie de ascaride, ↓ limbric *(Ascaris sp.)*

ascendance [əˈsendəns] *s* **(over)** ascendent, putere, influență dominantă *(asupra)*; superioritate *(față de)*

ascendant [əˈsendənt] **I** *adj* **1** ascendent, urcător **2** predominant, major, superior **3** *bot* ascendent, suitor **II** *s* **1** ascendent, influență predominantă, autoritate, putere **2** horoscop **3** ascendent, strămoș; *fig* **her star is in the ~** îi răsare steaua, e în ascensiune

ascender [əˈsendə] *s* **1** persoană care face ascensiuni; ascensionist **2** *poligr* F literă înaltă, care atinge marginea de sus *(b, d, f, h etc.)*; element superior de prelungire a literei

ascending [əˈsendiŋ] *adj* ascendent, urcător

Ascension (Island) [əˌsenʃnˈailənd] *s* insulă vulcanică în Oceanul Atlantic

Ascension Day [əˈsenʃn dei] *s rel* Înălțare, Ispas

ascensionist [əˈsenʃənist] *s* ascensionist, alpinist

Ascensiontide [əˈsenʃəntaid] *s rel* perioada dintre Înălțare și Lunea Rusaliilor

ascensive [əˈsensiv] *adj* **1** ascendent, urcător **2** *lingv* întăritor, de întărire

ascetical [əˈsetikəl] *adj* ascetic; claustral; auster, cumpătat, moderat

asceticism [əˈsetisizm] *s* ascetism, sihăstrie, schimnicie

ascidian [əˈsidjən] *s zool* ascidian

ascidium [əˈsidjəm], *pl* **ascidia** [əˈsidjə] *s* ascidie

ASCII ['æski] *presc de la* **American Standard Code for Information** *s cib* ASCII; ~ **file** fișier ASCII

ascites [əˈsaitiːz], *pl la fel s, med* ascită, hidroperitonită

Asclepiadean [əˌskliːpjəˈdiːən] *adj metr* aselepiadian

ascogonium [ˌæskəuˈgəunjəm], *pl* **ascogonia** [ˌæskəuˈgəuniə] *s bot* ascogon

ascomycete [ˌæskəumaiˈsiːt] *s bot* ascomicetă

ascon ['æskən], *pl* **ascons** ['æskənz] *și* **ascones** [æsˈkəuniːz] *s zool* ascon, tip ideal de spongier

ascospore ['æskəspɔə] *s bot* ascospor

ascosporic [ˌæskəuˈspɔrik] *adj bot* ascosporic

ascosporous ['æskəspɔ(ː)rəs] *adj v.* **ascosporic**

ASCU *presc de la* **Association of State Colleges and Universities** *s* Asociația Instituțiilor Universitare de stat din S.U.A.

ascus ['æskəs], *pl* **asci** ['æsai] *s bot* ască

ASE *presc de la* **American Stock Exchange** *s fin* a doua piață bursieră a S.U.A.

a-sea [əˈsiː] *adv* pe mare; spre mare

aseismic [æˈsaizmik] *adj* **1** *geol* aseismic **2** *constr* rezistent la solicitări seismice

a-seity [eiˈsiːiti] *s filoz* existență independentă

a-shake [əˈʃeik] *adv* tremurând

ASH [æʃ] *presc de la* **Action on Smoking and Health** *s* Liga Britanică împotriva Fumatului

ashamedness [əˈʃeimidnis] *s* rușine; pudicitate; rușinare

ash blonde [ˌæʃ ˈblɔnd] *s, adj* blond cenușiu

ashery ['æʃəri] *s* **1** cenușar **2** fabrică de potasă

ash-gray [ˌæʃ ˈgrei] *adj, s* cenușiu deschis, de culoarea scrumului

ashine [əˈʃain] *adj pred* (stră)lucitor

ashipboard [əˈʃipbɔːd] *adv nav* la bord, pe bord

Ashkenazi [ˌæʃkəˈnɑːzi] *s* evreu originar din țările germanice și slave

ashlar brick ['æʃlə brik] *s constr* cărămidă aparentă, de placare

ashlaring ['æʃləriŋ] *s constr* cofraj

ash-leaf maple [ˌæʃliːf 'meipl] *s bot* arțar american *(Acer negundo)*

ashplant ['æʃplɑːnt] *s* 1 puiet de frasin 2 baston din lemn de frasin

ashram ['æʃrəm] *s rel* sihăstrie; mănăstire *(în India)*

Asian American [ˌeiʃn ə'merikn] *s, adj* american de origine asiatică

Asian flu [ˌeiʃn 'fluː] *s med* gripă asiatică

Asianic [ˌeiʃi'ænik] *adj* 1 asiatic 2 *lingv* din Asia Mică

A-side ['ei said] *s* fața A *(a unui disc etc.)*

asinine ['æsinain] *adj* 1 măgăresc, de măgar 2 *fig* prostesc; îndărătnic, încăpățânat

asininity [ˌæsi'niniti] *s* prostie, tâmpenie; îndărătnicie, încăpățânare

askari [æs'kɑːri] *s* soldat indigen *(dintr-o colonie africană)*

asker ['ɑːskə] *s* 1 persoană care întreabă 2 cerșetor

asking price ['ɑːskiŋ prais] *s com* prețul la care un produs este oferit spre vânzare

ASLEF ['æzlef] *presc de la* Associated Society of Locomotive Engineers and Firemen *s* sindicat al feroviarilor în Marea Britanie

A/S-level [ˌei'es levl] *s examen* facultativ în completarea examenului de nivel superior (↓ în Marea Britanie)

aslope [ə'sləup] *adj, pred, adv* înclinat, povârnit, aplecat într-o parte / într-o rână; strâmb; în pantă, în povârniș; cruciș, în curmeziș

ASM *presc de la* air-to-surface-missile *s mil* rachetă aer-sol

a-smoke [ə'sməuk] *adj, pred, adv* fumegând; în fum

asocial [ei'səuʃl] *adj* 1 nesociabil 2 egoist

asparagin [əs'pærədʒin] *s ch* asparagină

aspartame [ə'spɑːteim] *s ch* aspartam *(substanță chimică hipocalorică folosită la îndulcit)*

aspartic acid [əsˌpɑːtik 'æsid] *s ch* acid asparagic

aspectable [æs'pektəbl] *adj rar* 1 vizibil 2 aspectuos; demn de văzut, admirat

aspect ratio ['æspekt ˌreiʃiəu] *s* 1 *av* anvergură relativă 2 *tel* format al imaginii

asper¹ ['æspə] *s* asper *(monedă turcească)*

asper² ['æspə] *s fon* spirit aspru, aspirant

asperate ['æspəreit] *vt* a aspri, a înăspri

aspergillum [ˌæspə'dʒiləm], *pl* **aspergilla** [ˌæspə'dʒilə] *sau* **aspergillums** [ˌæspə'dʒiləmz] *s bis* sfiștoc, mătăuz

aspergillus [ˌæspə(ː)'dʒiləs], *pl* **aspergilli** [ˌæspə(ː)'dʒilai] *s bot* aspergillus 2 *v.* aspergillum

asperser [əs'pəːsə] *s* 1 defăimător, calomniator 2 *v.* aspergillum

aspersorium [ˌæspə'sɔːriəm], *pl* **aspersoria** [ˌæspə'sɔːriə] *și* **aspersoriums** [ˌæspə'sɔːriəmz] *s bis* aghiazmatar

asphalt cement ['æsfælt siˌment] *s constr* ciment asfaltic

asphaltic [æs'fæltik] *adj* asfaltic; asfaltos

asphaltite ['æsfəltait] *s geol* asfaltit

asphalt jungle [ˌæsfælt 'dʒʌŋl] *s fig* jungla de asfalt, jungla citadină

asphalt stone ['æsfælt stəun] *s geol* rocă asfaltoasă

asphaltum [əs'fæltəm] *s* asfalt, bitum

asphyxial [æs'fiksiəl] *adj* de asfixie

asphyxian [æs'fiksiənt] I *s* asfixiant, substanță asfixiantă; gaz asfixiant II *adj* asfixiant, înăbușitor, sufocant

asphyxiating [æs'fiksieitiŋ] *adj* asfixiant

asphyxiation [æsˌfiksi'eiʃn] *s* asfixiere

asphyxy [æs'fiksi] *s med* asfixie, înăbușire, sufocare

aspirer [əs'pairə] *s* persoană care aspiră; arivist

aspish ['æspiʃ] *adj* de șarpe

asporous [ə'spɔːrəs] *adj bot* fără spori

a-sprawl [ə'sprɔːl] *adj, pred, adv* răschirat, împrăștiat; lungit, întins

assagai ['æsəgai] *s* asagai, suliță de azvârlit *(la triburile africane)*

assai [ə'sai *și pronunția italiană*] *s it muz* assai, foarte

assailment [ə'seilmənt] *s* asalt; *(și d boli etc.)* atac

Assamese [ˌæsə'miːz] I *s* 1 locuitor din Assam 2 *lingv* limba vorbită în Assam II *adj geogr* din / despre Assam

assault course [ə'sɔːlt kɔːs] *s mil* traseu cu obstacole și instalații pentru instrucția soldaților

assayable [ə'seiəbl] *adj* care poate fi încercat / analizat

assayer [ə'seiə] *s* verificator, persoană care face proba; laborant; chimist

ass-backward [ˌæs'bækwəːd] *adv vulg amer* pe dos, invers

assembler [ə'semblə] *s* 1 persoană care convoacă, strânge, reunește *etc.* 2 membru al unei adunări 3 *tehn* montor, montator, mecanic

assembly language [ə'sembli ˌleŋgwidʒ] *s cib* limbaj de asamblare

assembly point [ə'sembli ˌpoint] *s* punct de adunare / întâlnire

assembly woman [ə'sembli ˌwumən] *s amer* femeie care ocupă un loc într-o adunare legislativă

assentation [ˌæsen'teiʃn] *s rar* îngânare, aprobare *(din lingușire)*; slugărnicie

assentor [ə'sentə] *s pol* unul dintre votanții necesari nominalizării unui candidat *(în Parlamentul Britanic)*

assertative [ə'səːtətiv] *adj* 1 afirmativ; pozitiv; dogmatic 2 prezumțios; *(peste măsură de)* insistent; agresiv

assertiveness training [ə'səːtivnis ˌtreiniŋ] *s* metodă de pregătire a unei atitudini îndrăznețe și sigure

assertor [ə'səːtə] *s v.* asserter

assertorial [ˌæsə'tɔːriəl] *adj log* asertoric

assertorical [ˌæsə(ː)'tɔrikəl] *adj v* assertorial

assertorically [ˌæsə(ː)'tɔrikəli] *adv log* asertoric

assertory [ə'səːtəri] *adj* 1 afirmativ; declarativ; asigurător 2 *log v.* assertorial

assession [ə'seʃn] *s jur* participare ca asesor în instanță

assessorial [ˌæsə'sɔːriəl] *adj jur* asesorial, de asesor

assessorship [ə'sesəʃip] *s jur* calitatea / funcția de asesor

asset-stripper ['æset ˌstripə] *s ec, com* persoană care cumpără activele unor mari societăți comerciale pentru a le revinde apoi eșalonat

31

asset-stripping ['æset,stripiŋ] *s ec, com* acțiunea de cumpărare a activelor unor mari societăți comerciale în scopul revinderii lor eșalonate

asshole ['æshəul] *s vulg amer v.* **arsehole**

assibilate [ə'sibi:leit] *vt lingv* a pronunța șuierat; a pronunța ca o africată

assigner [ə'sainə] *s* persoană care distribuie, distribuitor

assignor [ə'sainə] *s jur* persoană care își cedează drepturile

assimilable [ə'similəbl] *adj* asimilabil

assimilative [ə'similətiv] *adj* asimilator, asimilativ, asimilant

assimilatory [ə'simileitəri] *adj v.* **assimilative**

assistant professor [ə,sistənt prə-'fesə] *s (în Anglia)* profesor care nu conduce o secție întreagă; *(în S.U.A.)* profesor al cărui rang este între **instructor** și **associate professor**, *aprox* lector

assister [ə'sistə] *s* ajutor, asistent

associability [ə'səuʃiə'biliti] *s* sociabilitate

associable [ə'səuʃiəbl] *adj* **1** asociabil, care se poate asocia; conciliabil **2** *med* simpatic

association football [ə,səusi'eiʃn 'futbɔl] *s sport (și soccer)* fotbal

assoil [ə'sɔil] *vt* **1** *înv* a achita **2** *bis* a ierta, a dezlega, a absolvi de păcate **3** *bis* a ispăși

assonant ['æsənənt] *adj (↓ metr)* asonant

assuagement [ə'sweidʒmənt] *s* **1** liniștire, ușurare, atenuare, alinare, calmare, domolire **2** calmant

assuasive [ə'sweisiv] *adj* alinător, calmant

assumedly [ə'sju:midli] *adv* probabil, după toate probabilitățile

assumpsit [ə'sʌmpsit] *s jur* obligație, promisiune solemnă

assumptive [ə'sʌmptiv] *adj* **1** presupus, convenit, admis **2** încrezut, trufaș, îndrăzneț, arogant

assurer [ə'ʃuərə] *s* agent de asigurare

assurgency [ə'sə:dʒənsi] *s* tendință de urcare

assurgent [ə'sə:dʒənt] *adj* urcător, suitor

Assyriologist [ə,siri'ɔlədʒist] *s* asiriolog

Assyriology [ə,siri'ɔlədʒi] *s* asiriologie, studiul civilizației și limbii asiriene

AST presc de la **Atlantic Standard Time** *s* ora de iarnă în provinciile canadiene de pe coasta Atlanticului și într-o parte a insulelor Caraibe

astable [ei'steibl] *adj* instabil

astatic [ə'stætik] *adj fiz* astatic; nestabil

astatine ['æstəti:n] *s ch* astatiniu

astatize ['æstətaiz] *vt fiz* a astatizia

astay [ə'stei] *adv nav* în dreptul straiului

asteraceous [,æstə'reiʃəs] *adj bot* asteraceu, carduaceu

asteriated [ə'stiərieitid] *adj* stelat, în stea

asterismal [,æstə'rizməl] *s astr* de constelație

asteroidal ['æstərɔidəl] *adj* în (formă de) stea, stelat, stelar

asteroidean [,æstə'rɔidiən] *adj, s* asteroid, de asteroid

asthenic [æs'θenik] *adj, s med* astenic

asthmatical [æs'mætikəl] *adj* astmatic, care suferă de astmă

ASTMS ['æsti:mz] *presc de la* **Association Of Scientific, Technical And Managerial Staffs** *s vechi* sindicat britanic al cercetătorilor, tehnicienilor și personalului administrativ

astounded [ə'staundid] *adj* stupefiat, uluit

astoundingly [ə'staundiŋli] *adv* incredibil; ~ **beautiful** incredibil de frumoasă

astoundment [ə'staundmənt] *s* uluire

astragalus [əs'trægələs] *pl* **astragali** [əs'trægəlai] *s* **1** *anat* astragal, arșicul gleznei **2** *bot* unghia găii *(Astragalus glycyphyllos)*

astrain [ə'strein] *adj pred* încordat

astrict [ə'strikt] *vt rar* **1** a lega **2** a limita, a restrânge

astringe [ə'strindʒ] *vt* a lega strâns; a comprima

astrolatry [ə'strɔlətri] *s* astrolatrie

astrologist [ə'strɔlədʒist] *s* astrolog

astrologize [ə'strɔlədʒaiz] *vi* a se ocupa cu astrologia

astrometeorology [,æstrəumi:tiə'rɔlədʒi] *s* astrometeorologie

astrometry [æs'trɔmitri] *s* astrometrie

astronautic(al) [,æstrə'nɔ:tik(l)] *adj* astronautic

astronomical telescope [æstrə-,nɔmikəl 'teliskəup] *s astr* telescop, lunetă astronomică

astronomize [ə'strɔnəmaiz] *vi rar* a se ocupa cu astronomia

astrophotographic [,æstrəufəu-təu'græfik] *adj* astrofotografic

astrophotography [,æstrəufəu'tɔgrəfi] *s* astrofotografie

astrophysical [,æstrəu'fizikəl] *adj* astrofizic

astrophysicist [,æstrəu'fizisist] *s* astrofizician

astrosphere ['æstrəusfiə] *s biol* astrosferă

astucious [əs'tju:ʃəs] *adj* pătrunzător, ager; isteț, perspicace; viclean, șiret

ASV *presc de la* **American Standard Version** *s bibl* versiunea americană standard a Bibliei

a-sway [ə'swei] *adj pred, adv* legănat, legănându-se

a-sweat [ə'swet] *adj pred, adv* asudat, transpirat, năpădit de sudoare

a-swim [ə'swim] *adj pred, adv* înot(ând)

asyllabic(al) [,æsi'læbik(əl)] *adj lingv* asilabic, care nu formează silabe

asymbolia [,æsim'bəuljə] *s med* asimbolie

asymbolic(al) [,æsim'bɔlik(əl)] *adj rar* nesimbolic

asymptomatic [,eisimptə'mætik] *adj* asimptomatic

asymptote ['æsimptəut] *s mat* asimptotă

asymptotic(al) [,æsimp'tɔtik(əl)] *adj mat* asimptotic

asymptotic line [æsimp,tɔtik 'lain] *s mat* linie asimptotică

asynchronism [ə'siŋkrənizm] *s* asincronism, nesimultaneitate

asynchronous [ə'siŋkrənəs] *adj* asincron(ic), care nu se suprapune în timp, nesimultan

asyndetic [,æsin'detik] *adj gram* asindetic, fără conjuncție

asyndeton [æ'sinditən] *s gram* asindet

asyntactic [,eisin'tæktik] *adj gram* asintactic

atacamite [ə'tækəmait] *s minr* atacamit

ataghan ['ætəgæn] *s turc* iatagan

ataraxia [,ætə'ræksiə] *s psih* ataraxie, liniște morală

ataraxy ['ætəræksi] *s psih v.* **ataraxia**

atavic [ə'tævik] *adj* atavic
ataxia [ə'tæksiə] *s v.* **ataxy**
ataxic [ə'tæksik] *adj med* ataxic
ataxite ['ætəksait] *s minr* ataxit
ATC *s* 1 *presc de la* air traffic control controlul traficului aerian 2 *presc de la* Air Training Corps unitate militară britanică de aviație
atcha [ə'tʃɑː] *interj* (h)apciu!
atchee [ə'tʃiː] *interj v.* **atcha**
atebrin ['ætəbrin] *s ch* atebrină
atelectasis [,ætə'lektəsis] *s med* atelectazie
atempo [ɑː'tompou] *adj, adv muz* a tempo
Athanasian Creed [æθə,neiʃn-'kriːdl *s rel/the ~* crezul Sfântului Atanase
athermanous [ə'θəːmənəs] *adj fiz* aterman
atheroma [,æθi'rəumə], *pl* **atheromata** [,æθi'rəumətə] *s med* aterom, chist sebaceu
athlete's foot [,æθliːts'fuːt] *s med* micoză
athletics [æθ'letiks] *pl* 1 *(folosit ca sg)* sport, activitate sportivă 2 exerciții fizice *(în aer liber)* 3 atletică ușoară 4 *amer* atletism
athletic support(er) [æθ,letik sə-'pɔːt(ə)] *s* suspensor
a-thrill [ə'θril] *adj pred, adv* înfiorat, cuprins de fiori
atilt [ə'tilt] *adj pred, adv* 1 cu lancea ridicată 2 *fig* în apărare, în gardă 3 aplecat, într-o parte
ATM *presc de la* automatic telling machine *s amer* mașină automată de încasat
atmogenic [,ætməu'dʒenik] *adj geol* atmogen
atmolysis [æt'molisis] *s ch* atmoliză
atomical [ə'tomikəl] *adj* 1 *fiz, ch* atomic 2 atomic, minuscul, infinitezimal
atomic cocktail [ə,tomik 'kokteil] *s med, farm, ch* amestec radioactiv utilizat în tratamentul cancerului
Atomic Energy Authority [ə,tomik 'enədʒi ɔː,θoriti] *s* Comisia Britanică de Autorizare a Energiei Nucleare
atomic heat [ə,tomik 'hiːt] *s fiz* căldură atomică
atomic hydrogen [ə,tomik 'haidrə-dʒən] *s ch* hidrogen atomic / activ
atomicity [,ætə'misiti] *s* 1 *ch* valență 2 *fiz, ch* atomicitate

atomic reactor [ə,tomik ri'æktə] *s* reactor atomic
atomic structure [ə,tomik 'strʌk-tʃə] *s fiz* structură atomică
atomic volume [ə,tomik 'voljum] *s fiz* volum atomic
atomistic [,ætə'mistik] *adj* atomizat; fărâmițat, pulverizat; compus dintr-o infinitate de particule
atonality [,eitəu'næləti] *s muz* atonalitate
atonic [æ'tonik] I *adj* 1 *fon* aton, fără accent 2 *med* slab II *s* 1 *fon* cuvânt neaccentuat 2 *med rar* calmant
atony ['ætəni] *s med* atonie, slăbiciune *(a unui organ)*
ATP *presc de la* Association of Tennis Professionals *s sport* Asociația tenisului profesionist
atrabiliar [,ætrə'biliə] *adj* ipohondru, melancolic; arțăgos, țâfnos
atrip [ə'trip] *adj pred, adv nav* derapat, smuls; **the anchor is ~** ancora s-a smuls
atrociousness [ə'trəuʃəsnis] *s* grozăvie, cruzime, atrocitate, bestialitate
atropa ['ætrəpə] *s bot* mătrăgună *(Atropa belladona)*
atrophic [ə'trofik] *adj* atrofic
atrophied ['ætrəfiːd] *adj* 1 *med* atrofiat 2 uscat, istovit, sleit
attachable [ə'tætʃəbl] *adj* 1 atașabil, care poate fi atașat 2 aderent; lipicios 3 devotat, atașat, fidel 4 *jur* sechestrabil; confiscabil 5 *jur* pasibil de a fi arestat
attackable [ə'tækəbl] *adj* 1 atacabil; vulnerabil 2 discutabil
attacker [ə'tækə] *s* atacator, agresor
attain [ə'tein] *vt* I a atinge, a ajunge (la), a parveni la; a dobândi; a câștiga; to ~ one's ends a-și realiza scopurile; he ~ed the opposite shore atinse celălalt țărm; he has ~ed his thirtieth year a atins vârsta de 30 de ani, are 30 de ani II *vi* 1 a-și realiza aspirațiile 2 to ~ to a ajunge la, a atinge; grapes have ~ed to maturity strugurii s-au copt
attainability [ə,teinə'biliti] *s* 1 putință / capacitate de reușită / de izbândă / de atingere *(a unui scop etc.)*; accesibilitate 2 mat accesibilitate
attainableness [ə'teinəblnis] *s v.* **attainability**

attaint [ə'teint] I *vt* 1 a condamna la moarte; a deporta cu pierderea drepturilor civile 2 a necinsti, a dezonora, a stigmatiza 3 *înv (d boli)* a molipsi, a infecta II *s* stigmat
attaintment [ə'teintmənt] *s jur* condamnare, pierdere a drepturilor civile
attemper [ə'tempə] *vt* 1 a domoli, a tempera; a modera; a liniști, a potoli; a îndulci, a alina 2 to ~ to a adapta, a acomoda la; a regla după 3 a amesteca în proporții corespunzătoare
attemperament [ə'tempərəmənt] *s* amestec în proporții corespunzătoare
attemperate [ə'tempəreit] *vt* a tempera
attemperator [ə'tempəreitə] *s tehn* serpentină compensatoare / de compensare
attemptable [ə'temptəbl] *adj* 1 care se poate încerca 2 expus atacurilor / atentatelor
attempted [ə'temptid] *adj* încercat; ~ **murder** tentativă de crimă, atentat la viața cuiva
attempter [ə'temptə] *s* 1 persoană care încearcă 2 *înv* bărbat care atentează la pudoarea unei femei, seducător
attendance allowance [ə'tendəns ə,lauəns] *s brit* alocație pentru handicapați
attendance centre [ə'tendəns ,sentə] *s brit* casă de reeducare pentru delincvenți minori
attendance officer [ə'tendəns ,ofisə] *s funcționar care supraveghează frecvența elevilor
attentation [,ætən'teiʃn] *s înv* încercare
attenuation constant [ə,tenjueiʃn ,konstənt] *s tel* constantă de atenuare
attestant [ə'testənt] *s v.* **attester**
attestative [ə'testətiv] *adj* care atestă / dovedește / confirmă, adeveritor
attested milk [ə,testid 'milk] *s brit* lapte provenit de la un șeptel atestat ca sănătos
attester [ə'testə] *s jur* martor
attestor [ə'testə] *s v.* **attester**
atticism, Atticism ['ætisizm] *s* aticism, spirit atic; eleganță, stil ales, puritate, clasicism *(în exprimare)*

Atticize ['ætisaiz] *vi* **1** a se exprima în mod clasic / fin / spiritual **2** a folosi dialectul atic **3** a imita moravurile atice

Attic salt ['ætik sɔːlt] *s* spirit fin; ironie fină

Attic wit ['ætik wit] *s v.* **Attic salt**

attired [ə'taiəd] *adj* **1** îmbrăcat; gătit **2** *(d cerbi)* cu coarne

attitudinal [ˌæti'tjuːdinəl] *adj* de atitudine; privind atitudinea *(cu gen)*

attitudinarian [ˌætitjuˌdi'nɛəriən] *s* **1** persoană cu atitudine studiată / care pozează **2** *artă* model (viu)

attitudinarianism [ˌætitjuˌdi'nɛəriənizm] *s* adoptarea unei atitudini studiate, poză, teatralism

attn *presc de la* **for the attention of** în atenția

attorn [ə'təːn] *vt* **I** *jur* a ceda, a transfera *(↓ datoria unui vasal)* **II** *vi* **1** a recunoaște un nou moșier **2** *fig* **to ~ to** a arăta / a purta respectul cuvenit *(cuiva)*

attorneyship [ə'təːniʃip] *s* **1** avocatură **2** barou

attornment [ə'təːnmənt] *s jur* recunoașterea unui nou moșier

attractionally [ə'trækʃnəli] *adv* prin atracție; datorită afinității

attractor [ə'træktə] *s* persoană care atrage

attributable [ə'tribjutəbl] *adj* **~ (to)** care se poate atribui *(cu dat)*, de atribuit *(cu dat)*; care se poate pune pe seama *(cu gen)*

attributively [ə'tribjutivli] *adv* **1** *gram* ca atribut **2** *lit* ca epitet

attrist [ə'trist] *vt rar* a întrista, a mâhni

attrite [ə'trait] *adj* **1** *rel* care se (po)căiește din teamă **2** *înv v.* **attrited**

attrited [ə'traitid] *adj* uzat *(prin frecare)*, ros

attunement [ə'tjuːnmənt] *s* **(to)** *rar* armonizare, înțelegere, punere de acord *(cu)*

ATV *presc de la* **all terrain vehicle** *s auto* vehicul pentru toate tipurile de teren

a-twain [ə'twein] *adv rar* în două

atweel [æt'wiːl] *adv scot* sigur, desigur, negreșit, cu siguranță

a-twitter [ə'twitə] *adj pred, adv* ciripind

aubade [əu'bɑːd] *s fr muz* aubade

aubretia [ɔː'briːʃə] *s bot* plantă erbacee cu flori vineții *(Cruciferae)*

auction bridge ['ɔːkʃn ˌbridʒ] *s* bridge-licitație *(formă învechită de bridge)*

auction room ['ɔːkʃnruːm] *s* sală pentru licitații

audaciousness [ɔː'deiʃəsnis] *s v.* **audacity**

audacity [ɔː'dæsiti] *s* **1** îndrăzneală, cutezanță, curaj **2** obrăznicie, impertinență

audient ['ɔːdiənt] *adj* care ascultă

audiology [ˌɔːdi'ɔlədʒi] *s med* audiologie

audiometry [ˌɔːdi'ɔmitri] *s el* audiometrie

audiophile ['ɔːdiəufail] *s* persoană pasionată de sunet și acustică

auditing ['ɔːditiŋ] *s ec* revizie, control

auditive ['ɔːditiv] *adj* auditiv

Auditor General [ˌɔːditɔ: 'dʒenərəl] *s* președintele Înaltei Curți de Conturi

auditorial [ˌɔːdi'tɔːriəl] *adj* de revizie, de control

auditory nerve [ˌɔːditəri 'nəːv] *s anat* nerv auditiv

auditress ['ɔːditris] *s rar* auditoare

AUEW *presc de la* **Amalgamated Union of Engineering Workers** *s* vechi sindicat britanic în industria mecanică

Augean [ɔː'dʒi(ː)ən] *adj* **1** *mit* augean **2** *fig* murdar, care are nevoie de curățare sau de reformare

augelite ['ɔːdʒilait] *s minr* augelit

auger bit ['ɔːgə bit] *s* **1** sfredel de dulgher **2** *tehn* burghiu elicoidal; foreză; sfredel **3** *tehn* vârf de burghiu **4** *min* sfredel de mină

augite ['ɔːdʒait] *s minr* augit; piroxen

augmented [ɔːg'mentid] *adj* augmentat, mărit, crescut

augural ['ɔːgjurəl] *adj* prevestitor; de bun *sau* de rău augur; cobitor

Augustan Age [ɔːˌgʌstən 'eidʒ] *s* **1** *ist* secolul / epoca lui August **2** *lit* epoca augustană a literaturii engleze *(1702 – 1714)* sau franceze *(1643 – 1715)*

Augustinian [ˌɔːgəst'iniən] **I** *s* augustinian, călugăr augustin **II** *adj* augustinian, în legătură cu Sfântul Augustin

augustness [ɔː'gʌstnis] *s* înfățișare augustă, măreție, splendoare

aula ['ɔːlə], *pl* **aulae** ['ɔːliː] *s* aulă

aularian [ɔː'lɛəriən] **I** *adj* de aulă **II** *s* membru al unui **hall** *(la universitățile Oxford și Cambridge – nu al unui* **college**)

auld [ɔːld] *adj scot* vechi, bătrân

au pair [ˌəu'pɛə] *s* **~ (girl)** fată care prestează munci casnice pentru o familie din străinătate, în schimbul găzduirii, mesei și al ocaziei de a învăța limba țării respective

aurally ['ɔːrəli] *adv* după ureche, după auz

auramine [ˌɔːrə'miːn] *s ch* auramină

aurate ['ɔːreit] **I** *adj* **1** aurit **2** aurifer **II** *s ch* aurat

aureate ['ɔːriit] *adj* de aur, aurit, suflat cu aur; strălucitor

aurelia [ɔː'riːliə] *s zool* un fel de meduză *(Aurelia flavidula)*

aureole ['ɔːriəul] *s* **1** nimb, aureolă, strălucire, aură **2** *astr* aureolă; corolă **3** *min* zonă de contact

auric ['ɔːrik] *adj* care conține aur, aurifer

auric acid [ˌɔːrik 'æsid] *s ch* acid auric

auricula [ɔː'rikjulə], *pl* **auriculas** [ɔː'rikjuləz] *și* **auriculae** [ɔː'rikjuliː] *s* **1** *bot* urechea-ursului *(Primula auricula)* **2** *anat* auricul

auricular witness [ɔːˌrikjulə 'witnis] *s jur* martor auricular

auriculate [ɔː'rikjuleit] *adj bot, zool* cu ureche; în formă de ureche

auriform ['ɔːrifɔːm] *adj* în formă de ureche

aurify ['ɔːrifai] *vt* a (se) transforma în aur

aurine ['ɔːrin] *s ch* aurină

auroral [ɔː'rɔːrəl] *adj* **1** din / în zori; matinal, al zorilor, de dimineață; trandafiriu; luminos **2** provocat de aurora nordică *sau* sudică

aurora polaris [ɔːˌrɔːrə pəu'læris] *s* auroră polară

aurum ['ɔːrəm] *s ch* aur

auscultation [ˌɔː(ː)skəl'teiʃn] *s med* auscultare, ascultare, examinare *(a bolnavului)*

auspiciousness [ɔː(ː)s'piʃəsnis] *s* caracter favorabil, bune auspicii; noroc

austereness [ɔː(ː)s'tiənis] *s* **1** *fig* severitate, rigurozitate; ascetism, austeritate, sobrietate **2** cumpătare; simplitate **3** caracter astringent, astringență

Australia Day [ɔ,streilijə 'dei] *s* prima luni după 26 ianuarie, comemorând sosirea englezilor în Australia

Australian Capital Territory [ɔ,s-treiljən 'kæpitl teritɔri] *s pol* teritoriul federal al Canberrei

Australianize, Australianise [ɔ's-treilijənaiz] *s* a da un caracter australian

Australian mahogany [ɔ,strei-lijən mə'hɔgəni] *s bot* eucalipt de Australia *(Eucaliptus margi-nata)*

Australian Rules (football) [ɔ,s-treiljən 'ru:lz] *s sport* joc ase-mănător cu rugby-ul

Australioid [ɔ(:)s'treiliɔid] *adj, s* australoid

Austral Islands [ɔ,strəl 'ailəndz] *s* arhipelag în Polinezia

Australoid [ɔ(:)s'treilɔid] *adj, s v.* **Australioid**

Austrian pine [,ɔ(:)striən 'pain] *s bot* pin negru austriac *(Pinus nigra var. austriaca)*

AUT *presc de la* Association of University Teachers *s* sindicat al profesorilor universitari

autarch ['ɔːtɑːk] *s* autocrat

autarkic(al) [ɔː'tɑːkik(əl)] *adj ec* autarhic, independent

authenticator *s* au-tentificator

authorial [ɔː'θɔːriəl] *adj* de autor

authoritarianism [,ɔː'θɔri'teəriən-izəm] *s* autoritarism, sistem de guvernare autoritar

autobank ['ɔːtəu,bæŋk] *s* distribu-itor automat de bancnote

autobiographer [,ɔːtəbai'ɔgrəfə] *s* autobiograf

autobus ['ɔːtəubʌs] *s* automobil-omnibus

autocade ['ɔːtəukeid] *s amer* cor-tegiu de automobile

autocar ['ɔːtəukɑː] *s rar* automobil; autovehicul

autocatalysis [,ɔːtəkə'tælisis] *s ch* autocataliză

autochthonal [ɔː'tɔkθənəl] *adj* au-tohton, indigen; băstinaș

autochthony [ɔː'tɔkθəni] *s* carac-ter autohton

autoclave ['ɔːtəkleiv] *s* autoclavă

autocross ['ɔːtəukrɔs] *s* cursă auto-mobilistică pe teren accidentat

autodestruct [,ɔːtəudi'strʌkt] **I** *vi* a se autodistruge **II** *adj* autodis-tructiv

autodidactic [,ɔːtədi'dæktik] *adj rar* autodidactic

autodyne ['ɔːtədain] *s rad* autodină

autogamous [ɔː'tɔgəməs] *adj bot* autogam, de autofecundare

autogamy [ɔː'tɔgəmi] *s bot* auto-gamie, autofecundare

autogenesis [,ɔːtɔ'dʒenisis] *s biol* autogeneză

autography [ɔː'tɔgrəfi] *s* **1** auto-graf, semnătură originală **2** *(ma-nuscris)* original

autogyro [,ɔːtəu'dʒaiərəu] *s av* au-togir; giroplan; elicopter

autohypnosis [,ɔːtəuhip'nəusis] *s med* autohipnoză; autosugestie

autoimmune [,ɔːtəui'mjuːn] *adj med fizl* autoimun

autoimmunity [,ɔːtəui'mjuːnəti] *s med fizl* autoimunizare

autoinfection [,ɔːtəuin'fekʃn] *s med* autoinfecție

autointoxication [,ɔːtəuintɔksi-'keiʃn] *s med* autointoxicare, autootrăvire a organismului

autolysis [ɔː'tɔləsis] *s ch* autoliză

automated ['ɔːtəmeitid] *adj* auto-matizat

automatical [ɔːtɔ'mætikəl] *adj* **1** automat(ic); Browning ~ rifle pușcă mitralieră (tip) Browning **2** automat(ic), mecanic, mașinal

automatic drive [ɔːtə,mætik 'draiv] *s tehn* comandă automată

automatic pistol [ɔːtɔ,mætik 'pistl] *s* (pistol) automat

automatic rifle [ɔːtɔ,mætik 'raifl] *s* armă automată

automatize [ɔː'tɔmətaiz] *vt* a auto-matiza

automaton [ɔː'tɔmətən], *pl* **auto-mata** [ɔː'tɔmətə] *și* **automatons** [ɔː'tɔmətənz] *s* automat

automatous [ɔː'tɔmətəs] *adj* auto-mat

automobilism [,ɔːtə'mɔbi:lizm] *s* automobilism

automobilist [,ɔːtəmə'bi:list] auto-mobilist

autonomic(al) [,ɔːtə'nɔmik] *adj* au-tonom

autonomist [ɔː'tɔnəmist] *s* auto-nomist, partizan al autonomiei

autopilot ['ɔːtə,pailət] *s av, nav* pilot automat; autopilot

autoplasty ['ɔːtɔ,plæsti] *s med* au-toplastie

autopsia [ɔː'tɔpsiə] *s* **1** *med* au-topsie, necropsie **2** observație, constatare personală

autorifle ['ɔːtəu,raifl] *s amer mil* pușcă automată

autotimer ['ɔːtəu,taimə] *s tehn* dis-pozitiv de programare automată

auto-truck ['ɔːtətrʌk] *s amer* auto-camion

autotypy ['ɔːtətaipi] *s poligr* simi-ligravură; autotipie

autowinder ['ɔːtəu,waində] *s foto* dispozitiv pentru derularea au-tomată a filmului în aparatul foto

autumn crocus ['ɔːtəm ,krəukəs] *s bot* brândușă-de-toamnă *(Col-chium autumnale)*

Auvergne [əu'veən] *s* provincie fran-ceză

auxin ['ɔːksin] *s ch* auxină

availableness [ə'veiləblnis] *s* ac-cesibilitate; posibilitate de pro-curare; disponibilitate

aval [*pronunția franceză*] *s fr jur* avalare a unei polițe

avant-corps [,ævɑːŋ'kɔː] *s fr arhit* avant-corps, fațadă cu ieșituri *(balcon, cornișă etc.)* fațadă cu portic; pridvor

avant-courier [ævɑːŋ 'kuriə *și pro-nunția franceză*] *s* vestitor și fig

avariciousness [,ævə'riʃəsnis] *s* zgârcenie, lăcomie, cupiditate

avdp *(presc de la* avoirdupois) **I** *s* greutate; ~ **weight** greutate ex-primată în livre **II** *adj (d greutate)* exprimată în livre

ave ['ɑːvi, 'eivi] *lat* **I** *interj* salut *(↓ la despărțire)* **II** *s* **1** rămas bun **2** *bis* Ave Maria

Ave Maria [,ɑːviməˈriə] *s v.* **ave (II, 2)**

avenging [ə'vendʒiŋ] *adj* răzbu-nător; **the ~ angel** îngerul răzbu-nării

avens ['ævənz] *s bot* cerențel, crânceș, cuișoriță *(Geum)*

Aventine Hill [,ævəntain'hil] *s ist* una dintre cele șapte coline ale Romei antice

aventurine [ə'ventʃərin] *s minr* aventurin

averseness [ə'vəːsnis] *s* **(to, for, from)** aversiune, scârbă, osti-litate, antipatie (față de)

aversion therapy [ə'vəːʃn ,θerəpi] *s med* terapie prin inculcarea aversiunii

avian ['eviən] *adj orn* avian, de păsări

aviarist ['eiviərist] *s* crescător de păsări, avicultor

aviate ['eivieit] *vi* a zbura cu avio-nul; a conduce avionul

35

aviatress ['eivieitris] *s* aviatoare, femeie pilot

avifauna [,eivi'fɔːnə] *s zool* avifauună, păsări locale, faună ornitologică

avigation [,ævi'geiʃn] *s amer* aeronavigaţie

avionics [,eivi'ɔniks] *s* 1 *(cu sens de sg)* avionică 2 *(cu sens de pl)* instrumente de avionică, aparate de bord

avocado [,ævə'kaːdəu] *s bot* 1 arbore de avocado *(gen Persea)* 2 ~ pear fructul arborelui de avocado

avocet ['ævəuset] *s orn* culic, cioc întors *(Recurvirostra avocetta)*

AVP *presc de la* assistant vicepresident *s ec* vice-preşedinte adjunct

avulsion [ə'vʌlʃn] *s* 1 smulgere, despărţire, avulsiune 2 *jur* alipirea unei porţiuni de teren la o proprietate sau la un teritoriu străin, în urma inundaţiei sau deplasării albiei râului

AWACS ['eiwæks] *presc de la* airborne warning and control system *s* sistem aeropurtat de avertizare şi control

awakener [ə'weikənə] *s* persoană care trezeşte / deşteaptă *şi fig*

award-winning [ə,wɔːd'winiŋ] *adj* premiat, medaliat

awareness [ə'weənis] *s* conştiinţă; cunoştinţă

awearied [ə'wi(ə)rid] *adj poetic* obosit, ostenit

aweary [ə'wiəri] *adj* **(of)** obosit, ostenit, istovit, epuizat, vlăguit (de)

a-weather [ə'weðə] *adv nav* în vânt

aweigh [ə'wei] *adj nav (d ancoră)* smuls

aweless ['ɔːlis] *adj* 1 nerespectuos 2 fără teamă, neînfricat

awkward squad [,ɔːkwəd 'skwɔd] *s* 1 *mil* recruţi neinstruiţi, boboci 2 *fig* novici, ageamii, profani, oameni fără experienţă

awless ['ɔːlis] *adj v.* **aweless**

awl-shaped [,ɔːl 'ʃeipt] *adj* în formă de sulă

awned [ɔːnd] *adj bot (d spic)* cu mustaţă

awning deck ['ɔːniŋ dek] *s nav* punte de covertă

AWOL ['eiwəl] *presc de la* Absent Without Leave *adj* absent fără permisiune

awork [ə'wəːk] *adj pred, adv* în activitate / acţiune; la lucru

ax(e) head ['æks hed] *s* talpa toporului

axial ['æksiəl] *adj* axial, de axă; în direcţia axei, a osiei

axial angle [,æksiəl 'æŋgl] *s mat* unghi axial

axil ['æksil] *s* 1 *bot* axil

axilla [æk'silə], *pl* **axilae** [æk'siliː] *s* 1 *anat* subţioară 2 *v.* **axil**

axle box [,æksl 'bɔks] *s* 1 *tehn* bucşă de lagăr 2 *ferov* cutie de unsoare

axled ['æksld] *adj* axat, cu osie, cu ax; de osie, de ax

axman ['æksmən] *pl* **axmen** ['æksmen] *s* tăietor de lemne

ayatollah [,aiə'tɔlə] *s rel* ayatollah

AYH *presc de la* American Youth Hostels *s* asociaţie americană a căminelor şi motelurilor pentru tineret

AZ *presc de la* Arizona

azarole ['æzərəul] *s bot* păducel-spaniol *(Crataegus azarolus)*

Azerbaijani [,æzəbai'dʒaːni] I *s* locuitor din Azerbaidjan II *adj* din / despre Azerbaidjan

azobenzene [,æzo'benzin] *s ch* azobenzen

azonal [æ'zəunəl] *adj* azonal

Azores [ə'zɔːz] *s pl* insulele Azore

azotometer [,æzə'tomitə] *s ch* nitrometru

Aztecan ['æztekən] *adj* aztec

azure stone ['æʒə stəun] *s minr* lapislazuli, lazulită

azurite ['æʒrait] *s minr* azurit

azyma ['æzimə] *s bis* sărbătoarea azimei *(la evrei)*

B

b *presc de la* **1** billion miliard **2** born născut

BAA *presc de la* British Airports Authority autoritățile aeroportuare britanice

Baal ['beiəl], *pl* **Baalim** ['beiəlim] *s* **1** *mit* Baal **2** *fig* idol, zeu fals

baas [bɑːs] *s (cuvânt sud-african)* stăpâne *(apelativ)*

baba ['bɑːbə] *s gastr* savarină

babbit(t) metal ['bæbit ˌmetl] *s tehn* babbit, aliaj de antifricțiune

Babbittism ['bæbitizm] *s amer* filistinism

Babbittry ['bæbitri] *s v.* **Babbittism**

babbling ['bæbliŋ] *s* **1** gângurire, uguire **2** flecăreală, trăncăneală, pălăvrăgeală **3** murmur, susur

babbly ['bæbli] *adj* vorbăreț, guraliv, flecar

babelism ['beibəlizm] *s* **1** gălăgie, larmă **2** vorbire confuză

babelize ['beibəlaiz] *vt* a zăpăci, a da peste cap

babirusa [bæbi'ruːsə] *s zool* babirusa, *specie de mistreț din insulele Moluce (Babirussa babirussa)*

babouche [bɑː'buː ʃ] *s* papuc oriental

Babouvism [bə'buːvizm] *s filoz* babuvism

babu ['bɑːbu] *s (cuvânt anglo-indian)* **1** domnule **2** *peior* funcționar *(în India)*

babushka ['bɑːbuʃkɑː] *s* basma *(purtată de țărăncile ruse)*

baby-blue [ˌbeibi'bluː] *adj* albastru clar

baby boom ['beibibuːm] *s creștere vertiginoasă a natalității (în S.U.A., în perioada imediat următoare celui de-al doilea război mondial)*

baby boomer ['beibiˌbuːmə] *s copil născut în perioada de creștere vertiginoasă a ratei natalității*

baby buggy ['beibiˌbʌgi] *s v.* **baby carriage**

baby carriage ['beibiˌkæridʒ] *s* cărucior de copil, landou

baby doll ['beibiˌdol] **I** *s* păpușă **II** *adj* de păpușă

baby face ['beibi feis] *s* față de copil

baby farm ['beibi fɑːm] *s* creșă

baby farming ['beibiˌfɑːmiŋ] *s* îngrijire a copiilor *(străini)*

baby grand (piano) [ˌbeibi grænd ('pjænəu)] *s muz* pian de salon, pian cu coadă mică

Babylonia [ˌbæbi'ləunjə] *s* Babylonia

Babylonian [ˌbæbi'ləunjən] **I** *adj* **1** babilonic **2** *fig* gigantic, uriaș, enorm **3** *fig* încurcat, încâlcit; alandala **II** *s* **1** babilonian **2** *înv* astrolog **3** *înv* papistaș, catolic

Babylonic [ˌbæbi'ləunik] *adj* **1** babilonic **2** *fig v.* **Babylonian (I, 3)** **3** *fig* somptuos, măreț; exuberant

Babylonish [ˌbæbi'ləuniʃ] *adj v.* **Babylonic**

baby-minder ['beibiˌmaində] *s persoană care supraveghează copilul cât timp părinții lipsesc de acasă*

baby-sit ['beibi sit] *vi a supraveghea copilul pe timpul cât părinții sunt plecați (temporar)*

baby-sitting ['beibiˌsitiŋ] *s supravegherea copilului de către o persoană angajată în acest scop*

baby sling ['beibi sliŋ] *s dispozitiv care se prinde de umeri și de piept pentru a transporta mai ușor copilul*

baby-snatcher ['beibiˌsnætʃə] *s* răpitor de copii

baby-snatching ['beibiˌsnætʃiŋ] *s* răpire de copii

baby talk ['beibi toːk] *s* limbajul / vorbirea copiilor

baby tooth ['beibi tuːθ] *s* dinte de lapte

baby walker ['beibiˌwoːkə] *s cărucior cu ajutorul căruia copiii învață să meargă*

babywipe ['beibi waip] *s șervețel folosit în igiena sugarului*

bac [bæk] *s* bac, pod plutitor

Bacchae ['bækiː] *s mit* the ~ Bacantele

bacchantic [bə'kæntik] *adj* dionisiac, bahic. de bacanală; de orgie; desfrânat

bach [bætʃ] **I** *s presc de la* bachelor *aprox* licențiat **II** *vt to* ~ *it amer sl* a trăi independent; a duce o viață de burlac

bachelordom ['bætʃələdəm] *s* celibat

bachelor flat ['bætʃələ flæt] *s* garsonieră

bachelor girl ['bætʃələ gəːl] *s* celibatară

bachelorism ['bætʃələrizm] *s* celibat, viața *sau* stare de celibatar / de holtei; burlăcie

bachelor's buttons [ˌbætʃələz 'bʌtnz] *s pl bot* opaiță *(Lychnis sp)*; to wear ~ a fi burlac / neînsurat

back action ['bæk ˌækʃən] *s tehn* **1** mers înapoi **2** acțiune inversă

back alley [ˌbæk 'æli] *s amer* stradelă lăturalnică

back bench ['bæk bentʃ] *s pol* rând / banchetă din spate în Camera Comunelor

backbencher ['bækbentʃə] *s pol membru al Camerei Comunelor care stă în ultimele bănci, parlamentar puțin important*

backbend ['bækbend] *s pod (figură în gimnastică)*

backbiting ['bækbaitiŋ] *s* bârfire, defăimare, calomniere

back blocks [ˌbæk 'bloks] *s pl (cuvânt australian)* F localitate îndepărtată de căile de comunicație, fundătură

backboard ['bækboːd] *s* **1** spetează de lemn *(la barcă sau căruță)* **2** *înv* scândură folosită pentru îndreptat spatele

backboned ['bækbəund] *adv* cu șira spinării

back-cast ['bæk kɑːst] *adj* aruncat înapoi

back chat ['bæk tʃæt] *s* F răspuns obraznic / necuviincios, replică brutală; to give smb ~ a răspunde cuiva obraznic

back cloth ['bæk kloθ] *s* **1** *text* țesătură de fond **2** *teatru* fundal **3** ecran *(pentru cinematograf, proiecție etc.)*

37

backcomb ['bækkəum] *s* pieptene ornamental

backcourt ['bækkɔːt] *s* **1** *(în tenis)* suprafață aflată între linia de fund a terenului și linia de fund a zonei de serviciu **2** *(în baschet)* zona de apărare

backdate ['bækdeit] *vt* a antedata

backdrop ['bækdrɔp] *s teatru* decor din fund, fundal

back end [,bæk 'end] *s* **1** ultima parte; **at the ~ of the week** la sfârșitul săptămânii **2** *F* sfârșit de toamnă **3** *nav* cameră de ardere, cutie de foc

backfill ['bækfil] **I** *vt* a astupa (cu pământ *etc.*) **II** *s constr* rambleu

back filler ['bækfilə] *s constr* excavator cu lingură trasă, mașină de astupat

backflash ['bækflæʃ] *s tehn* explozie de carburator

backflip ['bækflip] *s (la gimnastică)* salt înapoi

back flow ['bæk fləu] *s* curgere în sens invers; curent invers

back friend ['bæk frend] *s înv* prieten fals

back gear ['bæk giə] *s tehn* angrenaj intermediar

back haul ['bæk hɔːl] *s ferov* încărcătură de înapoiere *(la trenuri)*

backing group ['bækiŋ gruːp] *s* grup de acompaniament

back issue [,bæk 'iʃuː] *s* **1** număr vechi *(de ziar, de revistă etc.)* **2** *F* (om) retrograd, (om) înapoiat; om de modă veche **3** *F* metodă învechită

back lash ['bæk læʃ] *s* **1** *tehn* cursă moartă; mers în gol; joc; ecartament; spațiu; rost **2** *av* lunecare a elicei

backpack ['bækpæk] **I** *s* rucsac **II** *vi* a pleca în drumeție cu cortul în spinare **III** *vt* a căra în spinare

backpacker ['bækpækə] *s* drumeț cu rucsacul în spinare

back passage [bæk ,pæsidʒ] *s* **1** *med* rect **2** stradelă

backpedal ['bækpedl] *vi* **1** a pedala în spate *(pe bicicletă)* **2** a se răzgândi

back pressure ['bæk ,preʃə] *s tehn* contrapresiune; recul; presiune inversă

backrest ['bækrest] *s* spătar, spetează, rezemătoare

backroom boys ['bækruːm bɔiz] *s pl* umor colectiv de cercetători, ingineri și tehnicieni care lucrează în strict anonimat la o invenție, un prototip etc.

backscratcher ['bækskrætʃə] *s* baghetă pentru scărpinat, terminată cu o mână / gheară

back-seat-driver [,bæksiːt 'draivə] *s* persoană cicălitoare care dă indicații conducătorului auto

backslapping ['bækslæpiŋ] **I** *s* jovialitate, efuziune **II** *adj* jovial

backslash ['bækslæʃ] *s* bară oblică din stânga-sus către dreapta-jos

backslider ['bækslaidə] *s* renegat, apostat

backspace ['bækspeis] *(la calculatoare)* **I** *s* spațiu înapoi **II** *vi* a face un spațiu înapoi

backspin ['bækspin] *s (la biliard, golf etc.)* efect contrar, mișcare în sens invers, indusă unei mingi

backstitch ['bæk stitʃ] *s text* ochi pe dosul tricotului

backstop ['bækstɔp] *s sport* **1** perete din spatele terenului *(la tenis)*; parapet **2** jucător aflat la prindere *(în baseball)*

back stream ['bæk striːm] *s* curent invers; curent contrar

backswept ['bækswept] *adj* înclinat în spate

backswing ['bækswiŋ] *s (în tenis)* rever

backsword ['bæksɔːd] *s* **1** *înv* sabie cu un tăiș; paloș **2** baston *(pentru exerciții de scrimă)* **3** duelist

backtrack ['bæktræk] *vi* **1** a se întoarce din drum **2** a reveni *(asupra unei decizii, promisiuni)*

backward-looking [bækwəːd'lukiŋ] *adj* retrograd

backy ['bæki] *s F de la* tobacco; mahorcă, tabac, tutunaș, tutunel

bacon beetle ['beikən ,biːtl] *s ent* gărgăriță-de-slănină *(Dermestes)*

baconer ['beiknə] *s porc (gras)*

Baconism ['beikənizm] *s filoz* filozofia lui (Francis) Bacon

Baconist ['beikənist] *s* **1** adeptul filozofiei lui Bacon **2** *adept al teoriilor potrivit cărora autorul operelor lui Shakespeare ar fi, de fapt, Bacon*

bacterial [bæk'tiəriəl] *adj* bacterian

bacterial warfare [bæk,tiərəl 'wɔː-feə] *s* război bacteriologic

bactericidal [bæk,tiəri'saidl] *adj* bactericid

baddie, baddy ['bædi] *s sl* **1** huligan, bătăuș **2** vagabond, golan **3** personaj negativ *(într-un film)*

badger baiting ['bædʒə ,beitiŋ] *s* vânătoare de bursuci

badger drawing ['bædʒə ,drɔːiŋ] *s* v. **badger baiting**

badger game ['bædʒə geim] *s amer sl* the ~ metodă de șantaj prin care o femeie, asociată a șantajistului, încearcă să atragă un bărbat pentru ca la momentul potrivit să apară șantajistul

Badger State [,bædʒə 'steit] *s amer F* statul Wisconsin *(în S. U. A.)*

badinage ['bædinɑːʒ] *și pronunția franceză* fr *s* glume; tachinărie **II** *vi* a glumi, a șugui

bad lot [,bæd 'lɔt] *s v.* **bad character**

badman ['bædmæn] *s* escroc; bandit; personaj negativ într-un film

bad-mannered [,bæd'mænəd] *adj* prost-crescut

Badminton Horse Trials [,bædmintən 'hɔːs traiəlz] *s concurs hipic în Anglia*

badmouth ['bædməuθ] *vt amer sl* a denigra, a vorbi de rău, a bârfi

badness ['bædnis] *s* **1** proastă calitate **2** stare rea / proastă **2** caracter vătămător / dăunător **4** *rar* răutate

Baedeker ['beidekə] *s* ghid de călătorie

Baffin Island [,bæfin 'ailənd] *s geogr* Țara lui Baffin

bafflement ['bæflmənt] *s* confuzie

baffle plate ['bæfl pleit] *s tehn* perete despărțitor; șicană; deflector

baffler ['bæflə] *s* **1** *tehn* amortizor, tobă de eșapament **2** persoană care zădărnicește / încurcă *(un plan etc.)*; șicanator

baffy ['bæfi] *s* crosă *(la golf)*

bagasse [bə'gæs] *s* fr rămășițele trestiei de zahăr măcinate

bagel ['beigl] *s* chiflă *(specifică bucătăriei evreiești)*

bag filter ['bæg ,filtə] *s tehn* filtru sac

bagful ['bægful] *s* sac plin, traistă plină *(ca măsură)*; **a ~ of flour** un sac de făină

baggage car ['bægidʒ kɑː] *s amer ferov* furgon, vagon de bagaje

baggage rack ['bægidʒ ræk] s (↓ amer) 1 plasă de bagaje 2 auto portbagaj (pe mașină)

baggage train ['bægidʒ trein] s mil eșalon de bagaje

bagger ['bægə] s 1 tehn gobeu, benă, lingură (pentru terasamente) 2 înv cerșetor, pomanagiu, milog

bagging ['bægin] s 1 pânză de sac, arar 2 ambalare în saci

bag lady ['bæg ˌleidi] s vagaboandă

bagnet ['bægnit] s P baionetă

bagnio ['baːnjəu] s 1 înv baie 2 închisoare pentru sclavi (în Orient) 3 bordel, casă de toleranță

bag-snatching ['bæg ˌsnætʃiŋ] s furtul genții prin smulgere

bag wig ['bæg wig] s perucă din secolul al XVIII-lea cu părul prins la spate într-un săculeț de mătase

bahadur [bə'haːdə] s (cuvânt angloindian) 1 apelativ domnule 2 sl grangur, bonz, barosan

Bahaism ['bəhəizm] s religia Bahai

Bahamian [bə'heimiən] I s locuitor al insulelor Bahamas II adj din sau referitor la statul Bahamas

Bahaii [bə'həii] s adept al religiei Bahai

Bahrain [bə:'rein] s statul Bahrein

Bahraini [bə:'reini] I s locuitor al statului Bahrein II adj din sau referitor la statul Bahrein

Bahrein [bə'rein] s v. **Bahrain**

Bahreini [bə'reini] s v. **Bahraini**

baignoire ['beinwaː] s fr teatru lojă de jos, lojă de rangul I; înv benoar

baikalite ['beikəlait] s minr baiklit

bailable ['beiləbl] adj 1 care se poate da / elibera pe garanție / pe cauțiune 2 care permite eliberarea pe garanție 3 căruia i se permite aducerea unui garant

bail bond ['beil bɔnd] s 1 contract de cauțiune 2 sumă depusă în cauțiune

bailee [bei'liː] s jur depozitar (al unui lucru care i s-a încredințat), garant, chezaș

bailer ['beilə] s 1 ispol, lopățică, lingură, căuș; găleată 2 cel care scoate apă dintr-o barcă

bailey ['beili] s curte interioară la castelele feudale; **the Old Bailey** Curtea Criminală Centrală din Londra

bailie ['beili] s scot ist pârgar, consilier municipal (într-un royal borough)

bailiwick ['beiliwik] s 1 împuternicire, oficiul sau jurisdicția unui **bailiff** 2 fig domeniu, moșie, proprietate

bailor ['beilə] s deponent, cel care depune marfa / averea în păstrarea altcuiva

bain-marin pronunția franceză s ch baie de apă

Bajan [beidʒn] s/ I s locuitor al Statului Barbados II adj din Barbados

baked Alaska [ˌbeikt ə'læskə] s omletă norvegiană

baked beans [ˌheikt 'biːnz] s fasole albă cu sos de tomate

baker's dozen [ˌbeikəz 'dʌzn] s treisprezece, duzina dracului

bakerite ['beikərait] s ch bacherită, borosilicat de calciu

baklava ['baːkləvaː] s baclava

baksheesh ['bækʃiːʃ] s bacșiș, remiză

bakshish ['bækʃiːʃ] s v. **baksheesh**

Balaclava [bæləˈklaːvə] s Balaclava (în peninsula Crimeea)

balaclava (helmet) [bæləˈklaːvə (ˌhelmit)] s ist acoperământ din lână pentru cap, gât și umeri

balance crane ['bæləns krein] s tehn macara cu contragreutate

balanced ['bælənst] adj 1 cumpănit, echilibrat, cumpătat 2 armonios, simetric, proporționat

balancing ['bælənsiŋ] s 1 cântărire, cumpănire 2 legănare 3 echilibru 4 echilibrare, compensare 5 îndoială

balass ['bæləs] I s minr balaș, rubin cu ape roșii deschis II adj roșiatic, care bate în / spre roșu, cu reflexe roșii

baldcoot ['bɔːldkuːt] s F chel, chelbos

balding ['bɔːldiŋ] adj care începe să chelească, cu un început de chelie

baldy ['bɔːldi] s amer F chel

balefully ['beilfuli] adv amenințător, rău-voitor, veninos

balefulness ['beilfulnis] s 1 nenorocire, pacoste, năpastă 2 tristețe, durere

baler ['beilə] s combină agricolă

Balinese [ˌbaːli'niːz] s locuitor al insulei Bali 2 idiom vorbit în insula Bali

balisaur ['bælisə] s zool bursuc indian (Arctonyx collaris)

balkanize ['bɔːlkənaiz] vt a balcaniza

balky ['bɔːlki] adj amer (d cai) nărăvaș, sperios

ballade royal [bæˌlaːd 'rɔiəl] s lit baladă (poezie lirică, ↓ medievală)

balladry ['bælədri] s înv poetica baladelor (↓ populare); balade populare

ballahou ['bæləhuː] s nav 1 vas cu două catarge din Indiile de Vest 2 peior vas prost / bun de aruncat

Ballam ['beiləm] s sl material de rezervă pentru a umple coloanele gazetelor, umplutură

ball-and-socket [ˌbɔːl ənd 'sɔkit] adj ~ joint articulație cu nucă

ballast car ['bæləst kaː] s ferov vagon de marfă cu descărcare laterală

ballast engine ['bæləst ˌendʒin] s hidr dragă

ballast tank ['bæləst tæŋk] s nav tanc de imersiune, de balastare

ball boy ['bɔːl bɔi] s băiat de mingi (la tenis)

ballbreaker ['bɔːlbreikə] s 1 ghiulea (folosită la demolări) 2 sl treabă foarte dificilă 3 femeie foarte sâcâitoare / plângăreață

ball cartridge ['bɔːl ˌkaːtridʒ] s mil cartuș de război

ball-check ['bɔːl tʃek] s tehn supapă sferică, supapă cu bilă

ballcock ['bɔːlkɔk] s robinet cu flotor

baller ['bɔːlə] s participant la un bal

ballet dress ['bælei dres] s rochie de balet, tutu

ballet girl ['bælei gəːl] s figurantă

ball game ['bɔːl geim] s 1 (sport) joc cu mingea 2 fig activitate; **it's a whole new ~, it's a different ~** e cu totul altă poveste

ball girl ['bɔːl gəːl] s fată de mingi (la tenis)

ball governor ['bɔːl ˌgʌvənə] s tehn regulator cu bile

ballocks ['bɔləks] s sl testicule

balloon barrage [bə'luːn ˌbæraːʒ] s baraj aerian / de baloane (captive)

ballon d'essai [baˌlɔn de'sei] s fr fig balon de încercare / de probă / de sondaj (pentru a încerca reacțiile opiniei publice etc.)

ballonet [ˌbæləu'net] s av balonet

39

balloon glass [bə'lu:n glɑːs] s pahar balon

balloon sail [bə'lu:n seil] s velă mare *(a unui iaht)*

balloon sleeve [bə'lu:n sli:v] s mânecă bufantă

balloon tire [bə'lu:n ˌtaiə] s anvelopă-balon; pneu-balon

ballow ['bæləu] s înv ciomag, măciucă, bâtă; baston

ball park ['bɔ:l pɑːk] s 1 stadion *(unde se joacă meciurile de baseball)* 2 ~ **estimation** estimare aproximativă

ball point ['bɔ:l pɔint] s v. **ballpoint pen**

ball-point pen [ˌbɔ:lpɔint 'pen] s stilou cu pastă

ballroom dancing ['bɔ:lru:m ˌdɑːnsiŋ] s dans de salon

balls [bɔ:lz] s sl testicule

balls-up ['bɔ:lz ʌp] s sl amer bordel; I made a complete ~ of the interview am ratat complet interviul

ball valve ['bɔ:l vælv] s tehn supapă sferică cu bilă; robinet cu bilă

Ballyhack ['bælihæk] s F go to ~ (and buy buttermilk)! du-te la naiba!

Balmoral [bæl'mɔrəl] s castelul Balmoral *(în Marea Britanie)*

balneology [ˌbælni'ɔlədʒi] s balneologie

balneotherapeutics [ˌbælniəθerə'pju:tiks] s pl *(folosit ca sg)* balneoterapie

baloney [bə'ləuni] sl I s prostii, tâmpenii II inter prostii!

BALPA ['bælpə] presc de la British Airline Pilots' Association sindicatul britanic al piloţilor

balsam poplar ['bɔ:lsəm ˌpɔplə] s specie de plop din America de Nord *(Populus balsamitera)*

balsamy ['bɔ(:)lsəmi] adj îmbălsămat, aromat(ic), parfumat

balsawood ['bɔ:lsəwu:d] s balsa, lemn de plută *(Ochroma lagopus)*

Balt [bɔ:lt] s locuitor din zona Mării Baltice

Balthazar ['bælθəzɑː] s 1 bibl Baltazar 2 sticlă de vin de dimensiuni mari

Baltic Exchange [ˌbɔltik iks'ʃeindʒ] s the ~ bursa comercială londoneză

Baluchi [bə'lu:ʃi] s 1 locuitor din Belucistan 2 limba vorbită în Belucistan

bam [bæm] vt sl presc de la bamboozle a trage pe sfoară, a zăpăci

Bamako ['bæməkəu] s capitala statului Mali

bambino [bɑːm'bi:nəu] pl bambini [bɑːm'bi:ni] s it copil

bamboo curtain [bæmˌbu:'kə:tn] s cortina de bambus *(barieră politică, ideologică şi militară în Orient)*

bamboozlement [bæm'bu:zimənt] s F păcăleală, tragere pe sfoară

banana oil [bə'nænə ɔil] s ch nitrat de celuloză

banana republic [bə'nænə riˌpʌblik] s republică bananieră

banana skin [bə'nænə skin] s coajă de banană; to slip on a ~ a face o gafă

banana split [bə'nænə split] s îngheţată cu banane

banat ['bænət, bə'nɑːt] s ist bănie, demnitatea de ban

banausic [bə'nɔ:sik] adj banausic, mecanic

banc [bæŋk] s jur banca judecăţii; curte judecătorească; judecată

banco ['bæŋkəu] I s ec bancnote, bani de hârtie II interj banco! *(la jocurile de noroc)*

bandager ['bændidʒə] s persoană care pune bandaje

Band-Aid ['bænd eid] s pansament adeziv

b and b, B and B presc de la bed and breakfast hotel în al cărui preţ de cazare intră şi micul dejun

band brake ['bænd breik] s tehn frână cu bandă / cu panglică

banded ['bændid] adj 1 legat / prevăzut cu benzi 2 dungat, vărgat 3 înv sl flămând

bandicoot ['bændiku:t] s zool şobolan de Malabar *(Mus giganteus)*

banding ['bændiŋ] s repartizare pe grupe de nivel a şcolarilor din ciclul primar *(în Marea Britanie)*

banditry ['bænditri] s banditism, tâlhărie

bandolier [ˌbændə'liə] s ital, mil 1 bandulieră 2 cartuşieră

band spectrum ['bænd ˌspektrəm] s fiz spectru de bandă

bandyman ['bændimæn] s *(cuvânt anglo-indian)* vizitiu, birjar

baneberry ['beinbəri] s bot arbalţ *(Actaea spicata)*

banefully ['beinfuli] adv veninos, ucigător, mortal, periculos

banger ['bæŋə] s 1 persoană care trânteşte ceva zgomotos 2 sl minciună gogonată 3 sl rablă

Bangladesh [bæŋglə'deʃ] s stat în Asia de Sud

Bangladeshi [bæŋglə'deʃi] I s 1 locuitor al statului Bangladesh 2 limba vorbită în Bangladesh II adj din sau cu privire la Bangladesh

bangle ['bæŋgl] I s brăţară, verigă II vi sl a cheltui nebuneşte

bang-on [ˌbæŋ'ɔn] sl I adv 1 exact, la fix 2 punctual II adj his answers were ~ răspunsurile lui erau la obiect

banian ['bæniən] s 1 negustor indian 2 misit 3 *(în India)* secretar, intendent 4 cămaşă; halat

banjax ['bændʒæks] vt sl *(cuvânt irlandez)* 1 a da rasol, a face un lucru de mântuială 2 a pocni, a lovi *(pe cineva)*

banjoist ['bændʒəuist] s muz cântăreţ la banjo

bank acceptance ['bæŋk əkˌseptəns] s ec accept bancar

bank balance ['bæŋk ˌbæləns] s sold bancar

bank book ['bæŋk buk] s ec carnet de bancă

bank card ['bæŋk kɑːd] s carte de credit / de garanţie *(a unei bănci)*

bank charges ['bæŋk ˌtʃɑːdʒiz] s speze bancare

bank clerk ['bæŋk klɑːk] s funcţionar bancar

bank deposit ['bæŋk diˌpɔzit] s ec depunere la bancă

bank discount ['bæŋk ˌdiskaunt] s ec scont bancar; taxă de scont *(↓ al unei bănci centrale)*

bank draft ['bæŋk drɑːft] s ec 1 bancnotă; bilet de bancă, poliţă, trată, cambie 2 înv bilet de credit

banker's card ['bæŋkəz kɑːd] s v. **bank card**

banker's order ['bæŋkəz ˌɔːdə] s ordin de virament bancar

banket ['bæŋkit] s min conglomerat aurifer

banking hours ['bæŋkiŋ ˌauəz] s orarul băncilor

bank manager ['bæŋk ˌmænidʒə] s director de bancă

bank money ['bæŋk ˌmʌni] s ec valută bancară

bank night ['bæŋk nait] s reprezentaţie cinematografică, cu loterie şi premii

bank robber ['bæŋk ,rɔbə] s spărgător de bancă
bankroll ['bæŋkrəul] *amer* I s fonduri financiare II *vt* a finanța
bankruptcy court ['bæŋkrʌptsi ,kɔːt] s curte / tribunal comercial
banksman ['bæŋksmən] s *min* manipulant la manivelă
bank statement ['bæŋk ,steitmənt] s extras de cont
banlieue [*pronunția franceză*] s periferia orașului
bannat ['bænət, bə'naːt] s v. **banat**
bannered ['bænəd] *adj* cu steag(uri)
bannerette [,bænə'ret] s frrteguleț
banner headline ['bænə ,hedlain] s titlu de ziar, cu caractere foarte mari
bannister ['bænistə] s 1 *constr* balustru 2 *pl* balustradă
bannock ['bænək] s *scot* prăjitură / turtă din făină de orz / ovăz
bantering ['bæntəriŋ] *adj* glumeț, poznaș, hazliu, șugubăț
banyan ['bæniən] s v. **banian**
BAOR *presc de la* **British Army Of the Rhine** forțele armate britanice din Germania
bap [bæp] s *brit* pâinișoară rotundă din care se fac sandvișuri
baptismal name [bæp,tizməl 'neim] s nume de botez
Barabbas [bə'ræbəs] s *bibl* Baraba
Barbadian [bə'beidiən] I s locuitor al insulei Barbados II *adj* din sau privitor la insula Barbados
barbaresque [,baːbə'resk] *adj, s* berber
barbarically [baː'bærikəli] *adv* barbar
barbarize ['baːbəraiz] I *vi* a deveni barbar II *vt* a aduce în stare de barbarie 2 a împestrița / a presăra *(vorbirea)* cu barbarisme
barbarously ['baːbərəsli] *adv* (în mod) barbar, brutal, crud, inuman, primitiv
barbarousness ['baːbərəsnis] s 1 barbarie, lipsă de civilizație 2 comportare necivilizată, mojicie
Barbary ape [,baːbəri 'eip] s *zool* magot *(Macaca sylvana)*
Barbary coast [,baːbəri 'kəust] s 1 *ist* the ~ *(în Africa de Nord)* coasta barbară *(centru al pirateriei)* 2 the ~ zonă rău-famată a unei metropole
barbate ['baːbeit] *adj* 1 *bot* cu mustăți 2 *zool* bărbos; mustăcios, cu mustăți

barber's shop [,baːbəz 'ʃɔp] s frizerie
barber's pole [,baːbəz 'pəul] s firmă de frizerie
barbette [baː'bet] s 1 *mil* barbetă 2 *nav* parapet blindat *(la tunurile de pe vasele de război)*
Barbie doll [,baːbi: 'dɔl] s păpușă Barbie
bar billiards [,baː 'biliədz] s versiune a jocului de biliard, practicată în baruri
barbitone ['baːbitəun] s *ch, med* barbital *(în Marea Britanie)*
barbiturate [baː'bitjurit] s barbituric; ~ **poisoning** barbiturism
barbituric [baː'bitjurik] *adj* barbituric
barbless ['baːblis] *adj* fără cârlige, fără ghimpi
barb wire [,baːb 'waiə] s sârmă ghimpată
bar chart [baː tʃaːt] s histogramă
bar code ['baː kəud] s cod cu bare pe ambalajele produselor
bar diagram ['baː ,daiəgræm] s histogramă
bardic ['baːdik] *adj* 1 de bard, al barzilor 2 *fig* poetic, de bard / rapsod
bardship ['baːdʃip] s calitatea de bard
barefoot doctor [,beəfut 'dʌktə] s infirmier(ă)
barf [baːf] *vi sl amer* a vomita
bargain basement ['baːgin ,beismənt] s 1 subsolul marilor magazine, unde se vinde marfă la preț redus 2 rubrica de vânzări-cumpărări de la mica publicitate
bargain counter ['baːgin ,kauntə] s *amer* raion de solduri
barge pole ['baːdʒ pəul] s prăjină pentru a împinge barca; **not fit to be touched with a ~** atât de înfiorător / murdar, încât nu-ți vine (nici) să-l atingi
bar girl ['baː gəːl] s 1 *amer* fată care face consumație la bar 2 *brit* barmaniță
bar graph ['baː graːf] s histogramă
barilla [bə'rilə] s *bot* săricică *(Salsola sp.)*
barium carbonate [,beəriəm 'kaːbənit] s *ch* carbonat de bariu
barium meal ['beəriəm miːl] s vas pentru sulfat de bariu
barium sulphate [,beəriəm 'sʌlfeit] s *ch* sulfat de bariu

barium sulphide [,beəriəm 'sʌlfaid] s *ch* sulfură de bariu
bark beetles [,baːk 'biːtlz] s *pl ent* gândaci / cari de scoarță *(Scolitidae, Ipidae etc.)*
bar keel ['baː kiːl] s *nav* chilă masivă
barkeep ['baːkiːp] s *F* 1 proprietar de bar 2 barman
barken ['baːkən] I *vi* 1 a face coajă 2 a se întări 3 *(d sânge)* a se închega II *vt* 1 a tăbăci 2 a lăsa să se închege *(sângele)*
bark grafting ['baːk ,graːftiŋ] s *amer* altoiro cub ooajă
barking iron ['baːkiŋ ,aiən] s 1 *sl* revolver 2 *tehn* cuțitoaie de cojit
barkless ['baːklis] *adj* fără coajă, fără scoarță
bark mill ['baːk mil] s moară pentru materiale tanante
bark tree ['baːk triː] s *bot* arbore de chinină
barley bree ['baːli briː] s *scot* bere tare scoțiană
barley broth ['baːli brɔθ] s 1 supă de orz 2 v. **barley bree**
barley sugar ['baːli ,ʃugə] s zahăr de orz *(zaharicale colorate pentru copii)*
barley water ['baːli ,wɔːtə] s *med* zeamă de orz *(ca băutură medicinală)*
barley wine ['baːli wain] s bere
bar magnet ['baː ,mægnit] s magnet bară, bară magnetică
Barmecide Feast [,baːmisaid 'fiːst] s *(în „O mie și una de nopți")* ospăț amăgitor, binefacere iluzorie
bar mitzvah [,baː 'mitsvaː] s *rel* mozaică bar mitzvah, confirmare, inițiere religioasă pentru băieții evrei
barnacle goose ['baːnəkl guːs] s *orn* gâsca-cu-obraz-alb *(Branta leucopsis)*
Barnardos [baː'naːdəuz] s asociație britanică de caritate
barn dance ['baːn dæns] s 1 seară dansantă a fermierilor din S.U.A. 2 cadril dansat la o astfel de petrecere
barn door ['baːn dɔː] s ușă de hambar; **as big as a ~** mare cât o șură; **not to be able to hit a ~** a fi foarte prost țintaș
barn-door fowls [,baːndɔː 'faulz] s *pl* păsări de curte, orătănii

41

barn grass ['bɑːn grɑːs] *s bot* iarbă bărboasă *(Echinochloa crus galli)*

barnman ['bɑːnmən] *s* treierător

barn owl ['bɑːn əul] *s orn* strigă *(Tyto alba)*

baroco [bə'rəukəu] **I** *s arhit* baroc **II** *adj* **1** *arhit* baroc **2** baroc; ciudat; grotesc, lipsit de gust **3** *(↓ d perle)* neregulat ca formă

barogram ['bærəgræm] *s meteor* barogramă

barometric pressure [bærə,metrik 'preʃə] *s fiz* presiune barometrică

baronetage ['bærənitidʒ] *s* **1** baronie, titlu *sau* rang de baron **2** baroneți

barostat ['bærəstæt] *s tehn* barostat

barque [bɑːk] *s* **1** *nav* barc **2** *poetic* corabie mică cu pânză

barracker ['bærəkə] *s (cuvânt australian) sport* suporter zgomotos

barracking ['bærəkiŋ] *s* gălăgie, tărăboi, scandal, vacarm

barrack square ['bærək skweə] *s mil* curtea cazărmii

barracuda [bærə'kjuːdə] *s iht* baracudă *(Barracuda)*

barrage balloon ['bærɑːdʒ bə,luːn] *s* balon de baraj; balon captiv

barrel-chested [,bærəl 'tʃestid] *adj* cu pieptul bombat

barrelful ['bærəlful] *s* (un) butoi *(de vin etc.)*

barrel roll ['bærəl rəul] *s* **1** *av* tonou **2** *met* tăblie a cilindrului de laminor

barrel roof ['bærəl ruf] *s constr* acoperiș boltit

barrel vault ['bærəl vɔːlt] *s arhit* boltă cilindrică

barretter ['bærətə] *s tel* baretor, tub regulator de curent

barrier cream ['bæriə kriːm] *s* cremă protectoare

barrier island ['bæriə ,ailənd] *s* barieră insulară

barrier reef ['bæriə riːf] *s* recif de corali

barring ['bɑːriŋ] *s* **1** *tehn* punere în mișcare a mașinii **2** *min* întărire a minelor, susținere; armătură; lucrări de susținere / sprățuire

barrio ['bæriəu] *s amer* cartier latino-american

barrow boy ['bærəu bɔi] *s brit* negustor ambulant

barrow-load ['bærəu ləud] *s (în-cărcătură)* roabă (plină); a ~ of bricks o roabă de cărămizi

barrow man ['bærəu mən] *s* **1** *min* vagonetar **2** precupeț; zarzavagiu (ambulant)

bar screen ['bɑː skriːn] *s min* ciur cu bare; grătar din bare

bar sinister [,bɑː 'sinistə] *s v.* **bend sinister**

bar snack ['bɑː snæk] *s* pauză mică în care se ia o gustare într-un bar de zi

Bart's [bɑːts] *s F* spitalul „St. Bartholomew" din Londra

bartend ['bɑːtend] *vi* a servi la un bar

barter transaction ['bɑːtə træn,zæk-ʃn] *s ec* compensație; tranzacție de compensare / în compensație

barton ['bɑːtn] *s* **1** curtea păsărilor **2** moșie arendată

bar winding ['bɑː ,waindiŋ] *s el* bobinaj, înfășurare în bare

barwise ['bɑːwaiz] *adv heraldică* orizontal

barwood ['bɑːwud] *s bot* băcan african *(Baphia nitida)*

barycentre, barycenter ['bærisentə] *s* baricentru, centru de greutate

baryon ['bærien] *s fiz* barion

baryta [bə'raitə] *s ch* monoxid de bariu

barytes [bə'raitiz] *s minr* baritină

basal metabolism [,beisl me'tæbə-lizm] *s med* metabolism bazal

bascule bridge ['bæskjuːl bridʒ] *s* pod basculant

base broom ['beis bruː(ː)m] *s bot* drobiță *(Genista tinctoria)*

base burner ['beis ,bəːnə] *s amer* sobă realimentată printr-o pâlnie de încărcare

base component [,beis kəm'pəu-nənt] *s lingv* component de bază

base court ['beis kɔːt] *s* curte din dos

based [beist] *adj (în cuvinte compuse)* cu baza...; **broad- ~** cu o bază largă

base exchange ['beis iks,tʃeindʒ] *s ch* schimb de cationi

base-hearted [,beis 'hɑːtid] *adj* ticălos, josnic

Basel ['bæzl], **Basle** [bɑːl] *s* oraș canton în Elveția

base Latin [,beis 'lætin] *s* latina vulgară

base lending rate [,beis 'lendiŋ reit] *s fin* rata de bază a creditului bancar

base level ['beis ,levl] *s min* orizont de bază

base line ['beis lain] *s* **1** *geodezie, mil, tel* linie de bază **2** *sport* linie de tușă *(la tenis)*

base load ['beis ,ləud] *s* încărcătură minimă

base metal [,beis 'metl] *s met* **1** metal de bază / obișnuit **2** component de bază *(al aliajului)*

bash [bæʃ] *sl* **I** *vt* **1** a bate / a lovi cu putere, a pocni; a zdrobi; to ~ one's head against a tree a se lovi cu capul de un copac; **~ed** face față turtită / deformată *(de lovituri)*; **~ed in hat** pălărie turtită *(cu pumnul)* **2** *min* a amplasa *(un spațiu exploatat)* **3 to ~ smb about** a izbi *(pe cineva)* cu capul de toți pereții, a mătura podeaua *(cu cineva)* **II** *s F* lovitură puternică **to have a ~ at smth** a încerca, a-și încerca mâna

basher ['bæʃə] *s sl* **1** boxer prost **2** bătăuș **3** *amer* asasin, criminal

bashfully ['bæʃfuli] *adv* timid, sfios, cu timiditate / sfiiciune

bashi-bazoukery [,bæʃibə'zuːkəri] *s turc mil F* bașibuzuci

bashing ['bæʃiŋ] *s F* **1** *mil etc.* **to take / get a ~** a captura, a lua o captură **2** ploaie de lovituri; ciomăgeală **3** *(în cuvinte compuse)* **media ~** denigrare sistematică a mass media; **they accused the government of union ~** au acuzat guvernul de anti-sindicalism

bashlik ['bæʃlik] *s rus* glugă

BASIC ['beisik] *s cib* BASIC *(limbaj de calculator)*

basic process [,beisik 'prəuses] *s met* proces bazic, procedeu Thomas

basic rate [,beisik 'reit] *s brit fin* rata de bază

basic slag [,beisik 'slæg] *s* zgură Thomas *(îngrășământ fosforat)*; zgură bazică / alcalină

basic steel [,beisik 'stiːl] *s met* oțel bazic / Thomas

basic wage(s) [,beisik 'weidʒ(iz)] *s ec* salariu tarifar / de bază

basil[1] ['bæzl] *s* meșină *(piele)*

basil[2] ['bæzl] **I** *s* **1** fațetă / muchie dăltuită **2** *ghin,* daltă de tâmplar / dulgher **II** *vt* **1** a șlefui, a tăia cu ghinul **2** a ascuți *(la tocilă)*

basilical [bə'zilikəl] *adj* împărătesc

basilican [bə'zilikən] *adj* de bazilisc

basinet ['bæsinet] *s mil înv* coif de oțel **2** *înv* cărucior / căruț de copil

basinful [beisinful] *s* conținutul u-nui bol / vas

basket case ['bɑːskit keis] *s amer sl* **1** invalid *(cu toate membrele amputate)* **2** om nervos; pachet de nervi

basket chair ['bɑːskit tʃeə] *s* fotoliu de pai / nuiele

basket fern ['bɑːskit fəːn] *s bot* ferigă *(Aspidium filixmas)*

basket hilt ['bɑːskit hilt] *s* apără-toare dantelată *(la mânerul sa-biei)*

basket maker ['bɑːskit ˌmeikə] *s* împletitor de coșuri

basket meeting ['bɑːskit ˌmiːtiŋ] *s amer* un fel de picnic *(mai ales în scopuri religioase)*

basket osier ['bɑːskit ˌəuʃə] *s* nuia de salcie

basket salt ['bɑːskit sɔːlt] *s* sare de masă

basket weave ['bɑːskit wiːv] *s text* țesătură-pânză

basking ['bɑːskiŋ] *s* încălzire la soare

basking shark ['bɑːskiŋ ʃɑːk] *s iht* rechin-pelerin *(Cetorhinus maximus)*

Basle [bɑːl] *s v.* **Basel**

Basque Country [ˌbɑːsk 'kʌntri] *s* Țara Bascilor

Basra, Basrah ['bɑːzrə] *s* oraș în Irak

bass clarinet [ˌbeis 'klærinet] *s* clarinet bas

basset[1] ['bæsit] *s geol, min* aflori-ment, deschidere, ieșire la su-prafață

basset[2] ['bæsit] *s* basetă, ban-co-franco, stop *(joc de cărți)*

basset hound ['bæsit haund] *s zool* (câine) baset

bassist ['bæsist] *s muz* bas, basist

basso profondo [ˌbɑːsəu prə-'fʌndəu] *s it muz* bas profund

bass-viol [ˌbeis'vaiəl] *s muz* bas de violă / gambă

basswood ['bæswud] *s bot* tei *(negru)* din America *(Tilia americana)*

bastard cress ['bæstəd kres] *s bot* punguliță, iarbă-roșie, buruia-na-viermelui *(Thlaspi arvense)*

bastard dittany ['bæstəd ˌditəni] *s bot* frăsinel *(Diotamnus albus)*

bastardization [ˌbæstədai'zeiʃn] *s jur* declarare *(a unui copil)* ca nelegitim

bastard title ['bæstəd ˌtaitl] *s poligr* șmuțtitlu

bastardy ['bæstədi] *s* naștere nele-gitimă; nelegitimitate; (condiția de) bastard

baster ['beistə] *s P* bătăuș

basting ['beistiŋ] *s* **1** *P* bătaie, ciomăgeală **2** stropire a cărnii cu untură **3** înseilare

batcher ['bætʃə] *s tehn* **1** buncăr **2** dozator

batch processing ['bætʃ ˌprəuses-iŋ] *s cib* prelucrare pe loturi

bat fish ['bæt fiʃ] *s iht* specie exotică de pește turtit *(Ogoce-phalus vespertilio)*

batfowl ['bætfaul] *vi* a a prinde păsări în timpul nopții *(orbin-du-le cu lumina)*

Bath bun [ˌbɑːθ 'bʌn] *s* pâinișoară rotundă cu stafide uscate, ser-vită caldă și unsă cu unt

Bath chair [ˌbɑːθ 'tʃeə] *s* fotoliu cu rotile pentru bolnavi

bath cube ['bɑːθ kjub] *s* cubuleț de sare de baie

bather ['beiðə] *s* persoană care face baie *(în lac, mare, râu etc.)*

bathetic [bə'θetik] *s ret* batos

bath house ['bɑːθ haus] *s* **1** baie *(publică)* **2** corp de cabine, ves-tiare *(la un bazin)*

bathing beauty [ˌbeiðiŋ 'bjuti] *s* fe-meie frumoasă în costum de baie *(↓ la concursuri de frumusețe)*

bathing box ['beiðiŋ bɔks] *s* ves-tiar, cabină pentru dezbrăcat *(la baie)*

bathing cap ['beiðiŋ kæp] *s* cas-chetă de baie

bathing costume ['beiðiŋ ˌkɔstjuːm] *s* costum de baie

bathing dress ['beiðiŋ dres] *s v.* **bathing costume**

bathing hut ['beiðiŋ hʌt] *s* cabină *(la plajă)*

bathing machine ['beiðiŋ məˌʃiːn] *s* cabină de baie rulantă

bathing trunks ['beiðiŋ trʌnks] *s* slip bărbătesc

bath mat ['bɑːθ mæt] *s* preș de baie

bath oil ['bɑːθ ɔil] *s* ulei de baie

batholite ['bæθəlait] *s minr* batolit

batholith ['bæθəliθ] *s v.* **batholite**

bathorse ['bæthɔːs] *s* cal de samar

bathrobe ['bɑːθrəub] *s (↓ amer)* **1** halat *(de baie)* **2** *sport* halat de boxer

bath salts ['bɑːθ sɔːlts] *s* săruri de baie

Bathsheba [ˌbæθ'ʃiːbə] *s bibl* Bat-șeba

bathtowel ['bɑːθ ˌtauəl] *s* prosop (mare) de baie

bathwater ['bɑːθ wɔtə] *s* apă de baie

bathymeter [bə'θimitə] *s nav* bati-metru *(aparat pentru determi-narea adâncimii apei)*

bathymetry [bæ'θimitri] *s nav* ba-timetrie *(măsurarea adâncimii mării)*

bathyscaphe ['bæθiskɑːf] *s* batis-caf

bathysphere ['bæθisfiə] *s* batis-feră

batik [bə'tiːk] *s text* metodă de imprimare a textilelor

baton charge ['bætən tʃɑːdʒ] *s* atac cu bastonul de cauciuc

baton gun ['bætən gʌn] *s* pușcă cu gloanțe de cauciuc

baton round ['bætən raund] *s* gloan-țe / proiectile de cauciuc

batrachia [bə'treikjə] *s pl zool* ba-tracieni

bats [bæts] *adj* scrântit, țicnit, smin-tit, într-o ureche

batsman ['bætsmən] *s* jucător la bătaie *(la crichet, baseball etc.)*

batteler ['bætlə] *s* **1** *înv* student sărac care nu servește masa regulat la colegiu, ci plătește doar ceea ce comandă spo-radic *(la universitatea din Ox-ford)* **2** student care ia masa la colegiu *(la universitatea din Oxford)*

battels ['bætlz] *s pl (la univer-sitatea din Oxford)* nota cu cos-tul întreținerii unui student *(↓ privind cheltuielile de masă)*

batten door ['bætn dɔː] *s* ușă din șipci

batten plate ['bætn pleit] *s constr* traversă de legătură

battering ['bætəriŋ] *s* **1** bătaie; he took a bad ~ a fost bătut cum-plit **2** distrugere; the building / city took a ~ in the war clădirea / orașul a fost distrus(ă) în război

Battersea Dog's Home [ˌbætəsiː 'dɔgz həum] *s* centru de adă-postire a câinilor vagabonzi din Londra, situat în cartierul Bat-tersea

battery acid ['bætəri ˌæsid] *s* **1** *el* acid sulfuric de acumulator **2** *mil sl* cafea

battery charger ['bætəri tʃɑːdʒə] *s el* grup de încărcare pentru acu-mulatoare electrice

battery farming ['bætəri ˌfɑːmiŋ] s creștere intensivă / la incubator

battery hen ['bætəri hen] s găină crescută la incubator

battlecraft ['bætlkrɑːft] s măiestrie / artă militară, arta de a se lupta

battled ['bætld] adj mil așezat în ordine de bătaie

battledress ['bætldres] s mil uniformă / ținută de campanie

battle fatigue ['bætl fəˌtiːg] s mil psih nevroză provocată de război

battle piece ['bætl piːs] s artă tablou reprezentând o bătălie

battleroyal ['bætlrɔiəl] s 1 luptă decisivă; încăierare generală 2 luptă de cocoși

battle-scared [ˌbætl 'skeəd] adj 1 (d armată, peisaj) care poartă urmele bătăliei 2 persoană marcată pe viață 3 umor (d o mașină etc.) zgâriat, distrus, deteriorat

battle wagon ['bætl ˌwægən] s amer nav F vas de linie / război

batture [bə'tjuə] s fr banc de nisip

battuta [bə'tjuːtə] s it muz tact, măsură

batwing sleeve ['bætwiŋ sliːv] s mânecă chimono amplă

bauch [bɑːh] adj scot slab, prăpădit; bolnăvicios

baud [bɔːd] s el baud

baulk line ['bɔːk lain] s 1 (la biliard) linie de plecare 2 (la crichet) poziție de plecare

bavardage [ˌbɑːvɑː'dɑːʒ] s fr rar flecăreală, pălăvrăgeală, trăncăneală,

bawbee ['bɔːbiː] s scot, umor, F bănuț, gologan

baw cock ['bɔːkɔk] s F băiat de zahăr

bawdiness ['bɔːdinis] s desfrânare, destrăbălare

bayadere [ˌbaiə'diə] s (cuvânt anglo- indian) baiaderă

bayberry ['beibəri] s boabă de dafin

bay leaf ['bei liːf] s frunză de laur

bay leaves ['bei liːvz] s pl 1 foi de dafin 2 lauri, cunună de lauri

bayman ['beimən] s persoană care locuiește pe malul unui golf

bayonet charge ['beiənit tʃɑːdʒ] s atac cu baioneta

bayonet point ['beiənit pɔint] s at ~ la vârful baionetei

bayou [ˌbɑːiuː] s braț de râu sau parte a unui lac sau a unei mări transformată în baltă (în sudul S.U.A.)

bay rum [ˌbei rʌm] s esență de laur

bay salt ['bei sɔːlt] s sare de mare sau de lac, sedimentată prin evaporare; sare de bucătărie

bay stone ['bei stəun] s piatră de temelie

bay tree ['bei triː] s bot dafin, laur (Laurus nobilis)

baywood ['beiwud] s (specie de) lemn de mahon (Swietenia macrophylla ș. a.)

bazookaman [bə'zuːkəmən] s mil rachetist

BB presc de la 1 Boys' Brigade organizație de cercetași pentru băieți 2 double black însemn aplicat pe creioanele cu mină foarte moale

B battery [ˌbiː 'bætəri] s tel baterie anodică

BBB presc de la Better Business Bureau organism care se ocupă cu respectarea deontologiei profesionale

BBC presc de la British Broadcasting Corporation corporația britanică de televiziune

BB gun ['biːbiː 'gʌn] s amer F pușcă cu aer comprimat

BCG presc de la bacille Calmette-Guerin BCG; ~ vaccination vaccinare BCG

B chromosome [ˌbiː'krɔməsəum] s cromozom B

BDS presc de la Bachelor of Dental Science titulatura licenței în chirurgie dentară

B / E presc de la bill of exchange ordin de plată

beach buggy ['biːtʃ ˌbʌgi] s vehicul de curse pe teren accidentat

beach bum ['biːtʃ bʌm] s sl persoană căreia îi place să meargă la plajă

beach chair ['biːtʃ ˌtʃeə] s amer șezlong

beach comber ['biːtʃ ˌkəumə] s 1 (↓ amer) val al oceanului care mătură țărmul 2 locuitor de pe coasta Oceanului Pacific care trăiește din pescuitul perlelor și / sau din ceea ce aruncă apa la țărm

beachcombing ['biːtʃ ˌkəumiŋ] s strângerea obiectelor uitate pe plajă

Beach la-mar [ˌbiːtʃ lə'məː] s dialect englez vorbit în Polinezia

beachman ['biːtʃ mən] s tălmaci; agent comercial (pe coastele Africii)

beach umbrella ['biːtʃ ʌmˌbrelə] s umbrelă de plajă

beach wear ['biːtʃ weə] s ținută de plajă

beachy ['biːtʃi] adj cu bancuri (de nisip)

beaconage ['biːkənidʒ] s 1 taxă pentru întreținerea farurilor 2 el balizaj

beaded ['biːdid] adj 1 (d mărgele) înșirat 2 fig înșirat ca mărgelele 3 în formă de mărgele

beading ['biːdiŋ] s 1 arhit astragal 2 garnitură de perle

beadledom ['biːdldəm] s 1 formalism absurd / exagerat; pedanterie 2 birocrație

beagling ['biːgliŋ] s vânătoare cu copoi

be-all [ˌbiːˈɔːl] s the ~ and end-all rațiunea de a fi

beam aerial ['biːm ˌeəriəl] s radio antenă (cu) fascicul; antenă direcțională

beam-balance ['biːm ˌbæləns] s balanță cu tijă orizontală

beamer ['biːmə] s text muncitor la urzit

beamless ['biːmlis] adj 1 fără raze 2 fig searbăd, fără viață

beanbag ['biːnbæg] s 1 săculeț umplut cu boabe de fasole folosit ca minge în unele jocuri 2 joc cu o astfel de minge

bean curd ['biːn kəd] s pateu de soia

beanery ['biːnəri] s amer F bufet, bodegă (ieftină)

bean flour ['biːn flauə] s făină de fasole

beanie ['biːni] s căciuliță fixă pe cap

beano ['biːnəu] s sl petrecere zgomotoasă, chiolhan

beanpole ['biːnpəul] s 1 arac (de fasole) 2 fig prăjină (persoană lungă și slabă)

beanshoot ['biːnʃuːt], **beansprout** ['biːnspraut] s lăstar de soia

bean stalk ['biːn stɔːk] s tulpină sau vrej de fasole sau bob

bear baiting ['beə ˌbeitiŋ] s înv 1 vânătoare de urși cu câini și gonaci 2 lupta între ursul încolțit și câini

bear cat ['beə kæt] s amer sl as, jucător de forță, maestru

beard grass ['biəd grɑːs] *s bot* bărboasă *(Andropogon sp.)*

bear hug ['beə hʌg] *s* to give smb. a ~ a strânge pe cineva cu putere la piept

bearing box ['beəriŋ bɔks] *s tehn* lagăr, palier, cuzinet; cutie de ungere

bearish ['beəriʃ] *adj* 1 (ca) de urs; greoi, stângaci 2 *fig* grosolan, bădăran, necioplit 3 de scădere a valorilor *(la bursă)*

bear pit ['beə pit] *s* groapă de urși

bear's bed ['beəz bed] *s bot* mușchi-de-pământ *(Polytrichum)*

bear's grease ['beəz griːs] *s* pomadă (de păr)

bearward ['beəwɔd] *s* ursar

beastie ['biːsti] *(↓ scot)* animăluț

beastings ['biːstiŋz] *s pl v.* **beestings**

beat board ['biːt bɔːd] *s sport* trambulină *(rigidă)*

beaten-up ['biːtn ʌp] *s* făcut praf, lovit

beater man ['biːtə mæn] *s (industria hârtiei)* muncitor de la holendru

Beat generation ['biːt dʒenə,reiʃn] *s* generația beat *(mișcare literară și culturală din anii '50-'60 ai cărei membri se împotriveau convențiilor sociale)*

beatific(al) [,biə'tifik(əl)] *adj* 1 fericit, cuprins de beatitudine / de extaz 2 care dă fericire desăvârșită

beatifically [,biə'tifikəli] *adv* cu beatitudine

beatificate [,biə'tifikeit] *vt* 1 a face fericit, a ferici 2 *rel* a beatifica, a așeza în rândul preafericiților; a canoniza, a sfinți

beatification [,biətifi'keiʃn] *s* beatificare

beating machine ['biːtiŋ mə,ʃiːn] *s agr* batoză de păioase

beating-up [,biːtiŋ 'ʌp] *s* cotonogeală, mamă de bătaie

beau-ideal [,bəuai'diəl] *s* ideal; frumosul ideal; frumusețe, mândrețe

beaut [bjuːt] *s sl* that's a ~ of a boy! ăsta zic și eu băiat! *(și ironic)*

beauteosness ['bjuːtjəsnis] *s* frumusețe *(fizică)*

beautician [bjuː'tiʃn] *s (↓ amer)* cosmetician care lucrează la un institut de înfrumusețare

beautification [,bjuːtifi'keiʃn] *s* înfrumusețare

beautifier ['bjuːtifaiə] *s* persoană care înfrumusețează

beautifulness ['bjuːtəfulnis] *s* frumusețe

beauty competition ['bjuːti kɔmpə,tiʃn], **beauty contest** ['bjuːti ,kɔntest] *s* concurs de frumusețe

beauty queen ['bjuːti kwiːn] *s* regina frumuseții

beauty salon ['bjuːti ,sælən] *s (↓ amer)* 1 coafor, salon de coafură 2 salon de cosmetică

beauxite ['bɔːksəit] *s minr* bauxită

Beaverboard ['biːvəbɔːd] *s constr* placă aglomerată

beaverette [biːvə'ret] *s* 1 imitație de *(blană de)* castor 2 *mil F* car blindat ușor, car de luptă ușor; tanchetă

beaver rat ['biːvə ræt] *s zool* șoarece de apă australian *(Hydromys chrysogaster)*

beaver root ['biːvə ruːt] *s bot* nufăr galben *(Nuphar luteum)*

beaverteen [,biːvə'tiːn] *s* 1 (stofă) imitație de blană de castor 2 molton

beaver-tree ['biːvə triː] *s bot* magnolie de Virginia *(Magnolia virginiana)*

beavery ['biːvəri] *s* mușuroi de castor

becall [bi'kɔːl] *vt* a chema, a provoca

bécassine [,bekə'sin] *s orn* becațină, berbecuț *(Gallinago gallinago)*

béchamel (sauce) ['beʃəmel (,sɔːs)] *s* sos beșamel

bechance [bi'tʃɑːns] *vt, vi* a (i) se întâmpla

bêche-de-mer [,beʃdə'meːr] *s* 1 *zool* trepang, castravete-de-mare comestibil *(Holothuria edulis)*

beck iron ['bek ,aiən] *s* nicovală *(mică)*

becquerel ['bekrel] *s fiz* becquerel

BECTU ['bektuː] *presc de la* Broadcasting, Entertainment, Cinematograph and Theatre Union *sindicatul britanic al tehnicienilor din teatru, cinema și audiovizual*

BEd [,biː'ed] *presc de la* Bachelor of Education *titulatura în științe pedagogice*

bedabble [bi'dæbl] *vt* a stropi, a uda, a împroșca, a păta, a muia

bedad [bi'dæd] *interj* pe legea mea! zău!

bedaggle [bi'dægl] *vt v.* **bedabble**

bedash [bi'dæʃ] *vt* a stropi

bedazzlement [bi'dæzlmənt] *s rar, fig* orbire

bed bath ['bed bɑːθ] *s* toaleta / primenirea unui bolnav țintuit la pat

bed cover ['bed ,kʌvə] *s* cuvertură / învelitoare de pat

bedded ['bedid] *adj* prevăzut cu un pat, un strat; **double ~** cu două paturi

bedder ['bedə] *s* 1 stup orizontal 2 piatră de moară fixă 3 răsad 4 școl *sl* dormitor

bedel [be'del] *s* pedel, aprod *(la universități)*

bed ground ['bed graund] *s amer* loc de dormit pentru vite

bed jacket ['bed ,dʒækit] *s* jachetă de noapte, lizeuză

Bedlam beggars [,bedləm 'begəz] *s pl* 1 casă de nebuni, ospiciu, balamuc 2 *fig* casă de nebuni; **Toms o'Bedlam** falși cerșetori, pretinși fugiți de la spitalul St. Mary of Bethlehem *(ospiciu din Londra)*

bedless ['bedlis] *adj* fără pat, fără culcuș

bedraggled [bi'drægld] *adj* 1 șleampăt, neglijent *(în îmbrăcăminte)* 2 *(d păr)* ciufulit, zbârlit

bed-rock price [,bedrok 'prais] *s* ultimul preț *(cel mai scăzut)*

bedrol ['bedrol] *s* pături / așternuturi de pat rulate

bedroomed ['bedrumd] *adj* **a four ~ house** casă cu patru camere de culcare

Beds [beds] *presc de la* Bedfordshire

bed-sitter ['bed,sitə] *s v.* **bedsitting-room**

bed-sitting-room [,bed 'sitiŋ rum] *s* cameră combinată; *(prin extensie)* garsonieră

bedsocks ['bedsɔks] *s* șosete de culcare

bedsprings ['bedspriŋz] *s* arcuri de pat

bedtick ['bed tik] *s* 1 sac pentru saltea 2 față de pernă

Beduin ['beduin] **I** *s* 1 beduin 2 nomad **II** *adj* privitor la beduini

bedwarmer ['bedwɔːmə] *s* vas cu jeratic *(pentru încălzit patul)*

bed-wetting ['bedwetiŋ] *s* incontinență nocturnă

be-east ['biːiːst] *adv scot* la est

Beeb ['biːb] *s brit umor* **the ~** BBC

bee-balm ['biː bɑːm] *s bot* melisa de grădină *(Melissa officinalis)*

bee bee [‚biːˈbiː] *s (cuvânt anglo-indian)* cucoană, doamnă

beech fern [ˈbiːtʃ fəːn] *s bot* fere-guță *(Polypodium vulgare)*

beechnut [ˈbiːtʃ nʌt] *s bot* jir

beechy [ˈbiːtʃi] *adj rar* de fag, din fag

beefcake [ˈbiːfkeik] *s sl* 1 etalare a fizicului masculin 2 bărbat mus-culos

beef cattle [ˈbiːf ‚kætl] *s* vite de tăiat

beek [biːk] I *vt* a încălzi II *vi* a se încălzi

bee nettle [ˈbiː ‚netl] *s bot* tapaș-nic, zeabră *(Galeopsis sp.)*

beep [biːp] *s* 1 claxonat 2 semnal sonor *(al unui aparat)*

beer barrel [ˈbiə ‚bærəl] *s* butoi de bere

beer engine [ˈbiə ‚endʒin] *s* apa-rat-pompă de bere

beer garden [ˈbiə ‚gɑːdən] *s* beră-rie cu grădină *(de vară)*

beer pump [ˈbiə pʌmp] *s v.* **beer engine**

beest [biːst] *s* coraslă

beestings [ˈbiːstiŋz] *v.* **beest**

beetler [ˈbiːtlə] *s* mai de bătut rufe

beetling [ˈbiːtliŋ] *adj* ieșit în afară, proeminent; amenințător

beezer [ˈbiːzə] *s sl* nas cât un dovleac / o pătlăgea

befog [biˈfɔg] *vt* 1 a ascunde în ceață, a încețoșa 2 *fig* a în-tuneca; a încurca, a zăpăci, a induce în eroare

before-cited [bi‚fɔ ˈsaitid] *adj v.* **before-mentioned**

before-mentioned [bi‚fɔːˈmenʃnd] *adj* amintit mai înainte, mai sus-menționat

befuddlement [biˈfʌdlmənt] *s* ame-țeală *(de băutură)*, chercheleală, pileală

begad [biˈgæd] *interj P* pe legea mea! zău!

begar [biˈgɑː] *s v.* **begaree**

begaree [‚bigaˈriː] *s (cuvânt anglo-indian)* 1 clacă, angara 2 clăcaș

beggar-my-neighbour [‚begəməi-ˈneibə] *s* „du-te la vecinica" *(un fel de joc de cărți de copii)*

beggar weed [ˈbegə wiːd] *s bot* 1 troscot comun *(Polygonum avicu-lare)* 2 torțel *(Cuscuta epithymum)*

begging [ˈbegiŋ] I *s* cerșit, milo-geală; **to go (a-) ~ a)** *(d per-soane)* a umbla cu cerșitul; **b)** *(d un post)* a fi liber din lipsă de amatori, a nu avea căutare, a nu fi solicitat II *adj* de cerșetor

begging bowl [ˈbegiŋbəul] *s* cutia / talerul cerșetorului

beggingly [ˈbegiŋli] *adv* 1 cerșind, milogindu-se cu cerșitul 2 ca un cerșetor

beglerbeg [ˈbegləbeg] *s turc, ist* beglerbeg, beglerbei

begoggled [biˈgogld] *adj* prevăzut cu ochelari de protecție; pur-tând ochelari de protecție

begorra [bəˈgorə] *interj F* Dumne-zeule Doamne!

begrace [biˈgreis] *vt* a se adresa *(cuiva)* cu titlul de „Înălțimea Voastră"; a „domni" *(pe cineva)*

beguiler [biˈgailə] *s* înșelător, amă-gitor

beguiling [biˈgailiŋ] *adj* fermecă-tor, încântător, atrăgător, capti-vant, ademenitor

beguine [biˈgiːn] *s muz* 1 dans sud-american *(un fel de bolero)* 2 dans modern de salon, gen rumba

begum [ˈbiːgəm] *s (cuvânt anglo-indian)* prințesă; soție de nobil, aristocrată

behaviorism [biˈheivjərizm] *s psih* behaviorism

behavioristic [biˈheivjəristik] *adj* care ține de behaviorism, de psihologia comportamentului

behavioural, behavioral [biˈhei-vjərəl] *s amer psih* de compor-tament, comportamental

behavioural science [bi‚heivjərəl ˈsains] *s psih* behaviorism, știin-ța comportamentală

behaviour therapy [biˈheivjər ‚θer-əpi] *s psih* terapie comportamen-tală

behemoth [biˈhiːmɔθ] *s* 1 *bibl* hi-popotam; monstru 2 *fig* animal mare și puternic, matahală, di-hanie, monstru

behind-the-scenes [bi‚haind ðə ˈsiːnz] *adj* secret, în culise; **a ~ look at politics** o privire în culi-sele vieții politice

beholding [biˈhəuldiŋ] *adj* 1 de-pendent, care privește 2 *înv* atrăgător; chipeș; fermecător, răpitor

behove [biˈhəuv] *brit*, **behouve** [biˈhuːv] *amer* I *vt înv* 1 a trebui 2 a fi moralmente necesar; a-i se potrivi, a-i sta bine *(cuiva)* 3 a merita, a fi profitabil *(pentru)* II *vi* 1 a fi necesar / potrivit 2 *scot* a fi obligat

Beijing [beiˈdʒiŋ] *s* capitala Chinei

bejan(t) [ˈbiːdʒən(t)] *s F* boboc *(↓ la universitățile Aberdeen și St. Andrews)*

bejel [ˈbedʒəl] *s med* maladie infec-țioasă tropicală

bejewel [biˈdʒuːəl] *vt* a împodobi cu pietre prețioase

bejewelled *brit* **bejeweled** *amer* [biˈdʒuːəld] *adj* 1 *(d o persoană)* plină de bijuterii 2 *(d un obiect)* încrustat cu bijuterii

bel [bel] *s fiz* bel

belabor [biˈleibə] *vt amer v.* **be-labour**

belabour [biˈleibə] *vt* 1 a bate măr, a zvânta, a rupe în bătăi 2 *fig* a bate la cap

Belarus [ˈbeləruːs] *s* **the Republic of ~** republica Belarus

belate [biˈleit] *vt* a întârzia, a face să întârzie

belatedly [biˈleitidli] *adv* într-un târziu, cu întârziere, tardiv

belaying pin [bi‚lein ˈpin] *s nav* cavilă

belcher [ˈbeltʃə] *s* fular colorat *(parțial)*, ↓ cu picățele albe pe fond albastru

beleaguered [biˈliːgəd] *adj* 1 ase-diat 2 *fig* în dificultate

bel esprit [‚bel esˈpri: și pronunția franceză] *pl* **beaux esprits** [ˈbəuz esˈpri: și pronunția fran-ceză] *s fr* om cult, instruit

belier [biˈlaiə] *s* calomniator

bell-bottomed [‚belˈbotəmd] *adj (d pantaloni)* evazați

bell-bottoms [ˈbelbotəmz] *s* pan-taloni evazați

bellbuoy [ˈbel bɔi] *s nav* geaman-dură cu sirenă, cu clopot

bell button [ˈbel ‚bʌt(ə)n] *s* buton de sonerie

bell captain [ˈbel ‚kæptin] *s amer* șeful personalului de serviciu într-un hotel

bell crank [ˈbel kræŋk] *s tehn* pâr-ghie cotită; pârghie cu articu-lație, cu genunchi

belled [beld] *adj* 1 dotat *sau* îm-podobit cu clopote; cu clopoțel, purtând clopoței, zurgălăi 2 lăr-git, evazat; în formă de pâlnie 3 *(d flori)* de forma unui clopot

belletrist [biˈletrist] *s* literat, beletrist

belletristic [‚bileˈtristik] *adj* bele-tristic

bell heather ['belheðə] *s bot* 1 iarbă-neagră *(Erica vulgaris, Calluna vulgaris)* 2 specie de plantă alpină nord-americană *(Cassiope mertensiana)*

bellicosity [ˌbeli'kɔsiti] *s* pornire războinică / belicoasă

bellied ['belid] *adj* 1 *(în cuvinte compuse)* cu burta, cu pântecele; **big ~** pântecos 2 pântecos, corpolent, trupeș; *fig* îngâmfat

bell jar ['bel dʒɑː] *s* clopot de sticlă

bell pull ['bel pul] *s* cordon de sonerie

bell-ringing ['belriŋiŋ] *s* tragere a clopotelor

bell rope ['bel rəup] *s* 1 frânghia clopotului 2 cordon de sonerie

bellyaching ['belieikiŋ] *s* colici, crampe

belly brace ['beli breis] *s* coarbă, burghiu de coarbă

belly button ['belibʌtn] *s* buric

belly dance ['belidɑːns] **I** *s* dans din buric **II** *vi* a dansa din buric

belly dancer ['belidɑːnsə] *s* dansator din buric

belly flop ['beli flɔp] *s sl* 1 *sport* „burtă" *(la săritura în apă)* 2 *mil* aruncare pe burtă; **to do a ~** a lua o „burtă"; a se arunca pe burtă / cu burta la pământ

belly god ['beli gɔd] *s F* mâncău, mâncăcios, flămânzilă

bellying ['beliiŋ] *s* îngroșare, umflare

belly-land ['belilænd] *vi av* a ateriza *(forțat)* pe coca (fuzelaj) fără folosirea terenului de aterizare

belly-landing ['beliˌlændiŋ] *s av* aterizare forțată / pe burtă

belly laugh ['beli lɑːf] *s* râs homeric

belonging [bi'lɔŋiŋ] *s* **a sense of ~** un sentiment de apartenență

belonite ['belənait] *s minr* belonit

belt-driven [ˌbelt 'drivn] *adj tehn* cu bandă *(transportoare)*, acționat cu bandă

belted ['beltid] *adj* 1 încins *(cu cordon etc.)* atârnat de cordon / cingătoare 2 *v.* **belt-driven**

belt-line railway [ˌbeltlain 'reilwei] *s ferov* cale ferată de centură

belt pulley ['belt puli] *s tehn* roată de curea

beltway ['beltwei] *s amer* bulevard de centură

bemaul [bi'mɔːl] *vt* a bate zdravăn, a burduși în bătaie, a bate măr

bemused [bi'mjuːzd] *adj* năucit, buimăcit, deconcertat

ben [ben] *scot* **I** *s* 1 cea de-a doua cameră a unei locuințe modeste cu două încăperi; **but and ~** prima și cea de-a doua încăpere 2 vârf de munte **II** *prep* în, în interiorul *(cu gen)*, înăuntrul *(cu gen)* **III** *adv* înăuntru; **come ~!** intră! **IV** *adj* interior **to be far ~ with smb** a fi în relații intime cu cineva

bench lathe ['bentʃ leiθ] *s tehn* strung de banc

bench plane ['bentʃ plein] *s* rindea de masă

bench press ['bentʃ pres] *s* presă mică montată pe o teighea

bench warmer ['bentʃ ˌwɔːmə] *s sl* 1 șomer fără adăpost *(care doarme în parcuri)* 2 *amer sport* jucător de rezervă *(pe „tușă")*

bending moment ['bendiŋ ˌməumənt] *s tehn* moment de încovoiere

bend sinister [ˌbend'sinistə] *s (în heraldică)* însemn ce indică starea de bastard

bendy ['bendi] *adj* 1 *(d un drum)* sinuos, șerpuit 2 flexibil, suplu

benedick ['benidik] *s* holtei convins care se însoară până la urmă *(după numele eroului din piesa lui Shakespeare „Mult zgomot pentru nimic")*

benefice ['benitis] *s* venit bisericesc, prebendă

benevolently [bi'nevələntli] *adv* cu bunăvoință, binevoitor

BEng [ˌbiː'eŋ] *presc de la* **Bachelor of Engineering** titulatura licenței în inginerie

Bengalee [benˌgɔ'liː] **I** *s* 1 bengalez 2 limba bengaleză **II** *adj* din Bengal, bengalez

Bengali *s și adj v.* **Bengalee**

bengaline ['beŋgəliːn] *s* poplin indian

Bengal red [benˌgɔːl 'red] *s* roșu bengal

Bengal rose [benˌgɔːl 'rəuz] *s v.* **Bengal red**

Bengal tiger [benˌgɔːl 'taigə] *s* tigru bengalez

benignant [bi'nignənt] *adj* 1 blând, blajin, milostiv 2 binevoitor, milostiv, blând 3 nevătămător, inofensiv 4 drăgăstos

benison ['benizn] *s înv* blagoslovenie, binecuvântare

Benjamin ['bendʒəmin] *s* **the ~** prâslea, mezinul, răsfățatul familiei

benjy ['bendʒi] *s sl* pălărie de paie cu calota joasă și boruri largi, pălărie „canotier"

bennies ['beniz] *s pl amer școl sl* benzedrin(ă) *(numele comercial al unui medicament stimulant)*

Bennism ['benizm] *s* politică de naționalizare a industriei din Marea Britanie *(după Tony Benn, ministru al muncii în 1974)*

bent grass [ˌbent 'grɑːs] *s* 1 *bot* iarba câmpului / vântului *(Agrostis)*; iarbă 2 câmpie, ses

Benthamism ['benθəmizm] *s filoz* bentamism, utilitarism, doctrina / ideile lui Bentham

bentonite ['bentənait] *s minr* bentonit

benzedrine ['benzidriːn] *s farm* benzedrin(ă)

benzene ring ['benziːn riŋ] *s ch* nucleu benzenic

benzidine ['benzidi(ː)n] *s ch* benzidină

benzoic [ben'zəuik] *adj ch* benzoic

benzoin ['benzəuin] *amer s* benzoe *(rășină naturală mirositoare)*

benzophenone [ˌbenzəufi'nəun] *s ch* benzofenonă

bepaint [bi'peint] *vt* a da cu culoare pe deasupra

berberis ['bəːbəris] *s bot* drăcilă, măcriș-spinos *(Berberis vulgaris)*

berberry ['bəːbəri] *s* berberis

berceuse *pronunția franceză s muz* cântec de leagăn

bereave [bi'riːv], *pret și ptc* **bereaved** [bi'riːvd] *sau* **bereft** [bi'reft] *vt* **to ~ of** a lipsi de, a priva de, a deposeda de, a jefui de, a răpi; **an accident bereft the mother of her child** mama își pierdu copilul în urma unui accident

bereaved [bi'riːvd] *adj* îndurerat, îndoliat; **the ~** *pl* cei care au pierdut pe cineva drag

berg [bəːg] *s presc de la* **iceberg**, masă de gheață, ghețar

Bergama ['bəːgəmɑː] *s* covor de Bergam *(în Asia Mică)*

Bergamo ['bəːgəməu] *s* oraș în Italia centrală *(în Lombardia)*

berhyme [bi'raim] *vt v.* **berime**

berime [bi'raim] *vt* a cânta / proslăvi în versuri, a pune în versuri / stihuri

Bering Strait [,beriŋ'streit] *s* Strâmtoarea Bering

berk [bə:k] *s brit sl* dobitoc, idiot

berkelium ['bə:kliəm] *s ch* berkeliu

Berks [bə:ks] *presc de la* **Berkshire**

Berlin [bə:'lin] **I** *adj* berlinez **II** *s* berlină, cupeu cu patru locuri

Berlin blue ['bə:lin blu:] *s ch* albastru de Berlin

berline ['bə:lin] *s v.* **Berlin (II)**

Berliner [bə:'linə] *s* berlinez

berlinite ['bə:linait] *s minr* berlinit

berlin red [,bə:lin'red] *s ch* roșu de Berlin

Berlin work [,bə:lin'wə:k] *s* broderie de lână

berm(e) [bə:m] *s* bermă *(de taluz)*

Bermuda ['bə:mjud] *s* arhipelag în *Oceanul Atlantic*

Bermudan [bə'mjudən], **Bermudian** [bə'mjudjən] **I** *s* locuitor din Bermude **II** *adj* din *sau* referitor la arhipelagul Bermude

Bernese [bə:'ni:z] *adj* din Berna, bernez

bernicle goose ['bə:nikl gu:s] *s orn* gâscă cu gât alb *(Branta leucopis)*

berthage ['bə:θidʒ] *s nav* taxă de dană / amarare

berth deck ['bə:θ dek] *s nav* încăpere din prova marinarilor

berthing ['bə:θiŋ] *s nav* loc de ancorare; legare la chei

beryllium oxide [be,rilijəm'ɔksaid] *s ch* oxid de beriliu

beryllonite ['berilənait] *s minr* berilonită

berzeliite [bə'zi:liait] *s minr* berzeliit

beseechingly [bi'si:tʃiŋli] *adv* rugător, stăruitor, fierbinte

besiege [bi'si:dʒ] *vt* **1** *mil* a asedia, a împresura, a înconjura cu armată **2** *fig* a asalta, a năpădi, a copleși *(cu cereri etc.)*

besilver [bi'silvə] *vt* a arginta

beslabber [bi'slæbə] *vt* **1** a murdări, a uda, a îmbăla, a umezi **2** *fig* a linguși, a măguli, a linge

besotted [bi'sɔtid] *adj* **1** nătâng, prost **2** bețiv; beat

bespectacled [bi'spektəkld] *adj* cu ochelari, care poartă ochelari

bespot [bi'spɔt] *vt* a păta, a murdări *și fig*

bespread [bi'spred] *pret și ptc* **bespread** *vt* a presăra, a răspândi, a prefira; a acoperi cu, a garnisi

besprent [bi'sprent] *adj poetic* (with) prefirat, stropit, smălțat, smălțuit, presărat *(cu)*

Bessemer iron [,beismə'aiən] *s met* oțel Bessemer

Bessemer process [,beismə'prəuses] *s met* procedeul Bessemer

best case [,best'keis] *s* scenariu

bestead[1] [bi'sted], *pret* **besteaded** [bi'stedid] *ptc* **bestead** *sau* **bested** [bi'sted] *vt* **1** a ajuta, a fi de ajutor *(cuiva)* **2** a aduce folos, a fi folositor, a profita

bestead[2] [bi'sted] *adj înv* înconjurat, împresurat, asaltat; ~ by enemies înconjurat de dușmani; ~ with dangers plin de primejdii; ill- ~ într-o situație grea; well- ~ într-o situație bună

bested[1] [bi'sted] *adj v.* **bestead**[2]

bested[2] [bi'sted] *v.* **bestead**[1]

bestialize ['bestiəlaiz] **I** *vt* a bestializa, a abrutiza, a dezumaniza **II** *vr* a se bestializa, a se abrutiza, a se dezumaniza

bestness ['bestnis] *s com* cea mai bună calitate, calitate superioară

bestower [bi'stəuə] *s* dătător; persoană care conferă *etc.*

bestowment [bi'stəumənt] *s* **1** conferire, acordare, dăruire; recompensare **2** dar, răsplată

bestrew [bi'stru:] *pret* **bestrewed** [bi'stru:d], *ptc* **bestrewed** [bi'stru:d] *sau* **bestrown** [bi'strəun] *vt* **1** with a presăra (cu) **2** a acoperi, a împrăștia, a răspândi deasupra *(cu gen)*

bestrown [bi'strəun] *înv v.* **bestrew**

best-selling [,best'seliŋ] *adj* **1** care are succes *(de librărie)* **2** care se vinde *(foarte repede)*

beta particle ['bi:tə, pɑ:tikl] *s fiz* particulă *(de raze)* beta

beta rays ['bi:tə reiz] *s pl fiz* raze beta

beta test ['bi:tə test] *s amer psih* test de inteligență la recruții analfabeți *(în primul război mondial)*

beta wave ['bi:tə weiv] *s* raze beta

betel ['bi:təl] *s bot* betel *(Piper betle)*

betel nut ['bi:təlnʌt] *s* nucă de betel

bethel ['beθəl] *s* **1** *bis* casă de rugăciune *(a sectanților)*; capelă **2** *amer nav* capelă pentru mateloți *(pe vas sau pe uscat)*

bethump [bi'θʌmp] *vt* a bate, a lovi

bettering house ['betəriŋ haus] *s înv* casă de corecție

better-of [,betər'ɔf] *s* înstărit, bogat, avut

betting man ['betiŋ mæn] *s* parior; jucător *(la curse etc.)*

betting office ['betiŋ ,ɔfis] *s* birou / agenție de pariuri

bettor ['betə] *s v.* **betting man**

between-brain [bi'twi:n brein] *s med* diencefal

between-decks [bi,twi:n'deks] *și* F '**tween-decks** *nav* **I** *adv* între punți **II** *s nav* întrepunți

between girl [bi'twi:n gə:l] *s* servitoare care îi ajută bucătarului și jupânesei

between maid [bi'twi:n meid] *s v.* **between girl**

betweenness [bi'twi:nnis] *s mat* relație de tip „între"

between servant [bi'twi:n ,sə:vənt] *s v.* **between girl**

betweentimes [bi'twi:n taimz] *adv nav* la intervale *(de timp)*, în răstimpuri, din când în când

Bev *presc de la* **billion electron volts** gigaelectronvolt (Gev)

bevel gear ['bevəl giə] *s tehn* angrenaj conic; roată dințată

bevelled *brit*, **beveled** *amer* ['bevld] *s* teșit, îndoit, tăiat / șlefuit oblic

bevel pinion ['bevəl ,pinjən] *s tehn* pinion conic, roată dințată conică

bever ['bi:və] *s dial* **1** gustare **2** tremurici

bevue [bi'vju:] *s* gafă; greșeală grosolană

bevvy ['bevi] **I** *s dial* **1** băutură alcoolică **2** chef monstru **II** *vi* a bea *(băuturi alcoolice)* **III** *vt* to get bevvied a se îmbăta, a se ameți

bewailing [bi'weiliŋ] *s* jelire, tânguire

bewailment [bi'weilmənt] *s v.* **bewailing**

bewhiskered [bi'wiskəd] *adj rar* cu favoriți

bewigged [bi'wigd] *adj înv* cu perucă

bewildering [bi'wildəriŋ] adj tulbu-
rător, năucitor, uimitor, derutant

bewilderingly [bi'wildəriŋli] adv
(în mod) tulburător, năucitor, ui-
mitor

bewitching [bi'witʃiŋ] adj încântă-
tor, fermecător, fascinant, ră-
pitor

bewitchingly [bi'witʃiŋli] adv (în
mod) încântător, răpitor, ferme-
cător

bewitchment [bi'witʃmənt] s 1 vră-
jitorie 2 farmec, vrajă; ferme-
care, încântare, fascinare

bowray [bi'rei] vt 1 înv a dezvălui,
a destăinui, a da pe față; a de-
masca, a divulga, a face cunos-
cut 2 a trăda fără voie (un
secret)

beylerbey ['beiləbei] s turc, ist beg-
lerbeg, beglerbei, beilerbei

beylic ['beilik] s turc, ist rangul sau
demnitatea de bei; beilic (juris-
dicția unui bei)

bezant ['bezənt] s 1 monedă bizan-
tină de aur sau argint (circula în
Turcia în sec al IX–lea 2 arhit
ornament sub formă de disc;
bumb de piatră sculptată; disc
smălțuit

bezique [bi'zi:k] s bezique, joc de
cărți în doi

bf presc de la 1 brit bloody fool
cretin, idiot 2 poligr boldface
caractere aldine

b / f presc de la brought forward
pus în lumină; recomandat; în-
fățișat, prezentat; raportat (d un
cont)

B-flat [bi:'flæt] s 1 muz si bemol; ~
major si bemol major; ~ minor
si bemol minor 2 sl ploșniță,
stelniță, păduche de lemn

B-girl [,bi:'gə:l] s amer sl fată an-
gajată în barurile americane
pentru a întreține pe consuma-
torii singuri, animatoare

bhangra ['bæŋgrə] s muz muzică
pop indiană (combinație între
muzica tradițională din Punjab
și muzica pop occidentală)

Bhopal ['bəupl] s oraș în India
centrală

bhp presc de la brake horsepower
puterea unui motor calculată pe
baza forței de frecare aplicată
pe volant sau pe arbore

Bhutan [bu:'ta:n] s stat în nordul
peninsulei Hindustan

bi [bai] I adj bi II s bisexual

bias binding [,baiəs 'baindiŋ] s
tehn panglică în verif

biased, biassed ['baiəst] adj 1 păr-
tinitor 2 (d o minge) descentrat

biaswise ['baiəswaiz] adv oblic,
pieziș, de-a curmezișul

biathlon ['baiθlɒn] s biatlon

biauricular [,baiɔ:'rikjulə] adj med
biauricular

biaxial [bai'æksiəl] adj tehn biaxial

bibation [bi'beiʃn] s bețiveală,
sprițuială

bibb [bib] s tehn zăvor; dop; robinet

bibble-babble [,bibl'bæbl] s F
hălmăjeală, flecăreală, vorbărie
goală, palavre, „spanac"

bib cock ['bib kɒk] s auto robinet
de golire / de control

bible-basher ['baibl ,bæʃə] s v.
bible-thumper

Bible clerk ['baibl ,kla:k] s școl sl
student (la universitatea din Ox-
ford) care citește cu voce tare
fragmente din Biblie în capela
colegiului

Bible oath ['baibl əuθ] s jurământ
pe Biblie

Bible paper ['baibl ,peipə] s hârtie
foarte subțire / de Biblie

bible-thumper ['baiblθʌmpə] s peior
evanghelist itinerant insistent

Biblicist ['biblisist] s cunoscător al
Bibliei

biblioclast ['biblɔklæst] s biblio-
clast, distrugător de cărți

bibliofilm ['bibliɔfilm] s bibliofilm,
microfilm

bibliographize [,bibli'ɒgrəfaiz] vt
a alcătui bibliografia (cu gen)

biblioklept ['biblɪəuklept] s hoț de
cărți (maniac)

bibliology [,bibli'ɒlədʒi] s biblio-
logie

bibliomane ['bibliɔmein] s v. bi-
bliomaniac

bibliomania [,bibliɔ'meinjə] s bi-
bliomanie

bibliomaniac [,bibliɔ'meiniæk] s
biblioman

bibliotheca [,bibliə'θi:kə] s rar bi-
bliotecă

bibulosity [,bibju'lɒsiti] s capa-
citate de a bea mult

bibulous ['bibjuləs] adj 1 absor-
bant 2 umor bețiv

bicameralism [bai'kæmərəlizm] s
pol bicameralism

bicapsular [bai'kæpsjulə] adj bot
bicapsular

bicarb ['baika:b] s bicarbonat

bicaudal [,bai'kɔ:dl] adj zool cu
două cozi

bicellular [,bai'seljulə] adj biol bi-
celular

bicentennial [,baisen'tenjəl] I adj
bicentenar, de două sute de ani;
care se repetă o dată la două
sute de ani II s bicentenar, aniver-
sare sau comemorare de două
sute de ani

bicephalic [,baisi'fælik] adj bi-
cefal

bichord ['baikɔ:d] muz I adj (pre-
văzut) cu două coarde II s (in-
strument) bicord

bickering ['bikəriŋ] s sfadă; cear-
tă, discuție, ciondăneală

bicolorous [,bai'kʌlərəs] adj bi-
color

bicolour brit, **bicolor** amer [,bai-
'kʌlə] adj bicolor

biconvex lens [bai,kɒnveks 'lenz]
s opt lentilă biconvexă

bicorn ['baikɔ:n] adj bicorn

bicultural [,bai'kʌltʃrəl] adj în care
se regăsesc două culturi dis-
tincte

biculturalism [,bai'kʌltʃərəlizm]
s întâlnire a două culturi dis-
tincte

bicycle clip [,baisikl 'klip] s oche-
lari de ciclism

bicycle pump ['baisikl pʌmp] s
pompă de bicicletă

bicycle rack ['baisikl ræk] s port-
bagaj de bicicletă

biddable ['bidəbl] adj supus, ascul-
tător, docil

biddy ['bidi] s 1 brit dial pui; găină
2 peior femeie bătrână, mătu-
șică; țață, bârfitoare

bidimensional [,baidi'menʃnəl] adj
bidimensional

bid price ['bid prais] s prețul oferit
de cumpărător la licitație

bienvenue [pronunția franceză] s
fr bun venit

bifacial [,bai'feiʃl] adj bifacial

bif(f) [bif] amer, sl I s lovitură tare /
zdravănă II vt a-i arde (cuiva)
una, a-i da (cuiva) o lovitură
strașnică; a pocni

biffin ['bifin] s 1 specie de măr din
Norfolkshire, bun pentru copt 2
gastr măr copt în cuptor

bifid ['baifid] adj bifid, împărțit în
două (până la mijlocul lungimii
sau lățimii)

bifilar [,bai'failə] adj bifiliar, cu do-
uă fire

bifocal [,bai'fəukəl] *adj opt* cu do-
uă focare

bifold ['baifəuld] *adj* dublu, îndoit;
de două feluri, compus din două
părți, diptic

bifoliate [,bai'fəuliit] *adj bot* cu do-
uă frunze

biforked ['baifɔːkt] *adj* bifurcat

bifunctional [,bai'fʌŋkʃənəl] *adj* bi-
funcțional

bigamist ['bigəmist] *s* bigam

bigamous ['bigəməs] *adj* bigam

Big Apple [,big 'æpl] *s* the ~ New
York *(orașul)*

big-band [,big 'bænd] *s* orchestră
de jazz din anii '40-'50

big-bang theory [,big 'bæŋ θiəri]
s astr teoria „big bang"

Big Bertha [,big 'bəːθə] *s* 1 *mil*
Dicke Bertha, *mortier de 420
mm folosit de germani în primul
război mondial* 2 *F* femeie gra-
să, grăsană

big-boned [,big 'bəund] *adj* cu oa-
se mari, ciolănos

Big Brother [,big 'brʌðə] Big Brother
*(figură a dictatorului din „1984"
de George Orwell);* ~ **is watching
you** Big Brother te urmărește

big business [,big 'biznis] *s* ma-
rele capital

big cat [,big 'kæt] *s* 1 felină mare 2
(la pocher) chintă

big cheese [,big 'tʃiːz] *s sl* per-
soană în culmea succesului, om
important, potentat al zilei

big deal [,big 'diəl] I *interj* mare
brânză! II *s* it's no ~ nu e mare
brânză

Big Dipper [,big 'dipə] *s astr* Ursa
Mare

big dog [,big 'dɒg] *s amer sl* per-
soană importantă, știab, poten-
tat, bronz, grangur, barosan

big end ['big end] *s tehn brit* cap de
bielă

bigg [big] *s bot* orz *(cu patru rân-
duri de grăunțe în spic) (Hord-
eum vulgare)*

big game [,big 'geim] *s* vânat
mare; ~ **hunter** vânător de ani-
male mari; ~ **hunting** vânătoare
de animale mari

biggie ['bigi] *s F* cântec / roman /
film de succes

biggin ['bigin] *s* 1 scufie de copil;
scufie de noapte 2 acoperă-
mânt de cap *(purtat de magis-
trații britanici)* 3 ibric de cafea
(cu strecurătoare)

big gun [,big 'gʌn] *s* 1 *mil* tun greu
/ de calibru mare; *pl* artilerie
grea 2 *fig amer* v. **big dog**

big head [,big 'hed] *s amer F*
importanță, gravitate, ifose

big-headed [,big 'hedid] *adj* cu
capul mare

big-hearted [,big 'haːtid] *adj* gene-
ros, binevoitor, larg la mână

big horn [,big 'hɔːn] *s zool* berbec
de munte *(Ovis montana)*

big house [,big 'haus] *s amer sl*
zdup *(închisoare)*

big knives [,big 'naivz] *s pl* „cuți-
tele mari" *(poreclă dată de in-
dieni americanilor)*

big laurel [,big 'lɔrəl] *s bot* o spe-
cie de magnolia *(Magnolia gran-
diflora)*

bigmouth ['bigmauθ] *s* persoană
vorbăreață, bârfitoare, certărea-
tă; **she's such a** ~ ca o moară
hodorogită

big-name [,big 'neim] *s F* 1 știab,
grangur mare 2 celebritate

big noise ['big 'nɔiz] *s* 1 zgomot
puternic / infernal 3 *fig F* eve-
niment important 3 *fig F* laudă
de sine 4 *amer fig* v. **big dog**

big shot [,big 'ʃɒt] *s amer sl* v. **big
dog**

big smoke [,big 'sməuk] *s brit* the
~ 1 oraș mare, metropolă 2 Lon-
dra

big stick [,big 'stik] *s fig* the ~ forță,
bâtă

big time [,big 'taim] *s amer sl*
epocă de aur / de glorie

big-time [,big 'taim] *adj amer sl* de
mâna întâi, de prim ordin

big timer [,big 'taimə] *s sl* per-
soană în culmea succesului

big toe [,big 'təu] *s* degetul gros
(de la picior)

big top [,big 'tɒp] *s F* 1 cupola
circului 2 circ

big-tree [,big'triː] *s amer bot*
sequoia *(Sequoia sp., Welling-
tonia sp.)*

big wheel [,big 'wiːl] *s amer sl* per-
soană importantă; știab, poten-
tat

bijou ['biːʒuː] *pl* **bijoux** ['biːʒuːz] *s
fr* 1 bagatelă 2 giuvaer; biju-
terie

biker ['baikə] *s* motociclist

bikini line [bi'kini lain] *s* to have
one's ~ a se epila în jurul slipului

bilabiate [,bai'leibiit] *adj bot* bila-
biat

bilbo ['bilbəu] *s* 1 *pl* **bilbos** ['bil-
bəuz] *înv sau poetic* palos 2 *pl*
bilboes ['bilbəuz] *pl* lanțuri, fia-
re *(la picioare)*

bile acid [,bail 'æsid] *s ch, med*
acid coleic

bile cyst ['bail sist] *s anat* vezica
biliară

bile duct ['bail dʌkt] *s anat* canalul
fierei

bilge keel ['bildʒ kiːl] *s nav* chilă
de ruliu

bilge kelson ['bildʒ ,kelsn] *s nav*
stringher de gurnă; carlingă la-
terală

bilharzia [bil'haːtziə] *s* 1 *zool* vier-
me intestinal tropical *(Bilharzia)*
2 *med* bilariază, schisostomi-
ază

bilharziasis [bilhaːtzi'æsis], **bilhar-
ziosis** [bilhaːtzi'əusis] *s med*
bilariază, schisostomiază

bilinear [,bai'liniə] *adj* cu două
linii

bilingual dictionary [bai,liŋwəl
'dikʃnəri] *s* dicționar bilingv

bilingual series [bai,liŋwəl 'si-
əri:z] *s pl* texte paralele; juxte

bilinguist [bai'liŋwist] *s* persoa-
nă bilingvă

biliousness ['biljəsnis] *s* 1 *med*
suferință biliară 2 *(d ten)* cu
aspect pământiu, culoare bol-
năvicioasă 3 irascibilitate

biliteral [,bai'litərəl] I *adj* compus
din două litere II *s* silaba com-
pusă din două litere

billabong ['biləbɒŋ] *s (cuvânt
australian) brat de râu care for-
mează o apă stătătoare; gârlă*

billboard ['bilbɔːd] *s amer* afișier,
avizier, panou

billfold ['bilfəuld] *s amer* portofel

billhead ['bilhed] *s* imprimat pen-
tru factură

billiard-ball ['biljəd bɔːl] *s* bilă de
biliard

billiard room ['biljəd rum] *s* sală
de biliard

billiard table ['biljəd ,teibl] *s* masă
de biliard

billing[1] ['biliŋ] *s* giugiuleală, giu-
giulit, mângâieri, dezmierdări

billing[2] ['biliŋ] *s (d actori etc.)* **to get
top** ~ a fi (pus) cap de afiș

billon ['bilən] *s* aur *sau* argint de
calitate inferioară

billowiness ['biləuinis] *s* aspect
de valuri

bill sticker ['bil ,stikə] *s* afișier

Billy Bunter [ˌbili 'bʌntə] *s (în Marea Britanie)* gurmand *(personaj din benzile desenate)*

billy-can ['bili kæn] *s* cazan *(de câmp)*, gamelă, ceainic

bilobate [ˌbai'ləubeit] *adj bot* bilobat

bilsted ['bilsted] *s amer* rășină aromată *(produsă)* de *Liquidambar orientalis*

biltong ['biltɔŋ] *s* un fel de pastramă tăiată felii *(în Africa de Sud)*

bimanous ['bimənəs] *adj zool* biman, cu două mâini

bimbo ['bimbəu] *s sl* **1** femeie de moravuri ușoare **2** *amer* nulitate; om de nimic, nimeni

bimester [ˌbai'mestə] *s* bimestru, durată de două luni

bimetallic [ˌbaimi'tælik] *adj* bimetalic

bimetallism [bai'metəlizm] *s* bimetalism

bimetallist [ˌbai'metəlist] *s* partizan al bimetalismului

bimolecular [ˌbaimeu'lekjulə] *adj* bimolecular

bimorph ['baimɔːf] *s* doză *(de pick-up)*

binary digit [ˌbainəri 'didʒit] *s cib* număr binar; bit

binary star [ˌbainəri'stɑː] *s astr* stea dublă

binaural [ˌbain'ɔːrəl] *adj* **1** care presupune audierea cu ambele urechi **2** *aprox* stereofonic

binding post ['baindiŋ pəust] *s el* bornă de conexiune; bornă polară *(la acumulatoare)*

binding screw ['baindiŋ skruː] *s tehn* șurub de strângere; bornă de cablu

bindle ['bindl] *s amer sl* pachețel *(↓ cu stupefiante)*

bindle stiff ['bindl stif] *s amer sl* vagabond, haimana, hoinar *(cu bocceluța în spate)*

bine [bain] *s bot* **1** mlădiță, lăstar **2** lujer de plantă târâtoare *(↓ hamei)*

bing [biŋ] *s* stivă; grămadă

binman ['binmən] *s brit* muncitor care se ocupă cu încărcarea rezervoarelor, recipientelor etc.

binnacle ['binækl] *s nav* habitaclu, suport al busolei

binocular glass [bai,nɔkjuːlə 'glɑːs] *s* binoclu

binomial theorem [bai,nəumiəl 'θiərəm] *s mat* teorema binomului lui Newton

binominal [ˌbai'nɔminəl] *adj* binominal

binoxid [ˌbai'nɔksid] *s ch* bioxid

bint [bint] *s sl* fată; femeiușcă, femeie; damă

binuclear [ˌbai'njuːkliə] *adj* cu două nuclee

bio ['biəu] *s* biografie

bioactive [ˌbaiəu'æktiv] *adj* care are influență asupra organismelor vii

bioassay [ˌbaiəuə'sei] *s* testare a unui medicament / hormon pe un organism viu

biobibliographic(al) [ˌbaiəubibli-ɔ'græfik(əl)] *adj* biobibliografic

biochemist [ˌbaiəu'kemist] *s* biochimist

biocide ['baiəusaid] *s* pesticid

bioconversion [ˌbaiəukən'vəʃn] *s* conversiunea materiei organice în combustibil prin acțiunea microorganismelor

biodegradable [ˌbaiəudi'greidəbl] *adj* biodegradabil, care poate fi descompus prin acțiunea bacteriilor

biodegrade [ˌbaiəudi'greid] *vi* a se descompune *(datorită acțiunii bacteriilor)*

biodiversity [ˌbaiəudai'vəsiti] *s biol* biodiversitate, diversitate biologică

bioecology [ˌbaiəui'kɔlədʒi] *s* bioecologie

bioengineering [ˌbaiəuendʒi'niəriŋ] *s* bioinginerie

bioethics [ˌbaiəu'eθiks] *s* bioetică

biofeedback [ˌbaiəu'fiːdbæk] *s* tehnică de a face perceptibile, cu ajutorul aparatelor, procese fiziologice, precum bătăile inimii, pentru a le putea controla printr-un efort mental conștient

biogas ['baiəugæs] *s* biogaz

biogen ['baiəudʒen] *s biol* biogen

biogeography [ˌbaiəudʒi'ɔgrəfi] *s* biogeografie

biographee [ˌbaiɔgrə'fiː] *s* persoană căreia i se scrie biografia

biographize [bai'ɔgrəfaiz] *vt* a scrie biografia *(cu gen)*

biological clock [baiə,lɔdʒikəl 'klɔk] *s biol* ceas biologic

biologism [bai'ɔlɔdʒizm] *s* biologism

biologize [bai'ɔlədʒeiz] *vt* a biologiza

bioluminiscence [ˌbaiəulumi'nesns] *s biol* bioluminiscență

biolysis [bai'ɔlisis] *s biol* biolizá

biomass ['baiəumæs] *s biol* biomasă

biomathematics [ˌbaiəumæθə'mætiks] *s mat* biologie matematică

biome ['baiəum] *s biol* biom

biomechanics [ˌbaiəumi'kæniks] *s biol* biomecanică

biomedicine [ˌbaiəu'medisin] *s* ramură a medicinei care studiază capacitatea omului de a supraviețui în condiții foarte grele de mediu

biometrics [ˌbaiəu'metriks] *s biol* biometrie

biometry [bai'ɔmitri] *s* biometrie

bionic [bai'ɔnik] *adj cib* bionic

bionics [bai'ɔniks] *s cib* bionică

biophysicist [ˌbaiəu'fizisist] *s* biofizician

biopic [bai'əupik] *s* film biografic

biopsy ['baiəpsi] *s* biopsie

biorhythm ['baiəuriðm] *s* bioritm

bioscience [ˌbaiəu'saiəns] *s* biologie

biotechnology [ˌbaiəutek'nɔlɔdʒi] *s* **1** biotehnologie *(sinteza enzimelor, genelor și anticorpilor în scop medical)* **2** ergonomie

biotin ['baiəutin] *s ch* biotină *(vitamina H)*

biotype ['baiəutaip] *s biol* biotip

biowarfare [ˌbaiəu'wɔːfeə] *s* război biologic

bipartisanship [ˌbai'pɑːtizənʃip] *s pol* sistem bipartizan *(de guvernare)*

bipartition [ˌbaipɑː'tiʃn] *s biol* bipartiție

bipedal ['bipidl] *adj* biped, cu două picioare, de biped

bipolar [ˌbai'pəulə] *adj el* bipolar

biprism ['baiprizm] *s opt* biprismă

biquadratic [ˌbaikwɔ'drætik] *mat* **I** *adj* bipătrat **II** *s* **1** bipătrat, puterea a patra **2** ecuație bipătrată

biracial [ˌbai'reisiəl] *adj* **1** referitor la două rase **2** referitor la segregarea rasială; **a ~ school** școală în care albii și negrii învață separat

birching ['bəːtʃiŋ] *s brit* bătaie cu nuiaua

Birchism ['bəːtʃizm] *s pol* filozofie a societății John Birch

birdbath [bəː:dbɑːθ] *s* mic bazin ornamental pentru păsărele

bird batting ['bəːd bætiŋ] *s* vânătoare nocturnă de păsări, cu torțe și plase

bird brain ['bə:d brein] *s peior* zăpăcit, aiurit, descreierat

bird-brained ['bə:d breind] *adj* **1** smintit, cu creier de pasăre **2** *(d o idee)* la mintea cocoșului

bird cage ['bə:d keidʒ] *s* colivie, cușcă

bird call ['bə:d kɔ:l] *s* **1** țipăt / chemare de pasăre **2** țivlitoare, fluier *(pentru ademenit păsări)*

bird catcher ['bə:d ˌkætʃə] *s* prinzător de păsări, păsărar

bird dog ['bə:d dɔg] *s* prepelicar

bird eye ['bə:d ai] *s bot* ruscuță tomnatică *(Adonis autumnalis)* **2** șopârliță *(Veronica chamaedris)*

birdless ['bə:dlis] *adj* fără păsări; unde nu vin păsările

bird-like ['bə:dlaik] *adj* (ca) de pasăre

bird lime ['bə:d laim] **I** *s* vâsc, clei *(pentru prins păsări)* **II** *vt* a prinde păsări cu clei

birdling ['bə:dliŋ] *s* păsărică, păsărea

birdman ['bə:dmən] *s* **1** *v.* **bird catcher 2** amator / iubitor de păsări **3** negustor de păsări, păsărar, specialist în creșterea păsărilor; avicultor **4** *amer F* pilot, aviator

bird sanctuary ['bə:dˌsæŋktjuəri] *s* adăpost pentru păsări

bird's foot ['bə:dz fu:t] *s bot* plantă din genul *Ornithopus*

bird's nest soop [ˌbə:dz nest 'su:p] *s* supă din cuib de rândunică *(delicatesă chinezească)*

birdsong ['bə:dsɔŋ] *s* cântec de pasăre

birdstrike ['bə:dstraik] *s coliziune* între un avion și o pasăre

birdtable ['bə:dteibl] *s* blid *(pentru păsări)*

bird watcher ['bə:d ˌwɔtʃə] *s* ornitolog amator

bird watching ['bə:d ˌwɔtʃiŋ] *s* ornitologie

bird-witted ['bə:d ˌwitid] *adj* flușturatic, ușuratic

bireme [bai'ri:m] *s nav* biremă

biretta [bə'retə] *s* pălărie purtată de preoții romano-catolici

biriani [ˌbiri'ɑ:ni] *s* chicken ~ pui biriani

Biro ['bairəu] *s* stilou cu pastă

Birthday Honours [ˌbə:θdei'ʌnə:z] *s (în Marea Britanie)* the ~ titluri onorifice și alte distincții decernate în fiecare an la aniversarea oficială a zilei de naștere a suveranului

birthday suit ['bə:θdei sju:t] *s* costumul lui Adam / al Evei

birthless ['bə:θlis] *adj* de obârșie umilă

birthstone ['bə:θstəun] *s* piatră prețioasă norocoasă *(în semnul zodiacal)*

bisection [bai'sekʃn] *s* împărțire în două, secțiune, bifurcare

bisector [bai'sektə] *s mat (linie)* bisectoare

bisexual [ˌbai'seksjuəl] *adj* bisexual, hermafrodit, androgin

bisexuality [ˌbai'seksjuæliti] *s* bisexualitate

bishopdom ['biʃəpdəm] *s* episcopat; episcopi

bishophood ['biʃəphud] *s* demnitate *sau* funcție de episcop

bishop('s) weed ['biʃəp(s) wi:d] *s bot* piciorul caprei *(Aegopodium podagravia)*

bisilicate [ˌbai'silikeit] *s ch* silicat dublu

bismuth blende ['bizməθ blend] *s minr* silicat de bismut

bismuthite ['bizməθait] *s minr* bismutit

bismuth white ['bizməθ wait] *s ch* alb de bismut

bister ['bistə] *s v.* **bistre**

bistort ['bistɔ:t] *s bot specie* americană de troscot *(Polygonum bistorta)*

bistre ['bistə] *s artă* **1** bistru, vopsea cafenie **2** culoarea bistru / cafenie

bisulphite [ˌbai'sʌlfait] *s ch* bisulfit, sulfit acid

bitartrate [ˌbai'tɑ:treit] *s ch* bitartrat

bitchy ['bitʃi] *adj sl* **1** răutăcios, malițios, răuvoitor; a ~ remark o observație malițioasă **2** îngrozitor, deprimant a ~ mood o dispoziție proastă / deprimantă

bite-sized [ˌbait'saizd] *adj* cât un dumicat / înghițitură; to cut the meat into ~ pieces a tăia carnea în bucățele (cât un dumicat)

bitingly ['baitiŋli] *adv* **1** (pe un ton) caustic, mușcător; a~ cold wind un vânt rece și mușcător

bit part ['bit pɑ:t] *s teatru* rol secundar, de mică întindere

bitt bolt ['bit bəult] *s nav* bulon de baba

bitter aloes [ˌbitər 'æləuz] *s* sirop medicinal de aloe

bitter end ['bitər end] *s nav* capăt de bintă

bitter herb [ˌbitə 'hə:b] *s bot* fierea-pământului *(Centaurium sp. și Chelone glabra din America)*

bitterish ['bitəriʃ] *adj* amărui, cam amar

bitterling ['bitəliŋ] *s iht* boarță, blehniță, ocheană-săracă, preoteasă *(Rhodeus amarus)*

bitters ['bitəz] *s pl* **1** tinctură; doctorie amară **2** biter, aperitiv amar; to have a ~ a lua un aperitiv to get one's ~ *amer* a o încasa după merit

bitter-sweet [ˌbitə'swi:t] *adj* dulce-amărui

bitt pin ['bit pin] *s v.* **bitt bolt**

bitty ['biti] *adj brit* descusut, dezlânat

bituminization [biˌtjumini'zeiʃn] *s* asfaltare

biuret ['baijuret] *s* biuretă

bivalence [ˌbai'veiləns] *s ch* bivalență, divalență

bivalve ['baivælv] **I** *adj* cu două valve, bivalv **II** *s zool* scoică cu două valve, scoică bivalvă

bivascular [ˌbai'væskjulə] *adj* bivascular

biv(v)y ['bivi] *s presc de la* **bivuac 1** bivuac **2** cort

biyearly [ˌbai'jə:li] **I** *adv* **1** o dată la doi ani **2** de două ori pe an, semestrial, bianual **II** *adj* care se întâmplă la fiecare doi ani *sau* de două ori pe an

bizarre [bi'zɑ:] *și pronunția franceză] adj* straniu, ciudat, neobișnuit, bizar; excentric; extravagant

bizarrely [bi'zɑ:li] *adv* (în mod) bizar, ciudat, straniu

bizarrerie [bizɑ:rə'ri:] *s* ciudățenie, bizarerie, extravaganță; excentricitate

bizone ['baizəun] *s pol ist* zona (comună) anglo-americană de ocupație în Republica Federală Germană

blabbermouth ['blæbəmauθ] *s* palavragiu, limbut, guraliv

black and blue [ˌblæk end 'blu:] *adj* plin de vânătăi; they beat him ~ l-au umplut de vânătăi

black ash [ˌblæk 'æʃ] *s* sodă brută

blackball ['blækbɔ:l] **I** *s* **1** bilă neagră; vot contra **2** vopsea neagră **II** *vt* a vota contra (cuiva) cu bilă neagră; a respinge; a îndepărta, a exclude

blackband ['blækbænd] *s* **1** *minr* sferosiderit **2** *min* bandă de carbonat de fier în straturi de cărbuni

black bear [,blæk'beə] *s zool* urs negru nord-american

Black Belt [,blæk 'belt] *s amer* **1** nume generic pentru o regiune sau un cartier cu populație majoritară de negri **2** nume dat marilor suprafețe agricole cu pământ negru din Alabama și Mississippi

black belt [blæk 'belt] *s* centură neagră; **he's a ~ in judo** are centura neagră la judo

black bindweed [,blæk 'baindwi:d] *s bot* fluierătoare *(Tamus communis)*

black body [,blæk 'bodi] *s fiz* corp negru; **~ radiation** radiație a corpului negru

black bonnet [,blæk 'bonit] *s orn* presură-de-trestie *(Emberiza schoeniclus)*

black bottom [,blæk 'botəm] *s dans* american provenind din folclorul negru

black box [,blæk 'boks] *s* cutie neagră

black boy [,blæk 'boi] *s (cuvânt australian)* servitor băștinaș (negru)

black-browed [,blæk'braud] *adj* cu sprâncene negre; brunet, oacheș □ *fig* întunecat, amenințător

black buck [,blæk 'bʌk] *s zool* antilopă *(Antilope cervicapra)*

black cab [,blæk 'kæb] *s* taxi londonez

black cane [,blæk 'kein] *s bot* specie de bambus *(Bambusa nigra)*

black cap [,blæk 'kæp] *s* **1** tocă (neagră) *(purtată de judecători în timpul pronunțării unei sentințe de moarte)* **2** *bot* mur est-american *(Rubus occidentalis)* **3** *bot* papură *(Typha latifolia)* **4** *ornit* silvie-cu-capul-negru *(Sylvia atricapilla)* **5** *amer orn* pițigoi-cu-cap-negru *(Parus atricapillus)*

black-capped [,blæk 'kæpt] *adj* **1** *zool* cu capul negru **2** cu tocă (neagră)

black cat ['blæk kæt] *s zool* jderpescăresc *(din Canada) (Martes pennanti)*

black chalk [,blæk 'tʃɔ:k] *s* grafit

black cherry [,blæk 'tʃeri] *s bot* cireș sălbatic, cireașă sălbatică (păsărească) *(Prunus avium)*

black coat [,blæk 'kəut] *s peior* preot, sutană neagră

black coat class [,blæk kəut 'klɑːs] *s F* funcționărime

black-coated [,blæk 'kəutid] *adj* cu haină neagră, îmbrăcat în haine negre

Black Code ['blæk kəud] *s amer ist* cod de legi privitor la negri *(↓ înainte de abolirea sclaviei)*

black copper [,blæk 'kopə] *s minr* tenorit

Black Country ['blæk ,kʌntri] *s* bazinul carbonifer din Staffordshire și Warwickshire

black cypress [,blæk 'saiprəs] *s bot* varietate de chiparos american *(Taxodium distichum)*

black damp [,blæk 'dæmp] *s min* aer viciat, bioxid de carbon

black diamond [,blæk 'daiəmənd] *s* **1** diamant negru **2** *F* cărbune de piatră, huilă

black drop ['blæk drop] *s med* picături de opiu

blackening ['blækənin] *adj* negricios

black-eyed Susan [,blækaid 'su(:)zən] *s* **1** personaj al cântecelor populare engleze **2** *amer bot* nume generic pentru unele specii de flori cu miezul negru *(ex. Rudbeckia hirta, Thunbergia alata, Hibiscus trionum ș.a.)*

black fellow [,blæk 'feləu] *s* negru *(↓ din Australia)*

blackfish ['blækfiʃ] *s mil sl* submarin

black flag [,blæk 'flæg] *s înv* pavilionul negru al piraților

Black Flags [,blæk 'flægz] *s pl înv* pirați, corsari *(↓ cei din Marea Chinei)*

blackfly ['blækflai] *s ent* **1** insectă mușcătoare din genul *Simulium* **2** păduche de plantă *(Aphis fabae / rumicis)*

Black Foot [,blæk 'fut] *s* indian (nord-american) din tribul Picioarelor Negre

black game [,blæk 'geim] *s* vânat negru *(urși, mistreți etc.)*

black gold [,blæk 'gəuld] *s* aur negru

black gown [,blæk 'gaun] *s* robă *(de magistrat etc.)*

black grass [,blæk 'grɑːs] *s bot* coada-vulpii *(Alopecurus agrestis)*

black grouse [,blæk 'graus] *s orn* (găinușă) cocoș-de-mesteacăn *(Lyrurus tetrix)*

blackguardism ['blækgɑːdizm] *s* **1** ticăloșie, mârșăvie; purtare ticăloasă, mârșavă **2** limbaj vulgar / urât; înjurături

blackguardly ['blækgɑːdli] *adj* ticălos, murdar, infam

Black Hand [,blæk 'hænd] *s* **1** *ist* grup de anarhiști spanioli **2** bandă de spărgători de origine italiană *(în S.U.A.)*

black head ['blæk hed] *s* **1** coș *(pe piele)* **2** *orn* denumirea mai multor păsări cu capul negru *(pescar, porumbel de mare, carabaș, giuscă etc.)* **3** *v.* **black cap (3)**

black henbane [,blæk 'henbein] *s bot* măselariță *(Hyoscyamus niger)*

black ice [,blæk 'ais] *s* polei

black kite ['blæk kait] *s orn* milan negru, gaie *(Milvus milvus și M. migrans)*

black knot ['blæk not] *s* nod strâns / greu de desfăcut

blackleggery ['blæk ,legəri] *s v.* **blacklegism**

blacklegism ['blæk legizm] *s* **1** *rar* șarlatanie, escrocherie **2** manevre în scopul spargerii unei greve

black-letter book [,blækletə'buk] *s* incunabul *(carte tipărită la începuturile imprimeriei)*

black letters [,blæk 'letəz] *s pl* caractere gotice vechi

black light [,blæk 'lait] *s opt* lumină ultravioletă

black locust [,blæk'ləukəst] *s bot* salcâm *(Robinia pseudoaccia)*

black marketeer ['blæk ,mɑːke'tiə] *s* speculant la bursa neagră

black medic [,blæk 'me:dik] *s bot* trifoi-mărunt *(Medicago lupulina)*

black mica [,blæk 'maikə] *s minr* mică neagră, biotit

black mint [,blæk 'mint] *s bot* mintă-bună *(Mentha piperita)*

Black Monday [,blæk 'mʌndi] *s* **1** zi cu ghinion **2** *școl* prima zi de școală *(după sărbători sau vacanță)*

Black Monk [,blæk 'mʌnk] *s (călugăr)* benedictin

black mulberry [,blæk 'mʌlbəri] *s bot* agud negru, dud negru *(Morus nigra)*

Black Muslim [,blæk 'muslim] *s* membru al unei mișcări separatiste a negrilor mahomedani

black mustard [ˌblæk 'mʌstəd] s *bot* muştar negru *(Brassica nigra)*

black neb ['blæk neb] s **1** *orn F* cioară *(nume generic)* **2** *scot ist* simpatizant al Revoluţiei Franceze

black nightshade [ˌblæk 'naitʃeid] s *bot* zârnă *(Salanum nigrum)*

black nob ['blæk nɔb] s *sl* neparticipant la o grevă; spărgător de grevă

black-pepper [ˌblæk 'pepə] s piper negru *(Piper nigrum)*

black pine [ˌblæk pain] s *bot* pin negru *(Pinus nigra)*

black poplar [ˌblæk 'pɔplə] s *bot* plop negru *(Populus nigra)*

black powder [ˌblæk 'paudə] s *min* pulbere neagră *(de mină)*

Black Power [ˌblæk 'pauə] s *miş-* care separatistă a negrilor din S.U.A. din anii '60

black quarter [ˌblæk 'kwɔːtə] s febră aftoasă

Black Rod ['blæk rɔd] s *(în Parlamentul britanic)* aprod al Camerei Lorzilor, a cărui sarcină este să convoace Camera Comunelor în şedinţă reunită

black salsify [ˌblæk 'sælsifi] s *bot* salsifi *(Scorzonera hispanica)*

black sand [ˌblæk 'sænd] s *minr* şlic, nisip metalifer, nisip în grămadă

blackseed ['blæk siːd] s *bot* trifoi-mărunt *(Medicago lupulina)*

blacksmith shop ['blæksmiθ ʃɔp] s *(atelier de)* fierărie, forjerie

blacksnake ['blækˌsneik] I **1** *zool* specie de şarpe negru *(Coluber constrictor)* **2** *amer* biciuşcă lungă de piele II *vt amer* a biciui

black spleenwort ['blækˌspliːnwəːt] s *bot* părul-Maicii-Domnului *(Asplenium adiantum) (specie de ferigă)*

black spot [ˌblæk 'spɔt] s *bot* boală a plantelor, cauzată de paraziţi, care se manifestă prin apariţia unor puncte negre pe frunze

black squirrel [ˌblæk 'skwirəl] s *zool* specie de veveriţă *(Neosciurus carolinensis)*

black strap [ˌblæk 'stræp] s **1** *F* vin de Porto **2** *amer sl* rom ieftin amestecat cu melasă **3** *tehn* ulei negru de rafinare

black sugar [ˌblæk 'ʃugə] s *scot* miambal, zeamă de lemn dulce

black tea [ˌblæk 'tiː] s ceai negru

black tie [ˌblæk 'tai] I s cravată neagră *(purtată la ţinuta de sea-* ră); black tie menţiune făcută pe o invitaţie pentru a indica o ţinută de gală II *adj* ~ **dinner** dineu formal

black top [ˌblæk 'tɔp] s îmbrăcăminte rutieră neagră

black velvet [ˌblæk 'velvitl] s **1** catifea neagră **2** cocteil de şampanie şi bere

black vomit [ˌblæk 'vɔmit] s *med* **1** febră galbenă **2** sputa unui bolnav de febră galbenă

black widow [ˌblæk 'widəu] s *(pă-* ianjen) văduva neagră

black work ['blæk wəːk] s **1** fierărie, meseria fierarului **2** salahorie

blacky ['blæki] I *adj* negru, negricios II s *F* **1** negru **2** om îmbrăcat în negru; preot **3** animal / pasăre de culoare neagră; cioară

bladder-senna ['blædəˌsenə] s *bot* băşicoasă *(Colutea arborescens)*

bladder snout ['blædə snaut] s *bot* otrăţel-de-apă, otrăţelul-bălţilor *(Ultricularia vulgaris)*

bladderwrack ['blædəræk] s algă marină *(Fucus vesiculosus)*

bladed ['bleidid] *(în cuvinte compuse)* cu lamă...; **sharp-~ knife** cuţit ascuţit

blague [blɑːg] s *fr* minciuni, gogoşi, vorbe goale, fanfaronadă

blamableness ['bleiməblnis] s caracter condamnabil

blamed ['bleimd] *adj P* blestemat, al naibii; **I'll be ~** să fiu al naibii

blamelessly ['bleimlisli] *adv* fără vină, nevinovat, neprihănit, ireproşabil

blamelessness ['bleimlisnis] s **1** nevinovăţie; neprihănire, ingenuitate **2** caracter ireproşabil

blamer ['bleimə] s critic, persoană care mustră / care dojeneşte

blameworthiness ['bleimwəːðinis] s v. **blamableness**

blanc fixe [pronunţia franceză] s *fr* *ch* alb permanent / de barită; blanc-fix; sulfat de bariu

blanch [blɑːntʃ] I *vt* **1** a albi, a înălbi; a spoi, a vărui **2** a lipsi de lumină (plante etc.) **3** a cositori, a spoi (metale) **4** a dezghioca, a decoji; **to ~ almonds** a curăţa migdale **5 to ~ over** a scuza, a căuta să justifice, a scoate basma curată II *vi* a păli, a se face alb ca varul (de *frică etc.*)

blancher ['blɑːntʃə] s **1** înălbitor; albitor **2** decolorant

blancmange [blə'mɔ(ː)nʒ *şi* pronunţia franceză] s *fr* blamanjele *(gelatină de smântână şi lapte de migdale)*

blanco ['blæŋkəu] *mil* I colorant alb pentru ţinută şi echipament II *vt* a vopsi în alb *(ţinuta şi echipamentul)*

blandisher ['blændiʃə] s linguşitor

blank book [ˌblæŋk 'buk] s *amer* carnet de notiţe, bloc notes

blanket bath ['blæŋkit bɑːθ] s toaleta făcută unui bolnav ţintuit la pat

blanket Indian ['blæŋkit ˌindiən] s *amer* indian nord-american credincios vechilor datini şi obiceiuri

blanket insurance policy [ˌblæŋkit in'ʃuərəns 'pɔlisi] s *ec* poliţă de asigurare care acoperă toate riscurile

blanket mortgage ['blæŋkit ˌmɔːgidʒ] s *ec* ipotecă totală

blanket sheet ['blæŋkit ʃiːt] s pagină de ziar de mari dimensiuni

blanket stitch ['blæŋkit stitʃ] I s cusătură de feston II *vt* a festona

blankety blank [ˌblæŋkəti 'blæŋk] *adj F* al naibii, blestemat, afurisit

blankness ['blæŋknis] s **1** *rar* albeaţă **2** goliciune, lipsă de miez **3** stinghereală, jenă

blanquette [pronunţia franceză s *fr* *gastr* ciulama de viţel sau berbec *(cu sos alb)*

blarney ['blɑːni] I s **1** linguşire, măgulire; vorbe mieroase; **to have kissed the ~ stone** a fi linguşitor / mieros **2** vorbe de nimic, prostii; *sl* **to tip the ~** a spune gogoşi / braşoave II *vi* **1** a se linguşi **2** a minţi, a turna gogoşi III *vt* a duce, a înşela (pe cineva) cu linguşiri / cu vorbe mieroase / cu şoşele şi momele

Blarney Stone ['blɑːni stəun] s *(în* castelul Blarney din Irlanda) piatră despre care se spune că dăruieşte elocvenţă celor care o sărută

blash [blæʃ] *scot* I *vi* a picura, a curge, a pleoscăi II *vt* a uda, a stropi III s **1** picurat, picurare; pleoscăit **2** *fig* spălătură, lături; **a ~ of tea** ceai slab

blasphemously [blɑːs'fiːməsli] *adv* cu hulă, cu impietate

blast cleaning ['blɑːst ˌkliːniŋ] *s tehn* curăţire prin sablaj

blastema [blɑːs'tiːmə] *s biol, bot* blastemă

blaster ['blɑːstə] *s* 1 *min* explozor 2 *v.* **blaster agent**

blaster agent ['blɑːstə ˌeidʒənt] *s* exploziv, substanţă explozivă

blasting gelatine ['blɑːstiŋ dʒelə-ˌtiːn] *s* amestec exploziv, gelatină detonantă / explozivă

blasting powder ['blɑːstiŋ ˌpaudə] *s mil* pulbere explozivă

blast lamp ['blɑːst læmp] *s* lampă de lipit / de sudat; suflător, arzator

blastodermic [ˌblæstə'dəːmik] *adj biol* blastodermic

blastogenesis [ˌblæstə'dʒenisis] *s biol* blastogeneză

blastogeny [ˌblæs'tɔdʒeni] *s v.* **blastogenesis**

blastomere ['blæstəmiə] *s biol* blastomer

blastula ['blæstjulə], *pl* **blastulae** ['blæstjuliː] *s biol* blastulă

blat [blæt] *amer sl* I *vi* a behăi II *s* 1 behăit 2 sporovăială, flecăreală; vorbe goale, vorbe de clacă

blatantly ['bleitəntli] *adv* 1 zgomotos, ţipător 2 *fig* (în mod) flagrant, ostentativ

blatherskite ['blæðəskait] *s amer F* 1 palavragiu, flecar, vorbă-lungă 2 prostii, vrute şi nevrute, verzi şi uscate

blatta ['blætə] *s înv* 1 purpură 2 mătase de culoare purpurie

blatter ['blætə] I *vi dial* 1 (*d ploaie*) a răpăi 2 a trăncăni, a flecări, a sporovăi; a îndruga verzi şi uscate, a spune vrute şi nevrute II *s scot* 1 răpăit (*de ploaie*) 2 trăncăneală, flecăreală, sporovăială; vorbe goale, vorbe de clacă; verzi şi uscate; vrute şi nevrute

blaugas ['blaugæs] *s* gaz de pirogenare; gaz de iluminat; aragaz

blazoner ['bleiznə] *s* 1 herald; descifrator de blazoane 2 *fig* lăudător, panegirist

blazy ['bleizi] *adj rar* luminos, scânteietor

bleacher ['bliːtʃə] *s* 1 persoană care albeşte; *text* albitor 2 vas pentru albit, rezervor pentru decolorare 3 (↓ *pl*) *amer sport* peluză; tribună neacoperită

bleacherite ['bliːtʃərait] *s amer sport* spectator care ocupă un loc ieftin, neacoperit (în tribună)

bleach field ['bliːtʃ fiːld] *s text* albitorie, spălătorie chimică

bleaching ['bliːtʃiŋ] *s* albire, înălbire

bleaching clay ['bliːtʃiŋ klei] *s v.* **bleaching earth**

bleaching earth ['bliːtʃiŋ əːθ] *s* pământ decolorant

bleaching powder ['bliːtʃiŋ ˌpaudə] *s ch* clorură de var, hipoclorit de calciu

bleakly ['bliːkli] *adv* mohorât, trist, posomorât, sumbru, deprimat

blear-witted [ˌbliə'witid] *adj fig* miop, neprevăzător, mărginit, lipsit de pătrundere / orizont(uri); tont; greoi

bleary-eyed [ˌbliri'aid] *adj* cu ochii urduroşi, cu ochii împăienjeniţi

bleater ['bliːtə] *s* 1 palavragiu, flecar; cârcotaş, cusurgiu 2 *orn* specie de becaţină (*Capella gallinago*)

bleed hearts ['bliːd ˌhɑːts] *s bot* arsinic, cruciuliţă, focul-drăguţei, specie înrudită cu floarea-cucului (*Lychnis chalcedonica*)

bleed valve ['bliːd vælv] *s* supapă de curăţire

bleeper ['bliːpə] *s* aparat electronic care emite semnale sonore scurte

blende [blend] *s minr* blendă, sul fură de plumb

blender ['blendə] *s* 1 persoană care amestecă *etc.* 2 *tehn* amestecător, agitator, melanjor, malaxor, mixer; macara-maşină de amestecat 3 *artă* penel, pensulă

Blenheim ['blenəm] *s zool* specie de câine spaniel

Blenheim orange ['blenəm ˌɔrindʒ] *s bot* specie de măr auriu

Blenheim spaniel ['blenəm ˌspæn-jəl] *s v.* **Blenheim**

blennorrh(o)ea [ˌblenə'riːə] *s med* blenoragie; uretrită cronică

blennorrh(o)eal [ˌblenə'riːəl] *adj med* blenoragic

blessed ['blesid] *rar* [blest] *adj* 1 binecuvântat, fericit, norocos; *of* ~ **memory** de slăvită memorie; *umor* ~ **event** eveniment fericit (*naşterea unui copil, căsătoria etc.*); *F* **the whole** ~ **day** ziua întreagă 2 *peior* blestemat; **not a** ~ **day of rain** nici măcar o zi cu ploaie; *F* **I'm** ~ **if**

I know zău dacă ştiu, să mă ia naiba dacă ştiu! 3 ceresc, sfânt; **the** ~ **Virgin (Mary)** Sfânta Fecioară (Maria)

blessedness ['blesidnis] *s* 1 fericire; noroc; *umor* **single** ~ burlăcie 2 sfinţenie

blessing ['blesiŋ] *s* 1 binecuvântare, blagoslovire 2 binecuvântare, binefacere; fericire, bunăstare; **what a** ~ **that we were there!** ce noroc că am fost acolo! ; **a** ~ **in disguise** o nenorocire / un rău care până la urmă se dovedeşte a fi o binefacere; **tot răul spre bine** 3 har 4 rugăciune (*înainte sau după masă*)

blewits ['bluːits] *s bot* un soi de ciupercă comestibilă (*Agaricus personatus*)

blighty ['blaiti] *mil sl* I *s* 1 Anglia (*în sens de patrie*); **back to** ~ înapoi(at) în patrie; **to get one's** ~ *sau* **to have the** ~ **touch** a fi rănit grav şi trimis în Anglia 2 *pl* soldaţi repatriaţi II *adv* în ţară, în patrie, în Anglia

blimpish ['blimpiʃ] *adj* ultraconservator

blindage ['blaindidʒ] *s mil* blindă (*la fortificaţii*)

blind area [ˌblaind 'əəriə] *s* spaţiu mort

blind baggage [ˌblaind 'bægidʒ] *s amer ferov sl* 1 *ci N* **our** vagon de bagaje *sau* de poştă, fără uşi de comunicaţie 2 călător orb

blind date [ˌblaind 'deit] *s* 1 *amer F* întâlnire cu o persoană necunoscută; **to go on a** ~ a merge la „vedere" 2 persoană necunoscută (*la o întâlnire*)

blind flange [ˌblaind'flændʒ] *s constr* flanşă oarbă / închisă, blindă, bridă de închidere, disc orb

blindfold chess [ˌblaindfəuld 'tʃes] *s* partidă oarbă (*de şah*)

blindingly ['blaindiŋli] *adv* orbitor; **it was** ~ **obvious** sărea în ochi

blindman ['blaindmən] *s înv rar* persoană cu ochii legaţi

blind pig [ˌblaind pig] *s v.* **blind tiger (1)**

blind pit [ˌblaind pit] *s min* puţ orb

blind reader [ˌblaind 'riːdə] *s* funcţionar de la poştă (*de obicei la serviciul de cartare*) care se ocupă de scrisorile fără adresă *sau* cu adresa scrisă neciteţ

blind side ['blaind said] *s* punct slab / nevralgic, coardă sensibilă

blind stor(e)y [,blaind 'stɔ:ri] *s* arhit nivel fără geamuri (↓ *triforium* la catedralele gotice)

blind tiger [,blaind 'taigə] *s amer sl înv* 1 debit *sau* bar unde se vând ilicit băuturi spirtoase 2 whisky de calitate inferioară

blind Tom ['blaind tɔm] *s* 1 de-a baba oarba, de-a mijoarca, de-a mija 2 *amer sl* arbitru de baseball

blinkered ['bliŋkə:d] *adj* 1 (d cai) căruia i s-au pus ochelari 2 mărginit, redus, mediocru

blinking ['bliŋkiŋ] *adj* blestemat, al dracului, al naibii; ~ **idiot!** dobitoc! cretin!

blinky ['bliŋki] *adj dial* (d lapte) înăcrit

blintz(e) [blints] *s text* crep flauşat

blirt [blə:t] I *s* hohot (de plâns); tânguire, bocet II *vi* a izbucni în hohote de plâns

blissfully ['blisfuli] *adv* 1 fericit 2 minunat, admirabil; **they were ~ happy** erau foarte fericiţi

blissfulness ['blisfulnis] *s* fericire, beatitudine

blister copper ['blistə ,kɔpə] *s met* cupru brut, aramă brută

blister fly ['blistə flai] *s ent* cantaridă, gândac-de-turbă / frasin (Litta vesicatoria)

blistering ['blistəriŋ] *s tehn* formare de băşici / bule / goluri

blister pack ['blistə pæk] *s* ambalaj de plastic cu bule de aer; folie cu medicamente (pilule)

blister plant ['blistə pla:nt] *s bot* bolgari (Ranunculus sceleratus)

blister steel ['blistə ,sti:l] *s met* oţel cementat

BLit [,bi:'lit] *presc de la* Bachelor of Literature *titulatura licenţei în literatură*

blitheful ['blaiðful] *adj* vesel, vioi; jucăuş, hazliu

blithely ['blaiðli] *adv* 1 vesel, vioi, voios 2 jucăuş, hazliu

blithen ['blaiðən] *vt rar* a înveseli

blitheness ['blaiðnis] *s* voioşie; vioiciune

blither ['bliðə] I *vi* a sporovăi, a pălăvrăgi, a vorbi aiurea, a toca / a spune verzi şi uscate II *s* pălăvrăgeală, flecăreală; prostii

blithering ['bliðəriŋ] *adj F* ~ **idiot** idiot notoriu, mare idiot, idiot fără pereche

blizzard head ['blizəd hed] *s amer sl* 1 nume generic pentru vedetă blondă (de) la Hollywood 2 vedetă blondă la televiziune

BLM *presc de la* Bureau of Land Management biroul de amenajări teritoriale (în S.U.A.)

bloatedness ['bləutidnis] *s* 1 aspect buhăit / umflat 2 fig înfumurare

blobby ['blɔbi] *adj* 1 sferic, rotund; în formă de picătură 2 plin de băşici 3 (d un caiet etc.) plin de pete de cerneală (neuscate)

block-and-fall(s) ['blɔkəndfɔ:l(z)] *s nav* sistem de scripeţi, palan

block brake ['blɔk breik] *s tehn* frână de saboţi

blockbuster ['blɔk ,bʌstə] *s mil F* bombă de aviaţie de calibru mare

blockbusting ['blɔkbʌstiŋ] *adj* nimicitor, năucitor, surprinzător

block capital [,blɔk'kæpitəl] *s poligr* majuscule; **in ~** cu majuscule

block chain [,blɔk' tʃein] *s tehn* lanţ articulat

block coefficient [,blɔk kəui'fiʃnt] *s tehn* factor / coeficient de umplere

block diagram [,blɔk 'daiəgræm] *s* 1 geogr 1 reprezentarea unei regiuni în perspectivă şi în acţiune 2 el, tehn schemă-bloc

block hole ['blɔk həul] *s min* gaură de rupere

block holer ['blɔk ,həulə] *s min* muncitor la instalaţia de sfărâmare

blocking ['blɔkiŋ] *s* blocare

blocking layer [,blɔkiŋ 'leiə] *s tehn* strat de baraj, strat de blocare

block like ['blɔk laik] *adj* 1 în formă de bloc 2 fig prost ca noaptea

block release [,blɔk ri'li:s] *s brit* sistem de perfecţionare a cadrelor, în care cursurile de reciclare alternează cu activitatea profesională

block signalling ['blɔk ,signəliŋ] *s ferov* sistem bloc

block station ['blɔk ,steiʃn] *s ferov* canton

block system [,blɔk ,sistim] *s v.* **block signalling**

blood bank ['blʌd bæŋk] *s* loc de păstrare a sângelui conservat pentru transfuzii, bancă de sânge

blood blister ['blʌd ,blistə] *s* 1 urmă de pişcătură 2 vânătaie

blood cell ['blʌd sel] *s biol* hemocit, celulă sanguină

blood count ['blʌd kaunt] *s* numărătoarea globulelor

blood curdler ['blʌd ,kə:dlə] *s F* roman senzaţional / captivant

blood disk ['blʌd disk] *s* plachetă sangvină

blood-guilty ['blʌd ,gilti] *adj* vinovat de omor sau de moartea cuiva

blood heat ['blʌd hi:t] *s* temperatură normală a corpului

bloodlessness ['blʌdlesnis] *s* lipsă de sânge, anemie

blood letter ['blʌd ,letə] *s* persoană care practică sângerarea cu lanţeta

blood-like ['blʌd laik] *adj* ca sângele, ca de sânge

blood lust ['blʌd lʌst] *s* sete de sânge

blood money ['blʌd ,mʌni] *s* 1 preţul sângelui (vărsat) 2 av sl indemnizaţie acordată unui pilot pentru doborârea unui avion inamic

blood orange [,blʌd 'ɔrindʒ] *s bot* portocală roşie

blood plasma ['blʌd ,plæzmə] *s* plasmă sanguină

blood pudding ['blʌd ,pudiŋ] *s* caltaboş (cu sânge)

blood red [,blʌd 'red] *adj* roşu-sângeriu

blood root ['blʌd ru:t] *s bot* sclipeţi (Potentilla tormentilla)

blood sausage [,blʌd ,sɔsidʒ] *s gastr* caltaboş / caltaboş cu sânge

blood serum ['blʌd ,sirəm] *s* ser (extras din sânge)

blood sport ['blʌd spɔ:t] *s* sport care implică vărsare de sânge (vânătoare)

blood stain ['blʌd stein] *s* pată de sânge

blood stock ['blʌd stɔk] *s sl* cal pur sânge

bloodstream ['blʌdstri:m] *s* sistemul circulator

blood sugar ['blʌd ,ʃugə] *s* glicemie

blood type ['blʌd taip] *s* grupă sanguină

blood wood ['blʌd wud] *s bot* băcan

bloodworm ['blʌd wə:m] *s zool* vierme-roşu-de-ploaie (Chironomus)

bloody bones [,blʌdi 'bəunz] s go-goriţă, sperietoare *(de copii)*

bloody finger [,blʌdi 'fiŋgə] s *bot* degeţel-roşu *(Digitalis purpurea)*

bloody flux [,blʌdi 'flʌks] s *înv* dizenterie

bloody-man's finger ['blʌdi mənz-,fiŋgə] s *bot* rodul-pământului *(Arum maculatum)*

Bloody Mary [,blʌdi 'mæri] s „Mary cea Sângeroasă" *(pore-clă dată reginei Maria Tudor)*

bloody-minded ['blʌdi ,maindid] *adj* setos / însetat de sânge, barbar, crud, sângeros

bloody-mindedness ['blʌdi,maind-idnis] s *brit* caracter dificil, ne-chibzuinţă

blooey ['blu:i] *adv amer sl* every thing went ~ toate au mers ana-poda / aiurea; **the dynamite went** ~ dinamita a explodat

bloomer ['blu:mə] s **1** *sl* greşeală, boacănă, prostie **2** *amer sl* un safe *(aproape)* gol **3** plantă în-florită / în floare **4** *amer mil sl* eşec, fiasco

bloomery ['blu:məri] s *tehn* cuptor catalan / de reducere directă

blooming ['blu:miŋ] s *tehn* laminor bluming

blooming mill ['blu:miŋ mil] s *met* laminor de profiluri grele, blu-ming

Bloomsbury Group ['blu:mzbri gru:p] s the ~ grupare a scriito-rilor, artiştilor şi intelectualilor englezi de la începutul secolului al XX-lea

blooper ['blu:pə] s *amer* gafă; **what a ~ he made!** a făcut o gafă îngrozitoare

blossomed ['blɔsəmd] *adj* înflorit; *fig* înfloritor

blossomless ['blɔsəmlis] *adj* fără flori

blossomy ['blɔsəmi] *adj rar* cu multe flori, plin de flori

blottesque [blɔ'tesk] *adj* **1** *(d ta-blouri)* pictat în tuşe groase de ulei **2** descris / zugrăvit în culori ţipătoare / grosolane **3** pătat

blotting pad ['blɔtiŋ pæd] s su-gativă de birou; mapă de birou cu sugativă

blotto ['blɔtəu] *adj amer sl* pilit, fă-cut, cherchelit; ameţit de bău-tură

blotty ['blɔti] *adj* plin de pete (de cerneală), plin de mâzgălituri

bloused ['blauzd] *adj* îmbrăcat cu o bluză; purtând tunică

blow ball ['bləu bɔ:l] s *bot* păpădie *(Taraxacum officinale)*

blow-by-blow [,bləubai'bləu] *adj* detaliat; **she gave me a ~ ac-count** mi-a relatat totul în amă-nunt

blow-dry ['bləudrai] **I** *vt* a usca şi coafa *(folosind uscătorul de păr)* **II** s coafură *(făcută cu uscătorul de păr)*

blowgun ['bləugʌn] s *amer* sar-bacană, ţeavă de suflat pro-iectile mici

blowhard ['bləuha:d] s *amer* lău-dăros, fanfaron

blowing ['bləuiŋ] **I** *adj* care suflă **II** s **1** suflare; **in a ~ of a match** într-o clipită, cât ai clipi **2** *tehn* aer insuflat, vântul furnalului **3** scurgere, pierdere *(de gaz, abur etc.)*

blowing engine [,bləuiŋ 'endʒin] s *tehn* suflantă, ventilator

blowing machine [,bləuiŋ mə'ʃi:n] s v. **blowing engine**

blowing up ['bləuiŋ ʌp] s **1** explo-zie **2** *sl* morală, lecţie, mustrare

blow job ['bləu ʒʌb] s *sl, vulg* sex oral; **to give smb a ~** a face sex oral

blowlamp ['bləulæmp] s lampă de sudat / lipit

blowse [blauz] s **1** bluză (de lucru) **2** bluză (femeiască) **3** *amer, mil* tunică, veston

blowtorch ['bləutɔ:tʃ] s v. **blow-lamp**

blow wave ['bləu ,weiv] s v. **blow dry**

blowy ['bləui] *adj P* vântos, cu vânt

blowzed [blauzd] *adj* gras şi ru-men, roşu la faţă, roşu în obraji

BLS *presc de la* **Bureau of Labour Statistics** *institut de statistică a muncii din S.U.A.*

b. l. t. ['bi:, el'ti:] s *amer sl* to order a ~ a comanda un sandviş cu şuncă, salată şi roşii (= **bacon, lettuce, tomato**)

blubber¹ ['blʌbə] s **1** untură de animal de mare *(balenă, focă)* **2** *zool* moluscă (marină)

blubber² ['blʌbə] *adj (d buze)* gros, ieşit în afară, răsfrânt *(în afară)*

blubbery ['blʌbəri] *adj* gras, obez, umflat

bluchers ['blu:tʃəz] s *pl* (un fel de) botine bărbăteşti cu şireturi

blue baby [,blu: 'beibi] s nou năs-cut care, datorită unor malfor-maţii cardiace congenitale, are o culoare vineţie la naştere

blue bear [,blu: 'beə] s *zool* urs polar *(Ursus maritimus)*

bluebeat ['blu:bi:t] s *(în anii '60)* gen muzical originar din insulele An-tile, precursor al stilului raggae

blue bird [,blu: 'bə:d] s *amer* **1** *orn* specie de sturz *(Gattg Sialia)* **2** (şi **Bluebird**) fată între 8-10 ani, membră a asociaţiei Camp Fire Girls

bluebird ['blu:bə:d] s *orn* pasăre nord-americană din genul *Sialia*

blue-black [,blu:'blæk] s *adj* ne-gru-albăstrui

blue bull [,blu: 'bul] s *zool* antilopă indiană *(Boselaphus tragoca-melus)*

blue cheese [,blu: 'tʃi:z] s spe-cialitate de brânză franţuzeas-că

blue chip [,blu: 'tʃip] **I** s **1** *(la pocher)* miză foarte mare **2** ac-ţiune / valoare / proprietate de primă mărime **3** firmă / com-panie / societate de mare suc-ces **II** *adj* **1** de primă mărime **2** de succes

blue coat [,blu: 'kəut] s **1** *rar* valet **2** *rar* soldat / poliţist / marinar *(îmbrăcat în albastru)* **3** *amer ist* soldat din armata federală *(în Războiul de secesiune (1861-1865)* **4** orfan de la „Christ's Hospital" din Londra sau de la alte orfelinate *(care poartă uni-forma albastră)*

blue-collar worker [,blu:kɔlə 'wə:kə] s *amer* muncitor *(manu-al / industrial)* *(↓ necalificat)*

blue disease [,blu: di'zi:z] s *med* cianoză

blue gas [,blu: 'gæs] s *ch* blau-gaz; gaz de pirogenare / apă

Blue Grass (State) ['blu: ,gra:s ('steit)] s *amer F* poreclă dată statului Kentucky

blue-green algae [,blu:gri:n 'æl-dʒi:] s alge albastre *(Cyano-phyceae)*

blue hawk [,blu: 'hɔ:k] s *orn* şoim *(călător)* *(Falco peregrinus)*

blue heeler [,blu:'hi:lə] s *(cuvânt australian)* câine ciobănesc

Blue Hen (State) ['blu: hen('steit)] s *amer rar* poreclă dată statului Delaware

blueing ['blu:iŋ] *s* **1** înalbăstrire, albăstrire **2** *amer* sineală, albăstreală **3** *text* azurare

bluejacket ['blu:,dʒækit] *s F* marinar, matelot *(făcând parte din cadrele marinei S. U. A.)*

bluejeans ['blu:dʒi:ns] *s pl* pantaloni colorați dintr-un material special, foarte rezistent, purtați de ambele sexe

Blue Law (State) [,blu: lɔ:'steit] *s amer F* poreclă dată statului Connecticut

blue laws [,blu: 'lɔ:z] *s pl* legi puritane, legi ale puritanilor care, în numele moralei, limitau anumite activități cum ar fi comerțul în zilele de duminică, vânzarea de alcool etc.

blue light [,blu: 'lait] *s* **1** *nav* foc bengal de semnalizare **2** *fot* lumină albastră

blue line ['blu: ,lain] *s sport* linie de serviciu *(la tenis)*

blue metal ['blu: ,metl] *s minr* mată de cupru, argilă vânătă tare grezoasă

Blue Monday ['blu: ,mʌndi] *s bis* **1** lunea dinaintea postului mare **2** *F* zi liberă de luni în care nu se muncește *(de obicei făcându-se punte)*

bluenose ['blu:nəuz] *s* **1** locuitor din Noua-Scoție **2** oaie de Noua-Scoție

blue-nose certificate [,blu:nəuz sə'tifikit] *s mil sl* dovadă că un militar a servit la nord de cercul polar

blue-nosed [,blu: 'nəuzd] *adj F* **1** cu nasul vânăt **2** *(d vânt)* rece, înghețat, tăios

blue-note [,blu: 'nəut] *s muz* terță sau septimă diminuată, larg utilizată în blues

blue-pencil [,blu: 'pensl] *vt* a reduce / a prescurta / a tăia *(în scris)* un manuscris (cu creionul albastru); a corecta *(pentru tipografie)*

Blue Peter [,blu: 'pi:tə] *s nav* pavilion / semnal de plecare *(albastru cu alb la mijloc, litera „P" din cod)*

blue pigeon [,blu: 'pidʒin] *s nav sl* sondă de mână

blue rinse [,blu: 'rins] *adj* a ~ *lady* femeie *(trecută de prima tinerețe)* plină de sine

blue-sky [,blu: 'skai] *adj amer* excesiv, exorbitant, exagerat, inadmisibil

blue-sky law [,blu:skai 'lɔ:] *s jur* lege reglementând emiterea și vânzarea acțiunilor și a hârtiilor de valoare

blue streak ['blu: ,stri:k] *s* fulger albăstrui *amer F to run like a ~* a alerga ca fulgerul; *amer F to talk a ~* a vorbi ca din carte

bluet ['blu:it] *s bot* albăstrea, albăstriță *(Centaurea cyanus)*

bluetit ['blu:tit] *s orn* pițigoi-albastru *(Centaurea cyanus)*

blue water [,blu: 'wɔ:tə] *s* mare deschisă

blueweed ['blu:wi:d] *s bot* iarba-șarpelui *(Echium vulgare)*

blue whale [,blu: 'weil] *s zool* balenă albastră

bluey [blu:i] **I** *adj* albăstrui **II** *s* plumb

bluishness ['blu:iʃnis] *s* albăstrime, albastru

blunge [blʌndʒ] *vt* a amesteca *sau* a frământa cu apă *(argilă)*

blunt file ['blʌnt fail] *s* pilă cu vârf teșit

bluntly ['blʌntli] *adv* deschis, fără înconjur, pe față, de-a dreptul, fără menajamente

blurt [blə:t] **I** *vt* *(↓ to ~ out)* a trânti, a-i ieși din gură, a-i scăpa **II** *vi* a bleojdi buzele *(disprețuitor)*

blusher ['blʌʃə] *s* fard de obraz

blushing ['blʌʃiŋ] **I** *adj* **1** rușinos; timid, sfios **2** roșu, rumen, cu bujori în obraji **II** *s* roșeață *(în obraji)*, înroșire

blusterous ['blʌstərəs] *adj rar* **1** lăudăros, fanfaron **2** furtunos, năvalnic, impetuos; aprig, violent

blustery ['blʌstəri] *adj v.* **blusterous**

BMA *presc de la* British Medical Association Asociația Britanică a Medicilor

BMJ *presc de la* British Medical Journal *ziar scos de Asociația Britanică a Medicilor*

B-movie [,bi:'mu:vi] *s* film de mică importanță, produs cu un buget mic

BMus *presc de la* Bachelor of Music *titulatura licenței în muzică*

BMX *presc de la* bicycle motor-cross **1** cursă ciclistă pe teren accidentat **2** *sport* ciclocros

bn *presc de la* billion miliard

bo¹ [bəu] *interj* hâs! *he can't say ~ to a goose* e foarte fricos, e fricos ca

un iepure, îi e frică și de umbra lui; nu-ți spune nici dă-te mai încolo

bo² [bəu] *s amer sl* amic, bătrân etc. *(folosit numai la vocativ)* say, ~ can you break this bill? ascultă amice, poți să-mi schimbi hârtia asta?

BO *presc de la* **1** body odour miros al corpului; *he's got ~* miroase neplăcut **2** box office casă de bilete; încasări *(la un spectacol)*

board foot ['bɔ:d fut] *s amer* măsură standard pentru materiile lemnoase (1 / 12 picior cubic = 2,36 dm^3)

board game ['bɔ:d geim] *s* joc de societate

boarding card ['bɔ:diŋ kɑ:d] *s* carte de îmbarcare

board man ['bɔ:d mən] *s amer ec* agent / curtier la bursă *(al unei firme)*

Board of Inland Revenue [,bɔ:d əvinlənd 'revinju:] *s* Camera de Finanțe

Board of Trustees [,bɔ:d əv trʌs-'ti:z] *s* consiliul de administrație

board room ['bɔ:d ru(:)m] *s* sală de consiliu

board sail ['bɔ:d seil] *vi* a practica surfing

board sailing ['bɔ:d seiliŋ] *s sport* surfing

board school ['bɔ:d sku:l] *s* școală primară / elementară publică *(comunală sau municipală)*

board wages ['bɔ:d ,weidʒiz] *s* **1** bani de masă / pentru plata locuinței și a mesei **2** salariu în care intră casa și masa

board walk ['bɔ:d wɔ:k] *s amer* pavaj de scânduri, terasament de lemn; promenadă de scânduri *(pe plajă, de-a lungul malului)*

boaster ['bəustə] *s* lăudăros, fanfaron

boastfully ['bəustfuli] *adv* cu lăudăroșenie

boasting ['bəustiŋ] *s* fanfaronadă, lăudăroșenie

boatable ['bəutəbl] *adj* **1** navigabil *(pentru bărci și vase mici)* **2** *rar* care poate fi transportat cu barca

boatage ['bəutidʒ] *s* **1** călătorie *sau* transport cu barca **2** prețul călătoriei *sau* transportului cu barca

boatbuilder ['bəutbildə] *s* constructor de nave

boat deck ['bəut dek] s puntea superioară (a unui vapor)

boat house ['bəut haus] s garaj pentru bărci, hangar pentru bărci, casa bărcilor

boatload ['bəutləud] s 1 încărcătură / capacitatea de transport a unui vapor; a ~ of people un număr mare de oameni (atât cât încap pe un vapor) 2 un număr mare / indefinit de obiecte; he bought a ~ of books for my entertainment mi-a adus o mulțime de cărți să citesc

boat rope ['bəut rəup] s nav braț fals (la scară)

boatswain's mate [,bəusnz'meit] s nav ajutor al șefului de echipaj

boat train ['bəut trein] s tren al cărui mers concordă cu orarul vaselor care navighează (regulat) între Franța și Anglia

boatyard ['bəutjɑːd] s șantier naval

Bobadil ['bɔbədil] s lăudăros / fanfaron fricos (după numele personajului din comedia „Every Man in his Humours" de B Jonson)

bobber ['bɔbə] s 1 pescuitor cu undiță 2 plută (la pescuit) 3 sl flăcău, prieten 4 zeflemist; glumeț, hâtru, bun de glume 5 escroc

bobbery ['bɔbəri] s P zgomot, scandal, gălăgie, zarvă; to kick up a ~ a face o scandal / gălăgie

bobbinet [,bɔbi'net] s bobinet, tul (↓ de bumbac)

bobbish ['bɔbiʃ] adj sl 1 (și pretty ~) voios, vesel, bine dispus 2 sănătos, înfloritor

bobble ['bɔbl] vi F a țopăi, a sări încoace și încolo

bobby-dazzler ['bɔbi,dæzlə] s brit she's a right ~ ! e o mândrețe de fată

bobby pin ['bɔbi pin] amer I s ac de păr II vt a prinde cu agrafa

bobby-socker ['bɔbi,sɔkə] s amer F fetișcană, codană

bobby-socks ['bɔbi,sɔks] s pl amer F șosete

bobcat ['bɔbkæt] s zool linx (Lynx lynx)

bobfloat ['bɔbfləut] s flotor

bob skate ['bɔbskeit] s amer patină cu lamă dublă

bobstay ['bɔbstei] s nav subarba bompresului / coloanei

bobtailed ['bɔbteild] adj berc, cu coada tăiată

boche [bɔʃ] peior I s neamț; Fritz; II adj nemțesc

bocking ['bɔkiŋ] s (stofă de) lână aspră

bod [bɔd] s brit 1 tip, individ; he's a bit of an old ~ e un tip cam ciudat 2 trup, corp

bodhi tree ['bəudi,triː] s bot smochin sfânt (Ficus religiosa)

bodice ripper ['bɔdis,ripə] s umor roman de dragoste facil, cu fundal istoric

bodied ['bɔdid] adj (în cuvinte compuse) cu corpul; big- ~ corpolent, trupeș; full- ~ wine vin tare

bodle ['bɔdl] s 1 monedă scoțiană în valoare de 1 / 6 peni 2 fig lețcaie, para chioară

Bodleian [bɔd'liː(ː)ən] adj bodleian (referitor la biblioteca întemeiată de Sir Thomas Bodley la universitatea din Oxford în 1692)

body bag ['bɔdi bæg] s sac de dormit

body blow ['bɔdi bləu] s sport lovitură la corp (box)

body builder ['bɔdi bildə] s 1 culturist 2 extensor, aparat de gimnastică 3 (aliment) energizant

body clock ['bɔdi klɔk] s ceas biologic

body clothes ['bɔdi kləuðz] s pl lenjerie / rufărie de corp

body coat ['bɔdi kəut] s haină care vine ca turnată

body colour ['bɔdi,kʌlə] s culoare de aplicație

body language ['bɔdi,læŋgwidʒ] s limbajul trupului

body odour ['bɔdi əudə] s miros al corpului

body paint ['bɔdi peint] s vopsea pentru corp

body plan ['bɔdi plæn] s secțiune transversală

body post ['bɔdi pəust] s nav etambou

body shop ['bɔdi ʃɔp] s 1 atelier de caroserie 2 amer club / sală de gimnastică

body stocking ['bɔdi,stɔkiŋ] s costum de sport dintr-o singură bucată, mulat perfect pe trup

body warmer ['bɔdi,wɔːmə] s vestă matlasată

bodywork ['bɔdiwɜːk] s caroserie, corpul trăsurii / automobilului

Boeotian [biˈəuʃiən] I adj referitor la Beoția 2 fig neinstruit, necultivat, incult, needucat, prost II s 1 locuitor din Beoția 2 om incult, prost

boffin ['bɔfin] s F savant care lucrează la un proiect, o invenție / armă secretă din însărcinarea guvernului

bog bilberry ['bɔg,bilbəri] s bot afin (Vaccinium uliginosum)

bog earth ['bɔg əːθ] s teren mlăștinos

bogeyman ['bəugimən] s bau-bau, omul negru (în jocurile copiilor)

bogle ['bəugl] s 1 fantomă, arătare, nălucă, spectru 2 sperietoare, gogoriță, momâie

boglet ['bɔglet] s rar mlaștină mică, mocirlă

bog moss ['bɔg mɔs] s bot coada-mâței-de-baltă (Sphagnum)

bog oak ['bɔg əuk] s geol lemn fosilizat (găsit în mlaștini)

bogroll ['bɔgrəul] s umor provincia Quebec (în Canada)

bogue [bəug] s estuar, gură de râu

bogyman ['bəugimən] s „omul negru" (în limbajul și jocurile copiilor)

bohea [bəu'hiː] s soi de ceai negru

bohor ['bəuhɔː] s zool antilopă vest-africană (Cervicapra bohor)

bohunk ['bə,hʌŋk] s amer sl peior muncitor necalificat, salahor (mai ales din sud-estul Europei: de la Bohemian și Hungarian)

boiar [bɔ'jɑː] s boier, moșier

boiled dinner [,bɔild 'dinə] s mâncare din carne și diverse zarzavaturi fierte

boiled shirt [,bɔild 'ʃəːt] s amer 1 cămașă scrobită (↓ cu plastron, pentru frac) 2 F (om) spilcuit, dandy 3 F tip scorțos

boiler-maker ['bɔilə,meikə] s 1 cazangiu 2 amer sl tip cu succes la femei, macho 3 amer sl pahar cu bere și puțin whisky; (prin extensie) orice băutură alcoolică tare; ~'s delight whisky foarte tare de calitate inferioară

boilermaking ['bɔiləmeikiŋ] s cazangerie

boilerman ['bɔiləmən] s fochist, mașinist

boiler plate ['bɔilə pleit] s tolă / tablă de cazan

boiler room ['bɔilə ruːm] s tehn secția (de) cazane; sala cazanelor

59

boilersuit ['bɔiləsju:t] *s brit* salopetă

boilery ['bɔiləri] *s* fabrică *(de săpun etc.)*

boiling house ['bɔiliŋ haus] *s* sărărie

boil-in-the-bag [ˌbɔilinðə'bæg] *adj* *(ambalat)* în săculeţe care se fierb

boisterously ['bɔistərəsli] *adv* 1 (în mod) violent, furtunos, zgomotos, excesiv, vehement 2 foarte vesel

boisterousness ['bɔistərəsnis] *s* violenţă, furie; impetuozitate

boko ['bəukəu] *s sl* nas

bola ['bəulə] *s* bola *(laţ de vânătoare cu bile metalice folosit de indienii din Mexic şi America de Sud)*

bole [bəul] *s* (↓ *scot*) 1 dulap în perete / zid 2 deschizătură în zid *(pentru uşă sau fereastră)*

bolivar ['bɔlivə] *s* unitate monetară din Venezuela

boliviano [bəˌli:'vja:nəu] *s* unitate monetară din Bolivia

boll [bəul] *s bot* capsulă cu seminţe *(îndeosebi de in sau bumbac)*

bollocking ['bɔləkiŋ] I *brit sl* ceartă papară

bollocks ['bɔləks] I *s brit sl* 1 testicule 2 prostii, tâmpenii II *interj* la dracu! fir-ar să fie! pe dracu!

boll weevil ['bɔlˌwi:vil] *s ent* gărgăriţa bumbacului *(Anthonomus grandis)*

bolo ['bəuləu] *s* 1 bolo, *cuţit lung cu lamă curbă al filipinezilor* 2 *amer mil sl* prost trăgător / ochitor / ţintaş

Bolognese [bɔlə'neiz] I *s* locuitor al oraşului Bologna II *adj* referitor la oraşul Bologna

bolograph ['bəuləgra:f] *s fiz* bolograf

bolometer [bəu'lɔmitə] *s fiz* bolometru

boloney [bɔ'ləuni] *s amer* 1 salam de Bologna 2 *sl* vax, apă de ploaie, aiureli, fleacuri 3 *sl* boxer prost / slab 4 *sl* cauciuc de automobil / camion 5 *el* cablu electric izolat

Bolshevism ['bɔlʃəvizm] *s* bolşevism

Bolshevization [ˌbɔlʃəvai'zeiʃn] *s* bolşevizare

bolshevize ['bɔlʃəvaiz] *vt* a bolşeviza

bolshie, bolshy [bɔlʃi] I *s* bolşevic, comunist II *adj* 1 anarhist, protestatar 2 *pol* de stânga, roşu

bolster plate ['bəulstəˌpleit] *s tehn* placă de reazem / presiune

bolter ['bəultə] *s (cuvânt australian)* 1 *amer pol* dizident 2 cal nărăvaş 3 persoană care se sustrage de la judecată

bolt hole ['bəult həul] *s* loc de refugiu; **he used the cottage as a ~** folosea casa ca loc de refugiu

bolting[1] ['bəultiŋ] *s* 1 fixare cu buloane; închidere cu buloane 2 zăvorâre

bolting[2] ['bəultiŋ] *s* cernere, cernut

boltless ['bəultlis] *adj poetic* neînsoţit de trăsnet

boma ['bəumə] *s* comisariat de poliţie *(în Africa Centrală)*

bombardon [bɔm'ba:dn] *s muz* bombardon *(instrument de fanfară)*; bastuba

bombasine [ˌbɔmbə'zi:n] *s text* un fel de finet

bombastically [bɔm'bæstikəli] *adv* (în mod) bombastic, cu preţiozitate

bombastry ['bɔmbəstri] *s rar* stil umflat / preţios

Bombay duck ['bɔmbei dʌk] *s* 1 *zool* specie de peşte din Oceanul Indian *(Harpodon nehereus)* 2 *gastr* delicatese preparate dintr-un peşte mic, uscat, originar din Oceanul Indian

bombazeen [ˌbɔmbə'zi:n] *s v.* **bombasine**

bombe [bɔ:mb] *s gastr* un fel de îngheţată în formă de trunchi de con *sau* piramidă

bombed [bɔmd] *adj* beat criţă

bomber command ['bɔmə kəˌma:nd] *s mil* aviaţie de bombardament

bomber jacket ['bɔmə ˌdʒækit] *s* bluză de aviator

bomb load ['bɔm ləud] *s* încărcătură de bombe *(la bord)*

bomb out [ˌbɔm 'aut] I *vt* a distruge prin bombardare / în bombardament II *vi* a eşua

bombsight ['bɔmsait] *s mil* colimator

bombsite ['bɔmsait] *s* loc bombardat

bombus ['bɔmbəs] *s med* 1 vâjâit în urechi 2 chiorăială *(în intestine)*

Bon [bɔn] *s* sărbătoarea lanternelor *(în Japonia)*

bona fides [ˌbəunə 'fidiz] *lat s* bună credinţă

Bonapartism ['bəunəpa:tizm] *s* bonapartism

bonasus [bɔ'neisəs] *s zool* 1 bivol sălbatic american *(Bison bison)* 2 bizon *(Bison bonasus)*

bonce [bɔns] *s* 1 bilă *(mare)* 2 joc cu bile

bondager ['bɔndidʒə] *s scot* argat; clăcaş

bonded warehouse [ˌbɔndid 'weəhaus] *s* antrepozit

bonder[1] ['bɔndə] *s v.* **bond stone**

bonder[2] ['bɔndə] *s* ţăran norvegian

bondholder ['bɔndhəuldə] *s com* deţinător de obligaţiuni / bonuri / titluri de rentă

bonding ['bɔndiŋ] *s* 1 *psih* legături afective 2 *el* regulator de tensiune 3 *constr* legătură 4 colaj

bondmaid ['bɔndmeid] *s ist (femeie)* iobagă; roabă, sclavă

bond paper ['bɔnd ˌpeipə] *s* hârtie de valoare / de bancă; efecte, titluri, valori

bondslave ['bɔnd sleiv] *s* sclav, rob

bondsman ['bɔndzmən] *s* 1 *v.* **bondservant** 2 garant

bond stone ['bɔnd stəun] *s constr* piatră / cărămidă (transversală) de legătură; bloc de ancoraj

Bond Street [ˌbɔnd 'stri:t] *s* importantă arteră comercială în Londra

bondwoman ['bɔnd ˌwumən] *s v.* **bondmaid**

bone ash ['bəun æʃ] *s ch* cenuşă de oase

bone-breaker ['bəunˌbreikə] *s amer sl* 1 medic 2 luptător 3 muncă / sarcină foarte grea 4 puşcă de vânătoare cu recul puternic

bone china ['bəun ˌtʃainə] *s* porţelan foarte fin

bone coal ['bəun kəul] *s* cărbune şistos / de oase

bone-dry [ˌbəun'drai] *adj* 1 complet uscat 2 *amer (d legi)* care interzice vânzarea băuturilor spirtoase

bone glass ['bəun ˌgla:s] *s* sticlă opalescentă

bonehead ['bəunhed] *s amer F* cap de lemn, prost, tâmpit

boneheaded [ˌbəun'hedid] *adj amer F* 1 idiot 2 încăpăţânat

bone-idle [ˌbəun'aidl] *adj v.* **bonelazy**

bone-lazy ['bəun,leizi] *adj F* putu-ros, grozav de leneș

bonelet ['bəunlit] *s* oscior

bone oil ['bəun ɔil] *s* ulei animal / de oase

bone porcelain ['bəun ,pɔ:slin] *s v.* **bone china**

boneset ['bəun set] *s bot* tătăneasă (*Symphytum officinale*)

bone setter ['bəun ,setə] *s* 1 meșter „drege-oase"; *umor* chirurg, ortoped 2 *F înv* birjă, trăsură de piață

Boney ['bəuni] *s* poreclă dată lui *Napoleon Bonaparte*

bone yard ['bəun jɑːd] *s* 1 *amer sl* cimitir 2 pietre de rezervă (*la jocul de domino*)

Bonfire Night ['bɔnfaiə nait] *s brit* sărbătoare aniversând încercarea lui *Guy Fawkes* de a da foc *Parlamentului* (*în 5 noiembrie 1605*)

bong [bɔŋ] I *s* clopot II *vi* a suna, a trage clopotul

bongo ['bɔŋgəu] *s* 1 populație negroidă din estul Sudanului 2 *zool* bongo, antilopă de pădure (*Tragelaphus eurycerus / Boecereus euryceros*) 3 *muz* bongos (*instrument muzical cubanez*) 4 *dans* al negrilor din Trinidad

bonhomie ['bɔnɔmi și pronunția franceză] *s fr* bonomie

boniface ['bɔnifeis] *s sl* hangiu, cârciumar (*după personajul din comedia „The Beaux' Stratagem" de Farquhar*)

bonification [,bɔnifi'keiʃn] *s ec* plată a dividendelor

bonito [bɔni:'təu] *s* (*orice*) pește scombrid de mărime medie

bonk [bɔŋk] *vt umor* a lovi, a izbi, a pocni; **a baseball ~ed him on the head** o minge de baseball l-a lovit în cap

bonkers ['bɔŋkəːz] *adj umor* nebun, țicnit, smintit; **to go ~** a se scrânti

bonne bouche [,bɔn 'buʃ] *s fr* bucățică delicioasă, delicatesă, trufanda

bonnet piece ['bɔnit piːs] *s ist* veche monedă scoțiană de aur

bonnet rouge [*pronunția franceză*] *s* 1 boneta frigiană a republicanilor francezi de la 1793 2 *fig* republican; anarhist; radical

Bonnie Prince Charlie [,bəuni prins 'tʃɑːli] *s* poreclă dată lui *Charles Edward Stuart*

bonny clabber ['bɔni ,klæbə] *s amer* lapte închegat / covăsit; lapte acru

bonsai ['bɔnsai] *s* 1 bonsai, arbust pitic 2 bonsai, arta de a crește arbuști pitici

bon ton [,bɔːn'tɔːn] *s fr* bonton

bonus issue ['bəunəs ,iʃjuː] *s* emisiune de acțiuni garantate

bon vivant [,bɔːn ,viːˈvɑːn *pronunția franceză*] *s fr* om de petreceri

bonzer ['bɔnzə] *adj* (*cuvânt australian*) *sl* de mâna / clasa întâi

boob [buːb] I *s* 1 prost, tont, neghiob, nătărău, tâmpit 2 *sl* gafă II *vi sl* a face o gafă

boo-boo ['buːbuː], *pl* **boo-boos** ['buːbuːz] *s* gafă; gogoașă, minciună gogonată

boob tube ['buːb tjuːb] *s amer* 1 *umor* televizor 2 maiou fără bretele

booby hatch ['buːbi hætʃ] *s* 1 *nav* chepeng 2 balamuc, azil de nebuni

booby prize ['buːbi ,praiz] *s* premiu acordat ultimului concurent; premiu de consolare

booby trap ['buːbi træp] *s* 1 *amer mil F* exploziv ascuns într-un obiect aparent inofensiv (*ceas, stilou etc.*) 2 glumă proastă (*de ex. așezarea deasupra ușii a unei găleți cu apă care se varsă în capul celui care intră*)

boodler ['buːdlə] *s sl* șperțar, persoană care ia mită

boogie ['buːgi] I *vi* 1 a dansa 2 a face o petrecere II *s* boogie (*dans*)

boohoo ['buːhuː] *vi* a plânge în lacrimi

booing ['buːiŋ] *s* huiduială

bookable ['bukəbl] *adj* care poate fi reținut *sau* rezervat

book agent ['buk ,eidʒənt] *s amer* agent de cărți, persoană care procură (*la domiciliu*) cărțile cerute

bookbindery ['bukbaindəri] *s* (↓ *amer*) legătorie

book club ['buk klʌb] *s* cerc de lectură

book debt ['buk det] *s ec* datorie în cont

book debtor ['buk ,detə] *s ec* debitor în cont

booked [bukt] *adj* (*d locuri*) ocupat, angajat, reținut, vândut

book ends ['buk endz] *s pl* suporturi laterale de carte, suporturi-presă

booker ['bukə] *s* 1 controlor (*de omnibus*) 2 contabil

Booker Prize ['bukə praiz] *s* premiu literar britanic

book holder ['buk ,həuldə] *s* 1 *teatru, înv* sufler 2 *v.* **book support**

book hunter ['buk ,hʌntə] *s* bibliofil

booking ['bukiŋ] *s* 1 înregistrare, trecere în catastif 2 rezervare / reținere de bilete (*de spectacol, avion, tren etc.*)

book jacket ['buk ,dʒækit] *s* supracopertă

book learning ['buk ,ləːniŋ] *s* știință din cărți, teorie; cunoștințe livrești; *școl* **good at ~** tare la teorie, tocilar

book making ['buk ,meikiŋ] *s* 1 industria cărții 2 profesiunea de **bookmaker**

bookmobile ['bukməubiːl] *s* bibliotecă volantă (*montată pe un autovehicul*), caravană cu cărți

book muslin ['buk ,mʌzlin] *s* text organdi (*folosit în legătorii*)

book of account [,buk əv ə'kaunt] *s ec* registru de conturi

book plate ['buk pleit] *s* etichetă cu numele posesorului cărții, ex libris

book post ['buk pəust] *s* serviciul poștal al imprimatelor (*cu excepția ziarelor*)

book rack ['buk ræk] *s v.* **bookshelf**

book rest ['buk rest] *s v.* **book support**

book reviewer ['buk ri,vjuːə] *s* recenzent (*de carte*)

books [buks] *s pl* registru de conturi; **to keep the ~** a ține contabilitatea; **to close ten ~** a închide conturile

book scorpion ['buk ,skɔːpjən] *s zool* scorpion de cărți (*Chelifer cancroides*)

bookshelf ['bukʃelf] *s* raft / poliță / etajeră pentru cărți

book society ['buk səsaiti] *s* club de carte, cerc de lectură

book support ['buk sə,pɔːt] *s* suport de carte

book token ['buk ,təukn] *s* bon de valoare cu care se pot cumpăra cărți în librării

bookwork ['bukwə:k] s 1 producţie / imprimare de cărţi 2 şcol *(întrebări de examen referitoare la)* informaţii cuprinse în manuale sau cursuri

booky ['buki] F I adj de carte; din cărţi, livresc, savant, pedant II s buchet

Boolean algebra [ˌbuːliən 'ældʒibrə] s algebră booleană

boom-and-bust [ˌbuːm ənd'bʌst] s amer F perioadă de avânt / progres economic urmând unei crize / depresiuni

boom box ['buːm bɔks] s amer radiocasetofen

boomer ['buːmə] s *(cuvânt australian)* 1 zool cangur gigant mascul *(Macropus rufus)* 2 zool castor canadian *(Castor canadiensis)* 3 amer ec F speculant de bursă care mizează pe creşterea acţiunilor *(care cumpără parcele într-un oraş nou în construcţie pentru a le vinde la suprapreţ)* 4 amer sl lucrător sezonier / itinerant

booming ['buːmiŋ] I adj 1 *(d sunet)* răsunător, sonor 2 *(d afacere)* prosper II s 1 răsunet, zgomot puternic 2 bubuit, vuiet

boomlet ['buːmlit] s ec conjunctură favorabilă

boomster ['buːmstə] s v. **boomer (3)**

boom town ['buːm taun] s oraş în plină dezvoltare

boondocks ['buːndɔks], **boonies** ['buːniz] s pl amer sl provincie îndepărtată / înapoiată, fund de lume

boon-doggle ['buːn ˌdɔgl] amer I s 1 obiect de larg consum, simplu, lucrat manual *(↓ din piele sau răchită)* 2 panglică de pălărie de cercetaş *(făcută din bucăţi de piele împletite, de diferite culori)* 3 F muncă zadarnică / inutilă II vi a munci de pomană

boondoggling ['buːndɔgliŋ] s v. **boon-doggle (3)**

booster rocket ['buːstə ˌrɔkit] s av rachetă acceleratoare, rachetă auxiliară de decolare

boot camp ['buːt ˌkæmp] s mil tabără de instrucţie pentru recruţi

booted ['buːtid] adj încălţat *(cu cizme / ghete)*

bootless ['buːtlis] adj fără ghete sau cizme; descuţ, cu picioarele goale

bootmaker ['buːtmeikə] s cizmar, ciubotar

boot polish ['buːt ˌpɔliʃ] s cremă de ghete

boot sale ['buːt seil] s târg / piaţă în care marfa se vinde direct din portbagajul producătorului

boot scraper ['buːt ˌskreipə] s grătar de metal, ştergătoare de încălţăminte

bootstrap ['buːtstræp] I s efort prin forţe proprii; she pulled herself up by her own ~ s a reuşit prin forţe proprii II vt cib a încărca un sistem de operare

boozed [buːzd] adj beat, afumat, cherchelit

booze fighter ['buːz ˌfaitə] s sl sugativă, suge-bute

booze-up ['buːzʌp] s brit chef monstru, beţie

bora ['bɔərə] s *(cuvânt anglo-indian)* negustor sau vânzător mahomedan

borax ['bɔːræks] s ch borax

bordel ['bɔːdl] s înv 1 bordel, casă de toleranţă 2 prostituţie

bordello [bɔː'deləu] s bordel, lupanar

Border collie ['bɔːdə ˌkɔliː] s câine ciobănesc scoţian

bordering ['bɔːdəriŋ] s 1 mărginire, învecinare 2 tehn bordură; răsfrângere

Border pricker ['bɔːdə ˌprikə] s ist v. **Border rider**

Border rider ['bɔːdə ˌraidə] s ist tâlhar sau haiduc la graniţa dintre Anglia şi Scoţia

border set ['bɔːdə set] s mat frontieră

Border States ['bɔːdə steits] s pl ist 1 amer nume pentru statele Delaware, Maryland, Kentucky, Missouri etc., care nu au ieşit din Uniune, rămânând de partea guvernului federal în Războiul de secesiune 2 nume generic pentru Finlanda, Polonia, Estonia, Letonia şi Lituania

Border terrier ['bɔːdə ˌteriə] s *(câine)* terier scoţian

bore hole ['bɔː həul] s min sondă, gaură de sondă / mină; foraj, sondaj

boric acid [ˌbɔːrik 'æsid] s ch acid boric

boride [bɔraid] s ch borură

boringly ['bɔːriŋli] adv plicticos

boring machine [ˌbɔːriŋ məˈʃiːn] s tehn perforator; alezor; sondeză

boring rod ['bɔːriŋ rɔd] s min bară de sondare; prăjină de foraj / sapă

born-again [ˌbɔːn əˈgen] adj rel, fig renăscut

-borne [bɔːn] *(în cuvinte compuse)* transportat pe...; **airborne divisions** divizii aeropurtate

borné [bɔːˈnei] adj fr mărginit, limitat; îngust *(la minte)*

Bornean [bɔːˈniən] I s locuitor din Borneo II adj din sau referitor la Borneo

Borodin [bɔˈrəudin] s Alexandr ~ compozitor rus (1833-1887)

borough council ['bʌrə ˌkaunsl] s consiliul unui orăşel

borough English ['bʌrə ˌiŋgliʃ] s jur transmiterea averii imobile fiului sau fratelui cel mic

borrowing ['bɔrəuiŋ] s *(luare cu)* împrumut

borstal ['bɔːstl] s înv *(în Anglia)* casă de corecţie pentru delincvenţi minori

Borstal Institution ['bɔːstl instiˌtjuːʃn] s casă de corecţie pentru delincvenţii minori

bos [bɔs] I s 1 nereuşită, insucces, eşec 2 soluţie greşită, răspuns greşit II vi 1 a nu reuşi, a da greş 2 a greşi, a nu nimeri

Bosch [bɔʃ] s Hieronymus ~ pictor olandez (1450 / 1460-1516)

bosket ['bɔskit] s boschet; crâng, dumbravă

Bosnia-Herzegovina [ˌbosniə heːtseˈgovinə] s Bosnia-Herţegovina

Bosnian ['bɔzniən] s, adj bosniac

-bosomed ['buzmd] *(în cuvinte compuse)* big / small ~ cu piept mare / mic

bosomy ['buzəmi] adj ~ woman femeie cu pieptul mare

bosquet ['bɔskit] s v. **bosket**

boss about [ˌbɔs əˈbaut], **boss around** [ˌbɔs əˈraund] vt brit a-şi da aere de şef, a da ordine; stop ~ ing me around! nu-mi mai da ordine!

bossily ['bɔsili] adv *(în mod)* autoritar, cu autoritate

bossiness ['bɔsinis] s comportare autoritară; maniere autoritare; aere de şef

bossism ['bɔsizm] *s amer* **1** pute-
rea / domnia patronilor **2** *pol*
politică de grup / clică
boston ['bɔstən] *s* **1** boston *(joc de
cărţi)* **2** vals-boston
Bostonian [bɔs'təuniən] **I** *s* lo-
cuitor al oraşului Boston **II** *adj*
din *sau* referitor la Boston
Boston Tea Party [,bɔs'tən 'ti:
pɑːti] *s* the ~ *(în 1773)* „Ceaiul de
la Boston" *(insurecţia care a
marcat începutul Războiului de
Independenţă în S.U.A.)*
bosun ['bəusn] *s* nostrom, şef de
echipaj
Bosworth Field [,bɔswəːθ 'fiːld] *s*
the Battle of ~ *(în 1485)* bătălie
decisivă în Războiul celor două
Roze, în urma căreia Henry
Tudor a devenit Henry al VII-lea
al Angliei
botany wool ['bɔtəni wul] *s* lână
merinos
botchy ['bɔtʃi] *adj* cu defecte,
prost făcut
bot fly ['bɔt flai] *s ent* tăun *(Taba-
nus bovinus)*
bothered ['bɔðəd] *adj* to be ~ about
sb / sth a fi îngrijorat / preocupat
(de cineva / ceva); I can't be ~
to write letters tonight n-am chef
să scriu scrisori în seara asta;
he can't be ~ to do his own
laundry îi e lene să-şi spele
singur lenjeria; I'm not ~ mi-e
indiferent
bo-tree ['bəutri:] *s* **1** *bot* smochin
sacru *(Ficus religiosa)* **2** Bo-
Tree arborele sacru al indienilor
budişti, aflat la Buddh Gaya, în
India, sub care se spune că a
avut Buda revelaţia divină
Botswana ['bɔtswɑːnə] *s* stat în
sudul Africii
bott [bɔt] *s ent* larva tăunului *v.* **bot
fly**
bottle bank ['bɔtl bæŋk] *s* con-
tainer pentru colectarea deşeu-
rilor din sticlă
bottle brush ['bɔtl brʌʃ] *s bot* **1**
coada-calului *(Equisetum arven-
se)* **2** coada-mânzului *(Hippuris
vulgaris)*
bottled ['bɔtld] *adj* **1** de sticlă, la
sticlă **2** *fig* reţinut
bottle-fed [,bɔtl'fed] *s* crescut /
alăptat cu biberonul
bottle-feed ['bɔtlfiːd] *vt* a alăpta /
hrăni cu biberonul
bottle gas ['bɔtl gæs] *s* gaz lichefiat

bottle glass ['bɔtl glɑːs] *s* sticlă
groasă verde-închis, din care
se fac buteliile / sticlele
bottle gourd ['bɔtl guəd] *s bot*
tidvă *(Lagenaria vulgaris)*
bottle-green [,bɔtl 'griːn] *adj* ver-
de-închis, de culoarea sticlelor
bottle head ['bɔtl hed] *s F* cap de
lemn, tâmpit
bottle holder ['bɔtl ,həuldə] *s* **1**
manager al boxerului *(în timpul
luptei)*, secundant **2** *fig F* ajutor,
susţinător; sfătuitor; complice
bottle nose ['bɔtl nəuz] *s F* **1** nas
umflat; nas mare **2** nas roşu
bottle opener ['bɔtl ,əupnə] *s*
cheie de destupat sticle, decap-
sulator
bottle party ['bɔtl ,pɑːti] *s* petre-
cere intimă la care fiecare in-
vitat aduce ceva de băut
bottom board ['bɔtəm bɔːd] *s* **1**
met placă de modele, platou
pentru forme **2** *nav* panou de
barcă **3** *constr* podea, pardo-
seală
bottom drawer [,bɔtəm 'drɔːə] *s*
sertar unde se ţine trusoul vii-
toarei mirese; aprox ladă de
zestre
bottomed ['bɔtəmd] *adj* flat- ~ boat
luntre, barcă cu fund lat; straw-
~ chair scaun de paie; leather- ~
cu fundul de piele
bottom fermentation [,bɔtəm fəː-
men'teiʃn] *s tehn* fermentaţie
inferioară
bottom ice ['bɔtəm ais] *s* gheaţă
de (la) fund
bottom line [,bɔtəm 'lain] *s* **1** *fin*
rezultatul unui calcul financiar **2**
fig the ~ esenţialul
bottom plate [,bɔtəm 'pleit] *s* **1**
constr placă de bază / fundaţie
2 *met* placă de turnare / fund
bottomry ['bɔtəmri] *s nav* împru-
mut pe garanţia corpului *sau*
încărcăturii unui vas
bottoms ['bɔtəmz] *s pl* rămăşiţe,
resturi, drojdii
bottom water [,bɔtəm 'wɔːtə] *s*
apă de adâncime; apă din cul-
cuş / talpă
bottom yeast [,bɔtəm 'jiːst] *s* droj-
die de bere de fermentaţie infe-
rioară / de fund
botulism ['bɔtjulizm] *s med* botu-
lism, intoxicare cauzată de con-
sumarea unor mâncăruri alte-
rate

bouffe [buːf] *s* operă bufă
bougainvill(a)ea [buːgən'viliə] *s bot*
bougainvilea, *gen de* plante tro-
picale agăţătoare *(Nyctagina-
ceae)*
bough pot ['bəu pɔt] *s* **1** ghiveci;
vas pentru flori **2** buchet (de
flori)
boughten ['bɔːtən] *adj amer* cum-
părat
bouillon cube ['buːjən kjuːb] *s*
cubuleţ concentrat de carne şi
condimente
bouk [buːk] *s scot, dial* **1** corp,
trunchi **2** *înv* burtă, pântece,
abdomen
boulder clay ['bəuldə klei] *s geol*
argilă cu blocuri / eratică
boulevardier ['buːlvɑːdiə *şi pro
nunţia franceză*] *s* bulevardier,
filfizon, ţafandache
boulevard stop ['buːlvɑː stɔp] *s*
amer intersecţie dirijată
bouncing Bess [,baunsiŋ 'bes] *s v.*
bouncing Bet
bouncing Bet ['baunsiŋ bet] *s bot*
floarea-călugărului, odogac, să-
punariţă *(Saponaria officinalis)*
bouncy ['baunsi] *adj* **1** elastic; care
sare **2** *(d păr)* suplu, unduios, cu
volum **3** *(d o persoană)* dina-
mic, energic, vioi
Boundary Commission [baundri
kə'miʃn] *s (în Marea Britanie)*
comisie de delimitare a frontie-
relor
bountifulness ['bauntifulnis] *s* mă-
rinimie, generozitate, dărnicie,
largheţe
bounty hunter ['baunti ,hʌntə] *s*
vânător de recompense
bouquet garni ['bukei gɑːni] *s* le-
găturică de verdeţuri folosite
pentru aromarea mâncărurilor
bourbon biscuit ['bəːbn ,biskit] *s*
biscuit cu cremă de ciocolată
bourbon whisky ['bəːbn ,wiski] *s*
un fel de whisky din porumb *sau*
grâu
bourdon ['buədn] *s fr muz* **1** tonul
bas *(la orgă sau cimpoi)* **2** *înv*
refren
bourdoun ['buədn] *s v.* **bourdon**
bourock ['buːrɔk] *s* grămadă de
pietre
bourrée ['burei] *s muz* bourrée
bourse [buəs] *s fr* bursă *(↓ pari-
ziană)*
boustrophedon [,buːstrə'fiːdən] *s*
bustrofedon

boutique [bu:'ti:k] *s* 1 mic magazin de haine 2 raion al unui magazin universal

boutonnière [ˌbutə'njɛ] *s fr* floare de butonieră

bovey coal ['bəuvikəul] *s min* lignit din regiunea Bovey *(Anglia)*

bovid ['bəuvid] *s adj* bovin; de bou; din speţa boului; vite cornute

bovver boots ['bɔvə bu:ts] *s brit înv* bocanci, ghete

bovver boy ['bɔvə bɔi] *s brit înv* golan, scandalagiu

Bow bells ['bəu belz] *s pl* clopotele bisericii „St. Mary le Bow" din Londra; **within the sound of ~** în City-ul londonez

bowchaser ['bəutʃeisə] *s nav ist* tun de la prova

bowdlerization [ˌbaudlərai'zeiʃn] *s* expurgare *(a unei cărţi)*

bow drill ['bəu dril] *s tehn* vrilă cu coardă

bowed [baud] *adj* 1 *(d picioare)* strâmbe, crăcănate 2 *(d spate)* aplecat, cocoşat 3 *(d cap)* lăsat în piept

bowel movement ['bauəl ˌmuvmənt] *P s med popular* scaun; **to have a ~** a avea scaun

bower[1] ['bauə] *s nav* ancora (de) prova; **beat ~** ancora de la tribord; **small ~** ancora de la babord

bower[2] ['bauə] *s* valet de atu *(în unele jocuri de cărţi)*

bower anchor ['bauə ˌæŋkə] *s v.* **bower**[2]

bowery ['bauəri] *s amer* fermă

Bow Group ['bəu gru:p] *s* **the ~** cerc influent al tinerilor conservatori britanici

bow head ['bəu hed] *s zool* balenă groenlandeză *(Balaena mysticetus)*

bowing[1] ['bəuiŋ] *s* salut, reverenţă; **~ and scraping** temenele

bowing[2] ['bəuiŋ] *s muz* tehnică a arcuşului; **his ~ is perfect** mânuieşte perfect arcuşul

bowk [bauk] *s min* găleată *(pentru ridicarea cărbunelui)*

bow knot ['bəu nɔt] *s* nod, fundă, rozetă

bow legs ['bəu legs] *s* picioare strâmbe

bowlful ['bəulful] *s* conţinutul unui castronaş; **a ~ of water** un castronaş de apă

bowling green ['bəuliŋ gri:n] *s* gazon pentru jocul cu bile

bow pen ['bəu pen] *s* condei de desenat

bow pot ['bəu pɔt] *s v.* **bough-pot**

bowser [bauzə] *s auto* pompă de benzină

Box and Cox [ˌbɔks ənd 'kɔks] *s* umor două persoane care nu sunt niciodată în acelaşi timp acasă *(după titlul comediei bufe cu acelaşi nume de J M Morton, 1847)*

boxboard ['bɔksbɔ:d] *s* carton presat

box camera ['bɔks ˌkæmərə] *s* aparat de fotografiat rudimentar

box coat ['bɔks kəut] *s* manta de ploaie

boxed ['bɔkst] *adj* împachetat *(în cutie)*

boxen ['bɔksn] *adj* din, de cimişir

boxer[1] ['bɔksə] *s* melon, pălărie tare

boxer[2] ['bɔksə] *s* rasă de câini

boxer[3] ['bɔksə] *s* participant la aşa-numita răscoală a Boxerilor în China (1900 - 1901)

boxer girder ['bɔksə ˌgə:də] *s constr* grindă-cheson

boxer shorts ['bɔksə ʃɔ:ts] *s* pantaloni scurţi purtaţi de boxeri

boxhaul ['bɔksˌhɔ:l] *vi nav* a face volta

Boxing Night ['bɔksiŋ nait] *s* seara zilei de 26 decembrie; ziua darurilor *(26 decembrie când primesc cadouri, după obiceiul englezesc, servitorii, factorii poştali, comisionarii etc.)*

boxing ring ['bɔksiŋ riŋ] *s* ring de box

box junction ['bɔks ˌdʒʌŋkʃn] *s brit* intersecţie (pe o şosea)

box keeper ['bɔks ˌki:pə] *s teatru* deschizător de loje, plasator *(la loje)*

box kite ['bɔks ˌkait] *s* zmeu de hârtie de forma unei cutii, folosit în trecut în meteorologie

box lock ['bɔks lɔk] *s* încuietoare în formă de cutie, cutie-încuietoare

box man ['bɔks mən] *s* hamal

box room ['bɔks ru(:)m] *s (cameră)* debara, boxă

box spanner ['bɔks ˌspænə] *s tehn* cheie tubulară

box spring ['bɔks spriŋ] *s* somieră cu arcuri

box stall ['bɔks stɑ:l] *s amer* boxă *(într-un grajd)*

boxy ['bɔksi] *adj* în formă de cutie

boyfriend ['bɔifrend] *s* prieten, iubit

boyishness ['bɔiʃnis] *s* 1 purtare, înfăţişare *sau* fire de copil 2 *fig* copilărie, naivitate, prostie

boyism ['bɔiizm] *s rar v.* **boyishness**

boy-meets-girl [ˌbɔimi:ts'gə:l] *adj* **a ~ story** poveste de dragoste convenţională

Boys' Brigade [ˌbɔiz bri'geid] *s* organizaţie protestantă de cercetaşi pentru băieţi

boy's love ['bɔiz lʌv] *s bot* lemnul-Domnului *(un fel de pelin) (Artemisia abrotanum)*

bozo ['bəuzəu] *s amer sl* individ tuns, ins, tip

bps *presc de la* bits per second biţi pe secundă

Brabant [brə'bænt] *s* provincie în centrul Belgiei

brabble ['bræbl] *I vi* a se certa, a se ciondăni *(↓ pentru nimicuri)* **II** *s* ceartă

bracero [brɑ:'seərəu] *s span* muncitor agricol sezonier mexican

brachiosaurus [ˌbreikiə'sɔ:rəs] *s* brahiozaur

brachycephalic [ˌbrækisə'fælik] *adj zool* brahicefal

bracket crane ['brækit krein] *s tehn* macara consolă

brack[1] [bræk] *s* 1 *text* defect; *tehn* crăpătură 2 *fig* cusur, defect

brack[2] [bræk] *rar* **I** *s* sortare *(a mărfurilor)* **II** *vt* a sorta

brad awl ['bræd ɔ:l] *s* sulă

bradbury ['brædbəri] *s F înv* bancnotă de o liră sau de 10 şilingi

Bradshaw ['brædʃɔ:] *s* ghid al căilor ferate britanice *(a cărui publicare a fost iniţiată de G Bradshaw în 1839)*

bradycardia [ˌbrædi'kɑ:diə] *s med* bradicardie

bragger ['brægə] *s* lăudăros, fanfaron; palavragiu

brahma(pootra) [ˌbrɑ:mə('pu:trə)] *s* brahmaputra *(rasă de găini)*

Brahmanee ['brɑ:məˌni:] *s* brahmană

Brahmanic(al) [ˌbrɑ:'mænik(əl)] *adj* brahman

Brahminee ['brɑ:miˌni:] *s v.* **Brahmanee**

Brahminic(al) [ˌbrɑ:'minik(əl)] *adj v.* **Brahmanic(al)**

braided ['breidid] *adj* 1 *(d haine)* împodobit cu fireturi 2 *(d păr)* împletit

brailled [breild] *adj* scris în alfabetul Braille

brainchild ['breintʃaild] *s* idee / creație personală; **the scheme is his** ~ proiectul este creația lui personală

braindead [,brein'ded] *adj* **1** abia ieșit din comă, în stare de inconștiență **2** *fig* prost, care nu are nimic în cap

braindeath ['brein deθ] *s* moarte cerebrală

brain fag ['brein fæg] *s* epuizare nervoasă; surmenaj mintal

brainpower ['breinpauə] *s* inteligență

brainstorming ['breinstɔ:miŋ] *s* activitate mentală intensă

brainteaser ['breinti:zə] *s* problemă dificilă / greu de soluționat

brainwashing ['breinwɔʃiŋ] *s* spălarea creierului

braird [breəd] *scot* **I** *s* primele fire *(de iarbă ale unei culturi)* **II** *vi* a răsări; a încolți

braising beef [,breiziŋ 'bi:f] *s* carne de vacă friptă la foc mic

braize [breiz] *s* praf de cărbune

brakeband ['breikbænd] *s tehn* bandă / panglică de frână

brake beam ['breik bi:m] *s ferov* axă triunghiulară

brake fluid ['breik ,flu:id] *s* lichid de frână

brake horsepower [,breik 'hɔ:spauə] *s* puterea unui motor calculată pe baza forței de frecare aplicate la arbore

brake light ['breik lait] *s* lumină de stop

brake load ['breik ləud] *s tehn* sarcină de frânare

brake parachute ['breik ,pærəʃu:t] *s* parașută de frânare

brake pipe ['breik paip] *s ferov* conducta generală a frânei

brakeshoe ['breik ʃu:] *s tehn* sabot de cale / frână

brake van ['breik væn] *s ferov* vagon de frânat, vagon de frână

brambling ['bræmbliŋ] *s orn* cânghiță alpină, pasărea-omătului *(Fringilla montifringilla)*

brambly ['bræmbli] *adj* plin de mure

branchia ['bræŋkiə] *s pl zool, iht* branhii

branchial ['bræŋkiəl] *adj zool, iht* branhial, referitor la branhii

branching (off) [,bra:ntʃiŋ'(ɔf)] *s tehn* ramificare, ramificație, bi-

furcare, bifurcație; derivație, racord, branșament

branchiocardiac [,bræŋkiɔ'kɑ-diæk] *adj anat* branhiocardiac

branchless ['brɑ:ntʃlis] *adj* **1** fără crengi **2** *(d drumuri, canale etc.)* fără ramificații

branchlet ['brɑ:ntʃlit] *s* rămurică, rămurea

branded ['brændid] *adj* de marcă; ~ **goods** *produse aparținând unei mărci înregistrate*

brandenbourg ['brændənbə:g] *s* brandenburg

Brandenbourg ['brændənbɔ:g] *c oraș în Germania;* **the** ~ **Concertos** „Concertele Branderburgice" de J.S. Bach

Brandenbourg Gate [,brændənbə:g 'geit] *s* Poarta Brandenburg

brander ['brændə] **I** *s* **1** grătar **2** ciocan de marcare **II** *vt* a prăji pe grătar, a prepara la grătar

brand image ['brænd ,imidʒ] *s* imagine de marcă

branding iron ['brændiŋ aiən] *s* fier de marcat / de ars

brandy-and-soda [,brændi ənd 'səudə] *s* coniac cu sifon

brandy ball ['brændi bɔ:l] *s* bomboană cu lichior

brandy bottle ['brændi ,bɔtl] *s* sticlă de coniac / rachiu

brandy butter ['brændi ,bʌtə] *s* unt amestecat cu zahăr și parfumat cu coniac

brandy snap ['brændi snæp] *s* pișcot cu ghimbir

brankursine ['bræŋkə:sain] *s bot* talpa-ursului *(Acanthus sp.)*

bran mash ['bræn mæʃ] *s brit* tărâțe amestecate cu apă

bran tub ['bræn tʌb] *s brit* tub plin cu tărâțe, în care se ascund cadourile

Brasilia [brə'ziljə] *s* capitala Braziliei

Brasilian [brə'ziljən] **I** *s* locuitor al Brasiliei **II** *adj* din / referitor la Brasilia

brassage ['brɑ:sidʒ] *s ist* impozit pentru dreptul de a bate monedă *(proprie)*

brass-collar [,brɑ:s 'kɔlə] *adj amer pol* care susține în mod necondiționat linia partidului său

brassed-off ['brɑ:st,ɔf] *adj av sl* plictisit; sătul până-n gât

brasserie [*pronunția franceză*] *s* braserie

brass farthing [,brɑ:s 'fɑ:ðiŋ] *s fig* lucru fără valoare, nimic, fleac; **I don't care a** ~ nu-mi pasă deloc, puțin îmi pasă, nu mă interesează de fel

brassie ['brɑ:si] *s* **1** *sport* baston de golf cu vârf de aramă **2** lovitură dată cu un astfel de baston

brassiness ['brɑ:sinis] *s* **1** sunet metalic al unui instrument / al unei orchestre **2** aspect de tinichea al unui obiect pretins prețios

brass knuckles [,brɑ:s 'nʌklz] *s amer* set din patru inele din metal sudate între ele, care se pun pe mână pentru a face lovitura mai puternică

brass monkey [,brɑ:s 'mʌŋki] *adj brit* it's ~ **weather** e un ger de crapă pietrele

brass rubbing [,brɑ:s 'rʌbiŋ] *s* decalc prin frecare

brasswork ['brɑ:swə:k] *s* ustensile din aramă

brattice ['brætis] *s min* dig de aeraj

brattish ['brætiʃ] *adj peior* infantil, copilăresc, de puști, de mormoloc

brattle ['brætl] *(↓ scot)* **I** *s* huruit, tropăit, tropot **II** *vt* a hurui, a tropoti, a tropăi

braver ['breivə] *s înv* lăudăros, fanfaron

bravura [brə'vuərə] *s it muz* bravură

braw [brɔ:] *adj scot* frumos, minunat, ales

brawling ['brɔ:liŋ] **I** *adj* **1** gâlcevitor; gălăgios **2** *(d izvor)* șopotitor **II** *s* ceartă, sfadă

brawniness ['brɔ:ninis] *s* mușchi, musculatură, forță musculară

braxy ['bræksi] *scot* **I** *s* carne de oaie bolnavă de dalac **II** *adj (d carne)* care provine de la o oaie bolnavă de dalac

braze[1] [breiz] *vt* a lipi / a suda cu aramă

braze[2] [breiz] *vt* **1** a lipi cu un aliaj dur; a suda cu un aliaj de alamă **2** *fig* a întări, a înăspri, a căli

braze[3] [breiz] *vt* a bronza

brazenface ['breizn feis] *s* neobrăzat, nerușinat, obrăznicătură

brazenly ['breiznli] *adv* cu obrăznicie, obraznic, impertinent

brazil [brə'zil] *s minr* pirită

Brazil nut [brə'zil nʌt] *s bot* nucă americană *(fruct de Bertholletia excelsa)*

brazzil [brə'zil] *s v.* brazil

brea ['brei] s min kir, scursori de țiței cu pământ

bread bin ['bred bin] s cutie pentru pâine

bread board ['bred bɔːd] s fund de tăiat pâine

bread box ['bred bɔks] s v. bread bin

breaded ['bredid] adj dat prin pesmet, învelit în pesmet

bread fruit ['bred fruːt] s fructul arborelui de pâine

breadfruit tree ['bredfruːt triː] s bot arborele-de-pâine (Artocarpus incisa sau Gardenia edulis)

bread knife ['bred naif] s cuțit de (tăiat) pâine

bread line ['bred lain] s amer rând, coadă de șomeri / de săraci pentru primirea ajutorului filantropic

bread sauce ['bred sɔːs] s sos din miez de pâine, lapte, ceapă și mirodenii, servit la friptură de pasăre

breadthen ['bredθən] vt rar a lărgi, a lăți

bread tree ['bred triː] s v. breadfruit tree

breakaway ['breikəwei] s 1 separare, despărțire, ruptură (între oameni) 2 sport distanțare (în ciclism); despărțirea luptătorilor care se țin (în box)

breakdance ['breikdɑːns] I s breakdance (dans cu figuri acrobatice) II vi a dansa cu figuri acrobatice

break dancer ['breik ˌdʌnsə] s dansator de breakdance

break dancing ['breik ˌdʌnsiŋ] s v. break dance I

break-down lorry [ˌbreik daun 'lɔri] s auto depaneuză, camion de depanare

breaker card ['breikə kɑːd] s text cardă-brizeză, cardă de degroșare

breaker point ['breikə pɔint] s punct de rupere

breakeven ['breikiːvn] I vi ec (d o firmă, societate etc.) a avea un bilanț echilibrat (fără profituri și fără deficit) II s bilanț echilibrat

breakfastless ['brekfəstlis] adj care nu a luat gustarea de dimineață, pe nemâncate

breakfast room ['brekfəst ruːm] s salon unde se ia micul dejun

breakfast television ['brekfəst ˌteliviʒn] s programe de televiziune matinale

break-in ['breikin] s spargere, furt prin efracție

breaking ['breikiŋ] s 1 spargere, sfărâmare, rupere 2 amer deștelenire 3 el deconectare 4 spargere a valurilor 5 min abataj 6 text melițare 7 hidro rupere a zăgazului 8 lingv diftongare 9 emulsionare 10 învățare (a cailor) ~ of September începutul lui septembrie; ~ of new ground defrișare; (operă de) pionierat; ~ of the voice schimbare a vocii

breaking load ['breikiŋ ləud] s tehn sarcină de rupere

breaking piece ['breikiŋ piːs] s tehn cuplaj de siguranță

breaking point ['breikiŋ pɔint] s tehn punct de rupere; limita critică (de rezistență)

breaking strength ['breikiŋ streŋθ] s tehn rezistență la rupere (la tracțiune)

breakout ['breikaut] s evadare (din închisoare)

break point ['breikpɔint] s 1 (în tenis) punct de avantaj 2 cib punct de ruptură

bream [briːm] vt nav a curăța carena (unui vas)

breast band ['brest bænd] s 1 presen, curea sau chingă de sub pieptul calului 2 nav chingă de sondaj

breast-beating ['brestbiːtiŋ] s lamentare, tânguială, jeluire

breast-fed ['brest ˌfed] adj (d copil) de țâță; la supt; ~ child sugar

breast-feed ['brest ˌfiːd] vt, vi a alăpta

breast-feeding ['brest ˌfiːdiŋ] s alăptat, supt

breast hook ['brest huk] s nav guseul orizontal al etravei; ghirlandă

breast milk ['brest milk] s lapte de mamă

breastplate microphone [ˌbrestpleit'maikrəfəun] s tel microfon plastron

breast pocket ['brest ˌpɔkit] s buzunar de la piept

breast roll ['brest rəul] s tehn valț pieptar / frontal, valț de piept

breast wall ['brest wɔːl] s mil parapet (improvizat)

breast wheel ['brest wiːl] s hidr roată de apă cu admisie mijlocie

breathable ['briːθəbl] adj respirabil, care se poate respira

breathalyse brit, breathalyze amer ['breðəlaiz] vt a supune testului de depistare a stării de ebrietate, prin suflarea într-o fiolă

Breathalyser brit, Breathalyzer amer ['breðəlaizə] s test de depistare a stării de ebrietate, prin suflarea într-o fiolă

breathing mark ['briːðiŋ mɑːk] s muz pauză de respirație

breathlessly ['breθlisli] adv cu răsuflarea tăiată, fără răsuflare

breathlessness ['breθlisnis] s lipsă de respirație; respirație greoaie; gâfâială

breathtakingly ['breθteikiŋli] adv uimitor, extraordinar, captivant

breath test ['breθ test] s v. Breathalyser

breathy ['breθi] adj șuierător; (d o interpretare la un instrument de suflat) impură, dublată de șuierul respirației

brecciated ['bretʃieitid] adj geol de / din brecie

breech birth ['briːtʃ bəːθ] s naștere în care fătul iese cu partea posterioară

breech cloth ['briːtʃ ˌklɔ(ː)θ] s șorț purtat împrejurul șalelor de băștinașii din regiunile calde

breech clout ['briːtʃ ˌklaut] s amer v. breech cloth

breech delivery ['briːtʃ di,livri] s v. breech birth

breeched ['briːtʃt] adj 1 (și în cuvinte compuse) cu pantaloni; a new- ~ boy băiețaș care îmbracă pantaloni pentru prima oară 2 sl bogat

breeches buoy ['briːtʃiz,bɔi] s nav geamandură-semafor

breeches part ['britʃiz pɑːt] s (teatru) rol bărbătesc interpretat de o actriță, rol în travesti

breechless ['briːtʃlis] adj (↓ peior despre scoțieni) fără pantaloni; gol, dezbrăcat

breech loader ['briːtʃ ˌləudə] s mil armă (de foc) care se încarcă pe dinapoi / pe la culasă

breech loading ['briːtʃ ˌləudiŋ] I s mil încărcare pe la culasă II adj ~ rifle armă care se încarcă pe la culasă

breeding ground ['briːdiŋ graund] s 1 loc preferat de împerechere (al animalelor) 2 pepinieră (de teroriști)

breedy ['briːdi] adj fecund, prolific

breeks [bri:ks] *s scot* pantaloni

breezeblock ['bri:zblɔk] *s brit* piatră care corespunde cu grosimea zidului

breeze in [ˌbri:z 'in] *vi* a intra repede și dezinvolt / ca vântul

breeze out [ˌbri:z 'aut] *vi* a ieși repede și dezinvolt

breezily ['bri:zili] *adv* cu dezinvoltură, dezinvolt, vesel

Bremen ['breimən] *s* oraș în nordul Germaniei

Bren (gun) ['bren (gʌn)] *s mil* mitralieră (folosită în cel de-al II-lea război mondial de către englezi)

brent goose ['brent gu:s] *s orn* gâsca-cu-gâtul-negru (Bernicla brenta)

Bretwalda [bret'wɔ:ldə] *s ist* conducător al tuturor Britonilor (titlu dat odinioară regilor anglo-saxoni)

breve [bri:v] *s* **1** *poligr* semnul scurtimii (deasupra vocalelor scurte) **2** *ist* scrisoare papală

brevier [brə'viə] *s poligr* petit

brewer's yeast [ˌbru:əz 'ji:st] *s* drojdie de bere

brew house ['bru: haus] *s* fabrică de bere

brewing ['bru(:)iŋ] *s* **1** fierbere / fabricare a berei **2** cantitate de bere care se fierbe o dată **3** amestec **4** *nav* nori de furtună (care se adună)

briar pipe [ˌbraiə 'paip] *s* pipă din lemn de iarbă neagră

brickbat ['brikbæt] **I** *s* cioț, deșeu de cărămidă; **to sky ~s at smb** a da cu bucăți de cărămidă în cineva; *fig* a arunca cuiva săgeți; a ataca pe cineva (în presă etc.); *F* (as) **blind as a~** orb ca o cârtiță **II** *vt* a arunca cu cărămizi în

brick-coloured [ˌbrik'kʌləd] *adj* cărămiziu, de culoare cărămizie

brick fielder ['brik ˌfi:ldə] *s sl* vânt fierbinte de nord (în Australia de Sud)

brickie ['briki:] *s brit* zidar

bricklayer ['brikleiə] *s* **1** zidar **2** *ist* **the Bricklaying** (porecla lui Ben Jonson)

brickley ['brikli] *adj nav* fragil, sfărâmicios

brickmaker ['brikmeikə] *s* cărămidar

brick mason ['brik ˌmeisn] *s* v. **bricklayer (1)**

brick masonry ['brik ˌmeisnri] *s constr* zidărie de cărămidă

brick-red [ˌbrik'red] *adj* v. **brick-coloured**

brickwork ['brikwə:k] *s* **1** v. **brick masonry 2** căptușire, înzidire **3** *pl* cărămidărie, fabrică de cărămizi

brickworks ['brikwə:ks], **brickyard** ['brik ˌjɑ:d] *s* fabrică de cărămizi

bridal wreath [ˌbraidl 'ri:θ] *s* (coroniță de) lămâiță

bride bed ['braid bed] *s poetic* pat de nuntă

bridemaid ['braidmeid] *s* domnișoară de onoare

bride-to-be [ˌbraid tə 'bi] *s* viitoarea mireasă

bridgeless ['bridʒlis] *adj* (d un curs de apă, prăpastie etc.) fără pod

bridgeman ['bridʒmən] *s* paznic de pod

bridgework ['bridʒ wə:k] *s* lucrare / punte dentară

bridging joist ['bridʒiŋ dʒɔist] *s constr* chingă, stinghie, traversă

bridle path ['braidl pɑ:θ] *s* drum (↓ de munte) pentru călăreți

bridle-wise [ˌbraidl 'waiz] *adj amer* (d cai) care ascultă de frâu

bridoon [bri'du:n] *s* frâu fără zăbală

brief bag ['bri:f bæg] *s* **1** mapă de avocat **2** servietă, tașcă, geantă

briefing ['bri:fiŋ] *s* **1** *jur* încredințarea conducerii procesului unui avocat **2** *jur* scurtă expunere a cazului sau a dovezilor apărării; **to hold a ~ for smb** a apăra pe cineva

briefness ['bri:fnis] *s* scurtime, conciziune

brier ['braiə] *s* **1** *bot* iarbă neagră mediteraneană, erica (Erica arborea) **2** pipă făcută din lemn de iarbă neagră

brier rose ['braiə rəuz] *s bot* trandafir sălbatic (Rosa canina)

brig¹ [brig] *s* **1** *nav* bric, vas cu două catarge **2** *amer nav* arest / închisoare la bord **3** *scot* punte, pod

brig² [brig] *s mil sl* **1** general-maior, general de brigadă **2** colonel brigadier, colonel comandant al unei brigăzi

brigade major [bri ˌgeid 'meidʒə] *s mil* aghiotant de brigadă

brigadiership [ˌbrigə'diəʃip] *s mil* gradul *sau* funcția de general de brigadă

brigandine ['brigəndi:n] *s înv* za, cămașă de zale

brigandish ['brigəndiʃ] *adj* tâlhăresc, de brigand

brigandism ['brigəndizm] *s* tâlhărie / hoție de drumul mare, brigandaj

bright-eyed [ˌbrait 'aid] *adj* **1** cu ochi luminoși; cu ochi vioi **2** *fig* ager, vioi

brightly ['braitli] *adv* **1** strălucitor, cu strălucire, strălucind puternic **2** veșel, strălucind de bucurie

brights¹ ['braits] *s pl sl* ustensile metalice de bucătărie

brights² ['braits] *s amer* faza mare / lungă a farurilor; **to put the ~ on** a aprinde farurile pe fază lungă

bright spark [ˌbrait 'spɑ:k] *s brit* persoană foarte inteligentă; *umor* **you're a ~** mare deștept, n-am ce zice!

brilliant green [ˌbriljənt 'gri:n] *s ch* verde strălucitor; pigment verde intens

brilliantly ['briljəntli] *adv* cu strălucire, strălucit; **~ coloured** în culori vii, strălucitoare; **~ performed** interpretat în mod strălucit

brilliantness ['briljəntnis] *s* strălucire, splendoare, pompă

brimless ['brimlis] *adj* (d pălărie) fără bor(uri)

brimmed [brimd] *adj* **1** (↓ în cuvinte compuse, despre pălării) cu bor(uri) **2** (d un pahar etc.) plin până sus, până în vârf, cu vârf **3** (d ochi) *poetic* plin de lacrimi

brimmer ['brimə] *s* pahar plin

brimstony ['brimstəuni] *adj* de pucioasă, de sulf; sulfuros

Brinell hardness [bri'nel ˌhɑ:dnis] *s fiz* duritate Brinell

bring-and-buy [ˌbriŋ ənd 'bai] *s brit* comerț cu lucruri de ocazie (în Marea Britanie)

brio ['bri(:)əu] *s muz* brio, vioiciune

brise-bise [ˌbri:z'bi:z] *s* brizbiz

briskly ['briskli] *adv* **1** vioi, jucăuș, iute **2** brusc, dintr-o dată **3** *com* **cold drinks were selling ~** băuturile reci se vindeau bine

brisky ['briski] *adj F* **1** (d persoane) ușor amețit de băutură; cu vervă **2** (d un miel etc.) nebunatec, zglobiu

brisling ['brisliŋ] *s iht* sprot, specie de scrumbie (Clupea sprattus)

brisly ['brisli] *adj* zbârlit, aspru; țepos

bristle fern ['brisl fəːn] *s bot* straşnic, acul-pământului, feriguţă, ruginiţă *(Asplenium trichomanes)*

bristliness ['brislinis] *s* 1 ţepi, ghimpi 2 zbârlire *şi fig*

Bristol board ['bristl bɔːd] *s* carton de Bristol

Bristol Channel [,bristl 'tʃænəl] *s* Canalul Bristol

Britannia metal [bri'tæniə ,metl] *s* metal britanic *(aliaj de plumb, aramă şi antimoniu, uneori zinc)*

Britannian [bri'tænjən] *adj rar* britanic, englez, englezesc

Britannia Silver [bri'tænjə ,silvə] *s* argint foarte fin

britches ['britʃiz] *s amer* bretele *(de pantaloni)*

British Academy [,britiʃ ə'kædəmi] *s* Academia Britanică *(organism public de susţinere a cercetărilor în domeniul umanist*

British Antarctic Territory [,britiʃ ən'taːktik teritri] *s* teritoriul britanic din Antarctica

British bottoms [,britiʃ 'bɔtəmz] *s pl nav* pavilion britanic

British Broadcasting Corporation [,britiʃ 'brɔːdkaːstiŋ kɔːpɔːreiʃn] *s* BBC, *compania britanică de radiodifuziune şi televiziune*

British Columbia [,britiʃ kə'lʌmbiə] *s* Columbia Britanică *(provincie în vestul Canadei)*

British Columbian [,britiʃ kə'lʌmbiən] **I** *s* locuitor al Columbiei britanice **II** *adj* referitor la Columbia britanică

British Commonwealth [,britiʃ 'kʌmənwelθ] *s* Commonwealth

British Council [,britiʃ 'kaunsl] *s* consiliul britanic *(organism public însărcinat cu popularizarea limbii şi culturii engleze în lume şi cu strângerea legăturilor culturale cu alte ţări)*

British East India Company [,britiʃ ist 'indiə kʌmpəni] *s ist* Compania britanică a Indiei

british gum [,britiʃ 'gʌm] *s ch* dextrină

British Honduras [,britiʃ hɔn'djuərəs] *s* Hondurasul Britanic *(denumirea până în 1973 a teritoriului Belize)*

Britishism ['britiʃizm] *s* anglicism *(idiom folosit în Anglia, dar nu şi în S.U.A.)*

British Lions [,britiʃ 'laiəns] *s* echipă de rugby a Marii Britanii, formată din jucătorii selecţionaţi din cele patru echipe naţionale; Anglia, Ţara Galilor, Scoţia şi Irlanda de Nord

British Summer Time [,britiʃ 'sʌmə taim] *s* ora de vară britanică

British Telecom [,britiʃ 'telikɔm] *s* societate britanică de telecomunicaţii

British thermal unit [,britiʃ 'θəːməl juːnit] *s* unitate britanică de măsură pentru căldură *(= 0,252 calorii)*

British warm [,britiʃ 'wɔːm] *s mil* manta militară *(scurtă)*

britzka ['britskə] *s rus* brişcă

broacher ['brəutʃə] *s* autor, creator, iniţiator

B-road [,biː'rəud] *s* drum / şosea secundară

broadband ['brɔːdbænd] **I** *s* difuzare pe benzi de frecvenţă largă **II** *adj* cu bandă de frecvenţă largă

broad-brim ['brɔːd brim] *s* 1 pălărie cu boruri mari 2 *F* quaker

broad brimmed [,brɔːd'brimd] *adj (d pălărie)* cu boruri largi

broad brush [,brɔːd 'brɔʃ] *adj* a ~ approach o abordare grosolană / lipsită de fineţe

Broadcasting House ['brɔːdkaːstiŋ haus] *s* sediul BBC din Londra

Broad Church [,brɔːd 'tʃəːtʃ] *s* bis curent liberal în biserica anglicană

Broad Churchman [,brɔːd 'tʃəːtʃmən] *s* bis adept al curentului liberal din biserica anglicană

broad-leafed [,brɔːd 'liːft] *adj* cu frunza lată

broad leaved [,brɔːd 'liːvd] *adj v.* **broad-leafed**

broadloom ['brɔːdluːm] *adj (d un covor)* ţesut pe război lat

Broadmoor ['brɔːdmuə] *s* instituţie britanică pentru deţinuţii alienaţi mintal

Broads ['brɔːdz] *s* the (Norfolk) ~ grup de lacuri situat în Norfolk şi Suffolk *(în Marea Britanie)*

broad Scotch [,brɔːd 'skɔtʃ] *s* accent scoţian pronunţat

broad-spectrum [,brɔːd 'spectrəm] *adj* cu spectru larg

broad stone [,brɔːd 'stəun] *s* piatră lată, dală de piatră

broadtail ['brɔːdteil] *s* 1 oaie cu coadă lată 2 coadă grasă de oaie

brocaded [brə'keidid] *adj text* de brocart

brocatelle [,brɔkə'tel] *s text* imitaţie de brocart

broccoli ['brɔkəli] *s it, bot* conopidă italiană *(Brassica oleracea botrytis)*

broch [brɔk] *s ist* turn *(de apărare)* rotund al picţilor

broché ['brəuʃi] **I** *adj text* broşat **II** *s* brocart

brockage ['brɔkidʒ] *s* monedă defectuoasă

brocoli ['brɔkəli] *s v.* **broccoli**

brog [brɔg] *s* coarbă, burghiu cu coarbă

brogan ['brəugən] *s amer* pantof *(din piele netăbăcită, ornamentat)*; bocanc; pantof de golf

broiler house ['brɔilə haus] *s* clocitoare de pui

broken-backed [,brəukən'bækt] *adj* cu spatele frânt / încovoiat

broken-heartedness [,brəukən'haːtidnis] *s* deznădejde, disperare

broken-kneed [,brəukən 'niːd] *adj* 1 cu genunchii zdrobiţi 2 şchiop

brokenness ['brəukənnis] *s* 1 caracter accidentat *(al terenului)* 2 zdrobire *(a inimii)*

broken water [,brəukən 'wɔːtə] *s* valuri mici ale mării, berbeci, mare agitată

broken-winded [,brəukən'windid] *adj (d cal)* bolnav de tignafes

broking ['brəukiŋ] *s* 1 samsarlâc, provizion, misitie 2 curtaj

bromacetone [,brəum'æsitəun] *s ch* brom-acetonă

brome grass ['brəum graːs] *s bot* obsigă *(Bromus)*

bromeliad [brəu'miːliæd] *s (orice)* plantă din familia Bromeliaceae

bromidic [brəu'midik] *adj amer F* plictisitor, care te face apatic, adoarme; a ~ speech discurs plictisitor, discurs care te adoarme

bromine water ['brəumiːn ,wɔːtə] *s ch* apă de brom

bronc [brɔŋk] *s sl v.* **bronco**

bronchiole ['brɔŋkiəul] *s anat* bronhiolă

bronchitic [brɔŋ'kitik] **I** *adj* bronşitic, bronşic **II** *s* bolnav de bronşită

broncho ['brɔŋkəu] *s v.* **bronco**

bronchodilator [ˌbrɔŋkəu'daileitə] *s (medicament)* bronhodilatator

bronchoscope ['brɔŋkɔskəup] *s med* bronhoscop

bronchoscopy [brɔŋ'kɔskəpi] *s med* bronhoscopie

bronchotomy [brɔŋ'kɔtəmi] *s med* bronhotomie

bronchus [brɔŋks], *pl* **bronchi** ['brɔŋkai] *s pl anat* bronhii

bronco ['brɔŋkəu] *s amer* cal sălbatic *sau* pe jumătate sălbatic

brontosaurus [ˌbrɔntə'sɔːrəs] *s zool* brontozaur

Bronx ['brɔŋks] *s* the ~ cartier din New York

Bronx cheer ['brɔŋks tʃiə] *s amer* s/huiduială, exclamație de dez-aprobare; fluierătură

bronzed [brɔnzd] *adj* bronzat, ars de soare

bronze medal [ˌbrɔnz 'medl] *s sport* medalie de bronz

bronze medallist [ˌbrɔnz 'medəlist] *s sport* medaliat cu bronz

bronze powder [ˌbrɔnz 'paudə] *s* pudră de bronz

bronzite ['brɔnzait] *s minr* bronzit, piroxen rombic

brooding ['bruːdiŋ] **I** *adj* neliniș-titor, tulburător, amenințător **II** *s* he's done a lot of ~ since he got home a petrecut mult timp medi-tând asupra lucrurilor de când a venit acasă

brood mare ['bruːd ˌmeə] *s* iapă de prăsilă

broody ['bruːdi] *s* 1 *şi* ~ **hen** cloşcă 2 *fig* om cufundat în gânduri / dus pe gânduri / visător / aiurit / distrat / preocupat

brookite ['brukait] *s minr* dioxid de titan

brooklet ['bruklit] *s* pârâiaș, râuleț

brook trout ['bruːk traut] *s iht* păs-trăvul-fântânei *(Savelinus fonti-nalis)*

broom corn ['bruːm kɔːn] *s bot* mătură *(Sorghum vulgare)*

brothel creeper ['brɔðəl ˌkriːpə] *s* pantofi bărbătești din piele de antilopă cu talpă de crep

Brother Jonathan ['brʌðə 'dʒɔnə- θən] *s* iancheu *(poreclă a nord-americanilor)*

brotherless ['brʌðəlis] *adj* fără frați

brouhaha ['bruːhəhə] *s* zarvă, gă-lăgie, vacarm

browband ['braubænd] *s* fruntar *(la cai)*

brow-bound [ˌbrau'baund] *adj poetic* încununat *(cu lauri etc.)*

brown ale [ˌbraun 'eil] *s* bere brună

brownbag ['braunbæg] *vt amer* a-și aduce prânzul la pachet; **I** ~ **it to work** îmi aduc prânzul la pachet

Brown Bess [ˌbraun 'bes] *s ist mil* puşcă cu cremene

browned-off [ˌbraund 'ɔf] *adj brit* 1 plictisit 2 descurajat; **she's** ~ **with her job** e sătulă până-n gât de munca ei

brown goods [ˌbraun 'guːdz] *s com* bunuri de consum de va-loare medie *(aparate de radio, casetofoane, televizoare)*

brown hay [ˌbraun 'hei] *s agr* fân brun

brown hematite [ˌbraun 'hemətait] *s minr* limonit, hematit brun

brownie[1] ['brauni] *s* un anumit tip de aparat fotografic

brownie[2] ['brauni] *s* membră mi-noră a organizației „Girl Guides" *(= cercetașe)*

brownie point ['brauni pɔint] *s umor* punct în favoarea cuiva; **doing the ironing should earn you a few ~s** vei fi bine văzut(ă) dacă te-apuci de călcat rufele

browning ['brauniŋ] *s* 1 bronzare *(a pielii)* 2 *met* smălțare, glazu-rare; brumare 3 rumenire *(a căr-nii)* 4 pralinare *(a migdalelor)*

Browning ['brauniŋ] *s (revolver)* browning

brownish ['brauniʃ] *adj* maroniu, care bate spre maro

Brown, Jones and Robinson [ˌbraun, dʒəunz ən 'rɔbinsn] *s* englezi(i) simpli / de rând / obiș-nuiți

brownness ['braunnis] *s* culoare brună / închisă

brown-nose ['braun nəuz] *sl* **I** *s* lingușitor **II** *vt,vi* a linguși

brownout ['braun aut] *s* 1 *amer* reducerea iluminatului străzilor / vitrinelor *(pentru a economisi energia electrică)* 2 *(cuvânt aus-tralian)* eclipsă parțială

brown owl [ˌbraun 'auwl] *s* condu-cător adult al unei organizații de fete între 9 și 11 ani

brown paper [ˌbraun 'peipə] *s* hâr-tie de împachetat *(gri)*

brown shirts [ˌbraun 'ʃəːts] *s pl pol* Cămășile Brune *(nume generic pentru naziști)*

brown trout [ˌbraun 'traut] *s iht* păstrăvul-de-râu / munte *(Salmo trutta)*

brucellosis [bruːsi'ləusis] *s med* bruceloză

bruising ['bruːziŋ] **I** *s* contuzie, vânătaie **II** *adj* penibil, dureros; **it was a rather ~ experience** a fost o experiență dureroasă

Brum [brʌm] *s nume familiar dat orașului Birmingham*

brumal ['bruːməl] *adj* de iarnă, iernatic

brumby ['brʌmbi] *s (cuvânt aus-tralian) F* cal care nu a fost pus la ham; cal sălbatic

Brummie ['brʌmi] **I** *s nume familiar dat unui locuitor al orașului Birmingham* **II** *adj* referitor la orașul Birmingham

Brummy ['brʌmi] *s, adj v.* **Brum-mie**

Brunei [bruː'nai] *s* sultanat în par-tea de nord a insulei Kalimantan

Brunswick line ['brʌnzwik lain] *s (ist Angliei)* dinastia de Hanovra *(1714 – 1901)*

brushed [brʌʃt] *adj* scămoșat; ~ **cotton** finet

brush fire ['brʌʃ ˌfaiə] *s* 1 foc de mărăciniș 2 conflict armat *(mi-nor)*

brush-fire war [ˌbrʌʃ faiə'wɔː] *s* război local

brushless ['brʌʃlis] *adj* berc, fără coadă

brush-off ['brʌʃ ɔf] *s* 1 refuz dis-prețuitor; **she gave him a ~** l-a respins disprețuitor / l-a trimis la plimbare 2 concediere; **I got the ~** am fost concediat

brush stroke ['brʌʃ strəuk] *s* 1 urma lăsată de o pensulă în-muiată în vopsea 2 tușă, tușeu *(stilul unui pictor)*

brusquely ['bruskli] *adv* brusc, cu bruschețe, cu duritate

brusqueness ['brusknis] *s* brus-chețe; brutalitate

Brussels sprouts ['brʌslz sprauts] *s pl bot* varză de Bruxelles *(Bra-ssica oleracea bullata)*

brut [brjuːt] *adj (d vin)* sec

brutalism ['bruːtlizm] *s* brutalitate, asprime, cruzime

brutalization [bruːtəlai'zeiʃn] *s* 1 abrutizare, îndobitocire 2 bruta-lizare

brutalness ['brutlnis] *s rar v.* **bru-talism**

brutishness ['bru:tiʃnis] *s* **1** brutalitate **2** bestialitate **3** abrutizare

bryology [brai'ɔlədʒi] *s bot* briologie

bryony ['braiəni] *s* plantă agăţătoare din genul Bryonia

bryozoa [ˌbraiə'zəuə] *s pl zool* briozoare

Brythonic [bri'θɔnik] **I** *adj* breton **II** *s* **1** breton **2** (limba) bretonă

bs *presc de la* bill of sale act / contract de vânzare-cumpărare

BS *presc de la* **1** British Standard(s) *indică faptul că cifra care urmează este o normă fixată de Institutul Britanic de Standardizare* **2** *amer* Bachelor of Science *titulatura licenţei în ştiinţe*

BSA *presc de la* Boy Scouts of America *asociaţie americană de cercetaşi*

BSc *brit presc de la* Bachelor of Science *titulatura licenţei în ştiinţe*

BSC *presc de la* British Steel Corporation *Întreprindere siderurgică britanică (astăzi privatizată)*

BSE *presc de la* bovine spongiform encephalopathy *encefalopatie bovină spongiformă*

BSI *presc de la* British Standards Institution *instituţie britanică de standardizare*

B-side [ˌbi:'said] *s* faţa B a unui disc

B-sky-B [ˌbi: skai 'bi:] *presc de la* British sky Broadcasting *societate britanică de difuzare a canalelor de televiziune prin satelit*

BST *presc de la* British Summer Time *ora de vară britanică*

B station [ˌbi:'steiʃn] *s nav* staţie radio de bord

BT *presc de la* British Telecom *societatea britanică de telecomunicaţii*

btu *presc de la* British thermal unit *(în Marea Britanie) unitate de căldură, echivalentă cu 1054,2 juli*

bub [bʌb] *s amer* amic, prieten vechi; hi ~! salut, bătrâne!

bubble-and-squeak [ˌbʌbłənd-'skwi:k] *s* **1** friptură (rece) cu varză / legume **2** *fig* lipsă de fond; deşertăciune, vanitate; lăudăroşenie

bubble bath ['bʌbł bɑ:θ] *s* **1** spumă de baie **2** baie pregătită cu spumă de baie

bubble car ['bʌbł kɑ:] *s F* automobil mic cu acoperiş transparent în formă de cupolă şi uşă frontală

bubble glass ['bʌbł glɑ:s] *s tehn* nivel(ă) / bulă cu aer

bubble gum ['bʌbł gʌm] *s amer* gumă de mestecat

bubble head ['bʌbł hed] *s amer* imbecil

bubblejet printer [ˌbʌbłdʒet 'printə] *s* imprimantă cu jet de cerneală

bubble pack ['bʌbł pæk] *s* ambalaj de plastic cu bule de aer

bubbly jock [ˌbʌbli 'dʒɔk] *s F* curcan

bubo ['bju:bəu] *s med* buboi

bubonic [bju(:)'bɔnik] *adj med* bubonic

bubonocele [bju:'bɔnəsi:l] *s med* hernie inghinală

bubs [bʌbz] *s pl vulg* bust, sân, piept

buccal ['bʌkəl] *adj anat* bucal

buccaneering [bʌkə'niəriŋ] *adj* întreprinzător, îndrăzneţ

bucephalus [bju:'sefələs] *s F* cal de călărie

buckaroo [ˌbʌkə'ru:] *s amer* cowboy

buck basket ['bʌk ˌbɑ:skit] *s* coş de rufe murdare

buckboard ['bʌkbɔ:d] *s* trăsură cu patru roţi, larg folosită în S.U.A. la sfârşitul secolului al XIX-lea

bucked [bʌkt] *adj* însufleţit, încurajat

bucket dredger ['bʌkit ˌdredʒə] *s tehn* săpător / dragă cu cupe (pentru şanţuri)

bucket elevator ['bʌkit ˌeləveitə] *s tehn* lift cu godeu, noria

bucketing ['bʌkitiŋ] *s* **1** scoatere / vărsare a apei cu găleata **2** *sl* mişcare, călărit / vâslit repede

bucket seat ['bʌkit si:t] *s* scaun rabatabil (folosit în avioane şi autoturisme)

buckeye ['bʌkai] *s amer* locuitor al statului Ohio

Buckeye State ['bʌkai steit] *s amer* statul Ohio

buck horn ['bʌk hɔ:n] *s* corn de cerb (ca material)

Buck House ['bʌk haus] *s* nume familiar dat palatului Buckingham

bucking ['bʌkiŋ] *s* **1** înmuiere sau spălare în leşie (a rufelor) **2** sfărâmare / fărâmiţare a unui minereu

buckler fern ['bʌklə fə:n] *s bot* creasta-cocoşului (Aspidium)

buck-passing ['bʌkˌpɑ:siŋ] *s F* evitare a răspunderii şi trecerea acesteia asupra altcuiva

buckpot ['bʌkpɔt] *s* oală de lut

buckra ['bʌkrə] *s* (în vorbirea negrilor) alb

buckshee ['bʌkʃi:] *adj mil sl* gratuit, (pe) gratis, de pomană

bucktoothed [ˌbʌk'tu:θd] *adj* cu dinţi mari / de cerb

Buddhistic [bu'distik] *adj rel* budist

buddleia [bʌd'leiə] *s bot* plantă din genul Buddleia

budgeree [ˌbʌdʒə'ri:] *adj* (cuvânt australian) P excelent, grozav, fain

budgerigar ['bʌdʒriˌgɑ:] *s orn* papagal pitic

budget account ['bʌdʒit əˌkaunt] *s* **1** (la un magazin) cont de credit **2** (la bancă) cont permanent

budget plan ['bʌdʒit plæn] *s amer* sistem de credit

budless ['bʌdles] *adj* fără muguri

buffalo grass ['bʌfələu grɑ:s] *s* iarbă măruntă ce creşte în regiunile secetoase din centrul S.U.A.

Buffalo Plains State [ˌbʌfələu pleinz 'steit] *s amer* statul Colorado

buffer memory ['bʌfə ˌmeməri] *s cib* memorie tampon

buffer stock ['bʌfə stɔk] *s ec* stoc tampon

buffeting ['bʌfitiŋ] **I** *s* **1** lovitură, izbitură; the waves gave the boat a sound ~ valurile izbeau vasul **2** bătaie, bruftuluială **II** *adj* violent

buffing ['bʌfiŋ] *s tehn* lustruire, şlefuire

buffo ['bufəu], *pl* **buffi** ['bufi] *s* actor comic de estradă

buffy ['bʌfi] *adj sl* cherchelit, ameţit, pilit, aghesmuit

bug-eyed [ˌbʌg 'aid] *adj amer* cu ochii bulbucaţi / mai să iasă din orbite

buggered ['bʌgəd] *adj brit* **1** stricat, terminat **2** I'll be ~ să fiu al naibii! (exprimând surpriza) **3** I'm ~ if I do anything to help him să fiu al naibii dacă-l ajut!

bugger up [ˌbʌgər 'ʌp] *vi sl brit* a face un lucru de mântuială, a cârpăci

bugging ['bʌgiŋ] *s* **1** utilizarea clandestină a aparatelor de ascultat *(într-o cameră)* **2** interceptarea convorbirilor telefonice; ~ **device** aparatură de ascultare

buggy[1] ['bʌgi] *adj* plin de ploșnițe, invadat / năpădit de ploșnițe

buggy[2] ['bʌgi] *adj amer sl* țicnit, lovit cu leuca, dus cu pluta

bugle ['bju:gl] *s* mărgea *(lungă, neagră)*

buglet ['bju:glit] *s* goarnă mică, claxon *(de bicicletă)*

bug out [,bʌg 'aut] *vi amer* **1** a pleca în grabă **2** *(d ochi)* a fi bulbucați, a ieși în afară

buhl [bu:l] *s* mobilă în stilul „Boule" *(cu incrustații din bronz)*

builder-upper ['bildə ,ʌpə] *s amer* agent de publicitate, persoană expertă în arta reclamei

building and loan association [,bildiŋ ən ləun ə'səusieiʃn] *s v.* **building society**

building block ['bildiŋ blɔk] *s constr* bloc de construcții

building lease ['bildiŋ li:s] *s* arendare a unui teren pentru construcții

building site ['bildiŋ sait] *s* șantier de construcții

building slip ['bildiŋ slip] *s nav* cală de construcție

building society ['bildiŋ sə,saieti] *s* societate de credite pentru construcții, societate imobiliară

bulbaceous [bʌl'beiʃəs] *adj* **1** bulbos **2** bulbucat, umflat; holbat

bulb angle ['bʌlb,æŋgl] *s* **1** *(metal)* oțel în brame **2** *nav* cornier în bulb

Bulgaric [bʌl'gærik] *adj* bulgar, bulgăresc

bulimia [bju:'limiə] *s med* bulimie; *fig* lăcomie, cupiditate, aviditate

bulimic [bju:'limik] *adj* bulimic

bulimy ['bju:limi] *s v.* **bulimia**

bulk-buy ['bʌlk bai] *vi* a cumpăra cu ridicata; a cumpăra în cantități mari

bulk buying ['bʌlk ,baiŋ] *s* cumpărare cu ridicata; cumpărare în cantități mari

bulkiness ['bʌlkinis] *s* **1** *(d obiecte)* grosime, caracter voluminos **2** *(d oameni)* corpolență

bulk mail ['bʌlk meil] *s* trimitere poștală voluminoasă

bulk mailing ['bʌlk ,meiliŋ] *s v.* **bulk mail**

bullet head ['bulit hed] *s* **1** om cu capul rotund **2** *amer* om încăpățânat / îndărătnic

bulletin board ['bulitin bɔ:d] *s* tablou de afișaj

bull fiddle ['bul fidl] *s amer sl* violoncel

bullfighting ['bulfaitiŋ] *s* coridă, luptă cu tauri

bullhorn[1] ['bulhɔ:n] *s* corn de taur; *fig* **to show the** ~ a opune rezistență; a-și arăta colții

bullhorn[2] ['bulhɔ:n] *s amer* megafon, portavoce

bullionist ['buljənist] *s* partizan al circulației monedelor metalice

Bullion State [,buljən 'steit] *s amer* statul Montana

bull market ['bul ,ma:kit] *s* piață în urcare

bull mastiff [,bul 'ma:stif] *s* rasă de câine obținută prin încrucișarea unui dog englez cu un buldog

bull moose ['bul n:u:s] *s amer* partizan fervent al lui Th. Roosevelt *(în campania prezidențială dinaintea primului război mondial: 1912)*

bull point ['bul,pɔint] *s F* avantaj; *(semn de)* superioritate

bull session ['bul,seʃn] *s* conversație *(intimă)* / taifas între bărbați

bullshit ['bulʃit] *sl* **I** *s* rahat; tâmpenii; **don't give me that** ~ mai slăbește-mă cu tâmpeniile astea! **II** *vt, vi* a spune tâmpenii

bull terrier [,bul'teriə] *s* câine bullterier

bullwacker ['bul wækə] *s amer* bivolar, păzitor al unei cete de bivoli din Vestul Îndepărtat

bullwacker's language [,bulwækəz 'læŋgwidʒ] *s amer* limbaj grosolan

bullwhack ['bulwæk] *vt amer* a biciui, a bate

bullwhip ['bulwip] **I** *s* cravașă **II** *vt* a lovi / a bate cu cravașa

bully (beef) ['buli (bi:f)] *s* conserve de carne de vacă

bully boy ['buli bɔi] *s amer sl* tip grozav, as **2** *brit* brută, huligan

bullyism ['buliizm] *s* lăudăroșenie, fanfaronadă

bully off [,buli 'ɔf] **I** *vi (în hochei)* a începe jocul, a pune pucul în joc **II** *s* începerea jocului *(de hochei)*

bulrushy ['bulrʌʃi] *adj* cu (mult) pipirig

bumble ['bʌmbl] *vi înv* a bâzâi, a zumzăi

bumble puppy ['bʌmbl ,pʌpi] *s F* joc prost, joc de ageamiu *(la cărți, la tenis)*; joc de whist jucat neregulamentar

bumbler ['bʌmblə] *s ent* bondar, bărzăun(e) *(Bombus terrestris)*

bumf [bʌmf] *s sl* **1** hârtie igienică; *fig* maculatură **2** *pl* hârțoage

bum freezer ['bʌm ,fri:zə] *s sl* haină scurtă

bummed [bʌmd] *adj amer* **to be** ~ **(out) with smth** a fi deprimat de ceva

bummer ['bʌmə] *s* **1** *P* haimana, hoinar **2** *amer sl* reporter de mâna a doua; politician neimportant

bumper car ['bʌmpə ka:] *s* mașinuță electrică în parcul de distracții

bumper sticker ['bʌmpə ,stikə] *s* autocolant *(pentru autoturisme)*

bumper-to-bumper [,bʌmpə tu 'bʌmpə] *adj* ~ **traffic** trafic intens

bumping ['bʌmpiŋ] *adj* mare, puternic

bump off [,bʌmp 'ɔf] *vt* **1** a ucide, a suprima **2** ~ **with a gun** a împușca

bumpology [bʌm'pɔlədʒi] *s amer F* frenologie

bumptious ['bʌmpʃəs] *adj* îngâmfat, încrezut, plin de sine, fudul, trufaș

Buna ['bu:nə] *s ch* cauciuc sintetic Buna

bunce [bʌns] *s sl* bani, câștig

buncosteerer ['bʌŋkəu,stiərə] *s amer sl* escroc, șarlatan, pungaș

bund [bʌnd] **I** *s* chei *(în Japonia și China)* **2** dig, zăgaz *(în India)* **3** *F* alianță, ligă **II** *vt* a indigui, a zăgăzui, a apăra cu un dig

bunder ['bʌndə] *s (cuvânt anglo-indian)* **1** debarcader, chei **2** port

bundled ['bʌndld] *adj cib* ~ **software** software livrat împreună cu materialele aferente

bun fight ['bʌn fait] *s brit umor* recepție, reuniune

bunglesome ['bʌnglsəm] *adj* neîndemânatic, stângaci, nepriceput

bung up [,bʌn 'ʌp] *vt* a astupa

bunion ['bʌnjən] *s mont*, bătătură *(la picior)*

71

bunk bed ['bʌŋk bed] s pat suprapus

Bunker Hill [,baŋkə'hil] s the battle of ~ *prima bătălie importantă din războiul de independenţă american (1775)*

bunk house ['bʌŋk haus] s *amer* baracă cu priciuri pentru muncitori forestieri, cărbunari *etc.*

bunko ['bʌŋkəu] I s înşelăciune, abuz de încredere, înşelare a încrederii victimei; inducere în eroare II vt 1 a trişa, a înşela *(la cărţi)* 2 a jecmăni, a fura *(prin înşelăciune)*

bunnia ['bʌnjə] s *(cuvânt anglo-indian)* neguţător, prăvăliaş

bunny girl ['bʌni gə:l] s fată care serveşte sau face animaţie la un local de noapte

Bunsen burner [,bənsən 'bə:nə] s lampă Bunsen

buoyancy tank ['bɔiənsi tæŋk] s *nav* cheson de aer

buoyantly ['bɔiəntli] adj 1 vioi, săltăreţ 2 cu vioiciune, cu antren 3 *(a pluti)* uşor, lejer

buplever [bju'plevə] s *bot* urechea iepurelui *(Bupleurum sp.)*

buran [bu:'rɑːn] s *rus* viscol

burberry ['bə:bəri] s palton impermeabil; stofă impermeabilă *(după numele firmei)*

burble ['bə:bl] I vi 1 *(d un lichid)* a gâlgâi 2 *(d un izvor)* a murmura, a susura, a clipoci 3 a trăncăni, a flecări, a pălăvrăgi II s 1 gâlgâit 2 murmur, susur, clipocit 3 trăncăneală, flecăreală, pălăvrăgeală

burbling ['bə:bliŋ] adj 1 care gâlgâie, gâlgâitor 2 murmuitor, şopotitor 3 palavragiu, flecar

bureaucratise [bju'rɔkrətaiz] vt a birocratiza

burelé ['bjuərəlei] s *(filatelie)* burelaj

burger ['bə:gə] s *amer* 1 *(un fel de)* cârnat de porc 2 *(sandviş din)* chiflă cu cârnat de porc *(presc de la* hamburger*)*

burgh ['bʌrə] s *(şi sufix)* oraş scoţian *(corespunde englezescului* borough*)*

burglar alarm ['bə:glər ə,lɑːm] s alarmă antifurt

burglarize ['bə:gləraiz] vt a sparge, a comite o spargere la / în

burglarproof ['bə:glə,pru:f] adj prevăzut cu dispozitive de protecţie împotriva furturilor

burgle ['bə:gl] vt scot F 1 v. **burglarize** 2 a jefui, a jecmăni, a prăda

burgoo [bə:'gu:] s *nav* sl păsat din făină de ovăz

Burgundian [bə:'gʌndiən] I s locuitor al provinciei Burgundia II adj din *sau* referitor la Burgundia

burgundy ['bə:gəndi] s vin roşu de Burgundia

burial mound ['beriəl maund] s tumulus

burin ['bjuərin] s *poligr* ştihd / ac de gravat

burk [bə:k] s v. **berk**

Burke's Peerage [,bə:ks 'piəridʒ] s anuarul aristocraţiei britanice

Burmese cat [bə:,mi:z 'kæt] s pisică birmaneză

burned-out [,bə:nt 'aut] adj 1 ars, incendiat, distrus prin foc 2 *(d o persoană)* distrus, terminat, epuizat

burning glass ['bə:niŋ glɑːs] s opt lentilă de convergenţă

burnished ['bə:niʃt] adj 1 met brunat, lustruit 2 lustruit, strălucitor

burn off [,bə:n 'ɔf] vt a (se)arde, a distruge prin foc

burnouse [bə:'nu:z] s burnuz

burnout ['bə:naut] s 1 av oprirea motorului datorită epuizării combustibilului 2 el scurt-circuit 3 epuizare

burnt offering [,bə:nt 'ɔferiŋ] s bibl holocaust

burn-up ['bə:n ʌp] s raliu automobilistic de viteză

burp [bə:p] s sughiţ; râgâială

burrito [bə'ri:təu] s clătite mexicane

burro ['bə:rəu] pl **burros** ['bə:rəuz] s span măgar, asin

bursting charge [,bə:stiŋ 'tʃɑːdʒ] s exploziv, încărcătură explozivă

Burundian [bu'rundjən] I s locuitor din Burundi II adj din *sau* referitor la Burundi

bus bar ['bʌs bɑː] s el bară colectoare

bus conductor ['bʌs kən,dʌktə] s controlor / taxator pe autobuz

bus driver ['bʌs ,draivə] s şofer de autobuz

bushbaby ['buʃbeibi] s zool galago, *gen de maimuţă africană (Galago)*

bush basil ['buʃ ,bæzil] s bot busuioc *(Ocymum minimum)*

bush dog ['buʃ dɔg] s zool 1 poto *(Perodicticus potto)* 2 specie de câine sud-american *(Icticyon venaticus)*

bushed [buʃt] adj epuizat, istovit, sleit de puteri

bushfire ['buʃfaiə] s foc de surcele

bush grass ['buʃ grɑːs] s bot trestie-de-câmpuri *(Calamagrostis epigeios)*

bush-jacket ['buʃ,dʒækit] s v. **bush shirt**

bush ranger ['buʃ,reindʒə] s ocnaş evadat care se ascunde în tufişuri şi trăieşte din prădăciuni

bush shirt ['buʃ ʃə:t] s sahariană, cămaşă colonială

bush telegraph ['buʃ ,teligrɑːf] s umor răspândire rapidă a veştilor, zvonurilor *etc.*, radio-şanţ / trotuar

bushwhack ['buʃwæk] I vi 1 a tăia un drum prin vegetaţia luxuriantă 2 a trăi în pădure II vt *amer* a prinde în ambuscadă

bushwhacker ['buʃwækə] s 1 *amer* locuitor al desişurilor de pădure *fig* ţăran 2 *ist* partizan *(din războiul civil din S.U.A. 1862–1865)* 3 cuţit pentru curăţarea tufişurilor

business address ['biznis ə,dres] s adresa de la locul de muncă

business card ['biznis kɑːd] s carte de vizită

business centre ['biznis ,sentə] s centru de afaceri

business class ['biznis klɑːs] s *(în avion) (loc la)* clasa întâi

business college ['biznis kɔlidʒ] s *brit* colegiu de comerţ

business end ['biznis end] s partea practică / cea mai importantă a unei probleme

business plan ['biznis plæn] s plan de afaceri

business school ['biznis sku:l] s *amer* v. **business college**

business suit ['biznis sju:t] s costum de haine foarte elegant

businesswoman ['bizniswumən] s femeie de afaceri

bus lane ['bʌs lein] s bandă rutieră *pentru autobuze*

busload ['bʌsləud] s capacitatea unui autobuz; **a ~ of workers arrived at the factory** un autobuz cu muncitori a sosit la fabrică

bus shelter ['bʌs ˌʃeltə] *s stație de autobuz acoperită și pavoazată cu reclame*

bus station ['bʌs ˌsteiʃn] *s autogară*

bus stop ['bʌs stɔp] *s stație de autobuz*

bustee ['bʌsti:] *s (cuvânt anglo-indian)* 1 sat 2 cartier

bust out [ˌbʌst 'aut] *vi a evada; three prisoners have ~ed out (of jail)* trei prizonieri au evadat

bust up [ˌbʌst 'ʌp] I *vi* 1 a o rupe, a o termina *(cu prietenul / prietena)* 2 *amer* a izbucni în râs II *vt* a întrerupe violent; **the demon strators ~ed up the meeting** demonstranții au întrerupt ședința

bust-up ['bʌstʌp] *s* 1 ceartă; **Tony and Pat had another ~** Tony și Pat iar s-au certat 2 încăierare

busty ['bʌsti] *adj (d o femeie)* cu sânii / pieptul mare, pieptoasă

bus way ['bʌs wei] *s v.* **bus lane**

busy lizzie [ˌbizi 'lizi] *s bot* balsamin *(Impatiens Balsamina, Balsamina Hortensis)*

butadiene [ˌbu:tədai'i:n] *s ch* butadienă

butch [bʌtʃ] I *adj (d o femeie)* cu trăsături și apucături bărbătești; *(d un bărbat)* grobian, violent, cu caractere masculine îngroșate II *s* lesbiană cu trăsături bărbătești

butene [bju:'ti:n] *s ch* butenă, butilenă

Butlin's ['bʌtlinz] *s (în Marea Britanie)* lanț de stațiuni de vacanță

butte ['bju:t] *s amer* movilă, dâmb

butter color ['bʌtə ˌkʌlə] *s amer* culoare aurie

buttercup ['bʌtəkʌp] *s bot* piciorul-cocoșului, floarea-broștească *(Ranunculus acer ș. a.)*

butterfat ['bʌtəfæt] *s* grăsimea naturală a laptelui

butterfly net [ˌbʌtəflai 'net] *s* plasă de fluturi

butterfly nut ['bʌtəflai nʌt] *s tehn* piuliță-fluture, piuliță rotundă cu aripi; mulinet

butter leaves ['bʌtə ˌli:vz] *s pl bot* 1 lobodă-de-grădină *(Atriplex hortense)* 2 ștevie, steghie *(Rumex alpinus)*

Buttermilk State [ˌbʌtəmilk 'steit] *s amer* statul Pennsylvania

butter nut ['bʌtə nʌt] *s* 1 *bot* specie *de* nuc de America, nuc cenușiu *(Juglans cinerea)* 2 *pl (în sudul S.U.A.)* salopetă cafenie 3 *(ist S.U.A.)* soldat *sau* partizan din Războiul Civil (1861 – 1865)

butter pat ['bʌtə pæt] *s* medalion / rondelă de unt

butter scotch ['bʌtə skɔtʃ] *s un fel de* bomboane *(din unt și zahăr)*; ~ colour culoarea zahărului ars, cafeniu deschis

butting ['bʌtiŋ] *s* hotar, limită, graniță *și fig*

buttinski, buttinsky [bʌ'tinski] *s amer sl* persoană curioasă, băgăcioasă

butt joint ['bʌt dʒɔint] *s tehn* legătură / asamblare / îmbinare cap la cap; joantă

butt naked [ˌbʌt 'neikid] *adj amer* gol goluț, în pielea goală

buttonhold ['bʌtnbəuld] *vt* 1 a coase butoniere la 2 a ține de nasture vorbind; a obliga pe cineva să te asculte; *F* a agăța pe cineva

buttonhook ['bʌtnhuk] *s* croșetă, cârlig *(de încheiat nasturi)*

button-nosed [ˌbʌtn 'nəuzd] *adj* cu nasul mic

buttons ['bʌtnz] *s sl* băiat de serviciu *(într-un hotel)*

button-through [ˌbʌtn 'θru:] *adj (d o fustă / rochie)* cu nasturi de sus până jos

butt strap ['bʌt stræp] *s constr* eclisă de îmbinare

butty ['bʌti] *s* 1 *dial* tovarăș 2 *min* inspector de mine

butylamine [bju:'tiləmin] *s ch* butilamină

butyric [bju:'tiric] *adj ch* butiric

butyrin ['bju:tərin] *s ch* butirină

buyout ['baiəut] *s* răscumpărare

Buzzard State [ˌbʌzəd 'steit] *s amer* statul Georgia

buzz bomb ['bʌz bɔm] *s F* bombă zburătoare de tipul V1 folosită de Wehrmacht (1944)

buzzing ['bʌziŋ] I *s* bâzâit *(al insectelor etc.)*; țiuit *(în ureche)* II *adj* care bâzâie, care țiuie

buzz saw ['bʌz sɔ:] *s amer* ferăstrău circular; to monkey with a ~ a se juca cu focul

buzzword ['bʌzwə:d] *s* cuvânt la modă / des folosit

BVDS *s amer* lenjerie de corp bărbătească

b / w *presc de la* black and white alb-negru

by-hour ['bai auə] *s* oră liberă

by-interest ['bai ˌintrist] *s* interes special; interes particular

by-line ['bai lain] *s amer* semnătură la sfârșitul unui articol de ziar

by-liner ['bai ˌlainə] *s amer* semnatar al unui articol de ziar, ziarist, editorialist

by-matter ['bai ˌmætə] *s* lucru secundar, chestiune secundară

BYO *presc de la* bring your own restaurant unde consumatorii își aduc singuri băutura

BYOB *presc de la* bring your own bottle „aduceți-vă singuri băutura" *(apare uneori pe invitațiile scrise la o petrecere)*

by-passer ['bai ˌpɑːsə] *s* trecător

Byronian [bai'rɔniən] I *adj* byronian II *s* imitator al lui Byron

by-room ['bai ru(:)m] *s* cameră particulară

byssolite ['bisəlait] *s minr* byssolit

by-stroke ['bai strəuk] *s* 1 lovitură întâmplătoare 2 critică indirectă, aluzie

byte [bait] *s cib* grup de cifre pe care calculatorul le citește ca pe un singur cuvânt

by-walk ['bai wɔ:k] *s* 1 alee laterală; alee dosnică 2 *fig* cale ascunsă; tertip

by-work ['bai wə:k] *s* 1 activitate secundară, ocupație secundară 2 muncă sezonieră

by-your-leave [ˌbai jɔ: 'li:v] *s umor* permisiune; without as much as a ~ fără măcar să ceară permisiunea

Byzantinesque [ˌbizənti'nesk] *adj (d stil)* bizantin

Byzantinism [bi'zæntinizm] *s* stil bizantin

73

C

CA *presc de la* **1** Consumers Association asociația consumatorilor **2** Central America America Centrală **3** California **4** chartered accountant revizor-contabil

CAA *presc de la* **1** Civil Aviation Authority *organism britanic de reglementare a aviației civile* **2** *amer* Civil Aeronautics Authority *organism american de reglementare a aviației civile*

Caaba ['ka:bə] *s (cuvânt arab)* Kaaba, Caaba *(templu din Mecca)*

caam [kæm] *s text* pieptene de pasaj *(al urzelii)*

caama ['ka:mə] *s zool* **1** mică vulpe sud-africană *(Vulpes caama)* **2** antilopă sud-africană *(Alcelaphus caama)*

CAB *presc de la* **1** *brit* Citizens' Advice Bureau *birou de sfătuire asupra drepturilor cetățeanului* **2** Civil Aeronautics Board *organism american de reglementare a aviației civile*

cabaan [kə'ba:n] *s* burnuz alb *(cuvânt arab)*

cabala [kə'ba:lə] *s ist* cabală

cabalist ['kæbəlist] *s* **1** cunoscător al cabalei **2** *fig* mistic

cabalize ['kæbəlaiz] *vi rar* a se exprima cabalistic

caballero [ˌkæbə'l(j)erəu] *s span* cavaler spaniol

caballistic(al) [ˌkæbə'listik(əl)] *adj rar,* F cabalin, ecvestru

cabana [kə'bænə] *s amer* cabină de plajă

cabane [kə'bænə] *s av* ferură-suport, antenă de avion

cabas [kə'ba:s] *s amer* coș de voiaj

cabbage butterfly ['kæbidʒ ˌbʌtəflai] *s ent* albiliță, fluture de varză alb *(Piëris rapse)*

cabbage moth ['kæbidʒ mɔθ] *s ent* bohoci *(Mamestro brassicae)*

cabbage-rose ['kæbidʒ rəuz] *s bot* trandafir de dulceață *(Rosa centifolia)*

cabbage white ['kæbidʒ 'wait] *s ent* albiniță, nălbar *(Pieris brassicae)*

cabbalistic [ˌkæbə'listik] *adj* cabalistic, secret, tainic, mistic

cabber ['kæbə] *s* F cal de birjă

cabbie ['kæbi] *s* F **1** birjar **2** șofer de taxi

cab boy ['kæb bɔi] *s sl școl* servitor

caber ['keibə] *s* grindă, bârnă

Cabernet [ˌkæbə'nei] *s* **1** *(struguri)* Cabernet **2** *(vin)* Cabernet

cab horse ['kæb hɔ:s] *s* **1** cal de birjă **2** cal de tracțiune / de povară

cabin crew ['kæbin kru:] *s* echipaj

cabin cruiser ['kæbin ˌkru:zə] *s nav* crucișător

cabinet-making ['kæbinit ˌmeikiŋ] *s* prelucrarea lemnului de abanos pentru mobilă

cabinet photograph ['kæbinit ˌfəutəgra:f] *s fot* fotografie (format de) cabinet

cabinet piano ['kæbinit ˌpjænəu] pianină

cabinet work ['kæbinit wə:k] *s* tâmplărie de mobilă fină / de artă

cable chain ['keibl tʃein] *s nav* lanț *(de ancoră)*

cable drilling ['keibl ˌdriliŋ] *s min* foraj cu cablu; foraj percutant cu cablu de oțel

cable grip ['keibl grip] *s constr* ciorap de cablu

cabler ['keiblə] *s text* mașină de cablat

cable railroad ['keibl ˌreilrəud] *s* funicular, teleferic

cable release ['keibl riˌli:s] *s* declanșator flexibil

cable ring ['keibl riŋ] *s* inel de suport *(al cablului)*

cable ropeway ['keibl ˌrəupwei] *s tehn* teleferic

cablese [ˌkeibə'li:z] *s* stil / limbaj telegrafic / laconic *(constă în omiterea cuvintelor ajutătoare și e utilizat de corespondenții de presă și radio)*

cable stayed bridge [ˌkeibl steid 'bridʒ] *s pod* suspendat cu frânghii

cable stitch ['keibl ˌstitʃ] *s (la lucru manual)* punct de torsadă

cable system ['keibl ˌsistim] *s* **1** *min* foraj cu cablu **2** *el* rețea de cabluri

cable television, cable TV [ˌkeibl 'televiʒn] *s* televiziune prin cablu

cable tier ['keibl ˌtaiə] *s nav* magazie de parâme

cable wheel ['keibl wi:l] *s tehn* **1** roată de transmisie pentru frânghie **2** *min* moletă

cabling ['keibliŋ] *s* **1** *nav* așezarea *sau* întinderea cablului, a parâmei **2** răsucire, împletire *(a parâmelor etc.)* **3** *arhit* semiciubuc rond

caboose car [kə'bu:s ka:] *s amer* vagon de serviciu *(la trenurile de marfă)* vagon cu frână

cabriole ['kæbriəul] *s înv* cabrioletă

ca'canny strike [kə'kæni straik] *s* grevă perlată / scoțiană

cacique [kæ'si:k] *s* **1** căpetenie de trib indian **2** *amer pol sl* șef

cacodylate ['kækəudailit] *s ch* cacodilat

cacodylic acid [kækəˌdilik 'æsid] *s ch* acid cacodilic

cactaceous [kæk'teiʃs] *adj bot* cacteceu; de cactus

cacuminal [kæ'kju:minl] *adj (d un sunet)* pronunțat prin retroflexiunea apexului limbii

CAD *presc de la* computer aided design proiectare asistată pe calculator

cadastral register [kə'dæstrəl ˌredʒistə] *s top agr* carte funciară / cadastrală

cadaverine [kə'dævəri(:)n] **I** *adj* **1** cadaveric, de cadavru **2** cadaveric, palid ca un mort **II** *s ch* cadaverină

caddis[1] ['kædis] *s text* **1** serj **2** șiret de lână **3** *înv* vată; scamă; deșeuri de lână tunsă

caddis[2] ['kædis] *s ent* larvă de friganidă

caddis fly ['kædis flai] *s ent* friganidă *(Phryganea striata)*

cade oil ['keid ɔil] *s ch* ulei de ienupăr

cadie ['keidi] *s v.* **cady**

cadmium cell ['kædmiəm sel] *s el* pilă cu electrod de cadmiu; element etalon / normal

cady ['keidi] *s F* pălărie *(bărbătească sau de copil)*

Caesarian [si'zeəriən] *adj* cezarian, de cezar; autocrat(ic)

CAF *presc de la* cast and freight CAF / C&F

Caff [kæf] *s sl brit* gustare

caffeine-free [ˌkæfiːn'friː] *adj (d cafea)* din care a fost extrasă cofeina

cage aerial ['keidʒ ˌeəriəl] *s rad* antenă cilindrică / colivie

cage antenna ['keidʒ æn,tenə] *s v.* **cage aerial**

cage bird ['keidʒ bəːd] *s* pasăre de colivie

cage construction ['keidʒ kən-,strʌkʃn] *s constr* construcție cu schelet

caged ['keidʒd] *adj* închis în cușcă

cagmag ['kægmæg] **I** *s* **1** gâscă bătrână, cu carnea tare **2** carne proastă; carne tare, iască **3** cârcotaș; cață, bârfitoare **II** *adj* searbăd, anost; grețos

cagoule [kə'guːl] *s* cagulă, pelerină impermeabilă cu glugă

cahier [kaː'jei] *s fr* **1** *înv* caiet **2** memoriu

CAI *presc de la* computer-aided instruction învățare asistată pe calculator

Cainozoic [ˌkeinəu'zoik] *adj geol* Cainozoic

cairn terrier [ˌkeən 'teriə] *s* rasă de terier scoțian

Cajun ['keidʒən] **I** *s* **1** locuitor din Louisiana, vorbitor de limbă franceză **2** *peior* metis din Louisiana, Mississippi sau Alabama, vorbitor de limbă franceză **II** *adj* referitor la populația vorbitoare de limbă franceză din sudul Statelor Unite

caking ['keikiŋ] *s ind, tehn* **1** aglutinare, sintetizare **2** tasare

CAL *presc de la* computer-assisted learning învățare asistată pe calculator

calabar ['kæləbaː] *s* blană de veveriță cenușie

calaber ['kæləbə] *s v.* **calabar**

Calabrian [kə'læbriən] **I** *s* locuitor din Calabria **II** *adj* referitor la Calabria

calamity Jane [kəˌlæmiti'dʒein] *s amer* cobe, piază-rea; persoană pesimistă

calandria [kə'lændriə] *s ind* fierbător tubular

calaverite [ˌkælə'verait] *s minr* calaverit

calcar[1] ['kælkaː], *pl* **calcaria** [kæl'kæriə] *s bot, zool* pinten

calcar[2] ['kælkaː] *s ind* cuptor de calcinare

calceolaria [ˌkælsiə'leəriə] *s bot* calceolaria *(Calceolaria)*

calcic ['kælsik] *adj ch* de calciu

calciferol [kæl'sifərəl] *s* calciferol, vitamina D

calcimeter [kæl'simi:tə] *s* calcimetru

calcimine ['kælsimain] *s ch* vopsea calcaroasă *(pentru vopsitul plafoanelor și facerea știucaturilor);* soluție de var *(pentru văruit)*

calcium hydrate [ˌkælsiəm 'haidrit] *s ch* hidroxid / hidrat de calciu; var stins

calcium phosphate [ˌkælsiəm 'fosfeit] *s ch* fosfat de calciu

caldera [kæl'derə] *s span, geol* caldeiră, căldare

calèche [kə'leʃ] *s fr* **1** caleașcă **2** coș de caleașcă **3** *înv* glugă

calendarial [kælin'deəriəl] *adj* de calendar; calendaristic

calender ['kælində] *s* derviș, cerșetor

calenture ['kæləntjuə] *s* **1** *med* febră tropicală *(însotită de delir)* **2** *fig* friguri, febră

calf knee ['kaːf niː] *s P* picior cu genunchiul lipit, genu valgum

calf wheel ['kaːf wiːl] *s min* tobă de manevră

caliche [kə'litʃi] *s ch* caliche

calico printing [kæli,kəu 'printiŋ] *s text* imprimare a pânzeturilor / a stambei

californium [ˌkæli'fɔːnjəm] *s ch* californiu

calipash ['kælipæʃ] *s substanță gelatinoasă verzuie de sub carapacea superioară a broaștelor testoase (folosită la supă)*

calipee ['kælipiː] *s substanță gelatinoasă lipită de carapacea inferioară a broaștelor țestoase (folosită la supă)*

calix ['keiliks], *pl* **calices** ['keilisiːz] *s* **1** cupă **2** *bis* potir

calk [kɔːk] *s var* nestins

calker ['kɔːkə] *s nav* călăfătuitor

calking ['kɔːkiŋ] *s* **1** *nav* călăfătuire **2** *tehn* ștemuire

call alarm ['kɔːl əˌlaːm] *s* alarmă care atenționează persoanele în vârstă sau handicapate

caller ['kɔːlə] *tel* persoană care face un apel telefonic

call girl ['kɔːl gəːl] *s* prostituată

callidity [kə'liditi] *s rar* viclenie, șiretenie

calligraphically [kæli'græfikəli] *adv* caligrafic

call letters ['kɔːl ˌletəːz] *s* indicativul de apel *(al unei stații de radio)*

calloused ['kæləst] *adj* bătătorit, cu bătături

callously ['kæləsli] *adv* dur, cu duritate, cu asprime

calmness ['kaːmnis] *s* calm, liniște; ~ of mind liniște sufletească

calorescence [ˌkælə'resns] *s fiz* calorescentă

caloricity [ˌkælə'risiti] *s fiz* putere calorifică

calorific value [kælə'rifik ˌvælju:] *s* echivalent termic

calque [kælk] *s* calc lingvistic

calumniation [kəlʌmni'eiʃn] *s* calomniere, ponegrire, hulire, defăimare, clevetire, bârfire

calumniator [kəlʌmni'eitə] *s* calomniator, defăimător, detractor, clevetitor

calumnious [kə'lʌmniəs] *adj* **1** calomniator, defăimător, clevetitor, bârfitor **2** fals

Calvinistic [ˌkælvɪ'nɪstɪk] *adj* calvinist

CAM *presc de la* computer-aided manufacturing fabricare asistată pe calculator

cambist ['kæmbist] *s* agent de bursă, agent de schimb, zaraf

Cambodian [kæm'bəudiən] **I** *s* locuitor din Cambogia **II** *adj* referitor la Cambogia

Cambs *presc de la* Cambridgeshire comitat în Marea Britanie

cameleer [ˌkæmi'liə] *s* cămilar, conducător de cămile

cameleon [kə'miːliən] *s poetic* **1** cameleon *(Chamaeleo vulgaris)* **2** *fig* cameleon, om nestatornic *(în păreri / atitudini)*

camelry ['kæməlri] *s mil* trupe călări pe cămile

camera eye ['kæmərə ai] *s amer sl* memorie vizuală foarte bună, memorie fotografică

camera lucida [ˌkæmərə 'luːsidə] *s fiz* cameră clară

camera obscura [ˌkæmərə ɔbz-'kjuərə] *s fot* cameră obscură

camera-shy [ˌkæmərə 'ʃai] *adj* căruia nu îi place să fie fotografiat

camera tube ['kæmərə tju:b] *s* tub de televizor

camera woman ['kæmərə ˌwumən] *s* operatoare *(în cinematografie)*

camera work ['kæmərə wə:k] *s* înregistrare a imaginii

Cameroonian [ˌkæmə'ru:niən] **I** *s* camerunez, locuitor al statului Camerun **II** *adj* camerunez

camlet ['kæmlit] *s* camlot *(stofă din păr de cămilă)*

campanologist [ˌkæmpə'nɔlədʒist] *s* specialist care se ocupă cu făurirea sau trasul clopotelor

Camp David [ˌkæmp 'deivid] *s* the ~ agreement acordul de la Camp David

camphane ['kæmfein] *s ch* camfan

camphoric [kæm'fɔrik] *adj ch* de camfor, camforic

camphoric acid [kæmˌfɔrik 'æsid] *s ch* acid camforic

camwood ['kæmwu:d] *s* lemn de *Baphia nitida*

Cana ['keinə] *s bibl* ~ (of Galilee) Cana (Galileei)

Canada balsam [ˌkænədə 'bɔ:lsəm] *s ch* balsam de Canada

Canada Day [ˌkænədə 'dei] *s* ziua națională a Canadei (1 iulie)

Canada goose [ˌkænədə 'gu:s] *s* gâsca-canadiană / gâsca-lebădă *(Branta canadensis)*

Canada turpentine ['kænədə 'tə:pəntain] *s v.* **Canada balsam**

Canadianism [kə'neidjənism] *s* expresie sau cuvânt proprii limbilor engleză sau franceză vorbite în Canada

canaigre [kə'naigri:] *s* canaigra

canaille [kə'neil] *s fr peior* prostime, plebe, gloată, pleavă

canal boat [kə'næl bəut] *s* **1** *nav* pinasă **2** *pl sl* picioare murdare care miros urât

Canaries [kə'neəriz] *s* the ~ Insulele Canare

canary bird [kə'neəri bə:d] **I** *s orn* canar *(Serinus canarius)* **II** *adj* galben-deschis

canary grass [kə'neəri grɑ:s] *s* **1** iarbă din Insulele Canare, ale cărei seminţe se întrebuinţează ca hrană pentru păsări

(Phalari canariensis) **2** plantă din genul Lepidium, ale cărei teci se întrebuinţează ca hrană pentru păsări

Canary Islands [kəˌneəri 'ailəndz] *s* Insulele Canare

canary seed [kə'neəri si:d] *s* **1** seminţele plantei Phalary canariensis (v. **canary grass**) **2** seminţe de patlagină *(Plantago major)*

canaster [kə'næstə] *s* **1** coş de pus foile de tutun **2** specie de tutun

can buoy ['kæn bɔi] *s nav* geamandură cilindrică cu vârful plat

cancer stick ['kænsə stik] *s umor* ţigară

canch [kæntʃ] *s min* sfărâmarea rocii prin explozii

cand ['kænd] *s minr* florspat, fluorit

candela [kæn'di:lə] *s fiz* candelă *(unitate de măsură)*

candescence [kæn'desns] *s* incandescenţă la alb

candescent [kæn'desnt] *adj* **1** sincer, direct, neprefăcut; neprihănit, deschis **2** nepărtinitor, imparţial **3** de un alb strălucitor

candida ['kændidə] *s med* candidoză

candle holder ['kændl ˌhəuldə] *s* ajutor; inferior; persoană în subordine

candlelit ['kændllit] *adj* luminat cu lumânări

can dock ['kæn dɔk] *s bot* nufăr galben *(Nupher luteum)*

candy corn ['kændi ˌkɔ:n] *s amer* bomboane care se mănâncă la sărbătoarea Halloween

candy maker ['kændi ˌmeikə] *s amer* cofetar

candy store ['kændi stɔ:] *s amer* bombonerie, magazin de dulciuri

candy-striped ['kændi ˌstraipd] *adj* cu dungi multicolore

candy striper ['kændi ˌstraipə] *s* voluntar care participă la opere de binefacere în spitale

cane chair ['kein ˌtʃeə] *s* scaun sau fotoliu împletit *(din trestie)*

cane trash ['kein ˌtræʃ] *s* bagasă, trestie din care s-a extras zahărul

canework ['keinwə:k] *s* împletitură de trestie folosită ca spătar sau fund de scaun

canine hunger [ˌkeinain 'hʌŋgə] *s* foame de lup

caning ['keiniŋ] *s* **1** bătaie *(cu bastonul)* **2** înfrângere

cannel coal ['kænəl kəul] *s* cărbune, cannel, cărbune bituminos

cannelloni [ˌkæni'ləuni] *s gastr* paste făinoase cu carne

cannily ['kænili] *adv* cu perspicacitate, abil, îndrăzneţ

canning ['kæniŋ] *s* îmbidonare

cannon pinion ['kænən piniən] *s tehn* roată minutară *(în orologiu)*

cannonry ['kænənri] *s rar, mil* canonadă **2** artilerie

cannula ['kænjulə] *, pl* **cannulas** ['kænjuləs] *s* **1** canulă **2** sondă

canon law ['kænən lɔ:] *s jur bis* drept canonic, lege canonică

canonry ['kænənri] *s bis* funcţie de canonic

can opener ['kæn ˌəupnə] *s* deschizător de conserve

canopied ['kænəpid] *adj* **1** *(d pat)* cu baldachin **2** *(d balcon / hol)* cu marchiză / antreu **3** *(d tron)* cu baldachin

Cantabrian Mountains [kænˌteibriən 'mauntinz] *s* the ~ Munţii Cantabrici

cantar [kæn'tɑ:] *s* text unitate de greutate pentru bumbacul brut *(44,4 kg)*

Canterbury bell ['kæntəbəri bel] *s bot* clopoţel, clopoţei *(Campanula medium)*

cantharid ['kænθərid] *s ent* cantaridă

cantharides [kan'θæridi:z] *s* cantarides

cantharidin [kan'θæridin] *s ch* cantaridină

cantilena [ˌkænti'leinə] *s muz, lit* cantilenă

cantilever bridge ['kæntili:və bridʒ] *s constr* pod în consolă

cantilever spring ['kæntili:və ˌspriŋ] *s tehn* arc cantilever

cantilever truss ['kæntili:və trʌs] *s constr* fermă cu consolă

cantina [kæn'ti:nə] *s amer* cârciumă

cantle ['kæntl] *s* **1** bucată; felie **2** partea din faţă de la şa

cantred ['kæntəd] *s (în Ţara Galilor)* unitate administrativă, district cu o sută de sate

cantrip ['kæntrip] *s scot* **1** vrăji, vrăjitorie, farmece **2** glumă; festă; mistificare

canty ['kænti] *s scot* vesel

canvass ['kænvəs] **I** *vt* **1** a examina, a cerceta, a studia **2** a dezbate, a discuta **3** a se adresa *(cuiva)*, a aborda, a întreprinde un demers pe lângă **4** a colinda, a cutreiera *(un oraș etc. pentru propagandă etc.)*; **he ~ed the town for subscriptions** cutreiera orașul în căutare de abonați **II** *vi* **1** a face propagandă electorală, a strânge voturi *(în preajma alegerilor)* **2** a căuta / a face rost de comenzi **3** a duce muncă de lămurire **III** *s* **1** examinare, discutare; dezbatere **2** propagandă electorală; muncă de lămurire **3** *amer* scrutin

CAP *presc de la* Common Agricultural Policy *ec politică agricolă comună a țărilor din Uniunea Europeană*

capacitate [kə'pæsiteit] *vt* **to ~ for** a face apt / capabil pentru, a califica pentru

capacitive [kə'pæsitiv] *adj el* capacitiv

capacitor [kə'pæsitə] *s el* condensator

capacitor motor [kə'pæsitə,məutə] *s el* motor condensator

capacity coupling [kə'pæsiti ,kʌpliŋ] *s el* cuplaj capacitiv

capacity factor [kə'pæsiti ,fæktə] *s el* factor de utilizare

Cape Peninsula [,keip pə'ninsjulə] *s* peninsula Capului Bunei Speranțe

Cape Province [,keip 'provins] *s* provincie în Africa de Sud

capercailye [,kæpə'keilji] *s orn* cocoș sălbatic / de munte *(Tetrao urogallus)*

capercailzie [,kæpə'keilzi] *s v.* **capercailye**

capeskin ['keipskin] *s piele a unor anumite capre, folosită pentru confecționarea mănușilor*

Capetian [kə'pi:ʃn] *ist* **I** *adj* referitor la dinastia capețienilor **II** *s* membru al dinastiei capețienilor

capful ['kæpful] *s* **1** conținutul unei pălării, atât cât încape într-o pălărie **2** a **~ of wind** adiere ușoară; pală de vânt

capias ['keipiæs] *s lat și writ of ~ jur* mandat de arestare; ordin executoriu

capital account [,kæpitl ə'kaunt] *s* cont de capital

capital assets [,kæpitl ə'sets] *s ec* active fixe

capital-intensive [,kæpitl in'tensiv] *adj ec* cu capital intensiv

capital market [,kæpitl 'ma:kit] *s ec* piață de capital

capital profit [,kæpitl 'profit] *s ec* profit prin vânzarea activelor fixe

capital ship ['kæpitl ʃip] *s nav* navă de linie, navă de luptă

capital stock [,kæpitl 'stok] *s com* capital fix

capital transfer tax [,kæpitl 'trænsfə tæks] *s ec* taxă pe transfer de capital

capitate ['kæpiteit] *adj* **1** având forma de cap **2** *bot* capitat

capitated ['kæpiteitid] *adj,* v. **capitate**

capitation grant [kæpi'teiʃn gra:nt] *s* capitație; alocație pe cap de om, alocație individuală

Capitol Hill [,kæpitol 'hil] *s* colina Capitoliului *(în Washington)*

Capitoline Hill [kæ,pitəlain 'hil] *s* Capitoliu, colina Capitolină *(în Roma)*

capitulant [kə'pitjulənt] *s mil* capitulant

capitular [kə'pitjulə] **I** *s* **1** membru al unui capitul / unei adunări canonice **2** membru al unei loji masonice **II** *adj* capitular, ce ține de o adunare de călugări *sau* canonici; de lojă masonică

capitulary [kə'pitjuləri] *s* **1** *ist* capitular(ă) *(culegere de ordonanțe regale aranjate pe capitole)* **2** capitular, v. **capitular (1)**

capitulator [kə'pitjuleitə] *s* capitulant, capitulard, persoană care capitulează

capless ['kæplis] *adj (d venit etc.)* fără capac

cap nut ['kæp nʌt] *s tehn* piuliță înfundată / oarbă / olandeză

capo ['keipəu] *s* capodastru *(la chitară)*

Cappadocia [,kæpə'dəusjə] *s regiune în centrul Asiei Mici*

capper ['kæpə] *s* **1** *sl* ofertant plătit *(la o licitație)* **2** *tehn* vană pentru cap de erupție

capping ['kæpiŋ] *s* **1** *constr* coronament *(superior)* din schelet de grinzi; traversă de umplutură **2** *constr* umplutură, înveliș **3** *min* strat protector; decapare

capriciously [kə'priʃəsli] *adv (în mod)* capricios

capriciousness [kə'priʃəsnis] *s* capricii, nazuri; caracter capricios

caproaldehyde [,kæprəu'ældihaid] *s ch* aldehidă caprinică

cap rock ['kæp rok] *s geol* strat superior

caprolactam [,kæprəu'læktəm] *s tehn* caprolactamă

caprylic acid [kə,prilik 'æsid] *s ch* acid caprilic

cap screw ['kæp skru:] *s tehn* piuliță-capac, piuliță înfundată

cap sheaf ['kæp ʃi:f] *s* **1** snopul din vârful clăii **2** *fig* culme, vârf

capstan bar ['kæpstən ba:] *s nav* manetă de cabestan

capstan lathe ['kæpstən leið] *s tehn* strung revolver

capsulize, capsulise ['kæpsjulaiz] *vt* a rezuma, a recapitula

Capt. *presc de la* Captain căpitan

captaincy general [,kæptinsi 'dʒenərəl] *s mil* comandă supremă

captainess ['kæptinis] *s rar (femeie)* căpitan

captain general [,kæptin 'dʒenərəl] *s* guvernator *(al unei colonii)*

Capua ['kæpjuə] *s provincie în sudul Italiei*

capucine ['kæpjusin] *s* **1** *bot* condurul-doamnei, sultănică *(Tropaeolum majus)* **2** *(culoare)* portocaliu închis

caracal ['kærəkæl] *s zool* caracal, lynx de deșert, râs de deșert *(Lynx caracal)*

carack ['kærək] *s v.* **carrack**

caramelize ['kærəməlaiz] *vt* a carameliza, a preface în caramel

caravan camp ['kærəvæn kæmp] *s* teren pentru parcarea remorcilor auto, camping

caravanner [,kærə'vænə] *s* locuitor al unei case mobile

caravanning ['kærəvæniŋ] *s* camping în rulotă

caravan site ['kærəvæn sait] *s* **1** loc de camping pentru rulote **2** tabără a țiganilor nomazi

carbamic acid [ka:,bæmik 'æsid] *s ch* acid carbamic

carbamide ['ka:bəmaid] *s ch* uree

carbazide ['ka:bəzaid] *s ch* carbazidă

carbineer [,ka:bi'niə] *s mil* carabinier

carbinole ['ka:binəul] *s ch* carbinol, metanol

carbolate ['ka:boleit] *s ch* fenolat

carbolineum [ka:bə'liniəm] *s ch* carbolineum

carbolize ['kɑːbəlaiz] *vt* a trata *sau* a steriliza cu acid carbolic

car bomb ['kɑː bɔm] *s* maşină-capcană

carbonaceous [ˌkɑːbə'neiʃəs] *adj ch bot* carbonic, care conţine carbon

carbonado [ˌkɑːbə'neidəu] *s minr* carbonado

carbonaro [ˌkɑːbə'nɑːrəu], *pl* **carbonari** [ˌkɑːbə'nɑːri] *ital, ist* carbonaro, cărbunar, cărvunar

carbonation [kɑːbə'neiʃn] *s constr* carbonatare

carbon cycle ['kɑːbən ˌsaikl] *s astr, fiz* ciclul carbonului

carbonic [kɑː'bɔnik] *adj ch* carbonic

carbonic acid gas [kɑːˌbɔnik 'æsid gæs] *s ch* bioxid de carbon, gaz carbonic, acid carbonic

carbonic oxide [kɑːˌbɔnik 'ɔksaid] *s ch* oxid de carbon

carbonizer ['kɑːbənaizə] *s tehn* carburizator

carbon knock ['kɑːbən nɔk] *s min, tehn* detonaţie

carbon oil ['kɑːbən ɔil] *s ch* benzen

carbon steel ['kɑːbən stiːl] *s met* oţel carbon

carbon tetrachloride [ˌkɑːbən tetrə'klɔrid] *s ch* tetraclorură de carbon

carbonyl ['kɑːbənil] *s ch* grupare carbonil, carbonil de metal

carbonyl chloride [ˌkɑːbənil 'klɔːraid] *s ch* fosgen

carboxyl [kɑː'bɔksil] *s ch* car- boxil

carburant ['kɑːbjurənt] *s* carburant

carburate ['kɑːbjureit] *vt* a carbura

carburation [ˌkɑːbju'reiʃn] *s* carburare, carburaţie

carbylamine [ˌkɑːbilə'miːn] *s ch* izonitril, carbilamină

carcinogenic [ˌkɑːsinə'dʒenik] *adj* carcinogen

car coat ['kɑːkəut] *s* jachetă călduroasă *(pentru plimbări cu automobilul)*

cardanic suspension [kɑːˌdænik səs'penʃn] *s tehn* suspensie cardanică

cardan joint ['kɑːdən dʒɔint] *s tehn* cruce cardanică, articulaţie cardanică, cardan

card clothing ['kɑːd ˌkləuðiŋ] *s text* garnitură de cardă

card field ['kɑːd fiːld] *s cib* zonă / câmp de cartelă *(perforată)*

card holder ['kɑːd ˌhəuldə] *s v.* **card man**

cardialgia [kɑːˌdi'ældʒiə] *s med* cardialgie

cardie ['kɑːdi] *s brit* jachetă de lână

cardinal virtues [ˌkɑːdinəl 'vəːtjuːz] *s pl the* ~ virtuţile cardinale

carding ['kɑːdiŋ] *s text* cardare, dărăcire, pieptănare, scărmănare

carding engine ['kɑːdiŋ ˌendʒin] *s text* cardă

cardiogram ['kɑːdiəgræm] *s med* cardiogramă

cardiological [ˌkɑːdiə'lɔdʒikl] *adj med* cardiologic

cardiologist [ˌkɑːdi'ɔlədʒist] *s med* cardiolog

cardiopulmonary [ˌkɑːdiəu'pʌlmənəri] *adj med* cardiopulmonar

cardiovascular [ˌkɑːdiəu'væskjulər] *adj med* cardiovascular

card man ['kɑːd mən] *s amer sl* sindicalist; membru *(legitimat)* al unei organizaţii

cardoon [kɑː'duːn] *s bot* anghinar *(Cynara cardunculus)*

cardphone ['kɑːdfəun] *s brit* telefon cu cartelă

card punch ['kɑːd pʌntʃ] *s cib* perforator de cartele

card room ['kɑːd ruːm] *s text* secţie de cardare

Cards *presc de la* **Cardiganshire** *comitat în Marea Britanie*

card table ['kɑːd ˌteibl] *s* masă pentru jocul de cărţi

card trick ['kɑːd trik] *s* levată / tur la jocul de cărţi

cardy ['kɑːdi] *s v.* **cardie**

care attendant ['keər əˌtendənt] *s brit* infirmier la domiciliu

career woman [kə'riə ˌwumən] *s brit* femeie ambiţioasă care se gândeşte numai la cariera sa

carer ['keərə] *s* persoană care se ocupă de îngrijirea unui bolnav sau a unui handicapat

caressing [kə'resiŋ] *adj* mângâietor, ca o mângâiere

car ferry ['kɑː feri] *s* feribot

car hire ['kɑː ˌhaiə] *s brit* birou de închirieri de maşini

carhop ['kɑːhɔp] *s* chelner(iţă), membru al personalului care deserveşte un „drive-in"

Carib ['kærib] *s* carib, *indian din triburile care trăiau în sudul Indiilor Vestice şi pe coasta de nord a Americii de Sud*

caricaturable ['kærikətjurəbl] *adj* care poate fi caricaturizat

carinate fold ['kærinit fəuld] *s geol* cută izoclinală / în acoladă

caring ['keəriŋ] **I** *adj* **1** iubitor; grijuliu; atent; **a more ~ society** o societate mai umană **2** *(d o organizaţie sau profesie)* cu vocaţie socială **II** *s* afecţiune, grijă, bunăvoinţă

Carinthian [kə'rinθiən] **I** *adj* din / de Carintia **II** *s* locuitor din Carintia

cariogenic [ˌkæriəu'dʒenik] *adj* care produce carii

carious ['keəriəs] *adj med* cariat

cark [kɑːk] *înv* **I** *s* grijă; necaz, supărare; povară **II** *vt* a îngrijora, a nelinişti **III** *vi* a se îngrijora / zbuciuma, a fi neliniştit

Carlovingian [ˌkɑːlə'vindʒiən] *adj* carolingian

Carmagnole [ˌkɑːmæn'jəul] *s* carmaniolă *(cântec şi dans revoluţionar francez în 1793)*

Carmel ['kɑːməl] *s* **Mount ~** *munte în Israel, lângă Haifa*

carminative ['kɑːminətiv] *adj, s med* carminativ; antispastic

carminite ['kɑːmənait] *s minr* carminit

carnal knowledge [ˌkɑːnəl 'nɔlidʒ] *s* experienţă sexuală, cunoaştere carnală / trupească, relaţii / raporturi sexuale

carnallite ['kɑːnəlait] *s minr* carnalit

carnally ['kɑːnəli] *adv* carnal; **to know smb ~** a avea raporturi sexuale cu cineva

carnassial [kɑː'næsiəl] *s anat* carnasier

Carnegie Hall [ˌkɑːnegi 'hɔːl] *s* celebră sală de concerte din New York

carnet ['kɑːnei] *s* **1** carnet *(de chitanţe, de bilete etc.)* **2** *com* permis de transport mărfuri *(fără taxă vamală)*

carnify ['kɑːnifai] **I** *vi med (d ţesuturi)* a se preface în carne, a se carnifica **II** *vt* a preface în carne, a carnifica

carnivalesque [ˌkɑːnivə'lesk] *adj* de carnaval

carnivora [kɑː'nivərə] *s zool* ordinul carnivorelor

carnotite ['kɑːnətait] *s minr* carnotit

carol(l)ing ['kærəliŋ] *s* **1** cântări, cântare, cântece; colind **2** ciripit

Carolingian [,kærə'lindʒiən] **I** *adj* carolingian, referitor la dinastia carolingiană **II** *s* membru al dinastiei carolingiene

carom ['kærəm] *amer* **I** *s* ciocnire, încurcătură *(a circulației)* **II** *vt* a lovi, a ciocni

carotene ['kærəti:n] *s ch* caroten; carotină

carotin ['kærotin] *s v.* **carotene**

carpenter ant ['ka:pintə ,ænt] *s ent* furnică-de-lemn *(Camponatus)*

carpenter bee ['ka:pintə bi:] *s ent* bondar-de-lemn *(Xylocopa virginica)*

carpenter moth ['ka:pintə mɔθ] *s ent* sfredeluș, sfredelitorul-roșu-al-sălciilor *(Cossus ligniperda / cossus)*

carpenter's level ['ka:pintəz ,levl] *s* cumpănă de apă, poloboc, nivelă cu bulă de aer

carpenter's square ['ka:pintəz skweə] *s* echer de dulgherie

carpet beetle ['ka:pit ,bi:tl] *s* gândacul-de-piei *(Anthrenus)*

carpet bomb ['ka:pit bɔm] *vt* a bombarda, a rade de pe suprafața pământului *(prin bombardare)*

carpet rod ['ka:pit rɔd] *s* vergea pentru fixat covoarele / preșurile de pe scări

carpet tile ['ka:pit tail] *s* pătat / carou în desenul unei mochete sau al unui covor

carphone ['ka:,təun] *s* telefon de mașină

carrack ['kærək] *s ist nav* carac, vas comercial înarmat, spaniol *sau* portughez

carrag(h)een ['kærəgi:n] *s bot* mușchi irlandez *(Chondrus crispus)*

carriage clock ['kæridʒ klɔk] *s auto* ceas de bord / de mașină

carriage dog ['kæridʒ dɔg] *s (câine)* dalmațian

carriage trade ['kæridʒ treid] *s brit com* clientelă înstărită

carrier-borne aircraft [,kæriə bɔ:n 'eəkra:ft] *s av* avioane acționând de pe un portavion

carrier wave ['kæriə weiv] *s tel* undă purtătoare

carrycot ['kærikɔt] *s brit* portbebe

carrying case ['kæriiŋ keis] *s tehn* cutie / casetă de transport

carryings-on ['kæriiŋz,ɔn] *s pl F* purtare frivolă / ușuratică; ștrengării

carrying trade ['kæriiŋ treid] *s* transport de mărfuri pe apă

carryon ['kærion] *s amer* valiză, bagaj de mână

carsickness ['ka:,siknis] *s* rău de automobil

carte de visite [,ka:t də vi:'zi:t] *s fr* carte de vizită

carthamus ['ka:θəməs] *s bot* șofrănel, șofrănaș *(Carthamus tinctorius)*

Carthusian [ka:'θju:ziən] *s (călugăr)* sartrez, cartuzian

cartilaginous fish [,ka:ti'lædʒinəs fiʃ] *s (folosit ca pl) iht* pești ganoizi

cartogram ['ka:təgræm] *s* cartogramă

cartographic [,ka:təu'grætik] *adj* cartografic

cartridge pen ['ka:tridʒ pen] *s* stilou cu cartușe

cart track ['ka:t træk] *s* drum de care / de țară

cartulary ['ka:tju:ləri] *s* registru, arhivă, opis

carvel-built [,ka:vəl 'bilt] *adj nav* franc-bord

carvery ['ka:vəri] *s* restaurant unde carnea se taie în fața consumatorilor

carving ['ka:viŋ] *s* **1** sculptare / sculptură în lemn, piatră *etc.*; crestare în lemn; săpare în piatră *sau* marmură, cioplitul direct al pietrei, marmurei, săpătura gravorului **2** tăierea / tranșarea cărnii *sau* a unei păsări *(la masă)* **3** *tehn* scobire, scobitură **4** *min* havaj

casbah ['kæzba:] *s* **1** castel / fortăreață în Africa de Nord **2** cartier de baruri și bordele din Africa de Nord

casco ['kæskəu] *s nav* corpul navei, scheletul navei, cocă

case bay ['keis bei] *s tehn* distanța dintre două reazeme vecine

casebound ['keisbaund] *adj* cartonat

casefile ['keisfail] *s* dosar

case grammar ['keis ,græmə] *s gram* gramatică a cazurilor

case-hardening ['keis ha:dniŋ] *s tehn* cimentare, călire superficială

casein paint ['keisiin peint] *s ch* culori de cazeină

case load ['keis ,ləud] *s* număr de cazuri rezolvate într-o anumită perioadă *(în justiție, într-o clinică)*

case maker ['keis ,meikə] *s poligr* mașină de confecționat scoarțe

casement window ['keismənt ,windəu] *s constr* fereastră batantă; oberliht

case study ['keis ,stʌdi] *s* studiul unui caz

case weed ['keis wi:d] *s bot* traista-ciobanului, tășculiță *(Capsella bursa-pastoris)*

case worker ['keis ,wə:kə] *s* **1** infirmieră, soră de ocrotire **2** asistent / activist social

cashable ['kæʃəbl] *adj* care poate fi încasat / plătit

cash account ['kæʃ ə,kaunt] *s com* cont de casă

cash assets ['kæʃ ,æsets] *s ec* capital lichid / în numerar

cash box ['kæʃ bɔks] *s* casă de bani; casetă pentru bani

cash card ['kæʃ ka:d] *s* carte bancară care permite încasarea de numerar de la automat

cash discount [,kæʃ 'diskaunt] *s* reducere de preț acordată la plata pe loc sau într-un interval de timp scurt, stabilit anterior

cash dispenser ['kæʃ dis,pensə] *v.* **cash point**

cash money ['kæʃ ,mʌni] *s com* numerar, bani gheață, bani peșin

cashpoint ['kæʃpoint] *s* distribuitor automat *(de bilete)*

casing dog ['keisiŋ dɔg] *s min* rac *(opritor de burlane)*

casqued [kæskt] *adj ist, poetic* cu coif, cu cască

cassata [kə'sa:tə] *s gastr* cremă glasată cu fructe

cassette [kə'set] *s* casetă

cassette player [kə'set ,pleiə] *s* casetofon *(numai cu redare)*

cassette recorder [kə'set ri,kɔ:də] *s* casetofon *(cu posibilitatea de înregistrare)*

cassolette [,kæsə'let] *s* cădelniță

castable ['ka:stəbl] *adj met* apt pentru turnare

castaneous [kæs'teiniəs] *adj* castaniu

castigator ['kæstigeitə] *s* **1** persoană care pedepsește **2** stilizator

castigatory ['kæstigeitəri] **I** *adj* care pedepsește, de pedepsire, punitiv; disciplinar **II** *s* pedeapsă, mijloc de pedepsire

casting bottle ['kɑ:stɪŋ ˌbɒtl] s pulverizator

casting box ['kɑ:stɪŋ bɒks] s 1 met cutie pentru forme, șasiu de turnătorie 2 pahar pentru zaruri

casting couch ['kɑ:stɪŋ kautʃ] s umor she denied having got the part on the ~ a negat că s-ar fi culcat cu producătorul pentru a obține rolul

casting director ['kɑ:stɪŋ dɪˌrektə] s director de distribuție

casting net ['kɑ:stɪŋ net] s plasă, năvod

casting voice [ˌkɑ:stɪŋ 'vɔɪs] s v. casting vote

casting vote [ˌkɑ:stɪŋ 'vəut] s vot decisiv (al președintelui, atunci când numărul voturilor este egal etc.)

castle building ['kɑ:sl ˌbɪldɪŋ] s fig himere, proiecte nerealizabile

castled ['kɑ:sld] amer ['kæsld] adj cu (un) castel

castling ['kɑ:slɪŋ] s rocadă (la șah)

castrato [kæ'strɑːtəu], pl **castratos** [kæ'strɑːtəs], **castrati** [kæ'strɑːtiː] s castrat

cast shadow ['kɑ:st ˌʃædəu] s constr umbră purtată

casualty insurance ['kæʒjuəltɪ inˌʃuərəns] s asigurare pentru caz de accident; asigurare mixtă

casualty list ['kæʒjuəltɪ list] s mil lista pierderilor, lista morților, răniților, dispăruților

casualty ward ['kæʒjuəltɪ wɔːd] s salon (suplimentar / temporar) într-un spital; (secția de) urgență

CAT presc de la **Computer-aided teaching** predare asistată pe calculator

catalase ['kætəleis] s ch catalază

catalogue raisonné [kætəˌlɒg rezoʹnei] s fr catalog sistematic (cu scurte explicații)

catalyse brit, **catalyze** amer ['kætəlaiz] vt a cataliza

catalytic [ˌkætə'litik] adj catalitic

catalytic converter [kætəˌlitik kən'vɜːtə] s auto convertor catalitic pentru gazele de eșapament

catalyzer ['kætəlaizə] s ch catalizator

catamenia [kætə'miːniə] s fizl menstruație, P ciclu, soroc, period

catamount ['kætəmaunt] s zool 1 panteră (Felis pardus) 2 râs, linx (Felis lynx) 3 cuguar (Felis concolor)

cat-and-dog [ˌkætən'dɒg] adj 1 în ceartă / dușmănie, ca câinele cu pisica 2 dubios, nesigur, incert, speculativ

cat-and-mouse [ˌkæt ən'maus] adj 1 ca pisica cu șoarecele 2 de expectativă

cataphoresis [ˌkætəfə'riːsis] s el cataforeză; electroforeză

cataphoretic [ˌkætəfə'retik] adj el cataforetic

cataplexy ['kætəpleksi] s med cataplexie

catatonia [ˌkætə'təuniə] s med catatonie

cat bird ['kæt bəːd] s amer orn sturz (Dumetella carolinensis)

catch fly ['kætʃ flai] s bot 1 lipicioasă, gușa-porumbelului (Silene armeria) 2 opățel, lipici, teiță-roșa (Lychnis viscaria)

catchment basin ['kætʃmənt ˌbeisn] s bazin de acumulare a apei / de recepție a precipitaților; colector de apă

catch question ['kætʃ ˌkwestʃn] s întrebare / problemă greu de rezolvat

catch ring ['kætʃ riŋ] s tehn inel de antrenare

catch thread ['kætʃ θred] s text furculiță

catch weed ['kætʃ wiːd] s bot turiță (Galium aparine)

catchword ['kætʃ wəːd] s 1 cuvânt de ordine; parolă; slogan, lozincă 2 teatru replică 3 poligr colontitlu (la dicționare și enciclopedii) 4 titlu, articol de dicționar 5 cuvânt rimat, rimă

cat davit ['kæt ˌdævit] s nav gruie de capon

cat distemper ['kæt dis,tempə] s vet panleucopenie

cat door ['kæt dɔ:] s deschizătură în partea inferioară a unei uși, prin care pot pătrunde în interior animalele de casă

catechol ['kætətʃəul] s ch pirocatechină

categorization [ˌkætəgərai'zeiʃn] s categorisire

catenary [kə'tiːnəri] I s 1 mat catenă, lănțișor 2 el fir de cale 3 ch catenă, lanț 4 tehn lanț, lănțișor; cablu de suport II adj în lanț

catenate ['kætineit] vt a lega, a uni, a înseria

cater-cornered ['keitə ˌkɔːnəːd] adj, adv în diagonală

catering ['keitəriŋ] I adj de (de)servire (a populației) II s (de)servire (a populației)

caterpillar track ['kætəpilə træk] s tehn șenilă

caterwauling ['kætəwɔːliŋ] s 1 miorlăială, miorlăit 2 fig muzică drăcească; tămbălău, tărăboi, larmă

cat fever ['kæt ˌfiːvə] s nav med catar (pulmonar), febră

cat flap ['kæt flæp] s v. cat door

cat hair ['kæt heə] s text păr de pisică

Cathar ['kæθəː] ist rel I s catari II adj referitor la catari

cathartic [kə'θɑːtik] adj, s med purgativ

cathect [kə'θekt] vt a stârni pofte adj în, a excita

cathedra [kə'θiːdrə] s rel scaun / tron al unui episcop

cathedral city [kə'θiːdrəl ˌsiti] s oraș episcopal

cathepsin [kæ'θepsin] s biol, ch catepsină

cathetometer [ˌkæθi'tɒmitə] s tehn catetometru

catholyte ['kæθəlait] s ch catolit

cathouse ['kæthaus] s amer bordel

cat lap ['kæt læp] s P 1 ceai foarte slab 2 poșircă, apă chioară

cat lick ['kæt lik] s toaleta pisicii

cat line ['kæt lain] s min cablu de intervenție

catling ['kætliŋ] s 1 rar pisicuță, pisoiaș, pisoi 2 med catgut subțire 3 med scalpel, bisturiu, cuțit de chirurg 4 muz coardă, strună

cat litter ['kæt ˌlitə] s 1 rar pisoi (abia fătați) 2 așternut / culcuș de paie pentru pisici

catmint ['kætmint] s bot cătușnică, iarba-mâței, minta-mâței (Nepeta cataria)

cat-o'mountain [ˌkæt ə'mauntin] s v. catamount

Catonian [kə'təuniən] I adj 1 privitor la Cato 2 fig sever, neînduplecat; virtuos incoruptibil; II s adept al lui Cato

cat's-ear ['kæts iə] s bot 1 buruiană-porcească (Hypochaeris radicata) 2 v. cat's foot (2)

cat's foot ['kæts fut] *s bot* **1** silnic *(Glechoma sp.)* **2** siminoc, parpian *(Gnaphalium dioicum)*

cats and dogs [,kæts ən 'dɔgz] *s* **1** *amer sl* valori necontate oficial la bursă **2** mulţime, grămezi

cat's paw ['kæts pɔː] *s* **1** *nav* gură de ştiucă **2** *pl nav* mare cu berbeci **3** păcălit, persoană înşelată / dusă cu preşul **4** *fig* unealtă; instrument; **to make a ~ of** *smb* a face din cineva unealta sa; a scoate castanele din foc cu mâna altuia

cat's tail ['kæts teil] *s* **1** coadă de pisică **2** guler de blană **3** nor filamentos **4** *bot* papură *(Typha latifolia)* **5** *bot* coada-calului *(Equisetum sp.)*

cat's whisker ['kæts ,wiskə] *s* **1** *rad* arc de contact pentru detector **2** *pl fig* şef, autoritate supremă, omul cel mai competent

catsuit ['kætsuːt] *s* combinezon cu pantalonaşi

cattery ['kætəri] *s* pensiune pentru pisici

catting ['kætiŋ] *s* rău de mare

cattle grid ['kætl ,grid] *s* dispozitiv care opreşte ieşirea vitelor din izlaz în drum

cattle guard ['kætl gɑːd] *s amer* dispozitiv care opreşte vitele să treacă linia ferată

cattleless ['kætllis] *adj* fără vite

cattle market ['kætl ,mɑːkit] *s* târg / obor de vite

cat train ['kæt trein] *s amer* şi în *Canada* şir de sănii trase de un tractor pe şenile

cat walk ['kæt wɔːk] *s* **1** *nav* scară *(îngustă)*; pasarelă îngustă, culoar, trecere **2** *constr* pasarelă, podeţ **3** *auto* mers foarte încet

Caucasia [kɔː'keizjə] *s geogr* regiunea caucaziană

Caucasoid [kɔː'kæsɔid] *s, adj* europoid

cauk [kɔːk] *s minr* calcar

caulescent [kɔː'lesnt] *adj bot* caulescent, cu tulpină aeriană

cauliflower cheese [,kɔːliflauə 'tʃiːz] *s gastr* conopidă cu brânză la cuptor

causation [kɔː'zeiʃn] *s* **1** cauzare, pricinuire **2** cauzalitate

causeuse [*pronunţia franceză*] *s fr* canapeluţă cu două locuri

caustic lime [,kɔːstik 'laim] *s* var nestins

caution money ['kɔːʃn ,mʌni] *s* cauţiune, garanţie, chezăşie; depozit; depunere *(↓ a studenţilor de la Oxford şi Cambridge în vederea unor posibile datorii)*

cavalierly [,kævə'liəli] *adv* neserios; frivol; uşor, uşuratic, nepăsător

cavalry charge ['kævəlri ,tʃɑːdʒ] *s* şarjă de cavalerie

cavalry officer ['kævəlri ,ɔfisə] *s* ofiţer de cavalerie

cave dweller ['keiv ,dwelə] *s* troglodit, om al cavernelor; locuitor al unei peşteri

cave painting ['keiv ,peintiŋ] *s* pictură rupestră

cavetto [kə'vetəu] *s arhit* cavetă, duşină

caving (in) ['keiviŋ (in)] *s* **1** surpare, prăbuşire, dărâmare **2** *hidr* erodare a malului

cavitation [,kævi'teiʃn] *s* **1** *fiz* cavitaţie **2** *met* formare a sulfurilor

cawing ['kɔːiŋ] *s* croncănit *(de corb, de cioară)*

Cayman Islands ['keimən ,ailəndz] *s the* ~ arhipelag britanic în *Marea Caraibilor*

CB *presc de la* **1** Citizens' Band radioamatorism **2** Companion of (the order of) the Bath *distincţie onorifică britanică*

CBC *presc de la* Canadian Broadcasting Corporation oficiul naţional canadian de radiodifuziune

CBE *presc de la* Companion (of the Order of) the British Empire *distincţie onorifică britanică*

CBI *presc de la* Confederation of British Industry *asociaţie a patronatului britanic*

CBR *presc de la* chemical, bacteriological and radiation chimic, bacteriologic, radioactiv

CBS *presc de la* Columbia Broadcasting System *lanţ de televiziune american*

CCA *presc de la* Circuit Court of Appeals *curte de apel a sistemului judiciar din S.U.A. înainte de 1948*

CCTV *presc de la* closed-circuit television televiziune cu circuit închis

CCU *presc de la* coronary care unit secţie de cardiologie *(a unui spital)*

CD *presc de la* **1** compact disc compact disc, CD **2** Civil Defence apărarea civilă **3** Corps Diplomatique corpul diplomatic

CDC *presc de la* Center for Disease Control *(în S.U.A.)* institut federal de cercetare a cauzelor bolilor şi a profilaxiei lor

CDI *presc de la* compact disc interactiv compact disc interactiv

Cdr *presc de la* Commander comandant

CD-ROM *presc de la* compact disc read only memory CD-ROM

CDT *presc de la* Central Daylight Time ora de vară în centrul *S.U.A.*

CDV *presc de la* compact disc video CD video

CDW *presc de la* collision damage waiver reducere a preţului unei asigurări acordată automobiliştilor care acceptă să plătească daunele de care sunt responsabili

ceaselessness ['siːslisnis] *s* continuitate, persistenţă, caracter neîntrerupt

cedarwood ['siːdəwud] *s* lemn de cedru

cee [siː] *s* denumirea literei *c*

CEEB *presc de la* College Entry Examination Board *(în S.U.A.)* comisie de admitere în învăţământul superior

Ceefax ['siːfæx] *s* serviciul de teletext al BBC

ceil [siːl] **I** *vt constr* a acoperi, a înveli; a tencui *(tavanul)* **II** *vi av* a atinge plafonul

ceilidh ['keili] *s* seară de dans şi muzică folclorică *(în Irlanda şi Scoţia)*

ceilinged ['siːliŋd] *adj arhit* cu tavan

ceilometer [si:'lɔmitə] *s fiz* aparat pentru măsurarea înălţimii plafonului de nori

celadon ['selədɔn] *s* verde palid / gălbui

Celebes Sea [se,liːbiːz 'siː] *s the* ~ mare în Oceanul Pacific, între ins. Kalimantan, Sulawesi şi arh. Filipine

celebrater ['selibreitə] *s v.* **celebrator**

celebrator ['selibreitə] *s* **1** persoană care participă la o sărbătoare; conviv; oaspete **2** panegirist

celebratory [ˌseləˈbreitəri] *adj* de sărbătoare; festiv; comemorativ

celeriac [seˈleriæk] *s* varietate de țelină cu rădăcina comestibilă *(Apium graveolens rapaceum)*

celeste [siˈlest] *s* azur, albastrul cerului

celestial equator [si,lestiəl iˈkweitə] *s astr* ecuator ceresc

celestial latitude [si,lestiəl ˈlætitjuːd] *s astr* latitudine astronomică

celestial mechanics [si,lestiəl mi,kæniks] *s astron* mecanică cerească

celestial pole [si,lestiəl ˈpəul] *s astr* pol ceresc

celiac disease [ˈsiːljak diˌziːz] *s med* steatoree, *boală intestinală a copiilor cauzată de o avitaminoză*

celibatarian [ˌselibəˈteəriən] I *adj* necăsătorit, holtei, celibatar II *s* holtei, burlac, celibatar, becher

celite [ˈsiːlait] *s tehn* celit

cellarman [ˈseləmən] *pl* **cellarmen** [ˈseləmen] *s* chelar, pivnicier

celled [seld] *adj* 1 cu celule 2 închis / întemnițat într-o celulă

cellobiose [ˌseləuˈbaiəus] *s ch* celobioză

cellula [ˈseljulə], *pl* **cellulae** [ˈseljuliː] *s fizl* celulă (mică)

cellular telephone [ˌseljulə ˈtelifəun] *s* telefon celular

cellulate [ˈseljuleit] *adj* cu celule, din celule

cellule [ˈseljuːl] *s biol, av* celulă

cellulite [ˈseljulait] *s* celulită

cellulosic [seljuˈləusik] *s material plastic din acetat de celuloză, celofan etc.*

celt [selt] *s arheol* unealtă de piatră sau metal *(ascuțită sub diferite forme)*

Celticism [ˈkeltisizm, ˈseltisizm] *s* 1 obicei celtic 2 expresie idiomatică de origine celtică

Celtism [ˈkeltizm, ˈseltizm] *s v.* **Celticism**

Celtist [ˈkeltist, ˈseltist] *s* specialist în cultura celtică

celtium [ˈselʃiəm, ˈseltiəm] *s ch* hafniu, celțiu

celtuce [ˈseltəs] *s bot* hibrid din țelină și salată verde

cembalo [ˈsembələu] *s muz* 1 *ist* orice instrument de percuție cu coarde, aprox țambal 2 clavicord; pian

cementite [siˈmentait] *s minr* cementită

censurer [ˈsenʃərə] *s* critic; cenzor *și fig*

centage [ˈsentidʒ] *s com* procente

cental [ˈsentl] *s* chintal englezesc *(măsură de greutate pentru substanțele pulverulente, egală cu 100 livre avoir-dupois sau 45,36 kg)*

centerfold [ˈsentəfəuld] *s amer v.* **centrefold**

centering [ˈsentəriŋ] *s* 1 *tehn* centrare 2 *constr* cintră, cofraj

centile [ˈsentail] *s mat* centilo

centillion [senˈtiljən] *s* centilion

centipoise [ˈsentipɔiz] *s tehn* centipoise

centner [ˈsentnə] *s* jumătate de chintal *(50 kg; în Anglia, 100 livre sau 45,36 kg)*; **metric / double ~** chintal *(100 kg sau 220,46 livre)*

cento [ˈsentəu], *pl* **centos** [ˈsentəuz] *sau* **centones** [senˈtəuniːz] *s* compilație literară

centra [ˈsentrə] *pl de la* **centrum**

Central African [ˌsentrəl ˈæfrikən] I *s* locuitor din Republica Centrafricană II *adj* referitor la Republica Centrafricană

Central African Republic [ˌsentrəl æfrikən riˈpʌblik] *s the ~* Republica Centrafricană

Central American [ˌsentrəl əˈmerikən] I *s* locuitor din America Centrală II *adj* referitor la America Centrală

Central Asia [ˌsentrəl ˈeiʃə] *s* Asia centrală

central bank [ˌsentrəl ˈbæŋk] *s* banca centrală / națională

Central Europe [ˌsentrəl ˈjuərəup] *s* Europa Centrală

Central European [ˌsentrəl juərəˈpiən] I *s* locuitor al Europei Centrale II *adj* referitor la Europa Centrală

Central European Time [ˌsentrəl juərəˈpiən taim] *s* ora Europei Centrale

central government [ˌsentrəl ˈgʌvəːnmənt] *s* guvernare de la centru

centralite [ˈsentrəlait] *s minr* centralită

centralizer [ˈsentrəlaizə] *s* 1 centralizator 2 *tehn* centrar, grilaje de centrare

central locking [ˌsentrəl ˈlɔkiŋ] *s auto* încuiere automată prin telecomandă

central processing unit [ˌsentrəl ˌprəusesiŋ ˈjunit] *s cib* unitate centrală de procesare *(CPU)*

Central Standard Time [ˌsentrəl ˈstændəːd taim] *s* ora de iarnă în centrul Statelor Unite

central station [ˌsentrəl ˈsteiʃn] *s ferov* gară principală

centre back [ˌsentə ˈbæk] *s* spate-centru

centrefold [ˈsentəfəuld] *s* afiş *(publicat la mijlocul unei reviste)*

centre-half [ˌsentəːˈhɑːf] *s* semicentru

centreline *brit*, **centerline** *amer* [ˈsentəlain] *s* axă/linie mediană

centreplate *brit*, **centerplate** *amer* [ˈsentəpleit] *s* derivă *(a unui vapor)*

centre punch [ˈsentə pʌntʃ] *s tehn* punctator

centre-spread [ˈsentəspred] *s v.* **centrefold**

centre three-quarters [ˌsentə θriːˈkwɔtəːz] *s (la rugby)* centru *(în linia de trei sferturi)*

centric(al) [ˈsentrik(əl)] *adj* central, de mijloc, centric

centrifugal machine [sentri,fjugəl məˈʃiːn] *s (mașină)* centrifugă

centrifugal pump [sentri,fjugəl pʌmp] *s tehn* pompă centrifugă

centrifugal wringer [sentri,fjugəl ˈriŋgə] *s v.* **centrifugal machine**

centrism [ˈsentrizm] *s* centrism, concepție politică bazată pe refuzul extremelor

centrum [ˈsentrəm] *pl* **centrums** [ˈsentrəms] *sau* **centra** [ˈsentrə] *s* centru

century plant [ˈsentʃəri plɑnt] *s bot* agavă *(Agave americana)*

CEO *presc de la* **chief executive office** *com, ec* președintele / directorul general

cep [sep] *s bot* mânătarcă *(Boletus edulis)*

ceramist [ˈserəmist] *s* ceramist; olar, specialist în ceramică, artist care lucrează ceramică

cerargyrite [siˈrɑːdʒirait] *s minr* cerargirit, argint cornos

cerastes [siˈræstiːz] *s zool* viperă cornută *(Cerastes cornutus)*

cerate [ˈsiərit] *s* alifie / unsoare / unguent din ceară, untdelemn și migdale

ceratin(e) [ˈserətin] *s* ceratină

ceraunograph [sə'rɔːnəgraːf] *s tehn* ceraunograf, aparat pentru înregistrarea fulgerelor

cercle ['səːkl] *s înv* cerc

cerebellar [,serə'belə] *adj anat* de cerebel, al cerebelului

cerebral death [,seribrəl 'deθ] *s med* moarte cerebrală

cerebral palsy [,seribrəl 'pɔlzi] *s med* ataraxie, leziune a centrilor motori

cerebric ['serəbrik] *adj* cerebronic

cerebronic acid [seri,brɔnik 'æsid] *s ch, biol* acid cerebronic

cerebrosides ['serəbrosaidz] *s pl ch* cerebrozide

cerebrotonic [,serəbrəu'tɔnik] *adj fizi, psih* de factură intelectuală, cu înclinații intelectuale; introvertit; meditativ

ceremonialist [,seri'məuniəlist] *s* 1 ritualist 2 formalist, om care ține la formalități / la etichetă / la ceremonie

ceremonially [,seri'məunjəli] *adv* în conformitate cu un anumit ritual *(religios)*

ceremoniousness [,seri'məuniəsnis] *s* ceremonie; etichetă; protocol

cereous ['siəriəs] *adj* ca ceara; de ceară

ceresine (wax) ['serəsin (wæks)] *s ch* cerezină

ceria ['siriə] *s ch* cesevioxid de ceriu

cerite ['siərait] *s minr* cerit

cerolite ['siərəlait] *s minr* cerolit

ceroplastics [,siərəu'plæstiks] *s pl (folosit ca sg.)* ceroplastică *(modelaj artistic din ceară)*

Cert Ed [,səːt 'ed] *presc de la* **Certificate of Education** diplomă universitară britanică în științele pedagogice

certifier ['səːtifaiə] *s* garant, persoană care certifică / adeverește

cervantite [sə'væntait] *s minr* cervantit

cervelat ['səːvilæt] *s muz* un fel de fagot

cervical cancer [,səːvikəl 'kænsə] *s med* cancer de col uterin

cervical smear [,səːvikəl 'smiə] *s med* frotiu vaginal

cervicitis [,səːvi'saitis] *s med* cervicită

cervine ['səːvain] *adj* de cerb

ceryl alcohol [,sirəl 'ælkəhɔl] *s ch* alcool cerilic

cess [ses] *s* 1 impozit (local) *(cuvânt irlandez)*; **bad ~ to you!** să ai parte numai de greutăți! să plătești până ți-or ieși ochii!; lua-te-ar naiba! vedea-te-aș pe năsălie! 2 *scot* impozit agrar, impozit funciar

cesser ['sesə] *s* încetare, oprire

Cestrian ['sestriən] I *adj* din *sau* de Chester sau Cheshire II *s* locuitor din Chester *sau* Cheshire

CET *presc de la* **Central European Time** ora Europei Centrale

cetacea [si'teiʃiə] *s pl zool* cetaceu

cetaceous [si'teiʃiəs] *adj zool* ca balena, de balenă

cetane ['siːtein] *s ch* cetan

cetine ['siːtin] *s* alb de balenă; spermanțet

cevitamic acid [si:vi,tæmik 'æsid] *s ch* acid ascorbic, vitamina C

CFC *presc de la* **chlorofluorocarbon** *ch* clorofluorocarbon

cfi, CFI *presc de la* **cost, freight and insurance** cum preț de cost, fraht și asigurare

CG *presc de la* **coastguard** paza litoralului

CGT *presc de la* **capital gains tax** *ec* taxă pe profitul realizat din vânzarea investițiilor capitale

ch *presc de la* **central heating** încălzire centrală

CH *presc de la* **Companion of Honour** decorație britanică acordată acelor cetățeni care au adus servicii speciale statului

chacma ['tʃækmə] *s zool* varietate de papan african *(Cynocephalus porcarius)*

chad [tʃæd] *s* pietriș

Chadian ['tʃædiən] I *s* locuitor din Ciad II *adj* referitor la Ciad

chador ['tʃaːdɔː] *s* bucată mare de pânză, purtată de femeile hinduse și musulmane pentru a-și acoperi capul și umerii

chaff-cutter ['tʃaːf ,kʌtə] *s agr* tocătoare de paie / staționară, șișcarniță

chafferer ['tʃæfərə] *s* negustor, comerciant

chaffing ['tʃæfiŋ] *s* uzare / uzură prin frecare; *text* frecarea firelor

chafing gear ['tʃeifiŋ ,giə] *s nav* protector pentru troță *(ca să nu se roadă)*

chagrined [ʃə'griːnd] *adj* supărat, mâhnit, amărât

chain armour ['tʃein ,aːmə] *s* za, zale

chain belt ['tʃein belt] *s tehn* curea din fâșii de piele, curea articulată

chain block ['tʃein blɔk] *s tehn* palan cu lanț

chain conveyer ['tʃein kən,veiə] *s tehn* transportor cu lanț

chain drive ['tʃein draiv] *s tehn* transmisie prin lanț; acționare cu lanț; angrenaj cu lanț

chained [tʃeind] *adj* 1 cu lanț(uri); catenar 2 *(d fulger)* în formă de zigzag

chain isomerism ['tʃein ,aisəmərizm] *s ch* izomerie de catenă

chain letter ['tʃein ,letə] *s joc* constând în trimiterea de scrisori mai multor destinatari, fiecare dintre aceștia având obligația să trimită altora un număr de scrisori

chain lightning ['tʃein ,laitniŋ] *s* fulger în zigzag

chain link ['tʃein liŋk] *s* verigă / eclipsă de lanț

chain locker ['tʃein ,lɔkə] *s nav* puțul lanțului; ~ **pipe** nară de puț

chain pipe ['tʃein paip] *s nav* nară, tubul lanțului de ancoră, nară pentru cablu

chain reactor ['tʃein ri,æktə] *s fiz* reactor în lanț

chain smoker ['tʃein ,sməukə] *s* fumător înrăit, fumator care aprinde țigară de la țigară

chain splice ['tʃein splais] *s nav* matiseală pe lanț

chain stitch ['tʃein stitʃ] *s* tighel, cusătură de găurele

chain wheel ['tʃein wiːl] *s* roată de lanț

chairlady ['tʃeə,leidi] *s* președinta unui comitet

chair warmer [,tʃeə 'wɔːmə] *s amer sl* leneș, om comod, târâie-brâu; birocrat

chalcanthite [kæl'kænθait] *s minr* calcantit

chalcocite ['kælkəsait] *s minr* calcazin

chalcopyrite [,kælkɔ'pairait] *s minr* calcopirită

chalkboard ['tʃɔːkbɔːd] *s amer* tablă *(de scris cu creta)*

chalkface ['tʃɔːkfeis] *s umor* experiență pedagogică

chalkpit ['tʃɔːkpit] *s* carieră de cretă

chalk talk ['tʃɔːk tɔːk] s conferință însoțită de desene făcute pe tablă

challenge-cup ['tʃælindʒkʌp] s sport cupă disputată (la concurs), cupă pusă în joc; trofeu, criteriu

challenged ['tʃælindʒd] adj eufemism handicapat; **visually** ~ cu vederea slabă

challengingly ['tʃælindʒiŋli] adv 1 sfidător, provocator, obraznic 2 it's a ~ difficult job e o muncă dificilă, dar pasionantă

chalmersite ['tʃælməzait] s minr cubanit

chalybite ['kælibait] s geol siderit

chamaelion [kə'miliən] s v. **chamaelon**

chamaelon [kə'miːliən] s 1 zool cameleon (Chamaeleo vulgaris) 2 fig cameleon, om nestatornic (în păreri / atitudini)

chamber acid [,tʃeimbə'æsid] s ch acid sulfuric de cameră (preparat prin procedeul camerelor cu plumb)

chamberer ['tʃeimbərə] s înv 1 camerier 2 (bărbat) afemeiat / muieratic 3 camerist

chamber lock ['tʃeimbə lɔk] s hidr ecluză cu sas

Chamber of Horrors [,tʃeimbərɔv 'hɔrəːz] s camera ororilor din muzeul figurilor de ceară al doamnei Tussaud, consacrată crimelor și criminalilor celebri

chamber of trade [,tʃeimbər əv 'treid] s camera meseriilor

chamber pot ['tʃeimbə pɔt] s oală de noapte

chamber practice ['tʃeimbə ,præktis] s jur consultații / consultație la domiciliu

chamber process ['tʃeimbə ,prəusis] s ind procedeul / metoda camerelor de plumb

chamber woman ['tʃeimbə ,wumən] s femeie de serviciu, cameristă (la hotel; amer și într-o casă particulară); fată în casă, slujnică, servantă

chamblet ['tʃæmblit] s text alpaca, lustrin

chammy ['tʃæmi] s piele de capră sălbatică

chamomel ['kæmɔmel] s mușețel, romaniță (Matricaria chamomilla)

chamosite(ore) ['ʃæməzait(ɔː)] s minr șamosit

chamot(te) [ʃə'mɔt] s ind șamotă

champagne cup [ʃæm,pein 'kʌp] s cocktail cu șampanie

champerty ['tʃæmpə(ː)ti] s jur învoială, tranzacție, înțelegere (ilegală) cu o parte litigantă, potrivit căreia ofertantul suportă cheltuielile de judecată și în caz de câștig primește o parte din suma disputată; vânzare a unui proces

champignon [ʃæm'piniən și pronunția franceză] bot ciupercă comestibilă, (↓) ciuperca-de-gunoi (Agaeicus campestris)

champlevé ['ʃæmpləvei și pronunția franceză] fr artă săpare în relief; scoatere în relief

chanceless ['tʃaːnslis] adj fără șanse / speranțe; deznădăjduit, disperat; inutil

chancellorship ['tʃaːnsələrʃip] s funcție sau demnitate de cancelar etc.

chancellory ['tʃaːnsələri] s 1 funcție sau titlu de cancelar 2 cancelariat, cancelarie, biroul unui cancelar

chancelry ['tʃaːnsəlri] s v. **chancellory**

chance medley ['tʃaːns ,medli] s 1 jur omor fără premeditare / accidental; omor involuntar 2 întâmplare (nefericită / nefastă), accident 3 încăierare, bătaie

chancroidal [ʃæn'krɔidəl] adj med șancroidal

chancer ['tʃaːnsə] s brit 1 găinar, borfaș, șarlatan, escroc 2 trișor

chandelle [ʃæn'del] s av șandelă

changed ['tʃeindʒd] adj schimbat; he's a ~ man e cu totul alt om

changelessness ['tʃeindʒlisnis] s statornicie, imutabilitate, constanță, neschimbare, caracter neschimbător

changement ['tʃeindʒmənt] s rar schimbare

change purse ['tʃeindʒ ,pəːs] s portmoneu

changer ['tʃeindʒə] s 1 schimbător, modificator 2 înv cămătar, zaraf, agent de schimb

change-ringing ['tʃeindʒ ,riŋiŋ] s manieră specifică de a trage clopotele (în biserica anglicană)

change wheel ['tʃeindʒ wiːl] s roată de schimb

changing ['tʃeindʒiŋ] I adj 1 schimbător 2 care-și schimbă culoarea 3 fig nehotărât II s schimbare

changing room ['tʃeindʒiŋ ruːm] s brit 1 vestiar (în sport) 2 cabină de probă (în magazine)

channel(l)ing ['tʃænəliŋ] s F canaluri; sistem de canaluri

channel black ['tʃænəl blæk] s tehn un gen de fum de canale

channeler ['tʃænələ] s sfredel, burghiu

channel iron ['tʃænəl ,aiən] s met fier U

channel Islander ['tʃænəl ,ailəndə] s locuitor din insulele Anglo-Normande

Channel Islands ['tʃænl ,ailəndz] s geogr the ~ Insulele Anglo-Normande

Channel Tunnel ['tʃænəl ,tjunəl] s tunelul care leagă Anglia de Franța, construit pe sub Canalul Mânecii

chansonnette [, ʃænsə'net și pronunția franceză] s fr șansonetă, cântec

chantage ['tʃaːntidʒ și pronunția franceză] s fr jur șantaj, stoarcere de bani prin amenințări

chantant ['tʃæntənt și pronunția franceză] adj fr melodios

chanterelle [,tʃæntə'rel] s fr 1 muz coarda mi la vioară 2 bot bureți galbeni (Cantharellus cibarius)

chantership ['tʃaːntəʃip] amer ['tʃæntəʃip] s bis funcția de cantor

chanting ['tʃaːntiŋ] I adj cântat II s 1 cântare, psalmodiere 2 scandare (a lozincilor)

chaparral [,tʃæpə'ræl] s bot 1 amer desiș de ilice 2 desiș de mure 3 mărăciniș

chape [tʃeip] s 1 copcă (la cataramă); cheotoare 2 mâner, vârf aurit (la teacă); legătură; ferecătură 3 (limbaj vânătoresc) coadă de vulpe

chapeau [ʃæ'pəu și pronunția franceză], pl **chapeaux** [ʃæ'pəuz] s fr pălărie

chapel of ease [,tʃæpəl əv 'iːz] s capelă ce aparține de o biserică principală, construită din cauza extinderii parohiei

chapel of rest [,tʃæpl əv 'rest] s camera mortuară a unei întreprinderi de pompe funebre

chaplaincy ['tʃæplinsi] s funcția de preot al unei instituții; ~ work munca de preot al unei instituții

chapleted ['tʃæplitid] *adj* încununat, cu cunună

Chappaquiddick [tʃæpə'kwidik] *s* **the ~ incident** afacerea Chappaquiddick *(accident petrecut în circumstanțe neelucidate, în care și-a pierdut viața Mary Joe Kopechne, colaboratoarea senatorului american Edward Kennedy)*

chapped [tʃæpt] *adj* crăpat *(d mâini, buze, etc.)*

chappie[1] ['tʃæpi] *s* fante, filfizon, marțafoi; dandy, arbitru al eleganței; om de salon

chappie[2] ['tʃæpi] *s brit F înv* tip, băiat, flăcău; **he's a nice ~** e băiat de treabă, **you ~s have made a big mistake** băieți, ați făcut o mare greșeală; **how are you, old ~?** ce mai faci, bătrâne?

chappy[1] ['tʃæpi] *adj* crăpat; plesnit, spart

chappy[2] ['tʃæpi] *s v.* **chappie**

chapstick ['tʃæpstik] *s amer* pămătuf de machiaj pentru buze

chapter house ['tʃæptə haus] *s* capitul *(locul în care își ține adunările corpul de canonici al unui așezământ religios)*

chaptrel ['tʃæptrəl] *s arhit* capitel *(de coloană)*

character actor ['kærəktə ˌæktə] *s teatru* actor de compoziție

character assassination ['kærəktə əsæsi̯ˌneiʃn] *s amer* defăimare, distrugerea reputației unei persoane

character sketch ['kærəktə sketʃ] *s* **1** scurt portret moral *(al unui personaj etc.)* **2** scurtă descriere a atmosferei locale *(într-o operă literară etc.)*

character witness ['kærəktə ˌwitnis] *s jur* (într-un proces) persoană care depune mărturie despre reputația, purtarea și caracterul uneia dintre părți

charcoal burning ['tʃɑːkəul ˌbəːniŋ] *s* carbonizare / mangalizare în bocșă

charcoal grey ['tʃɑːkəul grei] *s* gri-petrol

chard [tʃɑːd] *s bot* specie de sfeclă *(Beta vulgaris cicla)*

chare [tʃeə] **I** *s* **1** lucru la domiciliu **2** muncă cu ziua, lucru năimit **II** *vi* **1** a munci / a se angaja cu ziua; a lucra la domiciliu **2** *constr* a ciopli piatra cu dalta

charge card ['tʃɑːdʒ kɑːd] *s* carte de credit

chargeman ['tʃɑːdʒmən] *s* artificier

charging ['tʃɑːdʒiŋ] **I** *adj* **1** care încarcă / umple; de încărcare, de umplere **2** acuzator, de acuzare **3** *mil* de șarjă, de atac; atacator **II** *s* încărcare, umplere *etc.*

charismatic [ˌkæriz'mætik] *adj* aureolar; de domeniul reputației, mitului, legendei

charley[1] ['tʃɑːli] *s P* **1** cumătra vulpe *(în folclor)* **2** barbișon *(stil Carol I)* **3** paznic de noapte

charley[2] ['tʃɑːli] *s amer, mil* litera C, categoria a treia

charley horse ['tʃɑːli hɔːs] *s sport* cârcel, crampă

charlotte ruse [ˌtʃɑːlət 'ruːs] *s gastr* șarlotă din pandișpan sau pișcoturi, cu frișcă și crustă de gelatină

charman ['tʃɑːmən] *pl* **charmen** ['tʃɑːmen] *s* lucrător cu ziua

charnockite ['tʃɑːnəkait] *s minr* charnokit

Charpy impact machine [ˌʃɑːpi 'impækt məʃiːn] *s tehn* pendul Charpy

charr [tʃɑː] *s iht* păstrăv din genul *Salvelinus*

charred [tʃɑːd] *adj* înnegrit prin ardere; carbonizat

charterer ['tʃɑːtərə] *s nav* navlocitor, încărcător, expeditor

charter flight ['tʃɑːtə flait] *s* zbor charter

charter plane ['tʃɑːtə plein] *s* avion taxi / de închiriat; *(avion)* charter

chartist ['tʃɑːtist] *s amer ec* analist la o bursă de valori

chasing[1] ['tʃeisiŋ] *s* **1** vânare, urmărire, goană, alungare, izgonire, punere pe fugă **2** *sl* depășire a normei, întrecerea normei stabilite de către muncitori

chasing[2] ['tʃeisiŋ] *s tehn* cizelare, gravare; ștemuire, batere cu ciocanul *(a unui metal, pentru a scoate în relief figuri / ornamente)*

chasing chisel ['tʃeisiŋ ˌtʃizl] *s* daltă *(de sculptor, de gravor)*

chasmal ['kæzməl] *adj* de prăpastie, de abis; abisal

chasse[1] [ʃɑːs] *[și pronunția franceză]* *s fr F* pahar de lichior *(băut)* după cafea

chasse[2] [ʃɑːs] *s bis* raclă *(cu moaște)*

chassé ['ʃæsei] *amer și pronunția franceză* **I** *s* pași de dans laterali, (pași de) trecere la o altă figură / de la un loc la altul **II** *vi* a trece de la o figură la alta, a schimba locul, pașii *(la balet / cadril etc.)*

chassé-croisé [ʃɑˌsei krwa'zei] *s fr* **1** „chassé-croisé, schimbare *(la balet, cadril etc.)*; mișcare spre dreapta *sau* spre stânga **2** *fig* mișcare leneșă, mișcare moale

chastely ['tʃeistli] *adv* cu castitate, cu pudoare

chasteness ['tʃeistnis] *s* caracter cast, calitatea de a fi cast

chastening ['tʃeisniŋ] *adj* **1** care cuminețește, care îndreaptă *(pe cineva)*; **prison had a ~ effect on him** închisoarea l-a cumințit **2** descurajant; **it's a ~ thought** e un gând care descurajează

château-bottled [tʃæˌtəu 'bɔtld] *adj (d un vin)* îmbuteliat pe plantația unde a fost produs și purtând numele acelei plantații sau al proprietarului ei

chatoyancy [ʃə'tɔiənsi] *s* sclipire

chatoyant [ʃə'tɔiənt] *adj fr* sclipitor, cu ape, bătând când într-o culoare, când în alta; șanjant

chat show ['tʃæt ʃəu] *s brit* convorbire/conversație televizată

chattels personal [ˌtʃætlz 'pəːsnəl] *s pl* avere mobilă, bunuri mobile

chattels real ['tʃætlz riəl] *s pl* avere imobilă, bunuri imobile / imobiliare

chatterbox ['tʃætəbɔks] *s* **1** flecar, moară stricată / neferecată **2** *amer mil sl* mitralieră, țăcănitoare, cățea

chatter broth ['tʃætə brɔ(ː)θ] *s F* ceai

chatterer ['tʃætərə] *s* **1** palavragiu, guraliv, limbut **2** *orn* kotinga *(pasărea-strigătoare viu colorată din America tropicală) (Cotingidae)*

chatter water ['tʃætə ˌwɔːtə] *s v.* **chatter broth**

chattily ['tʃætili] *adv* cu familiaritate, familiar

chatty ['tʃæti] *s (cuvânt anglo-indian)* oală / vas de lut

Chaucerism ['tʃɔːsiərizm] *s* particularitate lingvistică *sau* stilistică a lui Chaucer

85

Chaucerian [tʃɔ:'siəriən] *adj* al lui Chaucer, privitor la Geoffrey Chaucer *(poet englez, 1340 – 1400)*

chauffeur ['ʃəufə] *s fr* şofer *(al cuiva)*, conducător de autovehicule

chaus ['tʃeiəs] *s zool* pisică de trestie *(Felis chaus)*

Cheap Jack ['tʃi:p dʒæk] *s F* 1 negustor ambulant, marfagiu, boccegiu, mămular 2 coţcar, şarlatan, pungaş

Cheap John ['tʃi:p dʒɔn] *s v.* **Cheap Jack**

cheapo ['tʃi:pəu] *adj F* ieftin

cheapskate ['tʃi:pskeit] *s F* zgârcit, avar, zgârie-brânză

cheater ['tʃi:tə] *s* înşelător, amăgitor, escroc

cheatery ['tʃi:təri] *s* înşelătorie, înşelăciune, escrocherie, şarlatanie, fraudă

cheating ['tʃi:tin] *s* înşelăciune, escrocherie

Chechen [tʃi:'tʃen] *I s* cecen *II adj* cecen, din Cecenia

check dam ['tʃek dæm] *s hidr* dig antierozional

check digit ['tʃek ,didʒit] *s cib* număr / cifră de control

checkerboard ['tʃekəbɔ:d] *s* tablă de şah *(pentru jucat dame)*; ~ **grouping** grupare de şah

checkered ['tʃekəd] *adj* 1 cu pătrate, în pătrăţele, cadrilat 2 pestriţ 3 variat, diferit

checking ['tʃekin] *s* 1 oprire, reţinere, împiedicare 2 verificare, control 3 înregistrare

check-key ['tʃek ki:] *s* cheie de la o broască cu siguranţă

check-pinochle ['tʃek ,pinɔkl] *s amer* joc de cărţi, combinaţie între pinacle şi bridge

Checkpoint Charlie [,tʃekpɔint 'tʃɑ:li:] *s umor* persoană care lucrează la un punct de control *(pe o autostradă etc.)*

check rail ['tʃek reil] *s ferov* contraşină; longrină de deraiere, labă de iepure; contra-ac

checkrein ['tʃekrin] *s (la hamuri)* strup, crucea hamului / gâtarului, cureaua vânării

check strap ['tʃek stræp] *s* curea de semnalizare, semnal *(la tramvai etc.)*

check weigher ['tʃek ,weiə] *s min* normator, pontator *(al vagoanelor din mină)*

chee-chee [,tʃi:'tʃi:] *s (cuvânt anglo-indian)* peior 1 eurasiatic 2 engleză stricată *(vorbită de eurasiatici)*

cheeker ['tʃi:kə] *s* obraznic

cheek pouch ['tʃi:k pautʃ] *s zool (la unele maimuţe şi rozătoare)* dilataţie în formă de sac a obrajilor, unde animalele păstrează hrana

cheek tooth ['tʃi:k tu:θ] *s anat* măsea, (dinte) molar

cheeper ['tʃi:pə] *s* 1 pui *(↓ de potârniche şi de cocoş de munte)* 2 *fig* prunc, broscoi

cheering ['tʃiərin] *I s pl* aclamaţii, urale *II adj* 1 *(d un gând, o remarcă)* încurajator, care ridică moralul 2 *(d o veste, privelişte)* reconfortant

cheers ['tʃiəz] *interj (la un toast)* noroc!

cheeseboard ['tʃi:zbɔ:d] *s* platou cu brânză

cheeseburger ['tʃi:zbə:gə] *s amer (hamburger şi)* sandviş cu brânză

cheese cloth ['tʃi:z klɔ(:)θ] *s* sădilă, strecurătoare de brânză, tifon

cheese dip [,tʃi:z'dip] *s* aperitiv constând dintr-un sos de brânză în care se înmoaie legume sau cartofi prăjiţi

cheesed off [,tʃi:zd'ɔf] *adj brit* to be ~ a fi sătul până-n gât; **I'm ~ with this job** sunt sătul până-n gât de slujba asta

cheese fly ['tʃi:z flai] *s ent* câşiţă, strepede, codaţ *(Piophila casei)*

cheese head ['tʃi:z hed] *s tehn* cap plat / rotund

cheese mite ['tʃi:z mait] *s ent* strepede *(Tyroglyphus siro)*

cheese rennet ['tʃi:z ,renit] *s* 1 cheag pentru brânză 2 *bot* drăgaică *(Galium verum)*

cheese straw [,tʃi:z 'strɔ:] *s* saleuri, batoane de aluat sărat

cheesiness ['tʃi:zinis] *s* aspect de brânză / brânzos; asemănare cu brânza

cheesing ['tʃi:zin] *s text* bobinare

cheiromancy ['kaiərəmænsi] *s* chiromanţie, ghicit în palmă, palmistrie

chela ['ki:lə], *pl* **chelae** ['ki:li:] *s zool* cleşte *(la crustacee)*

chelate compound ['ki:leit ,kɔmpaund] *s ch* chelat, compus chelatic

chelonian [ki'ləuniən] *I adj* de broască ţestoasă *II s* broască ţestoasă

Chelsea bun [,tʃelzi:'bʌn] *s* chiflă cu stafide

Chelsea Pensioner [,tʃelzi:'penʃnə] *s* veteran de război, care locuieşte în spitalul Chelsea Royal din Londra

chemics ['kemiks] *s pl rar* chimie

chemin de fer [ʃə,mænde'feə] *s* joc de cărţi, *aprox* bacara

chemurgy ['kemədʒi] *s* chimia industrializării produselor agricole

chen [ken] *s orn* gâscă polară *(Anser hyperboreus)*

chenar ['tʃi:nɑ:] *s bot* platan oriental *(Platanus orientalis)*

chequebook journalism ['tʃekbuk ,dʒəməlizm] *s (în jurnalism)* practică ce constă în plata unor sume importante de bani acelor persoane care pot face declaraţii într-un anumit caz

cheque card ['tʃek kɑ:d] *s (în Marea Britanie)* carte bancară de identitate, fără de care cecurile nu sunt acceptate

Chequers ['tʃekəz] *s* a doua reşedinţă a premierului britanic

cherry apple ['tʃeri ,æpl] *s bot* merişor, măr cu fructe mici *(Pirus baccata)*

cherry bomb ['tʃeri bɔm] *s amer* fel de petardă cu lumini roşiatice

cherry coal ['tʃeri kəul] *s min* cărbune moale neaglutinant

cherry crab ['tʃeri kræb] *s bot* merişor, măr cu fructe mici *(Pirus baccata)*

cherry picker ['tʃeri ,pikə] *s tehn* tută; păianjen din burlan; elevator de vagonete

cherry picking ['tʃeri ,pikin] *s* 1 culesul cireşelor 2 *fig* smântânire *(a laptelui)*

cherry plum ['tʃeri plʌm] *s bot* corcoduş *(Prunus cerasifera)*; corcoduşă

cherry red [,tʃeri 'red] *s adj* vişiniu, cireşiu

cherry tomato ['tʃeri tə,mætəu] *s bot* varietate de pătlăgică roşie, cu fructe mici, formând ciorchini, asemănătoare cireşelor *(ex Lycopersiconesculentum cerasiforme)*

cherty ['tʃə:ti] *adj geol* silicos, ~ **marl** marnă cu silice

Cheshire cat [ˌtʃeʃə'kæt] s fig om hlizit / zâmbăreț / rânjit; **to grin like a** ~ a râde / zâmbi prostește / aiurea / idiot

chess tree ['tʃes tri:] s nav tachet de mură; babă pentru mura mare

chessycat ['tʃesikæt] s F persoană care râde cu gura până la urechi

chestnut coal ['tʃestnʌt kəul] s min cărbune brun

chestnut tree ['tʃesnʌt tri:] s bot castan dulce / comestibil (Castanea sativa)

chevaux de frise [ʃə,vəu də'fri(:)ʒ și pronunția franceză] s pl fr 1 mil obstacol cu cuie și țepi 2 cuie bătute în partea superioară a unui perete

chevelure [ʃəv'lʊə și pronunția franceză] s fr păr (de pe cap)

Cheyenne [ʃai'en] I s membru al tribului Cheyenne II adj referitor la tribul Cheyenne

Chicano [tʃi'kɑ:nəu], pl **Chicanos** [tʃi'kɑ:nəuz] s american de origine mexicană

chi-chi ['tʃi:tʃi:, 'ʃi:ʃi:] adj amer peior 1 împopoțonat; frivol 2 prețios, afectat; monden 3 efeminat 4 semeț, trufaș, arogant

chick [tʃik] s storuri sau portieră de bambus (cuvânt anglo-indian)

chickabiddy ['tʃikə,bidi] s (alintător) puișor, puiuț

chickadee ['tʃikədi(:)] s orn pițigoi negru (Parus atricapillus)

chickaree ['tʃikəri:] s zool veveriță roșie (Sciurus hudsonicus)

chicken run ['tʃikn rʌn] s 1 crescătorie / fermă de păsări 2 amer auto cursă mortală

chickenshit ['tʃiknʃit] s amer vulg rahat, găină plouată, om de nimic

chicken weed ['tʃikn wi:d] s bot 1 rocoină (Stellaria media) 2 studeniță (Arenaria) 3 cuișoriță (Holosteum)

chicken wire ['tʃikn waiə] s grilaj

chicle ['tʃi(:)kl] s amer 1 substanță lăptoasă obținută din arborele Sapota Zapotilla, ingredientul principal al gumei de mestecat 2 gumă de mestecat (preparată sub formă de bomboane)

chiefdom ['tʃi:fdəm] s conducere, șefie; rol de frunte / de căpetenie

chiff-chaff ['tʃiftʃæf] s orn pitulice verzuie (Phyllopnaeuste rufa)

chihuahua [tʃi'wɑ:wə] s rasa de câini chihuahua

child benefit ['tʃaild ˌbenifit] s (în Marea Britanie) alocație pentru copii

child care ['tʃaild ˌkeə] s 1 brit protecția socială a copilului 2 amer creșă de zi

child-friendly [ˌtʃaild 'frendli] adj (d o zonă de recreere, cameră de joacă etc.) construit /amenajat pentru copii, cu atenție deosebită pentru necesitățile copiilor

childing ['tʃaildiŋ] adj fig roditor, rodnic

child labour ['tʃaild ˌleibə] s munca copiilor, folosirea muncii copiilor în producție

Childline ['tʃaildlain] s număr de telefon pus la dispoziția copiilor bătuți sau maltratați

childminder ['tʃaild,maində] s v. **baby-minder**

childproof ['tʃaildpru:f] adj ~ **lock** încuietoare de siguranță (care nu poate fi descuiată de un copil)

Child Support Agency [ˌtʃaild sə'pɔ:t eidʒənsi] s (în Marea Britanie) organism guvernamental care se ocupă cu plata alocațiilor pentru copii

child welfare ['tʃaild ˌwelfeə] s ocrotirea / protecția copilului

chill casting ['tʃil ˌkɑ:stiŋ] s met 1 turnare în cochilie 2 piesă turnată în cochilie

chilli con carne [ˌtʃilikən'kɑ:ni] s gastr fasole cu carne de vacă și sos puternic condimentat cu chilli

chilling ['tʃiliŋ] s met călire

chill mould ['tʃil məuld] s met cochilă, lingotieră, cochilie / formă metalică pentru răcire rapidă

chillness ['tʃilnis] s 1 frig; umezeală 2 fig răceală

chimney cap ['tʃimni kæp] s capacul coșului de fum, astupătoare (a unui coș)

chimney hood ['tʃimni hud] s constr hotă

chimney money ['tʃimni ˌmʌni] s ist fumărit, dajdia fumăritului

chimney tax ['tʃimni tæks] s ist (bir pe) fumărit

china cabinet ['tʃainə ˌkæbinit] s poliță / bufet pentru poțelanuri

china closet ['tʃainə ˌklɔzit] s 1 vitrină cu porțelanuri 2 amer sl dinți falși, dantură (falsă)

China rose [ˌtʃainə 'rəuz] s bot trandafir chinezesc (Roza chinensis)

China silk [ˌtʃainə 'silk] s mătase chinezească

China tea [ˌtʃainə 'ti:] s ceai chinezesc

chinch bug ['tʃintʃ bʌg] s ent 1 ploșniță americană a cerealelor, ploșniță de câmp (Blissus leucopterus) 2 păduche de lemn, ploșniță (Cimex lectularius)

Chinee [tʃai'ni:] s amer F chinez

Chinese burn [tʃai,ni:z 'bə:n] s brit tortură indiană

Chinese cabbage [tʃai,ni:z 'kæbidʒ] s bot varză chinezească (Brassica pekinensis)

Chinese chequers [tʃai,ni:z 'tʃekə:z] s joc de dame chinezesc

Chinese gooseberry [tʃai,ni:z 'gu:sberi] s bot kiwi (planta și fructul) (Actinidia chinensis)

Chinese leaves [tʃai,ni:z 'li:vz] s v. **Chinese cabbage**

Chinese walls [tʃai,ni:z 'wɔlz] s obstacole serioase în calea contactelor directe și a înțelegerii (între oameni și națiuni)

chinkapin ['tʃiŋkəpin] s amer bot castan pitic (Castanea pumila)

chinker ['tʃiŋkə] s sl sunători, biștari; monedă, ban

chinky ['tʃiŋki] adj crăpat, cu crăpături

chin music ['tʃin ˌmju:zik] s F flecăreală, sporovăială, trăncăneală

chinned [tʃind] adj cu bărbie; **double-** ~ cu bărbie dublă

chinning bar ['tʃiniŋ bɑ:] s bară fixă (în sport)

chinook [tʃi'nu(:)k] s amer 1 vânt cald, foehn (în S.U.A.) 2 Chinook jargon englezesc (vorbit de indienii americani)

chino ['tʃinəu] s 1 metis între rasa neagră și cea amerindiană 2 bot varietate de portocal (Citrus sinensis) 3 material rezistent din bumbac, din care se fac uniforme și alte efecte militare

Chinquapin ['tʃiŋkwəpin] s bot amer castan pitic (Castanea pumila)

chinse [tʃins] *vt nav* a umple cu stupă

chinstrap ['tʃinstræp] *s* baretă *(a unei căşti, pălării)*

chin-up ['tʃin,ʌp] *s* tracţiuni în mâini *(la bară)*

chip basket ['tʃip ,bɑːskit] *s* coş *(pentru flori, fructe)*

chip breaker ['tʃip ,breikə] *s* sfărâmător de aşchii

chipmonk ['tʃipmʌnk] *s v.* **chipmu(c)nk**

chipmu(c)nk ['tʃipmʌnk] *s zool* soi de veveriţă nord-americană; veveriţă siberiană *(Tamias striatus şi Eutamias sp.)*

chipolata [,tʃipə'lɑːtə] *s gastr* cârnăciori mici, condimentaţi, serviţi ca aperitiv

chip pan ['tʃip pæn] *s* tigaie; prăjitoare

chippie ['tʃipi] *s* **1** *brit F* mic bufet unde se vinde peşte cu cartofi prăjiţi **2** *brit F* tâmplar **3** *amer peior* femeie de moravuri uşoare

chip shop ['tʃip ,ʃɔp] *s brit* mic bufet unde se vinde peşte cu cartofi prăjiţi

chirm [tʃəːm] *s* **1** gălăgie; zgomot *(de glasuri)*, larmă, tărăboi, zarvă **2** ciripit

chirpy ['tʃəːpi] *adj F* vesel, voios, vioi, plin de viaţă, însufleţit

chiselled ['tʃizld] *adj* cizelat, fin; ~ **features** trăsături fine, alese

chivalrously ['ʃivlrəsli] *adv* (în mod) galant, curtenitor, cu curtenie, curtenitor

chives [tʃaivz] *s bot* arpagic *(Allium schoenoprasum)*

chloramphenicol [,klɔːræm'fenikɔl] *s med ch* cloramfenicol, cloramicetină

chlorazide ['klɔːræzaid] *s ch* azotură de clor

chlorinate ['klɔːrineit] *vt ch* a clorina

chlorination [,klɔːri'neiʃn] *vt ch* clorinare, clorizare

chlorine water ['klɔːriːn ,wɔ(ː)tə] *s ch* apă de var

chlorofluorocarbon [,klɔːrəuflɔːrəu'kɑːbən] *s ch* clorofluorocarbon

chloroformize ['klɔːrə,fɔːmaiz] *vt* **1** a cloroformiza, a cloroforma **2** a trata *(un foliu etc.)* cu cloroform

chloromycetin [,klɔːrəmə'siːtin] *s ch* cloromicetină, cloramfenicol

chloroprene ['klɔːrəpriːn] *s tehn* cloropren

chloroquine ['klɔːrəkwiːn] *s ch* clorochinină, antipaludic

choc ['tʃɔk] *s F* ciocolată

choc-ice ['tʃɔk ais] *s* îngheţată de ciocolată; îngheţată cu glazură de ciocolată, mareşal, parfeu de ciocolată

chocolate-box [,tʃɔkələt 'bɔks] *adj F (d o pictură)* într-o manieră superficială, lipsită de calităţi artistice reale; **a ~ landscape** un peisaj ca o carte poştală

choir school ['kwaiə skuːl] *s* şcoală pentru băieţi care cântă în corul unei biserici

choirstall ['kwaiəstɔːl] *s* (într-o biserică) stalul corului

choke-bore ['tʃəuk bɔː] *s* **1** ghint *(la puşca de vânătoare, care împiedică împrăştierea alicelor)* **2** puşcă prevăzută cu acest ghint

choked [tʃəukt] *adj* **1** *(d voce, sunete)* înăbuşit, stins **2** *brit F (d o persoană)* profund mişcat, zguduit, întristat; enervat

choke damp ['tʃəuk dæmp] *s min* gaz asfixiant / sufocant, gaz de mină; aer viciat; mofetă

chokidar ['tʃəukidɑː] *s (cuvânt anglo-indian)* paznic

cholecyst ['kəulisist] *s anat* colecist, vezica biliară, băşica fierii

choleraic [,kɔlə'reiik] *adj med* holeric

cholerine ['kɔlərin] *s med* **1** diaree holeriformă **2** primul stadiu al holerei

cholestane [kə'lestein] *s ch* colestan

cholesterin [kə'lestərin] *s ch* colesterină

chomp [tʃɔmp] *vt, vi* a clefăi, a mânca urât (cu zgomot)

choosy ['tʃuːzi] *adj F* mofturos, năzuros; dificil, pretenţios, exigent; fandosit

chop house ['tʃɔp haus] *s* **1** birt *(popular)*, restaurant ieftin **2** vamă *(în China)*

chopper[1] ['tʃɔpər] *s* **1** satâr; cuţit de măcelar / de tocătoare **2** maşină de tocat **3** topor de despicat **4** *amer* tăietor de pădure **5** *amer F* mitralieră; căţea **6** *el* întrerupător (periodic), ruptor **7** *cib* cioper, medulator; vibrator, prăşitor **8** *amer F* controlor de bilete *(la teatru etc.)*

chopper[2] ['tʃɔpə] *s (cuvânt anglo-indian)* acoperiş de papură

chopping board ['tʃɔpiŋ ,bɔːd] *s* planşetă de lemn, pe care se taie diferite materiale

chop suey [,tʃɔp 'suːi] *s gastr* tocană chinezească *(cu ciuperci / fasole etc.)*

chorda ['kɔːdə], *pl* **chordae** ['kɔːdiː] *s anat* **1** coardă, tendon, ligament; nerv **2** coardă dorsală

chordal ['kɔːdəl] *adj muz, artă* armonic

chorded ['kɔːdid] *adj muz* **1** cu coarde **2** armonic

choree ['kɔːriː] *s metr* troheu

choreograph ['kɔriəgrɑːf] *vt* a adapta pentru balet, a scrie un balet pe tema *(cu gen.)*; a realiza coregrafia la

choreographic [,kɔriə'græfik] *adj* coregrafic, de dans

choreus [kɔ'riːəs] *s metr* troheu

choroiditis [,kɔːrɔi'daitis] *s med* coroidită

chorus line ['kɔːrəs lain] *s* (ansamblu de) balet *(la revistă)*

chorus man ['kɔːrəs mæn] *s (teatru)* **1** corist **2** balerin, dansator

choultry ['tʃəultri] *s (cuvânt anglo-indian)* **1** han, caravanserai **2** colonadă *(a unui templu)*

chowder ['tʃaudə] *s amer* **1** budincă de peşte *sau* moluşte **2** picnic pe malul mării

chrismal ['krizməl] *adj* de mir, ca mirul

chrisom babe ['krizm beib] *s v.* **chrisom child**

chrisom child ['krizm tʃaild] *s* **1** copil în prima lună de viaţă **2** *fig* copil nevinovat **3** copil care moare în prima lună

Christ cross ['kraist krɔ(ː)s] *s* cruce, semnul crucii

Christian era [‚kristʃən 'iərə] s era creştină

Christian Science [‚kristʃən 'saiəns] s „Ştiinţa Creştină" *ramură a ştiinţei creştine protestante, care predică vindecarea spirituală a bolilor, văzute ca o consecinţă îndepărtării faţă de principiul divin*

Christian Scientist [‚kristʃən 'saiəntist] s adept al cultului „Ştiinţa Creştină"

Christless ['kraistlis] *adj* care nu crede în Hristos

Christlike ['kraistlaik] *adj* asemănător lui Cristos, care-l imită pe Cristos

Christmas cake ['krisməs keik] s prăjitură de Crăciun (decorată cu glazură de zahăr)

Christmas card ['krisməs ka:d] s felicitare de Crăciun *(trimisă prin poştă)*

Christmas carol ['krisməs ‚kærəl] s colind(ă) de Crăciun

Christmas club ['krisməs klʌb] s cutie în care se strâng contribuţii pentru cadourile de Crăciun

Christmas Day [‚krisməs 'dei] s Crăciunul

Christmas flower ['krisməs ‚flauə] s *bot* spânz *(Helleborus niger)*

Christmas Island ['krisməs ‚ailənd] s *geogr* insulă din grupul Linne *(la sud de Hawaii)*

Christmas pudding [‚krisməs 'pudiŋ] s budincă de Crăciun

Christmas rose ['krisməs ‚rəuz] s *bot* specie de plantă europeană, cu flori albe sau violacee, care înfloreşte iarna *(Helleborus niger)*

Christmas stocking ['krisməs ‚stokiŋ] s ciorăpel pe care-l agaţă copiii de şemineu în noaptea de Crăciun, pentru a primi cadourile

Christmas time ['krisməs taim] s sărbătorile / vacanţa *(de la 24 decembrie la 1 ianuarie)*

Christmas(s)y ['krisməsi] *adj F* de Crăciun, sărbătoresc

Christy ['kristi] s *sport* cristiană *(la ski)*

chroma ['krəumə] s 1 *muz* semn cromatic 2 *fiz* croma, saturaţie (cromatică)

chromatic aberration [krə‚mætik æbə'reiʃn] s aberaţie de cromatism

chromaticism [krə'mætisizm] s cromatism

chromaticity [‚krəumə'tisiti] s *fiz* cromaticitate

chromatics [krɔ'mætiks] s *pl (folosit ca sg) fiz* cromatică, ştiinţa culorilor

chromatic scale [krɔ‚mætik' skeil] s *muz* gamă cromatică

chromatism ['krəumətizm] s cromatism

chromatogram ['krəumətə‚græm] s cromatogramă

chromatographic [‚krəumə'togræfik] *adj* cromatografic

chromatography [‚krəumə'togrəfi] s cromatografie

chromatometer [‚krəumə'tomitə] s *opt* colorimetru

chromatoscope [krəu'mætəskəup] s *opt* cromatoscop, *un fel de* caleidoscop

chrome alum ['krəum ‚æləm] s *ch* alaun de crom

chrome green [‚krəum 'gri:n] s verde de crom

chrome red [‚krəum 'red] s *ch* roşu de crom

chrome sole leather ['krəum səul ‚leðə] s *tehn* talpă de azbest

chrome steel ['krəum sti:l] s *met* oţel crom

chromic ['krəumik] *adj ch* cromic

chromic iron ['krəumik ‚aiən] s *ch* ferocrom

chromite ['krəumait] s *minr* cromit; *foro* crom

chromium oxide [‚krəumiəm 'oksaid] s *ch* oxid / verde de crom

chromium-plated [‚krəumiəm 'pleitid] *adj* cromat

chromium-plating [‚krəumiəm 'pleitiŋ] s cromare

chromo ['krəuməu] s *F v.* **chromo-lithograph**

chromograph ['krəuməgræf] s cromograf

chromoisomerism [‚krəuməuai'somərizm] s *ch* cromoizomerie

chromolith ['krəuməliθ] s *F v.* **chromolithograph**

chromolithograph [‚krəuməu'liθəgra:f] s *poligr* cromolitografie

chromo paper ['krəuməu ‚peipə] s *poligr* hârtie cromo / cretată

chromosome number ['krəuməsəum ‚nʌmbə] s număr cromozomic

chromotype ['krəuməutaip] s cromotipie, reproducere în culori

chronicity [krɔ'nisiti] s *med* cronicitate, caracter cronic

chronicler ['kroniklə] s cronicar, cronograf, istoric

chronogram ['kronəgræm] s cronogramă

chronologize [krə'nolədʒaiz] *vt* a aşeza în ordine cronologică

chronometric(al) [‚kronə'metrik(əl)] *adj* cronometric

chronometry [krə'nomitri] s cronometrie

chronoscope ['kronəskəup] s *fiz* cronoscop

Chryselephantine [‚kriseli'fæntain] *adj* artă împodobit cu aur şi fildeş / ivoriu; auriu şi ivoriu

Chrysoberyl ['krisəberil] s *minr* crisoberil

chucker ['tʃʌkə] s (lovitură de) pumn

chucker-out ['tʃʌkə ‚aut] s *brit F* bărbat însărcinat cu evacuarea persoanelor indezirabile (dintr-un cabaret, bar)

chuck farthing ['tʃʌk ‚fa:ðiŋ] s un fel de rişcă

chuck hole ['tʃʌk həul] s hârtop, groapă *(într-un făgaş)*

chuckler¹ ['tʃʌklə] s persoană care râde pe înfundate; zeflemist

chuckler² ['tʃʌklə] s *(cuvânt anglo-indian)* cizmar, ciubotar *(băştinaş)*

chuck steak ['tʃʌk steik] s muşchiuleţ de vacă din spată

chuck wagon ['tʃʌk ‚wægən] s *amer* bufet ambulant

chucky ['tʃʌki] s 1 pui de găină 2 *(alintător)* puişor

chuddar ['tʃʌdə] s *(cuvânt anglo-indian)* 1 şal de lână 2 manta 3 linţoliu *(pe mormintele musulmane)*

chuffed [tʃʌft] *adj brit F* transportat *(de bucurie, de admiraţie)*; to be ~ about smth a fi încântat de ceva

chukka ['tʃʌkə] s *sport* repriză *(la polo de câmp)*

chukka boots, chukker boots ['tʃʌkə bu:ts] s ghete purtate de jucătorii de polo

chummery ['tʃʌməri] s 1 trai comun *(în aceeaşi încăpere)* 2 cameră, locuinţă comună *(împărţită de mai mulţi tovarăşi de muncă sau studii)*

chumminess ['tʃʌminis] s *F* sociabilitate

chump chop ['tʃʌmp tʃɔp] *s brit* costiță de miel

chunder ['tʃʌndə] *sl* I *vi* a vărsa, a vomita II *s* vărsătură

Chunnel ['tʃʌnl] *s brit F* the ~ denumire familiară dată tunelului ce trece pe sub Canalul Mânecii

church father [,tʃə:tʃ 'faːðə] *s* părinte al bisericii

church hall [,tʃə:tʃ 'hɔːl] *s* sală a unei biserici unde se țin întrunirile parohiale

churching ['tʃə:tʃiŋ] *s brit* ceremonie religioasă în care se binecuvântează o femeie după naștere

church militant ['tʃə:tʃ ,militənt] *s* biserica luptătoare

church rate ['tʃə:tʃ reit] *s* dajdie, taxă *(pentru finanțarea bisericii)*

church school [,tʃə:tʃ 'skuːl] *s* școală finanțată de o anumită biserică, unde se studiază catehismul respectivei denominații religioase

churchwoman ['tʃə:tʃwumən] *s* practicantă a unei anumite religii

churn drill ['tʃə:n dril] *s constr* 1 foreză percutantă / cu cablu 2 foraj cu foreza percutantă / cu cablu

churning ['tʃə:niŋ] *s* batere a smântânii *(ca să se aleagă untul)*

chutney ['tʃʌtni] *s (cuvânt anglo-indian) condiment preparat din ierburi acre, fructe și arome*

chutzpah ['hutspə] *s amer F* tupeu, obrăznicie

chyme [kaim] *s fizl* chim

chymotrypsin [,kaimə'tripsin] *s ch* chimotripsină

CI *presc de la* Channel Islands Insulele Anglo-Normande

CIA *presc de la* Central Agency of Intelligence CIA *(agenția americană de contrainformații)*

ciborium [si'bɔːriəm] *s* ciboriu

cicala [si'kɑːlə] *s ent* greier(e) *(Acheta)*

cicatrisant ['sikətraiznt] *adj fr med* cicatrizant

cicely ['sisili] *s bot* hasmațuchi, asmățui *(Anthriscus sp.)*; fool's ~ pătrunjelul-câinelui *(Aethusa cynapium)*; rough ~ hasmațuchi al măgarului *(Torilis sp.)*; wild ~ hașmaciucă *(Anthriscus silvestris)*

cicisbeo [si'sisbiəu] *amer* [tʃiːtʃizˈbeiɔ], *pl* **cicisbei** [si'sisbii] *sau* **cicisbeos** [si'sisbiəuz] *s* cicisbeu

CID *presc de la* Criminal Investigation Department departamentul de criminalistică al poliției britanice

cider apple ['saidə ,æpl] *s* măr de cidru

cig [sig] *s F* țigar(et)ă, cui de coșciug

cigarette end [sigə'ret end] *s* muc de țigară, chiștoc

cigar holder [si'gɑː ,həuldə] *s* țigaret *(pentru țigările de foi)*

cigarillo [sigə'riləu] *s* țigaretă, țigară mică

ciggie ['sigi] *s F* țigară

cilery ['siləri] *s v.* **cillery**

cilia ['siliə] *s pl biol* cili

ciliated ['silieitid] *adj anat, bot (înzestrat)* cu cili, ciliat

cilice ['silis] *s* cămașă din țesătură de păr aspru *(purtată în special de călugării catolici)*

cilium ['siliəm], *pl* **cilia** *s pl* cili

cillery ['siləri] *s arhit* ornamentație decorativă cu frunze *(la capitelul coloanelor)*

cimbia ['simbiə] *s arhit* cordon, plintă

cimbric ['simbrik] *ist* I *adj* cimbric II *s* limba cimbrică

cimeter ['simitə] *s înv* iatagan, sabie turcească cu tăișul lat

cimex ['saimeks] *pl* **cimices** ['simisiːz] *s ent* ploșniță de casă, păduche de lemn, stelniță *(Cimex lectularius)*

Cimmerian [si'miəriən] *adj ist* cimerian 2 sumbru, întunecos, întunecat; orb

C-in-C *presc de la* Commander-in-Chief comandant șef

cinchophen ['siŋkəfen] *s ch* atofan, cincofen

cinder block ['sində ,blɔk] *s constr* bloc din beton de zgură

cinder path ['sində pɑːθ] *s sport* pistă cu / de zgură

cinder track ['sində træk] *s sport* pistă de alergări, pistă cu zgură

cine ['sini] *adj* cinematografic, de cinema

cineast(e) ['siniæst] *s* cineast

cine-camera [,sini'kæmərə] *s cin* aparat de filmat, camera

cine-film ['sini film] *s* film *(de cinema)*

cinema goer ['sinimə gəuə] *s* amator de cinema, spectator de film *(pasionat)*

cinemascope ['sinimə,skəup] I *s cin* cinemascop, (cinematografie pe) ecran lat II *adj* în cinemascop, pe ecran lat

cinematic [,sini'mætik] *adj* cinematic

cinematics [,sini'mætiks] *s pl (folosit ca sg)* fiz cinematică

cinemize ['sinimaiz] *vt* a ecraniza; a filma

cine-projector [,sini prəu'dʒektə] *s brit* proiector de cinema

cinereous [si'niəriəs] *adj* cenușiu, sur

cipherer ['səifərə] *s* calculator, socotitor

Circean [sə'siːən] *adj* 1 asemănător Circei 2 *fig* ademenitor, seducător; fermecător

circs [sə:ks] *s pl F presc de la* circumstances 1 împrejurări, condiții 2 situație materială

circuit breaker oil ['sə:kit breikə ɔil] *s el* ulei pentru întrerupător

circuit judge ['sə:kit dʒʌdʒ] *s* judecător care are dreptul să țină procese în mai multe tribunale

circuit rider ['sə:kit ,raidə] *s amer ist* preot *(↓ metodist care deservește mai multe districte și călătorește călare către enoriașii săi)*

circuitry ['sə:kitri] *s el* schemă electrică / de conexiuni / de montaj

circuit training ['sə:kit ,treiniŋ] *s sport* antrenament compus din mai multe feluri de exerciții fizice care se repetă ciclic

circular note [,sə:kjulə 'nəut] *s ec* scrisoare de credit

circulating capital [,sə:kjuleitiŋ 'kæpitl] *s ec* capital circulant

circulating decimal [,sə:kjuleitiŋ 'desiməl] *s mat* fracție periodică

circulative ['sə:kjuleitiv] *adj* circulator, de circulație

circulatory ['sə:kjulətəri] *adj* circulator, ambulant

circumambulation [,sə:kəmæmbju'leiʃn] *s* 1 ocol, înconjur; ocolit, ocolire 2 *fig* sondare, ispitire

circumbendibus [,sə:kəm'bendibəs] *s umor* ocol(ire), drum ocolit; digresiune

circumduction [,sə:kəm'dʌkʃn] *s jur* anulare

circumlocutional [,sə:kəmlə'kju:-ʃnəl] *adj* **1** care întrebuințează circumlocuțiuni / perifraze; plin de înflorituri, complicat **2** care ocolește, evaziv

circumlocutory [,sə:kəm'lɔkjutəri] *adj* plin de circumlocuțiuni / de perifraze; bogat în cuvinte; ocolit, indirect

circumlunar [,sə:kəm'lu:nə] *adj* circumlunar

circummeridian [,sə:kəmme'ridjən] *adj astr* din preajma meridianului ceresc

circumnavigator [,sə:kəm'nævigeitə] *s* persoană care navighează în jurul lumii

circumradius [,sə:kəm'reidiəs] *s geom* raza cercului circumscris

circumscribable [,sə:kəm'skraibəbl] *adj* care poate fi circumscris

circumscribed circle [,sə:kəmskraibd 'sə:kl] *s geom* cerc circumscris

circumspective [,sə:kəm'spektiv] *adj* **1** circumspect **2** care cercetează toate în jurul său

circumstanced ['sə:kəmstænsd] *adj* plasat în anumite condiții *sau* împrejurări

cirrous ['sirəs] *adj (d nori)* cu aspect lânos

CIS *presc de la* Commonwealth of Independent States Comunitatea Statelor Independente

cissoid ['sisɔid] *s mat* cisoidă

cissy ['sisi] **I** *s* **1** bărbat efeminat; homosexual **2** laș **II** *adj* **1** plăpând, bleg, efeminat **2** laș

cist [sist, kist] *ist* **1** sipet *sau* cutie pentru unelte sacre **2** cavou, groniță

citator [sai'teitə] *s jur* repertoriu legislativ, indice al codurilor

Citizen's Advice bureau [,sitizəns əd'vais bjurəu] *s (în Marea Britanie)* birou pentru sfătuirea cetățenilor în probleme juridice, sociale etc.

Citizen's Band ['sitizəns ,bænd] *s* frecvența de radio pentru amatori

Citizen's Charter ['sitizəns ,tʃɑ:rtə] *s* program lansat în 1991 de guvernul britanic pentru îmbunătățirea serviciilor publice

citraconic acid [sitrə,kɔnik 'æsid] *s ch* acid citraconic

citral ['sitrəl] *s ch* citral

citrene ['sitrin] *s ch* d-limoneu

citrin ['sitrin] *s biol, ch* vitamina P

citronella [,sitrə'nelə] *s bot* lămâiță *(Sipia citriodora)*

citronella oil [,sitrə'nelə ɔil] *s ch* ulei de citronella

citron yellow [,sitrən 'jeləu] *s ch* galben de lămâie

cits [sits] *s pl amer sl* haine civile, îmbrăcăminte civilă, (îmbrăcat) țivil

City and Guilds [,siti ænd 'gildz] *s* diplomă britanică în învățământul tehnic

city council [,siti 'kaunsl] *s* consiliu municipal

city desk ['siti desk] *s (în presă)* **1** *brit* departamentul financiar al unui ziar **2** *amer* departamentul pentru știri locale

city-dweller ['siti ,dwelə] *s* orășean, locuitor al unui oraș

city manager [,siti 'mænidʒə] *s* administrator la primăria unui oraș

city planner [,siti 'plænə] *s* arhitect urbanist

city slicker [,siti 'slikə] *s* umor, *peior* orășean sofisticat

city state ['siti steit] *s ist* polis, cetate *(oraș stat în lumea antică)*

City Technology College [,siti tek'nɔlɔgi kɔlidʒ] *s* colegiu tehnic britanic, care funcționează, în general, în cartierele defavorizate

cityward(s) ['sitiwɔdz] *adv* spre oraș

civ(v)y ['sivi] *s sl* **1** civil **2** *pl mil* civil; haine civile

Civic Trust [,sivik 'trʌst] *s (în Marea Britanie)* organizație benevolă a cetățenilor, având ca scop conservarea patrimoniului național

civil death [,sivil 'deθ] *s jur* suspendarea drepturilor civile

civil liberty [,sivil 'libərti] *s* libertatea de a-și exercita drepturile civile

cladding ['klædiŋ] *s* armătură, armură, blindaj; protecție

claiming race ['kleimiŋ reis] *s* cursă de cai la care se fac și vânzări

clam bake ['klæm beik] *s amer* **1** picnic, *gustare la malul mării cu mâncăruri preparate din moluște* **2** petrecere zgomotoasă, chef monstru, zaiafet **3** *radio* spectacol / program prost

clamourer ['klæmərə] *s* persoană care vociferează *etc.*

clamping ['klæmpiŋ] *s tehn* strângere, fixare, încastrare

clanger ['klæŋə] *s brit F* gafă; **to drop a ~** a face o gafă

clannishness ['klæniʃnis] *s* spirit de castă, de clan, exclusivism, sectarism

clanship ['klænʃip] *s* **1** apartenență la (un) trib, devotament față de clan / trib **2** împărțire în clanuri; asociere a unor familii sub un conducător **3** spirit de clan, exclusivism, sectarism

clanswoman ['klæns,wumən] *s* membra a unui clan / trlb

Clapham ['klæpəm] *s* **~ junction** important nod de cale ferată la sudul Londrei; **the man on the ~ omnibus** un oarecare, o persoană anonimă

clap net ['klæp net] *s* plasă pentru prins păsări și insecte

clapometer [klæ'pomitə] *s aparat care măsoară intensitatea aplauzelor*

clapperboard ['klæpəbɔ:d] *s cin* clachetă

clapper claw ['klæpə klɔ:] *vt* **1** *înv* a bate, a distruge **2** a bârfi, a denigra, a face praf

clapping ['klæpiŋ] *s* **1** bătaie din palme *(pentru a capta atenția)* **2** aplauze

claque [klæk] *s fr* clacă, galerie, spectatori plătiți ca să aplaude

claquer ['klækə] *s fr* clacher, spectator plătit ca să aplaude

clarain ['klærein] *s min* clarit

clarion call ['klæriən kɔ:l] *s* chemare puternică

clasp lock ['klɑ:sp lɔk] *s* lacăt cu arc

clasp nail ['klɑ:sp neil] *s ferov* crampon

clasp nut ['klɑ:sp nʌt] *s tehn* piuliță divizată / spintecată

class action ['klɑ:s ,æk(ʃ)ən] *s jur* **~ suit** recurs colectiv *(în justiție)*

class-cleavage ['klɑ:s ,kli:vidʒ] *s lingv* conversi(un)e, schimbarea categoriei gramaticale, polifuncționalism

classer ['klɑ:sə] *amer* ['klæsə] *s* clasificator

classicalism ['klæsikəlizm] *s* clasicism

classically ['klæsikəli] *adv* clasic, în manieră clasică; **a ~ -trained musician** un muzician de formație clasică

91

classics ['klæsiks] *s* studiul limbilor clasice

classificational [,klæsifi'keiʃnəl] *adj* de clasificare, clasificator

classificatory [klə'sifikətəri] *adj v.* **classificational**

classis ['klæsis], *pl* **classes** ['klæsi:z] *s amer şcol* clasă

clattery ['klætəri] *adj* uruitor; zăngănitor

claudetite ['klɔditait] *s minr* claudetit

claudication [,klɔdi'keiʃn] *s* şchiopătat

clausal ['klɔ:zl] *adj* **1** *gram* referitor la propoziţiile subordonate **2** referitor la clauze

clave [kleiv] *s* un fel de castanietă, instrument muzical din America latină

clavicular [klə'vikjulə] *adj* clavicular

clavis ['kleivis] *s* **1** cheie **2** *fig* cheie *(a unui document etc.)*

clawback ['klɔ:bæk] *s* linguşitor; denunţător

claw bar ['klɔ: ba:] *s constr* pârghie / cârlig de fier

clawed [klɔ:d] *adj* **1** cu gheare **2** zgâriat

claw-footed [,klɔ:'futid] *adj* cu gheare la picioare

claw-hammer coat ['klɔ:hæmə ,kəut] *s umor* frac

clawless ['klɔ:lis] *adj* fără gheare

clayey marl [,kleii 'ma:l] *s geol* marnă argiloasă

clay mill ['klei mil] *s tehn* malaxor de argilă

clay stone ['klei stəun] *s minr* argilit

cleanable ['kli:nəbl] *adj rar* care poate fi curăţit

clean-built [,kli:n 'bilt] *adj* bine legat, bine făcut

clean-limbed [,kli:n'limd] *adj* zvelt, proporţionat, bine făcut

clean-living [,kli:n 'liviŋ] *adj* care duce o viaţă sănătoasă

cleansing ['klenziŋ] *s* curăţire, purificare

clearage ['kliəridʒ] *s* curăţenie, curăţire, limpezire, lămurire

clearcole ['kliəkəul] *s* culoare amestecată cu clei, strat de clei *(pentru poleit)*

clear cutting ['kliə,kʌtiŋ] *s silv* tăiere rasă

clearer ['kliərə] *s text* curăţitor, cilindru curăţitor / egalizator

clear-eyed [,kliə 'aid] *adj* **1** cu ochi limpezi **2** clarvăzător, pătrunzător, prevăzător; prudent; ager; orientat

clearing bank ['kliəriŋ bæŋk] *s fin* instituţie bancară care se ocupă de efectuarea plăţilor între instituţii; bancă comercială

clearing bath ['kliəriŋ ba:θ] *s foto* baie antivoal

clearing station ['kliəriŋ ,steiʃn] *s* punct de evacuare

clearing-up [,kliəriŋ 'ʌp] *s* curăţare; curăţenie

clear-obscure [,kliərəb'skjuə] *s artă şi fig* clarobscur, chiaroscuro

clearstarch ['kliə,sta:tʃ] *vt* a scrobi

clearstory ['kliəstəri] *s arhit* **1** luminător, lucarnă; fereastră de turlă / de turnuleţ **2** şir de ferestre *sau* ferestruici de sus

clear way ['kliə wei] *s nav* şenal, canal navigabil

cleat [kli:t] *s* **1** *tehn* clemă, bornă, pană, tachet, cleştuţă, scoabă; eclipsă; şipcă **2** *met* filieră de trefilare **3** *tehn* ţăruş, opritoare, lambă şi uluc; grindă de consolidare a galeriilor subterane, îmbinare în lambă şi uluc **4** *tehn* plăcuţă, rigletă, stinghie de susţinere **5** *geol* clivaj vertical **6** *nav* tachet; urechi de ghidare

cleavability [kli:və'biliti] *s minr, geol* clivaj

cleavers ['kli:vəz] *s sg şi pl bot* turiţă, asprişoară, cornăţel, lipici, scai mărunt *(Galium aparine)*

cleck [klek] *vt şi vi scot* **1** a cloci **2** *fig* a cloci; a născoci

cleek [kli:k], *pret* **claught** [klɔ:t] *sau* **cleeked** [kli:kt], *ptc* **cleeked** *vt scot* **1** a apuca, a prinde **2** a agăţa **3** a uni, a lega; a lega prin căsătorie

cleft palate ['kleft ,pælit] *s med* gură de lup

cleg [kleg] *s ent* tăun, streche *(Tabanus bovinus)*

cleistogamy [klais'tɔgəmi] *s bot* cleistogamie, autopolenizare

clem [klem] **I** *vt* **1** a înfometa, a face / a lăsa să flămânzească, a flămânzi **2** a înseta **II** *vi* a flămânzi, a i se face foame; a fi lihnit / mort *(de foame)*; a fi însetat

clementine ['kleməntain] *s* specie de mandarină altoită cu portocală

clepe [kli:p], *pret şi ptc* **clept(e)** [klept] *vt înv* **1** a numi, a chema **2** a chema, a pofti

clept(e) [klept], *pret şi ptc de la* **clepe**

clergywoman ['klə:dʒi,wumən], *pl* **clergywomen** ['klə:dʒi,wimin] *s F* preoteasă, soţie de preot

clerical error [,klerikəl 'erə] *s* greşeală de transcriere, de copiere

clericalist ['klerikəlist] *s* clericalist, adept al clericalismului

clerisy ['klerisi] *s* intelectualitate, clasa instruită

clerkship ['kla:kʃip] *s* **1** funcţia de secretar *etc.* **2** caligrafie, scriere frumoasă; scriere de copist

cleve [kli:v] *s* stâncă, faleză

clever-clever [,klevə'klevə] *adj brit F* foarte şmecher, şiret, descurcăreţ

clew garnets ['klu: ,ga:nits] *s pl nav* cargafungi; contrascotă

clichéd ['kli:ʃeid] *adj* banal; a ~ phrase un clişeu, o banalitate, un truism

click beetle ['klik ,bi:tl] *s ent* gândac săritor *(Elater)*

clicker ['klikə] *s* **1** *com sl* şleper, persoană care invită clienţii în magazin / care trage clienţii de mână / de mânecă **2** rihtuitor **3** *tipogr* paginator

clicket ['klikit] *s* clanţă *(la uşă)*

clicking ['klikiŋ] *s* zăngănit, zdrăngănit, zornăit

climatography [,klaimə'tɔgrəfi] *s* climatografie

climatologic(al) [,klaimətə'lɔdʒik(əl)] *adj* climatologic

climbing frame ['klaimiŋ freim] *s brit* construcţie tridimensională de bare, pe care se caţără copiii

climbing wall ['klaimiŋ wɔl] *s* zid de escaladare

clingfilm ['kliŋfilm] *s brit gastr* peliculă transparentă *(de gelatină, de glazură)*

clingstone ['kliŋstəun] *s bot* **1** sâmbure care se desface greu de carnea fructului **2** piersică cu sâmburele lipit de carnea fructului

clingwrap ['kliŋræp] *s v.* **clingfilm**

clinically ['klinikəli] *adv* **1** *med* într-o manieră clinică, asemănătoare actului medical **2** *fig* cu obiectivitate, cu calm, la rece

clinical psychologist [,klinikəl sai-'kɔlədʒist] *s med* specialist în psihologia clinică

clinical psychology [,klinikəl sai-'kɔlədʒi] *s med* psihologie clinică

clinker-built ['kliŋkə ,bilt] *adj constr, nav* căptuşit cu scânduri suprapuse; construit în clinuri / în sistemul suprapus

clinkum-clankum ['kliŋkəm 'klæŋkəm] *s* zăngănit, zornăit

clinoclase ['klainəukleis] *s minr* clinoclazit

clinograph ['klainɔgraːf] *s min* clinograf

clinohumite [,klainə'hjuːmait] *s minr* clinohumit

clinometric(al) [,klainə'metrik(əl)] *adj* clinometric

clinozoisite [,klainə'zəuisait] *s minr* clinozoizit

clinquant ['kliŋkənt] **I** *adj* strălucitor, voaiant, acoperit cu beteală sau cu lamé **II** *s* beteală, fluturaşi de aur, lamé; *fig* zorzoane, farafastâcuri; nimicuri, fleacuri

clip-clop ['klip,klɔp] **I** *s* sunetul copitelor de cal **II** *vi* a produce sunetul caracteristic copitelor de cal

clip-joint ['klipdʒɔint] *s amer* bombă, bar rău famat *(în care clienţii sunt determinaţi să consume cât mai mult cu ajutorul animatoarelor)*

clipped ['klipt] *adj* 1 *(d vorbire, stil)* sacadat, brusc 2 *(d păr)* bine întreţinut, aranjat

clish-clash ['kliʃ klæʃ] *s v.* **clishmaclaver (I)**

clishmaclash ['kliʃməklæʃ] *s v.* **clishmaclaver (I)**

clishmaclaver [,kliʃmə'kleivə] *scot* **I** *s* trăncăneală, pălăvrăgeală **II** *vi* a trăncăni, a pălăvrăgi

clitic ['klitik] *adj* 1 enclitic 2 proclitic

clitoral ['klitərəl] *adj anat* referitor la clitoris

clitoris ['klitəris] *s anat* clitoris

clivers ['klivəz] *s v.* **cleavers**

clivis ['klivis] *s tehn* clemă de fixare

clochette [klɔ'ʃet] *s fr* clopoţel

clock calm ['klɔk kɑːm] *s nav* calm desăvârşit

clock golf ['klɔːk ,ɡʌlf] *s joc de gazon, asemănător cu golful*

clock hand ['klɔːk hænd] *s* ac de ceasornic; ac orar

clock-like [,klɔk'laik] *adj* (regulat) ca un ceasornic; matematic; punctual, exact, la ţanc

clock radio ['klɔːk ,reidiəu] *s* radio cu ceas deşteptător

clod hopping ['klɔd ,hopiŋ] *adj* ţărănos, bădărănos; de bădăran, mojic

clodpate ['klɔdpeit] **I** *s* nătărău, prostălău, netot, haplea

clodpole ['klɔdpəul] *s v.* **clodpate**

clog almanac ['klɔg ,ɔːlmənæk] *s* răboj

clog dance ['klɔg dɑːns] *s* dans în saboţi, step cu saboţi

cloisonné [,klɔizo'nei] *fr, tehn* **I** *s* cloazon, cloazoneu **II** *adj* cloazonat

cloisterer ['klɔistərə] *s înv* călugăr

cloister vault ['klɔistə vɔːlt] *s* gang boltit (de mănăstire); peristil

cloistral ['klɔistrəl] *adj* mănăstiresc, de mănăstire; călugăresc, claustral, monahal

cloistress ['klɔistris] *s înv* călugăriţă, maică

clone [kləun] *s biol* clon, descendenţa unui tubercul, a unui bulb *sau* a unei rădăcini

clonicity [klɔ'nisiti] *s med* clonicitate

cloning ['kləuniŋ] *s biol* înmulţire, reproducere vegetativă, clonare

clonk [klɔŋk] **I** *s* zgomot surd **II** *vt* a bate, a lovi, a izbi **III** *vi* a scoate / face un zgomot surd

clonos ['kləunəs] *s v.* **clonus**

clonus ['klɔnəs] *s med* clonus *(spasm al muşchilor)*

cloot [kluːt *scot* kljuːt] *s scot* 1 copită despicată; copită 2 *(↓ la pl) v.* **clootie**

clootie ['kluːti] *s (↓ scot)* 1 copită mică 2 **Clootie** diavolul, ucigă-l toaca, satana

clop [klɔp] *s* zgomot de paşi *sau* de copite, bocănit, ţăcănit, tropăit; tropot, ropot

close coupling [,kləus 'kʌpling] *s tel* cuplaj strâns

close-cropped [,kləus 'krɔpt] *adj* tuns scurt

close-cross [,kləus 'krɔs] *biol* **I** *s* încrucişare între indivizi din specii înrudite **II** *vt* a încrucişa indivizi din specii înrudite

closed-circuit television [,kləuzd səːkit 'televiʒn] 1 reţea de televiziune pe circuit închis, reţea de videoficare 2 reţea de telecinematografie

closed door [,kləuzd 'dɔː] *adj* cu uşile închise; **they held a ~ meeting** au ţinut o şedinţă cu uşile închise

closed-end [,kləuzd 'end] *adj ec (d o societate)* cu capital limitat

closed primary [,kləuzd 'praiməri] *s (în S.U.A.)* alegeri preliminare, la care votează numai membrii unui anumit partid politic

closed sea [,kləuzd 'siː] *s* mare închisă / interioară *(ale cărei coaste aparţin unui singur stat)*

closer ['kləuzə] *s* 1 persoană care închide / încheie / conchide *etc.* 2 dovadă / probă hotărâtoare / indiscutabilă / convingătoare; argument decisiv / convingător 3 *tehn* capac orb, placă de obturare; obturator; flanşă oarbă, cărămidă de capăt

close-range [,kləus'reindʒ] *adj* 1 *(d o armă)* cu bătaie scurtă 2 cu rază de acţiune mică

close-run [,kləus'rʌn] *adj (d o cursă, competiţie)* strâns

close-set [,kləus'set] *adj* apropiat, aproape, învecinat

close-shaven [,kləus'ʃeivn] *adj* bine ras, ras la sânge

close stool [,kləus 'stuːl] *s* oală de noapte cu capac; ploscă, scaun igienic *(pentru bolnavi)*

close-tongued ['kləus tʌŋd] *adj* tăcut, rezervat, discret

cloth beam ['klɔ(ː)θ biːm] *s text* sul de ţesătură

clothbound ['klɔθbaund] *adj (d o carte)* legat în pânză

clothcap ['klɔθkæp] *s* caschetă, şapcă *(simbol al muncitorimii în Marea Britanie)*

clothes brush ['kləuðz brʌʃ] *s* perie de haine

clothes closet ['kləuðz ,klɔzit] *s* vestiar

clothes hanger ['kləuðz ,hæŋə] *s* umeraş

clothes moth ['kləuðz mɔθ] *s ent* molie

clothespole ['kləuðzpəul], **clothesprop** ['kləuðzprɔp] *s* par, prăjină *(pe care se sprijină frânghia de rufe)*

clotted ['klɔtid] *adj* cu cocoloaşe, grunzuros, cu boţuri; cu cheaguri; granulos, grăunţos

clotting ['klɔtiŋ] *s* 1 închegare, prindere *(a laptelui)* 2 coagulare *(a sângelui)*

cloudbase ['klaudbeis] s plafon de nori

cloud chamber ['klaud ,tʃeimbə] s fiz, ch cameră de ionizare

cloud-cuckoo-land [,klaud 'kuku:lænd] s brit F **to live in the ~** a fi cu capul în nori

clouded ['klaudid] adj **1** înnorat, acoperit de nori **2** fig înnorat, posomorât **3** fig încețoșat, cețos **4** mat, opac

cloud-forest ['kləud ,fɔrist] s geogr pădure tropicală

clouding ['klaudiŋ] s **1** înnorare, acoperire cu nori **2** fiz acoperire **3** tehn mătuire (a sticlei)

clout nail ['klaut neil] s tehn cui cu vârful turtit / bont; cui cu cioc pentru tencuială

clove gillyflower [,kləuv 'dʒiliflauə] s bot garoafă (Dianthus caryophyllus)

cloven-footed [,kləuvn 'futid] adj **1** cu copita despicată **2** fig drăcesc, satanic, diabolic

clove root ['kləuv ru:t] s bot revențel (Geum urbanum)

clove tree ['kləuv tri:] s bot cuișor (Eugenia aromatica sau Caryophyllus aromaticus)

cloying ['klɔiŋ] adj grețos, scârbos, dezgustător

clubber ['klʌbə] s F membru al unui club; persoană care frecventează barurile

clubbing ['klʌbiŋ] s ciomăgeală, ciomăgire

clubbist ['klʌbist] s membru al unui club

club chair ['klʌb tʃeə] s fotoliu comod / de salon

clubland ['klʌblænd] s cartierul cluburilor (zonă a Londrei, pe lângă Piccadilly, unde se află cele mai cunoscute cluburi)

club mobile [,klʌb 'məubail] s bufet mobil (pentru trupe, șantiere etc.)

club moss ['klʌb mɔs] s bot chedicuță, piedicuță, piedică (Lycopodium clavatum)

clubroom ['klʌbrum] s sală a unui club, sală de reuniuni

clubbroot ['klʌbru:t] s hernia verzei (boală a verzei provocată de ciuperca Plasmodiphora brassicae)

club sandwich [,klʌb 'sænwiʃ] s amer sandviș american, format din trei straturi

club sofa ['klʌb ,səufə] s canapea comodă / de salon / canapeluță

clubster ['klʌbstə] s frecventator al unui club, al cluburilor

club tie ['klʌb tai] s papion, cravată

club woman ['klʌb ,wumən] s **1** membră a unui club / unui cerc / unei asociații **2** amer femeie independentă, femeie cu preocupări sociale sau intelectuale; sufragetă, feministă

clueless ['klu:lis] adj fig fără (un) fir conducător

clump block ['klʌmp blɔk] s nav țest cu rai

clunch [klʌntʃ] s min argilă refractară

clunk [klʌŋk] s zgomot surd

clunker ['klʌŋkə] s amer grămadă de fier vechi

clutch bag ['klʌtʃ bæg] s poșetă

Clydesdale ['klaidzdeil] s rasă viguroasă de cai de ham din Scoția

clyster ['klistə] **I** s med **1** clizmă, spălătură **2** clistir **II** vt a face o clizmă / o spălătură (cuiva)

CNAA presc de la **Council for National Academy Awards** (în Marea Britanie) organism non-universitar care acordă diplome

CND presc de la **Campaign for Nuclear Disarmament** (în Marea Britanie) campanie pentru dezarmarea nucleară

C-note ['si:nəut] s amer sl hârtie de 100 dolari

coacervate [,kəu'æsə:veit] s ch coacervat

coach bolt ['kəutʃ bɔlt] s tehn bulon de ancorare

coach builder ['kəutʃ ,bildə] s auto carosier, constructor de caroserii

coach dog ['kəutʃ dɔg] s (câine) dalmatin, dalmațian, câine de Dalmația

coach horse ['kəutʃ hɔ:s] s cal de poștă / de diligență; cal de trăsură

coach house ['kəutʃ haus] s remiză / șopron pentru trăsuri

coaching ['kəutʃiŋ] s **1** plimbare sau călătorie cu trăsura **2** școl meditare

coachload ['kəutʃləud] s capacitatea unui autocar; a ~ **of tourists** un autocar de turiști

coach park ['kəutʃ pɑ:k] s loc de parcare pentru autocare

coach party ['kəutʃ ,pɑ:ti] s brit excursie cu autocarul

coach screw ['kəutʃ skru:] s ferov, constr tirfon

coach station ['kəutʃ ,steiʃn] s autogară

coach work ['kəutʃ wə:k] s caroserie

coact [kəu'ækt] **I** vt a obliga, a sili, a forța **II** vi rar a conlucra, a coopera, a desfășura / a duce o acțiune comună

coaction [kəu'ækʃn] s înv **1** obligare, silire, forțare **2** rar conlucrare, cooperare, acțiune comună

co-actor [kəu'æktə] s coautor, copărtaș

coadjutant [kəu'ædʒutənt] s asistent, ajutor

coagulable [kəu'ægjuləbl] adj ch coagulabil; congelabil

coagulum [kəu'ægjuləm] s (industria alimentară) coagul

coak [kəuk] s nav degetar de macara

coal-black [,kəul 'blæk] adj negru ca tăciunele, ca smoala, tuciuriu, smolit

coal-burning [,kəul 'bə:niŋ] adj cu cărbune, care folosește cărbunele drept combustibil

coal dust ['kəul dʌst] s praf de cărbune, frasil

coaler ['kəulə] s **1** nav vas de transportat cărbuni **2** cărbunar

coal fired [,kəul 'faiəd] s tehn încălzit cu cărbune

coalfish ['kəulfiʃ] s iht **1** orice pește cu partea dorsală închisă la culoare, ex: o specie de pește înrudită cu merlanul (Pollachius virens) **2** merlanul (Merlangus virens) **3** o specie de pește comestibil din familia Scorpaehidae (Anoplopoma timbria)

coal hole ['kəul həul] s **1** magazie de cărbuni **2** nav tambuchi pentru coborârea cărbunelui în magazie, bocaport

coalification [,kəuəlifi'keiʃn] s geol carbonizare

coal merchant ['kəul ,mə:tʃnt] s cărbunar

coal miner ['kəul ,mainə] s miner (în minele de cărbuni)

coalmining ['kəulmainiŋ] s exploatare a cărbunelui

coalmouse ['kəulmaus] s v. **coal tit**

coal rake ['kəul reik] *s v.* **coal seam**

coal scuttle ['kəul ˌskʌtl] *s* ladă *sau* găleată de cărbuni

coal seam ['kəul si:m] *s min* strat / filon carbonifer

coal tit ['kəul tit] *s orn* pițigoi negru / mic / de scoarță *(Parus ater)*

coal whipper ['kəul ˌwipə] *s nav* lucrător / mașina care încarcă vapoarele cu cărbuni

coarse fishing [ˌkɔ:s 'fiʃiŋ] *s* pescuit cu undița în apă dulce

coarse-grained ['kɔ:s greind] *adj* cu bobul mare, cu grăunțe mare

coast [kəust] **I** *s* **1** coastă, țărm (de mare), litoral; **bold ~** țărm abrupt / povârnit / râpos: faleză cu pantă abruptă; **ironbound ~** țărm stâncos / pietros; **shallow ~** coastă joasă, mal scund; **along the ~** de-a lungul țărmului; *fig* **the ~ is clear** nu mai e nici o primejdie, pericolul a trecut, drumul e liber, nu sunt piedici **2** *amer* munți acoperiți cu zăpadă; pârtie de sănius, derdeluș **3** *amer* coborâre a unei pante *(cu bicicleta, fără frână sau cu automobilul, fără motor)* **II** *vi* **1** a naviga de-a lungul țărmului; a pluti paralel cu coasta **2** *amer* a se da cu sania pe derdeluș **3** *amer* a coborî o pantă *(cu bicicleta, fără frână sau cu automobilul, fără motor)* **III** *vt* a naviga pe lângă, aproape de; a urma linia coastei *(unei țări, insule etc.)*

coastal ['kəustəl] **I** *adj nav* de coastă; **~ traffic** cabotaj, navigare de-a lungul coastelor **II** *s* vas de cabotaj

coasting trade ['kəustiŋ treid] *s nav* comerț de cabotaj

Coastland ['kəustlænd] *s amer* regiunea de coastă a statului California

coast waiter ['kəust ˌweitə] *s* funcționar vamal însărcinat cu supravegherea vaselor de cabotaj

coat card ['kəut ka:d] *s* **1** figură *(la cărți)* **2** *fig* persoană importantă

coat hanger ['kəut ˌhæŋə] *s* umeraș de haine

coatrack ['kəutræk], **coatstand** ['kəutstænd] *s* portmantou, cuier

coattail theory ['kəutteil ˌθiəri] *s amer pol* teoria succesului marginal *(conform căreia, în anii alegerilor prezidențiale, un mare număr de candidați pentru congres își datorează succesul electoral prestigiului candidatului prezidențial)*

co-ax [kəu'æks] *s* **1** *mil* mitralieră coaxială **2** cablu coaxial

coaxal [kəu'æksəl] *adj geom* coaxial, cu axe coincidente

coaxial cable [kəuˌæksiəl 'keibl] *s el* cablu coaxial

coxing ['kəuksiŋ] *s* **1** măgulire, lingușire **2 ~ into an action** înduplecare *(a cuiva)* să facă ceva

cobalt bloom ['kəubɔ:lt blu:m] *c minr* eritrină

cobaltous [kəu'bɔ:ltəs] *adj ch* cobaltos

cobb [kɔb] *s orn* pescăruș *(Larus marinus)*

cobber ['kɔbə] *s (cuvânt australian)* prieten, amic, fârtat

cobbled ['kɔbld] *adj (d o stradă)* pietruit, pavat *(cu piatră)*

cobbra ['kɔbrə] *s (cuvânt australian)* cap, țeastă, căpățână

cobby ['kɔbi] *adj* **1** *(d câini, cai)* vânjos; îndesat și puternic **2** încăpățânat, îndărătnic

cob coal ['kɔb kəul] *s min* bloc de cărbune

coble ['kɔbl] *s scot* luntre de pescuit cu fundul plat

COBOL ['kəubɔl] *cib presc de la* common ordinary business oriented language (limbajul) COBOL

cobwebbed ['kɔbwebd] *adj* **1** plin de pânze de păianjen; acoperit cu păienjeniș **2** *(d ochi, minte etc.)* împăienjenit

cocaine [kɔ'kein] *s ch* cocaină

cochinchina [ˌkɔtʃin'tʃainə] *s orn* cochin china *(denumirea unei rase de găini)*

cochineal insect [ˌkɔtʃini:l 'insekt] *s ent* insectă din genurile Napalia și Opuntia

cochlea ['kɔkliə], *pl* **cochleae** ['kɔklii:] *s anat* melcul urechii

cockaded [kɔ'keidid] *adj* cu cocardă

cock-a-leekie [ˌkɔkə'li:ki:] *s gastr* ciorbă de pui și praz

cock-and-bull [ˌkɔkənd'bul] *adj* de necrezut, mincinos, fantastic; **a ~ story** poveste mincinoasă, basm de necrezut

cockbill ['kɔkbil] *vi nav* a atârna ancora

cock-brained [ˌkɔk'breind] *adj* cu minte de cocoș; redus, mărginit, limitat; nesocotit, nechibzuit; flușturatic

cock crowing ['kɔk krəuiŋ] *s* cântători, zori, auroră, alba (zilei), revărsatul / faptul zilei

cocker ['kɔkə] *s zool* cocker *(câine englezesc de vânătoare)*

cocker spaniel [ˌkɔkə 'spænjəl] *s* cocker spaniol

cock eye ['kɔkai] *s* ochi sașiu / zbanghiu

cock-eyed [ˌkɔk'aid] *adj* sașiu, zbanghiu, încrucișat

cockling ['kɔkliŋ] *s orn* cocoșel și *fig*

cockneyfy ['kɔknifai] *vt (↓ peior)* a face "cockney", a da un caracter de londonez de baștină / get-beget; a "londoniza"

cockneyism ['kɔkniizm] *s* accent, pronunțare *sau* mod de a se exprima al "cockney"-lor

cocksfoot ['kɔksfut] *s bot* golomoz, noduroasă *(Dactylis glomerata)*

cock shut ['kɔk ʃʌt] *s înv dial* ceasul când se culcă găinile, amurg, înserat, crepuscul

cock sparrow ['kɔk ˌspærəu] *s* **1** *orn* vrăbioi *(Fringilla domestica)* **2** zurbagiu, bătăuș, buclucaș **3** târâie-brâu

cockspur ['kɔkspə:] *s* **1** pinten de cocoș **2** *bot* păducel, pinten-de-cocoș *(Crataegus crusalli)*

cocksucker ['kɔkˌsʌkə] *s vulg* **1** bărbat care practică sexul oral **2** persoană josnică / abjectă

cocktail bar ['kɔkteil ba:] *s* bar *(într-un hotel, aeroport)*

cocktail onion ['kɔkteil ˌɔniən] *s* ceapă mică, servită la aperitiv

cocktail party ['kɔkteil ˌpa:ti] *s* cocteil, petrecere

cocktail sausage ['kɔkteil ˌsɔ:sidʒ] *s* cârnăcior servit la aperitiv

cocktail shaker ['kɔkteil ˌʃeikə] *s* shaker *(aparat în care se agită elementele unui cocteil)*

cocktail stick ['kɔkteil stik] *s* bețișor pentru cocteil

cockteaser ['kɔkˌti:sə] *s vulg* **1** femeie care excită un bărbat și apoi refuză actul sexual **2** femeie extrem de ispititoare

cocky leeky [ˌkɔki 'li:ki] *s scot* supă de găină cu praz

cocoa bean ['kəukəu bi:n] *s* bob de cacao

cocoa butter ['kəukəu,bʌtə] *s* unt de cacao

cocoa husks ['kəukəu kʌsks] *s pl* coji / pleavă de la boabele de cacao

cocoa-nut milk ['kəukəunʌt milk] *s* lapte de cocos

cocoa shells ['kəukəuʃelz] *s pl v.* **cocoa husks**

coconut matting ['kəukənʌt ,mætiŋ] *s* rogojină din fibră de nucă de cocos

coconut oil ['kəukənʌt ,ɔil] *s* ulei de nucă de cocos

coconut shy ['kəukənʌt ,ʃai] *s (în Marea Britanie)* joc de aruncat la țintă, compus din nuci de cocos

cocooned [kə'ku:nd] *adj* înfășurat, claustrat, închis

cocoonery [kə'ku:nəri] *s* **1** crescătorie de viermi de mătase **2** torcătorie *(de borangic)*, gospodărie sericicolă; fabrică de mătase, mătăsărie

coco palm ['kəukəpɑ:m] *s bot* palmier de cocos, cocotier *(Cocos nucifera)*

code book ['kəud,buk] *s* listă/carte de coduri

code name ['kəud neim] *s* nume de cod

code-named [,kəud'neimd] *adj* care poartă numele de cod de..., al cărui / cărei nume de cod este...

coder ['kəudə] *s cib* codificator

codeword ['kəudwə:d] *s* parolă; nume de cod

coding ['kəudiŋ] *s cib* codificare, secvență de instrucțiuni codificate

cod oil ['kɔd ɔil] *s* untură de pește

cod piece ['kɔd ,pi:s] *s ist* **1** buzunar sau pungă pe care o purtau bărbații în partea din față a pantalonilor, prohab **2** *fig* penis, membru viril

codriver ['kəu'draivə] *s* **1** *(la cursele de mașini)* copilot **2** al doilea șofer al unui autocar

co-edit [,kəu'edit] *vt* a edita în colaborare

coedition [,kəue'diʃn] *s* ediție *(a unei cărți, etc.)* realizată în colaborare

co-educational [,kəuedju'keiʃnəl] *adj* mixt, referitor la educația mixtă

coelacanth ['si:ləkænθ] *s zool* pește sau fosilă din familia *Coelecanthidae*

coeliac ['si:liæk] *adj anat fizl* abdominal, ținând de burtă / de pântece

coenzyme [,kəu'enzaim] *s ch* co-ferment, coenzimă

coercible [kəu'ə:sibl] *adj* **1** supus constrângerii / coerciției, care poate fi constrâns / forțat / obligat **2** *(d gaze)* compresibil, condensabil

coercive force [kəu,ə:siv 'fɔ:s] *s fiz* forță coercitivă *(pentru înlăturarea magnetismului)*

coessential [kəui'senʃl] *adj* identic, cu aceeași substanță *sau* esență

coextensive [,kəuiks'tensiv] *adj* de aceeași lungime sau durată, care cuprinde același spațiu *sau* loc

co-factor [,kəu'fæktə] *s mat* adjuncție, completare algebrică

C of C *presc de la* **Chamber of Commerce** camera de comerț

C of E *presc de la* **Church of England I** *s* Biserica Angliei **II** *adj* anglican; he's ~ e anglican

co-feature ['kəu,fi:tʃə] *s cin* film artistic făcând parte dintr-un program dublu

coffee berry ['kɔfi ,beri] *s* bob de cafea

coffee bread ['kɔfi bred] *s* (colac de) cozonac

coffee cake ['kɔfi keik] *s v.* **coffee bread**

coffee-coloured [,kɔfi 'kʌləd] *adj* cafeniu

coffeeklatch ['kɔfiklætʃ] *s amer F* bârfă la o cafea

coffee machine ['kɔfi mə,ʃi:n] *s* cafetieră, filtru de cafea

coffee morning ['kɔfi ,mɔ:niŋ] *s brit* întâlnire amicală într-o cafenea, destinată strângerii de fonduri pentru operele de caritate

coffee spoon ['kɔfi ,spu:n] *s* linguriță de cafea

coffee table ['kɔfi ,teibl] *s* măsură pentru cafea / ceai *etc.*

coffee table book ['kɔfiteibl ,buk] *s* carte ușoară, de divertisment, care se răsfoiește în treacăt

coffee wit ['kɔfi wit] *s* stâlp de cafenea; intelectual care frecventează cafenelele

coffered ['kɔfəd] *adj arhit (d plafon)* în chesoane

coffin bone ['kɔfin bəun] *s* os de copită

coffin joint ['kɔfin dʒɔint] *s* prima încheietură a piciorului la cal

coffin nail ['kɔfin neil] *s sl* cui de coșciug, țigare

coffle ['kɔfəl] *s* lanț, caravană de sclavi *sau* animale legate

C of S *presc de la* **Church of Scotland** Biserica Scoției

cogently ['kəudʒentli] *adv* convingător; concludent; irefutabil, rațional, incontestabil

cogitable ['kɔdʒitəbl] *adj* care poate fi gândit / conceput / imaginat; la care se poate cugeta, imaginabil

cognize ['kɔgnaiz] *vt filoz* a realiza, a înțelege, a găsi înțelesul / sensul *(unui lucru)*; a fi conștient de, a-și da seama de

cognoscente [,kɔgnəu'ʃenti] *s* cunoscător, specialist, expert (în)

cogway ['kɔg wei] *s ferov* cremalieră, linie ferată dințată

cohabitee [kəu,hæbi'ti:] *s* concubin

coherer [kəu'hiərə] *s rad* co(h)eror

COI *presc de la* **Central Office of Information** *(în Marea Britanie)* serviciul public de informație

coign(e) [kɔin] *s arhit* unghi, colț exterior; *fig* ~ of vantage poziție prielnică *(pentru observație sau acțiune)*

coil antenna ['kɔil æn,tenə] *s rad* cadru

coiled [kɔild] *adj* încolăcit, răsucit în spirală

coil spring ['kɔil spriŋ] *s tehn* arc elicoidal / volut

coin-box ['kɔin bɔks] *s brit* cabină de telefon care funcționează cu monede

coinsurance [,kəuin'ʃuərəns] *s* co-asigurare

coinstantaneous [,kəuinstən'teinjəs] *adj* (absolut) simultan, concomitent

coir ['kɔiə] *s bot* fibră de cocos

coital ['kəuitəl] *adj biol* sexual, de copulație, de împerechere; referitor la coit / la actul sexual / la raporturi / contacte sexuale

coitus interruptus [,kɔitəs intə'rʌptəs] *s fizl* coitus interruptus

coke oven ['kəuk ,ʌvn] *s* cuptor de cocs, baterie de cocsificare

coker nut ['kəukənʌt] *s forma greșită pentru* **coco nut**

coking coal ['kəukiŋ kəul] *s* cărbune cocsificabil

col [kɔl] *s geogr* pas, trecătoare; defileu

cola ['kəulə] *s bot* cola, arbore de cola *(arbore tropical ale cărui seminţe se folosesc ca şi tonice) (Cola acuminata, Cola nitida)*

COLA ['kəulə] *presc de la* cost-of-living adjustment indexare a salariului

colchicum ['kɔltʃikəm] *s* 1 *bot* brânduşă de toamnă, şofran, şofrănel *(Colchicum autumnale)* 2 diuretic, alcaloid extras din această plantă

colcothar ['kɔlkəθə] *s ch* colcotar, crocus, şofran

cold cash [,kəuld 'kæʃ] *s* bani gheaţă / peşin

cold chisel [,kəuld 'tʃizl] I *s tehn* daltă *(pentru metal)*; ciocan pentru ştemuit, ştemuitor II *vt* a ştemui, a cizela, a dăltui

cold cure [,kəuld 'kjuə] *s ind* vulcanizare la rece

cold deck [,kəuld 'dek] I *s amer* cărţi măsluite, *pereche de cărţi de joc folosită pentru trişare* II *vt* a înşela, a trişa *(la cărţi)* III *vi* a trişa la cărţi, a umbla cu cărţi măsluite

cold fish [,kəuld 'fiʃ] *s F* persoană rece, lipsită de pasiune şi emoţii

cold frame ['kəuld freim] *s* răsadniţă

cold front [,kəuld 'frʌnt] *s meteor* front atmosferic rece

cold heartedly [,kəuld 'hɑːtidli] *adv* rece, cu răceală, fără milă / îndurare

coldheartedness [,kəuld 'hɑːtidnis] *s* neîndurare, lipsă de milă, cruzime

cold light [,kəuld'lait] *s* lumină rece

cold meat [,kəuld'miːt] *s* friptură *sau* rasol rece

cold pig [,kəuld 'pig] *sl* I *s* duş, apă rece *(vărsată peste cineva pentru a-l trezi)* II *vt* a trezi, a arunca o căldare de apă rece peste *(cineva)*

cold-roll ['kəuld ,rəul] *vt met* a lamina la rece

cold room ['kəuld ,rum] *s* cameră frigorifică

cold-short [,kəuld 'ʃɔːt] *adj met* fragil la rece

coldslaw ['kəuldslɔː] *s v.* coleslaw

cold sore [,kəuld 'sɔː] *s med* herpes, spuzeală

cold steel [,kəuld 'stiːl] *s mil* armă albă; an inch / a few inches of ~ înjunghiere

cold storage [,kəuld 'stɔːridʒ] *s* 1 păstrare la rece 2 antrepozit / depozit frigorific

cold store ['kəuld stɔː] *s* depozit frigorific

cold sweat [,kəuld 'swet] *s* sudori reci

cold test [,kəuld 'test] *s tehn* probă / încercare la rece *(a uleiurilor)*

cold turkey [,kəuld 'tɜːki] *s sl* 1 acţiune / afirmaţie dură, directă, neechivocă; I'm talking ~ to you ţi-o spun verde-n faţă 2 victimă sigură; a ~ for the enemy o victimă sigură / uşoară pentru inamic 3 oprire bruscă şi completă a folosirii drogurilor de către un toxicoman; a ~ cure cură de dezintoxicare dură

cold water [,kəuld 'wɔːtə] *s* 1 apă rece; fig to throw ~ on a tempera, a potoli, a atenua *(avântul cuiva, pe cineva)*; a descuraja, a demobiliza 2 *fig* duş rece; descurajare

cold wave [,kəuld 'weiv] *s* 1 val de frig 2 permanent rece, ondulaţie făcută la rece

cold-weather payment ['kəuld weðə ,peimənt] *s (în Marea Britanie)* alocaţie acordată persoanelor în vârstă în perioadele friguroase

cold-work ['kəuld wɜːk] *vt met* a prelucra la rece

coleopteron [,kɔli'ɔptərən], *pl* **coleoptera** [,kɔli'ɔptərə] *s ent* coleopteră

coleopterous [,kɔli'ɔptərəs] *adj ent* care aparţine coleopterelor, de coleopteră

cole seed ['kəul siːd] *s bot* sămânţă de rapiţă

coleslaw ['kəul slɔː] *s amer* salată de varză *(tocată mărunt)*

coley ['kəuli] *s iht* merlan *(Merlangus virens)*

colibacilosis [,kəulibæsi'ləusis] *s med* colibaciloză

colic ['kɔlik] *s med* colică, crampă; durere acută

colicky ['kɔliki] *adj* 1 referitor la colici 2 producând colici

collaborationism [kɔ,læbə'reiʃnizm] *s pol* colaboraţionism, colaborare cu inamicul, trădare de ţară, pactizare cu inamicul *(în ţările ocupate de nazişti)*

collaborative [kə'læbərətiv] *adj* conjugat, combinat

collagen ['kɔlədʒen] *s* colagen

collagist [kə'lɑːʒist] *s artă* pictor modernist, autor de colaje

collapsed [kə'læpst] *adj med* ~ lung colaps pulmonar

collar beam ['kɔlə biːm] *s constr* riglă, grindă de carpen

collar stud ['kɔlə stʌd] *s* nasture de guler

collar work ['kɔlə wɜːk] *s* opintire *(a cailor la urcarea unei pante)*

collator [kɔ'leitə] *s tel* intercalator, interpolator

collectable [kə'lektəbl] *adj* căutat de colecţionari

collectanea [,kɔlek'teiniə] *lat s* pagini alese, culegere de însemnări / note; miscellanea, note caleidoscopice

collect call [kə'lekt kɔːl] *s* convorbire cu taxă inversă

collecting [kə'lektiŋ] *s* colecţionare; stamp ~ filatelie; ~ tin cutia milelor

collective agreement [kə,lektiv ə'griːmənt] *s* contract colectiv; convenţie colectivă

collectorship [kə'lektəʃip] *s* funcţie de perceptor, încasator *sau* zapciu

colleen ['kɔliːn] *s (cuvânt irlandez)* fată, fetişcană, codană

college-bred [,kɔlidʒ 'bred] *adj* educat la colegiu, învăţat

colleger ['kɔlidʒə] *amer* membru al unui colegiu 2 (fost) student al unui colegiu

collegium [kə'liːdʒiəm] *s* 1 *lat* colegiu 2 corp de conducere, consiliu conducător, colegiu *(al unui minister etc.)*

collet ['kɔlit] *s tehn* bandă, guler, brăţară, centură, jug, cadru; manşon / de prindere; bucşă elastică; inel de mandrină / de strângere / de prindere / de fixare

colligate ['kɔligeit] *vt* a corela, a lega, a conexa, a corobora, a pune în legătură, a stabili o corelaţie între *(fapte)*

collimate ['kɔlimeit] *vt opt* a potrivi; a adapta; a ajusta *(un telescop, telemetru etc.)*

collimation [,kɔli'meiʃn] *s opt* colimaţie, adaptare, potrivire *(a unui telescop, telemetru)*

collinear [kɔ'liniə] *adj geom* colinear, coliniar, cu o dreaptă comună

collins ['kɔlinz] s 1 *amer* cocteil *(amestec de băuturi cu sifon)* 2 scrisoare servilă care mulțumește pentru găzduire

collision mat [kə'liʒn mæt] s *nav* rogojină, împletitură *(cu care se astupă spărturile provocate de o ciocnire)*

collodion [kɔ'ləudiən] s ch collodiu

collodion cotton [kɔ'ləudiən ˌkɔtn] s ch piroxilin, nitroceluloză

collodium [kə'ləudiəm] s v. **collodion**

collogue [kɔ'ləug] vi F 1 a sta de vorbă, a avea o convorbire amicală / întinsă, a sta la taifas 2 a sta de vorbă în taină, a complota, a conspira, a avea un conciliabul

colloquialness [kə'ləukwiəlnis] s (pricepere de a face) conversație agreabilă, arta conversației

colloquist ['kɔlɔkwist] s interlocutor

colloquium [kə'ləukwiəm], pl **colloquiums** [kə'ləukwiəmz], **colloquia** [kə'ləukwiə] s colocviu, conferință

collotype ['kɔləutaip] s fot 1 placă fotografică acoperită cu gelatină 2 colotipie, fotografie pe placă cu gelatină

collude [kə'ljuːd] vi jur fig 1 a complota, a urzi un complot *(împotriva unui al treilea)* 2 a fi complice, a se înțelege pe ascuns, a cădea la învoială, a se învoi *(unul cu altul)* 3 a pactiza, a intra în cârdășie

collusion [kə'ljuːʒn] s 1 jur înțelegere nepermisă *sau* secretă între două părți *(împotriva unui terț)*; înțelegere pe sub ascuns 2 urzeală; complicitate, învoială, cârdășie, târg 3 înșelăciune, înșelătorie

collusive [kə'ljuːsiv] adj jur pus la cale / aranjat printr-o înțelegere nepermisă sau secretă, tainic, ilicit

collutorium [ˌkɔlju'tɔːriəm] s med gargară; apă de gură

colluvies [kə'ljuːviːz] s pl coluviu, morman, grămadă *(de gunoi, moloz etc.)*

colly ['kɔli] s scot câine ciobănesc, dulău

colmatage ['kɔlmətidʒ] hidr s colmataj

cologarithm [ˌkəu'lɔgəriθm] s mat cologaritm

Colombian [kə'lɔmbiən] I adj columbian, din Columbia II s columbian, locuitor din Columbia

Colonel Blimp [ˌkəːnəl 'blimp] s militarist *sau* conservator înrăit; *aprox* Moș Teacă; cap tare

Colonel-in-Chief [ˌkəːnəlin'tʃiːf] s comandant *(onorific)* de regiment *(în armata engleză)*

colonial furniture [kəˌləuniəl 'fəːnitʃə] s amer stil de mobilă din perioada colonială americană *(până în 1776)*

colonialist [kə'ləunjəlist] I s colonialist II adj colonialist

colonic [kə'ləunik] adj med referitor la colon; ~ **irrigation** clismă

colonist ['kɔlənist] s colonist; colon

colophony ['kɔlɔfəuni] s colofoniu, sacâz

colorant ['kʌlərənt] s ch colorant, materie colorantă, pigment, vopsea, boia

coloration [ˌkʌlə'reiʃn] s 1 colorare; colorație 2 *artă* colorit, coloratură; arta de a aplica culori / de a colora / de a da culoare

color cast ['kʌləkaːst] amer I s televiziune în culori II vt a televiza în culori, a transmite la televiziune în culori III vi a transmite un program de televiziune în culori

colorific [ˌkɔlə'rifik] I adj 1 colorant, care colorează, colorit 2 *(d stil)* înflorit, colorat II s pl știința culorilor

color line ['kʌlə lain] s amer discriminare rasială

colossal order [kəˌlɔsəl 'ɔːdə] s arhit ordin colosal

Colossian [kə'lɔʃn] s bibl the Epistle of Paul to the ~s Epistola Sfântului Pavel către Coloseni

colostomy [kə'lɔstəmi] s med colostomie

colotomy [kə'lɔtəmi] s med colotomie, operație de colon

colourable ['kʌlərəbl] adj 1 în stare / susceptibil de a fi colorat, care se poate colora 2 plauzibil; verosimil, veridic, probabil, care stă în picioare 3 reușit, izbutit; ~ **imitation** imitație reușită / izbutită 4 fals, falsificat, prefăcut

colour bar ['kʌlə baː] s barieră de culoare, discriminare / segregație rasială *(↓ împotriva negrilor în S. U. A.)*; apartheid, segregație rasială *(în Africa de sud)*

colour bearer ['kʌlə ˌbeərə] s mil stegar, portdrapel

colour box ['kʌlə bɔks] s 1 cutie de culori *(a unui pictor)*; cutie de pasteluri 2 fiz aparat pentru amestecul culorilor

colour camera ['kʌlə ˌkæmərə] s fot aparat de fotografiat în culori

colour cast ['kʌlə kaːst] I s 1 televiziune în culori 2 poligr dominantă de culoare II vt a televiza în culori III vi a transmite un program de televiziune în culori

colour cinematography ['kʌlə sinimə'tɔgrəfi] s cinematograf(ie) în culori

colour code ['kʌlə kəud] I s codul culorilor II vt to ~ smth a codifica ceva cu ajutorul culorilor

colour-coded [ˌkʌlə 'kəudid] adj codificat cu ajutorul culorilor

coloured brit **colored** amer ['kʌləd] *(în cuvinte compuse)* de culoarea...; **rust ~** ruginiu; **dark ~** închis la culoare; **light ~** deschis la culoare

colourfast ['kʌləfaːst] adj 1 *(d imprimeuri)* care nu iese la spălat 2 *(d rujuri de buze)* care nu se ia

colour film s 1 ['kʌlə film] fot film pentru fotografii în culori, film color 2 cin film colorat, producție în culori

colour filter ['kʌlə ˌfiltə] s fot filtru de lumină, filtru cromatic

colourfully brit **colorfully** amer ['kʌləfuli] adv în culori vii; **a ~ dressed woman** o femeie îmbrăcată în culori vii

colourific [ˌkʌlə'rifik] adj animat, interesant, atrăgător, stimulator; plin de contraste

colourimeter [ˌkʌlə'rimitə] s fiz colorimetru

colour man ['kʌləmən] s 1 vopselar, negustor de vopsele 2 colorist *(persoană care colorează stampe, hărți, marochinărie etc.)*

colour mixer ['kʌlə ˌmiksə] s fiz discul lui Newton

colour screen ['kʌlə skriːn] s tehn filtru de culoare

colour sergeant ['kʌlə ˌsaːdʒnt] s *(în armata britanică)* aprox sergent major

colour striker ['kʌlə ˌstraikə] *s* muncitor din industria coloranților

colour wash ['kʌlə wɔʃ] *s* zugrăveală

coloury ['kʌləri] *adj* **1** colorat, viu **2** de culoarea cerută / corespunzătoare

colour zone ['kʌlə zəun] *s anat* zona retinei sensibilă la culori, zona cromatică

colposcopy ['kɔlpəskəupi] *s med* colposcopie

Colt [kəult] *s* revolver (marca) Colt

colt's tail ['kəults teil] *s* nor colțu ros; nor cirus

coluber ['kɔljubə] *s zool* **1** șarpe-de-casă **2** viperă, năpârcă, norcă

colubrine ['kɔljubrain] *adj* ca un șarpe; șerpuitor

columbarium [ˌkɔləm'beəriəm] *pl* **columbaria** [ˌkɔləm'beəriə] *s* **1** (*ist Romei*) columbariu, edificiu mortuar, cavou cu nișe conținând urne funerare **2** *pl* nișe, firide (*ale unui columbariu sau crematoriu*) **3** hulubărie, porumbărie, porumbar

columbate [kə'lʌmbeit] *s ch* niobat, niobiat

Columbian [kə'lʌmbiən] **I** *adj* **1** referitor la Columb **2** *fig* referitor la America **II** *s tipogr* corp (*de literă*) de 16 puncte

columbic acid [kəˌlʌmbik'æsid] *s ch* acid niobic

columbium [kɔ'lʌmbiəm] *s ch* niobiu, columbiu

Columbus Day [kəˌlʌmbəs 'dei] *s* (*în S.U.A.*) zi în care se aniversează descoperirea Americii de către Columb (*în fiecare a doua luni din octombrie*)

column inch ['kʌləm ˌintʃ] *s* unitate de măsură a spațiilor publicitare, având lungimea de un țol și lățimea normală a unei coloane

Comanche [kə'mæntʃi] *s* **1** membru al tribului comanșilor **2** limba comanșă

coma vigil ['kəumə ˌvidʒil] *s med* comă în care bolnavul rămâne cu ochii deschiși

combatant ['kɔmbətənt] **I** *adj* combatant, luptător, combativ; de front; combatant **II** *s* **1** combatant, luptător **2** parte combatantă **3** *fig* apărător înfocat

combat fatigue ['kɔmbət fəˌtiːg] *s mil* nevroză, teamă de luptă, moral prost / scăzut

combativeness ['kɔmbətivnis] *s* combativitate

combativity [ˌkɔmbə'tiviti] *s* combativitate

combat unit ['kɔmbət ˌjuːnit] *s mil* unitate combatantă / de luptă

combat zone ['kɔmbət zəun] *s mil* teatru de operațiuni, de război; zonă de luptă

combe [kuːm] *s v.* **coomb**

oombod [kəumd] *adj* crestat, cu creastă

comb honey ['kəum ˌhʌni] *s* miere netescuită / în fagure

combination room [ˌkɔmbi'neiʃn ruːm] *s* cancelaria profesorilor (*la Cambridge*)

combination sandwich [ˌkɔmbi'neiʃn sænwitʃ] *s gastr* sandviș foarte gros, format din cel puțin cinci ingrediente

combinatorial [kɔmˌbainə'təuriəl] *adj* bazat pe combinație, combinatoriu

combinatorial analysis [kɔmbainəˌtəuriəl ə'næləsis] *s mat* analiză combinatorie

combined [kəm'baind] *adj* **1** *ch* combinat **2** unit, confederat, federat, federativ, federal **3** unit, comun **4** însumat, centralizat

combined operation [kəmˌbaind ɔpə'reiʃn] *s mil* operație comună; operație amfibie, operație combinată

combine harvester [ˌkɔmbain 'haːvəstə] *s* combină agricolă

combiner [kəm'bainə] *s* **1** combinator, cel care face combinații **2** membru al unui cartel

combing ['kəumiŋ] *s* **1** pieptănare, pieptănat, toaletă **2** *text* dărăcit, pieptănat; cardare **3** *pl* deșeuri de la pieptănat, părul care cade de la un pieptănat, peri, smoc **4** *F* săpuneală, spălat, spălătură, scuturătură, chelfăneală, frecuș, ceartă, ocară

combing machine ['kəumiŋ məˌʃiːn] *s* mașina de dărăcit, dărăcitoare, mașină de pieptănat

combining form [kəm'bainiŋ fɔːm] *s lingv* afix

comburent [kəm'bjuərənt] *s* comburant, element care facilitează arderea

combustibility [kəmˌbʌstə'biliti] *s* combustibilitate, inflamabilitate

combustion chamber [kəm'bʌstʃən ˌtʃeimbə] *s tehn* cameră de combustie / de ardere

combustor [kəm'bʌstə] *s tehn* cameră de combustie (*la motoarele cu reacție*)

come-and-go [ˌkʌmənd'gəu] *s* du-te vino; forfotă

come-by-chance [ˌkʌmbai'tʃɑːns] *s* **1** lucru găsit (*din întâmplare*) **2** ființă întâlnită întâmplător **3** întâlnire întâmplătoare **4** copil din flori, bastard

Comecon *presc de la* **Council for Mutual Economic Aid** *ist, ec* CAER (*Consiliul pentru Ajutor Economic Reciproc*)

comedic [kə'miːdik] *adj rar* comic

comedienne [kəˌmedi'en *și pronunția franceză*] *s fr* actriță (*în special de comedie*)

comedietta [ˌkɔmedi'etə] *s* comedie ușoară

comedist ['kɔmidist] *s* autor de comedii, dramaturg comic

comedo ['kɔmidəu] *pl* **comedones** [ˌkɔmi'dəuniːz] *sau* **comedos** ['kɔmidəuz] *s lat, med* coș

comedy ballet ['kɔmidi ˌbælei] *s* balet comic

come-hither [ˌkʌm'hiðə] *s* vino-n-coace, nuri, atracție, sex-appeal, lipici

come-off ['kʌmɔf] *s F* **1** terminare, sfârșire; concluzie; deznodământ, rezultat fericit; reușită, realizare, ieșire cu bine, ieșire la liman **2** pretext, scuză; scăpare

come-outer ['kʌm ˌautə] *s amer pol* ultraradical

comeuppance [ˌkʌm'ʌpəns] *s amer F* pedeapsă meritată; **he finally got his ~** a primit în sfârșit ce i se cuvenea, și-a primit până la urmă pedeapsa meritată

comeuppings [ˌkʌm 'ʌpiŋz] *s pl v.* **comeuppance**

comfortableness ['kʌmfətəbəlnis] *s* confort, dichis, tihnă; mângâiere

comfortless ['kʌmfətlis] *adj* **1** incomod, lipsit de confort / de înlesniri **2** nemângâiat, neconsolat, fără ocrotire / sprijin, fără alinare **3** care nu aduce alinare / consolare / mângâiere, care nu te încălzește / înveselește

comfortlessness ['kʌmfətlisnis] s
1 lipsă de confort, de comoditate 2 lipsă de consolare / alinare / mângâiere; neconsolare

comfort station ['kʌmfət‚steiʃn] s
amer closet public, toaletă

comically ['kɔmikli] adv comic,
glumeţ, hazliu, amuzant, cu duh

comicalness ['kɔmikəlnis] s comic, comicărie, comedie, poznă; caraghioslâc, năstruşnicie; parascovenie; nostimadă

comic book ['kɔmik buk] s amer
comic, revistă dedicată în întregime publicării de poveşti desenate sau comicsuri; pl comicsuri

comic strip [‚kɔmik 'strip] s amer
povestire sau roman foileton în imagini, poveste desenată, comics

coming-in ['kʌmiŋ in] s 1 intrare,
venire; sosire 2 introducere, răspândire (a unui obiect, a unei mode) 3 încasări, intrări 4 începere, început, debut (al unui sezon) 5 timp de apariţie (a unor legume etc.) 6 sezon, timp, perioadă, epocă

comingle [kə'miŋgl] vt şi vi a (se)
amesteca, a (se) uni, a (se) combina

Comintern ['kɔmintə:n] s ist, pol
Comintern, internaţionala comunistă (a treia)

comitadji [‚kəumi'tɑ:dʒi] s ist comitagiu

comitia [kɔ'miʃiə] s pl (ist Romei)
comiţii

command car [kə'mɑ:nd kɑ:] s mil
automobil de campanie, maşina comandantului

command economy [kə'mɑ:nd
i‚kɔnəmi] s economie planificată

command-in-chief [kə‚mɑ:nd in
'tʃi:f] s comandă supremă

commando man [kə'mɑ:ndəu mæn]
s soldat în trupe speciale / de şoc

commando post [kə'mɑ:ndəu pəust]
s tehn post / masă de comandă

commem [kə'mem] s F sărbătorirea anului academic la Oxford

commemorable [kə'memərəbl] adj
comemorabil, vrednic de a fi comemorat; memorabil

commendable [kə'mendəbl] adj 1
meritoriu, lăudabil; de ispravă, demn de încredere 2 recomandabil

commendatory letter [kə‚mendətəri
'letə] s scrisoare de recomandare

commensal [kə'mensəl] s 1 comesean, conviv; oaspete 2 biol comensual

commensalism [kə'mensəlizm] s
biol comensualism

commensurability [kə‚menʃərə'biliti] s comensurabilitate

commensurable [kə'menʃərəbl]
adj (with, to) comensurabil (cu), proporţional (cu), de aceeaşi măsură (cu)

commensurateness [kə'menʃərətnis] s proporţionalitate

commensuration [kə‚mensjuə'reiʃn] s comensurabilitate; proporţionalitate

commentary box ['kɔməntæri ‚bɔks]
s tribuna/loja presei

commentate ['kɔmənteit] I vt a
comenta II vi a face un reportaj

commentation [‚kɔmen'teiʃn] s 1
comentare, explicare, desluşire, tălmăcire (a textelor) 2 adnotare

commentative [kə'mentətiv] adj rar
cu comentarii, comentat

commercial art [kə‚mə:ʃl 'ɑ:t] s
grafică publicitară

commercial artist [kə‚mə:ʃl 'ɑ:tist]
s grafician care lucrează în domeniul publicităţii

commercial bank [kə‚mə:ʃl 'bæŋk]
s bancă comercială

commercial college [kə‚mə:ʃl 'kɔlidʒ] s şcoală de comerţ

commercial law [kə‚mə:ʃl'lɔ:] s
drept comercial

commercially [kə'mə:ʃəli] adv 1
negustoreşte 2 din punct de vedere comercial

commercial treaty [kə‚mə:ʃl 'tri:ti]
s tratat de comerţ

commercial vehicle [kə‚mə:ʃl 'vi:ikl] s vehicul comercial sau utilitar

commie ['kɔmi] s amer peior comunist, roşu

commingler [kɔ'miŋglə] s tehn mixer, amestecător

comminuted fracture [‚kɔminju:tid
'fræktʃə] s med fractură multiplă

commiserative [kə'mizəreitiv] adj
compătimitor, care ia parte la suferinţa cuiva

commissary general [‚kɔmiseri
'dʒenərəl] s mil intendent general

commissioned officer [kə‚miʃnd
'ɔfisə] s mil ofiţer numit prin brevet regal (în Anglia) sau prezidenţial (în S.U.A.); non- ~ subofiţer, gradat

commissure ['kɔmisjuə] s 1 anat
med comisură, îmbucătură; unire 2 rost, îmbinare, comisură (la drumuri)

committeewoman [kə'miti ‚wumən]
s membră a unui comitet sau a unei comisii

commix [kə'miks] înv poetic I vt a
amesteca, a pune împreună II vi (with) a se amesteca (cu)

commodiouseness [kə'məudiəsnis]
s comoditate, confort

commodity dollar [kə'mɔditi ‚dɔlə]
s v. compensated dollar

commonality [kɔmə'næliti] s 1 devălmăşie, posesiune în comun 2 caractere / trăsături comune 3 răspândire, frecvenţă

common cold [‚kɔmən 'kəuld] s
guturai

common council [‚kɔmən 'kaunsil]
s consiliu comunal / municipal

common crab [‚kɔmən 'kræb] s
zool specie de crab (Cancer pagurus)

Common Entrance [‚kɔmən 'entrns]
s (în Marea Britanie) examen susţinut de absolvenţii învăţământului primar pentru a urma cursurile unei şcoli particulare

common factor [‚kɔmən 'fæktə] s
mat factor comun

common labour [‚kɔmən 'leibə] s
muncă necalificată

common land [‚kɔmən 'lænd] s
islaz, pământ al unei obşti / comune etc.; teren public

common logarithm [‚kɔmən 'lɔgəriðəm] s mat logaritm zecimal

common man [‚kɔmən 'mæn] s
the ~ 1 omul obişnuit / simplu / de rând / din popor / de pe stradă 2 soldatul de rând

common measure [‚kɔmən 'meʒə]
s mat divizor comun

common multiple [‚kɔmən 'mʌltipl]
s mat multiplu comun

commonness ['kɔmənnis] s 1 calitatea lucrului / omului obişnuit / comun, fără distincţie; banalitate, lipsă de distincţie / de originalitate; mediocritate 2 lucru uzual / banal / de rând / de duzină / de mâna a doua, ceva ce găseşti oriunde; banalitate

common sensical [,kɔmən 'sensi-kəl] *adj* înțelept, rațional, cu capul pe umeri / plin de bun-simț

comms package ['kɔms ,pækidʒ] *s cib* pachet soft

communalism ['kɔmjunəlizm] *s amer* patriotism local, sectarism; șovinism

communally [kə'mju:nəli] *adv* în comun; (în mod) colectiv, la-olaltă, împreună

communicant [kə'mju:nikənt] **I** *s* **1** persoană care comunică, îm-părtășește știri, colportor, infor-mator, urechea târgului **2** *bis* persoană care se cuminecă / se împărtășește **II** *adj* anat comu-nicant

communicating [kə'mju:nikeitiŋ] *adj* (prin) care (se) comunică

communication interface [kəmju:-ni'keiʃn ,intəfeis] *s* interfață de comunicare

communication trench [kəmju:-ni'keiʃn trentʃ] *s* **1** *mil* șanț / transee de comunicație **2** *hidr* transee de deviere; șanț de scurgere / de drenare

communicator [kə'mju:(:)nikeitə] *s* **1** *tehn* mecanism de emisiune / transmisiune **2** *tel* aparat de transmisiune

communion table [kə'mju:njən ,teibl] *s bis* altar, masă pentru cuminecătură / pentru împărtă-șanie

community antenna [kə'mju:niti æn,tenə] *s tel* antenă colectivă / comună / de bloc

community association [kə'mju:-niti əsəusi,eiʃn] *s* (în Marea Britanie) asociație culturală lo-cală

community care [kə,mju:niti 'keə] *s* (în Marea Britanie) sistem de asistență socială la nivel local

community charge [kə'mju:niti tʃa:dʒ] *s* **1** impozit pe cap de locuitor, capitație **2** taxă electo-rală

community college [kə,mju:niti 'kɔlidʒ] *s amer* colegiu local

community home [kə,mju:niti 'həum] *s brit* **1** centru de asistență socială pentru orfani **2** centru de reeducare

community school [kə,mju:niti 'sku:l] *s brit* școală ce servește drept casă de cultură

community service [kə,mju:niti 'sə:vis] *s* muncă în interesul co-munității

commute [kɔ'mju:t] **I** *vt* **1** a schim-ba, a transforma **2** a micșora, a comuta pedeapsa; **to ~ a sentence** a comuta o sentință / o pedeapsă **3** *electr* a comuta (curentul) **II** *vi amer* a face na-veta (la serviciu), a face (con-stant) călătorii cu un abona-ment (cu trenul, vaporul etc.)

commutative [kə'mju:tətiv] *adj* comutativ

commuter [kə'mju:tə] *s amer* na-vetist, pasager cu abonament sezonier pe căile ferate, salariat care vine cu trenul la serviciu (din suburbiile orașului)

commuting [kə'mju:tiŋ] *s* navetă

Comoran ['kɔmərən] **I** *s* locuitor din Insulele Comore **II** *adj* din sau referitor la Insulele Comore

Comoro ['kɔmərəu] *s geogr* the ~ **Islands** Insulele Comore (arhi-pelag în Oceanul Pacific)

compact camera [,kɔmpækt 'kæ-mərə] *fot* aparat foto automa-tizat, pentru amatori

compact disc [,kɔmpækt disk] *s* compact disc, CD

compactly [kɔm'pæktli] *adv* **1** compact; ~ **designed** construit cu economie de spațiu **2** (în mod) concis

compactness [kɔm'pæktnis] *s* **1** micime, densitate **2** concizie

companionableness [kəm'pæn-jənəbəlnis] *s* sociabilitate

companionage [kəm'pænjənidʒ] *s rar* **1** societate, tovărășie, compa-nie, prietenie la toartă **2** echipă de zețari care fac aceeași muncă

companion ladder [kəm'pænjən ,lædə] *s nav* scară de lângă cabina căpitanului, scară între două punți

company secretary [,kʌmpəni 'sekritəri] *s* secretar general (al unei companii)

company sergeant-major ['kʌmpəni sa:dʒənt meidʒə] *s mil* pluto-nier-major

company store [,kʌmpəni 'stɔ:] *s* prăvălie a unei întreprinderi, pen-tru salariați

company union ['kʌmpəni ,ju:njən] *s amer* sindicat galben

comparability [,kɔmpærə'biləti] *s* calitatea de a fi comparabil

comparatist [kəm'pærətist] *s* com-paratist, adept al metodei com-parative

comparatival [kəmpærə'taivəl] *adj gram* comparativ

comparative quality [kəm,pærətiv 'kwɔliti] *s ec* coeficient de cali-tate

comparativist [kəm'pærətivist] *s* comparatist

comparison lamp [kəm'pærisn læmp] *s tehn* lampă etalon

compartmental [kəm,pa:t'mentl] *adj* compartimentat; alcătuit din compartimente

compartmentalization [kəm,pa:t-mentəlai'zeiʃn] *s* fragmentare, împărțire; izolare, separare

compassable ['kʌmpəsəbl] *adj* **1** care poate fi cuprins (cu mintea etc.) **2** realizabil, care poate fi atins

compass card ['kʌmpəs ka:d] *s* roza vânturilor

compassionless [kəm'pæʃnlis] *adj rar* lipsit de compasiune / de compătimire, neîndurător, ne-milos, împietrit, nesimțitor

compassive [kəm'pæsiv] *adj* compă-timitor, simțitor, milos, milostiv

compass point ['kʌmpəs pɔint] *s* cart de compas sau de roză

compass saw ['kʌmpəs sɔ:] *s tehn* ferăstrău cu lama îngustă spre vârf, pentru a tăia cercuri mici, curbe sau contururi neregulate

compass window ['kʌmpəs ,win-dəu] *s* fereastră semicirculară

compatibility [kəm,pætə'biliti] *s* compatibilitate, putința de a se potrivi, potrivire, potriveală

compatibily [kəm'pætəbili] *adv* (în mod) compatibil

compatibleness [kəm'pætəbəlnis] *s v.* **compatibility**

compatriotic [kəm,pætri'ɔtik] *adj* (with) din aceeași țară (cu)

compend [kɔm'pend] *s* compen-diu; manual scurt; conspect; re-zumat

compensated dollar [,kɔmpenseitid 'dɔlə] *s ec* dolar reevaluat; dolar convențional

compensation order [kɔmpen'sei-ʃn ,ɔːdə] *s brit jur* obligație a acuzatului de a-și repara acți-unile

compensation point [kɔmpen'seiʃn pɔint] *s biol* punct de compen-sare

compensative ['kɔmpenseitiv] *adj* compensator, care compensează, despăgubeşte, răscumpără

competing [kɔm'pi:tiŋ] *adj* care se află în competiţie *sau* concurenţă

competitioner [kɔmpi'tiʃnə] *s* 1 concurent, competitor, pretendent, participant la o competiţie / întrecere / un concurs 2 persoană care obţine / ocupă o funcţie prin concurs

competitively [kəm'petətivli] *adv* (în mod) competitiv; ~ **priced goods** produse cu preţ competitiv

competitiveness [kəm'petitivnis] *s* competitivitate

complanation [ˌkɔmplə'neiʃn] *s mat* cuadratură *(a unei suprafeţe)*

complected [kəm'plektid] *adj* 1 încurcat, confuz, încâlcit, complicat 2 *amer F v.* **complexioned**

complemental [ˌkɔmpli'mentəl] *adj* complementar, întregitor, suplimentar, care completează / împlineşte / întregeşte

complementarity [ˌkɔmplemen'tær-iti] *s* complementaritate

complementary colour [ˌkɔmpli-ˌmentəri 'kʌlə] *s opt* culoare complementară

complementary medicine [ˌkɔmpli-ˌmentəri 'medisin] *s* medicină alternativă

complemented lattice [ˌkɔmpli-ˌmentid 'lætis] *s mat* structură / latice complementară

complementizer, complementiser ['kɔmplimentaizər] *s* conjuncţie de subordonare

complete [kəm'pli:t] **I** *adj* complet, deplin, total, desăvârşit, împlinit, îndeplinit; **the ~ works** Shakespeare opera completă a lui Shakespeare; ~ **defeat** înfrângere completă / totală **II** *vt* 1 a completa, a încheia, a termina, a sfârşi, a duce la bun sfârşit 2 a împlini, a îndeplini; **to ~ an agreement** a încheia un acord / o înţelegere

completedness [kəm'pli:tidnis] *s* plenitudine, întregime, plinătate

completive [kəm'pli:tiv] *adj* completiv, care completează / împlineşte / întregeşte; întregitor, de întregire

completory [kəm'pli:təri] *adj v.* **completive**

complexing ['kɔmpleksiŋ] *s ch* complexare, formare a complecşilor

complexional [kəm'plekʃnəl] *adj* privitor la ten, al tenului, de ten

complexioned [kəm'plekʃnd] *adj (în cuvinte compuse)* 1 cu tenul / faţa, cu înfăţişarea; **dark- ~** oacheş, brun, închis, negricios; **fair- ~** blond, bălai; **pale- ~** *v.* **complexionless** 2 cu suflet(ul), / firea, cu (o) fire; **well- ~** bun la suflet, (cu) fire bună

complexionless [kəm'plekʃnlis] *adj* palid, galben la faţă, gălbejit

complexness ['kɔmpleksnis] *s* 1 complexitate, caracter complex; varietate, diversitate 2 complicaţie, încurcătură

complex number [ˌkɔmpleks 'nʌm-bə] *s mat* număr complex

complicateness ['kɔmplikeitnis] *s* caracter complicat, complexitate

complice ['kɔmplis] *s înv* complice, (co)părtaş

complimentality [ˌkɔmplimen'tæl-iti] *s* compliment(e); politeţe, curtenie

complot ['kɔmplɔt] *s înv* **I** complot **II** [kɔm'plɔt] *vi rar* a complota

compluvium [kəm'plu:viəm] *s arhit* compluviu

componency [kəm'pəunənsi] *s rar* componentă

componential [ˌkɔmpə'nenʃl] *adj* componenţial; *lingv* ~ **analysis** analiză componenţială

composedness [kəm'pəuzidnis] *s* linişte, calm; stăpânire de sine, reţinere; gravitate, seriozitate

composing machine [kəm'pəuziŋ mə,ʃi:n] *s poligr* maşină de cules

composing room [kəm'pəuziŋ ru(:)m] *s poligr* zeţărie

composite photo [ˌkɔmpəzit 'fəutəu] *s* fotografie-robot, fotografie compusă din elemente disparate *(capul unei persoane şi corpul altei persoane etc.)*; fotografie trucată

composite school [ˌkɔmpəzit 'sku:l] *s (în Canada)* şcoală polivalentă

composition metal [ˌkɔmpə'ziʃn ,metl] *s met* aliaj de cupru cu zinc; alamă

composition roller [ˌkɔmpə'ziʃn ,rəulə] *s poligr* val de clei

compositive [kəm'pɔzitiv] *adj* 1 bazat pe compunere / compoziţie; compus; combinativ 2 *log* sintetic

compossible [kəm'pɔsəbl] *adj* ~ **with** compatibil cu, capabil de a coexista cu

compounded [kəm'paundid] *adj* compus

compound engine [ˌkɔmpaund 'endʒin] *s* 1 *tehn* maşină compaund; maşină electrică cu excitaţie mixtă 2 *av* turbopropulsor

compounder [kəm'paundə] *s* 1 persoană care compune, amestecă *etc.* 2 farmacist

compound fracture [ˌkɔmpaund 'fræktʃə] *s med* fractură multiplă

compound householder [ˌkɔmpaund 'haushəuldə] *s* chiriaş *(în a cărui chirie sunt incluse impozitele şi taxele)*

compound interest [ˌkɔmpaund 'intrist] *s com* dobândă compusă

compound number [ˌkɔmpaund 'nʌmbə] *s mat* număr concret

comprador [ˌkɔmprə'dɔ:] **I** *s (↓ în China)* băştinaş în slujba unei firme europene şi servind ca mijlocitor între ea şi băştinaşi **II** *adj* aservit străinilor; trădător; comprador

compreg ['kɔmpreg] *s tehn* plăci aglomerate de lemn impregnat cu răşină

compregnate [kəm'pregneit] *vt* a fabrica plăci aglomerate *(din lemn)* cu răşină

comprehendible [ˌkɔmpri'hendibl] *adj rar* inteligibil, uşor / lesne de înţeles; care poate fi înţeles; clar, limpede

comprehensibility [ˌkɔmprihensə-'biliti] *s* inteligibilitate, posibilitate de înţelegere

comprehensibleness [ˌkɔmpri-'hensəbəlnis] *s* inteligibilitate, posibilitate de înţelegere

comprehensibly [ˌkɔmpri'hensi-bli] *adv* inteligibil

comprehensiveness [ˌkɔmpri'hen-sivnis] *s* 1 lărgime, vastitate, întindere mare 2 bogăţie de conţinut; caracter cuprinzător 3 putere de cuprindere, înţelegere; agerime; pătrundere; adâncime; orizont

compressed air [kəmˌprest 'eə] s
fiz aer comprimat

compressibility [kəmpresi'biliti] s
compresibilitate

compressibleness [kəm'prensə-
bəlnis] s compresibilitate

compression chamber [kəm'preʃn
ˌtʃeimbə] s tehn cameră de com-
presi(un)e

compression failure [kəm'preʃn
ˌfeiliə] s tehn lipsă de rezistență
la presiune

compression ratio [kəm'preʃn
ˌreiʃiəu] s tehn raport de com-
presiune

compressive [kəm'presiv] adj
compresibil, comprimabil

compromising [ˈkɔmprəmaiziŋ]
adj compromițător, rușinos, care
(te) discreditează

comprovincial [ˌkɔmprə'vinʃl] adj
din aceeași provincie

compulsatory [kəm'pʌlsətəri] adj
înv coercitiv, forțat, silit; impus;
de constrângere

compulsively [kəm'pʌlsivli] adv 1
psih în mod dependent 2 fig
irezistibil

compulsory purchase [kəmˌpʌlsəri
'pəːtʃis] s brit expropriere în folos
public; ~ order ordin de expro-
piere

compunctionless [kəm'pʌŋkʃənlis]
adj fără / lipsit de remușcări /
scrupule

compurgation [ˌkɔmpə'geiʃn] s
jur 1 disculpare, apărare; măr-
turie favorabilă 2 jur scoatere de
sub acuzație, absolvire de o
acuzație 3 (ist Angliei) judecată
și absolvire prin jurământ

compurgator [ˈkɔmpəˌgeitə] s jur
martor al apărării; martor favo-
rabil, martor al (nevinovăției)
acuzatului

computability [kəmˌpjuːtə'biliti] s
calculabilitate

computational [ˌkəmpju'teiʃnəl] adj
cantitativ, statistic; ~ linguistics
lingvistică matematică

computer-aided [kəmˌpjutər 'eidid],
computer-assisted [kəmˌpjutər
ə'sistid] adj asistat pe calculator

computer dating [kəm'pjutə ˌdeitiŋ]
s întâlnire (în scopuri matrimo-
niale sau de prietenie) pe baza
datelor selecționate pe calcu-
lator

computergame [kəm'pjuːtəgeim]
s joc electronic

computer graphics [kəm'pjutə
ˌgræfiks] s 1 grafic de funcție
realizat pe calculator 2 grafică
realizată pe calculator

computerized [kəm'pjutəraizd] adj
~ type-setting tehnoredactare
pe calculator

computer language [kəm'pjuːtə
ˌlæŋguidʒ] s cib limbaj de pro-
gramare

computer literacy [kəm'pjuːtə ˌli-
terəsi] s competență în dome-
niul informaticii

computer literate [kəm'pjuːtə ˌli-
tərət] adj care are o pregătire în
domeniul informaticii

computernik [kəm'pjuːtənik] s
amer F incompetent, neștiutor
în domeniul informaticii

computer program [kəm'pjuːtə
ˌprəugræm] s program pe cal-
culator

computer programmer [kəm'pjuːtə
ˌprəugræmə] s programator pe
calculator

computer programming [kəm'pjuːtə
ˌprəugræmiŋ] s programare pe
calculator

computer science [kəm'pjuːtə
ˌsaiəns] s informatică

computer scientist [kəm'pjuːtə
ˌsaiəntist] s informatician

computing [kəm'pjuːtiŋ] s 1 infor-
matică 2 calcul, estimare

computus [ˈkɔmpjutəs] s 1 calcul,
socoteală 2 ist tabel de calcul

comstockery [ˈkɔmstɔkəri] s amer
1 purism, puritate, împotrivire la
imoralitate; naturalism și porno-
grafie în artă 2 puritanism, ipo-
crizie, afectare morală

Comtism [ˈkɔːmtizm] s filoz pozi-
tivism, filozofia pozitivistă a lui
Auguste Comte

Con presc de la **Constable** polițist,
sergent

conacre [ˈkɔneikə] s (în Irlanda) 1
arendare (a unui lot mic de
arătură pentru un singur sezon)
2 lot arendat pentru cultură pe
timp de un singur an

con artist [ˈkɔnˌɑːtist] s F șarlatan,
escroc

conation [kəu'neiʃn] s psih volițiu-
ne, putere a voinței, capacitate
de volițiune / de activitate voli-
tivă

concatenate I [kɔn'kætineit] vt a
înlănțui; a lega împreună; a uni
în lanț / în serii succesive **II**

[kɔn'kætinit] adj înlănțuit, legat,
în strânsă legătură

concavo-concave [kɔnˌkeivəu kɔn-
'keiv] adj (d o lentilă) biconcavă

concaveness [ˈkɔnkeivnis] s con-
cavitate, suprafață concavă

concavo-convex [kɔnˌkeivəu kɔn-
'veks] adj (d o lentilă) concav-
convex

concealed [kən'siːld] adj ascuns,
tainic, tăinuit

concealedly [kən'siːldli] adv pe
ascuns, în taină, pe furiș

concealedness [kən'siːldnis] s ca-
racter secret, caracter ascuns,
tainic

concealer [kən'siːlə] s tăinuitor

concededly [kən'siːdidli] adv po-
trivit mărturisirii cuiva, chiar din
spusele cuiva

conceitless [kən'siːtlis] adj 1 fără
fumuri, modest 2 înv prost, nă-
tâng

conceivability [kənˌsiːvə'biliti] s
concepere; comprehensibilitate

conceivableness [ˌkən'siːvəbəlnis]
s v. conceivability

concent [kən'sent] s 1 muz rar
armonie 2 fig armonie, acord;
concordanță; in ~ to potrivit cu,
în conformitate cu, conform (cu
dat)

concentrate sprayer [ˌkɔnsentreit
'spreə] s agr pulverizator, etalier,
stropitoare pentru îngrășăminte
artificiale concentrate

concentrative [ˈkɔnsəntreitiv] adj
capabil de concentrare; înclinat
spre concentrare

concentrator [ˈkɔnsəntreitə] s tehn
concentrator, aparat sau dispo-
zitiv de concentrare; șteamp pen-
tru minereu

concentrically [kɔn'sentrikəli] adv
concentric

concentus [kən'sentəs] s 1 muz,
bis pasaj coral cântat la unison
2 muz, fig unison, armonie, po-
trivire; concordie, acord

conceptacle [kən'septəkl] s bot
conceptacul, folicul

conceptaculum [ˌkɔnsəp'tækjuləm]
s v. conceptacle

conceptional [kən'sepʃnəl] adj
conceptual; abstract

conceptionist [kən'sepʃnist] s
filoz idealist

conceptive [kən'septiv] adj capa-
bil de concepții; relativ la con-
cepție; conceptional

103

conceptualist [kən'septjuəlist] *s filoz* conceptualist

conceptus [kən'septəs], *pl* **conceptuses** [kən'septəsiz] *s biol* embrion, făt, produs al concepțiunii

concert goer ['kɔnsə(:)t ˌgəuə] *s* persoană care frecventează concertele, obișnuit al concertelor, amator de concerte

concert grand ['kɔnsə:t grænd] *s muz* pian de concert

concert pitch ['kɔnsət ˌpitʃ] *s muz* ton puțin mai înalt decât cel obișnuit

concessionary [kən'seʃnəri] *s* concesionar, om de afaceri care a obținut un monopol

concessioner [kən'seʃnə] *s amer v.* **concessionary**

concessionnaire [kənˌseʃə'neə] *s v.* **concessionary**

concessive clause [kənˌsesiv 'klɔ:z] *s gram* propoziție subordonată concesivă

concettism [kən'tʃetizm] *s ret* folosirea unor figuri de stil prețioase, gongorism, marinism, prețiozitate, eufuism

concetto [kɔn'tʃetəu], *pl* **concetti** [kɔn'tʃeti] *s lit* prețiozitate, imagine prețioasă, eufuism (↓ în poezia din sec XVI-XVII)

conchie ['kɔntʃi] *s v.* **conchy**

conchiferous [kɔn'kifərəs] *adj bot, zool* cochilifer, cu scoică, cu cochilie

conchoid ['kɔŋkɔid] *s mat* concoidă

conchoidal [kɔŋ'kɔidəl] *adj mat, minr* concoidal

conchy ['kɔntʃi] *s F* adversar al războiului; *persoană care refuză să satisfacă serviciul militar din considerente religioase / politice / etnice (presc de la* **conscientious objector**)

conciliabulum [kɔnˌsili'æbjuləm] *s lat bis* conciliabul; conventiclu

conciliar [kən'siliə] *adj bis* sinodal, referitor la consiliile eclesiastice

conciliation [kənˌsili'eiʃn] *s* împăcare, împăciuire, (re)conciliere, pacificare; *jur* court of ~ curte de arbitraj

conciliative [kən'silieitiv] *adj* conciliant, împăciuitor

conciliator [kən'silieitə] *s* 1 arbitru, mediator; împăciuitor, conciliator 2 *pol* împăciuitorist

concinnous [kən'sinəs] *adj (↓ d stil)* armonios, elegant, grațios

concluding [kən'klu:diŋ] *adj* final, de încheiere

conclusiveness [kən'klu:sivnis] *s* caracter conclusiv / concludent etc.

concocter [kən'kɔktə] *s fig* plăsmuitor, scornitor 2 uneltitor, complotist

concresce [kən'kres] *vi biol* a concrește, a crește împreună

concrete mixer [kən'kri:t ˌmiksər] *s constr* betonieră

concrete music [ˌkɔnkri:t 'mju:zik] *s muz* muzică realizată prin alăturarea unor sunete naturale sau prelucrate, înregistrate anterior pe bandă magnetică, într-un continuum ordonat artistic

concreteness [kɔn'kri:tnis] *s* caracter concret, materialitate; realitate

concrete noun [ˌkɔnkri:t 'naun] *s gram* substantiv concret

concretionary [kən'kri:ʃnəri] *adj geol* de concreție

concretism ['kɔnkri:tizm] *s* 1 concretizare, materializare 2 *lingv* cuvânt auxiliar / de trecere *(ex* **twenty head of cattle = twenty cattle**)

concubinary [kɔn'kju:binəri] **I** *adj* de concubinaj **II** *s* concubin(ă); amant(ă)

concurrence [kən'kʌrəns] *s* 1 coincidență, potrivire, suprapunere, concurs 2 concurs, potrivire (de împrejurări) 3 concurs, suport, sprijin, colaborare, cooperare 4 asentiment, încuviințare; acord 5 îmbinare, unire 6 *geom* concurență, (punct de) întâlnire

concurrency [kən'kʌrənsi] *s v.* **concurrence**

condemned [kən'demd] *adj* condamnat, osândit

condensation trail [ˌkɔndən'seiʃn treil] *s av* dâră de aburi condensați lăsată de avioanele cu reacție

condensed milk [kənˌdenst 'milk] *s* lapte condensat

condensery [kən'densəri] *s* fabrică de lapte condensat

condensing lens [kənˌdensiŋ 'lenz] *s opt* lentilă convergentă

condescend [ˌkɔndi'send] **I** *vi* a condescinde, a consimți 2 to ~ to smth a consimți la ceva, a

îngădui ceva; **to ~ to smb** a arăta condescendență cuiva, a se arăta binevoitor față de cineva; a fi condescendent cu cineva; *scot* to ~ upon a da amănunte asupra *(cu gen)* **II** *vt* to ~ to a condescinde / a binevoi / a catadixi / a consimți să

conditioner [kən'diʃnə] *s* 1 condiționer, balsam pentru păr; cremă *(pentru piele)* 2 *text* substanță cu care se tratează țesăturile pentru a deveni moi

condition precedent [kən'diʃn priˌsi:dənt] *s jur* condiție preliminară

condo ['kɔndəu] *s amer F (presc de la* **condominium***)* coproprietate

condolatory [kən'dəulətri] *adj* de condoleanțe, care exprimă condoleanțe / compătimire / simpatie

condom ['kɔndəm] *s fr* condom, prezervativ

conduciveness [kən'dju:sivnis] *s* caracter folositor, utilitate

conduct ['kɔndəkt] *s* preot, predicator, capelan (↓ *la* Eton)

conducted tour [kənˌdʌktid 'tuə] *s brit* vizită cu ghid *(la un muzeu etc.)*; excursie organizată

conduct money ['kɔndəkt ˌmʌni] *s* cheltuieli de drum / transport / deplasare *(pentru un martor sau recrut)*

conductometer [ˌkɔndʌk'tɔmitə] *s fiz* conductometru

conductor head [kən'dʌktə hed] *s hidr* pâlnie de golire

conduit system ['kɔndit ˌsistim] *s el* sistem de conducte subterane *(pentru trenuri etc.)*; instalație electrică pe bază de tuburi izolate *(într-o casă)*

conduplicate [kɔn'dju:plikit] *adj bot (d frunze în timpul iernării)* lipit, conduplicat

condyle ['kɔndil] *s anat* condil

cone adaptation ['kəun ædəpˌteiʃn] *s fizl* adaptare la lumină

cone-bearing [ˌkəun'beəriŋ] *adj bot* conifer

cone bit ['kəun bit] *s min* sapă conică

cone brake ['kəun breik] *s tehn* frână de con

cone clutch ['kəun klʌtʃ] *s tehn* ambreiaj cu con de fricțiune

coned [kəund] *adj* conic, în formă de con *sau* căpățână de zahăr

conelet ['kəunlit] *s* con mic

cone tree ['kəun tri:] *s bot* conifer

Coney Islands [,kəuni 'ailənd] *s geogr* insulă pe coasta de est a S.U.A., în dreptul orașului New York, pe care se află un mare parc de distracții

confect [kən'fekt] *vt* **1** a pregăti, a face, a prepara *(mâncăruri)*; a pune *(murături)* **2** a fabrica, a face, a confecționa; a forma, a alcătui

confectionary [kən'fekʃnəri] **I** *adj* de cofetărie, de dulce **II** *s* cămară / dulap în care se țin dulciurile **2** dulceață, dulciuri, zaharicale **3** cofetărie, arta preparării dulcețurilor

confectioner's sugar [kən,fekʃnəz 'ʃugə] *s* zahăr pudră / praf

confed [kən'fed] *s amer ist* (soldat) federal, sudist

Confederate States of America [kən,fedərit steits ɔv ə'merikə] *s pl* (ist S.U.A.) confederația celor 11 state din sudul S.U.A. *(1860 – 1865)*

confederatism [kən'fedərətizm] *s* federalism

confederative [kən'fedəreitiv] *adj* federal, federativ

confederator [kən'fedəreitə] *s* **1** confederat, aliat **2** conjurat, conspirator, complotist

conferee [konfə'ri:] *s* **1** participant la tratative / la o conferință **2** decorat; laureat *etc.; beneficiarul acordării unei distincții sau a unui titlu*

conference call ['kɔnfərəns kɔ:l] *s* teleconferință

conferencier ['kɔnfərenʃiə] *s fr* **1** conferențiar **2** participant la o conferință diplomatică

conferential [,kɔnfə'renʃl] *adj* de conferință, de consfătuire

conferree [kɔnfə'ri:] *s v.* **conferee**

conferva [kɔn'fə:və], *pl* **confervae** [kɔn'fə:vi:] *s bot* mătasea-broaștei, ața-apei, confervă *(Conferva linum)*

confessionist [kən'feʃənist] *s* **1** *bis* luteran, adept al Confesiei de la Augsburg **2** persoană care mărturisește / care se destăinuie(ște)

confidence trickster ['kɔnfidəns ,trikstə] *s* escroc, impostor, persoană care comite un abuz de încredere

confidentiality [kɔnfidenʃi'æləti] *s* caracter confidențial

confidentially [,kɔnfi'denʃəli] *adv* confidențial; în secret, în taină

confidently ['kɔnfidəntli] *adv* **1** cu toată încrederea; cu convingere **2** cu îndrăzneală

confidingly ['kɔnfaidiŋli] *adv* (în mod) confidențial; cu aer confidențial

configurate [kən'figjureit] *vt* a modela, a forma, a da formă *(cu dat)*, a alcătui, a configura, a stabili configurația *(astrelor etc.)*

configure [kən'figə] *v.* **configurate**

confined [kən'faind] *adj* **1** limitat, mărginit **2** restrâns **3** închis, întemnițat, deținut **4** *(l. ~ in his bowels)* med constipat, încuiat **5** a delimita, a fixa

confinedness [kən'faindnis] *s* mărginire, limitare

confineless [kən'fainlis] *adj* nemărginit, nelimitat

confining bed [kən,fainiŋ 'bed] *s hidr* strat de bază impermeabil; strat limitator

confirmatory [kən'fə:mətəri] *adj* de confirmare / întărire / adeverire; adeveritor, întăritor

confiscable [kɔn'fiskəbl] *adj* confiscabil

confiserie [kɔn'fi:zəri:] *s fr* cofetărie

conflagrator ['kɔnfləgreitə] *s* incendiator

confliction [kən'flikʃn] *s* conflict, contradicție, contrazicere, incompatibilitate, nepotrivire

conformability [kən,fɔ:mə'biliti] *s* **1** conformitate, concordanță, potrivire; asemănare **2** *geol* stratificare concordantă

conformal [kən'fɔ:məl] *adj* mat, tehn conform

conformant [kən'fɔ:mənt] *adj* concordant, conform

conformism [kən'fɔ:mizm] *s* conformism

confoundedness [kən'faundidnis] *s* **1** încurcătură, zăpăceală **2** distrugere, ruină

confrontation [,kɔnfrʌn'teiʃn] *s* **1** confruntare, punere față în față **2** confruntare, colaționare, comparare

confrontational [,kɔnfrʌn'teiʃnəl] *adj* de confruntare, conflictual; **to be ~** a avea spirit de confruntare

Confucian [kən'fju:ʃiən] *filoz* **I** *adj* privitor la (doctrina lui) Confucius; despre Confucius **II** *s* confucian, adept al lui Confucius

confusable [kən'fju:zəbl] *s* cuvânt care este adesea confundat cu altul

confusedness [kən'fju:zidnis] *s* confuzie, zăpăceală; neclaritate

confusible [kən'fju:zibl] *s v.* **confusable**

confusing [kən'fju:ziŋ] *adj* derutant, care creează confuzie; **the plot is ~** intriga e încâlcită

confusingly [kən'fju:ziŋli] *adv* în mod derutant, creând confuzie

congee I [kɔn'dʒi:] *s* **1** permisiune de a pleca; *peior* pașaport, adio **2** rămas-bun, adio, binețe, salut, plecăciune, închinăciune, reverență *(la plecare)* **II** ['kɔndʒi:, kən'dʒi:] *vt înv* a trimite la plimbare, a da răvaș de drum *(cuiva)*, a da pașaportul / papucii *(cuiva)*, a da voie *(cuiva)* să plece **III** *vi* a pleca, a-și lua rămas-bun, a face o plecăciune la plecare

congener ['kɔndʒinə] **I** *s* confrate, compatriot, pământean **II** *adj* **(to)** înrudit, asemănător, aliat (cu); de același fel (cu)

congeneric(al) [,kɔndʒi'nerik(əl)] *adj* înrudit, asemănător, de același fel; conațional

congeniality [kən,dʒi:ni'æliti] *s* **1** afinitate, înrudire, asemănare; potrivire, conformitate **2** simpatie, înrudire spirituală, afinitate sufletească

congenitally [kən'dʒenitəli] *adv* congenital

congestive [kən'dʒestiv] *adj med* congestiv, hiperemic

conglobate ['kɔnglobeit] **I** *vi* a lua formă sferică / de glob **II** *vt* a da formă sferică / de glob *(cu dat)* **III** *adj* în formă de glob, sferic

conglobe [kən'gləub] **I** *vt* a aglomera **II** *vi* a se aglomera, a lua o formă sferică

conglutinate [kən'glu:tineit] **I** *vt* a lipi, a încheia, a aglutina **II** *vi rar* a se lipi, a se încleia; *(d lichide)* a se face dens și vâscos, a se coagula **III** [kən'glu:tinit] *adj* lipit, aglutinat

congo(u) ['kɔŋgəu] *s* ceai negru chinezesc

congrats [kən'græts] *interj* ~! tot respectul! pălăria jos!

congregant ['kɔŋgregənt] *s bis* membru al unei comunităţi religioase

congressional district [kɔn,greʃnəl 'distrikt] *s amer* circumscripţie electorală *(pentru alegeri parlamentare)*

congressist ['kɔŋgresist] *s rar* congresist

Congressman ['kɔŋgresmən] *s amer* membru al Congresului S.U.A. *(senator, dar mai ales membru al Camerei Reprezentanţilor)*

Congresswoman ['kɔŋgres,wumən] *s amer* deputată *sau* senatoare în Congresul S.U.A.; membră a Camerei Reprezentanţilor

conical vault [,kɔnikəl 'vɔ:lt] *s arhit* boltă conică

conic sections [,kɔnik 'sekʃnz] *s pl geom* secţiuni conice

conidia [kɔ'nidiə], *pl* **conidium** [kɔ'nidiəm] *s bot* conidie

coniferae [kəu'nifəri:] *s bot* conifere

coniferin [kəu'nifərin] *s ch* coniferină

coniferyl alcohol [kəu'nifəril ,ælkəhɔl] *s ch* alcool coniferilic

coniform ['kəunifɔ:m] *adj* conic, în formă de con

conine ['kəunin] *s ch* conin, alcaloid extras din cucută

conjecturally [kən'dʒektʃərəli] *adv* îndoielnic, dubios, nesigur; pe ghicite, pe închipuite

conjecturer [kən'dʒektʃərə] *s* persoană care emite ipoteze / care face presupuneri

conjugable ['kɔndʒugəbl] *adj gram rar* conjugabil

conjugally ['kɔndʒugəli] *adv* conjugal, ca între soţi

conjugated ['kɔndʒugeitid] *adj mat* conjugat

conjugational ['kɔndʒugeiʃnəl] *adj gram* de conjugare, referitor la conjugare

conjunct [kən'dʒʌŋkt] **I** *adj* **1** unit, îmbinat, combinat; asociat, alăturat **2** comun, unic; unificat; unitar **II** *s* asociat, partener, tovarăş, părtaş

conjunctional [kən'dʒʌŋkʃnəl] *adj gram* conjuncţional, de conjuncţie

conjunctiva [,kɔndʒʌŋk'taivə], *pl* **conjunctivae** [,kɔndʒʌŋk'taivi:] *s anat* conjunctivă

conjunctive tissue [kən,dʒʌŋktiv 'tisju:] *s anat* ţesut conjunctiv

conker ['kɔŋkə] *s* **1** *zool* cochilia melcului **2** *pl* joc de copii în care jucătorii încearcă să spargă cochiliile de melci *sau* castanele adversarilor **3** *sl* bobârnac

conky ['kɔŋki] *sl/*I *adj* năsos, cu nas mare, cu nasul cât o trompă **II** *s* năsos, persoană cu nas mare

conn [kɔn] *vi nav* a comanda la cârmă

connatural [,kɔ'nætʃrəl] *adj* **1** înnăscut, congenitar; firesc, inerent; **it is ~ to him** e firesc pentru el **2** (with) de aceeaşi natură, identic, asemenea, asemănător, aidoma (cu)

connaturally [,kɔ'nætʃrəli] *adv* firesc, din fire; din naştere, congenital

connectedness [kə'nektidnis] *s* **1** legătură, coerenţă, şir, închegare **2** legătură, unire; conexiune

connectional [kə'nekʃnəl] *adj* de legătură

connect-the-dots [kə,nektðə'dɔts] *s amer* joc ce constă în unirea unor puncte numerotate pentru a descoperi un desen

conner ['kɔnə] *s* **1** cunoscător **2** *înv* examinator

conning tower ['kɔniŋ ,tauə] *s nav* turelă de luptă, adăpost de observare blindată; redută, blochaus

conniption [kə'nipʃn] *s amer F* proastă dispoziţie; nervi, draci; criză de nervi / de isterie, istericale; **she went into ~** s-au apucat-o năbădăile / istericalele

connivent [kə'naivənt] *adj* **1** de convenţă, complice; îngăduitor **2** *biol* convergent

conniver [kə'naivə] *s* persoană prea îngăduitoare; persoană care închide ochii / care trece cu vederea; **to be a ~ at** a închide ochii, a tolera, a trece cu vederea

conniving [kə'naiviŋ] *adj peior* necinstit, prefăcut, ipocrit, viclean, făţarnic, perfid

connoisseurship [,kɔni'sə:ʃip] *s* cunoaştere, pricepere; calitate de expert / cunoscător, specialitate

connubiality [kə,nju:bi'æliti] *s* **1** viaţă conjugală; căsătorie; dreptul de a se căsători **2** *pl* atenţii conjugale

conoidal [kə'nɔidl] *adj mat* conic, în formă de con *sau* de căpăţână de zahăr

conoscope ['kəunəskəup] *s fiz* conoscop

conquering ['kɔŋkəriŋ] *adj* victorios; **hail the ~ hero!** trăiască învingătorul!

conqueringly ['kɔŋkəriŋli] *adv* triumfător, victorios

cons *presc de la* **conservative** Partidul Conservator

consanguinean [,kɔnsəŋ'gwiniən] *adj, s* consângean

conscience clause ['kɔnʃns klɔ:z] *s jur* decizie (introdusă în 1860) conform căreia copiii dizidenţilor sunt scutiţi de învăţământul religios în anumite şcoli; clauză morală

conscientiousness [,kɔnʃi'enʃəsnis] *s* conştiinciozitate, scrupulozitate

conscribe [kən'skraib] *vt înv mil* a recruta, a lua la oaste / în serviciul militar

conscripted [kɔn'skriptid] *adj* înrolat, recrutat

consectary [kən'sektəri] *s rel* corolar

consecutive intervals [kən,sekjutiv'intəvəlz] *s pl muz* intervale consecutive

consecutiveness [kən'sekjutivnis] *s* succesiune; caracter consecutiv

consenescence [,kɔnsi'nesəns] *s* îmbătrânire, decrepitudine, ramolire

consensual [kən'senʃjuəl] *adj* **1** *jur* consensual, bazat pe consimţământul mutual **2** *fizl* provocat prin simpatie, reflex

consentingly [kən'sentiŋli] *adv* dându-şi consimţământul, aprobator

consequential damages [kɔnsi,kwenʃl 'dæmidʒiz] *s pl jur* daune incidente / indirecte

consequentiality [kɔnsi,kwenʃi'æliti] *s* **1** consecvenţă **2** importanţă, aere, îngâmfare

consequentially [,kɔnsi'kwenʃəli] *adv* cu ifose, cu aere, cu importanţă

conservant [kən'sə:vənt] *adj* apărător, protector

conservational [,kɔnsə'veiʃnəl] *adj v.* **conservant**

conservation area [kɔnsə:'veiʃn ,eəriə] *s* rezervaţie, zonă protejată

conservationst [ˌkɔnsə'veiʃənist] *s persoană care susţine protecţia mediului înconjurător*

conservatist [kən'sə:vətist] *adj, s pol rar* conservator

conservatively [kən'sə:vətivli] *adv* conservator, convenţional

conservativeness [kən'sə:vətivnis] *s* conservatism, traditionalism

conservatize [kən'sə:vətaiz] **I** *vt* a atrage de partea conservatorilor, a face conservator; a da un caracter conservator *(cu dat)* **II** *vi* a deveni conservator

conserver [kən'sə:və] *s* păstrător, apărător

considerable [kən'sidərəbl] **I** *adj* **1** important, însemnat, considerabil **2** serios, grav; foarte mare **3** marcant, remarcabil, însemnat, de vază **II** *adv* considerabil; *amer F* he is ~ of an artist e un artist important **III** *s amer F* mulţime, grămadă, cantitate mare

considerative [kən'sidərətiv] *adj* **1** prevăzător, precaut **2** *înv* teoretic

consideringly [kən'sidəriŋli] *adv* cumpănind / judecând bine lucrurile, acţionând cu judecată, dacă stai să te gândeşti

consignatory [kən'signətəri] *s* consomnatar, destinatar

consignment note [kən'sainmənt nəut] *s ferov* fraht, scrisoare de trăsură, conosament

consilience [kən'siliəns] *s* coincidenţă, convergenţă; suprapunere

consilient [kən'siliənt] *adj* concordant, coincident, convergent; armonios

consist [kən'sist] **I** *vi* to ~ in a consta / a sta / a rezida în; to ~ of a consta din, a se compune din; to ~ with a se potrivi cu, a fi compatibil cu **II** ['kɔnsist] *s* compoziţie, alcătuire, compunere

consistently [kən'sistəntli] *adv* **1** constant, neîntrerupt, continuu, permanent, în permanenţă **2** consecvent, cu perseverenţă **3** complet, fără lacună

consistorial [ˌkɔnsis'tɔ:riəl] *adj bis* de consistoriu

consociation [kən,səusi'eiʃn] *s* asociere, unire, tovărăşie, îmbinare, împletire, combinare

consolidated annuities [kən,solideitid ə'nju(:)itiz] *s pl* titluri de stat, bonuri de rentă consolidată

consoling [kən'səuliŋ] *adj (d un gând, o idee)* reconfortant, consolator

consolute ['kɔnsəlu:t] *s ch* lichid miscibil

consonantize ['kɔnsənəntaiz] *vt fon* a transforma în consoană

consonant shift ['kɔnsənənt ʃift] *s lingv* mutaţie consonantică

conspecies [kən'spi:ʃiz] *s zool* subspecie

conspecific [ˌkɔnspi'sifik] *adj zool* ţinând de aceeaşi subspecie

conspicuity [ˌkɔnspi'kju:iti] *s* **1** putinţa de a fi văzut **2** *fig* evidenţă, învederare **3** caracter remarcabil; faimă

conspirative [kən'spirətiv] *adj* conspirativ

conspiringly [kən'spaiəriŋli] *adv* conspirativ

conspue [kən'spju:] *vt rar* a respinge cu scârbă

constantan ['kɔnstəntən] *s met* constantan

Constantinopolitan [kɔn,stæntinɔ'pɔlitən] **I** *adj* din Constantinopol **II** *s* locuitor din Constantinopol

consternate ['kɔnstə(:)neit] *vt* **1** *(↓ pasiv)* a consterna, a ului, a face să încremenească **2** a îngrozi; a descuraja *(prin groază)*

constipated ['kɔnstipeitid] *adj med* constipat

constituted authority [ˌkɔnstitju:tid ɔ:'θɔriti] *s* autoritate legală / constituită

constitutionality [kɔnsti,tju:ʃə'næliti] *s* constituţionalitate, caracter constituţional

constitutionalize [ˌkɔnsti'tju:ʃənəlaiz] **I** *vt* a face constituţional, a da un caracter constituţional *(cu dat)* **II** *vi F* a lua aer, a face o plimbare, a se aerisi, a ieşi la aer

constringe [kən'strindʒ] *vt* **1** a contrage, a contracta, a strânge **2** a comprima, a apăsa

constructionism [kən'strʌkʃənizm] *s* **1** *artă* dimensionare, relief **2** constructivism

constructionist [kən'strʌkʃənist] *s* *(↓ jur)* interpret, tălmăcitor; *(ist S.U.A.)* broad / liberal / loose ~ susţinător al lărgirii împuternici-

rilor guvernului central *(pe baza unei interpretări liberale a constituţiei); (ist S.U.A.)* strict ~ partizan al unei interpretări stricte a constituţiei

constructivism [kən'strʌktivizm] *s artă* constructivism

consubstantiate *rel* [ˌkɔnsəb'stænʃit] **I** *adj* unic, nedespărţit **II** *vt* [ˌkɔnsəb'stænʃieit] a uni în aceeaşi substanţă, a îmbina, a întruni **III** *vi* a se uni, a se întru(chi)pa, a fi nedespărţiti

consuetudinary [ˌkɔnswi'tju:dinəri] **I** *adj* obişnuit, uzual **II** *s bis* tipic, canon, ritual

consuetudinary law [kɔnswi,tju:dinəri 'lɔ:] *s iur* obiceiul pământului, lege nescrisă, cutumă

consul general [ˌkɔnsəl 'dʒenərəl] *s* consul general

consulter [kən'sʌltə] *s* persoană care consultă *(un doctor etc.)*

consulting [kən'sʌltiŋ] *adj* **1** de consultaţie **2** consultant

consummately [kən'sʌmitli] *adv* **1** în întregime, cu desăvârşire, total, complet **2** perfect, desăvârşit

consummator ['kɔnsʌmeitə] *s* persoană care desăvârşeşte *etc.*

contabescence [ˌkɔntə'besəns] *s med* epuizare; slăbire

contact acid ['kɔntækt ˌæsid] *s ch* acid (sulfuric) de contact

contact flight ['kɔntækt flait] *s av* zbor efectuat prin observaţie directă *(opus zborului instrumental)*

contact flying ['kɔntækt ˌflaiiŋ] *s av* efectuare a zborului prin observaţie directă *(opus lui* instrument flying)

contact maker ['kɔntækt ˌmeikə] *s el* întrerupător, disjunctor

contact man ['kɔntækt mæn] *s* intermediar, om de legătură *(în special între autorităţi şi public)*

contactor [kən'tæktə] *s el* contactor

contactual [kən'tæktjuəl] *adj* de contact

contagionist [kən'teidʒənist] *s med* persoană care crede în transmiterea unei boli

contagious distribution [kən,teidʒəs distri'bju:ʃn] *s mat* distribuţie cu parametri aleatori

contagium [kən'teidʒiəm], *pl* **contagia** [kən'teidʒiə] *s* molipsire, contagiune, infectare şi *fig*

containerization [kən,teinərai'zei-ʃn] *s* containerizare

containment [kən'teinmənt] *s* **1** înfrânare, reţinere **2** *înv* conţinut, capacitate, volum

contamination [kən,tæmi'neiʃn] *s* **1** murdărie, necurăţenie; vătămare **2** *rar* contaminare, molipsire, contagiune, infecţiune **3** *lingv, lit* contaminare

contango [kən'tæŋgəu] *s com* dobândă *(cuvenită vânzătorului de acţiuni din partea cumpărătorului pentru amânarea plăţii până la viitoarea tranzacţie de bursă)*

conte [kɔ:nt *şi pronunţia franceză*] *s fr* nuvelă, povestire

contemplativeness ['kɔntem,plei-tivnis] *s* caracter contemplativ; contemplare, contemplaţie

contemplator ['kɔntempleitə] *s* **1** persoană contemplativă **2** spirit pătrunzător, scrutător

contemporaneously [kən,tempə-'reinjəsli] *adv* în aceeaşi epocă; **he lived ~ with...** a fost contemporan cu...

contemporariness [kən'tempərərinis] *s* **1** actualitate, contemporaneitate **2** sincronism, simultaneitate, coincidenţă

contemporize [kən'tempəraiz] *vt* a fixa o dată comună *(cu dat)*, a acorda în timp, a face să concorde / să coincidă

contemptibility [kən,temptə'biliti] *s* caracter demn de dispreţ; lucru nedemn, infamie, josnicie, ticăloşie; stare jalnică

contemptibleness [kən'temptəblnis] *s v.* **contemptibility**

contemptibly [kən'temptibli] *adv* josnic, ticălos; jalnic

contemptuousness [kən'temptjuəsnis] *s* **1** caracter dispreţuitor; dispreţ; trufie **2** neruşinare, insolenţă

contendent [kən'tendənt] *s* adversar, potrivnic, rival, concurent *(la o întrecere)*

contender [kən'tendə] *s* **1** *v.* **contendent 2** candidat *(la un post)*

contending [kən'tendiŋ] **I** *adj* **1** care (se) luptă; ostil, vrăjmaş **2** în conflict, opus, potrivnic, care se ciocnesc **II** *s* luptă *şi fig*

contentedly [kən'tentidli] *adv* cu mulţumire, satisfăcut; cu încântare, fericit, încântat

contention [kən'tenʃn] *s* **1** luptă; vrajbă, discordie; ceartă, controversă **2** motiv de ceartă, pricină, litigiu **3** întrecere, rivalitate, concurenţă, emulaţie

contentless[1] [kən'tentlis] *adj rar* nemulţumit

contentless[2] ['kɔntentlis, kən-'tentlis] *adj* fără conţinut, gol

content word ['kɔntent,wə:d] *s lingv* cuvânt cu conţinut lexical

conterminal [kɔn'tə:minəl] *adj* **1** **(with,** to) vecin, învecinat, limitrof (cu) **2** coincident, concurent **3** paralel; contemporan, simultan

contestation [,kɔntes'teiʃn] *s* **1** ceartă, discuţie, controversă, conflict, dezbatere; **in ~** în discuţie, controversă **2** punct de plecare în controversă, pricină

contested [kɔn'testid] *adj* **1** *(d o teorie etc.)* contestat, disputat; dubios, nesigur, controversat **2** *(d o luptă, un concurs etc.)* îndârjit, viu disputat

contested election [kɔn,testid i'lekʃn] *s pol* **1** alegere la care iau parte mai mulţi candidaţi / disputată / cu concurenţă acerbă **2** *amer* alegere a cărei corectitudine este contestată

contexture [kɔn'tekstʃə] *s* **1** împletire, îmbinare, întrepătrundere **2** ţesătură; structură; compoziţie

contignation [,kɔntig'neiʃn] *s* (lucrări de) dulgherie

contiguousness [kən'tigjuəsnis] *s* vecinătate, învecinare, contiguitate, atingere, contact; proximitate, apropiere

continental blocks [,kɔntinentl 'blɔks] *s pl geol* cratogene

continental climate [kɔnti,nentl 'klaimit] *s geogr* climă continentală

continentalist [,kɔnti'nentəlist] *s* locuitor al continentului european, continental, străin, ne-englez

continentalize [,kɔnti'nentəlaiz] *vi* a se adapta modului de viaţă continental

contingency fee [kən'tindʒənsi ,fi:] *s jur (în S.U.A.)* principiu potrivit căruia un avocat poate încasa o parte din sumele ce-i revin clientului său într-un proces, dacă acesta câştigă

continuant [kən'tinjuənt] **I** *adj fon (d consoană)* care poate fi prelungită **II** *s* **1** consoană al cărei sunet se poate prelungi

continuate [kən'tinjueit] *vt înv* a lega strâns, a uni strâns

continuative [kən'tinjuətiv] *adj* de continuare, pentru continuare, tinzând să continue

continuator [kən'tinjueitə] *s* continuator *(↓ al unei opere literare începute de altul)*

continued [kən'tinju:d] *adj* **1** neîntrerupt, necontenit, (în) continuare; durabil **2** *(în texte)* urmare

continued fraction [kən,tinju:d 'frækʃn] *s mat* fracţie continuă

continuity-girl [kɔnti'nju:iti gə:l] *s cin* script-girl, secretară de platou

continuo [kən'tinjuəu] *s muz* continuo, bas cifrat

continuous brake [kɔn,tinjuəs 'breik] *s ferov* frână continuă

continuous current [kɔn,tinjuəs 'kʌrənt] *s el* curent continuu

continuousness [kən'tinjuəsnis] *s* continuitate, caracter continuu

continuous waves [kɔn,tinjuəs 'weivz] *s pl fiz* oscilaţii întreţinute / neamortizate

cont-line ['kɔntlain] *s* **1** *tehn* spaţiu între fibrele unei frânghii, ale unui odgon *etc.* **2** spaţiu între butoaie înşirate la rând

conto ['kɔntəu] *s (cuvânt portughez)* conto, monedă portugheză

contorted [kən'tɔ:tid] *adj* contorsionat, crispat

contrabasson [,kɔntrəbə'su:n] *s muz* contrafagot

contract-bridge ['kɔntrækt ,bridʒ] *s* bridge-contract

contractility [,kɔntræk'tiliti] *s* capacitate de contracţie, compresibilitate, reductibilitate, contracti(bi)litate

contracting [kən'træktiŋ] *adj* **1** care (se) contractă *etc.* **2** contractant

contractional [kən'trækʃnəl] *adj* de contracţie, de contractare; contractil, referitor la contracţii / contractare / contracţie

contractive [kən'træktiv] *adj* care (se) poate contracta; contractil; care se zgârceşte

contractor [kən'træktə] s **1** contractant; antreprenor; parte contractantă; **builder and ~** antreprenor de construcții; **army ~** furnizor al armatei **2** anat mușchi contractor, constrictiv

contractually [kən'træktjuəli] adv (stipulat, stabilit etc.) prin contract

contracture [kən'træktʃə] s fizl contractare (a mușchilor)

contradictiousness [,kɔntrə'dikʃəsnis] s **1** spirit de contradicție **2** contradicție cu / față de sine însuși, inconsecvență

contradictor [,kɔntrə'diktə] s persoană care se opune / care are o atitudine sau părere contradictorie, oponent; adversar, potrivnic

contradictorily [,kɔntrə'diktərili] adv în (mod) contradictoriu

contradictoriness [,kɔntrə'diktərinis] s contrazicere, contradicție, opunere, opoziție, nepotrivire

contradistinct [,kɔntrədis'tiŋkt] adj rar ~ **from** deosebit de, diferit de

contraflow [,kɔntrə'fləu] s tehn contracurent

contrail ['kɔntreil] s presc de la condensation trail; dâră de aburi condensați, lăsată de avioanele de reacție

contraprop ['kɔntrəprɔp] s av elice coaxială cu sens invers de rotație

contrapuntist ['kɔntrəpʌntist] s muz contrapunctist

contrariant [kən'treəriənt] adj ~ **to** opus (cu dat), în opoziție cu, contrazicând, contradictoriu față de

contrariness ['kɔntrərinis] s **1** încăpățânare, îndărătnicie **2** adversitate, opoziție, contradicție, contrarietate

contrarious [kən'treəriəs] adj înv **1** contrar, potrivnic, adversar, dușmănos, ostil **2** pervers, răutăcios, rău intenționat

contrary-minded [,kɔntrəri'maindid] adj de părere contrară, cu păreri opuse

contrasting ['kɔntrɑːstiŋ], **contrastive** ['kɔntrɑːstiv] adj contrastant; contrastiv

contrastive [kən'træstiv] adj în contrast, contrastant

contrasty ['kɔntræsti] adj (↓ negativele fotografiilor) plin de contraste, reliefând contrastele

contrate ['kɔntrit] adj tehn cu dinți perpendiculari

contravallation [,kɔntrəvə'leiʃn] s mil (linie de) contravalație

contretemps ['kɔ(:)ntrətɑːŋ și pronunția franceză] s fr **1** accident, întâmplare nefastă, nenorocire; neplăcere **2** piedică, obstacol, barieră **3** muz contratimp, sincopare

contributive [kən'tribjutiv] adj ~ **to** care contribuie la, contribuind la

contributory negligence [kən,tribjutəri 'neglidʒəns] s jur neglijență culpabilă, vinovată, imprudență din partea victimei unui accident, care a favorizat provocarea accidentului

contrivable [kən'traivəbl] adj **1** realizabil, posibil **2** care poate fi născocit sau inventat, ușor de închipuit

contrived [kən'traivd] adj născocit, inventat, neadevărat; pus la cale; urzit; **ill ~** rău alcătuit, nepus la punct, impropriu, necorespunzător; rău intenționat, primejdios; **an ill ~ man** un om răuvoitor / rău intenționat / cu intenții ticăloase

contriver [kən'traivə] s **1** inventator, născocitor; uneltitor; **an excellent ~** o minte strălucită **2** persoană care se descurcă grozav, bun administrator; **good ~** bun gospodar, buna gospodină

control account [kən'trəul ə,kaunt] s control financiar

control board [kən'trəul bɔːd] s el, auto, av tablou de comandă, panou de comandă

control column [kən'trəul ,kɔləm] s av manșă (cu volan)

control commands [kən'trəul kə,mɑːndz] s tehn comenzi

control desk [kən'trəul desk] s birou de control

control experiment [kən'trəul iks,perimənt] s tehn contraprobă

control grid [kən'trəul grid] s tel grilă de comandă

control key [kən'trəul kiː] s buton de comandă

controlled [kən'trəuld] adj calm, stăpânit, reținut, înăbușit

controllership [kən'trəuləʃip] s slujbă sau calitate de controlor

controlling interest [kən,trəuliŋ 'intrist] s cotă de participare majoritară; **they now have a ~ in that company** acum ei dețin majoritatea acțiunilor în acea companie

controlment [kən'trəulmənt] s cercetare, verificare, anchetare, inspecție

control panel [kən'trəul ,pænəl] s panou de control

control rod [kən'trəul rɔd] s tehn tijă / bară de comandă; bară de reglare / de comandă

control room [kən'trəul ruːm] s sală de comenzi, centru de control

control tower [kən'trəul ,tauə] s turn de control

controversialism [,kɔntrə'vəːʃəlizm] s spirit de controversă / de dispută / polemică, spirit polemic

controvertible ['kɔntrəvəːtəbl] adj discutabil, contestabil

controvertist ['kɔntrəvəːtist] s polemist, amator de discuții și polemici

conurbation [,kɔnə(:)'beiʃn] s comasare a cartierelor unui oraș; extindere a orașului

conus ['kəunəs], pl **coni** ['kəunai] s **1** con **2** paleontologie conus

convection current [kən'vekʃn ,kʌrənt] s el curent de convecție

convective [kən'vektiv] adj convectiv

convenable [kən'viːnəbl] adj **1** convocabil **2** înv convenabil

convenances ['kɔ(:)ŋvinɑːnsiz și pronunția franceză] s pl fr conveniențe, purtare bună; convenționalități, uzanțe

convenience food [kən'viːnjəns fuːd] s alimente gata preparate

convenience store [kən'viːnjəns stɔː] s amer băcănie de cartier, deschisă seara târziu

convening [kən'viːniŋ] **I** adj abilitat să convoace (o conferință etc.) **II** s convocare

conventionalize [kən'venʃənəlaiz] vt **1** a face după reguli, după tipic **2** artă a reda (realitatea) în mod convențional / în stil tradițional

conventionary [kən'venʃənəri] **I** adj decurgând dintr-o convenție, contractual, stabilit, hotărât **II** s locatar / persoană care ocupă un imobil pe baza unei convenții

convention centre [kən'venʃn ,sentə] *s* centru de conferințe; palat al congreselor

conventioner [kən'venʃənə] *s* membru al unei convenții / al unei adunări

conventual [kən'ventjuəl] *rel* I *adj* mănăstiresc II *s* 1 călugăr, monah 2 membru al unei ramuri a călugărilor franciscani

convergent lens [kən,və:dʒənt 'lenz] *s opt* lentilă convergentă

converging [kən'və:dʒiŋ] I *adj* convergent; concentrat II *s mil* atac convergent

converging lens [kən,və:dʒiŋ 'lenz] *s opt* lentilă convergentă

conversationalist [,kɔnvə'seiʃənəlist] *s* 1 persoană maestră în arta conversației, meșter la vorbă 2 interlocutor interesant

conversationist [,kɔnvə'seiʃənist] *s v.* **conversationalist**

conversation piece [,kɔnvə'seiʃn pi:s] *s* artă compoziție, scenă / tablou de gen

conversible [kən'və:səbl] *adj* reversibil; convertibil

conversion table [kən'və:ʃn ,teibl] *s* tabel de conversiune (a unităților de măsură)

converted [kən'və:tid] *adj* transformat, amenajat pentru alte scopuri

converter reactor [kən'və:tə ri,æktə] *s* reactor convertizor

convertibleness [kən'və:təblnis] *s* convertibilitate

converting [kən'və:tiŋ] *s* 1 transformare, schimbare, reformă 2 *met* convertizare

convertiplane [kən'və:təplein] *s av* avion helicopter, (avion) autogir

convexo-concave [kɔn,veksəu kɔn'keiv] *adj* convexo-concav

convexo-convex [kɔn,veksəu kɔn'veks] *adj* biconvex

conveyancing [kən'veiənsiŋ] *s jur* 1 redactarea actelor de cesiune, transmisiune *sau* vânzare, notariat 2 capitolul „transmisiunea proprietății"din dreptul civil

conveyor belt [kən'veiə belt] *s tehn* bandă transportoare / rulantă; conveier

convicted [kən'viktid] *adj* condamnat

convictive [kən'viktiv] *adj* convingător, de netăgăduit, irefutabil; grăitor, elocvent

convincer [kən'vinsə] *s* persoană care convinge *sau* caută să convingă

convive ['kɔnvaiv] *s rar* conviv, comesean

convolve [kən'vɔlv] I *vt* a suci, a răsuci, a încolăci II *vi* a se răsuci, a se încolăci, a face spirale; a se contorsiona

convoy commodore ['kɔnvɔi ,kɔmədɔ:] *s nav* comandant de convoi

convulsant [kən'vʌlsənt] *adj* (d un medicament) convulsiv, care produce convulsii

convulsed [kən'vʌlst] *adj* scuturat de convulsii; **the audience were ~ with laughter** publicul se tăvălea de râs; **he was ~ with pain** se tăvălea de durere

conycatch ['kəunikætʃ] *vt s/* a duce (cu zăhărelul), a trage pe sfoară, a înșela

conycatcher ['kəunikætʃə] *s s/* șarlatan, escroc; măsluitor de cărți

cooee, cooey ['ku:i] *interj F* cucu!

cooing ['ku:iŋ] *s* uguit (de porumbel); gângurit

cooked [kukt] *adj* gătit; **~ breakfast** mic dejun englezesc (foarte consistent)

cookee ['kuki:] *s F* bucătăreasă

cook house ['kuk haus] *s* bucătărie de campanie *sau* de bord, cambuză; bucătărie mobilă

Cook Strait [,kuk 'streit] *s geogr* strâmtoare în Oceanul Pacific, între insula de nord și insula de sud a Noii Zeelande

coolbox ['ku:lbɔks] *s* cutie frigorifică

cool-headed [,ku:l'hedid] *adj* impasibil, calm, care nu-și pierde cumpătul, stăpân pe sine, cu sânge rece

cooling-of period [,ku:liŋ'ɔf piriəd] *s* moment de reflexie, pauză pentru calmarea pasiunilor (într-o dispută, dezbatere, negociere)

cooling system ['ku:liŋ ,sistəm] *s* sistem de răcire

cooling tower ['ku:liŋ ,tauə] *s tehn* răcitor

coolly ['ku:li] *adv* 1 cu calm 2 rece, distant, neprietenos 3 cu impertinență

coolness ['ku:lnis] *s* 1 răcoare, frig, umbră 2 răceală, indiferență, nepăsare 3 calm, sânge rece 4 *F* îndrăzneală, impertinență, insolență, obrăznicie, neobrăzare

coolth [ku:lθ] *s umor v.* **coolness**

cooly ['ku:li] *s* 1 culi, muncitor, hamal (din India, China și alte țări ale Asiei) 2 mână de lucru ieftină

coom(b) [ku:m] *s F* 1 praf de cărbune; funingine; negru de fum 2 murdărie, tină, mâzgă, noroi; lături, gunoaie; praf; unsoare murdară

coomb [ku:m] *s* 1 vâlcea pe coasta unui deal, vale îngustă, viroagă 2 fiord mic (în Anglia)

coonskin ['ku:nskin] *s* 1 piele de raton 2 pălărie din piele de raton 3 haină din piele de raton

cooption [kəu'ɔpʃn] *s* cooptare

co-ordinating [kəu'ɔ:dineitiŋ] *adj gram* coordonator

coordinator [kəu'ɔ:dineitə] *s* 1 coordonator 2 *gram* conjuncție coordonatoare

cooter ['ku:tə] *s s/* liră sterlină (de aur)

cootie ['ku:ti] *s mil, s/* păduche (de corp), mișcător, chiriaș, scămuță cu lăbuță

co-owner [kəu'əunə] *s* coproprietar

copaiba [kɔ'paibə] *s* balsam de copaiba

copaiva [kɔ'paivə] *amer și* [kɔ'peivə] *s v.* **copaiba**

copal ['kəupəl, kəu'pæl] *s* copal, rășină *sau* lac de copal

coparcenary [,kəu'pɑ:sinəri] *s* 1 *jur* moștenire în indiviziune 2 coproprietate, tovărășie; asociație, asociere

coparcener [,kəu'pɑ:sinə] *s jur* 1 comoștenitor, moștenitor în indiviziune 2 colocatar; arendaș în parte

copartnership [,kəu'pɑ:tnəʃip] *s* 1 asociație, tovărășie 2 participare la beneficii (într-o întreprindere)

Copernican [kɔ'pə:nikən] I *adj* copernican II *s* adept al lui Copernic (1473-1543)

Copernican system [kɔ,pə:nikən 'sistəm] *s astr* teoria lui Copernic

copestone ['kəupstəun] *s v.* **coping stone**

co-phasal [,kəu'feizl] *adj el* sinfazic, sincron, în concordanță de fază

co-pilot [,kəu'pailət] *s av* pilot secund

coping stone ['kəupiŋ stəun] *s* 1 *arhit* cornișă 2 *fig* împlinire, finisare, finisaj; încoronare, culme; ultimul cuvânt *(în știință)*; it was the ~ of his misfortunes a fost culmea nenorocirilor sale, asta a pus capac la toate

cop-killer bullet ['kɔpkilə ˌbulit] *s amer sl* glonț care poate pătrunde printr-o vestă antiglonț

co-polymerization [ˌkəupolimərai-zeiʃn] *s ch* copolimerizare

co-polymerize [kəu'poliməraiz] *ch* I *vt* a copolimeriza II *vi* a (se) copolimeriza

copperas ['kɔpərəs] *s minr, ch* sulfat feros, calaican, vitriol verde

copper bit ['kɔpə bit] *s tehn* ciocan de sudură

copper butterfly ['kɔpə ˌbʌtəflai] *s ent* argus, fluture-porumbel *(Chrysosphanus hypophlaea)*

copper coloured [ˌkɔpə 'kʌləd] *adj* arămiu, de culoarea aramei, a cuprului

copper glance ['kɔpə glɑːns] *s minr* calcozină

copper Indian ['kɔpə indjən] *s* piele roșie, indian din America de Nord

copper nickel ['kɔpə ˌnikl] *s met* nichelină

copper number ['kɔpə ˌnʌmbə] *s industria celulozei* indice de cupru

copper oxide ['kɔpər ˌɔksaid] *s ch* oxid de cupru

copper pyrite ['kɔpə ˌpairait] *s minr* calcopirită

copper spot ['kɔpə spɔt] *s agr, bot* dăunător agricol, rugină

copper vitriol ['kɔpə ˌvitriəl] *s minr* calcantit

coprecipitate [ˌkəupri'sipiteit] *fiz, ch* I *vt* a precipita / a face să se precipite împreună II *vi* a (se) precipita împreună

coprecipitation [ˌkəuprisipi'teiʃn] *s ch, fiz* coprecipitare, precipitare concomitentă

coproduce [ˌkəuprə'djuːs] *vt* a realiza în coproducție

coprolite ['kɔprəlait] *s* coprolit *(excremente fosile)*

coprology [kɔ'prɔlədʒi] *s* scamatologie, pornografie; murdării, măscări, literatură indecentă / obscenă / pornografică

Copt [kɔpt] *s* copt, egiptean; egiptean creștin

Coptic ['kɔptik] I *adj* copt, egiptean II *s* (limba) coptă

copunctal ['kəupʌŋktəl] *adj mat* cu un punct comun

copy desk ['kɔpi desk] *s* 1 masă / birou de redactor*(la ziar)* 2 pupitru de corectat șpalturile

copy-edit ['kɔpi ˌedit] *vt* a redacta

copying ink ['kɔpiiŋ iŋk] *s* cerneală de copiat / copiativă

copying press ['kɔpiiŋ pres] *s* presă de copiat

copy protected [ˌkɔpi prə'tektid] *adj cib, cin* protejat împotriva copierii

copyread ['kɔpiriːd] *vt amer* 1 a redacta un manuscris sau o copie (pentru tipar) 2 a ocupa funcția de redactor-șef adjunct

copy reader ['kɔpi ˌriːdə] *s amer* 1 corector 2 redactor-șef adjunct; redactor care face titlurile articolelor

copyright deposit library ['kɔpirait ˌdipɔzit laibrəri] *s* depozit sau bibliotecă de drepturi de autor

copywriter ['kɔpiraitə] *s* persoana care compune un text publicitar

copywriting ['kɔpiraitiŋ] *s* redacție publicitară

coquet [kəu'ket] I *adj* cochet; elegant, spilcuit, dichisit II *vi* to ~ with a cocheta cu, a flirta cu; a se juca cu, a trata cu ușurință, a nu avea o atitudine hotărâtă în, a nu privi cu seriozitate *(o propunere, situație etc.)*

coquina [kəu'kiːnə] *s geol* cochină

coral-coloured [ˌkɔrəl 'kʌlərd] *adj* coral, roșu de coral

coral limestone ['kɔrəl ˌlaimstəun] *s geol* calcar coralifer

coralline ['kɔrəlain] I *adj* coralin, roșu coralin, portocaliu II *s* 1 *bot* un fel de algă roșie calcaroasă *(Corallinaceae)* 2 *F* orice animal asemănător coralului

coramine ['kɔrəmain] *s med* coramină

corbelling *brit* **corbeling** *amer* ['kɔːbəliŋ] *s arhit* consolă, construire cu consolă

corbie ['kɔːbi] *s scot* corb

corbie steps ['kɔːbi steps] *s pl arhit* fronton triunghiular cu laturile în formă de trepte

cordate ['kɔːdeit] *adj bot* cordat, în formă de inimă, cordiform

corded ['kɔːdid] *amer* și ['kɔːded] *adj* 1 legat cu o funie, legat burduf / fedeleș / cobză 2 *(d o stofă)* cu dungi, vărgat; reiat 3 cu funii / frânghii / parâme 4 așezat în stive, stivuit 5 *(d câini)* lățos, cu părul în ochi

cordelier [ˌkɔːdi'liə] *s* 1 *bis* cordelier *(călugăr franciscan)* 2 cordelier *(membru al clubului „Amicii drepturilor omului și ale cetățeanului" din timpul revoluției burghezo-democratice franceze 1789)* 3 mașină pentru fabricarea frânghiilor

cordierite ['kɔːdiərait] *s minr* cordierită

cordless ['kɔːdlis] *adj (d telefon)* fără fir, cu antenă

cordoba ['kɔːdəbə] *s ec* cordoba, unitate monetară din Nicaragua

cordon bleu [ˌkɔːdən 'bleː *și pronunția franceză] s fr* 1 persoană importantă 2 *umor* bucătar foarte priceput

Cordovan ['kɔːdəvən, kɔː'dəuvən] I *adj* din, de (la) Cordova II *s* 1 **cordovan** piele de Cordova 2 locuitor din Cordova

cordwainer ['kɔːdweinə] *s înv* ciubotar, cizmar, pantofar

CORE [kɔː] *presc de la* Congress On Racial Equality *s* ligă americană contra rasismului

core bit ['kɔː bit] *s min* (sapa) carotieră

cored [kɔːd] *adj* 1 cu miezul / sâmburele etc. scos 2 găunos, gol, scobit

co-relation [ˌkəuri'leiʃn] *s* 1 corelație, analogie 2 relație, legătură reciprocă / interdependentă

core maker ['kɔː ˌmeikə] *s met* miezuitor

coreopsis [ˌkɔri'ɔpsis] *s bot* lipscănoaică *(Coreopsis)*

corer ['kɔːrə] *s* 1 *tehn* reținător de probă 2 apple ~ instrument cu ajutorul căruia se scoate cotorul mărului

corf [kɔːf] *s* 1 coș, paner, târnă *(pentru pește viu)* 2 *min* vagonet; coș *(pentru minereu)*

Corfu [kɔː'fuː] *s geogr* insulă grecească în Marea Ionică

corgi ['kɔːgi] *s* rasă de câine mic și roșcat, cu corpul lung și urechile ascuțite

coriaceous [ˌkɔri'eiʃəs] *adj* **1** de piele; ca pielea **2** coriace, tare, cu pielea groasă

coriander seed [ˌkɔri'ændə siːd] *s* sămânță de coriandru *(folosită ca medicament și condiment)*

Corinthian [kə'rinθiən] **I** *adj* **1** *ist, arhit, artă* corintic **2** luxos, somptuos, risipitor; desfrânat, destrăbalat; chefliu, petrecăreț **3** *artă* împodobit cu grație, frumos ornamentat **II** *s* **1** corintian **2** om de lume / monden, băiat de viață, chefliu, amator de petreceri; filfizon, sclivisit **3** sportiv, băiat modern; fecior de bani gata, care se ocupă cu sportul **4** *înv* craidon, crai de mahala

Coriolis force [kɔri'əulis fɔːs] *s fiz, mil* efect Coriolis, forță Coriolis / defectoare *(în balistică)*

corium ['kɔ(ː)riəm] *s tehn* dermă

Cork [kɔːk] *s geogr* oraș în sud-vestul Irlandei

corking ['kɔːkiŋ] **I** *adj sl* grozav, tare, țeapăn, valabil, mortal, trăznit, minunat, nemaipomenit, fantastic **II** *s tehn* (îmbinare cu) prag

corking machine ['kɔːkiŋ mə.ʃiːn] *s* mașină pentru astupatul sticlelor cu dopuri; mașină de îmbuteliat

cork jacket ['kɔːk ˌdʒækit] *s* vestă de salvare *(cu plută)*

cork leg ['kɔːk leg] *s F* picior de lemn / artificial, proteză

cork oak ['kɔːk əuk] *s v.* **cork tree**

cork tree ['kɔːk triː] *s* (stejar de) plută *(Quercus suber)*

cork-tipped [ˌkɔːk 'tipt] *adj (d țigări)* cu filtru

corkwood ['kɔːkwud] *s* **1** plută, lemn cu fibra ușoară, poroasă **2** *amer* specie de pom cu frunze lucioase *(Leitneria floridana)*

corm [kɔːm] *s bot, anat* bulb

cornball ['kɔːnbɔl] *amer adj* sentimental

corn binder ['kɔːn ˌbaində] *s agr* secerătoare-legătoare *(pentru porumb)*

corn bunting ['kɔːn ˌbʌntiŋ] *s orn* presură *(Emberiza calandra)*

corn cockle ['kɔːn ˌkɔkl] *s bot* neghină, grâu negru *(Agrostemma githago)*

corn crake ['kɔːn kreik] *s orn* cârstel, cristei *(Crex crex)*

corn cutter ['kɔːn ˌkʌtə] *s* **1** *agr* combină de recoltat porumb; seceră pentru tăiatul strujenilor **2** pedicurist, chiropod

corndodger ['kɔːn ˌdɔdʒə] *s amer* **1** mălai, pâine de porumb; plăcinte **2** găluște de porumb cu șuncă și varză

corn dolly ['kɔːn ˌdɔli] *s* păpușă de paie

corneal ['kɔːniəl] *s med* cornean

cornel berry ['kɔːnəl ˌberi] *s bot* coarnă

corneous ['kɔːniəs] *adj* tare, întărit, bătătorit, bătucit

corner boy ['kɔːnə bɔi] *s v.* **corner man (2)**

corner flag ['kɔːnə flæg] *s sport* fanion *(de la colțul terenului)*

cornering ['kɔːnəriŋ] *s brit* **1** *auto* mod de a lua virajele; **your ~ has improved** ai început să iei mult mai bine virajele **2** *(d o mașină)* stabilitate în viraje **3** *com* acaparare *(a pieței etc.)*

corner kick ['kɔːnə kik] *s (în fotbal)* lovitură de colț

corner man ['kɔːnə mæn] *s* **1** omul care stă în marginea unui șir de muzicanți negri, îndeplinind totodată un rol comic **2** golan, haimana, vagabond, coate-goale; calic, milog **3** speculant masiv

corner shop [ˌkɔːnə 'ʃɔp] *s brit* magazin aflat la colțul unei străzi / clădiri

cornerways ['kɔːnəweiz], **cornerwise** ['kɔːnəwaiz] **1** *adj* în diagonală **2** *adv* curmeziș, de-a curmezișul

cornet-à-pistons [ˌkɔːnit ə'pistənz] *pl* **cornets-à-pistons** [ˌkɔːnits-ə'pistənz] *s muz* cornet, cornet cu piston

corn exchange ['kɔːn iks.tʃeindʒ] *s* piață / bursă / târg de cereale

corn-fed [ˌkɔːn 'fed] *adj* **1** hrănit cu grâu **2** *amer* voinic, zdravăn

corn grass ['kɔːn grɑːs] *s bot* păiuș *(Aira caespitosa)*

corn harvester ['kɔːn ˌhɑːvistə] *s agr* secerătoare, mașină de secerat

corn house ['kɔːn haus] *s* hambar, grânar

corniche ['kɔːniː ʃ] *s ~* **road** cornișă *(drum)*

cornicles ['kɔːniklz] *s pl zool* coarne, cornițe *(ale melcului)* **2** *ent* fire, antene, mustăți

cornification [ˌkɔːnifi'keiʃn] *s tehn* cornificare

corning ['kɔːniŋ] *s ch* granulare

Cornishman ['kɔːniʃmən] *s* locuitor din Cornwall

Cornishwoman ['kɔːniʃˌwumən] *s* locuitoare din Cornwall

corn loft ['kɔːn lɔft] *s* pătul de porumb; grânar, hambar

corn mill ['kɔːn mil] *s* moară de măcinat grâu

corn mint ['kɔːn mint] *s bot* izmă *(Mentha arvensis)*

corn oil ['kɔːn ɔil] *s* ulei de porumb

corn planter ['kɔːn ˌplɑːntə] *s agr* mașină de semănat porumb în cuiburi

corn pone ['kɔːn pəun] *s* mălai, turtă / plăcintă de porumb / de mălai; pâine / lipie din făină de porumb

corn salad ['kɔːn ˌsæləd] *s bot* fetică *(Valerianella olitoria)*

corn syrup ['kɔːn ˌsirəp] *s* sirop de porumb

cornucopian [ˌkɔnju'kəupiən] *adj* abundent, îmbelșugat, îndestulător

corn weevil ['kɔːn ˌwiːvil] *s ent* gărgărița grâului *(Calandra granaris)*

corn whisk(e)y ['kɔːn ˌwiski] *s* whiskey obținut din porumb

Coromandel Coast [ˌkɔrəmændl 'kəust] *s the ~ coasta* sud-estică a peninsulei India

coronal suture [ˌkɔrənəl 'sjuːtə] *s anat* încheietură, sutură coronală

coronary artery [ˌkɔrənəri 'aːtəri] *s med* arteră coronariană

coronate I ['kɔrəneit] *vt* a încorona **II** ['kɔrənit] *adj bot, zool* prevăzut cu o parte în formă de coroană

coroneted ['kɔrənitid] *adj* încununat, înnobilat

coronograph [kə'rəunəgrɑːf] *s astr* coronograf

coronoid ['kɔrənɔid] *adj anat* încovoiat, acvilin, coroiat

corozo nut [kə'rəuzəu nʌt] *s bot* nucă de corozo / de ivoriu *(nucă cu lemn tare folosită în artizanat)*

corporal oath [ˌkɔːpərəl 'əuθ] *s înv* jurământ întărit prin atingerea Bibliei *etc.*

corporal punishment [ˌkɔːpərəl 'pʌniʃmənt] *s* **1** bătaie, pedeapsă corporală **2** *înv* întemnițare; executare, execuție

corporalship ['kɔːpərəlʃip] *s mil* căprărie

corporate tax [ˌkɔːpərət 'tæks] *s amer v.* **corporation tax**

corporation tax [kɔːpə'reiʃn tæks] *s brit ec* taxă pe profit impusă unei corporații

corporatism ['kɔːprətizm] *s pol* corporatism

corporative ['kɔːpəreitiv] *adj* corporativ, de corporație

corporealist [kɔː'pɔːriəlist] *s rar* materialist

corporeality [ˌkɔːpɔːri'æliti] *s* caracter material, materialitate, tangibilitate

corporealize [kɔː'pɔːriəlaiz] *vt* a întrupa; a materializa

corporeity [ˌkɔːpɔː'riːiti] *s v.* **corporeality**

corposant ['kɔːpəsənt] *s nav* focul sf. Elmo *(fenomen luminos ce apare pe vârfurile catargelor în timpul furtunilor)*

corps diplomatique [*pronunția franceză*] *s fr* corp diplomatic; diplomație

corpsy ['kɔːpsi] *adj amer* cadaveric, (ca) de cadavru, (ca) de mort

corpuscular [kɔː'pʌskjulə] *adj* corpuscular, atomic

Corpus Juris [ˌkɔːpəs 'dʒuːris] *s jur* cod de legi *(ale dreptului civil roman)*

corral [kɔ'raːl] I *s* 1 *(↓ amer)* ocol, țarc, îngrăditură *(pentru vite)* 2 tabără *(înconjurată de care)* 3 capcană, cursă *(pentru elefanți)* II *vt (participiu prez* **corralling***)* 1 a mâna într-un ocol / a țărcui *(vitele)* 2 *sl* a-și însuși, a pune mâna pe 3 a așeza în cerc *(care, căruțe)*

correctable [kə'rektəbl] *adj* de îndreptat, de corectat, corijabil

correcting [kə'rektiŋ] I *s* corectare, corectură II *adj* de corecție / corectare

correcting fluid [kə'rektiŋ ˌfluid] *s* lichid corector *(pentru mașina de scris)*

correctional [kə'rekʃnəl] *adj* corecțional

correction tape [kə'rekʃn teip] *s* bandă corectoare *(pentru mașina de scris)*

Correggio [kɔ'redʒiəu] *s Antonio Allegri ~ pictor renascentist italian*

corregidor [kɔ'redʒidɔː] *s magistrat (spaniol)*

correlation coefficient [kɔrə'leiʃn kəuiˌfiʃnt] *s mat* coeficient de corelație

corrie ['kɔri] *s scot geogr* căldare, depresiune semicirculară

corrigenda [ˌkɔri'dʒendə] *s pl lat* erată, listă de erori

corrigibility [kɔˌridʒi'biliti] *s* putința de a fi corijat / îndreptat

corrival [kə'raivəl] I *s* rival, concurent II *adj* (**with**) potrivnic (al) *(cu gen)* adversar (al) *(cu gen)* III *vi* to ~ **with** a rivaliza cu, a con- cura cu

corroborant [kə'rɔbərənt] I *adj* 1 întăritor, suplimentar, coroborativ 2 *med* întăritor, tonic, reconfortant II *s med* tonic, întăritor, cordial

corroborative [kə'rɔbərətiv] I *adj* 1 întăritor, coroborativ 2 doveditor, care confirmă, probează II *s med* întăritor, cordial

corroboratory [kə'rɔbərətəri] *adj v.* **corroborative (I)**

corroboree [kəˌrɔbə'riː] *s (cuvânt australian)* dans al băștinașilor *(din Australia)*

corrodent [kə'rəudənt] I *s* (agent / factor) coroziv II *adj* coroziv, care roade, atacă, ruginește

corrosively [kə'rəusivli] *adv* caustic, coroziv, sarcastic, mușcător, cu sarcasm

corrosiveness [kə'rəusivnis] *s* caracter caustic, coroziv

corrosive sublimate [kəˌrəusiv 'sʌblimeit] *s ch* sublimat, coroziv, clorură mercurică

corrugated ['kɔrəgeitid] *adj (d carton, tablă etc.)* ondulat

corrupter [kə'rʌptə] *s* corupător

corruptibleness [kə'rʌptiblnis] *s* 1 coruptibilitate, venalitate, descompunere morală 2 însușirea de a se strica ușor 3 putreziciune și *fig*

corruptionist [kə'rʌpʃənist] *s* persoană coruptă

corruptive [kə'rʌptiv] *adj* corupător

corruptless [kə'rʌptlis] *adj* incoruptibil

corruptly [kə'rʌptli] *adv* 1 *(în mod)* necinstit, corupt 2 depravat, imoral

Corsica ['kɔːsikə] *s geogr* insulă în *Marea Mediterană*

corticate ['kɔːtikeit] *adj* 1 cu coajă, cu scoarță, acoperit cu coajă 2 ca o scoarță, ca o coajă

corticated ['kɔːtikeitid] *adj v.* **corticate**

corticosterone [ˌkɔːti'kɔstərəun] *s ch* corticosteron

cortile [kɔː'tiːlei] *s arhit* curte interioară

coruscant [kɔ'rʌskənt] *adj* (stră)-lucitor, scânteietor

corvine ['kɔːvain] *adj* de corb; corbiu

corymbose ['kɔrimbəus] *adj bot* de corimb, în formă de corimb

corymbus [kɔ'rimbəs] *pl* **corymbi** [kɔ'rimbai] *s bot* corimb

coryphée ['kɔurifei] *s fr* corifeu

Cosa Nostra [ˌkəuza 'nɔstrə] *s* mafia din S.U.A.

cosaque [kɔ'zaːk] *s fr* bomboană pocnitoare

cose [kəuz] *vi* a se aranja, a se face comod, a se așeza bine

coseism [kəu'saizm] *s* coseism, linie coseismică

coseismal [kəu'saisml] *geol* I *adj* coseismic II *s v.* **coseismal line**

coseismal curve [kəuˌsaisml 'kəːv] *s v.* **coseismal line**

coseismal line [kəuˌsaisml 'lain] *s geol* linie coseismică

coseismic [kəu'saismik] *adj v.* **coseismal (1)**

co-signatory [ˌkəu'signətəri] *s, adj jur, pol* cosemnator, cosignatar

cosine curve ['kəusain kəːv] *s mat* cosinusoidă

cosiness ['kəuzinis] *s* comoditate, tihnă, huzur

Cos lettuce ['kɔs ˌletis] *s bot* lăptucă, salată *(Lactuca sativa)*

cosmetologist [ˌkɔzme'tɔlədʒist] *s amer* cosmetician

cosmetology [ˌkɔzme'tɔlədʒi] *s amer* cosmetică, înfrumusețare

cosmic philosophy [ˌkɔzmik fi'lɔsəfi] *s v.* **cosmism**

cosmism ['kɔzmizm] *s* cosmism, teorie a universului, teoria evoluției cosmice

cosmist ['kɔzmist] *s* cosmist, adept al cosmismului

cosmographer [kɔz'mɔgrəfə] *s* cosmograf

cosmographical [ˌkɔzmə'græfikəl] *adj* cosmografic

cosmography [kɔz'mɔgrəfi] *s* cosmografie

cosmolene, cosmoline ['kɔzmə-liːn] *s ch* cosmolină; vaselină

cosmological [,kɔzmɔ'lɔdʒikəl] *adj* cosmologic

cosmopoietic [,kɔzməupɔ'jetik] *adj* creator de lume, referitor la creația lumii

cosmopolis [kɔz'mɔpəlis] *s* oraș cosmopolit

cosmopolitism [kɔz'mɔpəlitizm] *s* cosmopolitism

cosmorama [,kɔzmɔ'rɑːmə] *s amer* expoziție de tablouri prezentând vederi din diferite părți ale lumii

cosmotheism ['kɔzmɔθiːizm] *s* cosmoteism, panteism

costa ['kɔstə], *pl* **costae** ['kɔstiː] *s lat anat* coastă

Costa Brava [,kɔstə 'brɑːvə] *s geogr* litoral spaniol la Mediterana (în Catalonia)

cost accountant ['kɔ(ː)st ə,kauntənt] *s com* contabil

cost accounting ['kɔ(ː)st ə,kauntiŋ] *s com* **1** calculare a prețului **2** contabilitate **3** deviz

Costa del Sol [,kɔstədel'sɔl] *s geogr* litoral spaniol la Mediterana (de-o parte și de alta a orașului Malaga)

cost-benefit analysis ['kɔstbenəfit ə,næləsis] *s fin* analiza cost-beneficiu

cost book ['kɔ(ː)st buk] *s com* **1** registru **2** registrul unei mine cuprinzând numele și participația acționarilor

cost clerk ['kɔ(ː)st klɑːk] *s v.* **cost accountant**

cost-conscious [,kɔst 'kʌnʃəs] *adj* to be ~ a fi atent la cheltuieli, a cheltui cu măsură

cost-cutting [,kɔst 'kʌtiŋ] **I** *s* reducere a costurilor **II** *adj* privitor la reducerea costurilor

cost-effective [,kɔst i'fektiv] *adj* rentabil

cost-effectiveness [,kɔst i'fektivnis] *s* rentabilitate

coster ['kɔstə] *s F v.* **costermonger**

costermonger ['kɔstə ,mʌŋgə] *s* **1** vânzător ambulant de fructe și zarzavaturi; precupeț, zarzavagiu **2** vânzător / precupeț / negustor de pește

costing ['kɔ(ː)stiŋ] *s constr* calculul prețurilor

costless ['kɔ(ː)stlis] *adv* gratuit, fără plată

cost of living [,kɔstəv'liviŋ] **I** *s* costul vieții **II** *(în cuvinte compuse)* **1** ~ allowance ajutor bănesc acordat la creșterea costului vieții **2** ~ increase indexare a salariului **3** ~ index indice de creștere a costului vieții

cost-plus [,kɔst 'plʌs] *adj* on a ~ basis pe baza prețului de cost majorat

costumer ['kɔstjuːmə] *s* costumier; recuziter; croitor (↓ *la un teatru*)

cot death ['kɔt deθ] *s brit* moarte subită și neelucidată a sugarilor în timpul somnului

cote [kəut] *s* **1** *(și sheep ~)* țarc, ocol **2** *(și dove ~)* hulubărie, porumbar **3** *sl înv* căsuță, bojdeucă, cocioabă

co-tenant [,kəu'tenənt] *s* coarendaș

cottaging ['kɔtidʒiŋ] *s brit F* întâlnire a homosexualilor în toaletele publice

cottier ['kɔtiə] *s* argat; țăran, sătean

cotton batting ['kɔtn ,bætiŋ] *s amer* vată

Cotton Belt ['kɔtn ,belt] *s geogr (în S.U.A.)* „centura de bumbac" *(regiune unde se cultivă bumbacul)*

cotton cake ['kɔtn keik] *s* turtă de bumbac *(nutreț)*

cotton gin ['kɔtn dʒin] *s text* mașină de egrenat bumbac

cotton-grass ['kɔtn grɑːs] *s bot* bumbăcariță *(Eriophorum augustifolium)*

cotton-picker ['kɔtn,pikə] *s* **1** culegător de bumbac **2** mașină pentru recoltat bumbacul

cotton-picking. ['kɔtn,pikiŋ] *adj amer F* blestemat, afurisit

cotton sled ['kɔtn sled] *s agr* sleding

cotton spinner ['kɔtn ,spinə] *s* **1** filator (de bumbac), muncitor textilist **2** proprietar de filatură de bumbac

cottontail ['kɔtn teil] *s amer zool* iepure de pădure *(Lepus silvaticus)*

cotton thistle ['kɔtn ,θisl] *s bot* scai-măgăresc *(Onopordon acanthium)*

cotton waste [,kɔtn 'weist] *s* deșeuri de bumbac

cotton weed ['kɔtn wiːd] *s bot v.* **cudweed**

couch [kəutʃ] *s bot* **1** pir *(Triticum repens)* **2** iarba câmpului *(Agrostis alba)*

couch potatoe ['kautʃ pə,teitəu] *s peior F* he's a ~ își petrece tot timpul în fața televizorului

couch roll ['kautʃ rəul] *s tehn* valț sugar

cougar ['kuːgə] *s zool* cuguar, puma *(Felis concolor)*

coughing ['kɔfiŋ] *s* tuse; ~ fit acces de tuse

cough lozenge ['kɔf ,lɔzindʒ] *s* tabletă contra tusei

cough mixture ['kɔf ,mikstʃə:] *s* sirop de tuse

cough sweet ['kɔf swiːt] *s med* pastilă de tuse

cough syrrup ['kɔf ,sirəp] *s v.* **cough mixture**

coul [kaul] *s* hârdău, ciubăr

couldn't-care-less [,kudntkeə'les] *adj F* ~ attitude atitudine de nepăsare

coulee ['kuːli] *s* **1** torent de lavă (solidificat) **2** *amer* viroagă, râpă adâncă; albie uscată

couleur [ku:'lə: *și pronunția franceză*] *s fr* culoare *(la cărți)*

coulisse [ku:'liːs] *s (↓ pl)* **1** *tehn* uluc, renură, crestătură, nut, falț **2** *teatru* culisă

couloir ['ku:lwɑː] *s fr* defileu, strungă

coulomb ['kuːlɔm] *s el* culomb

coumarin ['kju:mərin] *s ch* cumarină

coumarone ['kju:mərəun] *s ch* cumaronă

council fire ['kaunsl ,faiə] *s* foc al sfatului *(la indienii din America de Nord)*

councilor ['kaunslə] *s* consilier, membru al unui consiliu; sfetnic, sfătuitor

council table ['kaunsl ,teibl] *s* **1** consiliu, ședință a consiliului **2** masă de conferințe, masa verde

council tax ['kaunsl tæks] *s (în Marea Britanie)* impozit local

counselwoman ['kaunsl ,wumən] *s amer* consilier *(femeie)*

counselling *brit* **counseling** *amer* ['kaunsliŋ] *s* asistență, consiliere

countability [,kauntə'biləti] *s gram* numerabilitate, însușirea unui substantiv de a fi numărabil

countenancer ['kauntinənsə] *s* protector, sprijinitor

counteractive [,kauntər'æktiv] **I** *adj* cu acțiune contrarie; cu efect opus; neutralizator **II** *s* ceva ce acționează contrar; neutralizator

counter attraction [,kauntə ə'træk-ʃn] *s* atracție contrarie, putere atractivă în sens opus *și fig*

counter battery [,kauntə 'bætəri] *s mil* contrabaterie

counterbore ['kauntəbɔ:] *s tehn* lărgitor; zencuitor

counterbrace ['kauntəbreis] *vt nav* a contrabrața

counterbuff ['kauntəbʌf] **I** *vt* a respinge *și fig* **II** *s* contralovitură

counterchange ['kauntətʃeindʒ] **I** *vt* a schimba **II** *s com* schimb

countercharge ['kauntətʃɑ:dʒ] **I** *vt* 1 a contraacuza; a riposta 2 *mil* a contraataca **II** *vi mil* a contraataca **III** ['kauntə tʃɑ:dʒ] *s jur* contraacuzație, contraacuzare, recriminare

countercheck ['kauntətʃek] *s* **I** 1 contralovitură 2 *fig* piedică, obstacol 3 *fig înv* dojană, mustrare *(ca ripostă)* **II** *vt* 1 a se împotrivi *(cu dat)*; a împiedica 2 a da o contraprobă *(cuiva)*

counter claim ['kauntəkleim] **I** *s* 1 contrapretenție 2 *jur* cerere reconvențională **II** *vt jur* a formula o cerere reconvențională **III** *vi* a formula o contrapretenție față de

counterclaimant ['kauntəkleimənt] *s jur* reclamant, pârât care înaintează o cerere reconvențională

counterinsurgency [,kauntərin-'sə:dʒənsi] *s* reprimare a unei insurecții

counter-current ['kauntə ,kʌrnt] **I** *s* contra-curent **II** *adj* în sens contrar, contra curentului

counterfeiter ['kauntə fi(:)tə] *s* 1 falsificator (↓ *de monede)*; fabricant de bani falși, calpuzan 2 *fig* înșelător, pungaș, escroc 3 *fig* imitator, maimuță, papagal

counterfeiting ['kauntə fi(:)tiŋ] *s* falsificare de monede / de bancnote; fals

counterfort ['kauntəfɔ:t] *s* 1 *arhit* contrafort, pinten 2 obcină, coastă de munte 3 *ist mil* contrafort, contraredută

counter jumper ['kauntə ,dʒʌmpə] *s sl peior* vânzător cu amănuntul; băiat de prăvălie / de tejghea, tejghetar

countermure ['kauntəmjuə] *s arhit* contrafort, contrafișă

counteroffer [,kauntər'ofə] *s* ofertă (în concurență cu o alta); supralicitație

counter order [,kauntər 'ɔ:də] *s* contraordin

counter poison ['kauntə pɔizn] *s med* antidot, contraotravă

counterproductive [,kauntəpr'dʌktiv] *adj* dăunător scopului urmărit, cu efecte nocive pentru o anumită activitate

counter-proof ['kauntəpru:f] *s* probă contrară

counter reaction [,kauntə ri'ækʃn] *s ch* reacție inversă / reversibilă

counter-revolutionary [,kauntə revə'lu:ʃnəri] *adj, s* contrarevoluționar, reacționar

counter rotation [,kauntə rəu'teiʃn] *s tehn* mișcare / rotație în sens opus

counterscarp ['kauntəskɑ:p] *s mil* contraescarpă

counter shaft ['kauntə ʃɑ:ft] *s tehn* 1 axă secundară a unei curele de transmisie 2 suspensiune, greutate suspendată

counter signature [,kauntə 'signitʃə] *s* contrasemnătură

counterstroke ['kauntəstrəuk] *s* contralovitură, ripostă ofensivă

countersunk ['kauntəsʌŋk] *adj tehn* îngropat

counterthrust ['kauntəθrʌst] *s tehn* contrașoc

countervailing ['kauntəveiliŋ] *adj* compensator

countervailing duty [kauntəveiliŋ 'dju:ti] *s* taxă vamală cu caracter protecționist

counterview ['kauntəvju:] *s* părere contrară; **in ~** față în față

counterweigh ['kauntəwei] *vt* a contrabalansa

counterwork ['kauntə wə:k] **I** *s* 1 acțiune (contra cuiva) 2 *mil* lucrări de apărare **II** *vi* a se împotrivi / opune **III** *vt* a zădărnici

counting ['kauntiŋ] *s amer* socoteală, numărătoare

counting room ['kauntiŋ ru(:)m] *s amer* 1 contoar, birou comercial 2 contabilitate; casierie

countless ['kauntlis] *adj* nenumărați, nenumărate, fără număr, puzderie, câtă frunză și iarbă

count noun ['kaunt naun] *s gram* substantiv numărabil

country-bred [,kʌntri'bred] *adj* crescut la țară

country bumpkin [,kʌntri 'bʌmpkin] *s* tărănoi, țopârlan, bădăran

country dancing [,kʌntri 'dɑ:nsiŋ] *s* dans folcloric

country-dweller [,kʌntri'dwelə] *s* țăran, locuitor al satului

countryfied ['kʌntrifaid] *adj* (cu aspect) rustic, rural, țărănesc

country people [,kʌntri 'pi:pl] *s F* 1 țărani, țărănime 2 oameni din provincie; provinciali

country road [,kʌntri 'rəud] *s* drum de țară

Countryside Commission [,kʌntrisaid kə'miʃn] *s* **the ~** *organism britanic independent, care se ocupă cu protecția mediului rural și a parcurilor naționale*

county council [,kaunti 'kaunsl] *s* consiliu districtual

county court [,kaunti 'kɔ:t] **I** *s* judecătorie de ocol **II** *vt* **to county-court** *F* a da în judecată pentru datorii mărunte

County Hall [,kaunti 'hɔ:l] *s brit* 1 hotelul unui district 2 sediu al consiliului local

coup d'oeil [,ku:'də:i] *s fr* ochire, (o singură) privire

coup de grâce [,ku:də 'grɑ:s *și pronunția franceză*] *s fr* lovitură de grație/decisivă

coup de main [,ku:də mæn *și pronunția franceză*] *s fr* 1 faptă îndrăzneață 2 luare prin surprindere, atac neașteptat; puci; putsch

courageousness [kə'reidʒəsnis] *s* curaj, bărbăție

courant [ku'rænt] *s înv* gazetă, ziar

courgette [ku:'ʒet] *s brit* dovlecel, bostănel *(Cucurbita pepo)*

course ['kɔ:s] *(în cuvinte compuse)* **a three ~ meal** masă compusă din trei feluri de mâncare

'course ['kɔ:s] *interj F* bineînțeles, desigur, firește

coursebook ['kɔ:sbuk] *s* manual, curs

court-bouillon [,kɔ:t'bu:jɔn] *s gastr* pește cu sos condimentat și vin

court-case ['kɔ:t keis] *s* proces

court circular [,kɔ:t 'sə:kjulə] *s* buletinul curții regale britanice; curier monden

court craft ['kɔ:t krɑ:ft] *s* intrigi de curte

115

court day ['kɔːt dei] *s* **1** *jur* zi de judecată **2** zi de recepție la curte

court dress ['kɔːt dres] *s* ținută de gală *(pentru cei care se prezintă la curte)*

courtesy light ['kəːtisi lait] *s* plafonieră

courtesy telephone ['kəːtəsi ˌtelifəun] *s amer* telefon pus la dispoziția publicului pe un aeroport, pentru anunțuri personale

courtesy title ['kɔːtəsi ˌtaitl] *s* titlu de complezență *(purtat potrivit obișnuinței, nu după lege, de exemplu* honourable*)*

courtezan [ˌkɔːtəˈzæn] *s* curtezană; prostituată, cocotă; femeie ușoară

court guide ['kɔːt gaid] *s* arhondologie, anuar de adrese ale aristocrației, anuar cu numele persoanelor prezente la curte

courting ['kɔːtiŋ] *s* curte *(făcută unei femei)*, curtare *(a unei femei)*; pețire

court lands ['kɔːt lændz] *s jur* bunuri alodiale

Court of Appeal [ˌkɔːtəv əˈpiəl] *s* Curtea de Apel

court of inquiry [ˌkɔːtəv inˈkwaiəri] *s brit* **1** comisie de anchetă **2** anchetă

court order ['kɔːt ˌɔːdə] *s* ordonanță a tribunalului

court plaster ['kɔːt ˌplɑːstə] *s* **1** plastru, amplastru **2** *ist* benghi *(pentru frumusețe)*, «grain de beauté» **3** *sl amer* curtezan politicos, adorator nedezlipit / pisălog

court roll ['kɔːt rəul] *s ist* registru *(ținut de latifundiarii britanici pentru transcrierea arenzilor)*

court shoe ['kɔːt ʃuː] *s* pantof decupat, de bal

court tennis ['kɔːt ˌtenis] *s înv* variantă veche a tenisului modern

cousinhood ['kʌznhud] *s* înrudire, rudenie *(între veri)*

Cousin Jack(y) [ˌkʌznˈdʒæk(i)] *s* **1** muntean, om de la munte **2** *(poreclă pentru un)* locuitor din Cornwall

cousinship ['kʌznʃip] *s v.* **cousinhood**

couture [kuˈtuə] *s* (activitatea dintr-o) casă de modă

couturière [kuˈtuəriˌei] *s fr* croitoreasă de lux

couvade [kuːˈvɑːd *și pronunția franceză*] *s fr* falsă lăuzie *(obicei primitiv în care bărbatul face pe bolnavul când soția lui naște)*

covalence [ˌkəuˈveiləns] *s ch* covalență

covalent [ˌkəuˌveilənt] *adj* covalent

covalent bond [kəuˌveilənt ˈbɔnd] *s ch* legătură covalentă

covelline ['kəuvəliːn] *s minr* covelină

covellite ['kəuvəlait] *s v.* **covelline**

covenantor ['kʌvənəntə] *s* **1** părtaș la o înțelegere, parte contractantă, contractant **2** *ist* scoțian adept al presbiterianismului

Coventry bell ['kɔventri bel] *s bot* clopoței *(Campanula medium / trachelium)*

cover crop ['kʌvə krɔp] *s agr* cultură de protecție, plantă protectoare

coverer ['kʌvərə] *s* persoană care acoperă; acoperitor, acoperitoare *și fig*

cover note ['kʌvə nəut] *s brit* adeverință provizorie de atestat

cover point ['kʌvə pɔint] *s sport* **1** apărător *(la crichet)* **2** locul apărătorului *(la crichet)*

cover story ['kʌvə ˌstɔri] *s* articol principal *(dintr-o revistă)*

covert-baron ['kʌvət ˌbærən] **I** *s jur* măritiș; căsătorie; under ~ sub protecția soțului; F soție, femeie căsătorită **II** *adj (d o femeie)* măritată, căsătorită

covertly ['kʌvətli] *adv* în secret, pe ascuns; pe furiș, pe nevăzute; tiptil

coverture ['kʌvətjuə] *s* **1** *rar* acoperitoare, învelitoare **2** adăpost, refugiu **3** *jur* matrimoniu, situație de femeie măritată; protecția soțului

cover version ['kʌvə ˌveˌʃn] *s muz* bis, parte bisată

covetable ['kʌvitəbl] *adj* dezirabil, demn de dorit / de invidiat / de râvnit

cowbane ['kaubein] *s bot* cucută-de-apă *(Cicuta virosa)*

cowbell ['kau bel] *s* **1** talangă, clopot **2** *amer muz* clopoțel **3** *bot* gușa-porumbului *(Silene inflata)*

cowbird ['kau ˌbəːd] *s amer orn* mierlă *(Molothrus ater)*

cow blackbird [ˌkau ˈblækˈbəːd] *s v.* **cowbird**

cow calf ['kau kɑːf] *s* vițea

coxa ['kɔksə], *pl* **coxae** ['kɔksiː] *s anat* coapsă

Cowes [kəuz] *s brit* ~ (week) regată ținută anual la Cowes, pe insula Wight

cow fish ['kau fiʃ] *s iht* **1** vacă-de-mare *(Trichechus rosmarus)* **2** peștele-cufăr *(Ostracion quadricornis)* **3** afalină *(Tursiops gilli)*

cowgirl ['kaugəːl] *s* îngrijitoare la vaci

cow grass ['kau grɑːs] *s bot* trifoi sălbatic *(Trifolium medium)*

cowhand ['kauhænd] *s* văcar; *(în filmele western)* cowboy

cowhearted [ˌkau ˈhɑːtid] *adj* F fricos, laș, slab de înger

cow heel ['kau hiːl] *s* piftie din picioare de vițel *sau* vacă

cowherd ['kauhəːd] *s* văcar

cowhide ['kauhaid] **I** *s* **1** piele de vacă **2** bici din piele de vacă **II** *vt* a biciui, a bate cu biciul, a stinge în bătaie

cowkeeper ['kau ˌkiːpə] *s* **1** crescător de vite **2** văcar **3** mulgător de vaci

cowle [kaul] *s (cuvânt anglo-indian)* **1** salvconduct, scrisoare de liberă trecere; permis **2** amnistie

cowled [kauld] *adj* *(învelit)* cu glugă

cowlick ['kaulik] *s* colț, bucată lipită de frunte

cowlike [ˌkau'laik] *adj (ca)* de vacă

cowling ['kauliŋ] *s av* capota motorului, carenaj

cowl staff ['kaul stɑːf] *s băț* pentru căratul hârdăului

cow parsley [ˌkau ˈpɑːsli] *s bot* hașmaciucă *(Anthriscus sylvestris)*

cow pen ['kau pen] *s* ocol, țarc *(de vite)*

cow puncher ['kau ˌpʌntʃə] *s amer* F văcar, cow-boy

cowtree ['kautriː] *s bot* arbore-de-lapte *(Brosimum galactodendron)*

coxal ['kɔksəl] *adj anat* coxal, (de) la coapsă, al coapsei

coxalgia [kɔksˈældʒiə] *s med* coxalgie, inflamația articulației coapsei

coxalgy ['kɔksældʒi] *s v.* **coxalgia**

coxbones ['kɔksbəunz] *interj P* pe legea mea! să mor dacă nu!

coxcombical [ˌkɔksˈkəumikəl] *adj* **1** încrezut; spilcuit, fandosit **2** nebun, nebunatic

coxcombry ['kɔkskəumri] *s* înfumurare, îngâmfare, aere, fumuri; purtare de dandy / de filfizon, aer de marțafoi

coxy ['kɔksi] *adj F* încrezut, mândru, fălos; țanțoș, semeț, fudul, înțepat; obraznic, îndrăzneț, impertinent

coyly ['kɔili] *adv* cu timiditate prefăcută *sau* afectată; cu cochetărie

coyote [kɔi'əuti] *s zool* coiot, lup de stepă *sau* prerie *(Canis latrans)*

coyoting ['kɔiəutiŋ] *s* exploatare prădalnică / sălbatică / nerațională / nemiloasă a subsolului

coypu ['kɔipu:] *o* 1 *zool* nutria *(Myopotamus coypus)* 2 blană de nutria

cozen ['kʌzn] I *vt* 1 a înșela, a duce, a păcăli, a trage pe sfoară; a ademeni, a momi 2 to ~ into a atrage să, a face *(pe cineva)* să *(ademenindu-l)* II *vi* a face înșelătorii *sau* ticăloșii

cozymase ['kəuzaimeis] *s ch* cozimază

c.p.s. *presc de la* characters per second caractere pe secundă

CPSA *presc de la* Civil and Public Service Association *sindicat al funcționarilor din serviciile publice*

CPU *presc de la* Central Processing Unit *cib* unitate centrală de prelucrare

crabbedness ['kræbidnis] *s* 1 *înv* acrime, amărăciune 2 *fig* fire acră / posacă / morocănoasă / arțăgoasă / iritabilă / aer ursuz / posac; asprime, duritate 3 caracter alambicat; obscuritate; greutate, dificultate

crabber[1] ['kræbə] *s* 1 pescuitor de crabi; un fel de vas folosit la pescuitul crabilor 2 *text* lucrător la o mașină de fixat țesăturile

crabber[2] ['kræbə] *s amer sl* cusurgiu, nemulțumit

crabbery ['kræbəri] *s loc* în care abundă *sau* sunt pescuiți crabii

crabbing ['kræbiŋ] *s* 1 *text* fixare a țesăturilor 2 *av* ambardaj, ambardou, instabilitate în direcție 3 *nav* pescuit de crabi

crab cactus ['kræb ˌkæktəs] *s bot* cactus sud-american cu flori roșii *(Zigocactus truncatus)*

crab grass ['kræb grɑːs] *s bot* 1 mohor-roșu, meișor *(Digitaria sanguinalis)* 2 brâncă *(Salicornia herbacea)*

crab louse ['kræb laus] *s ent* (păduche) lat *(Pediculus pudis)*

crab tree ['kræb triː] *s bot* mărpădureț *(Malus sylvestris* și alte specii)

crackajack ['krækə ˌdʒæk] *sl* I *adj* strașnic, grozav, minunat II *s* persoană remarcabilă

cracka-loo ['krækəlu:] *s v.* **crack-loo**

crackbrain ['krækbrein] *s F* țicnit, smintit, sărit

cracker-barrel ['krækə ˌbærəl] *adj amer* mărunt, neimportant, de doi bani

cracker mill ['krækə mil] *s tehn* valț concasor

crack hand ['kræk hænd] *s F* maestru, doctor, cunoscător

crackhead ['krækhed] *s sl* toxicoman, cocainoman

crack-jaw ['krækdʒɔː] *adj F (d cuvinte)* greu de pronunțat, care te face să-ți scrântești limba (în gură)

crackless ['kræklis] *adj* fără crăpături

crackling bread ['krækliŋ bred] *s amer* turtă cu jumări

crack-loo ['krækluː] *s amer* rișcă în care banul trebuie să cadă cât mai aproape de crăpătură în dușumea

crackly ['krækli] *adj* the telephone is making a ~ noise se aude un pâcâit în telefon; the radio is a bit ~ radioul are paraziți

cracknel ['kræknəl] *s* 1 biscuit uscat, pișcot tare; covrig 2 *pl* jumări (de porc) 3 *amer* carne de porc rumenită

crack skull ['kræk skʌl] *s, adj F* 1 nebun, țicnit 2 flușturatec, ușuratec

cracky ['kræki] *adj* 1 crăpat, plesnit 2 care plesnește ușor, crocant, fragil, casabil 3 smintit, sărit, țicnit, șui

cradle land ['kreidl lænd] *s* patrie, țară de baștină, pământ natal

cradle robber ['kreidl ˌrɔbə] *s amer sl* persoană care flirtează cu cineva cu mult mai tânăr; persoană căsătorită cu cineva cu mult mai tânăr

cradle snatcher ['kreidl ˌsnætʃə] *s amer sl v.* **cradle robber**

cradle song ['kreidl sɔŋ] *s* cântec de leagăn

cradling ['kreidliŋ] *s* 1 legănare legănat, balansare 2 *constr* construcție de bârne; cintru

craftless ['krɑːftlis] *adj rar* cinstit, neprefăcut

crafts union ['krɑːfts ˌjuːnjən] *s* sindicat al muncitorilor de toate profesiunile dintr-o ramură a industriei, sindicat mare

craftswoman ['krɑːftswumən] *s* femeie artizan

craft union ['krɑːft ˌjuːnjən] *s* sindicat al muncitorilor dintr-o specialitate restrânsă

craggedness ['krægidnis] *s* aspect stâncos; caracter accidentat

cragginess ['kræginis] *s v.* **craggedness**

craggy ['krægi] *adj* 1 abrupt, râpos, povârnit, inegal, accidentat 2 plin de stânci, stâncos, pietros

cragsman ['krægzmən], *pl* **cragsmen** ['krægzmen] *s* 1 muntean, locuitor de la munte 2 alpinist

crakeberry ['kreikberi] *s bot* 1 vuietoare, bobiță *(Empetrum nigrum)* 2 *v.* **crowberry**

crammer ['kræmə] *s* 1 preparator, meditator, repetitor pentru examene 2 *sl* minciună; mincinos

crampy ['kræmpi] *adj* care are *sau* provoacă crampe, spasme, cârcei

cranage ['kreinidʒ] *s* 1 folosirea macaralei 2 plată, taxă pentru folosirea macaralei

cranch ['kræntʃ] *s min* stâlp de siguranță din minereu, masiv de minereu

crane's bill ['kreinz bil] *s bot* briboi, ciocul-berzei / cocostârcului; pliscul-cocoarei, pălăria-cucului *(Geranium sp.)*

crane fly ['krein flai] *s ent* țânțăroi *(Tipula)*

crane man ['krein mæn] *s tehn* macaragiu, conducător de macara, mecanic de macara

crane way ['krein wei] *s tehn* linia ferată a macaralei

crania ['kreinjə] *s pl de la* **cranium**

craniological [ˌkreiniə'lɔdʒikəl] *adj* craniologic

craniology [ˌkreini'ɔlədʒi] *s* craniologie

craniometry [ˌkreini'ɔmitri] *s* craniometrie, măsurarea craniilor

cranioscopy [ˌkreini'ɔskəpi] s cra-
nioscopie

cranium ['kreinjəm], *pl* **crania**
['kreinjə] s *anat* craniu, ţeastă,
tigvă

crank arm ['kræŋk ɑːm] s 1 *tehn*
braţul / cotul manivelei 2 *auto*
manivelă de pornire

crank axle ['kræŋk ˌæksl] s *tehn*
arbore / ax cotit

crank brace ['kræŋk breis] s *tehn*
coarbă, burghiu cu coarbă

crank case ['kræŋk keis] s *tehn*
carterul arborelui cotit, carterul
motorului

cranked [kræŋkt] *adj* cotit, articu-
lat; (re)curbat, îndoit, încovoiat

crankiness ['kræŋkinis] s 1 tem-
perament arţăgos şi nerezona-
bil 2 *amer* caracter capricios /
nestatornic; toane, capricii 3
zgârcenie, calicie 4 *nav* lipsă de
stabilitate 5 nesiguranţă; dez-
ordine 6 agerime, deşteptăciu-
ne; vigoare

crankle ['kræŋkl] I *vi* a merge în
zig-zag; a şerpui II *vt* a tăia în
zigzag III s zigzag, întorsătură,
cotitură

crankpin ['kræŋkpin] s buton *sau*
motor de manivelă; fus de bielă
sau de manivelă; maneton

crankweb ['kræŋkweb] s *tehn* braţul
/ cotul manivelei

crannied ['krænid] *adj* plesnit, poc-
nit; crăpat, plin de crăpături

cranny ['kræni] s *(cuvânt anglo-
indian) funcţionar hindus care
ştie să scrie englezeşte*

crapaud [kræ'pəu, kra'pɔː] s *fr*
Johnny ~ *poreclă dată fran-
cezilor*

crapaudine ['kræpɔːdin] s 1 *vet*
crăpătură *(la copita calului)* 2
tehn pivot *(la uşă)*

craps [kræps] s *amer* joc de noroc
cu zaruri, *aproximativ* barbut; **to
shoot ~** a juca zaruri / barbut

crappy ['kræpi] *adj vulg* 1 de doi
bani, de mizerie 2 murdar, scâr-
bos

crapshooter ['kræpʃuːtə] s *amer*
jucător de zaruri

crapy ['kreipi] *adj (d stofă)* de crep

crashcourse ['kræʃˌkɔːs] s curs
intensiv; **a ~ in French** curs
intensiv de franceză

crash dive ['kræʃdaiv] *vi (d un
submarin)* a se scufunda cu
mare viteză

crashingly ['kræʃiŋli] *adv brit F*
extraordinar de..., teribil de...; ~
boring teribil de plicticos, plic-
ticos de moarte

crash landing ['kræʃˌlændiŋ] s ate-
rizare forţată

crash pad ['kræʃ pæd] s 1 *(într-un
tanc etc.)* strat de material moa-
le, care protejează împotriva şo-
curilor 2 *fig F* loc de refugiu *(pen-
tru a ieşi dintr-o încurcătură)*

crash truck ['kræʃ trʌk] s *auto*
camion / macara de depanare

crashworthy ['kræʃwəːði] *adj* re-
zistent la coliziuni

crasis ['kreisis] s 1 constituţie,
temperament 2 *lingv* sincreză,
contracţie

crassly ['kræsli] *adv* grosolan, gre-
oi; sub orice critică; neruşinat,
cu neruşinare

crassness ['kræsnis] s prostie, len-
toare; neruşinare; lipsă de rafi-
nament *sau* delicateţe; **the ~ of
his ignorance** ignoranţa lui crasă

craunch [krɔːntʃ] *vt* a ronţăi, a
sparge în dinţi

crawling ['krɔːliŋ] I *adj* 1 târâtor,
care se târăşte, care se mişcă
încet 2 slugarnic, servil II s târât,
pe târâte

crawlingly ['krɔːliŋli] *adv* târâş,
târându-se

crawly ['krɔːli] *adj* 1 târâtor; **creepy
~** care merge încet ca un melc 2
care are senzaţia de furnică-
turi pe corp

craw thumper ['krɔː ˌθʌmpə] s 1 *sl*
romano-catolic; *amer* catolic, ir-
landez 2 *amer sl* locuitor din
Maryland

crazedness ['kreizidnis] s 1 şu-
brezenie, decrepitudine, deca-
denţă 2 nebunie, sminteală, ali-
enaţie mintală

crazing ['kreiziŋ] s *constr* micro-
fisurare

crazy quilt ['kreizi kwilt] s 1 pla-
pumă din petice *(de diferite mă-
rimi, forme şi culori)* 2 *fig* partid
politic amestecat

CRE *presc de la* **Commission for
Racial Equality** s **the ~** comisie
împotriva discriminării rasiale

cream faced ['kriːm feist] *adj* alb,
palid, galben la faţă *(de frică)*

creaming ['kriːmiŋ] s 1 separare a
caimacului / a smântâni 2 stra-
tificare a unei emulsii 3 decan-
tare / stratificare a latexului

cream-laid paper [ˌkriːmleid 'pei-
pə] s hârtie vărgată de culoare
crem

cream nut ['kriːm nʌt] s *bot* nucă
americană, nucă de America
(Bertholletia excelsa)

cream of tartar [ˌkriːməv 'tɑːtə] s
ch biartrat de potasiu

cream soda ['kriːm ˌsəudə] s bău-
tură gazoasă cu gust de vanilie

cream tea [ˌkriːm 'tiː] s *brit* ceai la
care se servesc chifle cu gem şi
smântână

cream-wove paper [ˌkriːm wəuv
'peipə] s hârtie velină de cu-
loare crem

crease-resistant ['kriːs riˌzistənt]
adj v. **crease-proof**

creasing ['kriːsiŋ] s 1 îndoire, în-
creţire; îndoitură, cută, încre-
ţitură 2 brâu 3 *arhit* mulură 4
poligr formare a cutelor 5 *text*
şifonare, boţire

creatine ['kriːətiːn] s *ch* creatină

creatinine [kri(ː)'ætinin] s *ch* cre-
atinină

creational [kriː'eiʃnəl] *adj* care se
referă la creaţie, creativ

creationism [kriː'eiʃənizm] s 1
creaţionism, doctrina ideologică
despre crearea lumii 2 *rel doc-
trina privind crearea separată a
sufletului în fiecare individ năs-
cut*

creationist [kriː'eiʃənist] s creaţio-
nist, adept al doctrinei creaţio-
nismului

crebrity ['krebriti] s *rar* frecvenţă

credent ['kriːdənt] *adj* 1 încrezător,
care crede, credul, încrezător 2
demn de încredere, demn de
crezut

credentials committee [kri'denʃlz
kəˌmiti] s comisie de validare

creditability [kredə'biliti] s *v.* **cre-
ditableness**

creditableness ['kreditəblnis] s
credit, stimă, reputaţie *(bună)*

credit facilities ['kredit fəˌsilitiːz]
s *fin* creditare avantajoasă

credit insurance ['kredit inˌʃuə-
rəns] s *com* asigurare a credi-
telor

credit limit ['kredit ˌlimit] s plafon
de credit

credit line ['kredit lain] s 1 *brit*
autorizaţie de credit 2 *amer v.*
credit limit

credit rating ['kredit ˌreitiŋ] s grad
de solvabilitate

credit squeeze ['kredit skwi:z] *s* restricție a creditului

credit terms ['kredit tə:ms] *s* condiții de acordare a creditului

credit transfer ['kredit ˌtrænsfə] *s* virament, transfer *(dintr-un cont în altul)*

creditworthiness ['kredit ˌwə:ðinis] *s* solvabilitate

creditworthy ['kredit ˌwə:ði] *adj* solvabil

crednerite ['krednərait] *s minr* crednerit

cree [kri:] *s dial* bordei, colibă; grajd, ștaul

creedless ['kri:dlis] *adj* lipsit de credință, ateu; fără convingere, fără un crez propriu

creeler ['kri:lə] *s text* muncitor care așază / schimbă bobinele pe rastel

creepage ['kri:pidʒ] *s* 1 *ferov* fugă a șinelor *(deplasare longitudinală a șinelor pe traverse)* 2 *el* scurgere de curent pe suprafața unui izolator 3 lunecare *(a electrolitului)*

creepered ['kri:pəd] *adj* acoperit cu plante agățătoare / țărătoare

creeper lane ['kri:pə lein] *s* drum pentru trafic greu / pentru camioane grele

creep hole ['kri:p həul] *s* 1 gaură, vizuină 2 subterfugiu, chichiță, clenci, tertip, mijloc de scăpare, ieșire; scuză

creeping ['kri:piŋ] I *adj* 1 *(d plante)* târâtor, agățător, cățărător; repent 2 care se târăște 3 *fig* care se insinuează / se strecoară, lingușitor, gudurător; supus, plecat, umil 4 care te furnică / mănâncă; *fig* ~ **sensation** fiori II *s* 1 faptul de a se târî 2 *fig* lingușire, fățărnicie, insinuare; atitudine servilă 3 *el* scurgere de curent pe suprafața unui izolator 4 *el* lunecare, fugă *(a electrolitului)* 5 *ferov* fugă a șinelor *(deplasare a șinelor în lungul căii)* 6 *min* așezare a solului, afundare a terenului deasupra unei exploatări miniere

creeping bellflower [ˌkri:piŋ 'belflauə] *s bot* clopoțel *(Campanula ranunculoides)*

creeping bent (grass) [ˌkri:piŋ 'bent (gra:s)] *s bot* iarba-câmpului, iarba-vântului, păiuș *(Agrostis alba, A. stolonifera)*

creeping butter cup [ˌkri:piŋ 'bʌtə kʌp] *s v.* **creeping crowfoot**

creeping Charlie [ˌkri:piŋ 'tʃɑ:li] *s bot* 1 iarbă-de-soaldină, cloioasă, sărpariță, trânjiu *(Sedum acre)* 2 nalbă *(Malva silvestris)* 3 drețe, gălbinele, gălbușoară *(Lysimochia nummularia)*

creeping crowfoot [ˌkri:piŋ 'krəufut] *s bot* floare-de-leac, floare-de-piatră *(Ranunculus repens)*

creeping jennie [ˌkri:piŋ 'dʒeni] *s bot* 1 volbură, rochița-rândunelei *(Convulvulus arvensis)* 2 *v.* **creeping Charlie (3)**

creepingly ['kri:piŋli] *adv* târâș, taraiș, pe tărate, târâș-grăpiș, încet

creeping thyme [ˌkri:piŋ 'taim] *s bot* cimbrișor, cimbru-de-câmp, sărpun *(Thymus serpyllum)*

creeping wheat [ˌkri:piŋ 'wi:t] *s bot* 1 pir *(Triticum repens)* 2 golomoz, noduroasă *(Dactylis glomerata)*

creepy ['kri:pi] *adj* 1 care merge încet ca un melc 2 care are senzația de furnicături pe corp

cremationist [kri'meiʃnist] *s* adept al incinerării cadavrelor

creme caramel [ˌkrem kærə'mel] *s* cremă caramel

creme de la creme [ˌkrem də læ 'krem] *s* crema societății, olita

creme de menthe [ˌkrem də 'mɑ:nt] *s* lichior de mentă

cremona [kri'məunə] *s* vioară de Cremona

cremone bolt [kri'məun bəult] *s constr* cromonă, espanioletă

crenate[1] ['kri:neit] *adj* 1 *bot* crenat, crestat, dințat, zimțat *(d forma unei frunze)* 2 *mil, constr* crenelat, prevăzut cu creneluri

crenate[2] ['kri:neit] *s ch* sare *sau* ester al unui acid crenic

crenation [kri'neiʃn] *s v.* **crenature**

crenature ['krenətʃə] *s bot* crestătură, dinte; formă crenelată / crestată / dințată / dantelată

crenel(l)ate ['krenileit] *s vt constr* a crenela, a prevedea cu creneluri / cu ornamente în formă de creneluri; a dantela

crenel(l)ation [ˌkreni'leiʃn] *s* 1 *constr* crenelare 2 formă dințată, crestată

crenel(l)e ['krenəl, kri'nel] I *s* 1 *constr* crenel, ambrazură, deschizătură pe creasta zidului, creastă *(de zid)* 2 *bot* zimț, dinte, crestătură *(a unei frunze)* II *vt* a crenela, a face creneluri, a prevedea cu creneluri *(un zid)*

crenulated ['krenjuleitid] *adj bot etc.* dințat, crenelat

crenulation [ˌkrenju'leiʃn] *s* 1 formă dințată / crestată, dinți fini, crestături fine 2 *geol* ondulație mică

Creole State ['kri:əul steit] *s amer* statul Louisiana *(din S.U.A.)*

creophagus [kri'ɔtəgəs] *adj* carnivor, care se hrănește cu carne

creosol ['kri:əsəul] *s ch* creosol

crepance ['kri:pəns] *s vet* rană provenită din lovirea picioarelor *(la cal)*

crepe bandage [ˌkreip 'bændidʒ] *s med* bandaj chirurgical

crêpe paper [ˌkreip 'peipə] *s* hârtie creponată

crepitant ['krepitənt] *adj* 1 crepitant, care pârâie 2 horcăitor, hârâitor

crepitus ['krepitəs] *s med* crepitație; horcăit, horcăială, hârâitură, hârâit, hârcăitură

crepon ['krepɔ:ŋ *și pronunția franceză*] *s fr* crepon

crepuscle [kri'pʌsl] *s rar* 1 crepuscul, amurg, înserat, înserare 2 revărsatul zorilor, îngânatul zorilor, zori, mijitul zilei

crepuscular light [kriˌpʌskjulə 'lait] *s* lumină crepusculară

crescentic [kri'sentik] *adj v.* **crescent shaped**

crescent shaped [ˌkresnt 'ʃeipt] *adj* în formă de semilună, de seceră

crescive ['kresiv] *adj* care crește, în creștere

cresol ['kri:səul] *s ch* crezol

cresset ['kresit] *s* 1 fanar, felinar *(de corabie, locomotivă etc.)*; torță, faclă, făclie, masala; far, lumina farului; foc mare aprins în timpul nopții pe țărmuri 2 trepied; cratiță pe trei picioare

cressy ['kresi] *adj bot* plin de creson, care abundă în creson

crested dog's tail [ˌkrestid 'dɔgz teil] *s bot* peptănăriță *(Cynosurus sp.)*

crested lark [ˌkrestid 'lɑ:k] *s orn* ciocârlie-moțată *(Galerida cristata)*

crest fallen ['krest fɔ:lən] *adj* **1** *fig* abătut, descurajat, mâhnit, deprimat, trist, melancolic; fiert, plouat **2** *(d un cal)* cu coama căzută într-o parte

crestfallenness ['krest͵fɔlənnis] *s* descurajare, lipsă de curaj, deprimare, mâhnire

cresting ['krestiŋ] *s constr* coamă *(a acoperişului)*

crestless ['krestlis] *adj* **1** fără creastă / penaj **2** *fig* fără blazon, fără dreptul de a purta armură; obscur, de origine umilă, de jos

crest line ['krest lain] *s geol* linie de creastă

cresylic [kri'silik] *adj ch* crezilic

cresylic acids [kri͵silik 'æsidz] *s ch* acizi crezilici

cretacic period [kri͵tæsik 'piəriəd] *s geol* perioada cretacică

cretic ['kri:tik] **I** *adj* cretan **II** *s metr* amfimacru, picior *(în metrica antică)* dintr-o silabă scurtă între două lungimi

cretify ['kri:tifai] *vi geol* a se calcifica

crew cut ['kru: kʌt] *s* tunsoare-periuță

crewel ['kru(:)əl] *s* şurubiţă de lână *(pentru brodat sau tapiserie);* ~ **work** tapiserie pe canava

crew neck ['kru: nek] **I** *s* croială la baza gâtului **II** *adj* a **crew-neck sweater** pulover la baza gâtului

cribbage board ['kribidʒ bɔ:d] *s* tablă pentru marcare / pentru ţinerea socotelilor la „cribbage"

cribber ['kribə] *s* **1** *v.* **crib biter 2** pungaş, hoţ, persoană care fură **3** copiuţă; persoană care foloseşte o juxtă / o fiţuică

cribbing ['kribiŋ] *s* **1** *min* instalaţie de susţinere cu stive / cu cadre; susţinere cu cadre a unei mine **2** *F* copie, plagiat **3** nărav, tic *(al unui cal care muşcă)* **4** *tehn* plutărit

crib biter ['krib ͵baitə] *s* **1** cal cu nărav / care muşcă **2** *sl* ciufut, urs, om veşnic nemulţumit / supărăcios

crib biting ['krib ͵baitiŋ] *s* muşcătură, nărav *(la cai)*

crib death ['krib deθ] *s amer v.* **cot death**

cribellum [kri'beləm] *pl* **cribella** [kri'belə] *s ent* organul de tors al anumitor păianjeni

cribrate ['kribreit] *adj bot, anat* găurit ca o sită

cribration [kri'breiʃn] *s* cernere, cernut, trecere prin sită

cribriform ['kribrifɔ:m] *adj (d o fibră lemnoasă)* cribriform, găurit ca o sită; ciuruit, cu numeroase orificii mici

cribrose ['kribrəus] *adj v.* **cribrate**

crib strap ['krib stræp] *s* gâtar, spătar, grebănar *(curea legată în jurul gurii unui cal pentru a-l împiedica să muşte)*

cribwork ['krib wə:k] *s* **1** *constr* construcţie de bârne **2** *min* cadru de susţinere cu stive; colivie

cricket ball ['krikit bɔ:l] *s sport* minge de crichet

cricket bat ['krikit bæt] *s sport* baston / bâtă de crichet

cricoid ['kraikɔid] *anat* **I** *adj* cricoid, în formă de cerc, de inel **II** *s* cricoid

cricoid cartilage [͵kraikɔid 'kɑːtilidʒ] *s anat* cartilaj cricoid

crier ['kraiə] *s* **1** strigător public **2** crainic, vestitor, pristav; **town** ~ strigător public / la mezat; **toboşar; court** ~ uşier, aprod *(la un tribunal)* **3** gălăgios, guraliv

crikey ['kraiki] *interj sl (exclamaţie de uimire, admiraţie etc.)* ptiu, drace! măi! ia te uită! la naiba!

crimeless ['kraimlis] *adj* nevinovat, inocent

criminal assault [͵kriminəl ə'sɔ:lt] *s* agresiune criminală, act de violenţă

criminal conversation [͵kriminəl kɔnvə'seiʃn] *s jur* adulter

criminal court [͵kriminəl 'kɔ:t] *s* curte de judecată

criminal damage [͵kriminəl 'dæmidʒ] *s jur delict care constă în provocarea deliberată de pagube materiale*

criminal law [͵kriminəl 'lɔ:] *s jur* cod penal

criminal lawyer [͵kriminəl 'lɔ:jə] *s* avocat specializat în codul penal

criminalness ['kriminəlnis] *s* criminalitate, vinovăţie, culpabilitate, vină

criminal offence [͵kriminəl ɔ'fens] *s* delict

criminal record [͵kriminəl 'rekɔ:d] *s* cazier judiciar

criminate ['krimineit] **I** *vt* **1** (**with a crime**) a incrimina, a învinovăţi, a învinui, a acuza (de crimă) **2** a fi implicat într-o crimă **3** a condamna, a blama, a reproba a dezaproba **II** *vr* a se contrazice în depoziţie, a se da de gol, a se recunoaşte vinovat, a-şi recunoaşte vinovăţia; a furniza probe împotriva propriei persoane, a se acuza singur

crimination [͵krimi'neiʃn] *s* **1** încriminare, învinuire de crimă **2** învinovăţire, acuzare, acuzaţie **3** aspră condamnare, reprobare, blam, oprobriu

criminative ['krimineitiv] *adj* acuzator, învinuitor, denunţător, demascator

criminator ['krimineitə] *s* acuzator, reclamant, pârâtor

criminatory ['kriminətəuri] *adj* care acuză, învinuieşte, denunţă

criminogenesis [͵krimineu'dʒenəsis] *s* origine, geneză a crimei

criminogenic [͵krimineu'dʒenik] *adj* care generează o crimă *sau* criminalitatea

crimpage ['krimpidʒ] *s rar* **1** buclare, încreţire, cârlionţare, frizare, ondulare **2** gofrare **3** *plată primită de cel care recrutează cu sila marinari şi soldaţi*

crimped [krimpt] *adj* **1** încreţit, buclat, frizat, ondulat **2** gofrare **3** recrutat cu sila; prins cu arcanul *(la oaste)*

crimper ['krimpə] *s* **1** *tehn* şan **2** *tehn* presă pentru piele **3** cleşte de strâns / de presat **4** fier de frezat, cleşte de păr **5** *tehn* ratineză, maşină de ratinat **6** *tehn* presă de matriţare, maşină de ambutisat

crimp[1] [krimp] *s înv* vechi joc de cărţi

crimp[2] [krimp] **I** *s* recrut, agent care recrutează marinari şi soldaţi cu sila *sau* ademenindu-i **II** *vt* a recruta *(marinari sau soldaţi)* cu sila sau prin ademeniri; *înv* a prinde cu arcanul *(la oaste)*

crimping iron ['krimpiŋ ͵aiən] *s tehn* **1** fier de rihtuit **2** fier de frezat, cleşte de păr

crimple ['krimpl] *vt înv* a boţi, mototoli, a şifona, a încreţi; a face pliuri / cute la *(rufărie)*, a face să se strângă, să intre *(stofa)*; a şagrina

crimson clover [͵krimzn 'kləuvə] *s bot* trifoi roşu-aprins *(Trifolium sp.)*

cringeling ['krindʒliŋ] s linguşitor; lingău; denunţător

cringe-making [ˌkrindʒ'meikiŋ] adj jenant

cringing ['krindʒiŋ] adj 1 (d un gest) temător, speriat; sfiicios 2 servil, slugarnic, plecat, umil

cringingly ['krindʒiŋli] adv 1 temător, sfiicios, sperios 2 servil, slugarnic, plecat, umil; ploconindu-se, făcând temenele, plecându-şi spinarea

cringle ['kriŋgl] s nav inel de funie, ochet (gaură în vele întărită cu un mic zbir de saulă); zbir de strapazan (pentru rame), ochi de terţarolă; inel mic de funie, de întăpenit funia

crinite[1] ['krainait] adj ca părul / care are înfăţişarea unui smoc de păr

crinite[2] ['krainait] s zool crinoid fosil

crinkle-cut [ˌkriŋkl 'kʌt] adj cu margini ondulate

crinoid ['krainɔid] I adj crinoid, în formă de crin II s zool crinoid, crin de mare (genul Crinoidea)

crinoidal [krai'nɔidl] adj zool crinoid, care conţine resturi fosile de crinoide

crinoidea [krai'nɔidiə] s pl zool crinoide, crini-de-mare

crinoidean [krai'nɔidiən] s zool crinoid, crin-de-mare (genul Crinoidea)

crinum ['krainəm] s bot specie de crin (din familia Amarylidaceae)

cripe(s) [kraip(s)] interj F ptiu! drace! măi! la naiba!

crippled ['kripld] adj 1 schilod, schilodit, sluţit; olog; mutilat; paralizat, damblagit; ~ with rheumatism paralizat de reumatism; to have a ~ foot a fi schilod de un picior, a avea un picior schilod; he is ~ in the left arm e infirm de braţul stâng 2 nav (d un vas) avariat, scos din uz

crippledom ['kripldəm] s rar 1 schilodire, sluţire, sluţenie, ologeală, paralizie 2 F schilod, sluţ

crippler ['kriplə] s tehn material lemnos curb

crippling ['kripliŋ] s tehn deformaţie; îndoire; inflexiune

crisis centre ['kraisis ˌsentə] s celulă de criză (în caz de catastrofe, calamităţi); centru de prim-ajutor pentru femeile bătute

crispate(d) [kris'peit(id)] adj încreţit, buclat, ondulat, învăluit

crispation [kris'peiʃn] s 1 med uşoară contracţie spasmodică, convulsie, crispare (a nervilor) 2 ondulare, încreţire, cârlionţare (a părului)

crispbread ['krispbred] s varietate de pâine uscată

crisper ['krispə] s ladă frigorifică (pentru legume)

crisply ['krispli] adv pe un ton tranşant

crispy ['krispi] adj 1 (d păr) creţ, inelat, încreţit, cârlionţat, ondulat 2 (d un biscuit) crocant, sfărâmicios 3 (d aer dimineaţa) proaspăt, răcoros, rece

cristate ['kristeit] adj cu creastă, cu moţ, moţat

critical angle [ˌkritikl 'æŋgl] s fiz unghi critic

critical density [ˌkritikl 'densiti] s fiz densitate critică

critical mass [ˌkritikəl 'mæs] s ch masă critică

critical pressure [ˌkritikl 'preʃə] s fiz presiune critică

critical realism [ˌkritikl 'riəlizm] s realism critic

critical state [ˌkritikl 'steit] s ch stare critică

critical volume [ˌkritikl 'vɔljum] s fiz volum critic

criticizable ['kritisaizəbl] s criticabil

crizzel, crizzle ['krizl] dial I vi (d sticlă) a deveni aspru / opac; (d piele) a se zbârci II s asperitate pe suprafaţa sticlei (care îi tulbură transparenţa)

croaking ['krəukiŋ] s 1 croncănit 2 orăcăit fig the ~s of envy ţipetele invidiei

croaky ['krəuki] s spart, răguşit, cârâitor (d voce)

croc [krɔk] s presc de la crocodile

croceic acid [krəuˌsi:ik 'æsid] s ch acid croceinic

croceous ['krəuʃiəs] adj şofrăniu, galben ca şofranul, de şofran

crocetin ['krəusətin] s ch crocetină

croche [krəuʃ] s mică excrescenţă la extremitatea cornului unui cerb

crochet hook ['krəuʃei huk] s v. **crochet needle**

crocheting ['krəuʃetiŋ] s croşetat, croşetare, lucru cu igliţa

crochet needle ['krəuʃei ˌni:dl] s croşetă

crochet pin ['krəuʃei pin] s v. **crochet needle**

crocidalite [krə'sidəlait] s minr crocidalit

crock [krɔk] I s negreală, funingine II vt şi intr a (se) murdări / a (se) umple / a (se) înnegri de funingine

crockery ware ['krɔkəri weə] s faianţă, ceramică

crocket ['krɔkit] amer şi ['krɔket] s arhit ornament în formă de frunză

crocky ['krɔki] adj afumat, înnegrit de fum, plin de funingine

crocodile clip ['krɔkədail klip] s el clemă crocodil

crocodile shears ['krɔkədail ʃiəz] s pl tehn foarfeci cu pârghii

crocodilian [ˌkrɔkə'diliən] adj de crocodil

crocoite ['krɔkəuait] s minr cro-coit

crofting ['krɔftiŋ] s arendare

croissant [krwɑː'sɑːŋ şi pronunţia franceză] s corn, chiflă

crook back ['kruk bæk] s ghebos, cocoşat

crook-backed [ˌkruk 'bækt] adj cocoşat, ghebos; to be a ~ a avea cocoaşă, a fi cocoşat

crop-ear ['krɔp iə] s 1 cal, câine cu urechile ciuntite 2 persoană (în trecut spărgător) cu urechile ciuntite / tăiate

cropful, crop-full ['krɔpful] adj 1 cu guşa plină 2 cu burta plină, sătul

cropper ['krɔpə] s 1 cosaş, secerător 2 coasă, seceră 3 plantă, cereală; a good ~ plantă care dă o recoltă bună 4 cultivator; şi share- ~ amer dijmaş 5 orn porumbel guşat 6 poligr maşină de tipar tighel 7 cădere gravă; to come a ~ a cădea (de pe cal, bicicletă etc.); F a veni de-a berbeleacul, de-a dura, de-a rostogolul; a trage o căzătură; a cădea lat, a se trânti la pământ, a-şi frânge gâtul, a-şi rupe nasul, a-şi aduna dinţii de pe jos; to come a heavy ~ a trage o căzătură zdravănă; 8 fig a eşua, a da greş, a nu izbuti; a fi un ratat, (d un comerciant) a da faliment; F a scăpăta, a pierde sume foarte mari

cropping ['krɔpiŋ] *s* **1** strângere *(a recoltei)*, recoltare, seceriş, secerat *(al câmpului)*; cules *(al fructelor)* **2** tăierea vârfurilor unui arbore **3** tundere, tunsoare *(a oilor, a arborilor)* **4** pregătirea solului pentru cultura viitoare **5** *geol* afloriment, ieşire la suprafaţă *(a unui strat)* **6** asolament **7** cruponare

croppy ['krɔpi] *s ist (d puritani)* cap rotund

crop-sick [,krɔp'sik] *adj înv* bolnav de indigestie

crore [krɔ:] *s (cuvânt anglo-indian)* zece milioane

crossable ['krɔ(:)səbl] *adj* traversabil, care poate fi traversat / trecut / străbătut

cross action [,krɔs 'ækʃn] *s jur* proces de contra-jalbă

cross aisle ['krɔs ail] *s arhit* transept, *parte din biserică ce desparte nava de cor şi formează braţele crucii*

crossarm ['krɔs ɑ:m] *s* **1** *constr* traversă, bară, grindă transversală, antretoază **2** *nav* traversă, grindă de punte **3** *tehn* balansier

cross-axle ['krɔs ,æksl] *s tehn* ax motor cotit al unei locomotive cu manivelele în unghi de 90°

cross-beak ['krɔsbi:k] *s v.* **crossbill**

cross bearer ['krɔs ,beərə] *s* **1** purtător al crucii **2** *amer constr* traversă, bară, grindă transversală, antretoază, stinghie

cross bearing ['krɔs ,beəriŋ] *s* **1** *top* intersecţie **2** *nav* relevment încrucişat / simultan *(determinarea unui punct prin două relevmente)*

cross bedding ['krɔs ,bediŋ] *s geol* stratificaţie / stratificare diagonală / oblică

cross belt ['krɔs belt] *s mil* bandulieră

cross bencher ['krɔs ,bentʃə] *s part* membru al unui partid de centru, centrist

crossbill ['krɔsbil] *s jur* cerere de contrajalbă

cross bit(t) ['krɔs bit] *s* **1** *nav* bolard transversal **2** *min* sapă în cruce *(a perforatoarelor)*

cross bite ['krɔs bait] *înv* **I** *s* înşelăciune contra înşelăciune, şiretlic pentru şiretlic **II** *vt* a în-

şela, a pungăşi, a opune înşelăciunii *(cuiva)* altă înşelăciune

cross blocking ['krɔs ,blɔkiŋ] *s silv* sapă-târnăcop

cross bond ['krɔs bɔnd] *s* **1** *tehn* legătură transversală **2** *constr* zidărie în cruce

cross bowman ['krɔs ,bəumən], *pl* **cross bowmen** ['krɔs bəumen] *s ist* arbaletier, soldat înarmat cu o arbaletă

cross brace ['krɔs breis] *s tehn* **1** antretoază, bară de distanţare, traversă diagonală **2** *constr* proptea, reazem, contrafişă, sprijinire, susţinător, montant, consolă diagonală **3** bară trăgătoare, strângere; *constr* tirant, coardă, chingă

cross-bracing ['krɔs,breisiŋ] *s tehn* contravântuire în cruce; îmbinare transversală

cross-bred yarns ['krɔsbred ,jɑ:nz] *s pl text* fir melanj

cross-Channel [,krɔs'tʃænəl] *adj (d feribot)* care traversează Canalul Mânecii

cross connection ['krɔs kə,nekʃn] *s* conexiune încrucişată, legătură în cruce

cross cultural [,krɔs 'kʌltʃərəl] *adj* între culturi

cross current ['krɔs ,kʌrənt] *s* **1** contracurent, curent de direcţie contrară **2** *el* curent de egalizare, de compensaţie **3** curent încrucişat

cross-cut ['krɔs kʌt] **I** *s* scurtătură **2** *min* galerie transversală; galerie auxiliară în steril; galerie diagonală, suitoare de aeraj diagonală / transversală **3** *tehn* tăiere, secţionare transversală, diagonală; secţiune transversală; profil **4** traverbanc **II** *adj* transversal, diagonal **III** *vt* a tăia, a secţiona transversal

cross-cut file [,krɔs kʌt 'fail] *s tehn* pilă cu tăietură dublă / cu tăieturi încrucişate

cross direction [,krɔs di'rekʃn] *s tehn* direcţie transversală

cross-dressing [,krɔs 'dresiŋ] *s* **1** travesti **2** *psih* travestire *(purtarea hainelor celuilalt sex)*

crosse [krɔs] *s sport* crosă

cross-eyed ['krɔsaid] *adj* încrucişat, saşiu, zbanghiu, cu un ochi la slănină şi altul la făină

cross fall [,krɔs 'fɔ:l] *s* pantă transversală

cross fault [,krɔs 'fɔ(:)lt] *s geol* falie transversală / ortogonală

cross feed ['krɔs fi:d] *s tehn* avans transversal

cross fertilization [,krɔs fə:ti-lai'zeiʃən] *s* polenizare încrucişată *(pe o plantă)*

cross-fertilize [,krɔs 'fə:tilaiz] *vt* a face polenizare încrucişată *(pe o plantă)*

cross file [,krɔs fail] *s tehn* pilă ovală, cuţit pentru fasonarea formelor

cross garnet ['krɔs ,gɑ:nit] *s tehn* bârnă în formă de T

cross grain ['krɔs grein] *s* **1** fibră creaţă / toarsă / răsucită *(defect al lemnului)* **2** *fig* piedică, obstacol, eroare, greşeală

cross hairs ['krɔs heəz] *s* **1** *opt* reticul în cruce *(la un instrument optic)* **2** *fiz* fire reticulare

cross-hatch ['krɔs hætʃ] *vt* a grava cu linii de haşuri

cross head ['krɔs hed] *s* **1** *tehn* capul bielei **2** *ferov* patina capului de cruce, loc plan de bandaj **3** *tehn* berbec, culisou, cursor **4** *tehn* cap de cruce **5** *tehn* ramificaţie, cruce, suport în cruce

crossheaded [,krɔs'hedid] *s (tirbuşon etc.)* cu cap în formă de cruce

cross heading ['krɔs ,hediŋ] *s* **1** *poligr* subtitlu *(într-un articol de ziar)* **2** *min* galerie de abataj

cross index [,krɔs' indeks] **I** *vi* a trimite la, a face referinţă la **II** *vt* a stabili un corp de referinţe şi trimiteri *(la un text, la o lucrare)* **III** *s* referinţe, trimiteri

cross-kick ['krɔs kik] *sport* **I** *s* lovitură cu piciorul, care trimite balonul în cealaltă parte a terenului **II** *vt* a trimite balonul în cealaltă parte a terenului

cross lamination [,krɔs læmi-'neiʃn] *s geol* stratificaţie oblică înclinată

cross line ['krɔs lain] *s* **1** *mat, poligr* linie de fracţie **2** *pl fiz* reticul

crossness ['krɔ(:)snis] *s* iritabilitate, irascibilitate; arţag, spirit gâlcevitor

cross-party [,krɔs'pɑ:ti] *adj* ~ **agreement** acord între partide

cross peen ['krɔs piːn] *s met* pană în cruce *(la ciocane)*

cross-pollinate [,krɔs'pɔlineit] I *vi* a se reproduce prin polenizare încrucişată II *vt* a poleniza încrucişat

cross-pollination [,krɔspɔli'neiʃn] *s bot* polenizare încrucişată

cross question ['krɔs kwestʃn] *vt* a supune unui interogatoriu încrucişat *(de către procuror şi apărător)*

cross rail ['krɔs reil] *s constr* şină transversală; traversă *(de uşă)*

cross rate ['krɔs reit] *s* curs valutar, corelaţie a parităţilor

cross ratio ['krɔs,reiʃiəu] *s mat* biraport; raport anarmonic

cross refer [,krɔsri'fəː] I *vi* to ~ to smth a face referinţă la II *vt* a constitui un corp de trimiteri *(la o carte)*

cross reference [,krɔs 'refrəns] *s* referitor la un alt pasaj din aceeaşi carte

crossrow ['krɔs rəu] *s* 1 *înv* alfabet 2 şir care întretaie un alt şir

cross sea ['krɔs siː] *s nav* valuri împotriva vântului

cross slide ['krɔs slaid] *s tehn* sanie transversală

cross spider ['krɔs,spaidə] *s* 1 *ent* păianjen cu cruce *(Araneida diadema)* 2 *tehn* reticul *(într-un instrument optic)*

cross staff ['krɔs staːf] *s* 1 echer topografic 2 alidadă 3 riglă mobilă *(a unui instrument de măsurat unghiuri)*

cross stone ['krɔs stəun] *s minr* chiastolit, harmatom

cross timber ['krɔs,timbə] *s* 1 *constr* pervaz, toc, montant 2 *arhit* impostă

crosstown ['krɔstaun] *amer* I *adj (arteră, autobuz etc.)* care traversează oraşul II *adv* dintr-o parte într-alta a oraşului

cross vault ['krɔs vɔ(ː)lt] *s arhit* boltă în cruce, boltă încrucişată, cu muchii ieşinde

cross veins ['krɔs veinz] *s min* filoane încrucişate

cross voting ['krɔs,vəutiŋ] *s* votare împotriva propriului partid

cross walk ['krɔs wɔːk] *s* traversare; trecere, pasaj

cross wind ['krɔs wind] *s* vânt schimbător; vânt transversal; vânt lateral / contrar

cross wires ['krɔs,waiəːz] *s* reticul în cruce *(la o lunetă)*

crosswort ['krɔswəːt] *s bot* smântânică *(Galium cruciatum)*

crotcheteer [,krɔtʃi'tiə] *s* fantezist, om cu ciudăţenii, cu toane, excentric

crotonic acid [krə,təunik 'æsid] *s ch* acid crotonic

croton oil ['krəutən ɔil] *s tehn* ulei de croton

crowberry ['krəu bəri] *s bot* vuietoare *(Empetrum nigrum)*

crow bill ['krəu bil] *s* cleşte de dentist[1]

crowder[1] ['kraudə] *s teatru sl* sală plină

crowder[2] ['kraundə] *s F* viorist, violonist, ceteraş

crowdpleaser ['kraud,pliːzə] *s* demagog

crowdpuller ['kraud,pulə] *s brit F* piesă/discurs *etc.* cu succes la public

crowd scene ['kraud,siːn] *s* scenă cu mulţimea *(într-o piesă de teatru etc.)*

crow flower ['krəu,flauə] *s bot* floarea-cucului *(Lychnis flos cuculi)*

Crown Agent [,kraun 'eidʒnt] *s (în Marea Britanie)* agent al Coroanei *(funcţionar care reprezintă interesele unei colonii britanice)*

crown block ['kraun blɔk] *s (industria petrolieră)* geamblac, coroana turlei

crown cap ['kraun kæp] *s brit* dop sau capac cu clemă

Crown Colony ['kraun,kɔləni] *s* colonie britanică fără autoguvernare

crown gall ['kraun gɔːl] *s bot* cancer de plante

crown glass ['kraun glaːs] *s* sticlă kron / crown

crown grafting ['kraun,graːftiŋ] *s* altoire în coroană

crown imperial [,kraun im'piriəl] *s* coroana imperială

crowning ['krauniŋ] I *s* 1 încoronare; încununare 2 *mil* coronament 3 *tehn* bombardament II *adj* care încununează / încheie; suprem; **the ~ of her career** cel mai mare succes al carierei ei 2 *umor (d păr)* ~ **glory** coamă de păr

crown law ['kraun lɔː] *s jur* drept penal

crown princess [,krəun 'prinses] *s* prinţesa moştenitoare; soţia prinţului moştenitor

crow's feet ['krəuz fiːt] *s pl* 1 *mil* obstacol alcătuit din bucăţi de fier cu vârfuri ascuţite aruncate în şanţuri etc. pentru a-l opri pe inamic să înainteze 2 cute, încreţituri la colţul ochilor, laba-gâştei

croze [krəuz] *s* gardină *(la butoaie)*

crozer ['krəuzə] *s* gărdinar

CRT *presc de la* **cathode-ray tube** tub catodic *(la televizor)*

crucian ['kruːʃən] *s iht şi* ~ **carp** caras *(Carassius vulgaris auratus)*

cruciate ['kruːʃieit] *adj* cruciform, în formă de cruce

crucible furnace [,kruːsibl 'fəːnis] *s tehn* cuptor de creuzet

crucible steel [,kruːsibl 'stiːl] *s met* oţel de creuzet

crucifer ['kruːsifə] *s rel* purtătorul crucii *(în timpul unei procesiuni)*

cruciferous [kruː'sifərəs] *adj bot* crucifer

crud [krʌd] *s F* 1 mizerie, murdărie, jeg; **you ~!** jegosule! 2 boală mortală

cruddy ['krʌdi] *adj* 1 mizerabil, jegos 2 scârbos

crudely ['kruːdli] *adv* 1 vulgar, cu grosolănie; crud, brutal 2 rudimentar, neprelucrat

crude oil [,kruːd 'ɔil] *s* ţiţei

Cruft's [krʌfts] *s (în Marea Britanie)* cel mai important concurs canin, care se ţine în fiecare an la Londra

cruise missile [,kruːz 'misail] *s* rachetă de croazieră

cruise weight ['kruːz weit] *s sport* 1 boxer de categoria semi-grea 2 categoria semi-grea

cruller ['krʌlə] *s amer gastr* clătită

crumbs [krʌmz] *interj brit înv* phii! drace! la naiba!, hait!

crumby ['krʌmi] *adj* 1 presărat cu fărâmituri 2 moale *(ca miezul de pâine)* 3 *amer* ieftin 4 *amer* murdar; respingător; ticălos

crummy ['krʌmi] *adj* 1 *v.* **crumby** (1, 2) 2 *sl (d femei)* atrăgătoare, apetisantă, frumoasă, nurlie 3 *sl* bogat, înstărit; cu buzunarele pline

crump [krʌmp] I *vt* 1 a lovi cu putere (↓ *mingea la crichet)* 2 *mil sl* a împuşca, a trage în II *s* 1 izbitură, lovitură puternică 2 cădere, bufnitură 3 *min sl* proiectil exploziv *(greu)*; detunătură, bubuit de proiectil exploziv

crumpler ['krʌmplə] *s* **1** *F* cădere *(a călărețului și a calului)* **2** *sl* cravată

crumpling ['krʌmpliŋ] *s* **1** mototolire, boțire **2** pitic

crunchy ['krʌntʃi] *adj* **I** crocant **2** *(d pietriș, zăpadă)* care scârțâie, care scrâșnește *(sub picioare)*

crural ['kruərəl] *adj anat* crural, care ține de / referitor la coapsă

Cruse ['kru:z] *s* asociație pentru sprijinirea celor care au pierdut pe cineva drag

crusher ['krʌʃə] *s* **1** cineva *sau* ceva care distruge *etc.; sl* he gave me a ~ mi-a dat o replică zdrobitoare / nimicitoare; *sl* beetle ~s picioare mari, picioroange; cizme mari; *amer, mil sl* gravel ~ infanterist, pifan **2** *tehn* concasor, piatră grea de moară; koliergang, moară de fărâmițare **3** *sl* polițist, copoi

crush hat ['krʌʃ ˌhæt] *s* **1** pălărie moale, de fetru **2** *F* clac

crushing strength [ˌkrʌʃiŋ'streŋθ] *s tehn* rezistență la turtire / strivire; tensiune de compresiune

crush room ['krʌʃ ˌru(:)m] *s F teatru* foaier

Crustacea [krʌs'teiʃiə] *s pl zool* crustacee

crustiness ['krʌstinis] *s* arțag, fire *sau* dispoziție certăreață, gâlcevitoare, arțăgoasă

crut [krʌt] *s min* galerie de profil mic

cryogenic [ˌkraiəu'dʒenik] *adj* criogenic

cryogenics [ˌkraiə'dʒeniks] *s* **1** criologie **2** criogenie

cryohydrate [ˌkraiəu'haidrit] *s ch* criohidrat

cryolite ['kraiəlait] *s minr* criolit

cryometer [krai'ɔmitə] *s* criometru

cryoscopy [krai'ɔskəpi] *s ch, fiz* crioscopie

cryptanalysis [ˌkriptə'næləsis] *s* criptografie

crypto- ['kriptəu] *(în cuvinte compuse)* cripto-; ~fascist criptofascist

cryptogamic [ˌkriptəu'gæmik] *adj bot* criptogamic, de criptogamă

cryptogamous [krip'tɔgəməs] *adj v.* **cryptogamic**

cryptograph ['kriptɔgrɑːf] *s* criptogramă, text scris cu caractere secrete; document cifrat

cryptographer [krip'tɔgrəfə] *s* codificator, *funcționar* însărcinat cu transpunerea documentelor în scriere cifrată

cryptographic(al) [ˌkriptə'græfik(l)] *adj* criptografic

crystal lattice ['kristl ˌlætis] *s ch* rețea cristalină

crystal ball [ˌkristl 'bɔl] *s* glob de cristal

crystal gazer ['kristl ˌgeizə] *s* prezicător *(care citește într-un glob de cristal)*

crystalliform [kri'stælifɔːm] *adj* cristalin; asemănător cu un cristal

crystalline lens [ˌkristəlain 'lenz] *s anat* cristalin

crystallite ['kristəlait] *s minr* cristalit

crystallization [ˌkristəlai'zeiʃn] *s ch, mineral* cristalizare

crystalloblastic [ˌkristəleu'blæstik] *adj minr* cristaloblastic

crystallogram ['kristəleuˌgræm] *s* cristalogramă

crystallographic [ˌkristəleu'græfik] *adj* cristalografic

crystalloid ['kristəlɔid] *ch, fiz* **I** *adj* cristaloid, cu aspect de cristal **II** *s* cristaloid

crystal seed ['kristl si:d] *s ch* cristal de priză

CSA *presc de la* **Confederate States of America** *ist (în războiul de secesiune)* Statele Confedera- te, sudiștii

CSC *presc de la* **Civil Service Commission** comisie de recrutare a funcționarilor publici

CSE *presc de la* **Certificate of Secondary Education** *(în Marea Britanie, în trecut)* certificat de învățământ gimnazial

CSEU *presc de la* **Confederation of Shipbuilding and Engineering Unions** *(în Marea Britanie)* confederația sindicatelor din construcții navale și industria mecanică

CS gas [ˌsi'es gæs] *s brit* gaz lacrimogen

CSM *presc de la* **Company Sergeant Major** plutonier de companie

CST *presc de la* **Central Standard Time** *ora de iarnă în centrul Statelor Unite*

CSU *presc de la* **Civil Service Union** sindicat al funcționarilor

ct *presc de la* **carat** carată

CT *presc de la* **Connecticut** stat în S.U.A.

CTC *presc de la* **City Technology College** colegiu tehnic britanic,

de obicei aflat în cartierele defavorizate ale unui oraș

cubage ['kju:bidʒ] *s* cubaj; volum în m³; capacitate, conținut

Cuba libre [ˌkju:bə 'li:brə] *s amer* cocteil alcătuit din coca-cola, rom și suc de lămâi verzi

cubbed [kʌbd] *adj (d animale sălbatice)* cu pui

cubbish ['kʌbiʃ] *adj* **1** greoi, stângaci, neîndemânatic **2** prost crescut

cubby ['kʌbi] *s* colț tihnit, locșor tihnit / confortabil; locuință confortabilă; odăiță confortabilă

cubby house ['kʌbi haus] *s* casă de păpuși

cube spar ['kju:b spɑː] *s minr* anhidrid, carstenit

cubically ['kju:bikəli] *adv mat* prin ridicare la puterea a treia

cubic contents [ˌkju:bik 'kɔntents] *s* cubaj

cub master ['kʌb ˌmɑːstə] *s* conducător al unui grup de cercetași *(organizație pentru copii)*

cub scout, Cub Scout ['kʌb ˌskaut] *s* membru al unei organizații de cercetași

cuboid ['kju:bɔid] **I** *adj* cuboid(al) **II** *s* **1** *anat (os)* cuboid **2** *geom* cuboid, paralelipiped dreptunghic

cucking stool ['kʌkiŋ stu:l] *s ist* scaun al infamiei *(pe care se legau femeile cu purtări frivole și negustorii necinstiți)*

cuckoo bread ['kuku: bred] *s v.* **cuckoo's bread**

cuckoo flower ['kuku: ˌflauə] *s bot* **1** stupitul-cucului, scuipatul-cucului *(Cardamine pratensis)* **2** *înv* floarea-cucului *(Lychnis flos cuculi)*

cuckoo-like ['kuku: laik] *adj* asemănător cu cucul

cuckoo's bread ['kuku:s bred] *s bot* măcrișul-iepurelui *(Oxalis acetosella)*

cuckoo's meat ['kuku:z mi:t] *s v.* **cuckoo's bread**

cuckoo spit ['kuku: spit] *s* **1** secreție spumoasă lăsată pe frunzele plantelor de larvele anumitor insecte **2** larvă, mai ales a speciei *Cercopis spumaria* **3** *bot* stupitul-cucului, scuipatul-cucului *(Cardamine pratensis)* **4** *bot* porumbul-cucului, barba-lui-Aron, cocoșoaică, rodul-pământului *(Arum maculatum)* **5** *bot* păștiță, floarea-vântului *(Anemone ulmorosa)*

cuculine ['kju:kjulin] *adv v.* **cuckoo-like**

cuculus ['kju:kjuləs] *s lat, orn* cuc

cucumber tree ['kju:ˌkʌmbə tri:] *s bot* magnolie americană (↓ *Magnolia acuminata* și *Magnolia cordada*)

cucurbit [kju:'kə:bit] *s ch* alambic; vas de distilare; retortă

cucurbitaceae [ˌkju:kə:bi'teiʃii:] *s pl* cucurbitacee

cucurbiteae [ˌkju:kə:bi'tii:] *s pl v.* **cucurbitaceae**

cudweed ['kʌdwi:d] *s bot* siminoc, siminic (*Gnaphalium sp.*)

cue ball ['kju: bɔ:l] *s* bila albă (la jocul de biliard)

cue bid ['kju: bid] *s (la bridge)* cue bid (anunț de forță, în care un jucător licitează o culoare declarată de flancuri)

cueist ['kju:ist] *s* jucător de biliard

cuesta ['kwestə] *s geol* structură de falii în trepte

cuff link ['kʌf liŋk] *s* buton de manșetă

Cufic ['kju:fik] *s* veche scriere arabă

cu.in. *presc de la* **cubic inch**(es) inci cub(i)

cuirassier [ˌkwirə'siə] *s ist* cuirasier

cuisinerie [kwi'zinəri] *s fr* artă culinară, bucătărie, gătit, pricepere la gătitul mâncării

cul-de-sac station ['kʌldə'sæk steiʃn] *s ferov* stație terminus, cap de linie

Culloden Moor [kəˌlɔdn 'mɔ:] *s ist* bătălie în care scoțienii, conduși de Charles Edward Stuart, au fost învinși de armata engleză

cully ['kʌli] *s* 1 (om) înșelat, păcălit, fraier 2 *F* prieten, amic, tovarăș, camarad

culm[1] [kʌlm] *s bot* pai, culm, lujer, tulpină (goală pe dinăuntru)

culm[2] [kʌlm] *s geol* pisc, culme, crestet

culm[3] [kʌlm] *s* praf de cărbune / de antracit; culm; cărbune

culminating ['kʌlmineitiŋ] *adj* culminant

culottes [kju:'lɔts] *s* fustă-pantalon

cultism ['kʌltizm] *s lit* cultism, gongorism

cultist ['kʌltist] *s lit* cultist, gongorist, adept al stilului bombastic al lui Gongora y Argote (1561-1627)

cultivar ['kʌlti,va:] *s* specie, varietate, rasă, obținută prin cultură sau creată artificial

cultiv(at)able ['kʌltiv(eit)əbl] *adj* (d pământ) cultivabil

Cultural Revolution [ˌkʌltʃrəl revə'lju:ʃn] *s* Revoluția culturală (în China)

culture medium ['kʌltʃə,midjəm] *s* mediu de cultură

culture shock ['kʌltʃə ʃɔk] *s* șoc cultural

culture vulture ['kʌltʃə ,vʌltʃə] *s umor* persoană ahtiată după cultură

culverin ['kʌlvərin] *s ist mil* tun mic, piesă de artilerie ușoară

culverwort [ˌkʌlvə'wɔːt] *o bot* oāl dărușă (*Aquilegia vulgaris*)

cum [kʌm] *formă slabă* [kəm] *prep lat* cu; **~ dividend** inclusiv dividendul

cumbersomeness ['kʌmbəsəmnis] *s* incomoditate, stânjeneală

cumbrance ['kʌmbrəns] *s înv* povară; piedică, obstacol

Cumbrian ['kʌmbriən] **I** *adj* din Cumberland (comitat din Anglia) **II** *s* locuitor al comitatului Cumberland

cumbrousness ['kʌmbrəsnis] *s v.* **cumbersomeness**

cumene ['kju:min] *s ch* cumenă

cumfrey ['kʌmfri] *s* tătăneasă; iarbă-băloasă (*Symphytum officinale*)

cum laude [ˌkʌm'lɔ:di] *adv școl* cum laude, cu distincție

cummer ['kʌmə] *s scot* 1 cumătră 2 cumătră, țață, femeie guralivă, bârfitoare, palavragioacă, bârfă 3 prietenă, amică

cumshaw ['kʌmʃɔ:] **I** *s* mită, șperț, ciubuc; bacșiș **II** *vt* a mitui, a șpertui, a da șperț (cuiva)

cumulant ['kju:mjulənt] *s mat* semiinvariant

cumulation [ˌkju:mju'leiʃn] *s* 1 adunare, acumulare, îngrămădire 2 *jur* conexare

cumulative vote [ˌkju:mjulətiv 'vəut] *s* vot cumulativ, sistem electoral în care alegătorul are un număr de voturi egal cu al candidaților și poate să ofere toate voturile unui candidat sau să le repartizeze după cum dorește

cumulo-cirro-stratus [ˌkju:mjuləsirəu'streitəs] *s meteor* cumulo-ciro stratus

cumulo-stratus [ˌkju:mjulə 'streitəs] *s meteor* cumulo-stratus

cunnilingus [ˌkʌni'liŋgəs] *s* sex oral (practicat asupra unei femei)

cunt [kʌnt] *s vulg* vagin

cup and ball [ˌkʌp ən'bɔ:l] *s* bilbochet (joc în care o minge trebuie prinsă într-o cupă)

cup cake ['kʌp keik] *s* fursec, prăjitură coaptă într-o formă concavă

cupel(l)ate ['kju:pəleit] *vt* a cupela

cup grease ['kʌp gri:s] *s* unsoare consistentă

cup holder ['kʌp ,həuldə] *s sport* deținător al cupei

Cupid's bow [ˌkjupidz 'bau] *s* arcul lui Cupidon; formă clasică a unui arc; conturul buzelor

cup lichen ['kʌp ,laikən] *s bot* trâmbița-mușchiului (*Cladonia pyxidata*)

cup man ['kʌpmən] *s rar* tovarăș de chef; prieten

cup moss ['kʌp mɔs] *s v.* **cup lichen**

cup mushroom ['kʌp ,mʌʃrum] *s bot* 1 urechea-babei (*Peziza coccinea*) 2 pitacul-dracului (*Peziza venosa*)

cupping ['kʌpiŋ] *s* 1 *med* aplicare de ventuze 2 *tehn* ambutisare

cupping glass ['kʌpiŋ gla:s] *s med* ventuză, pahar

cuppy ['kʌpi] *adj* în formă de cupă

cupreous ['kju:priəs] *adj minr, met, ch* 1 care conține cupru 2 de culoarea cuprului

cupriferous [ˌkju:(:)'prifərəs] *adj v.* **cupreous (1)**

cuprite ['kju:prait] *s minr* cuprit (minereu roșu de cupru)

cupro-nickel [ˌkju:prəu 'nikl] *s* aliaj cupru-nichel

cuprous ['kju:prəs] *adj ch* cupros

cuprous chloride [ˌkju:prəs 'klɔ:raid] *s ch* clorură cuproasă

cuprous oxide [ˌkju:prəs 'ɔksaid] *s ch* protoxid de cupru, oxid cupros

cup tie ['kʌp tai] *s sport* meci de cupă

cup-tied [ˌkʌp 'taid] *adj* (d un jucător) descalificat într-un meci de cupă

cup wheel ['kʌp wi:l] *s tehn* piatră-oală

curare, curari [ˌkju'ra:ri] *s* otravă cu stricnină (cu care amerindienii ungeau capătul săgeților)

curassow ['kju:rəsəu, kju'ræsəu] *s orn* curcan brazilian *(Crax alector)*

curate's egg [,kjuərəts 'eg] *s brit* it's like the ~ are și părți bune și părți rele

curb(-side) service [,kə:bsaid 'sə:vis] *s amer* servirea mesei în mașină *(în restaurantele drive-in)*

curb bit ['kə:b bit] *s* zăbală cu strună

curb roof ['kə:b ru:f] *s* acoperiș cu două versante; acoperiș mansardat

curbstone ['kə:bstəun] *s amer* piatră de bordură

curcuma paper ['kə:kjumə ,peipə] *s* hârtie de curcuma

curcumin ['kə:kjumin] *s ch* curcumină

curd cheese ['kə:d ,tʃi:z] *s* brânză de vacă

curdling ['kə:dliŋ] *s* brânzire, covăsire

cured [kjuəd] *adj* 1 vindecat, lecuit și *fig* însănătoșit 2 conservat; afumat; sărat 3 *tehn* vulcanizat; condiționat; conservat ; protejat

curer ['kjuərə] *s* 1 doctor, medic 2 *F* leac, remediu

curette [kju'ret] *fr, med* I *s* curetă II *vt* a cureta, a curăța cu cureta

curing ['kjuəriŋ] *s* 1 conservare *(prin afumare sau sărare)* 2 *tehn* protejare; condiționare; vulcanizare

curled [kə:ld] *adj* 1 *(d păr)* cârlionțat, ondulat 2 *(d apă)* ondulat, vălurit

curling ['kə:liŋ] I *s* 1 *joc scoțian în care se aruncă pe gheață pietre șlefuite prevăzute cu câte o coadă* 2 ondulare, încrețitură, buclare, frizare; unduire II *adj* 1 care se încrețește *etc.* 2 *(d păr)* (în)cârlionțat, buclat 3 *(d fum, nori etc.)* cu crețuri; șerpuitor; unduitor

curlingdie ['kə:liŋdai] *s met* ștanță de bordurat / de bercluit *(tablă)*

curly kale [,kə:li 'keil] *s* specie de varză creață

currant bun [,kʌrənt 'bʌn] *s* pâinișoară dulce cu stafide

currency note ['kʌrənsi nəut] *s fin* bancnote

current affairs [,kʌrənt ə'feəz] *s* subiecte de actualitate

current assets [,kʌrənt 'æsets] *s* active curente

current balance ['kʌrənt ,bæləns] *s el* balanță electrodinamică

current bedding ['kʌrənt ,bediŋ] *s geol* stratificare oblică / diagonală / normală

current intensity ['kʌrənt in,tensiti] *s el* intensitatea curentului

current liabilities [,kʌrnt laiə'biliti:z] *s ec* pasive curente

current-meter ['kʌrənt ,mi:tə] *s* 1 *hidr* hidrometru, curentometru 2 *el* ampermetru

current yield ['kʌrənt ji:ld] *s el* randament în curent

curried ['kʌrid] *adj* condimentat cu un condiment indian, curry

currier ['kʌriə] *s* tăbăcar, (lucrător) pielar

curry powder ['kʌri,paudə] *s* curry *(pulbere preparată din curcumă și folosită drept condiment)*

curry sauce ['kʌri sɔ:s] *s* sos ce conține un condiment indian, curry

cursedly ['kə:sidli] *adv* nelegiuit, detestabil, infam; insuportabil

curtain board ['kə:tn bɔ:d] *s* cortină de incendiu / de siguranță

curtained ['kə:tnd] *adj (d o ușă, fereastră)* acoperit cu o perdea

curtain fall ['kə:tn fɔ:l] *s* 1 căderea cortinei 2 *fig* încheiere, sfârșit

curtain hook ['kə:tn huk] *s* cârlig de perdea

curtain rail ['kə:tn reil] *s* vergea metalică pentru perdea

curtain ring ['kə:tn riŋ] *s* inel de perdea

curtain rod ['kə:tn rɔd] *s v.* **curtain rail**

curtate ['kə:teit] *s cib* linie / diviziune orizontală *(a unei cartele perforate)*

curtilage ['kə:tilidʒ] *s jur* curte, terenul (împrejmuit) învecinat cu casa

curtness ['kə:tnis] *s* asprime, grosolănie, bruschețe

curvaceous [kə:'veiʃəs] *adj* umor opulent, bine făcut

curved stone [,kə:vd 'stəun] *s constr* piatră profilată

curvilinear [,kə:vi'liniə] *adj* curb(iliniu), arcuit, șerpuit(or), neliniar

curvy ['kə:vi] *adj* 1 șerpuit, sinuos 2 *(d o femeie)* rotunjoară, bine făcută

cushat ['kʌʃət] *s orn, dial și poetic* guguștiuc *(Palambus torquatus, Streptopelia decaocto)*

cushioning ['kuʃniŋ] *s* a matlasa, a capitona, a tapița

cuspid ['kʌspid] *s anat* (dinte) canin, dinte câinesc; colț

cuspidal ['kʌspidəl] *adj* 1 cu (un) vârf ascuțit, terminat într-un vârf ascuțit; țuguiat 2 *mat* cu vârfuri; cu puncte de întoarcere

cuspidate(d) ['kʌspideit(id)] *adj v.* **cuspidal**

custard apple [,kʌstəd 'æpl] *s* 1 fruct tropical (provenit de la copacul *Annona reticulata* 2 *bot* copac din genul *Annona* 3 copacul *Asimina triloba*; fructul comestibil al acestui copac

custard cream (biscuit) [,kʌstəd kri:m ('biskit)] *s* biscuit umplut

custard pie [,kʌstəd 'pai] *s* tartă cu cremă

custard powder ['kʌstəd ,paudə] *s* pudră pentru prepararea cremelor

custard tart [,kʌstəd 'ta:t] *s v.* **custard pie**

Custer ['kʌstər] *s* ~'s **Last Stand** expresie desemnând bătălia de la *Little Bighorn*, condusă de generalul american Custer împotriva indienilor *Sioux* (1876)

custodial [kʌs'təudjəl] *adj* 1 *jur* referitor la privarea de libertate 2 ~ **staff** personal de pază, de supraveghere

customable ['kʌstəməbl] *adj* supus taxării vamale

customize ['kʌstəmaiz] *vt* a fabrica *sau* a construi la comandă

customs officer ['kʌstəmz ,ofisə] *s* vameș

custom-tailored [,kʌstəm'teiləd] *adj* făcut / lucrat) de comandă

cut-and-dried [,kʌtən'draid] *adj* prestabilit, conceput anterior; it's all ~ totul este pus la punct

cut-and-paste [,kʌtən 'peist] *vt, vi* a realiza un colaj

cut film ['kʌt film] *s fot* planfilm

cutie ['kju:ti] *adj F* 1 drăguț, drăgălaș 2 rău, răutăcios

cutie-pie ['kju:ti pai] *s F* scumpule!, iubitule! drăgălașule!

cutler ['kʌtlə] *s* 1 *(meseriaș)* cuțitar 2 negustor de cuțitărie

cut-price [,kʌt 'prais] I *adj* 1 cu preț redus, cu rabat II *adj* la preț redus, cu reducere de preț

cut sugar [,kʌt 'ʃugə] *s* zahăr tăiat

cut-throat ['kʌt θrəut] *s* ucigaș, asasin

cuttingly ['kʌtiŋli] *adv* cu răutate

cuttle ['kʌtl] *s* **1** sau ~ fish *zool* caracatiță *(Octopus vulgaris)* **2** *zool* sepie *(Sepia officinalis)* **3** *înv* cuțit

cuttle bone ['kʌtl bəun] *s* **1** placă osoasă a caracatiței **2** *minr* sepiolit

cutty ['kʌti] *s* **1** *şi* ~ **pipe** pipă, lulea scurtă de lut *sau* spumă de mare **2** lingură scurtă **3** femeie *sau* fată scundă, dop **4** femeie desfrânată / uşoară; prostituată, cocotă, târfă

cutty stool ['kʌti stu:l] *s* **1** scăunaş, scăunel, taburet scurt **2** *ist (în bisericile scoţiene)* scaun al infamiei pentru femei uşoare

cuvette [kju:'vet] *s* *fot* chiuvetă

CV *presc de la* curriculum vitae curriculum vitae

CVS *presc de la* chorionic villus sampling *med* biopsie de vilozităţi coriale

CW *presc de la* continuos waves *rad* **1** oscilaţii / unde întreţinute **2** (codul) morse

cwm [ku:m] *s* *geogr* căldare glaciară

cyanamide [sai'ænəmaid] *s* *ch* cianamidă

cyanic [sai'ænik] *adj* *ch* cianic

cyanide ['saiənaid] *s* *ch* cianură; ~ of potassium cianură de potasiu

cycad ['saikæd] *s* *bot* plantă din familia Cycadaceae, (↓) Cycas revoluta din care se extrage sago

Cycladic [si'klædik] *adj* referitor la civilizaţia antică din Insulele Ciclade

cyclamate ['saikləmeit] *s* *farm* ciclamat

cycler ['saiklə] *s* *amer* biciclist

cyclo-cross ['saikləukrɔs] *s* *sport* probă de ciclism pe teren accidentat

cyclone cellar ['saikləun ˌselə] *s* adăpost anticiclonic

cyclogyro [ˌsaikləu'dʒaiərəu] *s* *av* autogir, elicopter

cyclo-olefins [ˌsaiklə u 'ɔlefinz] *s* *pl* *ch* cicloolefine

Cyclop ['saiklɔp], *pl* **Cyclops** ['saiklɔps] *sau* **Cyclopes** ['saikləupi:z] *s* *mit* ciclop

cyclotomy [sai'klɔtəmi] *s* *geom* diviziunea cercului

cylinder block ['silində blɔk] *s* *auto* bloc motor *(bloc de cilindri)*

cylinder head ['silində hed] *s* capac al buteliei de gaz

cylinder press ['silində pres] *s* *poligr* maşină plano-cilindrică

cylinder seal ['silində siəl] *s* *ist* sigiliu cilindric *(folosit mai ales în Mesopotamia)*

cylindrical [si'lindrikl] *adj* cilindric

cylindroid ['silindrɔid] *s* *geom* cilindroid, cilindru eliptic drept

cyma ['saimə] *s* *arhit* dresină; cimoză

cyma recta [ˌsaimə 'rektə] *s* *arhit* dresină dreaptă

cyma reversa [ˌsaimə ri'və:sə] *s* *arhit* dresină inversată

cyme [saim] *s* *bot* inflorescenţă cimoasă, cimă

cymene [saimi:n] *s* *ch* cimen

cymograph ['saiməgra:f] *s* cimograf

CYO *presc de la* Catholic Youth Organization *organizaţie a tinerilor catolici din S.U.A.*

Cypriote ['sipriəut] *s* cipriot, locuitor din Cipru

Cyrillic [si'rilik] *adj* c(h)irilic, the ~ alphabet alfabetul cirilic / slavon *(vechiul alfabet slav)*

cystic fibrosis [ˌsistik fai'brəusis] *s* *med* fibroză chistică

cytochemistry [ˌsaitəu 'kemistri] *s* citochimie

CZ *presc de la* Canal Zone *(în S.U.A.)* zona canalului (Panama)

czarist ['za:rist] **I** *adj* ţarist **II** *s* ţarist

D

DA *presc de la* District Attorney *s* procuror *(în S.U.A.)*

dabber ['dæbə] *s poligr* tampon

dabs [dæbz] *s* F cunoscător, expert, specialist, maestru

dacite ['deisait] *s minr* dacit

dacoity [də'kɔiti] *s (cuvânt anglo-indian)* tâlhărie, hoție, jaf, banditism

dactylar ['dæktilə] *adj* dactilic

dactyliography [,dæktili'ɔgrəfi] *s* **1** arta de a grava *(pe pietre prețioase și inele)* **2** descrierea pietrelor prețioase

dactylogram [dæk'tiləgræm] *s* dactilogramă, amprentă digitală

dactylograph [,dæk'tiləgrɑ:f] *s v.* **dactylogram**

dactylography [,dækti'lɔgrəfi] *s* **1** *v.* **dactylology** **2** dactiloscopie, studiul amprentelor digitale

dactylology [,dækti'lɔlədʒi] *s* dactilologie, vorbire prin semne *(ca a surdo-muților)*

dactyloscopy [,dækti'lɔskəpi] *s* dactiloscopie

dada ['dædə] *s* F tată, tătic

Dada ['dɑ:dɑ:] **I** *s* dadaism **II** *adj* dadaist

Dadaism ['dɑ:dəizm] *s* artă, *lit* dadaism

Dadaist ['dɑ:dəist] *s* artă, *lit* dadaist

daddle ['dædl] *vt sl* a trage pe sfoară, a păcăli

daedalian [di(:)'deiliən] *adj* **1** complicat, întortocheat, de labirint, ca un labirint; bogat, variat **2** șiret, șmecher

daff [dæf] *presc de* **daffodil** *s bot* narcisă

daftness ['dɑ:ftnis] *s* **1** prostie, nerozie, neghiobie **2** nebunie, scrânteală **3** ușurință, nesocotință **4** veselie

dag[1] [dæg] *s scot* ceață deasă; bură, burniță, ploaie măruntă

dag[2] [dæg] *s înv* **1** pumnal, stilet **2** pistol mare **II** *vt* **1** a împlânta pumnalul în, a înjunghia cu pumnalul **2** a împușca cu pistolul

daggle ['dægl] **I** *vt* a târî pe pământ; a târî prin noroi; a afunda în noroi, a umple cu noroi **II** *vi* a se târî prin noroi; a se umple de noroi, a se murdări

dago-red ['deigəured] *s amer sl* vin roșu ieftin

daguerreotypy [də'gerəutipi] *s fot v.* dagherotipie

daily bread [,deili 'bred] *s* pâinea zilnică, pâinea (cea de toate zilele)

daintify ['deintifai] *vt* a rafina; a face elegant *etc.*

daiquiri ['daikəri] *s amer* cocteil compus din rom, suc de lămâie, zahăr și gheață

dairying ['deəriiŋ] *s* industria laptelui

dairy lunch ['deəri lʌntʃ] *s amer* F . lactobar

dairywoman ['deəri ,wumən], *pl* **dairywomen** ['deəri ,wimin] *s* **1** lăptăreasă **2** crescătoare de vaci

daisied ['deizid] *adj poetic* presărat cu margarete

daisy chain ['deizi tʃein] *s* ghirlandă de părăluțe

daisy cutter ['deizi ,kʌtə] *s sl* **1** persoană care de-abia își ridică picioarele când merge **2** minge care merge pe pământ *(la crichet)*

daisy flea-bane ['deizi ,fli:bein] *s bot* bătrâniș *(Etigeron sp.)*

daisy wheel ['deizi wi:əl] *s* rozetă *(la mașina de scris)*

Dakar ['dækɑ:] *s geogr* capitala statului Senegal

dalesfolk ['deilzfəuk] *s v.* **dalespeople**

dalespeople ['deilzpi:pl] *s* locuitori ai unei văi

dalmatic [dæl'mætik] *s bis* dalmatică, odăjdii *(pe care le îmbracă diaconii catolici)*

damageable ['dæmidʒəbl] *adj* care se poate strica ușor

damaging ['dæmidʒiŋ] *adj* păgubitor, vătămător, dăunător; *jur* prejudiciabil, vătămător

damascene ['dæməsi:n] **I** *s* **1** *bot* goldan, scolduș *(Prunus institia)* **II** *vt* a damaschina *(a încrusta oțelul cu firicele de aur / argint)*; a bruna *(oțelul)*

damascene steel ['dæməsi:n ,sti:l] *s met* oțel de Damasc

Damascus [də'mæskəs] *s geogr* Damasc *(capitala Siriei)*

Damascus steel [də'mɑ:skəs ,sti:l] *s* **damascene steel**

damaskeen [,dæməs'ki:n] *vt v.* **damascene**

Dam Busterst ['dæm ,bʌstəz] *s pl* aviatori ai RAF, care în 1943 au bombardat regiunea Ruhr

dame school ['deim sku:l] *s* grădiniță *sau* școală primară, condusă de o femeie în vârstă

dammer ['dæmə] *s. bot* dammar, rășină de dammar

dammit ['dæmit] *interj* phii! fir-ar să fie!

damnability [,dæmnə'biliti] *s. v.* **damnableness**

damnableness ['dæmnəbəlnis] *s* condamnabilitate; caracter condamnabil

damnatory ['dæmnətəri] *adj* **1** care condamnă; dezaprobă **2** *jur* condamnabil, blamabil; *(d o mărturie)* ~ **invectives** injurii condamnabile

damnedest ['dæmdəst] **I** *s* tot posibilul; he did his ~ to ruin the party a făcut tot ce-a putut ca să strice petrecerea **II** *adj amer* incredibil, nemaipomenit; it was the ~ thing era de necrezut

damnification [,dæmnifi'keiʃn] *s jur* prejudiciu, daună

damnify ['dæmnifai] *vt jur* a leza *(interesele cuiva)*, a cauza pagube *(cuiva)*, a dăuna *(cuiva)*

damning [dæmniŋ] **I** *adj* implicând / aducând condamnarea; acuzator; ~ **evidence** dovezi, mărturii zdrobitoare **II** *s* blestem, afurisenie

damosel, damozel ['dæməzel] *s înv* **1** fată mare, fecioară, domnișoară **2** domniță, jupâniță

damp course ['dæmp kɔ:s] *s constr* **1** hidroizolator **2** hidroizolare

dampener ['dæmpənə], **damper** ['dæmpə] *s* **1** *met* registru de coș; șuber **2** *auto* amortizor **3** *muz* mecanism care oprește

128

brusc vibrația coardelor unui pian 4 *fig* duș rece; **the news put a ~ on the party** vestea a fost ca un duș rece pentru cei de la petrecere

damp-proof [ˌdæmp 'pruːf] *adj* rezistent la umiditate; etanș la pătrunderea umidității

damp squib [ˌdæmp 'skwib] *s F brit* decepție

dampy ['dæmpi] *adj* **1** umed, jilav, cu igrasie **2** *min* înăbușitor, sufocant, plin de gaze **3** *met* necopt, abrupt

damselfish ['dæmzelfiʃ] *s iht* pește viu colorat, din familia Pomacentridae

damsel fly ['dæmzel flai] *s ent* libelulă (*Libellula sp.*, *Odonata*)

damson cheese ['dæmzn tʃiːz] *s* pastă de prune goldane, magiun

dan[1] [dæn] *s* **1** *nav* geamandură **2** *min* vagonet (*pentru cărbuni*)

dan[2] [dæn] *s* dan (*în judo etc.*)

Danaidean [ˌdeinə'iːdiən] *adj* **1** *mit* referitor la Danaide **2** *fig* greu, dar nefolositor

danaite ['deinəait] *s minr* danait

dan buoy ['dæn bɔi] *s nav* geamandură de pescuit

danceable ['dɑːnsəbl] *adj* care poate fi dansat

dancette [dæn'set] *s arhit* ornament în formă de zigzag

dancing disease ['dɑːnsiŋ di'ziːz] *s med* tarantism, furia dansului

dancing shoes ['dɑːnsiŋ ʃuːz] *s pl* pantofi de bal

D and C *presc de la* dilation and curettage *s med* chiuretaj, raclaj

dandelion clock ['dændilaiən clɔck] *s* puf de păpădie; **to play ~** *brit* (joc de copii) a sufla puful păpădiilor pentru a afla ora

dander ['dændə] *s* zgură

dandiacal [dæn'daiəkəl] *adj* sclivisit, spilcuit, fercheș, dichisit, împopoțonat

Dandie Dinmont [ˌdændi'dinmənt] *s* terier, rasă de câini scoțieni

dandified ['dændifaid] *adj* aranjat, spilcuit, dichisit; de filfizon; **a ~ fellow** un tânăr dichisit

dandify ['dændifai] *vt* a găti fercheș, a spilcui, a împopoțona, a dichisi

dandiprat ['dændipræt] *s înv* pitic, prichindel

dandy ['dændi] *s* **1** luntraș, barcagiu **2** (*cuvânt anglo-indian*) palanchin

dandy brush ['dændi brʌʃ] *s* țesală (*din fanon de balenă, pentru cai*)

dandy fever ['dændi ˌfiːvə] *s v.* dengue

dandyize ['dændiaiz] *vt v.* dandify

dandyprat ['dændipræt] *s v.* dandiprat

dandy roll ['dændi rəul] *s tehn* egutor

danesblood ['deinzblʌd] *s bot* **1** boz (*Sambucus ebulus*) **2** ciucure (*Campanula glomerata*)

danewort ['deinwəːt] *s v.* danesblood (1)

dangerousness ['deindʒərəsnis] *s* **1** pericol, primejdie **2** gravitate (*a unei boli, a unei situații etc.*)

dangling participle [ˌdæŋgliŋ 'pɑːtisipl] *s gram* (în limba engleză) participiu așezat de obicei la începutul unei propoziții și care nu determină subiectul acesteia; **lying awake, memories crowded into his mind**

Danish blue [ˌdeiniʃ 'bluː] *s* varietate de brânză daneză

Danish pastry [ˌdeiniʃ 'peistri] *s gastr* (produse de) patiserie daneză

dankness ['dæŋknis] *s* umiditate, igrasie

danseuse [dɑːn'səːz *și pronunția franceză*] *s fr* dansatoare, baletistă, balerină

Dantesque [dæn'tesk] *adj* dantesc

dap [dæp] **I** *vi* a bate mingea, a se juca cu mingea **II** *vt* **1** a lovi de pământ (*o minge*) **2** a cufunda ușor în apă (*momeala undiței*)

daphne ['dæfni] *s bot* tulipin, tulichină, cleiță, piperul-lupului (*Daphne mezereum*)

dapperling ['dæpəliŋ] *s* pici, prichindel (↓ *sprinten*)

darb [dɑːb] *s amer F* **1** as, expert **2** elev strălucit **3** tânără cu vino-n-coace

darbies ['dɑːbiz] *s pl sl* cătușe, lanțuri; **to whip the ~ on smb** a băga mâinile cuiva în cătușe

dare-devilism [ˈdeə ˌdevilizm] *s* îndrăzneală (*prea mare*), cutezanță (*excesivă*), temeritate

dare-deviltry ['deə ˌdevltri] *s v.* dare-devilism

dareful ['deəful] *adj* îndrăzneț, cutezător

Dar es-Salaam [ˌdɑːr es sə'lɑːm] *s* capitala Tanzaniei

daringly ['deəriŋli] *adv* cu îndrăzneală, îndrăzneț, provocator

daringness ['deəriŋnis] *s* îndrăzneală, cutezanță, curaj; semeție

dark adaptation ['dɑːk ædəpˌteiʃn] *s med* adaptare la întuneric / la obscuritate

Dark Continent [ˌdɑːk 'kɔntinənt] *s* **the ~** continentul negru

darkener ['dɑːkənə] *s* persoană care face întuneric (*într-o cameră*)

darkening ['dɑːkəniŋ] *s* întunecare

dark-eyed [ˌdɑːk'aid] *adj* cu ochi negri

darkle ['dɑːkl] **I** *vi* **1** a se ascunde, a sta ascuns **2** a se întuneca, a se umbri **3** *fig* a se întrista, a se întuneca la față, a se posomorî, **II** *vt* a întuneca

dark skin [ˌdɑːk 'skin] *s* om cu pielea neagră; arap

dark-skinned [ˌdɑːk 'skind] *adj* cu pielea neagră / închisă, oacheș, brunet

dark space [ˌdɑːk 'speis] *s fiz, fot* spațiu întunecat

darner ['dɑːnə] *s* **1** cârpaci, țesător **2** ciupercă (*de cârpit ciorapii*)

darning ['dɑːniŋ] *s* **1** țesut, cârpit, cârpeală, dres **2** îmbrăcăminte de cârpit / de reparat **3** loc țesut

dartboard ['dɑːtbɔːd] *s* țintă (*pentru jocul cu săgeți*)

darter ['dɑːtə] *s* **1** aruncător de lăncii, lăncier; arcaș **2** *orn* corbde-mare (*Anhinga anhinga*)

dartingly ['dɑːtiŋli] *adv.* ca o săgeată

dartle ['dɑːtl] *vt* a arunca (*o săgeată*) de mai multe ori

Darwinist ['dɑːwinist] *s* darvinist

Darwinistic [ˌdɑːwi'nistik] *adj* darvinist

dashed [dæʃt] *adj* cu linii de despărțire; plin de liniuțe; striat; punctat; (*d un cuvânt*) înlocuit printr-o liniuță

dashingly ['dæʃiŋli] *adv* cu îndrăzneală, îndrăzneț, cu impetuozitate; elegant, dichisit

dash pot ['dæʃ ˌpɔt] *s tehn* tampon de aer *sau* de ulei, amortizor

dastardliness ['dæstədlinis] *s* frică, lașitate, mișelie

dastardness ['dæstədnis] *s rar v.* dastardliness

DAT [dæt] *presc de la* digital audio tape *s* bandă audio înregistrată digital

data bank ['deɪtə ˌbæŋk] *s cib* bancă de date

database ['deɪtəbeɪs] *cib* I *s* bază de date; ~ **management** gestiune a bazei de date II *vt* a aranja sub formă de bază de date

datable ['deɪtəbl] *adj* databil

data capture ['deɪtəˌkæptʃə] *s cib* accesul la date dintr-un computer central *(pentru realizarea unei tranzacții)*

data carrier ['deɪtə ˌkærɪə] *s cib* orice mijloc de înregistrare a datelor *(disc magnetic etc.)*

data processing ['deɪtə ˌprəʊsəsɪŋ] I *s* informatică II *(în cuvinte compuse)* de informatică *(departament, serviciu)*

data processor ['deɪtə prəˌsesə] *s* 1 calculator, ordinator 2 informatician

data protection ['deɪtə prəˌtekʃn] *s cib* protecția datelor

Data Protection Act [ˌdeɪtə prəˌtekʃn 'ækt] *s (în Marea Britanie)* lege pentru protecția informației

data switch ['deɪtə ˌswɪtʃ] *s* comutator de date

data transmission ['deɪtə trænsˌmɪʃn] *s* transmitere de date

dateable ['deɪtəbl] *adj v.* **datable**

date palm ['deɪt pɑːm] *s bot* curmal *(Phoenix dactylifera)*

date rape ['deɪt reɪp] *s viol comis de o cunoștință, de un prieten al victimei;* ~ often goes unreported adesea nu se fac plângeri pentru violurile comise de prieteni

date stamp ['deɪt ˌstæmp] *s poligr* compostor, ștampilă cu dată

dating ['deɪtɪŋ] *s* datare

dation ['deɪʃn] *s jur* acordare

datival [də'taɪvəl] *adj gram* de dativ, al dativului

datolite ['dætəlaɪt] *s minr* datolit

datura [də'tjʊərə] *s bot* ciumăfaie, laur *(Datura stramonium)*

daubing ['dɔːbɪŋ] *s* 1 mânjire, murdărire 2 *(d o pictură)* mâzgăleală, mâzgălitură 3 *înv* lingușire

daubster ['dɔːbstə] *s* 1 tencuitor, vopsitor, zugrav 2 pictor prost, mâzgălici 3 perie, pensulă *(folosită la gravură)* 4 *înv* lingușitor

dauby ['dɔːbi] *adj* 1 *(d un tablou)* pictat / desenat prost 2 lipicios, vâscos, unsuros, gras

daughter board ['dɔːtə bɔːd] *s cib* placă de extensie

Daughters of the American Revolution [ˌdɔːtəz əv ði əmerikən revə'luːʃn] *s (în S.U.A.) organizație a urmașelor luptătorilor în Războiul de Independență*

daunting ['dɔːntɪŋ] *adj* care intimidează, care sperie, descurajant

dauntlessly ['dɔːntlɪsli] *adv* neînfricat, cu neînfricare

dauntlessness ['dɔːntlɪsnɪs] *s* neînfricare, curaj, vitejie, îndrăzneală, cutezanță

dauphine ['dɔːfiːn] *s ist* soția delfinului *(moștenitorul tronului Franței)*

dauphiness ['dɔːfinɪs] *s (ist Franței)* soția delfinului

davy ['deɪvi] *s sl* jurământ; to take one's ~ (that) a se jura pe toți sfinții că; on my ~ pe cuvântul meu; so help me ~ ! așa să-mi ajute Dumnezeu!

Davy Jones [ˌdeɪvi 'dʒəʊnz] *s nav* diavolul, dracul; duh rău in ~ 's locker scufundat, pe fundul mării

Davy Jones's locker [ˌdeɪvi dʒəʊnzɪz 'lɒkə] *s nav sl* marea *(ca mormânt);* to go to ~ a se îneca; a se duce la fund

dawdler ['dɔːdlə] *s* trândav, leneș, pierde-vară

dawdling ['dɔːdlɪŋ] *adj* trândav, leneș

dawn chorus [ˌdɔːn 'kɔːrəs] *s* cântecul păsărelelor în zori

dawn raid [ˌdɔːn 'reɪd] *s* raid / atac în zori *(al poliției etc);* (la bursă) cumpărarea de către o companie a tuturor acțiunilor disponibile ale altei companii, înainte ca aceasta din urmă să afle, cu scopul de a o controla

day's work [ˌdeɪz 'wɜːk] *s* 1 muncă zilnică 2 *ec* zi (de) muncă; zi lucrătoare

day bed ['deɪ bed] *s* canapea, sofa

dayberry ['deɪ bəri] *s bot* agriș *(Ribes grossularia)*

day blindness ['deɪ ˌblaɪndnɪs] *s med* hemeralopie; *(greșit)* nictalopie

day car ['deɪ kɑː] *s amer ferov* vagon (obișnuit) de persoane *(nu de dormit)*

day care ['deɪ keə] *s serviciu de* îngrijire a persoanelor în vârstă sau a copiilor în timpul zilei

day coach ['deɪ ˌkəʊtʃ] *s v.* **day car**

day dreaming ['deɪ ˌdriːmɪŋ] *s* visare cu ochii deschiși

day girl ['deɪ gəːl] *s* elevă externă

day labour ['deɪ leɪbə] *s* munca zilei, muncă de fiecare zi

day letter ['deɪ ˌletə] *s* scrisoaretelegramă

daylight lamp [ˌdeɪlaɪt'læmp] *s el* lampă solar, lampă cu lumina zilei

daylight robbery [ˌdeɪlaɪt 'rɒbəri] *s F* jaf la drumul mare

daylight saving [ˌdeɪlaɪt'seɪvɪŋ] *s* prelungirea zilei prin orarul de vară *(pentru a economisi energia electrică)*

daylight saving time [ˌdeɪlaɪt'seɪvɪŋ taɪm] *s* orar de vară *(când ceasurile sunt date înapoi cu o oră)*

daymark ['deɪmɑːk] *s nav* reper de zi

day nursery ['deɪ ˌnəːsəri] *s* cămin de zi; leagăn de copii

day-old [ˌdeɪ'əʊld] *adj (d un copil etc.)* în vârstă de o zi

day pupil ['deɪ ˌpjuːpl] *s școl* elev extern

day return ['deɪ riˌtəːn] *s brit ferov* bilet dus-întors valabil pentru o singură zi

day scholar ['deɪ ˌskɒlə] *s* elev extern

day shift ['deɪ ʃɪft] *s* schimb de zi

day ticket ['deɪ ˌtɪkɪt] *s ferov* bilet dus-întors pentru aceeași zi

day-times ['deɪtaɪmz] *adv amer F* ziua, în timpul zilei

day trip ['deɪ trɪp] *s* excursie de o zi

day tripper ['deɪ ˌtrɪpə] *s* excursionist

dazedly ['deɪzɪdli] *adv* uimit, uluit

dazzlement ['dæzlmənt] *s* 1 orbire (prin prea multă lumină) 2 lumină orbitoare

dazzler ['dæzlə] *s F* femeie fascinantă

dazzlingly ['dæzlɪŋli] *adv* orbitor, uluitor; ~ beautiful uluitor de frumoasă

DBE *presc de la* Dame Commander of the Order of the British Empire *s (în Marea Britanie)* distincție onorifică pentru femei

DBMS *presc de la* database management system *cib* sistem de gestiune a bazei de date

DBS *presc de la* direct broadcasting by satellite *s tel* transmisiune directă prin satelit

DC *s presc de la* 1 direct current curent continuu 2 District of Columbia Districtul Columbia

DDS *presc de la* Doctor of Dental Science *s (titular al unui)* doctorat în stomatologie

DDT *presc de la* dichlorodiphenyltrichloroethane *s* DDT

D / D *presc de la* direct debit *s* ordin de plată dat unei bănci de către un client, pentru achitarea datoriilor către o terță persoană, pe baza unei note de plată trimise de aceasta din urmă direct băncii respective

DE *presc de la* Delaware 1 stat în S.U.A. 2 fluviu în S.U.A. 3 golf la Oceanul Atlantic pe coasta orientală a S.U.A. 4 peninsulă pe coasta orientală a S.U.A.

DEA *presc de la* Drug Enforcement Administration *s agenție* americană de luptă împotriva drogurilor

deaconess ['di:kənis] *s bis* diaconeasă

deaconhood ['di:kənhud] *s* 1 *bis* diaconie, funcția de diacon 2 diaconi, diaconie

deaconry ['di:kənri] *s v.* **deaconhood (1)**

deactivate [,di'æktiveit] *vt* a dezamorsa

dead-ball line [,ded'bɔ:l lain] *s (la rugby)* linie aflată în spatele zonei de încercare, după care balonul nu mai poate fi jucat

dead clothes ['ded ,kləuðz] *s pl* giulgiu

dead duck [,ded 'dʌk] *s F* propunere / plan sortit eșecului, fiasco

dead ender ['ded ,endə] *s amer* locuitor al cartierelor periferice, huligan tânăr din aceste cartiere

deadening ['dedniŋ] *adj* paralizant, abrutizant, care îndobitocește

dead fire [,ded 'faiə] *s* focul sf. Elmo, flăcăruie

dead freight [,ded 'freit] *s nav* navlu, mort

dead heat [,ded 'hi:t] *s sport* alergare nulă *(în care doi sau mai mulți concurenți ajung la finiș în același timp)*

dead hole [,ded 'həul] *s min* gaură oarbă

dead horse [,ded 'hɔ:s] *s sl* muncă plătită dinainte

dead house ['ded haus] *s* morgă

deadish ['dediʃ] *adj* 1 ca moartea, asemănător morții 2 *fig* neliniștitor; înspăimântător; întunecat, posomorât

dead-letter box [,ded 'letə bɔks], **dead letter drop** [,ded 'letə drɔp] *s* cutie în care se păstrează scrisorile ce nu pot fi remise destinatarului sau returnate expeditorului

deadliness ['dedlinis] *s* caracter letal

dead lift [,ded 'lift] *s* 1 sforțare inutilă *(la ridicarea unei greutăți)* 2 *fig* stare disperată, deznădejde 3 nivel goodozio

dead light [,ded 'lait] *s pl nav* paravan de hublou

deadliness ['dedlinis] *s* 1 moarte, stare a tot ce e mort 2 lipsă de însuflețire, stagnare; plictiseală, urât 3 lipsă de căldură, răceală, insensibilitate, apatie

dead man's handle [,ded mænz 'hændl] *s* frână automată la trenurile electrice; dispozitiv de siguranță

dead marines [,ded mə'ri:nz] *s pl F* sticle golite, cadavre

dead men's bells [,ded menz 'belz] *s pl bot* degețel roșu *(Digitalis purpurea)*

dead nettle ['ded ,netl] *s bot* urzică-moartă, sugel *(Lamium purpureum)*

dead oil [,ded 'ɔil] *s min* țiței mort, țiței degazat

dead pan [,ded 'pæn] *sl* I *s* 1 față imobilă / inexpresivă 2 *amer teatru etc.* mască, actor lipsit de mimică II *adj* inexpresiv III *adv* cu o față imobilă / lipsită de expresie

dead-ringer [,ded'riŋə] *s F* persoană care seamănă cu cineva, sosie, dublură; she is a ~ for me seamănă leit cu mine

dead short circuit [,ded ʃɔ:t 'sə:kit] *s el* scurt circuit complet

dead soldier [,ded 'səuldʒə] *s amer F* chiștoc stins

dead spot [,ded 'spɔt] *s* 1 *tel* zonă de tăcere / moartă 2 *fig* punct mort

dead stock [,ded 'stɔk] *s agr* mașini agricole

dead water [,ded 'wɔ:tə] *s* 1 apă stătătoare 2 *nav* siaj, dâră; cale de vârtejuri

deadweight tonnage [,dedweit 'tʌnidʒ] *s nav* tonaj al capacității de încărcare

deaerate [,di(:)'eiəreit] *vt tehn* a dezaera, a scoate aerul din

deaeration [,dieiə'reiʃn] *s tehn* dezaerare

deaerator [,diei'reitə] *s auto* răsuflătorul motorului

deafeningly ['defniŋli] *adv* asurzitor

deafish ['defiʃ] *adj F* cam tare de ureche / surd

deaf-muteness [,def'mjutnis] *s v.* **deaf-mutism**

deaf-mutism [,def'mju:tizm] *s* surdo-mutism

deaf nettle ['def ,netl] *s v.* **dead nettle**

deaf nut [,def 'nʌt] *s fig* ceva lipsit de miez / de conținut; vorbărie goală

dealbate [,di:'elbeit] *vt* a albi, a înălbi

deal board ['di:l bɔ:d] *s* scândură; *fig* he can see through a ~ are o privire ageră, are ochi foarte buni

deal end ['di:l end] *s* capăt de scândură, scândură scurtă

dealership ['di:ləʃip] *s com* agenție autorizată de vânzări; an automobile ~ agenție autorizată pentru vânzarea automobilelor

deambulation [,di:æmbju'leiʃn] *s rar* plimbare

deambulatory [,di:æmbju'leitəri] *adj* ambulant, rătăcitor

deaner ['di:nə] *s sl* șiling

dear Abby [,diər 'æbi] *s amer (într-un ziar)* curier sentimental *(rubrică de răspunsuri la scrisori)*

dearborn ['diə bɔ:n] *s amer* caretă ușoară cu patru roți

dearie ['diəri] *s* iubit, drag

Dear John letter [,diə dʒɔn 'letə] *s F* scrisoare de despărțire

death adder ['deθ ,ædə] *s zool* șarpe veninos australian, șarpele-morții *(Acanthopis antarctica)*

death camp ['deθ kæmp] *s* lagăr al morții

death cell ['deθ ,sel] *s* celulă în care sunt închiși condamnații la moarte

death certificate ['deθ sə:,tifikit] *s* certificat de deces

death cord ['deθ kɔ:d] *s* 1 funie de spânzurat

death cup ['deθ kʌp] *s* 1 cupa morții 2 *bot* ciupercă albă / galbenă *(Amanita phalloides)*

death fire ['deθ ˌfaiə] s lumină înșelătoare, licărire amăgitoare *(interpretată adesea ca semn al morții)*

death house ['deθ haus] s casa morții *(clădire în care condamnații își așteaptă execuția)*

death knell ['deθ nel] s dangăt funebru și *fig*

deathliness ['deθlinis] s calitatea de a fi muritor

deathman ['deθmən], *pl* **deathmen** ['deθmen] s călău, gâde

death march ['deθ ˌmɑːtʃ] s marș funebru

death pang ['deθ pæŋ] s agonie a morții

death roll ['deθ rəul] s listă a celor morți *(în luptă etc.)*

death row ['deθ rəu] s *(într-o închisoare)* șir de celule în care sunt închiși condamnații la moarte

death seat ['deθ ˌsiːt] s *amer F* locul mortului *(într-un automobil etc.)*

death sentence ['deθ ˌsentns] s condamnare la moarte

death's-head moth [ˌdeθshæd 'mɔθ] s *ent* fluturele cap-demort *(Achreontia atropos)*

deathsman ['deθsmən] s v. **death-man**

death squad ['deθ ˌskwɔd] s escadronul morții

death tax ['deθ tæks] s *amer jur* taxă de moștenire

death throe ['deθ θrəu] s v. **death pang**

death toll ['deθ təul] s **death roll**

Death Valley [ˌdeθ 'væliː] s valea morții

death watch beetle [ˌdeθwɔtʃ 'biːtl] s *ent* cariu, gândac de scoarță *(Anobium)*

death wish ['deθ ˌwiʃ] s *psih* dorință de a muri; **the government seems to have a ~** *fig* guvernul pare să aibă tendințe sinucigașe

deathy ['deθi] *adj rar* 1 mortal, fatal, ucigător, distrugător 2 funebru, de moarte; mormântal

debag [ˌdiːˈbæg] *vt brit* a da (cuiva) pantalonii jos cu forța

debar [ˌdiːˈbɑː] I *vt* **(from)** a interzice (să), a opri (să), a nu permite (să), a exclude (de la), a refuza, a priva (de); **to ~ smb from voting** a priva pe cineva de dreptul la vot; **to be ~red from**

one's rights a fi privat de drepturile sale; **I was ~red this small comfort** am fost lipsit de această slabă alinare II *vr* to **~ oneself of** a se lipsi de, a se priva de

debarkment [diˈbɑːkmənt] s debarcare *(a oamenilor)*; descărcare *(a mărfurilor)*

debased [diˈbeist] *adj* 1 devalorizare, depreciere; fals, calp; alterat 2 *fig* înjosit, degradat

debaser [diˈbeisə] s 1 devalorizator, depreciator 2 persoană care înjosește / care degradează

debasingly [diˈbeisiŋli] *adv.* degradant, înjositor

debauchedness [diˈbɔːtʃidnis] s desfrâu, destrăbălare

debauchement [diˈbɔːtʃmənt] s desfrânat, crailâc, destrăbălare; exces, abuz 2 beție, lăcomie, necumpătare, neînfricare; orgie

debaucher [diˈbɔːtʃə] s ademenitor, seducător

debenture bond [diˈbentʃə bɔnd] s *ec* obligațiune cu dobândă fixă *(e prima sarcină asupra activului unei societăți)*

debenture stock [diˈbentʃə stɔk] s *ec* obligațiuni fără termen *(rente preferențiale cu obligația de amortizare în cazul lichidării întreprinderii sau încetării plății procentelor pentru ele)*

debilitation [dibiliˈteiʃn] s debilitare, slăbire; slăbiciune; neputință

debit note ['debit nəut] s *ec* notă de debilitare *(prin care se rectifică prețul prea mic de pe factură)*

debonairness [ˌdebəˈneərnis] s 1 bunătate, blândețe, blajinătate 2 politețe, bună-cuviință, bună-creștere; eleganță

Deborah ['debərə] s *nume fem*

Debrett [dəˈbret] *presc de la* **Debrett's Peerage** s *anuar britanic al aristocrației*

debouchment [diˈbautʃmənt] s 1 ieșire din defileu / din pădure, debușeu 2 revărsare a râurilor; gură a unui fluviu 3 *mil* debușeu, ieșire din trecătoare / din ascunziș

debriefing [ˌdiːˈbriːfiŋ] I s raport verbal asupra unei misiuni II *(în cuvinte compuse)* **~ officer** ofițer care primește rapoartele verbale asupra unei misiuni

debt-ridden [ˌdet 'ridn] *adj* înglodat în datorii

debt service ['det ˌsəːvis] s *ec* plată a procentelor la împrumutul de stat, datorie publică

debug [ˌdiːˈbʌg] *vt* 1 *cib* a devirusa un program 2 a pune la punct, a aduce în stare de funcționare *(o mașină etc.)* 3 a scoate microfoanele ascunse 4 a face dezinsecție

debugging [ˌdiːˈbʌgiŋ] I s 1 *cib* devirusare 2 îndepărtare a microfoanelor ascunse 3 dezinsecție II *(în cuvinte compuse)* 1 *cib* referitor la eliminarea erorilor dintr-un program 2 referitor la îndepărtarea microfoanelor ascunse; **~ team** echipă de depistare și îndepărtare a microfoanelor 3 de dezinsecție

debus [ˌdiːˈbʌs] *vt mil* a debarca; a descărca *(oameni, provizii, armament)*

débutant ['deibjuː(ː)tɑŋ *și pronunția franceză*] s *fr* debutant, începător

decadently ['dekədentli] *adv* decadent, în manieră decadentă

decaf ['diːkæf] s *F* cafea fără cofeină

decaffeinated [ˌdiːˈkæfineitid] *adj* *(d cafea)* fără cofeină

decal ['diːkæl] s *amer F* decalcomanie

decalcomania [ˌdiːkælkəˈmeinjə] s decalcomanie

decalescence [ˌdiːkəˈlesns] s *fiz* decalescență

decaliter ['dekəliˌtə] s v. **decalitre**

decalitre ['dekəliˌtə] s decalitru

decameter ['dekəmiˌtə] s v. **decametre**

decametre ['dekəmiˌtə] s decametru

decanal [diˈkeinəl] *adj* de decan, decanal

decane ['dekein] s *ch* decan

decapodal [ˌdiˈ(ː)kæpədəl] *adj ent* cu zece picioare

decarbonization [diːˌkɑːbənaiˈzeiʃn] s 1 *auto* decalaminare 2 *met* decarburare

decarburize [ˌdiːˈkɑːbjuəraiz] *vt* 1 *ch* a decarbura 2 *geol* a decarboniza

decare ['dekɑː] s decar *(zece ari)*

decartelization [ˌdiːkɑːtəlaiˈzeiʃn] s desființarea cartelurilor

decastere ['dekəsteə] s decaster

decastich ['dekəstik] s poezie de zece versuri

decathlete [di'kæθli:t] s decatlonist

decayedness [di'keidnis] s (stare de) putrezire, decădere

decaying [di'keiiŋ] adj care se ofileşte, care se alterează, care putrezeşte, în descompunere; ~ teeth dinţi care se cariază, care se strică; ~ stone piatră în curs de dezagregare; ~ building clădire lăsată în paragină

Deccan ['dekən] s geogr 1 podiş în India 2 rasă de ovine

decedent [di'si:dənt] amer jur decedat, defunct, răposat

deceivable [di'si:vəbl] adj 1 uşor de înşelat 2 înşelător, perfid

Decembrist [di'sembrist] s ist decembrist

decemvir [di'semvə], pl **decemvirs** [di'semvəz] sau **decemviri** [di'semvirai] s ist Romei decemvir (unul din zece magistraţi ai Romei)

decemvirate [di'semvirit] s ist Romei decemvirat

decennary [di'senəri] deceniu, decadă

decenniad [di'seniæd] s v. decennary

deceptious [di'sep∫əs] adj înşelător, amăgitor, iluzoriu, mincinos, care induce în eroare

deceptively [di'septivli] adv înşelător; he has a ~ calm exterior este de un calm înşelător

deciare ['desiα:] s deciar (a zecea parte dintr-un ar)

decidedness [di'saididnis] s hotărâre, caracter hotărât

deciding [di'saidiŋ] adj decisiv, hotărâtor, determinant; the chair person has the ~ vote preşedintele comisiei are votul hotărâtor

decimal classification [,desiməl klæsifi'kei∫n] s clasificare zecimală

decimalize ['desiməlaiz] vt 1 a transforma în sistem zecimal 2 a împărţi cu zece

decimally ['desiməli] adv cu ajutorul zecimilor; după sistemul zecimal

decimal measure [,desiməl 'meʒə] s măsură zecimală, măsură metrică

decimal notation [,desiməl nəu'tei∫n] s notare cu cifre arabe

decimal place [,desiməl 'pleis] s mat decimală

decimal point [,desiməl 'point] s mat punct care desparte întregul de zecimale (în loc de virgulă, în ţările anglo-saxone)

decimal system [,desiməl 'sistim] s sistem zecimal, bază zecimală

decimosexto [,desiməu'sekstəu] s format în 1 / 16 (dintr-o coală)

decipherable [di'saifərəbl] adj descifrabil; lizibil, citeţ

decipherer [di'saifərə] s descifrator

decipherment [di'saifəmənt] s descifrare

decision-maker [di'siʒn ,meikə] s persoană cu funcţie de răspundere

decision-making [di'siʒn ,meikiŋ] s luarea deciziilor, he's no good at ~ nu se pricepe să ia decizii

decisiveness [di'saisivnis] s hotărâre, tărie (de caracter)

deck beam ['dek bi:m] s nav grindă / traversă de punte

deck bridge ['dek bridʒ] s 1 nav puntea pasarelei 2 constr pod cu tablier superior

deckel ['dekl] s v. deckle

deck hand ['dek hænd] s 1 marinar 2 pl echipaj de punte

deck head ['dek hed] s nav plafon (în cabine)

deck house ['dek haus] s nav 1 cabina căpitanului 2 salon pe puntea superioară

deckle ['dekl] s poligr aşternutul cilindrului de imprimare

deckle edge ['dekl edʒ] s poligr margini netăiate (la coala de hârtie)

deck light ['dek lait] s nav luminator / ochi de punte

deck pipe ['dek paip] s nav nară de put

deck roof ['dek ru:f] s acoperiş aproape orizontal

deck stopper ['dek ,stopə] s nav călcâi de lanţ

deck tennis ['dek ,tenis] s tenis jucat pe puntea unui vapor

declaimer [di'kleimə] s 1 recitator, declamator 2 orator

declarant [di'kleərənt] s declarant; persoană care face o declaraţie

declaratory [di'klærətəri] adj declarativ, explicativ; ~ of care exprimă (intenţia legiuitorului etc.)

declared [di'kleəd] adj declarat, anunţat; mărturisit, recunoscut; explicit; făţiş, deschis; ~ value valoare declarată (la vamă); ~ enemy inamic declarat

declarer [di'kleərə] s persoană care declară, care face o declaraţie

declass [,di:'klα:s] vt a scoate din clasa (socială) căreia îi aparţine

declassified [,di:'klæsifaid] adj (d informaţie, dosar etc.) care nu mai e secret

declensional [di'klen∫nəl] adj gram al declinării, referitor la declinare; ~ endings desinenţele cazurilor (la declinare)

declinable [di'klainəbl] adj gram declinabil

declinator ['deklineitə] s v. declinometer

declinatory [di'klainətri] adj 1 care deviază / se abate 2 care refuză

declinature [di'klainət∫ə] s neacceptare, refuz, respingere

decliner [di'klainə] s persoană care refuză

declining [di'klainiŋ] adj în declin, în scădere; he is in ~ health sănătatea lui e din ce în ce mai proastă

declinometer [,dekli'nomitə] s tehn clinometru, inclinometru; declinometru; declinator

declivate [di'klaiveit] adj înclinat, oblic, piezis; aplecat într-o parte

decoder [,di:'kəudə] s înregistrator-traductor; decodor; decodificator de semnal; convertizor de cod

decoding [,di:'kəudiŋ] s decodare, decodaj

decoke [,di:'kəuk] vt min a decocsa

decollate [di'koleit] vt a decapita, a tăia capul (cuiva)

decollation [,di:kə'lei∫n] s decapitare, tăierea capului

décolletage [,deikol'tα:ʒ] s decoltaj; decolteu; decoltare

decolonization [,di:kolənai'zei∫n] s decolonizare

decolonize [,di:'kolənaiz] vt a decoloniza

decolor [,di:'kʌlə] amer v. decolour

decoloration [,di:kʌlə'rei∫n] s text decolorare

decolour [,di:'kʌlə] vt a decolora, a albi

decolouration [,di:kʌlə'rei∫n] s v. decoloration

decolourize [,di:'kʌləraiz] vt v. decolour

decommission [,di:kə'mi∫n] vt mil a scoate din serviciu (o navă, un avion etc.)

decommissioning [ˌdiːkə'mi-ʃəniŋ] *s mil* scoatere din serviciu *(a unei nave, a unui avion etc.)*

decompensation [diːˌkɔmpen'sei-ʃn] *s med* decompensare

decomposable [ˌdiːkəm'pəuzəbl] *adj* care se poate descompune; solubil; demontabil

decomposed [ˌdiːkəm'pəuzd] *adj* decompus; alterat, stricat, putred

decomposer [ˌdiːkəm'pəuzə] *s* **1** persoană care descompune *etc.* **2** *ch* dizolvant **3** *ch* aparat pentru descompunere

decomposite [ˌdiː'kɔmpəzit] **I** *adj* de două ori compus, compus din compuși **II** *s* obiect compus din elemente complexe

decompound [ˌdiːkəm'paund] **I** *adj* v. **decomposite (I) II** *vt* a descompune (în părți componente)

decompress [ˌdiːkəm'pres] *vt tehn* a decompensa, a diminua presiunea *cu gen*

decompression chamber [ˌdiːkəm'preʃn,tʃeimbə] *s* cameră de decompresiune

decompression sickness [ˌdiːkəm'preʃn,siknis] *s med* boală de cheson

decondition [ˌdiːkən'diʃn] *vt psih* **1** a provoca pierderea unui reflex condiționat **2** a provoca pierderea unui obicei

decongestant [ˌdiːkən'dʒestənt] *med* **I** *s* medicament decongestiv **II** *adj* decongestiv

deconsecrate [ˌdiː'kɔnsikreit] *vt* a seculariza *(pământul / averi bisericești)*

deconsecration [ˌdiːkɔnsi'kreiʃn] *s* secularizare

deconstruct [ˌdiːkən'strʌkt] *vt filoz, lit* a aplica metoda deconstructivistă *(unui text etc)*

deconstruction [ˌdiːkən'strʌkʃn] *s filoz, lit* metoda deconstructivistă

decontrolled road [diːkən,trəuld 'rəud] *s* drum fără limită de viteză

decorated ['dekəreitid] *adj* **1** împodobit, înfrumusețat, decorat, pavoazat, ornamentat, ornat **2** decorat

Decorated style [ˌdekəreitid 'stail] *s arhit* stil gotic englez din sec. al XIV-lea

decorating ['dekəreitiŋ] *s* **1** decorare, decorațiune interioară **2** ornamentații, accesorii *(ale unei rochii etc.)*; decorare *(a unui tort etc.)*

Decoration Day [dekə'reiʃn dei] *s* (sau **Memorial Day**) *amer* 30 mai, zi în care se comemorează amintirea celor căzuți în războiul civil (1861-1865)

decorativeness ['dekərətivnis] *s* caracter decorativ

decorousness ['dekərəsnis] *s* **1** bună-cuviință, decență **2** potrivire, caracter adecvat

decoy duck ['diːkɔi dʌk] *s* **1** rață domestică sau imitație confecționată, folosită pentru a momi rațele sălbatice **2** *fig* persoană care atrage în cursă, ademenitor

decreasing [ˌdiː'kriːsiŋ] *adj* descrescător, în scădere

decreasingly [ˌdiː'kriːsiŋli] *adv* din ce în ce mai puțin

decreer [di'kriːə] *s* persoană care decretează

decree absolute [diˌkriː'æbsəljuːt] *s jur* hotărâre judecătorească definitivă *(de divorț)*

decremeter [di'kremitə] *s tehn* decremetru, aparat de măsurat amortizarea

decrepitate [di'krepiteit] **I** *vt* a face să crape / a transforma în pulbere *(prin încălzire sau ardere)*; a decrepita **II** *vi* a trosni, a pârâi, a plesni, a pocni *(în foc)*

decrepitation [ˌdikrepi'teiʃn] *s* (↓ *ch*) **1** crăpare; plesnire, pocnitură, trosnitură **2** ardere, prăjire, calcinare

decrepitness [di'krepitnis] *s* decrepitudine, îmbătrânire, ramolisment

decrescence [di'kresəns] *s* descreștere, scădere

decretal [di'kriːtəl] *s* **1** *bis* decret, hotărâre papală **2 Decretals** *pl ist* colecție de decrete, de edicte papale, publicată în 1234 de Grigore al IX-lea

decretist [di'kriːtist] *s* **1** specialist în **Decretals 2** *înv* student în drept

decretory [di'kriːtəri] *adj* **1** referitor la un decret; cuprinzând un decret **2** *înv* critic, hotărâtor

decrial [di'kraiəl] *s* blamare, dezaprobare, reproșuri

decrier [di'kraiə] *s* defăimător, calomniator

decriminalization [ˌdiːkriminəlai-'zeiʃn] *s jur* scoatere a unei fapte din încadrarea penală

decrypt [ˌdiː'kript] *vt* a descifra *sau* a decodifica prin analiză criptografică

decuman wave ['dekjumən weiv] *s (d un val etc.)* imens, mare, puternic *și fig*

decumbence [di'kʌmbəns] *s* poziție culcat

decumbency [di'kʌmbənsi] *s* v. **decumbence**

decumbent [di'kʌmbənt] *adj* **1** întins, culcat; în repaus **2** *bot (d plante)* târâtor

decuple ['dekjupl] **I** *adj* înzecit, de zece ori **II** *s* cifră înzecită **III** *vt* a înzeci

decussate [di'kʌseit] **I** *vt* a întretăia (în unghi drept), a încrucișa, a interpune, a intersecta **II** *vi* a se intersecta (în unghi drept) **III** *adj* **1** întretăiat, încrucișat, interpus **2** *bot, ent* aranjat / dispus în cruce, încrucișat

decussation [ˌdiːkə'seiʃn] *s* încrucișare, îmbinare crucișă; **point of ~** punct / loc de încrucișare

dedal ['diːdl] *adj* v. **daedalian**

dedans [də'dɑːn] *s F fr sport* **1** tribune de pe terenurile de tenis **2** spectatori ai meciurilor de tenis

dedicant ['dedikənt] *s* v. **dedicator**

dedicated ['dedikeitid] *adj* **1** devotat; **she's a ~ teacher** este o profesoară care pune mult suflet în ceea ce face **2** *cib* **~ terminal** terminal specializat sau care efectuează o anumită operațiune

dedicatee [ˌdedikə'tiː] *s* persoană căreia îi este dedicat ceva

dedication day [dedi'keiʃn dei] *s rel* (zi de) hram

dedication feast [dedi'keiʃn fiːst] *s* v. **dedication day**

dedicator ['dedikeitə] *s* persoană care dedică / consacră

dedicatorial [ˌdedikə'tɔːriəl] *adj* v. **dedicatory**

dedicatory ['dedikətəri] *adj* dedicator, care constituie o dedicație

deducement [di'djuːsmənt] *s* concluzie, deducție *și log*

deducibility [diˌdjuːsə'biliti] *s* deductibilitate

deduct [di'dʌkt] vt a deduce, a scădea, a reține, a defalca, a deconta; **to be ~ed from** a se scădea din; **charges ~ed** după scăderea cheltuielilor

deduction [di'dʌkʃn] s 1 scădere, scăzământ, reținere; defalcare 2 mat scădere 3 scăzător 4 reducere, rabat, bonificație 5 consecință, concluzie; log deducție

deductive method [di'dʌktiv 'meθəd] s log metodă deductivă

dee [di:] I s 1 denumirea literei D, d 2 tehn obiect / inel în formă de D 3 sl copoi, agent 4 sl penny II vt și vi a înjura

deed box ['di:d bɔks] s clasor, dulap în care se păstrează documente clasate

deedful ['di:dful] adj activ, plin de acțiune

deedless ['di:dlis] adj inactiv

deed poll ['di:d pəul] s jur 1 obligație unilaterală, act simplu, contract 2 (acțiune pentru) schimbarea numelui

deejay ['di:dʒei] s v. **disk jockey**

de-emphasize [di:'emfəsaiz] vt a reduce, a scădea, a micșora (ca importanță)

deemster ['di:mstə] s judecător (↓ d cei doi judecători ai insulei Man)

deener ['di:nə] s sl 1 șiling 2 amer monedă de 10 cenți

-deep [di:p] (în cuvinte compuse) **she was knee- ~** in water intrase în apă până la genunchi; **the water is only ankle- ~** apa ajunge doar până la glezne

deep-fat-frier [,di:p'fæt'fraiə] s prăjitoare

deep-frozen [,di:p'frəuzn] adj congelat

deep-fry [,di:p'frai] vt a prăji

deeping ['di:piŋ] s adâncitură, adâncime (a apei)

deepish ['di:piʃ] adj cam adânc, destul de adânc

deepness ['di:pnis] s 1 adâncime, profunzime 2 fig profunzime, pătrundere, perspicacitate 3 fig șiretenie, viclenie 4 gravitate (a unui sunet)

deep-sea [,di:p'si:] adj de mare adâncime; de apă adâncă, de mare pescaj; pelagic

deep-sea current [,di:psi: 'kʌrənt] s curent submarin

deep-sea fishery [,di:psi:'fiʃəri] s pescuit de larg

deep-sea lead ['di:psi: led] s nav sondă de adâncimi mari, sondă grea

deep structure [,di:p' strʌktʃə] s lingv structură de adâncime

deep-throated [,di:p'θrəutid] adj cu voce joasă, jos

deep water [,di:p 'wɔ:tə] s geol, min apă de adâncime

deep-water line [,di:p'wɔ:tə lain] s nav linie de plutire cu încărcătură maximă

deep waterman [,di:p 'wɔ:təmən], pl **deep watermen** [,di:p'wɔ:təmen] s nav navă transoceanică

deep well [,di:p 'wel] adj tehn puț de adâncime

deer forest ['diə ,fɔrist] s teritoriu rezervat creșterii cerbilor

deer hound ['diə haund] s ogar (de rasă scoțiană)

deer stalker ['diə ,stɔ:kə] s 1 vânător de cerbi sau căprioare 2 pălărie de pâslă

deer stalking ['diə ,stɔ:kiŋ] s vânătoare de cerbi, de căprioare

de-escalate [,di:'eskəleit] I vt a dezamorsa (o criză) II vi (d un conflict) a se stinge, a scădea în intensitate

de-escalation [,di:eskə'leiʃn] s dezamorsare (a unui conflict); diminuare (a stării de tensiune)

defacer [di'feisə] s persoană care desfigurează; distrugător

defalcator ['di:fælkeitə] s delapidator, defraudator, escroc

defamer [di'feimə] s defăimător, calomniator

defaming [di'feimiŋ] I adj defăimător, calomniator II s defăimare, calomniere, ponegrire, clevetire

defaulting [di'fɔ:ltiŋ] adj 1 jur în contumacie 2 fin care nu respectă termenii unui contract

defeasance [di'fi:zəns] s jur 1 anulare, abrogare 2 clauză (în acte) rezolutorie (care poate aduce cu sine anularea actului)

defeater [di'fi:tə] s învingător, biruitor

defecation [,defi'keiʃn] s ch, med defecare, defecație

defecator ['defikeitə] s ch defecator

defectiveness [di'fektivnis] s 1 lipsă, neîndestulare; deficiență, nedesăvârșire 2 stare de stricăciune; defectuozitate

defector [di'fektə] s dezertor

defectoscope [di'fektəskəup] s defectoscop

defence mechanism [di'fens ,mekənizm] s mecanism de apărare

defendable [di'fendəbl] adj defensibil; de apărat

defending [di'fendiŋ] adj 1 sport (d un combatant) en titre, care deține titlul 2 jur al apărării

defenestration [di:,fenis'treiʃn] s aruncare pe fereastră (↓ ca act de răzbunare în Boemia, la sfârșitul Evului Mediu)

defensively [di'fensivli] adv sport în defensivă; **they played very ~** au jucat în defensivă; mil used ~ folosit pentru apărare; **"it's not my fault", she said, ~** „nu e vina mea", spuse ea încercând să se apere

defensor [di'fensə] s 1 apărător 2 jur inculpat, intimat, pârât; acuzat 3 jur avocat 4 jur tutore

defensory [di'fensəri] adj defensiv, folosit / făcut pentru apărare

deferable [di'fə:rəbl] adj care poate fi amânat

deferent ['defərənt] adj 1 fizl deferent, care duce la destinație (sângele, secrețiile) 2 deferent, respectuos

deferrable [di'fərəbl] adj v. **deferable**

deferred annuity [di,fə:d ə'nju(:)iti] s ec rentă ce urmează să se plătească începând cu o dată mai târzie

deferrization [di:,ferai'zeiʃn] s ch deferizare

defervescence [,di:fə'vesns] s med defervescență, diminuare sau dispariție a febrei

defervescency [,di:fə'vesnsi] s v. **defervescence**

defiber [di:'faibə] vt (↓ amer) v. **defibre**

defibrator [di:'faib'reitə] s industria hârtiei defibrator

defibre [di:'faibə] vt text a defibra

defibrillation [di:,faibri'leiʃn] s med defibrilație

defibrillator [di:,faibri'leitə] s med defibrilator

deficience [di'fiʃəns] s înv 1 deficiență, lipsă, deficit; neajuns 2 ec deficit, mancă 3 geol lacună

135

deficiency disease [di'fiʃənsi di-,zi:z] *s* **1** *med* avitaminoză **2** boală cauzată de lipsa de vitamine *sau* alte substanțe

defier [di'faiə] *s* persoană care sfidează / dìspreţuieşte / batjocoreşte

defilade [,defi'leid] *mil* **1** *vt* a pune la adăpost de observaţia duşmanului şi de focul în anfiladă al acestuia utilizând un sistem special de fortificaţie pe un plan ridicat **II** *s* defiladă, adăpostire

definability [di,fainə'biliti] *s* posibilitate de a fi definit / explicat

definer [di'fainə] *s* persoană care defineşte etc.

defining [di'fainiŋ] *adj* definitoriu

definiteness ['definitnis] *s* **1** caracter definit / precis **2** *mat etc.* determinare, definire, fixare

definitional [,defi'niʃnəl] *adj* **1** de definiţie, privind definiţiile **2** plin de definiţii, cu multe definiţii

definitiveness [di'finitivnis] *s* caracter definitiv / precis

deflagrate ['defləgreit] **I** *vi* **1** a arde rapid **2** a arde cu explozii treptate **II** *vt* a aprinde brusc, a lăsa să ardă repede; *ch etc.* a deflagra

deflagration [deflə'greiʃn] *s* **1** ardere / combustie violentă **2** *ch etc.* deflagrare, explozie de ordinul întâi

deflationary [,di'fleiʃnəri] *adj fin* (d măsuri etc.) deflaţionist, care provoacă deflaţie

deflectometer [,diflek'tomitə] *s tehn* **1** declinometru **2** flexometru; aparat pentru măsurarea săgeţii

defloculate [di'flɔkjuleit] *vt ch* a defloccula

deflorate **I** *adj* [di'flɔ:rit] *bot* veştejit, ofilit **II** [di'flɔ:reit] *vt* **1** a rupe florile de pe (o plantă etc.) **2** a deflora, a dezvirgina

defloration [,di:flɔ:'reiʃn] *s* **1** rupere a florilor (de pe o plantă) **2** dezvirginare, deflorare **3** *fig* floare, cremă, esenţă

defluent ['defluənt] *adj* care curge la vale

deflux [di'flʌks] *s* scurgere

defoliant [di:'fəuliənt] *s* defoliant, substanţă care produce defolierea

defoliated [di'fəulieitid] *adj v.* **defoliate (II)**

defoliate **I** [di'fəulieit] *vt* a desfrunzi **II** [di'fəuliit] *adj* desfrunzit

defoliation [di:,fəuli'eiʃn] *s* desfrunzire, cădere a frunzelor

defraudation [,di:frɔ:'deiʃn] *s* **1** înşelăciune, escrocherie **2** defraudare, escrocare

defrauder [di'frɔ:də] *s* **1** înşelător, escroc **2** defraudator, delapidator

defraudment [di'frɔ:dmənt] *s v.* **defraudation**

defuse [di:'fju:z] *vt* a scoate focosul (unei bombe etc.)

dégagé [deigæ'ʒei] *adj fr* degajat, liber, nestingherit, calm

degas [,di'gæs] *vt* a degazifica; a degaza

degasification [di:,gæsifi'keiʃn] *s* degazificare

degasify [di:'gæsifai] *vt v.* **degas**

degauss [,di'gaus] *vt nav* a demagnetiza (o navă)

degenerative [di'dʒenərətiv] *adj* degenerescent, care decade

degerm [,di:'dʒə:m] *vt biol* a scoate germenii (cu gen)

degradable [di'greidəbl] *adj* care se degradează

degrease [,di:'gri:s] *vt* a degresa

-degree [di'gri:] (în cuvinte compuse) de gradul... ; **first / second / third- ~ burns** arsuri de gradul unu / doi / trei; **first- ~ murder** *amer jur* crimă cu premeditare

degree day [di,gri: 'dei] *s tehn* grad-zi

degression [di'greʃn] *s* scădere, diminuare treptată

degressive [di'gresiv] *adj* (d impozit) coborâtor, care scade proporţional

degum [,di:'gʌm] *vt* **1** *text* a degoma, a descleia **2** *ch* a rafina (uleiuri)

degust [di'gʌst] *vt rar* a degusta (băuturile), a gusta

dehisce [di:'his] *vi bot* (d capsula seminţelor) a se deschide

dehiscence [di:'hisns] *s bot* dehiscenţă

dehorn [,di:'hɔ:n] *vt* a tăia coarnele (unei vite cornute)

dehors [di'hɔ:z] *fr* **I** *prep jur* fără **II** *s mil* fortificaţie exterioară

dehort [,di:'hɔ:t] *vt rar* a deconsilia, a disuada, a sfătui să (nu facă ceva)

dehortation [,di:hɔ:'teiʃn] *s rar* deconsiliere, disuadare

dehumanization [di:,hju:mənai-'zeiʃn] *s* dezumanizare

dehumidifier [,di:hju:'midifaiə] *s* aparat / substanţă care îndepărtează umezeala

dehumidify [,di:hju:'midifai] *vt* a îndepărta umezeala

dehydration [di:haid'reiʃn] *s ch* deshidratare

dehydrator [,di:'haidreitə] *s ch* deshidrator, evaporator

dehydrogenize [,di:'haidrədʒənaiz] *vt* a deshidrogena

dehypnotize [,di:'hipnətaiz] *vt* a deshipnotiza, a deştepta (dintr-un somn hipnotic)

de-icing [,di:'aisiŋ] *s* topire a chiciurei

deific [di:'ifik] *adj* **1** divin, dumnezeiesc **2** care divinizează

deifier ['di:ifaiə] *s* idolatru, persoană care divinizează

deiform ['di:ifɔ:m] *adj v.* **deific**

deil [di:l] *s scot* diavol

deindex [,di:'indeks] *vt* **to ~ wages** a anula indexarea salariilor

deindustrialization [,di:indʌstriəlai'zeiʃn] *s* **1** reducere a numărului de angajaţi în sectorul industrial **2** reducere a sectorului industrial în economia unei ţări

deism ['di:izm] *s rel* deism

deixis ['daiksis] *s lingv* sistem deictic

déjà vu [,deiʒɑ: 'vu:] *s* iluzie de a mai fi trăit o dată o situaţie prezentată, paramnezie

dejecta [di'dʒektə] *s pl* excremente

dejectedness [di'dʒektidnis] *s* descurajare; deprimare, proastă dispoziţie, mâhnire, tristeţe

dejeuner ['deiʒə(:)nei] **I** *s* micul dejun; prânz (uşor) **II** *vi* a lua micul dejun

dekare ['dekeə] *s v.* **decare**

dekko ['dekəu] *s sl* aruncătură de ochi

Del *presc de la* **delete** *cib* (pe tastele calculatorului) tastă prin care se şterge o literă sau un şir de litere

Del. *presc de la* **Delaware** *geogr* stat în S.U.A.

delaine [də'lein] *s fr* ţesătură de lână, muselină de lână *sau* semilână

delaminate [di'læmineit] *vt* a exfolia

delamination [di:,læmi'neiʃn] *s* exfoliere

delate [di'leit] *vt jur* a denunța, a pârî

delation [di'leiʃn] *s jur* denunț, pâră, delațiune

delayed-action [di‚leid'ækʃn] *adj (d* o bombă) cu explozie întârziată

delayer [di'leiə] *s* temporizator, persoană care amână / care tărăgănează

delaying [di'leiŋ] *adj* 1 *jur* dilatoriu 2 care cauzează întârziere *sau* amânare; ~ tactics / actions acțiuni / tactici de întârziere

dele ['di:li(:)] *lat, poligr* 1 *vt imperativ* șterge! *(o literă sau un cuvânt, la corectură)* II *s* semn la corectură scris pe margine pentru eliminarea unui pasaj / a unei litere etc.

delectability [di‚lektə'biliti] *s* delectare, desfătare; caracter desfătător

delectableness [di'lektəblnis] *s v.* **delectability**

delectus [di'lektəs] *s lat* crestomație, antologie, texte alese

delegable ['deligəbl] *adj* care poate fi delegat / împuternicit

delegatary [‚deli'geitəri] *adj (de)* delegat; împuternicit

deleteriousness [‚deli'tiəriəsnis] *s rar* caracter pernicios / vătămător

deletion mark [di'li:ʃn mɑːk] *s poligr* deleatur, semn de eliminare *(din text)*

Delian ['di:liən] *adj* din Delos

deliberatively [di'libərətivli] *adj* prin deliberare

deliberater [di'libəreitə] *s* 1 persoană care deliberează 2 persoană care are vot deliberativ

delightedly [di'laitidli] *adv* vesel, voios, cu veselie, cu voioșie

delightedness [di'laitidnis] *s v.* **delightfulness**

delightfulness [di'laitfulnis] *s* încântare, desfătare; extaz

delightsomeness [di'laitsəmnis] *s v.* **delightfulness**

delime [‚di:'laim] *vt ch* a decalcifia

delimitative [di‚limi'teitiv] *adj* de delimitare, delimitativ

delirium tremens [di‚liəriəm 'tri:menz] *s lat med* delirium tremens, delir alcoolic acut

delish [di'liʃ] *adj presc de la* **delicious** *F* grozav, a-ntâia, extra

delitescence [‚deli'tesəns] *s* 1 latență; obscuritate 2 *med* delitescență *(dispariția subită a unei tumori)* 3 *med* perioadă de incubare 4 *ch* delitescență *(pulverizare a cristalului prin pierderea apei de cristalizare)*

deliverable [di'livərəbl] *adj* 1 care poate / urmează să fie (e)liberat 2 *ec* livrabil

deliverer [di'livərə] *s* 1 mântuitor, salutar, salvator 2 povestitor

deliverly [di'livəli] *adv înv* în grabă; pripit

delivery desk [di'livəri desk] *s* masă de la care se distribuie cărți *(la bibliotecă)*

deliveryman [di'livərimæn] *s* comisionar

Delos ['di:lɔs] *s geogr* insulă grecească nelocuită, în Marea Egee

Delphian ['delfiən] *adj* 1 delfic, de la Delfi 2 *fig* oracular; obscur, ambiguu, echivoc

Delphian oracle [‚delfiən 'ɔrəkl] *s* oracolul de la Delfi

delta connection ['deltə kə‚nekʃn] *s el* montaj / conexiune în triunghi

deltafication [‚deltəfi'keiʃn] *s geogr* formare a unei delte

delta iron ['deltə‚aiən] *s met* fier delta

delta ray ['deltə rei] *s* rază delta

delta wing ['deltə wiŋ] *s* aripă de deltaplan

deltoidal [del'tɔidəl] *adj* deltoid, în formă de deltă, triunghiular

deluded [di'lu:did] *adj* 1 înșelat, amăgit, dus în eroare 2 *psih* delirant

deluder [di'lu:də] *s* înșelător, amăgitor

deluding [di'lu:diŋ] *adj* înșelător, iluzoriu, amăgitor, ireal

delusory [di'lju:səri] *adj v.* **deluding**

de luxe [də 'luks] *adj fr* de lux; a ~ edition; an edition ~ ediție de lux

delve [delv] I *vt înv* 1 a săpa; to ~ and dig a săpa 2 a face cercetări în; a cerceta / a studia *(documente, cărți)*, a răscoli II *vi (d drum, șosea)* a coborî brusc III *s* cavitate, adâncitură, depresiune; groapă

delver [delvə] *s* săpător

demagog ['deməgɔg] *s* demagog

demagogism ['deməgɔgizm] *s* demagogie

demagoguery ['demə‚gɔgəri] *s v.* **demagogism**

demain [di'mein] *s* stăpânire *(a proprietății funciare)*

de-man [di:'mæn] *vt brit* a reduce efectivele *(într-o întreprindere)*

demandable [di'mɑːndəbl] *adj* exigibil; care poate fi cerut / solicitat

demand deposit [di'mɑːnd di‚pɔsit] *s brit* cont la vedere

demand factor [di'mɑːnd ‚fæktə] *s* 1 *el* factor de cerere 2 *cib* coeficient de încărcare 3 *tehn* coeficient de solicitare

demanding [di'mɑːndiŋ] *adj* exigent; dificil, stresant

demand management [di'mɑːnd ‚mænidʒmənt] *s ec* instrument economic prin care guvernul influențează nivelul total al cererii *(prin politică fiscală, monetară etc.)*

demand note [di'mɑːnd nəut] *s* notă plătibilă la cerere

demantoid [di'mæntɔid] *s minr* demantoid

deme [di:m] *s zool* colonie *(de monade)*

demean[1] [di'mi:n] *vr înv* a se purta, a se comporta

demean[2] [di'mi:n] I *vt* a înjosi II *vr* a se înjosi

demeaning [di'mi:niŋ] *adj* înjositor degradant, dezonorant

dement [di'ment] *vt înv* a scoate din minți, a înnebuni

dementate [di'menteit] *vt v.* **dement**

dementedly [di'mentidli] *adv* nebunește, demențial

dementia praecox [di‚menʃə 'pri:kɔks] *s med înv* demență precoce

dementedness [di'mentidnis] *s* nebunie, demență

demerara [‚demə'reərə] *s* ~ sugar zahăr (roșcat) nerafinat

de-merger [‚di:'mə:dʒə] *s ec* separare a unor întreprinderi fuzionate temporar

demerit mark [di:'merit mɑːk] *s școl* notă proastă *(la purtare)*

demeritorious [‚di:meri'tɔːriəs] *adj rar* condamnabil, nedemn de laudă / de răsplată / de stimă; care merită să fie mustrat

demesmerize [‚di'mezməraiz] *vt v.* **dehypnotize**

demethylation [di:‚meθi'leiʃn] *s ch* demetilare

Demetrius [di'mi:triəs] *s* Demetrios

demigoddess ['demigɔdis] *s mit și fig* semizeiță

demilune ['demilu:n] *s fr* **1** semilună **2** *mil* adăpost întărit

demineralization [di:,minərəlai-'zeiʃn] *s* demineralizare

demineralize [di'minərəlaiz] *vt* a demineraliza

demi-repdom ['demi,repdəm] *s F* lume a femeilor declasate / de moravuri ușoare

demi-reputation [,demi repju(:)-'teiʃn] *s* reputație pătată

demisemiquaver ['demisemi-,kweivə] *s muz* treizeci-doime

demiser charter [di'maizə ,tʃɑ:tə] *s nav* contract de navlosire în care navlositorul este socotit proprietar

demist [,di:'mist] *vt brit* a îndepărta aburul de pe geamuri *(la un automobil etc.)*

demit [di'mit] **I** *vt* a renunța, a-și da demisia din **II** *vi* a demisiona

demi-tasse ['demitæs] *s fr* cescuță de cafea neagră

demi-tone ['demitəun] *s muz* semiton

demiurgic(al) [,di:mi'ə:dʒik(əl)] *adj* demiurgic, de demiurg

demo ['deməu] *s presc de la* **demonstration** *F* demonstrație

demobilization [di:məubilai'zeiʃn] *s* demobilizare

democratical [,demə'krætikəl] *adj* democrat, democratic

demodulate [,di:'mɔdjuleit] *vt* a separa oscilația de frecvență joasă de undele purtătoare de înaltă frecvență

demodulation [,dimɔdju'leiʃn] *s* demodulație

demographer [di:'mɔgrəfə] *s* demograf

demographics [,demə'græfiks] *s* **1** demografie **2** statistică demografică

demoiselle [,demwɑ'zel *și* pronunția franceză] *s fr* **1** *înv* fată; domnișoară **2** *orn* cocorul-mic *(Anthropoides virgo)* **3** *ent* libelulă, calul-dracului *(Libellula sp.)*

demolition bomb [demə'liʃn bɔm] *s mil* bombă explozivă

demonetarize [,di:'mʌnətəraiz], **demonetize** [,di:'mʌnitaiz] *vt* **1** a demonetiza, a devalua **2** a scoate *(moneda)* din circulație

demoniacally [,di:mə'naiəkəli] *adv* demoniac, drăcește

demonology [,di:mə'nɔlədʒi] *s* demonologie

demonstrability [,demɔnstrə'biliti] *s* demonstrabilitate, caracter demonstrabil

demonstrableness ['demɔnstrəblnis] *s v.* **demonstrability**

demonstrably [,di:'mɔnstrəbli] *adv* (în mod) manifest, evident, vizibil

demoralizing [,di:'mɔrəlaizin] *adj* demoralizant, deprimant

demoralizingly [,di:'mɔrəlaizinli] *adv* (în mod) demoralizant, deprimant; our results were ~ poor am avut rezultate deprimant de proaste

Demos ['di:mɔs] *s (cuvânt grecesc)* demos, popor

Demosthenic [,demɔs'θenik] *adj* demostenic; cu putere oratorică; *(d un discurs)* elocvent, patriotic, denunțător

demotion [di'məuʃn] *s mil* degradare

demotivate [,di:'mɔtiveit] *vt* a lipsi *(pe cineva)* de motivația *sau* motivele de a face o acțiune

demulcent [di'mʌlsənt] **I** *adj med* calmant, liniștitor, emolient, lenitiv **II** *s* calmant, sedativ, emolient, lenitiv

demulsify [di'mʌlsifai] *vt ch* a demulsiona

demurrage [di'mʌridʒ] *s* **1** *nav* contrastalii; plată a contrastaliilor; taxă de amarare **2** *ferov* depozitare, înmagazinare; cheltuieli de depozitare / de înmagazinare

demurral [di'mʌrəl] *s* amânare

demurrer[1] [di'mʌrə] *s jur* excepțiune, incident, motiv dilatoriu, ridicat de apărare în scopul amânării acțiunii; to put in a ~; to enter a ~ a ridica o excepțiune

demurrer[2] [di'mə:rə] *s* persoană nehotărâtă / șovăielnică / neîncrezătoare

demy [di'mai] *s* **1** format de hârtie *(în Anglia 46 cm x 56 cm pentru hârtie de tipar, 38 cm x 48 cm pentru hârtie de scris; în S. U. A. 41 cm x 53,50 cm pentru hârtie de scris)* **2** student la Colegiul Magdalena, Oxford

demystification [,di:mistifi'keiʃn] *s* demistificare

demystify [,di'mistifai] *vt* a demistifica

demythologization [,di:miθɔlə-dʒai'zeiʃn] *s* demitizare

demythologize [,di:mi'θɔlədʒaiz] *vt* a demitiza

denarius [di'neəriəs] *s* dinar *(monedă de argint în vechea Romă; de aici prescurtarea* d *pentru monedă engleză penny)*

denary ['di:nəri] **I** *adj* zecimal **II** *s* **1** zece **2** zecime

denaturalization [,di:nætʃərəlai-'zeiʃn] *s* denaturare; denaturalizare

denaturalize [,di:'nætʃurəlaiz] **I** *vt* **1** a denatura, a schimba firea **2** a face să piardă drepturile de cetățean **II** *vr* a renunța la drepturile de cetățean

denature [,di:'neitʃə] *vt* a denatura, a schimba, a falsifica *(ceaiul, spirtul etc.)*

denaturize [di:'nætʃəraiz] *vt v.* **denature**

denazification [,dinɑ:zifi'keiʃn] *s* denazificare, desfascizare

dendriform ['dendrifɔ:m] *adj* dendriform, cu înfățișare de arbore

dendrite ['dendrait] *s geol* dendrită

dendroid(al) [den'drɔid(əl)] *adv mat, minr* dendritic, arborescent

dendrologist [den'drɔlədʒist] *s bot* dendrolog

dendrometer [den'drɔmitə] *s silv* dendrometru

dendron ['dendrən], *pl* **dendra** ['dendrə] *s mat* dendron

dene[1] [di:n] *s* vâlcea mică *(↓ pădu-roasă)*

dene[2] [di:n] *s* dune; nisipuri

dene hole ['di:n həul] *s arheol* peșteră artificială *(în dealuri calcaroase)*

dengue ['dengi] *s med* friguri tropicale infecțioase *(cu dureri articulare acute)*

denicotinize [,di:'nikɔtinaiz] *vt* a denicotiniza

denier ['deniə] *s text* denier

denigrator ['denigreitə] *s* ponegritor, calomniator, defăimător

denitrification [,di:naitrifi'keiʃn] *s* denitrificare

denitrify [di:'naitrifai] *vt ch* a denitrifica

dennet ['denit] *s ist* trăsură ușoară cu două roți, cariolă, docar

denominationalism [di,nɔmi'neiʃ-nəlizm] *s* spirit de sectă; sectarism

denotable [di'nəutəbl] *adj* care poate fi numit; de denotat

denouncer [di'naunsə] *s* denunțător; demascator

densify ['densifai] *vt* a condensa, a concentra; a îndesa

densimeter [den'simitə] *s fiz* densimetru, picnometru, aerometru

densimetry [den'simitri] *s fiz* densimetrie, determinare a densității

densitometer [,densi'tɔmitə] *s fot* densitometru

dental floss [,dentəl 'flɔs] *s* ață (cerată) pentru curățarea danturii

dental hygienist [,dentəl hai'dʒiənist] *s* asistent de stomatologie (care face detartraj)

dental plate [,dentəl 'pleit] *s* 1 placă dentară 2 *anat* dantură 2 *med* proteză dentară

dental surgeon [,dentəl 'sə:dʒn] *s* dentist

dental surgery [,dentəl 'sə:dʒri] *s* 1 chirurgie dentară 2 *brit* cabinet stomatologic

dental technician [,dentəl tek'niʃn] *s* tehnician dentar

dentate ['denteit] *adj bot* dințat, zimțat

dentation [den'teiʃn] *s bot* dințare (pe marginea unei frunze etc.)

dent corn ['dent kɔ:n] *s bot* dinte-de-cal, porumb american

denticular [den'tikjulə] *adj* 1 *bot* denticulat, dințat mărunt, cu dinți mici 2 *tehn* dințat, zimțat, danturat

denticulated [den'tikjuleitid] *adv* *v.* **denticular**

denticulation [,dentikju'leiʃn] *s* 1 dințare 2 denticul

dentiform ['dentifɔ:m] *adj* dentiform, în formă de dinte

dentigerous [den'tidʒərəs] *adj* cu dinți, dințat

dentil ['dentil] *s arhit* denticul (ornament din arhitectura clasică)

dentilingual [,denti'liŋwəl] *adj fon* dentilingual

dentine ['denti:n] *s anat* dentină (partea minerală, tare a dintelui)

denuclearization [,di:nju:kliərai'zeiʃn] *s* denuclearizare

denuclearize [,di:'nju:kliəraiz] *vt* a denucleariza

denudate ['denjudeit] *adj* 1 *bot* fără frunze 2 *geol* denudat

denudative [di'nju:dətiv] *adj* dezgolitor, dezvelitor

denumerable [di'nju:mərəbl] *adj* *mat* numărabil

denunciative [di'nʌnsiətiv] *adj* denunțător; acuzator; amenințător

denunciator [di'nʌnsieitə] *s* 1 denunțător 2 acuzator

denunciatory [di'nʌnsiətəri] *adj v.* **denunciative**

denyingly [di'naiiŋli] *adv* negativ; tăgăduitor

deodand ['diəudænd] *s jur ist* obiect ce se confiscă de către stat ca sancțiune, atunci când a cauzat moartea cuiva

deodorization [di:,əudərai'zeiʃn] *s* dezodorizare

deodorizer [di:'əudəraizə] *s* dezodorant, dezinfectant

deontological [di,ɔntɔ'lɔdʒikəl] *adj* deontologic

deontology [,di:ɔn'tɔlədʒi] *s* deontologie, morală, etică

deoxidate [di:'ɔksideit] *vt ch* a dezoxida, a scoate oxigenul din

deoxidation [di:,ɔksi'deiʃn] *s ch* dezoxidare

deoxidization [di:,ɔksidai'zeiʃn] *s* *v.* **deoxidation**

deoxygenate [,di:'ɔksidʒəneit] *vt* a dezoxida

deoxyribonucleic [,di:ɔksiraibəunju:'kli:ik] *adj biol* ~ **acid** acid dezoxiribonucleic

depaint [di'peint] *vt rar* 1 a descrie, a zugrăvi 2 a picta

departmentalism [,di:pɑ:t'mentəlizm] *s* sistem de organizare pe departamente, birocratism

departmentalize [di:'pɑ:mentəlaiz] *vt* a împărți pe departamente / sectoare *etc.*

department store [di'pɑ:mənt stɔ:] *s amer* magazin universal

departure platform [di'pɑ:tʃə ,plætfɔ:m] *s ferov* peron de plecare

depauperate [di:'pɔ:pəreit] *vt* a pauperiza, a sărăci; a slăbi, a opri dezvoltarea (cu gen); a face să degenereze

depauperation [di:,pɔ:pə'reiʃn] *s* pauperizare, sărăcire

depauperize [,di:'pɔ:pəraiz] *vt* a depauperiza, a scoate din sărăcie, a scăpa din sărăcie / mizerie

dependability [di,pendə'biliti] *s* încredere (pe care o inspiră cineva sau ceva)

dependableness [di'pendəbəlnis] *s v.* **dependability**

dependably [di'pendəbli] *adv* într-un mod demn de încredere

dependent variable [di,pendənt 'veəriəbl] *s* 1 *mat* variabilă / dependentă 2 *autom* mărime dependentă

depersonalization [di:,pə:sənəlai'zeiʃn] *s psih* depersonalizare

dephlegmate [,di'flegmeit] *vt ch* a deflegma

dephlegmation [,di:fleg'meiʃn] *s* *ch* deflegmare

dephlegmator [di'flegmətə] *s ch* deflegmator

dephosphorization [di,fɔsfəri'zeiʃn] *s ch* defosforare

dephosphorize [di:'fɔsfəraiz] *vt ch* a defosfora

deplorably [di'plɔ:rəbli] *adv* (în mod) deplorabil, lamentabil

deplumate [di'plu:mit] *adj orn* fără pene

deplume [di'plu:m] *vt* a smulge penele (cu dat sau gen), a jumuli

depolarization [,di:pəulərai'zeiʃn] *s fiz* depolarizare

depolarize [di:'pəuləraiz] *vt fiz* 1 a schimba direcția polarizării (unei raze), a depolariza 2 *fig* a dezorienta, a tulbura, a zdruncina (convingeri, opinii)

depolarizer [di:'pəuləraizə] *s fiz* depolarizator

depolish [di:'pɔliʃ] *vt tehn* a mătui, a lua lustrul (cu gen)

depoliticize [,di:pə'litisaiz] *vt* a depolitiza

depolymerize [,di:'pɔliməraiz] *vt* *ch* a depolimeriza

depone [di'pəun] I *vi* a scot jur a depune sub jurământ II *vt* a jura

depopularize [di:'pɔpjuləraiz] *vt* a face nepopular

deportment [di'pɔ:tmənt] *s* 1 comportament, conduită, purtare, maniere 2 *ch* acțiune (a unui metal)

deposable [di'pəuzəbl] *adj* amovibil; care poate fi mutat sau concediat

deposal [di'pəuzəl] *s* destituire; detronare; mazilire

deposit account [di'pɔzit ə,kaunt] *s ec* cont purtător de dobândă de unde banii nu pot fi ridicați decât la expirarea termenului pe care au fost depuși

deposition [dipozi'teiʃn] *s ec* depunere, consemnare

deposit slip [di'pɔzit slip] *s* foaie de vărsământ

depravation [,deprə'veiʃn] *s* depravare, corupere, pervertire, stricăciune

deprave [di'preiv] *vt* a deprava, a perverti, a corupe, a strica

depravedness [di'preivdnis] *s* **1** depravare, perversiune morală, viciu **2** *rel* coruptibilitate înnăscută a omului

depraver [di'preivə] *s* seducător, ademenitor

deprecating ['deprikeitiŋ] *adj* dezaprobator; de dezaprobare

deprecative ['deprikeitiv] *adj* **1** dezaprobator, depreciator; peiorativ **2** care exprimă neplăcere / dezaprobare; dezaprobator

depredate ['deprideit] *vt* **1** a prăda, a jefui **2** a devasta, a pustii

depredator ['deprideitə] *s* **1** spoliator, distrugător **2** jefuitor, hoț

depredatory [di'predətəri] *adj* de spoliere, de distrugere

depressant [di'presənt] **I** *adj* **1** deprimant **2** *med* sedativ, calmant **II** *s* **1** *med* sedativ, calmant **2** *min* depresant (reactiv)

depressed arch [di,prest 'ɑːtʃ] *s constr* arc pleoștit

depressing [di'presiŋ] *adj* deprimant, apăsător, împovărat, trist; descurajant

depressingly [di'presiŋli] *adv* deprimant; (pe un ton) abătut

depressor [di'presə] *s anat* mușchi depresor

depressurization [di:,preʃərai'zeiʃn] *s* depresurizare

depressurize [di:'preʃəraiz] *vt* a depresuriza

deprivable [di'praivəbl] *adj* amovibil; revocabil

dept. *presc de la* **department** *s* departament

depth finder ['depθ ,faində] *s v.* **depth recorder**

depth gauge ['depθ geidʒ] *s* sondă, măsurător de adâncime

depthing tool ['depθiŋ tu:l] *s* **1** *tehn* teșitor **2** dispozitiv pentru verificarea excentricității roților unui ceasornic

depthless ['depθlis] *adj* **1** puțin adânc, fără adâncime **2** *fig* fără fund, nesfârșit, nelimitat

depth psychology ['depθ sai,kɔlədʒi] *s psih* psihologie a subconstientului

depth recorder ['depθ ri,kɔːdə] *s tehn* înregistrator de adâncimi

depurant [de'pju(ə)rənt] *adj s v.* **depurative**

depurate ['depjureit] *vt med* a depura, a curăți

depuration [,depju'reiʃn] *s med* depurare, curățire

deputy sheriff [,depjuti 'ʃerif] *s amer* șerif adjunct, ajutor de șerif

deracination [di,ræsi'neiʃn] *s* dezrădăcinare, stârpire și *fig*

deraign [di'rein] *vt jur, rar* **1** a respinge (*o cerere etc.*) **2** a dovedi *înv, mil* **to ~ battle** a se așeza în linie de bătaie

derailleur [di'reiljə] *s brit* schimbător de viteze (*la bicicletă*)

derangeable [di'reindʒəbl] *adj* care se deranjează / se strică (ușor); (*d sănătate*) șubred, debil

deration [,di:'ræʃn] *vt* a nu mai raționaliza (*alimente, mărfuri etc.*)

derationing [,di'ræʃəniŋ] *s* desființare a sistemului de vânzare pe bază de cartelă

deratization [,dirætai'zeiʃn] *s* deratizare

Derby blue [,dɑːbi 'blu:] *s* albastru-roșiatic

Derby red [,dɑːbi 'red] *s* roșu de crom

deregister [,di:'redʒistə] *vt* a radia din registru (*o societate etc.*)

deregulate [,di:'regjuleit] *vt* **1** *ec* a liberaliza (*prețuri etc.*) **2** a ridica restricțiile

deregulation [,di:regju'leiʃn] *s* **1** *ec* liberalizare (*a prețurilor, a salariilor etc.*) **2** ridicare a restricțiilor

derequisition [di:,rekwi'ziʃn] *vt* a scoate de sub rechiziție (↓ *clădiri publice*)

derestrict [,di:ri'strikt] *vt* a ridica restricțiile în privința (*cu gen*)

derestriction [,di:ri'strikʃn] *s* scutire, dispensă

deridingly [,di'raidiŋli] *adv* batjocoritor, ironic, în batjocură

derisible [di'rizibl] *adj* rizibil, de râs, ridicol, caraghios

derisiveness [di'raisivnis] *s* batjocură; derâdere

derivable [di'raivəbl] *adj* **~ from** care derivă / provine / se trage din / de la

derivational [,deri'veiʃnəl] *adj* **1** derivațional, de derivație **2** derivat

derivatively [di'raivətivli] *adv* prin derivare

derived curve [di,raivd 'kəːv] *s mat* curbă diferențială

derived function [di,raivd 'fʌŋkʃn] *s mat* funcție derivată

dermal ['dəːməl] *adj anat* dermic, dermal, cutaneu

dermatological [,dəːmətə'lɔdʒikəl] *adj* dermatologic

dern [dəːn] *vt* a blestema, a afurisi, a înjura

dermatoplasty [,dəːmətəu'plæsti] *s med* dermoplastie

derm(a) ['dəːm(ə)] *s anat* dermă, piele

derogative [di'rɔgətiv] *adj* (**to, of**) dezavantajos; păgubitor (pentru)

derogatorily [di'rɔgətərili] *adv* disprețuitor, depreciativ, peiorativ

derrick man ['derik mən], *pl* **derrick men** ['derikmen] *s min* turlist, podar

derrière [,deri'eə] *s* dos, șezut, fund

derring-do [,deriŋ'du:] *s* îndrăzneală nebună, temeritate, bravură

derringer ['derindʒə] *s* deringer, pistol scurt de calibru mare

derv [dəːv] *s brit* tip de combustibil folosit la motoarele diesel

DES *presc de la* **Department of Education and Science** (*în trecut, în Marea Britanie*) ministerul învățământului și al cercetării științifice

desalinate [,di:'sælineit] *vt* a desaliniza

desalination [,di:sæli'neiʃn] *s* desalinizare

desalinize [,di:'sælinaiz] *vt v.* **desalinate**

desalt [,di:'sɔːlt] *vt* a desăra

desand [,di:'sænd] *vt* a denisipa

descendance [di'sendəns] *s* descendență, origine, proveniență, obârșie

descendence [di'sendəns] *s v.* **descendance**

descendent [di'sendənt] **I** *adj* descendent, coborâtor **II** *s* coborâtor

descender [di'sendə] *s* persoană / lucru care coboară; linie înclinată sau verticală a unei litere (*m, n*)

descendibility [disendi'biliti] *s jur* transmisibilitate

descendible [di'sendibl] *adj* **1** coborâtor, care poate coborî **2** *jur* transmisibil

descending [di'sendiŋ] *adj* coborâtor, care coboară; descrescător; **in ~ order of importance** în ordine descrescătoare a importanței

descramble [di'skræmbl] *vt* a descurca, a aranja, a pune în ordine

describer [di'skraibə] *s* persoană care descrie, care zugrăveşte

descriptive linguistics [di,skriptiv lin'gwistiks] *s lingv* lingvistică descriptivă

descriptively [di'skriptivli] *adv* în manieră descriptivă; **he gave a ~ accurate account of events** a făcut o descriere fidelă a întâmplărilor

descriptiveness [di'skriptivnis] *s* putere de a descrie; plasticitate

descriptivism [di'skriptivizm] *s* descriptivism

descriptor [di'skriptə] *s cib* ansamblu de semne care descriu un fişier, o variabilă *etc.*

desecrator ['desikreitə] *s* profanator, pângăritor

desegregate [di:'segrigeit] *vt (în S.U.A.)* a desegrega, a desfiinţa segregaţia rasială în *(şcoli etc.)*

desegregation [,di:segri'geiʃn] *s* desegregare

deselect [,di:si'lekt] *vt pol brit* a nu mai reinvesti *(un candidat)*

desensitize [,di:'sensitaiz] *vt fot* a desensibiliza

desert boots ['dezət bu:ts] *s* botine cu şireturi

desertification [di,zə:tifi'keiʃn] *s* transformarea unei regiuni în deşert

desert island [,dezət 'ailənd] *s* insulă pustie

Desert Island Discs [,dezət'ailənd ,disks] *s (în Marea Britanie)* emisiune de radio săptămânală

desertless [di'zə:tlis] *adj rar* fără merite

desert rat ['dezət ræt] *s F* soldat britanic care a făcut armata în deşertul nord-african în perioada 1941-1942

deservedness [di'zə:vidnis] *s* dreptate, justeţe *(a unei pedepse)*

deserver [di'zə:və] *s* persoană merituoasă

deservingness [di'zə:viŋnis] *s* merit, valoare

desex [,di:'seks] *vt* a castra, a emascula, a defeminiza

desexualize [,di:'seksjuəlaiz] *vt* **1** a desexualiza **2** a castra

desiccant ['desikənt] *s* desicativ

desiccated ['desikeitid] *adj* **1** deshidratat, uscat, sec **2** arid, neinteresant

desiccative [de'sikətiv] *s* sicativ

desiderate [di'zidəreit] *vt rar* a dori; a resimţi lipsa *(cu gen)*, a duce dorul *(cu gen)*

desideration [di,zidə'reiʃn] *s* deziderat, dorinţă

desiderative [di'zidərətiv] **I** *adj* **1** exprimând o dorinţă **2** *gram* deziderativ **II** *s gram* (verb) deziderativ

desilver [,di:'silvə] *vt* a elimina argintul din; a dezarginta

desinential [desi'nenʃəl] *adj* final, ultim

desipience [di'sipiəns] *s* lipsă de seriozitate; frivolitate

desipiency [di'sipiənsi] *s v.* **desipience**

desirableness [di'zaiərəblnis] *s* faptul de a fi dezirabil / de a fi dorit; atracţie, avantaj *(al unei conduite)*

desirably [di'zaiərəbli] *adv* avantajos

desired [di'zaiəd] *adj* dorit; râvnit

desireless [di'zaiəlis] *adj* fără dorinţe

desirer [di'zaiərə] *s* doritor; petiţionar

desirousness [di'zaiərəsnis] *s* (of) dorinţă, sete (de)

desistance [di'zistəns] *s* **~ from** renunţare la

desistence [di'zistəns] *s v.* **desistance**

deskbound [,desk'baund] *adj* sedentar; **she hates being ~** nu-i place activitatea de birou

desk clerk ['desk kla:k] *s amer* recepţioner

desk editor ['desk editə] *s* redactor

deskill [,di:'skil] *vt* a mecaniza / a simplifica *(o operaţiune etc.)*

desk pad ['desk pæd] *s* mapă de birou

desktop ['desktɔp] *adj* de birou, care încape pe birou; **~ computer** computer de birou

desk work ['desk wə:k] *s amer* muncă de redacţie

desman ['desmən] *s zool* desman, guzgan de mosc *(Desmana moschata)*

desmine ['desmin] *s minr* desmin

desmolysis [dez'mɔləsis] *s ch, biol* desmoliză

desolately ['desəlitli] *adj* **1** singur, în singurătate **2** cu un aer dezolat

desolateness ['desəlitnis] *s* **1** singurătate, izolare; părăginire, părăsire **2** dezolare, durere, disperare, nenorocire

desolater ['desəleitə] *s* pustiitor, distrugător, devastator

desolator ['desəleitə] *s v.* **desolater**

desoxidation [,desɔksi'deiʃn] *s* dezoxidare

desperateness ['despəritnis] *s* **1** stare disperată **2** *fig* nebunie

despicability [,despikə'biliti] *s v.* **despicableness**

despicableness [,des'pikəblnis] *s* josnicie, mârşăvie; comportare *etc.* vrednică de dispreţ

despiser [di'spaizə] *s* persoană dispreţuitoare

despisingly [di'spaiziŋli] *adv* cu dispreţ, dispreţuitor

despiteful [dis'paitful] *adj înv, poetic* rău, crud, crunt; maliţios, hain, duşmănos, ranchiunos; câinos; dispreţuitor

despitefulness [dis'paitfulnis] *s* răutate, cruzime, hainie, mârşăvie

despoil [di'spɔil] *vt* **1** a jefui, a fura, a prăda, a spolia **2 to ~ of** a despuia de; a prăda de

despoiler [di'spɔilə] *s* jefuitor, spoliator

despoiling [di'spɔiliŋ] *s* spoliere, jefuire, prădare

despoilment [di'spɔilmənt] *s* jaf, prădare, spoliere, despuiere

despondently [dis'pɔndəntli] *adj* descurajat, abătut, cu un aer descurajat

despondingly [dis'pɔndiŋli] *adv v.* **despondently**

despotically [des'pɔtikəli] *adv* despotic; tiranic

despotize ['despətaiz] *vt* a tiraniza

desquamation [,deskwə'meiʃn] *s* **1** *med* cojire, descuamare **2** *min* cojire *(a rocilor)*; exfoliere; descuamare

dessiatine ['desiəti:n] *s rus* desiatină *(1,09 ha)*

destabilization [,di:steibilai'zeiʃn] *s* destabilizare

destabilize [ˌdiːˈsteibilaiz] *vt* a destabiliza

de-Stalinization [ˌdiːstɑːlinaiˈzeiʃn] *s* destalinizare

de-Stalinize [ˌdiːˈstɑːlinaiz] *vt* a destaliniza

desterilize [ˌdiːˈsterilaiz] *vt ec* a reda circulației, a face productiv din nou

destined [ˈdestind] *adj* 1 predestinat, sortit 2 menit, desemnat

destroyer escort [diˈstrɔiə ˌeskɔːt] *s amer nav* corvetă

destruct [diˈstrʌkt] I *vt, vr* a (se) distruge II *s* distrugere *(a unei rachete etc.)* III *(în cuvinte compuse)* de distrugere; ~ **mechanism** mecanism de distrugere

destructibility [diˌstrʌktiˈbiliti] *s* destructibilitate

destructional [diˈstrʌkʃnəl] *adj geol* de denudare

destructionist [diˈstrʌkʃənist] *s* 1 distrugător; devastator 2 *pol* revoluționar

destructive distillation [disˌtrʌktiv distiˈleiʃn] *s ch* distilare distructivă

destructor [diˈstrʌktə] *s* 1 *rar* distrugător 2 crematoriu *(de ars gunoiul)*

desugarize [diːˈʃugəraiz] *vt* a dezaharisi, a scoate zahărul din

desulphuration [ˌdiːsʌlfjuˈreiʃn] *s ch* desulfurare

desulphurization [ˌdiːsʌlfjuraiˈzeiʃn] *s ch* desulfurizare

desulphurize [diːˈsʌlfjuraiz] *vt ch* a desulfuriza

desultoriness [ˈdesəltirinis] *s* lipsă de metodă, discontinuitate

desynonymize [ˌdiːsiˈnɔnimaiz] *vt lingv* a da mai multe sensuri *(unui termen)*, a lipsi de caracterul sinonimic

Det. *presc de la* **detective** *s* detectiv

detective constable [diˌtektiv ˈkʌnstəbl] *s brit* inspector de poliție

detachability [ditætʃəˈbiliti] *s* caracter detașabil *(al unei piese etc.)*

detachedness [diˈtætʃidnis] *s* 1 (from) separare, izolare, depărtare (de) 2 nepăsare, indiferență

detail drawing [ˈdiːteil ˌdrɔːiŋ] *s* schiță detaliată; epură

detailedly [ˈdiːteildli] *adv* detaliat, amănunțit, în amănunt

detailedness [diːˈteildnis] *s* amănunțime, caracter detaliat

detainer [diˈteinə] *s* 1 persoană care oprește / reține; detentor 2 *jur* proces pentru recăpătarea unor bunuri deținute ilegal 3 *jur* detenție; ordin de prelungire a detenției

detainment [diˈteinmənt] *s* reținere *(a unei persoane, a unei sume)*

detectaphone [diˈtektəfəun] *s tel* detectafon

detectible [diˈtektibl] *adj* care poate fi descoperit, detectabil

detective inspector [diˌtektiv inˈspektə] *s brit* inspector-șef de poliție

detective sergeant [diˌtektiv ˈsɑːdʒənt] *s brit* sergent de poliție

detector [diˈtektə] *s* 1 *tel* detector; sensor; palpator 2 *mil, ch* detector

detector van [diˈtektəˌvæn] *s brit* mașină-radar folosită pentru identificarea posturilor de televiziune nedeclarate

detent [diˈtent] *s* 1 *tehn* clichet, declic, clanță, zăvor; limitator; opritor; dispozitiv de decuplare; clichet de blocare; 2 detentă; declanșare 3 *tel* jack

détente [ˌdeiˈtɔːnt] *s fr* destindere *(în relațiile politice)*

detention centre [diˈtenʃn ˌsentə] *s (până în 1988) centru de detenție a delincvenților minori*

detention home [diˈtenʃn həum] *s* casă de corecție

deterge [diˈtəːdʒ] *vt med* a spăla, a curăța *(↓ o rană)*

deteriorationist [diˌtiəriəˈreiʃnist] *s fig* pesimist

determinability [diˌtəːminəˈbiliti] *s* determinabilitate

determinable [diˈtəːminəbl] *adj* determinabil

determinableness [diˈtəːminəblnis] *s v.* **determinability**

determinateness [diˈtəːminitnis] *s* hotărâre, atitudine hotărâtă

determinedly [diˈtəːmindli] *adv* hotărât; cu un aer hotărât

determining [diˈtəːminiŋ] *adj* determinant, hotărâtor

determinism [diˈtəːminizm] *s filoz* determinism

determinist [diˈtəːminist] *s filoz* determinist

deterministic [diˌtəːmiˈnistik] *adj* determinist

deterrence [diˈterəns] *s* reținere; descurajare

detinue [ˈdetinjuː] *s jur* deținere ilegală a unui bun; *jur* **action of ~** acțiune posesorie de urmărire *(pentru redobândirea bunului deținut de altcineva ilegal)*

detoxicate [ˌdiːˈtɔksikeit] *vt med* a dezintoxica

detoxication [ˌdiːtɔksiˈkeiʃn] *s med* dezintoxicare

detoxification [ˌdiːtɔksifiˈkeiʃn] *s* dezintoxicare

detoxify [ˌdiːˈtɔksifai] *vt* a dezintoxica

detractingly [diˈtræktiŋli] *adv* (cu un aer) depreciativ

detractive [diˈtræktiv] *adj* detractor, defăimător, depreciativ

detractory [diˈtræktəri] *adv v.* **detractive**

detrainment [diːˈtreinmənt] *s* debarcare / coborâre din tren

detrimentally [ˌdetriˈmentəli] *adv* păgubitor

detrimentalness [ˌdetriˈmentəlnis] *s* caracter dăunător / păgubitor

detrital [diˈtraitəl] *adj geol* detritic

detrude [diˈtruːd] *vt* a împinge în jos, la vale *sau* în lături

detruncate [diˈtrʌŋkeit] *vt* a trunchia, a tăia, a ciunti, a scurta

detrusion [diˈtruːʒən] *s* împingere în jos *sau* în lături

detumescence [ˌdiːtjuːˈmesəns] *s med* detumescență

detumescent [ˌdiːtjuːˈmesənt] *adj med* detumescent

detune [ˌdiːˈtjuːn] *vt tel, auto* a dezacorda, a deregla

deuterium oxide [djuːˌtiəriəm ˈɔksaid] *s* apă grea

Deutsche mark [ˌdɔitʃə ˈmɑːk] *s ec* marcă germană

devastating [ˈdevəsteitiŋ] *adj* 1 pustiitor, distrugător, devastator, mistuitor 2 *F* grozav, fantastic, exasperant

devastatingly [ˈdevəsteitiŋli] *adv F* grozav (de), strașnic

devastative [ˈdevəsteitiv] *adj* devastator, pustiitor

devastator [ˈdevəsteitə] *s* devastator, distrugător

developable [diˈveləpəbl] *adj* care se poate dezvolta, capabil de dezvoltare

developing country [di,veləpiŋ 'kʌntri], **developing nation** [di,veləpiŋ 'neiʃn] s țară sau națiune în curs de dezvoltare

developmentally [di,veləp'məntəli] adv evolutiv

development area [di'veləpmənt ,eiriə] s brit zonă economică în care guvernul încurajează dezvoltarea unor noi ramuri ale industriei

development system [di'veləpmənt ,sistəm] s cib sistem informatic conceput pentru dezvoltarea de aplicații

devest [di'vest] vt 1 jur a deposeda de (o proprietate etc.), a ridica (dreptul) 2 înv a dezbrăca, a despuia

deviance [di:vjəns], **deviancy** ['di:vjənsi] s deviație, deviere

deviant ['di:vjənt] I adj deviant, anormal; **sexually ~** pervertit sexual II s pervers

deviator ['di:vieitə] s mat deviator

devil catcher ['devl ,kætʃə] s sl preot, predicator

devil dodger ['devl ,dodʒə] s v. **devil catcher**

devil dog ['devl dog] s amer poreclă dată pușcașilor din infanteria marină (în S.U.A.)

devil fish ['devl fiʃ] s iht 1 drac-de-mare (Lophicus piscatorius) 2 balenă cenușie (Rhachianectes glaucus)

devil god ['devl god] s zeitate păgână

devil-in-a-bush [,devl inə'buʃ] s bot chica-voinicului, barba-boierului, negrușcă, moșnegel (Nigella damascena)

deviling ['devliŋ] s înv pui de drac, drăcușor

devilism ['devlizm] s 1 purtare drăcească; satanism 2 cultul diavolului

devilkin ['devlkin] s pui de drac, drăcușor

devil's bit ['devlz bit] s bot ruin, călugărișoară, mușcata-dracului (Scabiosa sp.)

devil's books ['devlz buks] s pl cărți de joc

devil's claw ['devlz klo:] s nav gheară de drac

devil's coach-horse ['devlz,kəutʃ-ho:s] s ent gândac negru de gunoi (Goerius olens)

devil's darning-needle ['devlz da:niŋ,ni:dl] s ent calul-dracului, libelulă (Libellida)

devil's dozen [,devlz 'dʌzn] s F treisprezece

devil's food cake ['devlz fu:d keik] s gastr aprox negrese

devil's guts ['devlz gʌts] s bot torțel, barba-dracului (Cuscuta epithymum)

devil's milk ['devlz milk] s rostopască, calce-mare (Chelidonium majus)

devils-on-horseback [,devlzon 'ho:s- bæk] s gastr stridii sau ficat de pui învelit în șuncă și prăjit

devil's paternoster [,devlz pætə-'nostə] s F ploaie de înjurături; **to say the ~** a bombăni, a mormăi, a comenta

devil wood ['devl wud] s bot măslin american (Olea americana)

deviously ['di:vjəsli] adv pe ascuns, cu fățărnicie, cu perfidie

deviousness ['di:viəsnis] s caracter ocolit / lăturalnic

devisable [di'vaizəbl] adj 1 care se poate inventa / născoci 2 jur de care se poate dispune prin testament

devisal [di'vaizəl] s 1 născocire, invenție 2 jur testare, lăsare prin testament

devisee [,devi'zi:] s jur legatar, succesor, moștenitor (al bunurilor imobiliare)

deviser [di'vaizə] s 1 inventator 2 jur testator

devisor [di'vaizə] s jur testator

devitrification [,di:vitrifi'keiʃn] s 1 tehn devitrifiere; devitrificare (a sticlei și emailurilor) 2 fiz devitrificație

devocalize [,di:'vəukəlaiz] vt fon a devocaliza, a lipsi de sunet

devoice [,di:'voice] vt fon a pronunța surd (un sunet)

devoir [də'vwa:] s 1 datorie, îndatorire, obligație; **to do one's ~** a-și face datoria 2 pl (act de) politețe, omagii; **to pay one's ~s to** a îndeplini un act de politețe față de, a face o vizită de politețe (cuiva)

devolutionist [,di:və'lu:ʃnist] I adj descentralizator II s adept al descentralizării

devote [di'vəut] I vt to ~ to a dedica, a închina; a acorda; a dărui; a hărăzi, a meni, a sorti, a destina; to ~ close attention to a acor-

da o deosebită atenție (cu dat); the town was ~d to the flames orașul fu sortit flăcărilor; to ~ one's time to music a-și consacra timpul muzicii II vr to ~ oneself to a se consacra, a se dedica, a se dărui

devotement [di'vəutmənt] s devotament

devotionalism [di'vəuʃnəlizm] s bigotism, consacrare entuziastă, loialitate

devotionalist [di'vəuʃnəlist] s bigot

devotionally [di'vəuʃnəli] adv cu devoțiune, cu evlavie

devouringly [di'vauəriŋli] adv lacom, cu lăcomie, cu nesat / poftă; **to gaze ~ at** a privi cu nesat la

devoutness [di'vautnis] s 1 devoțiune, religiozitate, pietate 2 sinceritate; seriozitate 3 zel, ardoare

dewan [di'wa:n] s (cuvânt anglo-indian) 1 ministru de finanțe 2 prim-ministru

dewater [,di:'wo:tə] vt ch a deshidrata

dew beater ['dju: ,bi:tə] s 1 sl picior 2 sl pantof 3 F persoană care se trezește matinal

dewberry ['dju: bəri] s bot rug, mur (Rubus Caesius)

dew claw ['dju: klo:] s zool pântecul câinelui

Dewey Decimal System [,dju:i: 'desiməl sistəm] s sistemul zecimal Dewey

dew fall ['dju: fo:l] s căderea rouăi; timpul când se lasă roua

dewiness ['dju:inis] s rourare, acoperire cu rouă, rouă

dewlapped ['dju:læpt] adj gușat, cu gușă; cu bărbie dublă

deworm [,di:'wə:m] vt a administra un vermifug

dew point ['dju:point] s meteor punct de rouă / de condensare iscobară

dewpond ['dju:pond] s brit iaz artificial în SE Angliei, format prin condensarea rouăi și a ceții

dew-ret ['dju:ret] I vt a umezi / a stropi / a muia cu rouă II vi a se umezi, a se muia cu rouă

dew-rot ['dju: rot] vb v. **dew-ret**

dew worm ['dju: wə:m] s ent râmă mare de grădină (Lumbricus ierestris)

dewy-eyed [,djui 'aid] *adj* inocent, naiv, ingenuu

dextrality [deks'træliti] *s* 1 așezare, situare pe dreapta 2 *med* dexteritate, folosirea mâinii drepte

dextrogyrate [,dekstrɔ'dʒaiəreit] *adj opt* dextrogir

dextrorotatory [,dekstrɔ'rəuteitəri] *adj v.* **dextrogyrate**

dextrorsal [deks'trɔ:səl] *adj* dextrors, spiralat de la stânga la dreapta; *mat* cu torsiune pozitivă

dextrorse ['dekstrɔ:s] *adj v.* **dextrorsal**

dezinc [,di:'ziŋk] *vt* a dezinca, a scoate zincul din

DF *presc de la* **Direction Finder** *s* 1 indicator de direcție 2 *tel* radio-goniometru

DFC *presc de la* **Distinguished Flying Cross** *s* distincție onorifică a forțelor aeriene britanice și americane

DFE *presc de la* **Department for Education** *s aprox* Ministerul Educației

DFM *presc de la* **Distinguished Flying Medal** *s* medalie a forțelor aeriene britanice și americane

DG *presc de la* **director-general** *s* director general

dhal [dɑːl] *s bot (cuvânt indian)* un fel de linte tropicală *(Cajanus Cajan)*

dhole [dəul] *s (cuvânt anglo-indian)* câine sălbatic indian *(Canis dukkunensis)*

dhotee ['dəuti:] *s (cuvânt anglo-indian)* bucată de pânză purtată în jurul șalelor de către hinduși

dhow [dau] *s nav* 1 corabie arabă cu un singur catarg și pânză triunghiulară 2 orice corabie arabă (↓ pentru comerțul cu sclavi)

DHSS *s presc de la* 1 *brit* **Department of Health and Social Security** vechea denumire a ministerului britanic pentru sănătate și protecție socială 2 *amer* **Department of Health and Social Services** Ministerul Sănătății

dhurrie, dhurry ['dʌri] *s* țesătură groasă indiană din bumbac, cu franjuri *(pentru perdele, divanuri etc.)*

diabase ['daiəbeis] *s minr* diabaz

diablerie [di'ɑːbləri] *s fr* 1 drăcie, drăcovenie; ștrengărie, poznă, nebunie 2 vrăjitorie, magie neagră

diabolical [,daiə'bɔlikəl] *adj* 1 diabolic, drăcesc, diavolesc, afurisit, infernal, îndrăcit 2 (↓ *fig*) răutăcios, crunt, crud, nemilos, mârșav

diabolicalness [,daiə'bɔlikəlnis] *s* caracter diabolic

diabolism [dai'æbəlizm] *s* 1 satanism 2 vrăjitorie, fermecătorie, magie 3 răutate, fire satanică 4 îndrăcire, stăpânire de către diavol

diabolist [dai'æbəlist] *s* închinător la diavol

diacaustic [,daiə'kɔ:stik] *adj fiz* diacaustic

diacaustics [,daiə'kɔ:stiks] *s fiz* diacaustică

diacetyl [dai'æsitil] *s ch* diacetil

diachylon [dai'ækilən], *pl* **diachyla** [dai'ækilə] *s med* diachilon *(plasture)*

diachylum [dai'ækiləm], *pl* **diachyla** [dai'ækilə] *v.* **diachylon**

diaclase ['daiəkleis] *s* 1 *geol* diaclază, fisură produsă în rocă de mișcări tectonice paralele cu suprafața pământului 2 *tehn* ruptură, spărtură

diaconal [dai'ækənəl] *adj* diaconesc, de diacon

diaconate [dai'ækənit] *s* diaconat, diaconie

diactinic [,daiæk'tinik] *adj* capabil de a transmite raze actinice

diadelphous [,daiə'delfəs] *s bot* diadelf, cu staminele în două mănunchiuri

diaeretic [,daiə'retik] *adj med* dieretic

diagenesis [,daiə'dʒenəsis] *s geol* diageneză

diagnosable [,daiəg'nəuzəbl] *adj* care poate fi diagnosticat, detectat

diagnosticate [,daiəg'nɔstikeit] *vt* a pune un diagnostic *(cuiva)*, a diagnostica

diagonally [dai'ægənəli] *adv* diagonal, în diagonală

diagram ['daiəgræm] *s* 1 diagramă, schemă; desen explicativ, figură; grafic; ilustrație; schiță; curbă; **in ~ from** sub formă de grafic 2 *muz înv* sistem de notație muzicală; partitură

diagrammatize [,daiə'græmətaiz] *vt* a reprezenta prin diagramă

diagraph ['daiəgræf] *s* diagraf, instrument pentru a desena proiecte / a mări hărți în mod mecanic

dialdehyde [,dai'ældihaid] *s ch* dialdehidă

dialectological [,daiəlektə'lɔdʒikəl] *adj* dialectologic

dialectologist [,daiəlek'tɔlədʒist] *s* dialectolog

dial gauge ['daiəl geiʒ] *s tehn* ceasornic comparator

diallage ['daiəlidʒ] *s minr* dialog

dialling code ['daiəliŋ kəud] *s brit* indicativ telefonic

dialling tone ['daiəliŋ təun] *brit*, **dial tone** ['daiəl təun] *amer s* ton *(la telefon)*

dialogically [,daiə'lɔdʒikəli] *adj* dialogat, în formă de dialog

dialogist [,dai'ælədʒist] *s* 1 participant la un dialog, interlocutor 2 autor al unui dialog

dialogite [dai'ælədʒait] *s minr* dialogită

dial telephone-set [,daiəl 'telifəunset] *s post* telefonic automat

dial-up service [,daiəlʌp 'sə:vis] *s* serviciu de tratament prin telefon

dialyse ['daiəlaiz] *vt ch* a dializa, a separa prin dializă

dialytic(al) [,daiə'litik(əl)] *adj* 1 *ch* dialitic 2 *med* molesitor 3 *opt* acromatic

diamagnet [,daiə'mægnit] *s fiz* (corp) diamagnetic

diamagnetic [,daiəmæg'netik] *fiz* I *adj* diamagnetic II *s* (corp) diamagnetic

diamagnetism [,daiə'mægnitizm] *s fiz* diamagnetism

diamanté [diə'mɔntei] *s* material textil diamantizat

diamantiferous [,daiəmæn'tifərəs] *adj* diamantifer, care conține diamant

diamantin [,daiə'mæntin] *s tehn* diamantin

diametral [dai'æmitrəl] *adj* diametral, de diametru

diamine black [,daiəmi:n 'blæk] *s ch* negru diamin

diamond back ['daiəmənd bæk] *s zool* varietate de broască țestoasă *(Malaclemmys sp.)*

diamond black [,daiəmənd 'blæk] *s ch* negru diamant

diamond crossing ['daiəmənd ,krɔ(:)siŋ] *s ferov* inimă (de macaz) dublă

diamond drill ['daiəmənd dril] *s tehn* sfredel cu diamant

diamond dust ['daiəmənd dʌst] *s* pulbere de diamant *(pentru lustruirea pietrelor prețioase)*

diamondiferous [,daiəmən'difərəs] *adj rar* diamantifer

diamondize ['daiəməndaiz] *vt rar* a împodobi cu diamante

diamond jubilee ['daiəmənd ,dʒu:bili:] *s* a șaizecea sau a șaptezeci și cincea aniversare

diamond pencil ['daiəmənd ,pensl] *s* diamant de tăiat sticlă

diamond point ['daiəmənd point] *s* 1 ac cu vârf de diamant folosit în gravură 2 *pl ferov* inimă (de macaz)

diamond powder ['daiəmənd ,paudə] *s* pulbere de diamant

diamond saw ['daiəmənd sɔ:] *s* ferăstrău cu diamant

diamond-shaped [,daiəmənd 'ʃeipt] *adj* rombic, romboidal

Dianthus [dai'ænθəs] *s bot* garoafă *(Dionthus)*

diaphane ['daiəfein] I *adj* diafan, transparent, străveziu II *s* substanță diafană

diaphanousness [dai'æfənəsnis] *s* caracter diafan, transparență

diaphone ['daiəfəun] *s* 1 *lingv* totalitatea variantelor unui fonem 2 diafon

diaphony [dai'æfəni] *s muz, tehn* diafonie

diaphoresis [,daiəfə'ri:sis] *s med* diaforeză, transpirație

diaphoretic [,daiəfə'retik] *adj med* diaforetic, sudorific

diaphragmatic [,daiəfræg'mætik] *adj* diafragmatic, de diafragmă

diarchy ['daiɑːki] *s* diarhie, *sistem de guvernare în care conducerea este asumată de două persoane*

diarial [dai'eəriəl] *adj* de jurnal zilnic

diarize ['daiəraiz] I *vt* a însemna / a nota / a trece într-un jurnal II *vi* a ține un jurnal zilnic

diarrh(o)eic [,daiə'ri:ik] *adj med* diareic, de diaree, care provoacă diaree

diascope ['daiəskəup] *s med* diascop

diaspora [dai'æspərə] *s* diaspora

diaspore ['daiəspɔ:] *s minr* diaspor

diastasis [dai'æstəsis], *pl* **diastases** [dai'æstəsi:z] *s* 1 *med* diastază, separare a epifizei osoase 2 *ch, biol* diastază, amilază

diastatic [,daiə'stætik] *adj ch, fizl* diastatic

diastyle ['daiəstail] *s arhit* diastil

diathermancy [,daiə'θə:mənsi] *s fiz* conductibilitate termică / calorică, termoconductibilitate

diathermanous [,daiə'θə:mənəs] *adj fiz* diaterman

diathermic [,daiə'θə:mik] *adj fiz* diatermic

diathesis [dai'æθisis], *pl* **diatheses** [dai'æθisi:z] *s med* diateză

diatom ['daiətəm] *s bot* diatomee, algă petrificată (calcificată)

diatomaceae [,daiətə'meiʃii:] *s pl bot* diatomee

diatomite [dai'ætəmait] *s minr* diatomit, kiselgur

dlazepam [dai'æzipæm] *s* diazepam

dibber ['dibə] *s agr* cotonoagă, plantatator

dibhole ['dibhəul] *s min* galerie de evacuare a apelor

dibs [dibz] *s pl* 1 arșice *(de joc)* 2 *(la joc de cărți)* fise, jetoane 3 *sl* lovele, gologani, biștari; *he's after the ~* umblă după bani

dice box ['dais bɔks] *s* 1 păhărel / cornet de aruncat zarurile 2 *suport cubic de porțelan pe care se sprijină firele de telegraf*

dicephalous [,dai'sefələs] *adj* bicefal

dicey ['daisi] *adj F* riscant, periculos; delicat

dichlamydeous [,daiklə'midiəs] *adj bot* diclamid, având caliciu și corolă

dichloride [dai'klɔ:raid] *s ch* biclorură

dichogamus [dai'kɔgəməs] *adj bot* dihogam

dichogamy [dai'kɔgəmi] *s bot* dihogamie

dichroic [,dai'krəuik] *adj fiz* dicroic

dichroism ['daikrəuizm] *s opt* dicroism

dichromatic [,daikrə'mætik] *adj* bicromat(ic), în două culori

dichromic [,dai'krəumik] *adj* 1 dicromic, *care nu poate distinge decât două sau trei culori principale* 2 *fiz* dicroic

dichroscope ['daikrəskəup] *s opt* dicroscop

dichroscopic [,daikrɔ'skɔpik] *adj opt* dicroscopic

Dick [dik] *s diminutiv de la* Richard; *peior* clever ~ șmecher,

pișicher; *F* up to ~ șmecher; minunat, grozav, strașnic; *F* in the reign of queen ~ la paștele cailor, la calendele grecești; *P* to be dressed up to (the time of queen) ~ a fi grozav de gătit / de pus la punct; *F* he is as queer as ~'s hatband nu-i sunt boii acasă, nu e în apele lui; *P* I take my ~ ,it wasn't me! jur că n-am fost eu!

dick [dik] *s sl* 1 biciușcă, bici 2 *presc de la* dictionary dicționar 3 vorbire aleasă, cuvinte pretențioase; to swallow the ~ a rosti cuvinte pompoase fără a le înțelege; a se exprima în mod pedant

dicker ['dikə] I *s* 1 *ec (↓ în comerțul de blănuri)* (lot de) zece bucăți piei *etc.* 2 *amer* comerț, negoț mărunt, colportaj 3 obiecte / mărfuri pentru schimb *sau* vânzare II *vi amer* a face negustorie măruntă / troc; a se tocmi bine

dickey ['diki] I *s* 1 *sl* măgar 2 păsărică, păsăruică 3 piept de cămașă, plastron, pieptar 4 șorț de piele, pieptar, bavetă de copil 5 capră (de trăsură) *sau* loc la spatele trăsurii *(pentru lachei etc.)* 6 loc în spate într-un automobil cu două locuri II *adj sl* 1 prăpădit, jalnic, slab, ofilit; it's all ~ with him s-a zis cu el 2 *(d o întreprindere comercială)* șubred, nesigur

dickhead ['dikhed] *s peior* cretin, idiot, tont, tăntălău

Dick Whittington [,dik'witiŋtən] *s* personaj de pantomimă, însoțit întotdeauna de o pisică

dicotyledon [,daikɔti'li:dən] *s bot* plantă dicotiledonată / cu două cotiledoane

dicrotic [,dai'krɔtik] *adj med (d puls)* dicrot

dictatorially [,diktə'tɔ:riəli] *adv* dictatorial

dictatorialness [,diktə'tɔ:riəlnis] *s* caracter dictatorial

dictatress [dik'teitris] *s* femeie dictator, dictatoare

dictature ['diktətʃə] *s rar* dictatură

dictionary catalogue ['dikʃənəri ,kætəlɔg] *s* catalog de cărți alfabetic

dictograph ['diktəgrɑːf] *s* dictograf

dicyclic [,dai'siklik] *adj ch* biciclic

145

didactics [di'dæktiks] *s pl (folosit ca sg)* didactică, artă / știință a predării

didapper ['daidæpə] *s orn* corcodel-pitic *(Policeps minor)*

diddler ['didlə] *s F* escroc, pungaș, trișor

diddums ['didəmz] *s F* micuțul, bietul, săracuțul (de el)

dido ['daidəu] *s amer, F* poznă, ștrengărie, nebunie, farsă, festă, păcăleală, glumă; încăierare, păruială; **to cut ~es** a face prostii; a face pe nebunul; a face scandal

didymium [dai'dimiəm] *s ch* didim

dieb [di:b] *s zool* șacal nord-african *(Canis anthus)*

dieback ['daibæk] *s* boală a plantelor lemnoase, care se manifestă prin uscarea extremităților

die-cast ['daikɑːst] **I** *vt* a mula, a presa în matriță **II** *adj* mulat (sub presiune *sau* în matriță)

die-casting ['dai,kɑːstiŋ] *s* mulare în matriță *sau* sub presiune

dieffenbachia [,di:fən'bækiə] *s bot* plantă din genul *Dieffenbachia*

die holder ['dai ,həuldə] *s* **1** *tehn* clupă de filetat **2** *met* portmatriță

dielectrical [,daii'lektrikəl] *adj tehn* dielectric, izolator

Dien Bien Phu [,djenbjen'fu:] *s geogr* localitate în NV Vietnamului

diesel-electric [,di:zl i'lektrik] **I** *s* locomotivă diesel-electric **II** *adj* diesel-electric

Diesel engine ['di:zəl ,endʒiŋ] *s tehn* (motor) Diesel

diesel fuel ['di:zl ,fjuəl], **diesel oil** ['di:zl ɔil] *s* motorină

dieselize ['di:zəlaiz] *vt* a înzestra *(o linie ferată etc.)* cu motoare diesel

dies[1] [daiz] *s lat* zi; *jur* **~ non** dies non, *zi în care nu pot avea loc dezbateri juridice*; zi care nu contează

dies[2] [daiz] *s tehn* falcă, bac de filieră

die sinker ['dai ,siŋkə] *s* gravor de ștanțe / de matrițe

diesis ['daiisis], *pl* **dieses** ['daiisi:z] *s* **1** *poligr* cruce dublă, două cruci suprapuse *(semn)* **2** *muz* diez

die stock ['dai stɔk] *s* **1** *met* filieră, filetieră **2** *tehn* placă de filetat

diethyl [,dai'eθil] *adj ch* de etil, etilic; de dietil, dietilic

dietician, dietitian [,daii'tiʃn] *s* **1** medic dietetician **2** soră dieteticiană

differentia [,difə'renʃiə], *pl* **differentiae** [,difə'renʃii:] *s* **1** diferență specifică; *log* diferența specifică **2** *(în muzica medievală)* cadență

differential coefficient [difə,renʃəl kəui'fiʃənt] *s mat* limită

differential equation [difə,renʃəl i'kweiʃn] *s mat* ecuație diferențială

differential pulley [difə,renʃəl 'puli] *s tehn* rolă diferențială

differently ['difrəntli] *adv* diferit, deosebit, altminteri, altfel; now **he thinks quite ~ about it** are acum o părere cu totul diferită (în această problemă)

diffluent ['difluənt] *adj* **1** care curge separat **2** fluid, curgător; care se topește *(prin absorbirea umidității din aer)*

difform [di'fɔ:m] *adj rar* diform; neregulat

difformity [di'fɔ:miti] *s* diformitate, neregularitate

diffractometer [,difræk'tɔmitə] *s instrument pentru măsurarea diametrului particulelor la o analiză de microscop*

diffusely [di'fju:sli] *adv* (în mod) difuz, împrăștiat

diffusible [di'fju:zəbl] *adj* difuzabil, susceptibil de difuziune

diffusor [di'fju:zə] *s* **1** răspânditor, difuzor **2** *auto, min* difuzor **3** *met* pâlnie de aer

digamma [dai'gæmə] *s* digama, *literă a alfabetului primitiv grecesc*

digamy ['digəmi] *s* a doua căsătorie

digastric [dai'gæstrik] *anat* **I** *adj (d mușchi)* digastric, cu două extremități bombate **II** *s* mușchiul maxilar inferior

digester [di'dʒestə] *s* **1** digestiv, remediu, care activează digestia **2** vas ermetic pentru dizolvarea substanțelor prin căldură; autoclavă **3** *tehn* oala lui Papin

digestibility [,didʒestə'biliti] *s* digestibilitate

digestor [di'dʒestə] *s v.* **digester**

digger wasp ['digə wɔsp] *s ent* viespe Sphex

diggings ['digiŋz] *s pl* **1** *arheol* săpături arheologice **2** *min* săpături, excavare; zăcământ aurifer **3** *F, brit* bârlog, casă, locuință

digital audio tape [,didʒitəl 'ɔ:diəu teip] *s* bandă audio înregistrată digital

digital computer [,didʒitəl kəm'pju:tə] *s* calculator numeric

digitalin [,didʒi'teilin] *s ch* digitalină

digitalis [,didʒi'teilis] *s* **1** *bot* degețel-roșu *(Digitalis purpurea)* **2** *med* digitalină

digitated ['didʒiteitid] *adj bot etc.* digitat

digitigrade ['didʒitigreid] *adj, s zool* digitigrad

digitize ['didʒitaiz] *vt* a converti *(o informație)* în formă numerică

digitizer ['didʒitaizə] *s cib* indicator numeric

diglossia [dai'glɔsiə] *s med* limbă bifidă

digressional [dai'greʃnəl] *adj v.* **digressive**

digressionary [dai'greʃnəri] *adj v.* **digressive**

digressive [dai'gresiv] *adj* digresiv, care se abate, susceptibil de digresiune / de deviere / de abatere

digs [digz] *s pl F* locuință

dihalide [,dai'hælaid] *s ch* compus dihalogenat

dihedral angle [dai,hi:drəl 'æŋgl] *s* **1** *geom* unghi diedru **2** *av* diedru de aripă

dike grave ['daik greiv] *s v.* **dike reeve**

dike reeve ['daik ri:v] *s* administrator al digurilor / canalurilor / zăgazurilor *(în regiunile mlăștinoase ale Angliei)*

dike warden ['daik ,wɔ:dn] *v.* **dike reeve**

diktat ['diktæt] *s* **1** *pol* dictat **2** afirmație categorică

dilacerate [di'læsəreit] *vt* a sfâșia, a rupe

dilapidated [di'læpideitid] *adj* **1** stricat, avariat, ruinat, dărâmat, învechit, uzat, dărăpănat; **a ~ house** o casă dărăpănată; **an old ~ hat** o pălărie veche și ruptă **2** *fig* delapidat, ruinat, uzat, irosit, decăzut **3** îmbrăcat neglijent

dilatability [dai,leitə'biliti] *s* dilatabilitate; extensibilitate

dilatation [,dailei'tei∫n] s dilatare; creştere, lărgire, mărire, extensie; alungire

dilative [dai'leitiv] adj care se dilată

dilatometer [,dilə'tɔmitə] s fiz dilatometru

dilatometry [,dilə'tɔmitri] s fiz dilatometrie

dilator [dai'leitə] s 1 med dilatator 2 anat muşchi dilatator

dilatoriness ['dilətərinis] s întârziere, zăbovire, amânare

dildo ['dildəu] s prost, idiot, tâmpit

dilemmatic(al) [,dile'mætik(əl)] adj dilematic, încurcat, dificil

dilettantish [,dile'tænti∫] adj de diletant, de amător

diligentness ['dilidʒəntnis] s silinţă, hărnicie, sârguinţă, străduinţă, zel, osârdie

dill pickle ['dil ,pikl] s murături (de castraveţi) în care s-a pus şi mărar

dilly ['dili] s amer înv she's a real ~! e senzaţională!; a ~ of a joke o glumă foarte nostimă, uşchită; a ~ of a storm o furtună dată naibii

dilly-dallying [,dili'dæliiŋ] s F hoinăreală, vagabondaj; ezitare, tergiversare

diluent ['diluənt] I adj diluant, solvent, dizolvant II s med diluant, substanţă diluantă, care subţiază sângele

dilutee [,dailu'ti:] s muncitor necalificat (angajat în lipsa unui muncitor calificat)

diluvial [dai'lu:vjəl] adj geol diluvial, diluvian

diluvialist [dai'lu:vjəlist] s diluvialist, partizan al teoriei unei schimbări geologice cauzate de acţiuni catastrofice ale apei

diluvium [dai'lu:vjəm] pl **diluviums** [dai'lu:vjəmz] sau **diluvia** [dai'lu:viə] s geol diluviu, potop

dime novel ['daim ,nɔvəl] s roman bulevardier / ieftin / de senzaţie

dimerous ['demərəs] adj bot, ent dimer, format din două părţi

dime store ['daim stɔ:] s amer magazin universal care pune în vânzare exclusiv articole în valoare de 10 cenţi

dimeter ['dimitə] s metr vers de două picioare

dimethyl [dai'meθil] s ch eter, dimetil

dimidiate I [,di'midiit] adj împărţit în două jumătăţi **II** [di'midieit] vt a înjumătăţi, a împărţi în două; a despica

diminishable [di'mini∫əbl] adj care poate fi micşorat / diminuat

diminished [di'mini∫t] adj 1 micşorat, redus, scăzut, diminuat 2 umilit, înjosit, degradat; to hide one's ~ head a-şi ascunde umilirea / puterea redusă

diminished arch [di,mini∫t 'a:t∫] s arhit arc redus

diminished column [di'mini∫t ,kɔləm] s arhit coloană diminuată / subţiată de la bază în sus

diminishing [di'mini∫iŋ] adj 1 care se micşorează, care descreşte / scade 2 micşorat, diminuat, împuţinat

diminutival [di,minju'taivəl] lingv I adj diminutiv, diminutival **II** s sufix diminutival

diminutiveness [di'minjutivnis] s micime, caracter minuscul; puţinătate

dimissory ['dimisəri] adj de concediere, de licenţiere

dimmer ['dimə] s 1 el reostat, regulator de intensitate 2 fiz sticlă mată

dimmer switch ['dimə swit∫] s 1 auto comutator de faze 2 ferov comutator de obturare

dimming ['dimiŋ] s slăbire a luminii, întunecare; ştergere, slăbire a memoriei; estompare a culorii

dimmish ['dimi∫] adj cam întunecat, întunecos, tulbure, opac, voalat, neclar

dimness ['dimnis] s întunecime, opacitate, întuneric

dimorphic [dai'mɔ:fik] adj biol etc. dimorf, cu două forme

dimorphous [dai'mɔ:fəs] adj v. dimorphic

dimpled ['dimpld] adj 1 cu gropiţe 2 (d apă) încreţit; ondulat

dimply ['dimpli] adj 1 cu gropiţe 2 ondulat, unduitor; încreţit, crestat

dimpsy ['dimpsi] s compot de mere şi pere

dim-sightedness ['dim ,saitidnis] s miopie; înceţoşare a privirii

dimwit ['dimwit] s sl cap sec, prostănac; nătâng, găgăuţă, nătăfleţ

dim-witted [,dim'witid] adj sl bătut în cap, nătâng, prost

DIN [din] presc de la Deutsche Industrie Norm tehn, fot DIN

dinanderie [di'nɑːndəriː] s vase de alamă, veselă de bucătărie (manufacturate în Belgia, în sec. XIII – XV)

dindins ['dindinz] s F masă de seară, cină, dineu

dinette [dai'net] s 1 gustare de dimineaţă foarte copioasă, compusă şi din feluri calde 2 amer nişă servind ca sufragerie

ding-a-ling [,diŋə'liŋ] s 1 clinchet (de clopoţei) 2 amer F prost, tâmpit, idiot

ding bat ['diŋ bæt] s sl bani, lovele, bistari

dinge [dindʒ] o rar culoare brună / închisă

dinger ['diŋəu] amer F imbecil, tăntălău

dingily ['dindʒili] adv şters, spălăcit; întunecos, murdar; neclar

dingle-dangle [,diŋgl'dæŋgl] I s legănare, oscilare; clătinare, bălăbăneală **II** adv legănat, mişcându-se; oscilând, clătinându-se

dingo¹ ['diŋgəu] s zool dingo, câine semisălbatic din Australia (Canis dingo)

dingo² ['diŋgəu] adj sl atins, ţicnit, zănatic, şui

dingus ['diŋəs] s amer F chestie, chichiţă

dinitrobenzene [dai,naitrɔ'benziːn] s ch dinitrobenzen

dink [diŋk] s 1 F imbecil 2 vulg penis

dinkey ['diŋki] s amer ferov F locomotivă mică de manevră

dinkie ['diŋki] presc de la double income no kids s persoană căsătorită, cu venituri mari şi fără copii

dinkum ['diŋkəm] sl I adj 1 adevărat, veritabil 2 cinstit, de treabă **II** s muncă grea, trudă

dinner clothes ['dinə kləuðz] s pl haine de seară

dinner coat ['dinə kəut] s smoching (haină de seară)

dinner dance ['dinə dɑːns] s masă urmată de dans

dinner hour ['dinər ,auə] s ora mesei

dinner lady ['dinə ,leidi] s brit femeie angajată la o cantină şcolară

dinner pail ['dinə peil] s amer sufertaş

dinner party ['dinə ˌpɑːti] *s* masă mare / cu oaspeţi, banchet; dineu

dinner table ['dinə ˌteibl] *s* at / over the ~ la cină, la masa de seară

dinner time ['dinə taim] *s v.* **dinner hour**

dinner wag(g)on ['dinə ˌwægən] *s amer* servantă, măsuţă cu rotile

dinnerware ['dinəweə] *s amer* veselă

dinornis [dai'nɔːnis] *s orn* pasărea moa *(Dinornis)*

dinosaurian [ˌdainə'sɔːriən] *s paleontologic* dinozaur

dinothere ['dainəuθiə] *s v.* **dinotherium**

dinotherium [ˌdainəu'θiəriəm] *s paleont* dinoterium

diocess ['daiəses] *s bis* dioceză, eparhie

diode ['daiəud] *s el* diodă

dioecian [dai'iːʃn] *adj v.* **dioecious**

dioecious [dai'iːʃəs] *adj bot* dioic, cu florile bărbăteşti şi femeieşti pe plante diferite

dioic ['daiɔik] *adj v.* **dioecious**

dioicous [dai'ɔikəs] *adj v.* **dioecious**

Dionysian [ˌdaiə'niʃn] *adj* **1** dionisiac, bahic **2 dionysian** dionisiac, dezmăţat

diopside [dai'ɔpsaid] *s minr* diopsid

dioptase [dai'ɔpteis] *s minr* dioptaz

dioptometer [ˌdaiɔp'tɔmitə] *s* dioptron

dioptric(al) [dai'ɔptrik(əl)] *adj opt* dioptric, de refracţie

dioptrics [dai'ɔptriks] *s (folosit mai ales ca sg) opt* dioptrică

diorite ['daiərait] *s minr* diorit

dioscorea [ˌdaiəs'kɔːriə] *s med* rădăcină de ignamă *(folosită împotriva reumatismului)*

dioxane [dai'ɔksein] *s ch* dioxan

Dip *presc de la* **diploma** *s* diplomă

DipEd [dip'ed] *presc de la* **Diploma in Education** *s brit* diplomă în ştiinţele pedagogice

dip fault ['dip fɔːlt] *s geol* falie transversală

diphasic [ˌdai'feizik] *adj el* difazic, difazat; *auto* bifazat

dip head ['dip hed] *s min* galerie principală

diphosgene [dai'fɔsdʒiːn] *s ch* difosgen, surpalit

diphtherial [dif'θiəriəl] *adj med* difteric

diphtheroid ['difθərɔid] *adj med* difteroid

diphthongalize [dif'θɔŋgəlaiz] *vb* **I** *vt* a diftonga, a preface în diftong **II** *vi* a se diftonga, a se preface în diftong

diphthongation [ˌdifθɔŋ'geiʃn] *s fon* diftongare

diplex ['daipleks] *adj tel* duplex; dublu

diploe ['diplɔi:] *s anat* ţesut spongios al oaselor craniene

diploid ['diplɔid] *adj* diploid

diplomatic bag [diplə,mætik 'bæg] *brit*, **diplomatic pouch** [diplə,mætik 'pautʃ] *amer s* valiză diplomatică

diplomatic immunity [diplə,mætik i'mjuniti] *s* imunitate diplomatică; **to claim ~** a face uz de imunitatea diplomatică

Diplomatic Service [diplə,mætik 'səːvis] *s* **the ~** diplomaţia, serviciul diplomatic; **to enter the ~** a intra în diplomaţie

diplomatize [di'pləumətaiz] *vi* **1** a practica arta diplomaţiei **2** a proceda / a se purta cu tact

diplopia [di'pləupiə] *s med* diplopie, vedere dublă

dipmeter ['dipmiːtə] *s min* dipmetru; inclinometru

dip net ['dip net] *s* plasă de pescuit cu mâner lung

dipnoan ['dipnəuən] *adj zool* din categoria peştilor dipnoi

dipnoi ['dipnɔui] *s pl zool* dipnoi, amfibieni care respiră prin branhii şi plămâni

dipode ['daipəud] *adj zool* dipod, biped

dipodic [dai'pɔdik] *s metr* dipodic, din două picioare egale

dipody ['dipədi] *s metr* vers dipodic / din două picioare egale

dipolar [ˌdai'pəulə] *s* bipolar, dipolar

dipper dredger ['dipə ˌdredʒə] *s* **1** *hidr* dragă cu lingură **2** *tehn* excavator cu roată portcupe

dipper stick ['dipə stik] *s constr* braţ de excavator

dipping ['dipiŋ] *s* cufundare, (în)muiere, afundare, imersiune

dipping rod ['dipiŋ rɔd] *s v.* **dip rod**

dippy ['dipi] *adj sl* nebun, sărit, trăsnit, ţicnit, scrântit, atins

dip rod ['dip rɔd] *s tehn* ştangă, tijă de măsurat

dipshit ['dipʃit] *s amer vulg* prost, idiot, cretin, tăntălău

dip slip ['dip slip] *s geol* dislocare normală

dip slope ['dip sləup] *s geol* pantă paralelă cu înclinarea straturilor

dipso ['dipsəu] *s F* dipsoman, beţiv

dipsomaniacal [ˌdipsəumə'naiəkəl] *adj* dipsomaniac, alcoolic

dipstick ['dipstik] *s brit* tijă de nivel al uleiului; ştangă de măsurat *(petrolul)*; indicator de nivel

dipswitch ['dipswitʃ] *s brit auto* comutator de fază acţionat de picior

dipteral ['diptərəl] *adj* **1** *arhit* dipter, cu două rânduri de coloane, cu dublu peristil **2** *ent v.* **dipterous**

dipteros ['diptərɔs] *s arhit* dipter, clădire cu două aripi; templu grecesc cu două rânduri de coloane

dipterous ['diptərəs] *adj ent* dipter, cu două aripi

direct access [di,rekt 'ækses] *s* acces direct

direct-acting [di,rekt'æktiŋ] *adj tehn* cu acţiune *sau* acţionare directă

direct (laying) fire [di,rekt ('leiiŋ) faiə] *s mil* tragere directă

direct control [di,rekt kən'trəul] *s* **1** *tehn* comandă directă **2** *autom* reglare directă

direct distance dialing [di,rekt 'distəns daiəliŋ] *s amer* telefon interurban automat, instalaţie telefonică interurbană automată

direct drive [di,rekt 'draiv] *s* **1** *auto* priză directă **2** *tehn* acţionare directă

direct fire [di,rekt 'faiə] *s mil* foc direct, foc cu ochire directă

direct-grant school [di,rekt 'grænt skuːl] *s (în Marea Britanie)* şcoală particulară subvenţionată de stat în schimbul acceptării unui anumit număr de elevi care nu plătesc taxe

directional gyro [di,rek∫nəl 'dʒairəu] *s av* girodirecţional

direction finding [di'rek∫n ˌfaindiŋ] *s tel* radiogoniometrie

direction indicator [di'rek∫n ˌindikeitə] *s* **1** *auto* indicator de direcţie **2** *el* indicator al sensului curentului

direction post [di'rek∫n pəust] *s* stâlp indicator

direct method [di,rekt 'meθəd] s metodă directă *(în predarea limbilor străine)*

directness [di'rektnis] s **1** direcție dreaptă **2** caracter direct / ne-ocolit **3** sinceritate, franchețe, spontaneitate, naturalețe

directoral [di'rektərəl] adv v. **directorial**

direct oration [di,rekt ɔ(:)'reiʃn] s gram vorbire directă

director's chair [di'rektəːz ,tʃeə] s post de administrator

director general [di,rektə 'dʒenərəl] s director general

directorial [di,rek'təuriəl] adj directorial, de director, de directorIu

directory enquiries [di'rektri in-,kwaiəriz] brit **directory assistance** [di'rektri ə,sistəns] amer s serviciu de informații telefonice

direct product [di,rekt 'prɔdəkt] s mat produs direct

direct rule [di,rekt 'ruːl] s control direct în menținerea ordinii de către guvernul britanic în Irlanda de Nord, după 1972

direct-writing company [di,rekt raitiŋ 'kʌmpəni] s ec societate de reasigurare

direfully ['daiəfuli] adv îngrozitor, înspăimântător

direfulness ['daiəfulnis] s groză vie, caracter cumplit / funest

direly ['daiəli] adv grozav, înfricoșător; lugubru

dire sisters [,daiə 'sistəz] s pl mit furiile

dirgeful ['dəːdʒful] adj tânguitor, tânguire, jalnic

dirham ['diəræm] s dirham *(unitate monetară în unele țări musulmane)*

dirigisme ['diriʒizm] s ec dirijism

dirl [dəːl] vi scot a vibra

dirndl ['dəːndl] s germ rochie tiroleză, fustă tiroleză

dirt farmer ['dəːt ,faːmə] s amer fermier care-și lucrează singur pământul

dirt road ['dəːt rəud] s drum de țară / de care

dirty-minded [,dəːti'maindid] adj obscen, obsedat, cu gânduri urâte / murdare

dirty trick [,dəːti'trik] s înșelătorie, fărădelege

dirty work [,dəːti'wəːk] s **1** treabă murdară, sarcină ingrată **2** treabă necinstită

disability clause [disə'biliti klɔːz] s clauză a unei polițe de asigurare prin care cel asigurat primește o pensie în caz de invaliditate

disability pension [disə'biliti ,penʃn] s pensie de invaliditate

disacidify [,disə'sidifai] vt ch, bot a neutraliza acizii din

disacknowledg(e)ment [,disək'nɔlidʒmənt] s nerecunoaștere

disacknowledge [,disək'nɔlidʒ] vt a nu recunoaște, a refuza să recunoască

disacquaintance [,disə'kweintəns] a · with înstrăinare de

disadvantaged [,disəd'vaːntidʒd] I adj dezavantaj, defavorizat II s the ~ cei defavorizați

disadvantageousness [,disədvəːn'teidʒəsnis] s caracter dezavantajos, dezavantaje

disaffect [,disə'fekt] vt (**to, towards, with**) a face *(pe cineva)* să-și piardă afecțiunea / dragostea / interesul (pentru, față de)

disaffirm [,disə'fəːm] vt **1** jur a anula, a abroga, a aboli, a infirma *(o hotărâre)* **2** a respinge, a nega, a tăgădui

disaffirmance [,disə'fəːməns] s v. **disaffirmation**

disaffirmation [,disæfə(·)'meiʃn] s **1** jur abrogare, anulare, infirmare, casare *(a unei hotărâri)* **2** respingere, negare, tăgăduire

disaggregate [dis'ægrigeit] vt a dezagrega

disaggregation [,disægri'geiʃn] s dezagregare

disagreeableness [,disə'griəbəlnis] s caracter / aspect neplăcut

disambiguate [,disæm'bigjueit] vt a îndepărta caracterul ambiguu

disambiguation [,disæmbigju'eiʃn] s îndepărtarea caracterului ambiguu

disappointing [,disə'pɔintiŋ] adj dezamăgitor, care dezamăgește, decepționat, înșelător

disappointingly [,disə'pɔintiŋli] adv cu dezamăgire

disapprobatory [,disə'prəubətri] adj dezaprobator, reprobator

disarmament committee [dis'aːməmənt kə,miti] s comisia pentru dezarmare *(a O.N.U.)*

disarming [dis'aːmiŋ] I adj dezarmant, mișcător II s dezarmare

disarmingly [dis'aːmiŋli] adv dezarmant; ~ honest / friendly dezarmant de cinstit / prietenos

disarticulation [,disaːtikju'leiʃn] s dezarticulare

disassemble [,disə'sembl] vt a demonta *(o mașină etc.)*; a descompune; a dezasambla

disassembly [,disə'sembli] s demontare *(a unei mașini etc.)*; descompunere; dezasamblare

disassimilate [,disə'simileit] vt fizl a dezasimila

disassociation [,disəsəuʃi'eiʃn] s disociere; separare, despărțire

disaster area [di'zaːstə ,eiriəl s zonă calamitată

disastrousness [di'zaːstrəsnis] s caracter dezastruos, catastrofal

disbark [dis'baːk] I vt a coji, a jupui de coajă II vi rar a descinde

disbarment [dis'baːmənt] s jur excludere / radiere din barou

disbeliever [,disbi'liːvə] s (om) necredincios, neîncrezător, sceptic

disbelieving [,disbi'liːviŋ] adj **1** neîncrezător **2** rel necredincios

disbowel [dis'bauəl] vt v. **disembowel**

disbud [dis'bʌd] vt a orbi, a curăța de muguri

discal ['diskəl] adj de disc; în formă de disc

discalceate [dis'kælsieit] adj *(d o călugăriță sau un călugăr)* desculț; (numai) în sandale

discalced [dis'kælst] adj v. **discalceated**

discarnate [dis'kaːnit] adj fără trup, imaterial

discase [dis'keis] vt **1** a scoate din cutie **2** a scoate din teacă **3** a dezbrăca

disc brake ['disk breik] s auto frână cu disc

discept [di'sept] rar I vt a discuta, a dezbate II vi **1** a discuta, a dezbate; a delibera **2** a avea (o) altă opinie

discerner [di'səːnə] s persoană care știe să discearnă; cunoscător

discernibleness [di'səːnəblinis] s distingere; vedere; recunoaștere

discerption [di'səːpʃn] s rupere, tăiere, sfâșiere, despicare

dischargeable [,dis'tʃəːdʒəbl] adj care poate fi descărcat *etc.*

discharge coefficient ['distʃɑːdʒ ˌkəuifiʃnt] *s hidr* coeficient de scurgere

dischargee [ˌdistʃɑːˈdʒiː] *s amer* ostaş lăsat la vatră, demobilizat, liberat

discharge print ['distʃɑːdʒ print] *s poligr* gravură cu apă tare

discharger [ˌdisˈtʃɑːdʒə] *s* 1 persoană care descarcă / liberează *etc.* 2 ţeavă de scurgere 3 *el* eclator; **lightning** ~ paratrăsnet 4 *tehn* descărcător 5 *text* aparat de ronjat

discharging arch [disˈtʃɑːdʒiŋ ɑːtʃ] *s arhit* arc de descărcare

discing ['diskiŋ] *s agr* discuire, boronire

disciplinal ['disiplinəl] *adj rar* disciplinar, corecţional

disciplinant ['disiplinənt] *s* 1 persoană care se supune unei discipline severe 2 *ist rel* flagelator, biciuitor

disciplined ['disiplind] *adj* disciplinat

discipliner ['disiplinə] *s* profesor / dascăl sever

discipular [di'sipjulə] *adj* de discipol; de partizan; ucenicesc, apostolicesc

discission [di'siʒn] *s* rupere, desfacere

disclamation [ˌdisklə'meiʃn] *s rar* dezminţire; tăgăduire, negare; refuz, renunţare

disco ['diskəu] **I** *s* discotecă **II** *(în cuvinte compuse)* ~ **dancing** / **music** dans / muzică disco

discoid ['diskɔid] *adj* discoidal, în formă de disc

discoloured [dis'kʌləd] *adj* 1 decolorat 2 pătat; murdar 3 palid

discolourment [dis'kʌləmənt] *s* 1 decolorare, pălire, spălăcire 2 pătare, alterare 3 pată

discombobulate [ˌdiskəm'bɔbjuleit] *vt amer F* a băga în ceaţă, a lăsa perplex

discommendable [ˌdiskə'mendəbl] *adj* blamabil, condamnabil

discommendation [ˌdiskɔmən'deiʃn] *s* blamare, dezaprobare, dezavuare

discommon [dis'kɔmən] *vt* 1 a interzice *(unui negustor)* să facă comerţ cu studenţii *(în universităţile engleześti)* 2 a scoate din folosinţă comună, a împrejmui (o parte) din izlazul comunal

discomposedly [ˌdiskəm'pəuzidli] *adv* neliniştit, agitat, tulburat

disconcerted [ˌdiskən'səːtid] *adj* deconcertat, încurcat, tulburat, agitat

disconcerting [ˌdiskən'səːtiŋ] *adj* deconcertant, derutant; supărător, jenant

disconcertingly [ˌdiskən'səːtiŋli] *adv* (în mod) deconcertant, derutant

discotheque ['diskəutek] *s* discotecă *(de dans)*

disconcertment [ˌdiskən'səːtmənt] *s* deconcertare, tulburare; nelinişte

disconform [ˌdiskən'fɔːm] *vi* ~ **to** a nu concorda cu, a nu fi conform cu

disconformable [ˌdiskən'fɔːməbl] *adj* neconform

disconformity [ˌdiskən'fɔːmiti] *s* 1 (to) neconformitate, discordanţă, nepotrivire (cu) 2 *geol* discordanţă de stratificare

discongruity [ˌdiskən'gruiti] *s. v.* **incongruity**

disconnecting switch [diskə‚nektiŋ 'switʃ] *s el* întrerupător, disjonctor; secţionar

disconnection [ˌdiskə'nekʃn] *s* 1 întrerupere; detaşare 2 *el* deconectare; întrerupere 3 despărţire, separare 4 *tehn* debreiere; decuplare

disconsider [ˌdiskən'sidə] *vt* a discredita, a ştirbi prestigiul / reputaţia

disconsolately [dis'kɔnsəlitli] *adv* deznădăjduit, nemângâiat, dezamăgit, nenorocit

disconsolateness [dis'kɔnsəlitnis] *s* neconsolare, deznădejde

disconsolation [dis‚kɔnsə'leiʃn] *s* 1 dezolare, caracter inconsolabil 2 neconsolare, deznădejde, disperare

discontinuation [ˌdiskəntinju'eiʃn] *s* 1 întrerupere, intermitenţă 2 *jur* suspendare, încetare *(a unei acţiuni etc.)*

discontinuously [ˌdiskən'tinjuəsli] *adv* cu întreruperi, discontinuu, sporadic

discontinuousness [ˌdiskən'tinjuəsnis] *s* discontinuitate, întrerupere; intermitenţă, caracter sporadic

discordancy [dis'kɔːdənsi] *s* 1 discordanţă, divergenţă, dezacord, neînţelegere, opoziţie 2 *muz* disonanţă

discordantly [dis'kɔːdəntli] *adv* 1 discordant, nepotrivit 2 disonant

discordantness [dis'kɔːdəntnis] *s rar v.* **discordancy**

discountable ['diskauntəbl] *adj ec* care se poate sconta, al cărui preţ poate fi redus

discount house ['diskaunt haus] *s ec* 1 firmă care se ocupă cu scontarea poliţelor 2 *amer* magazin cu preţuri reduse

discount rate ['diskaunt reit] *s ec* procent; taxă de scont

discount store ['diskaunt stɔː] *s magazin unde se vinde cu reducere de preţ*

discouraged [dis'kʌridʒd] *adj* descurajat

discouragingly [dis'kʌridʒiŋli] *adv* descurajant, deprimant

discourse analysis [ˌdiskɔːs ə'næli-sis] *s lingv* analiza discursului

discourser [dis'kɔːsə] *s* 1 vorbitor; conferenţiar; predicator 2 autor *(al unui tratat etc.)*

discourteously [dis'kəːtjəsli] *adv* (în mod) nepoliticos

discourteousness [dis'kəːtiəsnis] *s* grosolănie, bădărănie, mojicie, lipsă de politeţe / de respect

discoverable [dis'kʌvərəbl] *adj* care poate fi descoperit / aflat

discovert [dis'kʌvət] *adj jur* necăsătorită; văduvă

discreate [ˌdiskri'eit] *vt* a distruge, a nimici

discredited [dis'kreditid] *adj* 1 discreditat 2 de necrezut

discrepance [dis'krepəns] *s rar* nepotrivire, discrepanţă, contradicţie, neasemănare, deosebire; inconsecvenţă

discretional [di'skreʃnəl] *adj* discreţionar

discretive [di'skriːtiv] *adj log* disjunctiv

discriminant [di'skriminənt] *s mat* discriminant

discriminately [di'skrimineitli] *adv.* distinct, clar

discriminating duty [di‚skrimineitiŋ 'djuːti] *s ec* tarif preferenţial

discriminatingly [di'skrimineitiŋli] *adv* cu discernământ

discriminator [di‚skrimi'neitə] *s* 1 persoană care discriminează *etc.* 2 *tel* discriminator pentru semnale audio de modulaţie de frecvenţă

discursion [dis'kə:ʃn] *s* **1** discuție, dezbatere **2** digresiune

discursive faculty [dis,kə:siv 'fækəlti] *s* putere de judecată

discursively [dis'kəsivli] *adv* trecând de la un subiect la altul; fără șir / legătură

discussible [dis'kʌsəbl] *adj* care se poate discuta

discussional [dis'kʌʃnəl] *adj* de discuție

disdainfulness [dis'deinfulnis] *s* **1** dispreț, desconsiderare **2** aroganță

disease [di'zi:z] **I** *s* boală, maladie, afecțiune, indispoziție, deranjament; *F* bad ~ boală venerică; *ist* the black ~ ciumă *(morbus niger)*; blue ~ cianoză; ~ of the lungs boală de plămâni; ~ of the soul boală sufletească **II** *vt* a neliniști, a îngrijora

diseasedness [di'zi:zidnis] *s* stare bolnăvicioasă

diseconomy [disi'kɔnəmi] *s ec* lipsa economiei; creșterea costurilor; *orice factor responsabil pentru creșterea costurilor*

disedge [dis'edʒ] *vt rar* a toci, a face bont

disembarkment [,disim'bɑ:kmənt] *s* debarcare, descărcare

disembarrassment [,disim'bærəsmənt] *s* descurcare, liberare, ușurare

disembellish [,disim'beliʃ] *vt* a lua podoabele *(cu gen)*; a dezgoli, a urâți

disembody [,disim'bɔdi] *vt* **1** a libera, a lăsa liber, a despărți *(de trup sau formă)*; a descorpora **2** *mil* a dizolva *(un corp de trupe)* **3** *rel* a dezîncarna

disembogue [,disim'bəug] **I** *vt* **1** *(d râuri)* a vărsa *(apele)* **2** a debita, a emite **II** *vi (d râuri)* to ~ into a se vărsa în

disembowelment [,disim'bauəlmənt] *s* spintecare

disenable [,disin'eibl] *vt* a face inapt; a descalifica

disenchanted [,disin'tʃɑ:ntid] *adj* deziluzionat, dezamăgit

disendow [,disin'dau] *vt* a priva, a despuia de dotație

disenrol(l) [,disin'rəul] *vt* a șterge de pe o listă

disentail [,disin'teil] *s jur* liberare a unei proprietăți de restricții testamentar fixate de primul proprietar în privința libertății moștenitorilor săi de a transmite prin moștenire oricui proprietatea moștenită

disenthral(l) [,disin'θrɔ:l] *vt* a dezrobi, a slobozi, a libera

disenthrone [,disin'θrəun] *vt* a detrona

disentitle [,disin'taitl] *vt* a lipsi de un drept / de un titlu; a descalifica

disentomb [,disin'tu:m] *vt* a dezgropa, a dezhuma, a scoate; a descoperi, a da la iveală, a găsi prin cercetări

disesteem [,disis'ti:m] **I** *s* lipsă de stimă, desconsiderare **II** *vt* a nu stima; a desconsidera

diseur [di'zə: *și pronunția franceză*] *s* fr dizeur

diseuse [di'zə:z *și pronunția franceză*] *s fr* dizeuză

disfeature [,dis'fi:tʃə] *vt* a desfigura, a altera trăsăturile *(cuiva)*

disfeaturement [,dis'fi:tʃəmənt] *s* desfigurare, alterare a trăsăturilor *(cuiva)*

disfellowship [,dis'feləuʃip] *vt amer* a exclude dintr-o comunitate

disfigured [dis'figəd] *adj* desfigurat

disform [dis'fɔ:m] **I** *vt* **1** a transforma, a schimba forma *(cu gen)* **2** *înv* a deforma **II** *vi* a-și pierde forma

disfranchisement [dis'fræntʃizmənt] *s* ridicarea dreptului de vot

disgarnish [dis'gɑ:niʃ] *vt* **1** a despuia de podoabe **2** *v.* **disgarrison**

disgarrison [dis'gærisn] *vt mil* a lipsi de garnizoană *(un oraș)*

disgeneric [,disdʒi'nerik] *adj* ținând de mai multe genuri

disgorgement [dis'gɔ:dʒmənt] *s* (re)vărsare

disgracefulness [dis'greisfulnis] *s* dizgrație, dezonoare

disgruntle [dis'grʌntl] *vt* a irita, a enerva, a supăra

disguisement [dis'gaizmənt] *s* **1** deghizare, travestire **2** prefăcătorie

dish aerial ['diʃ ,eiriəl] *s brit* antenă parabolică

dishallow [dis'hæləu] *vt* a profana, a pângări

disharmonic [,dishɑ:'mɔnik] *adj rar v.* **disharmonious**

disharmonious [,dishɑ:'məuniəs] *adj* nearmonios, discordant

disharmonism [dis'hɑ:mɔnizəm] *s v.* **disharmony**

disharmonize [,dis'hɑ:mənaiz] *vt* a strica armonia *(cu gen)*, a tulbura armonia dintre, a crea un dezacord / o discordanță între

disharmony [,dis'hɑ:məni] *s* lipsă de armonie; discordanță; disonanță

dish clout ['diʃ klaut] **I** *s* **1** cârpă / burete de vase, spălător; *F* to make a napkin of one's ~ a se însura cu bucătăreasa **2** *F* servitoare **3** *F* paceaură, femeie murdară **II** *vt* a freca *(scânduri)*, a spăla, a curăța

disheartening [dis'hɑ:tənin] *adj* descurajator, deprimant

disheartenment [dis'hɑ:tənmənt] *s* descurajare, deprimare

dished [diʃt] *adj* în formă de ceașcă / cupă

dishelm [dis'helm] *vt* a lua coiful *(cuiva)*

disher ['diʃə] *s* fabricant de farfurii

disherison [dis'herizn] *s jur* dezmoștenire

disherit [dis'herit] *vt jur rar* a dezmoșteni

dishevel [di'ʃevəl] **I** *vt* a despleti, a ciufuli, a zbârci **II** *vi* a fi despletit / ciufulit / zbârlit

dishevelment [di'ʃevəlmənt] *s* ciufulire, zbârlire

dish gravy ['diʃ ,greivi] *s* sos de friptură

dish mop ['diʃ ,mɔp] *s* spălător de vase

dishome [dis'həum] *vt* **1** a deposeda de casă / locuință **2** a da afară *(din casă)*, a evacua

dishonourableness [dis'ɔnərəbəlnis] *s* dezonoare, rușine

dishonourer [dis'ɔnərə] *s* persoană care dezonorează / care necinstește; profanator, pângăritor; violator

dishorn [dis'hɔ:n] *vt* a scoate coarnele *(unui animal)*

dishorse [dis'hɔ:s] *vt* a trânti din șa / de pe cal

dishouse [dis'haus] *vt* a da afară din casă, a evacua

dishpan ['diʃpæn] *s amer* lighean cu toarte *(pentru spălat vasele)*

dish rack ['diʃ ræk] *s* suport pentru uscarea farfuriilor

dish rag ['diʃ ræg] *s v.* **dish clout**

dish washer ['diʃ ,wɔʃə] s **1** spălător *(de vase)* **2** *orn* codobatură *(Motacilla sp.)*

dishy ['diʃi] *adj brit* seducător

disillusioned [,disi'luːʒnd] *adj* deziluzionat, dezamăgit

disimprove [,disim'pruːv] **I** *vt* a înrăutăți, a face mai rău, a face să regreseze **II** *vi* a se înrăutăți; a regresa

disimprovement [,disim'pruːv-mənt] *s* înrăutățire; regres

disincline [,disin'klain] **I** *vt* (from) a îndepărta, a devia (de la); (for) a inspira aversiune (față de) **II** *vi* to ~ to a nu vrea să, a nu avea poftă să; a nu simți înclinație pentru; a simți repulsie față de

disincorporate [,disin'kɔːpəreit] *vt* **1** a dizolva *(o corporație, o asociație)* **2** a separa de o corporație / de o asociație

disincorporation [,disinkɔːpə'reiʃn] *s* **1** retragerea drepturilor unei corporații **2** dizolvarea unei asociații

disinfector [,disin'fektə] *s* **1** aparat de dezinfectare **2** dezinfectant

disinfestation [,disinfes'teiʃn] *s* dezinfestare *(deratizare)*; **rat ~** deratizare

disinflationary [,disin'fleiʃnəri] *adj* de deflație

disinformation [,disinfə'meiʃn] *s* dezinformare

disingenuously [,disin'dʒiːnjuəsli] *adv* fără sinceritate, fals

disingenuousness [,disin'dʒen-juəsnis] *s* lipsă de sinceritate, falsitate; șiretenie

disinherison [,disin'herizən] *s jur* dezmoștenire

disinherited [,disin'heritid] **I** *adj* dezmoștenit **II** *s* **the ~ of the earth** dezmoșteniții pământului

disinhume [,disin'hjuːm] *vt rar* a exhuma, a dezgropa

disintegrable [dis'intigrəbl] *adj* dezintegrabil, dezagregabil

disintegrative [dis'intigrətiv] *adj* care dezintegrează; de dezintegrare

disintegrator [dis'intigreitə] *s* **1** *agr* dezintegrator **2** *tehn* concasor; dezintegrator; malaxor **3** *tehn* epurator de gaze **4** *text* desfibrator; mașină de destrămat **5** vârtej de moară

disinterest [dis'intrist] **I** *s* **1** dezinteres(are), indiferență; apatie **2** nepărtinire, imparțialitate **II** *vt* a dezinteresa **III** *vr* (in) a se dezinteresa (de)

disinvest [,disin'vest] *vt* to ~ of a priva de, a lipsi de, a despuia de

disinvestment [,disin'vestmənt] *s ec* consumarea capitalului investit fără să se fi obținut profituri; retragerea capitalului dintr-o investiție

disjecta membra [dis,dʒektə'membrə] *s pl lat* **1** părți împrăștiate / risipite **2** citate fără legătură

disjointedness [dis'dʒɔintidnis] *s* **1** dezarticulare; dezmembrare **2** *fig* incoerență

disjunctive conjunction [dis,dʒʌŋktiv kən'dʒʌŋkʃn] *s gram* conjuncție disjunctivă

disjunctive proposition [dis,dʒʌŋktiv prɔpə'ziʃn] *s log* aserțiune alternativă

disjuncture [dis'dʒʌnktʃə] *s* despărțire, separare

disk crash ['disk ,kræʃ] *s cib* distrugerea capului de citire a discului

disk drive ['disk draiv] *s cib* unitate de disc

disk jockey [,disk 'dʒɔki] *s amer* comentator care prezintă la radio diferite înregistrări (↓ muzică ușoară); prezentator de muzică ușoară, disk jokey

disk operating system [,disk ,ɔpəreitiŋ 'sistəm] *s cib* sistem de operare cu discul

disleaf [dis'liːf] *vt* a desfrunzi

disleave [dis'liːv] *vt v.* **disleaf**

dislikable [dis'laikəbl] *adj* antipatic, nesuferit

dislimn [dis'lim] *vt poetic* a decolora; a spălăci

dislink [dis'liŋk] *vt* a despărți, a separa

disload [dis'ləud] *vt* a descărca

disloyalist [,dis'lɔiəlist] *pol* **I** *s* cetățean neloial **II** *adj* neloial

disloyally [,dis'lɔiəli] *adv* (în mod) necinstit, neleal

disluster [dis'lʌstə] *vt rar* a scoate / a șterge lustrul *(cu gen)*

dismalness ['dizməlnis] *s* **1** depresie, tristețe, stare deprimantă **2** aspect înspăimântător / îngrozitor

dismantlement [dis'mæntəlmənt] *s* **1** despuiere **2** *mil* dărâmare a unor fortificații **3** demontare **4** *nav* dezarmare *(a unei nave)*

dismantling [dis'mæntliŋ] *s* demontare, decofrare; distrugere a fortificațiilor unei cetăți

dismask [dis'mɑːsk] *vt* a demasca

dismayed [dis'meid] *adj* mâhnit, supărat, consternat, abătut

disme [diːm] *s înv* dijmă

dismissal pay [dis'misəl pei] *s* îndemnizație de concediere

dismissal wage [dis'misəl weidʒ] *s v.* **dismissal pay**

dismissive [dis'misiv] *adj (d ton etc.)* disprețuitor, orgolios; **to be ~ of smb** a ignora pe cineva, a trata pe cineva cu răceală; **you're always so ~ of my efforts**

dismissively [dis'misivli] *adv* rece, disprețuitor, cu răceală, cu dispreț

dismountable [dis'mauntəbl] *adj* demontabil; separabil

disnature [dis'neitʃə] *vt* a denatura

disobligation [dis,ɔbli'geiʃn] *s* lipsă de complezență

disobligingly [,disə'blaidʒiŋli] *adv* neîndatoritor, fără bunăvoință, nepoliticos

disorderliness [dis'ɔːdəlinis] *s* neorânduială, dezordine

disorganized [dis'ɔːgənaizd] *adj* dezorganizat

disorganizer [dis'ɔːgənaizə] *s* dezorganizator

disorient [dis'ɔːriənt] *vt rar* **1** a dezorienta; a orienta greșit **2** *fig* a pune în încurcătură, a priva de posibilitatea de a se orienta **3** a nu orienta spre est *(biserici)*

disparager [di'spæridʒə] *s* persoană defăimătoare, care ponegrește, care discreditează

disparaging [di'spæridʒiŋ] *adj* **1** defăimător, înjositor **2** peiorativ

disparateness ['dispəritnis] *s* caracter disparat / deosebit

dispark [dis'pɑːk] *vt* **1** a da o altă destinație *(unui parc)* **2** *fig* a deschide

dispart [dis'pɑːt] **I** *vt* **1** a despărți, a separa **2** a distribui **II** *vi* **1** a se despărți, a porni în direcții diferite **2** *(d ceruri)* a se deschide **II** *s mil* cătare *(și ~ sight)*

dispassionately [dis'pæʃnətli] *adv* cu calm, fără emoție; obiectiv, imparțial

dispassionateness [dis'pæʃnitnis] *s* calm, liniște, lipsă de patimă

dispassioned [dis'pæʃnd] *adj* **1** fără pasiune, calm, liniștit, rece **2** nepărtinitor, imparțial

dispatch boat [di'spætʃ bəut] *s nav* avizo

dispatch case [di'spætʃ ˌkeis] *s* servietă de documente

dispatch money [di'spætʃ ˌmʌni] *s nav* sumă plătită de armator navlositorului pentru timpul economisit la încărcarea sau descărcarea unui vas

dispatch note [di'spætʃ nəut] *s* buletin de expediție

dispatch rider [di'spætʃ ˌraidə] *s* curier *(în armată),* sol

dispauper [dis'pɔ:pə] *vt v.* **dispauperize**

dispauperize [dis'pɔ:pəraiz] *vt jur* a scoate din condiția de pauperitate, a depauperiza

dispeace [dis'pi:s] *s rar* ostilitate

dispensability [disˌpensə'biliti] *s* posibilitate de a căpăta dispensă

dispensing [dis'pensiŋ] *adj brit* ~ **chemist** laborant preparator *(în farmacie);* farmacie; ~ **optician** optician; ~ **machine** mașină de distribuire

dispensing chemist [dis'pensiŋ ˌkemist] *s* farmacist (care execută rețete)

dispersant [di'spə:sənt] *s ch* dispersant

dispersedness [di'spə:sidnis] *s* dispersare, împrăștiere, caracter împrăștiat

dispersed system [diˌspə:st 'sistim] *s fiz, ch* sistem dispers

disperser [di'spə:sə] *s ch, fiz* dispersant

dispersive [di'spə:siv] *adj* dispersiv, care permite dispersia, care împrăștie / risipește / răspândește

dispersoid [di'spə:sɔid] *s ch* coloid

dispiritedness [dispi'ritidnis] *s* descurajare, deprimare

dispiteous [dis'pitiəs] *adj înv* nemilos, crud, neîndurător

displaceable [dis'pleisəbl] *adj* **1** deplasabil; mobil **2** *(d funcționari etc.)* amovibil

displacement activity [dis'pleismənt əkˌtiviti] *s psih* activitate prin care o emoție sau un impuls este redirecționat spre un obiect acceptabil

displacement current [dis'pleismənt ˌkʌrənt] *s el* curent de deplasare

displant [dis'plɑ:nt] *amer vt* **1** a dezrădăcina **2** a transplanta, a strămuta **3** a depopula **4** a extermina

displease [dis'pli:z] **I** *vt* **1** a displace *(cuiva),* a fi neplăcut *(pentru cineva),* a contraria, a nemulțumi; **the book ~d him; he was ~d with the book** cartea nu-i plăcea; **to be ~d at / by / with** a fi nemulțumit de; **don't be ~d with it!** n-o lua în nume de rău! **2** a supăra, a enerva, a indigna **II** *vi* a displăcea, a stârni nemulțumire

displeasedly [dis'pli:zidli] *adv rar* nemulțumit

displume [dis'plu:m] *vt* **1** *poetic* a scoate penele *(cu gen),* a jumuli **2** *fig* a deposeda *(pe cineva)* de podoabe

disposability [dispəuzə'biliti] *s* disponibilitate

disposable goods [dis'pəuzəbl 'gu:dz] *s* bunuri de unică folosință

disposable load [dis'pəuzəbl ˌləud] *s tehn* încărcătură / sarcină utilă

disposedly [dis'pəuzidli] *adv* cu demnitate, cu un aer demn

disposer [dis'pəuzə] *s* dătător, împărțitor, distribuitor

dispossessed [ˌdispə'zest] **I** *s the* ~ cei deposedați **II** *adj* deposedat

dispraiser [dis'preizə] *s* **1** critică; persoană care dojenește **2** persoană care insultă

dispraisingly [dis'preiziŋli] *adv* pe un ton blam, plin de reproșuri

dispread [di'spred] *pret și ptc* **dispread** [di'spred] *vt* **1** a răspândi, a împrăștia; a difuza în direcții diferite **2** a deschide larg *(ochii)* **II** *vi* a se întinde, a se răspândi

disprize [dis'praiz] *vt înv* a disprețui; a desconsidera

disproportionable [dis'prɔ:pɔ:ʃnəbl] *adj v.* **disproportional**

disproportional [ˌdisprə'pɔ:ʃnəl] *adj* disproporțional, lipsit de proporție, nepotrivit

disproportionality [ˌdisprəpɔ:ʃnə'liti] *s* disproporție, nepotrivire

disprovable [ˌdis'pru:vəbl] *adj* condamnabil, de blamat

disputable [dis'pju(:)təbl] *adj* discutabil, contestabil; incert, nesigur, îndoielnic

disputatiousness [ˌdispju'teiʃəsnis] *s* poftă de ceartă

disputer [dis'pju:tə] *s* **1** persoană care susține o discuție / controversă, antagonist, opozant

disquieten [dis'kwaiətən] *vt* a neliniști, a îngrijora, a tulbura, a frământa

disquietness [dis'kwaiətnis] *s* neliniște, frământare, îngrijorare, tulburare, stare de agitație

disquisitional [ˌdiskwi'ziʃnəl] *adj* investigator, cercetător; anchetator

disquisitive [ˌdis'kwizitiv] *adj v.* **disquisitional**

disrank [dis'ræŋk] *vt* a micșora gradul *(cuiva),* a retrograda, a coborî la un rang inferior

disrate [dis'reit] *vt nav* a retrograda, a coborî la un grad inferior

disregardful [disri'gɑ:dful] *adj* disprețuitor, neatent, neglijent

disremember [ˌdisri'membə] *vt F* a nu-și aduce aminte de, a nu-și aminti de, a uita

disreputability [disˌrepjutə'biliti] *s* lipsă de bună reputație; dezonoare

disreputableness [dis'repjutəblnis] *s v.* **disreputability**

disreputation [disˌrepju'teiʃn] *s v.* **disrepute**

disrepute [ˌdisri'pju:t] *s* proastă reputație; discreditare, compromitere; dezonoare; **to fall into** ~ a se compromite, a se discredita

disruptive discharge [dis'rʌptiv disˌtʃɑ:dʒ] *s el* descărcare disruptivă

disseat [dis'si:t] *vt înv* a detrona

dissected [di'sektid] *adj* **1** disecat **2** *(d frunză)* lobată, cu lobi

dissecting [di'sektiŋ] *adj* ~ **knife** scalpel

dissecting room [di'sektiŋ ru(:)m] *s med* sală de disecție

dissector [di'sektə] *s med* prosector

disseise [ˌdis'si:z] *vt jur* **(of)** a deposeda ilegal (de), a lua dreptul de proprietate asupra *(cu gen)*

disseisee [ˌdissi:'zi:] *s jur* persoană deposedată ilegal

disseisin [ˌdis'si:zin] *s jur* deposedare ilegală de proprietate

disseisor [ˌdis'si:zə] *s jur* persoană care ia *(ceva)* în posesiune ilegală

disseize [,dis'si:z] *vt v.* **disseise**

disseizee [,dissi:'zi:] *s v.* **disseisee**

disseizin [,dis'si:zin] *s v.* **disseisin**

dissemblance [di'sembləns] *s* 1 diferență, deosebire 2 simulare, prefăcătorie

disseminator [di'semineitə] *s fig* răspânditor

dissenter [di'sentə] *s* 1 sectant, schismatic 2 neconformist, dizident, persoană care face opoziție

dissentient [di'senʃiənt] I *adj* dizident, care nu adoptă părerea generală / oficială; contrar; **without a ~ voice** fără nici un vot contra, în unanimitate II *s* dizident, opoziționist; vot împotrivă; **the motive was passed with only two ~s** propunerea a fost votată cu numai două voturi contra

dissenting [di'sentiŋ] *adj* 1 dizident 2 neconformist

dissentious [di'senʃəs] *adj* care nu e de acord; dizident; neconformist; certăreț

dissepiment [di'sepimənt] *s bot, zool* perete despărțitor, septum

dissert [di'sə:t] *vi v.* **dissertate**

dissertate ['disə(:)teit] *vi* 1 a face o expunere, a ține o dizertație 2 a discuta, a argumenta

disserve [dis'sə:v] *vt* (with) a face un prost serviciu (cu); a păgubi (cu)

disserviceable [dis'sə:visəbl] *adj* dăunător, păgubitor, dezavantajos

dissever [dis'sevə] I *vt* a despărți, a diviza, a separa II *vi* a se despărți

disseverance [dis'sevərəns] *s* despărțire, divizare, separare

dissimilate [di'simileit] *vt lingv* a disimila

dissimulator [di'simjuleitə] *s* prefăcut, fățarnic, taler cu două fețe

dissipater ['disipeitə] *s* 1 risipitor; cheltuitor 2 desfrânat 3 distrugător

dissipation [,disi'peiʃn] *s* 1 risipire, împrăștiere, descompunere, destrămare; lipsă de concentrare, distracție 2 cheltuială nesocotită, risipă și **ec** 3 viață de plăceri / desfrânată, desfrâu 4 *tehn* scăpare, dispersie 5 *fiz, el* disipire, disipație

dissipative ['disipeitiv] *adj* 1 cheltuitor, risipitor 2 *fiz* disipativ

dissociable [di'səuʃəbl] *adj* 1 nepotrivit, necorespunzător 2 separabil, care poate fi despărțit 3 [di'səuʃəbl] nesociabil

dissocial [di'səuʃəl] *adj* nesociabil

dissociative [di'səuʃieitiv] *adj* separator, izolator, care disociază, care dezunește

dissoluteness ['disəlju:tnis] *s* 1 desfrâu 2 fuzibilitate

dissolvability [di,zɔlvə'biliti] *s* solubilitate

dissolvable [di'zɔlvəbl] *adj* 1 solubil; lichefiabil 2 care se poate descompune, dezagrega, desface 3 *fig* trecător

dissolvent [di'zɔlvənt] I *s* dizolvant II *s ch* substanță dizolvantă; dizolvant și *fig*

dissonancy ['disənənsi] *s* 1 *muz* disonanță 2 discordanță, neconcordanță, nepotrivire, neasemănare *(de caracter)*

dissuasive [di'sweisiv] I *adj* care despovățuiește II *s* despovățuire

distain [dis'tein] *vt înv* a păta, a murdări

distal ['distəl] *adj anat, bot* distal, îndepărtat de centru, periferic

distant ['distənt] *adj* 1 îndepărtat *(în spațiu, ca grad de rudenie etc.)*; **five miles ~** la o distanță de 5 mile; **at a ~ period** într-o epocă îndepărtată 2 *fig* îndepărtat, imprecis, vag; **~ connection** înrudire îndepărtată; **~ likeness** asemănare vagă 3 distant; rece, rezervat; arogant; **~ politeness** politețe rece; **to be on ~ terms** a fi în relații reci / de ostilitate

distant signal ['distənt ,signəl] *s ferov* semnal de distanță

distastefulness [dis'teistfulnis] *s* caracter neplăcut / supărător; caracter respingător / dezgustător; scârbă, silă

distemperature [dis'tempritʃə] *s rar* 1 îmbolnăvire 2 tulburare (sufletească) 3 indispoziție

distensible [dis'tensəbl] *s* extensibil, dilatabil

distent [dis'tent] *adj rar* dilatat; întins

distichous ['distikəs] *adj bot* dispus în două șiruri verticale

distillable [dis'tiləbl] *adj ch* distilabil

distillate ['distilit] *s ch* produs al distilării, distilat

distilled water [di,stild ,wɔ:tə] *s* apă distilată

distilment [di'stilmənt] *s înv* distilat

distinctiveness [di'stiŋktivnis] *s* caracter distinct; specific; particular

distingué [di'stæŋgei] *adj fr* distins

distinguishableness [di'stiŋwiʃəblnis] *s* 1 caracter perceptibil 2 caracter remarcabil 3 **~ from** posibilitatea distingerii de; **~ into** posibilitatea împărțirii / a clasificării în

distinguishing [di'stiŋwiʃiŋ] *adj* care deosebește, caracteristic, specific, propriu

distinguishingly [di'stiŋwiʃiŋli] *adv* 1 separat, în parte 2 eminamente

distorsionist [di'stɔ:ʃnist] *s* 1 acrobat, om-șarpe 2 persoană care deformează sensul / imaginea 3 caricaturist

distortedness [di'stɔ:tidnis] *s* deformare, caracter diform

distortive [di'stɔ:tiv] *adj* care deformează *etc.*

distractedness [di'stræktidnis] *s* 1 zăpăceală 2 nebunie, demență

distracting [di'stræktiŋ] *adj v.* **distractive**

distractingly [di'stræktiŋli] *adv* înnebunitor

distractive [di'stræktiv] *adj* care zăpăcește / care neliniștește; înnebunitor

distrain [di'strein] *jur* I *vt* 1 a exercita un drept de retenție asupra *(unei persoane sau a bunurilor acesteia)* pentru neplata unor datorii *(↓ chirie)* 2 a aplica un sechestru *(cu dat)*, a sechestra II *vi* **to ~ upon** a sechestra; a executa *(un debitor)*

distrainable [di'streinəbl] *adj jur* sechestrabil

distrainee [,distrei'ni:] *s jur* persoană căreia i se aplică un sechestru

distrainer [di'streinə] *s jur* executor

distrainor [di'streinə] *s v.* **distrainer**

distraite [di'streit] *adj fr* distrată, neatentă

distressfulness [di'stresfulnis] *s* 1 tristețe; durere 2 nenorocire; mizerie; nevoie

distressing [di'stresiŋ] *adj* dureros, întristător, mâhnitor; neliniștitor; chinuitor

distressingly [di'stresiŋli] *adv* dureros, chinuitor

distress signal [di'stres ˌsignəl] *s nav* semnal de ajutor sau pericol (S.O.S.)

distributable [di'stribjutəbl] *adj* capabil de a fi distribuit

distributary [di'stribjutəri] **I** *s* afluent **II** *adj* distributiv; de distribuire, care distribuie

distributee [diˌstribju:'ti:] *s jur* persoană căreia îi revine ceva (↓ *o parte de moștenire*)

distributer [di'stribjutə] *s* distribuitor, împărțitor

distributing line [di'stribjutiŋ ˌlain] *s el* conductă portabilă

distributional [ˌdistri'bjuːʃnəl] *adj* de distribuție

distribution board [ˌdistri'bjuːʃn bɔːd] *s el* tablou de distribuție

distributival [ˌdistribju'taivəl] *adj gram* distributiv

district attorney [ˌdistrikt ə'təːni] *s amer* procuror

district council [ˌdistrikt 'kaunsl] *s* consiliu districtual

district court [ˌdistrikt 'kɔːt] *s* (↓ *amer*) tribunal districtual

district heating [ˌdistrikt 'hiːtiŋ] *s* termoficare de cartier

district nurse [ˌdistrikt 'nəːs] *s brit* asistentă medicală care face vizite la domiciliu

District of Columbia [ˌdistrikt əv kə-'lʌmbjə] *s geogr* Districtul Columbia (*district federal al S.U.A.*)

distringas [dis'triŋgæs] *s lat, jur* ordin de sechestru

distrustless [dis'trʌstlis] *adj* nebănuitor

distune [dis'tjuːn] *vt* a dezacorda (*un instrument muzical*)

disturbed [di'stəːbd] *adj* tulburat

disturber [di'stəːbə] *s* perturbator; *jur* persoană care împiedică pe cineva să-și exercite un drept

disturbing [di'stəːbiŋ] *adj* tulburător, care tulbură, inoportun, care deranjează / supără; (*d știri etc.*) neliniștitor

disturbingly [di'stəːbiŋli] *adv* îngrijorător; **the level of polution is ~ high** gradul de poluare este îngrijorător de mare

disulphate [ˌdai'sʌlfeit] *s ch* pirosulfat

disulphide [ˌdai'sʌlfaid] *s ch* disulfură

disulphuric acid [daisʌlˌfjuərik 'æsid] *s ch* acid pirosulfuric

disunited [ˌdisju'naitid] *adj* **1** dezbinat, divizat **2** (*d cal sau mersul lui*) în contragalop

disused [ˌdis'juːsd] *adj* scos din uz; demodat, învechit

disvalue [ˌdis'vælju] *vt* a deprecia, a nu pune preț pe, a nu prețui, a subestima

disweapon [ˌdis'wepən] *vt rar* a dezarma

ditcher ['ditʃə] *s* **1** săpător, muncitor care sapă **2** *tehn* mașină de săpat șanțuri; excavator cu lingură de adâncime **3** *constr* excavator cu cupă întoarsă **4** *pol last* ~ revoluționar consecvent până la capăt

ditching ['ditʃiŋ] *s* **1** săpare de șanțuri **2** drenare (cu ajutorul șanțurilor)

dite [dait] *s P* **I don't care a ~** puțin îmi pasă, nu-mi pasă câtuși de puțin

ditheism ['daiθiizm] *s rel* diteism, religie dualistă (*credința în două principii creatoare independente, ale binelui și răului*)

ditherer ['diðərə] *s F* persoană nehotărâtă / care ezită

dithery ['diðəri] *adj P* **to feel ~** a fi agitat / nervos; a tremura din tot corpul

dithionic acid [daiθaiˌonik 'æsid] *s ch* acid ditionic

dition ['diʃən] *s înv* putere, stăpânire

ditranzitive [ˌdi'trænsitiv] *adj* (*d verb*) cu două complemente directe

ditrochean [ˌdaitrə'kiːən] *adj metr* cu doi trohei

ditsy ['ditsi] *adj amer F* smintit, zăpăcit, descreierat

dittander [di'tændə] *s bot* frasinel (*Dictamnus albus*)

ditty bag ['diti bæg] *s v.* **ditty box**

ditty box ['diti boks] *s nav sl* cutie cu ustensile (*ace, foarfecă etc.*)

diurnalist [ˌdai'əːnəlist] *s înv* gazetar

diuturnal [ˌdaiju'təːnəl] *adj rar* care ține mult, de lungă durată

diuturnity [ˌdaiju'təːniti] *s rar* durată lungă

diva ['diːvə] *s* divă, primadonă, cântăreață celebră

divaricate **I** [dai'værikeit] *vi* a se ramifica, a se bifurca, a se despărți **II** [dai'værikit] *adj bot, zool* ramificat

divarication [daiˌværi'keiʃn] *s* ramificație, ramificare, bifurcație, separare

divaricator [daiˌværi'keitə] *s anat* mușchi deductor (*la brahiopode etc.*)

dive bomber ['daiv bomə] *s av* bombardier în picaj

dive bombing ['daiv ˌbomiŋ] *s av* bombardament în picaj

divergement [dai'vəːdʒmənt] *s rar* divergență, diferență, dezacord; deviere

divergently [dai'vəːdʒəntli] *adv* divergent; în sensuri contrarii; **to think ~** a avea păreri opuse

diverseness [dai'vəːsnis] *s* diversitate

diversiform [dai'vəːsifɔːm] *adj* felurit, variat, cu forme diverse

diverticulitis [ˌdaivətikju'laitis] *s med* diverticulită

divertingly [dai'vəːtiŋli] *adv.* distractiv, amuzant

divertissement [ˌdi:veətis'mɑ̃] *s fr rar* **1** distracție, amuzament **2** *muz* divertisment

divertive [dai'vəːtiv] *adj* distractiv, amuzant

Dives ['daivi:z] *s lat biol* bogatul (*nume tipic pentru omul bogat*)

Dives costs ['daiviz kɔ(:)sts] *s pl jur* speze ridicate pentru cei bogați

divestiture [dai'vestitʃəi] *s* **1** despuiere; deposedare **2** *jur* luare sau pierdere de drepturi; interdicție legală

divestment [dai'vestmənt] *s v.* **divestiture**

divesture [dai'vestʃə] *s v.* **divestiture**

dividable [di'vaidəbl] *adj* divizibil (*și mat*)

dividing [di'vaidiŋ] **I** *adj* despărțitor; divizor, de divizare, de separare **II** *s* împărțire; divizare; repartiție

dividing head [diˌvaidiŋ 'hed] *s tehn* cap divizor

dividingly [di'vaidiŋli] *adv* prin împărțire

dividing machine [di'vaidiŋ məˌʃiːn] *s tehn* mașină de divizat

dividing plate [diˌvaidiŋ'pleit] *s tehn* disc divizor

dividual [di'vidjuəl] *adj înv* **1** separat, deosebit, distinct; împărțit, divizat **2** separabil

dividually [di'vidjuəli] *adv* separat

divinator ['divineitə] *s* ghicitor; profet

divinatory ['divinətori] *adj* profetic; prevestitor

divineness [di'vainis] *s* natură divină

diving ['daiviŋ] *s* **1** scufundare, afundare; imersiune **2** *sport* plonjon, sărituri în apă **3** *av* picaj **4** *sl* furt, escrocare

diving board ['daiviŋ bɔ:d] *s* trambulină

diving boat ['daiviŋ bəut] *s nav* barcă de scafandru

diving rudder ['daiviŋ ‚rʌdə] *s av* cârmă de adâncime, profundor

diving suit ['daiviŋ sju:t] *s* costum de scafandru

divinityship [di'vinitiʃip] *s* divinitate, natură divină

divinization [‚divini'zeiʃn] *s* divinizare, zeificare, îndumnezeire

divisibleness [di'vizəblnis] *s* divizibilitate

divisional [di'viʒnəl] *adj* **1** divizionar, care se referă la împărțire; fracționar **2** *mil* de divizie **3** de circumscripție

division bell [di'viʒn bel] *s (în Marea Britanie)* sonerie la Camera Comunelor, prin care se convoacă deputații în vederea votării

division lobby [di'viʒn ‚lobi] *s (în Marea Britanie)* numele celor două săli în care sunt repartizați deputații pentru a vota

division sign [di'viʒn sain] *s mat* semnul împărțirii

divisive [di'vaisiv] *adj* despărțitor, separator

divisiveness [di'vaisivnis] *s* calitatea de a provoca divizare; **the ~ of this policy is evident to everyone** este evident că această politică va crea disensiuni

divorceable [di'vo:səbl] *adj* care se poate despărți, separabil

divorced [di'vo:st] *adj* divorțat; **to be ~ from reality** a fi rupt de realitate

divorcee [‚divo:'si:] *s* persoană divorțată

divorcer [di'vo:sə] *s* motiv de divorț, cauză a divorțului

divot[1] ['divət] *s scot* porțiune de pământ semănat cu iarbă, gazon

divot[2] ['divət] *s* **1** *material de construcție, alcătuit din paie și pământ și folosit la acoperișuri* **2** bucată de turbă

divulgate [di'vʌlgeit] *vt înv* a divulga, a da la iveală, a da în vileag

Dixie's Land [‚diksiz'lænd] *s denumire dată statelor din sudul S.U.A.*

Dixiecrat ['diksikræt] *s amer pol* membru al dizidenței democrate din statele din sud; democrat dizident care la alegerile prezidențiale din 1948 a votat pentru candidatul republican

dixieland music ['diksilænd ‚mju:zik] *s amer muzică de jazz a albilor din sud, caracterizată prin improvizații ritmice*

DIY *presc de la* **do-it-yourself** deprinderea de a face lucrurile casnice singur

DJ *presc de la* **disk jockey** disk jockey, DJ

Djerba ['dʒə:bə] *s geogr* insulă tunisiană în Marea Mediterană

DJIA *presc de la* **Dow Jones Industrial Average** *ec* indicele Dow Jones

Djibouti [dʒi'bu:ti] *s geogr* stat în estul Africii

Djibouti City [dʒi‚bu:ti 'siti] *s geogr* Djibouti *(capitala statului Djibouti)*

djinn [dʒin] *s mit* gin

DLO *presc de la* **dead-letter office** *s* birou unde se trimit scrisorile ce nu pot fi remise destinatarului sau returnate expeditorului

DM *presc de la* **Deutsche Mark** *s* marcă germană, DM

DMA *presc de la* **direct memory access** *s cib* acces direct la memorie

DMus [‚di:'mju:z] *presc de la* **Doctor of Music** *s* doctor în muzică

DMZ *presc de la* **demilitarized zone** *s* zonă demilitarizată

DNA *presc de la* **deoxyribonucleic acid** *s* acid dezoxiribonucleic, ADN

D-notice *s (în Marea Britanie)* dispoziție dată presei de către guvern de a împiedica publicarea secretelor de stat

doable ['du:əbl] *adj* care se poate face

dobby ['dobi] *s* **1** prost, nătâng; zaharisit, ramolit, bătrân care a dat în mintea copiilor **2** *text* mecanism cu ițe

Doberman (pinscher) [‚dəubəmən ('pinʃə)] *s* doberman *(rasă de câine)*

docking block ['dokiŋ blok] *s nav* doc de chilă

dockize ['dokaiz] *vt* a construi docuri

dockland ['doklənd] *s* cartierul docurilor

dockmaster ['dokmɑ:stə] *s nav* căpitan de doc

dockside ['doksaid] *s* **on the ~** la chei, în doc

dockyardman ['dokjɑ:dmən], *pl* **dockyardmen** ['dokjɑ:dmen] *s* muncitor dintr-un arsenal naval

doctorally ['doktərəli] *adv rar* ca un doctor; doctoral; doctoricește

doctorand [‚doktə'rænd] *s* doctorand, candidat la doctorat

doctoress ['doktəris] *s* **1** doctoriță **2** soție de doctor **3** *(femeie)* doctor *(în științe etc.)*

doctor solution ['doktə sə‚lu:ʃn] *s ch* proba doctor, plumbit de natriu

doctrinally [‚dok'trainəli] *adv* prin doctrină; prin învățătură

doctrinarian [‚doktri'neəriən] *s adj* **I** *s* teoretician; ideolog; persoană care aplică o teorie **II** *adj* doctrinar; teoretic

doctrinarity [‚doktri'neəriti] *s* concepții doctrinare înguste

doctrinist ['doktrinist] *s* adept orb al unei doctrine

docudrama [‚dokju'drɑ:mə] *s telev* film de ficțiune în care scenariul este inspirat din realitate

documental [‚dokju'mentl] *adj* documentar

dod [dod] *s amer F* **~ burn / drat / rot it!** la naiba! la dracu!

DOD *presc de la* **Department of Defense** *amer* ministerul apărării

doddered ['dodəd] *adj* **1** *(d pomi)* fără crengi; fără vârf, ciuntit, retezat **2** acoperit de plante parazite *(↓ de tortel)*

doddering ['dodəriŋ] *adj* **1** nesigur pe picioare, ezitant, tremurător **2** senil, slab de minte

dodder seed ['dodə si:d] *s bot* lubiț, gălbenuș, oul-inului *(Camelina sativa)*

doddipoll ['dɔdipəul] v. **doddypoll**

doddle ['dɔdl] s brit F it's a ~ e simplu ca bună ziua; nimic mai simplu

doddy ['dɔdi] s scot vacă ciută

doddypoll ['dɔdipəul] s F prostănac, găgăuță, cap sec

dodecagonal [,dəude'kægənəl] adj geom dodecagonal

dodecasyllabic [dəu,dekəsi'læbik] adj dodecasilabic, din douăsprezece silabe

dodecasyllable [dəu'dekəsiləbl] s 1 cuvânt dodecasilabic 2 metr vers dodecasilabic, alexandrin

dodgasted ['dɔdgɑːstid] adj P blestemat, afurisit

dodgy ['dɔdʒi] adj 1 ager, abil, dibaci, iscusit 2 viclean, necinstit 3 (d un mecanism etc.) ingenios

dodo ['dəudəu] s înv cântec de leagăn

DOE presc de la **Department of the Environment** s ministerul britanic al mediului

doe-eyed [,dəu'aid] adj cu ochi de căprioară

doffer ['dɔfə] s text cilindru perietor

dogaressa [,dəugə'resə] s soție de doge

Dogberry ['dɔgberi] s funcționar conștiincios însă prost și guraliv (după numele unui personaj din comedia lui Shakespeare „Mult zgomot pentru nimic")

dogberry tree ['dɔgberi tri:] s bot sânger (Cornus sanguinea)

dog bolt ['dɔg bəult] s tehn șurub rabatabil

dog brier ['dɔg ,braiə] s bot răsură, măceș, rujă, trandafir sălbatic (Rosa canina)

dog-catcher ['dɔg,kætʃə] s hingher

dog-cheap [,dɔg 'tʃiːp] adj foarte ieftin, de pomană, degeaba

dog collar [,dɔg 'kɔlə] s 1 zgardă 2 sl guler drept / înalt

dog-ear ['dɔgiə] vt a îndoi colțurile (paginilor de carte)

dog-eat-dog [,dɔgiː'dɔg] adj nemilos; it's a ~ world e o lume nemiloasă

dog-end ['dɔgend] s F chiștoc, muc de țigară

dogface ['dɔgfeis] s amer F infanterist, pifan

dog fall ['dɔg fɔːl] s cădere în care ambii luptători ating pământul deodată

dog fennel ['dɔg ,fenəl] s bot romaniță-puturoasă, mușețel-prost (Anthemis cotula)

dog fly ['dɔg flai] s ent specie de muscă (Musca canicularia)

dogger ['dɔgə] s 1 nav vas olandez de pescuit cu două catarge 2 geol jurasic mijlociu

doggerel ['dɔgrəl] versuri de calitate inferioară / triviale / cu versificație neregulată

doggishness ['dɔgiʃnis] s iritabilitate, arțag

doggone ['dɔgɔn] I interj amer drace! la naiba! hait! II s v. **doggoned**

doggoned ['dɔgɔnd] adj F afurisit, nenorocit

dog grass ['dɔg grɑːs] s bot păr pădureț (Agropyrum caninum)

doggy bag ['dɔgi bæg] s (la restaurant) pungă în care consumatorul își poate lua acasă resturile de la o masă

doggy paddle ['dɔgi ,pædl] I s înot de câine II vt a înota câinește

dog handler ['dɔg ,hændlə] s dresor de câine (în cadrul poliției, al armatei etc)

dog head ['dɔg hed] s mil percutor (la tun)

dog-headed [,dɔg'hedid] adj cinocefal, cap de câine

dog hole ['dɔg həul] s 1 coteț / cușcă de câini 2 cameră foarte mică și sărăcăcioasă, chichineață

dogie ['dəugi] s amer 1 vițel fără mamă 2 animal de proastă calitate

dog-in-the-mangerish [,dɔginðə 'mængəriʃ] adj rar pizmaș, invidios

dog iron ['dɔg ,airən] s suport din metal pentru buștenii din cămin; bară din metal îndoită la ambele capete, folosită în exploatarea forestieră pentru a ține împreună mai mulți bușteni

dogleg ['dɔgleg] I s 1 cot (al unui drum, al unei pipe etc.) 2 tutun de proastă calitate, vândut în suluri II vi (d un drum etc.) a face un cot, a coti III adj care cotește, care face un cot

dog licence ['dɔg ,laisəns] s certificat de înregistrare a unui câine, permis pentru a ține un câine

doglike [,dɔg'laik] I adj (ca) de câine; ca un câine; to lead a ~ life a duce o viață de câine II adv ca un câine

dog man ['dɔg mæn] s îngrijitor de câini

dogmaticalness [dɔg'mætikəlnis] s caracter dogmatic, mod de a gândi dogmatic

dogmatician [,dɔgmə'tiʃn] s rar v. **dogmatist**

dogmatics [dɔg'mætiks] s pl (folosit ca sg) dogmatică; teologie dogmatică

dogmatist ['dɔgmətist] s dogmatist

dogmatizer ['dɔgmətaizə] s v. **dogmatist**

dog nail ['dɔg neil] s tehn piron

do-gooder [,du'guːdə] s F suflet milos, persoană caritabilă

dog paddle ['dɔg ,pædl] v. **doggy paddle**

dog parsley ['dɔg ,pɑːsli] s v. **dog's parsley**

dog poison ['dɔg ,pɔizn] s v. **dog parsley**

dog's bane ['dɔgz bein] s bot 1 chendăr (Apocynum venetum) 2 omag (Aconitum sp.)

dogsbody ['dɔgzbɔdi] s F brit om bun la toate; I'm not your ~ nu sunt sluga ta

dog's cabbage ['dɔgz ,kæbidʒ] s bot trepădătoare (Mercurialis annua)

dog's chance [,dɔgz 'tʃɑːns] s not a ~ nici cea mai mică șansă, nici un pic de noroc

dog's death ['dɔgz deθ] s moarte de câine; moarte rușinoasă

dog's ear ['dɔgz iə] I s îndoitură a unei pagini II **dog's-ear** vt a îndoi colțul (unei pagini)

dog's grass ['dɔgz grɑːs] s bot pir pădureț (Agropyrum caninum)

dog shore ['dɔg ʃɔː] s nav tălpi de lemn pentru lansarea unui vapor în apă

dog's letter ['dɔgz ,letə] s denumire veche a literei R

dog's meat ['dɔgz miːt] s 1 carne pentru hrana câinilor (de obicei de cal) 2 mortăciune

dog's nose ['dɔgz nəuz] s amestec de bere cu gin

dog's parsley ['dɔgz ,pɑːsli] s bot pătrunjelul-câinelui (Aethusa cynapium)

dog's tail ['dɔgz teil] s bot 1 pieptănariță, iarba-cerbilor (Cynosurus sp.) 2 Dog's Tail astr Carul Mic, Ursa Mică

dog's tongue ['dɒgz tʌn] *s bot* limba-câinelui, turbarea-câinelui *(Cynoglossum officinale)*

dog's-tooth ['dɒgz tu:θ] *s bot* **1** pirgros *(Cynodon dactylon)* **2** măseaua-ciutei *(Erythronium dens canis)*

dog's-tooth grass [,dɒgztu:θ'grɑːs] *s bot* pir pădureț *(Agropyrum caninum)*

dog's-tooth violet [,dɒgztu:θ 'vaiəlit] *s v.* **dog's tooth (2)**

dogskin ['dɒgskin] *s* piele de câine

dogsled ['dɒgsled] *s* sanie trasă de câini

dog sleep ['dɒg sli:p] *s* somn ușor / întrerupt / iepuresc

dog tag ['dɒg ,tæg] *s amer mil* plăcuță de identificare

dog tooth ['dɒg tu:θ] *s* **1** canin **2** *arhit* ornament arhitectonic al stilului gotic englez alcătuit din patru frunze, care pornesc dintr-un punct central

dog town ['dɒg taun] *s amer* colonie de câini din / de prerie

dogtrot ['dɒg trɒt] *s* trap ușor, buiestru

dog violet ['dɒg ,vaiəlit] *bot* viorea sălbatică *(Viola canina)*

dogwagon ['dɒg,wægən] *s amer* bufet ambulant unde se vând hot dogs

dogy ['dəugi] *s amer* vițel fără mamă

doh [dəu] *s muz* (nota) do

Doha ['dəuə] *s geogr* capitala statului Qatar

doily ['dɔili] *s* șervețel

doing ['du(:)iŋ] *s* **1** faptă, acțiune, operă; **all this is your ~** toate acestea sunt opera dumitale, dumneata ești cauza tuturor acestor lucruri **2** *pl* fapte, acte, acțiuni, purtare, comportament; **valiant ~s** fapte de vitejie; *peior* **fine ~s these!** frumoase isprăvi!; **I have heard of his ~s** am auzit despre purtarea lui **3** *pl* larmă, vuiet, gălăgie, dezordine; tămbălău, petrecere; *P* **to give smb a ~** a-i da cuiva bătaie de cap / de furcă; **the house wants a deal of ~** casa are nevoie de o reparație serioasă

doit [dɔit] *s* **1** veche monedă olandeză, ban, gologan, sfanț **2** lucru de nimic / fără valoare, fleac, o nimica toată; **not to care a ~** a nu-i păsa nici cât negru sub unghie; **it is not worth a ~** nu face nici cât o ceapă degerată

doited ['dɔitid] *adj scot* bătut în cap, slab de minte

doitkin ['dɔitkin] *s v.* **doit (1)**

do-it-yourselfer [,du:itjə'selfə] *s* persoană pricepută la reparații în casă

dolce ['dɒltʃi *și pronunția italiană*] *adj ital muz* dolce

dolefulness ['dəulfulnis] *s* tristețe, jale

dolerophanite [,dɒlə'rɒfənait] *s minr* dolerofanit

dolesome ['dəulsəm] *adj* lugubru; trist; tânguios, jalnic; plângător

doless ['du:lis] *adj amer* fără putere, ineficace

dolichocephalism [,dɒlikəu'kefəlizm] *s* dolicocefalism

do-little [,du:'litl] *s F* pierde-vară, trântor

dolldom ['dɒldəm] *s* lumea păpușilor

dollish ['dɒliʃ] *adj* de păpușă, asemănător unei păpuși

dolly bird ['dɒli ,bə:d] *s brit F înv* păpușă

dolly mixtures ['dɒli ,mikstʃəz] *s brit* bombonele asortate, de diferite culori

dolly tub ['dɒli tʌb] *s* albie

dolly way ['dɒli wei] *s* estacadă pentru transportul scândurilor de la fabrica de cherestea până la depozit

dolman ['dɒlmən] *s* **1** dolman, haină de husar purtată pe un umăr **2** mantie / haină de femeie fără mâneci

dolman sleeve ['dɒlmən ,sli:v] *s* mânecă îngustă la manșetă și foarte largă în partea de sus, croită din aceeași bucată cu rochia sau bluza

dolomitic [,dɒlə'mitik] *adj minr* dolomitic

dolomitization [,dɒləmiti'zeiʃn] *s minr* dolomitizare

dolor ['dəulə] *s poetic* durere, tristețe, jale

dolorously ['dɒlərəsli] *adv poetic* dureros, jalnic

dolorousness ['dɒlərəsnis] *s poetic* durere, jale, întristare

dolose [dəu'ləus] *adj jur înv* cu intenții criminale, care induce în eroare intenționat

dolphinarium [,dɒlfi'neəriəm] *s* delfinariu

dolphin flower ['dɒlfin ,flauə] *s bot* nemțișor *(Delphinium)*

dom [dɒm] *s* domnul *(în Portugalia și Brazilia)*

domanial [də'meiniəl] *adj jur* ce ține de un domeniu

domed [dəumd] *adj* împodobit cu o cupolă; boltit

dome fastener ['dəum ,fɑ:snə] *s amer* nit

doment ['du:mənt] *s F* început, fapt

domestically [də'mestikli] *adv* **1** (*d o persoană*) **to be ~ inclined** a avea un caracter casnic **2** *ec, pol* **to be produced ~** a fi produs în țară

domestic architecture [də,mestik 'ɑ:kitektʃə] *s* **1** arhitectura caselor de locuit **2** arhitectură locală

domesticate [də'mestikeit] *vt* **1** a lega de casă / de viața familială **2** a încetățeni, a împământeni *(cetățeni)* **3** a domestici, a îmblânzi **4** a civiliza **5** a aclimatiza; a cultiva *(plante)*

domesticated [də'mestikeitid] *adj* domestic; **her husband is quite ~** soțul ei e foarte casnic

domestication [də,mesti'keiʃn] *s* **1** împământenire, aclimatizare **2** obișnuință, iubire pentru viața de familie, atașament față de casă **3** îmblânzire *(a animalelor)* **4** civilizare *(a sălbaticilor)*

domesticity [,dəumes'tisiti] *s* **1** atmosferă / viață / spirit de familie, dragoste de casă **2** *pl* treburi casnice **3** domesticire, îmblânzire

domestic system [də,mestik 'sistim] *s ec* sistemul industriei casnice

domett [dəu'met] *s* stofă din lână și bumbac pentru giulgii și haine călugărești, mohair

domeykite [də'meikait] *s minr* domeykit

domic(al) ['dəumik(əl)] *adj* de cupolă, în formă de cupolă, boltit

domiciliary visit [dɒmi,siljəri 'vizit] *s* descindere la domiciliu

domiciliation [,dɒmisili'eiʃn] *s* **1** instalare într-un domiciliu / într-o reședință **2** *ec* fixare a locului de plată *(a unei cambii)*

domina ['dɒminə], *pl* **dominae** ['dɒmini:] *s jur ist* doamna *(titlu dat altădată unei baronese)*

dominating ['dɒmineitiŋ] *adj* **1** (pre)dominant **2** *adj* dominator, autoritar

dominative ['dɒmineitiv] *adj* dominator

dominator ['dɔmineitə] *s* stăpânitor; dominator

domineer [,dɔmi'niə] *vi* a avea atitudine autoritară / arogantă / despotică; **to ~ over smb** a tiraniza pe cineva

Dominion Day [də'miniən dei] *s* aniversarea dominionului în Canada *(1 iulie)*

donative ['dəunətiv] I *adj* oferit printr-o donație II *s* 1 dar, donație, danie, gratificare 2 *bis* obol, dar, donație *(dată în mod direct, fără formalitățile obișnuite)*

donator [dəu'neitə] *s jur* donator

donatory ['dəunətəri] *s jur* donator, dăruit, persoană care primește o donație / un dar

don't know [,dəunt 'nəu] *s* 1 răspuns indecis *(la un sondaj de opinie)* 2 persoană indecisă

donee [dəu'ni:] *s v.* **donatory**

dong [dɔŋ] *s* 1 clinchet de clopoței 2 *vulg* penis

donga ['dɔŋgə] *s geol* albie secată, foarte adâncă *(în Africa de Sud)*

donjuanesque [,dɔndʒuə'nesk] *adj* de Don Juan

donjuanism [,dɔn'dʒu(:)ənizm] *s* crailâc

donkey boiler ['dɔŋki ,boilə] *s nav* cazan cu aburi auxiliar *(pe bordul unui vapor)*

donkey boy ['dɔŋki boi] *s v.* **donkey driver**

donkey driver *s v.* **donkey boy**

donkey jacket ['dɔŋki ,dʒækit] *s brit* vestă lungă și groasă

donkey pump ['dɔŋki pʌmp] *s tehn* pompă de alimentare; pompă auxiliară

donkey ride ['dɔŋki raid] *s* plimbare călare pe măgar

donkeywork ['dɔŋkiwə:k] *s F* treabă neplăcută / penibilă; cea mai mare parte a muncii, grosul muncii; **to do all the ~** a face grosul muncii

donnish ['dɔniʃ] *adj* 1 profesoral, doct; pedant, pretențios 2 îngâmfat, prezumțios, închipuit 3 afectat

donnishly ['dɔniʃli] *adv brit peior* erudit, savant, doct

donnishness ['dɔniʃnis] *s sl* pedanterie; paradă de cunoștințe; îngâmfare, închipuire

Donnybrook Fair [,dɔnibruk 'feə] *s* 1 *înv* iarmaroc / târg anual care se ține lângă Dublin 2 *fig* adunare gălăgioasă, scandal, vacarm; bătaie, încăierare

donor card ['dəunə kɑːd] *s* fișă a unui donator de organe

do-nothing [,du:'nʌθiŋ] *s F* trântor, pierde-vară

do-nothingness [,du:'nʌθiŋnis] *s F* trândăvie, pierdere de vreme

donut ['dəunʌt] *s amer v.* **doughnut**

doodah ['du:dɑ:] *s F* surescitare, nervozitate, agitație extremă

doodle bug ['du:dl bʌg] *s mil F* bombă zburătoare / rachetă

doofunny ['du:fʌni] *s nav, F* dispozitiv, mecanism

doohickey ['du:hiki] *s v.* **doofunny**

dook [du:k] *s min* pantă, declivitate

doolally [,du:'læli] *adj F* ticnit, într-o ureche

doolic ['du:li] *s (cuvânt anglo-indian)* targă, litieră *(folosită în spitalele de campanie)*

dooly ['du:li] *s v.* **doolie**

doomful ['du:mful] *adj* fatal; funest

doom-laden [,du:m 'leidn] *adj* sinistru, de rău augur

dooms [du:mz] *adv scot* foarte, prea, extrem de, peste măsură de; grozav

doomster ['du:mstə] *s brit F* cobe, persoană care prevestește o nenorocire

doomwatch ['du:mwɔtʃ] *s* supravegherea mediului înconjurător

door's man ['dɔ:z mən], *pl* **door's men** ['dɔ:z mən] *s v.* **door man**

door bolt ['dɔ: bəult] *s* zăvor la ușă

door butt ['dɔ: bʌt] *s* balama de ușă

door chain ['dɔ: tʃein] *s* lanț de siguranță *(la ușă)*

do-or-die [,du:ɔ:'dai] *adj (d o activitate, efort etc.)* disperat; *(d o persoană)* extremist

door holder ['dɔ: ,həuldə] *s* opritor de vânt *(la ușă)*

door jamb ['dɔ: dʒæm] *s v.* **door casing**

door knob ['dɔ: nɔb] *s* mâner de ușă

door knocker ['dɔ: ,nɔkə] *s* ciocan, bătător *(la ușă)*

doorless ['dɔ:lis] *adj* fără ușă

doorman ['dɔ:mən], *pl* **doormen** ['dɔ:men] *s (↓ amer)* portar; ușier

door rock ['dɔ: rɔk] *s amer* prag

doorstepping ['dɔ:stepiŋ] I *brit* 1 pornirea campaniei electorale 2 hărțuirea unei persoane de către un ziarist II *adj* 1 *(d un politician)* care intră în campanie electorală 2 *(d un ziarist)* care hărțuiește

door stone ['dɔ: stəun] *s* dală, lespede de piatră *sau* de marmoră în fața ușii principale

door-to-door [,dɔ:tə'dɔ:] *adj* ~ salesman comis-voiajor; ~ selling vânzare la domiciliu; ~ service serviciu efectuat la domiciliu

doorward(s) ['dɔ: wəd(z)] *adv* (în) spre ușă

doorweed ['dɔ:wi:d] *s bot* troscot *(Polygonum aviculare)*

dop [dɔp] *vt înv* a afunda, a cufunda

dopamine ['dəupəmin] *s* dopamină

dop(e)y ['dəupi] *adj sl* 1 adormit, a-mețit, drogat; buimac, buimăcit 2 *(cu efect)* narcotizant, stupefiant

dope fiend ['dəup fi:nd] *s sl* toxicoman, consumator de stupefiante, morfinoman

dope sheet ['dəup ʃi:t] *s amer F* jurnal care cuprinde indicații cu privire la cursele de cai

dopester ['dəupstə] *s amer* persoană bine informată, observator bine informat / cu acces la informații confidențiale

doppelgänger ['dɔplgæŋə] *s* dublură, sosie

Doppler effect ['dɔpl i,fekt] *s fiz* efectul Doppler

dopy ['dəupi] *adj* 1 drogat; somnoros 2 *F* idiot, prostănac

dorado [də'rɑːdəu] *s iht* doradă, varietate de delfin *(Coriphoena hippurus)*

dor bug ['dɔ: bʌg] *s ent* cărăbuș *(Melolontha melolontha)*

dor[1] ['dɔ:] *s ent* gândac-de-băligar *(Geotrupes stercorarius)*

dor[2] ['dɔ:] *înv* I *vt* a păcăli, a înșela II *s* 1 pozna, renghi; bătaie de joc; **to give smb the ~** *sau* **to put the ~ upon smb** a-și râde / a-și bate joc de cineva 2 poznaș 3 prost, nătâng

Dorian ['dɔ:riən] I *adj* dorian, doric II *s* locuitor din Doria

Doric ['dɔrik] I *adj* 1 doric 2 necioplit, țărănesc, provincial II *s* 1 dialectul doric 2 dialect local; **to speak one's native ~** a vorbi în dialectul matern

Doric order [,dɔrik 'ɔ:də] *s arhit* ordinul doric

Dorking ['dɔ:kiŋ] *s* Dorking *(rasă engleză de găini)*

dormant partner [,dɔ:mənt 'pɑ:tnə] *s ec* partener care nu participă activ la afaceri, dar este cunoscut; comanditar

dormant table [ˌdɔːmənt 'teibl] s constr masă fixată de parchet

dormered ['dɔːməd] adj (prevăzut) cu lucarne

dormition [dɔː'miʃn] s 1 rar somn, dormit 2 **Dormition** rel Adormirea Maicii Domnului

dormitive ['dɔːmitiv] adj, s soporific, somnifer

dorm mother ['dɔːm ˌmʌðə] s amer supraveghetoare

Dormobile ['dɔːməˌbiːl] s brit rulotă

dorms [dɔːmz] s amer sl cămin studențesc

dorothy bag ['dɔrəθi bæg] s geantă, poșetă (↓ în formă de cutie)

dorp [dɔːp] s înv sătuc, cătun

dorr [dɔːr] s v. **dor**[1]

Dors presc de la **Dorset** s comitat în Anglia

dorsal fin ['dɔːsl fin] s iht aripioară dorsală

dorsally ['dɔːsəli] adv dorsal; pe spate

dorsal vertebre [ˌdɔːsəl 'vəːtibrə] s anat vertebră dorsală

dorse [dɔːs] s iht batog tânăr

dorsispinal [ˌdɔːsi'spainl] adj anat dorsispinal

dorsiventral [ˌdɔːsi'ventrəl] adj anat dorsiventral

dorso-lateral [ˌdɔːsəu 'lætərəl] adj anat dorso-lateral

dorso-ventral [ˌdɔːsəu 'ventrəl] adj anat dorso-ventral

dorter ['dɔːtə] s înv dormitor, sală de dormit într-o mănăstire, arhondaric

dortour ['dɔːtə] s v. **dorter**

dory ['dɔːri] s și John ~ iht dulgher (Zeus faber)

dos [dɔs] sl I s pat închiriat la un preț modest II vi a înnopta într-un azil

DOS presc de la **disk operating system** s cib sistem de operare cu discul, DOS

dosemeter ['dəusimiːtə] s fiz dozimetru

dosh [dɔʃ] s brit F lovele

do-si-do [ˌdəusi'dəu] s figură de cadril în care dansatorii stau spate în spate

dosimeter [do'simitə] s farm dozimetru

dosing tank ['dəusiŋ tæŋk] s ch rezervor de dozare

dossal ['dɔsəl] s bis draperie în spatele altarului

dossel ['dɔsəl] s v. **dossal**

dosser ['dɔsə] s sl 1 persoană care doarme într-un azil 2 tată de familie

dossy ['dɔsi] adj, adv sl elegant, fercheș

DOT presc de la **Department of Transportation** ministerul american al transportului

dotal ['dəutəl] adj jur dotal

doted ['dəutid] adj amer putred, putrezit

doter ['dəutə] s ramolit, om care a dat în mintea copiilor; prost bătrân

dotingly ['dəutiŋli] adv 1 ca un bătrân senil 2 nebunește, cu o dragoste sau toleranță ridicolă

dotingness ['dəutiŋnis] s ramolisment, senilitate

dot-matrix printer [ˌdɔt mætriks 'printə] s cib imprimantă matricială

dottel ['dɔtl] s v. **dottle**

dotterel ['dɔtrəl] s 1 orn prundăraș-de-munte (Eudromias morinellus) 2 găgăuță, prostănac, neghiob 3 bătrân îndrăgostit

dottle [dɔtl] s scrum din fundul pipei

dottrel ['dɔtrəl] s v. **dotterel**

douane [dwaːn] s fr vamă, oficiu vamal

double action [ˌdʌbl 'ækʃn] s tehn dublă acțiune, dublu efect

double agent [ˌdʌbl 'eidʒnt] s agent dublu

double bar [ˌdʌbl 'baː] s muz bară dublă

double barrel [ˌdʌbl 'bærəl] s 1 mil armă cu două țevi 2 sl ochean

double-barrelled gun [ˌdʌblbærəld 'gʌn] s mil armă cu două țevi

double-barrelled word [ˌdʌbl bærəld'wəːd] s formulă ambiguă (legală sau comercială, de tipul „and as", „if and when", care-n loc să ușureze, uneori îngreunează înțelegerea textului)

double bassoon [ˌdʌbl bə'suːn] s muz contrafagot

double bill [ˌdʌbl 'bil] s program (de teatru etc.) care prezintă un spectacol format din două reprezentații

double bind [ˌdʌbl 'baind] s psih dublă constrângere; to be caught in a ~ a fi în impas

double bitt [ˌdʌbl 'bit] s nav voltă suplimentară

double-blind ['dʌblˌblaind] adj (d un experiment, test) al cărui conținut nu este cunoscut înaintea efectuării lui nici de către examinator, nici de către cel examinat

double boiler ['dʌblˌbɔilə] s amer cratiță cu două funduri; to heat smth in a ~ a încălzi ceva în bain-marie

double bond ['dʌbl ˌbɔnd] s ch dublă legătură

double-check [ˌdʌbl 'tʃek] I vi, vt a reverifica II s reverificare

double-chinned [ˌdʌbl 'tʃind] adj cu bărbie dublă

double cloth [ˌdʌbl 'klɔθ] s text țesătură dublă

double cream [ˌdʌbl 'kriːm] s smântână mai groasă

double-crosser [ˌdʌbl'krɔsə] s sl înșelător; trădător; escroc

double dash [ˌdʌbl 'dæʃ] interj P drăcia dracului! mii de draci!

double-date [ˌdʌbl'deit] vi amer (d doi tineri sau două tinere) a-și da întâlnire în dublu

double density [ˌdʌbl 'densiti] adj cib (d dischetă) cu dublă densitate

double digit [ˌdʌbl 'didʒit] adj cu două cifre

double-distilled [ˌdʌbldis'tild] adj sl strașnic, nemaipomenit; gogonat

double dome [ˌdʌbl 'dəum] s amer F intelectual din mediul universitar, învățat, savant, om de știință

double door [ˌdʌbl 'dɔː] s ușă în două canaturi, ușă dublă

double drum [ˌdʌbl 'drʌm] s mil tobă mare

double Dutch [ˌdʌbl 'dʌtʃ] s F păsărească, limbaj neînțeles

double-duty [ˌdʌbl'djuːti] adj tehn cu funcție dublă

double exposure [ˌdʌbl iks'pəuʒə] s fot supraimpresiune

double fault [ˌdʌbl 'fɔːlt] I s dublă greșeală II vi a face o dublă greșeală

double feature [ˌdʌbl 'fiːtʃə] s spectacol de cinema la care se prezintă două filme de lung metraj

double flat [ˌdʌbl 'flæt] s muz dublu bemol

double-glaze [ˌdʌbl'gleiz] vt brit a izola (prin geam dublu)

double-glazing [ˌdʌbl'gleiziŋ] *s brit* geam dublu; **to put / install ~** a pune geam dublu

double-handed [ˌdʌbl'hændid] *adj* **1** cu două mâini **2** cu două mânere / toarte

double-headed [ˌdʌbl'hedid] *adj* cu două capete, bicefal

double helix [ˌdʌbl 'hi:liks] *s* elice dublă

double indemnity [ˌdʌbl in'demniti] *s* clauză a unei polițe de asigurare de viață prin care titularul primește valoarea dublă a asigurării în caz de moarte accidentală

double knit [ˌdʌbl 'nit] *s* tricotaj cu față dublă

double knitting [ˌdʌbl 'nitiŋ] *s* lână groasă folosită la tricotat

double-lock [ˌdʌbl'lok] **I** *vt* a încuia de două ori, a întoarce cheia de două ori în broască **II** *s* ecluză cu două trepte

double meaning [ˌdʌbl 'mi:niŋ] **I** *s* dublu înțeles **II** *adj* **1** cu două înțelesuri **2** echivoc; mincinos, înșelător

double negative [ˌdʌbl 'negətiv] *s* negație dublă

double nelson [ˌdʌbl 'nelsən] *s sport* dublu Nelson

doubleness ['dʌblnis] *s* ambiguitate, vorbire cu două înțelesuri, echivoc, falsitate, duplicitate

double-park [ˌdʌbl 'pɑːk] *vi, vt* a parca pe două șiruri *(pe o stradă)*

double parking [ˌdʌbl 'pɑːkiŋ] *s* staționare / parcare pe două șiruri *(pe o stradă)*

double pneumonia [ˌdʌbl nju'məunjə] *s med* pneumonie dublă

double precision [ˌdʌbl pri'siʒn] *s cib* dublă precizie

doubler ['dʌblə] *s* **1** persoană care dublează *etc.* **2** *el* comutator, întrerupător **3** *text* muncitor la răsucit **4** *text* mașină de răsucit / de dublat

double-reef [ˌdʌbl 'ri:f] *vt nav* a strânge *(o parte din pânză)* cu două terțarole

double refraction [ˌdʌbl ri'frækʃn] *s opt* birefrigerență, dublă refracție

double room [ˌdʌbl 'ru:m] *s* cameră pentru două persoane

doubles ['dʌblz] *s sport* joc de dublu

double saucepan [ˌdʌbl 'sɔːspæn] *s brit* oală cu fund dublu

double-sided [ˌdʌbl 'saidid] *adj cib* (d dischetă) cu două fețe

double spacing [ˌdʌbl 'speisiŋ] *s* spațiu dublu lăsat între rândurile dectilografiate

double standard [ˌdʌbl 'stændəːd] *s* **to have ~** a folosi două măsuri, a aprecia în funcție de interese

double star [ˌdʌbl 'stɑː] *s astr* stea dublă

double-stop [ˌdʌbl'stɔp] *vi muz* a cânta concomitent pe două coarde ale viorii; a cânta dublu coarde

double stops [ˌdʌbl 'stɔps] *s pl muz* dublu coarde *(note cântate concomitent pe două coarde, la vioară)*

double talk [ˌdʌbl 'tɔːk] *s Γ* **1** propuneri ambigue, neclare **2** limbă păsărească, de neînțeles

doublethink ['dʌblθiŋk] *s* raționament rău-voitor, care conține contradicții flagrante

double thread [ˌdʌbl 'θred] *s tehn* filet cu două începuturi

doubleton ['dʌbltən] *s* dublet *(la jocul de cărți)*

double track [ˌdʌbl'træk] *s ferov* ecartament dublu; cale dublă

double vision [ˌdʌbl 'viʒn] *s med* diplopie

double whammy [ˌdʌbl 'wæmi] *s F* blestem dublu

doubling ['dʌbliŋ] *s* **1** dublare **2** repetare **3** cotitură bruscă, dribling *(la fugă)* **4** *fig* truc, artificiu **5** *text* sucire, răsucire, dublare **6** *geom* dublare, jumelare **7** *nav* întăritură; dublaj de lemn

doubloon [ˌdʌb'lu:n] *s ist* dublon *(monedă de aur spaniolă)*

doubter ['dautə] *s* persoană care se îndoiește, sceptic

douce [du:s] *adj scot* **1** primitor, ospitalier **2** sobru, ponderat **3** modest

douceur [du:'sə:] *s fr* **1** blândețe, amabilitate, caracter blând / blajin **2** bacșiș; mită

dough-baked ['dəu beikt] *adj rar* **1** pe jumătate copt **2** *fig* necopt, neisprăvit

doughface ['dəufeis] *s amer F* **1** om molatic / cu caracter slab / lipsit de energie, papă-lapte **2** politician oportunist; politician nestatornic în concepții, trepăduș politic **3** persoană cu idei progresiste, simpatizant al unei mișcări progresiste

doughfaced [ˌdəu 'feist] *adj amer F* molatic, lipsit de energie

doughfoot ['dəufut] *s amer F* infanterist, pifan

dough head ['dəu hed] *s amer sl* tâmpit, cap de lemn

doughiness ['dəuinis] *s* **1** caracter de aluat / de cocă **2** caracter cleios *(al pâinii etc.)*

doughnut ['dəunʌt] *s gastr* gogoașă *(în formă de covrig)*; **F it is dollars to ~s** categoric, indiscutabil, fără doar și poate, sută la sută

doughtily ['dautili] *adv înv, umor* vitejește, voinicește, cu curaj, cu bărbăție

doughtiness ['dautinis] *s* vitejie, bărbăție, bravură

dove [dʌv] *s* **1** *orn* porumbel *F (Columbidae)* **the ~ of peace** porumbelul păcii; **(as) gentle as a ~** blând ca un porumbel; *sl* **soiled ~** prostituată, târfă **2** alintător porumbel, porumbiță

dove-eyed [ˌdʌv'aid] *adj* cu o expresie blândă / ingenuă, cu ochi de porumbiță

dove foot ['dʌv fut] *pl* **dove feet** ['dʌv fi:t] *s v.* **dove's foot**

dove-footed [ˌdʌv'futid] *adj* sprinten, iute de picior

dove-grey [ˌdʌv'grei] *s* gri-perlat

dove house ['dʌv haus] *s* porumbar; porumbărie

dovelet ['dʌvlit] *s* pui de porumbel

dovelike [ˌdʌv'laik] *adj* ca porumbelul, gingaș, blând, nevinovat

Dover sole ['dəuvə ˌsəul] *s iht* **1** limbă-de-mare *(Solea vulgaris)* **2** pește comestibil din Pacificul de nord *(Microstomus pacificus)*

dove's foot ['dʌvz fut] *s bot* specii din genul Geranium ca pălăria-cucului, ciocul-berzei ș. a.

dovetailing plane ['dʌv teiliŋ plein] *s tehn* pârghie arcuită

dow [dau, dəu] *pret și ptc* **dowed** [daud, dəud] *sau* **dought** [dɔːht] *vi scot, dial* **1** a putea, a fi capabil **2** a propăși, a înflori

dowel(l)ing ['dəueliŋ] *s* **1** prindere cu diburi **2** *tehn* fus

dower chest ['dauə tʃest] *s* ladă de zestre

dower house ['dauə haus] *s brit* casă de zestre moștenită de o văduvă dintr-o familie nobilă

dowerless ['dauəlis] *adj* **1** fără moștenire *(d văduvă)* **2** fără dotă / zestre, săracă

Dow Jones [ˌdau 'dʒounz] *s* the ~ (**average** / **index**) indicele Dow Jones

dowlas(s) ['dauləs] *s text* un fel de percal foarte rezistent

down-and-out [ˌdaunən'aut] **I** *adj* sărac, nevoiaș, lefter **II** *s* vagabond

down-at-heel [ˌdaunət'hiːl] *adj* zdrențăros, rufos, ponosit; *(d pantofi)* scâlciat

Down's syndrome ['daunz ˌsindrəum] *s med* sindromul Down, ~ **baby** copil cu sindromul Down

downcastness ['daunkɑːstnis] *s* amărăciune, deprimare, depresiune

down draft [ˌdaun 'drɑːft] *s* tiraj de jos; tiraj invers(at)

down-Easter ['daun iːstə] *s amer* locuitor din regiunea estică a S.U.A. *(din Noua Anglie, mai ales din statul Maine)*

downed [daund] *adj* **1** acoperit cu fulgi / cu puf, pufos **2** *sl* înșelat, tras pe sfoară

downer ['daunə] *s sl* **1** șase peni **2** *sport* cădere, eșec și *fig*

downface ['daunfeis] *vt amer* a contrazice

downflow ['daunfləu] *s* lichid care se scurge

down-heartedness [ˌdaun 'hɑːtidnis] *s* deprimare, amărăciune

down-home [ˌdaun'həum] *adj amer F* țărănesc, neșlefuit, de mitocan *(cu referire la statele din sudul S.U.A.)*

down-in-the-mouth [ˌdaun in ðə 'mauθ] *adj* to be ~ a fi abătut

downland ['daunlænd] *s* dune (de nisip)

downlead ['daun liːd] *s rad* capăt descendent al antenei; coborâre de antenă

downless ['daunlis] *adj* fără puf / tuleie; căruia nu i-au dat tuleiele în barbă

down-line ['daunlain] *s ferov* cale ferată care duce din capitală spre provincie

download ['daunləud] *s cib* program care încarcă informație de pe un computer pe un echipament periferic

downloadable [ˌdaun 'ləudəbl] *adj cib (d informație)* care poate fi încărcat pe un echipament periferic

downloading ['daunləudiŋ] *s cib* încărcare a unor informații de pe un calculator pe un echipament periferic

down-market [ˌdaun'mɑːkit] *adj* referitor la sectorul ieftin al unei piețe

downlooked ['daunlukt] *adj rar* cu privirea în pământ; abătut, amărât

downlying ['daunlaiŋ] **I** *adj înv* în lăuzie **II** *s* **1** lăuzie **2** repaus, odihnă

downmost ['daunməust] **I** *adj* cel mai de jos **II** *adv* în partea cea mai de jos

down payment [ˌdaun 'peimənt] *s ec* plată în numerar

downpipe ['daunpaip] *s brit* burlan, țeavă de scurgere

downplay ['daunplei] *vt* a minimaliza importanța *(unei situații, unui eveniment)*

down river [ˌdaun 'rivə] *adv.* în aval, în jos

downshift [ˌdaun'ʃift] *vi amer* a retrograda

downsitting ['daunsitiŋ] *s* așezare (jos)

downsize ['daunsaiz] *vt (d o companie)* a reduce efectivele

downsome ['daunsʌm] *adj* abătut, amărât, necăjit

down-South [ˌdaun'sauθ] *adj amer* din statele de sud ale S.U.A.

downspout ['daunspaut] *s amer* burlan, țeavă de scurgere

downstairs [ˌdaun 'steəz] **I** *adv* **1** jos *(pe scări)*; la parter; to go ~ a coborî, a coborî pe scară; a coborî la parter **2** jos; la etajul de jos **II** *adj* **1** situat la etajul de jos **2** treaz, sculat în picioare

downstate [ˌdaun'steit] *amer* **I** *adj* de la țară, din sud *(în Statele Unite)* **II** *adv* în sud; către sud **III** ['daunsteit] *s* provincie, țară, sudul Statelor Unite

downstroke ['daunstrəuk] *s tehn, auto* cursă descendentă

downswept [ˌdaun'swept] *adj* jos, lăsat, teșit

downswing ['daunswiŋ] *s* **1** tendință de descreștere, de stingere *(a unui curent, fenomen etc.)* **2** *golf* mișcare descendentă a crosei

down-time ['dauntaim] *s* **1** *ec* oprire; gol de producție **2** *tehn* timp mort; timp de oprire **3** *auto* timp de întrerupere **4** *fiz* timp de inactivitate

down-to-earth [ˌdauntə'əːθ] *adj* realist, cu picioarele pe pământ; **she's very** ~ e cu picioarele pe pământ

downtrend ['dauntrend] *s* (tendință de) slăbire, diminuare

downturn ['dauntəːn] *s v.* **downtrend**

down-wind [ˌdaun'wind] *adj, adv nav* cu vânt din pupa

downy ['dauni] *adj* **1** deluros, ondulat **2** *text* cu tușeu moale

dowse [daus] *vi* a descoperi existența unor izvoare subterane sau a unor minerale folosind o baghetă

dowser ['dauzə] *s F* fântânar, persoană care descoperă existența unor izvoare subterane sau a unor minereuri cu folosind o baghetă, radiestezist

doxological [ˌdoksə'lodʒikəl] *adj bis* doxologic

doyenne ['dɔiən] *s* femeie decan al unui corp diplomatic

dozer ['dəuzə] *s* **1** persoană care moțăie **2** *fig* visător

dozy ['dəuzi] *adj* somnoros, adormit și *fig*

DP *s presc de la* **1** data processing informatică, prelucrare de date **2** disabled person persoană handicapată

DPh *presc de la* Doctor of Philosophy doctor *(grad academic)*

DPH *presc de la* Diploma in Public Health titulatura diplomei unui doctor în sănătate publică / igienă

DPhil [ˌdiː'fil] *v.* **DPh**

DPP *s presc de la* Director of Public Prosecutions procuror public șef

DPT *s presc de la* diphtheria, pertussis, tetanus *med* DTP (vaccin difterotetanopertusis)

DPW *s presc de la* Department of Public Works Ministerul construcțiilor și amenajărilor publice

drabbet(s) ['dræbit(s)] *s* un fel de pânză de calitate inferioară / neînălbită

drabble ['dræbl] **I** *vt* a stropi / a împroșca / a murdări cu noroi **II** *vi* **1** a se murdări cu noroi **2** a pescui mreană **III** *s* oameni murdari

dracaena (palm) [drə'si:nə pɑːm] *s bot* varietate de liliac din țările calde *(Dracaena)*

drachma ['drækmə], *pl* **drachmae** ['drækmi:] *sau* **drachmas** ['drækməz] *s* drahmă *(monedă grecească)*

Draco ['dreikəu] *s* 1 *astr* Dragonul, Balaurul *(constelație)* 2 **draco** *zool* șopârlă-zburătoare *(Draco-volans)*

draconically [dræ'kɔnikəli] *adv* draconic, fără cruțare

draegerman ['dreigəmən], *pl* **dragermen** ['dreigəmən] *s amer min* membru al unei echipe de salvare

draffy ['drɔːfi] *adj* 1 murdar, bun de dat la gunoi 2 *fig* rar, prost, fără valoare

draftsmanship ['drɑːftsmənʃip] *s* 1 desen tehnic; desen liniar; îndemânare / pricepere în executarea unui desen 2 meșteșug / capacitate de a proiecta / de a plănui

draft card ['drɑːft kɑːd] *s amer* ordin de înrolare

draft dodger ['drɑːft ˌdɔdʒə] *s F v.* **draft evader**

draft horse ['drɑːft hɔːs] *s* cal de povară / de tracțiune

draftiness ['drɑːftinis] *s* curent *(de aer)*

dragbar ['dræg bɑː] *s ferov.* bielă cuplară

dragbolt ['dræg bəult] *s tehn* bolț de cuplaj

drag chain ['dræg tʃein] *s auto, tehn* lanț de remorcare / tracțiune

drag factor ['dræg ˌfæktə] *s auto, av* coeficient de rezistență la înaintare (C_x)

draggle-tailed [ˌdrægl'teild] *adj* murdar, neîngrijit

draggy ['drægi] *adj brit F* plictisitor; apatic, molâu

drag hunt ['dræg hʌnt] *s* vânătoare cu gonaci simulată, folosind o urmă artificială

dragman ['drægmən], *pl* **dragmen** ['drægmən] *s* năvodar, pescuitor cu plasă / cu năvod

dragon's blood ['drægənz blʌd] *s bot* sânge-de-nouă-frați; *suc rășinos din arborele „Calamos draco"*

dragon's teeth ['drægənz ti:θ] *s pl mil* dinți de balaur *(obstacole antitanc)*

dragon beam ['drægən bi:m] *s constr P*, susținător de grindă

dragon tree ['drægən tri:] *s bot* arbore din insulele Canare *(Calamos draco)*

drag parachute ['dræg pærəʃu:t] *s av* parașută folosită la unele avioane cu reacție cu scopul de a micșora viteza în momentul aterizării

drag race ['dræg ˌreis] *s* cursă de dragstere

drag racer ['dræg ˌreisə] *s* persoană care participă la o cursă de dragstere

drag saw ['dræg ˌsɔ:] *s* ferăstrău de retezat buștenii

drag shoe ['dræg ʃu:] *s tehn* talpă, saboț (de frână), tachet opritor

dragsman ['drægzmən], *pl* **dragsmen** ['drægzmən] *s min* vagonetar

dragster ['drægstə] *s amer* conducătorul unui automobil ultrarapid *(hot rod)*

drag strip ['dræg strip] *s amer* pistă pentru cursele de automobile ultrarapide *(hot-rods)*

dragsville ['drægzvil] *s amer înv* it was ~ a fost o plictiseală de moarte

drail [dreil] *s* undiță de fund

drain board ['drein bɔːd] *s amer* suport pe care se pun vasele să se zvânte

drained [dreind] *adj* epuizat, istovit, sleit de puteri, la capătul puterilor; the incident left me emotionally ~ incidentul m-a epuizat nervos

draining ['dreiniŋ] *s* 1 secare, drenare, desecare; asanare a platformei 2 canal de scurgere / colector

drain pipe ['drein paip] *s tehn* tub de drenaj; conductă pentru drenaj; țeavă de scurgere / de evacuare

drainpipe trousers [ˌdreinpaip 'trauzəz] *s pl* pantaloni strânși pe picior / (tip) burlan

draisine [drei'zi:n] *s ferov* drezină

drake fly ['dreik flai] *s v.* **damsel fly**

dramatic irony [drə'mætik ˌairəni] *s lit* ironie dramatică

dramaturgic(al) [ˌdræmə'tə:dʒik(əl)] *adj* dramaturgic

dram shop ['dræm ʃop] *s* cârciumă

draught beer [ˌdrɑːft 'biə] *s* bere la butoi (neîmbuteliată)

draughtboard ['drɑːft bɔːd] *s* 1 tablă pentru jocul de dame 2 planșetă de desen

draught excluder ['drɑːft iks-ˌkluːdə] *s* sul (umplut cu câlți, vată) de pus la uși, ferestre

draught-proof ['drɑːft pruːf] I *vt* a astupa crăpăturile *(la uși, la ferestre)* II *adj* astupat, etanș

draught-proofing ['drɑːft pruːfiŋ] *s* astuparea crăpăturilor *(la uși, la ferestre)*

draughtsmanship ['drɑːftsmənʃip] *s v.* **draftsmanship**

drawing account ['drɔ:iŋ əˌkaunt] *s ec* cont deschis *(la Banca Angliei)*

drawing block ['drɔ:iŋ blɔk] *s* bloc de desen

drawing pen ['drɔ:iŋ pen] *s* 1 trăgător (de desen); peniță de desen 2 *poligr* peniță plată

drawing pin ['drɔ:iŋ pin] *s* capsă *(pentru hârtie)*

drayage ['dreiidʒ] *s* transport cu camionul *etc.*

dray horse ['drei hɔ:s] *s* cal (mare) de povară

dreaded ['dredid] *adj înv* temut; fioros, înspăimântător

dreadfulness ['dredfulnis] *s* caracter teribil *(al unei acțiuni)*; grozăvie

dreadless ['dredlis] *adj* neînfricat, viteaz

dreadlocks ['dredlɔks] *s pl* coafură specifică negrilor din Antile

dreamboat ['dri:mbəut] *s F* femeia / bărbatul visurilor *(cuiva)*

dream book ['dri:m buk] *s* carte de vise, tălmăcitor de vise

dreamery ['dri:məri] *s F* (stare de) visare, reverie

dreamless ['dri:mlis] *adj* fără vise

dreck [drek] *s amer sl* gunoi, murdărie; rahat

drecky ['dreki] *adj amer sl* mizerabil, murdar, împuțit

dredge[1] [dredʒ] I *s* 1 plasă pentru prinderea stridiilor *etc.* 2 *ch* suspensie 3 *agr* cereale amestecate *(în special ovăz și orz)* 4 *minr* parte a minereului care rămâne după selecționare II *vt* a trage, a târî III *vi* a pescui *(stridii etc.)*

dredge[2] [dredʒ] *vt gastr* a presăra, a pudra *(cu făină, zahăr etc.)*

163

dredger ['dredʒə] *s* cutie pentru a presăra / pentru a pudra *(cu făină, zahăr etc.)*

dree [dri:] **I** *vt înv* a suferi, a îndura, a pătimi; **to ~ one's a weird** a se supune sorții, a se resemna **II** *adj scot* plictisitor

drencher ['drentʃə] *s* **1** băutor **2** *persoană care administrează o doctorie unui animal* **3** *F* ploaie torențială, aversă

drenching ['drentʃiŋ] **I** *s* înmuiere, cufundare (într-un lichid) **II** *adj* **~ rain** ploaie torențială

dress cap ['dres kæp] *s amer mil* chipiu

dress coat ['dres kəut] *s* haină de seară; haină de gală; frac

dress designer ['dres di‚zainə] *s* creator de modă

dressed [drest] *adj* îmbrăcat; **a well ~ / a smartly ~ man** un om bine îmbrăcat; **she was ~ to kill** *F* era îmbrăcată demențial, i-a dat gata pe toți cu rochia ei

dress goods ['dres gudz] *s pl* stofe, material pentru îmbrăcăminte *(de damă și de copii)*

dressiness ['dresinis] *s F* mania de a se găti; eleganță

dressing up [‚dresiŋ 'ʌp] *s* găteală, dichisire

dress parade ['dres pə‚reid] *s mil* paradă în uniforme de gală

dress shirt ['dres ʃə:t] *s* cămașă albă bărbătească, *purtată la costum de seară*

dress suit ['dres sju:t] *s* costum de seară de ceremonie

dress uniform ['dres ‚ju:nifɔ:m] *s mil* uniformă de paradă / gală

drey [drei] *s* cuib de veveriță

drib [drib] *s* **in ~s and drabs** încet-încet, puțin câte puțin

dribbler ['driblə] *s (la fotbal)* dribler

dried [draid] *adj* sec, uscat, deshidratat

dried-up [‚draid 'ʌp] *adj (d un om, o fructă)* zbârcit, încrețit, chircit, uscat; *(d o fântână)* secată; *(d frumusețe)* ofilită

drift angle ['drift ‚æŋgl] *s* **1** *nav* unghi de derivație; derivă **2** *tel* unghi de derivă **3** *av* unghi de ambardee

drift current ['drift ‚kʌrənt] **1** *geogr s* curent de mare / marin **2** *nav* curent de vânt

drift ice ['drift ais] *s nav* ghețuri în derivă

drift indicator ['drift ‚indikeitə] *s av, nav* derivometru

drifting ice [driftiŋ 'ais] *s v.* **drift ice**

drift net ['drift net] *s* năvod plutitor

drift sail ['drift seil] *s* **1** *nav* ancoră plutitoare **2** *av* zbor fără motor prin remorcare

drift sand ['drift sænd] *s* nisip mișcător

driftweed ['drift wi:d] *s bot* **1** sargasum *(Sargassum)* **2** fucus, varec, iarbă-de-mare *(Fucus)*

drill bit ['dril bit] *s* **1** burghiu lat, plat **2** *constr* floare de burghiu

drill hall ['dril hɔ:l] *s* sală de exerciții

drilling platform ['driliŋ ‚plætfɔ:m] *s* platformă de foraj

drilling rig ['driliŋ rig] *s* **1** sondă de foraj **2** *v.* **drilling platform**

drilling ship ['driliŋ ‚ʃip] *s* vas de foraj

drill sergeant ['dril ‚sa:dʒənt] *s mil* sergent instructor

drink-driving ['driŋk ‚draiviŋ] *s* conducerea mașinii în stare de ebrietate

drinking chocolate ['driŋkiŋ ‚tʃɔklit] *s* ciocolată lichidă; praful din care se prepară o astfel de băutură

drinking fountain ['driŋkiŋ ‚fauntin] *s* țâșnitoare

drink offering ['driŋk ‚ɔfəriŋ] *s ist* libațiune, vărsare de vin pentru pomenirea morților

drip-dry ['dripdrai] *vi (d stofă din fibre artificiale)* a se usca direct / fără a mai fi nevoie de stoarcere

drip-feed ['dripfi:d] **I** *s* perfuzie; hrănire cu pipeta **II** *vt* a hrăni prin perfuzie

drip mat ['drip mæt] *s* farfurioară din carton, lemn, tablă pe care se pun sticle, pahare, căni, pentru a proteja mobila

drip-proof [‚drip'pru:f] *adj* impermeabil

drippy ['dripi] *adj* **1** *F peior (d o persoană)* bleg **2** *(d robinet)* care picură

drip tray ['drip trei] *s auto* recuperator de ulei

drivability [‚draivə'biləti] *s v.* **driveability**

driveability [‚draivə'biləti] *s* manevrabilitate

drive boat ['draiv bəut] *s amer* luntre pescărească

driver's licence ['draivəz ‚laisəns] *s amer* carnet de conducere

drive shaft ['draiv ʃa:ft] *s auto* arbore de transmisie

driveway ['draivwei] *s drum de acces la castel, biserică etc. prin parcul acestora (în Anglia)*

driving instructor ['draiviŋ ins‚trʌktə] *s* instructor la o școală de șoferi

driving lesson ['draiviŋ ‚lesən] *s* lecție de conducere a mașinii

driving licence ['draiviŋ ‚laisəns] *s brit* carnet de conducere

driving mirror ['draiviŋ ‚mirə] *s auto* oglindă retrovizoare

driving school ['draiviŋ sku:l] *s* școală de șoferi

driving seat ['draiviŋ si:t] *s* locul de la volan, locul conducătorului; **she's in the ~** ea e șeful, ea ține frâiele

driving shaft ['draiviŋ ʃa:ft] *s auto* arbore motor

driving test ['draiviŋ test] *s* examen pentru permis de conducere / carnet de șofer

drizzly ['drizli] *adj (d ploaie)* mărunt

drogher ['drəugə] *s (cuvânt olandez) înv* înv mic vas pentru navigație pe coastă *(în Guiana Olandeză)*

drollness ['drəulnis] *s* caraghioslâc

dromic(al) ['drɔmik(əl)] *adj* **1** *(ist Greciei)* de curse, de întreceri **2** *arhit* având formă de biserică

dromond ['drɔmənd] *s nav* corabie de război medievală

drone bee ['drəun bi:] *s ent* trântor

drongo ['drɔŋgəu] *s* **1** *orn* drongos *(familia Dicruride)* **2** *F* idiot

droningly ['drəuniŋli] *adv* monoton, surd

dronish ['drəuniʃ] *adj fig* **1** trântor, leneș **2** bâzâitor, zumzăitor

drony ['drəuni] *adj v.* **dronish**

drooping ['dru:piŋ] *adj* pleoștit, lăsat, căzut, ofilit

droopy ['dru:pi] *adj* pleoștit, căzut, ofilit

drop forge ['drɔp fɔ:dʒ] **I** *s* forjare în matriță **II** *vt* a forja în matriță

drop front ['drɔp frʌnt] *adj (d un birou, un scrin)* cu suprafața de scris rabatabilă

drop goal ['drɔp gəul] *s (la rugby)* lovitură de picior căzută

drop handlebars ['drɔp ‚hændlba:z] *s pl* ghidon cu mânerele în jos

drop head ['drɔp hed] *s auto* capotă rabatabilă, acoperiş pliabil

drophead coupé [ˌdrɔphed 'kuːpei] *s* cupeu / trăsură decapotabilă; automobil decapotabil cu două locuri

drop-in centre [ˌdrɔp in 'sentə] *s brit* centru de asistenţă socială *(unde se poate merge fără programare)*

drop-kick ['drɔp kik] *vt sport* a-şi arunca (adversarul) la podea sau afară din ring, sărindu-i cu picioarele în piept (la meciurile de **catch-as-catch-can**)

drop-off charge [ˌdrɔp ɔf 'tʃɑːdʒ] *s* amer taxă pentru o maşină închiriată, pe care o plăteşti în altă localitate decât cea în care a fost închiriată

drop-out ['drɔp aut] *s* (la rugby) lovitură de picior pentru repunerea balonului în joc de pe linia proprie de 22 de metri

drop scone ['drɔp ˌskəun] *s brit gastr* clătită groasă

drop shipment ['drɔp ˌʃipmənt] *s com* livrare a mărfii direct către detailişti, fără a mai trece pe la angrosistul care a contractat-o

drop shot ['drɔp ʃɔt] *s* (la tenis) lovitură slabă, care se amortizează imediat ce loveşte terenul

drop zone ['drɔp zəun] *s mil* zonă de paraşutare a trupelor, proviziilor sau echipamentelor

drosera ['drɔsərə] *s bot* drosera, roua-cerului *(Droseracea rotundifolia)*

drosometer [drɔ'sɔmitə] *s meteor* drosometru, aparat pentru măsurarea cantităţii de rouă care s-a depus

drosophila [drɔ'sɔfilə] *s ent* drosofila, musculiţa-de-oţet *(Drosophila melanogaster)*

droughtiness ['drautinis] *s* uscăciune *(a aerului)*

drowned [draund] *adj* înecat; **you look like a ~ rat!** arăţi ca o curcă plouată

drowsyhead ['drauzihed] *s* adormit *şi fig*; persoană indolentă

drug addict ['drʌg ˌædikt] *s* toxicoman

drug addiction ['drʌg əˌdikʃn] *s* toxicomanie, dependenţă de droguri

druggie ['drʌgi] *s F* toxicoman, persoană care se droghează

druggy ['drʌgi] *s v.* **druggie**

Druidess ['druːidis] *s* preoteasă druidică

druidic(al) [dru(ː)'idik(əl)] *adj* druidic

druidism ['druː(ː)idizm] *s* druidism, religia *sau* învăţătura druizilor

drum armature ['drʌm ˌɑːmətʃuə] *s el* indus în tobă; rotor-tambur

drum brake ['drʌm breik] *s tehn* frână cu tambur

drum fish ['drʌm fiʃ] *s iht* specie de peşte din familia Sciaenidae *(Pegonias chromis)*

drum kit ['drʌm kit] *s muz* baterie

drum machine ['drʌm məˌʃiːn] *s muz* sintetizator de ritmuri

drum majorette ['drʌm mɔidʒəˌrot] *s amer* conducătoare a unui grup de fete care mărşăluiesc la o paradă

drumming ['drʌmiŋ] *s* bătaia tobelor; răpăit

drum printer ['drʌm ˌprintə] *s cib* imprimantă cu tambur

drum roll ['drʌm ˌrɔl] *s* rulment de tambur

drum saw ['drʌm sɔː] *s* ferăstrău-bandă, ferăstrău-panglică

drunk driving ['drʌŋk ˌdraiviŋ] *s* conducere în stare de ebrietate a unui autovehicul

drunkenly ['drʌŋkənli] *adv* ca un beţivan; **he staggered ~ down the street** plecă clătinându-se pe stradă

drunkometer [drʌn'kɔmitə] *s* test alcoolmetric

drupaceous [dru'peiʃəs] *adj bot* (d o plantă) al cărei fruct este o drupă

drupel(et) [druːpl(it)] *s bot* polidrupă

dry-cleaner [ˌdrai'kliːnə] *s* 1 curăţătorie chimică 2 persoană care lucrează la o curăţătorie chimică

dry-cure [ˌdrai'kjuə] *vt* a căra şi a afuma (carnea)

dry-fly fishing [ˌdraiflai 'fiʃiŋ] *s* pescuit cu momeală artificială / uscată

dry house ['drai haus] *s* uscătorie

dry ice [ˌdrai 'ais] *s* zăpadă carbonică

drying ['draiiŋ] *adj* care usucă; sicativ

drying room ['draiŋ ruːm] *s* uscătorie

drying up [ˌdraiŋ 'ʌp] *s brit* **to do the ~** a şterge vasele

drying-up cloth [ˌdraiŋ ʌp 'klɔθ] *s* prosop de şters vasele

dry land [ˌdrai 'lænd] *s* pământ uscat / arid, neinundabil

dry lodging [ˌdrai 'lɔdʒiŋ] *s* locuinţă fără întreţinere

dryly ['draili] *adv* pe un ton sec; sec

dry martini [ˌdrai mɑː'tiːni] *s* martini sec

dry-point [ˌdrai 'pɔint] **I** *s* 1 ac pentru gravură în „pointe-sèche" 2 gravură în „pointe-sèche" **II** *vt* a executa (o gravură) în „pointe-sèche"

dry-roasted [ˌdrai'rəustid] *adj* (d alune) prăjite uscat

dry run [ˌdrai 'rʌn] *s av F* zbor de antrenament

dry ski slope [ˌdrai 'skiː sləup] *s* pârtie de schi artificială

DSS *presc de la* **Department of Social Security** *s* ministerul britanic al protecţiei sociale

DST *presc de la* **daylight saving time** *s* oră de vară

DT *presc de la* **data transmission** *s* transmitere de date

DT's [ˌdiː'tiːz] *F presc de la* **delirium tremens; to have the ~** a avea o criză de delirium tremens

DTI *presc de la* **Department of Trade and Industry** *s* ministerul britanic al comerţului şi industriei

DTp *presc de la* **Department of Transports** *s* ministerul transporturilor *(în Marea Britanie)*

DTP *presc de la* **desktop publishing** *s* publicare / editare asistată de calculator

dual carriageway [ˌdjuəl 'kæridʒwei] *s brit auto* şosea cu patru benzi

dual control ['djuəl kənˌtrəul] *s* **I** 1 *auto, av* dublă comandă 2 *tehn* comandă dublă **II** *adj* (d maşină, avion) cu dublă comandă

dual ignition [ˌdjuːəl ig'niʃn] *s auto* aprindere dublă

dualist ['djuː(ː)əlist] *s* dualist

dualistic [ˌdjuː(ː)ə'listik] *adj* dualist

dualize ['djuː(ː)əlaiz] *vt* a se desface în două

dual-purpose [ˌdjuəl 'pəːpəs] *adj* cu dublă întrebuinţare

duan ['djuːən] *s poetic* 1 cânt, canto 2 cântec; poezie

Dubai [,du:'bai] *s geogr* **1** *emirat în Uniunea Emiratelor Arabe* **2** *oraş în Uniunea Emiratelor Arabe*

dubber ['dʌbə] *s* **1** *sl* gură, leaorbă **2** *sl* spărgător

dubbing ['dʌbiŋ] *s* grăsime de uns pielea *(pentru impermeabilizare)*

dubby ['dʌbi] *adj* scurt, bondoc

dubitate ['dju:biteit] *vi rar* a ezita, a sta în dubiu, a şovăi

dubitative ['dju:bitətiv] *adj* dubitativ; şovăielnic, ezitant, nehotărât

dubitatively ['dju:biteitivli] *adv.* şovăielnic, şovăitor, nesigur

Dublin Bay prawn [,dʌblin bei 'prɔ:n] *s* crevetă mare

Dubliner ['dʌblinə] *s* locuitor din Dublin

dubs [dʌbz] *s pl sl* bani, parale, sunători

duchesse ['djuʃes] *s gastr* ~ potatoes *piure de cartofi amestecat cu ouă crude şi servit ca garnitură*

duck-billed [,dʌk'bild] *adj* cu cioc de rață

duckbilled platypus [,dʌkbild 'plætipəs] *s zool* ornitorinc *(Ornithorhynchus anatinus)*

duck-egg blue [,dʌkeg 'blu:] **I** *s* vernil, culoarea oului de rață **II** *adj* de culoarea oului de rață

duck hawk [,dʌk hɔ:k] *s orn* erete-de-stuf *(Circus aeruginosus)*

duckie ['dʌki] *s v.* ducky (I)

duck-legged [,dʌk'legd] *adj* cu picioare scurte / ca de rață

duck mole ['dʌk məul] *s* **1** *zool* ornitorinc *(Ornithorhynchus paradoxus)* **2** *bot* grâu-mare, grâuenglezesc *(Triticum turgidum)*

duckpond ['dʌkpɔnd] *s* eleşteu cu rațe

duck's egg ['dʌks eg] *s* **1** *(la crichet)* scorul 0 **2** *sl şcol* zero, nimic

duck shot ['dʌk ʃɔt] *s* alice mărunte *(de vânat rațele)*

duck soup ['dʌk su:p] *s amer F* it's ~ e floare la ureche

ducky ['dʌki] *F* **I** *s* (my) ~ puică, puişorul meu, puiule **II** *adj* drăguț, micuț, mignon

ductless ['dʌktlis] *adj anat* cu secreție internă

ductless glands [,dʌktlis 'glændz] *s pl anat* glande endocrine / cu secreție internă

dude wrangler ['dju:d ,ræŋglə] *s amer cow-boy servind drept ghid turiştilor care vizitează Vestul Sălbatic*

due date [,dju: 'deit] *s ec* scadență

duelling *brit,* **dueling** *amer* ['dju:əliŋ] *adj* ~ pistols pistoale de duel

duello [du:'eləu] *s* duel

duena [,dju(:)'enə] *s span* guvernantă, însoțitoare *(a tinerelor fete); rar* duenă

dues [dju:z] *s pl* drepturi

duettist ['dju:etist] *s* duetist

duetto ['dju:etəu] *s muz* duet

duffel-coat ['dʌfəl kəut] *s* scurtă din molton cu cheotori aplicate

duff[1] [dʌf] *s* **1** *dial* aluat, cocă **2** *şi* plum ~ *sl* budincă cu stafide **3** *scot, amer* pământ negru, humus **4** sfărâmături de cărbune

duff[2] [dʌf] *vt sl* **1** a falsifica, a contraface *(mărfuri)* **2** a amăgi, a înşela **3** a schimba marca *(vitelor furate)*

duff[3] [dʌf] *vt F* a rata *(o lovitură, o afacere etc.)*

duff[4] [dʌf] *adj sl* inferior, fără valoare

duffy ['dʌfi] *s (cuvânt anglo-indian) sl* nălucă, duh

dugong ['du:gɔŋ] *s zool* dugong *(Dugong dugong)*

duiker ['daikə] *s zool* mică antilopă africană din genul Cephalopus

dukely ['dju:kli] *adj rar (ca)* de duce

Duke of Edinburgh's Award Scheme [,dju:kəv ,edinbərəz ə'wɑ:d ski:m] *s* the ~ *bursa Ducelui de Edinburg, acordată tinerilor între 18 şi 23 de ani care au avut realizări deosebite*

dukes [dju:ks] *s pl F* pumni; **to put up one's** ~ a se pune în gardă

dulce ['dʌlsi] **I** *adj* dulce **II** *s* vin dulce

dullhead ['dʌlhed] *s* tâmpit, prostovan

dullsville ['dʌlzvil] *s F* loc plicticos, orăşel uitat de lume

dulosis [dju:'ləusis] *s* sclavagism *(la furnici)*

dulse [dʌls] *s bot* algă comestibilă *(Rhodymenia palmata)*

duly ['dju:li] *adv* **1** just; binemeritat **2** în timp util; la timp

dumb-bell ['dʌm bel] **I** *s* **1** *pl* greutăți pentru gimnastică, haltere **2** *amer sl* prost, tâmpit **II** *vi* a face gimnastică cu haltere

dumb betty [,dʌm 'beti] *s amer* maşină de spălat

dumb Dora [,dʌm 'dɔ:rə] *s F* femeie stupidă

dumbledore ['dʌmbldɔ:] *s ent* bondar *(Bombus sp.)*, cărăbuş *(Melolontha melolontha) şi specii din genul Geotrupes*

dumbo ['dʌmbəu] *s F* prostănac

dumb piano [,dʌm 'pjænəu] *s* claviatură mută *(pentru exerciții)*

dumb-show performance [,dʌmʃəu pə'fɔ:məns] *s* pantomimă; mimodramă

dumbstruck [,dʌm'strʌk], **dumbstriken** [,dʌm'strikən] *adj* uluit, consternat, împietrit

dummy run [,dʌmi 'rʌn] *s av, mil* atac simulat / de antrenament

dump car ['dʌmp kɑ:] *s* vagonet basculant; vagon basculant

dumper truck ['dʌmpə trʌk] *s* vagonet basculant; vagon basculant

dumpiness ['dʌmpinis] *s* înfățişare de bondoc

dumping ground ['dʌmpiŋ graund] *s* loc de depozitare a gunoaielor

dump truck ['dʌmp trʌk] *s v.* **dump car**

dump waggon ['dʌmp ,wægən] *s constr* remorcă basculantă

dumpy ['dʌmpi] *s* **1** scăunel mic, pliant **2** umbreluță

dumpy lever ['dʌmpi ,levə] *s top* nivelă cu lunetă

dunbird ['dʌnbə:d] *s orn specie de rață sălbatică (Nyroca sp.)*

dunce's cap ['dʌnsiz kæp] *s* tichie de măgar *(confecționată din hârtie; o poartă ca pedeapsă elevii leneşi)*

Dundee cake [dʌn'di: keik] *s gastr* prăjitură cu fructe uscate şi decorată cu migdale

dunderhead ['dʌndəhed] *s F* nătâng, tâmpit, bătut în cap

dunderpate ['dʌndəpeit] *s P v.* **dunder-head**

dundrearies [dʌn'driəriz] *s pl înv F* favoriți *(cum purta lordul Dundreary în „Our American Cousin", 1858 de Tom Taylor)*

dundreary whiskers [dʌn'driəri ,wiskəz] *s pl v.* **dundrearies**

dune buggy ['dju:n ,bʌgi] *s* buggy, *automobil decapotat de teren, cu roți foarte mari*

dung beetle ['dʌŋ ˌbiːtl] *s ent* varietate de cărăbuş care umblă prin murdării *(Geotrupes stercorarius)*

dung fly ['dʌŋ flai] *s ent* scatofag *(Scatophaga)*

dung heap ['dʌŋ hiːp] *s* grămadă de gunoi / de bălegar

duniwassal ['duːniwɔsəl] *s scot* boiernaş

dunlin ['dʌnlin] *s orn* varietate de nagâţ de munte *(Calidris alpina)*

dunnage ['dʌnidʒ] *s* 1 *nav* materiale (↓ lemnoase) de fixare sau separare a mărfurilor stivuite în hambarele vaporului; bottom ~ paniol 2 *sl* catrafuse, ţoale, haine 3 *sl* calabalâc, ba gaj

dunnish ['dʌniʃ] *adj* bătând în cenuşiu-cafeniu

dunno [də'nəu] *sl* contras din I **don't know**

dunnock ['dʌnək] *s orn* brumăriţă-de-pădure *(Prunella modularis)*

duo ['djuːəu] *s muz* duo; cuplu

duodecimal [ˌdjuː(ː)əu'desiməl] I *s* a douăsprezecea parte II *adj* duodecimal, al doisprezecelea

duodecimo [ˌdjuː(ː)əu'desiməu] *s* 1 *polígr* duodecimo, fasciculă cu douăsprezece file, 12 2 persoană sau lucru de măsură mică / de proporţii reduse / neînsemnat

duodenal ulcer [djuː:əu,diːnəl 'ʌlsə] *s med* ulcer duodenal

duodenary [ˌdjuː(ː)əu'diːnəri] *adj mat* duodenar, douăsprezecimal, care se împarte prin 12, divizibil cu 12

duodenitis [ˌdjuːəudinaitis] *s med* duodenită

duopoly [djuː'ɔpəli] *s ec* duopol

duplation [djuː(ː)'pleiʃn] *s* dublare

duplex apartment ['djuːpleks ə,pɑːtmənt] *s amer* locuinţă cu camere situate la două etaje

duplicating machine ['djuː'plikeitiŋ mə,ʃiːn] *s* maşină de multiplicat

durable goods [ˌdjuərəbl 'gudz] *s pl amer ec* v. **durables**

durableness ['djuərəblnis] *s* durabilitate, trăinicie; stabilitate; longevitate

durables ['djuərəblz] *s pl ec* mărfuri neperisabile

dural ['djuərəl] *s* v. **duraluminium**

duraluminium [ˌdjuərælju'miniəm] *s met* duraluminiu

dura mater [ˌdjuːrə 'meitə] *s lat anat* dura mater

durative ['djuərətiv] *adj gram* durativ

dure [djuə] *înv poetic* I *vi* a dura, a dăinui, a se prelungi II *vt* a suporta, a îndura

durian ['djuəriən] *s* 1 fruct exotic cu coaja tare, delicios la gust, dar cu miros respingător, ale cărui seminţe sunt comestibile 2 copacul care produce acest fruct *(Durio zibethinus)*

durra ['durə] *s* (cuvânt arab) bot sorg african *(Sorghum vulgare)*

duskiness ['dʌskinis] *s* 1 înserare, întunecare; întuneric 2 culoare închisă / întunecată

dust bag [ˌdʌst 'bæg] *s* sac de hârtie de la aspirator

dust-bath ['dʌst bɑːθ] *s* (d păsări) to take a ~ a face baie în praf

dustbin man [ˌdʌstbin 'mæn] *s brit* gunoier

Dust Bowl ['dʌst ˌbəul] *s* 1 denumire dată zonelor despădurite şi secetoase din vestul S.U.A. 2 dust bowl pârloagă, pustiu, teren părăginit

dust cart ['dʌst kɑːt] *s* căruţă de gunoi

dustcloth ['dʌstklɔθ] *s amer* cârpă de praf

dustcloud ['dʌstklaud] *s* nor de praf

dust coat ['dʌst kəut] *s* manta de praf *(purtată în călătorie)*

dust devil ['dʌst ˌdevl] *s* vârtej de praf

dust disease ['dʌst di,ziːz] *s F* silicoză

dustheap ['dʌsthiːp] *s amer* grămadă / morman de gunoi

dustiness ['dʌstinis] *s* stare / calitatea de a fi prăfuit

dusting powder ['dʌstiŋ ,paudə] *s* pudră de talc

dustpan ['dʌstpæn] *s* făraş

dust sheet [ˌdʌst 'ʃiːt] *s brit* husă de protecţie împotriva prafului

dust shot ['dʌst ʃɔt] *s* ploaie de alice

dust wrapper ['dʌst ,ræpə] *s* cămaşă, învelitoare (de carte), supracopertă

Dutch bargain [ˌdʌtʃ 'bɑːgin] *s* 1 înţelegere / târg care se încheie cu aldămaş 2 târg prost *(pentru una din părţi)*, păcăleală

Dutch barn [ˌdʌtʃ 'bɑːn] *s* şură, şopron *(pentru fân / paie)*

Dutch cap [ˌdʌtʃ 'kæp] *s* diafragmă *(contraceptiv)*

Dutch cheese [ˌdʌtʃ 'tʃiːz] *s* brânză de Olanda

Dutch door [ˌdʌtʃ 'dɔː] *s amer* uşă cu două canaturi suprapuse

Dutch elm disease [ˌdʌtʃ 'elm dɪziːz] *s bot* boală a ulmilor provocată de ciuperca *Ceratostomella ulmi*

Dutch pink [ˌdʌtʃ 'piŋk] *s sl* sânge, borş, boiangerie

Dutch uncle [ˌdʌtʃ 'ʌŋkl] *s F* moralist, moralizator, mentor; **to talk like a ~** a ţine predici, a da lecţii de purtare, a face morală; a-şi spune răspicat părerea

Dutch wife [ˌdʌtʃ 'waif] *s* (în India) sprijin pentru picioare *(grătar)*

Dutchwoman ['dʌtʃ wumən], *pl* **Dutchwomen** ['dʌtʃ wimin] *s* (femeie) olandeză

dutifulness ['djuːtifulnis] *s* 1 conştiinţa datoriei, conştiinciozitate 2 ascultare, supunere

duty-bound [ˌdjuːti 'baund] *adj* obligat / constrâns de îndatoriri

duty call ['djuːti kɔːl] *s* vizită de obligaţie

duty doctor ['djuːti ,dʌktə] *s* medic de gardă

duty officer ['djuːti ,ɔfisə] *s* ofiţer de serviciu

duty roster ['djuːti ,rɔstə], **duty rota** ['djuːti ,rəutə] *s mil* listă de serviciu, tablou de corvezi

duumvirate [djuː(ː)'ʌmvirit] *s* (ist Romei) duumvirat

duvet ['duːvei] *s* pilotă; strat de puf *(pe fructe etc.)*

dux [dʌks] *s scot* primul elev (dintr-o clasă); premiant

DV *presc de la* **Deo Volente** cu voia Domnului

DVLC *presc de la* **Driver and Vehicle Licensing Centre** (în Marea Britanie) *s* serviciu care se ocupă cu înmatricularea autovehiculelor şi emiterea permiselor de conducere

DVM *presc de la* **Doctor of Veterinary Medicine** *s* medic veterinar

dwale [dweil] *s bot* mătrăgună, iarba-codrului *(Atropa belladonna)*

dwarfism ['dwɔːfizm] *s med* nanism

dwarf star [ˌdwɔːf 'stɑː] *s astr* stea pitică

dwindling ['dwindliŋ] **I** *s* diminuare, scădere, micșorare **II** *adj* descrescător, în scădere

dyadic [dai'ædik] *adj* format din două elemente, bi-

dyer's broom ['daiəz bruːm] *s bot* drob, drobiță, drobișor, genistră, drog, grozamă (Genistra linctoria)

dynamical [dai'næmikəl] *adj* dinamic; activ, energic, neadormit

dynamist ['dainəmist] *s* **1** specialist în dinamică **2** *filoz* dinamist,

adept al dinamismului

dynamitard ['dainəmitɑːd] *s v.* **dynamiter**

dynamiter [dai'nəmitə] *s* **1** dinamitar(d) **2** *mil* artificier

dynamitic [ˌdainə'mitik] *adj* de dinamită; ca dinamita

dynast ['dinəst] *s* monarh, conducător / reprezentant al dinastiei

dynode ['dainəud] *s fiz* dinod

dysenteric [disən'terik] *adj med* disenteric

dysfunction [dis'fʌŋkʃn] *s med* disfuncție

dysfunctional [dis'fʌŋkʃnəl] *adj* referitor la o disfuncție; caracterizat prin funcționare sau adaptare deficientă

dyslexia [dis'leksiə] *s med* dislexie

dysgenic [dis'dʒenik] *adj* degenerescent

dyslexic [dis'leksik] **I** *adj* dislexic **II** *s* persoană care suferă de dislexie

dysmenorrhoea *brit,* **dysmenorrhea** *amer* [ˌdismenə'riə] *s med* dismenoree

E

ea *presc* de la each; **L 3.00 ~ 3** lire fiecare

EA *presc de la* Educational Age *s* nivel educaţional atins de o persoană la o anumită vârstă, în urma unui test

each way [ˌiːtʃ ˈwei] **I** *adj* ~ bet *(la cursele de cai)* pariu pe un cal care termină cursa în primii trei **II** *adv* to put money ~ on a horse a paria pe un cal care termină cursa în primii trei

eager beaver [ˌiːgəˈbiːvə] *s F* persoană care munceşte mult

eagle fern [ˈiːgl fəːn] *s v.* **bracken**

eagle wood [ˈiːgl wud] *s* lemn de aloe

ear hole [ˈiə həul] *s* gaura urechii

Earling comedy [ˈiːliŋ ˌkɒmədi] *s* gen de film comic britanic produs în studioul Earling pe la 1950

Earls Court [ˌəːlz ˈkɔːt] *s* mare centru de expoziţii în Londra

early bird [ˌəːli ˈbəːd] *s* persoană matinală; **it's the ~ that catches the worm 1** cine se scoală de dimineaţă departe ajunge **2** primul venit, primul servit

ear-minded [ˌiəˈmaindid] *adj psih* sensibil la impresiile auditive

earmuffs [ˈiːəmʌfs] *s pl* apărătoare pentru urechi, asemănătoare căştilor de casetofon

earner [ˈəːnə] *s* **1** salariat, persoană care câştigă; **she's the main ~ in the family** ea întreţine familia **2** *brit F* sursă de venituri; **it's a nice little ~** *(d un magazin, o afacere)* aduce un venit frumuşel

ear pick [ˈiə pik] *s* curăţitoare de urechi

ear-piercing [ˌiːəˈpiəsiŋ] *adj (d zgomot)* strident

ear shell [ˌiːə ˈʃel] *s zool* orice moluscă gastropodă din familia Ellobiidae

ear-splitting [ˌiːəˈsplitiŋ] *adj (d zgomot)* asurzitor

ear tab [ˈiə tæb] *s* ureche *(de căciulă)*, apărătoare de urechi

earth almond [ˈəːθ ɑːmənd] *s* alună

earth apple [ˈəːθ ˌæpl] *s* **1** cartof **2** castravete

earth-bred [ˌəːθ ˈbred] *adj* vulgar; de jos, de familie proastă

earth closet [ˈəːθ ˌklɒzit] *s* latrină, closet ţărănesc

earth fall [ˈəːθ fɔːl] *s* surpare de teren / pământ

earth-fast [ˌəːθ fɑːst] *adj (d o piatră)* bine fixat în pământ

earth hunger [ˈəːθ ˌhʌŋə] *s fig* dorinţă de a poseda pământ

earthiness [ˈəːθinis] *s* **1** caracter direct, lipsă de jenă **2** gust de pământ *(al vinurilor etc.)*

earth light [ˈəːθ lait] *s v.* **earth shine**

earthman [ˈəːθmən] *s* pământean

earth mother [ˈəːθ ˌmʌðə] *s mit* zeiţa pământului

earth movement [ˈəːθ ˌmuːvmənt] *s v.* **earth pressure**

earthmover [ˈəːθˌmuːvə] *s* buldozer

earthmoving [ˈəːθmuːviŋ] *adj* ~ equipment utilaj greu pentru deplasarea unor cantităţi mari de pământ

earth pressure [ˈəːθ ˌpreʃə] *s constr, min* presiune a terenului, împingere a terenului

earth shine [ˈəːθ ʃain] *s astr* lumină, reflectată de Pământ pe partea întunecată a Lunii

earth tremor [ˈəːθ ˌtremə] *s* cutremur

earth woman [ˈəːθ ˌwumən] *s* pământeancă

easing [ˈiːsiŋ] *s* alinare, uşurare; **the ~ of tension in the area** uşurarea tensiunii în regiune

East Africa [ˌiːst ˈæfrikə] *s* Africa de Est

East African [ˌiːst ˈæfrikən] **I** *adj* din Africa de Est, referitor la Africa de Est **II** *s* locuitor din Africa de Est

East Berlin [ˌiːst bəːˈlin] *s* Berlinul de Est

East Berliner [ˌiːst bəːˈlinə] *s* locuitor din Berlinul de Est

East-Ender [ˌiːstˈendə] *s* locuitor din East End

Easter Island [ˌiːstə ˈailənd] *s* Insula Paştelui

Easter lily [ˈiːstə ˌlili] *s bot* crin *(Lilium candidum)*

Easter Monday [ˌiːstə ˈmʌndi] *s rel* a doua zi de Paşti

Eastern Daylight Time [ˌiːstən ˌdeilait taim] *s* ora de vară din New York

easternism [ˈiːstənizm] *s* orientalism

Eastern Standard Time [ˌiːstən ˈstændəd taim] *s* ora de iarnă din New York

Easter Sunday [ˌiːstə ˈsʌndi] *s rel* duminica Paştilor, prima zi de Paşti

east-facing [ˌiːst ˈfeisiŋ] *adj* care dă spre est, cu faţa la est

East German [ˌiːst ˈdʒəːmən] *s* locuitor din Germania de Est

East Germany [ˌiːst ˈdʒəːməni] *s* (former) ~ (fosta) Germanie de Est

East Indies [ˌiːst ˈindiːz] *s ist* Indiile Orientale

east-northeast [ˌiːst nɔːθ ˈiːst] **I** *s* est-nord-est **II** *adj* de est-nord-est, referitor la (direcţia) est-nord-est **III** *adv* spre est-nord-est

east-southeast [ˌiːst sauθˈiːst] **I** *s* est-sud-est **II** *adj* de est-sud-est, referitor la (direcţia) est-sud-est **III** *adv* spre est-sud-est

eastwardly [ˈiːstwədli] **I** *adj* de est **II** *adv* spre est

easy-care [ˌiːzi ˈkeə] *adj* uşor de întreţinut

easy-clean [ˌiːzi ˈkliːn] *adj* uşor de spălat, uşor de curăţat

Easy Street [ˈiːzi striːt] *s F* ţara unde curge lapte şi miere; **to be in** / *amer* **on ~** a înflori, a-i merge bine, a o duce bine / împărăteşte; a fi pricopsit / înstărit

eatables [ˈiːtəblz] *s pl umor* merinde, provizii, d-ale gurii

eatage [ˈiːtidʒ] *s* **1** iarbă bună pentru păscut; otavă **2** dreptul de păşunat pe un teren

eats [iːts] *s pl* alimente; mâncare, haleală

eau-de-Nil [ˌəudəˈniːl] *s fr artă* vernil, verde-deschis

eavesdropper ['i:vzdrɔpə] *s* persoană care ascultă la ușă / care trage cu urechea, indiscret; intrigant

eave trough ['i:v trɔf] *s* jgheab de scurgere

ebonize ['ebənaiz] *vt* a înnegri, a vopsi negru ca abanosul

EBRD *presc de la* European Bank of Reconstruction and Development *s* Banca Europeană de Reconstrucție și Dezvoltare, BERD

ebriety [i'braiəti] *s rar (stare de)* ebrietate, îmbătare, beție

EC *presc de la* European Community *s* Comunitatea Europeană (*azi* Uniunea Europeană)

écarté [ei'ka:tei *și pronunția franceză*] *s fr* écarté *(joc de cărți în doi)*

Eccles cake ['eklz keik] *s* prăjiturică din foetaj, cu fructe uscate

ecclesia [i'kli:ziə] *s (ist Greciei)* adunare regulată (↓ a cetățenilor din Atena)

ecclesiastical [i,kli:zi'æstikəl] *adj* ecleziastic, bisericesc, spiritual

ecclesiology [i,kli:zi'ɔlədʒi] *s rel* știință a împodobirii bisericilor

ecdysiast [ek'diziæst] *s* (↓ *umor*) dansator care se dezbracă pe scenă

ecdysis [ek'disis] *s* 1 aruncare, lepădare (↓ *d pielea șerpilor*) 2 parte lepădată / azvârlită

ECGD *presc de la* Export Credits Guarantee Department *s* organism pentru garantarea riscurilor în creditele de export

ECH *presc de la* electric central heating *s* încălzire centrală electrică

echidna [e'kidnə] *s* 1 *zool* furnicar, porc spinos din Australia *(Tachyglossus aculeatus)*

echinite [i'kainait] *s zool* echinodermă fosilă

echo chamber ['ekəu ˌtʃeimbə] *s* cameră cu ecou *(folosită pentru a produce efecte sonore speciale)*

echogram ['ekəugræm] *s nav* ecogramă, înregistrare a unui sondaj prin sunet

echo sounding ['ekəu ˌsaundiŋ] *s nav* sondaj sonor prin sunet, măsurarea adâncimii prin reflexia sunetelor

éclaircissement [ei,kleəsi:s'ma:ŋ] *s fr* lămurire, explicație

ecocide ['i:kəusaid] *s* distrugerea ecosistemelor

ecod [i'kɔd] *interj înv* zău! pe legea mea! pe cinstea mea!

eco-friendly [ˌi:kəu'frendli] *adj* care nu distruge / care protejează mediul înconjurător

ecologically [ˌi:kə 'lɔdʒikəli] *adv* din punct de vedere ecologic; ~ speaking din punct de vedere ecologic; ~ harmful / sound care protejează / care distruge sistemele ecologice; to be ~ aware a fi preocupat / conștient de problemele mediului înconjurător

ecologist [i'kɔlədʒist] *s* ecolog

econometric [i,kɔnə'metrik] *adj* econometric

econometrician [i,kɔnəme'triʃn] *s* specialist în econometrie

econometrics [i,kɔnə'metriks] *s* econometrie

ecosystem ['i:kəuˌsistəm] *s* ecosistem

ecotype ['i:kəutaip] *s* ecotip

ECSC *presc de la* European Coal and Steel Community *s* ist Comunitatea Europeană a Cărbunelui și Oțelului

ecstasize ['ekstəsaiz] **I** *vi* a se extazia, a se minuna, a cădea în extaz **II** *vt* a minuna, a uimi, a ului, a face să se extazieze, a lua *(cuiva)* ochii

ECT *presc de la* electroconvulsive therapy *s* terapie cu șocuri electrice

ectasis ['ektəsis] *s* 1 *med* ectasie, dilatare a unui organ *sau* vas 2 *fon* lungire *(a unei silabe de obicei scurte)*

ectodermal [ˌektəu'də:məl] *adj* anat ectodermic

ectomorph ['ektəumɔ:f] *s med* ectomorf

ectomorphic [ˌektəu'mɔ:fik] *s med* ectomorf

ectopic [ek'tɔpik] *adj med* ~ pregnancy sarcină extrauterină

ectozoon [ˌektə'zəuɔn] *s zool* ectozoar, parazit extern

ECU ['ekju:] *presc de la* European Currency Unit *s* ECU

Ecuadoran [ˌekwə'dɔ:rən], **Ecuadorian** [ˌekwə'dɔ:rjən] **I** *s* locuitor din Ecuador **II** *adj* din Ecuador, referitor la Ecuador

ecumenism [i:'kjumənizm], **ecumenicism** [ˌi:kju'menikizm] *s* ecumenism

ED *presc de la* Employment Department *s (în trecut, în Marea Britanie)* ministerul muncii

eddy currents ['edi ˌkʌrənts] *s el* curenți turbionari, curenți Foucault

edge water ['edʒ ˌwɔ:tə] *s min* apă marginală, apă de sinclinal

edible bird's nest [ˌedibl 'bə:dz nest] *s* cuib de salangane

edifying ['edifaiiŋ] *adj* 1 constructiv; folositor 2 plin de învățăminte

editorialist [ˌedi'tɔ:riəlist] *s amer* autor de editoriale / de articole (de fond); ziarist; redactor; comentator

EDP *presc de la* electronic data processing *s* informatică

EDT *presc de la* Eastern Daylight Time *s* ora de vară din New York

educatability [ˌedju(:)keitə'biliti] *s* calitatea de a fi educabil, aptitudine pentru educație / învățătură

educatable [ˌedju(:)'keitəbl] *adj* educabil, lesne de educat, maleabil

educationally [edju'keiʃnəli] *adv* din punct de vedere școlar / educativ; ~ deprived child copil care nu a fost școlarizat corespunzător

EEG *s presc de la* 1 electroencephalogram EEG, electroencefalogramă 2 electroencephalograph electroencefalograf

eeK [i:k] *interj F* câh! *(exprimând dezgustul)*

eel worm ['i:l wə:m] *s ent* un soi de viermișor parazit *(Nematoda)*

EEOC *presc de la* Equal Employment Opportunity Commission *s (în S.U.A.)* comisie pentru egalitatea șanselor de angajare

eerily ['iərəli] *adv* (în mod) sinistru, straniu, neliniștitor, misterios

EET *presc de la* Eastern European Time *s* ora Europei de Est

eff [ef] *vi brit F* to ~ and blind a înjura de toți sfinții; ~ off! du-te dracului!

effective aperture [i,fektiv 'æpətjuə] *s fiz* deschidere utilă *(a unui obiectiv)*

effector [i'fektə] *fizl* **I** *s* organ efector **II** *adj* efector

effectuality [i,fektju'æliti] *s v.* effectualness

effectualness [i'fektjuəlnis] *s* 1 eficacitate; utilitate 2 validitate

effeminately [i'feminətli] *adv* (în mod) efeminat

effeminateness [i'feminitnis] *s* efeminare; caracter femeiesc; moliciune, slăbiciune

efficiency apartment [i'fiʃənsi ə,paːtmənt] *s amer* apartament cu dependinţe foarte mici

efficiency expert [i'fiʃənsi ,ekspəːt] *s* expert în organizare

effing ['efiŋ] *brit* **I** nenorocit; you ~ **idiot!** idiot nenorocit! **II** *adv* don't be so ~ **stupid** tâmpit mai eşti!

effortlessly ['efətlisli] *adv* uşor, fără efort

EFL *presc de la* **English as a foreign language** *s* engleza ca limbă străină

EFT [eft] *presc de la* **electronic funds transfer** *s* transfer electronic de fonduri

EFTA [eftə] *presc de la* **European Free Trade Association** *s* AELS, Asociaţia europeană a liberului schimb

EFTPOS ['eftpɔs] *presc de la* **electronic funds transfer at point of sale** *s* transfer electronic de fonduri la punctele de vânzare

EFTS [efts] *presc de la* **electronic funds transfer system** *s* sistem de transfer electronic de fonduri

egg-and-spoon race [,egənspuːn 'reis] *s* joc în care participanţii aleargă cu un ou într-o lingură

egg custard [,eg 'kʌstəːd] *s gastr* cremă caramel

egg plant ['eg plaːnt] *s bot* (pătlăgea) vânătă *(Solanum melongena)*

egg roll [,eg 'rɔl] *s amer gastr* ruladă de ou umplută cu legume prăjite

egg-shell china [,egʃel 'tʃainə] *s* 1 porţelan subţire chinezesc 2 găoace de ou

egg spoon ['eg ,spuːn] *s* linguriţă de ou

egocentricity [,iːgəusen'trisəti], **egocentrism** [,iːgəu'sentrizm] *s* egocentrism

egomania [,egəu'meiniə] *s* manie egocentrică

egomaniac [,iːgəu'meiniæk] *s* egocentrist

egotistic(al) [,iːgəu'tistik(l)] *adj* egoist, egocentric

egotistically [,iːgəu'tistikəli] *adv* (în mod) egoist

egregiously [i'griːdʒəsli] *adv* strident, ieşind din comun

eider duck ['aidə dʌk] *s orn* eider, raţă sălbatică din nord *(Somateria mollissima)*

eidetic [ai'detik] *adj psih* eidetic

eight ball [,eit 'bɔːl] *s amer* bila numărul opt; variantă de biliard; **to be right behind the** ~ *fig* **F** a fi într-o poziţie nefavorabilă

eighteenmo [ei'tiːnməu] **I** *adj poligr* în 18° **II** *s* format *sau* volum în 18°

Eights Week ['eits wiːk] *s* săptămâna întrecerilor de canotaj între universităţile Cambridge şi Oxford

einsteinium ['ainstainiəm] *s ch* einsteiniu

eirenicon [ai'riːnikɔn] *s* propunere paşnică; plan de apărare a păcii

EIS *presc de la* **Educational Institute of Scotland** *s* sindicat scoţian al profesorilor

either-or [,aiðə'ɔ] *adj* it's an ~ situation este o situaţie care admite numai două posibilităţi / există numai două posibilităţi

ejaculatory [i'dʒækjulətri] *adj fizl* referitor la ejaculaţie

ejection seat [i'dʒekʃn siːt] *s* v. **ejector seat**

ejective [i(ː)'dʒæktiv] *adj* expulziv, evacuant

ejectment [i(ː)'dʒektmənt] *s* evacuare, dare afară; concediere; *jur* action of ~ acţiune în revendicare

ejector seat [i'dʒektə siːt] *s* scaun catapultabil

eke [iːk] *adv înv* aşijderea, de asemenea; în plus, pe deasupra

EKG *presc de la* **electrocardiogram** *s amer* EKG, electrocardiogramă

elaborator [i'læbəreitə] *s* persoană care perfecţionează / desăvârşeşte *(o operă etc.)*

eland ['iːlənd] *s zool* 1 antilopă sud-africană *(Taurotragus oryx ş. a.)* 2 *amer* elan canadian *(Alces alces)*

elastically [i'læstikəli] *adv* (în mod) elastic

elasticated [i'læstikeitid] *adj (d ciorapi etc.)* elastic

elastic limit [i,læstik 'limit] *s tehn* limită de elasticitate

elastomer [i'læstəmə] *s fiz* elastomer

elastometer [i,læstə'miːtə] *s fiz* elastometru

Elba ['elbə] *s* insulă italiană în Marea Ligurică, la est de Corsica

elbow board ['elbəu ,bɔːd] *s* poliţa ferestrei

elbow chair ['elbəu ,tʃeə] *s* jilţ, fotoliu

elder statesman [,eldə'steitsmən] *s* om de stat ieşit la pensie, care oferă sfaturi oamenilor politici din partidul său

eldest hand [,eldist 'hænd] *s sl* protos, cel ce se pronunţă primul

Electra complex [i'lektrə ,kɔmpleks] *s psih* complexul Electrei

electrical shock [i,lektrikəl 'ʃɔk] *s amer* şoc electric; electrocutare

electric blue [i,lektrik 'bluː] *s* albastru electric *(culoare)*

electric eel [i,lektrik 'iːl] *s iht* ţipar electric

electric fire [i,lektrik 'faiə] *s* sobă electrică; radiator electric

electric seal [i,lektrik 'siːl] *s* blană de iepure de casă imitând blana de focă

electro-chemistry [i,lektrəu'kemistri] *s* electrochimie

electroconvulsive [i,lektrəukən'vʌlsiv] *adj* ~ **therapy** terapie cu şocuri electrice

electro-deposition [i,lektrəu ,depə'ziʃn] *s el* galvanoplastie

electrodialysis [i,lektrəudai'ælisis] *s med* electrodializă

electroencephalogram [i,lektrəuen'sefələgræm] *s med* electroencefalogramă

electroencephalograph [i,lektrəuen'sefələgraːf] *s* electroencefalograf

electro-kinetic [i,lektrəukai'netik] *adj el* electrocinetic

electrolyte [i'lektrəulait] *s* electrolit

electrolytic [i,lektrəu'litik] *adj el* electrolitic

electrolyze [i'lektrəulaiz] *vt* a electroliza, a supune unei electrolize

electromagnetism [i,lektrəu'mægnitizm] *s fiz* electromagnetism

electromechanical [i,lektrəumi'kænikl] *adj* electromecanic

electrometallurgy [i,lektrəme'tælədʒi] *s met* electrometalurgie; galvanoplastie

electromotive force [i‚lektrəuməu-tiv 'fɔ:s] s forță electromotrice

electron lens [i‚lektrɔn 'lenz] s tel lentilă electronică

electron telescope [i‚lektrɔn 'telis-kəup] s telescop electronic

electron tube [i‚lektrɔn 'tju:b] s tub electronic

electrophoresis [i‚lektrəufə'ri:sis] s electroforeză; ionoterapie

electropneumatic [i‚lektrəunju-'mætik] adj el electropneumatic

electroshock [i'lektrəuʃɔk] s șoc electric; ~ **therapy** terapie cu șocuri electrice

electrosynthesis [i‚lektrəu 'sin-θisiz] s ch electrosinteză

electrothermal [i‚lektrəu'θə:məl] adj v. **electrothermic**

electrothermic [i‚lektrəu 'θə:mik] adj el electrotermic

electrotyper [i'lektrəu ‚taipə] s poligr galvanoplastician

eleemosynary corporation [elii:-‚mɔsinəri kɔ:pə'reiʃn] s societate de binefacere

elegiast [‚eli'dʒaiæst] s poet elegiac

eleme ['elimi] s smochină de Smirna uscată

elementary body [eli‚mentəri 'bɔdi] s ch corp simplu

elemi ['elimi(:)] s v. **eleme**

elephant seal [‚elifənt 'si:l] s zool elefant-de-mare (Mirounga angustirostris; Mirounga leonina)

elevated railroad [‚eliveitid 'reil-rəud] s amer ferov cale ferată aeriană / pe estacade

elevator shoes ['eliveitə ʃu:z] s pantofi cu talpa interioară groasă, pentru a-l face pe purtător să pară mai înalt

elevatory ['eliveitəri] adj de ridicare, care ridică

elf child ['elf tʃaild] s copilul ielelor

elf lock(s) ['elf lɔk(s)] s păr încâlcit, cosiță leșească

Elgin Marbles [‚elgin 'mɑ:blz] s the ~ sculpturi din Partenon, expuse la British Museum

eliminator [i'limineitə] s tehn 1 aparat / instalație pentru eliminare 2 separator de apă

eliminatory [i'liminətri] adj eliminator

eliquation [‚eli'kweiʃn] s min licuație

elk bark ['elk bɑ:k] s bot specie de magnolia (Magnolia macrophylla ș. a.)

ell [el] s 1 aripă de clădire 2 amer dependință, anexă

Ellis Island [‚elis 'ailənd] s (în S.U.A.) insulă situată în largul orașului New York, unde erau debarcați imigranții la începutul secolului XX

elocutionist [‚elə'kju:ʃənist] s profesor de dicție

elongated ['i:lɔngeitid] adj lungit (peste măsură)

eloper [i'ləupə] s răpitor, persoană care răpește

elsewhither [‚els'wiðə] adv rar în altă parte, în altă direcție

elsewise [‚els'wais] adv rar altfel, altminteri, dacă nu

ELT presc de la English language teaching s predarea limbii engleze

elusively [i'lu:sivli] adv (în mod) evaziv, cu evaziune; insesizabil

elusiveness [i'lu:sivnis] s caracter evaziv; caracter insesizabil

elutriate [i'lju:trieit] vt ch a limpezi, a clarifica, a curăți

elutriation [i‚lju:tri'eiʃn] s ch limpezire, curățire, clarificare

elver ['elvə] s iht țipar tânăr

emaciated [i'meiʃieitid] adj emaciat, slăbit peste măsură, descărnat

e-mail ['i:meil] presc de la electronic mail I s poștă electronică II vt a trimite prin poșta electronică

emanant ['emənənt] adj ~ from izvorât / emanat / provenit din

emancipationist [i‚mænsi'peiʃən-ist] s adept al emancipării (↓ al emancipării sclavilor); (ist S.U.A.) aboliționist (ist Angliei) adept al reabilitării catolicilor

Emancipation Proclamation [i‚mænsi'peiʃn prɔklə‚meiʃn] s (ist S.U.A.) proclamarea emancipării tuturor sclavilor (1 ianuarie 1863)

emancipist [i'mænsipist] s fost ocnaș

emarginate [i'mɑ:dʒineit] vt a pune margini la, a face bordură la; a tăia marginile (cu gen)

embale [im'beil] vt 1 a împacheta, a ambala 2 a înveli, a înfășura

embalmer [im'bɑ:mə] s îmbălsămător, cel care îmbălsămează

embalming [im'bɑ:miŋ] s îmbălsămare

embankment [im'bæŋkmənt] s 1 îndiguire, zăgăzuire 2 dig, zăgaz

embay [im'bei] vt 1 nav a adăposti (un vapor) într-un golf 2 a închide, a înconjura 3 a cresta (un țărm) cu golfuri

embedding [im'bediŋ] s 1 fixare (în zid, în lemn etc.) 2 gram ~ clause propoziție intercalată

embellisher [im'beliʃə] s persoană care înflorește (o povestire etc.)

ember-goose ['embəgu:s] s ornit cufundar-polar, cufundar-mare (Gavia immer)

emberiza [‚embə'raizə] s orn presură (Emberiza sp.)

embittered [im'bitəd] adj fig înveninat, otrăvit, supărat

emblema [em'bli:mə] s 1 ornament din mozaic 2 ornament în relief (dintr-un metal nobil)

emblematist [em'blemətist] s specialist în heraldică

emblossom [im'blɔsəm] vt a acoperi cu flori

embog [im'bɔg] vt rar a împotmoli, a înnămoli; F ~**ged in a morass of calculations** împotmolit în calcule

embolite ['embəlait] s minr embolit

embossed [im'bɔst] adj gofrat; dăltuit în relief; încrustat, ornamentat în relief

embox [im'bɔks] vt a împacheta într-o cutie sau ca într-o cutie

embracer [im'breisə] s jur corupător (al judecătorului, juraților)

embreathe [im'bri:ð] vt a inspira

embrittle [im'britl] vt a face fărâmicios / fragil

embryogeny [‚embri'ɔdʒini] s biol embriogenie

embryological [‚embriə'lɔdʒikl] adj embriologic

embryologist [‚embri'ɔlədʒist] s embriolog, specialist în embriologie

eme [i:m] s scot înv unchi

emersion [i(:)'mə:ʃn] s 1 astr emersie, reapariție (a unui corp ceresc după eclipsă) 2 emersie, ieșire la suprafață / din imersiune (a unui submarin)

emery board ['eməri bɔ:d] s pilă de unghii

emery paper ['eməri ‚peipə] s hârtie de șmirghel / abrazivă

émeute [i:'mju:t] s fr răzmeriță, răzvrătire, răscoală
Eminency ['eminənsi] s bis Eminență; Your ~ Eminența Voastră
Emmental, Emmenthal ['emən,tɑːl] s gastr tip de șvaiter
Emmentaler, Emmenthaler ['emən-tɑːlə] s v. Emmental
emmet ['emit] s înv, dial furnică
Emmy ['emi] s ~ award premiul Emmy (acordat celor mai bune emisiuni de televiziune din S.U.A.)
emote [i'məut] vi 1 (în teatru) a juca cu suflet, cu trăire, cu pasiune (o tragedie, o dramă) 2 a avea un comportament teatral
emotionlessness [i'məuʃənlisnis] s indiferență, impasibilitate
empathetic [empə'θetik] adj referitor la empatie; simpatetic
empathize ['empəθaiz] vi to ~ with smb a se identifica cu cineva
emperor moth [,empərə 'mɔθ] s ent fluturele-de-noapte, ochi-de-păun (Saturnia pavonia)
emperor penguin [,empərə'pengwin] s zool pinguin-imperial (Aptenodytes forsteri)
Empire ['empaiə] fr I s stil Empire II adj în stil Empire
empire-builder ['empaiə,bildə] s și fig persoană care pune bazele unui imperiu
empire-building ['empaiə,bildiŋ] I adj referitor la formarea / construirea unui imperiu II s here's too much ~ going on prea mulți se joacă de-a întemeietorii de imperii
Empire Day [,empaiə 'dei] ziua imperiului (celebrată la 24 mai, ziua de naștere a Reginei Victoria)
empiricist [em'pirisist] s empirist
employé [əm'plɔiei și pronunția franceză] s fr rar slujbaș, funcționar, angajat
employed [im'plɔid] adj ocupat; (aflat) în serviciu
employers' association [im,plɔiəz əsəusi'eiʃn] s sindicat patronal
employment agency [im'plɔimənt ,eidʒənsi] s birou / agenție de plasare; birou de negocieri (pentru muncitori)
emprise [im'praiz] s înv poetic faptă vitejească / bravă, ispravă; knights of bold ~ cavaleri viteji
empty-hearted [,empti'hɑːtid] adj fig fără inimă

EMS presc de la European Monetary System s Sistemul monetar european
EMT presc de la emergency medical technician s tehnician medical în serviciile de urgență
emulator ['emjuleitə] s emul; rival, concurent
emulgent [i'mʌldʒənt] adj fizl (d un vas) care duce sângele la rinichi
emulsifier [i'mʌlsifaiə] s 1 emulgator 2 emulsor
emulsion paint [i'mʌlʃn 'peint] s vopsea emulsionată
EN presc de la enrolled nurse s brit soră medicală cu diplomă
enacting clauses [i,næktiŋ 'klɔːzis] s pl jur dispoziții ale unei legi
enactor [i'næktə] s 1 legiuitor, dătător de legi 2 teatru actor, interpret
enamellar [i'næmələ] adj rar de smalț, din email 2 smălțuit, emailat
enameller [i'næmələ] s v. enamellist
enamelling brit, enameling amer [i'næməliŋ] s emailare, smălțuire
enamellist [i'næməlist] s smălțuitor
enamelware [i'næməlweə] s vase emailate, veselă smălțuită
enamour [i'næmə] vt 1 a suscita dragostea (cuiva), a face să îndrăgească; to be ~ed of a fi îndrăgostit de, a iubi 2 a încânta, a subjuga, a fascina, a fermeca, a vrăji
enarm [in'ɑːm] vt înv a înarma
en bloc [,ɔŋ 'blɔk] fr în bloc; cu toții
encaenia [en'siːniə] s 1 festivitate, aniversare, comemorare (a fondării) 2 Encaenia aniversare anuală a întemeierii universității Oxford (în iunie)
encapsulation [in,kæpsju'leiʃn] s încapsulare
encashment [in'kæʃmənt] s ec incaso; încasare; plată în numerar
enceinte[1] [pronunția franceză] fr I adj însărcinată, grea, gravidă II s femeie însărcinată, (femeie) gravidă
enceinte[2] [pronunția franceză] fr mil s ziduri, metereze, întărituri
encephalic [enkə'fælik] adj encefalic

encephalogram [en'sefələgræm] s med encefalogramă
enchanter's nightshade [in-'tʃɑːntəz 'naitʃeid] s bot tilișcă (Circaea luteliana)
enchantingly [in'tʃɑːntiŋli] adv cu farmec
enchilada [,entʃi'lɑːdə] s (fel de mâncare mexican) clătită din făină de porumb, umplută cu carne condimentată și servită cu sos
enchiridion [,enkai'ri:diən], pl enchiridions [,enkai'ri:diənz] sau enchiridia [,enkai'ri:diə] s ghid, călăuză, manual
encincture [in'siŋktʃə] I vt a înconjura, a împresura II s rar, fig cingătoare, brâu
enclitics [in'klitiks] s gram flexiune
enclosed order [in,kləuzd 'ɔːdə] s rel ordin călugăresc
enclothe [in'kləuð] vt a îmbrăca, a înveșmânta
encoder [in'kəudə] s cib etc. codificator
encoding [in'kəudiŋ] s mil, cib codificare
encoffin [in'kɔfin] vt rar a pune în sicriu; a înmormânta (și fig)
encounter group [in'kauntə gruːp] s psih ședință de terapie de grup
encourager [in'kʌridʒə] s 1 susținător, sprijinitor 2 instigator, ațâțător
encrustation [in,krʌst'teiʃn] s încrustare
encrypt [en'kript] vt a codifica, a cifra
encumbrancer [in'kʌmbrənsə] s jur creditor ipotecar
encyclopaedism [en,saiklə'pi:dizm] s 1 caracter enciclopedic 2 cunoștințe enciclopedice
endearing [in'diəriŋ] adj (d caracter) atrăgător, apropiat, cald
endearingly [in'diəriŋli] adv cu căldură, cu dragoste, alintător
endemically [en'demikəli] adv endemic
end game ['end geim] s final de partidă
endless ['endlis] adj fără sfârșit / capăt, nesfârșit, neîntrerupt, continuu, necontenit, infinit
endocarp ['endəukɑːp] s bot endocarp
endocrinologist [,endəukrai'nɔlədʒist] s med endocrinolog

endoenzyme [,endəu'enzim *s biol* endoenzimă

endogamy [en'dɔgəmi] *s biol* endogamie

endogen ['endədʒen] *s bot* monocotiledon

endomorph ['endəumɔːf] *s med* endomorf

end-on [,end'ɔn] *adj, adv* cu capătul înainte *(îndreptat spre un obiect)*; perpendicular

endorphin [en'dɔːfin] *s med* endorfină

endoscope ['endəuskəup] *s med* endoscop

endoscopy [en'dɔskəpi] *s med* endoscopie

endoskeleton [,endəu'skelitn] *s zool* endoschelet

endospermic [,endəu'spəmik] *adj bot* endospermic

endospore ['endəuspɔː] *s bot* endospor

endothelium [,endəu'θiːliəm] *s fizl* endoteliu

endowment assurance, endowment insurance [in'daumənt ə,ʃuərəns, in'daumənt in,ʃuərəns] *s* asigurare cu acumulare de capital

endowment mortgage [in'daumənt ,mɔːtgidʒ] *s* ipotecă garantată cu o asigurare pe viață

endowment policy [in'daumənt ,pɔlisi] *s* poliță de asigurare pe viață cu acumulare de capital

end play ['end plei] *s tehn* joc axial

end result ['end ri,zʌlt] *s* rezultat final

endurableness [in'djuərəblnis] *s rar* durabilitate, trăinicie, rezistență

endurance limit [in'djuərəns ,limit] *s tehn* limită de rezistență la oboseală

enduringly [in'djuəriŋli] *adv* răbdător, cu răbdare; durabil

energic [e'nə:dʒik] *adj înv* energic, activ

energy balance ['enədʒi ,bæləns] *s tehn* bilanț energetic

energy level ['enədʒi ,levl] *s fiz* nivel energetic

enfetter [in'fetə] *vt înv* a înlănțui, a fereca; a încătușa *și fig*

enflesh [in'fleʃ] *vt rar* a întrupa

enfolding [in'fəuldiŋ] *s* 1 învelire, înfășurare 2 îmbrățișare 3 îndoire, împăturire

enforceability [in,fɔːsə'biliti] *s jur* posibilitate de aplicare *(a unei legi)*

enforceable [in'fɔːsəbl] *adj jur* executoriu

enforcedly [in'fɔːsidli] *adv* forțat, silit

engagement diary [in'geidʒmənt ,daiəri] *s* agendă de lucru

engarland [in'gɑːlənd] *vt poetic* a găti cu ghirlande, a încununa

enginery ['endʒinəri] *s rar, F* 1 mașini, mașinărie, instalații mecanice 2 *mil* tehnică de luptă 3 *mil* geniu, artilerie 4 *fig* mașinație

engirdle [in'gə:dl] *vt* a încinge, a înconjura, a îngrădi

English breakfast [,iŋgliʃ 'brekfəst] *s* mic dejun englezesc

English Heritage [,iŋgliʃ 'heritidʒ] *s organism britanic de protecție a patrimoniului istoric

English muffin [,iŋgliʃ 'mʌfin] *s* un fel de prăjitură în formă de fagure

English rose [,iŋgliʃ 'rəuz] *s* frumusețe britanică

English setter [,iŋgliʃ 'setə] *s* setter englez

English speaker [,iŋgliʃ 'spiːkə] *s* vorbitor de limbă engleză

English-speaking [,iŋgliʃ'spiːkiŋ] *adj (d persoane, națiuni)* care vorbește engleza

englut [iŋ'glʌt] *vt rar* a înghiți, a devora

engobe [ɑːn'gəub] *s tehn* cuvertă, engobă

engrosser [in'grəusə] *s* 1 copist 2 acaparator, monopolizator

engrossment [in'grəusmənt] *s* absorbire; acaparare

engulfment [in'gʌlfmənt] *s* scufundare *și fig*

enhanced [in'hænst] *adj* ameliorat, îmbunătățit; crescut, mărit; *(d frumusețe)* pus în valoare

-enhanced [in'hænst] *(în cuvinte compuse)* computer- ~ optimizat pe calculator; protein ~ îmbogățit cu proteine

enisle [in'ail] *vt poetic* 1 a preface într-o insulă 2 a izola, a separa

enjoyableness [in'dʒɔiəblnis] *s* savurare; plăcere

enjoyably [in'dʒɔiəbli] *adv* plăcut, cu plăcere

enlevement [en'liːvmənt *și pronunția franceză*] *s fr* răpire *(a unui copil etc.)*

enlightening [in'laitəniŋ] *adj* instructiv

enlink [in'liŋk] *vt* (**with, to**) a lega (de)

enlistee [,inlis'tiː] *s amer mil* recrut, răcan, tânăr care s-a înrolat în armată

enlivener [in'laivnə] *s* 1 animator 2 întăritor *(leac)*

ennobling [i'nəubliŋ] I *adj* înnobilator, care înnobilează II *s* 1 înnobilare, înfrumusețare, înălțare, ridicare 2 înnobilare, conferirea unui titlu de noblețe

ennuyé [,ɔnwi:'ei] *adj fr* plictisit

enology [iː'nɔlədʒi] *s amer* oenologie, știința vinificației

en passant [ɔn 'pæsɔn] *adv* în treacăt

enrank [in'ræŋk] *vt* a ordona, a așeza în rând

enravish [in'ræviʃ] *vt* a încânta, a extazia, a răpi

enregiment [in'redʒimənt] *vt mil* a înregimenta *și fig*

enregister [in'redʒistə] *vt* a înregistra, a însemna, a trece pe o listă

enriching [in'ritʃiŋ] *s* 1 îmbogățire *și fig* 2 *agr* îmbunătățire *(a solului)*, fertilizare

enring [en'riŋ] *vt poetic* 1 a înconjura, a împrejmui 2 a pune un inel în / pe 3 a împodobi cu inele

enroot [in'ru:t] *vt (↓ la ptc)* 1 a înrădăcina, a planta, a sădi 2 *fig* a înrădăcina, a sădi adânc

ensanguine [in'saŋgwin] *vt* a însângera

ensete [en'si:ti:] *s* banană de Abisinia

enshrinement [in'ʃrainmənt] *s bis* punere în raclă

ensign bearer ['ensain ,beərə] *s* 1 *ist, mil* port-drapel, stegar; sublocotenent 2 *sl* bețiv

ensign staff ['ensain stɑːf] *s* 1 *nav* baston de pavilion 2 baston de comandant

enstamp [in'stæmp] *vt* (**on, upon**) a marca (cu), a pune *(un semn etc.)* (pe)

ensuant [in'sjuː(:)ənt] *adj* ~ **on** decurgând din

en suite [,ɔn'swiːt] *adj, adv* with ~ **bath room, with bathroom** ~ *(d un apartament la hotel)* cu baie proprie

ENT *presc de la* **ear, nose & throat** *s, adj* ORL

entablature [en'tæblətʃə] *s arhit* antablament

entailment [in'teilmənt] *s jur* testare ca moștenire inalienabilă, substituție, avere substituită

entame [in'teim] *vt rar* a domestici, a îmblânzi

entangle [in'tæŋgl] *vt* 1 a încurca, a încâlci *(părul, ața etc.)* 2 a prinde în plasă / mreje, *(pește)* 3 *fig* a prinde în mreje,a momi, a ademeni, a ispiti 4 *fig* a încurca, a băga în bucluc

entente [ɔ(:)n'tɔ(:)nt *și pronunția franceză*] *s fr pol* antantă, înțelegere *(între state)*

enterable ['entərəbl] *adj* accesibil; în care se intră, în care se poate intra

enterobacterium [,entərəubæk'tiəriəm] *s* enterobacter

enterovirus [,entərəu'vairəs] *s* enterovirus

enterpriser ['entəpraizə] *s* 1 întreprinzător 2 *com* speculant 3 *înv* aventurier

enterprise zone ['entəpraiz zəun] *s brit* zonă slab dezvoltată, în care guvernul susține un program de investiții în economie

enticingly [in'taisiŋli] *adv* (în mod) ademenitor, ispititor

enterprisingly ['entəpraiziŋli] *adv* cu hotărâre

entertainingly [,entə'teiniŋli] *adv* distractiv, amuzant, plăcut; interesant

enthronization [in,θrəuni'zeiʃn] *s* întronare, însărcinare, urcare pe tron

entitlement [in'taitlmənt] *s* drept; ~ to social security dreptul la asistență socială

entombment [in'tu:mmənt] *s* înmormântare, îngropare, înhumare

entomologize [,entə'mɔlədʒaiz] *vi* 1 a studia / a se ocupa cu entomologia 2 a face colecție de insecte

entopic [in'tɔpik] *adj* entopic *(care apare în locul obișnuit)*

entourage [,ɔntu'rɑ:ʒ] *s* anturaj

entr'acte ['ɔntrækt *și pronunția franceză*] *s fr* 1 *teatru* antract, pauză 2 *fig* interludiu, intermezzo

entrammel [in'træməl] *vt fig* a prinde în laț / capcană

entrance hall ['entrəns hɔ:l] *s* vestibul, hol

entrance ramp ['entrəns ræmp] *s* rampă de intrare

entrancingly [in'trænsiŋli] *adv* (în mod) seducător, fascinant

entrapment [in'træpmənt] *s* înscenare făcută de un ofițer de poliție pentru prinderea unui infractor

entreating [in'tri:tiŋ] **I** *adj* rugător, implorator **II** *s (la pl)* rugăminți

entremets ['ɔntrəmeiz *și pronunția franceză*] *s pl fr* legume și dulciuri *(servite de obicei după friptură)*

entrepôt ['ɔ:ntrəpəu *și pronunția franceză*] *s fr* magazie, antrepozit, depozit

entrepreneurial [,ɔntrəprə'nɔ:riəl] *adj* 1 referitor la antreprenor 2 întreprinzător

entruck [in'trʌk] *amer* **I** *vt* a încărca / a urca într-un camion **II** *vi* a se urca într-un camion

entryism ['entriizm] *s pol* tactică de infiltrare în sânul unui sindicat pentru a-l dezorganiza

entryist ['entriist] **I** *adj* referitor la practica de a infiltra persoane străine într-o organizație **II** *s* persoană care se ocupă cu astfel de practici

entryway ['entriwei] *s amer* 1 intrare; poartă 2 foaier, vestibul

enucleate [i'nju:klieit] *vt* 1 *med* a extirpa *(o tumoare etc.)* 2 *fig* a lămuri, a tălmăci, a explica

E number ['i:,nʌmbə] *s brit* indicativ al unui conservant sau colorant alimentar

enumerator [i'nju:məreitə] *s* recenzor

enunciator [i'nʌnsieitə] *s* vestitor

enviously ['enviəsli] *adv* cu invidie

environmentalism [in,vairən'mentəlizm] *s* 1 studiul mediului înconjurător 2 *psih* teorie care susține preponderența mediului în dezvoltarea unui individ sau a unui grup

environmentally [in,vairən'mentəli] *adv* în jur / împrejurimi

envisagement [in'vizidʒmənt] *s* 1 înfruntare *(a unei primejdii)* 2 examinare *(a unei probleme)*

enwind [in'waind] *poetic* **I** *vt* a încolăci **II** *vi* a se încolăci

enwomb [in'wu:m] *vt* a ascunde, a tăinui

enwreathe [in'ri:ð] *vt* a încorona, a încununa *(cu flori)*

enzymology [,enzai'mɔlədʒi] *s ch* enzimologie

eoan [i(:)'əuən] *adj poetic* de răsărit; al zorilor

EOC *presc de la* **Equal Opportunities Commission** *(în Marea Britanie)* *s* comisie pentru egalitatea șanselor angajaților unei întreprinderi

eolith ['i:əuliθ] *s arheol* eolit

eosine ['iəsi(:)n] *s ch* eozină

eozoic [iə'zəuik] *geol* **I** *adj* eozoic **II** *s* eozoic, perioada eozoică

EP *s presc de la* 1 **extended play** disc de 45 de turații conținând patru piese muzicale 2 **European Plan** planul european

EPA *presc de la* **Environmental Protection Agency** *s* Agenția pentru protecția mediului înconjurător

epact ['i:pækt] *s astr* 1 epactă *(vârstă a lunii la 1 ianuarie)* 2 diferența dintre anul lunar și anul solar

eparch ['i:pɑ:k] *s* 1 *ist* eparh *(conducător al unei provincii grecești)* 2 *bis (în Grecia)* arhiepiscop

epeirogenic [i,paiərə'dʒenik] *adj geol* epirogenetic

epeirogeny [,epai'rɔdʒəni] *s geol* epirogeneză

ephedrin(e) ['efidri:n] *s ch* efedrină

ephemerid [i'femərid] *s ent* efemeridă

ephemeris [i'feməris], *pl* **ephemerides** [i,femə'ri:di:z] *s* efemeridă

ephemeron [i'femərɔn] *s ent* efemere

ephemerous [i'femərəs] *adj* 1 efemer, trecător, vremelnic, de scurtă durată 2 *biol* efemer *(plante, insecte)*

Ephesian [i'fi:ʒiən] **I** *adj* efesean, din Efes **II** *s* 1 efesean 2 *sl* chefliu

epicranium [,epi'kreiniəm] *s anat* epicraniu

epicritic [,epi'kritik] *adj* epicritic

Epicurism ['epikjuərizm] *s filoz* epicurism, doctrina lui Epicur; doctrina epicurienilor

epicyclic [,epi'saiklik] *adj* epicicloidal

epicycloid [,epi'saiklɔid] *s astr* epicicloidă

Epidaurus [,epi'dɔ:rəs] *s ist* Epidaur *(oraș în Grecia antică, în Argolida)* epidemical [ˌepiˈdemikəl] adj epidemic

epidemiologist [epiˌdiːmiˈɔlədʒist] s epidemiolog

epidermic [ˌepiˈdəːmik] adj anat epidermic

epidiascopic [ˌepidaiəsˈkɔpik] adj opt epidiascopic, de epidiascop

epidural [ˌepiˈdjuərəl] med I adj epidural II s anestezie epidurală

epifocal [ˌepiˈfəukl] adj epicentral

epigene [ˈepidʒiːn] adj bot, geol epigen

epigenetic [ˌepidʒiˈnetik] adj geol epigenetic

epigonic [ˌepiˈgɔnik] adj de epigon(i)

epigrammatize [ˌepiˈgræmətaiz] I vt a satiriza printr-o epigramă II vi a compune / a scrie epigrame

epigraphist [eˈpigrəfist] s epigrafist

epilate [ˈepileit] vt a depila, a smulge (părul)

epilation [ˌepiˈleiʃn] s depilare, smulgere (a părului)

epilobe [ˈepiləub] s bot răscoage, pufuliță, răchițică (Epilobium sp.)

epinephrine [ˌepiˈnefrin] s amer med adrenalină

epiphytic [ˌepiˈfitik] adj bot epifit

episcopally [iˈpiskəpəli] adv episcopal, ca un episcop

episcopate [iˈpiskəpit] s bis 1 episcopat (cu toate sensurile); episcopie, eparhie 2 episcopat, corpul / totalitatea episcopilor

episcope [ˈepiskəup] s fiz episcop

episcopize [iˈpiskəpaiz] vt a face (pe cineva) episcop

epistasis [iˈpistəsis] s med oprire (a unei secreții); epistază

epistemic [ˌepiˈstiːmik] adj filoz epistemic

epistemological [ˌepistemɔˈlɔdʒikl] adj filoz epistemologic

epistler [iˈpistələ] s v. epistoler

epistoler [iˈpistələ] s bis preot care citește epistolele apostolilor în timpul împărtășaniei

epistolize [iˈpistəlaiz] vi a scrie / a redacta epistole / scrisori

epitaxial [ˌepiˈtæksiəl] adj fiz epitaxial

epithelial [ˌepiˈθiːliəl] adj anat, bot epitelial

epithermal [ˌepiˈθəːməl] adj fiz epitermic

epithetic(al) [ˌepiˈθetik(əl)] adj 1 de epitet 2 bogat în epitete

epizoic [ˌepiˈzəuik] adj zool epizoic

EPNS presc de la electroplated nickel silver s acoperire galvanică cu nichel și argint

epoch-marking [ˌiːpɔkˈmaːkiŋ] adj epocal, care face epocă; de importanță majoră; (cu răsunet) mondial, istoric

EPOS presc de la electronic point of sale s punct de vânzare electronic

EPROM [ˈiːprɔm] presc de la erasable programmable read only memory s cib EPROM

eprouvette [ˌepruˈvet] s 1 eprubetă 2 met lingură întrebuințată la analiza cantitativă a aliajelor

epsilon [epˈsailən] mai rar [ˈepsilən] s epsilon (litera grecească)

Epsom [ˈepsəm] s cursele de cai de la Epsom (în Anglia)

epsomite [ˈepsəmait] s minr epsomit

epurate [ˈepjuəreit] vt a epura

equably [ˈekwəbli] adv (în mod) liniștit, placid, calm

Equal Opportunities Commission v. EOC

equal sign [ˈiːkwəl sain] s mat semnul egalității

equatable [ˈiːkwətəbl] adj comparabil

Equatorial Guinea [ˌiːkwəˌtɔriəl ˈginiː] s Guineea Ecuatorială (stat în Africa centrală)

equestrianism [iˈkwestriənizm] s echitație, hipism

equestrienne [iˌkwestriˈen] s călăreață, amazoană

equiangular [ˌiːkwiˈæŋgjulə] adj mat cu unghiuri egale, izogonal, echiangular

equilibration [ˌiːkwilaiˈbreiʃn] s echilibru; echilibrare, cumpănire

equilibratory [ˌiːkwilaiˈbreitəri] adj care echilibrează, de echilibrare

equinoctial circle [ˌiːkwiˌnɔkʃl ˈsəːkl] s linie echinocțială; ecuator ceresc sau pământesc

equipollence [ˌiːkwiˈpɔləns] s mat echipolență

equipollent [ˌiːkwiˈpɔlənt] adj mat echipolent

equiponderate I [ˌiːkwiˈpɔndəreit] vt a echilibra, a cumpăni; a contrabalansa II [ˌiːkwiˈpɔndərit] s mat ecuație III adj de aceeași greutate

equivalency [iˈkwivələnsi] s echivalență; conformitate, corespondență

equivocality [iˌkwivəˈkæliti] s 1 caracter echivoc 2 expresie echivocă

equivocalness [iˈkwivəkəlnis] s v. equivocality (1)

equivocator [iˈkwivəkeitə] s persoană care vorbește în mod echivoc

equivoke, equivoque [ˈekwivəuk] s echivoc, ambiguitate; glumă cu două înțelesuri

ER presc de la Elisabeth Regina emblema reginei Elisabeth

ERA [ˈiərə] presc de la Equal Rights Amendment s lege americană referitoare la venitul pensionarilor

erasable [iˈreizəbl] adj care poate fi șters / îndepărtat

erase head [iˈreiz hed] s cap de șters

erasing [iˈreiziŋ] s ștergere

Erasmian [iˈræzmiən] s discipol al lui Erasmus

erection [iˈrekʃn] s 1 ridicare, înălțare 2 construire, clădire 3 construcție, clădire 4 tehn montare, asamblare 5 fizl erecție

erelong [eəˈlɔŋ] adv înv, poetic curând, peste puțin timp, în scurtă vreme

erewhile [eəˈhwail] adv înv, poetic 1 de curând, nu de mult 2 în urmă (mai înainte)

ergative [ˈəːgətiv] gram I s cazul ergativ II adj referitor la cazul ergativ, care denotă instrumentul sau agentul unei acțiuni

ergonomic [ˌəːgəuˈnɔmik] adj ergonomic

ergonomically [ˌəːgəuˈnɔmikəli] adv din punct de vedere ergonomic

ergotoxine [ˌəːgəˈtɔksin] s ch ergotoxină

ERISA presc de la Employee Retirement Income Security Act s proiect de lege american respins în 1982 care susține egalitatea oamenilor, indiferent de sex, religie sau rasă

eristic [eˈristik] I adj polemic, de dispută II s 1 polemist, argumentator 2 eristică, polemică; argumentație

Eritrean [ˌeriˈtriən] I s locuitor din Eritreea II adj din Eritreea, referitor la Eritreea

erk [ə:k] *s av sl* **1** recrut; pilot începător **2** mecanic

ERM *presc de la* **Exchange Rate Mechanism** *s* mecanismul ratei de schimb

ermined ['ə:mind] *adj* purtând blană de hermină

erne [ə:n] *s orn* vultur, vultur de mare *(Pandion haliaetus)* și vultur codalb *(Haliaetus albicilla)*

Ernie ['ə:ni] *presc de la* **Electronic Random Number Indicator Equipment** *(în Marea Britanie) s* ordinator care servește la extragerea numerelor câștigătoare la biletele de loterie

erotica [i'rɔtikə] *s* literatură / artă erotică

erotical [i'rɔtikəl] *adj* erotic

erotism [e'rɔtizm] *s med* erotism

errantry ['erəntri] *s* **1** pribegie; peregrinare **2** condiția de cavaler rătăcitor **3** rătăcire, greșeală

erratical [i'rætikəl] *adj* rătăcitor, pribeag

error correction ['erə kə,rekʃn] *s* corectarea greșelilor

error message ['erə,mesidʒ] *s cib* mesaj de eroare

erst [ə:st] *adv înv* altădată, odinioară, demult; la început

erubescent [,eru(:)'besnt] *adj* **1** care roșește **2** *amer* roșcat

eruditely ['eru:daitli] *adv* savant, erudit, cu erudiție

eruption [i'rʌpʃn] *s* **1** erupție *(a unui vulcan etc.)* **2** ieșire *(a dinților)* **3** izbucnire *(a unui război etc.)* **4** *med* erupție **5** *fig* țâșnire, erupție; zvâcnire; izbucnire

eruptiveness [i'rʌptivnis] *s* caracter eruptiv *(al unui vulcan etc.)*

erythema [,eri:'θi:mə] *s med* eritem, înroșire a pielii

erythrite [i'riθrait] *s ch* eritrită

erythrocyte [i'riθrəusait] *s* eritrocit

ESA *presc de la* **European Space Agency** *s* Agenția Spațială Europeană

Esau ['i:sɔ:] *s personaj biblic*

escalator clause ['eskəleitə klɔ:z] *s ec* clauza „tarifului progresiv"

escallop [is'kɔləp] *s v.* **scallop (I)**

escalope ['eskələp] *s* escalop

escape clause [i,skeip 'klɔ:z] *s ec* clauză de salvare / de siguranță

escaped [i'skeipt] *adj* evadare; an ~ prisoner un evadat

escape hatch [i'skeip hætʃ] *s* trapă de siguranță

escape mechanism [i'skeip ,mekənizm] *s* **1** mecanism de siguranță **2** *psih* fugă de realitate

escape pipe [i'skeip paip] *s* țeavă de eșapament; burlan de refulare

escape road [i'skeip rəud] *s* pantă de protecție

escape velocity [i'skeip və,lɔsiti] *s* viteză de evadare a electronilor; viteză de învingere a atracției gravitaționale

escape wheel [i'skeip ,wi:l] *s* roată de oprire; roată de eșapament

escapologist [,eske'pɔlədʒist] *s* escapologist *(artist de circ care, legat fiind, își poate desface legăturile singur)*

escapology [,eske'pɔlədʒi] *s* arta de a dispărea *(într-un spectacol de magie)*

eschar ['eskɑ:] *s med* coajă, crustă *(la o rană)*

eschatological [,eskətəu'lɔdʒikəl] *adj rel* escatologic

eschatologist [,eskətəu'lɔdʒist] *s rel* escatolog

Eschimo dog ['eskiməu dɔg] *s* câine eschimos

Eschimo pie ['eskiməu pai] *s amer* înghețată „Eskimo" *(învelită în ciocolată)*

escort agency ['eskɔ:t ,eidʒənsi] *s* agenție de însoțire și pază

escribe [i(:)'skraib] *vt mat* a descrie *(un cerc circumscris unui triunghi)*

escrow [es'krəu] *s jur* angajament legal scris *(depus în custodia unei terțe persoane)*

ESE *presc de la* **east-southeast** est-sud-est

eserine ['esərain] *s ch* ezerină, fisostigmină

esker ['eskə] *s geol* esker

ESL *presc de la* **English as a Second Language** *s* engleza ca a doua limbă (străină)

ESN *presc de la* **Educationally Subnormal** *adj* înapoiat din punct de vedere școlar

esp. *presc de la* **especially** mai ales

espadrille [,espə'dril] *s* espadrilă

esparto grass [es'pɑ:təu grɑ:s] *s bot* alfa *(Stipa tenacissima și Lygeum Spartum)*

especialness [i'speʃəlnis] *s* particularitate, caracter special

esperance [*pronunția franceză*] *s înv* speranță, nădejde

Esperantist [,espə'ræntist] *s lingv* esperantist

espouser [i'spauzə] *s* apărător, protector; partizan, adept; susținător

esprit [es'pri:] *s fr* spirit, inteligență

Esquimau ['eskiməu], *pl* **Esquimaux** ['eskiməuz] *s* **1** eschimos **2** (limba) eschimosă

esse ['esi] *s lat* existență, ființă, ființare; in ~ existent, în ființă

Essenism ['esenizm] *s rel* esenialism; ascetism

essentialness [i'senʃəlnis] *s* esență, caracter esențial

essoi(g)n [i'sɔin] *s înv* iertare, absolvire

est [est] *presc de la* **Erhard Seminars Training** *s* metodă de formare psihologică creată de Werner Erhart

EST *presc de la* **Eastern Standard Time** *s* ora de iarnă din New York

establishing [i'stæbliʃiŋ] *s* stabilire; instalare; fondare *etc.* ~ of norms normare

estate agency [i'steit ,eidʒənsi] *s* agenție imobiliară

estate duty [i'steit ,dju:ti] *s* impozit pe avere

estd., est'd. *presc de la* **established** stabilit, cu sediul

esteemed [i'sti:md] *adj* stimat; our ~ president stimatul nostru președinte

estivate ['estiveit] *vi* a-și petrece vara

estop [i'stɔp] *vt* **1** *jur* (from) a exclude, a îndepărta (de la) **2** *rar* a împiedica

estranged [i'streindʒd] *adj* (from) înstrăinat, străin (de); to become ~ from a se înstrăina de

estray [e'strei] *s* **1** animal rătăcit **2** obiect / lucru rătăcit

estreat [i'stri:t] **I** *vb* **1** *jur* a urmări pentru plata unei amenzi / cauțiuni *etc.* **2** a amenda **II** *s* copie perfectă a unui document

estrogen ['i:strəudʒen] *s amer* estrogen

estuarine ['estjuərin] *adj geogr* de estuar

esurience [i'sjuəriəns] *s* **1** foame **2** lăcomie, aviditate, cupiditate

esuriency [i'sjuəriənsi] *s v.* **esurience**

esurient [i'sjuəriənt] *adj* **1** lihnit, înfometat **2** lacom, avid, cupid

ET *presc de la* **Employment Training** *(în Marea Britanie)* s program guvernamental de reciclare a şomerilor

eta ['i:tə, 'eitə] *s* eta *(literă grecească)*

ETA *presc de la* **estimated time of arrival** *s* ora estimativă de sosire

et ceteras, etceteras [it'setrəz] *s pl* **1** şi toţi ceilalţi, şi următorii **2** tot felul de lucruri, de toate şi amestecate **3** adaosuri; cheltuieli suplimentare / accesorii

etching agent ['etʃiŋ ,eidʒənt] *s* ronjant

etching machine ['etʃiŋ mə,ʃi:n] *s poligr* maşină de corodat

ETD *presc de la* **estimated time of departure** *s* ora estimativă de plecare

eternity ring [i,tə:niti 'riŋ] *s* inel cu pietre preţioase purtat de femei

eternize [i:'tə:naiz] *vt* a eterniza, a imortaliza

etesian [i':ti:ʒiən] *adj* periodic; anual

ethanol ['eθənəul] *s ch* etanol

ethereality [i(:),θiəri'æliti] *s* caracter eteric

etherealization [i(:),θiəriəli'zeiʃn] *s* transformare / prefacere în eter

etherization [i,θərai'zeiʃn] *s* **1** adormire / narcoză cu eter **2** transformare / prefacere în eter

Ethiopic [,i:θi'ɔpik] *adj (d religie, limbă)* etiopic

ethmoid ['eθmɔid] *adj anat* etmoid

ethnicity ['eθnisiti] *s* apartenenţă etnică

ethnic minority [,eθnik 'mainɔriti] *s* minoritate etnică

ethnocentric [,eθnəu'sentrik] *adj* etnocentric

ethnocentrism [,eθnəu'sentrizm] *s* etnocentrism

ethnography [eθ'nɔgrəfi] *s* etnografie

ethnolinguistics [,eθnəulin'gwistiks] *s* etnolingvistică

ethnologic(al) [,eθnəu'lɔdʒik(əl)] *adj* etnologic

ethyl-alcohol [,eθil'ælkəhol] *s ch* alcool etilic

etna ['etnə] *s* lampă cu spirt

Etruscan [i'trʌskən] **I** *adj* etrusc **II** *s* **1** etrusc **2** *(limba)* etruscă

ETU *presc de la* **Electrical Trade Union** *s (în Marea Britanie)* sindicatul electricienilor

étui [e'twi:] *s fr* cutiuţă *(pentru ace etc.)*, toc, cutie

ETV *presc de la* **Educational Television** *s amer* canal de televiziune cu programe educative şi culturale

etwee [e'twi:] *s v.* **étui**

Euboen [ju(:)'bi(:)ən] *adj* din Eubea

eucain(e) [ju(:)'kein] *s ch* eucaină

eucalyptus oil [,ju:kə'liptəs ɔil] *s* ulei de eucalipt

euchre ['ju:kə] **I** *s amer* un joc de cărţi asemănător cu whistul **II** *vt* **1** a câştiga „la euchre" **2** *fig sl* a învinge, a înfrânge; a înşela *(pe cineva)*

eudaemon ['ju:dimən] *s* spirit bun

eudiometer [,ju:di'ɔmi:tə] *s* **1** *ch* eudiometru **2** *tehn* analizator de gaze

eugenesis [ju(:)'dʒenisis] *s* eugeneză

eulogist ['ju:lədʒist] *s* panegirist

eulogium [ju(:)'ləudʒiəm], *pl* **eulogiums** [ju:'ləudʒiəmz] *sau* **eulogia** [ju:'ləudʒiə] *s* elogiu, laudă, slăvire, panegiric

eupepsy [ju:'pepsi] *s med* eupepsie

eupeptic [ju:'peptik] *adj* **1** care are digestie bună **2** care ajută la digestie; digestibil

euphonize ['ju:fənaiz] *vt* a face eufonie

euphorbiaceae [ju(:),fɔ:bi'eisii:] *s pl bot* euforbiacee

euphoric [ju:'fɔrik] *adj* euforic

euphuist ['ju:fjuist] *s* persoană care vorbeşte afectat / preţios

Euratom [juər'ætəm] *presc de la* **European Atomic Energy Community** *s* Comunitatea Europeană pentru Energie Atomică

Eurobank ['juərəubæŋk] *s* bancă europeană

Eurobond ['juərəubond] *s* obligaţiune într-o bancă europeană

Eurocentric ['juərəu ,sentrik] *adj* care pune accent pe valorile culturii europene, uneori în dauna altora

Eurocheque ['juərəutʃek] *s fin* eurocec *(tip de cec care poate fi utilizat în multe ţări europene)*

Eurocurrency ['juərəukʌrənsi] *s fin* devize europene

Eurodollar ['juərəudʌlə] *s fin* eurodolar

Euro-MP ['juərəu ,empi:] *presc de la* **European Member of Parliament** *s* membru al Parlamentului European

Europa [ju'rəupə] *s mit* nimfă sedusă de Zeus

Europe ['juərəup] *s geogr* Europa

European Free Trade Association [juərəu,piən fri: 'treid əsəusieiʃn] *s* Asociaţia Europeană a Liberului Schimb

European Parliament [juərəu,piən 'pa:ləmənt] *s* Parlamentul European

European plan [juərə,pi(:)ən 'plæn] *s* închiriere de camere *(în hoteluri)* fără a se include mesele

Europhile ['juərəufail] *s* partizan al Europei Unite

Eurosceptic ['juərəuskeptik] *s* eurosceptic, adversar al Europei Unite

Euroscepticism ['juərəuskeptisizm] *s* euroscepticism, împotrivire la ideea unităţii europene

Eurosterling ['juərəustə:liŋ] *s fin* euroliră

Eurovision ['juərəuviʒn] *s* Eurovision *(convenţie de transmitere a unor programe TV în întreaga Europă)*

eurythmics [ju:'riðmiks] *s amer* euritmie

eustatic [ju:'stætik] *adj* eustatic

EVA *presc de la* **extravehicular activity** *s* activitate umană în spaţiul extraatmosferic, care se desfăşoară în exteriorul modulului spaţial

Evacuation Day [ivækju,eiʃn 'dei] *s (în S.U.A.)* 25 noiembrie, ziua părăsirii New York-ului de către englezi

evader [i'veidə] *s* persoană care eludează, care se sustrage

evaluation [i,vælju'eiʃn] *s* **1** evaluare **2** *mat* exprimare în cifre

evangel [i'vændʒel] *s rel rar* **1** evanghelie **2** evanghelist **3** *fig* veste bună

evangelicalism [iv'ændʒelikəlizm] *s rel* evanghelism; doctrina bisericii evanghelice

evangelism [i'vændʒelizm] *s rel* evanghelism, predicarea evangheliei

evanish [i'væniʃ] *vi poetic* a dispărea, a se face nevăzut

evaporable [i'væpərəbl] *adj* evaporabil

evaporated milk [i,væpəreitid 'milk] *s* lapte condensat

evaporative [i'væpəreitiv] *adj* care se evaporă; care se vaporizează

evaporator [i'væpəreitə] *s tehn* evaporator; uscător; vaporizator

evaporimeter [i,væpə'rimitə] *s tehn* evaporimetru

even-aged [,i:vən'eidʒd] *adj* de vârstă mijlocie

even-handedly [,i:vən'hændidli] *adv* nepărtinitor, echitabil

evening primrose [,i:vniŋ 'primrəuz] *s bot* luminiță, luminiţa-nopţii *(Oenothera biennis)*

evening tide ['i:vniŋ taid] *s poetic* seară, înserare

evening wear ['i:vniŋ ,weə] *s* ţinută de seară

eventing [i'ventiŋ] *s participare la toate probele unui concurs hipic*

ever-during [,evə'djuəriə] *adj rar* neîncetat, necontenit, veşnic

Everglades ['evəgleidz] *s pl* the ~ National Park *s* parcul naţional Everglades

everydayness ['evrideinis] *s* 1 monotonie; regularitate zilnică 2 banalitate *(a unei întâmplări etc.)*

everyhow ['evrihau] *adv F* în toate chipurile

Everyman ['everimæn] *s* 1 *ist lit* (tot) omul *(în moralităţile din sec. al XV-lea)* 2 **everyman** fiecare, oricine

everyplace ['evripleis] *adv amer* peste tot, oriunde

evil-eyed [,i:vl'aid] *adj* cu o privire rea, cu ochi răi

evil-smelling [,i:vl'smeliŋ] *adj* rău mirositor

evirate ['i:vireit] *vt lit* a castra, a emascula

evocable ['evəkəbl] *adj* evocabil, care poate fi evocat

evulgate [i'vʌlgeit] *vt* a publica, a anunţa, a vesti; a divulga, a dezvălui

evulse [i'vʌls] *vt* a extrage *(cu forţa, un dinte etc.)*

exactable [ig'zæktəbl] *adj (d impozit)* exigibil

exaggeratedly [ig'zædʒəreitidli] *adv* exagerat

exaggerator [ig'zædʒəreitə] *s* persoană care exagerează

examinational [ig,zæmi'neiʃnəl] *adj* de examen

examinator [ig'zæmineitə] *s rar* 1 examinator 2 *amer* revizor 3 *jur* judecător de instrucţie

examinatorial [ig,zæminə'tɔ:riəl] *adj* examinatorial

examining [ig,zæminiŋ] *adj* examinator; de examen(e)

examining magistrate [ig,zæminiŋ 'mægistreit] *s brit jur* judecător de instrucţie

exanthematous [,eksæn'θemətəs] *adj med* exantematic

exarchate ['eksɑ:keit] *s ist* exarhat

exasperatingly [ig'zɑ:spəreitiŋli] *adv* exasperant, până la exasperare

exceptionality [ik,sepʃə'næliti] *s* caracter excepţional

excepter [ik'septə] *s* persoană care dojeneşte; critic

excerption [ek'sə:pʃn] *s* 1 extragere *(de fragment dintr-o carte etc.)* 2 citat, extras, fragment

excess baggage [ik'ses ,bægidʒ] *s* bagaj excedentar *(la avion)*

excess-profits duty [ik,ses profits 'dju:ti] *s* impozit pe supraprofit / pe câştiguri excepţionale

excess-profits tax [ik,sesprofits 'tæks] *s v.* **excess-profits duty**

Exchange Rate Mechanism [iks,tʃeindʒ reit 'mekənizm] *s v.* **ERM**

excipient [ik'sipiənt] *s farm* excipient

excise tax ['eksaiz tæks] *s ec* acciză

excitant [ik'saitənt] *adj, s* excitant

excitatory [ik'saitətəri] *adj* care excită, excitant

excitedly [ik'saitidli] *adv* agitat, emoţionat

exciter [ik'saitə] *s* 1 aţâţător, instigator 2 *el* excitator electric 3 *tehn* maşină de agitare

excitron ['eksitrən] *s el* excitron

excommunicative [,ekskəu'mjunikeitiv] *adj rel* de excomunicare

excremental [,ekskri'mentəl] *adj* fecal

excrementitious [,ekskrimen'tiʃəs] *adj v.* **excremental**

excreta [ek'skri:tə] *s pl fizl* excreţii *(↓ sudoarea şi urina)*

excretal [eks'kri:təl] *adj v.* **excremental**

excruciatingly [ik'skru:ʃieitiŋli] *adv* grozav / teribil (de); *F* it's ~ funny să te strici de râs, nu alta

exculpatory [ek'skʌlpətəri] *adj* dezvinovăţitor, care disculpă; justificativ

excurrent [ek'skə:rənt] *adj* 1 *(d apă etc.)* care se scurge (în afară) 2 *anat (d sânge)* arterial

excurse [ik'skə:s] I *vi* 1 *rar* a rătăci, a umbla fără ţintă 2 *fig* a divaga, a face o digresiune 3 a face o excursie II *vt* a călători prin

excursioner [ik'skə:ʃnə] *s rar* excursionist, turist, drumeţ

excursive [ik'skə:siv] *adj* digresiv, care se abate; dezordonat; ~ **reading** lectură dezordonată

excusableness [ik'skju:zəblnis] *s* calitatea de a putea fi scuzat

excusal [ik'skju:zəl] *s* scutire de impozite *(locale)*

excuse-me [ik'skju:zmi] *s dans în care o persoană poate lua partenerul alteia*

excuss [ik'skʌs] *vt rar* 1 a arunca, a azvârli, a se descotorosi de 2 a discuta, a cerceta, a studia 3 a descifra, a dezlega 4 *jur* a confisca; a pune sub sechestru

excussion [ik'skʌʃn] *s rar* 1 descifrare, dezlegare 2 *jur* sechestrare; confiscare; sechestru

exeat ['eksiæt] *s (scurtă)* permisie *(de la şcoală etc.)*

execreate ['eksikreit] I *vt* 1 a nu putea suferi, a-i fi scârbă de, a urî, a detesta 2 a blestema II *vi* a blestema

executable ['eksikju:təbl] *adj* executabil, care se poate executa

executive agreement [ig,zekjutiv ə'gri:mənt] *s amer* înţelegere încheiată de preşedinte cu un stat străin şi care nu necesită aprobarea senatului

executive order [ig,zekjutiv 'ɔ:də] *s amer* decret, lege

executive session [ig,zekjutiv 'seʃn] *s* şedinţă cu uşile închise / secretă

exedra ['eksidrə], *pl* **exedra** ['eksidri:] *s arhit* exedră

exegetic(al) [,eksi'dʒetik(əl)] *adj* exegetic, lămuritor

exemplariness [ig'zemplərinis] *s* caracter exemplar

exemplarity [,igzem'plæriti] *s v.* **exemplariness**

exemplifiable [ig'zemplifaiəbl] *adj* care poate fi exemplificat

exenterate [ek'sentəreit] *vt* 1 a exentera, a eviscera, a goli de măruntaie 2 *fig* a scoate afară / la lumină, a da în vileag / pe faţă

179

exequatur [ˌeksi'kweitə] *s jur, ist* execuatur *(autorizaţie dată unui consul, de către un guvern străin, de a-şi exercita funcţia)*

exequial [ig'ziːkwiəl] *adj rar* de înmormântare, funebru

exercisable ['eksəsaizəbl] *adj* care poate fi folosit; *(d autoritate)* care poate fi exercitată

exercise bike ['eksəsaiz baik] *s* bicicletă de exerciţii, bicicletă medicală

exerciser ['eksəsaizə] *s* **1** aparat de gimnastică; bicicletă medicală **2** practicant al gimnasticii medicale / de întreţinere

exercise yard ['eksəsaiz jɑːd] *s* curtea unei închisori

exercitation [eg,zəː'siteiʃn] *s rar* exercitare

exergue [ek'səːg] *s* exergă *(loc pentru inscripţie pe o medalie)*

exes ['eksis] *s pl sl presc de la* **1** expenses cheltuieli **2** foşti miniştri, foste persoane oficiale; **ex-officials, ex-ministers** *etc.*

ex facie [ˌeks 'feiʃiiː] *lat* din cuprinsul *(unui text etc.)*

ex gratia [eks 'greiʃiə] *lat* din amabilitate

exhaustedly [ig'zɔːstidli] *adv* cu un aer epuizat, stors de puteri

exhaust fumes [ig'zɔːst fjuːmz] *s pl* gaze de eşapament

exhaustiveness [ig'zɔːstivnis] *s* caracter exhaustiv

exhaustlessness [ig'zɔːstlisnis] *s* caracter inepuizabil

exhaust manifold [ig'zɔːst ˌmænifəuld] *s tehn* cot de eşapare; galerie de evacuare; ţeavă de eşapament

exhaust nozzle [ig'zɔːst ˌnɔzl] *s tehn* efuzor

exhaust stroke [ig'zɔːst strəuk] *s tehn* cursă / timp de eşapament / de evacuare *(ale pistonului)*

exhaust system [ig'zɔːst ˌsistim] *s tehn* instalaţie de exhaustare

exhibiter [ig'zibitə] *s* expozant, persoană care expune

exhibitioner [ˌeksi'biʃnə] *s şcol* bursier, stipendiat

exhilarative [ig'zilərətiv] *adj* înveselitor, care te dispune

exhortative [ig'zɔːtətiv] *adj* povăţuitor, plin de îndemnuri

exhumate [igz'hjuːmeit] *vt* a exhuma, a dezgropa

ex-husband [ˌeks'hʌsbənd] *s* fostul soţ

exiled ['eksaild] *adj* exilat, în exil; **the ~ government** guvernul în exil

exilian [ig'ziliən] *adj* de exil, de surghiun

exitial [ig'ziʃəl] *adj rar* primejdios, fatal, funest

exit permit ['eksit ˌpəːmit] *s* permis de ieşire

exit poll ['eksit pɔl] *s sondaj de opinie efectuat la ieşirea dintr-un centru de votare*

exitus ['eksitʌs] *s* rentă anuală

ex-libris [ˌeks'laibris] *lat* ex-libris, din cărţile mele *(semn marcând proprietatea asupra unei cărţi)*

exode ['eksəud] *s lit* exod *(în tragedia greacă)*

exodium [ek'səudiəm] *s v.* **exode**

exogamic [ˌeksəu'gæmik] *adj* exogamic

exogen ['eksəudʒen] *s bot* plantă exogenă

exomorphism [ˌeksə'mɔːfizm] *s geol* exomorfism

exorable [ek'səurəbl] *adj* milos

exorcist ['eksɔːsist] *s* exorcist

exordial [ek'sɔːdiəl] *adj ret* de început, exordial

exoskeleton ['eksəuskelitn] *s zool* exoschelet

exosmose [eks'ɔzməus] *s fiz* exosmoză

exosphere ['eksəusfiə] *s* exosferă

exospore ['eksəspɔː] *s bot* exospor

exostosis [ˌeksɔ'stəusis] *s med bot* exostoză

exoterics [ˌeksəu'teriks] *s pl (folosit ca sg)* filozofie exoterică *(↓ aristotelică)*

exothermic [ˌeksəu'θəːmik] *adj ch* exotermic

expanded [ik'spændid] *adj* expandat; **~ polystyrene** polistiren expandat

expansion band [ik'spænʃn bænd] *s* brăţară extensibilă

expansion bolt [ik'spænʃn bəut] *s constr* bulon cu expansiune; *(în alpinism)* piton cu expansiune

expansion bottle [ik'spænʃn ˌbɔtl] *s auto* vas de expansiune

expansion card [ik'spænʃn kɑːd] *s cib* placă de extensie

expansion valve [ik'spænʃn vælv] *s tehn* sertar de expansiune, vană de expansiune; ventil de destindere

expansively [ik'spænsivli] *adv (în mod)* expansiv

expat [ˌeks'pæt] *(presc de la* **expatriate***)* **I** *s* expatriat **II** *adj* expatriat; referitor la expatriaţi; **~ bar** bar unde vin expatriaţii dintr-o anumită ţară

expectantly [ik'spektəntli] *adv* în aşteptare, în expectativă

expectative [eks'pektətiv] *adj* de aşteptare / expectativă

expeditiously [ˌekspi'diʃəsli] *adv (în mod)* expeditiv, prompt, rapid

expendability [ik,spendə'biləti] *s* bunuri consumabile; *mil* trupe / oameni de sacrificiu

expender [ik'spendə] *s* cheltuitor, risipitor

expenses-paid [ik,spensiz'peid] *adj (d o excursie etc.)* cu toate cheltuielile plătite

expensively [ik'spensivli] *adv* la preţuri mari; **they live very ~** trăiesc pe picior mare

expert system [ˌekspəːt 'sistəm] *s cib* sistem expert

expert witness [ˌekspəːt 'witnis] *s jur* expert / specialist chemat ca martor

expiable ['ekspiəbl] *adj* care poate fi ispăşit, expiabil

expiry [ik'spaiəri] *s* expirare, terminare, încetare, trecere, scurgere *(a unui termen etc.)*

expiry date [ik'spaiəri deit] *s* dată de expirare a valabilităţii *(unui contract, a unei vize etc.)*

explainable [ik'spleinəbl] *adj* explicabil

explant [eks'plɑːnt] **I** *vt* a explanta **II** *s* explant

explicatory [ek'splikətəri] *adj* explicativ, lămuritor, de explicare / desluşire

explicit function [ik,splisit 'fʌŋkʃn] *s mat* funcţie explicită

explicitness [ik'splisitnis] *s* claritate *(a limbajului)*

exploitable [ik'splɔitəbl] *adj* exploatabil

exploitative [ik'splɔitətiv] *adj* exploatator

exponentially [ˌekspə'nenʃəli] *adv (în mod)* exponenţial

exposé [eks'pəuzei] *s (în presă)* dezvăluiri

exposed [ik'spəuzd] *adj* expus; neprotejat; *arhit* aparent

exposer [ik'spəuzə] *s* demascator

exposure meter [ik'spəuʒə ˌmiːtə] s fot exponometru

expounder [ik'spəundə] s interpret, tălmăcitor

expressman [ik'spresmæn], pl **expressmen** [ik'spresmen] s amer agent al unui birou de transporturi

express train [ik'spres trein] s ferov (tren) expres; (tren) accelerat

expulsive [ik'spʌlsiv] adj 1 care dă afară / izgoneşte / alungă 2 med purgativ

expunction [ek'spʌŋkʃn] s 1 ştergere, radiere 2 fig nimicire, distrugere

expurgator ['ekspəːgeitə] s persoană care expurgă o carte

ex-service [ˌeks'səːvis] adj brit retras din armată

ex-servicewoman [ˌeks'səːvisˌwumən] s lucrătoare în cadrul armatei, acum retrasă

exsiccate ['eksikeit] vt a usca

exsiccation [ˌeksi'keiʃn] s uscare

exsudation [eksju'deiʃn] s constr exsudare, asudare, transpiraţie

extendable [iks'tendəbl] adj 1 ~ aerial antenă telescopică; ~ ladder scară extensibilă 2 care poate fi extins / prelungit (în timp); tenancy ~ by one year contract de locaţie care poate fi prelungit un an

extended-play [ikˌstendid'plei] adj ~ record v. **EP** (1)

extended sentence [ikˌstendid 'sentəns] s gram propoziţie dezvoltată

extending [ik'stendiŋ] I adj (d masă, scară) extensibil II s 1 întindere (a mâinii, a piciorului) 2 (în timp) prelungire

extension bolt [ik'stenʃn bəult] s tehn şurub de reglare

extension college [ik'stenʃn ˌkɔlidʒ] s colegiu cu cursuri serale

extension course [ik'stenʃn kɔːs] s curs ţinut la seral

extension ladder [ik'stenʃn ˌlædə] s scară cu culisă

extenuatory [eks'tenjueitəri] adj atenuant, care atenuează / micşorează (↓ o vină)

exterminator [eks'təːmineitə] s exterminator, nimicitor, distrugător

exterminatory [eks'təːmineitəri] adj exterminator, nimicitor

externality [ˌekstəː'næliti] s caracter exterior, natură exterioară; caracter neesenţial, calitatea a ceea ce este exterior / extern / superficial / nelăuntric

extern(e) ['ekstəːn] s amer (într-un spital) medic extern

exterraneous [ˌekstə'reiniəs] adj rar străin, din altă ţară

exterritoriality [ˌeksteritɔːri'æliti] s extrateritorialitate

extirpator ['ekstəː(ː)peitə] s 1 cel ce distruge / extirpă 2 agr extirpator, cultivator

extn presc de la **extension** s interior

extractor fan [ik'stræktə fæn] s ventilator de aspiraţie

extractor hood [ik'stræktə huːd] s hotă de aspiraţie

extrados [ek'streidos] s arhit extrados (suprafaţă exterioară a unei bolţi sau a unui arc)

extragalactic [ˌekstrəgə'læktik] adj extragalactic

extraneousness [eks'treinjəsnis] s (to) lipsă de legătură (cu)

extraphysical [ˌekstrə'fizikəl] adj metafizic

extrapolate [ik'stræpəleit] I vt a deduce ceva prin extrapolare II vi a extrapola

extrapolation [ˌekstrəpə'leiʃn] s mat extrapolare

extrauterine [ˌekstrə'juːtərain] adj extrauterin

extravagate [ek'strævəgeit] vi (from) a se depărta (de)

extravassation [eksˌtrævə'seiʃn] s anat extravazare, vărsarea unei umori în afara sistemului ei

extravehicular [ˌekstrəvi'hikjulə] adj extravehicular

extreme unction [ikˌstriːm 'ʌŋkʃn] s rel împărtăşanie la moarte

extremis [ik'striːmis] adv in ~ in extremis, în ultimă instanţă

extroversion [ˌekstrə'vəːʃn] s psih extraversiune

extrusion [ek'struːʒən] s 1 scoatere afară, înlăturare 2 tehn extruziune

extrusive [ik'struːsiv] adj (d o rocă) extruziv

exuberate [ig'zjuːbəreit] vi rar a creşte din belşug / abundent

exultance [ig'zʌltəns] s voioşie, veselie, bucurie; jubilare, încântare

exultancy [ig'zʌltənsi] s v. **exultance**

exurbia [eks'əː'biə] s amer suburbie rezidenţială

exuviation [igˌzjuːvi'eiʃn] s lepădare (a pielii), năpârlire, năpârleală

ex-wife [eks'waif] s fosta soţie

eyas ['aiəs] I s 1 orn pui de şoim, şoim care (încă) n-a zburat din cuib 2 boboc, novice II adj tânăr, necopt; naiv, neştiutor, ageamiu, care se ţine de poalele mamei

eye beam ['ai biːm] s privire iute, ocheadă

eye bright ['ai brait] s bot silur, floare-de-ochi (Euphrasia stricta)

eye contact ['ai ˌkɔntækt] s contact vizual, încrucişare a privirilor

eye-minded [ˌai 'maindid] adj sensibil la impresii vizuale

eyepatch ['aipætʃ] s pansament ocular (după o operaţie)

eyepoint ['ai pɔint] s geod punct de perspectivă

eye rhyme ['ai raim] s rimă imperfectă

eyeshade ['aiʃeid] s cozoroc (împotriva soarelui)

eye shadow ['ai ˌʃædəu] s fard de ochi

eye socket ['ai ˌsɔkit] s anat orbită (a ochiului)

eye-spotted [ˌai'spɔtid] adj cu picăţele / buline, pătat

eyestrain ['aistrein] s oboseală a ochilor

eye strings ['ai striŋz] s pl anat fibre oculare

Eyetie ['aitai] s brit sl termen peiorativ desemnând o persoană de naţionalitate italiană

eyewater ['ai ˌwɔːtə] s 1 med colir, apă de ochi 2 lacrimi 3 sl gin

eye wink ['ai wiŋk] s 1 clipire, clipeală, clipit 2 clipită, clipă, moment 3 privire, ocheadă

eye winker ['ai ˌwiŋkə] s amer anat geană

eyre ['eə] s înv circuit, itinerar; **justices in** ~ judecători în deplasare 2 jur tribunal volant

181

F

FA *presc de la* Football Association; **the~** Federația Engleză de Fotbal; **the~cup** *Cupa Angliei la fotbal a cărei finală se joacă pe Wembley*

f.a., FA *presc de la* **fanny adams** *sl* nimic, nix, zero tăiat

fabaceous [fə'beiʃəs] *adj bot* păstăios, leguminos

Fabian Society [,feibiən sə'saiəti] *s* Asociația Fabiană *(partid socialist fondat în 1884)*

fabric softener ['fæbrik ,sofnə] *s text* substanță cu care se tratează firele pentru a se înmuia

face gear ['feis ,giə] *s tehn* roată plană

face mask ['feis mɑːsk] *s* mască cosmetică; *(sport)* mască protectoare

face-off ['feisof] *s* angajament la puc *(în hochei)*

faceplate ['feispleit] *s tehn* 1 platou, planșaibă 2 placă de trasare

face spanner ['feis ,spænə] *s tehn* cheie-furcă

faceted ['fæsitid] *adj (d o piatră prețioasă)* cu fațete

facetiae [fə'siːʃii] *s pl lat* 1 glume, spirite, vorbe de duh; șotii, pozne 2 cărți / scrieri cu conținut nepretențios *sau* imoral

facetiousness [fə'siːʃəsnis] *s* caracter glumeț / spiritual *(al unei cuvântări etc.)*

face to face [,feistə'feis] **I** *adv* față în față, **she brought him ~ with her father** l-a pus față în față cu tatăl ei **II** *s (d discuții, confruntări)* direct, față în față

face towel ['feis ,tauəl] *s* prosop pentru față

facia ['feiʃə] *s* firmă

facial angle [,feiʃəl 'æŋgl] *s* unghi facial

facient ['feiʃənt] *sufix adjectival și substantival* -fiant; **liquefacient** lichefiant; **rubefacient** rubefiant

facies ['feiʃiiːz] *s* 1 *anat, zool* față, facies 2 (aspect) exterior, înfățișare 3 *zool, bot, minr* facies, tip general *(al unei clase etc.)*

facileness ['fæsailnis] *s* 1 facilitate, ușurință; mână iscusită; dibăcie 2 accesibilitate 3 docilitate, maleabilitate 4 credulitate

facilitator [fə'siliteitə] *s sociol* persoană care facilitează contractele / relațiile în cadrul unui grup social

-facing ['feisiŋ] *(în cuvinte compuse)* care dă spre..., orientat spre... ; **north ~** orientat spre nord

facing brick ['feisiŋ brik] *s constr* cărămidă aparentă

facing distance ['feisiŋ ,distəns] *s mil* distanță între rânduri

facing point ['feisiŋ point] *s ferov* macaz atacat la vârf

facing sand ['feisiŋ sænd] *s tehn* nisip de modelare

facsimile machine [fæk'simili mə,ʃiːn] *s* telecopiator, fax

facsimile telegraph [fæk'simili ,teligrɑːf] *s tel* fototelegraf, belinograf

facsimile transmission [fæk'simili trænz,miʃn] *s* transmitere a unui document scris prin rețeaua telefonică, transmitere prin fax

factionary ['fækʃnəri] *s* scizionist, dizident

factionist ['fækʃnist] *s v.* **factionary**

factiously ['fækʃəsli] *adv* în spiritul dezbinării / sciziunii

factitious [fæk'tiʃəs] *adj* 1 artificial, imitat (cu artă), meșteșugit; falsificat; **~ enthusiasm** entuziasm simulat 2 *fig* nefiresc, factice, convențional

factitiously [fæk'tiʃəsli] *adv* artificial; nefiresc

factitiousness [fæk'tiʃəsnis] *s* artificialitate

factitive object [,fæktitiv 'obdʒikt] *s gram* complement al unui verb factitiv

factor analysis ['fæktə ə,næləsis] *s mat* analiză factorială

factorable ['fæktərəbl] *adj mat* care poate fi descompus în factori; factorizabil

factorage ['fæktəridʒ] *s com* 1 comision *(pentru vânzarea mărfurilor)* 2 drept de comision

factorial [fæk'tɔːriəl] *s mat* factorial

factoring ['fæktəriŋ] *s fin* factorizare, transferarea creanțelor unui organism care se angajează în încasarea lor

factorship ['fæktəʃip] *s com* serviciu de curtier

factory committee ['fæktəri kə,miti] *s* comitet de fabrică

factory farming ['fæktəri ,fɑːmiŋ] *s peior* faptul de a avea o fermă industrială / o întreprindere agricolă care prelucrează rapid produsele proprii

factory inspector ['fæktəri in,spektə] *s* inspector

factory ship ['fæktəri ʃip] *s nav* navă-fabrică

factory system ['fæktəri ,sistim] *s* sistemul marii industrii

fact sheet ['fækt ʃiːt] *s* prospect, broșură

factually ['fæktuəli] *adv* din punct de vedere al faptelor

factum ['fæktəm] *s* 1 *jur* factum, expunere a faptelor 2 *mat* produs

facula ['fækjulə], *pl* **faculae** ['fækjuliː] *s astr* faculă, partea mai strălucitoare din discul solar

faculty tax ['fækəltitæks] *s amer* impozit proporțional pe averea contribuabililor

facundity [fə'kʌnditi] *s înv* limbuție

fader ['feidə] *s* 1 *tehn* potențiometru de reglaj 2 *tel* atenuator

faecal matter ['fiːkəl 'mætə] *s* (materii) fecale, excremente

faecula ['fekjulə] *s ch* feculă, amidon

Faerie Queene ['feəri kwiːn] *s* crăiasa zânelor

Faeroe ['feərəu] *s* grup de insule în oceanul Atlantic

Faeroese [,feərəu'iːz] **I** *s* 1 locuitor al insulelor Feroe 2 *lingv* limba vorbită în insulele Feroe **II** *adj* referitor la insulele Feroe

faff [fæf] *brit F* I *vi* a se agita degeaba, a face valuri fără rost II *s* 1 panică 2 bătaie de cap, I can't be bothered, it's too much of a ~ n-are rost, e prea mare bătaie de cap

fagged [fægd] *adj* obosit

fagging[1] ['fægiŋ] I *adj* (d muncă) istovitor II *s* trudă, oboseală, muncă istovitoare

fagging[2] ['fægiŋ] *s* subordonarea prin constrângere / forță a unui elev din ciclul inferior de către un elev din ciclul superior

faggot iron ['fæget ˌaiən] *s* fier în legături

faggot vote ['fæget vəut] *s ist drept de vot primit prin ridicarea ad hoc a censului de proprietate

fah [faː] *s muz* (nota) fa

fain [fein] *vt, vi* (și ~s; ~s I!) nu vreau! (formulă folosită de un copil care vrea să se descotorosească de treabă neplăcută); ~ I fielding! nu vreau să strâng mingile!

fainéant [ˌfeineiˈaŋ] *fr* I *adj* leneș, trândav, indolent II *s* leneș, trântor, pierde-vară, dugliș

fainting ['feintiŋ] *s* neputință; leșin

fairing[1] ['feəriŋ] *s* dar de iarmaroc, puiul târgului

fairing[2] ['feəriŋ] *s av* 1 capotaj 2 *înv* fixarea pânzei în fuselaj

fairish ['feəriʃ] *adj* 1 (d păr) care bate spre blond 2 accesibil, destul de bun, așa și așa

fairisle, fairisle ['feərail] *s* 1 tip de tricotaj cu motive geometrice, viu colorate 2 *geogr* una dintre insulele din arhipelagul Shetland

fair lead [ˈfeə liːd] *s v.* fair leader

fair leader ['feə ˌliːdə] *s nav* ureche; măr călăuză; macara de direcție

fair-maid ['feə meid] *s* 1 se întâlnește în denumirea mai multor plante, de ex. February ~s ghiocel (Galanthus nivalis) 2 sardea afumată

fair rent [ˌfeə 'rent] *s brit* chirie fixată după ce administrația clădirii a inspectat oficial locul de închiriat

fair-sized [ˌfeə 'saizd] *adj* destul de mare; de o mărime rezonabilă

fair-skinned [ˌfeə'skind] *adj* cu pielea albă

fair tongue [ˌfeə 'tʌŋ] *s* lingușitor

fairy art ['feəri aːt] *s* magie

fairy circle [ˌfeəri 'səːkl] *s* cerc vrăjit / magic

fairy-cycle ['feəriˌsaikl] *s rar* bicicletă de copii

fairy godmother [ˌfeəriˈgodmʌðə] *s F* 1 prieten generos, binefăcător 2 zâna cea bună (în povești)

fairyism ['feəriizm] *s* 1 lumea zânelor 2 caracter feeric 3 credință în zâne *etc.* 4 povești cu zâne

fairy lamp ['feəri læmp] *s* lampion

fairy light ['feəri lait] *s v.* fairy lamp

fairy queen ['feəri kwiːn] *s* crăiasa zânelor

fairy ring ['feəri riŋ] *s v.* fairy circle

fairy story ['feəri ˌstoːri] *s* 1 basm (cu zâne) 2 *fig* basm (de adormit copiii)

faith healing ['feiθˌhiːliŋ] *s* faptul de a vindeca oamenii (prin credință / sugestie)

fajitas [faˈhiːtəz] *s gastr* clătite mexicane

Falangist [fæˈlændʒist] *s, adj ist* falangist

falcate ['fælkeit] *adj zool, bot* falcat, în formă de seceră

falconer ['foːlkənə] *s* (cinegetică) șoimar

falcon-gentle [ˌfo(ː)lkənˈdʒentl] *s* (omit) pui de erete / de porumbar (Astur palumbarius)

falderol ['fældirol] *s* 1 *înv* tralala (refren) 2 înfumurare prostească 3 *pl* nimicuri, fleacuri

Falernian [fəˈləːnjən] *s* vin de Falerno

Falkland ['foːklənd] *s* arhipelag în oceanul Atlantic

Falklander ['foːkləndə] *s* locuitor al insulelor Falkland / Malvine

fallaciousness [fəˈleiʃəsnis] *s* caracter fals, falsitate

faller ['foːlə] *s* cel care cade

falling ['foːliŋ] I *s* 1 cădere, prăbușire 2 scădere, micșorare, slăbire II *adj* 1 căzător; care cade 2 care scade, care se diminuează; descrescând

falling-off [ˌfoːliŋˈof] *s* reducere, diminuare; a ~ in production o scădere a producției; a gradual ~ of interest / of support o scădere treptată a interesului / sprijinului

falling out [ˌfoːliŋ 'aut] *s fig* ceartă, sfadă

falling star [ˌfoːliŋˈstaː] *s* stea căzătoare

falloff ['foːlof] *s v.* falling-off

fall-trap ['foːltræp] *s* capcană, cursă și *fig*

false arch [ˌfoːlsˈaːtʃ] *s arhit* arc decorativ

falsely ['foːlsli] *adv* în mod fals; greșit; she sounded ~ cheerful on the telephone la telefon veselia ei suna fals

false ribs [ˌfoːls'ribs] *s pl* coaste false

falteringly ['foːltəriŋli] *adv* în mod șovăitor / ezitant; (d mișcări) șovăitor, nesigur

fam [fæm] *s orn* „oglindă" (la rață)

familial [fəˈmiliəl] *adj* familial

familist ['fæmilist] *s rar* capul casei

family court ['fæmli koːt] *s amer* tribunal cu jurisdicție asupra litigiilor familiale

family credit [ˌfæmli'kredit] *s* credit oferit familiilor cu cel puțin un copil și cu venit foarte mic

Family Division ['fæmli diˌviʒn] *s brit jur* departament al curții de justiție care se ocupă de probleme matrimoniale

family income supplement [ˌfæmli'inkʌm sʌpliment] *s brit* sumă de bani oferită de stat persoanelor cu un venit minim

famousness ['feiməsnis] *s* celebritate, renume, faimă

famulus ['fæmjuləs] *pl* **famuli** ['fæmjulai] *s* 1 *înv* servitor, slujitor, slugă 2 asistent (al unui profesor, magician etc.)

fanal ['feinəl] *s rar* far, lumină de far

fanaticize [fəˈnætisaiz] I *vt* a fanatiza, a face fanatic II *vi* a deveni fanatic, a se comporta (ca un) fanatic

fan belt ['fæn belt] *s auto* curea de ventilator

fanciable ['fænsiəbl] *adj F* 1 (d boli) imaginar 2 (d mâncăruri) atrăgător

fancied ['fænsid] *adj* 1 imaginar, ireal 2 favorit, preferat

fancily ['fænsili] *adv* 1 (în mod) afectat, studiat 2 (în mod) elaborat, rafinat; ~ decorated decorat într-o manieră studiată, rafinată

fanciness ['fænsinis] *s* rafinament, elaborare

fancy-dress ball [ˌfænsidres'bɔːl] *s* bal mascat și costumat

fancy pants [ˌfænsi'pænts] *s* pantaloni fantezi

fan dance ['fæn dɑːns] *s* dans executat de o singură persoană, care este dezbrăcată, dar își ascunde goliciunea cu evantaie

fandangle [fæn'dæŋgl] *s F* **1** zorzoane, fluturași **2** măscării, blestemății

fanfaron ['fænfərɔn] *s* fanfaron

fangless [fæŋlis] *adj* **1** fără colți **2** (d un dinte) fără rădăcină

fan heater ['fænˌhiːtə] *s* radiator care încălzește folosind aer cu impuls

fan jet ['fæn dʒet] *s tehn* **1** turboreactor (cu dublu flux) cu ventilator **2** avion cu motoare turboreactoare cu ventilator

fan letter ['fænˌletə] *s* scrisoare primită de la un admirator

fan magazine ['fæn ˌmægəziːn] *s* revistă de teatru sau cinema (în care poți găsi amănunte despre artiștii preferați)

fanny adams [ˌfæni'ædəmz] *s brit sl* (Sweet) ~ nimic, zero

fan pigeon ['fæn ˌpidʒin] *s v.* **fan tail (1)**

fan-shaped [ˌfæn'ʃeipt] *adj* în formă de evantai

fantad ['fæntæd] *s F* dispoziție proastă, nervi; to have the ~s a avea nervi; a fi prost dispus

fan tail ['fæn teil] *s* **1** *orn* porumbel-rotat (Columba livia laticauda) **2** *sl* șapcă / pălărie cu boruri lungi (pentru cărbunari) **3** *nav* puntea la extrema pupa

fan-tailed [ˌfæn'teild] *adj* cu coada în formă de evantai

fantasize ['fæntəsaiz] *vi* a avea fantasme; a visa cu ochii deschiși

fantast [fæn'tæst] *s* visător, fantast, vizionar

fantasticality [fænˌtæsti'kæliti] *s* **1** fantastic **2** caracter fantastic **3** *pl* extravaganțe; ciudățenii

fantasticalness [fən'tæstikəlnis] *s v.* **fantasticality (1, 2)**

fanteague [fæn'tiːg] *s P* încurcătură, bucluc

fanteeg [fæn'tiːg] *s v.* **fanteague**

fantoccini [ˌfæntə'tʃiːni] *s pl* marionete; teatru de marionete

fantod ['fæntɔd] *s v.* **fantad**

fan vaulting ['fæn ˌvɔːltiŋ] *s arhit* boltă în evantai

fanzine ['fænziːn] *s* publicație scrisă și editată de fanii literaturii science fiction

fao *presc de la* **for attention of** în atenția

faquir ['fɑːkiə, fə'kiə] *s* fachir

faradimeter [ˌfærə'diːmitə] *s el* faradmetru, capacimetru

faradism ['færədizm] *s v.* **faradization**

faradization [ˌfærədi'zeiʃn] *s med* faradizare (tratament prin curent de inducție)

faradmeter [ˌfærəd'mitə] *s v.* **faradimeter**

faradometer [ˌfærædə'mitə] *s v.* **faradimeter**

farandole ['færəndəul] *s* farandolă (dans din Provence)

farceur [fɑː'səː] *s fr* **1** farsor, mistificator **2** hâtru, poznaș, ghiduș

farcicalness ['fɑːsikəlnis] *s* **1** caracter de farsă **2** caracter comic / năstrușnic

farcied ['fɑːsid] *adj vet* (d cai) răpciugos

farcy ['fɑːsi] *s vet* răpciugă

fardel ['fɑːdəl] *s înv* **1** boccea, legăturică; încărcătură; pachet; mănunchi; maldăr; snop **2** *fig* sarcină, greutate, povară **3** *vet* foios, ghem (a patra cavitate a stomacului rumegătoarelor)

fare-thee-well [ˌfeəði:'wel] *s amer* ← *F* stare de perfecțiune, to a ~ la perfecție

farl [fɑːl] *s scot* turtă subțire de ovăz

farmer ['fɑːmə] *s* **1** fermier **2** arendaș **3** proprietar de mină

farmland ['fɑːmlænd] *s* pământ arabil

Faroe ['feərəu] *s v.* **Faeroe**

farouche [fə'ruːʃ] *adj* sălbatic, urâcios, nesociabil

farraginous [fə'reidʒinəs] *adj* amestecat, de adunătură

farrow ['færəu] *adj amer* (d o vacă) stearpă

Farsi ['fɑːsi] *s lingv* limba persană

far-travelled [ˌfɑː'trævld] *adj* care a călătorit mult

FAS *presc de la* **free alongside ship** *adv brit mar* predare / franco de-a lungul navei; franco la cheu

fascia board ['feiʃiə bɔːd] *s constr* pazie

fascial ['feiʃəl] *adj* **1** dungat, vărgat, reiat **2** înmănuncheat **3** *bot* fasciculat

fasciate ['feʃieit] *adj v.* **fascial (3)**

fasciated ['feʃieitid] *adj v.* **fascial (3)**

fasciation [ˌfæʃi'eiʃn] *s* **1** legare, înmănunchere **2** *med* legare, pansare

fascicled ['fæsikəld] *adj bot* fascicular, înmănuncheat

fasciculate [fə'sikjuleit] *adj v.* **fascicled**

fasciculated [fə'sikjuleitid] *adj v.* **fascicled**

fascicule ['fæsikjuːl] *s v.* **fasciculus**

fasciculus [fə'sikjuləs], *pl* **fasciculi** [fə'sikjulai] *s anat* fascicul (de nervi)

fascinator ['fæsineitə] *s* **1** fascinator, vrăjitor **2** *înv* scufă (de copilaș) **3** *înv* glugă

fascine [fæ'siːn] *s constr* fascine

fascis ['fæsis], *pl* **fasces** ['fæsiːz] *s* (ist Romei) fascie

fash [fæʃ] (↓ *scot*) **I** *vt* **1** a vexa, a jigni **2** a deranja, a jena, a incomoda **3** a neliniști, a tulbura **4** a chinui, a martiriza, a tortura **II** *vi* **1** a se neliniști, a se alarma, a fi îngrijorat **2** a se deranja **3** a se căzni, a se chinui **III** *s* **1** jignire **2** neliniște, tulburare; emoție **3** deranj **4** chin, caznă; trudă **5** ciumă, necaz, supărare

-fashion ['fæʃn] (în cuvinte compuse) he wore his scarf pirate ~ purta basmaua lui de pirat

fashioner ['fæʃnə] *s* croitor; costumier

fashionist ['fæʃnist] *s v.* **fashioner**

fashionless ['fæʃnlis] *adj* lipsit de formă; demodat

fashion victim ['fæʃn ˌviktim] *s umor* victimă a modei

fastback ['fɑːstbæk] *s auto* caroserie în două volume

fast breeder reactor [ˌfɑːst briːdə ri'æktə] *s tehn* reactor nuclear energetic reproducător cu neutroni rapizi

faster ['fɑːstə] *s* persoană care postește

fast food [ˌfɑːst 'fuːd] *s* fast food, restaurant cu mâncare ieftină și preparată rapid (sandviș, hamburger etc.)

fast forward [ˌfɑːst'fɔːwəd] *s el* rulare înainte cu viteză mare a benzii

fastigiate [fæs'tidʒieit] *adj bot, zool* acicular, aciform

fastigiated [fæs'tidʒieitid] *adj v.*
fastigiate
fastigium [fæs'tidʒiəm], *pl* **fastigia**
[fæs'tidʒiə] *s arhit* fronton
fasting ['fɑːstiŋ] *s* postire, post
fast lane [,fɑːst'lein] *s viață agi-
tată, dar prosperă din punct de
vedere financiar*
fast talk [,fɑːst 'tɔːk] **I** *s* vorbe
mincinoase, gogoși **II** *vi* a duce
cu vorba, a turna gogoși; **he ~ed
me into it** m-a dus cu vorba și
m-a convins s-o fac
fast track [,fɑːst 'træk] *adj* **1** refe-
ritor la persoane energice, care
acționează cu succes **2** referitor
la o construcție care începe să
fie executată înainte de termi-
narea proiectelor
fastuous ['fæstjuəs] *adj înv* mân-
dru, orgolios, semeț, trufaș; dis-
prețuitor, arogant
fat [fæt] *s înv* butoi
fatalize ['fætəlaiz] *vi* a se supune
soartei
fat farm ['fæt ,fɑːm] *s amer sl* sală
de sport frecventată de per-
soanele care vor să slăbea-
scă
fat-free [,fæt'friː] *adj* fără grăsimi
fathead ['fæthed] *s F* prostănac,
prostovan; imbecil, idiot, tâmpit,
neghiob
fat-headed ['fæt'hedid] *adj F* greu
de cap, îngust la minte, mărgi-
nit
fat hen ['fæt hen] *s bot* **1** spanac-
sălbatic (Chenopodium album)
2 lobodă-puturoasă (Chenopo-
dium vulvaria) **3** lobodă (Atri-
plex sp.)
father figure ['fɑːðə ,figə] *s rel* con-
fesor
fatherless ['fɑːðəlis] *adj* fără tată,
orfan; anonim *și fig*
fatherlessness ['fɑːðəlisnis] *s* si-
tuația de orfan; anonimat *și fig*
Father's Day [,fɑːðəz 'dei] *s* ziua
tăticilor
fathership ['fɑːðəʃip] *s* **1** pater-
nitate **2** autoritate părintească
Father Time [,fɑːðə'taim] *s* (Old) ~
fig Bătrânul Timp
fatidically [fei'tidikəli] *adv* profe-
tic, prevestitor
fatigate *înv* **I** ['fætigeit] *vt* a slei, a
istovi, a vlăgui, a seca de puteri
II ['fætigit] *adj* istovit, obosit,
sleit, secat de puteri, extenuat,
vlăguit, ostenit

fat-kidneyed [,fæt'kidnid] *adj peior*
gras, burduhănos, umflat, bor-
țos; puhav, buhăit
fatling ['fætliŋ] **I** *s* animal tânăr pus
la îngrășat pentru tăiere / sacri-
ficare **II** *adj* mic și gras
fatly ['fætli] *adv* **1** bogat, abun-
dent, din abundență **2** greoi,
neîndemânatic
fatso ['fætsəu] *s sl peior* grăsan,
umflat, porc
fat-soluble [,fæt'sɔljubl] *adj ch* li-
posolubil
fatstock ['fætstɔk] *s* animale cres-
cute pentru a fi sacrificate
fattener ['fætnə] *s* persoană care
îngrașă *sau* se îngrașă
fattening ['fætniŋ] *s* îngrășare
fatty degeneration [,fæti didʒenə-
'reiʃn] *s med* degenerescență
adipoasă
fatuoid ['fætjuoid] *s bot* un fel de
ovăz sălbatic (Avena fatua)
fat wood [,fæt'wud] *s* material lem-
nos uscat
faucal ['fɔːkəl] *fon* **I** *adj* faringeal,
produs în faringe (ca anumite
sunete semitice guturale) **II** *s*
sunet gutural
fauces ['fɔːsiːz] *s pl anat* faringe
faulchion ['fɔːltʃn] *s* iatagan;
poetic paloș
faultage ['fɔːltidʒ] *s geol* dizlocare
(a straturilor)
faultful ['fɔːltful] *adj înv* plin de
păcate *sau* crime
fault line ['fɔːlt lain] *s geol* linie de
falie; linie de fractură / de sur-
pare
Faustian ['fɔːstiən] *adj* faustian
Fauvism ['fɔːvizm] *s pict* fauvism
Fauvist ['fɔːvist] **I** *adj* referitor la
adepții fauvismului **II** *s* (pictor)
adept al fauvismului
faveolate [fə'viːəleit] *adj* alveolar,
ca un fagure
favonian [fə'vəuniən] *adj* **1** al vân-
tului de vest **2** (d vânt) favorabil,
prielnic; blând, liniștit
favourableness ['feivərəblnis] *s*
caracter favorabil (al unui raport
etc.)
favourer ['feivərə] *s* persoană care
favorizează; protector; patron
fawn-coloured [,fɔːn'kʌləd] *adj*
brun-roșcat
fawningly ['fɔːniŋli] *adv* slugarnic,
servil
fawningness ['fɔːniŋnis] *s* lingu-
șire / ploconire servilă / josnică

fax [fæks] **I** *s* fax; ~ **message** mesaj
trimis prin fax **II** *vt* a transmite
informații prin fax
fay [fei] **I** *s* **1** *înv* credință; *F* **by my
~!** pe cinstea / legea mea! **2**
zână **3** *amer dial* om alb **II** *vi*
tehn a se ajusta **III** *vt* **1** a atașa,
a uni strâns **2** *tehn* a ajusta **IV**
adj scot **1** condamnat, osândit;
sortit pieirii **2** muribund **3** de-
funct, răposat
faze [feiz] *vt amer* a tulbura, a
deranja, a jena, a incomoda
FC *presc de la* Football Club club
de fotbal
FCC *presc de la* Federal Communi-
cations Commission consiliul fe-
deral al audio-vizualului (în
S.U.A.)
FCO *presc de la* Foreign and Com-
monwealth Office Ministerul de
Afaceri Externe al Marii Britanii
FD *presc de la* **1** Fidei Defensor
apărător al credinței / legii **2**
Fire Department departamen-
tul pompierilor
feal [fiːl] *adj* credincios, loial
fearnaught ['fiənɔːt] *s* **1** om cu-
rajos / neînfricat / viteaz **2** *text*
aba, dimie; suman
fearnought ['fiənɔːt] *s v.* **fear-
naught**
fearsomely ['fiəsəmli] *adv* înspăi-
mântător, îngrozitor, înfiorător,
teribil
feasability study [fiːzə'biliti ,stʌdi]
s tehn studiu de fezabilitate
feasibleness ['fiːzəblnis] *s* posi-
bilitate de executare / practica-
re
feaster ['fiːstə] *s* **1** amfitrion, gazdă
(care oferă un ospăț) **2** amator
de petreceri, chefliu
feastful ['fiːstful] *adj* **1** festiv, ve-
sel, de sărbătoare **2** abundent,
îmbelșugat
feather bedding ['feðə ,bediŋ] *s
amer* **1** politică de limitare a
orelor de lucru în scopul evită-
rii șomajului într-o întreprindere
în care s-a introdus automatiza-
rea **2** reglementarea impusă pa-
tronilor în scopul menținerii în
slujbă a muncitorilor unei între-
prinderi în care s-a introdus auto-
matizarea
feather boarding ['feðə ,bɔːdiŋ] *s
constr* acoperiș de scânduri
pentru a feri un zid / un acoperiș
de ploaie

feather brain ['feðə brein] *s* (om) uşuratic, fluşturatic, aiurit; descreierat; nechibzuit; nestatornic, secătură

feather brush ['feðə brʌʃ] *s* pămătuf pentru şters praful

feather duster ['feðə ,dʌstə] *s v.* **feather brush**

feather head ['feðə hed] *s v.* **feather brain**

feather key ['feðə ki:] *s tehn* pană de ghidare

featherless ['feðəlis] *adj înv* fără pene

feather-moss ['feðəmɔs] *s bot* bungiac 2 pana-gâştei *(specii de muşchi din genul Hypnum)*

feather-pated [,feðə 'peitid] *adj* prostănac, prost; uşuratic, fluşturatic, nechibzuit, nestatornic; frivol

feather stitch ['feðə stitʃ] *s* cusătură în zigzag *(la lucrul de mână)*

feature article ['fi:tʃə ,ɑːtikl] *s* articol de fond

feature length ['fi:tʃə ,leŋθ] *adj cin* a ~ film un film de lung metraj; a ~ cartoon un film de desene animate

featurely ['fi:tʃəli] *adj* frumos

features editor ['fi:tʃəz ,editə] *s* ziarist care răspunde de o anumită rubrică

feature-story ['fi:tʃə,stɔːri] *s amer* reportaj

featurette [,fi:tʃə'ret] *s cin* film artistic de scurt metraj, completare

Feb [feb] *presc de la* **February** luna februarie

febricula [fi'brikjulə] *s med* febră uşoară şi trecătoare

febrific [fi'brifik] *adj med* care produce febră, febril

fecal ['fi:kəl] *adj* 1 fecal; excremente 2 rezidual

feces ['fi:si:z] *s lat* 1 drojdie, reziduu 2 fecale, baligă, excremente; gunoi, murdărie

fecial ['fi:ʃəl] *adj* heraldic, care ţine de armonii şi blazon

fecit ['fi:sit] *ptc lat (d un tablou)* executat / făcut de

feck [fek] *s scot* 1 eficacitate, folos, valoare 2 putere 3 sumă, cantitate, volum, număr

fecket ['fekit] *s scot* vestă, jiletcă

feculent ['fekjulənt] *adj* 1 feculent, care conţine reziduuri / drojdie /

sedimente 2 noroios, gloduros; tulburat, murdar; cu impurităţi; fecal

fecundation [,fi:kən'deiʃn] *s* fecundare, fecundaţie; polenizare

fedary ['fedəri] *s înv* membru al unei confederaţii *sau* ligi, aliat

federacy ['fedərəsi] *s* federaţie, confederaţie, ligă, alianţă

federalization [,fedərəlai'zeiʃn] *s* federalizare

federalize ['fedərəlaiz] *vt* a alcătui o confederaţie împreună cu; a se uni într-o federaţie cu; a intra într-o ligă / uniune cu

federally ['fedərəli] *adv* to be ~ funded a fi finanţat de guvernul federal

Federal Reserve Bank ['fedərəl ri'zə:v bæŋk] *s amer* bancă aparţinând sistemului federal de rezerve, bancă federală de rezerve

Federal Reserve System ['fedərəl ri'zə:v sistim] *s amer* sistemul băncilor federale de rezerve, organizaţie bancară cuprinzând 12 bănci centrale cunoscute sub numele de **Federal Reserve Banks**

federal states [,fedərəl 'steits] *s pl (ist S.U.A.)* nume dat în timpul războiului de secesiune (1861 – 1865) statelor din Nord

fedora [fi'dəurə] *s amer* un fel de pălărie de pâslă

feed box ['fi:d bɔks] *s* 1 *tehn* pâlnie de încărcare; cutie de avansuri 2 *met* pâlnie de turnare

feed head ['fi:d hed] *s* 1 *met* maselotă 2 *tehn* presiunea apei de alimentare

feeding head ['fi:diŋ hed] *s v.* **feed head (1)**

feed pipe ['fi:d paip] *s tehn* conductă de alimentare

feed pump ['fi:d pʌmp] *s* pompă de alimentare

feed roller ['fi:d ,rəulə] *s tehn* valţ alimentator; cilindru de alimentare

feed screw ['fi:d skru:] *s tehn* şurub elicoidal, melc, şnec de alimentare

feedstock ['fi:dstɔk] *s tehn* materie primă *(alimentată în instalaţie)*

feedstuff ['fi:dstʌf] *s pl* hrană pentru animale

fee-faw-fum [,fi:fɔ:'fʌm] **I** *interj* exclamaţia căpcăunului în basmele englezeşti **II** *s* ameninţare ridicolă

feeing market ['fi:iŋ ,mɑːkit] *s scot* târg / bâlci unde se angajează muncitorii agricoli cu anul

feeler gauge ['fi:lə ,geidʒ] *s tehn* spion; calibru pentru jocuri; leră

feelgood ['fi:lgud] *adj* it's a real ~ film e un film care merită

fee simple [,fi: 'simpl] *s* proprietate alodială, bun alodial

feignedly ['feinidli] *adv* prefăcut, cu prefăcătorie; de ochii lumii, (ca un) ipocrit

feigner ['feinə] *s* făţarnic, prefăcut, ipocrit; mincinos

feirie ['fi:ri] *adj scot* sprinten, uşor; repede, iute; ager; activ, silitor, muncitor

feist [fi:st] *s amer, F* câine de curte

feistiness ['faistinis] *s* 1 agitaţie, nervozitate 2 veselie, vioiciune 3 afectare, îngâmfare

feisty ['faisti] *adj* 1 nervos, neastâmpărat 2 vesel, vioi 3 ţanţoş, obraznic

feldspath ['feldspæθ] *s minr* feldspat

feldspathic [feld'spæθik] *adj minr* feldspatic

feldspathose [feld'spæθəus] *adj v.* **feldspathic**

felicific [,fi:li'sifik] *adj rar* care fericeşte

felinity [fi(:)'liniti] *s* felinitate

fella ['felə] *s sl* 1 tovarăş, camarad, coleg, confrate; seamăn; egal; membru 2 om, individ, ins, persoană; personaj; flăcău; băiat

fellatio [fe'leiʃiəu] *s* felaţie

felling ['feliŋ] *s* doborâre, tăiere *(a unei păduri, a unui arbore)*

fellmonger ['felmʌŋgə] *s* neguţător de blănuri

fellness ['felnis] *s poetic* cruzime, ferocitate

fellow-like [,feləu 'laik] *adj înv* colegial; frăţesc

fellowly ['feləuli] *adj v.* **fellow-like**

fellow man [,feləu 'mæn], *pl* **fellow men** ['feləu men] *s* seamăn, aproape

fellow servant [,feləu 'sə:vənt] *s* tovarăş de serviciu

felly ['feli] *adv* cu cruzime

feloniously [fi'ləuniəsli] *adv* 1 cu perfidie, criminal, trădător 2 *jur* cu intenţie criminală, cu premeditare

felonry ['felənri] s bandă, gașcă de criminali

felsite ['felsait] s minr felsit

felspar ['felspɑ:] s v. **feldspath**

felter ['feltə] I vt a face pâslă din II s pâslar

felting ['feltiŋ] s 1 pâslire, proces de fabricare a pâslei 2 pâslă; fetru

female impersonator [,fi:meil im'pə:səneitə] s (teatru) actor care joacă în travesti

femaleness ['fi:meilnis] s feminitate

female rhyme [,fi:meil 'raim] s metr rimă feminină

feminal ['feminəl] adj 1 feminin, propriu femeilor, femeiesc 2 feminin, tandru, delicat, plăpând

feminine ending [,feminin 'endiŋ] s 1 lingv sufix feminin 2 metr terminație feminină, vers feminin

femininely ['femininli] adv ca o femeie, femeiește, muierește

feminineness ['femininnis] s v. **feminity**

feministic [,femi'nistik] adj feminist

feminity [fi'miniti] s feminitate

feminization [,feminai'zeiʃn] s feminizare; efeminare; moleșire

feminize ['feminaiz] vt a feminiza; a efemina, a moleși

femme [fɑm] s fr femeie, doamnă

femme-covert [,fem'kʌvət] s femeie căsătorită

femoral ['femərəl] adj anat femural

fenceless ['fenslis] adj fără apărare; fără îngrădire, deschis

fence month ['fens,mʌnθ] s lună în care vânatul este interzis

fence row ['fens rəu] s răzor, strat

fence-sitter ['fens,sitə] s amer polit 1 alergător șovăielnic / nehotărât 2 persoană care stă în expectativă

fence-sitting ['fens,sitiŋ] s amer pol poziție de expectativă

fencible ['fensəbl] I adj capabil de apărare II s pl ist miliție, soldați de miliție

fender beam ['fendə bi:m] s 1 arhit traversă oblică 2 ferov tampon la capătul liniei ferate

fender-bender ['fendə,bendə] s amer sl accident de circulație fără urmări grave

fenestella [,fenes'telə] s bis sacristie

fenestra [fi'nestrə] s 1 anat fenestra, ureche medie 2 zool pată (transparentă) pe aripile unor fluturi

fenestral [fi'nestrəl] adj 1 de fereastră 2 de perforat 3 cu locuri transparente

fenestrated [fines'treitid] adj v. **fenestral**

fenestration [,fenes'treiʃn] s arhit aranjament și proporționalitate a ferestrelor la o clădire

fen fire [,fen 'faiə] s flăcăruie (în locuri mocirloase)

fenianism ['fi:niənizm] s ist fenianism

fenland ['fenlænd] s regiune mlăștinoasă

fenman ['fenmən], pl **fenmen** ['fenmən] s locuitor al unor ținuturi mlăștinoase

fennec ['fenek] s zool vulpe mică africană cu urechi mari (Vulpes zerda)

feoffee [fi:'fi:] s ist vasal

feoffer ['fi:fə] s v. **feoffor**

feoffment ['fefmənt] s ist înfeudare, acordare de feudă unui vasal

feoffor ['fefə:] s ist senior feudal

feracious [fi'reiʃəs] adj rar fertil, fecund, productiv, roditor, rodnic

ferae ['fiəri:] s pl lat fiare, animale sălbatice; animale de pradă

fer-de-lance [,feədə'lɑːns] s zool șarpe din Indiile Occidentale (Bothrops atrox)

fere ['fiə] s înv tovarăș, bărbat, soț; tovarășă, nevastă, soție

feretory ['feritəri] s bis 1 chivot, raclă, sicriu, coșciug; mormânt al sfinților 3 moaște 2 car funebru, dric

feria ['fi:riə], pl **feriae** ['fi:rii:] s 1 pl zile de sărbătoare (la romani) 2 bis zi normală din săptămână (nici sărbătoare, nici zi de post)

ferial ['fi:riəl] adj care ține de zilele de lucru

ferine ['fiərain] adj 1 sălbatic, neîmblânzit; nedomesticit 2 (d boli) malign

Feringhee [fə'riŋi] s (cuvânt anglo-indian) european

ferity ['feriti] s sălbăticie, barbarie, ferocitate

ferly ['fə:li] înv I adj 1 groaznic, îngrozitor, înspăimântător, de temut 2 brusc, neașteptat; impetuos 3 minunat; neobișnuit, ciu-

dat, straniu, original II s mirare, surprindere, minunare III vi a se mira, a se minuna

ferm [fə:m] s 1 înv fermă, moșioară 2 înv lăcaș, sălaș, locuință, reședință

fermata [feə'mɑːtə] s muz fermată

fermentability [fə(:),mentə'biliti] s fermentabilitate, capacitate de fermentare

fermentable [fə(:)'mentəbl] adj fermentabil, care poate fermenta

fermenter [fə(:)'mentə] s tehn lin de fermentare

fermentescible [,fə:mən'tesibl] adj care poate fermenta

fermeture ['fə:mətʃə] s mil închizător (do pușcă)

fern brake ['fə:n breik] s plantație de ferigi

fernery ['fə:nəri] s loc acoperit de ferigi; colecție de ferigi

fern seed ['fə:n si:d] s bot sporii ferigii (după credința populară, sporii ferigii au calitatea de a te face invizibil)

fernticle ['fə:ntikl] s F pistrui, lintițe

fernticled ['fə:ntikld] adj F pistruiat, cu pistrui

ferrara [fe'rɑːrə] s un fel de sabie (deosebit de apreciată în Scoția către sfârșitul sec.al XVI-lea)

ferreous ['feriəs] adj ch feros

ferret ['ferit] s panglică de bumbac sau mătase

ferreter ['feritə] s 1 vânător (care vânează) cu dihorul 2 fig persoană cu fler / cu nas fin / cu nas de copoi

ferreting ['feritiŋ] s vânătoare cu copoi

ferriferous [fe'rifərəs] adj care conține fier

ferro-alloy [,fereu'æləi] s met fero-aliaj, aliaj de fier

ferrocyanide [,fereu 'saiənaid] s ch sare ferocianhidrică

ferro-prussiate [,fereu 'prʌʃiit] s v. **ferrocyanide**

ferrotype ['fereutaip] s fot ferotipie

ferry house ['feri haus] s 1 casa cantonierului de la podul plutitor / cantor 2 doc plutitor acoperit

fertilizable ['fə:tilaizəbl] adj fertilizabil

ferula ['ferjulə] pl **ferulae** ['ferjuli] s 1 ist sceptru (al împăraților bizantini) 2 bot aerel (Ferula sp)

fervidly ['fə:vidli] adv cu înflăcărare, cu aprindere

Fescennine ['fesənain] **I** adj (d versuri) obscen, vulgar, pornografic **II** s **1** (ist Romei) locuitor din Fescenia **2** poezie pornografică / obscenă

fescue ['feskju:] s **1** baghetă (pentru a indica literele copiilor care învață să citească) **2** bot diferite ierburi din genul Festuca

festiveness ['festivnis] s caracter festiv

feta ['fetə] s ~ (cheese) brânză grecească de oaie

fetcher ['fetʃə] s **1** căutător; ~ and carrier servitor, slugă; om de alergătură; fig slugă, sclav, om bun la toate **2** câine de aport **3** amer ispită, momeală, tentație

fetchingly ['fetʃiŋli] adv seducător, captivant

fête champêtre [,feit ʃɑːŋ'petr] fr s petrecere câmpenească, chermesă, picnic

fetidity [fe'tiditi] s miros urât, duhoare, putoare

fetishistic [,feti'ʃistik] adj fetișist

fetlow ['fetləu] s vet abces (la copita unei vite)

feu [fju:] s scot, jur **1** arendă, perpetuă cu rentă fixă **2** pământ luat definitiv în arendă

feudalist ['fju:dəlist] s **1** feudal **2** adept / partizan al regimului feudal

feu de joie [pronunția franceză] s fr salve sărbătorești

feuding ['fju:diŋ] s ceartă; răzbunare, vendetă

feverishness ['fi:vəriʃnis] s med stare febrilă, febrilitate (și fig)

fewer ['fju(:)ə] adj comp de la few mai puțini, mai puține; I have ~ books than you am mai puține cărți decât tine

fewest ['fju:ist] adj superl de la few cel mai puțin / foarte puțin; the ~ mistakes possible cele mai puține greșeli posibile

fey [fei] adj scot **1** muribund, sortit morții, pe moarte **2** tulburat, înfierbântat, care aiurează, cu mintea tulbure

FFA presc de la **Federal Aviation Administration** administrația aviației civile americane

FH presc de la **fire hydrant** gură / hidrant de incendiu

FHA presc de la **Federal Housing Administration** organism care gestionează locuințele sociale (în S.U.A.)

fiat money ['faiət ,mʌni] s amer ec hârtie monedă / fără acoperire / cu curs forțat

fib [fib] **I** s lovitură (la box etc.) **II** vt a lovi, a snopi în bătaie, a burduși

fibred ['faibəd] adj **1** fibros, filamentos **2** (în cuvinte compuse) cu fibra, cu firul; finely- ~ cu firul fin, cu fibra fină

fibreless ['faibəlis] adj **1** fără fibră **2** F fără caracter; lipsit de energie

fibre optic [,faibə 'ɔptik] s tehn conductor de semnale optice, fibră optică

fibril ['faibril] s **1** anat ramificație fină a fibrelor (musculare / nervoase) **2** bot radiculă **3** fibrilă, fibră mică, filament

fibrillation [,faibri'leiʃn] s med fibrilație

fibrin ['faibrin] s ch **1** fibrină **2** (și plant sau vegetable ~) gluten

fibroid ['faibroid] **I** adj fibros, filamentos **II** s med tumoare fibroasă, fibrom

fibroin ['faibrəuin] s biol, ch fibroină

fibrosis [fai'brəusis] s med degenerescență fibroasă

fibrousness ['faibrəsnis] s calitate fibroasă (a unui țesut etc.)

fibro-vascular [,faibrəu'væskjulə] adj bot fibro-vascular, alcătuit din celule și fibre

fibster ['fibstə] s F mincinos, bărbier, om care spune brașoave / gogoși

fibular ['fibjulə] adj anat peronier

FICA presc de la **Federal Insurance Contributions Act** lege americană care stabilește valoarea contribuțiilor sociale

fichu ['fi(:)ʃju: și pronunția franceză] s fr batic, fișiu

fico ['fi:kəu] s **1** sfârlă, bobârnac, pocnitură din degete **2** lucru neînsemnat **3** fleac

fictionalize ['fikʃnəlaiz] vt a romanța

fictionist ['fikʃənist] s povestitor, prozator nuvelist sau romancier

fictitiousness [fik'tiʃəsnis] s caracter fictiv

fictitious person [fik,tiʃəs 'pə:sn] s jur persoană juridică

fiddle head ['fidl hed] s nav motiv decorativ sculptat la prova corăbiilor

fiddle-headed [,fidl'hedid] adj **1** de forma unei viori **2** F prost; zevzec, găunos, care n-are nimic în cap

fiddler-fish ['fidləfiʃ] s iht pește din India de vest de genul vulpii-de-mare (Rhinobatus percelleus)

Fiddler's Green [,fidləz 'gri:n] s nav P paradisul marinarilor și vagabonzilor, cu femei, băutură și cântece; țara unde curge lapte și miere

fiddley ['fidli] s nav deschizătură în partea de sus a magaziei

fiddly ['fidli] adj delicat, minuțios; (d obiecte mici) dificil de manevrat; it's a bit ~ e puțin cam fragil / delicat

fidelity bond [fi'deliti bɔnd] s ec garanție, gaj luat de patron pentru eventuala lipsă de loialitate a angajatului

fidgeter ['fidʒitə] s persoană nervoasă / agitată, pachet de nervi

fidibus ['fidibəs] s sul de hârtie cu care se aprind lumânările sau pipa

Fido ['faidəu] s av dispozitiv de înlăturare a ceții de pe terenul de aterizare (prin lămpi cu petrol)

fiefdom ['fi:fdəm] s ist fig feudă, fief

field ambulance [,fi:ld 'æmbjələns] s mil ambulanță

fieldball ['fi:ldbɔ:l] s amer sport joc care combină elemente de fotbal, baschet și handbal

field bed ['fi:ld bed] s **1** mil post de campanie **2** pat cu baldachin

field book ['fi:ld buk] s carnet de note cadastrale; carnet de teren

field corn ['fi:ld kɔ:n] s amer porumb furajer

field cornet ['fi:ld ,kɔ:nit] s magistrat municipal în Africa de Sud; judecător de pace

field craft ['fi:ldkrɑːft] s cunoaștere a naturii, capacitatea de a se orienta

field crop ['fi:ld krɔp] s agr cultură de câmp

field current ['fi:ld ,kʌrənt] s el curent de excitație

field dog ['fi:ld dɔg] s câine de vânătoare, prepelicar

field driver ['fi:ld ,draivə] s amer paznic de câmp

fielder ['fi:ldə] s 1 sport (bun) jucător de câmp (↓ la baseball și crichet) 2 ajutor de boiangiu 3 sport parior de curse care contrează pariurile altora

field events ['fi:ld i,vents] s pl sport probe atletice de aruncări și sărituri (deosebit de probele de alergări)

field fortification ['fi:ld fɔ:tifi-,keiʃn] s mil fortificații ușoare de câmp

field frame ['fi:ld freim] s el carcasă magnetică

field gray [,fi:ld 'grei] s culoare griverzui a uniformelor de campanie

field hockey ['fi:ld ,hɔki] o oport hoohoi po iarbă

field house ['fi:ld haus] s sport magazie de materiale, vestiar lângă un teren sportiv

fielding ['fi:ldiŋ] s (în baseball, crichet) apărare

field intensity ['fi:ld in,tensiti] s el intensitate a câmpului

field kitchen ['fi:ld ,kitʃin] s mil bucătărie de campanie

field lens ['fi:ld lenz] s opt lentilă de câmp

fieldman ['fi:ldmən], pl **fieldmen** ['fi:ldmen] s 1 persoană care merge pe teren 2 agent comercial 3 cercetător științific de teren

field manoeuvre ['fi:ld mə,nu:və] s mil aplicație tactică cu inamic marcat

field music ['fi:ld ,mju:zik] s mil fanfară de campanie

field ration ['fi:ld ,ræʃn] s mil rație pentru serviciul combatant

fieldsman ['fi:ldzmən], pl **fieldsmen** ['fi:ldzmen] s (la crichet) jucător de câmp (la prindere)

field study ['fi:ld ,stʌdi] s studiu pe teren

field trip ['fi:ld trip] s școl excursie de studii

fiercen ['fiəsən] I vt a înrăi, a înverșuna, a încrâncena II vi a se înverșuna; a se înfuria, a se înrăi, a turba

fieri facias [,faiəri 'feiʃəs] s lat jur ordin de executare a unei hotărâri de către șerif

fiery cross [,faiəri 'krɔs] s amer crucea în flăcări (simbol al Ku-Klux-Klan-ului)

FIFA ['fi:fə] s presc de la Fédération Internationale de Football

Association FIFA, Federația Internațională de Fotbal, Asociație

fife rail ['faif reil] s nav 1 placă de covilă 2 balustrada dunetei

Fifth amendment [,fifθ ə'mendmənt] s amer al 5-lea amendament la constituția americană care nu permite ca o persoană să depună mărturie împotriva ei însăși; to plead the ~ a refuza să depună mărturie, invocând cel de-al 5-lea amendament

fifth columnist [,fifθ 'kɔləmnist] s pol om din coloana a cincea, agent al dușmanului, spion, diversionist, sabotor

fifth estate [,fifθ i'steit] s starea a cincea; (umor) savanții, oamenii de știință

fifth generation [,fifθ dʒenə'reiʃn] s cib generația a cincea (de calculatoare)

fig bar ['fig bɑ:] s 1 bețigaș pe care sunt înfipte smochinele în magazin 2 prăjitură cu smochine

fightable ['faitəbl] s 1 combativ, îndârjit, pus pe luptă / bătălie; he is excited and ~ e nervos și gata de bătaie 2 bun pentru luptă, în stare de luptă; the ship is still ~ vasul e încă în stare de luptă

fighter bomber ['faitə ,bɔmə] s av, mil avion de luptă-vânător și bombardier, avion de asalt

fighting cock ['faitiŋ kɔk] s 1 cocoș pentru luptele de cocoși 2 fig cocoș, om bătăios, bătăuș, cutitar

fig leaf ['fig li:f] s 1 frunză de smochin 2 fig frunză / foaie de viță, acoperirea unui lucru rușinos, falsă pudoare / modestie

Fig Sunday ['fig ,sʌndi] s rel Floriile, Duminica Floriilor

figurate I ['figjurit] adj 1 figurat 2 compus din figuri, cu figuri 3 muz încărcat, înzorzonat, complicat II ['figjureit] vt a da / imprima un caracter figurat (cu dat)

figuration [,figju'reiʃn] s 1 aspect, formă, înfățișare, configurație, contur 2 mod de reprezentare, înfățișare, formă 3 ornamentație 4 muz tratare în mod ornamental a unui pasaj; tratare contrapunctică foarte înflorită 5 reprezentare alegorică

figurativeness ['figjurətivnis] s caracter figurat, vorbire sau exprimare figurată

figure-eight knot [,figəreit 'nɔt] s nav nod în opt

figure-hugging [figə'hʌgiŋ] adj (d o rochie) care se mulează pe corp

figure-skate ['figəskeit] vi a practica patinajul artistic

figure-skater ['figəskeitə] s patinator, persoană care practică patinajul artistic

Fijian [fi'dʒi:ən] I adj din (insulele) Fiji II s locuitor din (insulele) Fiji

fike [faik] I s 1 grijă, neliniște, îngrijorare; agitație, freamăt, zarvă (pentru fleacuri) 2 cauză de îngrijorare, necaz 3 flirt II vi 1 a se agita, a fremăta; a face zarvă; a fi neliniștit 2 a flirta, a se ține de amoruri III vt a supăra, a necăji

filamentary [,filə'mentəri] adj filamentos, fibros

filament lamp ['filəmənt læmp] s el lampă cu incandescentă

filar ['failə] adj 1 (care ține) de fir 2 opt brazdă de fire peste câmpul vizual

filasse [fi'lɑ:s] s fibră vegetală prelucrată, iută

filching ['filtʃiŋ] s F furt, șterpeleală

file card ['fail kɑ:d] s fișă pentru organizarea informației într-un dosar

file clerk ['fail klɑ:k] s amer persoană care lucrează în domeniul documentării

file-hard [,fail'hɑ:d] adj tare ca piatra / ca oțelul / ca fierul

file management ['fail ,mænidʒmənt] s cib gestiunea fișierelor

file server ['fail ,sə:və] s cib (într-o rețea de calculatoare) server, calculator central

filibeg ['filibeg] s scot fustanelă de scoțian

filibusterer ['filibʌstərə] s 1 corsar, pirat; aventurier care face o campanie militară de jaf 2 amer pol obstrucționist, orator care face o obstrucție

filibustering ['filibʌstəriŋ] s amer obstrucție parlamentară practicată în scopul împiedicării votării unui proiect de lege

filicide ['filisaid] s jur 1 uciderea fiului sau fiicei de către părinte 2 părinte care-și ucide copilul

filing ['failiŋ] s 1 pilire, şlefuire 2 pl pilitură 3 clasare, clasificare, cartare, aranjare, punere în ordine

filing clerk ['failiŋ klɑːk] s v. **file clerk**

Filipino [,fili'piːnəu] I s 1 locuitor din Filipine, filipinez 2 lingv tagalog, limba oficială din Filipine II adj filipinez

filled cheese [,fild 'tʃiːz] s brânză topită cu grăsime adăugată

fille de joie [pronunţia franceză] s fr prostituată, femeie de moravuri uşoare, damă

filler cap ['filə kæp] s buşon de rezervor

fill-in ['filin] s 1 înlocuitor, suplinitor 2 ec surogat, erzaţ, înlocuitor 3 poligr material de umplutură; material de rezervă

filmdom ['filmdəm] s lumea cinematografului

filmgoer ['film,gəuə] s amator de cinema; **she's a regular ~** se duce adesea la cinema

filmic ['filmik] adj de film, cinematografic

filmily ['filmili] adv ca prin ceaţă, neclar

filming ['filmiŋ] s cin turnare a unui film

filmize ['filmaiz] vt a filma, a ecraniza, a turna un film după (o piesă etc.)

filmography [fil'mɔgrəfi] s filmografie

film pack ['film pæk] s fot filmpac

film play ['film plei] s teatru, cin film-spectacol, piesă filmată

filmset ['filmset] vt brit a realiza o fotocompoziţie

filmsetter ['filmsetə] s brit maşină de fotocompoziţie; persoană care lucrează la o maşină de fotocompoziţie

filmsetting ['filmsetiŋ] s brit fotocompoziţie

film slide ['film slaid] s cin diafilm

filo ['fiːləu] s gastr **~ pastry** foi de plăcintă foarte fine, folosite în patiseria Orientului Mijlociu

filose ['failəus] adj bot, zool filamentos, ca un fir

filoselle ['filosel] s text borangic, mătase brută

filterability [,filtərə'biliti] s filtrabilitate

filterable ['filtərəbl] adj filtrabil

filtrable ['filtrəbl] adj 1 filtrabil, care poate să fie filtrat 2 filtrant, care trece prin filtru

final cause [,fainəl 'kɔːz] s cauză finală, cauză reală, rădăcina lucrurilor, motiv de ultimă instanţă, adevărata pricină

final clause [,fainəl 'klɔːz] s gram propoziţie (secundară) de scop, circumstanţială de scop / finală

final drive [,fainəl 'draiv] s tehn, auto transmisie la roatele din spate

finalization [,fainəlai'zeiʃn] s încheiere, punere la punct, finalizare

finance bill ['fainæns bil] s ec 1 disconto, foaie de transfer 2 act de trezorerie

finance company ['fainæns ,kʌmpəni] s ec societate de credit / bancară

finance director ['fainæns dai,rektə] s director financiar

finance house ['fainæns haus] s (în Marea Britanie) societate financiară care oferă credite

Financial Times [fai,nænʃəl 'taimz] s the ~ (în Marea Britanie) cotidian de informaţie în domeniul financiar

fin back ['fin bæk] s zool specie de balenă (Balaenoptera physalus)

finding list ['faindiŋ list] s catalog (↓ de librărie)

fine-art casting [,fainɑːt 'kɑːstiŋ] s tehn turnătorie de artă

fine-bent grass [,fainbent 'grɑːs] s bot păiş (Agrostis vulgaris)

fine-bore [,fain'bɔː] vt tehn a aleza cu diamant

fine-draw [,fain'drɔː] vt 1 text a coase invizibil, a cârpi / a coase fără să se vadă cusătura; a înnădi 2 tehn a trage / a trefila sârmă subţire din

fine gravel [,fain 'grævəl] geol pietriş mărunt

fineness ratio ['fainnis ,reiʃiəu] tehn coeficient de subţirime

finer ['fainə] s tehn 1 maistru afinor 2 rectificator

fine-tooth(ed) comb [,faintuːθ(t) 'kɔm] s pieptăn fin; **to go through smth with a ~** fig a examina ceva în amănunţime

fine-tune [,fain'tjuːn] vt (d o maşinărie, un radio) a regla cu precizie; fig (d un plan) a pune la punct în cele mai mici amă-

nunte; ec a regla mecanismul economic prin măsuri fiscale şi monetare

fine-tuning [,fain'tjuːniŋ] s reglare precisă (a unui mecanism); fig pregătire (a unui plan) în cele mai mici amănunte; ec reglare a economiei prin măsuri fiscale şi monetare

finger alphabet ['fiŋgə ,ælfəbit] s alfabetul surdo-muţilor

finger bowl ['fiŋgə bəul] s bol / ceaşcă de spălat degetele la masă

finger buffet ['fiŋgə ,bufei] s bufet rece

fingerer ['fiŋgərə] s sl mână lungă, pungaş

finger fern ['fiŋgə fəːn] s bot orice ferigă din genul Asplenium; părul-Maicii-Domnului (Asplenium adianthum nigrum); straşnic (A. trichomanes); spinarea-lupului (A. filix femina); ruginiţă (A. ruta muraria)

finger hole ['fiŋgə həul] s muz gaură; clapă, clapetă (la un instrument de suflat)

fingerless ['fiŋgəlis] adj ~ **glove** mitenă, mănuşi care lasă degetele descoperite

fingerling ['fiŋgəliŋ] s 1 iht pui de somon sau păstrăv 2 înv v. **finger stall**

fingernail ['fiŋgəneil] s unghie de la mână; **to hang on by one's ~s** a se ţine numai în unghii de ceva; fig a atârna de-un fir de păr

finger paint ['fiŋgə peint] s vopsea specială pentru pictat cu degetul

finger painting ['fiŋgə ,peintiŋ] s pictură cu degetul; **children love ~** copiilor le place să picteze cu degetul

finger-parted [,fiŋgə'pɑːtid] adj bot digital

finger plate ['fiŋgə pleit] s constr şild, platbandă

finger post ['fiŋgə ,pəust] s stâlp care indică drumul, stâlp indicator

finger printing ['fiŋgə ,printiŋ] s luarea amprentelor digitale; **genetic ~** identificarea codului genetic

finger root ['fiŋgə ruːt] s bot digitală, degetar, degeţel-roşu, degetariţă (Digitalis purpurea)

finger stall ['fiŋgə stɔ:l] *s* deget, apărătoare de piele *sau* cauciuc pentru protecția degetului la disecții *etc.*

finial ['fainiəl] *s arhit* fleuron; rozetă *(în arhitectura gotică)*

fining ['fainiŋ] *s (și ~ of wine)* cleire *(a vinului)*

finis ['fainis, 'fi:nis] *s* 1 fine, sfârșit *(la o carte etc.)* 2 *rar* scop, țintă

finishing line ['finiʃiŋ lain] *brit*, **finish line** ['finiʃ lain] *amer s sport* linie de finiș, linie de sosire

finishing machine ['finiʃiŋmə,ʃi:n] *s tehn* mașină de finisat

finishing touch [,finiʃiŋ 'tʌtʃ] *s* to put the ~ to smth a face ultimele retușuri

finiteness ['fainaitnis] *s* caracter finit

Finlander ['finləndə] *s* finlandez

finless ['finlis] *adj iht* fără aripioare

fire-and-brimstone [,faiərænd'brimstəun] *adj (d o predică, un predicator)* care amenință cu focul iadului / cu foc și pucioasă

fire apparatus ['faiər æpə,reitəs] *s* 1 aparat de stins incendii 2 *min* stingător; extinctor

fireback ['faiəbæk] *s orn* varietate . de fazan *(Lophura sp)*

fire balloon ['faiə bə,lu:n] *s* balon cu aer cald

fire bar ['faiə ba:] *s* bară, bară do grătar

fire boat ['faiə bəut] *s* vapor de pompieri

fire bridge ['faiə bridʒ] *s tehn* altar de focar

fire chief ['faiə ,tʃi:f] *s amer* comandantul unei brigăzi de pompieri

fire cock ['faiə kɔk] *s* gură / robinet de incendiu

fire curtain ['faiə ,kə:tn] *s (într-un teatru)* paravan împotriva focului, fixat pe tavan

fired ['faiəd] *(în cuvinte compuse)* oil ~ / gas ~ **central heating** încălzire centrală cu motorină / gaz

fire door ['faiə dɔ:] *s* 1 *tehn* ușa focarului 2 *constr* ușă antifoc

fire dragon ['faiə ,drægən] *s* 1 balaur care scuipă foc *(monstru des întâlnit în mitologia germanică)* 2 rachetă

fire drake ['faiə dreik] *s v.* **fire dragon**

fire eater ['faiə ,i:tə] *s* 1 pirofag *(scamator)*, mâncător de foc 2 *F* duelgiu, duelist; bătăuș 3 *F* fanfaron, palavragiu 4 *amer pol* extremist, gălăgios

fire-eating [,faiə'i:tiŋ] *adj F* bătăios, bătăuș

fire exit ['faiər,egzit] *s* ieșire de incendiu

fire fighter ['faiə ,faitə] *s* pompier

fire-fighting [,faiə'faitiŋ] *adj* de protecție contra incendiilor

fire hazard ['faiə ,hæzə:d] *s all* those empty boxes are a ~ toate cutiile acestea goale reprezintă un risc de incendiu; smoking is forbidden since it is a ~ fumatul este interzis deoarece constituie un pericol de incendiu

fire hose ['faiə həuz] *s* furtun de incendiu

fire hydrant ['faiə ,haidrənt] *s* hidrant *(în caz de incendiu)*

fire insurance ['faiə in,ʃuərəns] *s* asigurare contra incendiilor

fireless ['faiəlis] *adj* fără foc; neîncălzit

fire light ['faiə lait] *s* 1 lumina focului *(din cămin)* 2 *v.* **fire lighter** 3 *înv* fulger 4 *înv* auroră boreală

fire lighter ['faiə ,laitə] *s* material *(surcele etc.)* de aprins focul

firelock ['faiə lɔk] *s mil* 1 închizător 2 *ist* pușcă de cremene

fire marshal ['faiə ,ma:ʃəl] *s amer v.* **fire chief**

fire-new [,faiə'nju:] *adj* nou-nouț

fire point ['faiə pɔint] *s* 1 *tehn* punct de inflamabilitate / de aprindere; punct de explodare / de detonație 2 *opt* focar

fire pot ['faiə, pɔt] *s* creuzet

fireproofing [,faiə'pru:fiŋ] *adj (d un material, o substanță)* ignifug, neinflamabil

fire raft ['faiə ra:ft] *s* plută incendiatoare

fire-raiser ['faiə,reizə] *s* piroman, incendiator

fire resistance ['faiə ri,zistəns] *s* rezistență la foc, refractaritate

fire-resistant [,faiəri'zistənt] *adj* rezistent la foc, ignifug, refractar, neinflamabil

fire risk ['faiə risk] *s v.* **fire hazard**

fire sale ['faiə seil] *s* vânzare cu rabat a unor mărfuri care au fost ușor deteriorate de un incendiu

fire screen ['faiə ,skri:n] *s (la un șemineu)* apărătoare de foc, paravan; ecran ignifug

fire service ['faiə ,sə:vis] *s* echipă de pompieri

fire ship ['faiə ʃip] *s nav, ist* vas incendiator

fire step ['faiə step] *s mil* treaptă de trăgător *(din tranșee sau groapă de trăgător)*; banchetă *(într-o tranșee)*

fire stone ['faiə ,stəun] *s* piatră refractară la foc, pirită

fire thorn ['faiə θɔ:n] *s bot* piracantă comună *(Pyracantha coccinea)*

fire tower ['faiə ,tauə] *s* 1 far 2 foișor *(de foc)*

firetrap ['faiətræp] *s* clădire, veche sau prost construită, foarte periculoasă în caz de incendiu

fire truck ['faiə trʌk] *s amer* mașină de pompieri

fire tube ['faiə tju:b] *s* țeavă de fum

fire valve ['faiə vælv] *s* gură / robinet de incendiu

fire walk ['faiə wɔ:k] *s* ordalia focului *(în Evul Mediu)*

fire walker ['faiə ,wɔ:kə] *s* persoană în transă, care merge pe cărbuni aprinși

fire walking ['faiə ,wɔ:kiŋ] *s the* ritual of ~ ritualul de a merge pe cărbuni aprinși

fire warden ['faiə ,wɔ:dən] *s* persoană responsabilă cu prevenirea și detectarea incendiilor

fire water ['faiə ,wɔ:tə] *s umor* rachiu, spirt *etc. (nume dat de indienii din America de Nord)*

fireweed ['faiəwi:d] *s bot* răscoage, zburătoare *(Epilobium angustifolium)*

fireworks ['faiə wə:ks] *s pl* 1 foc de artificii 2 *fig* declarații înfocate, mărturisiri focoase 3 *fig* argumentații / glume scânteietoare 4 *amer rar* chibrituri

fire worship ['faiə ,wə:ʃip] *s* pirolatrie, adorarea focului

firing squad ['faiəriŋ ,skwɔd] *s mil* pluton de execuție

firing step ['faiəriŋ step] *s v.* **fire step**

firmamental ['fə:məməntəl] *adj* ceresc

fir moss ['fə: mɔs] *s bot* brădișor, cornișor *(Lycopodium selago)*

firn [fə:n] *s* firn, neveu, zăpadă deasă cu bob mare

first aider [ˌfəːst 'eidə] *s persoană pregătită pentru a acorda primul ajutor*

First Amendment [ˌfəːst ə'mendmənt] *s amer* the ~ Primul Amendament *(în Constituția Statelor Unite garantează libertatea individuală a cetățeanului, mai ales libertatea cuvântului)*

first-chop [ˌfəːst 'tʃɔp] *adj F* de prima calitate, de calitatea întâi

first cousin [ˌfəːst 'kʌzn] *s* văr, verișor *(primar)*, vară, verișoară *(primară)*

first day [ˌfəːst 'dei] *s* duminică *(la quakeri)*

first-day cover [ˌfəːstdei 'kʌvə] *s (în filatelie) emisiune de timbre trimisă unui colecționar în aceeași zi în care a fost lansată pe piață și purtând anumite însemne speciale*

first-degree [ˌfəːstdi'griː] *adj* de gradul întâi; ~ **burn** arsură de gradul întâi; ~ **murder** crimă cu premeditare

first-ever [ˌfəːst'evə] *s F* primul; **this car was my** ~ a fost prima mașină din viața mea

first-foot [ˌfəːst'fuːt] *vt* to ~ smb *(într-un vechi obicei scoțian) a fi prima persoană care vizitează pe cineva în noaptea Anului Nou, pentru a-i ura „la mulți ani"*

first-footer [ˌfəːst'fuːtə] *s (într-un vechi obicei scoțian) prima persoană care vizitează pe cineva în noaptea Anului Nou, pentru a-i ura „la mulți ani"*

first form [ˌfəːst 'fɔːm] *s brit (în sistemul școlar al Marii Britanii)* prima clasă de liceu *(aprox clasa a șasea)*

first former [ˌfəːst 'fɔːmə] *s brit (în Marea Britanie)* elev în prima clasă de liceu

first fruit [ˌfəːst 'fruːt] *s* 1 *bot* pârgă, primul fruct *(al anului)* 2 *fig* primul născut 3 *pl fig* primele fructe / roade / rezultate

first-generation [ˌfəːstdʒenə'reiʃn] *adj* din prima generație

first language [ˌfəːst 'læŋguidʒ] *s* limba maternă

first lieutenant [ˌfəːst lef'tenənt] *s mil* locotenent

first mate [ˌfəːst 'meit] *s nav* secund

first officer [ˌfəːst 'ɔfisə] *s v.* **first mate**

first papers [ˌfəːst 'peipəz] *s pl amer documente provizorii permițând unui străin să înainteze o cerere de naturalizare*

first-past-the-post [ˌfəːst,paːstðə'pəust] *adj pol (în Marea Britanie, d un candidat)* selectat prin majoritate simplă

first person [ˌfəːst 'pəːsn] *gram* I *s* persoana întâi; **in the** ~ la persoana întâi II *adj* ~ **pronoun** pronume la persoana întâi; ~ **narrative** narațiune la persoana întâi

first principle [ˌfəːst 'prinsipl] *s* principiu fundamental

first reading [ˌfəːst 'riːdiŋ] *s pol* prima lectură *(a unei legi în Parlament)*

first refusal [ˌfəːst ri'fjuːzəl] *s* prioritate acordată cuiva într-o alegere; **if you decide to sell your car I hope you'll give me** ~ dacă te hotărăști să-ți vinzi mașina sper că-mi vei da a mie prioritate

first-string [ˌfəːst'striŋ] *adj* 1 de primă mărime, cel mai bun 2 ~ **player** jucător permanent *(al unei echipe)*; ~ **member** membru permanent

first-time [ˌfəːst'taim] *adj (pentru)* prima dată ~ **house buyer** persoană care cumpără pentru prima dată o casă; ~ **visitors to the country** turiști care vizitează o țară pentru prima dată

first violin [ˌfəːst vaiə'lin] *s muz* vioara întâi

First World [ˌfəːst 'wəːld] *s* the ~ țările industrializate

FIS *presc de la* Family Income Supplement *ajutor social în bani plătit de stat persoanelor defavorizate*

fisc [fisk] *s* 1 *ist* vistierie, fisc 2 *scot (scris* **fisk***)* tezaurul statului, tezaurul public, bunurile de stat, vistieria statului

fiscal year [ˌfiskəl 'jəː] *s an* financiar / fiscal

fish-and-chip shop [ˌfiʃəntʃip 'ʃɔp] *s magazin care vinde pește prăjit și cartofi pai*

fish bed [ˈfiʃ bed] *s geol* rocă cu pești fosili

fishbolt [ˈfiʃbəult] *s ferov* bulon de eclisă

fishcake [ˈfiʃkeik] *s gastr* crochete de pește

fish culture [ˈfiʃ ˌkʌltʃə] *s* piscicultură

fish-davit [ˈfiʃˌdævit] *s nav* gruie de traversieră

fish duck [ˈfiʃ dʌk] *s orn* bodârlău cu ferăstrău *(Nergus merganster)*

fish eagle [ˈfiʃ ˌiːgl] *s orn* vultur-pescar *(Pandion haliaetus)*

fisherfolk [ˈfiʃəfəulk] *s* pescari

fish farm [ˈfiʃ ˌfaːm] *s* fermă piscicolă

fish farmer [ˈfiʃ ˌfaːmə] *s* piscicultor

fish farming [ˈfiʃ ˌfaːmiŋ] *s* piscicultură

fish finger [ˈfiʃ ˌfiŋgə] *s gastr* batoane de pește pané

fish flake [ˈfiʃ fleik] *s* bășică de pește

fish flour [ˈfiʃ ˌflauə] *s* făină de pește uscat și pulverizat, folosită ca aliment

fish fork [ˈfiʃ fɔːk] *s* ostie, furcă pentru prins pește

fishgig [ˈfiʃgig] *s* harpon

fish glue [ˈfiʃ gluː] *s* ihtiocol, clei de pește

fishing boat [ˈfiʃiŋ bəut] *s* barcă de pescar / pescărească, lotcă

fishing eagle [ˌfiʃiŋ 'iːgl] *s orn* vultur-pescar *(Pandion haliaëtus)*

fishing ground [ˈfiʃiŋ ˌgraund] *s* zonă de pescuit

fishing line [ˈfiʃiŋ lain] *s* sfoara undiței

fish joint [ˈfiʃ dʒɔint] *s ferov* îmbinare cu eclise

fish knife [ˈfiʃ naif] *s* cuțit de pește

fish ladder [ˈfiʃ ˌlædə] *s* o serie de iazuri construite în amonte pe un curs de apă, pentru a permite peștelui să se deplaseze peste un baraj

fish maw [ˈfiʃ mɔː] *s v.* **fish flake**

fish meal [ˈfiʃ ˌmiəl] *s* făină de pește

fish net [ˈfiʃnet] I *s amer* năvod II *adj* ~ **stockings / tights** ciorapi de damă cu model de plasă

fish pond [ˈfiʃ pond] *s* 1 iaz, eleșteu pentru creșterea peștelui 2 *umor* mare

fish pot [ˈfiʃ pot] *s* vârșie, vârșă, leasă *(pentru crabi)*

fish shop [ˈfiʃ ˌʃop] *s* pescărie

fish stick [ˈfiʃ stik] *s amer v.* **fish finger**

fish story [ˈfiʃ ˌstɔːri] *s F* poveste extravagantă / de necrezut

fish tank [ˈfiʃ tæŋk] *s* 1 acvariu 2 heleșteu; bazin cu pește *(al unui restaurant)*

fishway ['fiʃwei] s amer v. **fish ladder**

fissility [fi'siliti] s şistozitate

fission reactor ['fiʃn ri,æktə] s reactor nuclear de fisiune

fissuration [,fiʃju'reiʃn] s fiz fisiune, fisurare, despicare, dezintegrare

fist fight ['fistfait] s bătaie cu pumnii

fistic(al) ['fistikl(əl)] adj umor de pumn, de pugilist, pugilistic, de boxer

fisticuffer ['fistikʌfə] s F boxer, pugilist

fisty ['fisti] adj de box, pugilistic

fitch brush ['fitʃ brʌʃ] s bidinea din păr de dihor

fitten ['fitn] I s I înv minciună, neadevăr 2 dial capriciu, moft II vi înv a spune minciuni

-fitting [-'fitiŋ] (în cuvinte compuse) close ~, tight ~ (d haine) care se mulează pe trup; (d un capac cu ghivent) care se închide bine; loose ~ (d haine) amplu, larg

fittingly ['fitiŋli] adv (în mod) corespunzător, potrivit; ~ the government has agreed to ratify the treaty aşa cum era de aşteptat, guvernul a fost de acord să semneze tratatul

fitting room ['fitiŋ ru(:)m] s cameră de probat (la croitor etc.)

fitty[1] ['fiti] adj capricios, cu toane

fitty[2] ['fiti] adj potrivit, adecvat, propriu

fit-up company [,fitʌp 'kʌmpəni] s teatru trupă ambulantă

five-and-dime store [,faivəndaim 'stɔ:] s amer magazin universal în care toate mărfurile se vând cu 5 sau 10 cenţi

five-a-side [,faivə'said] sport I s fotbal în zece II (în cuvinte compuse) ~ football fotbal în zece; ~ tournament competiţie de fotbal în zece

five-finger grass [,faivfiŋgə 'grɑːs] s bot „cinci degete", buruiană-de-cinci-degete (Polentilla recta şi P. reptans)

fiveleaf ['faivliːf] s v. **five-finger grass**

fivepence ['faivpens] s (valoare de) cinci penny

fivepenny ['faivpəni] adj (în valoare de) cinci penny

fivescore ['faivskɔː] num, s o sută (de cinci ori douăzeci)

five-spot [,faiv'spɔt] s cinci (la jocul de cărţi) 2 amer F bancnotă de cinci dolari

five-star [,faiv'stɑː] adj (d hotel) de cinci stele

five-yearly [,faiv'iə:li] adj (d alegeri etc.) cincinal; (d un festival etc.) care are loc din cinci în cinci ani

fixate ['fikseit] vt 1 a fixa, a întări 2 astr a fixa, a stabili (poziţia unei stele etc.)

fixated [fik'seitid] adj fixat; to be ~ on smth a avea o fixaţie cu privire la un anumit lucru

fixed beam [,fikst 'biːm] s constr grindă încastrată

fixed capital [,fikst 'kæpitl] o oo capital fix

fixed idea [,fikst ai'diə] s idee fixă

fixed oil [,fikst'ɔil] s ulei gras

fixing ['fiksiŋ] s 1 stabilire; fixare 2 pl amer F echipament; accesorii; garnitură 3 pl amer F garnitură (la o mâncare etc.)

fixing bath ['fiksiŋ bɑːθ] s fot baie de fixare

fixing solution ['fiksiŋ sɔ,luːʃn] s soluţie de fixare

fix-up [,fiks'ʌp] s amer aranjament, organizare, structură

fizziness ['fizinis] s aciditate (a băuturilor); the champagne has lost its ~ şampania s-a răsuflat

fjeld [fjeld] s (cuvânt norvegian) geol field, platou golaş

flab [flæb] s F 1 grăsime, şunci (la o persoană supraponderată); to fight the ~ a încerca să slăbeşti 2 (într-un text) lăbărţare a stilului; peltea, vorbă-lungă, poliloghie

flaccidness ['flæksidnis] s vlăguire, slăbiciune, neputinţă

flacon ['flækən] s fr flacon, sticluţă

flagellator ['flædʒeleitə] s biciuitor

flagellum [flə'dʒeləm] s anat cil, flagel

flag flower ['flæg ,flauə] s bot stânjenel, iris (Iris sp.); orice iridicee; frunza unei asemenea plante

flagged [flægd] adj cu dale, pardosit

flagitious [flə'dʒiʃəs] adj 1 mârşav, scelerat, nelegiuit, odios, infam 2 grosolan, ruşinos, scandalos

flag lieutenant ['flæg lef,tenənt] s nav ofiţer de ordonanţă, aghiotant al unui amiral

flagrante delicto [flə,grænti di-'liktəu] adv jur to be caught in ~ a fi prins în flagrant delict, a fi prins asupra faptului

flakelet ['fleiklit] s fulguşor, fulguleţ

flamboyance [flæm'bɔiəns] s extravaganţă (a stilului, vorbirii, purtării etc.)

flamboyantly [flæm'bɔiəntli] adv (în mod) extravagant

flamen ['fleimen], pl **flamens** ['fleimenz] sau **flamines** ['fleiminiz] s 1 (la romani) preot consacrat unui anumit zeu 2 (↓ în vechea Britanie) preot al unui zeu păgân

flamenco [flə'meŋkəu] I s flamenco II (în cuvinte compuse) de flamenco; ~ music (muzică) flamenco

flame projector ['fleim prə,dʒektə] s mil aruncător de flăcări

flame-proof [,fleim'pruːf] adj refractar, ignifug, neinflamabil

flame retardant ['fleim ri,tɑːdənt] I s substanţă / material ignifug II adj ignifug

flanderkin ['flændəkin] s sl obez; cal foarte gras

flang [flæŋ] s tehn pioletul minerului

flanged [fleindʒd] adj tehn cu bride; fixat cu bride

flange rail ['flændʒ reil] s ferov şină cu cap rotund

flanker ['flæŋkə] s mil 1 întăritură de flanc 2 oameni dispuşi în flanc pentru a proteja o coloană în marş

flannelled ['flænəld] adj îmbrăcat în costum de flanelă

flap tile ['flæp tail] s constr ţiglă olandeză

flare path ['fleə: pɑːθ] s pistă cu balize luminoase

flash burn [,flæʃ 'bəːn] s arsură (provocată de strălucirea foarte puternică a unei explozii)

flash card ['flæʃ kɑːd] s cartonaşe cu imagini sau cuvinte, folosite ca material didactic în şcoală

flash freezing [,flæʃ 'friːziŋ] s congelare la temperaturi foarte joase şi într-un timp foarte scurt

flash fry ['flæʃ frai] vt gastr a perpeli

flash gun ['flæʃ gʌn] s fot bliţ ataşat la aparatul fotografic

flash Harry [,flæʃ 'hæri] s bărbat care se îmbracă şi se poartă scandalos

flash hider ['flæʃ ˌhaidə] *tehn* amortizor de flacără

flash hole ['flæʃ həul] *s tehn* gaură de bujie

flashiness ['flæʃinis] *s* aspect bătător la ochi, strălucire superficială, luciu de fațadă; ton țipător, lipsă de gust *(a îmbrăcăminții)*

flashing ['flæʃiŋ] **I** *adj (d un semnal, far etc.)* care emite o lumină puternică și intermitentă; **with ~ eyes, she stormed out** cu ochi arzând de mânie, ea izbucni; **~ light** girofar **II** *s* **1** *F* expunere indecentă, exhibiționism **2** *constr* hidroizolație la îmbinarea a două plăci din acoperiș

flash pan ['flæʃ pæn] *s mil, ist* palașcă *(pentru pulbere, la armele vechi)*

flash photography [ˌflæʃ fə'togrəfi] *s* fotografie cu bliț

flashpoint event [ˌflæʃpoint i'vent] *s* eveniment la ordinea zilei / în centrul atenției

flashpoint locality ['flæʃpoint ləu'kæliti] *s* localitate geografică în centrul atenției *(marcată pe hartă printr-o săgeată)*

flasket[1] ['flɑːskit] *amer* și ['flɑːsket] *s* sticluță, flacon(aș), fiolă

flasket[2] ['flɑːskit] *s* coș, coșuleț, coșarcă; cufăr

flask-shaped [ˌflɑːsk'ʃeipt] *adj* în formă de sticlă

flat adverb [ˌflæt 'ædvəːb] *s gram* adverb având aceeași formă cu adjectivul corespunzător

flat arch [ˌflæt 'ɑːtʃ] *s arhit* boltă plană

flat-bed lorry [ˌflætbed 'lori] *s* camion care tractează o remorcă gen platformă

flat cap [ˌflæt 'kæp] *s brit* cașchetă *(purtată de muncitorii britanici)*

flat-chested [ˌflæt'tʃestid] *adj* **to be ~** a avea sânii mici; *peior* a fi ca o scândură

flat-dweller ['flæt ˌdwelə] *s brit* persoană care locuiește într-un apartament

flathat ['flæthæt] *vi amer av* a zbura foarte jos atingând acoperișul caselor

flat-headed [ˌflæt'hedid] *adj* **1** cu capul turtit **2** *fig* sec, searbăd, insipid

flat-hunt ['flæt ˌhʌnt] *vi brit* a căuta un apartament; **I've spent all day ~** mi-am pierdut toată ziua căutând un apartament

flat-hunting ['flæt ˌhʌntiŋ] *s brit* căutarea unui apartament; **~ takes up all my free time** căutarea unui apartament îmi ocupă tot timpul liber

flat key [ˌflæt 'kiː] *s tehn* pană plată

flatmate ['flætmeit] *s brit* persoană cu care cineva împarte un apartament; **she and I were ~s in London** am locuit în același apartament în Londra

flat race [ˌflæt 'reis] *s sport* cursă fără obstacole

flat-screen [ˌflæt'skriːn] *adj (d un computer)* cu ecran plat

flat season [ˌflæt ˌsiːzən] *s (la cursele de cai)* sezonul de curse fără obstacole

flattener ['flætnə] *s tehn* ciocan de forjă

flattering ['flætəriŋ] **I** *adj* **1** măgulitor, de laudă, elogios **2** lingușitor, adulator **II** *s* lingușire, periere, tămâiere

flatteringly ['flætəriŋli] *adv* (în mod) lingușitor, măgulitor

flattie ['flæti] *s* încălțăminte fără toc

flatty ['flæti] *s sl* **1** prost, prostănac, neghiob **2** detectiv, copoi

flatworm ['flætwəːm] *s zool* vierme plat *(Plathelmintes)*

flaunter ['flɔːntə] *s* înfumurat, îngâmfat; fanfaron

flaunty ['flɔːnti] *adj* **1** pompos, luxos, fastuos **2** gătit, împopoțonat, sclivisit

flavescent [flə'vesənt] *adj* gălbui, bătând în galben

flavourous ['fleivərəs] *adj* plăcut la gust, savuros; plăcut mirositor, parfumat

flavoursome ['fleivəsəm] *adj v.* **flavourous**

flawed [flɔːd] *adj* imperfect, cu defect, greșit; **the argument is, however, ~** totuși, argumentul este eronat

flawlessness ['flɔːlisnis] *s* desăvârșire, perfecție

flawy ['flɔːi] *adj* **1** cu crăpături / plesnituri **2** cu defect(e) *(de fabrică)*, cu cusur(uri), defectuos **3** *nav* cu rafale, vântos

flax brake ['flæks breik] *s text* măiug

flax break ['flæks breik] *s v.* **flax brake**

flax comb ['flæks kəum] *s* pieptene de in

flaxen-haired [ˌflæksn'heəd] *adj* cu părul bălai / de culoarea inului

flaxweed ['flækswiːd] *s bot* linariță *(Linaria vulgaris)*

flecker ['flekə] *vt* a păta, a stropi, a presăra cu pete

fleckless ['fleklis] *adj* **1** fără pete, curat **2** *fig* fără pată, neprihănit, nevinovat

fleeced [fliːst] *adj* **1** tuns, cu lâna tunsă **2** *fig* jupuit **3** cu lână; **this sheep is well ~** oaia aceasta are multă lână

fleeceless ['fliːslis] *adj* fără lână

fleecer ['fliːsə] *s F* jupuitor

fleecy ['fliːsi] *adj* mițos, lânos, flocos, pufos; creț **~ hair** păr creț; **~ waves** valuri spumegânde

fleet admiral ['fliːt ˌædmərəl] *s amer nav* amiralul flotei

fleetingness ['fliːtiŋnis] *s* scurgere rapidă / repede / grăbită; repeziciune

Flemish horse [ˌflemiʃ 'hɔːs] *s nav* țapapia de la capătul vergii

flench [flentʃ] *vt* a extrage degras din, a spinteca *(o balenă)* **2** a jupui *(o focă)*

flencher ['flentʃə] *s* lucrător specializat în tăierea balenelor și a focilor

flesher ['fleʃə] *s scot* măcelar, casap

fleshy ['fleʃi] *adj (d o persoană)* **1** grăsun, voinic **2** *(d un fruct)* cărnos

fleuron ['fləːrən] *s* fleuron *(ornament în formă de floare, în arhitectură, pe monede etc.)*

flews [fluːz] *s pl* buze lăsate în jos *(la copoi etc.)*

flexional ending [ˌflekʃnəl 'endiŋ] *s gram* desinență

flexitime ['fleksitaim] *s* program de lucru cu ore flexibile

flexor ['fleksə] *anat* **I** *adj (d mușchi)* care produce flexiune **II** *s* mușchi de flexiune

flextime ['flekstaim] *s v.* **flexitime**

flexuose ['fleksjuəs] *adj (d tulpini, tije etc.)* șerpuit, sinuos

flexuosity [fleksju'ositi] *s* întortochiere, sinuozitate

flexuous ['fleksjuəs] *adj* **1** sinuos, șerpuit, cu cotituri, întortocheat **2** *(d flacără)* pâlpâitor, tremurător

flic-flac ['flikflæk] *interj* trosc-pleosc!

flicker ['flikə] *s amer orn* ghionoaie, ciocănitoare *(Picus)*

flickering ['flikəriŋ] **I** *adj* **1** licăritor, pâlpâitor **2** tremurător, unduitor **II** *s* **1** sclipire, licărire **2** fior, tresărire, tremur

flickertail ['flikəteil] *s amer* locuitor al statului Dakota de Nord

Flickertail State [,flikəteil 'steit] *s amer* statul Dakota de Nord

flies [flaiz] *s (la teatru)* ultimul rând de loji

flight arrow ['flait ,ærəu] *s* săgeată ușoară

flight attendant ['flait ə,tendənt] *s femeie / bărbat care face parte din personalul de serviciu al unui avion*

flight control ['flait kən,trəul] *s* **1** control aerian **2** personalul de la turnul de control aerian

flight crew ['flait kru:] *s* echipajul unui avion

flight deck ['flait dek] *s* **1** *(într-un avion)* cabina pilotului **2** *(pe un portavion)* punte de decolare

flight number ['flait ,nʌmbə] *s* numărul zborului

flight plan ['flait plæn] *s* plan de zbor

flight recorder ['flait ri,kɔ:də] *s* înregistrator de zbor

flight shot ['flait ʃot] *s* **1** distanță de zbor a săgeții, aruncătură de săgeată **2** lovitură de săgeată

flight simulator ['flait ,simjuleitə] *s* simulator de zbor

flim-flammer ['flim,flæmə] *s F* **1** persoană care spune baliverne **2** escroc, tâlhar

flinger ['fliŋə] *s* **1** aruncător **2** *fig* zeflemist **3** *sl* dansator

flint clay ['flint klei] *s* **1** *geol* ardezie **2** argilă refractară

flint glass ['flint glɑ:s] *s* sticlă flint; sticlă optică *(silicat de plumb și potasiu sau sodiu)*

flint paper ['flint ,peipə] *s* hârtie emeri / de șmirghel, glaspapir

flip-flap ['flipflæp] *interj* **I** jap-jap, harș-harș, plici-plici, trosc-pleosc **II** **1** salt mortal **2** un fel de foc de artificii **3** dulap, scrânciob *(la bâlci)* **4** *amer* un fel de băutură *(pentru ceai)*

flip-flop ['flip,flop] **I** *s* **1** *el* circuit electronic cu două stări alternative, acționat de un comutator **2** *amer* schimbare bruscă

și radicală a opiniei *(în politică etc.)*; to do a ~ a face o întoarcere de 180 de grade **II** *vi amer F* a-și schimba brusc și radical părerea

filpperty-flopperty [,flipəti'flopəti] *adj* moale, flasc

flip side ['flip said] *s F* fața B *(a unui disc)*

flirtatious [flə:'teiʃəs] *adj* care cochetează, care flirtează

flirtatiously [flə:'teiʃəsli] *adv* cu un aer cochet

flirty ['flə:ti] *adj* căruia îi place să flirteze / să facă ochi dulci

flitter ['flitə] *vi* a zbura; a fâlfâi, a da din aripi

flitters ['flitəz] *s pl* fărâme, bucăți; to break / to dash / to tear in(to) ~ a se preface în țăndări

flitting ['flitiŋ] *s brit dial* mutare, schimbare a locuinței

flix [fliks] *s* puf, blană

float bridge ['fləut bridʒ] *s* bac, pod de plute

float chamber ['fləut ,tʃeimbə] *s tehn* camera flotorului / cu nivel constant *(la carburatoare)*

floating-point ['fləutiŋ,point] *adj cib* cu virgulă mobilă

floaty ['fləuti] *adj* **1** plutitor, flotant **2** ușor

flocculate ['flɔkjuleit] *vt ch* a flocula, a coagula

flocculation [,flɔkju'leiʃn] *s ch* floculare, coagulare

floccule ['flɔkju:l] *s* fulg *sau* floc *(de lână, bumbac etc.)*; fungel

flood barrier ['flʌd ,bæriə] *s* dig împotriva inundațiilor

flood-damaged [,flʌd'dæmidʒd] *adj* distrus de inundații

flooded ['flʌdid] *adj* inundat

flood lighting ['flʌd ,laitiŋ] *s* iluminare cu reflectoare

floor area ['flɔ: ,eiriə] *s* suprafață *(a unei încăperi etc.)*

floorboard ['flɔ:bɔ:d] *s* scândură de dușumea;

floor exercise ['flɔ: ,eksəsaiz] *s sport* exercițiu la sol

floor lamp ['flɔ: læmp] *s* sfeșnic pentru făclii

floor leader ['flɔ: ,li:də] *s pol (în S.U.A.)* membru al unui partid politic, care ocupă un loc în Senat sau în Camera Reprezentanților și care conduce activitatea acelui partid în organele de stat

floorless ['flɔ:lis] *adj* fără podea, nepardosit

floor manager ['flɔ: ,mænidʒə] *s* **1** șef de raion *(într-un magazin universal)* **2** *telev* regizor de platou

floor plan ['flɔ: ,plæn] *s* planul unui etaj

floor plate ['flɔ: pleit] *s nav* varangă din tablă

floor polish ['flɔ: ,poliʃ] *s* ceară de parchete

floor polisher ['flɔ: ,poliʃə] *s* mașină de lustruit / rașchetat parchetul

floorspace ['flɔ:speis] *s* **1** *constr* suprafață a solului / terenului **2** suprafață necesară pentru o mașină-unealtă

floor tile ['flɔ: tail] *s constr* flisă

floor wax ['flɔ: wæks] *s* ceară de parchet

flop house ['flop haus] *s amer sl* azil de noapte; bombă, hotel mizerabil

flopper ['flopə] *s* **1** *F* fustă **2** boboc de rață **3** *amer* transfug, politician care trece de la un partid la altul **4** *F* cerșetor care simulează o infirmitate / pretinde că nu a mâncat de mai multe zile

floppy disk [,flopi 'disk] *s cib* dischetă

floridness ['floridnis] *s* **1** prospețime; roșeață *(a feței)* **2** caracter înflorit, încărcat, înzorzonare *(a stilului)* **3** caracter țipător *(al îmbrăcămintei)*

floruit ['flɔ:ruit] *s lat* epocă de activitate a unui personaj istoric

floss silk ['flos silk] *s* borangic

flot [flot] *s nav* punte parțială, șalandă

flouncing ['flaunsiŋ] *s text* material pentru volane

flouncy ['flaunsi] *adj* cu volane

flounderer ['flaundərə] *s* bălăcitor

flounderingly ['flaundəriŋli] *adv* **1** bălăcindu-se **2** înaintând cu greu; șontâc-șontâc

flour beetle ['flauə ,bi:tl] *s ent* morar, gândac-de-făină *(Tenebrio molitor)*

flour bin ['flauə bin] *s* covată *(pentru făină)*

flour dredger ['flauə ,dredʒə] *s v.* **flour shaker**

flour gold ['flauə gəuld] *s* praf de aur

flourishy ['flʌriʃi] *adj* înflorat; împopoțonat

flour shaker ['flauə ˌʃeikə] *s* sită cu capac cu ajutorul căreia se presară făina

flowage ['fləuidʒ] *s* 1 curent, (s)curgere 2 revărsare

flower arrangement ['flauə ə,reindʒmənt] *s* 1 aranjament floral 2 arta de a realiza aranjamente florale

flower arranging ['flauəə,reindʒiŋ] *s* v. **flower arrangement (2)**

flower bud ['flauə bʌd] *s bot* mugure de rod, mugure floral

flower child ['flauə ,tʃaild] *s* adept al mișcării hippy

flower cup ['flauə kʌp] *bot* caliciu

floweriness ['flauərinis] *s* 1 bogăție, abundență de flori 2 înflorituri; ornamente stilistice

flowering almond ['flauəriŋ 'ɑːmənd] *s bot* prun decorativ (*Prunus triloba*)

flowering ash [ˌflauəriŋ 'æʃ] *s bot* mojdrean (*Fraxinus ornus*)

flower people ['flauə ,piːpl] *s* adepți ai mișcării hippy

flower power ['flauə ,pauə] *s* mișcare pacifistă în cadrul curentului hippy (*specific anilor '60*)

flower-seller ['flauə,selə] *s* persoană care vinde flori

flower shop ['flauə ʃɔp] *s* florărie

fluate ['fluːeit] *s constr* fluat

flubdub ['flʌbdʌb] *s amer P* vorbe mari / sforăitoare

flue[1] [fluː] 1 scamă, atișoară; destrămătură; murdărie 2 puf, tuleie

flue[2] [fluː] *s* plasă de pescuit, năvod

flue[3] [fluː] 1 gheară, vârf de fier, triunghiular (*la ancoră, harpon, lance*) 2 *pl* coadă de balenă

flue[4] [fluː] *vt* a reteza, a teși, a tăia pieziș (*marginile unei deschizături*)

flue brush ['fluː brʌʃ] *s* perie pentru curățatul hornurilor

flue gas ['fluː gæs] *s tehn* gaze de fum

fluentness ['fluːəntnis] *rar* fluență, ușurință

flue pipe ['fluː paip] *s muz* țeavă de orgă

fluffer ['flʌfə] *s pl* bețiv(an)

fluffiness ['flʌfinis] *s* caracter pufos, pubescență

flugelhorn ['flugəlhɔːn] *s muz* trompetă cu pistoane

fluid dram ['fluːid dræm] *s* 1 / 8 de uncie

fluid extract [ˌfluːid 'ekstrækt] *s farm s* extract fluid

fluidify [fluː'idifai] *vt* a lichefia; *tehn* a fluidifica

fluid mechanics ['fluid mi,kæniks] *s* mecanica fluidelor

flumadiddle ['flʌmədidl] *amer fig, F* vorbe goale, prostii, apă de ploaie; compliment servil

flump [flʌmp] I *vi* 1 (*și to ~ down*) a bufni, a cădea, cu un zgomot surd 2 a se mișca (cu) greu II *vt* a bufni, a trânti cu zgomot III *s* bufnitură, zgomot înfundat / surd IV *interj* buf!

flunker ['flʌŋkə] *s amer* elev *sau* student trântit la examen; restanțier; corijent

flunkeydom ['flʌŋkidəm] *s* 1 lumea valeților 2 v. **flunkeyism**

flunkeyism ['flʌŋkiizm] *s peior* servilism

fluoridate [fluə'ɔrideit] *vt* a îmbogăți cu fluor

fluoridation [fluəri'deiʃn] *s* fluorurare

fluorite ['fluə(ː)ərait] *s minr* fluorină, fluor-șpat, fluorit

fluorocarbon [ˌfluəurəu'kɑːbən] *s* fluorocarbon

flushed [flʌʃt] *adj* îmbujorat, roșu, aprins la față; **to be ~ with** a fi cuprins de (*bucurie, mândrie*), a se înroși de (*bucurie, mândrie*); **~ with victory** îmbătat de victorie

flusher ['flʌʃə] *s* muncitor care spală canalele

flush head ['flʌʃ hed] *s tehn* cap înecat

flush switch ['flʌʃ switʃ] *s el* întrerupător încastrat

flusterer ['flʌstərə] *s orn* lișiță-americană (*Fulica americana*)

flustrate ['flʌstreit] *vt vulg* 1 a tulbura; a irita, a enerva; a zgândări 2 a încălzi, a înfierbânta, a ameți, a îmbăta

fluted ['fluːtid] *adj arhit* canelat

fluter ['fluːtə] *s rar muz* flautist

flutterboard ['flʌtəbɔːd] *s amer* pernuță folosită la învățarea înotului

flutter kick ['flʌtə kik] *s* (*la înot*) mișcări scurte și iuți ale picioarelor

fluttery ['flʌtəri] *adj* 1 fremătând; în mișcare 2 care vibrează

fluxible ['flʌksibl] *adj* fuzibil, care poate fi topit

fluxmeter ['flʌksmiːtə] *s fiz* fluxmetru, maxwellmetru

fly-about ['flaiə,baut] I *s* haihui, haimana II *vi* (*d păsări*) a (se) zburătăci

fly agaric ['flai ,ægərik] *s bot* burete-pestriț, pălăria-șarpelui (*Amanita muscaria*)

flyback ['flaibæk] *s* 1 *tehn* readucere; rapel 2 *auto* mers înapoi 3 *tel* retur

fly bane ['flai bein] *s* 1 v. **fly agaric** 2 otravă contra muștelor

fly-bitten [ˌflai'bitn] *adj* 1 plin de muște; pătat de muște 2 mușcat de muște

fly blow ['flaibləu] I *s* 1 ouă de muscă (*pe carne*) mușiță 2 *sl* copil din flori, fecior de lele II *vt* 1 a depune ouă de muscă 2 *fig* a murdări, a păta, a strica

fly boat ['flai bəut] *s* 1 vas de coastă (*în Olanda*), vas rapid (*fregată etc.*)

fly book ['flai buk] *s* cutie (*de tinichea*) cu muște artificiale (*pentru pescuitul cu undița*)

flyby ['flai,bai] *pl* **flybys** ['flai,baiz] *s* 1 trecerea unui avion *sau* a unui vehicul spațial pe lângă un obiectiv 2 *amer* v. **flypast**

fly-by-wire [ˌflaibai'waiə] *s* comenzi informatizate

fly catcher ['flai ,kætʃə] *s* 1 prinzător de muște 2 *orn* muscar-cenușiu; muscar-negru (*Muscicapa, sp*)

fly-drive ['flai,draiv] *s* a ~ **holiday package** aranjament de transport în vacanță în care s-a plătit avionul și s-a închiriat o mașină de la aeroport

fly-fish ['flaifiʃ] *vi* a pescui cu musca (*naturală sau artificială*)

fly-fishing ['flai,fiʃiŋ] *s* pescuit cu musca

fly flap ['flai flæp] *s* apărător de muște

fly flapper ['flai ,flæpə] *s* v. **fly flap**

fly half [ˌflai 'hɑːf] *s* (*la rugby*) centru

fly honeysuckle ['flai ,hʌnisʌkl] *s bot* caprifoi (*Lonicera xylosteum*)

flying bomb [ˌflaiiŋ 'bɔm] *s mil* proiectil teleghidat, bombă cu reacție

flying buttress [ˌflaiiŋ 'bʌtris] *s arhit* arc butant

flying circus [ˌflaiiŋ 'sə:kəs] *s* spectacol de acrobaţii aeriene

flying column ['flaiiŋ kɔləm] *s mil* detaşament volant, echipă volantă

flying doctor [ˌflaiiŋ 'dʌktə] *s* medic dispus să călătorească în zone îndepărtate ale lumii pentru a acorda ajutor

Flying Dutchman [ˌflaiiŋ 'dʌtʃmən] the ~ *s* 1 olandezul zburător 2 expresul Londra-Exeter

flying field ['flaiiŋ fi:ld] *s av* teren de aterizare; aerodrom; aeroport

flying fox [ˌflaiiŋ 'fɔks] *s zool* specie de liliac mare din Asia şi Africa (Rousseuus)

flying jib [ˌflaiiŋ 'dʒib] *s nav* flocul săgeţii, floc zburător

flying moor [ˌflaiiŋ 'muə] *s nav* afurcare cu viteză înainte

flying mouse [ˌflaiiŋ 'maus], *pl* **flying mice** [ˌflaiiŋ 'mais] *s zool* veveriţă zburătoare marsupială (Acrobates pulchellus)

Flying Officer ['flaiiŋ ˌofisə] *s av* ofiţer de aviaţie, locotenent major de aviaţie (în Anglia)

flying picket [ˌflaiiŋ 'pikit] *s* pichet de grevă volant

flying squadron [ˌflaiiŋ 'skwɔdrən] *s* 1 *av* escadrilă de avioane 2 *nav* escadră *sau* flotilă de vase rapide

fly kick ['flai kik] *s* (în rugby) lovirea mingii cu piciorul fără ca în prealabil să o fi prins cu mâinile

flyman ['flai mən], *pl* **flymen** ['flai men] *s* 1 *teatru* maşinist 2 birjar, vizitiu

fly nut ['flai nʌt] *s tehn* piuliţă-fluture

flyover ['flaiəuvə] *s* 1 *brit* pod rutier 2 *amer v.* flypast

flypast ['flaipɑ:st] *s brit* paradă a aviaţiei

flyposting ['flaiˌpəustiŋ] *s* afişaj ilegal

fly press ['flai pres] *s tehn* presă cu şurub

flyscreen ['flaiskri:n] *s* plasă contra muştelor / ţânţarilor

fly speck ['flai spek] *s* murdărie de muşte

flyspecked ['flaispekt] *adj* murdărit de muşte

fly spray ['flai sprei] *s* insecticid

flyswat ['flaiswɔt], **flyswatter** ['flaiswɔtə] *s* hârtie de muşte

fly-tipping ['flaiˌtipiŋ] *s* depozit ilegal de gunoi

fly title ['flai ˌtaitl] *s poligr* titlu fals

fly trap ['flai træp] *s* prinzător de muşte

fly wheel ['flai wi:l] *s tehn* volant

flywhisk ['flaiwisk] *s* apărătoare de muşte

FM *presc de la* 1 **Frequency Modulation** *el* FM, bandă vest 2 **Field Marshal** *mil* mareşal

FMB *presc de la* **Federal Maritime Board** (în S.U.A.) consiliul superior al marinei comerciale

FMCS *presc de la* **Federal Mediation and Conciliation Services** (în S.U.A.) organism de mediere a conflictelor de muncă

fob watch ['fɔb wɔtʃ] *s* ceas de buzunar

focal plane [ˌfəukəl 'plein] *s opt* plan focal

focal ratio [ˌfəukəl 'reiʃiəu] *s fot* deschiderea diafragmei

FOE *presc de la* 1 **Friends of the Earth** Prietenii Terrei 2 **Fraternal Order of Eagles** organizaţie americană de caritate

foetal ['fi:təl] *adj* (ca) de făt / fetus

foetid ['fi:tid] *adj* fetid, rău mirositor, puturos

fog buoy ['fɔg bɔi] *s nav* geamandură de ceaţă

fogey ['fəugi] I *adj* învechit; cu idei învechite II *s* (↓ old ~) 1 bătrân excentric 2 fată bătrână

fogeyish ['fəugiʃ] *adj* de modă veche, învechit

fogged [fɔgd] *adj* 1 *rar* ceţos 2 *fig* încurcat, zăpăcit, nedumerit

Foggy Bottom [ˌfɔgi 'bɔtəm] *s* poreclă dată ministrului american al afacerilor externe

fog lamp ['fɔg læmp] *brit*, **foglight** ['fɔglait] *amer s auto* far de ceaţă

fog light ['fɔg lait] *s* proiector pentru ceaţă

fogram ['fəugrəm] *adj* de modă veche, demodat

föhn [fə:n] *s* 1 föhn (vânt cald) 2 aparat de uscat părul (la coafor)

FOI *presc de la* **Freedom of Information** dreptul la informaţie

folderol ['fɔldərɔl] *s* 1 *înv* tralala (refren) 2 înfumurare prostească 3 *pl* nimicuri, fleacuri

folding ['fəuldiŋ] I *adj* pliant, care se îndoaie II *s* 1 pliere, îndoire, cutare 2 încrucişare (a braţelor,

mâinilor) 3 strapontin 4 *geol* cutare 5 *tehn* fălţuire

foldout ['fəuldaut] *s poligr* foaie, coală intercalată

foliaceous [ˌfəuli'eiʃəs] *adj bot* foliaceu, foios (d arbori), cu frunze late

foliate I ['fəulieit] *vt* 1 a acoperi cu frunze 2 *arhit* a dota cu ornamente în formă de frunze 3 a polei, a arginta (o oglindă) 4 a lamela, a desface în foi subţiri 5 *poligr* a pagina, a numerota (foile unei cărţi) II *vi* 1 a se lamela, a se desface în foi subţiri 2 a se acoperi cu foi III ['fəuliit] *adj* 1 cu frunze, înfrunzit 2 în formă de frunză

folic acid [ˌfəulik 'æsid] *s ch* acid folic

foliole ['fəuliəul] *s bot* foliolă, frunzuliţă (a unei frunze compuse)

folk-free [ˌfəuk'fri:] *adj* liber

folkloristic [fəuklɔ(:)'ristik] *adj* folcloristic, folcloric

folk medicine [ˌfəulk 'medsin] *s* medicină populară

folk memory [ˌfəulk 'memri] *s* tradiţie populară

folk rock [ˌfəulk 'rɔk] *s* folk-rock (gen de muzică)

folk singer ['fəulk ˌsiŋgə] *s* 1 interpret de muzică populară 2 cântăreţ de muzică folk

folliole ['fɔlikl] *s* 1 *anat* gogoaşă, cocon 2 *anat* foliculă, sac, pungă 3 *bot* teacă, păstaie

folliculin [fə'likjulin] *s ch, biol* foliculină

follow-my-leader policy [ˌfɔləu maili:də 'pɔlisi] *s pol F* politică de remorcă

fomenter [fəu'mentə] *s* instigator, aţâţător

fondling ['fɔndliŋ] I *s* 1 favorit, fiinţă iubită / preferată / răsfăţată 2 *înv* prost, netot, nătâng II *adj* (d surâs, aer etc.) mângâietor, calin

fondue ['fɔndju:] *s gastr* sos de brânză topită cu vin sau coniac

fontanelle [ˌfɔntə'nel] *s anat* fontanelă (porţiune din cutia craniană cu oasele incomplet formate)

font name ['fɔnt neim] *s* nume de botez

food chain ['fu:d tʃein] *s* lanţ alimentar

food fish ['fu:d fiʃ] *s* peşte comestibil

foodie ['fu:di] *s F* cunoscător într-ale mâncării

food mixer ['fu:d ˌmiksə] *s* mixer

food parcel ['fu:d ˌpɑ:sl] *s* pachet cu mâncare

food plant ['fu:d plɑːnt] *s bot* plantă furajeră

food poisoning ['fu:d ˌpɔizniŋ] *s* toxiinfecție alimentară

food processor ['fu:d ˌprəsesə] *s* robot de bucătărie

fooff [fu:f] *s amer F* persoană insuportabilă, pisălog

foo-foo ['fu:fu:] *s amer F peior* nulitate, om de nimic

foolhardihood ['fu:lˌhɑːdihud] *s* **1** temeritate, îndrăzneală nesăbuită **2** semeție, neobrăzare, obrăznicie

fool hen ['fu:l hen] *s amer, orn* cocoș-de-pădure, gotcan-mic *(Lyrurus tetrix)*

footback ['futbæk] *s F* on ~ pe jos, cu picioarele

football pools ['futbɔ:l pu:lz] *s brit* pronosticuri *(la meciurile de fotbal)*

foot bath ['fut bɑːθ] *s* **1** baie de picioare **2** cadă pentru baie de picioare

foot blower ['fut ˌbləuə] *s tehn* suflantă cu pedală

-footed [ˌfutid] *(în cuvinte compuse)* swift ~ iute de picior

-footer ['futə] *(în cuvinte compuse)* the boat is a 15 ~ barca are o lungime de 15 picioare

foot fault ['fut fɔːlt] *s (la tenis)* greșeală de picior

footguards ['futgɑːdz] *s pl mil* infanterie de gardă *(formată din cinci regimente ale gărzii regale)*

foot hill ['fut hil] *s* colină la poalele unui munte; înălțime subalpină

footpage ['fut peidʒ] *s* paj, copil de casă

foot pound ['fut paund] *s tehn* unitate de măsurat energia, egală cu lucrul mecanic necesar necesar pentru ridicarea unei greutăți de o livră *(453,59 g)* la înălțimea de un picior *(30,479 cm)*

foot pump ['fut pʌmp] *s tehn* pompă de picior

foot race ['fut reis] *s* cursă de întrecere

foot rule ['fut ru:l] *s poligr* riglă lungă de un picior, linie de picior

foot slogger ['fut ˌslɔgə] *s sl* **1** *mil* infanterist, pifan **2** pieton

footslogging ['fut ˌslɔgiŋ] *s* mers pe jos, marș obositor; this job involves a lot of ~ în slujba asta trebuie să mergi mult pe jos

footstalk ['fut stɔ:k] *s bot* pedicel, peduncul; pețiol

footstall ['fut stɔ:l] *s arhit* piedestal, soclu

footstone ['fut stəun] *s* soclu

foot-up ['futʌp] *s (la rugby)* greșeală de picior

footwarmer ['fut wɔ:mə] *s* cutie cu jeratic pentru încălzit picioarele

foot work ['fut wə:k] *s sport* joc cu picioarele, joc de picioare

foppishness ['fɔpiʃnis] *s* **1** îngâmfare, vanitate **2** sclivisire, spilcuire

FOR *presc de la* **free on rail** gratis pe calea ferată

forager ['fɔridʒə] *s mil* furajor

forbidden fruit [fəˌbidən 'fru:t] *s* fructul oprit

forbiddenness [fə'bidnnis] *s* interzicere

forby(e) [fɔː'bai] *scot înv* **I** *prep* pe lângă, în afară de **II** *adv* mai mult, în plus, pe lângă aceasta

forced draught [ˌfɔːst 'drɑːft] *s tehn* tiraj forțat

forcefulness ['fɔːsfulnis] *s* **1** putere, vigoare, impetuozitate **2** eficacitate

force pump ['fɔːs pʌmp] *s tehn* pompă de refulare / de presiune

forcer ['fɔːsə] *s tehn* **1** presă cu melc **2** pompă de mână

forcible entry [ˌfɔːsəbl 'entri] *s jur* luare în posesiune prin violență

forcibleness ['fɔːsəblnis] *s* **1** forță, violență **2** energie, vigoare

forcing bed ['fɔːsiŋ bed] *s agr* răsadniță, pat cald, seră

forcing house ['fɔːsiŋ haus] *s v.* **forcing bed**

fordable ['fɔːdəbl] *adj* care poate fi trecut prin vad

fordo [fɔː'du:], *pret* **fordid** [fɔː'did], *ptc* **fordone** ['fɔː'dʌn] *vt înv* **1** a omorî, a nimici **2** a istovi

fordone [fɔː'dʌn] *adj înv* obosit, istovit, mort de oboseală

fore-and-aft cap ['fɔːr ənd ɑːft 'kæp] *s mil* capelă cu două colțuri

fore-and-aft sail [ˌfɔːrəndɑːft 'seil] *s nav* velă aurică

forebay ['fɔːbei] *s hidr* bief amonte

forebrain ['fɔːbrein] *s anat* lobul frontal al creierului

fore-cabin ['fɔːˌkæbin] *s nav* cabină la prova unui vas *(de obicei de clasa a II-a)*

foreconscious [fɔː'kɔnʃəs] *adj psih* preconștient

forecourse ['fɔːˌkɔːs] *s nav* trincă

foredate [fɔː'deit] *vt* a antedata

foredeck [fɔː' dek] *s nav* teugă, puntea de la prova

foredo [fɔː'du:] *v.* **fordo**

foredoomed [fɔː'du:md] *adj* condamnat dinainte; plan ~ to failure proiect născut mort

Forefathers' Day [ˌfɔːfɑːðəz 'dei] *s amer* celebrarea zilei debarcării coloniștilor englezi puritani *(numiți „Pilgrim Fathers")* pe țărmul Noii Anglii (21 decembrie 1620)

forefeel [fɔː 'fi:l] *pret și ptc* **forefelt** [fɔː'felt] *vt rar* a presimți

foregather [fɔː 'gæðə] *vi* **1** a se aduna, a se strânge **2** *scot* a se întâlni *(↓ întâmplător)*

foregoer [fɔː 'gəuə] *s* **1** antemergător; predecesor, înaintaș **2** *rar* străbun, strămoș

forehandedness ['fɔːˌhændidnis] *s amer* prevedere

forehead ['fɔrid] *s* **1** *anat* frunte; wide ~ frunte mare / largă / lată; receding ~ frunte teșită **2** *min* front de abataj

forehearth ['fɔːhɑːθ] *s met* antecreuzet

forehold ['fɔː həuld] *s nav* avantcală

foreignize ['fɔrinaiz] *vt* a da un aer străin *(cu dat)*

foreign legion [ˌfɔrin 'li:dʒən] *s* legiune străină

Foreign Legion [ˌfɔriŋ 'li:dʒən] *s mil* the ~ Legiunea străină *(în Franța)*

Foreign Office [ˌfɔrin 'ɔfis] *s* ministerul afacerilor externe *(al Marii Britanii)*

foreign policy [ˌfɔrin 'pɔlisi] *s* politică externă

Foreign Secretary [ˌfɔriŋ 'sekritəri], **Foreign and Commonwealth Secretary** [ˌfɔrinənd kɔmənwelθ 'sekritəri] *s* the ~ ministrul britanic al Afacerilor Externe

foreign service [ˌfɔrin 'sə:vis] *s amer* serviciu diplomatic

forejudge [fɔː'dʒʌdʒ] *vt* a avea prejudecăți privind; a decide dinainte asupra *(cu gen)*

forejudgement [fɔ:'dʒʌdʒmənt] s prejudecată

foreknowable [fɔ:'nəuəbl] adj previzibil, care poate fi cunoscut dinainte

forel ['fɔrəl] s v. **forrel**

forelady ['fɔ:leidi] s **1** prima jurată **2** maistră, șefă de echipă

foremanship ['fɔ:mənʃip] s **1** jur funcție de primjurat **2** funcție de șef de echipă

foremast seaman ['fɔ:mɑ:st ,si:mən], pl **foremast seamen** ['fɔ:-mɑ:st ,simen] s nav matelot simplu

foremother ['fɔ:,mʌðə] s rar străbună

forensics [fə'rensiks] s arta discuției sau a dezbaterii

forepaw ['fɔ:pɔ:] s laba din față (a unui animal)

fore peak ['fɔ: pi:k] s nav pic prova

foreplay ['fɔ:plei] s preludiu (al actului sexual)

fore-post ['fɔ:pəust] s mil avanpost (și fig)

forequarters ['fɔ:kwɔ:təz] s prima jumătate a corpului unui animal

fore-reach [fɔ:'ri:tʃ] vi a trece înainte; a o lua înainte

fore-run [fɔ:'rʌn], pret **fore-ran** [fɔ:'ræn], ptc **fore-run** [fɔ:'rʌn] vt rar a fi precursorul (cu gen) a premerge (cu dat); a prevesti, a vesti

foresaid ['fɔ:sed] adj amintit mai înainte / mai sus

foreseeable [fɔ:'si:əbl] adj previzibil

foresheets ['fɔ:ʃi:ts] s nav camera prova

foreship ['fɔ:ʃip] s nav partea din față a unui vas

foreshock ['fɔ:ʃɔk] s șoc prevestitor de cutremur

foreshortening [fɔ:'ʃɔ:tniŋ] s **1** (în artă) reducerea dimensiunilor unui obiect într-un tablou pentru a crea perspectivă **2** reducere, prescurtare

foreshow [fɔ:'ʃəu], pret **fore-showed** [fɔ:'ʃəud], ptc **fore-shown** [fɔ:'ʃəun] vt a prezice, a prevesti, a anunța dinainte, a prefigura

foreside ['fɔ: said] s **1** parte din față **2** fig exterior, parte exterioară

forestay ['fɔ:stei] s nav straiul f(l)ocului

forest-fire ['fɔrist,faiə] s incendiu forestier / de pădure

forest laws ['fɔrist lɔ:z] s pl legi forestiere, cod silvic

forest range ['fɔrist reindʒ] s silv. canton / ocol silvic

forest ranger ['fɔrist ,reindʒə] s pădurar

foretellable [fɔ:'teləbl] adj care poate fi prezis / prevestit, previzibil

foretoken I ['fɔ:təukən] s prevestire, semn prevestitor; pronostic; augur **II** [fɔ:'təukən] vt a prezice, a prevesti, a pronostica

foretooth ['fɔ:tu:θ], pl **foreteeth** ['fɔ:ti:θ] s dinte incisiv

foretopman ['fɔ:tɔpmən], pl **fore-topmen** ['fɔ:tɔpmen] s nav gabier de mizenă

fore topmast stay ail [,fɔ:tɔpmɑ:st 'stei eil] s nav focul mic

forewarning [fɔ:'wɔ:niŋ] s prevenire, avertisment, avertizare

forfars [fɔ'fɑ:z] s stofă groasă (nealbită)

forfeitable ['fɔ:fitəbl] adj confiscabil

forfeiter ['fɔ:fitə] s **1** persoană căreia i se confiscă averea **2** persoană care confiscă ceva **3** înv răufăcător

forgeable [fɔ:dʒəbl] adj met forjabil

forgetting [fə'getiŋ] s uitare

forgiver [fə'givə] s persoană care iartă

forgivingness [fə'giviŋnis] s indulgență, clemență

forgotten man [fə'gɔtn mæn], pl **forgotten men** [fə'gɔtn men] s amer F șomer

forlornness [fə'lɔ:nnis] s **1** stare disperată (a unei întreprinderi etc.) **2** izolare, singurătate; dezolare, deprimare

forma ['fɔ:mə] s bot unitate taxonomică inferioară speciei

formal garden [,fɔ:məl 'gɑ:dn] s grădină englezească

formant ['fɔ:mənt] s F ton sau sunet caracteristic unei vocale

formate ['fɔ:meit] s ch formiat

formation dancing [fɔ:'meiʃn ,dænsiŋ] s dans în formație / grup

formation flying [fɔ:,meiʃn 'flaiiŋ] s av zbor în formație

formatting ['fɔ:mətiŋ] s cib formatare

form class ['fɔ:m klɑ:s] s gram parte de vorbire

forme brit, **form** amer [fɔ:m] s poligr formă

-formed ['fɔ:md] (în cuvinte compuse) de formă..., format; well / badly ~ letters litere frumos / urât conturate

-former ['fɔ:mə] (în cuvinte compuse) brit first ~ elev din anul I de liceu (aprox clasa a șasea)

form feed ['fɔ:m fi:d] s cib introducerea hârtiei în imprimantă

formic ['fɔ:mik] adj ch formic

formic aldehyde [,fɔ:mik'ældihaid] s ch formaldehidă, aldehidă formică

formicary ['fɔ:mikəri] s furnicar

formication [fɔ:mi'keiʃn] s furnicătură

formol ['fɔ:məl] s ch formol

Formosan ['fɔ:məusən] s locuitor din Formosa / Taiwan

formulism ['fɔ:mjulizm] s adoptare abuzivă de formule, manie a formulelor

fornicate ['fɔ:nikeit] vi înv a preacurvi

forrel ['fɔrəl] s **1** pergament din piele de oaie (folosit pentru acoperirea, învelirea cărților sau manuscriselor) **2** înv teacă

forspent [fɔ:'spent] adj înv sleit, frânt

forsythia [fɔ:'saiθiə] s bot clopoțel galben (Forsythia)

fortalice ['fɔ:təlis] s bastion mic (la exteriorul unei fortificații) **2** înv, poetic cetățuie, fortăreață, cetate

forte piano [,fɔ:tipi'ænəu] s muz pianoforte

forthwith ['fɔ:θwiθ] adv imediat, îndată, pe loc; the council must be summoned ~ consiliul trebuie convocat imediat

forties ['fɔ:tiz] s the ~ **1** deceniul al cincilea, anii patruzeci **2** a cincea decadă, vârsta (omului) între 40 și 50 ani **3** (și the roaring ~) zonă furtunoasă din Oceanul Atlantic (între 40° și 50° lat N); zonă furtunoasă din oceanul Atlantic, Indian sau Pacific (între 40° și 50° lat S)

fortified ['fɔ:tifaid] adj fortificat

fortnightly ['fɔ:tnaitli] **I** adj (d publicații etc.) bilunar **II** adv bilunar, o dată la două săptămâni, din două în două săptămâni

fortran, FORTRAN ['fɔ:trən] s cib FORTRAN (limbaj)

199

fortune cookie ['fɔːtjun ˌkuki:] *s gastr* biscuite chinezesc în care este ascuns un horoscop

Fortune Five Hundred [ˌfɔːtjun faiv 'hʌndrid] *s* lista celor mai prospere 500 de întreprinderi americane, stabilită de revista „Fortune"

forty-five [ˌfɔːti'faiv] *s* **1** disc de 45 de turații **2** *amer* pistol de calibrul 45 **3** the Forty-five *răscoala iacobită din 1745*

Forty-niner [ˌfɔːti'nainə] *s amer* căutător de aur *(venit în California în 1849)*

forwarding address [ˌfɔːwədiŋ ə'dres] *s* adresă pentru expediție, adresa destinatarului; he left no ~ nu a lăsat nici o adresă unde să-i fie trimise scrisorile

forward market ['fɔːwəd ˌmaːkit] *s ec* piață la termen *(piață pe care are loc un comerț cu produse a căror livrare se va face în viitor)*

forward pass [ˌfɔːwəd 'paːs] *s (la fotbal)* pasă înainte, pasă spre poarta adversarului

forward roll [ˌfɔːwəd 'rɔl] *s* tumba înainte, salt înainte

forwearied [fɔ'wiərid] *adj înv, poetic v.* forworn

forworn [fɔː'wɔːn] *adj înv, poetic* trudit, obosit, ostenit, istovit

fossa ['fɔsə], *pl* **fossae** ['fɔsi] *s* fosă *(nazală etc.)*

fossick [fɔ'sik] *vi sl* **1** a căuta aur *(în mine părăsite)* **2** a scotoci, a cotrobăi *(peste tot)*

fossil fuel [ˌfɔsl 'fjuəl] *s* combustibil fosil

fossilized ['fɔsilaizd] *adj* **1** fosilizat **2** *fig* încremenit, anchilozat **3** *lingv (d o expresie)* stereotip

fossorial [fɔ'sɔːriəl] *adj (d animale sau insecte)* scormonitor, scurmător

fosterer ['fɔstərə] *s fig* promotor

fostering ['fɔstəriŋ] *s jur* persoană care are în îngrijire un copil fără să-l fi adoptat complet

foul line [ˌfaul 'lain] *s (în baseball)* linie de joc; *(în baschet)* linie de aruncare liberă; *(la popice)* linie de greșeală

foul-smelling [ˌfaul'smeliŋ] *adj* urât-mirositor, împuțit, fetid

foundation course [faun'deiʃn kɔːs] *s* curs introductiv

foundationer [faun'deiʃnə] *s* stipendiat, bursier

foundation member [faun'deiʃn ˌmembə] *s* membru fondator

founding ['faundiŋ] **I** *s* fondare, creare **II** *adj* fondator

founding father [ˌfaundiŋ 'faːðə] *s* părinte fondator

Founding Fathers [ˌfaundiŋ 'faːðəz] *s ist* „părinții fondatori" ai S.U.A. *(cei care au redactat Constituția din 1787: Washington, Jefferson, Franklin)*

foundling hospital ['faundliŋ ˌhɔspitl] *s* cămin pentru copiii părăsiți

four-ale [ˌfɔːr'eil] *s ist* bere ieftină *(care se vindea cu patru penny cuartul)*

four-ball [ˌfɔː'bɔːl] *s* partidă de golf la care participă două echipe formate din câte doi membri, fiecare având propria lui minge

four-colour [ˌfɔː'kʌlə] *adj* în / cu patru culori; ~ printing *poligr* tipărire în patru culori

four-door [ˌfɔː'dɔː] *adj* cu patru uși

four-engined [ˌfɔːr'endʒind] *adj av* cvadrimotor

four-eyes ['fɔːraiz] *s sl* ochelarist

four-flusher ['fɔːˌflʌʃə] *s amer F* persoană care intimidează prin bluf

four-four [ˌfɔː'fɔː] *s muz* măsura de patru timpi

Fourierism ['fuəriərizm] *s filoz* furierism

four-in-hand tie [ˌfɔːrinhænd'tai] *s* cravată *(în dungi)*

four-leafed [ˌfɔː'liːft] *adj bot* cu patru foi

four-leafed herb [ˌfɔːliːft 'həːb] *s bot* dalac, răsfug *(Paris quadrifolia)*

four-legged [ˌfɔː'legd] *adj* patruped; our ~ friends *umor* prietenii noștri patrupezi

four-oar [ˌfɔːr'ɔː] *s* barcă cu patru rame

fourpence ['fɔːpens] *s* **1** patru pence **2** veche monedă engleză ce valora patru pence

four-ply [ˌfɔː'plai] *adj* **1** *(d lână)* în patru *(fire)* **2** ~ wood furnir pentru placaje; placaj

four-seater ['fɔːˌsiːtə] *s* automobil *sau* trăsură cu patru locuri

foursome ['fɔːsəm] *s sport* partidă de golf între două perechi, partidă în patru

four-star [ˌfɔː'staː] *adj* de patru stele, de prima categorie; a ~ hotel hotel de patru stele; ~ petrol *brit* combustibil de calitatea I

four-stroke [ˌfɔː'strəuk] **I** *adj* în patru timpi **II** *s* motor în patru timpi

fourth estate [ˌfɔːθ i'steit] *s* a patra putere în stat, presa

Fourth World [ˌfɔːθ 'wəːld] *s the* ~ lumea a patra

four-way stop [ˌfɔːwei 'stɔp] *s amer* semafor care indică accesul în patru direcții

four-wheel drive [ˌfɔːwiːl 'draiv] *s auto* tracțiune dublă

fowling ['fauliŋ] *s* vânătoare de păsări; prinderea păsărilor *(cu lațul)*

fowl pest ['faul ˌpest] *s* pesta găinilor

foxbane ['fɔksbein] *s bot* aconit, omag, toaie *(Aconitum sp.)*

fox bat ['fɔks bæt] *s zool* câine-zburător *(Pteropus)*

foxed [fɔkst] *adj* **1** înșelat **2** îngălbenit de vreme

foxfire ['fɔksˌfaiə] *s amer* fosforescență *(a lemnului putrezit etc.)*

fox hunter ['fɔks ˌhʌntə] *s* vânător de vulpi

fox hunting ['fɔks ˌhʌntiŋ] *s* vânătoare de vulpi

fox key ['fɔks ki:] *s tehn* pană dublă

FP *presc de la* **1** former pupil fost elev **2** fire-plug *amer* hidrant *(în caz de incendiu)*

FPA *presc de la* Family Planning Association asociația pentru planning familial

Fra [fraː] *s rel* frate *(înaintea numelui unui călugăr)*

fractional distillation [ˌfrækʃnəl ˌdisti'leiʃn] *s ch* distilare fracționată

fractionate ['frækʃəneit] *vb ch* a fracționa

fractiously ['frækʃəsli] *adv* arțăgos, cu iritare

fractiousness ['frækʃəsnis] *s* arțag; iritabilitate

fraenum ['friːnəm], *pl* **fraena** ['friːnə] *s anat* fr(a)enum, frână

frag [fræg] *amer sl mil* **I** *s* grenadă ofensivă **II** *vt* a ucide *sau* a răni neintenționat un ofițer sau un camarad de arme cu o grenadă

fragmental [ˌfræg'mentl] *adj* **1** fragmentar, îmbucătățit, parțial **2** *geol* detritic, clastic

fragrantness ['freigrəntnis] s aromă, parfum, mireasmă

fraidy cat [,fridi'kæt] s amer F fricos, laș

frailness ['freilnis] s 1 fragilitate 2 debilitate 3 slăbiciune, ușurătate 4 pas greșit; păcat

fraise [freiz] s tehn freză

frame house ['freim haus] s amer cabană sau casă demontabilă

framer ['freimə] s rămar, persoană care înrămează

frame rucksack [,freim 'rʌksæk] brit, **frame backpack** [,freim 'bækpæk] amer rucsac cu ramă

franchisee [,frænt∫ai'zi:] s com posesorul unei licențe de a comercializa sau fabrica un produs

franchiser ['frænt∫aizə] s firmă / organism care acordă o licență de a fabrica sau comercializa un produs

franchising ['frænt∫aiziŋ] s licență de a comercializa sau fabrica un produs

Franconian [fræn'kəunjən] s ist francon

francophobia [,frænkəu'fəubiə] s francofobie

Francophone ['fræŋkəfəun] s, adj francofon

frangibility [,frændʒi'biliti] s caracter fărâmicios, fragilitate

frangipane ['frændʒipein] s gastr 1 cremă de migdale 2 amandină

frangipani [frændʒi 'pa:ni] s bot specie de arbust exotic (Plumeria)

Franglais ['frɔŋglei] s termen peiorativ prin care se denumește împrumutul lexical masiv din engleză în franceză

frangula ['fræŋgjulə] s F preparat medicinal din crușin (Rhamnus frangula), a cărui coajă are efect purgativ

Frankenstein ['fræŋkənstain] s fig persoană care se ruinează prin propriile sale fapte

Frankforter ['fræŋkfətə] s locuitor din Frankfurt

frank-hearted [,fræŋk'ha:tid] adj cu inima deschisă, franc

franking machine ['fræŋkiŋ mə-,∫i:n] s mașină de timbrat

franticness ['fræntiknis] s frenezie; turbare, nebunie

frap [fræp] vt nav a lega

fraternity pin [frə'tə:nəti pin] s amer insignă care arată apartenență la același grup

fraud order ['frɔ:d ,ɔ:də] s amer ordin emis de ministerul poștelor de a refuza primirea și livrarea corespondenței din partea unei firme care se ocupă cu afaceri suspecte

frayed [freid] adj 1 (d haine) uzat, tocit; her jacket was ~ at the cuffs jacheta ei era roasă la manșete 2 cu nervii tociți; tempers were increasingly ~ toată lumea era cu nervii la pământ

frazzled ['fræzld] adj F epuizat, sleit de puteri

FRCO presc de la Fellow of the Royal College of Organists membru al Colegiului Regal de Organiști

FRCP presc de la Fellow of the Royal College of Physicians membru al Colegiului Regal al Medicilor

FRCS presc de la Fellow of the Royal College of Surgeons membru al Colegiului Regal al Chirurgilor

freaked [fri:kt] adj pestriț, tărcat, vărgat, dungat

freakishly ['fri:ki∫li] adv 1 capricios 2 ciudat, bizar

freakishness ['fri:ki∫nis] s 1 caracter bizar / ciudat 2 caracter capricios

freckled ['frekld] adj pistruiat

-free [fri:] (în cuvinte compuse) fără...; **additive** ~ fără aditivi; **salt** ~ fără sare; **trouble** ~ netulburat, fără probleme

free agent [,fri: 'eidʒənt] s persoană liberă, independentă

free-and-easiness [,fri: ənd'i:zinis] s dezinvoltură, lipsă de ceremonie

free association [,fri: æ,səusi'ei∫n] s psih asociație liberă

freebase ['fri:beis] vi sl a purifica cocaina

freebie, freebee ['fri:bi:] F I s obiect dat pe gratis II adj gratis

freeboard ['fri:bɔ:d] s nav bord liber; înălțime de gardă

freeboot ['fri:bu:t] vi nav a fi pirat, a se îndeletnici cu pirateria

freedman ['fri:dmæn] pl **freedmen** ['fri:dmen] s sclav liberat, libert

freedom fighter ['fri:dəm ,faitə] s luptător pentru libertate

free energy [,fri: 'enədʒi] s fiz energie liberă

free enterprise [,fri: 'entəpraiz] s ec doctrina liberei inițiative

free-floating [,fri:'fləutiŋ] s 1 (d oameni) independent în mișcare / acțiuni, neatașat nici unei doctrine etc. 2 (d o emoție) care nu are o cauză sau un obiect specific; ~ hostility ostilitate generalizată 3 capabil de mișcare liberă

Freefone ['fri:fəun] s brit apel telefonic gratuit

freeing ['fri:iŋ] s eliberare (a unui prizonier, a unui sclav)

freelancer ['fri:la:nsə] s liber-profesionist

free list [,fri: 'list] s 1 listă de mărfuri scutite de taxele vamale 2 listă de persoane care se bucură de anumite privilegii

freeload ['fri:ləud] vi F a trăi pe spinarea altuia

freeloading [,fri:'ləudiŋ] adj F parazitar, care trăiește pe spinarea altuia

free lunch [,fri 'lʌnt∫] s amer masă gratuită (în restaurante, pentru a câștiga clienți)

free-market [,fri:'ma:kit] adj ~ economy economie de piață

free-minded [,fri:'maindid] adj nepăsător, fără griji

free on board [,fri: ɔn 'bɔ:d] s com scutit de plata taxelor vamale pe apă

free on rail [,fri: ɔn 'reil] s com scutit de plata taxelor vamale pe calea ferată

free pas [,fri: 'pa:s] s 1 teatru bilete de favoare 2 permis (pe căile ferate)

free play [,fri: 'plei] s tehn cursă moartă, joc

Freepost ['fri:pəust] s brit serviciu poștal plătit

free-range [,fri:'reindʒ] adj de fermă; ~ eggs ouă de găini crescute la fermă, în aer liber

freesia ['fri:zjə] s frezie

free speech [,fri: 'spi:t∫] s libera exprimare, libertatea cuvântului

free spirit [,fri: 'spirit] s nonconformist

free-standing [,fri:'stændiŋ] adj izolat; gram independent

freestyle ['fri:stail] s (la înot) stilul liber

Freetown ['fri:taun] s geogr capitala statului Sierra Leone

free vote [,fri: 'vəut] *s* vot liber

freeway ['fri:wei] *s amer* auto-stradă

free wheeler [,fri: 'wi:lə] *s amer, F* persoană care nu ține cont de opinia altora, neconformist

free-wheeling [,fri:'wi:liŋ] *adj amer* liber de prejudecăți, neconformist; a ~ **conduct** purtare neconformistă

freezable ['fri:zəbl] *adj* congelabil

freeze-dry [,fri:z'drai] *vt* a liofiliza

freeze-frame ['fri:zfreim] *s cin* oprire a imaginii pe un anumit cadru

freeze-up [,fri:z'ʌp] *s auto* înghețare (a radiatorului)

freezing mixture ['fri:ziŋ ,mikstʃə] *s ch* amestec frigorigen; amestec refrigerent

fremd [fremd] *adj înv* străin

French beans [,frentʃ 'bi:nz] *s bot* fasole verde

French blue [,frentʃ 'blu:] *s* azur, ultramarin

French Canadian [,frentʃ kə'neidiən] **I** *s* canadian de limba franceză; franceza vorbită în Canada **II** *adj* canadian francez

French cricket [,frentʃ 'krikit] *s* crichet francez (variantă simplificată a jocului de crichet, concepută în special pentru copii)

French disease [,frentʃ di'zi:z] *s med* sifilis

French door [,frentʃ 'dɔ:] *s* ușă cu canaturi din sticlă

French horn [,frentʃ 'hɔ:n] *s muz* corn de armonie

Frenchification [,frentʃifi'keiʃn] *s F* franțuzire

French kiss [,frentʃ 'kis] **I** *s* sărut francez (sărut profund pe gură) **II** *vt* a săruta pe gură **III** *vi* a se săruta pe gură

French knickers [,frentʃ 'nikəz] *s* pantalonași pentru femei (lenjerie intimă)

French letter [,frentʃ 'letə] *s sl* prezervativ

French loaf [,frentʃ 'ləuf] *s* baghetă (de pâine)

French marigold [,frentʃ 'mærigəuld] *s bot* crăite, vâsdoage (Tagetes patula)

French polish [,frentʃ 'pɔliʃ] *s* lac pentru lustruit, șerlac

French Riviera [,frentʃ rivi'erə] *s* the ~ Coasta de Azur

French roll [,frentʃ 'rəul] *s* chiflă sau corn cu lapte

French roof [,frentʃ 'ru:f] *s* acoperiș mansardat cu pantă lină

French rose [,frentʃ 'rəuz] *s bot* măceș / răsură de câmp (Rosa gallica)

French seam [,frentʃ 'si:m] *s* cheie dublă

French speaking [,frentʃ 'spi:kiŋ] *adj* francofon

French stick [,frentʃ 'stik] *s brit* baghetă (de pâine)

French tamarisk [,frentʃ 'tæmərisk] *s bot* tamarisca (Tamarix gallica)

French toast [,frentʃ 'təust] *s* pâine prăjită pe o singură parte

French Triangle [,frentʃ 'traiæŋgl] *s* the ~ regiune din sudul S.U.A. cuprinsă între New Orleans, Alexandria și Cameron

French willow [,frentʃ 'wiləu] *s bot* salcie-amigdalină (Salix amigdalina)

frenetically [fri'netikəli] *adv* frenetic, nebunește, (ca un) disperat

frenetic(al) [fri'netik(əl)] *adj* frenetic, nebun, delirant

frenzical ['frenzikəl] *adj rar v.* frenetic(al)

frequency band ['fri:kwənsi bænd] *s tel* diapazon; bandă de frecvențe

frequency changer ['fri:kwənsi ,tʃeindʒə] *s el* schimbător / transformator de frecvență

frequency distribution ['frikwənsi distri ,bjuʃn] *s sociol* distribuție de frecvență

frequency meter ['fri:kwənsi ,mi:tə] *s el* frecventmetru

frequentness ['fri:kwəntnis] *s* caracter frecvent; frecvență

frescade [fres'keid] *s rar* alee umbroasă, loc răcoros; loc umbros

freshener ['freʃnə] *s* ceva care împrospătează / înviorează

fresher ['freʃə] *s sl* boboc (student în anul I)

fresh gale [,freʃ 'geil] *s* vânt puternic (8 grade Beaufort, 39-46 mile pe oră)

freshmanship ['freʃmənʃip] *s* noviciat

fret [fret] *s muz* fiecare din bucățile de fildeș încrustate pe gâtul chitarei / mandolinei (ele înlesnesc găsirea tonurilor și a semitonurilor)

fretfully ['fretfuli] *adv* **1** cu iritare, iritat; ursuz **2** (d vânt) în rafale

fretfulness ['fretfulnis] *s* **1** proastă dispoziție, irascibilitate **2** iritare, supărare; toane

fretter ['fretə] *s* cineva sau ceva care roade

fretty ['freti] *adj* **1** supărat, abătut, necăjit **2** *F* aprins, încins

Freudianism ['frɔidjənizm] *s psih* freudism

Freudian slip [,frɔidiən 'slip] *s psih* lapsus

Freudism ['frɔidizm] *s v.* **Freudianism**

friableness ['fraiəblnis] *s* friabilitate; fragilitate; gingășie

friar's balsam [,fraiəz 'bɔ(:)lsəm] *s farm* balsam de benzoe

frication [fri'keiʃn] *s rar* frecare

friction clutch ['frikʃn klʌtʃ] *s tehn* ambreiaj cu fricțiune

friction drive ['frikʃn draiv] *s* acționare / transmitere prin fricțiune, cu roți de fricțiune

fridge-freezer [,fridʒe'fri:zə] *s* frigider cu congelator

fried [fraid] *adj* prăjit; ~ **eggs** ouă prăjite; ~ **food** friptură; ~ **potatoes** cartofi prăjiți

friendless ['frendlis] *adj* fără prieten(i), singur, părăsit; neprietenos, retras, stingher, solitar

friendlily ['frendlili] *adv* ca prieten, prietenește

frier ['fraiə] *s* pui bun de prăjit

frig [frig] *vi brit sl* to ~ **about** / **around** a umbla ca tăntălăul; **stop frigging about and get in the car** nu te mai învârti ca tâmpitul și urcă în mașină!

frigate bird ['frigit bə:d] *s orn* fregată, pasăre palmipedă din mările tropicale (Fregata aquilla)

frigging ['frigiŋ] *adj brit sl* **move your** ~ **car!** mută-ți dracului mașina din drum!

frightener ['fraitnə] *s* **to put the** ~**s on smb** a băga în sperieți pe cineva

frightening ['fraitniŋ] *adj* înspăimântător; înfricoșător; **the consequences are too** ~ **to think of** consecințele sunt prea înspăimântătoare ca să ne gândim la așa ceva

frighteningly ['fraitniŋli] *adv* (în mod) înspăimântător, înfricoșător; **the story was** ~ **true-to-life** povestea era înspăimântător de veridică

frigidness ['fridʒidnis] *s* **1** frig, ger **2** *fig* răceală, rezervă, indiferență

frijoles [fri'həuliz] *s gastr aprox* fasole bătută

frillies ['friliz] *s pl F* **1** fustă cu volane; **2** lenjerie de damă cu volănașe

frilly ['frili] *adj* **1** încrețit **2** *(d o rochie etc.)* cu volănașe

fringe theatre ['frindʒ ˌθiətə] *s brit* teatru experimental / de avangardă

fringing reef [ˌfrindʒiŋ 'ri:f] *s* recif de coral care mărginește uscatul

fringy ['frindʒi] *adj* cu franjuri, cu ciucuri

friseur [fri'zə:] *s fr* frizer

Frisian Islands [ˌfri:ʒən 'ailəndz] *s* the ~ Insulele Frisice

frisker ['friskə] *s* **1** neastâmpărat, nebunatic **2** *sl* dansator

fritillary [fri'tiləri] *s bot* orice plantă din genul Fritillaria,↓ lalea-pestriță *(Fritillaria imperialis)*

fritter ['fritə] *vt* **1** a tăia mărunt, a toca *(carnea)* **2** *(și to ~ away) F* a risipi, a irosi *(banii, efortul, timpul)*

frivoller ['frivələ] *s F* persoană frivolă; flușturatic

frizziness ['frizinis] *s* ondulare, încrețire *(a părului)*

frizzy ['frizi] *adj* frezat, ondulat, încrețit; creț, cârlionțat, buclat

froe [frəu] *s amer* cuțit pentru despicat *(doage etc.)*

frog eater ['frɔg ˌi:tə] *s* **1** mâncător de broaște, broscar **2 Frog eater** *vulg* franțuz

frogged [frɔgd] *adj (d o haină)* cu brandenburguri

frogging ['frɔgiŋ] *s* găitane, brandenburguri

frogling ['frɔgliŋ] *s rar* broscuță

frogskin ['frɔgskin] *s amer sl* hârtie de un dolar

frogspawn ['frɔgspɔ:n] *s bot* algă roșie din genul *Batrachospermum*

frog spit ['frɔg spit] *s bot* algă din familia *Chlorophyceae* care formează depuneri alunecoase în apele stătute

fro-ing ['frəuiŋ] *s* du-te-vino, agitație, mișcare dintr-o parte în alta

frondescence [frɔn'desəns] *s bot* frondescență, acoperire cu frunze

frondescent [frɔn:desənt] *adj bot* frondescent, care se acoperă cu frunze

frontage road ['frɔntidʒ rəud] *s amer* alee laterală, paralelă cu un drum principal

frontal bone [ˌfrʌntl 'bəun] *s anat* os frontal

front-bencher ['frʌnt,bentʃə] *s* membru al Camerei Comunelor care face parte din guvern / din comitetul de conducere a opoziției

front line ['frʌnt lain] *s mil* front, linia frontului

front-loading [ˌfrʌnt'ləudiŋ] *adj (d o mașină de spălat)* cu încărcare frontală

front-man ['frʌntmæn] *pl* **frontmen** ['frʌnt men] *s* **1** om de paie **2** *amer* persoană care acționează ca agent de legătură pentru delincvenți

front matter ['frʌnt ˌmætə] *s* pagini preliminare *(într-o carte)*

front of house [ˌfrʌnt əv 'haus] *s* partea unui teatru unde pot circula spectatorii

front vowel [ˌfrʌnt'vauəl] *s fon* vocală anterioară

frontward ['frʌntwə:d] **I** *adj* cu ieșire prin fațadă **II** *adv* v. **frontwards**

frontwards ['frʌntwə:dz] *adv* cu fața înainte

front-wheel drive [ˌfrʌntwi:l'draiv] *s auto* tracțiune pe roțile din față

frost flowers ['frɔ(:)st ˌflauəz] *s pl* flori de gheață *(pe geam)*

frou-frou ['fru:fru:] *s fr* foșnet, fâșâit

frounce [frauns] **I** *vt* **1** a ondula, a friza, a bucla, a încreți, a încârlionța *(părul)* **2** a face cute / pli(se)uri la *(o rochie)* **II** *vi* a se întrista, a se posomorî

frow [frəu] *s* olandeză

frugivorous [fru:'dʒivərəs] *adj* care se hrănește cu fructe

fruit bat ['fru:t bæt] *s zool (orice)* specie de liliac care se hrănește cu fructe *(subordinul Megachiroptera)*

fruit cup [ˌfru:t 'kʌp] *s* cupă cu salată de fructe; cocteil cu fructe

fruit drop [ˌfru:t 'drɔp] *s* drops cu fructe

fruit gum [ˌfru:t 'gʌm] *s brit* bomboană cu fructe

fruit salts [ˌfru:t 'sɔlts] *s* săruri purgative

fruit spur ['fru:t spə] *s* smicea, nuielușă

frumpishly ['frʌmpiʃli] *adv (îmbrăcat)* fără gust

frustrated [frʌ'streitid] *adj* **1** frustrat, agasat; dezamăgit; a ~ poet un poet ratat **2** zadarnic; all our efforts to contact her were ~ toate eforturile noastre de a o contacta au fost zadarnice

frustrating [frʌ'streitiŋ] *adj* agasant, frustrant, penibil

frutescent [fru:'tesənt] *adj bot* frutescent, arbustiv, de formă arbustivă

fry-up ['fraiʌp] *s brit gastr* fel de mâncare constând din mai multe ingrediente prăjite împreună *(ex. cârnăciori, ouă, șuncă)*

FSH *presc de la* follicle-stimulating hormone *fizl* folitropină

f-stop ['efstɔp] *s fot* deschiderea unei diafragme *(indicată prin numărul f)*; scara deschiderii unei diafragme

FT *presc de la* Financial Times *important cotidian financiar britanic*

FTC *presc de la* Federal Trade Commission *(în S.U.A.)* Comisia Federală de Comerț *(comisie însărcinată cu respectarea legii anti-trust)*

FT Index *presc de la* Financial Times Industrial Ordinary Share Index *brit* indicele din Financial Times *(media cotidiană a principalelor valori bursiere britanice)*

fubsy ['fʌbzi] *adj* **1** durduliu, grăsuliu, grăsun, plinuț **2** scund, bondoc, îndesat

fuck [fʌk] **I** *vt sl* a face dragoste, a regula, a ciocăni; ~ you! mama mă-ti! moaș'ta pe gheață!; ~ it! fir-ar al dracu'! pe mă-sa! **II** *vi* a se regula, a se cordi; don't ~ me! *fig* nu mă bâzâi la cap! **III** *s* **1** act sexual, cordeală **2** partener sexual; he's a good ~ se regulează bine **3** *amer* idiot; you stupid ~ idiot nenorocit! **4** I don't give a ~! nu-mi pasă mie nici cât negru sub unghie! **5** what the ~ do you want me to do about it? și ce dracu' vrei să fac eu? **IV** *interj* mama mă-sii!

fuck about [ˌfʌk ə'baut] *brit,* **fuck around** [ˌfʌk ə'raund] *amer* **I** *vi* stop ~ ing about with the radio! lasă-l dracu' de radio, nu-l mai săcâi! **II** *vt* a săcâi, a bate la cap

fuck all ['fʌk ,ɔːl] *s sl* it's got ~ to do with you! nu te privește!

fucker ['fʌkə] *s sl* you stupid ~! idiotule! dobitocule!

fucking ['fʌkiŋ] **I** *adj sl* I'm fed up with this ~car! m-am săturat de rabla asta de mașină!; you ~ idiot! idiot nenorocit!; ~ hell! fir-ar al dracului! **II** *adv* he's ~ stupid! e un cretin și jumătate!; it was a ~ awful day! a fost o zi împuțită!

fuck off [,fʌk 'ɔf] *vi sl* a se căra, a-și lua picioarele la spinare

fuck up[1] [,fʌk 'ʌp] **I** *vt sl* a rasoli, a face ceva de mântuială **II** *vi* a o face de oaie

fuck-up[2] ['fʌkʌp] *s sl* 1 situație de rahat 2 om ratat, om de nimic, mizerabil

fuddled ['fʌdld] *adj F* 1 beat, amețit 2 zăpăcit, confuz *(în idei)*

fuel cell ['fjuəl sel] *s tehn* pilă de combustie

fuel-efficient [,fjuəli'fiʃənt] *adj* economicos, care nu consumă mult combustibil

fuel element ['fjuəl ,elimənt] *s tehn* element combustibil

fuel injection ['fjuəl in,dʒekʃn] *s tehn* injecție de combustibil

fugacity [fju(:)'gæsiti] *s fig* vremelnicie; caducitate

fuguist ['fjuːgist] *s muz* compozitor de fugi

Fuji ['fuːdʒi] *s geogr* Mount ~ munte în Japonia

Fula(h) ['fuːlə], *pl invar sau* **Fulahs, Fulas** ['fuːləs] *s* populație negroidă din Sudan

Fulani [fuː'lɑːni] *s* 1 *v.* Fula(h) 2 limba vorbită de o populație negroidă din Sudan

fulfilled [ful'fild] *adj* împlinit; fericit; mulțumit

fulfilling [ful'filiŋ] *adj* foarte mulțumitor, care dă satisfacții

fuliginous [fju'lidʒinəs] *adj* funinginos; acoperit cu funingine, ca funinginea, afumat ~ **deposit** *s med, (de obicei pl)* fulginozități

full age [,ful 'eidʒ] *s* majorat

full blood [,ful'blʌd] *s (cal)* pursânge

full-bottomed [,ful'bɔtəmd] *adj* cu fundul lat

full-dressed [,ful'drest] *adj* în haine de gală; *mil* în uniformă de gală

Fuller's earth [,fuləz'əːθ] *s* 1 *ch* floridină, pământ decolorant 2 *text* argilă de piuare, pământ de piuă

full-faced [,ful'feist] **I** *adj* 1 cu fața rotundă, cu obrajii rotofei 2 *(d portrete)* din față **II** *s poligr (d caractere)* gras

full-fashioned [,ful'fæʃnd] *adj* elegant, la modă, după ultima modă

full frontal [,ful 'frʌntəl] **I** *s* fotografie frontală **II** *adj (d o fotografie, un portret etc.)* frontal, din față; **full-frontal nudity** nud integral

full-mouthed [,ful'mauðd] *adj* 1 cu gura plină 2 în gura mare, tare 3 *vet* cu toți dinții sănătoși

full-page [,ful 'peidʒ] *adj* care ocupă o pagină întreagă; ~ **advertisement** anunț publicitar pe o pagină întreagă

full professor [,ful prə'fesə] *s amer* profesor universitar *(titular al unei catedre)*

full sail [,ful 'seil] *adv și fig* cu toate pânzele sus

full-scale [,ful'skeil] *adj* 1 *(d un model, un plan)* în mărime naturală 2 *(d un război, o grevă)* total; de mare anvergură; **the factory starts ~ production this week** săptămâna aceasta uzina începe să producă cu randament maxim; ~ **fighting** *mil* bătălie purtată între două oști înșirate una în fața celeilalte

full score [,ful 'skɔ:] *s muz* partitură generală

full-size(d) [,ful'saiz(d)] *adj (d animale etc.)* adult; *(d un model, desen)* în mărime naturală; ~ **car** *amer* mașină mare

full-term [,ful'tə:m] **I** *adj* născut la timp / la termen **II** *adv* la termen

full-throated [,ful'θrəutid] *adj (d glas, râs etc.)* răsunător, sonor

fully-fashioned [,fuli'fæʃnd] *adj brit (d țesături)* care se mulează pe trup

fully-fledged [,fuli'fledʒd] *adj* 1 *(d păsări)* cu penaj complet 2 *fig* a ~ **doctor** medic cu studiile terminate; a ~ **member** membru cu drepturi depline; a ~ **atheist** ateu convins

fulminant ['fʌlminənt] *adj* fulgerător; *med (d febră)* galopant; *ch (d un amestec)* fulminant, detonant

fulmination [,fʌlmi'neiʃn] *s* 1 fulgerare, (stră)lucire, scânteiere 2 detunătură, bubuitură 3 *înv* aruncarea anatemei

fulvous ['fʌlvəs] *adj* galben-roșiatic, roșcat

fumarole ['fjuːmərəul] *s geol* fumarolă

fumitory ['fjuːmitəuri] *s bot* fumărică, sefterea *(Fumaria)*

fumy ['fjuːmi] *adj* 1 afumat, înnegrit de fum; care fumegă; plin de fum 2 care balonează

Funchal [fun'ʃɑːl] *s geogr* capitala arhipelagului Madeira

functionalism ['fʌŋkʃnəlizm] *s arhit* funcționalism

functionalist ['fʌŋkʃnəlist] *s, adj* funcționalist

function key ['fʌŋkʃn kiː] *s* clapă / tastă de funcționare

function room ['fʌŋkʃn ruːm] *s* sală de recepție

fundamentalism [,fʌndə'mentəlizm] *s* fundamentalism; integrism *(musulman)*

fundamentalist [,fʌndə'mentəlist] *s, adj* fundamentalist; integrist

fundamentalists [,fʌndə'mentəlists] *s pl amer* mormoni habotnici *(care își exercită practicile poligamice în ciuda repetatelor interdicții judiciare)*

fundamental particle [fʌndə,mentl 'pɑːtikl] *s* particulă elementară

fundholder ['fʌndhəuldə] *s (în cadrul sistemului britanic de asigurare medicală)* cabinet medical care a obținut dreptul de a-și gestiona propriul buget

funding ['fʌndiŋ] *s* finanțare

fund-raiser ['fʌnd,reizə] *s* 1 persoană care se ocupă cu strângerea de fonduri 2 eveniment monden / spectacol organizat în vederea strângerii de fonduri

fund-raising ['fʌnd,reiziŋ] **I** *s* strângere / colectă de fonduri **II** *adj (d un eveniment monden)* organizat în vederea strângerii de fonduri

fundus ['fʌndəs] *s anat* fund *(de cavitate, de uter etc.)*; ~ **of the eye,** ~ **oculi** fund de ochi

funeral march [,fjunərəl 'mɑːtʃ] *s* marș funebru

funeral procession [,fjuːnərəl prə'seʃn] *s* convoi funebru

funeral pyre [,fjunərəl 'paiə] *s* rug funerar

funeral service [,fjuːnərəl 'səːvis] *s bis* slujba morților

funfair ['fʌnfeə] *s* parc de distracții
fun fur ['fʌn fə:] *s* imitație de blană
fungible ['fʌndʒibl] *adj jur* fungibil, înlocuibil
funicle ['fju:nikl] *s* **1** *bot* funicul **2** *anat* cordon spermatic
funk hole ['fʌŋk həul] *s mil sl* **1** adăpost subteran în tranșee **2** firidă **3** blindaj
funk money ['fʌŋk ,mʌni] *s F* bani plasați în străinătate din motive de precauție
funnies ['fʌniz] *s* the ~ benzi desenate *(într-un ziar)*
funny farm [,fʌni 'fɑːm] *s F* casă de nebuni, ospiciu
funny man [,fʌni 'mæn], *pl* **funny men** [,fʌni 'men] *s teatru* bufon, măscărici, clovn
fun run [,fʌn rʌn] *s* cursă de alergare pentru amatori *(în vederea strângerii de fonduri)*
funster ['fʌnstə] *s amer* umor, poznaș, ghiduș
furcate I ['fə:keit] *vt și vi* a (se) bifurca **II** ['fə:kit] *adj* bifurcat; răschirat
furcation [fə:'keiʃn] *s* bifurcare; ramificare; despicare
furcula ['fə:kələ] *s* iadeș
furfur ['fə:fə], *pl* **furfures** ['fə:fəriz] *s med* mătreață
furfuraceous [,fə:fju'reiʃəs] *adj med* cu mătreață
furfurol ['fə:fərəl] ['fə:fjurəul] *s ch* furfurol, aldehidă furanică
furnace man ['fə:nis mæn], *pl* **furnace men** ['fə:nis men] *s met* cuptor, topitor
furnish ['fə:niʃ] *s* **1** materie primă **2** *înv* aprovizionare **3** *înv* mostră

furnisher ['fə:niʃə] *s* furnizor *(de mobile)*
furnishing fabric ['fə:niʃiŋ ,fæbrik] *s* țesătură tare folosită la fabricarea mobilierului
furniture beetle ['fə:nitʃə ,bi:tl] *s ent* specii de cari *(Anobium sp)*
furor ['fju:rə] *s* **1** *med, poetic* nebunie frenetică **2** *înv* senzație, vâlvă, entuziasm
furrowed ['fʌrəud] *adj* ridat, zbârcit, brăzdat de riduri
fur seal ['fə:si:l] *s zool* urs-de-mare *(genurile Callorhinus și Arctocephalus)*
furtherer ['fə:ðərə] *s* susținător, promotor, protector
furthersome ['fə:ðəsəm] *adj* avantajos, propice
furtum ['fə:təm], *pl* **furta** ['fə:tə] *s jur* furt
furuncular [fju'rʌŋkjulə] *adj med* de furuncul, furunculos
furunculosis [,fjurʌŋkju'ləusis] *s med* furunculoză
fusain [fju:'zæn] *s* **1** *artă* desen de cărbune de salbă-moale **2** *minr* fuzit
fuscous ['fʌskəs] *adj* castaniu-închis, negricios
fused [fju:zd] *adj* (d un aparat electric) cu siguranță fuzibilă incorporată
fusel oil ['fju:zl oil] *s ch* (ulei de) fuzel
fuse wire ['fju:z ,waiə] *s el* fir fuzibil / pentru siguranțe
fusible ['fju:zəbl] *adj* fuzibil, care se poate topi
fusilier [,fju:zi'liə] *s mil* pușcaș *(nume pe care-l mai poartă unele regimente din armata engleză)*

fusinist ['fju:zinist] *s* artă desenator în cărbune de salbă-moale
fusionist ['fju:ʒənist] *s* partizan al unei uniuni
fussbudget ['fʌs,bʌdʒet] *s amer v.* **fusspot**
fusspot ['fʌspɔt] *s F* **1** persoană anxioasă, om care-și face griji din nimic **2** persoană care se ocupă cu fleacuri, chițibușar
fust [fʌst] **I** *s* **1** *arhit* fusul unei coloane **2** *înv* miros de aer închis **II** *vi sl* a nu avea nici un rezultat
fustanella [,fʌstə'nelə] *s* fustanelă *(purtata de greci, albanezi etc.)*
fustet [fə'stet] *s bot* scumpie *(Cotinus coggygria)*
fustin ['fʌstin] *s ch* fustină
futon ['fu:tɔn] *s* saltea japoneză umplută cu bumbac
futures ['fju:tʃəz] *s* (la bursă) contracte de tranzacții ale unor loturi de mărfuri sau titluri financiare executate în viitor la un preț ferm prestabilit; ~ **market** piață la termen *(piață pe care are loc un comerț cu produse a căror livrare se va face în viitor)*
futurologist [,fju:tʃə'rɔlədʒist] *s* futurolog, viitorolog
fuzzball ['fʌzbɔ:l] *s* ghemotoc de lână *(pe un pulovăr, pe un covor)*
Fuzzy-Wuzzy [,fʌzi'wʌzi] *s F* soldat sudanez
fwd. *presc de la* **forward** înainte
fwy *presc de la* **freeway** *amer* autostradă
FY *presc de la* **fiscal year** an fiscal
FYI *presc de la* **for your information** cu titlu informativ

G

G presc de la **1** Good bun, bine **2** general (audience) publicul

gabarit [ˌgabaːriː] *s tehn, arhit* gabarit; profil

gabblement ['gæblmənt] *s* flecăreală, trăncăneală

gabbling ['gæbliŋ] *s* palavre, flecăreală, trăncăneală

gabbro ['gæbrəu] *s minr* gabbro

gabelle [gə'bel] *înv* **I** *s* impozit, bir, dare, taxa pe sare (*în Franța, înaintea Revoluției de la 1789*); **II** *vt rar* a impune

gaberlunzie [ˌgæbə'lʌnzi] *s scot* **1** desagă; tobă **2** cerșetor

gabfest ['gæbfest] *s amer F* petrecere / reuniune unde se vorbește mult

gabion ['geibiən] **I** *hidr, mil, ist* gabion, cilindru umplut cu pământ **2** *constr* zid de gabion **3** *pl* cărți rare, rarități **II** *vt* a proteja / apăra (*o tranșee etc.*) cu gabioane

gabionade [ˌgeibiə'neid] *s* **1** *hidr* șir de gabioane **2** *mil, ist* parapet de gabioane

gabioned ['geibiənd] *adj* prevăzut cu gabioane

gabled window [ˌgeibld' windəu] *s constr* tereastră de fronton

gable end ['geibl end] *s* zid de coamă

gable roof [ˌgeibl ruːf] *s* acoperiș cu versante, acoperiș ascuțit; acoperiș mansardat / mansardă

gablet ['geiblit] *s arhit* fronton decorativ

Gabonese [ˌgæbə'niːz] **I** *s* locuitor din Gabon, gabonez; the ~ gabonezii, cei din Gabon, gabonez **II** *adj* din Gabon, referitor la Gabon, gabonez

gaby ['geibi] ['gɔːbi] *s F sau dial* nătărău, prostănac, neghiob, nerod

gadder ['gædə] *s* **1** *min* coroana sapei de foraj **2** perforator **3** *F* fluieră-vânt, haimana, țață, mahalagioaică

gadgetry ['gædʒitri] *s* dispozitiv, mașină; drăcie, șmecherie

gadid ['geidid] *s zool* (orice) pește din familia Gadidae (ex. morua, eglefinul)

gadoid ['gædɔid] *s iht* gadoid, pește din specia morunilor, a batogilor

gadus ['geidəs] *s iht* batog (*Gadus morrhua*)

gadzooks [ˌgæd'zuːks] *interj F umor* fir-ar să fie!

Gaelic coffee [ˌgeilik 'kɔfiː] *s* cafea irlandeză (*cafea cu rom și frișcă*)

Gaelic football [ˌgeilik 'futbɔl] *s* fotbal irlandez

Gaeltacht ['geiltæht] *s* the ~ regiunile din Irlanda unde se vorbește galeza

gaff-rigged [ˌgæf'rigd] *adj nav* cu velă aurică / longitudinală

gaff sail ['gæf 'seil] *s nav* velă aurică

gagers ['geidʒəz] *s pl sl* ochi

gag resolution ['gæg rezəˌljuːʃn], **gag rule** ['gæg ruːl] *s amer* „regula călușului" (*procedură parlamentară care limitează timpul unui vorbitor și împiedică întreruperile dese*)

gagroot ['gægruːt] *s bot* lobelia (*Lobelia inflata*)

gain control [ˌgein kən'trəul] *s tehn* reglaj / comandă a(l) amplificării

gainfully ['geinfuli] *adv* (în mod) profitabil, avantajos

gainfulness ['geinfulnis] *s* **1** câștig, profit; avantaj **2** rentabilitate

gainless ['geinlis] *adj* neprofitabil, nerentabil

gainly ['geinli] *adj* **1** frumos, grațios **2** (*d purtare*) plin de tact

gainsaying ['geinsein] *s* contrazicere, tăgăduire

gain twist ['gein twist] *s amer F* carabină

gaited ['geitid] (*în cuvinte compuse*) cu mersul, cu umbletul; a heavy- ~ man un om cu mersul greoi

galactometer [gə'læktəmiːtə] *s* galactometru

galactopoiesis [gəˌlæktəupoiˈiːsis] *s* galactopoieză, galactogeneză

galactose [gə'læktəus] *s* galactoză

galago [gə'laːgəu] *s zool* galago (*Galago*)

galbanum ['gælbənəm] *s bot* galban

gale day ['geil dei] *s* ziua plății dobânzilor

galeeny [gə'liːni] *s F, dial orn* pasăre din familia bibilicii (*Numida meleagris*)

gale force ['geil fɔːs] *s* forța vântului; ~ winds vânt puternic, de furtună

galingale ['gæliŋgeil] *s bot* **1** căprișor (*Gyperus*) **2** plantă din familia Zingiberaceae

galiot ['gæliət] *s v.* **galliot**

galipot ['gælipət] *s bot, ch* galipot, barras, rășină proaspătă

galleass ['gæliæs] *a ist nav* galeas, galeră cu trei catarge

gallein ['gæliːn] *s ch* galeină

galleot ['gæliət] *s v.* **galliot**

galleria [gælə'riə] *s* fântână (*într-un magazin cu mai multe etaje*)

galleried ['gælərid] *adj arhit* cu galerii

galleryite ['gæləriait] *s F* **1** teatru spectator de la galerie **2** *amer* spectator care urmărește dezbaterile Congresului de la tribuna publicului

gallet ['gælit] *s* așchie (de piatră)

galley man ['gæli mæn], *pl* **galley men** ['gæli men] *s ist* ocnaș de galere

gall fly ['gɔːl flai] *s ent* insectă care produce gogoașa de ristic (*Cynips pallae tinctoriae*)

gallic ['gælik] *adj ch* galic

gallic acid [ˌgælik'æsid] *s ch* acid galic

gallicize ['gælisaiz] *vt* a franțuzi, a da un caracter francez

galligaskins [ˌgæli'gæskinz] *s pl* **1** pantaloni largi (*în sec. XVI-XVII*) **2** *umor* nădragi

gallimaufry [ˌgæli'mɔːfri] *s fr* **1** tocană **2** *fig* amestecătură, miș-maș; ghiveci

gallinaceous [ˌgæli'neiʃəs] *adj orn* de găină, galinaceu

gallingly ['gæliŋli] *adv* (în mod) enervant, iritant

gallinule ['gælinju:l] *s ornit* găinușă-de-baltă *(Gallinula chloropus)*

Gallionic [,gæli'ɔnik] *adj* indiferent *(în privința religiei)*

galliot ['gæliət] *s ist nav* galiot *(galeră mică cu vâsle)*

gallivanter [,gæli'væntə] *s* crai, don juan

gallon ['gælən] *s* găitan; galon, tresă

gallonage ['gælənidʒ] *s tehn* capacitate în galoni

gallopade [,gælə'peid] *s* galop(adă), cursă galop

Gallophobia [,gæləu'fəubiə] *s* galofobie, francofobie

galloping ['gæləpiŋ] *adj (d cal)* în galop; *fig* galopant; ~ **inflation** Inflație galopantă, hiper-inflație

gallowglass ['gæləuglɑ:s] *s ist mil* infanterist irlandez

gall sickness ['gɔ:l ,siknis] *s med* friguri biliare

gallus ['gæləs] *F* **I** *s* 1 spânzurătoare 2 *constr* schelă 3 capră *(de tăiat lemne)* 4 bretele **II** *adj sl* grozav, strașnic **III** *adv sl* grozav de

galluses ['gæləsiz] *s pl amer dial* bretele

gally ['gɔ:li] *adj* de fiere, amar *(ca fierea)*

galoot [gə'lu:t] *s amer sl* 1 marinar 2 soldat 3 om neîndemânatic / stângaci 4 netrebnic, om de nimic 5 ins, tip, individ, flăcău 6 bătăuș

galop ['gæləp] *s muz* galop

galoptious [gə'lɔpʃəs] *adj sl* strașnic, grozav, pe cinste

galvanism ['gælvənizm] *s* 1 galvanism 2 *med* galvanizare

galvanometric [,gælvənə'metrik] *adj el* galvanometric

galvanoplastic [,gælvənə'plæstik] *adj* galvanoplastic

galvanoplastics [,gælvənə'plæstiks] *s v.* **galvanoplasty**

galvanoplasty ['gælvənəplæsti] *s* galvanoplastie

galvanoscope ['gælvənəskəup] *s el* galvanoscop

galvanotropism [,gælvə'nɔtrəpizm] *s* galvanotropism

Galwegian [gæl'wi:dʒən] *adj* 1 (originar) din Galloway *(Scoția)* 2 (originar) din Galway *(Irlanda)*

gamb [gæmb] *s sl* picior, țurloi, popic

gambade [gæm'beid] *s* 1 salt, săritură *(a calului)* 2 escapadă 3 *pl înv* ghetre, jambiere

gambado [gæm'beidəu] *s v.* **gambade**

Gambian ['gæmbiən] **I** *s* locuitor din Gambia **II** *adj* din Gambia, referitor la Gambia

gambling ['gæmbliŋ] *s (acțiunea de a juca)* jocuri de noroc

gambling den ['gæmbliŋ den] *s peior* tripou, cazino

gambling hell [,gæmbliŋ 'hel] *s* casă de joc, tripou

gamboge [gæm'bu:ʒ] *s* gumă guta

gambrel ['gæmbrəl] *s înv* încheietură, articulație *(la cal)*

gambrel roof [,gæmbrəl 'ru:f] *s* acoperiș în formă de mansardă, acoperiș olandez

game bird ['geim bə:d] *s* păsări de vânat; **the partridge is a ~** pitulicea este pasăre de vânat

game-cock ['geimkɔk] **I** *s* 1 cocoș de luptă 2 *P* băiețandru obraznic **II** *adj sl* 1 țâfnos; mânios 2 agresiv

game fish ['geim fiʃ] *s* pește cu carnea deosebit de apreciată *(somon, știucă, păstrăv)*

game fishing ['geim fiʃiŋ] *s* pescuit *(de pește scump: somon, știucă, păstrăv)*

game fowl [,geim'faul] *s v.* **game bird**

game park ['geim pɑ:k] *s (în Africa)* rezervație

game pie ['geim pai] *s* plăcintă cu carne de vânat

game plan ['geim plæn] *s* strategie, plan de atac

game point ['geim pɔint] *s (în tenis)* minge de ghem / joc

game reserve ['geim ri,zə:v] *s* rezerve de mâncare pentru animalele sălbatice

gamesomeness ['geimsəmnis] *s* veselie, zburdălnicie

gametocyte [gə'mi:təusait] *s* gametocit

gametogenesis [,gæmitəu'dʒenisis] *s* gametogeneză

gamey ['geimi] *adj* 1 curajos, viteaz, dârz 2 gata oricând, pregătit, dispus 3 vioi 4 scandalos 5 corupt; stricat

gaming ['geimiŋ] *s v.* **gambling**

gaming laws ['geimiŋ lɔ:z] *s legi care reglementează jocurile de noroc*

gaming table ['geimiŋ ,teibl] *s* 1 masă de joc; **to keep a ~** a ține o casă de joc / un tripou 2 *fig* joc de noroc *(pe bani)*

gamma function ['gæmə ,fʌŋkʃn] *s mat* funcți(une) gamma

gamma radiation ['gæmə rei-di,eiʃn] *s* raze gama, radiație cu raze gama

gammer ['gæmə] *s P* bunicuță, maică, măicuță, mătușică, tușă, băbuță

gammoning ['gæməniŋ] *s F* înșelătorie

gammon steak ['gæmən steik] *s* bucată de jambon afumat

gammy ['gæmi] *adj sl* 1 rău, prost; fals 2 urât, pocit; bătrân 3 zgârcit

gamogenesis [,gæməu'dʒenisis] *s* gamogeneză

gamp [gæmp] *s F* umbrelă de ploaie mare și veche, cortel

gang [gæŋ] *vi scot* a merge

gang board ['gæŋ bɔ:d] *s nav* schelă *(de debarcare)*, estacadă; apuntament

ganger[1] ['gæŋə] *s* șef de echipă

ganger[2] ['gæŋə] *s scot* pieton

gangliated ['gæŋglieitid] *adj anat* cu ganglioni

gangrel ['gæŋgrəl] *s* 1 *F* lungan, găligan, prăjină 2 *înv* cerșetor, vagabond, milog

gang saw ['gæŋ sɔ:] *s tehn* gater de spintecat; ferăstrău circular cu mai multe discuri

gangsterism ['gæŋgstərizm] *s* gangsterism, banditism

ganoid ['gænɔid] **I** *adj* 1 *(d solzi)* neted și strălucitor 2 *(d pești)* ganoid **II** *s* (pește) ganoid

gantline ['gæntlain] *s nav* mandar

gantry crane ['gæntri krein] *s tehn* macara portal, macara de schelă / eșafodaj

GAO *presc de la* General Accounting Office Curtea de Conturi a Statelor Unite

gaol book ['dʒeil buk] *s* registrul arestaților

gaoler ['dʒeilə] *s* temnicer, paznic de închisoare; gardian

gaoleress ['dʒeilris] *s* paznică de închisoare

gape seed ['geip si:d] *s sl* 1 minunăție; orice provoacă uimirea 2 holbare; **to seek / to buy / to sow ~** a umbla fără rost *(la piață etc.)* 3 gură-cască

gappy ['gæpi] *adj* cu intervale, cu goluri; incomplet

gap-toothed [,gæp'tu:θt] *adj* știrb

garage hand ['gærdʒ hænd] *s* mecanic auto

garage man ['gærdʒ mæn] *s* 1 mecanic auto 2 proprietarul unui garaj

garbage chute ['ga:bidʒ ʃut] *s amer (la imobile)* instalație pentru gunoi

garbage collector ['ga:bidʒ kə-,lektə] *s* gunoier

garbage disposal unit [,ga:bidʒ dis,pəuzəl 'junit] *s* concasor de gunoi

garbage dump ['ga:bidʒ dʌmp] *s amer* loc de descărcare a gunoaielor, groapă de gunoi

garbage man ['ga:bidʒ mæn] *s amer v.* **garbage collector**

garbage truck ['ga:bidʒ trʌk] *s* mașină de gunoi

garbanzo [ga:'ba:nzəu] *s amer bot* năut *(Cicer arietinum)*

garbled ['ga:bld] *adj* confuz, neclar; denaturat, deformat

garboard ['ga:bɔ:d] *s nav* filă tovelă, filă de învelig la fund lângă chilă

garboard strake ['ga:bɔ:d streik] *s nav* galboard; șirul tablelor torelei

garden balsam ['ga:dn ,bɔ:lsəm] *s bot* balsamină *(Impatiens balsamina)*

garden centre ['ga:dn ,sentə] *s* magazin cu articole de grădinărit

garden cress ['ga:dn kres] *s bot* creson, bruncuț, caprilenă *(Lepidium sativum)*

gardener's garters ['ga:dnəz ,ga:-təz] *s pl bot* ierbăluță *(Phalaris arundinacea)*

garden flat ['ga:dn flæt] *s* apartament la parter, care dă direct într-o grădină

garden house ['ga:dn haus] *s* 1 chioșc, pavilion 2 *sl* bordei

garden truck ['ga:dn trʌk] *s amer* legume și fructe; **to raise ~ for the market** a cultiva zarzavat și fructe pentru vânzare

garden-variety [,ga:dnvə'raiəti] *adj amer* obișnuit, comun

garden warbler ['ga:dn ,wɔ:blə] *s orn* privighetoare-de-grădină *(Sylvia hortensis)*

garget ['ga:git] *s* inflamare a faringelui *(la porci)*, inflamare a ugerului *(la vaci și oi)*

garishly ['ga:riʃli] *adv* 1 *(mobilat etc.)* cu un lux țipător 2 *(luminat etc.)* prea strălucitor

garishness ['ga:riʃnis] *s* 1 lux țipător 2 strălucire excesivă

garlicky ['ga:liki] *adj* de usturoi; usturoiat

garlic mustard ['ga:lik ,mʌstə:d] *s bot* usturoiță *(Alliaria officinalis)*

garran ['gærən] *s* 1 mic cal scoțian sau irlandez; *un fel de* ponei 2 gloabă, mârțoagă

garreteer [,gæri'tiə] *s* 1 locatar al unei mansarde 2 *fig* scriitor sărac

garrison state ['gærisn steit] *s (amer)* stat la cârma căruia se află o dictatură militară

garrison town ['gærisn taun] *s* oraș de garnizoană

garron ['gærən] *s* 1 cal mic *(de rasă irlandeză sau scoțiană)* 2 *F* gloabă, mârțoagă

garrulity [gæ'ru:liti] *s* limbuție, vorbărie, logoree

garrulously ['gæruləsli] *adv* cu chef de vorbă

garry owen [,gæri 'əuin] *s brit (la rugby)* lovitură de picior în lumânare

garter belt ['ga:tə belt] *s amer* portjartier

garter snake ['ga:tə sneik] *s zool* năpârcă *(Anguis fragilis)*

garter stitch ['ga:tə stitʃ] *s (la tricotat)* model în care se lucrează numai pe față

garth [ga:θ] *s poetic* 1 loc îngrădit; zaplaz 2 curte, grădină

gas attack ['gæs ə,tæk] *s mil* atac cu gaze

gas bacillus [,gæs bə'siləs] *s med* vibrion septic

gas bag ['gæs bæg] *s* 1 *av* balonet *(pentru gaz)*, balon cu gaz *(în interiorul dirijabilului)* 2 *av sl* dirijabil 3 pungă de gaze 4 *F* palavragiu, flecar, fanfaron, baronul Münchausen

gas black ['gæs blæk] *s poligr* negru de fum din gaze

gas bomb ['gæs bɔm] *s* bombă chimică / cu gaze

gas burner ['gæs ,bə:nə] *s* bec de gaz; ajutaj de gaz

gas chromatography ['gæs krəmætəu,gra:fi] *s* cromatografie a unei substanțe gazoase

gas coal ['gæs kəul] *s met* cărbune de gaz

gasconade [,gæskə'neid] I *s* fanfaronadă, lăudăroșenie, barbă, minciuni, gogoși II *vi* a se lăuda, a se făli, a face gargară

gas-cooled reactor [,gæsku:ld ri'æktə] *s* reactor cu răcire cu gaz

gaselier [,gæsə'liə] *s* lampă de gaz cu mai multe brațe, policandru

gas field ['gæs fi:ld] *s* regiune în care izvorește gazul natural, zăcământ de gaze

gas-fired [,gæs'faiəd] *adj brit* ~ **central heating** încălzire centrală cu gaze

gas generator ['gæs ,dʒenəreitə] *s* gazogen, generator de gaz

gas guzzler ['gæs ,gʌzlə] *s amer F* mașină care consumă mult

gas heater ['gæs ,hi:tə] *s* radiator cu gaz; boiler cu gaz

gasification [,gæsifai'keiʃn] *s* gazificare, transformare în gaz

gasiform ['gæsifɔ:m] *adj* în stare gazoasă; gazos

gasify ['gæsifai] I *vt* a gazifica, a preface în gaz II *vi* a se gazifica

gas lighting ['gæs ,laitiŋ] *s* iluminat cu gaz

gasogene ['gæzədʒi:n] *s v.* **gazogene**

gas oil [,gæs 'ɔil] *s* motorină; ulei pentru motoare Diesel

gasolene pump [gæzə'li:n pʌmp] *s* pompă de benzină

gasolene station [gæzə'li:n ,steiʃn] *s* stație de benzină; pompă de benzină

gasometer [gæ'sɔmitə] *s* contor de gaz, gazometru; **he lies like a ~** minte de îngheață apele

gas pipe ['gæs paip] *s* 1 conductă de gaz(e) 2 țeavă pentru conducte de gaz

gas pipe-line [,gæs'paip lain] *s* conductă de gaz

gas plant ['gæs pla:nt] *s* 1 uzină de gaz 2 instalație gazogeneratoare; stație de gazogene

gas producer ['gæs prə,dju:sə] *s* generator de gaze; gazogen, sondă de gaze

gas-proof [,gæs'pru:f] *adj* 1 etanș la gaze 2 *min* antigrizutos

gas shell ['gæs ʃel] *s mil* obuz chimic, bombă cu gaze

gas tank ['gæs tæŋk] *s* 1 gazometru 2 *amer* rezervor de gaze 3 *amer auto, av* găleată / căldare pentru benzină

gas tap ['gæs tæp] *s* butonul de gaz de la mașina de gătit; robinet de gaz *(la țevi)*

gastralgia [gæs'trældʒiə] *s med* gastralgie, gastrodinie

gastralgic [gæs'trældʒik] *adj med* gastralgic

gastrectomy [gæs'trektəmi] *s med* gastrectomie

gastric flu [,gæstrik 'flu:] *s* gripă gastrică

gastro-enteritis [,gæstrəu entə'raitis] *s med* gastro-enterită

gastrolith ['gæstrəliθ] *s med* calcul gastric

gastronome ['gæstrənəum] *s* gastronom, cunoscător / specialist în artele culinare

gastronomer [gæs'trɔnəmə] *s v.* **gastronome**

gastronomist [gæs'trɔnəmist] *s v.* **gastronome**

gastrotomy [gæs'trɔtəmi] *s med* gastrotomie

gas turbine ['gæs tə:bin] *s* turbină cu gaz

gas vent ['gæs vent] *s met* supapă de respirație

gas warfare ['gæs ,wɔ:feə] *s* război chimic

gateau ['gætəu], *pl* **gateaux** ['gætəuz] *s* prăjitură cu cremă

gatefold ['geitfəuld] *s* pliant publicitar într-o revistă

gate-legged table [,geitlegd 'teibl] *s* masă cu tăblia demontabilă

gate money ['geit ,mʌni] *s (la un eveniment sportiv)* suma totală a încasărilor; numărul spectatorilor admiși

gatherable ['gæðərəbl] *adj* care se poate deduce, deductibil; inteligibil

gather round [,gæðə 'raund] *vi* a se aduna, a se grupa, a se strânge

gather together [,gæðə tu'geðə] *vi* a se strânge, a se aduna, a se întâlni laolaltă

gaucherie ['gəuʃəri] *s* stângăcie, neîndemânare

gauge glass ['geidʒ glɑ:s] *s tehn* sticlă de nivel *(al apei)*; tub pentru apometru; pahar gradat

gauge pin ['geidʒ pin] *s tehn* micrometru de interior, calibru-vergea / tampon

gault [gɔ:lt] *s geol* gault

gavelkind ['gævəlkaind] *s jur înv* împărțire egală a moștenirii / a pământului, între copiii / frații

decedatului *(când lipsește testamentul)*

gawkish ['gɔ:kiʃ] *adj* neîndemânatic, stângaci; nefiresc

gayness ['geinis] *s* **1** veselie; strălucire *(a culorilor)*; **2** homosexualitate

gay science ['gei ,saiəns] *s înv* poezie, mai ales poezia erotică a Evului Mediu

Gaza strip [,gɑ:zɑ: 'strip] *s geogr* Fâșia Gaza

gazeless ['geizlis] *adj rar* care nu vede; lipsit de vedere, orb

gazer ['geizə] *s* privitor, spectator; contemplator; gură-cască, curios

gazogene ['gæzədʒi:n] *s* **1** aparat pentru gazificarea băuturilor **2** gazogen

gazpacho [gə'spɑ:tʃəu] *s* supă de roșii crude

gazump [gə'zʌmp] *brit F* **I** *vt* a crește prețul unei case după o înțelegere verbală prealabilă; we've been ~ed ne-au luat casa de sub nas **II** *vi* a rupe o promisiune de vânzare a unei case pe motiv că vânzătorului i s-a oferit mai mult

GBH *presc de la* grievous bodily harm vătămare corporală gravă

GC *presc de la* George Cross distincție onorifică britanică

GCH *presc de la* gas central heating încălzire centrală cu gaz

GCHQ *presc de la* Government Communications Headquarters centru de intercepție a telecomunicațiilor străine în Marea Britanie

GCSE *presc de la* General Certificate of Secondary Education primul examen de studii în Marea Britanie, susținut după cinci ani de învățământ secundar

Gdansk [gə'dænsk] *s geogr* oraș în Polonia

GDP *presc de la* gross domestic product *ec* produs intern brut, PIB

gean [gi:n] *s* cireașă sălbatică

gear change ['giə tʃeindʒ] *s auto* schimbare de viteză

gear changing ['giə ,tʃeindʒiŋ] *s v.* **gear change**

gear down [,giə 'daun] *vt tehn* **1** a reduce **2** a demultiplica

gear ratio ['giə ,reiʃiəu] *s tehn, auto* raport de transmisie / angrenare

gear stick ['giə stik] *s auto* schimbător de viteză

GED *presc de la* general equivalency diploma *(în S.U.A.)* diplomă de studii în învățământul secundar, obținută de adulți de obicei prin corespondență

geeser ['gi:zə] *s sl* bătrânică, bătrânel; persoană în vârstă

gee-up [,dʒi:'ʌp] *interj* cea! *(strigăt cu care se mână un animal)*

gee up ['dʒi: ,ʌp] *vt brit F* a face să avanseze

gee whillikins [,dʒi: 'wilikinz] *amer sl interj* la te uită! asta-i bună! hait! ei, drăcie!

gee whiz [,dʒi: 'wiz] *interj sl v.* **gee whillikins**

gee wizardry ['dʒi: ,wizədri] *s amer* naivitate, ingeniozitate

geezer ['gi:zə] *s v.* **geeser**

gelatinization [,dʒeləti(:)nai'zeiʃn] *s* gelatinizare

gelatinize [dʒi'lætinaiz] *vt* a transforma în gelatină *sau* piftie

gemel ['dʒeməl] *s înv* geamăn

Gemini Program [,dʒemini 'prəugræm] *s the* ~ programul spațial american Gemini

gemma ['dʒemə], *pl* **gemmae** ['dʒemi:] *s bot* mugur, ochi

gemmate ['dʒemeit] *bot* **I** *vi* a da muguri, a înmuguri **II** *adj* cu muguri, înmugurit

gemmation [dʒe'meiʃn] *s* îmbobocire, înmugurire, formare de muguri

gemmed [dʒemd] *adj* împodobit cu nestemate

gemmiferous [dʒe'mifərəs] *adj* cu muguri, care se înmulțește prin muguri

gemmology [dʒem'ɔlədʒi] *s* știința care se ocupă cu studiul pietrelor prețioase

gemmy ['dʒemi] *adj* **1** ca o piatră prețioasă **2** împodobit cu pietre prețioase **3** *fig* frumos, minunat

gemstone ['dʒemstəun] *s* piatră prețioasă; piatră semiprețioasă

gen [dʒen] *brit F* **I** *s* noutăți, informații; she gave me the latest ~ on our new assignment mi-a spus ultimele noutăți cu privire la noua noastră misiune; what's the ~ on the new neighbours? ce știi despre noii noștri vecini?

gender-bender ['dʒendə ,bendə] *s* travestit *(bărbat care se îmbracă în haine de femeie)*

genealogical tree [dʒiːnjə,lodʒikəl 'triː] s arbore genealogic

gene flow ['dʒiːn ,fləu] s flux genetic

gene frequency ['dʒiːn ,frikwənsi] s frecvență genetică

gene pool ['dʒiːn puːl] s patrimoniu / bagaj ereditar

general anaesthetic [,dʒenərəl ænisˈθiːzik] s anestezie generală

general degree [,dʒenərəl diˈgriː] s licență în mai multe discipline

general election [,dʒenərəl iˈlekʃn] s alegeri generale

generalist ['dʒenərəlist] s medic generalist

generalizable ['dʒenərəlaizəbl] adj generalizabil, care se poate generaliza; de aplicabilitate generală/universală

generalized ['dʒenərəlaizd] adj 1 generalizat 2 general

generalizer ['dʒenərəlaizə] s persoană care generalizează

general manager [,dʒenərəl ˈmænidʒə] s director general

general officer [,dʒenərəl ˈɔfisə] s general comandant

general purpose [,dʒenərəl ˈpəːpəs] adj polivalent

General Studies [,dʒenərəl ˈstʌdiːz] s cursuri de cultură generală

General Synod [,dʒenərəl ˈsinəd] s rel sinodul general al Bisericii Anglicane

generating station [,dʒenəreitiŋ ˈsteiʃn] s el uzină electrică

generating unit [,dʒenəreitiŋ ˈjunit] s grup electrogen

generative semantics [,dʒenərətiv siˈmæntiks] s semantică generativă

generatrix [,dʒenəreitriks] pl **generatrices** ['dʒenəreitrisiːz] s 1 mat generatoare, generatrice 2 el mașină dinamoelectrică, generator de curent

genet ['dʒenit] s zool geneta, specie de mamifer din Africa (Genetta genetta)

genetic engineer [dʒi,netik endʒiˈniə] s genetician

genetic engineering [dʒi,netik engiˈniəriŋ] s inginerie genetică

Genevan [dʒiˈniːvən] I adj genevez, de Geneva II s 1 genevez, locuitor din Geneva 2 bis calvinist

genialness ['dʒiːniælnis] s rar veselie, voioșie

geniculum [dʒiˈnikjuləm] s anat, bot tuberculă, umflătură (pe organe, plante)

genio-hyoid [dʒi,naiəuˈhaiɔid] I adj anat geniohioid II s anat (mușchi) geniohioid

genito-crural [,dʒenitəu ˈkrurəl] adj anat genito-crural

genteelism [dʒenˈtiːlizm] s expresie banală cu pretenția distincției, exprimare afectată

genteelly [dʒenˈtiːli] adv 1 așa cum trebuie; to answer ~ a răspunde frumos 2 peior ca un burghez, ca un burtă verde

genteelness [dʒenˈtiːlnis] s pretenție de distincție

gentian blue [,dʒenʃiən ˈbluː] s albastru de gențiană, albastru închis

gentilitial family [dʒenti,liʃəl ˈfæmili] s familie de veche obârșie

gentle-hearted [,dʒentlˈhɑːtid] adj bun la suflet, iubitor, milos

gentlehood ['dʒentlhud] s noblețe, aristocrație (stare socială)

gentleman-commoner [,dʒentlmənˈkɔmənə] s înv student privilegiat (la Oxford și Cambridge)

gentleman farmer [,dʒentlmən ˈfɑːmə] s moșier; fermier care folosește mână de lucru salariată

gentleman's gentleman [,dʒentlmənz ˈdʒentlmən], pl **gentleman's gentlemen** [,dʒentlmənz ˈdʒentlmen] s valet, lacheu

gentleman usher [,dʒentlmənˈʌʃə] s ușier (la case mari)

gentlemen's club [,dʒentlmenz ˈklʌb] s club de gentlemani

gentoo [dʒenˈtuː] s orn varietate de pinguin (Pygoscelis toeniata)

gentrice ['dʒentris] s scot v. **gentlety**

gentrification [dʒentrifiˈkeiʃn] s îmburghezire

gentrify ['dʒentrifai] vt a îmburghezi, a face să devină elegant; the area has been ~ed cartierul a devenit elegant

genty ['dʒenti] adj scot elegant, fercheș

genu ['dʒiːnjuː], pl **genua** ['dʒiːnjuə] s anat genunchi

genual ['dʒenjuəl] I adj anat de genunchi, referitor la genunchi II s ent a patra articulație a piciorului de păianjen

geocentric [,dʒiː(ː)əuˈsentrik] adj geogr geocentric

geocentric parallax [,dʒiː(ː)əu,sentrik ˈpærəlæks] s astr paralaxă diurnă

geodetics [,dʒiː(ː)əuˈdetiks] s pl (folosit ca sg) geodezie

geodynamic [,dʒiːəudaiˈnæmik] adj geodinamic

geognosy [dʒiˈɔgnəsi] s geol geognozie

geographically [dʒiəˈgræfikəli] adv din punct de vedere geografic

geographical mile [dʒiə,græfikəl ˈmail] s milă marină / geografică (= 2206 iarzi = 1852 m)

geometrically [dʒiəˈmetrikəli] adv din punct de vedere geometric

geometric mean [dʒiə,metrik ˈmiːn] s medie geometrică

geometric series [dʒiə,metrik ˈsiriːz] s serie geometrică

geomorphic [dʒiəˈmɔːfik] adj geomorfic, asemănător pământului

geophagy [dʒiˈɔfədʒi] s med geofagie

Geordie ['dʒɔːdi] brit F I s 1 poreclă dată locuitorilor din Tyneside (în nord-estul Angliei) 2 dialect vorbit în Tyneside II adj referitor la locuitorii din Tyneside și dialectul lor

georgic ['dʒɔːdʒik] adj înv ret georgic, agricol

geoscience [,dʒiːəuˈsaiəns] s geoștiință

geostatic [dʒiːəˈstætik] adj geostatic

geosyncline [,dʒiːəuˈsinklain] s geosinclinal

geotectonic [,dʒiːəuˈtektɔnik] adj geotectonic

gerbil(le) ['dʒəːbil] s mic rozător african din genul Gerbillus

geriatric [,dʒeriˈætrik] I adj geriatric; ~ hospital azil de bătrâni; ~ medicine geriatrie; ~ ward serviciul de geriatrie II s bolnav internat la serviciul de geriatrie; fig moș, tataie

germander [dʒə(ː)ˈmændə] s bot jugăreț, dumbeț, buruiană-de-spulberătură (Teucrium chamaedrys); wild / wood ~ șopârlă (Veronica chamaedrys)

Germanism ['dʒəːmənizm] s 1 lingv germanism, expresie germanică 2 germanofilie, simpatie pentru germani

Germanist ['dʒə:mənist] s 1 *lingv* germanist, germanizant 2 germanofil

germanize ['dʒə:mənaiz] vt a germaniza, a nemți

germen ['dʒə:men] s *bot* ovar

germinative ['dʒə:minətiv] adj *biol* germinativ, de încolțire

germ killer ['gə:m ˌkilə] s germicid

germ war ['dʒə:m wɔ:] s război bacteriologic / microbian

gerontologist [ˌdʒeronˈtolədʒist] s gerontolog, specialist în gerontologie

Gerry ['geri] s *mil sl* neamț; soldat german; avion german

gerrymanderer ['dʒerimændərə] s *pol* trăgător de sfori *(în scopul falsificării alegerilor)*

gerrymandering ['dʒerimændəriŋ] s mașinație electorală; fals electoral

gesticulator [dʒes'tikjuleitə] s persoană care gesticulează

get(-)up(-)and(-)get [ˌget ʌp ənd 'get] s 1 energie, inițiativă, spirit întreprinzător, entuziasm 2 perseverență, insistență, tenacitate, dârzenie, încăpățânare

get(-)up(-)and(-)go [ˌget ʌp ənd 'gəu] s v. **get(-)up(-)and(-)get**

Gethsemane [geθ'seməni] s *bibl* Ghetsimani

get-rich-quick [ˌgetritʃ'qwik] adj a ~ scheme metodă / cale de a te îmbogăți rapid

gettable ['getəbl] adj 1 procurabil 2 *min* exploatabil

Gettysburg Address [ˌgetizbə:g ə'dres] s ist the ~ „Cuvântarea de la Gettysburg" *(discurs ținut de Abraham Lincoln în Războiul de Secesiune)*

get-well card [ˌgetwel 'ka:d] s scrisoare special imprimată prin care se urează însănătoșire unui bolnav

geum ['dʒi:əm] s *bot* cerențel, călțunul-doamnei *(Geum urbanum)*

gha(u)t [gɔ:t] s *(cuvânt anglo-indian)* 1 *geogr* lanț / șir de munți 2 *geogr* pas, trecătoare, poartă, chei 3 debarcader la râu; **burning** ~ altar pentru incinerare

Ghanaian [ga:'neiən], **Ghanian** ['ga:niən] I s ghanez, locuitor din Ghana II adj ghanez, din Ghana, referitor la Ghana

gharri ['gæri] s v. **gharry**

gharry ['gæri] s *(cuvânt anglo-indian)* trăsurică, docar; cărucioară

ghawazee [gə'wa:zi:] s pl dansatoare pe stradă *(în Egipt)*

ghee [gi:] s *(cuvânt anglo-indian)* unt topit

ghetto-blaster ['getəuˌbla:stə] s casetofon de mare putere

ghettoization [ˌgetəuai'zeiʃn] s transformare *(a unui cartier)* în ghetou

ghost write ['gəust rait] vt și vi a lucra ca „negru" pentru cineva *(care apare astfel ca autor,* a scrie / a traduce *(o lucrare publicată)* sub semnătura altuia

ghostwritten ['gəustritn] vt, vi ptc de la **ghostwrite**

ghostwrote ['gəustrəut] vt, vi pret de la **ghostwrite**

ghoulish ['gu:liʃ] adj vampir; ~ **humour** spirit / umor macabru

giantess ['dʒaiəntis] s femeie uriașă / gigantică / colosală

giant killer ['dʒaiəntˌkilə] s echipă mică învingătoare într-un meci cu o echipă mai puternică

giantlike [ˌdʒaiənt 'laik] adj uriaș, gigantic, imens, colosal

giant panda [ˌdʒaiənt 'pændə] s *zool* ursul-de-bambus *(Ailuropoda melanoleuca)*

giant powder [ˌdʒaiənt 'paudə] s *ch* varietate de dinamită

giant sequoia [ˌdʒaiənt se'kwoiə] s *bot* sequoia gigantic *(Sequoiadendron giganteum)*

giant star [ˌdʒaiənt 'sta:] s stea gigantică

giant('s) stride [ˌdʒaiənt(s) 'straid] s *sport* pasul uriașului

gib [gib] s cotoi, motan

gibb cat ['gib kæt] s v. **gib**

gibber ['dʒibə] s cal îndărătnic

gibbering ['dʒibəriŋ] I adj *(d maimuțe etc.)* care scoate sunete nearticulate; ~ **idiot** idiot afazic II s vorbire scâlciată / păsărească

gibbose ['gibəus] adj 1 cocoșat, ghebos 2 boltit, bombat 3 *astr (d lună)* în creștere, între crai nou și lună plină

giber ['dʒaibə] s zeflemist, om care ia pe toți în râs

Gibson girl [ˌgibsən 'gə:l] s *amer F* 1 tipul reprezentativ al tinerei americane din perioada anilor 1890-1900 *(înfățișată în desenele lui C.D. Gibson)* 2 av apa-

rat de transmisie radio folosit de aviatorii constrânși să facă o aterizare forțată *(prevăzut în bărcile de salvare)*

Gideon's Bible [ˌgidiənz 'baibl] s Biblie aflată în camerele de hotel

GIFT presc de la gamete in fallopian transfer *med* fertilizare în vitro și transfer embrionar

gift token ['gift ˌtəukn] s bon de cumpărare

gift voucher ['gift ˌvautʃə] s *brit* 1 v. **gift token** 2 bon de reducere a prețului

gift-wrap ['giftræp] vt a împacheta un cadou; do you want it ~ped? vreți să vă împachetăm cadoul?

gift wrapping ['gift ˌræpiŋ] s hârtie fină de împachetat cadouri

gigabyte ['gigəbait] s gigabait

gigahertz ['gigəhə:ts] s gigahertz

giggling ['gigliŋ] I adj care chicotește II s chicoteli, chicotit

giggly ['gigli] adj care chicotește; they're like ~ schoolgirls sunt ca niște școlărițe care chicotesc toată ziua

gig mill ['gig mil] s *text* lup

GIGO ['gaigəu] presc de la garbage in, garbage out *(în jargonul ciberneticii)* „gunoi introduci, gunoi primești" *(dacă programul sau informațiile introduse sunt eronate, rezultatul va fi la fel)*

Gilbert and Sullivan [ˌgilbə:tən 'sʌlivən] s ~ **opera** operete satirice pe muzică de Gilbert și texte de Sullivan, compuse la sfârșitul secolului al XIX-lea

gilder ['gildə] s aurar, poleitor cu aur; **carver and** ~ maestru de balet

gilding ['gildiŋ] s aurire

gill[1] [gil] *text* I s darac II vt a dărăci *(lâna etc.)*

gill[2] s *bot* silnic, olbalț, rotunjoară *(Glechoma hederacea)*

gillaroo [ˌgilə'ru:] s *iht* păstrăv-irlandez *(Salmo fario slomachicus)*

gill cavity ['gil ˌkæviti] s v. **gill chamber**

gill chamber ['gilˌtʃeimbə] s *iht* cavitate branhială

gill cover ['gil ˌkʌvə] s *iht* opercul branhial

gill-creep-by-the-ground [ˌgil'kri:p ˌbaiðə'graund] s v. **gill**[2]

gillie ['gili] *scot* **I** *s* **1** *înv* paj, servitor al unui nobil **2** ajutor *(la vânătoare, pescuit)* **II** *vi* a însoți pe stăpân la vânătoare / la pescuit

gill-run-over-the-ground [ˌgilrʌn ˌəuvəðəˈgraund] *s v.* **gill²**

gill slit ['gil slit] *s iht* fantă / despicătură branhială

gilt [gilt] *înv s* bani, parale

gimbal ring ['dʒimbl riŋ], **gimbals** ['dʒimblz] *s nav, av* suspensie cardanică

gimcrackery ['dʒimkrækəri] *s* fleacuri, nimicuri, zorzoane, obiecte ieftine, ștrasuri

gimlet-eyed [ˌgimlitˈaid] *adj* cu ochi străpungători, cu privire sfredelitoare

gimme ['gimi] *F formă neliterară de la* give me

gimmickry ['gimikri] *adj F (d un spectacol etc.)* care nu reușește să-și ascundă prea bine procedeele de realizare

gin [dʒin] *s (cuvânt australian)* **1** *F* femeie indigenă **2** *amer sl* negresă, prostituată

ginger beer [ˌdʒindʒə' biə] *s* băutură gazoasă cu ghimbir

ginger wine ['dʒindʒə ˌwain] *s* băutură alcoolică din ghimbir

ginnery ['dʒinəri] *s* filatură de bumbac

ginning ['dʒiniŋ] *s* **1** vânătoare cu capcane **2** *text* egrenaj

ginormous ['dʒinɔːməs] *adj F* gigantic, enorm

gipo ['dʒipəu] *s v.* **gippo**

gippo ['dʒipəu] *s F* **1** arab, născut în Egipt **2** *sl* țigan **3** soldat egiptean **4** *mil* supă; ciorbă; sos *(de friptură)*

gipsy moth ['dʒipsi məθ] *s ent* omidă-păroasă-a-stejarului *(Lymantria dispar)*

girandole ['dʒirəndəul] *s* **1** candelabru, lustră *(cu mai multe brațe)* **2** roată cu mai multe rachete *(la focurile de artificii)* **3** girandolă, cercel cu mai multe pandantive **4** *tehn* ejector rotativ cu apă

girasol(e) ['dʒirəsɔl] *s minr* girasol, varietate de opal

girder ['gəːdə] *s* zeflemist, batjocoritor

girl Friday [ˌgəːl 'fraidei] *s* secretară de încredere a unei firme

girl guide [ˌgəːl' gaid] *s* cercetașe *(în Anglia)*

girlie-girlie magazine [ˌgəːli gəːli mægəˈziːn] *s amer F* revistă ilustrată înfățișând femei sumar îmbrăcate

girlie(-girlie) show [ˌgəːli(gəːli) 'ʃəu] *s amer F* spectacol de revistă cu femei sumar îmbrăcate

girlishly ['gəːliʃli] *adv* ca de fată; în chip feciorelnic

gitana [dʒiˈtɑːnə] *s span* țigancă spaniolă, gitană

gitano [dʒiˈtɑːnəu] *s span* țigan spaniol, gitan

gittern ['gitən] *s muz* țiteră

give-away show [ˌgivəwei' ʃəu] *s (radio, TV)* emisiune concurs *(dotată)* cu premii

giver ['givə] *s* donator, dăruitor; ctitor; *com* ~ **of a trade order** autor al unei comenzi

Giza ['giːzə] *s El* ~ Gizeh *(în Egipt)*

glabella [gləˈbelə] *s anat* spațiul gol dintre sprâncene

glacially ['gleiʃəli] *adv* rece, cu răceală

glaciarium [ˌgleiʃiˈeiriəm] *s* patinoar artificial

glaciate ['gleiʃieit] *vt* **1** a îngheța **2** a lustrui *(o suprafață mată)*

glaciered ['gleiʃiəd] *adj* acoperit de ghețari

glacieret ['gleiʃierit] *s geol* ghețar mic

glaciology [ˌglæsiˈɔlədʒi] *s* glaciologie

glacis ['glæsis] *s mil* taluz, povârniș în fața unui fort

gladdon ['glædən] *s bot* varietate de stânjenel *(Iris foetidissima)*

gladiate ['glædiit] *adj bot, (d frunze)* gladiat

gladiatorial [ˌglædiəˈtɔːriəl] *adj* de gladiator, al gladiatorului; ~ **fights** lupte de gladiatori

gladsome ['glædsəm] *adj* vesel, bucuros; ~ **tidings** vești bune

glairy ['gleəri] *adj* **1** albuminos, ca albușul **2** mucilaginos, vâscos, bălos

glaive [gleiv] *s înv poetic* pală, paloș, sabie, spadă

glam [glæm] *F* **I** *adj* fermecător, încântător **II** *s* farmec, vrajă, fascinație, atracție

glamourize ['glæməraiz] *vt* **1** a înfrumuseța, a da farmec **2** *fig* a lăuda, a cânta

glamourless ['glæmələs] *adj (d o persoană)* fără farmec, fără eleganță; *(d viață etc.)* fad, fără strălucire; neinteresant

glamour puss ['glæmə pʌs] *s F* femeie fascinantă *(↓ actriță de cinema, model, cover-girl etc.)*

glamoury ['glæməri] *adj* **1** fermecător, fascinant, încântător, plin de vrajă **2** de efect, strălucitor

glance [glɑːns] *vt* a lustrui, a șlefui, a poliza

glancing¹ ['glɑːnsiŋ] *adj* **1** *(d lovituri etc.)* pieziș, oblic **2** strălucitor

glancing² ['glɑːnsiŋ] *s* **1** strălucire **2** ~ **aside / off** deviere, alunecare

glandered ['glændəd] *adj (d cal)* răpciugos

glanderous ['glændərəs] *adj vet* bolnav de răpciugă, răpciugos

glandule ['glændjuːl] *s biol* **1** glandulă **2** tumoare de mică importanță

glare ['gleə] *s amer* pânză de gheață

glare ice ['gleə ais] *s amer* polei

glaringness ['gleəriŋnis] *s* **1** strălucire orbitoare **2** evidență flagrantă / incontestabilă

glass cutter ['glɑːs ˌkʌtə] *s* **1** geamgiu **2** diamant, carborund *(pentru tăiat sticla)*

glass eye [ˌglɑːs 'ai] *s* ochi de sticlă

glass factory [ˌglɑːs ˌfæktri] *s* fabrică de sticlă

glass fibre [ˌglɑːs 'faibə] **I** *s* fibră de sticlă **II** *adj* din fibră de sticlă

glassine [glæˈsiːn] *s* hârtie cerată *(prin care nu pătrunde grăsimea sau apa)*

glass jaw [ˌglɑːs' dʒɔː] *s amer sl* boxer mediocru

glass slipper [ˌglɑːs 'slipə] *s* pantof de sticlă

glasswort ['glɑːswəːt] *s bot* brâncă, gușteriță *(Salicornia herbacea)*

glassy-eyed [ˌglɑːsiˈaid] *adj* cu privire sticloasă; **he looked at me** ~ mă privi cu ochi sticloși

glaucescent [glɔːˈsesənt] *adj bot* glauc, de culoare verde-palid-albăstrie *(a frunzelor / lujerilor unor plante)*

glaucous ['glɔːkəs] *adj bot* **1** *v.* **glaucescent** **2** învelit în epicarp *(ca pruna)*

glazed [gleizd] *adj* **1** vitrifiat **2** *(d vase)* emailat **3** *gastr* glasat **4** *(d obiecte din piele)* lustruit, apretat **5** *(d ochi)* sticloși, absenți

glaze ice ['gleiz ais] *s* polei
glaziery ['gleiziəri] *s* sticlărie
glazy ['gleizi] *adj* **1** strălucitor, lucios, lustruit **2** emailat, smălţuit, vernisat **3** *(d privire)* şters, inexpresiv, mort, fără viaţă
GLC *presc de la* **Greater London Council** *vechi organism administrativ al Londrei*
gleaming ['gli:miŋ] *adj* lucitor, lucios, strălucitor, sclipitor
gleamy ['gli:mi] *adj lit* scânteietor, licăritor
glebe [gli:b] *s* **1** *poetic* glie, pământ, petic de ţărână **2** *minr* porţiune de teren metalifer
glebe house ['gli:b haus] *s* casă de pastor rural
glee club ['gli: klʌb] *s amer* cor, corală
gleek [gli:k] *înv* **I** *s* **1** glumă, şagă **2** zeflemea, sarcasm, batjocură **3** privire ademenitoare **II** *vi* **1** **(at)** a-şi bate joc, a râde (de) **2** a juca o festă, a face farse **III** *vt* a lua în derâdere
gleeman ['gli:mən] *pl* **gleemen** ['gli:men] *s ist* cântăreţ ambulant, menestrel
gleesome ['gli:səm] *adj rar* voios, vesel, zglobiu
gleet [gli:t] *s med* **1** puroi, scurgere purulentă *(↓ din canalul urinar)* **2** *med* blenoragie cronică **3** poluţie
glene ['gli:ni:] *s anat* **1** cavitate glenoidă **2** orbită a ochiului
glenoid ['gli:noid] *adj anat* glenoid
glenoidal [gli'noidəl] *adj v.* **glenoid**
glib [glib] *vt înv* a castra, a jugăni, a scopi
glibness ['glibnis] *s* **1** volubilitate, uşurinţă în exprimare, cursivitate **2** speciozitate, credibilitate, veridicitate *(a unei scuze etc.)*
glidingly ['glaidiŋli] *adv* **1** prin alunecare **2** *av* în zbor planat
gliff [glif] *scot* **I** *s* **1** spaimă neaşteptată, frică subită **2** clipă, clipită **3** lucire a ochilor **II** *vi* **1** a fi speriat **2** a încremeni de spaimă **III** *vt* a înspăimânta, a speria
glimmery ['gliməri] *adj F (d lumină)* slab, pâlpâitor
glioma [glai'əumə], *pl* **gliomata** [glaiəu'mætə] *s med* gliom, tumoare neurologică
glires ['glairi:z] *s pl zool* rozătoare, familia rozătoarelor

glirine ['glaiərin] *adj zool* **1** rozător; ce ţine de rozătoare **2** de hârciog
glis [glis] *s zool* varietate de hârciog *(Myoxus glis)*
glissando [gli'sa:ndəu] *s muz* glissando
glistening ['glisniŋ] **I** *adj* scânteietor, lucitor, strălucitor, sclipitor; **forehead ~ with perspiration** frunte pe care luceşte transpiraţia / lucesc broboane / boabe de sudoare **II** *s* sclipire, scânteiere, (stră)lucire
glister ['glistə] *vi înv* a sclipi, a scânteia, a luci, a străluci
glitterati [glitə'ra:ti:] *s umor* the ~ lumea bună
glittering ['glitəriŋ] **I** *adj* strălucitor, scânteietor, sclipitor; ~ **silver-plate** argintărie strălucitoare **II** *s* scânteiere, strălucire
glittery ['glitəri] *adj* **1** lucitor, strălucitor **2** *peior (d bijuterii)* ţipătoare, de imitaţie; *(d machiaj)* ţipător
glitz [glits] *s F* strălucire înşelătoare; **the Hollywood ~** strălucirea înşelătoare de la Hollywood
glitzy ['glitsi] *adj* de o strălucire falsă, ţipătoare; **the premiere was one of the year's glitziest occasions** premiera a fost unul dintre cele mai strălucite evenimente mondene ale anului
gloat [gləut] **I** *s* privire plină de bucurie / încântată / desfătată **II** *vi to ~ on / upon / over* a sorbi cu privirea, a sorbi / a mânca din ochi, a privi cu nesaţ (la); a fi desfătat de, a nu mai putea de bucurie din pricina *(cu gen)*; **they ~ed over the pangs of their victim** îi bucurau chinurile victimei, exultau la vederea chinurilor victimei
glob [glob] *s* bulă mică, mic corp de formă sferică; **a ~ of spittle** un scuipat
globalize ['gləubəlaiz] *vt* **1** a internaţionaliza; **a ~ed conflict** un conflict mondial **2** a generaliza
globe artichoke [,gləub 'a:titʃəuk] *s bot* anghinare *(Cynara scolymus)*
globed ['gləubd] *adj* globular, sferic
globe-flower [,gləub'flauə] *s bot* bulbuc, bulbucel-de-munte, gloanţă, măr-auriu *(Trollius europaeus)*

globe lightning [,gləub' laitniŋ] *s* fulger globular
globe-trot ['gləubtrot] *vi* a colinda lumea, a călători prin toată lumea
globe valve ['gləub vælv] *s tehn* supapă cu bilă
globigerinae [,gləubidʒi'raini:] *s pl zool* globigerine, *varietate de protozoare*
globosity [gləu'bositi] *s* sfericitate
globular lightning [,globjulər 'laitniŋ] *s* fulger sferic
globulin ['globjulin] *s fizl* globulină
globulose ['globju(:)ləus] *adj* în formă de globulă
globulous ['globjuləs] *adj v.* **globulose**
glomerule ['gloməru:l] *s bot, anat* glomerul
glooming ['glu:miŋ] **I** *adj* **1** întunecat, mohorât **2** trist, melancolic, mâhnit **II** *s* **1** posomorâre *(a feţei)*, întunecare **2** asfinţit, crepuscul, apus
gloried ['glo:rid] *adj înv* glorios, slăvit
glorified ['glo:rifaid] *adj* **1** *bis* glorificat, slăvit **2** *F* mai abitir
glorifier ['glo:rifaiə] *s* glorificator, slăvitor; lăudător
Glorious Fourth [,glo:riəs 'fo:θ] *s amer* ziua sărbătorii naţionale americane (4 iulie)
Glorious Revolution [,glo:riəs re'və'lu:ʃn] *s ist Angliei* Revoluţia Glorioasă *(1689)*
glossa ['glosə], *pl* **glossae** ['glosi:] *s anat* limbă
glossalgia [glo'sældʒiə] *s med* durere de limbă
glossarist ['glosərist] *s* **1** glosator, autor de glose **2** autor al unui glosar
glossematics [,glosi'mætiks] *s lingv* glosematică
gloss finish ['glos ,finiʃ] *s* **1** *pict* glasiu **2** *fot* lustru
glossist ['glosist] *s* glosator
glossitis [glo'saitis] *s med* glosită, inflamaţie a limbii
glosso-pharyngeal ['glosəufæ'rindʒiəl] *adj anat* gloso-faringian
glossy magazine [,glosi mægə'zi:n] *s* revistă tipărită pe hârtie lucioasă
glottal catch [,glotəl kætʃ] *s lingv* ocluziune globală
glottic ['glotik] *adj anat* glotal, de glotă

gloved ['glʌvd] *adj* înmănușat

glove puppet ['glɔv ˌpʌpit] *s* păpușă care intră pe mână ca o mănușă

glow discharge ['gləu ˌdistʃɑ:dʒ] *s el* 1 efluviu, emanație *(luminoasă)* 2 descărcare luminoasă

gloweringly ['gləuəriŋli] *adv* cu aer posac

glowingly ['gləuiŋli] *adv (a vorbi etc.)* în termeni călduroși

glow lamp ['gləu læmp] *s el* lampă cu incandescență

glow plug Diesel [ˌgləu plʌg 'di:zəl] *s tehn* motor Diesel cu bujie incandescentă

gloze [gləuz] I *vt* 1 a da o aparență frumoasă *(cu dat)* 2 *înv* a comenta; a tălmăci, a explica; a interpreta II *vi* to ~ over a aluneca, a trece (peste); *înv* a da *(cu dat)* o interpretare răuvoitoare

glucoside ['glu:kəsaid] *s* glucozidă

gluer ['glu(:)ə] *s* lucrător care încleiază

glue-sniffing ['glu:ˌsnifiŋ] *s* inhalare de vapori de clei

gluey ['glu:i] *adj* lipicios, cleios, vâscos

glug-glug [ˌglʌg'glʌg] *interj* gâl-gâl

glume [glu:m] *s bot, agr* pleavă; coajă, cămașă, înveliș *(al bobului, grăuntelui etc.)*

gluon ['glu:ən] *s fiz* gluon

glutamic [glu:'tæmik] *adj* ~ acid acid glutamic

glutamine ['glu:təmi:n] *s* glutamină

gluteal [glu:'ti(:)əl] *adj anat* fesier, al șezutului

gluten bread ['glu:tən bred] *s* pâine de gluten

gluten-free [ˌglu:tən'fri:] *adj* fără gluten

gluteus [glu:'ti:əs] *s anat (mușchi)* fesier

gluteus maximus [glu:ˌti:əs 'mæksiməs] *s lat anat* marele fesier

gluttonize ['glʌtənaiz] *vi rar* a o duce în ospețe; a se ghiftui, a mânca pe rupte

gluttonously ['glʌtənəsli] *adv* cu lăcomie

glyceric [gli'serik] *adj* ~ acid acid gliceric

glycerol ['glisərɔl] *s ch* glicerol

glycol ['glaikɔl] *s ch* glicol

glycolic [glai'kɔlik] *adj* ~ acid acid glicolic

Glyndebourne ['glaindbɔ:n] *s (în Sussex, Anglia)* locul unui festival anual de operă

glyptic ['gliptik] I *s (↓ la pl)* gliptică, arta gravării pietrelor prețioase II *adj* de gliptică, care aparține glipticii; referitor la gliptică

glyptodont ['gliptəudɔnt] *s geol* gliptodont

glyptography [glip'tɔgrəfi] *s* gliptografie, gravare / arta gravării metalelor prețioase

GMAT *presc de la* Graduate Management Admissions Test *(în S.U.A.)* test de admitere în ciclul al doilea din învățământul superior

GMB *presc de la* General, Municipal, Boilermakers and Allied Trades Union *important sindicat britanic*

GMWU *presc de la* General and Municipal Workers' Unions *sindicat britanic al angajaților dintr-o anumită colectivitate*

gnar[1] [nɑ:] *s înv* nod, ciot *(la copaci)*

gnar[2] [nɑ:] *vi rar (d câini, oameni ursuzi)* a mormăi, a mârâi

gnatty ['nɑ:ti] *adj (d regiuni etc.)* bântuit de țânțari

gnawer ['nɔ:ə] *s zool (animal)* rozător

gnawing ['nɔ:iŋ] I *adj* 1 *(d animale)* rozător 2 *(d foame, griji etc.)* chinuitor; a ~ hunger o foame chinuitoare II *s* roadere, rosătură; ~ of the stomach ghioraială la stomac

gneiss [nais] *s minr* gneis, *varietate de roca cristalină*

gnome ['nəumi] *s* aforism, sentință, maximă

gnomon ['nəumɔn] *s* fus de cadran solar, gnomon

gnomonics [nəu'mɔniks] *s pl (folosit la sg)* măiestria confecționării de cadrane solare

gnoo [nu:] *s orn* gnu *(Connochaetes gnu)*

gnostic ['nɔstik] *adj, s filoz* gnostic

G-note ['dʒi:nəut] *s amer F* bancnotă de 1000 de dolari

go [gəu] *s (jocul de)* go

goa ['gəuə] *s zool* varietate de antilopă tibetană *(Procapra)*

goad(s) man [ˌgəudz 'mæn] *s* văcar, om care mână vitele

go-aheadness [ˌgəuə'hednis] *s* fire / natură întreprinzătoare, caracter dinamic

goal area ['gəul ˌeiriə] *s sport* careul de șase metri

goal difference ['gəul ˌdifrəns] *s sport* diferență de goluri

goal keeping ['gəul ˌki:piŋ] *s sport* joc al portarului; we saw some great ~ on both sides portarii au fost grozavi de ambele părți

goal kick ['gəul kik] *s sport* lovitură de poartă

goal line ['gəul lain] *s sport* linia porții

goal minder ['gəul ˌmaində] *s sport* portar

goal post ['gəul pəust] *s sport* fiecare dintre cele două bare verticale ale porții; to move the ~s *fig* a schimba regulile jocului

goal scorer ['gəul ˌskɔ:rə] *s sport* jucător care înscrie

go-around ['gəuəˌraund] *s* to give smb the ~ a plimba pe cineva de la Ana la Caiafa, a da un răspuns evaziv

gobful ['gɔbful] *s brit* o gură plină

go-ashores [ˌgəuə'ʃɔ:z] *s pl nav sl* uniformă de paradă a unui marinar din marina militară

goatish ['gəutiʃ] *adj* 1 *(d miros etc.)* de capră, de țap 2 *fig* desfrânat, libidinos, lasciv

goatling ['gəutliŋ] *s ied*; iadă

goaty ['gəuti] *adj v.* goatish (1)

gob [gɔb] *s min* rocă sterilă, gangă, grohotiș

gobbet ['gɔbit] *s* 1 *înv* îmbucătură pe jumătate mestecată 2 cocoloș de mălai / făină 3 fragment pentru traducere la examene

gobbler[1] ['gɔblə] *s* mâncău, găman, om mâncăcios

gobbler[2] ['gɔblə] *s orn* curcan *(Meleagris)*

goblin ['gɔblin] *s sl* bancnotă de o liră sterlină

gobsmacked ['gɔbsmækt] *adj F* I was ~ m-a lăsat cu gura căscată

gob stick ['gɔb stik] *s amer muz sl* clarinet

gobstopper ['gɔbˌstɔpə] *s brit* bomboană mare și rotundă

goby ['gəubi] *s iht* pește din ordinul gobiidelor *(Gobius)*

god-awful [ˌgɔd'ɔ:ful] *adj F* cumplit, groaznic, înfiorător; what ~ weather! ce vreme nenorocită!

Goddam ['gɔdæm] *s* englez *(poreclă)*

godet ['gəudit] *s* goden, cută

godetia [gə'di:ʃə] *s* azalee-de-grădină *(Godetia amoena)*

godown ['gəudaun] *s* magazie, depozit *(în Asia)*

godsquad ['gɔdskwɔd] *s peior* the ~ „soldaţii Domnului"

gofer ['gəufə] *s* lalanghită, *varietate de* clătită

goffer ['gəufər] *amer* I *vt* a gofra, a ondula, a încreţi II *s tehn* cleşte de ondulat, foarfece de gofrat

goggle box ['gɔgl bɔks] *s brit umor* televizor

goggled ['gɔgld] *adj* care poartă ochelari, ochelarist

goggle-eyed [,gɔgl'aid] *adj* cu ochii ieşiţi din orbite; to stare ~ a se holba cu ochii ieşiţi din orbite

goggly ['gɔgli] *adj* to have ~ eyes a avea ochii ieşiţi din orbite

go-go ['gəu,gəu] *adj* gen de muzică uşoară; mod de a dansa pe această muzică

go-go dancer ['gəugəu ,dɑ:nsə] *s* persoană care dansează go-go

Goidelic [gɔi'delik] I *s* grup de dialecte celtice vorbite în Irlanda şi Scoţia 2 vorbitor al acestor dialecte II *adj* referitor la dialectele celtice vorbite în Irlanda şi Scoţia

goit(e)red ['gɔitəd] *adj* guşat

Golan Heights [,gəulæn 'haits] *s geogr* Înălţimile Golan

gold beater ['gəuld ,bi:tə] *s* meşteşugar care bate în aur, aurar

gold braid [,gəuld 'breid] *s* cosiţă de aur

gold brick [,gəuld' brik] *s* 1 *amer sl* păcăleală, gogoaşă; to sell a ~ a trage pe sfoară *(cu ac)*, a trage clapa *(cu dat)* 2 *mil sl* militar care încearcă să se sustragă îndatoririlor ce-i revin; ~'s delight ordin uşor de executat / noţiune militară uşor de învăţat

gold bullion [,gəuld 'buljən] *s* lingou de aur

gold card [,gəuld 'kɑ:d] *s* carte de credit nelimitată

gold-coloured [,gəuld 'kʌlə:d] *adj* auriu

gold diggings ['gəuld ,digiŋz] *s pl* 1 zăcământ aurifer; mină auriferă 2 *amer sl* exploatare a bogătaşilor *(de către femei)*

gold disc [,gəuld 'disk] *s (în industria muzicii)* disc de aur

Golden Gate City [,gəuldn geit 'siti] *s amer* San Francisco

golden handcuffs [,gəuldən 'hændkʌfs] *s* „cătuşe de aur" *(prime acordate periodic unui salariat pentru a-l convinge să nu plece)*

golden handshake [,gəuldn 'hændʃeik] *s* gratificaţie acordată unui salariat la părăsirea unei slujbe

golden hello [,gəuldn he'ləu] *s* gratificaţie acordată la începerea unei slujbe

golden number [,gəuldn 'nʌmbə] *s* număr de aur

golden oldie [,gəuldn 'əuldi] *s* veche melodie de succes

golden oriole [,gəuldn 'ɔriəul] *s orn* grangur *(Oriolus oriolus)*

golden parachute [,gəuldn 'pærəʃu:t] *s* „paraşuta de aur" *(primă de concediere acordată anumitor cadre superioare în cazul vânzării unei întreprinderi)*

golden pheasant [,gəuldn 'fezənt] *s orn* fazan auriu *(Chrysolophus pictus)*

Golden (Poppy) State [,gəuldn ('pɔpi) steit] *s amer* statul California

golden retriever [,gəuldn ri'tri:və] *s* golden retriever, *rasă de câine de vânătoare*

goldenrod ['gəuldnrɔd] *s bot* sânzâiană-de-grădină *(Solidago)*

Golden Rod State [,gəuldn rɔd 'steit] *s amer* statul Nebraska

golden rule [,gəuldn 'ru:l] *s* regulă de aur

golden section [,gəuldn 'sekʃn] *s (în artele plastice etc.)* proporţia de aur

golden syrup [,gəuldn 'sirəp] *s brit* melasă rafinată

golden triangle [,gəuldn 'traiæŋgl] *s* triunghiul de aur

gold-filled [,gəuld'fild] *adj* placat / dublat cu aur

goldfinch ['gəuldfintʃ] *s* 1 *orn* sticlete *(Carduelis elegans)* 2 *sl înv* monedă (de aur) de o liră sterlină 3 *F* om bogat

goldfish bowl ['gəuldfiʃ bəul] *s* bol cu peştişori aurii

gold foil [,gəuld 'fɔil] *s* foiţă de aur *(mai groasă)*

gold-laced [,gəuld'leist] *adj* galonat cu aur

gold lettering [,gəuld 'letəriŋ] *s* litere aurii *(într-o publicaţie, un manuscris etc.)*

gold medal [,gəuld 'medl] *s* medalie de aur

gold-plated [,gəuld'pleitid] *adj* dublat / placat cu aur

gold reserves ['gəuld ri,zə:vz] *s* rezerve de aur

gold-rimmed [,gəuld'rimd] *adj* ~ spectacles ochelari cu ramă de aur

gold thread [,gəuld 'θred] *s* fir de aur

golfing ['gɔlfiŋ] *s* joc de golf

golliwog ['gɔliwɔg] *s* păpuşă caraghioasă; paiaţă grotescă

gollywog ['gɔliwɔg] *s v.* **golliwog**

gombeen [gɔm'bi:n] *s (cuvânt irlandez)* cămătărie

gombeen man [gɔm'bi:n mæn] *s (cuvânt irlandez)* cămătar

gom(b)roon [gɔm'(b)ru:n] *s* faianţă albă persană

goneness ['gɔ(:)nnis] *s F* slăbiciune, oboseală, epuizare, extenuare, sleire, istovire; *(stare de)* prostraţie

gonfalon ['gɔnfələn] *s* 1 flamură, stindard, steag 2 *bis* prapor

gonfanon ['gɔnfənɔn] *s v.* **gonfalon**

gonzo ['gɔnzəu] *adj amer F* subiectiv, parţial

goo [gu:] *s F* 1 materie lipicioasă 2 *fig, peior* sentimentalism

Goober State [,gu:bə 'steit] *s amer* statul Georgia

Good Book [,gu:d 'buk] *s* the ~ Biblia

Good Friday face [,gud fraidei 'feis] *s* mutră acră

goodie ['gu:di] I *s F* 1 lucru bun; persoană bună; the goodies and the baddies cei buni şi cei răi 2 *amer* bomboană, zaharicale II *interj* brave! grozav!

goodliness ['gudlinis] *s* frumuseţe, aspect frumos

good-naturedly [,gu:d'neitʃə:dli] *adv* cu blândeţe, cu prietenie, cu amabilitate, înţelegător

good Samaritan [,gu:d sə'mæritən] *s bibl* bunul Samaritean

Good Shepherd [,gu:d 'ʃepə:d] *s bibl* păstorul cel bun

goods-shed ['gudzʃed] *s ferov* magazie de mărfuri

goods wagon ['gu:dz ,wægən] *s* vagon de marfă

goods yard ['gu:dz jɑ:d] *s* depozit de marfă

good-temperedly [ˌgud'tempədli] *adj* fără supărare, cu bunăvoință

goodwife ['gud waif], *pl* **goodwives** ['gud waivz] *s înv* stăpână (a casei), gospodină; gazdă; soție, nevastă

Goodwood ['gudwud] *s* câmp pentru cursele de cai în Anglia

googly ['guːgli] *s (în crichet)* minge deviată; **to bowl a ~** a face să devieze o minge; **the boss bowled us a ~** șeful ne-a jucat o festă

googol ['guːgɔl] *s F* zece la puterea o sută

goo-goo ['guːˌguː] *adj F* **to make ~ eyes at smb** a face ochi dulci cuiva

Goonhilly ['guːnhili] *s (în Anglia)* stație de comunicare prin satelit

goora nut ['guːrə nʌt] *s bot* nucă de cola

goosander [guː'sændə] *s orn* bodârlău cu-ferăstrău *(Mergus merganser)*

goose egg ['guːs eg] *s* 1 ou de gâscă 2 *sport amer* scor alb, rezultat de meci nul, zero la zero

goose fat ['guːs fæt] *s* grăsime de gâscă

goose grass ['guːs graːs] *s bot* 1 asprișoarăz, cornățel, scai mărunt *(Galium aparine)* 2 troscot *(Polygonum aviculare)* 3 coada-racului *(Potentilla anserina)* 4 coada-calului *(Equisetum maximum)*

gooseskin ['guːs skin] *s fig* piele de găină / de gâscă, piele devenită aspră

GOP *presc de la* **Grand Old Party** partidul republican din S.U.A.

Gopster ['gɔpstə] *s amer sl* membru al partidului republican din S.U.A.

Gorbals ['gɔːblz] *s* **the ~** cartier în sudul orașului Glasgow, cunoscut în trecut pentru maghernițele sale

Gordonstoun ['gɔːdnstən] *s* **~ (School)** școală particulară în Scoția, frecventată de membrii familiei regale

gored [gɔːd] *adj (d o fustă)* cu clini, în clin

gorgerin ['gɔːdʒərin] *s* grumăjer, armură a gâtului *(la coif)*

gorget ['gɔːdʒit] *s* 1 *înv* grumăjer 2 gardă a gâtului *(la vechile uniforme militare)* 3 pată pe gâtul unei păsări 4 colier, salbă, gherdan

gormand ['gɔːmənd] **I** *s* 1 gurmand, mâncău, găman, căpcăun 2 gurmand, iubitor de mâncăruri bune **II** *adj* mâncăcios, lacom

gossamery ['gɔsəməri] *adj* fin, subțire, ca pânza de păianjen

gossip column ['gɔsip ˌkʌləmn] *s* rubrica de scandal *(a unui ziar)*

gossip columnist ['gɔsip ˌkʌləmnist] *s* jurnalist care se ocupă de rubrica de scandal a unui ziar

gossiping ['gɔsipiŋ] *s* bârfeală, clevetire, bârfă

gossip writer ['gɔsip ˌraitə] *s v.* **gossip columnist**

gossoon [gɔ'suːn] *s (cuvânt irlandez)* 1 băiețaș, băiețel; băiat 2 lacheu / valet tânăr

gossypium [gɔ'sipiəm] *s bot* bumbac *(Gossypium)*

gotcha ['gɔtʃə] *interj* 1 *(am)* priceput! 2 am reușit! 3 te-am prins!

Gothenburg ['gɔθən,bəːg] *s* Göteborg *(oraș în Suedia)*

Gothish ['gɔθiʃ] *adj fig rar* barbar, sălbatic

gourmand ['guəmənd] *adj, s v.* **gormand (I, II)**

government house ['gʌvnmənt haus] *s* reședință oficială a guvernului

government man ['gʌvnmənt mæn] *s* agent al Biroului Federal de Investigații *(FBI)*

governor-generalship [ˌgʌvənə 'dʒenərəlʃip] *s* post de guvernator general

governorship ['gʌvənəʃip] *s* 1 funcție de guvernator 2 durata funcției unui guvernator

gowk [gauk] *scot s* 1 *orn* cuc *(Cuculus)* 2 neghiob, nerod; **to give smb the ~** a face nerod pe cineva

goy [gɔi] *s (cuvânt evreiesc)* goi *(termen prin care evreii îi desemnează pe creștini)*

GPMU *presc de la* **Graphical, Paper and Media Union** sindicat britanic al lucrătorilor în industria cărții

grab bag ['græb bæg] *s amer* 1 *v.* **lucky dip** 2 sacoșă încăpătoare

grace-and-favour [ˌgreisənd'feivə] *adj brit* **~ residence** locuință aparținând Coroanei și împrumutată unor persoane ca o favoare

gracelessly ['greislisli] *adv* fără grație, fără eleganță, cu stângăcie, cu neîndemânare

gracelessness ['greislisnis] *s* 1 depravare, corupție 2 *înv* stângăcie, lipsă de eleganță

graciously ['greiʃəsli] *adv* 1 cu grație, cu bunăvoință 2 *rel* cu milă, cu îndurare

grackle ['grækl] *s* 1 graur *(fam Sturnidae)* 2 trupial *(Icterius)*

gradable ['greidəbl] *adj* 1 care poate fi clasificat, clasificabil 2 *lingv (d sunete)* care poate intra într-o alternanță vocalică

gradational [grə'deiʃnəl] *adj* gradual, progresiv, eșalonat

grade down ['greid daun] *s* 1 coborâș 2 *fig* decădere, decadență, declin

grades [greidz] *s pl constr* profil *(al unui drum)*

grade separation ['greid sepə,reiʃn] *s amer auto* intersecție denivelată

grade teacher ['greid ˌtiːtʃə] *s amer* diriginte

gradient board [ˌgreidiənt 'bɔːd] *s ferov* indicator de declivitate / de pantă

gradienter ['greidiəntə] *s ferov* aparat de nivelment, nivelă

gradient post [ˌgreidiənt 'pəust] *s v.* **gradient board**

gradin ['greidin] *s arhit* graden, treaptă *(de amfiteatru)*

gradine [grə'diːn] *s v.* **gradin**

grading ['greidiŋ] *s* 1 gradare 2 triere, sortare, categorisire, aranjare 3 *zootehnie* ameliorare *(prin încrucișare)* 4 *ferov* nivelment; profilare 5 *el* legare în cascadă 6 *geol* compoziție granulometrică, granulometrie

gradiometer [ˌgreidi'ɔmitə] *s* clinometru

gradualism ['grædjuəlizm] *s ist pol* concepție politico-socială potrivit căreia transformările în societate trebuie realizate treptat, pe etape

gradualness ['grædjuəlnis] *s* caracter gradat / treptat / progresiv

gradus ['greidəs] *s* dicționar de prozodie latină

graham floor [ˌgræhəm 'flɔː] *s* făină neratinată

grahamite ['greiəmait] *s* 1 *tehn* grahamit *(un fel de asfalt)* 2 vegetarian

grail [greil] *s* pietriș, prundiș

grainer ['greinə] *s tehn* granulator

graip [greip] *s* furcă de gunoi

grama ['grɑːmə] *s amer bot* o iarbă de pășune *(Boute loua oligostachya)*; numele mai multor ierburi de nutreț

grama grass ['grɑːmə grɑːs] *s v.* **grama**

gramary(e) ['græməri] *s înv* vrăjitorie, magie

gram atom [ˌgræm 'ætəm] *s* atom-gram

gramineal [græ'miniəl] *adj bot* din familia graminaceelor, ierbos

graminivorous [ˌgræmi'nivərəs] *adj zool* ierbivor

grammarless ['græməlis] *adj* agramat, fără cunoștințe de gramatică, incult în materie de limbă

grammaticality [grəmæti'kæloti] *o* caracter gramatical

grammaticalness [grə'mætikəlnis] *s v.* **grammaticality**

grammol ['græmɔl] *s fiz, ch* moleculă-gram

Grammy ['græmi] *s ~* (**award**) premiu acordat în S.U.A. celor mai bune compoziții muzicale ale anului

gramps [græmps] *s F* tataie, bunic

Grand Canion State [ˌgrænd kænjən 'steit] *s amer* statul Arizona

Grand Cross [ˌgrænd 'krɔs] *s* Marea Cruce *(rangul cel mai înalt la unele decorații)*

grand-ducal [ˌgrænd'djukəl] *adj* de Mare Duce

grandeeship [græn'diːʃip] *s* 1 calitatea de grande / de nobil spaniol 2 posesiunile unui grande

grandfather clause ['grændfɑːðə klɔːz] *s (în S.U.A.)* clauză în constituția unor state din sud care, până în 1915, nu acorda drept de vot acelora ai căror părinți nu votaseră înainte de 1861, excluzându-i astfel pe negri

grand-fatherly ['grænfɑːðəli] *adj* de bunic

grandiloquently [græn'dilɔkwentli] *adv* emfatic, cu emfază

grand inquest [ˌgrænd 'inkwest] *s jur (în Anglia)* juriu care hotărăște *sau* respinge punerea sub acuzație

grandiosely [ˌgrændiousli] *adv* 1 cu măreție, cu fală, cu pompă 2 emfatic, afectat, cu emfază

grandiosity [ˌgrændi'ɔsiti] *s* 1 grandoare, fală 2 emfază, afectare

grand larceny [ˌgræn 'lɑːsni] *s amer* furt calificat

grandly ['grændli] *adv* cu măreție; cu fast; cu pompă

grandmother clock ['grænmʌðə klɔk] *s* orologiu mic

grand opera [ˌgrænd 'ɔprə] *s muz* operă

grandstand view ['grænstænd vjuː] *s* to have a ~ of smth a avea o vedere foarte bună *(la un spectacol etc.)*

grand tour [ˌgrænd 'tuə] *s* she did / went on a ~ of Italy a făcut turul Italiei

grangerism ['grændʒərizm] *s* ilustrare *(a unei cărți)* prin reproduceri sau cu poze din alte cărți *(după numele lui J. Granger, care a publicat, la 1769, o istorie a Angliei lăsând foi albe unde cititorul putea lipi ilustrații)*

grangerize ['grændʒəraiz] *vt* a ilustra *(o carte)* prin reproduceri

Granite City [ˌgrænit'siti] *s* the ~ orașul Aberdeen

Granite State [ˌgrænit' steit] *s amer* the ~ statul New Hampshire

granitoid ['grænitɔid] *adj geol, minr* de felul granitului, ca granitul

granivorous [grə'nivərəs] *adj orn* granivor

granny bond ['græni bɔnd] *s brit F* certificat de depunere rezervat în trecut persoanelor trecute de vârsta pensionării

granny dumping ['græni ˌdʌmpiŋ] *s* abandon al unei persoane în vârstă, aflate în îngrijirea cuiva

granny flat ['græni ˌflæt] *s* apartament cu intrare separată *(într-o casă)*

granny knot ['græni nɔt] *s nav* nod dublu de văcar

Granny Smith [ˌgræni 'smiθ] *s soi* de măr

granola [grə'nəulə] *s amer* fulgi de ovăz cu fructe uscate

grape harvest ['greip ˌhɑːvəst] *s* culesul viei

granularly ['grænjuləli] *adv* în granule, în grăunțe, sub formă de granule

granulary ['grænjuləri] *adj înv* granular

granulator ['grænjuleitə] *s tehn* concasor

granulose ['grænjuləus] *adj* 1 granular, granulos, granulat, grăunțos 2 *med* granular

granulous ['grænjuləs] *adj v.* **granulose**

grape cure ['greip ˌkjuə] *s* cură de struguri

grape fern ['greip ˌfɔːn] *s bot* limba-cucului, iarba-dragostei *(Botrychium)*

grape hyacinth [ˌgreip'haiəsinθ] *s bot* porumbei, ceapa-ciorii, cocoșei, zambilă-moțată *(Muscari botryoides)*

grape juice ['greip dʒuːs] *s* zeamă de struguri

grapeless ['greiplis] *adj* preparat fără struguri; ~ wine vin artificial

grape rot ['greip rɔt] *s bot, agr* dăunător al viței de vie

grapery ['greipəri] *s agr* 1 seră pentru struguri 2 spalier pentru vița de vie 3 cramă

Grape State [ˌgreip'steit] *s amer* statul California

grape stone ['greip stəun] *s* sâmbure de struguri

grapey ['greipi] *adj v.* **grapy**

graphic design [ˌgræfik di'zain] *s* concepția / realizarea grafică

graphic designer [ˌgræfik di'zainə] *s* grafician

graphic display [ˌgræfik dis'plei] *s* reprezentare grafică; maniera în care este realizată o reprezentare grafică

graphic equalizer [ˌgræfik 'ikwəlaizə] *s tehn* egalizator grafic, dispozitiv pentru reglarea caracteristicii de frecvență / a tonurilor în prelucrarea semnalelor audio

graphic solution [ˌgræfik sə'luːʃn] *s* analiză / evaluare grafică

graphitoid ['græfitɔid] *adj* grafitoid, ca grafitul

grappling iron ['græpliŋˌaiən] *s nav* ancoră cu patru gheare, ancoră de barcă

grapy ['greipi] *adj (d vin)* cu savoare de fruct

graspable ['grɑːspəbl] *adj* 1 care poate fi apucat / înhățat / prins 2 *fig* inteligibil, comprehensibil

grasper ['grɑːspə] *s F* om hrăpăreț / lacom

grasser ['grɑːsə] *s sport* cădere grea

grass-green [ˌgrɑːs'griːn] *adj* de culoarea ierbii, verde ca iarba

grassiness ['grɑːsinis] *s* abundență de iarbă, vegetație luxuriantă, verdeață

grassless ['grɑːslis] *adj* fără iarbă, neacoperit cu iarbă

grass plat ['grɑːs plæ] *s* pajiște mică, gazon, petic de iarbă

grass wrack ['grɑːs ræk] *s bot* iarbă-de-mare, iarba-mării *(Zostera marina)*

grateless ['greitlis] *adj* fără gratii, fără zăbrele, fără grătar

gratifyingly ['grætifaiŋli] *adv* plăcut, agreabil

gratil(l)ity [grə'tiliti] *s înv* 1 gratificație, recompensă 2 bacșiș 3 *mil* primă

gratinate ['grætineit] *vt gastr* a gratina

gratingly ['greitiŋli] *adv* 1 supărător, enervant, iritant, neplăcut 2 aspru, jignitor

gratiola [grə'taiələ] *s bot* veninariță, milostivă, avrămească, crestănească *(Gratiola officinalis)*

gratters ['grætəz] *s pl F* felicitări! te felicit! la mai mare!

gratulate ['grætjuleit] *vt înv* a felicita, a firitisi

gratulation [,grætju'leiʃn] *s înv* firitiseală, felicitare

graupel ['graupəl] *s* bob de grindină

gravamen [grə'veimən], *pl* **gravamina** [grə'veiminə] *s* 1 plângere, reclamație 2 *jur* cap de acuzare principal; punct principal al unui rechizitoriu 3 *(în Anglia) bis* memoriu special privind problemele bisericești

grave [greiv] *vt nav* a curăța (și a cătrăni, a smoli) carena navei

gravelled *brit*, **graveled** *amer* ['grævld] *adj* acoperit cu pietriș

gravelly ['grævəli] *adj* 1 de pietriș, de prundiș, prunduit; nisipos 2 *med* provocat de pietre la rinichi; cu pietre la rinichi

graveolent [grə'vaiələnt] *adj înv* puternic mirositor / parfumat

graver ['greivə] *s* cioplitor; gravor

grave robber ['greiv ,rɔbə] *s* hoț de cadavre *(vândute apoi pentru disecție)*

graves [greivz] *s pl* 1 *ist* gambiere *(ale armurii)* 2 *dial* cizme 3 momeală *(pentru pești sau câini)*

graveside ['greivsaid] *s at smb's ~* la mormântul cuiva

graveward ['greivwɔːd] *adj* spre mormânt, spre moarte

graveyard shift [,greivjɑːd 'ʃift] *s amer F* schimb de muncitori care începe să lucreze pe la miezul nopții; schimb de noapte

graving dock ['greiviŋ dɔk] *s nav* doc, uscat, bazin de radub; formă de radub, cală uscată / seacă, radub

gravitational [grævi'teiʃnəl] *adj fiz* 1 de gravitate 2 de gravitate, de greutate

gravitational field [grævi,teiʃnəl 'fiːld] *s* câmpul gravitațional

gravitational force [grævi,teiʃnəl 'fɔːs] *s* forță gravitațională

gravitative ['græviteitiv] *adj v.* **gravitational**

gravity feed ['græviti fiːd] *s auto* alimentare *(a carburatorului)*

gravity yard ['græviti jɑːd] *s ferov* triaj de cocoașă

gray [grei] *s înv* bursuc, viezure

graymalkin ['greimælkin] *s* 1 pisică bătrână 2 *(d femei)* ciumă, hârcă

grazer ['greizə] *s* vită care paște, vită hrănită cu nutreț verde

grazing fire [,greiziŋ'faiə] *s mil* foc, tir razant

grease monkey ['griːs ,mʌŋki] *s mil sl* ajutor de mecanic

greaseproof [,griːs'pruːf] *adj brit* impermeabil la grăsime

grease-stained [,griːs'steind] *adj* pătat de grăsime, cu pete de grăsime

grease trap ['griːs træp] *s tehn* separator / colector de grăsimi

greasily ['griːzili] *adv* 1 cu grăsime; cu unsoare 2 *fig peior* mieros, lingușitor

greasing ['griːziŋ] *s* 1 *tehn* gresare, ungere 2 *fig* ~ *of palms* mituire, șpagă, șperț, ciubuc

great auk [,greit 'ɔːk] *s orn specie de* pinguin *(Pinguinus impennis)*

Great Australian Bight [,greit ɔstreiliən 'bait] *s geogr* Marele Golf Australian

Great Barrier Reef [,greit bæriə 'riːf] *s geogr* Marea Barieră de Corali

Great Basin [,greit 'beisin] *s geogr (în S.U.A.)* Marele Bazin

great circle [,greit 'səːkl] *s geom* cerc mare *(al unei sfere)*

great divide [,greit di'vaid] *s* 1 ruptură semnificativă, diferență majoră 2 *geogr* the Great Divide *(în America de Nord)* linie de despărțire în Munții Stâncoși

greaten ['greitən] *înv* I *vt* a mări II *vi* a se mări, a crește

greatest common divisor [,greitəst ,kɔmən di'vaizə] *s* cel mai mare divizor comun

great go [,greit 'gəu] *s F* examen final *(la universitatea din Cambridge) pentru titlul de* Bachelor *(↓ Bachelor of Arts)*

great-great-granddaughter [,greit greit 'grændɔːtə] *s* stră-strănepoată

great-great-grandfather [,greit greit 'grænfɑːðə] *s* stră-străbunic

great-great-grandmother [,greit greit 'grænmʌðə] *s* stră-străbunică

great-great-grandparents [,greit greit 'grænpærənts] *s* stră-străbunici

great-great-grandson [,greit greit 'grænsʌn] *s* stră-strănepot

great line [,greit 'lain] *s* undiță de apă adâncă

great-mindedness [,greit'maindidnis] *s* generozitate, mărinimie

greats [greits] *s pl* examen final *(la universitatea din Oxford) pentru titlul de* Bachelor *(↓ Bachelor of Arts)*

great-souled [,greit 'səuld] *adj* generos, mărinimos, cu suflet mare

great tit [,greit 'tit] *s orn* pițigoiul mare *(Parus major)*

greave [griːv] *s înv* dumbravă, crâng

grecize ['griːsaiz] I *vt* a greciza; a traduce în grecește II *vi* a vorbi grecește

greece [griːs] *s pl înv și dial* scară, trepte

greediness ['griːdinis] *s* lăcomie

gree [griː] *s înv* victorie; întâietate; premiu

Greek cross [,griːk'krɔs] *s* cruce grecească *(compusă din patru brațe egale)*

Greek fret [,griːk 'fret] *s artă* ornament compus din linii și unghiuri drepte

Greekish ['griːkiʃ] *adj înv* grecesc, grec

Greek-letter fraternity [,griːk:letə frə'təːniti] *s amer* asociație *(↓ studențească)* a cărei denumire este desemnată cu ajutorul unor inițiale grecești

Greek Orthodox [,griːk 'ɔːθədɔks] I *s* ortodox grec II *(în cuvinte compuse)* the ~ **Church** Biserica Ortodoxă Greacă

green book [ˌgriːn' buk] *s ist* car- tea verde *(publicația oficială a guvernului Indiilor britanice)*

green bean [ˌgrin 'biːn] *s* fasole verde

green belt [ˌgriːn 'belt] *s (la arte marțiale)* centura verde

green crab [ˌgriːn 'kræb] *s zool* crab *(Carcinus maenas)*

green cross code [ˌgriːn krɔs 'kəud] *s brit* the ~ codul siguranței rutiere

green duck [ˌgriːn 'dʌk] *s (avicul- tură)* boboc de rață *(în vârstă de 9 – 12 săptămâni)*

greener ['griːnə] *s sl* 1 începător, novice 2 prost, bleg, nătâng, găgăuță, nărod 3 imigrant sosit de curând

green field [ˌgriːn'fiːld] *s* ~ site teren pe care nu s-a construit niciodată

green-fingered [ˌgriːn 'fiŋɡəd] *adj brit* priceput în ale grădinăritului

green fingers [ˌgriːn 'fiŋɡəz] *s* to have ~ a fi priceput în ale gră- dinăritului

Greenham Common [ˌgriːnəm 'kʌmən] *s geogr* sat în Anglia, sediu al unei baze militare cu armament nuclear

greenhouse effect ['griːnhaus iˌfekt] *s* the ~ efect de seră

greening ['griːniŋ] *s soi de măr (fruct) cu coajă verde*

green keeper ['griːn ˌkiːpə] *s sport* persoană însărcinată cu între- ținerea unui teren de golf

green laver [ˌgriːn 'leivə] *s bot* lăptuci

green linnet [ˌgriːn 'linit] *s orn* florinte, florean *(Fringilla chloris)*

greenly ['griːnli] *adv fig* fără pri- cepere / experiență, copilărește

greenmail ['griːnmeil] *s amer sl* modalitate necinstită de a face bani, prin care o persoană foar- te bogată cumpără majoritatea acțiunilor într-o companie și apoi, sub amenințarea că preia con- trolul asupra acelei companii, vinde acțiunile la prețuri exor- bitante; Mr. Smith made about 20 million in greenmail last year Dl Smith a câștigat 20 de mili- oane de dolari anul trecut prin șantaj

green onion [ˌgriːn 'ɔniən] *s amer bot* ceapă-lungă *(Allium fistulo- sum)*

green paper [ˌgriːn 'peipə] *s pol* document care stipulează orien- tările în politica unui guvern

green peak [ˌgriːn 'piːk] *s orn* vărdare, ghionoaie-verde, văr- daică, horai-verde *(Picus viridis)*

green peas [ˌgriːn 'piːz] *s* mazăre verde

green pepper [ˌgriːn 'pepə] *s* ardei gras

green plant [ˌgriːn 'plaːnt] *s bot* plantă vie

green pound [ˌgriːn 'paund] *s ec* rată de schb artificială a lirei sterline, folosită în cadrul Uniu nii Europene, pentru a proteja producția agricolă a țărilor din Uniune

green salad [ˌgriːn 'sæləd] *s* salată verde

green sand [ˌgriːn 'sænd] *s geol* nisip glauconitic

greenshank ['griːnʃæŋk] *s orn* flu- ierarul picior-verde *(Tringa ne- bularia)*

green snake [ˌgriːn 'sneik] *s zool* specie de șarpe din America de Sud *(Cyclophis aestivus)*

greenstick fracture [ˌgriːnstik 'fræktʃə] *s med* fractură nesu- dată

green tea [ˌgriːn 'tiː] *s* ceai verde

green thumb [ˌgriːn 'θʌm] *s amer* v. **green fingers**

green-thumbed [ˌgriːn 'θʌmd] *adj amer* v. **green-fingered**

greenwood ['griːnwud] *s* pădure / crâng verde; frunziș, bolta pă- durii; *înv* to go to the ~ a lua calea codrului / a se face tâlhar

green woodpecker [ˌgriːn 'wud- pekə] *s orn* gheonoaie-verde *(Picus viridis)*

greeny ['griːni] *adj* verzui, care bate în verde

greenyard ['griːnjaːd] *s* țarc *(pen- tru animale rătăcite de turmă)*

greet [griːt] *vi înv sau scot* a plân- ge, a (se) scânci

greetings card ['griːtiŋz kaːd] *brit*, **greeting card** [ˌgriːtiŋ 'kaːd] *amer* s felicitare

greffier ['grefiə] *s* notar, grefier; funcționar de registratură

gregariously [gri'gæriəsli] *adv* în turmă; în grup; în societate

gregariousness [gri'gæriəsnis] *s* gregarism, spirit de turmă, spirit gregar; sociabilitate exagerată

Gregorian [gre'gɔːriən] *adj bis* gre- gorian

Gregorian chant [griˌgɔːriən 'tʃaːnt] *s muz* muzică gregori- ană, cântec gregorian

gregory powder ['gregəri ˌpaudə] *s F* praf de revent *(purgativ)*

Grenada [grə'neidə] *s geogr* stat în arhipelagul Antilele Mici

Grenadian [grə'neidiən] *I s* locuitor din Grenada **II** *adj* din Grenada, referitor la Grenada

Grenadier Guards [grenə'diə ˌgaːdz] *s* the ~ regiment de infanterie din Garda Regală britanică

grenado [gre'naːdəu] *s înv* grena- dă

Gretna Green [ˌgretnə 'griːn] *s* localitate în Scoția unde, până în 1940, se încheiau căsătorii fără formalități juridice

grey area [ˌgrei 'eiriə] *s* zonă de incertitudine; the ~ between right and wrong granița neclară / re- lativă dintre bine și rău

greybeard ['greibiəd] **I** *s* 1 om cărunt 2 urcior de piatră *(pentru băuturi spirtoase)* **II** *adj* cu bar- ba căruntă / colilie

grey friar [ˌgrei'fraiə] *s bis* 1 *(că- lugăr)* franciscan 2 *(călugăr)* mi- norit

greying *brit*, **graying** *amer* ['grein] *adj* care începe să încărun- țească

greylag ['greilæg] *s orn* gâscă-ce- nușie, gâscă *(Anser anser)*

grey mullet [ˌgrei 'mʌlit] *s iht* chefal *(Mugil cephalus)*

grey seal [ˌgrei 'siəl] *s zool* focă cenușie

grey silver [ˌgrei'silvə] *s* tetraedit

grey wolf [ˌgrei 'wulf] *s* lup ce- nușiu

gridded ['gridid] *adj* 1 cu grătar, cu grilaj 2 *(d o hartă)* cu cadrilaj

griddle cake ['gridl keik] *s* prăji- tură scoțiană din aluat de făi- nă, coaptă pe grătar

gride [graid] **I** *vt* 1 *înv* a străpunge; a tăia 2 a hârșâi, a freca *(ceva, de altceva)* scârțâind **II** *vi* to ~ against / along a se hârșâi de **III** *s* hârșâit; scârțâit

gridelin ['gridəlin] **I** *s* cenușiu-vio- let, culoarea florii de in **II** *adj* cenușiu-violet

grid leak ['grid liːk] *s radio* re- zistență la scurgere a grilei

gridlock ['gridlɔk] *s amer* **1** blocaj de circulație; blocare a grilei **2** *fig* impas, blocaj

grid marking ['grid ˌmɑːkiŋ] *s* cadrilaj, caroiaj *(pe o hartă, un grafic etc.)*

grief-stricken [ˌgriːfˈstrikən] *adj* copleșit de durere

grievousness ['griːvəsnis] *s* **1** durere, întristare **2** nenorocire, mizerie **3** grozăvie *(a unei tragedii etc.)*

grift [grift] *amer F s* corupție; escrocherie; șmecherie, pungășie, șarlatanie **II** *vi* a șterpeli, a pungăși, a sparli; a trișa

grifter ['griftə] *s amer F* escroc, pungaș, șarlatan

grilse [grils] *s iht* somon tânăr *(de doi ani)*

griminess ['graiminis] *s* murdărie, soioșenie

grim-the-collier [ˌgrimðəˈkɔliə] *s bot* rușuliță *(Hieracium aurantiacum)*

grinding mill ['graindiŋ mil] *s tehn* concasor; moară

grinner ['grinə] *s* zeflemist

grinningly ['griniŋli] *adv* rânjind, cu gura până la urechi

gripper ['gripə] *s* **1** apucător **2** zgârcit, avar, calic **3** *poligr* clapă **4** *tehn* signatoare

grippingly ['gripiŋli] *adv* (în mod) captivant, pasionant

grisaille [griˈzeil] *s* pictură în tonuri cenușii

griseous ['grisiəs] *adj (bătând în)* cenușiu

grison ['graisən] *s zool* grizon *(Galiotis vittata)*

grist [grist] *s* grosimea *sau* tăria unei ațe, frânghii *etc.*

gritting ['gritiŋ] *s constr* înnisipare; *met* sablare

groggily ['grɔgili] *adv* **1** fără vigoare, fără forță, cu slăbiciune **2** șovăitor, împleticit

groined vault [ˌgrɔind ˈvɔːlt] *s arhit* boltă încrucișată / în cruce

Groningen ['grɔniŋən] *s geogr* oraș în nord-estul Olandei

groomed [gruːmd] *adj* îngrijit, dichisit, pedant; **to be well ~** a fi foarte dichisit

grooming ['gruːmiŋ] *s* **1** *(la persoane)* toaletă, găteală, îmbrăcare **2** *(la câine)* toaletă, periaj **3** *(la cai)* țesălare

grooving ['gruːviŋ] *s* **1** scobire, crestare **2** *tehn* riftuire; siflură

groovy[1] ['gruːvi] **I** *adj* **1** brăzdat cu șanțuri **2** rutinar, tipicar **II** *s sl* sardea

groovy[2] ['gruːvi] *amer F* **I** *adj* **1** nemaipomenit, excelent, senzațional **II** *interj* grozav!, pe cinste!

groper ['grəupə] *s* **1** dibuitor; **the ~s after truth** cei care dibuie / cercetează în căutarea adevărului **2** *(cuvânt australian) sl* locuitor din Australia apuseană

gross domestic product [ˌgrɔs dɔmestik ˈprɔdʌkt] *s ec* produsul intern brut, PIB

grossly ['grɔsli] *adv* **1** grosolan, cu grosolănie **2** peste măsură, extrem; **~ unfair** foarte nedrept

gross national product [ˌgrɔs næʃnəl ˈprɔdʌkt] *s ec* produs național brut, PNB

grossular ['grɔsjulə] *s minr* grosular

grot [grɔt] *s brit F (strat de)* jeg, murdărie, rapăn

grotesquely [grəuˈteskli] *adv* grotesc

grotty ['grɔti] *adj brit F* **1** dezgustător, neplăcut, respingător **2** murdar, ponosit

grouchy ['grautʃi] *adj F* arțăgos, morocănos, ursuz

groundcloth ['graundklɔθ] *s amer v.* **groundsheet**

ground control ['graund kənˌtrəul] *s av* control de la sol

groundedly ['graundidli] *adv fig* cu temei, întemeiat

ground-fish ['graundfiʃ] *s iht* pește care înoată aproape de fund

ground game [ˌgraund ˈgeim] *s* vânat cu blană *(iepuri, vulpi etc.)*

ground glass [ˌgraund ˈglɑːs] *s* sticlă mată; geam lăptos

ground hemlock [ˌgraund ˈhemlɔk] *s bot amer* tisă *(Taxus baccata)*

ground hog [ˌgraund ˈhɔg] *s zool amer* marmotă americană *(Marmota monax)*; **Ground Hog Day** *amer* ziua de 2 februarie, când se crede că, dacă e însorit, primăvara va veni repede, iar dacă e urât, va fi o iarnă lungă

ground ice [ˌgraund ˈais] *s* gheață de fund

grounding ['graundiŋ] *s* **1** *nav* eșuare, împotmolire **2** fundamentare, motivare, argumentare, întemeiere **3** grunduire **4** *el* contact cu pământul **5** *av*

aterizare **6** cunoaștere temeinică *(a unei limbi, probleme etc.)*

groundlessly ['graundlisli] *adv* nemotivat

ground line ['graund lain] *s* linie de pământ, linia terenului

ground loop [ˌgraund ˈluːp] *s av* luping la sol; capotaj

ground man ['graund mæn] *pl* **ground men** ['graund men] *s* **1** săpător **2** *sport* îngrijitor al terenului sportiv

ground needle ['graundˌniːdl] *s bot* greghetin *(Geranium pratense)*

ground plan ['graund plæn] *s arhit* iconografie

ground rent ['graund rent] *s* chirie plătită pentru un teren luat în folosință

ground rope ['graund rəup] *s* camănă *(frânghie groasă la plasele de pescuit)*

groundsel ['graundzəl] *s* **1** *constr* talpă **2** *hidr* prag, cataractă

ground sheet ['graund ʃiːt] *s* covor impermeabil

groundsill ['graundsil] *s v.* **graundsel (1)**

ground staff ['graund stɑːf] *s av* personal terestru / nenavigant / de deservire la sol

ground stroke ['graund strəuk] *s (în tenis)* lovitură dată mingii după ce aceasta a atins pământul

ground tier [ˌgraund ˈtiə] *s teatru* loja de parter

ground water level [ˌgraund wɔːtə ˈlevl] *s geol* pânză de apă freatică

grouping ['gruːpiŋ] *s* grupare

grouser ['grausə] *s tehn* **1** pilot, grindă provizorie **2** sabot, patină

grouting ['grautiŋ] *s constr* cimentare; injecție

grouty ['grauti] *adj amer sl* **1** iritabil, irascibil, supărăcios **2** *(d lichide)* tulbure, drojdios

groveller ['grɔvələ] *s* lingușitor, lingău, linge-cizme, om josnic / de nimic

grovellingly *brit*, **grovelingly** *amer* ['grɔvəliŋli] *adv* cu lingușire, cu servilism, servil, umil, abject

grow bag ['grəu bæg] *s* sac de plastic umplut cu îngrășăminte, în care se cresc plante

growing season ['grəuiŋ ˌsi:zən] s sezonul de cultivare

-grown [grəun] *(în cuvinte compuse)* **1** mare, care a atins maturitatea; **half ~** care a crescut pe jumătate **2** *(d plante)* care se cresc, care se cultivă; **tub ~** crescut în lădiță

growth factor ['grəuθ ˌfæktə] s factor de creștere

growth hormone ['grəuθ ˌhɔ:mən] s *fiziol* hormon de creștere

growth ring ['grəuθ riŋ] s inel de creștere *(la copaci)*

growth shares ['grəuθ ʃeə:z], **growth stock** ['grəuθ stɔk] s ec *(la bursă)* acțiuni susceptibile să-și mărească valoarea rapid

grub screw ['grʌb skru:] s șurub de blocare fără cap

grudging ['grʌdʒiŋ] *adj (d o acțiune etc.)* făcut cu reavoință, făcut în silă

grudgingness ['grʌdʒiŋnis] s silă, aversiune

gruellingly *brit*, **gruelingly** *amer* ['gruəliŋli] *adv* (în mod) istovitor, extenuant, chinuitor

grum [grʌm] *adj* **1** îmbufnat, ursuz **2** *(d voce)* răgușit **3** aspru, sever

grumblingly ['grʌmbliŋli] *adv rar* bombănind

grume [gru:m] s *med* cheag *(de sânge)*

grummet ['grʌmit] s *nav* inel de frânghie, laț de odgon

grumpily ['grʌmpili] *adv F* cu țâfnă, morocănos, cu proastă dispoziție

grumpiness ['grʌmpinis] s *F* țâfnă, supărare, proastă dispoziție

grunge [grʌndʒ] s *amer F* **1** mizerie, jeg, murdărie **2** *fig* scârbă, javră, nesuferit

grungy ['grʌndʒi] *adj amer F* mizerabil, jegos, murdar

gruntling ['grʌntliŋ] s purcel(uș)

GS *presc de la* **General Staff** personal general

guaiac(um) ['gwaiæk(əm)] s **1** *(arbore de)* guaiac **2** *(rășină de)* guaiac

guanidine ['gwænidi:n] s *farm* guanidină

guanine ['gwɑ:ni:n] s *ch* guanină

guanylic acid [gwɑ:ˌnilik 'æsid] s *ch* acid guanilic

guara [gwɑ:'rɑ:] s *orn* ibis-roșu *(Ibis rubra, Guara rubra)*

guard's van [ˌgɑ:dz 'væn] s *brit ferov* vagon de serviciu

guard dog ['gɑ:d dɔg] s câine de pază

guard duty ['gɑ:d ˌdjuti] s to be on ~ a fi de gardă / serviciu

Guatemalan [ˌgwɑːtəˈmɑːlən] I s locuitor din Guatemala II *adj* din Guatemala, referitor la Guatemala

guava ['gwɑːvə] s *bot* **1** *arbust tropical din America (Psidium guavaja)* **2** *fructul comestibil al acestui arbust*

gudgeon pin ['gʌdʒn pin] s *tehn* bolț de piston

guessable ['gesəbl] *adj* de ghicit; de presupus; de închipuit

guesser ['gesə] s ghicitor, ghicitoare; he's a good ~ el ghicește repede, e bun la ghicit

guessingly ['gesiŋli] *adv* pe ghicite

guess rope ['ges ˈrəup] s *nav* odgon de remorcă

guest artist ['gest ˌɑ:tist] s vedetă invitat

guest book ['gest buk] s carte / registru în care semnează oaspeții de onoare

guester ['gestə] s *amer teatru* actor care joacă în reprezentație

guesthouse ['gesthaus] s casă de oaspeți

guest list ['gest ˌlist] s listă de invitați

guestroom ['gestru:m] s cameră de oaspeți

guest speaker ['gest ˌspi:kə] s conferențiar *(invitat să vorbească de o asociație, organizație)*

guestwise ['gestwaiz] *adv* ca musafir, ca oaspete

guest worker ['gest ˌwə:kə] s muncitor emigrant care lucrează temporar

Guianan [gai'ɑ:nən], **Guianese** [ˌgaiə'ni:z] I s locuitor din Guyana II *adj* din Guiana, referitor la Guyana

guided ['gaidid] *adj* condus, îndrumat, sub conducerea unui ghid

guideless ['gaidlis] *adj* fără călăuză

guideline ['gaidlain] s **1** linie trasată pe o foaie de hârtie pentru a ușura scrierea **2** directivă, linie directoare

guide movement ['gaid ˌmu:vmənt] s mișcare a fetelor *(în cadrul organizației cercetașilor)*

guide post ['gaid pəust] s stâlp indicator *(la răscruce)*

guider ['gaidə] s călăuză, ghid

guide rope [ˌgaid 'rəup] s *(la balonul cu hidrogen)* ghidropă, frânghie de ghidaj

guidon ['gaidən] s **1** *mil* steguleț, ascuțit lângă vârful lăncii **2** stegar **3** steag, flamură de breaslă

guildry ['gildri] s *scot* breaslă, corporație

guilefully ['gailfuli] *adv* perfid

guilefulness ['gailfulnis] s **1** perfidie, rea credință **2** viclenie, șiretlic

guilelessly ['gaillisli] *adv* sincer

guillemot ['gailimɔt] s *orn* varietate de cufundar-arctic *(Uria)*

guilloche [gi'ləuʃ] *vt poligr* a ghiosa, a ghilloșa

guiltily ['giltili] *adv* cu vinovăție, cu un aer vinovat

guiltlessly ['giltlisli] *adv* cu nevinovăție; cu naivitate

guilt-sick [ˌgilt'sik] *adj* plin / cuprins de mustrări de conștiință

Guinea-Bissau [ˌginibi'səu] s stat în Africa Occidentală

guinea corn ['gini kɔ:n] s *bot* mătură *(Sorghum vulgare)*

Guinean ['giniən] I s locuitor din Guinea II *adj* din Guinea, referitor la Guinea

guinea worm ['gini wə:m] s vierme cilindric parazit *(Draculus medinensis)*

guiser ['gaisə] s *scot* mască, participant la o mascaradă

Gujarati [ˌgu:dʒə'rɑ:ti] s **1** dialectul vorbit în Gujarat **2** alfabetul folosit în scrierea dialectului vorbit în Gujarat

gulag ['gu:læg] s gulag; "The Gulag Archipelago" „Arhipelagul Gulag" *(roman al scriitorului rus Alexandr Soljenițân)*

gulch [gʌltʃ] s **1** *amer* defileu îngust și adânc *(în regiunile aurifere)*, trecătoare adâncă, strungă **2** canal adânc; albie de râu adâncă

gules [gju:lz] *(în heraldică)* I *adj* roșu II s culoare roșie

Gulf States [ˌgʌlf 'steits] s **1** *(în S.U.A.)* the ~ Statele de la Golful Mexic **2** statele de la Golful Persic

gulfweed ['gʌlfwi:d] s *bot* sargase *(Sargassum)*

gulfy ['gʌlfi] *adj* **1** plin de abisuri **2** bogat în golfuri **3** bogat în vâltori, vârtejuri

gulley ['gʌli], *pl* **gulleys** ['gʌliːz] *s* 1 albie de torent 2 viroagă, vâl-cea

gull-wing ['gʌlwiŋ] *s* uşă care se deschide în sus *(la avioane sau automobile)*

gumboot ['gʌmbuːt] *s brit* cizmă de cauciuc

gumdrop ['gʌmdrɔp] *s* bulă de cauciuc

gumgum ['gʌmgʌm] *s (cuvânt an-glo-indian)* gong

gum resin ['gʌm ˌrezin] *s* răşină

gumshield ['gʌmʃiːld] *s* dispozitiv de protecţie a dinţilor *(în box, karate etc.)*

gunboat diplomacy [ˌgʌnbəut di'pləməsi] *s* diplomaţie impusă cu forţa, politică a forţei

gunge [gʌndʒ] *s F* substanţă de lipit; amestec vâscos

gungy ['gʌndʒi] *adj* lipicios, năclă-it

gunk ['gʌŋk] *s F* substanţă vâscoa-să / lipicioasă, amestec scâr-bos

gun layer ['gʌn ˌleiə] *s mil* ser-vant-ochitor

gun licence ['gʌn ˌlaisəns] *s* per-mis de port-armă

gun metal ['gʌn ˌmetl] *s* bronz pentru tun

gun-metal grey [ˌgʌnmetəl 'grei] I *adj (de culoare)* gri-verzui II *s* gri-verzui

gunnery officer ['gʌnəri ˌɔfisə] *s* ofiţer de artilerie

gunnery sergeant ['gʌnəri ˌsaː-dʒənt] *s* subofiţer de artilerie

gunning ['gʌniŋ] *s* vânătoare cu arma

gunny ['gʌni] *s text* ţesătură groa-să şi tare de iută

gunnysack ['gʌnisæk] *s* sac de iu-tă

gun play ['gʌn plei] *s amer* schimb de focuri *(de revolver, între gangsteri şi poliţie etc.)*

gunsel ['gʌnzəl] *s amer F* 1 crimi-nal înarmat 2 *băiat care are raporturi sexuale cu un bărbat mai în vârstă*

gunship ['gʌnʃip] *s* elicopter cu arme la bord

gun-shy [ˌgʌn'ʃai] *adj (d câini)* sperios la împuşcătură

gun turret ['gʌn ˌtʌrit] *s mil* turelă

Gurkha ['gəːkə] *s castă militară din Nepal, care a furnizat soldaţi armatei britanice în timpul colo-niei*

gurry ['gʌri] *s (cuvânt anglo-in-dian)* fort mic, cetăţuie

gusher ['gʌʃə] *s* 1 *F* om care-şi revarsă sentimentele, entuziast 2 puţ, ţâşnitoare *(de petrol)*

gushy ['gʌʃi] *adj F peior* exuberant

gustatory ['gʌstətri] *adj* gustativ

gutless ['gʌtlis] *adj F* laş, molâu, fără coloană vertebrală

gutted ['gʌtid] *adj brit* to be / feel ~ a fi bolnav, a se simţi rău

guttering ['gʌtəriŋ] *s* jgheab de streaşină

gutter man ['gʌtə mæn], *pl* **gutter men** ['gʌtə men] *s* negustor de stradă, negustor ambulant

guttle ['gʌtl] *rar* I *vt* a înghiţi, a îmbuca, a mânca cu lăcomie II *vi* a se hrăni

gutty ['gʌti] *s sport sl* minge de cauciuc plin (↓ *de golf*)

Guyana [gai'ænə] *s geogr* stat în nordul Americii de Sud

Guyanese [ˌgaiə'niːz] I *s* locuitor din Guyana II *adj* din Guyana, referitor la Guyana

guy rope ['gai rəup] *s* frânghie de cort

guzzler ['gʌzlə] *s* beţiv; mâncăcios / gurmand

gybe [dʒaib] I *vt nav* a schimba *(pânzele)* II *vi* a se întoarce *(prin schimbare de pânze)*

gyle [gail] *s* 1 must fermentat 2 cadă pentru fermentat, zăcă-toare

gymkhana [dʒim'kaːnə] *s (cuvânt anglo-indian)* loc pentru sporturi atletice

gypo ['dʒipəu] *s amer sl* sistem de lucru în acord / cu bucata

gyps [dʒips] *s presc de la* gypsum gips

gyre ['dʒaiə] I *s poetic* 1 rotaţie 2 roată, inel; circumferinţă 3 spi-rală II *vi rar* a se învârti

gyromagnetic [ˌdʒaiərəumæg'netik] *adj fiz* giromagnetic

gyrostat ['gaiərəustæt] *s* girostat

H

haar [hɑː] s ceață neagră; vânt rece din răsărit aducător de ceață

habitant ['hæbitəːŋ și pronunția *franceză*] s amer mic proprietar de pământ de origine franceză *(din Louisiana sau Canada)*

hackery ['hækəri] s *(cuvânt angloindian)* car cu boi

hack file ['hæk fail] s *tehn* pilă-cuțit

hacking ['hækiŋ] *adj* sacadat; scurt și întrerupt; intermitent; ~ **cough** tuse scurtă și întreruptă

hacking jacket ['hækiŋ ,dʒækit] s haină / jachetă de călărie

hackle ['hækl] s *dial* acoperiș conic de paie *(pentru stupii de albine)*

hackle fly ['hækl flai] s muscă artificială *(pentru undiță)*

hackler ['hæklə] s *text* dărăcitor, persoană care dărăcește *(inul)*

hackly ['hækli] *adj* dințat; crestat

hackneyman ['hæknimən], *pl* **hackneymen** ['hæknimen] s persoană care închiriază cai și trăsuri

hack watch ['hæk wɔtʃ] s *nav* ceasornic de observație; contor

hackwork ['hækwəːk] s salahorie (↓ *literară*) muncă de negru

hacky ['hæki] *adj* F v. **hacking**

h(a)ematological [,hiːmətə'lɔdʒikl] *adj med* hematic, sanguin

h(a)ematologist [,hiːmə'tɔlədʒist] s *med* hematolog

haemin ['hiːmin] s *ch* hematină

haft-day [,hɑːf'dei] I s program redus / parțial; **to work ~s** a lucra în program parțial II *adj* cu program redus, cu jumătate de normă

hag-born [,hæg 'bɔːn] *adj* născut dintr-o / de o vrăjitoare

haggardness ['hægədnis] s înfățișare sălbatică

haggis ['hægis] s *scot* un fel de drob de miel

haggish ['hægiʃ] *adj* de vrăjitoare, de babă-cloanță; urât, pocit, respingător

haggling ['hægliŋ] s tocmeală, târguială

hag seed ['hæg siːd] s *înv* pui de vrăjitoare; neam / seminție de vrăjitoare

ha-ha ['hɑːhɑː] s șanț *(de hotar)* cu gard mic

haiduk ['haiduk] s haiduc

Hail Columbia [,heil kə'lʌmbiə] *interj amer* la dracu! la naiba!; *sl* **to raise a ~** a face scandal / tărăboi; a devasta (ceva); a înjura pe (cineva)

haily ['heili] s cu / de grindină

hain't, haint [heint] *presc de la* **have not, has not**

hair ball ['heə bɔːl] s ghem de păr *(în stomacul unui animal rumegător)*

hairband ['heəbænd] s bentiță *(pentru păr)*

hairclip ['heəklip] s agrafă / clamă pentru păr

hair-do ['heə duː] s F coafare; coafură

hair follicle ['heə ,fɔlikl] s folicul pilos

hair gel ['heə dʒel] s gel de păr

hairgrip ['heəgrip] s *brit* ac de păr, agrafă

hair hygrometer ['heə hai,grɔmitə] s *fiz* higrometru cu fire de păr

hairlace ['heəleis] s *înv* panglică de păr

hair pencil ['heə ,pensl] s pensulă subțire

hair remover ['heə riː,muvə] s cremă depilatoare

hair salt ['heə sɔ(ː)lt] s *ch* halotrichit

hair slide ['heə slaid] s v. **hairband**

hair slip(piness) ['heə,slip(inis)] s *(industria pielăriei)* hămușeală

hair spray ['heə sprei] s spray / lac pentru păr

hairstyling salon ['heəstailiŋ ,sælon] s salon de coafură

hair transplant ['heə,trænsplənt] s implant de păr

hair trrigger ['heə,trigə] *adj fig* artăgos, irascibil, iute

Haitian ['heiʃn] I s haitian, locuitor din Haiti II *adj* haitian

hake [heik] s *iht* varietate de pește marin din genul *Merluccius*

hakeem [hæ'kiːm] s *(cuvânt arab)* **1** medic musulman **2** judecător musulman

hakim [hæ'kiːm] s *(cuvânt arab)* v. **hakeem**

halal [hə'lɑːl] *vt* a sacrifica un animal *(pentru carne)* după ritualul musulman

half-arsed [,hɑːf 'ɑːst], **half-assed** [,hɑːfæst] *adj sl* **1** insuficient, deficitar; **a ~ job** o treabă de mântuială **2** *(d o persoană)* lipsit de inteligență / experiență

half-beam [,hɑːf 'biːm] s **1** *(industria lemnului)* spors, lături; margine **2** *nav* semitraversa de punte, traversa de punte în corespondența gurii de magazie

half-board [,hɑːf 'bɔːd] s *nav* jumătate de „pană"

half-bound [,hɑːf 'baund] *adj (d cărți)* legat jumătate în piele

half-breadth [,hɑːf 'bredθ] s *nav* semilățime

half-bred [,hɑːf 'bred] *adj* corcit, metis; **a ~ horse** cal jumătate pursânge

half-cell [,hɑːf 'sel] s electrod

half-century [,hɑːf'sentʃəri] s jumătate de secol

half-circle [,hɑːf 'səːkl] s semicerc

half-crazy [,hɑːf'kreizi] *adj* pe jumătate nebun, cam nebun

half-cup [,hɑːf'kʌp] s sutien jumătate de cupă

half deck [,hɑːf dek] s *nav* semipunte

half-drawned [,hɑːf'drɔːnd] *adj* pe jumătate înecat, aproape înecat

half eagle [,hɑːf 'iːgl] s *amer* monedă de cinci dolari

half-eaten [,hɑːf 'iːtn] *adj* pe jumătate mâncat

half-faced [,hɑːf'feist] *adj* **1** cu fața în profil **2** *înv* tras la față, cu obrajii scofâlciți; *fig* sărăcăcios

half-fill [,hɑːf'fil] *vt* a umple pe jumătate *(un pahar etc.)*

half-full [,hɑːf'ful] *adj* plin pe jumătate

half-grown [,hɑːf 'grəun] *adj* crescut pe jumătate; necopt

half-hardy [,hɑːf 'hɑːdi] *adj (d o plantă)* semiperenă

half-hitch [,hɑːf 'hitʃ] s nod simplu *(de frânghie)*

halfhour [ˌhɑːf 'auə] s jumătate de oră / de ceas

half-joking [ˌhɑːf'dʒəukiŋ] adj echivoc, mai în glumă, mai în serios

half-jokingly [ˌhɑːf 'dʒəukiŋli] adv mai în glumă, mai în serios

half leather [ˌhɑːf 'leðə] s (la cărți) legătură jumătate piele

half-length [ˌhɑːf 'leŋθ] s jumătate de lungime; (d portrete) până la brâu

half measure [ˌhɑːf 'meʒə] s jumătate de măsură

half-miler [ˌhɑːf'mailə] s sport alergător pe distanța de o jumătate de milă

halfness ['hɑːfnis] s jumătate; imperfecțiune

half nut ['hɑːf nʌt] s tehn contrapiuliță

half pike [ˌhɑːf'paik] s lance scurtă

half plane [ˌhɑːf 'plein] adj semiplan

halfprincipal [ˌhɑːf 'prinsipəl] s constr semifermă

halfroll [ˌhɑːf'rəul] s av jumătate de tonou, întoarcere peste aripă

half-round [ˌhɑːf'raund] I adj semicircular, semirotund II s semicerc

half-shell [ˌhɑːf 'ʃel] adj av (d fuzelaj) semicocă

half-shut [ˌhɑːf 'ʃʌt] adj întredeschis, pe jumătate deschis

half-size [ˌhɑːf 'saiz] s (la îmbrăcăminte) mărime pentru persoane scunde și corpolente

half sword [ˌhɑːf 'sɔːd] s înv lungimea unei jumătăți de sabie; **to be at ~ with smb** a se încăiera cu cineva

half-timbered [ˌhɑːf'timbəd] adj (d o casă) cu schelet de cherestea

half tongue [ˌhɑːf 'tʌŋ] s jur înv curte cu jurați pentru străini (în care jumătate dintre jurați sunt compatrioții celui judecat)

half turn [ˌhɑːf 'təːn] s jumătate rotație, semirotație

half-volley [ˌhɑːf'vɔli] sport I s demi-voleu II vt (la tenis) a lovi mingea în demi-voleu III vi (la tenis) a executa un demi-voleu

halibut ['hælibət] s iht pește de mare din genul Hippoglossus

halieutic [hæli'juːtik] adj de pescuit

halieutics [hæli'juːtiks] s pl arta pescuitului; tratat de pescuit

hallan ['hælən] s dial perete de protecție

hall porter ['hɔːl ˌpɔːtə] s hamal (într-un hotel)

hall tree ['hɔːl triː] s cuier (în formă de pom)

halm [hɑːm] s 1 lujer, vrej, curpen 2 paie 3 frunziș uscat

halma ['hælmə] s (jocul) halma

halometer [hæ'lɔmitə] s ch halometru

halophilous [hæ'lɔfiləs] adj bot halofil

halotrichite [hæ'lɔtrikait] s minr halotrichită, alaun de fier

halter neck ['hɔːltə nek] I s îmbrăcăminte care lasă spatele gol / fără spate II adj (d îmbrăcăminte) fără spate

halter top ['hɔːltə tɔp] s bluză fără spate

halt sign ['hɔːlt sain] s auto semn de stop

hamartiology [həmɑːti'ɔlədʒi] s rel învățătură despre păcat

hamate ['heimeit] adj în formă de cârlig, încârligat

hamated ['heimeitid] adj v. hamate

hambroline ['hæmbrəlain] s v. hamber line

Hamburg ['hæmbəːg] s agr 1 muscat de Hamburg (varietate de struguri negri) 2 rasa Hamburg (de găini)

Hamburger University ['hæmbəːgə ˌjuːnivəsiti] s centru mondial de formare a personalului societății MacDonald's (în Chicago)

hames [heimz] s pl părțile de lemn ale jugului (la cal)

hammer beam ['hæmə biːm] s constr P susținător de grindă; grindă în consolă

hammer scale ['hæmə skeil] s tehn scorie de forjă, zgură

hammertoe ['hæmətəu] s deget (de la picior) deformat

hammer welding ['hæmə ˌweldiŋ] s met sudare prin forjare

hamular ['hæmjulə] adj 1 anat, zool în formă de cârlig, încârligat 2 bot prevăzut cu cârcei

hand-baggage ['hænd ˌbægidʒ] s bagaj de mână

hand-basin ['hændbeisn] s chiuvetă

h&c [eitʃ ənd siː] presc de la hot and cold (water)

handclasp ['hændklɑːsp] s strângere de mâini

handcraft ['hændkrɑːft] I vt a produce artizanal / manual

hand cream ['hænd kriːm] s cremă de mâini

hand-drier ['hænd ˌdraiə] s uscător de mâini

hand drill ['hænd dril] s tehn sfredel / burghiu de mână

hand-held [ˌhænd 'held] adj (d un obiect) portabil, de mână

hand hole ['hænd həul] s tehn sticlă la nivel (la cazanul unui vapor)

handie-talkie ['hænditɔːki] s amer F aparat de radio portativ, tranzistor

hand-knitted [ˌhænd'nitid] adj tricotat manual

hand lead ['hænd led] s nav sondă de mână

handlebar moustache [ˌhændl baːməs'taːʃ] s F mustață în furculiță

handled ['hændld] adj cu mâner, cu toartă, cu coadă, cu plăsele

handling ['hændliŋ] s 1 mânuire 2 tratare, tratament; artă manieră, stil (de a trata ceva)

handloom ['hænd luːm] s text război de mână

hand lotion ['hænd ˌləuʃn] s loțiune pentru mâini

hand-off ['hændɔf] s sport 1 (în rugby) joc de mână, pasă 2 (în rugby) îndepărtare a adversarului cu palma deschisă

handover ['hændəuvə] s predare, transmitere, remitere; ~ of power transfer al puterii

hand sewn [ˌhænd 'səun] adj cusut de mână

hand signal ['hænd ˌsignl] s semn făcut cu mâna

hands-off [ˌhændz'ɔf] adj neintervenționist; a ~ policy politică de neintervenție

hands-on [ˌhændz'ɔn] adj 1 (d pregătire, experiență etc.) cu caracter practic 2 (d o expoziție) în care pot fi atinse exponatele

handspike ['hændspaik] s 1 nav manetă de cabestan; carrying ~ brancardă 2 constr pârghie

hand stitched [ˌhænd 'stitʃt] adj cusut de mână

hand-to-hand [ˌhænd tə'hænd] adj 1 ~ combat luptă corp la corp 2 (d un obiect) care trece din mână în mână

hand-to-mouth [ˌhænd tə'mauθ] adj precar, lipsit de mijloace de trai suficiente; **to lead a ~ existence** a duce o existență precară, a trăi de azi pe mâine

handwash ['hænd wɔʃ] *vr* a se spăla pe mâini

hand woven [,hænd'wəuvn] *adj* țesut de mână

handy-billy [,hændi 'bili] *s* nav palanc pentru lucrări diverse

hangbird ['hæŋbəːd] *s orn* soi de grangur *(Icterus galbula)*

hang-glide ['hæŋglaid] *vt sport* a zbura cu deltaplanul

hang-glider ['hæŋ ,glaidə] *s sport* **1** deltaplan **2** persoană care zboară cu deltaplanul

hang-gliding ['hæŋ,glaidiŋ] *s sport* (delta) planorism

hang nest ['hæŋ nest] *s orn* **1** cuib atârnat **2** *v.* **hangbird**

han't [hænt] *preso de la* have not *sau* has not

Hants [hænts] *presc de la* Hampshire comitat în Marea Britanie

happy event [,hæpi i'vent] *s* eveniment fericit *(naștere, căsătorie)*

happy hour [,hæpi 'auə] *s (într-un local)* perioadă din seară când băutura este mai ieftină

happy hunting ground [,hæpi 'hʌntiŋ graund] *s* **1** paradisul indienilor nord-americani **2** *fig* mină de aur

happy medium [,hæpi 'miːdiəm] *s* soluție de compromis, de echilibru; **to strike a ~** a găsi o soluție de compromis

haranguer [hə'ræŋə] *s* **1** vorbitor, orator, retor **2** *peior* orator neserios; flecar, palavragiu

Harare [hə'raːri] *s geogr* capitala statului Zimbabwe

harassed ['hærəst] *adj* **1** foarte obosit, extenuat, epuizat **2** stresat, tulburat **3** hărțuit, agresat; **to be sexually ~** a fi victima unei hărțuiri sexuale

hardassed [,haːd'æst] *adj amer sl (d o persoană)* dur, hotărât, care nu face compromisuri

hardball ['haːd bɔːl] *s amer* **1** *sport* baseball **2** *fig* **to play ~** a folosi mijloace dure, chiar necinstite

hard bill [,haːd 'bil] *s orn* soi de botgros *(Coccothraustes sp)*

hard-boil [,haːd'bɔil] *vt* **to ~ an egg** a fierbe un ou tare

hard-bought [,haːd 'bɔːt] *adj (d experiență)* scump plătit

hard-bound [,haːd 'baund] *adj* **1** *(d înțelegere)* greoi, mărginit **2** F constipat

hard-burnt brick [,haːd bəːnt 'brik] *s* cărămidă olandeză

hard case [,haːd 'keis] *s jur* **1** caz grav *(pasibil de o pedeapsă aspră)* **2** recidivist, infractor inveterat

hard cheese [,haːd 'tʃiːz] *s sl* nenoroc, ghinion; năpastă; greutăți

hard cider [,haːd 'saidə] *s amer* cidru

hard consonant [,haːd 'kɔnsənənt] *s fon* consoană tare / surdă

hard copy ['haːd ,kɔpi] *s cib* copie hard

hard disk [,haːd 'disk] *s cib* hard disc, disc fix

hard-drawn [,haːd 'drɔːn] *adj met* **1** *(d sârmă etc.)* tras la rece **2** de înaltă rezistență

hard-drinking [,haːd 'driŋkiŋ] *adj (d o persoană)* bețiv, care bea mult

hardener ['haːdnə] *s* **1** *met* orice substanță întrebuințată pentru favorizarea călirii sau pentru sporirea durității metalelor **2** *(în industria pălăriilor)* mașină de fabricat pâslă **3** *fot* baie de întărire

hardening ['haːdniŋ] *s tehn* **1** călire **2** întărire **3** durcisare

hard facts [,haːd 'fækts] *s pl* fapte / realități incontestabile / evidente

hard-favouredness [,haːd 'feivədnis] *s* grosolănie, urâțenie *(a trăsăturilor feței)*

hard fern [,haːd 'fəːn] *s bot* varietate de ferigă *(Lomaria)*

hard finish [,haːd 'finiʃ] *s constr* strat de ipsos (al treilea) *(la finisarea stucaturii)*

hard-grained [,haːd 'greind] *adj* **1** *(d lemn)* tare, compact, dens **2** cu granulație mare **3** sever, aspru; crud; îndărătnic, încăpățânat; **of a ~ nature** cu o fire îndărătnică

hard grass [,haːd 'graːs] *s bot* varietate de iarbă *(diferite specii de Ophiurus, Rottboelia ș.a.)*

hardhack ['haːdhæk] *s bot* specie de tufă *(Spiraea tomentosa)*

hard hat [,haːd 'hæt] *s* **1** pălărie tare **2** cască de protecție *(în construcții)*

hardhay ['haːdhei] *s bot* sunătoare, pojarniță *(Hypericum perforatum)*

hardhead ['haːdhed] *s* **1** *(om)* pragmatic / practic **2** monedă scoțiană măruntă **3** *amer v.* **menhaden 4** *zool* balenă-cenușie californiană *(Rhachianectes glaucus)* **5** *iht* rândunică de mare *(Trigla)* **6** *amer orn* varietate de rață-roșcată *(Erismatura nubida)* **7** *zool* specie de burete *(Spongia aura)* **8** *bot* varietate de dioc *(Centaurea nigra)* **9** cremene, silice **10** *met* urs *(în mersul furnalului)*

hard hitting [,haːd 'hitiŋ] *adj* energic, viguros, agresiv, intens; **a ~ advertising campaign** o campanie publicitară agresivă

hardihood ['haːdihud] *s* **1** îndrăzneală, temeritate, bărbăție, curaj; cutezanță **2** obrăznicie, impertinență, insolență, tupeu; **you have the ~ to deny that** ai nerușinarea / tupeul să negi că **3** *rar* forță, tărie, energie; trăinicie, neclintire

hardily ['haːdili] *adv* **1** cu îndrăzneală, cu curaj, fără frică, fără șovăială **2** cu insolență, cu tupeu, cu nerușinare

hardim ['haːdim] *s zool* varietate de șopârlă-cu-ghimpi *(Stellio vulgaris)*

hardiness ['haːdinis] *s* **1** îndrăzneală, curaj **2** tărie, rezistență fizică, vigoare

hard labour [,haːd 'leibə] *s* muncă silnică

hardmouth ['haːdmauθ] *s iht* varietate de crap din America

hard-packed [,haːd'pækt] *adj (d pământ, zăpadă etc.)* tasat

hard pad [,haːd 'pæd] *s vet* boală virotică gravă *(la câini)*

hard pear [,haːd 'peə] *s bot* arbust sud-african *(Olinia cymosa)*

hard rider [,haːd 'raidə] *s* călăreț neobosit

hard rock [,haːd 'rɔk] **I** *s muz* hard rock **II** *adj (d mineri)* care lucrează în straturi compacte

hards [haːdz] *s pl* **1** câlți *(deșeuri de la darac)* **2** *min* cărbune dur **3** *met* zgură de sondare

hard-solder [,haːd 'səuldə] **I** *s met* sudură, lipitură **II** *vt* a suda cu aramă

hardtail ['haːdteil] *s iht* varietate de scrumbie *(Caranx pisquetus)*

hardwareman ['haːdweəmæn], *pl* **hardwaremen** ['haːdweə men] *s* fabricant / negustor de (mărunțișuri de) fierărie

225

hardware shop / store ['hɑːdweə ʃɔp / stɔː] *s* magazin cu articole de menaj și de fierărie

hardwaring [ˌhɑːd'weəriŋ] *adj (d haine)* rezistent

hard-wired [ˌhɑːd'waiəd] *adj cib* cablat

hard-won [ˌhɑːd 'wʌn] *adj* câștigat / obținut cu greu, cu mari eforturi

harebrain ['heəbrein] **I** *adj* flusturatic, nesocotit, nechibzuit, imprudent **II** *s* aiurit, zăpăcit; om distrat / zăpăcit / nechibzuit

harefoot ['heəfut] *s* 1 *teatru* pămătuf în formă de labă de iepure *(pentru machiaj)* 2 *orn* gotcă *(Lagopus)* 3 v. **hare's foot (1)**

hare-hearted [ˌheə 'hɑːtid] *adj* sperios, fricos *(ca un iepure)*; laș; care se teme și de umbra lui; sfios

hare kangaroo ['heə kæŋgə,ruː] *s* varietate de cangur *(Macropus sp.)*

hare-lipped [ˌheə 'lipt] *adj* cu buzăde-iepure, cu buza despicată

harengiform [hə'rendʒifɔːm] *adj* în formă de hering / scrumbie

hare's beard ['heəz ˌbiəd] *s bot* lumânărica-Domnului; coada-boului *(Verbascum sp.)*

hare's ear ['heəz iə] *s bot* urechea-iepurelui *(Bupleurum rotundifolium)*

hare's foot ['heəz fut] *s bot* 1 varietate de trifoi 2 potârniche *(Ochroma lagopus)*

hare's lettuce ['heəz ˌletis] *s bot* varietate de lăptuci *(Prenanthes)* 2 susai *(Sonchus)*

hare's tail ['heəz teil] *s bot* 1 soi de iarbă cu teacă, bumbăcariță *(Eriophorum vaginatum)* 2 soi de plantă ierboasă *(Lagurus)*

harfang ['hɑːfæŋ] *s orn* bufniță albă *(Nyctea nivea)*

haricot bean ['hærikəu biːn] *s* fasole *(Phaseolus vulgaris)*

haricot veal ['hærikəu viːl] *s* mâncare de vițel cu legume

harl [hɑːl] **I** *vi scot* a se lăsa târât / cărat, dus **II** *vt scot constr* a tencui *(un zid)* **III** *s* 1 târâre, remorcare; smucire, smulgere 2 fire *(de lână, cânepă, in etc.)*; fascicul de fire; păr; ațișoară 3 avere câștigată necinstit 4 *scot* masă de oameni *(considerabilă sau șovăitoare)*

harlequin opal ['hɑːlikwin ˌəupəl] *s minr* opal oriental

harmlessly ['hɑːmlisli] *adv* 1 fără vătămare / stricăciune 2 nevinovat, inocent

harmonical [hɑː'mɔnikəl] *adj muz* armonic, armonios, conform cu legile armoniei

harmonic analysis [hɑːˌmɔnik ə'nælisis] *s mat* analiză armonică

harmonic curve [hɑːˌmɔnik 'kəːv] *s mat* sinusoidă

harmonic mean [hɑːˌmɔnik 'miːn] *s mat* 1 medie armonică 2 termen al unei serii armonice

harmonic progression [hɑːˌmɔnik prə'greʃn] *s mat* progresie armonică

harmonic series [hɑːmɔnik 'siriəz] *s mat* serie armonică

harmoniphon [hɑː'mɔnifɔn] *s muz* oboi cu clape

harness cask ['hɑːnis kɑːsk] *s nav* depozit de carne sărată

harness leather ['hɑːnis ˌleðə] *s* blanc pentru hamuri; piele pentru harnașamente

harness plate ['hɑːnis pleit] *s* argintărie *(la harnașamentul calului)*

harness race ['hɑːnis reis] *s sport* cursă de trap

harp shell ['hɑːpʃel] *s zool* soi de melc *(Harpa)*

harpsichordist ['hɑːpsikɔːdist] *s* clavecinist

harpy eagle ['hɑːpi ˌiːgl] *s orn* 1 specie de vultur din America de Sud *(Harpia harpyia)* 2 acvila-maimuțelor *(Pithe cophaga jefferyi)*

harried ['hærid] *adj* tracasat, hărțuit

harslet ['hɑːslit] *s (↓ la pl)* măruntaie *(de porc)* pentru fript

hartal ['hɑːtɑːl] *s (cuvânt angloindian)* întreruperea lucrului / traficului / negoțului *(în semn de protest sau doliu)*

hartite ['hɑːtait] *s geol* hartit

hartshorn plantain ['hɑːtshɔːn ˌplæntin] *s bot* patlagină *(Plantago sp.)*

haruspication [həˌrʌspi'keiʃn] *s* prezicere, prorocire *(după intestinele animalelor sacrificate)*

harvest feast ['hɑːvist fiːst] *s* sărbătoarea culesului / secerișului / recoltei

harvest fly ['hɑːvist flai] *s amer ent* specie de greiere *(Cicada tibicen)*

harvesting ['hɑːvistiŋ] *s agr* recoltare; strângerea recoltei; seceriș

harvestless ['hɑːvistlis] *adj* fără recoltă; neproductiv

harvest louse ['hɑːvist laus] *s ent* specie de păianjen-de-toamnă *(Leptus autumnalis)*

harvest-supper ['hɑːvist ˌsʌpə] *s (în Marea Britanie)* sărbătoarea recoltei *(cină colectivă)*

Harvest Thanksgiving ['hɑːvist ˌθæŋksgiviŋ] *s amer* sărbătoarea recoltei

harvest tick ['hɑːvist tik] *s v.* **harvest louse**

harvesttime ['hɑːvist taim] *s* perioada / sezonul recoltării

hash browns ['hæʃ ˌbraunz] *s* cartofi pai prăjiți

hasher ['hæʃə] *s* mașină de tocat carne

hash mark ['hæʃ mɑːk] *s mil* tresă

hash slinger ['hæʃ ˌsliŋə] *s amer F* ospătar / chelner la un birt

hastate ['hæsteit] *adj bot (d forma frunzelor)* lanceolat, ascuțit

hastings ['heistiŋz] *s pl* trufandale, legume *sau* fructe timpurii

hatchback ['hætʃbæk] *s (la automobile, camioane)* portieră din spate rabatabilă

hatchel ['hætʃəl] **I** *s* darac *(pentru cânepă)*; coarsest ~ pieptene mare *(pentru cânepă)* **II** *vt* 1 a dărăci 2 *fig* a critica cu răutate *(pe cineva)*; a zeflemisi, a face aluzii malițioase la

hatcher ['hætʃə] *s* 1 clocșcă 2 clocitoare 3 conspirator, intrigant, complotist

hatching ['hætʃiŋ] *s* ecloziune

hatchling ['hætʃliŋ] *s* puișor *(de pasăre)*

hatchment ['hætʃmənt] *s* 1 blazon, stemă 2 placă comemorativă cu blazon, arme senioriale 3 marcă, semn distinctiv, insignă

hateable ['heitəbl] *adj* nesuferit, odios, antipatic; dușmănos

hated ['heitid] *adj* urât, detestat

hatesheet ['heitʃiːt] *s* publicație care incită la ură rasială, religioasă *etc.*

Hatfields and McCoys [ˌhætfiːldz ənd mæ'kɔiz] *s amer* the ~ nume fictive reprezentând familii rivale

hatmaker ['hæt ˌmeikə] *s* pălărier; modistă

hat money ['hæt ˌmʌni] *s* chetă

hatter ['hætər] *s scot med* spuzeală, bubuliţe *(pe faţă)*

hatting ['hætiŋ] *s* 1 fabrică de pălării 2 magazin de pălării 3 materie primă *(pâslă sau stofă)* folosită pentru pălării

hattock ['hætək] *s scot dim de la* **hat** 1 pălărie 2 *agr* claie de snopi

haugh [hɔ:] *amer* [hɑ:f] *s scot* 1 luncă 2 ţinut mlăştinos

haulage rope ['hɔ:lidʒ rəup] *s min* cablu din puţul de extracţie

hauling ['hɔ:liŋ] *s tehn* remorcare; tragere, tracţiune; transport; corhănire

haulmy ['hɔ:mi] *adj* 1 păios 2 cu frunzişul veştejit

haunter ['hɔ:ntə] *s (frecventator)* obişnuit *(al teatrelor etc.)*; ~ **of** taverns stâlp de cafenea

hausmannite ['hausmænait] *s minr* hausmanit

haustellum [hɔ:'steləm], *pl* **haustella** [hɔ:'stelə] *s* trompă *(de insectă, de crustaceu etc.)*

hautboy strawberry ['hɔtbɔi strɔ-ˌbəri] *s bot* căpşun *(Fragaria elatior)*

have-on ['hævɔn] *s sl* păcăleală

haver[1] ['heivə] *s* 1 *bot* ovăz sălbatic *(Avena fatua)* 2 *scot* posesor al unui document juridic

haver[2] ['heivə] *vi* a şovăi, a ezita, a trage de timp, a da din colţ în colţ

havildar ['hʌvildɑ:] *s (cuvânt anglo-indian) mil* 1 subofiţer 2 sergent aborigen

haw[1] [hɔ:] I *interj* strigăt al vizitiului când îndeamnă caii la stânga; *aprox* hăis II *vi (d cai)* a apuca la stânga

haw[2] [hɔ:] *s* 1 *vet* pleoapă *(la cal, câine etc.)* 2 *orn* membrană de clipire

Hawaïan guitar [həˌwaiiən gi'tɑ:] *s muz* 1 chitară havaiană 2 ukulele

Hawaïan Standard Time [ˌhəwaiiən 'stændəd taim] *s* ora oficială în Hawai

hawfinch ['hɔ:fintʃ] *s orn* botgros *(Coccothraustes coccothraustes)*

haw-haw ['hɔ:hɔ:] *s* şanţ *(de hotar)* cu gard mic

hawker ['hɔ:kə] *s* 1 vânător cu şoimul 2 şoimar

hawkey[1] ['hɔ:ki] *s sport* hochei

hawkey[2] ['hɔ:ki] *s scot* 1 vacă alb-neagră, *(↓)* ţintată, vacă neagră cu stea în frunte 2 urs, persoană stângace

hawk-eyed [ˌhɔ:k'aid] *adj* 1 cu ochi de vultur, cu privire ageră 2 *fig* vigilent, căruia nu-i scapă nimic; perspicace, pătrunzător

hawkish ['hɔ:kiʃ] *adj* hrăpăreţ, rapace

hawkmoth ['hɔ:kmɔθ] *s ent* fluture-de-noapte *(Sphingidae sp.)*

hawse pipe ['hɔ:z paip] *s nav* nară de ancoră

hawser-laid [ˌhɔ:zə 'leid] *adj (funie)* bătută numai o dată

hay bag ['hei bæg] *s sl* parte a locuinţei rezervată femeilor, gineceu

hay barrack ['hei ˌbærək] *s* pod pentru fân *(cu acoperiş mobil)*

haybird ['heibə:d] *s orn* denumire generică dată mai multor specii de păsărele care folosesc fânul pentru construirea cuibului

hayrick ['heirik] *s* stog, claie, căpiţă

hazard warning ['hæzəd ˌwɔniŋ] *s auto* semnal de avertizare; ~ **triangle** triunghi reflectorizant de presemnalizare

hazel grove ['heizl grəuv] *s* aluniş

hazel-tree grove ['heizl tri: grəuv] *s silv* aluniş

hazing ['heiziŋ] *s amer şcol (ceremonie de)* iniţiere a unui neofit / boboc

H-block ['eitʃ blɔk] *s the* ~**s** clădiri în forma literei H, făcând parte din închisoarea din Maze *(lângă Belfast)*

headband ['hedbænd] *s* cordeluţă; diademă; ~ **of head-phones** bandă elastică pentru căşti *(de radio, telefon)*

headboy ['hed bɔi] *s brit şcol (elev)* monitor-şef

headbutt ['hedbʌt] I *s* împungere cu capul, lovitură cu capul II *vt* a împunge cu capul, a lovi cu capul

head case ['hed keis] *s sl* nebun, ţicnit, dement

head count ['hed kaunt] *s* numărare a persoanelor prezentate; **the teacher did a** ~ profesorul i-a numărat pe elevii prezenţi

headed notepaper [ˌhedid 'nəutpeipə] *s brit* hârtie cu antet

head girl ['hed gə:l] *s şcol brit (elevă)* monitor-şef

headhunt ['hedhʌnt] I *vi* 1 a vâna capete *(ca trofee)* 2 *pol* a-şi lipsi adversarii de influenţă, a-şi distruge adversarii 3 a recruta / racola personal foarte calificat

headmastership ['hedmɑ:stəʃip] *s şcol* post de director *(într-o şcoală)*

headpin ['hedpin] *s* 1 *(la popice)* popicul cel mai apropiat 2 *fig* şef, persoana cea mai importantă

head restraint ['hed riˌstreint] *s brit* tetieră, rezemătoare de cap

headsail ['hedseil] *s nav* velă de la prova

headscarf ['hedskɑ:f], *pl* **headscarves** ['hed skɑ:vz] *s* batic, basma

headship ['hedʃip] *s* poziţie de conducător / şef

head shrinker ['hed ˌʃriŋkə] *s* 1 vânător de capete 2 *sl* psihiatru; psihanalist

headsquare ['hedˌskweə] *s* batic, basma

head stall ['hed stɔ:l] *s* căpăstru

headstand ['hedstænd] *s* **to do a** ~ a sta în cap

head start [ˌhed'stɑ:t] *s* 1 *sport şi fig* avans; **to get a** ~ **over the others** a lua un avans asupra celorlalţi 2 început bun / promiţător / favorabil

head stream [ˌhed'stri:m] *s* afluent al unui curs de apă

head teacher [ˌhed 'ti:tʃə] *s* director / directoare de şcoală sau liceu

head-up [ˌhed'ʌp] *adj (în avion, maşină)* ~ **display** afişaj sus / deasupra capului

headwall ['hedwɔ:l] *s tehn* zid / perete de închidere

heald [hi:ld] *s text* iţă, coclet

healder [hi:ldə] *s text* năvăditor

health farm ['helθ fɑ:m] *s F* centru de sănătate *(↓ la ţară)*

health hazard ['helθ ˌhæzəd] *s* risc pentru sănătate

healthiness ['helθinis] *s* caracter salubru *(al unei regiuni etc.)*

health insurance ['helθ inˌʃuərəns] *s* asigurare de boală

healthless ['helθlis] *adj* bolnav, bolnăvicios

health risk ['helθ risk] *s v.* **health hazard**

hearable ['hiərəbl] *adj* care poate fi auzit / perceput cu urechea

heart balm ['hɑːt bɑːm] *s amer F* despăgubire datorată pentru ruperea logodnei / pentru încălcarea promisiunii de căsătorie

heartbreaker ['hɑːt ˌbreikə] *s* sfărâmător de inimi; durere *(sufletească)*, lovitură cumplită

heart-broken [ˌhɑːt 'brəukən] *adj* cu inima frântă, îndurerată

heart condition ['hɑːt kən,diʃn] *s* boală de inimă, afecţiune cardiacă

heartening ['hɑːtniŋ] *adj* încurajator, care îmbărbătează

heartiness ['hɑːtinis] *s* 1 sinceritate; cordialitate 2 éntuziasm, zel, avânt 3 forţă, vigoare, robusteţe

heartland ['hɑːtlænd] *s* zonă extrem de importantă / vitală; **the industrial ~ of Europe** principalul centru industrial al Europei

heart-lung machine [ˌhɑːtlʌŋ mə-'ʃiːn] *s med* aparat cardio-respirator

heart murmur ['hɑːt ˌməːmə] *s med* suflu cardiac

heartrot ['hɑːt rɔt] *s silv* putregai la inimă

heart-searching [ˌhɑːt'səːtʃiŋ] *s* examen de conştiinţă, introspecţie

heartshake ['hɑːtʃeik] *s silv* spintecare radială *(la copaci)*

heart sickness ['hɑːt ˌsiknis] *s* amărăciune; mâhnire; deprimare

heart-stirring [ˌhɑːt 'stəːriŋ] *adj* tulburător; emoţionant, mişcător

heart wood ['hɑːt wud] *s (lemn de)* duramen

heat capacity ['hiːt kə,pæsiti] *s fiz* capacitate calorică

heat constant ['hiːt ˌkɔnstənt] *s fiz* constantă calorică

heater ['hiːtə] *s* 1 aparat de încălzire, radiator, reşou 2 persoană având în sarcină încălzirea unei maşini *etc.*

heat exhaustion ['hiːt ig,zɔːstʃn] *s* stare de epuizare fizică datorată depunerii de efort pe căldură

heat haze ['hiːt ˌheiz] *s* distorsionare a imaginilor la distanţă datorită căldurii

heath bell ['hiːθ bel] *s bot* floare de iarbă-neagră *(Erica vulgaris, Calluna vulgaris)*

heathenize ['hiːðənaiz] *vt* a păgâniza, a face păgân

heathenness ['hiːðnnis] *s* păgânitate, păgânime, lume păgână

heather bell ['heθə bel] *s v.* **heath bell**

heathery ['heðəri] *adj* acoperit cu iarbă-neagră

heath fowl ['hiːθ faul] *s orn* 1 potârniche-albă scoţiană *(Lagopus scoticus)* 2 gotcan, cocoş sălbatic *(Lymmus Tetrix*

heathland ['hiːθlænd] *s* landă, câmp, bărăgan

heathy ['hiːθi] *adj v.* **heathery**

heating ['hiːtiŋ] I *s* 1 încălzire; **central ~** încălzire centrală 2 proces de ardere 3 călire 4 *rad* incandescentă II *adj* 1 încălzitor; care înfierbântă / încinge 2 *fig* care înflăcărează

heating element [ˌhiːtiŋ 'elimənt] *s tehn* placă încălzitoare; rezistenţă

heating furnace ['hiːtiŋ ˌfəniːs] *s tehn* cuptor de recoacere; cuptor de încălzire

heatless ['hiːtlis] *adj* lipsit de căldură, rece

heat lightning ['hiːt ˌlaitniŋ] *s* fulger, fulgerare *(fără tunet)*

heat rash ['hiːt ræʃ] *s med* sudamină

heat rays ['hiːt reiz] *s fiz* raze calorice

heat-treat ['hiːt ˌtriːt] *vt tehn* a trata termic (↓ *metale)*

heat unit ['hiːt ˌjuːnit] *s fiz* unitate calorică

heaume [həum] *s mil înv* coif mare care ajunge până la umeri

heaver ['hiːvə] *s* 1 hamal, încărcător 2 pârghie; bară de tracţiune 3 *nav* cavilă, întinzător de lemn

heaving ['hiːviŋ] I *s* 1 ridicare, înălţare 2 *geol* umflare; înfoiere II *adj* 1 curgător 2 care se ridică / se înalţă

heavy ['hevi] *s sl cin* personaj negativ / odios *(într-un film)*

heavy-armed [ˌhevi 'ɑːmd] *adj* înarmat până în dinţi

heavy artillery [ˌhevi ɑː'tiləri] *s mil* artilerie grea

heavy bomber [ˌhevi 'bɔmə] *s av* bombardier greu

heavy cruiser [ˌhevi 'kruːzə] *s nav* crucişător greu

heavy oil [ˌhevi 'ɔil] *s* 1 *auto* ulei / lubrifiant greu 2 *petr* ţiţei greu

heavy spar [ˌhevi 'spɑː] *s minr* barită

hebdomadary [heb'dɔmədəri] *adj* hebdomadar, săptămânal

Hebraistic [ˌhiːbrei'istik] *adj* ebraic

Hebraize ['hiːbreiaiz] I *vt* a ebraiza; a exprima în ebraică II *vi* 1 a vorbi în ebraică; a folosi expresii ebraice 2 a se supune riturilor ebraice

Hebridean [he'bridiən] I *adj* din insulele Hebride II *s* locuitor din insulele Hebride

Hebridian [he'bridiən] *adj, s v.* **Hebridean**

hectolitre ['hektəuliːtə] *s* hectolitru

hectometre ['hektəumiːtə] *s* hectometru

heddle ['hedl] *s text* cocleţ

hedge bird ['hedʒ bəːd] *s sl* vagabond, coate-goale

hedge-hopper ['hedʒˌhɔpə] *s* 1 *av F* avion de asalt, de luptă 2 persoană care sare de la un subiect la altul *(într-o conversaţie etc.)*

hedge hyssop ['hedʒ ˌhisəp] *s bot* veniariţă *(Gratiola officinalis)*

hedgeless ['hedʒlis] *adj* fără gard, neîmprejmuit, neîngrădit

hedge mushroom ['hedʒ ˌmʌʃrum] *s bot* specie de ciupercă *(Agaricus arvensis)*

hedge-mustard ['hedʒ ˌmʌstəd] *s bot* 1 brâncuţa, frunza-voinicului *(Sisymbrium officinalis)* 2 micsandre sălbatice *(Erysimum sp.)* 3 tămâiţă *(Chenopodium ambrosioides)*

hedge nettle ['hedʒ ˌnetl] *s bot* bălbişa, jaleş *(Stachys sylvatica)*

hedge parsley ['hedʒ ˌpɑːsli] *s bot* hasmaţuchiul-măgarului *(Torilis sp.)*

hedge pink ['hedʒ piŋk] *s bot* odogaci, floarea-călugărului, floare-de-săpun *(Saponaria officinalis)*

hedge sparrow ['hedʒ ˌspærəu] *s orn* 1 brumăriţă-de-pădure, brumăriţă-mică, vrabie-de-pădure *(Prunelia modularis)* 2 orice pasăre asemănătoare cu vrabia

hedge violet ['hedʒ ˌvaiəlit] *s bot* viorele *(Viola silvatica)*

heel bone ['hiːl bəun] *s anat* osul călcâiului, calcaneu

heel-piece ['hiːl piːs] I *s* 1 toc 2 flec; placheu de toc 3 final de carte, bucata de la urmă, epilog II *vt* a pune tocuri la

Hegelianism [hei'giːljənizm] *s filoz* hegelianism

heightening ['haitniŋ] s 1 ridicare, înălţare *(a unei clădiri etc.)* 2 mărire, sporire, intensificare 3 *fig* exagerare, umflare

height gauge ['hait geidʒ] s 1 altimetru 2 riglă verticală 3 *tehn* şubler de trasat 4 *poligr* măsurător de înălţime

heinie ['hi:ni] s *sl* fund, cur, fese

heirdom ['heədəm] s moştenire, succesiune de drept; **to come into a ~** a intra în posesia unei moşteniri

heir general [ˌeə 'dʒenərəl] s legatar universal

heliacal [hi(:)'laiəkəl] *adj* 1 solar 2 care coincide cu răsăritul *sau* apusul soarelui

helicoid ['helikɔid] *adj* elicoidal

heliocentric [ˌhi:liəu'sentrik] *adj* heliocentric

heliographic(al) [ˌhi:liəu'græfik(əl)] *adj* heliografic

heliogravure ['hi:liəugrəvjuə] s heliogravură

heliometre [ˌhi:li'ɔmitə] s *astr* heliometru

Helios ['hi:liɔs] s *mit zeul grec al soarelui şi luminii*

heliostat ['hi:liəustæt] s *opt, poligr* heliostat

heliotypy ['hi:liətaipi] s *poligr* heliotipie

helipad ['helipæd], **helistop** ['helistɔp] s aerodrom pentru elicoptere, eliport

helix angle ['hi:liks ˌæŋgl] s *tehn* unghi de înclinare a elicei

hell-bomb ['hel bɔm] s *sl* bombă cu hidrogen

hell-driving ['hel ˌdraiviŋ] s acrobaţii automobilistice

hellebore ['helibɔ:] s *bot* 1 spânz, iarba-nebunilor *(Helleborus purpurascens)* 2 cutcurig *(Helleborus dodorus)*

hello girl [he'ləu gə:l] s *amer sl* telefonistă

hellwards ['helwə:dz] *adv* spre iad

helm [helm] s 1 *înv poetic* coif, cască 2 *ch* capac de retortă

helmet flower ['helmit ˌflauə] s *bot* omag *(Aconitum sp.)*

helping hand [ˌhelpiŋ 'hænd] s (mână de) ajutor; **to give someone a ~** a da cuiva o mână de ajutor

helpline ['helplain] s serviciu de asistenţă telefonică, *aprox* linie fierbinte; **AIDS ~** *aprox* S.O.S. SIDA

helve hammer ['helv ˌhæmə] s ciocan cu coadă

hematic [hi'mætik] *adj fizl* hematic

hematin ['hi:mætin] s *ch* hematină

hematite ['hemətait] s *minr* hematită

hematoid ['hi:mətɔid] *adj fizl* hematoid

hemiacetal [ˌhemi'æsitɔl] s *ch* semiacetol

hemicellulose [ˌhemi'seljuləus] s *ch* semiceluloză

hemicycle ['hemisaikl] s emiciclu

hemiplegic [ˌhemi'pli:dʒik] I s bolnav de hemiplegie, hemiplegiac II *adj* hemiplegic

hemiterpene [ˌhemi'tə.pi.n] s *ch* izopren

hemolysin ['heməlaisin] s *ch* hemolizină

hemorrhage ['heməridʒ] s *med* hemoragie, pierdere de sânge

hemp nettle ['hemp ˌnetl] s *bot* lingurică *(Galeopsis tetrahit)*

hemp oil ['hemp ɔil] s ulei de cânepă

hemp-seed oil [ˌhemp si:d 'ɔil] s v. **hemp oil**

hemp strand ['hemp strænd] s *text* toron de cânepă

hen coop ['hen ku:p] s coş pentru *I sau* cu găini, păsări

henequen ['heniken] s *bot* specie de agavă *(Agave sp.)*

hen fruit ['hen fru:t] s *umor* ouă de găină

hen house ['hen haus] s coteţ de găini

Henley ['henli] s **the ~ Regatta** competiţie internaţională de canotaj pe Tamisa

hennaed ['henəd] *adj (d păr)* vopsit roşu *(cu henna)*

hen pen ['hen pen] s coteţ de găini

henry ['henri] s *el* henry

hepatite ['hepətait] s *med* hepatită

hepster ['hepstə] s *amer* 1 jazbandist, instrumentist de jaz 2 fanatic al jazului 3 tânăr cu idei moderne

heptane ['heptein] s *ch* heptan

heptasyllabic [ˌheptəsi'læbik] *adj lit* heptasilabic

heptatlon [hep'tæθlɔn] s *sport* heptatlon

heptode ['heptəud] s *tel* heptodă

herbaceous border [hə:ˌbeiʃəs 'bɔ:də] s porţiune acoperită cu plante ierbacee *(într-o grădină)*

herb barbara [ˌhə:b 'ba:bərə] s *bot* cruşăţea, barbuşoară *(Barbaroea vulgaris)*

herb-of-grace [ˌhə:b əv'greis] s *bot* rută, vârnanţ *(Ruta graveolens)*

herb robert [ˌhə:b 'rɔbət] s *bot* ciocul-cocostârcului, năprasnică *(Geranium roberlianum)*

hercynite ['hə:sinait] s *minr* hercinit

herdboy ['hə:dbɔi] s *amer* văcar

herding ['hə:diŋ] s 1 păscutul vitelor 2 *amer* creşterea vitelor

herefrom ['hiəfrɔm] *adv* de aici, din aceasta

hereon [ˌhiər'ɔn] *adv* 1 la care, drept care 2 drept urmare, ca rezultat

hermeneutic(al) [ˌhə:mə'nju:tik(l)] *adj* hermeneutic

hermeneutics [ˌhə:mə'nju:tiks] s hermeneutică

hermetic books [hə:ˌmetik 'buks] s *pl* cărţi de astrologie

hermit bird ['hə:mit bə:d] s *orn* varietate de colibri *(Phaëtornis superciliosus)*

herpes simplex [ˌhə:pi:z 'simpleks] s *med* herpes simplu

herringbone stitch [ˌheriŋbəun 'stitʃ] s *text* cusătură / împletitură în zig-zag

herring gull ['heriŋ gʌl] s *orn* martin, pescăruş-albăstrui *(Larus argentatus)*

herring pond ['heriŋ pɔnd] s *amer sl* Oceanul Atlantic

hertz [hə:ts] s *el* hertz

hesitantly ['hezitəntli] *adv* ezitant, şovăielnic

Hesperides [he'speridi:z] s *pl mit* Hesperide *(nimfe, păzitoare ale merelor de aur)*

hesperidin [hes'peridin] s *ch* hesperidină

het [het] F I s persoană heterosexuală II *adj (d o persoană)* heterosexual

heterodoxy ['hetərədɔksi] s eterodoxie, opinie diferită de cea general acceptată, erezie; nonconformism

heterogeneity [ˌhetərəudʒi'ni:iti] s eterogenitate, varietate, neuniformitate, diversitate

heulandite ['hju:ləndait] s *geol* heulandit

hexachord ['heksəkɔ:d] s *muz* hexacard

Hezekiah [ˌhezi'kaiə] s *bibl* Ezechiel *(profet evreu)*

229

hexachlorophene [ˌheksə'klɔːrəfiːn] s ch hexaclorofen

hexdecane [heks'dekein] s ch cetan

hexode ['heksəud] s fiz hexodă

hey-day ['hei dei] interj (exprimând bucuria, mirarea) hei!

HGV presc de la heavy goods vehicle vehicul pentru transportul mărfurilor grele, F TIR

hibernal [hai'bəːnl] adj hibernal, de iarnă

hideosity [ˌhidi'ɔsiti] s hidoșenie, grozăvie

hiding power ['haidiŋ ˌpauə] s tehn putere de acoperire

hierarchize ['haiərɑːkaiz] vt a ierarhiza

higgler ['higlə] s 1 client care se tocmește exagerat, client cârcotaș 2 precupeț, negustor ambulant

high altar [ˌhai'ɔːltə] s bis altar principal

high-blown [ˌhai 'bləun] adj fig umflat, bombastic

high camp [ˌhai 'kæmp] s 1 maniere afectate / efeminate 2 (stil) kitsch

high chair [ˌhai 'tʃeə] s scaun înalt (pentru copii)

high cockalorum [ˌhai kɔkə'lɔːrəm] s amer sl (mare) grangur, ștab, mare mahăr, personaj important

high-density [ˌhai 'densiti] adj 1 dens populat, suprapopulat 2 cib (d dischete) cu densitate ridicată

high-energy [ˌhai 'enədʒi] adj 1 tehn de mare energie 2 cu mare randament energetic, hipercaloric; a ~ diet un regim alimentar hipercaloric

higher degree [ˌhaiə di'griː] s diplomă de studii superioare

Higher Grade [ˌhaiə 'greid] s scot aprox diplomă de bacalaureat

higher mathematics [ˌhaiə mæθ'mætiks] s mat matematici superioare

Higher National Certificate [ˌhaiə næʃnl sə'tifikit] s (în Marea Britanie) diplomă de studii tehnice

Higher National Diploma [ˌhaiə næʃnl di'pləmə] s (în Marea Britanie) diplomă de studii tehnice superioare

high fashion [ˌhai'fæʃn] s ultima modă (chiar extravaganță)

high finance [ˌhai 'fainæns] s marea finanță, cercurile financiare cele mai importante

high-five ['hai faiv] s F gest de salut sau de felicitare prin lovirea palmelor deschise

high forest [ˌhai 'fɔrist] s codru

high-hearted [ˌhai 'hɑːtid] adj mărinimos, curajos

high horse [ˌhai 'hɔːs] s F îngâmfare; to ride the ~ a face pe grozavul, a se grozăvi, a nu-i ajunge nici cu prăjina la nas

high jumper ['hai dʒʌmpə] s sport săritor în înălțime

high key [ˌhai 'kiː] s telev imagine luminoasă

highland ['hailənd] s 1 țară muntoasă; the Highlands Nordul și Nord-Vestul Scoției 2 pl geol ținut muntos, platou

Highland Clearances [ˌhailənd 'kliərənsiz] s pl (în Scoția) deplasare de populații, cu afectarea terenurilor eliberate pentru creșterea oilor (sec. XVII-XIX)

Highland games [ˌhailənd 'geimz] s (în Scoția) sărbătoare populară cu diverse concursuri și jocuri sportive

high-level [ˌhai'levl] adj 1 (d discuții, întâlniri etc.) la nivel înalt; (d diplomați, ofițeri etc.) de rang înalt, superiori 2 cib ~ language limbaj de nivel înalt / evoluat

high-lived [ˌhai 'livd] adj distins, monden

high low ['hai ləu] s gheată înaltă cu șireturi

high-necked [ˌhai'nekt] adj 1 cu gâtul lung 2 cu guler înalt

high noon [ˌhai'nuːn] s miezul zilei, ora 12 a.m.

high-pass filter [ˌhai pɑːs 'filtə] s filtru trece-sus

high-performance [ˌhai pə'fɔːməns] adj foarte performant, de mare performanță

high place [ˌhai'pleis] s rel (la vechii semiți) templu construit pe o colină

high point [ˌhai 'pɔint] s punctul culminant, momentul cel mai important / de vârf

high-powered [ˌhai'pauəd] adj 1 (d motoare etc.) de mare putere 2 (d persoane, activități etc.) dinamic, întreprinzător, energic; important, cu influență

high-pressure [ˌhai 'preʃə] I adj 1 (d motoare, gaze etc.) de înaltă presiune; meteor ~ area anticiclon 2 (d o activitate) agresiv, stresant, apăsător, tensionat II vt amer F a forța mâna (cuiva), a supune unei presiuni morale (pe cineva)

high priestess [ˌhai'priːstis] s rel mare preoteasă

high profile [ˌhai 'prəufail] I s to have a ~ fig a fi foarte vizibil / expus II adj foarte vizibil / expus, la vedere; zgomotos

high-risk [ˌhai 'risk] adj foarte riscant, periculos

high roller [ˌhai 'rəulə] s amer F risipitor, mână-spartă, cheltuitor

high schooler [ˌhai'skuːlə] s licean, elev de liceu / de școală medie

high society [ˌhai sə'saiəti] s înalta societate, cercurile înalte, elita, lumea bună

high tech [ˌhai'tek] I s tehnologie avansată / de vârf II adj (d industrie etc.) de vârf

high-tops [ˌhai'tɔps] s bocanci de munte

highway robbery ['haiwei ˌrɔbəri] s jaf la drumul mare

high-wrought [ˌhai 'rɔːt] adj 1 executat artistic 2 profund tulburat, iritat

hijacker ['haidʒækə] s amer sl bandit, gangster (care atacă automobiliștii sau contrabandiștii de băuturi alcoolice)

hijacking ['haidʒækiŋ] s 1 jaf, prădare 2 deturnare (↓ unui avion)

hiking ['haikiŋ] s 1 excursie, plimbare 2 ridicare, înălțare, sporire

hill ant ['hil ænt] s ent furnică mare / sălbatică / de pădure, furnicar (Formica rufa)

hiller ['hilə] s agr mușuruitor, brăzdar de mușuroaie

hill farmer ['hil ˌfɑːmə] s crescător de oi la munte

hillfort ['hilfɔːt] s loc fortificat în vârful unei coline

hilliness ['hilinis] s caracter deluros sau muntos

hill-side plough [ˌhilsaid 'plau] s agr plug de coastă

hillwort ['hilwəːt] s bot busuiocul-cerbilor (Mentha pulegium)

Himalayan [ˌhimə'leiən] adj himalaian, din munții Himalaya

hindberry ['haindbəri] s bot zmeur, zmeurar (Rubus idaeus)

Hindenburg ['hindən,bə:g] *s* the ~ dirijabil american care a traversat pentru prima dată Atlanticul

hinny ['hini] *vi (d cai)* a necheza

hintingly ['hintiŋli] *adv (în mod)* indirect, pe ocolite, aluziv, pe calea aluziilor

hiphuggers ['hip,hʌgəz] *s amer* pantaloni cu talie joasă

hipped [hipt] *adj F* posomorât, melancolic

hippety-hoppety [,hipəti'hopəti] *adv* topăind

hippish ['hipiʃ] *adj v.* **hipped**

hippocampus [,hipəu'kæmpəs], *pl* **hippocampi** [,hipəu'kæmpai] *s iht* hipocamp, cal-de-mare *(Hippocampus)*

Hippocratic [,hipəu'krætik] *adj* hipocratic

hippogriff, hippogryff ['hipəgrif] *s mit* hipogrif

hippology [hi'polədʒi] *s* hipologie, știința despre cai

hippopotamic [,hipəupə'tæmik] *adj* de hipopotam *și fig*

hippuris [hi'pjuəris] *s bot* coada-calului *(Hippuris vulgaris)*

hip replacement ['hip ri,pleismənt] *s med (operație de)* înlocuire a șoldului prin proteză; proteză de șold

hiptile ['hiptail] *s constr* țiglă de coamă

hire car ['haiə ka:] *s* automobil închiriat

hireling ['haiəliŋ] *s* 1 *peior* lefegiu, mercenar, simbriaș, (om) năimit 2 cal luat cu chirie

hiring ['haiəriŋ] *s ferov* locație

hirst [hə:st] *s geol* aluviune fluvială; banc de nisip *(într-un râu sau fluviu)*

Hispano-American [hi,spɑːnəu ə'merikn] I *s* hispano-american II *s* hispano-american, american de origine hispanică

hissing ['hisiŋ] *s* 1 șuierături, fluierături 2 șuierat, fluierat 3 sâsâială 4 *tehn* zgomot de fond; pârâituri

hist [hist] *interj* 1 st! tăcere! 2 *(pentru a atrage atenția)* pst!

histidine ['histidi(:)n] *s ch* histidină

histogeny [his'todʒini] *s biol* histogeneză

histologist [his'tolədʒist] *s* histolog

historigram [his'torigrəm] *s mat* historiogramă, graficul seriilor

history painting ['histəri ,peintiŋ] *s* pictură istorică

hitch-hiking ['hitʃ ,haikiŋ] *s* autostop, călătorie cu autostopul

hitherward(s) ['hiðəwəd(z)] *adv* încoace

hit list [hit list] *s sl* listă neagră

hit parade ['hit pə,reid] *s* parada șlagărelor / succeselor muzicii ușoare; program de șlagăre

hit rate ['hit reit] *s mil* procent de trageri reușite

hit-run ['hit rʌn] I *s* automobil care părăsește locul accidentului II *adj mil* de șoc, de atac

hit squad ['hit skwod] *s F* comando ucigaș

HIV *presc de la* **human immunodeficiency virus** *med* virusul imunodeficienței umane; **to be ~ positive** a fi seropozitiv HIV

hive bee ['haiv bi:] *s ent* albină *(Apis mellifica)*

hiver ['haivə] *s* apicultor, prisăcar; stupar

hiya ['haiə] *interj amer* bună! noroc! salutare!

HMG *presc de la* **His / Her Majesty's Government** *(în Marea Britanie)* Guvernul Majestății Sale *(expresie folosită pe documentele oficiale)*

HMO *presc de la* **Health Maintenance Organization** *(în S.U.A.)* clinică de medicină preventivă pe bază de asigurare medicală

HND *presc de la* **Higher National Diploma**

hoarder ['hɔːdə] *s* persoană care face provizii / care nu aruncă nimic / strângătoare

hoar stone ['hɔːstəun] *s* piatră / bornă de hotar

hoary alder [,hɔːri 'ɔ(ː)ldə] *s bot* anin-alb *(Alnus incana)*

hobbadehoy ['hobədihɔi] *s* 1 adolescent la vârsta ingrată; găligan; tânăr stângaci 2 țărănoi

hobbedehoy ['hobədihɔi] *s v.* **hobbadehoy**

hobbedyhoy ['hobədihɔi] *s v.* **hobbadehoy**

Hobbist ['hobist] *s filoz* adept al lui Thomas Hobbes

hobbler ['hoblə] *s* 1 șchiop 2 *fig* cârpaci, nepriceput

hobbleshow ['hoblʃəu] *s* larmă, zarvă, tărăboi

hobblingly ['hobliŋli] *adv* șchiopătând

hobby ['hobi] *s orn* erete, eretele-rândunelelor, șoimul-ciocârliilor, șoimul-rândunelelor, șoim-de-vară *(Falco subbuteo)*

hod carrier ['hod ,kæriə] *s* salahor

hodden ['hodn] *s scot* postav gros țesut în casă și nevopsit, un fel de dimie sau aba

hodograph ['hodəgrɑːf] *s mat* hodograf

hoer ['həuə] *s* săpător, muncitor cu sapa

Hog and Hominy State [,hog ənd homini 'steit] *s amer* statul Tennessee

hogbacked [,hog 'bækt] *adj* cu spinarea încovoiată

hogbean ['hog hi:n] *s bot* măselariță, nebunariță *(Hyoscyamus niger)*

hog bristle ['hog ,brisl] *s* fir de păr de porc

hog constable ['hog ,kʌnstəbl] *s v.* **hog reeve**

hog fish ['hog fiʃ] *s* 1 *iht* denumire generică pentru mai multe varietăți de pești, mai ales o varietate americană de biban *(Lachnolaimes sp.)* *(Percina sp.)* 2 *zool* marsuin *(Phocaena relicta)*

hogged [hogd] *adj nav* arcuit

hoggerel ['hogərəl] *s* oaie în al doilea an

hoggery ['hogəri] *s* 1 loc unde se țin porcii 2 *F* porci 3 caracter porcesc; apucături porcești; lăcomie

hogget ['hogit] 1 *dial* noaten, miel; tăuraș de un an 2 (porc) mistreț de doi ani 3 oaie / mânz în al doilea an

hogging ['hogiŋ] *s* 1 *tehn* arcuire; galb 2 pietriș dat prin ciur

hogherd ['hoghə:d] *s* porcar

hog-in-armour [,hogin'ɑːmə] *s zool* tatu *(Dasypus sexcinctus)*

hog louse ['hog laus] *s ent* molie de casă *(Tinea sp.)*

hog reeve ['hog ri:v] *s* pândar / paznic de câmp care închide porcii vagabonzi

hog ring ['hog riŋ] *s* belciug *(la râtul porcului)*

hog sucker ['hog ,sʌkə] *s iht* pește-ciocan *(Zygaena malleurs)*

hogweed ['hogwi:d] *s bot* 1 crucea-pământului *(Heracleum sphondylium)* 2 troscot *(Polygonum aviculare)*

hokey ['həuki] *adj sl* **1** melodramatic, excesiv de sentimental, siropos **2** născocit, inventat

hokey cokey [,həuki 'kəuki] *s brit* cântec și dans tradiționale londoneze

holding ground ['həuldiŋ graund] *s nav* loc de ancorare; fundul unui ancoraj

hold-up man ['holdʌp mæn] *s amer* gangster, bandit *(care atacă automobilele)*

hole board ['həul bɔːd] *s text* planșeta șnururilor

hole-in-the-heart [,həul in ðe'hɑːt] **I** *s med* comunicație interventriculară **II** *adj* care se referă la / suferă de comunicație interventriculară

holer ['həulə] *s min* miner, lucrător în abataj

holiday home ['holədei həum] *s brit* casă de vacanță

holiday season ['holədei siːzn] *s brit* perioada vacanțelor

holing ['həuliŋ] *s tehn* găurire; perforare

hollander ['holəndə] *s tehn* holendru

Holloway ['holəwei] *s* ~ **Prison** închisoare pentru femei în Londra

hollow-cheeked [,hɔləu 'tʃiːkt] *adj* cu obrajii supți / scofâlciți; scofâlcit, supt *(la față)*

hollow quoin [,hɔləu 'kwɔin] *s hidr* șardonet

holly oak [,hɔli 'əuk] *s bot* o specie de stejar stejar-verde, stejar-de-piatră *(Quercus ilex)*

holmium ['həulmiəm] *s ch* holmiu

holm oak ['həum əuk] *s v.* **holly oak**

holo cellulose [,hɔləu 'seljuləus] *s ch* holoceluloză

holocene ['hɔləsiːn] *s geol* holocen

holocrystalline [,hɔləu'kristəlain] *adj minr* holocristalin

holohedry ['hɔləuhiːdri] *s minr* holoedrie

holophrastic [,hɔlə'fræstik] *adj lingv (d limbi)* incorporat, polisintetic

holosides ['hɔləsaidz] *s ch* olozide

holosymmetric [,hɔləsi'metrik] *adj minr* holoedric

holosymmetry [,hɔlə'simitri] *s minr (cristalografie)* holoedrie

hols [hɔlz] *s pl sl* vacanță, vacanțe

Holstein ['hɔlstain] *s rasă de vite*

holy cow [,hɔli 'kau] *interj amer* (sfinte) Dumnezeule! doamne (sfinte)!

holy grass [,hɔli 'grɑːs] *s bot* iarba-Sfintei-Marii *(Hierochloa)*

holy herb [,hɔli 'həːb] *s bot* lucernă *(Medicago sativa)*

Holy Mackerel [,hɔli 'mækrəl] *interj amer F* Dumnezeule! Doamne sfinte! nu se poate! fii serios! nu mai spune!

Holy Moses [,hɔli 'məuziz] *interj v.* **Holy Mackerel**

Holy smoke [,hɔli 'sməuk] *interj v.* **Holy Mackerel**

holy thistle [,hɔli 'θisl] *s bot* schinel *(Cnicus benedictus)*

home address ['həum ə,dres] *s (pe documente etc.)* domiciliu *(permanent)*; adresă personală

home automation ['həum ɔːtə,meiʃn] *s* ansamblul tehnicilor de automatizare aplicate la condițiile de locuit

home-baked [,həum'beikt] *adj (d pâine, prăjituri etc.)* făcut în casă, de casă

home brewing [,həum 'bruːiŋ] *s amer* distilare artizanală clandestină a alcoolului

home computer [həum kəm'pjuːtə] *s cib* calculator familial

home cooking [,həum 'kukiŋ] *s* bucătărie „de casă"

home country [,həum 'kʌntri] *s* țară natală, patrie

home fries [,həum 'fraiz] *s amer gastr* cartofi prăjiți

home ground [,həum 'graund] *s sport (și fig)* teren propriu

home help [,həum 'help] *s brit* persoană care acordă ajutor în gospodărie bătrânilor, bolnavilor

homeland ['həumlænd] *s* **1** țară natală, patrie **2** regiune de reședință

home leave ['həum liːv] *s* concediu

homelessness ['həumlisnis] *s* lipsă de adăpost

home life [,həum 'laif] *s* viața de familie, rutină domestică

homeliness ['həumlinis] *s* **1** simplitate, lipsă de pretenție; rusticitate **2** *amer* lipsă de frumusețe / de distincție / de grație, grosolănie, urâțenie *(a trăsăturilor feței)*

home loan ['həum ləun] *s* împrumut pentru locuință

home-lover ['həum ,lʌvə] *s* persoană căreia îi place să stea în casă, domestică

home-loving [,həum 'lʌviŋ] *adj* căruia îi place să stea în casă, domestic

Home Office ['həum ,ɔfis] *s* Ministerul britanic de Interne

homeostasis [,həumiəu'steisis] *s* homeostazie

home rails [,həum 'reilz] *s pl ec* acțiuni la calea ferată *(în Anglia)*

home run [,həum'rʌn] *s sport (în baseball)* lovitură puternică ce permite efectuarea unui traseu complet

Home Secretary [,həum 'sekrətri] *s (în Marea Britanie)* ministru de interne

Home Show [,həum 'ʃəu] *s amer* expoziție de obiecte menajere și decorațiuni interioare

home time ['həum taim] *s* ora de întoarcere acasă

home town [,həum 'taun] *s* oraș natal *sau* de reședință

home truth [,həum'truːθ] *s* **1** adevăr dezagreabil, neplăcut **2** fapt necontestat / indiscutabil

home waters [,həum 'wɔːtəz] *s* ape teritoriale

homeworker ['həum,wəːkə] *s* lucrător la domiciliu

homing ['həumiŋ] **I** *adj* care se întoarce acasă **II** *s av* radiolocație de întoarcere la bază

homocentric [,həuməu'sentrik] *adj opt* homocentric, concentric

homochromatic [,həuməukrəu'mætik] *adj opt* omocromatic

homocline ['həuməuklain] *adj geol* monoclinal

homogamous [həu'mogəməs] *adj bot* omogam

homogamy [hə'mogəmi] *s biol* homogamie

homogenization [hə,modʒenai'zeiʃn] *s* omogenizare

homographic [,həuməu'græfik] *adj lingv* omograf

homography [ho'mogrəfi] *s mat* omografie

homonymous [ho'moniməs] *adj lingv* omonim

homonymy [ho'monimi] *s* **1** *lingv* omonimie **2** joc de cuvinte

homophile ['homəfail] *adj* homosexual

homophobe ['həuməufəub] *s* persoană care nu tolerează homosexualii

homophobia [,həuməu'fəubjə] *s* intoleranță față de homosexuali

homophobic [,həuməu'fəubik] *adj* intolerant față de homosexuali

homophonic [,homə'fonik] *adj muz* omofonic

homosexuality ['həuməuseksju'æliti] *s* homosexualitate

homothetic [,həuməu:'θetik] *adj mat* omotetic

homotopy [həu'motəpi] *s mat* omotopie

homozygote [,homəu'zaigəut] *s biol* homozigot

hon¹ [hʌn] *s amer F* dragă, iubitule / iubito

hon² *amer presc de la* **1** honor onoare, merit **2** honorable onorabil **3** honorary de onoare **4** honored onorat

Honduran [hon'djuərən] **I** *s* locuitor din Honduras **II** *adj* din Honduras, hondurian

honer ['həunə] *s tehn* mașină honing

honest broker [,onist 'brəukə] *s brit* mediator neutru / nepărtinitor

honey bear ['hʌni ,beə] *s zool* **1** ursul kinkajul (*Potos caudivolvulus*) **2** leneș (*Bradipus*)

honey bread ['hʌni bred] *s bot* roșcov (*Ceratonia siliqua*)

honey buzzard ['hʌni ,bʌzəd] *s orn* prigorie, viespar, furnicar, albinărel (*Pernis apivorus*)

honey dew melon [,hʌnidju:'melən] *s bot* pepene cu miez verzui, foarte dulce

honey flow ['hʌni fləu] *s* recoltarea mierii

honey-mouthed [,hʌni 'mauðd] *adj (expresie shakespeariană)* dulceag / mieros, cu vorbă dulce / mieroasă; lingușitor

honey plant ['hʌni plɑ:nt] *s agr* plantă meliferă

honeysuckle clover [,hʌnisʌkl 'kləuvə] *s bot* trifoi-alb (*Trifolium repens*)

honeywort ['hʌniwə:t] *s bot* **1** smântânică (*Galium cruciatum*) **2** pidosnic (*Cerinthe minor*)

hong [hoŋ] *s înv* **1** *(rând de clădiri care servesc ca)* depozit de mărfuri *(în China)* **2** întreprindere comercială străină, factorie *(în China sau Japonia)*

honorary diploma [,onərəri di'pləumə] *s* diplomă „honoris causa"

honor roll [,onə rəl] *s amer* listă / panou de onoare

honour-bound [,onə 'baund] *adj* **to be ~ to do smth** a avea obligația / datoria morală / de onoare de a face ceva

honours degree ['onəz ,digri:] *s școl amer* diplomă universitară de onoare

honours list ['onəz list] *s brit* listă de persoane cărora li se acordă titluri onorifice de către monarh de două ori pe an

Hons. *presc de la* **honours degree**

hoodie ['hu(:)di] *s orn* cioară-vânătă, cioară-bălțată, cioroaie, cioară-de-pădure, cioroaică (*Corvus cornix*)

hoof print ['huf print] *s* urmă de copită

hook-and-eye [,hukənd'ai] *vt F* a încheia, a prinde în / cu copci / agrafe, a încopcia

hook shot ['huk ʃot] *s sport (în baschet)* aruncare la coș în cârlig

hoop driver ['hu:p ,draivə] *s tehn* ciochie

hooped [hu:pt] *adj* **1** cu cerc(uri), în formă de cerc(uri); **a ~ chair back** un spătar de scaun în semicerc, cu bare **2** încercuit

hooper(r)ating ['hu:pə rætiŋ] *s test* / anchetă privind popularitatea unui protagonist al programelor de radio sau televiziune

hooper¹ ['hu:pə] *s* dogar, butnar

hooper² ['hu:pə] *s orn* lebădă-sălbatică (*Cygnus musicus*)

hoop net ['hu:p net] *s* ciorpac

Hooray Henry [,hurei 'henri] *s brit peior* tânăr din clasele superioare, zgomotos și jovial

Hoosier State [,hu:ʒiə 'steit] *s amer* statul Louisiana

hop bine ['hop bain] *s* vrej *sau* curpen de hamei

Hopcalite ['hopkəlait] *s ch* hopcalit

hop clover ['hop ,kləuvə] *s bot* trifoi-mărunt (*Trifolium sp.*)

hope [həup] *s dial* **1** golf mic **2** *scot* vâlcea înfundată **3** *înv* câmp cultivat *(înconjurat de terenuri mlăștinoase)*; **osier ~** răchitiș, câmp cu răchite

hope chest ['həup tʃest] *s amer* trusoul fetei de măritat / miresei; lada de zestre

hopeite ['həupait] *s minr* hopeit

hopes [həups] *s bot* micsandră, micșunică (*Matthiola incana*)

hopfield ['hopfi:ld] *s* teren cultivat cu hamei

hopingly ['həupiŋli] *adv* plin de speranță

hop jack ['hop dʒæk] *s* coș de hamei

hop medic ['hop ,medik] *s bot* trifoi-mărunt (*Medicago lupulina*)

hoppet ['hopit] *s* coș, paner

hop picking ['hop ,pikiŋ] *s* recoltarea hameiului

hopping ['hopiŋ] *s* culesul hameiului

-hopping ['hopiŋ] *în compuși* **to go bar ~** a merge din bar în bar; **to go island ~** a face turul insulelor

hoptoad ['hop təud] *s F* broască râioasă

hop yard ['hop jɑ:d] *s* câmp semănat cu hamei

hordein(e) ['hə:di:in] *s ch, biol* hordeină

hordenine ['hə:dinain] *s ch* hordenină

hornbill ['hə:n bil] *s orn* **1** pasăre-rinocer (*Buceros*) **2** varietate de corb (*Bucorvus*)

hornblendite ['hə:nblendait] *s geol* hornblendit

horned frog [,hə:nd 'frog] *s zool* broască-cu-corn (*Ceratophrys cornuta*)

horned owl [,hə:'and ul] *s orn* oricare din speciile de bufniță cu „urechi" de pene

horned snake [,hə:nd 'sneik] *s zool* viperă cu corn (*Cerastes aegyptiacus sau cornutus*)

horned toad [,hə:nd 'təud] *s zool* iguană-broască (*Phrynosoma*)

horned viper [,hə:nd 'vaipə] *s zool* viperă cu corn (*Aspis cornutus*)

horning ['hə:niŋ] *s* **1** creștere a coarnelor **2** creșterea / fazele lunii **3** *amer* tămbălău, tărăboi

hornless ['hə:nlis] *adj* fără coarne

horn owl ['hə:n aul] *s orn* buhă mare (*Bubo maximus*)

hornpie ['hə:npai] *s orn* nagâț (*Vanellus cristatus*)

hornsilver ['hə:n silvə] *s* argint cornos, cerargirit, kerargirit

horn stone ['hə:n stəun] *s geol* bornstein

hornwort ['hə:nwə:t] *s bot* brădiș (*Ceratophyllum*)

horrific [ho'rific] *adj* oribil, înfiorător, înfricoșător

horrifically [ho'rifikli] *adv* (în mod) îngrozitor, înfiorător

horrification [ˌhɔrifiˈkeiʃn] s oroare, grozăvie

horror film / movie [ˈhɔrə film / ˌmuːvi] s film de groază

horse bane [ˈhɔːs bein] s bot mărăraș, chimion-de-apă, joian (Oenanthe sp.)

horse block [ˈhɔːs blɔk] s suport (slujind la încălecat)

horse box [ˈhɔːs bɔks] s vagon de cai; furgon pentru transportul cailor

horse brass [ˈhɔːs brɑːs] s ornament metalic fixat de o martingală (la cai)

horse car [ˈhɔːs kɑː] s 1 tramvai tras de cai 2 vehicul amenajat pentru transportul cailor

horse coper [ˈhɔːs ˌkəupə] s geambaș

horsed [hɔːsd] adj to be well ~ a călări un cal frumos

horse-drawn [ˌhɔːs ˈdrɔːn] adj tras de cai, cu cai

horse face [ˈhɔːs feis] s F față urâtă / de cal

horse fly [ˈhɔːs flai] s ent muscă-de-cal (Hippobosca equina)

horse gowan [ˈhɔːs ˌgauən] s bot 1 margaretă, aurată (Chrysanthemum leucanthemum) 2 mușețel, romaniță (Matricaria chamomilla)

horse head [ˈhɔːs hed] s min cap de cal

horse hide [ˈhɔːs ˌhaid] s piele de cal; pl piei de cabaline

horse meat [ˈhɔːs miːt] s 1 înv furaj 2 P mâncare ușoară

horsemint [ˈhɔːs mint] s bot mentă, izmă (Mentha silvestris)

horse nuts [ˈhɔːs nʌts] s nutreț pentru cai

horse pond [ˈhɔːs pɔnd] s loc de adăpare a cailor

horse-power hour [ˌhɔːspauə ˈauə] s tehn cal putere oră

horse racing [ˈhɔːs ˌreisiŋ] s sport curse de cai

horseshit [ˈhɔːsʃit] s 1 balegă (de cal) 2 sl prostie, tâmpenie

horseshoe crab [ˈhɔːsʃuː, kræb] s zool rac de Moluce (Limulus moluccanus s.a.)

horse trader [ˈhɔːs ˌtreidə] s 1 geambaș, negustor de cai 2 negociator redutabil

horseweed [ˈhɔːs wiːd] s bot bătrâniș, bunghișor (Erigeron canadensis)

horsiness [ˈhɔːsinis] s 1 natură cabalină 2 miros de cal / de grajd 3 interes deosebit pentru cai sau pentru cursele de cai; pasiune pentru turf

horsing [ˈhɔːsiŋ] s 1 efectiv / număr disponibil de cai 2 montă, împerechere 3 sport călărie

horst [hɔːst] s geol horst

hortus siccus [ˌhɔːtəs ˈsikəs] s lat herbar, ierbar

hosepipe [ˈhəuzpaip] s furtun flexibil; furtun de cauciuc

hospital ship [ˈhɔspitl ʃip] s nav navă-spital, navă sanitară

hospital train [ˈhɔspitl trein] s ferov tren sanitar

hostelling [ˈhɔstəliŋ] s brit activitate a caselor de odihnă pentru tineri

hot-air balloon [ˌhɔteə bəˈluːn] s av balon cu aer cald

hot bulb [ˌhɔt ˈbʌlb] s tehn cap de aprindere, calotă roșie

hot-cha [ˈhɔtʃə] adj amer 1 atrăgător, cu vino-ncoace, cu sex appeal 2 simpatic, drăguț

hot-cross bun [ˌhɔt krɔs ˈbʌn] s aprox pască (mâncată în Vinerea Mare)

hot damn [ˌhɔt ˈdæmn] interj amer la naiba! pe dracu!

hotel management [həuˈtel ˌmænidʒmənt] s 1 administrare de hoteluri 2 personalul de conducere al unui hotel

hot gospeller [ˌhɔt ˈgɔspələ] s F predicator evanghelist care incită auditoriul

hot pants [ˌhɔt ˈpænts] s sl dorință, impetuozitate (↓ sexuală)

hot potato [ˌhɔt pəˈteitəu] s F problemă dificilă, neplăcută sau periculoasă

hot seat [ˌhɔt ˈsiːt] s 1 amer F scaun electric 2 av sl (la turboreactoare) scaun cu dispozitiv (automat) de catapultare

hot shoe [ˌhɔt ˈʃuː] s telec gheară de picior

hot tub [ˌhɔt ˈtʌb] s baie cu jeturi sub presiune instalată afară

hot wire [ˌhɔt ˈwaiə] s fir incandescent; filament

hough [hɔk] s anat jaret; spațiu popliteu

hound's tooth, hound's-tooth check [ˌhaundzˌtuːθ ˈtʃek] s text (țesătură cu) model în formă de tablă de șah (cu pătrate sparte)

house car [ˈhaus kɑː] s furgon acoperit cu coviltir

housecraft [ˈhauskrɑːft] s brit economie domestică

house detective [ˈhaus diˌtektiv] s angajat responsabil cu securitatea unui magazin, hotel etc.

house father [ˈhaus ˌfɑːðə] s rar capul familiei

house flag [ˈhaus flæg] s nav pavilion de companie

Household Cavalry [ˈhaushəuld ˌkævəlri] s (în Marea Britanie) divizie de cavalerie a gărzii regale

household name [ˈhaushəuld neim] s persoană (sau obiect) foarte cunoscută / despre care vorbește toată lumea

house-hunt [ˈhaushʌnt] vi a căuta o locuință

house husband [ˈhaus ˌhʌsbənd] s soț care se ocupă de gospodărie în timpul când soția este la serviciu

house journal [ˈhaus ˌdʒənəl] s publicație de uz intern, buletin intern

house line [ˈhaus lain] s nav luzin, lanțană de 3-5 mm diametru

house magazine [ˈhauz ˌmægəziːn] s v. house journal

house martin [ˈhaus ˌmɑːtin] s orn rândunică europeană mică (Delichon urbica)

house music [ˈhaus ˌmjuːzik] s muzică „house"

house painter [ˈhaus ˌpeintə] s zugrav

houseparent [ˈhaus ˌpeərənt] s părinte social, persoană care are în îngrijire mai mulți copii orfani

house plant [ˈhausplɑːnt] s plantă ornamentală, de interior

house rule [ˈhaus ruːl] s „regula casei", regulă care se aplică unui joc (↓ într-un cazinou)

house-sit [ˈhausit] vi to ~ for smb a avea grijă de casa cuiva în timpul absenței acestuia

Houses of Parliament [ˌhausiz əv ˈpɑːləmənt] s (în Marea Britanie) 1 cele două Camere ale Parlamentului 2 clădirea Parlamentului

house sparrow [ˈhaus ˌspærəu] s orn vrabie (Passer domesticus)

house trailer [ˈhaus ˌtreilə] s caravană auto

house-train [ˈhaus trein] vt 1 a dresa (un animal) să locuiască în casă 2 a educa, a civiliza

house wine ['hauswain] s vin de casă

housey-housey [,hauzi'hauzi] s brit aprox joc de loto

housing association ['hausiŋ əsəusi,eiʃn] s brit asociație care construiește sau cumpără locuințe pentru membrii săi

housing benefit ['hausiŋ ,benifit] s brit alocație de stat pentru locuință acordată familiilor cu venituri mici

housing development ['hausiŋ di,veləpmənt] s grup de locuințe / ansamblu imobiliar privat

housing estate ['hauziŋ i,steit] s teren aparținând de obicei statului și destinat construcțiilor de locuințe de închiriat

housing list ['hausiŋlist] s brit listă de așteptare pentru primirea unei locuințe sociale

housing scheme ['hausiŋski:m] s scot v. **housing development**

hoverport ['hovəpɔ:t] s parte a unui port destinată acostării ambarcațiunilor pe pernă de aer

howdah ['haudə] s (cuvânt arab) șa cu baldachin (pe spinarea elefantului)

howel ['hauəl] s teslă

hoydenish ['hɔidəniʃ] adj (d o fată) băiețoasă

HRT presc de la **hormone replacement theory** med teoria hormonilor de sinteză

HST presc de la 1 **high speed train** tren de mare viteză 2 **Hawaiian Standard Time** ora oficială în Hawaii

hub airport ['hʌb ,eəpɔ:t] s amer aeroport important

hubbubboe ['hʌbəbu:] s larmă, zarvă, tevatură, tărăboi

huck [hʌk] s iht lostriță (Hucho hucho)

huddler ['hʌdlə] s lucrător prost, cârpaci

hueless ['hju:lis] adj incolor, fără culoare

huffler ['hʌflə] s nav pilot de fluviu

hugger ['hʌgə] s min clivaj

hulky ['hʌlki] adj greoi, neîndemânatic; mătăhălos

huller ['hʌlə] s decorticator

humane society [hju:,mein sə-'saiəti] s asociație cu scopuri umanitare, filantropice etc., inclusiv de protecție a animalelor

human-like [,hju:mən'laik] adj ca de om, omenesc

humbuggery ['hʌmbʌgəri] s înșelătorie, escrocherie, mistificare, impostură

humectant [hju'mektənt] I s umectant II s umectant; hidratant

humectate ['hju:mikteit] vt a umezi, a muia

humidifier [hju:'midifaiə] s 1 ch umezitor 2 text umidificator

humification [,hju:mifi'keiʃn] s agr humificare

humiliating [hju:'milieitiŋ] adj umilitor, înjositor

humiliatingly [hju:'milieitiŋli] adv (în mod) umilitor, înjositor

hummed [hʌmd] adj fredonat; în surdină

hummeller ['hʌmələ] s agr grohăitor (la batoză)

hummer ['hʌmə] s 1 persoană care mereu bombăne / bodogănește 2 sl minciună gogonată / sfruntată 3 sl mincinos; fanfaron 4 tehn buzzer 5 amer sl persoană energică și întreprinzătoare

humming ['hʌmiŋ] I adj bâzâitor II s 1 bâzâit 2 tel zgomot de fond 3 bârâit, zumzet; vuiet surd, freamăt, agitație

humming top [,hʌmiŋ 'tɔp] s titirez, sfârlează cu bâzâitoare

hummocky ['hʌməki] adj plin de movile, cu coline

humums ['humus] s humus

humorously ['hju:mərəsli] adv cu umor / haz; amuzant, comic

-humoured, -humored ['hju:məd] în compuși a good / bad ~ man un om bine / prost-dispus

hump-back bridge [,hʌmp bæk 'bridʒ] s pod în spinare de măgar

hundred-legs ['hʌndrədlegz] s zool mic miriapod, cârcâiac (Scolopendra sp.)

hundred-percenter [,hʌndridpə-'sentə] s amer șovinist militant

hundred-year-old [,hʌndrədjə'əuld] adj centenar, de 100 de ani

hunted ['hʌntid] adj 1 vânat, hăituit 2 fig hărțuit, urmărit, vânat 3 fig persecutat

hunter-gatherer [,hʌntə'gæðərə] s vânător-culegător

hunter-killer [,hʌntə'kilə] adj mil care se referă la operațiuni de atac împotriva unor submarine dușmane; a ~ submarine un submarin de atac

hunting pink [,hʌntiŋ 'piŋk] s I adj (d culoare) roșu II s costum de vânătoare de culoare roșie

hunting season ['hʌntiŋ ,si:zn] s sezon de vânătoare

Huntington's chorea [,hʌntiŋtənz kɔ'riə] s med coree Huntington

hup(p) [hʌp] I interj dii! II vi 1 a îndemna calul 2 a se mișca înainte

hurdle race ['hə:dl reis] s cursă de obstacole

hurdle work ['hə:dl wə:k] s împletitură țărănească, gărduț de nuiele

hurley ['hə:li] s irl varietate de hochei practicat în Irlanda

hurra(h)'s nest [hu'rɑ:z nest] s amer F harababură, zăpăceală, talmeș-balmeș

hurricane force ['hʌrikən fɔ:s] s furtună de gradul 12 (pe scala Beaufort)

husbandless ['hʌzbəndlis] adj fără soț / bărbat

husbandly ['hʌzbəndli] adj 1 (ca) de soț iubitor 2 rar econom, socotit

husbandry services ['hʌzbəndri ,sə:visiz] s pl clacă, angara

hushed [hʌʃt] adj liniștit, tăcut

husking bee ['hʌskiŋ bi:] s amer clacă pentru curățatul porumbului

husky ['hʌski] s 1 eschimos 2 (limba) eschimosă 3 câine eschimos de sanie

hussy ['hʌsi] s 1 lădiță, lăcriță 2 sac de voiaj

hutting ['hʌtiŋ] s 1 material de construcție folosit pentru ridicarea în grabă a unei clădiri provizorii 2 material de (confecționat) pălării

hyacinthian [,haiə'sinθiən] adj 1 (ca) de zambilă 2 frumos ca Hyacinthus, hiacintin

hyalite ['haiəlait] s minr hialit

hyalophane [hai'æləfein] s minr hialofan

hybrid bill [,haibrid 'bil] s brit pol lege în care unele prevederi au aplicație generală, iar altele restrânsă

hybrid coil [,haibrid 'kɔil] s el, tel transformator inelar (diferențial)

hydra-headed [,haidrə'hedid] adj cu cap de hidră

hydraulic brake [hai,drɔ(:)lik 'breik] s frână hidraulică

hydraulic cement [hai,drɔ:lik si'ment] *s* ciment hidraulic

hydraulic lime [hai,drɔ:lik 'laim] *s* var hidraulic

hydriodic acid [haidri,ɔdik'æsid] *s ch* acid iodhidric

hydro electricity [,haidrəilek'trisəti] *s* hidroelectricitate

hydrofining [,haidrəu'fainiŋ] *s ch* hidrofinare

hydrogen bond ['haidrədʒən bɔnd] *s ch* legătură de hidrogen

hydrogenolysis [,haidrɔdʒi'nɔləsis] *s ch* hidrogenoliză

hydrophane ['haidrəufein] *s minr* hidrofan

hygrograph ['haigrəgrɑːf] *s ch* higrometru înregistrator

hygrometry [hai'grɔmitri] *s meteor* higrometrie

hyped up [,haipt'ʌp] *adj F* supralicitat, exagerat

hyperactivity [,haipəræk'tiviti] *s* hiperactivitate

hyperconscious [,haipə'kɔnʃəs] *adj* extrem / excesiv de con-stient

hypereutectic [,haipəju:'tektik] *adj* hipereutectic; supraeutectic

hypergolic [,haipə'gɔlik] *s (d carburanți)* cu autoaprindere

hyperinflation [,haipərin'fleiʃn] *s fin* inflație galopantă, hiperinflație

hypermarket ['haipə,mɑːkit] *s brit* magazin cu autoservire de mari dimensiuni

hypermetrical ['haipə(:),metrikəl] *adj (d versuri)* cu o silabă în plus

hyperon ['haipərɔn] *s fiz* hiperon

hyperrealism [,haipə'riəlizm] *s (artă)* hiperrealism

hyperrealist [,haipə'riəlist] *adj* hiperrealist

hypersensitive [,haipə'sensətiv] *s* hipersensibil

hypersonic [,haipə'sɔnik] *s* hipersonic, supersonic

hyperspace ['haipəspeis] *s mat* hiperspațiu

hypertext ['haipətekst] *s cib* hipertext, sistem electronic de con-sultare a informațiilor

hyperventilate [,haipə'ventileit] *vi med* a ventila în mod excesiv

hyperventilation [,haipəventi'leiʃn] *s med* ventilare excesivă

hypoallergenic [,haipəulə'dʒenik] *adj* care nu provoacă alergie

hypo bath ['haipəu bɑːθ] *s tehn* baie reducătoare

hypocentre, hypocentre ['haipəu, sentə] *s geol* hipocentru

hypodermatic [,haipəudə(:)'mætik] *adj amer anat, med* subcutaneu, hipodermic

hyponitrites [,haipəu'naitri:s] *s pl ch* hipoazotiți

hypothermia [,haipəu'θə:miə] *s biol* hipotermie

hypsochromic ['hipsəu,krəumik] *adj ch* hipsocrom

hypsogram ['hipsəgræm] *s tel* hipsogramă, diagramă de nivel

hypsography [hip'sɔgrəfi] *s* hipsografie

hypsometric [,hipsəu'metrik] *adj geogr* hipsometric

hypsometric date [,hipsəu'metrik deit] *s geogr* cotă

hypson ['haisn] *s* varietate superioară de ceai chinezesc

hy-spy [hai'spai] *s* joc asemănător cu v-ați ascunselea

hysteresis loop [,histər'i:sis lu:p] *s* ciclu de isterеză magnetică

hyzone ['haizəun] *s ch* tritiu, hidrogen triatomic

I

IAEA *presc de la* **International Atomic Energy Agency** *s* Agenţia Internaţională a Energiei Atomice

iambical [ai'æmbikəl] *adj* iambic

iambist [ai'æmbist] *s v.* **iambographer]**

iambographer [ˌaiæm'bɔgrəfə] *s rar* poet care compune în versuri iambice

iatrochemistry [ai ˌœtrou'kemistri] *s med* iatrochimie, metodă de vindecare pe baze chimice

I-beam ['aibi:m] *s* **1** *constr* grindă în I / cu tălpi **2** *met* oţel profil I / dublu T

Iberian Peninsula [ai ˌbiəriən pə'ninsjulə] *s geogr* peninsula Iberică (în extremitatea de SV a Europei)

iberis [ai'bi:ris] *s bot* limba-mării (Iberis umbellata)

IBEW *presc de la* **International Brotherhood of Electric Workers** *s* sindicat internaţional al electricienilor

ibex ['aibeks], *pl* **ibexes** ['aibeksiz] **ibices** ['ibisi:z] *s zool* capră-sălbatică (Capra ibex)

Ibiza [i'bi:θa] *s geogr* insulă în arhipelagul Baleare, la sud-vest de insula Mallorca

i / c *presc de la* **in charge** aflat la conducere; care are comanda

IC *presc de la* **integrated circuit** *s* circuit integrat

ICA *presc de la* **Institute of Contemporary Arts** *s centru de artă modernă din Londra*

ice barrier ['ais ˌbæriə] *s* barieră de gheaţă

iceberg lettuce [ˌaisbə:g'letis] *s* tip de salată verde cu frunze tari şi crocante, răspândit în Marea Britanie

iceblink ['ais bliŋk] *s* strălucire, reflex al gheţii

ice blue ['ais 'blu:] **I** *s* albastru metalic **II** *adj* de culoarea bleu metalic

ice bucket ['ais ˌbʌkit] *s* găleată pentru gheaţă

ice car ['ais kɑ:] *s amer ferov* vagon frigorifer / frigorific

---

ice cave ['ais keiv] *s* peşteră (săpată) în gheaţă

ice cellar ['ais ˌselə] *s* gheţărie

ice chest ['ais tʃest] *s* **1** răcitor, gheţar **2** şerbetieră **3** *sl* închisoare, carceră **4** *sl* loc friguros

ice-cream cone [ˌaiskri:m 'kəun] *s* cornet de îngheţată

ice-cream cornet [ˌaiskri:m 'kɔnit] *s v.* **ice-cream cone**

ice-cream parlour ['aiskri:m ˌpɑ:lə] *s* salon pentru degustarea îngheţatei

ice-cream soda [ˌaiskri:m 'səudə] *s amer* preparat din suc de fructe acidulat şi îngheţată

ice-cream van ['aiskri:m ˌvæn] *s* camionetă pentru vândut îngheţata

ice cube ['aiskju:b] *s* cub de gheaţă

ice dancing ['ais ˌdænsiŋ] *s* dans pe gheaţă

ice flower ['ais ˌflauə] *s v.* **ice fern**

ice fog ['ais fɔg] *s meteor* chiciură

ice foot ['ais fut] *s* perete / centură de gheaţă

ice fox ['ais fɔks] *s zool* vulpe polară (Canis lagopus)

ice-free [ˌais 'fri:] *adj nav* degajat de gheţuri

ice hockey player [ˌais hɔki 'pleiə] *s sport* hocheist, jucător de hochei (pe gheaţă)

ice island ['ais ˌailənd] *s v.* **ice float**

Iceland moss ['aislənd ˌmɔs] *s bot* (un fel de) lichen, muşchi-de-munte (Cetraria islandica)

ice lolly [ˌais'lɔli] *s brit* îngheţată pe băţ (din fructe)

ice machine ['ais məˌʃi:n] *s* maşină de făcut gheaţă

ice needle ['ais ˌni:dl] *s* ac de gheaţă

ice paper ['ais ˌpeipə] *s* hârtie foarte subţire / transparentă

ice pick ['ais pik] *s* piolet

ice plant ['ais plɑ:nt] *s bot* gheaţă (Mesembryanthemum crystallinum)

ice point ['ais pɔint] *s* punct de îngheţ / congelare

ice rink ['ais riŋk] *s* patinoar cu gheaţă artificială

---

ice river ['ais ˌrivə] *s* (↓ *poetic*) gheţar

ice sheet ['ais ʃi:t] *s* înveliş de gheaţă; pod de gheaţă

ice show ['ais ˌʃəu] *s* spectacol pe gheaţă

ice skate ['ais skeit] *s* patină pentru gheaţă

ice-skater ['ais ˌskeitə] *s* patinator (pe gheaţă)

ice-skating ['ais ˌskeitiŋ] *s* patinaj (pe gheaţă); **to go ~** a merge la patinoar

ice yacht ['ais jɔt] *s nav* ice-boat, ice-yacht, sanie cu pânze

I Ching [ˌi:'tʃiŋ] *s* Cartea Transformărilor, una din cele cinci cărţi clasice chineze

ichneumon fly [ik'nju:mən flai] *s ent* ichneumonid (Episcopilus purgatus)

ichnographic(al) [ˌiknə'græfik(əl)] *adj arhit* icnografic

ichnography [ik'nɔgrəfi] *s arhit* icnografie

ichthyic ['iːkθiik] *adj iht* ihtiologic

ichthyocol(l)a [ˌikθiə'kɔl(ə)] *s com* ihticol, clei de peşte

ichthyornis [ikθi'ɔ:nis] *s orn* Ihtiornis (pasăre fosilă)

ichthyosaurian [ˌikθiə'sɔ:riən] *zool* **I** *adj* de ihtiozaur **II** *s* ihtiozaur

icing sugar ['aisiŋ ˌʃugə] *s brit* zahăr gheaţă

ick [ik] **I** *s amer* orice substanţă cu aspect neplăcut, care provoacă scârba **II** *interj* (exprimând dezgust, neplăcere, groază) vai!, oh!, bâh!

icker ['ikə] *s scot* spic (de grâu)

ickie, icky ['iki] *s amer sl* persoană care nu apreciază „swing"-ul

icky ['iki] *adj* nesuferit, neplăcut, scârbos

iconographer [ˌaikə'nɔgrəfə] *s* iconograf

iconography [ˌaikə'nɔgrəfi] *s* iconografie

iconological [ai ˌkɔnəu'lɔdʒikəl] *adj* iconologic, care priveşte icoanele

iconoscope [ai'kɔnəskəup] *s* (telev) iconoscop, tub catodic

icosahedral [,aikɔsə'hi:drəl] *s mat* icosaedric

icosahedron [,aikəsə'hedrən] *s mat* icosaedru

ICR *presc de la* **Institute for Cancer Research** *s institut american de cercetare a cancerului*

ICU *presc de la* **intensive care unit** *s* camera de reanimare a unui spital

id [id] *s (în psihanaliză)* inconștientul (id-ul)

id card [,ai'dikɑːd] *s* buletin de identitate

idd *presc de la* **international direct dialing** *s* prefixul telefonic al unei țări

idealizer [ai'diəlaizə] *s* persoană care-și face idealuri

idea monger [ai'diə ,mɔngə] *s* 1 propagator de idei 2 scriitor fertil în idei

idem sonans [,aidem 'səunænz] *loc adj lat, jur* care se pronunță la fel; **name ~ with another** nume omogen

identical twins [ai,dentikəl'twinz] *s pl* gemeni identici

identification papers [ai,dentifi-'keiʃn,peipəz] *s pl* acte de identitate

identifier [ai'dentifaiə] *s* persoană care identifică / care recunoaște / legitimează *(pe cineva)*

identity crisis [ai'dentiti ,kraisis] *s* criză de identitate

ideography [,idi'ɔgrəfi] *s* ideografie

idioblast ['idiəblæst] *s biol* idioblast

idiocrasy [,idi'ɔkrəsi] *s* idiosincrasie

idiomatically [,idiə'mætikli] *adv* în mod idiomatic

idiomorphic [,idiə'mɔːfik] *adj* idiomorf

idioplasm ['idiəplæzm] *s biol* idioplasm

idiot board ['idiət bɔːd] *s (telev umor)* teleprompter, *tăbliță indicatoare servind pentru a aminti un text celor ce se produc în studiourile de televiziune*

idiot box ['idiət bɔks] *s peior* televizor

idiot-proof [,idiət 'pruːf] **I** *adj cib* protejat la manevre greșite **II** *vt* a face infailibil

idleness ['aidlnis] *s înv* lene, trândăvie, lenevie

idling speed ['aidliŋ ,spiːd] *s* ralant

idocrase ['aidəkreis] *s minr* idocraz, vezuvian

idolatrize [ai'dɔlətraiz] **I** *vt* a idolatriza, a idolatra **II** *vi* a se închina la idoli

idolism ['aidəlizm] *s* 1 idolatrie 2 falsitate, minciună

idolist ['aidəlist] *s* idolatru

idolizer ['aidəlaizə] *s* adorator, admirator

idolizing ['aidəlaiziŋ] *s* 1 idolatrie, adorare a idolilor 2 dragoste excesivă / peste măsură

Idomeneus [ai'dɔminjuːs] *s mit* idomeneu, rege al Cretei

idoneous [ai'dəuniəs] *adj rar* potrivit

idrialin(e) ['idriəlin] *s ch* idrialină

idrialite ['idriəlait] *s minr* idrialit

idyllist ['aidilist] *s poet* idilic

if-then operation [if'ðen ɔpə,reiʃn] *s cib* operație de implicație

Ignatius'bean [ig'neiʃiəs biːn] *s bot* ignația *(Ignatia amara)*

igneous rock ['igniəs rɔk] *s geol* rocă vulcanică / eruptivă / vulcanică / magmatică

ignescent [ig'nesənt] **I** *adj* ignescent, care produce foc / flamă, care dă aprindere **II** *s* material igniscent, substanță igniscentă

ignitability [ignaitə'biliti] *s v.* **ignitibility**

igniter [ig'naitə] *s* brichetă, aprinzătoare, scăpărătoare; aparat de aprins, aprinzător

ignition coil [ig'niʃn,kɔil] *s* bobină de aprindere / de inducție

ignition switch [ig'niʃn switʃ] *s auto* buton / cheie de contact; comutator / contact de aprindere

ignitron ['ignitron] *s el* ignitron

ignobility [ignəu'biliti] *s* 1 lipsă de demnitate; josnicie, mârșăvie 2 *înv* origine umilă

ignorantism ['ignərəntizm] *s* ignoranță, obscurantism

ignore character [ig'nɔː ,keriktə] *s cib* caracter de ignorare *(marchează încetarea unei acțiuni, o ștergere sau o eroare)*

ignorer [ig'nɔːə] *s (of)* disprețuitor *(al legilor)* etc.)

Iguaçu Falls [ig:wə,suː'fɔlz] *s pl* cascada Iguaçu *(în Brazilia)*

ihram [i'rɑːm] *s* ihram *(îmbrăcăminte purtată de pelerini la Mecca)*

ike [aik] *amer sl* **I** *s (telev)* iconoscop, tub catodic **II** *vt* a înșela, a trage pe sfoară **III** *vi* a se tocmi cu cineva în scopul obținerii unui preț de vânzare mai scăzut

IL *presc de la* **Illinois** statul Illinois *(în S.U.A.)*

ileo-caecal [,iliəu'siːkəl] *adj anat* ileo-cecal

ILGWU *presc de la* **International Ladies' Garment Workers Union** *s* sindicat al angajaților în departamentul îmbrăcămintei de damă

iliacus [i'laiəkəs], *pl* **iliaci** [i'laiəsai] *s* 1 *anat* mușchiul iliac 2 *orn* sturzul-viilor *(Turdus iliacus)*

Iliadic [ili'ædik] *adj* de Iliada

ilka ['ilkə] *adj scot* fiecare

illapse [i'læps] *rar vi* a cădea, a aluneca

ill-assorted [,il ə'sɔːtid] *adj* nepotrivit

ill-at-easiness [,il ət'iːzinis] *s* jenă, stinghereală

ill-concealed [,il kən'siːld] *adj* rău disimulat

ill doer [,il 'duːə] *s* răufăcător

ill-doing [,il 'duːiŋ] *adj* care face rău, făcător de rele

illegalize [i'liːgəlaiz] *vt* a ilegaliza, a arunca în ilegalitate

illegitimately [ili'dʒitimətli] *adv* 1 în mod nelegitim 2 ilegal

ill-equipped [,ili'kwipt] *adj* 1 prost echipat, prost pregătit 2 **to be ~ (for)** a nu avea calitatea de a; **he felt ~ to cope with the pressures of the job** nu se simțea în stare să reziste la presiunea meseriei lui

illfare [,il 'feə] *s* stare proastă / rea

ill-faring [,il 'feəriŋ] *adv* care o duce prost

ill favo(u)redness [,il 'feivədnis] *s rar* 1 urâțenie 2 rea-voință

ill-health [,il 'helθ] *s* sănătate șubredă; boală, indispoziție

illicitness [i'lisitnis] *s* caracter ilicit *(al comerțului* etc.)

illimitability [i,limitə'biliti] *s* nemărginire, nelimitare, nețărmurire

illimitably [i'limitəbli] *adv* fără limită, fără margini

ill-informed [,ilin'fɔːmd] *adj* 1 rău / prost informat 2 neștiutor, ignorant

illinium [i'liniəm] *s ch* promețiu

illiquid [i'likwid] *adj* **1** *jur (d un drept / o plângere fără hotărâre scrisă / fără a fi dată printr-un decret)* incert, nesigur **2** *ec (d un fond monetar)* care nu este lichid

ill-judging [,il 'dʒʌdʒiŋ] *adj* care judecă prost; părtinitor

ill-looking [,il' lukiŋ] *amer adj* **1** urât, slut **2** sinistru

ill nature [,il 'neitʃə] *s v.* **ill naturedness**

ill-naturedly [,il'neitʃədli] *adv* cu răutate

ill naturedness [,il'neitʃədnis] *s* răutate; fire imposibilă; irascibilitate, arțag

ill-off [,il 'ɔːf] *adj* nevoiaș, sărac

illogically [i'lɔdʒikəli] *amer* [il'lɔdʒikəli] *adv* ilogic; contrar logicii

illogicalness [i'lɔdʒikəlnis] *s* lipsă de logică

ill-prepared [,il pri'peəd] *adj* prost pregătit

ill-set [,il 'set] *adj poligr* prost tipărit / cules

ill star [,il 'staː] *s* stea nenorocoasă, zodie rea

illucidate [i'luːsideit] *vt* a elucida, a desluși, a descurca, a lămuri

illuminable [i'luːminəbl] *adj* iluminabil

illuminant [i'luːminənt] **I** *adj* iluminant; luminător, care luminează **II** *s* substanță / aparat de luminat; sursă de lumină

illuminated [i'luːmineitid] *adj amer sl* pilit, făcut, afumat

illuminating gas [i,luːmineitiŋ'gæs] *s* gaz de iluminat, gaz aerian

illuminatism [i'luːminətizm] *s* iluminism, principii ale unor „vizionari"

illuminative [i'luːminətiv] *adj* luminător, iluminator, care dă lumină, care luminează

illuminato [ilju:mi'neitəu], *pl* **illuminati** [iluːmi'nɑːti] *s* iluminat, vizionar

ill usage [,il'juːzidʒ] *s* tratament abuziv; nedreptate, cruzime

ill-used [,il' juːzd] *adj* **1** prost / rău tratat, maltratat **2** folosit incorect

illusional [i'luːʒənəl] *adj* iluzoriu; amăgitor, înșelător

illusionism [i'luːʒənizm] *s* iluzionism

ill weed [,il'wiːd] *s* iarbă / buruiană rea; *prov* ~s grow / thrive space iarba rea nu piere; *prov* one ~ mars a whole pot of pottage oaia râioasă strică toată turma

ill willer [,il 'wilə] *s* răuvoitor, dușman

ilmenite ['ilmənait] *s minr* ilmenit

ILWU *presc de la* **International Long Shore Men's and Warehousemen's Union** *s* sindicat internațional al docherilor și magazinerilor

image file ['imidʒ fail] *s cib* fișier imagine

image intensifier ['imidʒ in,tensifaiə] *s cib* amplificator de luminanță

image processing ['imidʒ ,prəusesiŋ] *s cib* prelucrarea imaginilor

image processor ['imidʒ prəusesə] *s cib* procesor de imagine

image worship ['imidʒ ,wɔːʃip] *s* idolatrie, adorare a idolilor

imaginal [i'mædʒinəl] *adj ent* imaginal, de imago

imaginational [i,mædʒi'neiʃnəl] *adj* **1** imaginar, închipuit, născocit **2** prin imaginație

imaginer [i'mædʒinə] *s* **1** persoană care imaginează *etc..* **2** descoperitor, plănuitor

imamate [i'maːmeit] *s* funcția *sau* demnitatea de imam; califat

imaret [i'maːret] *s (în Turcia)* han *(pentru pelerini)*

imbecilic [,imbi'silik] *adj (d un surâs etc.)* prostesc, de imbecil

imbiber [im'baibə] *s* **1** bețiv(an) **2** *(corp)* absorbant

imbitter [im'bitə] *vt rar fig* a exacerba; a înrăi

imbrex ['imbreks], *pl* **imbrices** ['imbrisiːz] *s constr* țiglă cu jgheaburi

imbrication [,imbri'keiʃn] *s constr* **1** așezare prin suprapunere, imbricare **2** ornament în formă de solzi

imbuement [im'bjuː mənt] *s* **1** saturare, îmbibare, impregnare **2** vopsire *(prin impregnare)*

imidazole [,imi'dæzəul] [,imidə'zəul] *s ch* imidazol

imidogen [imi'dədʒən] *s ch* imidogen

imitation leather [imi'teiʃn ,leðə] *s* imitație de piele

immaculable [i'mækjuləbl] *adj* imaculabil

immane [i'mein] **I** *adj înv* foarte mare, **1** enorm; imens **2** *(d caracter)* monstruos, inuman; barbar, crunt **II** *s* vastitate

immaterialism [,imə'tiəriəlizm] *s fil* imaterialism, spiritualism

immaterialist [,imə'tiəriəlist] *s* imaterialist, spiritualist

immaterialize [,imə'tiəriəlaiz] *vt* a imaterializa; a spiritualiza

immaterialness [,imə'tiəriəlnis] *s* imaterialitate, spiritualitate

immaturely [imə'tjuəli] *adv* **1** înainte de maturizare **2** *înv* prematur

immatureness [imə'tjuənis] *s* nematuritate, lipsă de maturitate

immediate access [i,miːdjət 'ækses] *s cib* acces direct

immediateness [i'miːdjətnis] *s* **1** caracter nemijlocit / direct **2** urgență, grabă

immedicable [i'medikəbl] *amer* [im'medikəbl] *adj* incurabil, de nevindecat, fără leac

immenseness [i'mensnis] *s* imensitate, nemărginire

immensurability [i,menʃuərə'biliti] *s* incomensurabilitate

immersible [i'məːsibl] *adj* **1** *rar* care poate fi scufundat **2** *înv* care nu poate fi scufundat

immersionism [i'məːʃənizm] *s* practica botezului prin cufundare

immesh [im'meʃ] *vt* **1** a prinde într-o plasă **2** *fig* a prinde în mreje / laț

immethodical [,immi'θɔdikəl] *adj* nemetodic; fără metodă; neorganizat

immingle [im'miŋgl] *vt* a amesteca

immiscible [i'misibəl] *adj* de neamestecat, care nu poate fi amestecat

immission [i'miʃn] *s* amestecare, vârâre

immoderation [i,mɔdə'reiʃn] *s* lipsă de cumpătare; exces; extravaganță

immolator ['imɔleitə] *s* persoană care aduce un sacrificiu / o jertfă

immortalization [i,mɔːtəlai'zeiʃn] *s* imortalizare, trecere în veșnicie / în nemurire

immotile [im'məutil] *adj zool (d un organ)* fix; nemișcat; incapabil de mișcare

immovable property [i,muːvəbl 'prɔpəti] *s* avere imobilă, bunuri imobiliare

immovably [i'muːvəbli] *adv* **1** fără să se miște **2** imuabil **3** impasibil

immune response [i,mjuːn ris'pɔns] *s* reacție imunitară

immunify [i,mjuːnifai] *vt* (against) a imuniza; a vaccina (împotriva *cu gen*)

immunochemistry [i,mju(ː)nəu-'kemistri] *s ch* imunochimie

immunodeficiency [,imjuːnəudi-'fiʃənsi] *s* imunodeficiență

immunodeficient [,imjuːnəudi'fi-ʃənt] *adj* imunodeficitar

immunodepressant [,imjuːnəu-di'presnt] *s* imunodepresor

immunodepressive [,imjuːnəudi'presiv] *adj* imunodepresiv

immunogenic [,imjuːnəu'dʒenik] *adj* imunogen

immunological [i,mju(ː)nəu'lodʒikəl] *adj* imunologic, (care ține) de imunologie

immunologist [,imjuː'nolədʒist] *s* imunolog

immunopathology [,imjunəu pə'θɔlədʒi] *s* imunopatologie

immunoreaction [,imju(ː)nəuri-'ækʃn] *s* imunoreacție, reacție împotriva toxinelor din sânge

immunosuppressant [,imjuːnəu-sə'presnt] I *adj* imunosupresor II imunosupresor

immunosuppressive [,imjuːnəu-sə'presiv] *adj med* imunosupresiv

immunotherapy [,imjuːnəu'θerəpi] *s* imunoterapie

immusical [i'mjuːzikəl] *adj rar* nemuzical; nearmonios

imp [imp] *vt* 1 *înv* a altoi, a planta 2 a pune aripi (cu dat); a înaripa și *fig*

impacted [im'pæktid] *adj* încastrat; (dentistică) fixat, înțepenit, legat

impaction [im'pækʃn] *s* încastrare

impact printer [im'pækt printə] *s cib* imprimantă cu impact (ex. cu ace, cu tambur)

impact test [im'pækt test] *s tehn* încercare (dinamică) la șoc, încercare de reziliență

impaired [im'peəd] *adj* 1 slăbit, diminuat 2 deteriorat; ~ hearing / vision auz / vedere slăbită 3 (în Canada) ~ driving conducere a mașinii în stare de ebrietate

impalpably [im'pælpəbli] *adv* pe nesimțite

impanate ['impənit] *adj bis* impanat

impanation [,impə'neiʃn] *s bis* impanare

imparipinnate [im,pæri'pinit] *adj bot* imparipenat

imparity [im'pæriti] *s* imparitate, inegalitate; disproporție; nepotrivire

impartible [im'paːtibl] *adj* care se poate comunica

impassableness [im'paːsəblnis] *s v.* **impassibility**

impassibility [im,pæsi'biliti] *s* 1 impasibilitate 2 nepăsare, insensibilitate, nesimțire, indiferență

impassionate [im'pæʃnit] *adj* pasionat, înflăcărat, înfocat

impassively [im'pæsivli] *adv* impasibil, netulburat

impassiveness [im'pæsivnis] *s v.* **impassivity**

impassivity [,impæ'siviti] *s* 1 impasivitate 2 calm; indiferență

impaste [im'peist] *vt* 1 *artă* a picta; a îngroșa culoarea / vopseaua (unei picturi) 2 a frământa, a face o pastă din 3 a solidifica, a întări

impasto [im'pæstəu] *s artă* 1 impasto, aplicarea unui strat gros de vopsea pe pânză 2 vopsea aplicată gros pe pânză

impavid [im'pævid] *adj* curajos, neînfricat

impawn [im'poːn] *vt* a amaneta, a pune zălog

impeachability [im,piːtʃə'biliti] *s* 1 contestare; blam, dezaprobare, acuzare 2 punere sub acuzare (pentru înaltă trădare)

impeccably [im'pekəbli] *adv* impecabil, ireproșabil

impeccancy [im'pekənsi] *s* 1 neprihănire 2 impecabilitate

impeccant [im'pekənt] *adj* 1 fără păcat, neprihănit 2 impecabil, fără cusur

impecuniousness [,impi'kjuːnjəsnis] penurie, lipsă de bani

impedient [im'piːdiənt] *adj* care împiedică

impedimental [im,pedi'mentəl] *adj* care împiedică, stânjenitor

impeditive [im'peditiv] *adj v.* **impedient**

impellent [im'pelənt] I *adj* motric, care împinge, de impulsie, motor II *s* forță (motrice), motor

impeller [im'pelə] *s tehn* impulsor

impelling [im'peliŋ] *adj v.* **impellent (I)**

impendence [im'pendəns] *s* iminență, apropiere, amenințare

impendency [im'pendənsi] *s v.* **impendence**

impendent [im'pendənt] *adj* iminent, apropiat, amenințător

impenitency [im'penitənsi] *s* impenitență, nepocăință

imperator [,impə'raːtɔː] *s* imperator, împărat; comandant de oști / căpetenie

imperceptibleness [,impə'septəblnis] *s* imperceptibilitate

imperceptive [,impə'septiv] *adj* neperspicace

imperfectible [,impə'fektibl] *adj* imperfectibil

imperiousness [im'piəriəsnis] *s* 1 autoritate 2 fire autoritară / poruncitoare 3 sete de putere 4 aroganță

imperishability [im,periʃə'biliti] durabilitate; *s* imperisabilitate; nepieire; veșnicie

imperishableness [im'periʃəblnis] *s v.* **imperishability**

imperium [im'piːriəm] *s* 1 imperiu; dominație absolută 2 *jur* dreptul de a comanda oști / de a porunci / de a stăpâni

impermanence [im'pəːmənəns] *s* caracter schimbător / variabil / tranzitoriu (al lucrurilor)

impermeable ring [im,pəːmiəbl 'riŋ] *s tehn* inel de etanșare

impersonality [im,pəːsə'næliti] *s* lipsă de personalitate

impersonator [im'pəːsəneitə] *s* 1 persoană care întruchipează / încarnează; creator al unui rol 2 uzurpator, impostor

impertinency [im'pəːtinənsi] *s* 1 obrăznicie, impertinență, necuviință, lipsă de politețe; insolență, nerușinare 2 nepotrivire, inoportunitate

imperturbableness [,impəː'təːbəblnis] *s v.* **imperturbability**

imperturbably [,impəː'təːbəbli] *adv* imperturbabil, calm, netulburat

imperturbation [im,pəː(ː)təː'beiʃn] *s* calm, liniște

imperviable [im'pəːviəbl] *adv* impenetrabil; impermeabil

impetrate ['impitreit] *vt* 1 a obține prin rugăminți 2 a cere; a ruga

impetration [,impi'treiʃn] *s* 1 cerere, rugăminte 2 dobândire prin rugăminți

impetrative ['impitreitiv] *adj* rugător

impi ['impi] *s* detașament de războinici cafri

impingement [im'pindʒmənt] *s* lovire, izbire; ciocnire, conflict

impiousness ['impiəsnes] *s* lipsă de pietate

implacableness [im'plækəblnis] *s* implacabilitate, inexorabilitate, neîndurare, intransigență

impleadable [im'pli:dəbl] *adj* acuzator

impleader [im'pli:də] *s* acuzator

implemental [,impli'mentəl] *adj* 1 de unealtă, de instrument; mecanic 2 de folos, de ajutor, folositor

impletion [im'pli:ʃn] *s* 1 umplere 2 plenitudine

implicational [,impli'keiʃnəl] *adj* care implică, implicativ

implicatory [im'plikətəuri] *adj* care implică, implicând

implicit function [im,plisit 'fʌŋkʃn] *s mat* funcție implicită

implied [im'plaid] *adj* Implicit, tacit

impliedly [im'plaidli] *adv* implicit

implorer [im'plɔːrə] *s* persoană care imploră

imploring [im'plɔːriŋ] I *adj* rugător II *s* implorare

impluvium [im'plu:viəm] *s lat, ist* impluviu

imponderableness [im'pondərəblnis] *s* imponderabilitate

imponderous [im'pondərəs] *adj* imponderabil; foarte ușor

impone [im'pəun] *vt înv* 1 a risca; a pune rămășag, a paria 2 a amaneta

importee [im'pɔːˈtiː] *s F* imigrant

import-export [,impɔːt'ekspɔːt] *s* import-export; an ~ company o companie de import-export

importing [im'pɔːtiŋ] I *adj* importator II *s* import, importare

importunacy [im'pɔːtjunəsi] *s* importunitate, indiscreție; îndrăzneală

imposer [im'pəuzə] *s* persoană care impune

impossibleness [im'posiblnis] *s* imposibilitate, neputință; lucru imposibil

imposthumate [im'postjumeit] *vi* v. **impostumate**

impostumate [im'postʃəmeit] *vi înv* a forma un abces

impostume [im'postju:m] I *s rar* abces II *vi* v. **impostumate**

impotable [im'pəutəbl] *adj* nepotabil, de nebăut

impotence ['impətəns] *s* 1 neputință; slăbiciune, decrepitudine 2 *med* impotență 3 *poetic* lipsă de sânge rece

impotentness ['impətəntnis] *s v.* **impotence**

impower [im'pauə] *vt* 1 a împuternici; a autoriza 2 a da posibilitate(a) *(cuiva)*

impracticalness [im'præktikəlnis] *s* impractibilitate, imposibilitate *etc.*

imprecatory ['imprikeitəri] *adj* blasfemator, hulitor, imprecator, injurios

imprecise ['imprisais] *adj* imprecis; neconturat; vag

impregn [im'priːn] *vt poetic* a impregna

impregnable [im'pregnəbl] *adj* fecundabil

impresa [im'preizɑː] *s* 1 *ist* emblemă *(pe scut)* 2 deriză, moto, lozincă

imprescribable [,impri'skraibəbl] *adj v.* **imprescriptible**

imprescriptible [,impri'skriptəbl] *adj* imprescriptibil, inalienabil, de neînstrăinat; absolut

impressibility [im,presi'biliti] *s* 1 impresionabilitate, emotivitate; sensibilitate 2 *ch* sensibilitate

impressment [im'presmənt] *s* 1 recrutare / înrolare silită *(în serviciul militar și în marină)* 2 rechiziție *(de alimente* etc.)

imprest ['imprest] I *s* fonduri bănești alocate în avans unei întreprinderi care produce pentru stat II *vt* a avansa *(bani)* III *adj* avansat; împrumutat

imprimis [im'praimis] *adv lat* (mai) întâi, mai întâi de toate

imprinting [im'printiŋ] *s* amprentă, urmă a pașilor

imprisoning [im'prizniŋ] *s* întemnițare, încarcerare

impropriate [,im'proupriit] *adj v.* **impropriated**

impropriator [im'prəuprieitə] *s jur* rel persoană laică pusă în posesia unui bun secularizat

improving [im'pru:viŋ] *s* ameliorare, îmbunătățire, perfecționare

imprudentness [im'pru:dəntnis] *s* imprudență, nechibzuință, nesocotință, act nechibzuit

impuberty [im'pju(:)bəti] *s* impubertate, prepubertate

impudence ['impjudəns] *s* nerușinare, neobrăzare; îndrăzneală, insolență, impertinență

impudency ['impjudənsi] *s v.* **impudence**

impudentness ['impjudəntnis] *s v.* **impudence**

impugnable [im'pju:nəbl] *adj* atacabil; îndoielnic; contestabil; discutabil; litigios; *(d un martor)* recuzabil; *(d o mărturie)* refutabil

impugnation [,impʌg'neiʃn] *s v.* **impugnment**; opunere, împotrivire

impugnment [im'pju:nmənt] *s* contestare; *jur* recuzare; *jur* refutare

impulsivity [impʌl'siviti] *s* 1 impulsivitate 2 violență 3 iritabilitate

imputability [im,pju:tə'biliti] *s* imputabilitate, caracter imputabil

imputative [im'pju:tətiv] *adj* imputabil, care poate fi imputat / atribuit

imputrescible [,impju:'tresibl] *adj* care nu putrezește, care nu se degradează

in- [in] *(în cuvinte compuse)* in-car în interiorul mașinii; in-flight în timpul zborului; *(despre o publicație)* intern *(în folosul angajaților)*

in *presc de la* inch(es)

inaccessibleness [,inæk'sesəblnis] *s* inaccesibilitate, starea unui lucru la care nu se poate ajunge

inactively [in'æktivli] *adv* Inactiv, inert

inactiveness [in'æktivnis] *s* inactivitate; inerție; pasivitate

inadaptable [,inə'dæptəbl] *adj* inadaptabil, neadaptabil, care nu se poate adapta

inadaptibility [,inədæptə'biliti] *s* 1 inadaptabilitate, neputință de a se adapta 2 neadaptare, neaclimatizare

inadvisableness [,inəd'vaizəblnis] *s* inoportunitate, caracter nerecomandabil

inaesthetic [,ines'θetik] *adj* inestetic

inalienableness [in'eiljənəblnis] *s* inalienabilitate, starea lucrului care nu se poate înstrăina

in-and-in [,inəd'in] I *adj (d animale)* din sânul aceleiași familii / rase II *adv* to breed ~ a se încrucișa doar în sânul aceleiași familii / rase, a se împerechea consangvin

in-and-out [ˌɪnənd'aut] **I 1** *tehn* ~ **bolt** bulon / bolţ liber; ~ **reheating furnace** cuptor-cameră **2** *sport* (d un sportiv sau o echipă) care când câştigă, când pierde, care are o comportare când bună, când proastă, **II** *adv* **1** ba înăuntru, ba afară; **he went** ~ ba / când intra, ba / când ieşea **2** bine, temeinic; **to know smb** ~ a cunoaşte pe cineva ca pe propriul său buzunar

inanimation [ɪnˌænɪ'meɪʃn] *s* **1** neînsufleţire, lipsă de viaţă, moarte **2** *fig* lipsă de însufleţire / de animaţie

inapplicableness [ɪn'æplɪkəblnɪs] *s* inaplicabilitate

inapplication [ɪnˌæplɪ'keɪʃn] *s* **1** inaplicare, non-aplicare, neaplicare **2** inaplicabilitate

inappreciation [ɪnəˌpriːʃɪ'eɪʃn] *s* nepreţuire, neapreciere; lipsă de preţuire / apreciere

inaptly [ɪn'æptlɪ] *adv* impropriu, prost, greşit

inarch [ɪn'ɑːtʃ] *vt agr* a altoi (prin apropiere)

inarticulately [ˌɪnɑː'tɪkjuleɪtlɪ] *adv* nearticulat

inarticulateness [ˌɪnɑː'tɪkjuleɪtnɪs] *s* **1** lipsă / incapacitate de articulare; pronunţie neclară; bâlbâială, bălmăjeală **2** mutism; atonie; pierdere a vocii

inartificial [ˌɪnɑːtɪ'fɪʃəl] *adj* **1** *înv* nelucrat, neartistic, nemeşteşugit **2** nearticulat, natural, firesc, fără artă, simplu

inartistically [ˌɪnɑː'tɪstɪkəlɪ] *adv* fără artă

inasmuch as [ɪnəzˌmʌtʃ 'æz] *adv* **1** întrucât; deoarece, fiindcă, de vreme ce, pentru că, căci, având în vedere că, dat fiind că **2** *înv* în măsura în care

inaugurator [ɪ'nɔːgjureɪtə] *s* persoană care inaugurează

inauspiciously [ˌɪnɔː'spɪʃəslɪ] *adv* în mod defavorabil; **to start** ~ a lua startul greşit

inauspiciousness [ˌɪnɔː'spɪʃəsnɪs] *s* prevestire (proastă); rău augur; nenorocire

in-between [ˌɪn bɪ'twiːn] *adj* intermediar

inboard ['ɪnbɔːd] *nav* **I** *adv* în cala unui vapor; **to take the anchor** ~ a intra ancora **II** *adj* interior; ~ **cabin** cabina interioară

inbound ['ɪnbaund] *adj* pe drum de întoarcere, care călătoreşte (pe mare) înapoi spre punctul de plecare; care se întoarce (pe calea aerului) din străinătate

inbreathe ['ɪnbriːð] *vt* **1** a inspira, a aspira, a inhala **2** *fig* a inspira, a insufla (ceva, cuiva)

in-built ['ɪnbɪlt] *adj* **1** (d un dispozitiv) incorporat, integrat **2** (d o calitate, un defect) inerent

inby(e) ['ɪnbaɪ] *scot* **I** *adv* înspre, în interior, înăuntru; aproape **II** *adj* apropiat, alăturat **III** *prep* lângă

incalescence [ˌɪnkə'lesns] *s* încălzire

incalescent [ˌɪnkə'lesnt] *adj* care se încălzeşte

in-calf [ˌɪn'kɑːf] *adj* (d o vacă) cu viţel, gestantă

in camera [ˌɪn'kæmərə] *adj, adv* cu uşile închise; „In Camera" piesă de teatru a lui J.P. Sartre: „Cu uşile închise"

incandescent mantle [ɪnkænˌdesnt 'mæntl] *s tehn* sită incandescentă

incapableness [ɪn'keɪpəblnɪs] *s* incapacitate, neputinţă, neştiinţă

incapably [ɪn'keɪpəblɪ] *adv* **to talk** ~ a face proba incapacităţii sale; **he was** ~ **drunk** era aşa de beat că nici nu se mai putea ţine pe picioare

incapacious [ˌɪnkə'peɪʃəs] *adj* mărginit, strâmt (la minte)

incapacitant [ˌɪnkə'pæsɪtənt] *s mil* produs chimic care paralizează temporar anumite organe sau anihilează voinţa, fără a fi mortal

incapacitation [ˌɪnkəpæsɪ'teɪʃn] *s* invaliditate, incapacitate; ~ **for / from work** incapacitate de muncă **2** *mil* scoaterea din linia de luptă în urma unei invalidităţi; **wounded soldiers suffering permanent** ~ soldaţi inapţi pentru serviciul militar ca urmare a rănilor primite, militari cu invaliditate permanentă, in- valizi de război **3** *jur* privare de capacitate legală

incardinate [ɪn'kɑːdɪneɪt] *vt bis* a face cardinal, a ridica la rangul de cardinal

incautiousness [ɪn'kɔːʃəsnɪs] *s* lipsă de prevedere

incendiarism [ɪn'sendjərɪzm] *s* **1** incendiere premeditată, crimă de incendiere **2** *fig* instigaţie; incendiarism

incensation [ˌɪnsen'seɪʃn] *s bis* tămâiere, cădelniţare

incense bearer ['ɪnsens ˌbeərə] *s bis* cădelniţar, dascăl care cădelniţează / tămâiază

incense burner ['ɪnsens ˌbɜːnə] *s* **1** *bis* v. **incense boat 2** persoană care arde tămâie **3** vas de ars esenţe parfumate

incensed [ɪn'senst] *adj* furios, mânios

incensement [ɪn'sensmənt] *s* mânie

incense stick ['ɪnsens stɪk] *s* baton de tămâie

incentive wage [ɪnˌsentɪv 'weɪdʒ] *s amer* sistem de salarizare progresivă

incept [ɪn'sept] **I** *vt* **1** a începe; a întreprinde; a încerca **2** a primi, a accepta, a admite **II** *vi* **1** a-şi pregăti / lua diploma de „Master" sau „Doctor" (la Universitatea din Cambridge) **2** a debuta (într-o carieră); (d o instituţie) **since its** ~ de la înfiinţare / întemeiere

inceptor [ɪn'septə] *s* persoană care îşi pregăteşte sau şi-a luat diploma de „Master" sau „Doctor" la Universitatea Cambridge

incestuously [ɪn'sestjuəslɪ] *adv* incestuos

inch [ɪntʃ] *s scot* insuliţă

incher [ɪntʃə] *s* (numai în compuşi) **five-** ~ obiect lung sau gros de cinci ţoli

inchworm ['ɪntʃwɜːm] *s zool* larvă-fluture din familia Geometridaelor

incidental music [ɪnsɪˌdentəl 'mjuzɪk] *s* muzică de fond (la un film, teatru etc.)

incised [ɪn'saɪzd] *adj* **1** *artă* gravat **2** *med* incizat

inciter [ɪn'saɪtə] *s* instigator, aţâţător, provocator

inciting [ɪn'saɪtɪŋ] **I** *adj* **1** (d o substanţă) excitant **2** instigator, aţâţător, provocator **II** *s* instigaţie, provocare

inclasp [ɪn'klɑːsp] *vt* **1** a cuprinde, a îmbrăţişa **2** a încopcia **3** a prinde cu cârlige

inclined [ɪn'klaɪnd] **I** *adj* **1** *geom* etc. (d un plan etc.) înclinat; (perete etc.) aplecat; **axis of rotation** ~ **to the normal** axă de rotaţie cu înclinaţie normală **2** ~ **to / for** înclinat să, dispus la / să, predispus la; **not to be** ~ **to / for**

work a nu fi dispus / înclinat să muncească; **to be favourably ~ towards smth** a privi favorabil ceva; **I am rather ~ to take your advice** sunt gata să ascult / primesc sfatul dvs; **if you feel ~** dacă te lasă inima; **his hair is ~ to be red** părul lui bate în roşu

inclined railway [in,klaind'reilwei] *s amer* (tren) funicular

inclining [in'klainiŋ] *s* 1 înclinare, înclinaţie, (a)plecare 2 *fig* înclinaţie; dispoziţie 3 *înv* parte

includable [in'klu:dəbl] *adj* de inclus, ce se poate include

included [in'klu:did] *adj* inclus, cuprins; inclusiv

includible [in'klu:dibl] *adj v.* **includable**

incoagulable [,inkəu'ægjuləbl] *adj* care nu coagulează, incoagulabil, incoagulat

incoercible [,inkəu'əsibl] *adj* 1 de neînfrânat, de nestăpânit 2 *fiz, ch* incoercibil

incogitable [in'kɔdʒitəbl] *adj* de neconceput, de negândit

incogitant [in'kɔdʒitənt] *adj* negândit, nesocotit, nechibzuit

incognita [in'kɔgnitə] *s (fem de la* **incognito**) necunoscută

incognizable [in'kɔg'naizəbl] *adj* incognoscibil, de necunoscut

incomer ['inkʌmə] *s* 1 persoană care intră; nou venit 2 imigrant, intrus 3 succesor *(la un post etc.)*

income support ['inkʌm sə,pɔ:t] *s brit* ajutor guvernamental pentru cei cu venituri mici

incommensurableness [,inkə-'menʃərəblinis] *s* incomensurabilitate, calitate a lucrului care nu se poate măsura; lipsă de termen comun

incommodiously [,inkə'məudjəsli] *adv* incomod

incommodity [,inkə'mɔditi] *s* lipsă de comoditate

incommunicability [,inkə'mju:ni-kəbiliti] *s* calitate a lucrului ce nu se poate comunica

incommunicableness [,inkə'mju:-nikəblnis] *s v.* **incommunicability**

incommutability [,inkəmju:tə'biliti] *s* neschimbare, neclintire

incommutable [,inkə'mju:təbl] *adj* 1 imputabil, nestrămutat, neschimbat, neclintit, 2 de neschimbat

incompact [,inkəm'pækt] *adj* necompact, inconsistent, neconsistent, nu prea solid

incomparability [,inkɔmpərə'biliti] *s* neasemuire

incomparableness [in'kɔmpərəbl-nis] *s v.* **incomparability**

incompletion [,inkəm'pli:ʃn] *s* stare incompletă / neterminată; imperfecţiune

incomplex [in'kɔmpleks] *adj (d un silogism)* incomplex

incomprehensibleness [,inkɔm-pri'hensəblnis] *s* incomprehensibilitate

incomprehensibly [,inkɔmpri'hen-sibli] *adv* (într-un mod) de neînţeles, în mod incomprehensibil

incomprehensive [,inkɔmpri'hen-siv] *adj* mărginit, limitat; strâmt, restrâns, circumscris

incompressibility ['inkɔmpresə-'biliti] *s* incompresibilitate

incomputable [,inkəm'pju:təbl] *adj* incalculabil, infinit; inestimabil

inconceivability [,inkənsivə'biliti] *s* stare de neconceput / nepriceput / neînţeles

inconceivableness [,inkən'si:vəbl-nis] *s v.* **inconceivability**

inconceivably [,inkən'si:vəbli] *adv* (într-un mod) de neconceput; neverosimil, inimaginabil

incongruent [in'kɔŋgruənt] *adj* (**to**) incongruent, nepotrivit *(cu dat)*; care nu merge (cu)

inconsequentiality [,inkɔnsikwen-ʃi'æliti] *s* inconsecvenţă, neconsecvenţă, lipsă de consecvenţă; nesăbuinţă

inconsolableness [,inkən'səuləbl-nis] *s v.* **inconsolability**

inconsolably [,inkən'səuləbli] *adv* în mod neconsolat; **he cried ~** plângea neconsolat

inconsonance [in'kɔnsənəns] *s* discordanţă; disonanţă

inconsonant [in'kɔnsənənt] *adj* (**to, with**) nearmonios, discordant (în raport cu); disonant (faţă de)

inconsumable [,inkən'sju:məbl] *adj* ce nu poate fi consumat / cheltuit / ars *etc.*

incontinently [in'kɔntinəntli] *adv* 1 nereţinut 2 *înv* imediat, îndată, de îndată, numaidecât

incontrovertibility [,inkɔntrəvə:tə-'biliti] *s* necontestare, netăgăduială

incontrovertibleness [,inkɔntrə-'və:təblnis] *s v.* **incontroverti-bility**

incontrovertibly [,inkɔntrə'və:tibli] *adv* de o manieră incontestabilă / indiscutabilă / certă

inconveniency [,inkən'vi:njənsi] *s* inconvenienţă, inconvenient, neajuns, neplăcere; incomoditate; jenă

inconvertibleness [,inkən'və:təbl-nis] *s* neschimbare

incoordinate [,inkə'ɔ:dinit] *adj* necoordonat

incoordination [,inkəɔ:di'neiʃn] *s* necoordonare, lipsă de coordonare

incorporable [in'kɔ:pərəbl] *adj* incorporabil, care se poate incorpora

incorporated territories [in,kɔ:pə-reitid 'teritəriz] *amer s* [in'kɔ:pə-reitid 'teri,tɔ:riz] *s pl amer* teritoriile Hawai şi Alaska

incorporative [in'kɔ:pəreitiv] *adj* incorporabil, care se poate incorpora

incorrodible [,inkə'rəudibl] *adj tehn* necorodabil, care nu poate fi atacat de coroziune

incorrupt [,inkə'rʌpt] *adj* 1 necorupt, pur, curat, cinstit 2 incoruptibil

incorruption [,inkə'rʌpʃn] *s înv* incoruptibilitate

incrassate I [in'kræsit] *adj bot, zool* îngroşat, îndesat, umflat **II** [in'kræseit] *vi* a se îngroşa, a se îndesa; a se îndopa

increasable [in'kri:səbl] *adj* care poate spori, care se poate mări, augmentabil

increased [in'kri:st] *adj* ridicat, crescut; **~ investment will lead to ~ productivity** o creştere a investiţiilor va duce la o creştere a productivităţii

increaser [in'kri:sə] *s* 1 crescător *(de animale etc.)* 2 *înv* promotor

increate [,inkri'eit] *adj* necreat

incredibleness [in'kredəblnis] *s* 1 stare / situaţie de necrezut 2 lucru de necrezut

incredulousness [in'kredjuləsnis] *s* incredulitate, necredinţă, scepticism

incremental [,inkri'mentl] *adj* care creşte, sporeşte

incretion [in'kri:ʃn] *s fizl* secreţie internă

incriminating [in'krimineitiŋ] *jur* **I**
adj incriminator (în) **II** *s* incrimi-
nare, învinuire; acuzație
incriminator [in'krimineitə] *s jur*
învinuitor, acuzator; persoană
care incriminează
incubational [,inkju'beiʃnəl] *adj*
incubator, care clocește
incubative ['inkjubeitiv] *adj v.* **in-
cubational**
inculcator ['inkʌlkeitə] *s* persoană
care inculcă idei
inculpable [in'kʌlpəbl] *adj rar* ne-
vinovat
incunabular [,inkju:'næbjulə] *adj*
de început; aparținând înceepu-
turilor tiparului
incunabulist [,inkju'næbjulist] *s*
colecționar de incunabule
incuriousness [in'kjuəriəsnis] *s*
lipsă de interes / curiozitate; in-
diferență; nepăsare; neatenție
incuriously [in'kjuəriəsli] *adv* fără
curiozitate / interes; cu indi-
ferență, indiferent, cu nepăsa-
re, nepăsător; neatent
incursionist [in'kə:ʃnist] *s F* nă-
vălitor, invadator, cotropitor
incursive [in'kə:siv] *adj* care face
incursiuni: invadator, năvălitor,
cotropitor
incurvate¹ ['inkə:veit] *amer* și
[in'kə:veit] *vt* a curba din afară
înăuntru; a curba, a arcui; a
încovoia, a îndoi
incurvate² ['inkə:vit] *adj* curbat
către interior; curbat, arcuit; în-
doit, încovoiat
incuse [in'kju:z] **I** *vt* a imprima, a
grava *(efigii pe monede, medalii
etc.)* **II** *adj* (d efigii pe monede,
medalii etc.) imprimat, gravat **III**
s imprimare, gravare *(de efigii
pe monede etc.)*
indagate ['indəgeit] *vt* a cerceta, a
investiga
indamine ['indəmi:n] *s ch* indamină
indebt [in'det] *vt înv* a face să fie
dator, a îndatora
indecently [in'di:sntli] *adv* indecent,
necuviincios; cu nerușinare
indeciduous [,indi'sidiəs] *adj bot*
persistent; care nu se ofilește
toamna
indecipherably [,indi'saifərəbli] *adv*
indescifrabil
indecisively [,indi'saisivli] *adv* **1** fără
rezultat decisiv, nedecis **2** neho-
tărât; șovăind, ezitând, cu îndo-
ială **3** neclar, imprecis, nedeslușit

indecisiveness [,indi'saisivnis] *s*
1 nehotărâre, șovăială, ezitare
2 caracter nedecisiv; caracter
nedecis *(al unei lupte etc.)*
indeclinableness [,indi'klainəblnis]
s gram imposibilitatea de a fi
declinat; imposibilitatea de a
declina
indecorously [in'dekərəsli] *adv*
necuviincios; deplasat; cum nu
se cuvine; grosolan, indecent
indecorousness [in'dekərəsnis] *s*
necuviință, nerespectare a bu-
nelor maniere; lipsă de bun
simț; grosolănie; indecență
indefatigableness [,indi'fæti-
gəblnis] *s* însușirea de a fi ne-
obosit
indefeasibleness [,indi'fi:zəblnis]
s jur irevocabilitate, caracter
irevocabil; caracter imprescrip-
tibil; caracter definitiv
indefectible [,indi'fektəbl] *adj* **1**
infailibil **2** impecabil, fără cusur,
desăvârșit
indefectibly [,indi'fektəbli] *adv* **1**
în mod infailibil **2** impecabil, fără
greșeală, fără cusur
indefective [,indi'fektiv] *adj* în-
treg, fără lipsuri; fără cususuri;
fără greșeli, fără defecte
indefensibly [,indi'fensəbli] *adv*
fără apărare, fără putință de apă-
rare; nejustificat, fără temei, fără
putință de justificare; fără pu-
tință de iertare
indefinably [,indi'fainəbli] *adv*
într-un fel care nu poate fi defi-
nit; imprecis, vag
indefinite article [in,definit 'ɑ:tikl]
s gram articol nehotărât
indefinite pronoun [in,definit
'prəunaun] *s gram* pronume ne-
hotărât
indehiscent [,indi'hisənt] *adj bot*
indehiscent, care nu se des-
chide
indeliberate [,indi'libərit] *adj rar*
nesupus unei deliberări (prea-
labile); nedeliberat, necalculat,
nepremeditat; nechibzuit, necu-
getat
indelibleness [in'deliblnis] *s* im-
posibilitatea de a fi șters, im-
posibilitatea de a (se) șterge,
caracter indelebil *(și fig)*
indelicate [in'delikit] *adj* nedelicat;
grosolan; lipsit de tact / de bun
simț; indecent; necuviincios; ~
suggestion aluzie indecentă

indemnifier [in'demnifaiə] *s* per-
soană care plătește o indem-
nizație
indemnitee [in,demni'ti:] *s* per-
soană căreia i se dă o des-
păgubire
indemnitor [in'demnitə] *s* persoa-
nă care garantează; persoană
care despăgubește
indented [in'dentid] *adj* **1** zimțuit,
crestat, dințat, zimțat, dantelat;
~ **wheel** roată dințată **2** cu adân-
cituri, cu scobituri **3** *jur* **deed** ~
contract sinalagmatic **4** *poligr* ~
line stare, alineat intrat
indentured [in'dentʃəd] *adj* **1** legat
printr-un contract **2** tăiat, cres-
tat; adâncit, scobit
indentured labour [in,dentʃəd
'leibə] *s* mână de lucru angajată
pe termen lung
independent school [indi,pendənt
'sku:l] *s brit* școală particulară
in-depth [,in'depθ] *adj* în profun-
zime
indescribably [,indis'kraibəbli] *adv*
într-un fel care nu se poate
descrie; nespus de, extrem de
indestructibly [,indis'trʌktəbli] *adv*
(în mod) indestructibil, așa ca
să nu poată fi distrus
indeterminableness [,indi'tə:mi-
nəblnis] *s* imposibilitatea de a
determina, imposibilitatea de a
fi determinat
indeterminably [,indi'tə:minəbli]
adv într-un mod care nu poate fi
determinat, (într-un mod) inde-
terminabil
indeterminate equation [indi,tə:mi-
nit i'kweiʃn] *s mat* ecuație ne-
determinată
indeterminate sentence [indi,tə:mi-
nit 'sentəns] *s jur* sentință cu
pedeapsă condiționată *(de pur-
tarea celui condamnat)*
indeterminist [,indi'tə:minist] *adj,
s fizl* nedeterminist, indeterminist
indeterministic [,indit̬ə:mi'nistik]
adj indeterminist, nedeterminat
indevotion [,indi'vəuʃn] *s* **1** im-
pietate, lipsă de evlavie, nere-
ligiozitate, necredință **2** indife-
rență, nepăsare, răceală
indevout [,indi'vaut] *adj rar* ne-
evlavios, necredincios
indexation [,indek'seiʃn] *s* in-
dexare
index bar ['indeks bɑ:] *s nav* ali-
dadă *(la sextant)*

indexer ['indeksə] *s* alcătuitor al unui index *(la o carte* etc.*)*

indexless ['indekslis] *adj* fără index, fără indice

index-linked [,indeks 'linkt] *adj brit* indexat

index-linking [,indeks'linkiŋ] *s brit* indexare

index register ['indeks,redʒistə] *s* registru de indexare

Indian agent [,indiən 'eidʒənt] *s amer* funcționar guvernamental însărcinat să reprezinte guvernul federal în relațiile cu indienii dintr-o rezervație

Indian club [,indiən 'klʌb] *s* măciucă *(de gimnastică)*

Indian currant ['indiən ,kʌrənt] *s bot* 1 un soi de hurmuz *(Symphoricarpos orbiculatus)* 2 varietate de coacăză californiană *(Ribes glutinosum)*

Indian elephant [,indiən 'elifənt] *s zool* elefant indian

Indian gift [,indiən 'gift] *s* dar făcut în speranța unei recompense

Indian giver [,indiən 'givə] *s amer* 1 persoană care cere restituirea unui cadou oferit 2 persoană care oferă un dar numai cu scopul de a primi în schimb un altul mai prețios

Indianian[1] [,indi'æniən] *s* 1 *nav* navă comercială făcând curse spre India 2 *Ist* navă aparținând Companiei Indiilor Orientale

Indianian[2] [,indi'æniən] I *adj* din statul Indiana *(S.U.A.)* II *s* locuitor din Indiana *(S.U.A.)*

Indian sign [,indiən 'sain] *s amer* farmec făcut cuiva pentru a-l imobiliza

Indian wrestling [,indiən'wresliŋ] *s sport* stil de luptă indian

Indian yellow [,indiən 'jeləu] *s ch* galben indian

indicated horse-power [,indikeitid 'hɔːs pauə] *s tehn* putere indicată / nominală, cai-putere indicați

indicator card ['indikeitə kɑːd] *s tehn* diagramă indicată / indicatoare

indicatrix ['indikeitriks] *s mat* indicatoare

indicolite [in'dikɔlait] *s minr* turmalin albastru

indictor [in'daitə] *s jur* acuzator, denunțător; parte civilă

indie ['indi] *adj (despre o companie cinematografică, un canal de radio / televiziune)* independent

indigestibility [,indidʒestə'biliti] *s* imposibilitatea de a fi digerat, imposibilitatea de a digera

indigestive [,indi'dʒestiv] *adj med* 1 dispeptic, care suferă de indigestie 2 care provoacă dispepsie / indigestie

indigo bird ['indigəu bəːd] *s orn* soi de pasăre americană *(Passerina cyanea)*

indigo carmine [,indigəu 'kɑːmin] *s ch* indigo-carmin

indigo plant ['indigəu plɑːnt] *s bot* planta din genul *Indigofera*

indirect tax [,indirekt 'tæks] *s ec* impozite indirecte

indiscernibly [,indi'səːnəbli] *adv* imperceptibil

indiscerptible [,indi'səːptəbl] *adj* indivizibil

indiscriminable [,indis'kriminəbl] *adj* cu neputință de deosebit

indispensableness [,indis'pensəblnis] *s* 1 necesitate absolută, caracter indispensabil 2 obligativitate, caracter obligatoriu

indispensably [,indis'pensəbli] *adv* 1 cu necesitate 2 (în mod) obligatoriu

indistinguishably [,indis'tiŋgwiʃəbli] *adv* nedesușit; în așa fel că nu se poate distinge

indivisibly [,indi'vizəbli] *adv* în așa fel că nu se poate împărți, (în mod) indivizibil

indoctrinated [in'dɔktrineitid] *adj* îndoctrinat de o anumită doctrină

indoctrinator [in'dɔktrineitə] *s* persoană care îndoctrinează *(pe alții)*

indol ['indɔl] *s ch* indol

indorsee [,indɔː'siː] *s com* beneficiar al unei andosări

indraw [in'drɔː] *vt* a trage / a băga înăuntru

induced draught [in,djuːst 'drɑːft] *s* 1 *tehn, ch* tiraj artificial / forțat 2 *min* curent de aer indus

induction motor [in'dʌkʃn ,məutə] *s el* motor de inducție; motor asincron

inductively [in'dʌktivli] *adv el, log* prin inducție, inductiv

induline ['indjulin], **induline** ['indjulain] *s ch* colorant albastru derivat din anilină

indurative ['indjuəreitiv] *adj* întăritor; care învârtoșează

industrial action [in,dʌstriəl 'ækʃn] *s* grevă; **they threatened (to take)** ~ au amenințat că vor face grevă

industrial design [in,dʌstriəl di'zain] *s* plan industrial

industrialized [in'dʌstriəlaizd] *adj* industrializat; **the** ~ **countries** țările industrializate

industrial relations [in,dʌstriəl ri'leiʃnz] *s pl* relații între patronat și angajați; ~ **have deteriorated** climatul social s-a deteriorat

industrial state [in,dʌstriəl 'steit] *s* stat industrial

Industrial tribunal [in,dʌstriəl trai'bjunəl] *s brit* tribunal însărcinat să concilieze conflicte de muncă (dintr-o întreprindere etc.)

industriousness [in'dʌstriəsnis] *s* silință, hărnicie; pricepere

inearth [in'əːθ] *vt poetic* a îngropa

inebriant [i'niːbriənt] I *adj* îmbătător, amețitor II *s* substanță îmbătătoare

inedibility [inedi'biliti] *s* necomestibilitate, însușirea de a fi necomestibil

ineffability [inefə'biliti] *s* inefabilitate, neputință de a exprima în cuvinte

ineffably [in'efəbli] *adv* într-un mod care nu poate fi exprimat prin cuvinte; nespus (de)

ineluctably [,ini'lʌktəbli] *adv* (în mod) ineluctabil, (în mod) inevitabil

inequal [in'iːkwəl] *adj* 1 *(d terenuri, drumuri* etc.*)* accidentat 2 *înv, lit v.* **unequal**

inequilateral [ini:kwi'lætərəl] *adj* cu laturi inegale

inequitably [in'ekwitəbli] *adv* injust, pe nedrept

inertia-reel seat belt [i,nəːʃiəriəl 'siːtbelt] *s* centură de siguranță *(care se blochează la șoc)*

inertion [i'nəːʃn] *s* 1 *fiz* inerție 2 *fig* inerție; încetineală; moliciune; indolență; apatie

inescapably [,ini'skeipəbli] *adv* în mod inevitabil, în mod incontestabil

inexecutable [in'eksikjuːtəbl] *adj* inexecutabil, imposibil de executat

inexorability [in,eksərə'biliti] *s* caracter inexorabil; neînduplecare

inexorableness [in'eksərəblnis] *s v.* **inexorability**

inexorably [in'eksərəbli] *adv* inexorabil, implacabil

inexplosive [,iniks'pləusiv] *adj* neexploziv

inexpressibility [,inikspresə'biliti] *s* imposibilitatea de a exprima / a fi exprimat / de a reda / a fi redat, caracter inexprimabil

inexpressibleness [,iniks'presəblnis] *s v.* **inexpressibility**

inextensibility [,inikstensə'biliti] *s* neextensibilitate

inextirpable [,iniks'tə:pəbl] *adj* inextirpabil, care nu poate fi extirpat

infamous conduct [,infəməs 'kondʌkt] *s* 1 purtare scandaloasă / rușinoasă 2 încălcare a regulilor eticii profesionale (↓ d către medici)

infected [in'fektid] *adj* infectat, contaminat

infecting [in'fektin] I *s* infectare II infectant, care infectează

infectious hepatitis [in,fekʃəs hepə'taitəs] *s med* hepatită infecțioasă

infectiously [in'fekʃəsli] *adv med* în așa fel că molipsește și fig

infectious mononucleosis [in,fekʃəs mɔnəunju:kli'əusis] *s med* mononucleoză infecțioasă

infectivity [,infek'tiviti] *s* 1 *med* natură infecțioasă 2 caracter molipsitor / contagios și fig

inferior court [in,fiəriə 'kɔ:t] *s* curte inferioară de justiție

inferiorly [in'fiəriəli] *adv* inferior, mai jos, mai rău, mai prost

inferior planet [in,fiəriə 'plænit] *s* planetă inferioară

infibulate [in'fibjuleit] *vt* a infibula

infiltrator ['infiltreitə] *s* agent infiltrat; **there are ~s in the party** există persoane dezbinatoare în partid

infinitely ['infinitli] *adv* în mod infinit

infinite series [,infinit 'siəri(:)z] *s mat* serie infinită

infinitesimal calculus [infini,tesiməl 'kælkjuləs] *s mat* calcul infinitezimal

infinitesimal quantity [infini,tesiməl 'kwɔntiti] *s mat* diferențială; infinit mic

inflamer [in'fleimə] *s* 1 persoană care aprinde; obiect care servește la aprindere 2 ațâțător (al unei pasiuni, al spiritelor etc.)

inflaming [in'fleimin] *s* inflamare

inflatable [in'fleitəbl] I *adj* gonflabil, pneumatic II *s* barcă pneumatică

inflationist [in'fleiʃnist] *adj ec, pol* inflaționist, adept al inflaționismului

inflation-proof [in,fleiʃn 'pru:f] *adj* protejat împotriva inflației

in-flight [,in'flait] *adj* în zbor; ~ **meals** mesele din timpul zborului; ~ **video** filme video transmise în timpul zborului; ~ **refuelling** alimentare cu carburant în timpul zborului

infomercial [,infə'mə:ʃl] *s amer* publicitate televizată sub formă de discuție despre produsul respectiv

informatics [,infə'mætiks] *s* informatică

information processing [infə'meiʃn ,prəusesin] *s* 1 prelucrarea informației 2 informatică; ~ **error** eroare în prelucrarea informației

information retrival [infə'meiʃn ri,tri:vəl] *s cib* regăsirea informației

information science [infə'meiʃn ,saiəns] *s* informatică

infract [in'frækt] *vt amer* a încălca, a viola

infrasound [,infrə'saund] *s* infrasunet

infraspinous [,infrə'spainəs] *adj mat* infraspinal, subspinal

infringer [in'frindʒə] *s* persoană vinovată de o contrafacere

infundibulum [,infʌn'dibjuləm] *s anat* infundibul

infuriated [in'fjuərieitid] *adj* înfuriat, mâniat, nervos

infuriating [in'fjuərieitin] *adj* agasant, exasperant; **it's / he's ~!** este exasperant!

infuriatingly [in'fjurieitinli] *adv* ~ **stubborn** de o încăpățânare exasperantă; **she remained ~ polite** rămase de o politețe exasperantă

infuser [in'fju:zə] *s* 1 *tehn* instalație pentru injectarea apei în strat 2 *tea* ~ strecurătoare în formă de capsulă / ou

infusibility [,infju:zi'biliti] *s tehn* rezistență a stratului la injectarea apei

infusing [in'fju:zin] *s* infuzie (de buruieni etc.)

infusorian [,infju:'zɔ:riən] I *s zool* infuzor II *adj* de infuzorii

infusorium [,infju:'sɔ:riəm], *pl* **infusoria** [,infju:'sɔ:riə] *s zool rar* infuzor

infusory [in'fju:zəri] I *adj* 1 de infuzorii 2 cu infuzorii; compus din infuzorii II *s v.* **infusorium**

ing [in] *s* pășune / poiană joasă

ingate ['ingeit] *s tehn* 1 piciorul pâlniei de turnare 2 gură de intrare, orificiu de admisie

ingemination [indʒemi'neiʃn] *s* dublare; repetare, repetiție

ingenerable [in'dʒenərəbl] *adj* care nu poate fi generat / produs

ingeniosity [indʒi:ni'ositi] *s rar* ingeniozitate, inventibilitate, dibăcie

ingenuously [in'dʒenjuəsli] *adj* 1 generos 2 sincer, cu sinceritate 3 naiv, ingenuu, cu simplicitate

ingesta [in'dʒestə] *s med* ingesta, alimente solide / lichide

ingestive [in'dʒestiv] *adj med* (care ține) de înghițit

ingle ['ingl] *înv* I *s* 1 copil nelegitim / din flori 2 prieten intim, amic, confident II *vt* a alinta, a dezmierda, a mângâia, a giuguli

ingle side ['ingl said] *s* vatră, cotlon, sobă, cămin

ingloriousness [in'glɔ:riəsnis] *s* 1 obscuritate 2 lipsă de glorie, dezonoare, ocară

ingot iron ['ingət ,aiən] *s tehn* oțel în lingouri

ingot steel ['ingət ,sti:l] *s tehn* oțel în lingouri

ingrain carpet [,ingrein 'ka:pit] *s text* covor de lână vopsită înainte de a fi țesută

ingrate ['ingreit] I *s* ingrat, nerecunoscător II *adj înv* 1 ingrat, greu, neprielnic, neroditor, sterp arid, neplăcut 2 ingrat, nerecunoscător

ingrateful [in'greitful] *adj* ingrat, nerecunoscător

ingratiation [ingreiʃi'eiʃn] *s* insinuare, dibăcie de a se vârî sub pielea cuiva / de a intra în grațiile cuiva

ingravidate [in'grævideit] *vt înv* a lăsa gravidă, a însărcina

ingredience [in'gri:diəns] *s înv* 1 folosire ca ingredient 2 ingredient

ingrowing toenail [,ingrəuiŋ 'təunei] *s* unghie (de la picior) încarnată

ingrowth ['ingrəuθ] *s* creștere / dezvoltare înspre înăuntru

inguen ['iŋgwen] *s anat, rar* stinghie; vintre

inguinal canal [,iŋgwinl kə'næl] *s anat* canal inghinal

inguinal gland ['iŋgwinl glænd] *s anat* glandă inghinală

inhabitability [in'hæbitə'biliti] *s* caracter locuibil

inhabitance [in,hæbitəns] *s înv* domiciliu, locuință, reședință

inhabitate [in'hæbiteit] *vt înv* a locui, a sta; a domicilia, a popula

inhabitative [in'hæbitətiv] *adj* care ține de locuință / de domiciliu

inhabitativeness [in'hæbitətivnis] *s v.* inhabitiveness

inhabited [in'hæbitid] *adj înv* nelocuit

inhabited house duty [in,hæbitid 'haus dju:ti] *s* impozit pe casă *(perceput pentru fiecare casă locuită sau folosită în scopuri industriale)*

inhabitedness [in'hæbitidnis] *s rar* faptul de a fi locuit

inhabiter [in'hæbitə] *s înv* locuitor

inhabitiveness [in'hæbitivnis] *s (frenologie)* tendință / înclinație de a locui mereu în același loc / în aceeași locuință

inhabitress [in'hæbitris] *s înv* locuitoare

inhalable [in'heiləbl] *adj rar* inhalabil

inhaling [in'heiliŋ] *s* inhalare, aspirare

inharmonious [,inhɑ:'məuniəs] *adj* 1 *(d un sunet, un acord)* nearmonios, lipsit de armonie, discordant 2 *fig* distonant, nearmonios, discordant, nepotrivit, strident

inhaul(er) ['inho:l(ə)] *s nav* frânghie pentru întinderea și strângerea velelor

inhaust [in'ho:st] *vt rar* a absorbi, a sorbi, a suge; a inspira, a trage *(aer)* în piept

inherence [in'hiərəns] *s* inerență, calitate inerentă / intrinsecă

inherency [in'hiərənsi] *s v.* inherence

inheritability [,inheritə'biliti] *s v.* inheritableness

inheritableness [in'heritəblnis] *s* 1 transmisibilitate *(a unui titlu, a unei boli etc.)* urmașilor 2 drept *(al unei persoane)* de a moșteni

inheritage [in'heritdʒ] *s rar* moștenire, patrimoniu; proprietate moștenită

inherited [in'heritid] *adj (d un semn, o trăsătură, un gust)* moștenit; ~ taint pată din naștere

inhibitable [in'hibitəbl] *adj* care poate fi inhibat / oprit / înfrânat

inhibited [in'hibitid] *adj* inhibat

inhibiter [in'hibitə] *s* persoană *sau* lucru care oprește *etc.*; piedica, obstacol

inhibiting [in'hibitiŋ] *adj* inhibant

inhibitory nerve [in,hibitəri 'nəiv] *s fizl* nerv inhibitor

inhospitable [in'hospitəbli] *adv* neospitalier, neprimitor

inhospitality [inhospi'tæliti] *s* inospitabilitate, caracter inospitalier / neprimitor

inimicality [inimi'kæliti] *s rar* ostilitate, dușmănie, vrăjmășie, atitudine neprielnică

inimitability [inimitə'biliti] *s* caracter inimitabil / de neimitat

inimitableness [i'nimitəblnis] *s v.* inimitability

inion ['iniən], *pl* inia ['iniə] *s anat* inion

iniquity [i'nikwiti] *s* 1 nedreptate, inechitate 2 rău, faptă rea, imoralitate, nelegiuire, fărădelege, samavolnicie *(bibl etc.)* păcat

inirritable [i'niritəbl] *adj* 1 *fizl* neiritabil, insensibil *(la iritație)* 2 *F* blajin, blând

initialization [iniʃəlai'zeiʃn] *s cib* inițializare

initialize [i'niʃəlaiz] *vt* a indica *(pe cineva)* prin inițiale

initial stress [i,niʃəl 'stres] *s tehn* tensiune inițială, tensiune internă

initiating [i'niʃieitiŋ] *s* (in) inițiere (în)

inition [i'niʃn] *s înv* început, inițiere

injectant [in'dʒektənt] *s* substanță injectată

injunct [in'dʒʌŋkt] *vt F* to ~ smb from doing smth a da poruncă / a porunci cuiva să se abțină de a face ceva

injurer ['indʒərə] *s* ofensator; autor al unui rău, persoană care vatămă

ink blot ['iŋk blɔt] *s* pată de cerneală

ink cap ['iŋk kæp] *s bot* papenchi, căciula-șarpelui *(Coprinus atramentarius)*

ink eraser ['iŋk i,reizə] *s* gumă de șters cerneala

ink fountain ['iŋk ,fauntin] *s amer poligr* jgheab de cerneală

inking ribbon ['iŋkiŋ ,ribən] *s tehn* panglică *(de mașină de scris etc.)*

inkjet printer ['iŋkdʒet ,printə] *s cib* imprimantă cu jet de cerneală

ink knife ['iŋk naif] *s poligr* lama jgheabului de cerneală

inkle ['iŋkl] *s un fel de* panglică lată

ink mushroom ['iŋk ,mʌʃrum] *s v.* ink cap

ink rubber ['iŋk ,rʌbə] *s brit v.* ink eraser

ink shed ['iŋk ʃed] *s umor* tone de cerneală consumată în scris

ink-stained [,iŋk steind] *s* pătat / mânjit de cerneală

inlaw [in'lɔ:] *vt ist* a pune din nou sub protecția legii

inlayer [in'leiə] *s* 1 lucrător care se îndeletnicește cu marchetăria 2 strat interior / intermediar

inlaying [in'leiŋ] *s* 1 incrustație, incrustare; pardosire în mozaic, parchetare; marchetărie 2 *(legătorie)* intercalație, intercalare 3 *constr* lambriu

inlier ['inlaiə] *s* 1 *geol* fereastră tectonică *(într-un strat acoperitor)* 2 *min* fereastră *(la o galerie, la un tunel)*

in-line engine [,inlain 'endʒin] *s tehn, auto* motor cu cilindrii în linie / serie

in loco parentis [in,ləukəu pə'rentis] *adv* to act ~ a acționa în locul părinților

in-lot ['inlɔt] *s amer* parcelă *(de teren)*

inly ['inli] **I** *adv poetic* 1 lăuntric, intern, interior, în sine, tainic, în inimă, în suflet 2 adânc, profund, sincer, din inimă, din suflet **II** *adj* lăuntric, tainic

in memoriam [,inmi'mɔ:riəm] *loc adv* în memoria, *(pe o piatră funerară)* in memoriam

in-migrant ['in,maigrənt] *s* locuitor care se mută în interiorul țării

in-migrate ['inmaigreit] *vi* a se muta într-un oraș *etc.* situat în interiorul țării

innately [i'neitli] *amer și* ['inneitli] *adv* înnăscut, din naștere, prin naștere

innavigable [i'nævigəbl] *adj (d o mare, un fluviu)* nenavigabil

inner bottom [,inə 'botəm] *s nav* fund interior

inner city [,inə'siti] *s cartier defavorizat în interiorul unui oraș mare*

innerly ['inəli] I *adj rar* lăuntric *fig* lăuntric, interior, profund, aprofundat II *adv* lăuntric, intern, înlăuntru, în sine

innerve [i'nə:v] *vt fizl* a da energie nervoasă *(cu dat)*; a întări, a fortifica, a stimula

inness ['innis] *s rar* natura lăuntrică / interioară

innholder ['in,həuldə] *s amer, înv* hangiu

innominable [i'nominəbl] I *adj înv* inexprimabil, de nespus II *s pl F* ~s pantaloni, indispensabili

innominate [i'nominit] *adj* 1 *înv* nenumit, anonim 2 fără nume, care nu are o denumire

innovating ['inəuveitiŋ] I *adj* inovator, înnoitor II *s* inovație

innovationist [,inəu'veiʃənist] *s* inovator; adept al inovațiilor

innovative ['inəuveitiv] *adj* inovator, înnoitor

innovatory ['inəuveitəri] *adj* inovator; de raționalizare

Innsbruck ['inzbruk] *s geogr* oraș în Austria, stațiune turistică

innumerably [i'nju:mərəbli] *adv* nenumărat, fără număr

innumeracy [i'nju:mərəsi] *s* incapacitate de a număra și de a face operațiuni aritmetice simple

innumerate [i'nju:mərət] I *adj* care nu știe să numere și să facă operațiuni aritmetice simple; **he's completely ~** nu știe nici cât fac doi plus doi II *s* persoană care nu știe să numere

innumerous [i'nju:mərəs] *adj poetic* nenumărat, fără număr

innutrition [,inu(:)'triʃn] *s* nehrănire, lipsă de alimentare, nealimentare, insuficiență a hranei / a alimentației; *med* ~ **of bones** rahitism

inoculative [i'nokjuleitiv] *adj med* contagios, molipsitor, infecțios

in-off ['inof] *s (la biliard)* bilă care intră într-o gaură după ce a lovit altă bilă

inoperativeness [in'opərətivnis] *s* neoperativitate, inoperativitate

inordinancy [i'no:dinənsi] *s* caracter excesiv, fire dezordonată, neregularitate, dereglare; exces

inorganization [ino:gənai'zeiʃn] *s* neorganizare, lipsă de organizare

inorganized [i'nogənaizd] *adj* neorganizat; neorganic

input / output [,input'autput] *s cib* intrare-ieșire; **~ device** echipament periferic intrare-ieșire

inquiry agent [in'kwaiəri ei,dʒənt] *s* detectiv (particular)

inquisitional [,inkwi'ziʃnəl] *adj* 1 de cercetare, de anchetă 2 inchizitorial, de inchiziție, de inchizitor

inquisitively [in'kwizitivli] *adv* cu curiozitate; în mod indiscret **he stared ~ into the room** aruncă o privire scrutătoare în cameră

inquisitorial ['inkwizi'to:riəl] *adj* 1 *v.* **inquisitional** (2) 2 curios, cercetător, scrutător, investigator, iscoditor; *peior* indiscret; *F* care își bagă nasul

insalivate [in'sæliveit] *vt fizl* a amesteca *(alimentele)* cu salivă

insaneness [in'seinnis] *s* caracter nebunesc / nesăbuit *(al unei acțiuni, al unei dorințe etc.)*

insanitariness [in'sænitərinis] *s* caracter insalubru / neigienic, insalubritate, lipsă de condiții igienice / sanitare

insanitation [insæni'teiʃn] *s v.* **insanitariness**

insatiableness [in'seiʃiəblnis] *s* nesaț

inscribable [in'skraibəbl] *adj* **(in)** care poate fi înscris (în); *mat* ce se poate înscrie

inscribed [in'skraibd] *adj* **(in; on)** înscris, gravat, săpat (în, pe)

inscriptive [in'skriptiv] *adj* făcut sub formă de inscripție

inscroll [in'skrəul] *vt* a trece într-o / pe o listă

inscrutably [in'skru:təbli] *adv* de nepătruns, impenetrabil, enigmatic

insecta [in'sektə] *s pl ent* insecte

insectan [in'sektən] *adj ent* de insectă; propriu insectelor; insectiform

insect-eating [in,sekt 'i:tiŋ] *adj zool* insectivor

insecticidal [insekti'saidəl] *adj* insecticid

insectiform [in'sektifo:m] *adj* insectiform, în formă de insectă

insectile [in'sektil] *adj rar* de insectă și *fig*

insectivora [,insek'tivərə] *s pl zool* insectivore

inseminate [in'semineit] *vt* a însămânța

insensitively [in'senzitivli] *adv* în mod insensibil, cu lipsă de tact

inseparableness [in'sepərəblnis] *s* inseparabilitate, caracter inseparabil, unitate, legătură indisolubilă

inserted [in'sə:tid] *adj* inserat, intercalat, introdus; **wheel with ~ teeth** roată cu dinți, roată cu dinți montați / puși

insetting [in'setiŋ] *s* 1 *poligr* inserție, intercalare, introducere 2 *poligr* inserare în medalion 3 intercalare *(a unei bucăți de stofă)*

inshore fishing [,inʃo: 'fiʃiŋ] *s nav* pescuit în apropierea țărmului, pescuit de coastă

inside caliper [in,said 'kælipə] *s tehn* compas / calibru pentru găuri, compas / calibru de interior

insider dealing [,insaidə 'di:liŋ], **insider trading** [,insaidə 'treidiŋ] *s (la bursă)* înțelegere în cadrul securității unei companii privind informațiile despre profit și pierderi, care pot afecta prețul ei

insidiousness [in'sidiəsnis] *s* caracter insidios / înșelător *(al unei boli etc.)*; viclenie, șiretenie *(a unei întrebări etc.)*

insightful ['insaitful] *adj* pătrunzător, perspicace

in situ [,in 'si:tu] *adj, adv lat* 1 *med, filoz etc.* in situ 2 *tehn* la locul de montaj / asamblare

insolate ['insəuleit] *vt* a expune la soare

insolvable [in'solvəbl] *adj* insolubil

insolvency provision [in,solvənsi prə'viʒn] *s* fonduri de garanție salarială

inspan [in'spæn] *vt (în Africa de Sud)* 1 a înhăma, a înjuga 2 a recruta *(brațe de muncă, militari, voluntari etc.)*

inspection chamber [in'spekʃn ,tʃeimbə] *s* gură de canal

inspectoral [in'spektərəl] *adj* de inspector, de inspecție, de control

inspectorship [in'spektəʃip] *s* inspectorat

inspectress [in'spektəris] *s* inspectoare

inspirational [,inspə'reiʃnəl] *adj* **1** care inspiră **2** inspirat

inspirer [in'spaiərə] *s* inspirator *(al unui articol, al unei lucrări* etc.*)*

installed [in'stɔːld] *adj* instalat

instantaneous exposure [instən- ,teinjəs iks'pəuʒə] *s fot* fotografie instantanee, instantaneu

instantaneously [,instən'teinəsli] *adv* în mod instantaneu

instantaneousness [,instən'teiniəsnis] *s* instantaneitate

institutionalized [,insti'tjuʃənəlaizd] *adj (d un copil)* care a fost internat într-un azil / care a fost crescut de asistența publică

institutor [insti'tjuːtə] *s* întemeietor *(al unui ordin religios* etc.*)*, fondator, organizator

instrumental case [instru,mentl 'keis] *s gram* cazul instrumental, instrumentalul

insulation resistance [insju'leiʃən ri,zistəns] *s tehn* rezistență de izolație, izolantă

insulter [in'sʌltə] *s* persoană care aduce o insultă / ofensă / jignire

insuperableness [in'sju:pərəblnis] *s* caracter de nebiruit / de neînvins / de neîntrecut *(al unei piedici* etc.*)*

insuperably [in'su:prəbli] *adv* în mod insurmontabil; **~ difficult** de o dificultate insurmontabilă

insupportableness [,insə'pɔːtəblnis] *s* caracter insuportabil / de nesuportat

insupportably [,insə'pɔːtəbli] *adv* insuportabil, intolerabil

insurable [in'ʃuərəbl] *adj* care poate fi asigurat; **~ interest** interes pecuniar

insurance certificate [in'ʃuərəns sə(:),tifikit] *s* certificat de asigurare

insurance claim [in'ʃuərəns kleim] *s* cerere de plată a daunei *(care face obiectul unei asigurări)*

insured [in'ʃuəd] *adj* asigurat; **the property was ~** proprietatea era asigurată; **the ~ party** asiguratul

insurmountably [,insə:'mauntəbli] *adv* de nebiruit, de neînvins, de netrecut

insurrectionary [,insə'rekʃnəri] *adj* **1** insurecțional, de insurecție **2** rebel

insusceptibility [,insəseptə'biliti] *s* **1** *med* nesusceptibilitate **2 (to)** insensibilitate (la)

intagliated [in'tælieitid] *adj tehn* scobit în *(ceva)*; gravat în piatră

intangibleness [in'tændʒiblnis] *s* **1** intangibilitate, caracter intangibil *și fig* **2** inviolabilitate

integrability [integrə'biliti] *s* integrabilitate, capacitatea de a putea fi integrat

integrable ['intigrəbl] *adj mat* integrabil, sumabil

integral equation [,intigrəl i'kweiʃn] *s mat* ecuație integrală

integrand [intigrænd] *s mat* expresie / funcție de sub semnul integrală

integrated ['intigreitid] *adj* integrat

integrated circuit [,intigreitid 'sə:kit] *s* circuit integral

Integrator ['intigreitə] *s* integrator

intellectualization [,intilektʃuəlai-'zeiʃn] *s* intelectualizare

intellectualize [,inti'lektʃuəlaiz] **I** *vt* a intelectualiza **II** *vi* a se intelectualiza

intelligence officer [in'telidʒəns ,ofisə] *s mil, pol* ofițer din serviciul de informații; ofițer cu informațiile

intelligence test [in'telidʒəns test] *s psih* test de inteligență

intelligent card [in,telidʒənt 'ka:d] *s* cartelă magnetică

intelligently [in'telidʒəntli] *adv* în mod inteligent

intelligibleness [in'telidʒəblnis] *s* inteligibilitate, însușirea de a fi inteligibil; posibilitatea de a fi înțeles

intemperateness [in'tempəritnis] *s* **1** necumpătare **2** exces, abuz; viciu, patimă

intender [in'tendə] *s* persoană care intenționează ceva; persoană care plănuiește ceva

intensifying screen [in,tensifaiiŋ 'skri:n] *s el* ecran intensificator / amplificator

intensive care [in,tensiv 'keə] *s med* terapie intensivă; **in ~** la reanimare

intensive care unit [in,tensiv'keəjunit] *s* unitate de terapie intensivă

intensively [in'tensivli] *adv* în mod intensiv

intensive particle [in,tensiv 'pa:tikl] *s gram* particulă întăritoare

intently [in'tentli] *adv (despre privire, ascultare)* cu multă atenție *(despre examinare)* cu minuțiozitate

inter-American [,intərə'merikən] *adj* inter-american

interbrain [,intə'brein] *s anat* diencefal

intercalative [in'tə:kəleitiv] *adj* **1** care intercalează; în care se intercalează **2** *lingv (d limbi)* incorporativ

intercedent [,intə:'si:dənt] *adj rar* care intervine *(în favoarea cuiva, pentru cineva)*

intercellular [intə'seljulə] *adj biol* intercelular

intercept [,intə(:)'sept] *s* **1** *mat* segment pe o axa de coordonate **2** *nav* intercept

intercepter [,intə(:)'septə] *s* **1** persoană care interceptează *(ceva)*; persoană care împiedică / oprește *(ceva)* **2** *înv* dușman; urmăritor

intercerebral [,intə'seribrəl] *adj anat* intercerebral

interchain [,intə(:)'tʃein] *vt* a înlănțui; a lega laolaltă / unul de altul

interchangeableness [,intə:-'tʃeindʒəblnis] *s* permutabilitate, posibilitate de substituire reciprocă

interchangement [,intə:'tʃeindʒmənt] *s rar* schimb (reciproc)

interchange point [intə(:)'tʃeindʒ point] *s ferov* punct de schimb

interchanger [,intə(:)'tʃeindʒə] *s* **1** persoană care schimbă *(ceva)*, persoană care face schimb (de) **2** *tehn* schimbător de căldură *(al unui frigorifer)*

intercision [,intə'siʒn] *s rar* întrerupere; oprire

intercitizenship [,intə'sitizənʃip] *s pol* deținere concomitentă a mai multor cetățenii

intercity [,intə'siti] *adj* interurban; **~ train** intercity, tren rapid

interclavicle [,intə(:)'klævikl] *s anat* spațiu interclavicular

interclavicular [,intə(:)klə'vikjulə] *adj anat* interclavicular

interclude [,intə'klu:d] *vt înv* **1** a închide, a tăia, a bara *(un drum* etc.*)* **2** a pune piedici; a împiedica, a opri

intercolline [,intə'kɔlain] *adj (așezat)* între dealuri, dintre dealuri / coline

intercolonial [,intə(:)kə'ləunial] *adj pol* intercolonial, între / dintre colonii

intercolumniation [,intəkəlum-ni'eiʃn] s *arhit* intercolonament

intercommon [,intə(:)'kɔmən] *vi* **1** *rar* a avea o parte / cotă comună **2** *rar* a mânca / a sta la aceeași masă **3** *jur* a avea pășuni comune

intercommonage [,intə'kɔmənidʒ] s **1** faptul de a mânca / a sta la aceeași masă **2** *jur* dreptul de a pășuna vitele pe aceeași pășune

intercommunicability ['intkə-,mju:nikə'biliti] s posibilitate de comunicare reciprocă

intercommunication system ['intə:kə,mju:ni'keiʃn ,sistəm] s **1** *av* aparat de intercomunicație **2** *tel* centrală de interior cu legături directe

intercomparison [,intə(:)kəm-'pærisn] s comparație

intercontinental ballistic missile [,intə:kɔntinentl bə,listik 'misail] *amer* s *mil* proiectil balistic intercontinental, rachetă balistică intercontinentală

intercosmic [,intə(:)'kɔzmik] *adj* intercosmic, interspațial

interdental [,intə(:)'dentl] *adj* interdental, dintre / între dinți

interdepartmentally [,intə:,dipɑ:t-'mentli] *adv* interdepartamental, între departamente / servicii *etc.*

interdictory [,intə(:)'diktəri] *amer* și [,intə:'diktəuri] *adj* prohibitiv, prohibitoriu, care interzice / oprește / nu îngăduie / nu permite

interestingness ['intərestiŋnis] s interes; caracter interesant; faptul de a fi interesant

interference spectrum [,intə'fiərəns ,spektrəm] s *ch* spectru de interferență

interior design [in,tiəriə di'zain] s design interior, decorațiune interioară

interior designer [in,tiəriə di'zainə] s decorator de interior

interiorize, interiorise [in'tiəriə-raiz] *vt* a interioriza

interior-sprung mattress [in,tiəriə sprʌŋ'mætrəs] s saltea cu arcuri

interknot [,intə(:)'nɔt] *vt* a înnoda laolaltă, a înnoda unul de altul

interlacement [,intə:'leismənt] s întretesere, împletire; încrucișare; urzeală; împletitură, amestec

interlacery [,intə:'leisri] s împletitură; urzeală

interlacing [,intə:(:)'leisin] *adj* care se întretese, care se împletește; care se încrucișează; întrețesut, împletit; încrucișat

interlacing arches [intə:,leisin 'ɑ:tʃiz] s *pl arhit* arce încrucișate

interlarding [,intə:'lɑ:diŋ] s împănare, împănat

interlineary [,intə:'liniəri] *adj* interliniar; scris între / printre rânduri

interlinguistics [,intəliŋ'gwistiks] s *lingv* interlingvistică

interlining [,intə(:)'lainiŋ] s scriere între / printre rânduri

interlinked [,intə'liŋkt] *adj* the problems are ~ problemele se leagă între ele

interlocking [,intə:'lɔkiŋ] s *tehn* îmbucare; împletire; legare; încrucișare; zăvorâre; anclanșare; cuplare; ambreiere

interlunary [,intə(:)'lu:nəri] *adj* între / dintre luna veche și luna nouă, interlunar

intermaxillary [,intə(:)mæk'siləri] *adj anat* intermaxilar, situat între maxilare

intermingling [,intə:'miŋliŋ] s; (with) amestecare (cu)

intermittent current [intə:,mitənt 'kʌrənt] s *el* curent intermitent

intermodal [,intə'məudl] *adj* care pune la dispoziție diverse mijloace de transport (de cale ferată, rutier, maritim)

intermontane [,intə'mɔntein] *adj* v. **intermountain**

intermountain [,intə(:)'mauntin] *adj* intramontan, dintre munți, (așezat) între / printre munți

intermundane [,intə(:)'mʌndein] *adj* interastral

intermuscular [,intə(:)'mʌskjulə] *adj anat* intermuscular

internal gear [in,tə:nl 'giə] s *tehn* roată dințată cu danturăinterioară

internalization [,intə:nəlai'zeiʃn] s interiorizare

internal medicine [in,tə:nl 'medsin] s medicină internă

internal navigation [in,tə:nl næ-vi'geiʃn] s *nav* navigație fluvială / interioară

Internal Revenue Service [in,tə:nəl 'revənju sə:vis] s *amer* fisc

International Court of Justice [intə,næʃnəl 'kɔ:t əv dʒʌstis] s Curtea Internațională de justiție

International Date Line [intə,næ-ʃnəl'deit lain] s linie internațională de delimitare a zilei / datei pe glob

internationalization [,intənæʃnəlai-'zeiʃn] s internaționalizare

International Monetary Fund [intə,næʃnəl 'mʌnitə rifʌnd] s Fondul Monetar Internațional (FMI)

international salute [intə:,næʃnəl sə'lu:t] s *nav* salut la pavilionul național

interneural [,intə'njuərəl] *adj anat, med* interneural

internship ['intə:nʃip] s *amer med* internat

internuncio [,intə(:)'nʌnʃiəu] s *bis, pol* internunțiu

interoceanic [,intə(:)rəuʃi'ænik] *adj* interoceanic, dintre / între oceane

interocular [,intə(:)r'ɔkjulə] *adj ent (d antene)* interocular

interpenetrant [,intə'penitrənt] *adj* interpenetrant

interpenetrative [,intə(:)'penitreitiv] *adj* care se întrepătrund, care pătrund unul într-altul

interpleader [,intə(:)'pli:də] s *jur* acțiune petitorie incidentă *(în scopul atribuirii unui drept de proprietate revendicat de mai mulți inși)*

interpole ['intəpəul] s *el* pol auxiliar; pol de comutație

interreign [,intə'rein] s **1** inter-regn și fig **2** *fig* interval; întrerupere; răgaz, răstimp

interrelated [,intə:ri'leitid] *adj* în legătură (unul cu altul); în interdependență; în corelație

interrer [in'tə:rə] s gropar; cioclu

interrupted [,intə'rʌptid] *adj* întrerupt; cu întreruperi

interruptory [,intə'rʌptəri] *adj* care întrerupe

interscapular [,intə'skæpjulə] *adj anat* interscapular

intersected [,intə:'sektid] *adj* ~ with / by brăzdat / tăiat de; ground ~ with ravines teren brăzdat de râpi

intertentacular [,intəten'tækjulə] *adj zool* intertentacular

interterritorial [,intəteri'tɔ:riəl] *adj* interteritorial

inter-tie ['intətai] s *constr* grindă orizontală, antretoază, traversă

intertropical [,intə(:)'trɔpikəl] *adj* intertropical, dintre tropice, (situat) între tropice

intervale ['intəveil] *s amer* valea unui râu care curge între (două) dealuri / între (doi) munți

interval ownership ['intəvl,əunəʃip] *s amer* proprietate multiplă

interventionism [,intə'venʃənizm] *s* intervenționism

intervertebral disk [intə:,vətibrəl 'disk] *s anat* disc intervertebral

intimidator [in'timideitə] *s* persoană care intimidează *(po oinova)*

intimidatory [in'timideitəri] *adj* de intimidare, făcut pentru a intimida *(pe cineva)*

intolerableness [in'tɔlərəblnis] *s* caracter intolerabil; incapacitatea de a suporta / de a răbda

intonate ['intəuneit] *vt muz* a intona; a psalmodia

intoxicator [in'tɔksikeitə] *s* persoană care administrează intenționat un narcotic / care îmbată intenționat pe cineva

intra-abdominal ['intrə əb'dɔminəl] *adj med* intra-abdominal

intra-atomic [,intrə ə'tɔmik] *adj fiz* intra-atomic

intra-cardiac [,intrə 'kɑːdiæk] *adj med* intracardiac

intracellular [,intrə'seljulə] *adj biol* intracelular

intracerebral [,intrə 'seribrəl] *adj med* intracerebral

intracranial [,intrə 'kreiniəl] *adj anat* intracranian

intracutaneous [,intrəkju:'teiniəs] *adj v.* **intradermic**

intrada [in'trɑːdə] *s muz* intradă, pasaj (muzical) introductiv, intrare

intradermal [,intrə'də:məl] *adj v.* **intradermic**

intradermic [,intrə'də:mik] *adj med* intradermic

intramedullary [,intrəmi'dʌləri] *adj med* intramedular

intransigence [in'trænzidʒəns] *s* intransigență

intransigentist [in'trænsidʒəntist] *s pol* intransigent

intransmutable [,intrænz'mju:təbl] *adj* netransmutabil, care nu poate fi transmutat

intraocular [,intrə'ɔkjulə] *adj med* intraocular

intra-state [,intrə 'steit] *adj* **1** în interiorul statului **2** *amer* în interiorul unui stat al S.U.A.

intreat [in'tri:t] *vt* a ruga (călduros), a implora, a stărui (fierbinte) pe lângă

intriguing [in'tri:giŋ] *s* uneltire; intrigă, intrigi, mașinațiuni

intrinsically [in'trinsikli] *adv* în mod intrinsec

introducement [,intrə'dju:smənt] *s rar* introducere

introductorily [,intrə'dʌktərili] *adv* cu titlu de introducere, ca introducere

introflexion [,intrə'flekʃn] *s* introflexiune, curbură înăuntru

introgression [,intrəu'greʃn] *s* intrare (solemnă)

intromit [,intrəu'mit] **I** *vt* a lăsa să intre / să pătrundă, să acceadă **II** *vi scot Jur* a se amesteca în afacerile altuia

introsusception [,intrəuse'sepʃn] *s* **1** *med* invaginare, invaginație **2** *fizl* introsuscepțiune

introverted [,intrəu've:tid] *adj* interiorizat; meditativ; *psih* introvertit

INTUC ['intʌk] *presc de la* **Indian National Trade Union Congress** *s* confederație a sindicatelor indiene

intuitionist [,intu:'iʃənist] *s fizl* intuiționist, adept al intuiționismului

intuitive [in'tu(:)itiv] *adj* intuitiv

intumescence [,intju(:)'mesns] *s med* intumescență, umflare, tumefiere; tumefacție; umflătură

intumescent [,intju(:)'mesnt] *adj med* intumescent, umflat, tumefiat

intussusception [,intəsse'sepʃn] *s v.* **introsusception**

inuit ['inuit] **I** *s* numele pe care și-l dau eschimoșii **II** *adj* referitor la eschimoși

inula ['inju:lə] *s bot* iarbă-mare *(Inula helenium)*

inulin ['injulin] *s ch* inulină

inunction [in'ʌŋkʃn] *s* **1** ungere **2** *bis* ungere, miruire **3** *med* unguent, unsoare

inured [i'njuəd] *adj* ~ to obișnuit cu / să, deprins cu / să, învățat cu / să

inutile [i'nju:til] *adj* inutil, nefolositor; zadarnic; netrebuincios

invalid car ['invəlid kɑː], **invalid carriage** ['invəlid,kæridʒ] *s brit* cărucior pentru infirmi

invalidism ['invəlidizm] *s* invaliditate, infirmitate; sănătate șubredă

invalidity benefit [invə'liditi,benəfit] *s brit* ajutor de invaliditate

invaluableness [in'væljuəblnis] *s* valoare inestimabilă / incalculabilă *(cu gen)*

invariableness [in'veəriəblnis] *s* invariabilitate, caracter invariabil

inveigler [in'vi:glə] *s* seducător; persoană care ademenește / momește

inventively [in'ventivli] *adv* ingenios, cu ingeniozitate; dând dovadă de spirit inventiv

inverse function [,invə:s 'fʌŋkʃn] *s mat* funcție inversă

inverted snob [in,və:tid 'snɔb] *s brit* persoană de origine modestă care disprețuiește valorile burgheziei

inverter, invertor [in'və:tə] *s* **1** *el* invertor, ondulor **2** *cib* inversor, schimbător de semn

investigatory [in'vestigeitəri] *adj* cercetător, investigator; (cu caracter de) cercetare, de investigație, de anchetă

investing [in'vestiŋ] *s* **1** *com* investire; investiție **2** *mil* încercuire, împresurare, asediere, asediu

investment account [in'vestmənt ə,kaunt] *s ec* cont de investiții

investment analyst [in'vestmənt ,ænəlist] *s ec* specialist în plasarea investițiilor

investment trust [in'vestmənt trʌst] *s ec* trust de investiții

inveterateness [in'vetəritnis] *s* caracter înveterat; vechime; rădăcini adânci

inviable [in'vaiəbl] *adj rar* neviabil; lipsit de viață; sortit să nu trăiască (mult)

invidiousness [in'vidiəsnis] *s* caracter nepopular / odios / jignitor *(al unei hotărâri, măsuri etc.)*

invigor [in'vigə] *vt v.* **invigour**

invigour [in'vigə] *vt poetic* a întări, a fortifica, a tonifica

inviscid [in'visid] *adj* nevâscos

invisibleness [in'vizəblnis] *s* **1** invizibilitate **2** ceea ce nu se poate vedea, nevăzutul

inviter [in'vaitə] *s* **1** persoană care invită **2** persoană care provoacă râsete / critici *etc..*

invitingly [in'vaitiŋli] *adv* atrăgător, îmbietor

invitingness [in'vaitiŋnis] *s* aspect îmbietor, caracter atrăgător

in vitro [ˌinˈviːtrəu] I *adj* in vitro, ~ **fertilization** fecundare în vitro II *adv* in vitro

invocational [ˌinvəuˈkeiʃnəl] *adj* rugător

invoice clerk [ˈinvɔis ˌklɑːk] *s com* facturist, funcţionar comercial care întocmeşte facturi

invoker [inˈvəukə] *s* invocator, persoană care invocă; evocător

invoking [inˈvəukiŋ] *s* invocare; evocare

involution form [invəˈluːʃn fɔːm] *s med* formă regresivă / involutivă

involvedness [inˈvɔlvdnis] *s rar* încurcătură, încâlceală

invulnerableness [inˈvʌlnərəblnis] *s* invulnerabilitate

invulnerably [inˈvʌlnərəbli] *adv* invulnerabil

inward-looking [ˌinwədˈlukiŋ] *adj* introvertit, închis în sine; **he's become very ~ lately** în ultimul timp s-a închis mult în el; **it tends to be an ~ philosophy** tinde să fie mai mult o filozofie introspectivă

I / O *presc de la* **input / output**

IOC *presc de la* **International Olympic Committee** *s* Comitetul olimpic internaţional

Iodine State [ˈaiədiːn ˈsteit] *s amer* poreclă dată statului Carolina de Sud (în S.U.A.)

iodoformised [aiəudəˈfɔːmaizd] *adj* iodoformizat

ion accelerator [ˈaiən əkˌseləreitə] *s fiz* accelerator de ioni

ion engine [ˈaiən ˌendʒin] *s* motor cu ioni

ionian [aiˈəunjən] I *s* ionian, locuitor din Ionia (în Grecia antică) II *adj* ionic

Ionian islands [aiˌəunjən ˈailəndz] *s pl* Insulele Ionice, arhipelag grecesc în Marea Ionică

Ionian sea [aiˌəunjən ˈsiː] *s geogr* Marea Ionică

ion implantation [ˈaiən implænˌteiʃn] *s fiz* implantare ionică

ionizable [aiəˈnaizəbl] *adj ch, el* ionizabil

ionizer [ˈaiənaizə] *s* ionizor

ionizing [ˈaiənaiziŋ] *s* ionizare

ionogen [aiˈonədʒin] *s* 1 *fiz* electrolit 2 *ch* ionogen

Iowan [ˈaiəwən] I *adj* din Iowa (S.U.A.) II *s* locuitor din Iowa

iracund [ˈairəkʌnd] *adj rar* mânios

Irangate [ˈairəngeit] *s* the ~ scandal *scandal politic sub mandatul lui Reagan în legătură cu vinderea de arme Iranului în schimbul eliberării prizonierilor americani*

irascibleness [iˈræsiblnis] *s* irascibilitate, iritabilitate, arţag

iridectomy [ˌaiəriˈdektəmi] *s med* iridectomie

iridescent [iriˈdesnt] *adj* irizat

iridian [aiəˈridiən] *adj med* care ţine de iris

iridize [ˈiridaiz] *vt* a trata cu iridiu

iridology [iriˈdolədʒi] *s* iridologie, metodă de diagnosticare în urma examinării irisului

irisation [ˌaiəriˈseiʃn] *s rar* irizare

iris diaphragm [ˈaiəris ˌdaiəfræm] *s fot* diafragmă în formă de iris, diafragmă „Iris"

Irish coffee [ˌairiʃ ˈkɔfi] *s* cafea cu whisky şi frişcă

Irish setter [ˌairiʃ ˈsetə] *s zool* setter irlandez

iritis [aiˈraitis] *s med* inflamaţie a irisului, irită

irksomeness [ˈəːksəmnis] *s* plictiseală, caracter plicticos, ingrat (al unei munci, sarcini etc.)

iron foundry [ˈaiən ˌfaundri] *s* turnătorie de fontă; uzină metalurgică

ironicalness [aiˈronikəlnis] *s* caracter ironic; ironie

ironing board [ˈaiəniŋ ˌbɔːd] *s* scândură de călcat

iron-like [ˈairənlaik] *adj* 1 ca fierul 2 tare ca fierul

iron pyrites [ˌaiən paiˈraitiːz] *s* pirită (de fier)

iron stand [ˈaiən stænd] *s* suport pentru fierul de călcat

iron stone [ˈaiən stəun] *s* minereu de fier

iron tablet [ˌaiən ˈtæblit] *s med* tabletă cu fier

iron worker [ˈaiənwəːkə] *s* metalurg, fieronier

iron works [ˈaiən wəːks] *s* uzină siderurgică

irradiated [iˈreidieitid] *adj* care răspândeşte lumină, care radiază

irrational number [iˌræʃnəl ˈnʌmbə] *s* număr iraţional

irrebuttable [ˌiriˈbʌtəbl] *adj* (d o mărturie etc.) care nu se poate contrazice / combate, de necontestat

irreconcilability [iˌrekənsailəˈbiliti] *s* ireconciliabilitate, neîmpăcare (a două păreri diferite, a două persoane certate)

irrecusable [ˌiriˈkjuːzəbl] *adj* irecuzabil

irredeemable bonds [iriˌdiːməbl ˈbonz] *s pl ec* obligaţiuni neamortizabile

irredeemableness [ˌiriˈdiːməblnis] *s* imposibilitate de îndreptare

irreducibleness [ˌiriˈdjuːsəblnis] *s* ireductibilitate

irreductible [ˌiriˈdʌktibl] *adj rar med, fiz, mat etc.* ireductibil

irrefragability [iˌrefrəgəˈbiliti] *s* incontestabilitate

irrelative [iˈrelətiv] *adj* (to) fără raport, fără legătură (cu)

irrelevancy [iˈreləvənsi] *s* irelevanţă

irrelievable [ˌiriˈliːvəbl] *adj* care nu poate fi uşurat / îndulcit; fără remediu

irreligiousness [ˌiriˈlidʒəsnis] *s* lipsă de religiozitate, necredinţă

irremissible [ˌiriˈmisəbl] *adj* 1 nescuzabil, impardonabil, de neiertat 2 (d o datorie etc.) obligatoriu

irremovability [ˌirimuːvəˈbiliti] *s* inamovibilitate

irrepressibleness [ˌiriˈpresəblnis] *s* nestăpânire

irresistibility [ˌirizistəˈbiliti] *s* caracter irezistibil, neputinţă de a rezista

irresponsibly [ˌiriˈsponsəbli] *adv* în mod iresponsabil

irritableness [ˈiritəblnis] *s* iritabilitate, irascibilitate

irritably [ˈiritəbli] *adv* cu iritare

irritative [ˈiriteitiv] *adj* iritant, excitant

Isaiah [aiˈzaiə] *s bibl* Isaia

isallobar [aiˈsæləbaː] *s meteor* izalobară

isba [ˈizbə] *s rus* izbă

ISDN *presc de la* **Integrated Services Data Network** *s* reţea de telecomunicaţii care trimite informaţiile sub formă numerică

Isis [ˈaisis] *s* zeiţă egipteană

Islamabad [izˈlaməbæd] *s geogr* capitala Pakistanului

islamize, islamise [ˈizləmaiz] *vt* 1 a converti la islam 2 a aplica legea islamică (în viaţa publică, socială etc.)

island platform ['ailənd ,plætfɔ:m] *s* peron între linii

isodynamic [,aisəudai'næmik] *adj tehn* izodinamic

isolationist [,aisə'leiʃənist] *adj* izolaționist

isomerism [ai'sɔmərizm] *s* izomerie

isometrics [,aisəu'metriks] *s* izometrie

isomorph ['aisəmɔ:f] *s* izomorf

isomorphism [,aisə'mɔ:fizm] *s* izomorfism

isothermous [,aisəu 'θə:məs] *adj* izotermic

I-spy [,ai'spai] *s joc de copii în care unul din jucători spune prima literă a unui obiect pe care îl vede, iar ceilalți trebuie să ghicească restul*

Issei [,i:s'sei] *s sg și pl amer imigrant japonez căruia nu i s-a acordat cetățenia americană*

issuable ['isju(:)əbl] *adj (d obligațiuni* etc.*) care se poate emite*

isthmian ['isθmiən] **I** *adj* de istm **II** *s înv* locuitor dintr-un istm

IT *presc de la* information technology

ITA *presc de la* Initial Teaching Alphabet *s alfabet fonetic folosit la învățarea cititului*

ITALY ['itəli] *inițialele frecvent întrebuintate în corespondența soldaților în cel de-al Doilea Război Mondial, care dădeau multă bătaie de cap cenzurii militare, dar care de fapt nu însemnau altceva decât* I Trust And Love You

itching-powder [,itʃiŋ'paudə] *s* praf de scărpinat

ivory nut ['aivəri nʌt] *s bot* nucă de palmier

ivy leaf ['aivi li:f] *s* frunză de iederă

Ivy League ['aivi li:g] *s amer grup de universități și colegii și în nord-estul S.U.A., mai ales Yale, Harvard, Princeton, Columbia, Cornell, Dartmouth, Pennsylvania, recunoscute pentru prestigiul academic și social*

izar ['izə] *s mantie purtată de femeile musulmane sărace*

izba ['izbə] *s v.* isba

izzard ['izəd] *s dial, înv* litera z; from A to ~ de la A la Z

izzat ['izət] *s (cuvânt anglo-indian)* vază, reputație, faimă

J

JA *presc de la* **1** joint account *fin* cont comun **2** judge advocate *mil, jur* consilier / procuror al curții marțiale

jabberer ['dʒæbərə] *s* **1** flecar, palavragiu **2** mormăitor, om care mormăie

jabbering ['dʒæbəriŋ] *adj* **1** vorbăreț, palavragiu, flecar **2** *(d persoane)* care bolborosește, bâlbâit

jabberingly ['dʒæbəriŋli] *adv* mormăind, bolborosind; nedeslușit

jacal [hæ'kɑːl] *s amer* colibă mexicană

jacaranda [dʒækə'rændə] *s bot* jacaranda, palisandru *(Jacaranda sp.)*

jack [dʒæk] *s* **1** vas *(din piele, pentru vin etc.)* **2** *ist* vestă soldățească *(din piele, fără mâneci)*

jack-a-dandy [,dʒæk ə'dændi] *s* **1** om (obraznic), nerușinat, neobrăzat **2** (om) spilcuit, fandosit; flăcău fercheș

jack-a-lantern [,dʒækə'læntən] *s F* **1** licurici; flăcăruie, focul Sf. Elmo **2** *amer* felinar din coajă de bostan

jackalegs [,dʒækə'legz] *s* **1** cuțit mare *(cu prăsele)* **2** persoană înaltă cu picioarele subțiri; lungan, găligan

jackass brig ['dʒækæs brig] *s nav* brigantină

jackass deer ['dʒækæs diə] *s zool* un fel de antilopă africană *(Kobus singsing)*

jackbooted [,dʒæk'buːtid] *adj* **1** încălțat cu cizme militare / impermeabile **2** *(d un regim politic)* opresiv

jacketing ['dʒækitiŋ] *s tehn* **1** îmbrăcăminte **2** căptușire

jackfruit ['dʒækfruːt] *s bot* **1** copac înrudit cu arborele de pâine *(Artocarpus heterophyllus)* **2** fruct asemănător cu cel al arborelui de pâine

jackhammer ['dʒækhæmə] *s constr* perforator pneumatic

jack-in-a-box [,dʒækinə'bɒks] *s sl* băiatul mamei

jacking ['dʒækiŋ] *s tehn* ridicare cu cricul

Jack-in-the-green [,dʒæk inðə'griːn] *s* un fel de paparudă *(în timpul jocurilor de 1 Mai)*

jackman ['dʒækmən] *pl* **jackmen** ['dʒækmen] *s ist* însoțitor *(al unui nobil)*

jacko ['dʒækəu] *s F* **1** *zool* maimuță **2** *orn* papagal

jack plane ['dʒæk plein] *s tehn* rindea-cioplitor; rindea de degroșat; gealău

jack plug ['dʒæk plʌg] *s tel* fișă a jacului

Jackpudding ['dʒæk,pudiŋ] *s* măscărici, paiață, bufon, saltimbanc

jack rabbit ['dʒæk ,ræbit] *s zool* iepure mare din America de Nord *(Lepus campestris, L. callotis ș.a.)*

jack rope ['dʒæk ,rəup] *s nav* firuială de invergare

Jack Russell [,dʒæk'rʌsl] *s* rasă de câini terrier

Jack salmon ['dʒæk ,sæmən] *s iht* specie de șalău *(Lucioperca lucioperca)*

jack screw ['dʒæk skruː] *s tehn* cric / vinci cu șurub

jack shaft ['dʒæk ʃɑːft] *s tehn* arbore intermediar

jack snipe ['dʒæk snaip] *s orn* găinușă-de-baltă, becațină *(Scolopax gallinula, Gallinago gallinago)*

jack socket ['dʒæk ,sɒkit] *s tel* priză a jacului

jack stones [,dʒæk 'stəunz] *s pl* arșice

jack straw ['dʒæk strɔː] *s* **1** om de paie; nulitate **2** *pl* bețișoare *(de fildeș etc.)* de jucat **3** *F* not to care a ~ a nu-i păsa câtuși de puțin / deloc

Jack-the-Lad [,dʒækðə'læd] *s F* tânăr lăudăros, fanfaron

Jack-the-Ripper [,dʒæk ðə'ripə] *s* Jack spintecătorul

jacobin ['dʒækəbin] *s orn* **1** porumbel moțat **2** o specie de colibri *(Heliothrix)*

Jacob's ladder [,dʒeikəbz 'lædə] *s* **1** *bibl* scara lui Iacob **2** *nav* scară de pisică **3** *F* scară abruptă **4** *bot* scara-Domnului *(Polemonium caeruleum)*

Jacob's staff [,dʒeikəbz 'stɑːf] *s* **1** *bibl* toiagul lui Iacob; toiag de pelerin hagiu; baston cu vârf, șiș **2** astrolab

jacobus [dʒə'kəubəs] *s* *(ist Angliei)* iacobus *(monedă de aur din sec XVII, cu chipul lui Iacob I)*

jaconet ['dʒækənet] *s text* jaconet *(țesătură ușoară de bumbac cu o față lucioasă)*

jactation [dʒæk'teiʃn] *s* **1** aruncare, azvârlire *(a armelor)* lăudăroșenie; fanfaronadă; palavre

jactitation [,dʒækti'teiʃn] *s* **1** *med* contracții convulsive; zvârcolire *(în delir)* **2** neliniște, agitație, tulburare **3** *v.* **jactation** **4** *jur* pâră nedreaptă; atribuire a unor intenții inexistente, montarea martorilor

jaculate ['dʒækjuleit] *vt rar* a azvârli, a arunca

jaculation [dʒækju'leiʃn] *s rar* azvârlire, aruncare

Jacuzzi [dʒə'kuːzi] *s* bazin echipat cu jeturi de apă sub presiune

jaeger ['jeigə] *s text* țesătură / tricotaj de lână pentru lenjerie

JAG *presc de la* **Judge Advocate General** *mil jur* consilier șef / procuror general al curții marțiale

jaggedness ['dʒægdnis] *s* *(cuvânt anglo-indian)* caracter / aspect zimțat / crestat

jaggery ['dʒægəri] *s* zahăr de palmier *(obținut prin evaporarea sucului)*

jaggy ['dʒægi] *adj* **1** dințat, zimțat; *(d frunze)* crestat; rupt; inegal **2** *amer, sl* beat

jai alai [,haiə'lai] *s sport* joc asemănător cu pelota

jailbait ['dʒeilbeit] *s amer sl* persoană minoră *(care poate face obiectul unei coruperi de minori)*

254

jailbird ['dʒeilbə:d] *s* ocnaș, deți-nut, întemnițat, criminal; infractor înrăit

jailbreaker ['dʒeil,breikə] *s* evadat *(din închisoare)*

jail delivery ['dʒeil di,liveri] *s* **1** trimitere la judecată din închi-soare **2** eliberarea din închisoa-re **3** *amer* evadare

jailer ['dʒeilə] *s* temnicer

jailhouse ['dʒeilhaus] *s amer* în-chisoare

Jain [dʒain] *s* jain, adept al jainis-mului *(în India)*

Jaipur [,dʒai'puə] *s geogr* oraș în India

jalap ['dʒæləp] *s* **1** *farm* purgativ extras din planta mexicană Mi-rabilis jalapa **2** *bot* barba-îm-păratulul, jalapa, noptiță *(Mira-bilis jalapa)*

jam [dʒæ(:)m] *s* **1** muselină, tulpan **2** rochiță de copil

jama(h) ['dʒɑ:mə] *s (cuvânt anglo-indian)* **1** îmbrăcăminte lungă de bumbac *(a indienilor)* **2** titlu al unor anumiți șefi indieni

Jamaican [dʒə'meikən] **I** *adj* din Jamaica, de Jamaica **II** *s* lo-cuitor din Jamaica

Jamaica pepper [dʒə'meikə ,pepə] *s bot v.* **allspice**

jambalaya [,dʒæmbə'laiə] *s* **1** *gastr* fel de mâncare cu orez și carne **2** *fig* amestecătură, tal-meș-balmeș

jambeau ['dʒæmbəu] *s ist* pulpar *(partea de armură care apără pulpa piciorului)*

jamesonite ['dʒeimsənait] *s minr* jamesonit, plumosit

jam-full [,dʒæm'ful] *adj F* plin ochi, arhiplin, ticsit, supraaglomerat

jammed [dʒæmd] *adj* **1** *sl* spân-zurat **2** *(d cartofi)* (făcut) piure

jam-packed [,dʒæm'pækt] *adj v.* **jam-full**

jampot ['dʒæmpɔt] *s* borcan pen-tru dulceață

janders ['dʒɑ:ndəz] *s med F* găl-binare, icter

Jane, jane [dʒein] *s sl* fată, femeie, muierușcă

Jan(e)ite ['dʒeinait] *s* admirator al romanelor lui Jane Austen *(1775 – 1817)*

jangling ['dʒæŋgəliŋ] *adj* discor-dant; cacofonic

janitress ['dʒænitris] *s* portăreasă, ușieră

jankers ['dʒaŋkəz] *s pl mil* deta-șament de pedeapsă; închisoare

Jansenism ['dʒænsənizm] *s rel, ist* jansenism *(doctrină religioasă despre har și predestinare)*

Jansenist ['dʒænsənist] *s rel, ist* jansenist

Janus-faced [,dʒenəs'feist] *adj* cu două fețe *(ca Ianus)*; *fig* cu două fețe, perfid

Janus-headed [,dʒenəs'hedid] *adj* cu două capete *(ca Ianus)*

JAP *presc de la* Jewish American princess *amer peior* evreică americană foarte bogată

japanism ['dʒæpənizm] *s* japo-nism; arta japoneză; studiul ar-tei japoneze

Japanization [,dʒæpənai'zeiʃn] *s* japonizare

japanner [dʒə'pænə] *s* lăcuitor, văcsuitor

Japannish [dʒə'pæniʃ] *adj* japo-nez, nipon

japonism ['dʒæpənizm] *s* japo-nism; arta japoneză; studiul ar-tei japoneze

jardinière [,ʒɑ:di'njeə] *s fr* jardini-eră; ghiveci

jargonist ['dʒɑ:gənist] *s* persoană care vorbește în jargon

jargonize ['dʒɑ:gənaiz] **I** *vi* **1** a vorbi în jargon **2** a folosi mulți termeni profesionali **II** *vt* a exprima în jargon

jarl [jɑ:l] *s ist* jarl, regișor *(în Evul Mediu scandinav)*

jarring ['dʒɑ:riŋ] *adj (d sunet)* dis-tonant; *(d culori)* care nu se asortează, țipător; *(d păreri)* în dezacord, diferit, contradictoriu

Jarrow Marches ['dʒærəu,mɑ:tʃiz] *s the ~ (în Marea Britanie)* „mar-șurile foamei" *(organizate de șomeri în anii '30)*

jarvey ['jɑ:vi] *s F* vizitiu *(al unei birje)* **2** birjă

jasey ['dʒeizi] *s F* perucă *(↓ de lână)*

jasper ['dʒæspə] *s* gasper, țigan

jasper opal ['dʒæspə ,əupəl] *s minr* jasp opal

jaspideous [dʒæs'pidiəs] *adj* de jasp

jauk [dʒɑ:k] *vi scot* a tândăli, a zăbovi

jaup [dʒɔ:p] *scot* **I** *vt* a stropi, a împroșca; a azvârli cu apă în **II** *vi* a pleoscăi; a stropi; a se bălăci **II** *s* stropitură, împroș-cătură; bălăceală

jaw clutch / coupling ['dʒɔ:, klʌtʃ /,kʌpliŋ] *s* **1** *tehn* cuplaj cu gheare **2** *auto* ambreiaj cu gheare

jawed [dʒɔ:d] *adj (în cuvinte com-puse)* cu fălci(le)

jawline ['dʒɔ:lain] *s* contur al băr-biei

jayhawker ['dʒei,hɔ:kə] *s amer sl* **1** partizan; răzvrătit **2** tâlhar, bandit **3** *peior* locuitor din Kansas

jaywalking ['dʒeiwɔ:kiŋ] *s F* tra-versare neatentă / neregula-mentară a străzii

jazerant ['dʒæzərænt] *s ist* za, pla-toșă, cămașă de zale

jazzband ['dʒæzhænd] *s* jazzband, orchestră de jazz

jazzman ['dʒæzmæn], *pl* **jazzmen** ['dʒæzmen] *s* interpret de jazz

jazz-rock ['dʒæzrɔk] *s muz* jazz-rock

JD *presc de la* Justice Department *(în S.U.A.)* Ministerul de Justiție

jealousness ['dʒeləsnis] *s* **1** ge-lozie; invidie, pizmă **2** suspi-ciune, bănuială; îndoială, nesi-guranță **3** zel, grijă; veghe

Jedda ['dʒedə] *s geogr* Djedda *(oraș în Arabia Saudită)*

jeepers ['dʒi:pəz], **jeepers-creepers** [,dʒi:pəz'kripəz] *interj amer F* vai! ah! fiu!

jeer [dʒiə] *s (↓ pl) nav* fungă *(de vergă inferioară)*; crivac

jeerer ['dʒiərə] *s* zeflemist

jeers ['dʒiəz] *s pl nav* caliornă

jehad [dʒi'hɑ:d] *s* **1** război sfânt *(al musulmanilor contra necredin-cioșilor)* **2** campanie împotriva cuiva / a ceva; cruciadă

jehu ['dʒi:hju:] *s umor* vizitiu, birjar, cărăuș, căruțaș

jejunely [dʒi'dʒu:nli] *adv* s ec, uscat

jejunum [dʒi'dʒu:nəm] *s anat* jejun *(partea de mijloc a intestinului subțire, între duoden și ileum)*

Jekyll-and-Hyde [,dʒekiländ'haid] *adj (d o persoană)* care duce o viață dublă / care are o per-sonalitate dublă (pozitivă și ne-gativă)

jellied ['dʒelid] *adj* glazurat, cu jeleu; în aspic

jellification [,dʒelifi'keiʃn] *s* con-gelare

jellify ['dʒelifai] *vt* a congela

jello ['dʒeləu] *s amer* jeleu (de fructe)

jelly baby ['dʒeli ˌbeibi] *s* bom-
boană de jeleu

jelly bean ['dʒeli biːn] *s* **1** bom-
boană cu jeleu în interior **2** *fig*
persoană moale, lipsită de fer-
mitate *sau* efeminată

jellylike ['dʒelilaik] *adj* gelatinos

jelly roll ['dʒeli ˌrɔl] *s* prăjitură de
formă sferică acoperită cu jeleu

jemadar ['dʒemədaː] *s (cuvânt an-
glo-indian)* **1** polițist **2** ofiter in-
digen; locotenent indigen **3** șe-
ful servitorilor; vătaf; portar, ad-
ministrator *(de imobil)*

jenny ass ['dʒeniæs] *s zool* mă-
gărița

jenny wren ['dʒeniren] *s* **1** *orn F*
sfredeluș, împărățel **2** *bot* nă-
praznică, ciocul-berzei / cocos-
târcul *(Geranium robertianum)*

Jerba ['dʒəːbə] *s geogr* Djerba *(in-
sulă care aparține Tunisiei)*

jerbil ['dʒəːbil] *v.* **gerbil**

jerboa [dʒəː'bəuə] *s zool* mic ro-
zător african cu picioarele lungi
*(Dispus aegypticus; Jaculus ja-
culus)*

jerk off [ˌdʒəːk'ɔf] *vr sl* a se mas-
turba

Jeroboam [ˌdʒerə'bəuəm] *s* **1** cupă
mare, pocal **2** sticlă mare de vin
*(cam cât 8 – 12 sticle de mărime
obișnuită)*

Jerry, jerry ['dʒeri] *s mil sl* **1** neamț
2 soldat german **3** avion ger-
man

jerry-builder ['dʒeriˌbildə] *s peior*
constructor al unor case de
proastă calitate, șubrede *(mai
ales pentru speculă)*

jerry building ['dʒeriˌbildiŋ] *s* **1**
casă puțin durabilă **2** construcții
de case din material prost și
nerezistent *(pentru speculă)*

jerry can ['dʒerikæn] *s* canistră *(de
benzină)*

Jersey ['dʒəːzi] *s geogr* insulă în
Marea Mânecii

Jersey cow [ˌdʒəːzi'kau] *s* vacă
din rasa Jersey

Jerusalem artichoke [dʒəˌruːsələm
'aːtitʃəuk] *s bot* **1** varietate de
floarea-soarelui *(Helianthus tu-
berosus)* **2** tubercul asemănă-
tor cartofului

jess [dʒes] *s (pl)* **1** curea / piedică
legată de piciorul șoimului do-
mesticit **2** *fig* fiare, lanțuri

jest book ['dʒest buk] *s* colecție de
anecdote, culegere de glume

Jesuit's bark [ˌdʒesjuits 'baːk] *s*
chinină

jet-black [ˌdʒet 'blæk] *adj* negru ca
smoala / abanosul / tăciunele,
negru ca pana corbului

jetfoil ['dʒetfɔil] *s nav* hidroglisor

jetlag ['dʒetlæg] *s* oboseală dato-
rată diferenței de fus orar

jet-lagged ['dʒetlægd] *adj* obosit
din cauza diferenței de fus orar

jetliner ['dʒetlainə] *s av* avion de
linie cu reacție

jeton ['dʒetn *și pronunția franceză*]
s jeton, fisă

jet plane [ˌdʒet 'plein] *s av* avion
cu reacție

jet set ['dʒet set] *s F* grup de
persoane foarte bogate care
călătoresc mult

jet-setter ['dʒetsetə] *s* membru al
unui grup de persoane foarte
bogate care călătoresc mult

jet stream ['dʒet striːm] *s meteor*
curent foarte puternic de mare
înălțime *(în zonele subtropicale)*

jetty ['dʒeti] *s nav* **1** dig, zăgaz **2**
chei, debarcader, ponton

jewel box ['dʒuːəl bɔks] *s* cutie
pentru bijuterii

jewel case ['dʒuːəl keis] *s v.* **jewel
box**

JFK *presc de la* John Fitzgerald
Kennedy International Airport
aeroport în New York

jib [dʒib] *s cal* năravaș; *F* mârțoagă

jibber¹ ['dʒibə] *s v.* **jib**

jibber² ['dʒibə] *vi* a vorbi repede și
nedeslușit; a mormăi

jib door ['dʒib dɔː] *s* ușă secretă /
ascunsă / tainică

Jidda ['dʒidə] *v.* **Jedda**

jig-a-jog [ˌdʒig ə'dʒɔg] *s* zgudui-
tură, zdruncinătură

jillet ['dʒilit] *s scot* cochetă, nesta-
tornică

Jim Crowism [ˌdʒim 'krəuizəm] *s
amer sl* discriminare rasială

jim-dandy [ˌdʒim 'dændi] *adj amer
sl* excelent, superb

jimp [dʒimp] *adj scot* **1** elegant,
drăguț, cochet; curățel; fercheș;
dichisit, spilcuit, ca scos din
cutie **2** zvelt, ca tras prin inel **3**
bine făcut, în bună stare **4** săra-
căcios; sărac, neîndestulător

jingal ['dʒiŋgɔːl] *s mil* tun *(cuvânt
anglo-indian)*

jinnee [dʒi'niː] *pl* **jinn** [dʒin] *sau*
jinns [dʒinz] *s* djin *(spirit din „O
mie și una de nopți")*

jinny ['dʒini] *s min* **1** macara de
tracțiune **2** drum înclinat pentru
vagonetele cu minereu

Jivaro ['hiːvərəu] *s* **1** grup de po-
pulații amazoniene **2** membru al
unei populații amazoniene **3** lim-
bă vorbită de un grup de popu-
lații amazoniene

job analysis ['dʒɔb əˌnælisis] *s*
analiză a cerințelor unui post /
loc de muncă

jobation [dʒəu'beiʃn] *s* ceartă, do-
jană, mustrare, morală lungă și
plictisitoare

jobbernowl ['dʒɔbənəul] *s înv* nă-
tărău, gogoman, tâmpit, im-
becil

jobbing ['dʒɔbiŋ] *s* **1** lucru în acord
2 lucru ocazional / neregulat;
munci mărunte **3** comerț cu ac-
țiuni; speculă; joc la bursă

job centre ['dʒɔb ˌsentə] *s brit*
agenție locală pentru forțele de
muncă

job classification ['dʒɔb klæsifi-
ˌkeiʃn] *s amer* tarif de plată
pentru muncitori

job creation ['dʒɔb kriˌeiʃn] *s* cre-
are de noi locuri de muncă; ~
scheme program care urmă-
rește crearea de noi locuri de
muncă

job description ['dʒɔb diˌskripʃn]
s fișa postului

job evaluation ['dʒɔb ivæljuˌeiʃn]
s amer categorie de salarizare

jobholder ['dʒɔb ˌhəuldə] *s amer*
persoană angajată permanent;
funcționar de stat

job hunting ['dʒɔb ˌhʌntiŋ] *s* cău-
tare a unui loc de muncă

joblessness ['dʒɔblisnis] *s* șomaj

jobmaster ['dʒɔb ˌmaːstə] *s* **1** an-
treprenor *(care împrumută cai și
trăsuri)* **2** muncitor care face
lucrări ocazionale de tipografie

job queue ['dʒɔb ˌkjuː] *s cib* coadă
de așteptare

job satisfaction ['dʒɔb sætisˌfækʃn]
s satisfacție profesională

job security ['dʒɔb siˌkjuərəti] *s*
siguranța a locului de muncă

job sharing ['dʒɔb ˌʃeəriŋ] *s* îm-
părțire a unui loc de muncă între
două persoane care lucrează
cu jumătate de normă

job spec ['dʒɔb spek] *s aprox* fișa
postului

job title ['dʒɔb ˌtaitl] *s* titlu / rang
conferit de funcția deținută

Joburg, Jo'burg ['dʒəubə:g] *presc de la* Johannesburg, *oraş în Africa de Sud*

jock [dʒɔk] *s* **1** *sport* jocheu **2** disc-jockey, animator *(de radio, discotecă etc.)* **3** sportiv *(mai ales într-un colegiu)*

jockey ['dʒɔki] *s* jocheu

jockey cap ['dʒɔki kæp] *s* cască de jocheu

jockeyship ['dʒɔkiʃip] *s* arta jocheului

Jockey shorts ['dʒɔki ʃɔ:ts] *s* chiloţi bărbăteşti, şort

jocko ['dʒɔkəu] *s* zool **1** *F* cimpanzeu **2** orice fel de maimuţă

jockstrap ['dʒɔkstræp] *s* lenjerie purtată de sportivi

jocundly ['dʒɔkəndli] *adv* **1** vesel, voios, vioi **2** blând **3** plăcut

Jodhpur [,dʒɔd'puə] *s geogr* oraş *în India*

Joe Bloggs [,dʒəu 'blɔgz] *s amer F* om de rând / obişnuit

Joe Blow [,dʒəu 'bləu] *s amer mil sl* soldat

Joe College [,dʒəu 'kɔlidʒ] *s amer F* student obişnuit *(amator de distracţii)*

Joe Miller [,dʒəu' milə] *s* **1** anecdotă / glumă veche / învechită **2** colecţie de glume / anecdote învechite

Joe Public [,dʒəu'pʌblik] *s F v.* **Joe Bloggs**

Joe Six-pack [,dʒəu 'sikspæk] *s* americanul de rând / obişnuit

Joe Soap [,dʒəu'səup] *s brit F v.* **Joe Bloggs**

joey ['dʒəui] *s* animal tânăr, pui (↓ de cangur, *cuvânt australian)*

jogger ['dʒɔgə] *s poligr* maşină de bătut colile

jog-trot ['dʒɔg trɔt] *s* **1** trap mărunt **2** *fig* rutină zilnică; cotidian

John-Bullism [,dʒɔn' bulizm] *s* **1** caracterul englezului **2** trăsătură caracteristică a lui John Bull

John Dory [,dʒɔn 'dɔ:ri] *s iht* peşte-găină, dulgher *(Zeus faber, Zeus capensis)*

John-go-to-bed-at-noom [,dʒɔn gəu tə bed ət 'nu:n] *s bot F* **1** ţâţa-caprei *(Tragopogon pratensis)* **2** scânteuţă *(Anagallis arvensis)*

John Hancock [,dʒɔn 'hænkɔk] *s amer F* autograf, semnătură proprie

Johnny cake ['dʒɔni keik] *s* lipie, turtă *(în S.U.A. de porumb; în Australia de grâu)*

Johnny-come-lately [,dʒɔni kʌm-'leitli] *s* **1** *F* nou-venit, persoană nou-sosită **2** *peior* parvenit

Johnny-jump-up [,dʒɔni 'dʒʌmpʌp] *s bot* trei-fraţi-pătaţi *(Viola tricolor)*

Johnny Raw [,dʒɔni' rɔ:] *s sl* ageamiu; recrut

John-o'Groat's (House) [,dʒɔn ə'grəuts (haus)] *s* nordul Scoţiei; **from ~ to Land's End** din nordul (şi) până în sudul Angliei; de la un capăt la altul *(al ţării)*

Johnsonian [dʒɔn'səunjən] *adj (d stil)* pompos, emfatic, umflat

joiner work ['dʒɔinə wə:k] *s* **1** lucru de tâmplărie; tâmplărie **2** produse de tâmplărie

joint adventure [,dʒɔint əd'ventʃə] *s com* artel

joint authors [,dʒɔint 'ɔ:θəz] *s* coautori

joint chair ['dʒɔint ,tʃeə] *s ferov* cuzinet

joint gap [,dʒɔint 'gæp] *s ferov* rost de dilataţie

join-the-dots [,dʒɔin ðə'dɔts] *s brit* joc care constă în unirea unor puncte pentru a descoperi un desen

jointress ['dʒɔintris] *s jur* văduvă părtaşă la moştenire

joint undertaking [,dʒɔint 'ʌndəteikiŋ] *s com* afacere în participare / în tovărăşie

jointuress ['dʒɔintʃris] *s v.* **jointress**

jointweed ['dʒɔint,wi:d] *s bot* **1** brădişor *(Polygonella articulata)* **2** părul-porcului, coada-calului *(Equisetum arvense)* **3** coada-mânzului *(Hippuris vulgaris)*

joint worm ['dʒɔint wə:m] *s ent* vierme-de-grâu sau de-orz *(Isosoma)*

jojoba [həu'həubə] *s bot* arbust cu seminţe oleaginoase din regiunile aride ale Californiei şi Mexicului *(Simmondsia californica)*

jokelet ['dʒəuklit] *s F* glumă

joking ['dʒəukiŋ] I *adj* glumeţ II *s* glumă; **~ apart** lăsând gluma la o parte

joky ['dʒəuki] *adj* umor; de glumă

jollier ['dʒɔliə] *s amer* om vesel, om de petreceri, om hazliu; chefliu

jollify ['dʒɔlifai] *F* I *vi* **1** a se petrece, a se veseli **2** a se chercheli, a se griza **3** benchetui II *vi* a bea

jollily ['dʒɔlili] *adv* **1** vesel, voios **2** plăcut

Jolly Roger [,dʒɔli 'rɔdʒə] *s* pavilion negru *(al unui vas de piraţi)*

jolterhead ['dʒəultəhed] *s* tâmpit, imbecil, nătărău; prost; încăpăţânat

joltiness ['dʒəultinis] *s* hârtoape; caracter accidentat *(al unui teren)*; hurducătură *(a unei căruţe)*

Joneses ['dʒəunziz] *s F* **to keep up with the ~** a ţine pasul cu vecinii, a nu rămâne mai prejos *(ca prestigiu, achiziţii de bunuri etc.)*

jongleur [ʒɔ:ŋ'glə:] *s fr ist* cântăreţ rătăcitor din Evul Mediu, menestrel

jordan ['dʒɔ:dn] *s* oală de noapte, ţucal, cumar

Jordan almond ['dʒɔ:dn, a:mənd] *s* migdală *(importată din Malaya, întrebuinţată la dulciuri)*

Jordanian [dʒɔ:'deinjən] I *s* iordanian, locuitor al Iordaniei II *adj* iordanian care aparţine Iordaniei

jornada [hə'na:də] *s span* muncă / lucru de o zi

jorum ['dʒɔ:rəm] *s* pocal, cupă pentru punci

Josiah [dʒəu'siə] *s nume masculin*

joskin ['dʒɔskin] *s F* mojic; bădăran, ţăranoi

josser ['dʒɔsə] *s* **1** preot *(cuvânt australian)* **2** *sl* nătâng, găgăuţă, prostănac, nărod **3** *(uneori peior)* tip, individ; flăcău **4** *sl* salahor; lucrător necalificat

joss stick ['dʒɔs, stik] *s (în China)* beţişor de lemn aromat / iască întrebuinţată în temple

joual [ʒwa:l] *s (în Canada)* franceza populară din Québec, puternic anglicizată

jouk [dʒu:k] *vi scot* **1** a se pleca; a face o plecăciune **2** a se furişa, a se ascunde; a se strecura afară

Joule's law [,dʒu:l'lɔ:] *s el* legea lui Joule

jounce [dʒauns] I *vi* a se lovi; a se zdruncina, a se zgudui; a se zgâlţâi *(călărind repede)* II *vt* a zgudui, a zdruncina, a presa II *s* **1** lovitură *(în urma unei zdruncinături)* **2** zdruncinătură, zguduitură

journal box ['dʒə:nl bɔks] *s tehn* lagăr, cuzinetul fusului

journey work ['dʒə:ni wə:k] *s* lucru cu ziua; salahorie

257

Jovian ['dʒəuvjən] *adj* **1** jupiterian **2** referitor la planeta Jupiter

jow [dʒau] *vi* scot a suna (din clopot), a trage clopotele, a dăngăni

-jowled [dʒauld] *(în cuvinte compuse)* square- ~ *(d o persoană)* cu maxilar puternic

Joycean ['dʒɔisiən] *adj* referitor la James Joyce

joyrider ['dʒɔiraidə] *s F* **1** persoană care face o plimbare cu mașina *(furată)* **2** persoană care se comportă nesăbuit / necugetat

jubbah ['dʒubbə] *s* caftan, haină lungă *(pe care o poartă mahomedanii de ambele sexe)*

jube ['dʒu:bi] *s* înv **1** catapeteasmă, iconostas **2** partea de deasupra catapetesmei

jubilantly ['dʒu:biləntli] *adv* jubilând; vesel

jubilee year ['dʒu:bili: jə:] *s* an jubiliar

Judaeo-Christian, Judeo-Christian [dʒu:,di:əu 'kristʃn] *adj* iudeo-creștin

Judaica [dʒu:'deikə] *s* literatură iudaică; obiecte care aparțin culturii iudaice

judaize ['dʒu:deiaiz] **I** *vi* a se conforma doctrinei iudaice **II** *vt* a converti la iudaism

Judas ['dʒu:dəs] *s* **1** iudă, trădător **2** oficiu / deschizătură în ușă *(pentru a spiona)*

Judas-coloured [,dʒu:dəs 'kʌləd] *adj* roșcat, roșcovan

Judas hole ['dʒu:dəs həul] *s v.* **Judas (2)**

Judas tree ['dʒu:dəs tri:] *s bot* arboréle-ludei *(Cercis siliquastrum)*

judcock ['dʒʌdkɔk] *s v.* **jack snipe**

judder ['dʒʌdə] **I** *vi* a vibra puternic *(d un vehicul, motor etc.)* **II** *s* vibrație, trepidație *(a unui motor etc.)*

Judge-Advocate General [dʒʌdʒ-,ædvəkeit 'dʒenərəl] *s* avocat guvernamental pentru procese militare

judge-made [,dʒʌdʒ 'meid] *adj* judecătoresc

judgmental [dʒʌdʒ'mentl] *adj* care se referă la / implică judecată, discernământ

judgment hall ['dʒʌdʒmənt hɔ:l] *s* sala judecății

judgment seat ['dʒʌdʒmənt si:t] *s* **1** scaunul judecătorului **2** loc de judecată **3** judecătorie, tribunal

judicable ['dʒu:dikəbl] *adj* judecabil, ce se poate judeca

judicative ['dʒu:dikətiv] *adj* judiciar, judecătoresc, juridic

judicator ['dʒu:dikeitə] *s* judecător, magistrat, jude

Judicial Committee [dʒu:,diʃl kə'miti] *s jur* Suprema Curte de Apel *(din Anglia)*

judicial court [dʒu:,diʃl 'kɔ:t] *s jur* tribunal, curte

judicial factor [dʒu:,diʃl 'fæktə] *s* administrator numit de justiție

judicially [dʒu:'diʃəli] *adj* din punct de vedere juridic; din punct de vedere judiciar / judecătoresc

judicial murder [dʒu:,diʃl 'mə:də] *s jur* asasinat judiciar, eroare judiciară

judoka ['dʒu:dəukə] *s sport* judocan

Judy ['dʒu:di] *s* **1** personaj în teatrul de păpuși, soția lui Punch **2** *F* femeie ridicolă

jugate ['dʒu:git] *adj* **1** *biol* împerecheat, pereche **2** *bot (d frunze)* penat

jug band ['dʒʌgbænd] *s amer* orchestră care folosește instrumente improvizate

jugged hare [,dʒʌgd 'heə] *s gastr* friptură de iepure înăbușită

juggins ['dʒʌginz] *s sl* prostănac, găgăuță

jug-handled [,dʒʌg'hændld] *adj amer* unilateral; părtinitor; nedrept, injust

jugulum ['dʒʌgjuləm] *s* **1** *orn* claviculă **2** *ent* unghiul unor nervuri ale aripilor

juice extractor ['dʒu:s iks,træktə] *s* storcător de fructe

Julius Caesar [,dʒu:ljəs 'si:zə] *s* ist om politic, general și scriitor roman (100–44 î.Ch.)

jumble sale ['dʒʌmbl seil] *s* vânzare cu preț redus în scop de binefacere

jumbo-jet ['dʒʌmbəu dʒet] *s* avion de linie / de pasageri de mare capacitate *(cu reacție)*

jumby ['dʒʌmbi:] *s (în Indiile vestice)* fantomă, spectru

jump ball ['dʒʌmp bɔ:l] *s sport (în baschet)* angajament între doi jucători, unu-la-unu

jumped-up [,dʒʌmpt'ʌp] *adj peior (d o persoană)* parvenit (cu atitudine arogantă)

jumper cables ['dʒʌmpə,keiblz] *s amer v.* **jump leads**

jumping ['dʒʌmpiŋ] *adj* **1** săltăreț, care face salturi **2** care este folosit pentru a sări; *sport* a ~ **pole** prăjină **3** care presupune sărituri / salturi; *sport* a ~ **race** concurs hipic de sărituri peste obstacole

jumping bean [,dʒʌmpiŋ 'bi:n] *s* sămânță a unor arbuști din Mexic *(genul Sebastiania, Sapium)*, ce conține larva unei molii

jumping deer [,dʒʌmpiŋ 'diə] *s zool* cerb american cu coadă neagră *(Cariacus macrotis)*

jumping jack [,dʒʌmpiŋ 'dʒæk] *s* săritură cu picioarele depărtate și mâinile deasupra capului

jumping rope ['dʒʌmpiŋ rəup] *s amer* coardă de sărit

jump-jet ['dʒʌmp dʒet] *s av* avion cu decolare verticală

jump leads ['dʒʌmp li:dz] *s brit auto* cabluri de demaror

jump-off ['dʒʌmp ɔf] *s* **1** punct de pornire, loc de start **2** pornire, plecare **3** start *(într-o cursă)*; declanșare *(a unui atac)* **4** *sport* ultima probă într-un concurs hipic de sărituri peste obstacole

jump rope ['dʒʌmp rəup] *s amer* coardă de sărit

jump seat ['dʒʌmp si:t] *s* scaun pliant, strapontin

jump-start ['dʒʌmp sta:t] *vt* **1** a porni (un automobil) prin împingere **2** a porni (un automobil) prin branșare la o altă baterie

jump suit ['dʒʌmp su:t] *s* combinezon purtat de către parașutiști

jump weld(ing) ['dʒʌmp ,weld(iŋ)] *s tehn* sudură cap la cap, sudură în T

June berry ['dʒu:n, bəri] *s bot* scoruș-de-munte *(Sorbus aucuparia)*

Jungian ['junjən] **I** *adj* referitor la Carl Gustav Jung

jungle fever ['dʒʌŋgl ,fi:və] *s med* malarie tropicală, friguri galbene

jungle gym ['dʒʌŋgl dʒim] *s (pe terenuri de joacă)* structură metalică alcătuită din bare orizontale și verticale

jungle juice ['dʒʌŋgl dʒu:s] *s* băutură alcoolică de casă / improvizată

junior college [,dʒu:njə 'kɔlidʒ] *s* colegiu de doi ani cu curs incomplet

junior common room [ˌdʒuːnjə-ˈkɔmən ruːm] *s (într-un colegiu britanic) cameră comună rezervată elevilor din clasele inferioare*

juniority [ˌdʒuːniˈɔriti] *s* 1 vârstă mai tânără, adolescență, tinerețe 2 situația celui mai mic

Junior League ['dʒuːnjə liːg] *s (în S.U.A.)* organizație voluntară a tinerelor

junior school ['dʒuːnjə skuːl] *s școl (în Marea Britanie)* școală pentru copiii între 7–11 ani

junk [dʒʌŋk] *s nav* joncă *(vas chinezesc cu pânze și fund larg)*

junk bond ['dʒʌŋk ˌbɔnd] *s fin* obligațiune cu risc ridicat

junk bottle ['dʒʌŋk ˌbɔtl] *s amer* sticlă de porto *(din sticlă groasă, verde)*

junk food ['dʒʌŋk fuːd] *s F* 1 alimente cu valoare nutritivă scăzută, dar aport caloric mare 2 *fig* distracție fără valoare

junk heap ['dʒʌŋk hiːp] *s* depozit de gunoaie

junk jewellery ['dʒʌŋk ˌdʒuːəlri] *s* bijuterii false, dar de efect

junk mail ['dʒʌŋk ˌmeil] *s* materiale publicitare găsite în cutia poștală

junkman ['dʒʌŋkmən] *s* 1 *nav* marinar pe o joncă 2 negustor de vechituri / fier vechi

junkyard ['dʒʌŋkjɑːd] *s* loc de depozitare a deșeurilor / fierului vechi

junoesque [ˌdʒuːnəuˈesk] *adj (d o femeie)* 1 impunătoare, impozantă 2 grăsuță, durdulie

juratory ['dʒuːrətəri] *adj* de jurământ

juridical days [dʒuəˌridikəl 'deiz] *s pl jur* zile de judecată

juridically [dʒuəˈridikəli] *adv* din punct de vedere juridic; juridic(ește)

juristic act [ˌdʒuəristik 'ækt] *s* act juridic

jury-rigged [ˌdʒuəriˈrigd] *adj* improvizat, provizoriu, temporar, folosit ca expedient

jury-rigging [ˌdʒuəriˈrigiŋ] *s jur* con- stituirea unei curți de jurați părtinitoare

jury shopping ['dʒuəriˌʃɔpiŋ] *s amer jur* căutare a unor jurați ideali (prin recuzare)

jurywoman ['dʒuəriˌwumən] *s jur* membră a unei curți de jurați

Justice clerk ['dʒʌstis klɑːk] *s jur scot* asesor al președintelui tribunalului

justicer ['dʒʌstisə] *s înv* judecător

justiciar [dʒʌs'tiʃiɑː] *s (ist. Angliei)* justițiar *(judecător cu autoritate supremă și uneori locțiitor de rege pe timpul dinastiei normande)*

justifiable homicide [ˌdʒʌstifaiəbl 'hɔmisaid] *s jur* omor (în legitimă apărare) care nu se pedepsește penal

justifiableness ['dʒʌstifaiəblnis] *s* caracter justificabil *(al unei acuzații etc.)*

justified ['dʒʌstifaid] *adj* 1 justificat, motivat, legitim; **to be ~ in doing smth** a avea motive să facă ceva 2 confirmat, adeverit 3 *poligr* împlinit *(d un clișeu)*

justifier ['dʒʌstifaiə] *s* justificator

Jutlander ['dʒʌtlændə] *s* locuitor din Iutlanda

Jutlandish ['dʒʌtlændiʃ] *adj* din Iutlanda

juvenile court [ˌdʒuːvənailˈkɔːt] *s jur* tribunal cu jurisdicție asupra persoanelor minore

juvenile delinquency [ˌdʒuːvənail di'liŋkwənsi] *s* delincvență juvenilă

juvenile delinquent [ˌdʒuːvənail di'liŋkwənt] *s* persoană minoră delincventă

juvenileness ['dʒuːvənailnis] *s rar* 1 tinerețe 2 lipsă de maturitate

juxtaposed ['dʒʌkstəpəuzd] *adj* juxtapus

K

Kaama ['kɑːmə] *s zool* caama *(anti-lopă sud-africană)*

kabob [kə'bɔb] *s* chebab

Kabyle [kə'bail] *s* kabili, populație berberă din Algeria

Kabylia [kə'biliə] *s geogr* regiune muntoasă litorală în Algeria

Kabylian [kə'biliən] *adj* care aparține Kabililor

Kafkaesque [ˌkæfkə'esk] *adj* kafkian

kail [keil] *s scot* **1** *bot* conopidă **2** ciorbă de varză *(proaspătă)* **3** supă de legume

kail yard ['keil jɑːd] *s scot* grădină de zarzavaturi

kainite ['kainait] *s ch* kainit

kakemono [ˌkæki'məunəu] *s* pictură murală *(în Japonia)*

kakistocracy [kæki'stɔkrəsi] *s* domnia celor mai răi

kale yard ['keil jɑːd] *s v.* **kail yard**

Kalinin [kə'linin] *s om politic sovietic (1875-1946)*

kalium ['keiliəm] *s ch* potasiu, caliu

kambal ['kʌmbəl] *s* plapumă *sau* șal de lână aspră *(cuvânt anglo-indian)*

Kamikaze [ˌkæmi'kɑːzi] **I** *s* kamikaze **II** *adj* ~ **pilot** kamikaze; ~ **plane** kamikaze, avion-sinucigaș **2** *fig* sinucigaș

Kampala [kæm'pɑːlə] *s geogr* capitala statului Uganda

Kampuchea [ˌkæmpu:'tʃə] *s geogr* Kampuchia, stat în sud-estul Asiei

Kampuchean [ˌkæmpu:'tʃiən] **I** *s* cambogian **II** *adj* cambogian

Kandinsky [kæn'dinski] *s* pictor de naționalitate rusă *(1866–1944)*

kangaroo closure [kæŋgə'ru: ˌkləu-ʒəl] *s pol* închiderea dezbaterilor parlamentare asupra unor proiecte de legi, prin admiterea unor amendamente de către președintele comisiei

kangaroo rat [kæŋgə'ru: ræt] *s zool* șoarece-săritor-cu-buzunare *(Dipodomys spectabilis)*

Kantianism ['kæntiənizm] *s filoz* cantianism

kaolinite ['keiəlinait] *s minr* caolinit

kaolinize ['keiəlinaiz] *vt* a caoliniza

kaon ['keiɔn] *s fiz* kaon

karaite ['kærəait] *s ist, rel* carait *(membru al unei secte iudaice)*

karate [kə'rɑːti] *s* karate; ~ **chop** lovitură de karate (dată cu muchia palmei)

Karnak ['kɑːnæk] *s* sat în sudul Egiptului, construit pe ruinele Tebei

karri ['kæri] *s bot (cuvânt australian)* eucalipt-gigantic *(al cărui lemn se folosește la pavatul străzilor)*

karroo [kə'ru:] *amer* [kæ'ru:] *s* platou secetos cu sol silico-argilos *(în Africa de Sud)*

karyokinesis [ˌkæriəuki'ni:sis] *s biol* cariochineză

karyolysis [ˌkæri'ɔlisis] *s biol* carioliză

karyotype ['kæriətaip] *s biol* cariotip, ansamblul cromozomilor

Kashmiri [kæʃ'miri] **I** *adj* din cașmir **II** *s* locuitor din Cașmir

Katar ['kætɑː] *s geogr* Qatar, stat în Arabia

katydid ['keitidid] *s amer ent* greiere nord-american *(Cyrtophyllum concavum)*

katzenjammer ['kɑːtsən,jɑːmə] *s amer* mahmureală *(după chef)*

kavass [kæ'vɑːs] *s* cavas *(polițist, jandarm sau servitor înarmat*

kay [kei] *s* numele literei k

kayo [ˌkei'əu] *s amer sport sl* knock-out

kazoo [kə'zu:] *s* trișcă, instrument de suflat

kcal *presc de la* kilocalorie

kd *presc de la* **knocked down** *adj* neasamblat, care constă în părți separate, gata de montat *(construcții, jocuri etc.)*

keckle ['kekl] *vt nav* a înfășura *(o parâmă)*

kedge anchor ['kedʒ,æŋkə] *s* ancorat, ancoră mică de pupă

keek [ki:k] *s amer F* om de încredere al unui afacerist

keelage ['ki:lidʒ] *s nav* taxă *(plătită de vapoare în port)*

keelhaul ['ki:lhɔːl] **I** *vt nav înv* a târî pe sub fundul vasului de la un capăt la altul *(ca pedeapsă)* **II** *s* mustrare severă

keener ['ki:nə] *s (cuvânt irlandez)* bocitor, bocitoare *(la mort)*

keester ['ki:stə] *s* **1** *amer F* valiză **2** *amer sl* fund, șezut

kef [keif] *s (cuvânt arab)* **1** stare de beție (cauzată de hașiș) **2** trândăvie, dolce farniente

keister ['ki:stə] *s v.* **keester**

kelly-green ['keligri:n] *adj amer* verde deschis

kelpie ['kelpi] *s scot mit* geniu marin răufăcător *(care amăgește corăbiile și le scufundă)*

kelpy ['kelpi] *s v.* **kelpie**

kelson ['kelsn] *s nav* carlingă

Kempton Park [ˌkemptən'pɑːk] *s* teren de curse în Surrey *(în sudul Londrei)*

kench [kentʃ] *vt dial* a săra *(peștele)*

kennel ['kenəl] *s* șanț de scurgere pentru apă, rigolă

kenning ['keniŋ] *s* cuvânt compus cu sens metaforic *(în literatura anglo-saxonă)*

Kenyan ['kenjən] **I** *s* locuitor din Kenya **II** *adj* kenyan

keratinization [ˌkerætinai'zeiʃn] *s fizl* cheratinizare

keratitis [kerə'taitis] *s med* cheratită

kerb crawler ['kəːb,krɔːlə] *s* persoană în căutare de prostituate cu mașina

kerb crawling ['kəːb,krɔːliŋ] *s* căutare de prostituate cu mașina

kerb market ['kəːb,mɑːkit] *s* bursă neoficială

kermes ['kəːmi(:)z] *s* **1** cârmâz, kermes *(substanță chimică obținută prin uscarea insectei Coccus illicis)* **2** cârmâz, kermes *(vopsea roșie)*

kerosene oil ['kerəsi:n ɔil] *s* petrol lampant; kerosen

kersey ['kəːzi] *s* kirze *(țesătură groasă pentru carâmbi)*

kerseymere ['kəːzimiə] *s* cașmir *(stofă fină de lână)*

ketene ['ki:ti:n] *s ch* cetenă

kevel ['kevəl] *s nav* tachet dublu cu talpă, tachet mare

keybank ['ki: bæŋk] *s poligr* claviatură

key bed ['ki: bed] *s min* strat reper

key bit ['ki: bit] *s* floarea cheii

keyboarder ['ki:bɔːdə] *s* dactilograf

keyboardist ['ki:bɔːdist] *s* pianist; persoană care cântă la sintetizator

key button ['ki: ˌbʌtn] *s tehn* buton; manipulator

keyed up [ˌki:d 'ʌp] *adj* nervos, cu capsa pusă; surescitat; **the fans were all ~ for the match** suporterii așteptau meciul într-o stare de surescitare

key grip ['ki: grip] *s tehnician șef (care instalează decorurile și șinele camerei de filmat la turnarea unui film)*

keying ['ki:iŋ] *s* închidere *(a unui circuit electronic, automat sau manual)*

key-note address [ˌki:nəut 'ədres] *s* discurs care dă tonul unui congres / care atrage atenția asupra problemelor fundamentale

key-note speech [ˌki:nəut'spi:tʃ] *s v.* **key-note address**

keypad ['ki:pæd] *s cib* tastatură

keyphone ['ki:fəun] *s* telefon cu butoane

key ring ['ki: riŋ] *s tehn* șaibă elastică

key seat ['ki: si:t] *s tehn* nut; canal; ajustaj blocat

key signature ['ki:ˌsignitʃə] *s muz* armătură

Keystone State ['ki:stən 'steit] *s amer* the ~ statul Pensilvania

keystroke ['ki:strəuk] *s* apăsare, atingere a tastaturii; **codes are entered with a single ~** este necesară o simplă atingere a tastaturii pentru a introduce codurile

KGB [ˌkei dʒi'bi] *s* serviciul de securitate din fosta U.R.S.S.

khaftan ['kæftən] *s* **1** caftan **2** halat oriental lung

khaki election ['kɑːki iˌlekʃn] *s brit* alegeri la scurt timp după încheierea unui război, care asigură succesul partidului aflat atunci la putere

Khania [kɑ'njə] *s geogr* Khania, Cane *(port în Grecia)*

khediviate [ki'di:viət] *s ist* chedivat

khidmutgar ['kidmətɑː] *s (cuvânt anglo-indian)* servitor indigen

Khmer [kmeə] **I** *s* Khmeri *(populație majoritară din Cambodgia);* ~ **Rouges** Khmeri roșii **II** care aparține Khmerilor

kibble ['kibl] **I** *s min* chiblă; găleată **II** *vt* a sfărâma *(minereul)* **III** *vi* a ridica minereul la suprafață

kibitka [ki'bitkə] *s rus* chibitcă, trăsură ușoară

kickpleat ['kikpli:t] *s* pliu, cută *(la fustă etc.)*

kickstand ['kikstænd] *s* proptea, reazem *(la bicicletă)*

kick-starter ['kiksta:tə] *s auto* kickstarter, demaror cu pedală, pornire a motorului cu pedală

kick turn ['kiktə:n] *s (la ski)* jumătate întoarcere înainte

kid [kid] *s nav* gamelă

Kidderminster carpet [ˌkidəminstə 'kɑːpit] *s* covor de Kidderminster *(bicolor)*

kidding ['kidiŋ] *s* glumă; ironie, batjocură; ~ **aside** lăsând gluma la o parte

kiddle ['kidl] *s* vârșă

kid fox ['kid fɔks] *s rar* pui de vulpe

kidney machine ['kidniˌməʃi:n] *s* rinichi artificial; **he's on a ~** este supus dializei / hemodializei

kidney ore ['kidni ɔː] *s minr* mineru ovoid

kidney-shaped [ˌkidni'ʃeipt] *adj* în formă de rinichi

kidology [ki'dɔlədʒi] *s brit* bluf

kief [ki:f] *s v.* **kef**

kier ['kiə] *s* cuvă, cadă, rezervor, bazin

kieserite ['ki:zərait] *s minr* kieserit

kif [kif] *s* pudră de hașiș amestecată cu tutun

kil [kil] *s* argilă smectică, argilă pentru piuare

kill cow ['kil kau] *s rar F* parlagiu

kill-devil ['kilˌdevl] *s* nadă, momeală artificială

killer instinct ['kilə instiŋkt] *s fig* **he's got the ~** este un luptător; **he lacks the ~** nu are spirit combativ, are prea multe scrupule

killer whale ['kilə weil] *s iht* orca, delfin cu aripă ca sabia *(Orcinus orca)*

killick ['kilik] *s nav* ancorat, ancoră mică; ancoră

killing bottle ['kiliŋ ˌbɔtl] *s* sticlă cu cianură de potasiu *(a entomologului)*

killingly ['kiliŋli] *adv brit* **it was ~ funny** mureai de râs, nu alta!

kiln dry ['kiln drai] *vt tehn* a usca în cuptor

kilobyte ['kiləbait] *s cib* kilo octet

kilogrammetre ['kiləgræmmi:tə] *s fiz* kilogrammetru

kiloton ['kilətʌn] *s* kilotonă

kilovolt ['kiləvəult] *s el* kilovolt

kilter ['kiltə] *s amer F* ordine, rânduială; **out of ~** în dezordine

kiltie ['kilti] *s F v.* **kilty**

kilty ['kilti] *s* soldat scoțian în costum național

kinaesthesia [ˌkainis'θi:ziə] *s fizl* kinestezie

kinase ['kaineis] *s biol* kinază

kinchin ['kintʃin] *s F* copil

kind-heartedly [ˌkaind'hɑːtidli] *adv* cu bunătate / blândețe / bunăvoință

kind-heartedness [ˌkaind'hɑːtidnis] *s* bunătate, blândețe, bunăvoință

kindling wood ['kindliŋ wud] *s* vreascuri; surcele de aprins focul; așchii

kinesics [ki'ni:ziks] *s* studiul mișcărilor trupului ca mijloc de comunicare

kinetic art [kiˌnetik 'ɑːt] *s* cinetică

kinetic energy [kiˌnetik 'enədʒi] *s* energie cinetică

kinetograph [kai'ni:təgrɑːf] *s fiz* cinetograf

kinetoscope [kai'ni:təskəup] *s fiz* cinetoscop

king bolt ['kiŋ bəult] *s* **1** *tehn* pivot, bolț principal; fus central **2** *ferov* bară de crapodină **3** *auto* pivot de fuzetă

King Charles spaniel [ˌkiŋ'tʃɑːls spæniəl] *s zool* câine spaniel pitic cu păr lung *(de rasă engleză)*

king cobra ['kiŋkəbrə] *s zool* cobra-regală *(Naja hannah)*

king crab ['kiŋ kræb] *s zool* **1** rac de Moluce *(Limulus)* **2** crab-de-mare *(Maia squinado)*

kingcraft ['kiŋkrɑːft] *s* arta de a conduce / de a guverna / de a domni; arta de a exercita puterea regală

king cup ['kiŋ kʌp] *s bot* floare-broștească *(Ranunculus acris)*

kingmaker ['kiŋmeikə] *s ist* persoană care se ocupă de numirea regilor; *fig, pol* persoană care își exercită influența în alegerea candidaților politici

king penguin ['kiŋ ,pengwin] *s zool* pinguin-regal *(Aptenodytes patagonica)*

King's Bench (Division) [,kiŋs-'bentʃdi,viʒən] *s aprox (în Marea Britanie și Canada)* curtea cu juri

King's Counsel [,kiŋs 'kəunsəl] *s (în Marea Britanie)* avocat al Coroanei

King's evidence [,kiŋs 'evidəns] *s brit* to turn ~ a depune mărturie împotriva complicilor *(pentru a primi o pedeapsă mai mică)*

King's highway [,kiŋs'haiwei] *s brit* drum public

kingsman ['kiŋzmən] *pl* **kingsmen** ['kiŋzmen] *s* 1 regalist; partizan al regelui 2 student la Kings's College *(Cambridge)* 3 *înv* vameș, funcționar vamal

king's yellow [,kiŋz 'jeləu] *s ch* auripigment

king vulture ['kiŋ ,vʌltʃə] *s orn* condor *(Sarcorhampus papa)*

kinkled ['kiŋkld] *adj bot (d păr)* creț

kinky ['kiŋki] *adj* 1 *(d comportament)* excentric, bizar; vicios, pervers; **he likes** ~ **sex** are plăceri sexuale mai bizare; **she wears** ~ **clothes** îi plac hainele mai ciudate 2 *(d sfoară etc.)* încurcat, înnodat; *(d păr)* ondulat

kino ['ki:nəu] *s* gumă, clei vegetal, rășină *(a diferiți arbori tropicali)*

kinoplasm ['ki:nəu,plæzm] *s biol* kinoplasmă

Kinshasa [kin'ʃæsə] *s geogr* capitala Zairului

kinsmanship ['kinzmənʃip] *s* 1 înrudire 2 *fig* asemănare, analogie

kip[1] [kip] *s* piele netăbăcită *(de vitel sau miel)*

kip[2] [kip] *s amer* 1000 livre *(unitate de măsură)*

kip[3] [kip] *s min* rampa puțului

kips [kips] *presc de la* kilo instructions per second *s cib* MIPS (milioane de instrucțiuni pe secundă)

Kirgizia [kə:'giziə] *s geogr* Kirghizia

kirkman ['kə:kmən], *pl* **kirkmen** ['kə:kmen] *s scot* membru al bisericii scoțiene

kirkyard ['kə:kjɑ:d] *s scot* cimitir

kirsch [kiəʒ] *s* vișinată

kirve [kə:v] *s min* făgaș *(tăiat de haveză)*

kissable ['kisəbl] *adj (bun)* de sărutat, care se cere sărutat

kissagram ['kisəgræm] *s* sărut trimis cu ocazia unei aniversări prin intermediul unei persoane special angajate

kiss-and-tell [,kisən'tel] *adj* another ~ **story by an ex-girlfriend** încă o poveste de dragoste spusă de o fostă prietenă de-a lui

kiss curl ['kis kə:l] *s* buclișoară pe frunte

kiss-in-the-ring ['kisinðə'riŋ] *s* variantă a jocului de-a șoarecele și pisica *(cel care prinde sărută pe cel prins)*

kiss-me ['kis mi(:)] *s bot* trei-frați-pătați *(Viola tricolor)*

kiss-me-quick [,kismi'kwik] *s* 1 pălărie de damă cu formă de scufiță *(la modă după 1850)* 2 cârlionț, accroche-cœur

kiss-off ['kisɔf] *s amer sl* to give smb the ~ a mătrăși pe cineva, a lichida, a omorî

kitchen cabinet ['kitʃn,kæbinət] *s* 1 bufet de bucătărie 2 *brit pol* cabinet restrâns *(consilieri apropiați primului ministru sau președintelui)*

kitchen dresser ['kitʃn ,dresə] *s* masă de bucătărie

kitchen foil ['kitʃn fɔil] *s* folie de aluminiu *(pentru uz casnic)*

kitchen paper ['kitʃn ,peipə] *s* sul de hârtie *(folosit la bucătărie)*

kitchen police ['kitʃn pə,li:s] *s amer mil* serviciu de zi la bucătărie; soldați care muncesc la bucătărie

kitchen unit ['kitʃn,junit] *s* corp de mobilier de bucătărie

kite balloon ['kait bə,lu:n] *s* balon captiv

kite mark ['kait mɑ:k] *s* etichetă reprezentând un zmeu, pusă pe produsele care respectă normele oficiale britanice

kitsch ['kitʃ] *s, adj* kitsch

kittereen [,kitə'ri:n] *s (cuvânt anglo-indian)* trăsură cu un singur cal

kittiwake ['kitiweik] *s ornit* pescărușul / martinul cu trei degete *(Rissa tridactyla)*

kittle ['kitl] I *adj* nesupus; insuportabil, imposibil; ~ **cattle** oameni cu care nu te poți înțelege / cu care nu se poate conviețui II *vt* 1 a gâdila 2 a încurca, a nedumeri

kiwi fruit ['ki:wi:fru:t] *s bot* kiwi

KKK *presc de la* **Ku-Klux-Klan**

Klan [klæn] *s* Ku-Klux-Klan *(organizație reacționar-fascistă în S.U.A.)*

kleagle ['kli:gl] *s amer* activist al organizației teroriste Ku-Klux-Klan care se ocupă cu recrutarea de noi membri

kleenex ['kli:neks] *s amer* batistă de hârtie

Klieg light ['kli:glait] *s amer* lampă cu arc

kloof [klu:f] *s (cuvânt sud-african)* vale îngustă; ravină; canion

klutz [klʌts] *s amer sl* nerod, nătâng

knacker ['nækə] *s* 1 tăietor de cai; ecarisor, parlagiu 2 achizitor de dărâmături

knackery ['nækəri] *s* 1 abator de cai 2 ecarisaj, locul unde se jupoaie vitele tăiate

knag [næg] *s* ciot, excrescență, nod *(în lemn)*

knapper ['næpə] *s* spărgător de piatră

knapping hammer ['næpiŋ ,hæmə] *s* ciocan cu mâner lung pentru spargerea pietrei

knapsack ['næpsæk] *s* rucsac

knapweed ['næp wi:d] *s bot* vinețele, floarea-grâului *(Centaurea cyanus)*

kneecapping ['ni:kæpiŋ] *s* mutilare prin sfărâmarea rotulei

knee drop ['ni:drɔp] *s* săritură acrobatică în genunchi pe plasa folosită ca trambulină

knee hole ['ni: həul] *s* loc / spațiu pentru genunchi *(la masa de scris)*

knee jerk ['ni: dʒə:k] *s med* reflex rotular

knee joint ['ni: dʒɔint] *s* 1 *anat* articulația rotuliană 3 *constr* îmbinare articulată 2 *tehn* articulație cu nucă

knee-length [,ni:'lenθ] *adj* a ~ skirt fustă lungă până la genunchi

knee level ['ni:levəl] *s* at ~ până la înălțimea genunchiului

kneeling ['ni:liŋ] *adj* îngenunchiat; **in a** ~ **position** în genunchi

kneelingly ['ni:liŋli] *adv* îngenuncheat, în genunchi

knee plate ['ni: pleit] *s met* guseu

knee reflex ['ni:,rifleks] *s* reflex rotulian

knee roof ['ni: ru:f] *s constr* acoperiș mansardat

kneeroom ['ni:rum] *s* have you got enough ~? aveţi destul loc pentru picioare / genunchi?

knees-up ['ni:zʌp] *s pl brit* dans agitat; petrecere

knee timber ['ni: ,timbə] *s constr* susţinere întărită *(a diagonalei)*

knickerbocker glory ['nikəbɔkə ,glɔri] *s gastr* cupă de îngheţată cu fructe şi cu frişcă

knick-knackery [,nik'nækəri] *s* bibelouri

knife board ['naif bɔ:d] *s* 1 cârpător, fund de lemn *(pentru tocat)*, tocator 2 F ~ seat banchetă de pe imperială *(la un omnibus)*; ~ omnibus omnibus cu imperială

knife box ['naif bɔks] *s v.* **knife basket**

knife-edged [,naif'edʒd] *adj* ca tăişul unui cuţit

knife grinder ['naif, graində] *s* 1 tocilar 2 roata tocilei; tocilă; maşină de ascuţit cuţite

knife pleat ['naifˌpli:t] *s* şir de pliuri înguste făcute în aceeaşi direcţie

knife-point ['naifpɔint] *s* at ~ sub ameninţarea cuţitului

knifer ['naifə] *s* F cuţitar

knife-rest ['naifrest] *s* suport de cuţite

knife sharper ['naif ,ʃɑ:pə] *s* piatră de ascuţit cuţite; tocilă

knifing ['naifiŋ] *s* atac cu cuţitul

knightage ['naitidʒ] *s* corp de cavaleri

knight head ['nait hed] *s nav* sfânt

Knightsbridge ['naitsbridʒ] *s* cartier elegant din Londra, cunoscut prin magazinele de lux

knight's fee [,naits 'fi:] *s ist* feudă de cavaler

Knigt Templar [,nait 'templə] *s* Templier

knitted ['nitid] *adj* croşetat, tricotat

knitting machine ['nitiŋ mə,ʃi:n] *s text* maşină de tricotat

knobble ['nɔbl] *s* umflătură (mică)

knocker up ['nɔkə ʌp] *s* paznic *(care îi trezeşte pe muncitori bătându-le în fereastră)*

knock-for-knock [,nɔkfə'nɔk] *adj (în asigurări)* ~ agreement acord prin înţelegere prin care, în cazul unui accident, fiecare companie de asigurare plăteşte despăgubiri propriului asigurat

knocking ['nɔkiŋ] *s* 1 ciocănit; *auto* bătaia motorului 2 *brit* to take a

~ a fi snopit din bătaie; a mânca o bătaie soră cu moartea; their prestige took a ~ prestigiul lor a primit o lovitură

knocking-off time [,nɔkiŋɔf'taim] *s brit sl* it's ~ e timpul s-o-ntindem

knocking shop ['nɔkiŋ ʃɔp] *s sl brit* bordel

knock-knees ['nɔkni:z] *s pl* to have ~ a avea picioarele în X

knop [nɔp] *s înv* 1 cucui, umflătură; protuberanţă; nod, ciot

Knossos ['knɔsəs] *s* oraş antic în Creta

knot [nɔt] *s orn* ciovlică, nagâţ *(Triga canula)*

knotted ['nɔtid] *adj* 1 (d o sfoară etc.) cu noduri 3 *geol* (d şisturi etc.) cu concreţiuni, cu noduli

knottiness ['nɔtinis] *s* 1 nodozitate 2 caracter noduros *(al unei scânduri etc.)* 3 dificultate, complexitate *(a unui exerciţiu etc.)*

knowledgeably ['nɔlidʒəbli] *adv* într-o manieră de cunoscător; he speaks very ~ about art vorbeşte despre artă ca un cunoscător

knowledge engineer ['nɔlidʒ endʒiniə] *s cib* aprox inginer de documentare

knuckle bone ['nʌkl bəun] *s* 1 *anat* articulaţie, încheietură *(la deget)* 2 *arsic*; to play at ~s a juca arsice

knuckle duster ['nʌkl ,dʌstə] *s box (armă albă în formă de placă metalică şi care se îmbracă pe degete)*

knucklehead ['nʌklhed] *s* nerod, nătâng

knuckle joint ['nʌkl dʒɔint] *s* 1 *tehn* articulaţie cu nucă; genunche 2 *tehn* îmbinare prin articulaţie 3 *auto* articulaţie cardanică

knuckle pin ['nʌkl pin] *s tehn* bolţ de articulaţie

knuckle sandwich ['nʌkl ,sændwitʃ] *s* pumn în gură, pumn în barbă; I gave him a ~ i-am dat un pumn în gură

knucks [nʌks] *s pl amer* to play ~ a juca bile

kobold ['kɔbəuld] *s mit* cabold; gnom

Koh-i-noor ['kəuinuə] *s* 1 Koh-i-nor *(briliant)* 2 ceva incomparabil / minunat / fără pereche

koine ['kɔinei] *s lingv* coine

kolinsky [kəu'linski] *s zool* lutru-siberian

konak [kəu'nɑ:k] *s (cuvânt turcesc)* hotel particular

koodoo ['ku:du:] *s zool* antilopă cu coarnele răsucite din Africa de Sud *(Antilope strepsiceros)*

kookaburra ['kukəbʌrə] *s orn* pasărea vânătorilor *(Dacelo gigas)*

kookie, kooky ['ku:ki] *adj amer* excentric, ţăcănit, uşchit

kopeck ['kəupek] *s rus* copeică

koumiss ['ku:mis] *s v.* **kumiss**

kourbash ['kuəbæʃ] *s (cuvânt arab)* biciuşcă din curele de piele; under the ~ făcând muncă forţată

kph *presc de la* kilometres per hour km / h

K ration [,kei'reiʃn] *s amer mil* raţie (alimentară)

kraut [kraut] *s sl* neamţ

krill [kril] *s* plancton format din crustacee *(hrana de bază a balenelor)*

Kroo [kru:] *s* negru de pe malul liberian al Africii Vestice

Kru [kru:] *s v.* **Kroo**

Krushchev ['krustʃof] *s* Nikita ~ Nikita Hrusciov, om politic sovietic

Kuala Lumpur [,kwɑ:lə'lumpuə] *s geogr* capitala Malaysiei

Kudzu vine ['kudzu: vain] *s bot* plantă furajeră care creşte în sudul S.U.A.

kumiss ['ku:mis] *s* cumis *(băutură fermentată din lapte de iapă)*

kumquat ['kʌmkwɔt] *s bot* arbust din genul Fortunella; fructul acestuia

kung fu [,kʌŋ'fu:] *s sport* kung fu

Kurdistan [,kə:di'stɑ:n] *s geogr* sistem muntos în sud vestul Asiei

Kuwaiti [ku'weiti] I *s* kuweitian II *adj* kuweitian

kvetch [kvetʃ] *vi sl* a se plânge, a se văicări, a fi veşnic nemulţumit

kwashiorkor [,kwɔʃi'ɔ:kɔ:] *s med* denutriţie extremă infantilă

Ky *presc de la* Kentucky stat în S.U.A.

kyanite ['kaiənait] *s minr* disten

kybosh ['kaibɔʃ] *s* fleac, prostie, bagatelă

kyle [kail] *s scot* strungă, trecătoare, defileu

kyloe ['kailəu] *s* rasă de vite mici scoţiene

Kyrgyzstan [,kə:gi'stɑ:n] *s geogr* Kirghistan, stat în Asia Centrală

L

laager ['lɑːgə] **I** s (cuvânt sud-african) **1** mil lagăr **2** tabără înconjurată de căruțe **II** vi a se stabili într-o astfel de tabără

labarum ['læbɑːrəm] s (rel catolică) steag (pentru procesiuni)

label ['leibl] s v. **labellum**

labelling brit **labeling** amer ['leibliŋ] s etichetare

labellum ['leibələm], pl **labella** ['leibolə] s bot labium

labia ['leibiə] s pl de la **labium**

labialize ['leibiəlaiz] vt fon a labializa

labiatae [leibi'eiti:] s pl bot labiate

labiate ['leibiit] adj bot labiat

labionasal [‚leibiəu'neizəl] adj fon labionazal

labium ['leibiəm], pl **labia** ['leibiə] s bot, ent buză inferioară

labour camp ['leibə kæmp] s lagăr de muncă forțată

Labour Day ['leibə dei] s ziua muncii (în unele țări europene, 1 Mai; în S.U.A., prima luni din septembrie)

labour force ['leibəfɔːs] s forță de muncă; populație activă

labour-intensive [‚leibə'intensiv] s a ~ **industry** o industrie cu o puternică forță de muncă

labour movement ['leibə ‚muːvmənt] s the ~ mișcare muncitorească

labour power ['leibə ‚pauə] s ec forță de muncă

labour relations ['leibə ri‚leiʃns] s pl relații sociale

labour safety ['leibə ‚seifti] s securitatea muncii

labour union ['leibə ‚juːniən] s asociație / uniune muncitorească; sindicat al muncitorilor

Labradorian [‚læbrə'dɔːriən] **I** adj din Labrador **II** s locuitor din Labrador

labradorite ['læbrədɔrait] s minr labrador

labret ['leibrit] s ornament de buză (purtat de primitivi)

labroid ['læbrɔid] adj, s iht labroid

labyrinthian [‚læbə'rinθiən] adj **1** labirintic, (ca) de labirint **2** fig încurcat, complicat, alambicat

lac [læk] s (cuvânt anglo-indian) **1** (valoarea de) o sută de mii de rupii **2** fig număr colosal

laced [leist] adj **1** cu șiret(uri) / șnur **2** dantelat, cu dantelă **3** (d o băutură) cu un adaos de alcool

lace glass ['leis glɑːs] s geam jivrat

lacemaker ['leis ‚meikə] s text pasmantier

lacemaking ['leis‚meikiŋ] s industrie de dantelărie

lace paper ['leis ‚peipə] s hârtie filigran

lace-up ['leisʌp] **I** adj cu șireturi **II** **lace-ups** s pl brit pantofi cu șireturi

lachrymation [‚lækri'meiʃn] s (vărsare de) lacrimi

lachrymator ['lækrimeitə] s mil gaz lacrimogen

lachrymatory ['lækrimətri] **I** adj (d gaze) lacrimogen **II** s arheol lăcrimar

lackadaisicalness [‚lækə'deizikəlnis] s **1** afectare; exagerare **2** apatie, indiferență

lackadaisy ['lækə‚deizi] interj v. **lackaday**

lackaday ['lækədei] interj înv vai (și amar)

lacker ['lækə] s **I** smalț, glazură; lac **II** vt a glazura, a smălțui; a lăcui, a da cu lac

lack-lustre [‚læk'lʌstə] adj (d ochi) stins, lipsit de strălucire

lack-wit [‚læk'wit] adj lipsit de duh / spirit; prost

lacquered ['lækəd] adj glazurat; lăcuit

lacquer ware ['lækə weə] s lacuri, glazuri

lacteal ['læktiəl] adj lăptos, lactat

lacteous ['læktiəs] adj lăptos

lactescence [læk'tesəns] s lactescență

lactescent [læk'tesənt] adj lactescent

lactic ['læktik] adj ch lactic

lactiferous [læk'tifərəs] adj lactifer

lactobacillus [‚læktəubə'siləs], pl **lactobacilli** [læktəubə'silai] s bot orice bacterie aparținând genului Lactobacillus

lactogenic [‚læktə'dʒenik] adj lactogen

lactone ['læktəun] s ch lactonă

lacunar [lə'kjuːnə] **I** adj anat lacunar **II** s constr tavan boltit cu chesoane

lacustrian [lə'kʌstriən] **I** adj lacustru **II** s locuitor al unei așezări lacustre

ladder back ['lædəbæk] s scaun cu spătar format din mai multe stinghii orizontale

ladderless ['lædəlis] adj fără scară

ladder way ['lædə wei] s min puț de coborâre (în mină)

ladies fingers ['leidiz ‚fingə:z] s bot specie de trandafir de China (Hibiscus esculentus)

ladkin ['lædkin] s flăcăiaș

ladrone [lə'drəun] s span **1** mercenar **2** tâlhar, hoț

lady bountiful [‚leidi'bauntiful] s peior, umor femeie generoasă, mână largă

lady chair ['leidi tʃeə] s scăunel format din unirea a patru mâini (pentru transportul răniților)

Lady Chapel ['leidi ‚tʃeipl] s capela Sfintei Fecioare

lady fern ['leidi fə:n] s bot spinarea-lupului (Asplenium filix femina)

lady finger ['leidi ‚fingə] s **1** gastr langue-de-chat (fursec) **2** bot bame

lady friend ['leidi frend] s **1** prietenă **2** femeie quacker

lady help ['leidi ‚help] s ajutoare de gospodină; jupâneasă de origine nobilă (văzută ca un membru al familiei)

ladyish ['leidiiʃ] adj de doamnă, de lady

Lady Muck [‚leidi'mʌk] s brit sl (d femei) buricul pământului, mare cucoană

lady pea ['leidi pi:] s bot sânge-le-voinicului, lintea-prafului (Lathyrus sp.)

lady's bedstraw ['leidiz ‚bedstrɔ:] s bot drăgaică, sânziene (Galium verum)

lady's bower ['leidiz ˌbauə] *s bot* acul-doamnei *(Scandix pecten Veneris)*

lady's eardrops ['leidiz ˌiədrops] *s pl bot* cerceluşi *(Fuchsia)*

lady's glove ['leidiz glʌv] *s bot* degeţel-roşu *(Digitalis purpurea)*

lady's laces ['leidiz ˌleisiz] *s pl bot* linariţă *(Linaria vulgaris)*

lagan ['lægən] *s jur nav* încărcătură aruncată în mare *(dar legată de o geamandură ca să poată fi regăsită)*

lagniappe ['lænjæp] *s amer* primă

lagoon reef [lə'guːn riːf] *s atol*

laicism ['leisizm] *s* anticlericalism

laicization [leisai'zeiʃn] *s* laicizare

laid back [ˌleid'bæk] *adj* relaxat, netulburat

lairdship ['leədʃip] *s scot* **1** demnitate de laird **2** mică proprietate agricolă

lake basin ['leik ˌbeisn] *s* bazin lacustru

lake land ['leik lænd] *s* ţinut cu lacuri (multe)

Lakeland ['leiklənd] *s geogr* the ~ ţinutul Lacurilor *(în nord-vestul Angliei)*

lakelet ['leiklit] *s* lac mic; lăculeţ; lăc(u)şor

Lake school ['leik skuːl] *s* the ~ „şcoala lacurilor"

lakeside ['leiksaid] **I** *s* malul unui lac **II** *adj (d hotel etc.)* pe malul laculului

Lake State [ˌleik'steit] *s amer* statul Michigan

lakist ['leikist] *s* poet aparţinând „şcolii lacurilor" *(grupare a poeţilor romantici englezi Wordsworth, Coleridge şi Southey)*

laky ['leiki] *adj* de culoarea lacului de garanţă

la-la land ['laːlə ˌlænd] *s* Los Angeles

lalapaloosa [ˌlæləpə'luːsə] *s amer F* om foarte capabil, as, fenomen

Lallans ['lælənz] *s lingv* Lallans *(dialect vorbit în sudul Scoţiei)*

lallygag ['læligæg] *vi amer F* a flirta, a cocheta

lam [læm] *s* fugă; *amer sl* on the ~ în fugă; **to take it on the ~** a fugi mâncând pământul

Lamaist ['laːməist] *s rel* lamaist

lambency ['læmbənsi] *s* **1** strălucire, scânteiere şi *fig* **2** (a)lunecare

lambert ['læmbə(ː)t] *s fiz* lambert

lambing ['læmiŋ] *s* perioadă de fătare a mieilor

lambrequin ['læmbəkin] *s* lambrechin

lame [leim] *s* placă subţire de metal

lamé ['laːmei] *s* lamé

lamebrain ['leimbrein] *s sl* prostănac, prostălău, Bulă

lamellated ['læməleitid] *adj* lamelat

laminar ['læminə] *adj* laminar

laminaria [læmi'neəriə] *s bot* laminaria *(Laminaria)*

lampas ['læmpəz] *s vet* formă de stomatită *(la cai)*

lamp bracket ['læmp ˌbrækit] *s* **1** *el* braţ, armătură *(de lampă de perete)* **2** *auto* suportul farului

lamp holder ['læmp ˌhəuldə] *s el* dulie

lamplit ['læmplit] *adj* luminat cu lampa

lamp shade ['læmp ʃeid] *s* abajur

lampstand ['læmpstænd] *s* picior de lampă

lamp standard ['læmpstændəːd] *s* lampadar

lance jack ['laːns dʒæk] *s F mil* caporal; fruntaş

lance knight ['laːns nait] *s înv* **1** călăreţ **2** lăncier

lancelet ['laːnslit] *amer* ['lænslit] *s iht* peşte-lanţetă

lanceted ['laːnstid] *amer* ['lænsətid] *adj arhit* ogival, în ogivă

lanciform ['laːnsifoːm] *amer* ['lænsifoːm] *adj* în formă de lance; lanceolat

Lancs *presc de la* Lancashire

land agency ['lænd ˌeidʒənsi] *s* **1** intendenţă **2** agenţie funciară

land-based ['lændbeizd] *adj* **1** *ec* bazat pe proprietatea de teren **2** *mil* ~ forces forţe terestre

land betterment ['lænd ˌbetəmənt] *s agr* îmbunătăţiri funciare, amelioraţii

land-bred ['lændbred] *adj* crescut la ţară

land bridge ['lænd ˌbridʒ] *s geogr* limbă de pământ care leagă o peninsulă de uscat

landfill ['lændfil] *s* îngropare a gunoaielor şi deşeurilor la mare adâncime

land grabber ['lænd ˌgræbə] *s* individ care îşi însuşeşte în mod ilegal pământul cuiva / care acaparează pământul unui arendaş expulzat

landholding ['lænd ˌhəuldiŋ] **I** *adj* funciar **II** proprietate de pământ

landing beacon ['lændiŋbiːkən] *s av* baliză de aterizare

landing card ['lændiŋkaːd] *s* cartelă de barcare

landing lights ['lændiŋlaits] *s pl (la avion)* lumini de aterizare *(pe aeroport)* balize (de aterizare)

landing net ['lændiŋ net] *s* plasă *(în formă de sac)* pentru pescuit

landing party ['lændiŋ ˌpaːti] *s mil* trupe de debarcare

landing strip ['lændiŋstrip] *s* pistă de aterizare

landlaw ['lændlɔː] *s jur* lege agrară

Land League ['lænd liːg] *s ist* Liga agrară *(care a cerut în Irlanda, între 1879 – 1881, deposedarea de pământuri a moşierilor englezi)*

land-line ['lændlain] *s tel* linie terestră

landlordism ['lændlɔːdizm] *s* **1** ideologia marilor proprietari de pământuri **2** sistemul marii proprietăţi funciare particulare

landman ['lænd mən], *pl* **landmen** ['lænd men] *s* **1** locuitor de la ţară; ţăran **2** *înv* proprietate de pământ

landmass ['lændmæs] *s* zonă terestră; **the American** ~ Continentul american

land measures ['lænd ˌmeʒəz] *s pl* măsuri agrare

landmine ['lændmain] *s* mină (terestră)

Land of Enchantment ['lænd əv in'tʃaːntmənt] *s amer* statul New-Mexico

Land of Steady Habits ['lænd əv ˌstedi 'hæbits] *s amer* statul Connecticut

landownership ['lændˌəunəʃip] *s* proprietate asupra pământului, proprietate funciară

landowning ['lændˌəuniŋ] **I** *adj* funciar **II** *s v.* **landownership**

land reform ['lænd riˌfoːm] *s* reformă agrară

land registry ['lænd redʒistri] *s* cadastru

Land Rover ['lænd rəuvə] *s* marcă englezească de maşină de teren

landscape architect ['lænskeip ˌaːkitekt] *s amer* arhitect peisagist

landscape garden ['lænskeip ˌgaːdn] *s* grădină engleză

landscape gardener ['lænskeip ˌgaːdnə] *s* grădinar peisagist

landscape painter ['lænskeip ,peintə] s peisagist, pictor de peisaje

land scaping ['lænd ,skeipiŋ] s amenajare a unui peisaj

Land's End ['lændsend] s geogr cap în extremitatea de sud-vest a Angliei, în Cornwall

land shark ['lænd ,ʃɑːk] s nav P „rechin de uscat" (persoană care escrochează marinarii în porturi)

landslip ['lændslip] s scufundare / prăbușire / surpare / alunecare de teren

land steward ['lænd ,stju(ː)əd] s administrator de moșie

land tax ['lænd tæks] s ec impozit funciar

lane closure ['lein ,kləuʒə] s auto închidere a circulației pe o stradă; **the traffic was held up by ~s** circulația a fost îngreunată datorită îngustării drumului (datorită lucrărilor de reparații)

lane markings ['lein ,makiŋs] s pl 1 ~ marcaje pe șosea 2 sport linii de marcaj al culoarelor; (în bazine de înot) marcaj al culoarelor

langlauf ['lænlauf] s ski de fond

languageless ['læŋgwidʒlis] adj care a pierdut graiul, fără grai

langued [lænd] adj heraldică cu limba scoasă

languidly ['læŋgwidli] adv 1 tânjitor, care lâncezește; încet, domol 2 plictisitor

languidness ['læŋgwidnis] s 1 apatie; lâncezeală, tânjeală; slăbiciune, moleșeală; încetineală 2 ec stagnare, criză

languishment ['læŋgwiʃmənt] s v. languidness

laniard ['lænjəd] s nav 1 saulă de siguranță 2 odgon pentru ridicarea greutăților

lankness ['læŋknis] s 1 zveltețe, subțirime; slăbiciune 2 moliciune

lansquenet ['lænskənet] s 1 mil ist lăncier pedestraș 2 un fel de cărți

lantern fish ['læntənfiʃ] s iht pește-lanternă (familia Myctophidae)

lantern jaws ['læntən ,dʒɔːz] s pl obraji scofâlciți / subțiri

lanthanide series ['lænθənaid ,siːriːz] s pl ch lantanide

Laodicean [,leiəudi'siən] adj, s indiferent (în privința chestiunilor politice sau religioase)

Laodiceanism ['leiəudi'siənizm] s indiferență (politică sau religioasă)

Laotian ['lɑːɔʃn] I s laotian II adj laotian

laparoscope ['læpərəskəup] s laparoscop, peritoneoscop

laparoscopy [,læpə'rɔskəpi] s laparoscopie, peritoneoscopie

lap-held [,læp'held] adj (d o mașină de scris, un calculator) portativ (care poate fi ținut pe genunchi)

lapidarist ['læpidərist] s cunoscător al pietrelor prețioase

lapidification [ləpidifai'keiʃn] s împietrire, petrificație

lapidify [lə'pidifai] vt a împietri, a petrifica

lap of honour [,læpəv'ɔnə] s sport tur de onoare

lapper ['læpə] s poleitor, lustruit, șlefuitor

lappet ['læpit] amer și ['læpet] s 1 cută, încrețitură, fald 2 volan; rever 3 bucată mobilă de metal care acoperă gaura broaștei

lapping[1] ['læpiŋ] s 1 lingere 2 clipocit (al apei)

lapping[2] ['læpiŋ] s acoperire, înfășurare

lap seam ['læp siːm] s cusătură prin suprapunere

lapstone ['læpstəun] s piatră pe care lucrează cizmarii

laptop ['læptɔp] s laptop, calculator portabil

lar [lɑː], pl **lares** ['leəriːz] s mit lar

larcenous ['lɑːsinəs] adj hoțesc, tâlhăresc, pungășesc

larch [lɑːtʃ] s bot zadă (Larix)

lardy ['lɑːdi] adj 1 gras de unsură 2 slănină

lardy-dardy [,lɑːdi'dɑːdi] adj sl afectat; blazat

large-sized [,lɑːdʒ'saizd] adj mare, de proporții mari; (de) format mare

large white [,lɑːdʒ'wait] s ent albiliță

larking ['lɑːkiŋ] s F glume; pozne, strengării, năzbâtii, șotii

larmier ['lɑːmiə] s lăcrimar

larry ['læri] s min vagon (de cale ferată)

laryngology [,læriŋ'gɔlədʒi] s med laringologie

laryngoscope [lə'riŋgəskəup] s med laringoscop

lasagne [lə'zænjə] s gastr paste italienești cu carne tocată

lasciviously [lə'siviəsli] adv lasciv

laser beam ['leizəbiːm] s rază laser

laser card ['leizəkɑːd] s cartelă cu circuit integrat (citită cu raze laser)

laser printer ['leizəprintə] s cib imprimantă cu laser

lashed [læʃt] adj (în adjective compuse) cu gene(le); **long- ~** cu gene lungi

lasher ['læʃə] s 1 biciuitor 2 dig, stăvilar, deversor

lashless ['læʃlis] adj fără gene

Las Palmas [,læs'pælməs] s geogr oraș în Gran Canaria

lassa fever ['læsə,fiːvə] s med febră lassa

lastage ['lɑːstidʒ] s nav 1 încărcătură 2 capacitate de încărcare (a unui vas)

last-ditcher ['lɑːst ,ditʃə] s 1 mil soldat care rezistă pe ultimele poziții 2 fig persoană care opune o rezistență susținută fără nici o șansă de reușită, persoană care nu se dă bătută deși știe că rezistența sa e zadarnică

lastingly ['lɑːstiŋli] adv pentru multă vreme, durabil

lasting power [,lɑːstiŋ'pauə] s tehn putere de durată

last-minute [,lɑːst'minit] adj de ultim moment

last post [,lɑːst 'pəust] s brit mil cântat din goarnă care anunță stingerea, cântec intonat la funeralii militare

last rites [,lɑːst'raits] s pl bis ultima împărtășanie

Las Vegas [,læs'veigəs] s geogr oraș în S.U.A.

latchkey child ['lætʃkiː tʃaild] s copil cu cheia de gât

late comer ['leit ,kʌmə] s întârziat

lateen [lə'tiːn] s nav ~ (sail) velă latină

lateen-rigged [lə,tiːn'rigd] adj agreat cu o velă latină; ~ boat vas latin

late-night [,leit'nait] adj (d film, spectacol etc.) de noapte; **what's tonight's ~ movie?** ce rulează la filmul de noapte? a ~ **bus service** autobuz de noapte; ~ **shopping** cumpărături nocturne

latent image [,leitənt 'imidʒ] s imagine latentă

latent time [,leitənt 'taim] s latență, stare latentă

lateral thinking [,lætərəl 'θinkiŋ] s **we need a bit of ~ on this problem** trebuie să aplicăm o gândire mai originală problemei

latex ['leitiks] *s bot* suc lăptos *(al plantelor)*

lathy ['lɑːθi] *adj* deșirat, lung și slab

latices ['lætisiːz] *pl de la* **latex**

latinate ['lætineit] *adj (d vocabular)* de origine latină; *(d stil)* presărat cu latinisme

Latiner ['lætinə] *s F v.* **Latinist**

Latinist ['lætinist] *s* latinist

Latinity [lə'tiniti] *s* latinitate

Latino [læ'tiːnəu] *s amer* latino-american

latten ['lætən] *s* foaie metalică

Latter-day Saints [,lætədei 'seints] *s rel* mormoni

lattice window ['lætis ,windəu] *s* fereastră cu zăbrele

laudableness ['lɔːdəblniə] *o* oɑ racter lăudabil

laudator [lɔː'deitə] *s* persoană ca-re laudă

laughableness ['lɑːfəblnis] *s* ridi-col, parte comică

laughably ['lɑːfəbli] *adj* de râs, rizibil, ridicol

laugher ['lɑːfə] *s* persoană care râde

laughing hyena [,lɑːfiŋ ha'iːnə] *s zool* hiena-pătată *(Crocuta crocuta)*

laughing jackass [,lɑːfiŋ dʒækæs] *s orn* pasărea vânătorilor *(Dacelo gigas)*

launch complex ['lɔːntʃ ,kompleks] *s astr* bază / stație de lansare

launcher ['lɔːntʃə] *s astr, mil* lan-sator

launching ['lɔːntʃiŋ] *s* 1 lansare *(a unui vapor, a unei nave)* 2 lan-sare *(a unui produs nou)*

launching ceremony ['lɔntʃiŋ ,serəmoni] *s* ceremonie de lan-sare

launching pad ['lɔːntʃiŋ pæd] *v.* **launch pad**

launching vehicle ['lɔːntʃiŋ,viːikl] *v.* **launch vehicle**

launching way ['lɔːntʃiŋ wei] *s nav* cală de lansare

launch pad ['lɔːntʃ pæd] *s* rampă de lansare

launch vehicle ['lɔːntʃ ,viːikl] *s* rachetă de lansare

laundering ['lɔːndriŋ] *s* 1 spălat *(al rufelor)* 2 *fig* spălare *(a banilor)*

laundromat ['lɔːndrəmət] *s amer* spălătorie automată

laundry basket ['lɔːndribæskit] *s* coș de rufe

laundry business ['lɔːndri ,biznis] *s amer ec* tranzacții de bursă simultane cuprinzând cumpă-rări și vânzări în scopul ma-nipulării cotelor după necesi-tate

laundryman ['lɔːndrimən] *s* 1 șo-fer al unei camionete *(care adu-ce rufele de la spălătorie)* 2 muncitor într-o spălătorie

laundry mark ['lɔːndri mɑːk] *s* eti-chetă de la spălătorie

laundry van ['lɔːndri væn] *s* ca-mionetă de spălătorie

lauraceae [lɔː'reisiiː] *s pl bot* lau-racee

laureateship ['lɔːrieitʃip] *s* rangul de poet laureat, funcția de poet la curte

laurel crown ['lɔrəl kraun] *s* cunu-nă de lauri

laurelled ['lɔrəld] *adj* 1 încununat cu lauri 2 împodobit cu lauri

laurel oak ['lɔrəl əuk] *s bot* dafin, laur *(Quercus laurifolia)*

laurel wreath ['lɔrəl riːθ] *s v.* **laurel crown**

lav [læv] *s brit* toaletă, WC

lavabo [lə'veibəu] *s rel* spălare a mâinilor

lavage ['lævidʒ] *s* spălare

lavalier(e) [lævəli'eə] *s amer* pan-dantiv

lavation [lei'veiʃn] *s* spălare, ablu-ție; curățire

lavatorial [,lævə'tɔːriəl] *adj (d stil, umor)* scatologic

lavatory bowl ['lævətri bəul], **lava-tory pan** ['lævətri pæn] *s* scaun de WC

lavatory paper ['lævətri ,peipə] *s* hârtie igienică

lavement ['leivmənt] *s* 1 spălare 2 *med* clismă

lavender bag ['lævəndə bæg] *s* să-culeț cu levănțică

lavender blue [,lævəndəl bluː] **I** *s* bleu lavandă **II** *adj* de culoarea lavandei

lavender oil ['lævəndər ɔil] *s* ulei de lavandă

laver ['leivə] *s bot* vareg comesti-bil

laver bread ['lɑːvə bred] *s* prăjitură cu alge

lavishment ['læviʃmənt] *s* risipă, risipire

law abidingness ['lɔː ə,baidiŋnis] *s* respectare a legilor; supunere / obediență față de legi

law agent ['lɔː ,eidʒənt] *s scot jur* avocat

law and order [,lɔː ænd'ɔːdə] *s* ordinea publică; **law-and-order issues** chestiuni de ordine pu-blică; **he presents himself as the law and-order candidate** se prezintă drept candidat la or-dinea publică

law center ['lɔː ,sentə] *s* birou de ajutor judiciar

law enforcement ['lɔːin,fɔːsmənt] *adj amer* însărcinat cu respec-tarea legii; **~ officer** reprezen-tant al unui serviciu însărcinat cu respectarea legii

law Latin ['lɔː ,lætin] *s* latina juri-dică

lawman ['lɔːmæn] *s amer* polițist; șerif

lawmonger ['lɔː ,mʌŋgə] *s* avocățel

lawn [lɔːn] *s text* batist

lawn chair ['lɔːntʃeə] *s amer* scaun de grădină

lawn mower ['lɔːn ,məuə] *s* 1 ma-șină / aparat de tuns gazonul 2 tăvălug pentru iarbă

lawn party ['lɔːn ,pɑːti] *s amer* petrecere în aer liber, serbare câmpenească; picnic

lawny[1] ['lɔːni] *adj* acoperit cu iarbă / gazon

lawny[2] ['lɔːni] *adj* de batist, din batist; fin, ca batistul, strave-ziu

lawrencium [lə'rensiəm] *s ch* lău-rențiu

Lawrentian [lə'renʃiən] *adj* refe-ritor la D.H. Lawrence *(scriitor englez)*

lawyerlike [,lɔːjə'laik] *adj* 1 avo-cățesc, de avocat 2 juridic

lax [læks] *s iht* somn suedez / norvegian

laxation [læk'seiʃn] *s înv* relaxare, destindere, slăbire

lay analist [,lei æ'nəlist] *s* psih-analist fără diplomă de medic

layer cake ['leiə keik] *s* prăjitură cu straturi de cremă

layered ['leiəd] *adj* a **~ skirt** fustă cu volane

layering ['leiəriŋ] *s horticultură* bu-tășire

layer-on ['leiərɔn] *s poligr* puitor

layer-out ['leiəraut] *s* dricar, antre-prenor de pompe funebre

layer-up ['leiərʌp] *s* 1 persoană strângătoare / care pune de-o parte 2 *fig* păstrător

laying ['leiiŋ] I adj (d găini etc.) ouătoare II s 1 așezare, (dis)punere, instalare (a căilor ferate, a cablurilor etc.); punere (a temeliei, a fundației); imersiune (a unui cablu submarin); răsucire, împletire (a frânghiilor) 2 ouare

laying away [,leiiŋ ə'wei] s punere la tăbăcit

laying down [,leiiŋ 'daun] s 1 ridicare (de la putere) 2 sacrificare, jertfire (a vieții) 3 stabilire (a unui criteriu) 4 punere, așezare, instalare (a canalelor, a unui cablu, a unei linii); intrare în șantier (a unui vapor)

laying-in [,leiiŋ'in] s 1 depozitare, înmagazinare (a mărfurilor); ~ of provisions aprovizionare 2 artă grund

laying-off [,leiiŋ'of] s 1 concediere (a mâinii de lucru); oprire (a unei mașini) 2 reasigurare

laying-on [,leiiŋ'on] s 1 impunere (a impozitelor, a unei sarcini) 2 aplicare (a unei bătăi) 3 instalare (a apei, a gazului)

laying-out [,leiiŋ'aut] s 1 aranjare (a obiectelor); etalare (a mărfurilor) 2 toaletă (a unui mort)

laying up [,leiiŋ'ʌp] s 1 acumulare, îngrămădire (a unui tezaur) 2 deformare (a unui vas)

lay lord ['lei lɔ:d] s membru al Camerei Lorzilor care nu e jurist

lay person ['lei,pə:sn] s profan, neinițiat

lay preacher ['lei,pri:tʃə] s predicator laic

lay reader ['lei 'ri:də] s predicator laic

laywoman ['lei,wumən], pl **laywomen** ['lei,wimin] s 1 laică, mireană 2 amatoare, nespecialistă

lazar house ['læzəhaus] s leprozerie

lazy eye ['leiziai] s med ambliopie

lbw presc de la leg before wicket s (la cricket) greșeală a jucătorului care pune un picior în fața porții

LC presc de la Library of Congress ['laibrəri əv kɔngres] s amer Biblioteca Națională

LCD presc de la Liquid Crystal Display [likwid kristəl displei] s afișaj cu cristale lichide

LDS presc de la Licentiate in Dental Surgery [lai'sentʃiət indentəl sə:dʒəri] s licențiat în / diplomă de chirurgie dentară

leaching ['li:tʃiŋ] s tehn filtrare, lixiviere, percolare

lead carbonate [,led 'kɑ:bənit] s ch carbonat de plumb

lead chloride [,led 'klɔ:raid] s ch clorură de plumb

leaden-eyed [,ledən'aid] adj cu ochi spălăciți, fără viață

leaderless ['li:dəlis] adj fără conducător

leadership ['li:dəʃip] s conducere, comandă; șefie; comandament; under the ~ of sub conducerea (cu gen)

leader writer ['li:də ,raitə] s autor de editoriale

lead-free [,led'fri:] adj (d vopsea, benzină) fără plumb

leading edge [,li:diŋ 'edʒ] s av muchie de atac

leading lady [,li:diŋ'leidi] s (în cinema, teatru) rol principal (feminin); Vivian Leigh was the ~ Vivian Leigh juca în rolul principal

leading man [,li:diŋ 'mæn], pl **leading men** [,li:diŋ 'men] s interpret principal, protagonist

leading mark [,li:diŋ 'mɑ:k] s 1 nav aliniament 2 geodezie baliză

leading motive [,li:diŋ 'məutiv] s 1 motiv principal 2 muz laitmotiv

leading note ['li:diŋ nəut] s muz sensibilă

leading reins [,li:diŋ 'reinz] s pl brit hățuri (pentru copii)

leading truck [,li:diŋ 'trʌk] s nav măr călăuz

leading wind [,li:diŋ 'wind] s nav vânt larg

lead monoxide [,led mɔ'nɔksaid] s ch oxid de plumb

lead sulphate [,led 'sʌlfeit] s ch sulfat de plumb

lead sulphide [,led 'sʌlfaid] s ch galenă, sulfură de plumb

lead time ['li:dtaim] s tehn timp total (între darea dispoziției și îndeplinirea ei – în controlul stocurilor)

lead water ['led ,wɔ:tə] s ch apă de plumb

leadwort ['ledwɔ:t] s bot floarea-amorului (Plumbago)

leaf beet ['li:fbi:t] s bot sfeclă-albă (Beta vilgaris Cicla)

leaf bud ['li:f, bʌd] s bot mugur, ochi de frunză

leafed [li:ft] adj înfrunzit, cu frunze

leaf fall ['li:f fɔ:l] s căderea frunzelor

leaf fat ['li:f fæt] s osânză

leaf green ['li:f gri:n] s clorofilă

leafiness ['li:finis] s frunziș, frunze

leaf mould ['li:f məuld] s mraniță din frunze uscate

leaf spot ['li:f spot] s decolorare a frunzelor în pete datorită paraziților sau a poluării

leaf spring ['li:f spriŋ] s arc în foi / lamelar

leaf tobacco ['li:f tə,bækəu] s tutun foi

leaf wood ['li:f wud] s pădure de foioase

leafy forest [,li:fi 'fɔrist] s v. leaf wood

league champion ['li:g,tʃæmpiən] s campion; to become ~s a câștiga un campionat

league championship ['li:g,tʃæmpiənʃip] s campionat; ~ match meci de campionat

leaguer ['li:gə] I s mil 1 înv tabără 2 rar asediu, încercuire II vt a asedia, a încercui, a împresura

league table ['li:g teibl] s clasament pentru campionat

learner ['lə:nə] s persoană care învață; elev; student; ucenic; discipol; învățăcel

learning curve [,lə:niŋ'kə:v] s curbă a cunoștințelor (pentru previzionarea în productivitatea muncii)

lease [li:s] text I vt a despărți (firele urzelii); a împleti (firele) II s rost

leaseback ['li:sbæk] s formă specială de leasing constând în vânzarea unei instalații către o societate care are obligația de a o închiria celui care a vândut-o

leasing ['li:siŋ] s leasing, arendare, concesionare, închiriere (a unor mijloace de producție / bunuri și utilități)

least common denominator [li:st ,kɔmən di'nɔmineitə] s brit cel mai mic numitor comun

leastwise [li:stwaiz] adv F cel puțin; măcar, încalte(a)

leatherback ['leðəbæk] s zool broască-țestoasă pieloasă, luth (Dermochelys cariacea)

leather cloth ['leðə klɔ(:)θ] s mușama; pânză imitație de piele

leather-head ['leðəhed] s 1 sl cap sec, bostan 2 amer polițist / paznic de noapte

leathering ['leðəriŋ] s 1 F bătaie 2 tehn tăbăceală, compactizare, întărire

leatherjacket ['leðə‚dʒækit] *s zool*
1 specie de pește din familia
Monacanthidae **2** pește din ge-
nul *Oligoplites*
leavened bread [‚levnd 'bred] *s*
pâine cu drojdie
leaver ['li:və] *s* **1** persoană care
lasă / a lăsat ceva **2** *mil* perso-
ană care e pe punctul de a
pleca în permisie
lecher ['letʃə] *înv* **I** *s* desfrânat,
destrăbălat; libertin **II** *vi* a trăi în
desfrâu
lecherously ['letʃərəsli] *adv* des-
frânat; lasciv
leck [lek] *s* șist argilos
lecture hall ['lektʃə hɔ:l] *s* sală de
cursuri, amfiteatru
LED *presc de la* **light-emitting
diode** [laiti‚mitiŋ 'daiəud] *s tehn*
led, diodă electroluminiscentă;
~ **display** afișaj cu led-uri
ledger bait ['ledʒə beit] *s* momea-
lă, nadă
ledger paper ['ledʒə ‚peipə] *s poligr*
hârtie de calitate superioară
leechcraft ['li:tʃkrɑ:ft] *s înv umor*
medicină; arta vindecării / tămă-
duirii
leech line ['li:tʃ lain] *s nav* strân-
gător de margine
lee gauge ['li:geidʒ] *s nav* poziție
sub vânt
leer [liə] *s F* ziar, gazetă, tipăritură
leet [li:t] *s scot* listă de candidați
leewardmost ['li:wəd məust] *adj v.*
leemost
left-footed [‚left'fu:tid] *s* stângaci
(de picior)
left-hand [‚left 'hænd] *adj* **1** stâng;
~ **side** partea stângă **2** cu / din
stânga; ~ **blow** lovitură cu stân-
ga **3** *tehn* stâng; pe stânga
left-hander [‚left 'hændə] *s* **1** stân-
gaci **2** stângă, lovitură cu stân-
ga; lovitură prin surprindere,
atac imprevizibil
leftmost ['leftməust] *adj* cel mai din
stânga, de extremă stângă
left-off [‚left'ɔ(:)f] *adj* scos din uz;
inutilizabil
left winger [‚left 'wiŋə] *s* **1** *pol*
persoană de stânga **2** *sport*
jucător extremă stânga
legacy duty ['legəsi ‚dju:ti] *s* taxe
de moștenire
legacy hunter ['legəsi ‚hʌntə] *s*
vânător de moșteniri
legal eagle [‚li:gəl i'gəl] *s umor
amer* avocat

legal holiday [‚li:gəl 'hɔlidei] *s amer*
sărbătoare legală
legalistic [‚li:gə'listik] *adj* legalist,
adept al legalității
legalistically [‚li:gə'listikəli] *adv*
în mod legalist
legal medicine [‚li:gəl'medisin] *s*
medicină legală
legal separation [‚li:gəl sepə'reiʃn]
s jur divorț
legal tender [‚li:gəl'tendə] *s* **1** mij-
loace legale de plată **2** monedă
legală; **these coins are no longer**
~ aceste monede nu mai sunt
valabile
legate [li'geit] *vt* a lăsa (moștenire)
prin testament
legateship ['legitʃip] *s* misiunea /
funcția de trimis / de împuter-
nicit; atribuțiile unui nunțiu papal
legatine ['legətain] *amer și* ['le-
gətin] *adj* de nunțiu papal
legator [li'geitə] *s jur* testator
leg bail ['leg beil] *s sl* to give ~ a o
întinde, a o lua la sănătoasa, a
o zbughi, a o șterge
legionnaire [‚li:dʒə'neə] *s* legionar
legionnaire's disease [li:dʒə‚neəz
di'zi:z] *s med* legioneloză
leg iron ['leg‚aiən] *s med* aparat
ortopedic
legislature ['ledʒisleitʃə] *s* **1** legis-
latură **2** adunarea legislativă **3**
durata mandatului adunării le-
gislative
legitimately [li:'dʒitimətli] *adv* **1** în
mod legitim; **both** ~ **and effec-
tively** de fapt și de drept **2** în
mod justificabil; **it could be** ~
argued that se poate susține în
mod justificat că
legitimist [li'dʒitimist] *s pol* legitimist,
partizan al monarhiei ereditare
legless ['leglis] *adj* fără picioare
legman ['legmən], *pl* **legmen** ['leg-
men] *s amer F* reporter de teren
leg puller ['leg ‚pulə] *s amer F*
intrigant politic
leg-pulling ['leg‚puliŋ] *s* glumă,
batjocură; **he got a lot of** ~ **about
his marriage** s-a glumit pe sea-
ma însurătorii lui
leg show ['legʃəu] *s* spectacol de
revistă *(în care femeile își arată
picioarele)*
leg-up ['legʌp] *s* to give smb a ~ a
ajuta pe cineva să se urce / să
se cațere *(pe un zid, un pom
etc.)*; *fig* a ajuta pe cineva să
învingă greutățile / obstacolele

legwarmer ['legwɔ:mə] *s* jambieră
Leicester Square ['lestəskweə] *s*
piață vestită din *Londra datorită
cinematografelor*
Leics [leks] *s presc de la* Leicester
leister ['li:stə] **I** *s* ostie, furcă de
prins pește **II** *vt* a prinde *(pește)*
cu ostia
leisureliness ['leʒəlinis] *amer și*
['li:ʒəlinis] *s* lipsă de grabă;
încetineală
LEM [lem] *presc de la* **Lunar Ex-
cursion Module** *s* modul lunar
mobil / de astenizare
leman ['lemən] *amer și* ['li:mən] *s
înv* iubită, ibovnică, amantă; *rar*
ibovnic, iubit
lemmatize, lematise ['lemətaiz] *vt*
a lematiza
lemon balm ['lemən bɑ:m] *s bot*
roiniță *(Melissa officinalis)*
lemongrass ['leməngrɑ:s] *s bot*
specie de iarbă din genul *Cym-
bopogon*
lemon juice ['lemən dʒu:s] *s* suc
de lămâie
lemon sole ['lemənsəul] *s iht* spe-
cie de limbă-de-mare *(Solea
Lascaris)*
lemon thyme ['leməntaim] *s bot*
cimbrișor, lămâioară *(Thymus
serpyllum vulgaris)*
lemon tree ['lemən tri:] *s bot* lămâi
(Citrus limonia)
lemures ['lemju'ri:z] *s pl mitol* ro-
mană duhuri, stafii, strigoi
lendable ['lendəbl] *adj* care poate
fi împrumutat
lending rate ['lendiŋ reit] *s fin* rata
dobânzii
lengthful ['leŋθful] *adj* lung
lengthily ['leŋθili] *adv* timp înde-
lungat; mult
leno ['li:nəu] *s text* gaz
lens cap ['lenskæp] *s foto* capacul
obiectivului aparatului fotogra-
fic
lens hood ['lens hu:d] *s foto* pa-
rasolar
lens paper ['lens peipə] *s* hârtie
pentru șters lentile
lenten pie ['lentn pai] *s* pateu fără
carne
lentiginous [len'tidʒinəs] *adj* pig-
mentat, pistruiat
lentoid ['lentoid] *adj* în formă de
linte
Lent term ['lent tə:m] *s brit (la uni-
versitate)* al doilea trimestru
(din ianuarie până la Paști)

leopard moth ['lepəd mɔθ] *s ent* specie de fluture *(Zevzera pyrina)*

leopard skin ['lepəd skin] **I** *s* piele de leopard **II** *adj* din piele de leopard

lepidodendron ['lepidə‚dendrən] *s paleont* lepidodendron *(un arbore fosil)*

lepidolite [li'pidəlait] *s minr* lepidolit

lepidopteran [‚lepi'dɔptərən] **I** *adj* lepidopter **II** *s* lepidopteră

lepidopterist [‚lepi'dɔptərist] *s* lepidopterolog

lepidopterous [‚lepi'dɔptərəs] *adj ent* lepidopter

leporine ['lepərain] *adj zool* de iepure, iepuresc

lepra ['leprə] *s med* lepră

leprosarium [‚leprə'særiəm], *pl* **leprosaria** [‚leprə'særiə] *s* leprozerie

leprose ['leprəus] *adj bot* solzos, cu coji

leprosery ['leprəseri] *s v.* **leprosarium**

lepton ['leptɔn] *s fiz* lepton

Lesotho [lə'su:tu:] *s geogr* stat în sudul Africii

lessening ['lesəniŋ] *s* micșorare, reducere, împuținare, slăbire

lesser-known [‚lesə'nəun] *adj* mai puțin cunoscut

lethally ['li:θəli] *adv* mortal

lethargically [le'θɑ:dʒikəli] *adv* letargic; greoi

lethiferous [li'θifərəs] *adj* aducător / purtător de moarte, mortal, fatal, distrugător, nimicitor

letter ['letə] *s* 1 (persoană) care dă voie / care permite 2 persoană care închiriază / care dă cu chirie

letter board ['letə bɔ:d] *s poligr* masă de culegere

letter bomb ['letəbɔmb] *s* scrisoare capcană

letter card ['letə kɑ:d] *s* scrisoare-carte poștală

letterless ['letəlis] *adj* 1 neinstruit, incult, neînvățat; analfabet 2 fără scrisori

letter-opener ['letə‚əupnə] *s* deschizător de scrisori

letter quality ['letə ‚kwɔliti] *s cib* calitatea literei; *(la o imprimantă)* near ~ „litere aproape de calitatea" celor de la mașina de scris

letter rack ['letə ræk] *s* suport de scrisori

letters patent ['letəz ‚peitənt] *s com* patentă, brevet

letter weight ['letə weit] *s* 1 cântar poștal *(pentru scrisori)* 2 greutate *(pentru hârtii)*

letter writer ['letə ‚raitə] *s* 1 autor de scrisori / epistole 2 culegere de scrisori model

Lettic ['letik] **I** *adj* leton **II** *s* (limba) letonă

leu ['leu:], *pl* **lei** [lei] *s* leu *(unitate monetară în România)*

leucin ['lu:sin], **leucine** ['lu:si:n] *s ch* leucină

leucoblast ['lju:kəblɑːst] *s biol* leucoblast(ă)

leucocythaemia [‚lju:kəsai'θi:miə] *s med* leucemie

leucoma ['lu:kəumə] *s med* leucom

leucoplast ['lju:kəplæst] *s* leucoplast

leucorrhoea [‚lju:kə'ri:ə] *s med* leucoree

leucotomy [lu:'kɔtəmi] *s med* lobotomie parțială

leud [lju:d] *s ist* vasal

levant [li'vænt] *vi F* a fugi / a se ascunde de creditori

levelling screw ['levliŋ skru:] *s* 1 *tehn, auto* șurub de reglare 2 *av* elice cu pas reglabil

levelness ['levlnis] *s* 1 uniformitate, egalitate; netezime 2 caracter plan; orizontalitate 3 echilibru *(sufletesc)*

Levi ['li:vai] *s bibl* al treilea fiu al patriarhului Iacov

levin ['levin] *s* fulger

Levi's ['li:vaiz] *s pl* blugi marca Levis

Levite ['li:vait] *s ist* levit

Leviticus [li'vitikəs] *s bibl* Leviticul

lewdly ['lju:dli] *adv* 1 fără rușine, (în mod) nerușinat, fără pudoare; desfrânat 2 *înv* cu răutate 3 *înv* în neștiință

lewdness ['lju:dnis] *s* 1 desfrâu, destrăbălare, viață desfrânată / frivolă 2 prostituție 3 *înv* neștiință 4 *înv* răutate

lewdster ['lju:dstə] *s înv* crai, stricat, desfrânat

lewis ['lu:(:)is] *s tehn* vârtej *(pentru ridicarea blocurilor mari de piatră)*

lewis bolt ['lu:is bəult] *s tehn* șurub pentru fundații

Lewis gun ['lu:is gʌn] *s* mitralieră *(folosită în primul război mondial)*

lewisson ['lu:(:)isən] *s v.* **lewis**

lexicalize, lexicalise ['leksikəlaiz] *vt* a lexicaliza

ley [lei] *s* nutreț, pășunat

ley line ['lei lain] *s* totalitatea reperelor indicând traseul probabil al unui drum preistoric

LI *presc de la* Long Island

liaise [li:'eiz] *vi* 1 (with) a stabili o legătură (cu) 2 (with) a avea legături de dragoste (cu); a intra în legături de dragoste (cu)

lias(s)ic [lai'æsik] *adj geol* liasic

libellee *brit*, **libelee** *amer* [‚laibə'li:] *s* persoană acuzată de calomnie / defăimare

libellula [lai'beljulə] *s ent* libelulă *(specii de insecte din genurile Libellula, Aeschne ș.a.)*

liber ['laibə] *s bot* liber, albeț, albuleț *(țesutul lemnos prin care circulă seva)*

liberal education [‚libərəl edju(:)-'keiʃn] *s* educație multilaterală *(mai ales umanistă)*

liberalistic [libərəl'istik] *adj (↓ pol)* liberal

liberalize ['libərəlaiz] **I** *vt* a face liberal, a face darnic / generos / mărinimos / imparțial / tolerant *etc.* **II** *vi* a se face liberal, a deveni generos / mărinimos / darnic / imparțial / tolerant

liberationism [‚libə'reiʃnizm] *s* mișcare pentru despărțirea bisericii de stat

liberationist [‚libə'reiʃnist] *s* partizan al mișcării pentru despărțirea bisericii de stat

liberation movement [libə‚reiʃn-'mu:vmənt] *s* mișcare de eliberare

libertarianism [‚libə'teəriənizm] *s* doctrină libertară / anarhistă, convingeri libertare

liberticide [li'bə:tisaid] *s* 1 distrugător al libertății 2 distrugere a libertății

libertinage ['libətinidʒ] *s* 1 liberă cugetare 2 desfrâu, desfrânare

liberty hall ['libəti hɔ:l] *s peior* it's ~ in this house fiecare face ce vrea în casa asta

liberty man ['libəti mæn], *pl* **liberty men** ['libəti men] *s nav* marinar în concediu, / în permisie; marinar învoit pe uscat

libidinal [li'bidinəl] *adj* libidinal

libidinously [li'bidinəsli] *adv* libidinos

Lib-Lab [‚lib'læb] *presc de la* Liberal-Labour *adj brit pol (d înţelegeri, discuţii)* între liberali şi laburişti; **a ~ pact** acord între liberali şi laburişti

Libran ['li:brən] *s (născut, -ă în)* Balanţă

library edition ['laibrəri i‚diʃn] *s* ediţie de lux / de bibliofil

library science ['laibrəri, saiəns] *s* bibliologie

librate ['laibreit] *vi* a se balansa, a oscila, a se legăna, a se clătina

libration [lai'breiʃn] *s* **1** oscilare, balans(are), legănare **2** echilibru **3** *constr, astr* libraţie

libratory ['laibrətəri] *adj* de balansare, de oscilare

Libreville ['li:brəvil] *s geogr* capitala Gabonului

licence number ['laisənsnʌmbə] *s* număr de înmatriculare, număr al permisului de conducere

licensed practical nurse [‚laisənst 'præktikəl nə:s] *s* infirmieră *(în S.U.A. cu statut oficial de practicare a meseriei)*

license plate ['laisəns pleit] *s amer* placă de înmatriculare

licenser ['laisənsə] *s* **1** persoană care emite autorizaţii / brevete / patente / licenţe, **~ of the press** cenzor pentru publicaţii **2** cenzor pentru piesele de teatru

licensing ['laisənsiŋ] *s* înmatriculare, autorizare (a unei activităţi) **~ authority** autoritate care eliberează licenţe

licensing hours ['laisənsiŋ ‚auə:z] *s pl (în Marea Britanie) orele de deschidere a cârciumilor*

licensing laws ['laisənsiŋ lɔ:z] *s pl legi care reglementează vinderea băuturilor alcoolice*

licentiously [lai'senʃəsli] *adv* licenţios

lichee [‚lai'tʃi:] *s bot* arbore tropical din Extremul Orient, fructul său *(Litchi chinensis)*

licitly ['lisitli] *adv* legal, licit

licker ['likə] *s amer* sportiv a cărui victorie e sigură, sportiv sigur de victorie

lickety-brindle [‚likiti'brindl] *adv* F cu maximum de viteză

lickety-split [‚likiti'split] *adv amer v.* licketybrindle

licorice ['likəris] *s bot* lemn-dulce *(Glycyrvhiza glabra)*

lidless ['lidlis] *adj* **1** fără capac **2** fără pleoape **3** *poetic* fără odihnă, (mereu) de veghe; neadormit

lie-abed ['laiə‚bed] *s F* leneş, târâie-brâu, trândav, persoană care se scoală târziu

lie detector ['lai di‚tektə] *s amer* detector de minciuni

lieutenant commander [lef‚tenənt kə'mɑ:ndə] *s nav* căpitan de rangul trei, căpitan de corvetă

lifeboatman ['laifbəutmən] *s* salvamar

life class ['laifkɑ:s] *s* curs de desen după natură

life cycle ['laif ‚saikl] *s* ciclu de viaţă

life drawing ['laif drɔ‚iŋ] *s* desen după natură

life expectancy [‚laifiks'pektənsi] *s* speranţă de viaţă *(a unui om / animal);* durată de viaţă probabilă *(a unei maşini)*

life force ['laif fɔ:s] *s* forţă vitală, putere de viaţă

life-form ['laiffɔ:m] *s* formă de viaţă

life imprisonment [‚laif im'prizənmənt] *s* închisoare pe viaţă

lifemanship ['laifmənʃip] *s umor* siguranţa de sine; arta de a-şi face simţită superioritatea

life net ['laif net] *s* plasă de salvare *(la incendii, în circuri etc.)*

life peer [‚laif 'piə] *s* membru al Camerei Lorzilor al cărui titlu nu este ereditar

life peerage [‚laif 'piəridʒ] *s* rangul de membru al Camerei Lorzilor *(al cărui titlu nu este ereditar)*

life preserver ['laif pri‚zə:və] *s* **1** bâtă, ciomag, măciucă *(umplută cu plumb)* **2** *nav* colac / centură de salvare; vestă de salvare

life raft ['laif rɑ:ft] *s nav* plută de salvare

liferent ['laifrent] *s scot jur* **1** rentă viageră **2** uzufruct (pe viaţă)

liferenter ['laif ‚rentə] *s scot jur* **1** persoană cu rentă viageră **2** uzufructuar pe viaţă

life saver ['laif ‚seivə] *s* **1** salvator, persoană care salvează viaţa cuiva **2** F înger păzitor

life saving ['laif ‚seiviŋ] *adj nav* salvator, de salvare

life sentence ['laif sentəns] *s* condamnare pe viaţă

life size ['laif saiz] *s* portret în mărime naturală

life span ['laif spæn] *s* **1** durata vieţii **2** *tehn* durată de serviciu / exploatare

life story ['laif stɔri] *s* biografie

life-style ['laifstail] *s* stil / mod de viaţă

life-support system [‚laifsəpɔ:t 'sistəm] *s med* aparatură de reanimare / de terapie intensivă

life table ['laif ‚teibl] *s* tabel de mortalitate

lift attendant ['lift ə‚tendont] *s brit* liftier

life-threatening [‚laif'θretəniŋ] *adj (d o boală)* care poate provoca moartea

lift [lift] *s scot poetic* cer, boltă

liftable ['liftəbl] *adj* care se poate ridica

liftboy ['liftbɔi] *brit v.* liftman

liftgate ['liftgeit] *s amer auto* uşă din spate *(de la un vehicul)* care se ridică în sus

lifting ['liftiŋ] *s şi* **~ up** **1** ridicare **2** ajutor; mână de ajutor **3** *tehn* instalaţie de ridicare **4** *sl* furt, hoţie, spargere

liftman ['liftmən] *s brit* liftier

lift-off ['liftɔf] *s* decolare; **we have ~!** decolăm!

lift shaft ['lift ʃaft] *s brit* puţ / casă a(l) ascensorului

ligamental [‚ligə'mentl] *adj* de legătură, ligamentos

ligan ['laigən] *s nav* marfă aruncată peste bord şi balizată

ligate ['laigeit] *vt* a pansa, a bandaja, a lega *(o rană)*

ligation [lai'geiʃn] *s* **1** pansare, bandajare, legare **2** legătură, ligatură **3** *poligr* literă dublă

liger ['laigə] *s* corcitură între leu şi tigru *(contractare a cuvintelor lion şi tiger)*

light air [‚lait 'eə] *s nav* adiere *(gradul întâi, după Beaufort)*

light ale [‚lait'eil] *s brit* bere neagră uşoară

light breeze [‚lait 'bri:z] *s nav* briză uşoară *(gradul doi, după Beaufort)*

light-coloured [‚lait'kələ:d] *adj* de culoare deschisă

light cruiser [‚lait 'kru:sə] *s nav* contratorpilor

light duty [‚lait 'dju:ti] *s tehn* condiţii uşoare de lucru

light-emitting diode [,lait imitiŋ 'daiəud] s diodă electroluminescentă

lightener ['laitnə] s persoană / fapt care ușurează (durerile, grijile etc.)

lighterman ['laitəmən], pl **lightermen** ['laitəmen] s nav 1 marinar de șlep 2 proprietar de șlep

lighter-than-air [,laitəðen'eə] adj mai ușor decât aerul

light-fast [,lait 'fɑːst] adj poligr etc. rezistent la lumină

light filter ['lait ,filtə] s fig filtru de lumină / optic

light fitting ['lait fitiŋ] s aplică (electrică)

light-foot [,lait'fut] adj poetic iute de picior, sprinten, vioi; harnic, vrednic

light-haired [,lait'heəːd] adj cu părul de culoare deschisă, blond

light-head ['laithed] s 1 zăpăcit, aiurit; nebunatic 2 nesocotit, ușuratic, flușturatic

light-headedness [,lait'hedidnis] s 1 superficialitate; nesocotință 2 aiureală, zăpăceală 3 med delir

light-heartedly [,lait 'hɑːtidli] adv cu inima ușoară, vesel

light-heartedness [,lait 'hɑːtidnis] s veselie, voioșie, lipsă de griji

lighthouse keeper ['laithaus ,kiːpə] s v. lighthouse man

lighting-up time [,laitiŋ ʌp'taim] s brit oră la care automobiliștii trebuie să-și aprindă farurile

light metal [,lait 'metl] s met metal ușor

light-middle weight [,lait'midl weit] I s (greutate) semi-grea II adj semigreu

lightning bug ['laitniŋ bʌg] s amer ent denumire generică pentru orice gândac luminescent, licurici

lightning strike ['laitniŋ ,straik] s grevă organizată fără aviz prealabil, grevă-fulger

light oil [,lait 'oil] s min 1 țiței ușor; ulei ușor 2 pl produse albe

light opera [,lait 'oprə] s operetă

light pen ['laitpen] s creion optic / fotosensibil

light ship ['lait ʃip] s nav far plutitor; navă-far

light show ['lait ʃəu] s spectacol de lumină; ~ laser spectacol cu laser

lights-out ['laitsəut] s pl stingerea luminilor

light valve ['lait ,vælv] s fiz releu optic

light vessel ['lait ,vesl] s v. light ship

lightwood ['laitwud] s 1 pădure de pini (în sudul S.U.A.) 2 lemn care arde repede, lemn ușor 3 bot specie de arbore australian (Acacia melanoxylon)

lign aloes ['lain ,æləuz] s bot aloe (Aloe sp.)

lignification [,lignifai'keiʃn] s lignificare, lemnificare

lignum vitae [,lignəm 'vaitiː] s bot gaiac (Guajacum officinale, Guajacum sanctum)

likableness ['laikəblnis] s farmec; drăgălășenie

like [laik] s înv 1 trup, corp 2 cadavru, leș

likeableness ['laikəblnis] s v. likableness

likeliness ['laiklinis] s probabilitate

like-mindedness [,laik 'maindidnis] s identitate de sentimente / păreri

likin ['liːkiːn] s ist drept de tranzit (în China)

liliaceae [lili'eisiːi] s pl bot liliacee

lilo ['lailəu] s saltea pneumatică

Lilongwe [li'loŋwei] s geogr capitala statului Malawi (în Africa)

lilting ['liltiŋ] 1 melodios (d voce, melodie etc.) 2 armonios, suplu (d mișcare)

lily pad ['lili pæd] s amer frunză de nufăr

lima ['laimə] s zool moluscă bivalvă (Fam Limidae)

lima bean ['laiməbiːn] s bot fasole de Lima (Phaseolus limensis)

limanda [li(ː)'mændə] s iht specie de cambulă

limbec(k) ['limbek] vt înv a distila

limberness ['limbənis] s mlădioșenie, flexibilitate; îngăduință

limeade [li'meid] s limonadă

lime burner ['laim ,bəːnə] s calcinator, muncitor care arde piatra de var

lime green [,laim'griːn] I s verde-gălbui II adj de culoare verde gălbui

lime water [,laim 'wotə] s ch apă calcară / de var; soluție apoasă de hidroxid de calciu

limey ['laimi] s 1 marinar englez 2 amer sl soldat englez

limited edition [,limitid i'diʃn] s ediție cu tiraj limitat; ediție de lux

limner ['limnə] s înv 1 portretist 2 ilustrator (de cărți) 3 pictor de miniaturi

limnology [lim'noləʤi] s limonologie, studiul apelor stătătoare

limpet mine ['limpit main] s mină-ventuză (aplicată pe capul unei nave)

limpidly ['limpidli] adv cu claritate, limpede

limpidness ['limpidnis] s limpezime, claritate; transparență

limpingly ['limpiŋli] adv șchiopătând, șontâc-șontâc

limp-wristed [,limp'ristid] adj sl efeminat

Lincoln's Inn [,liŋkənz'in] s unul din cele patru „Inns of Court" (birou de avocatură)

Lincs presc de la Lincolnshire

linctus ['liŋktəs] s sirop de tuse

Lindbergh ['lindbəːg] s the ~ kidnapping răpirea Lindbergh (pilot american al cărui fiu de 2 ani a fost răpit și omorât în 1932. De atunci răpirea este pedepsită prin condamnarea la moarte în S.U.A.)

linear equation [,liniə i'kweiʃn] s mat ecuație de gradul întâi, ecuație liniară

linear perspective [,liniə 'pəːspektiv] s perspectivă lineară

lineate ['liniit] adj bot striat, reiat

lineation [,lini'eiʃn] s 1 striere 2 trasare de linii

line block ['lain blok] s poligr clișeu liniar

line call ['lain koːl] s sport decizie a arbitrului de linie

line drawing ['lain droːiŋ] s desen liniar

line engraving ['lain in,greiviŋ] s gravură în metal (făcută fără apă tare)

line fence ['lainfens] s amer delimitare, separare (între două terenuri)

line gauge ['laingeidʒ] s (la mașina de scris) tipometru; măsurător de linie

line integral ['lain ,intigrəl] s mat integrală liniară

line measure ['lain ,meʒə] s poligr 1 lungimea rândului 2 liniametru, linial gradat

line officer ['lain ,ofisə] s mil 1 ofițer inferior 2 amer ofițer combatant / de front

line printer ['lain,printə] s cib imprimantă de linie / linie cu linie / rând cu rând

linga(m) ['liŋgə(m)] s rel hindusă lingam, falus

lingerer ['liŋgərə] *s* zăbovitor

lingual bone [,liŋgwəl 'bəun] *s anat* os lingual

linhay ['lini] *s dial* șopron; hambar

link boy ['liŋk bɔi] *s ist* purtător de torță / făclie, făclier

link[1] [liŋk] *scot s* 1 cot, meandră *(a unui râu)* 2 șes roditor *(situat între meandrele unui râu)* 3 *pl* litoral nisipos *(neted și ușor ondulat);* dune 4 *sport,* adesea la *pl,* folosit ca *sg* teren *(de golf)*

link[2] [liŋk] *dial vi* 1 a merge repede 2 a isprăvi repede

link motion ['liŋk ,məuʃn] *s tehn* distribuție / mecanism cu culisă

link road ['liŋk rəud] *s* șosea de legătură

linkwoman ['liŋk wumən] *s* crainică *(ce anunță reportajele trimișilor speciali)*

linkwork ['liŋkwə:k] *s tehn* levier de distribuție

linn [lin] *s (↓ scot)* cădere de apă; cascadă

linney ['lini] *s dial* șopron; hambar

lino ['lainəu] *s F* 1 linoleum 2 *poligr* linotip

linoleate [li'nəulieit] *s ch* linoleat

lino tile ['lainəu tail] *s brit* dală de linoleum

linseed cake ['linsi:d keik] *s* turtă de sămânță de in

linseed meal [,linsi:d 'mi:l] *s* făină de in

linstock ['linstɔk] *s mil ist* aprinzător cu fitil

linters ['lintəz] *s pl text* linters *(puf rămas pe semințele de bumbac după egrenare)*

lioncel ['laiənsel] *s heraldică* pui de leu

lion cub ['laiən kʌb] *s* pui de leu

lion hunter ['laiən ,hʌntə] *s* 1 vânător de lei 2 *F* om care aleargă după celebritate, vânător de glorie

lipaemia [li'pi:miə] *s med* lipemie

lip-deep [,lip'di:p] *adj* nesincer; de suprafață

lip gloss ['lip glɔs] *s* ruj incolor pentru buze

lip labour ['lip ,leibə] *s* 1 vorbe goale, bolboroseală 2 vorbe goale / nesincere; făgăduială deșartă

lipoid ['lipɔid] *adj* lipoid

liposome ['lipəsəum] *s biol* corpuscul microscopic artificial cu membrană lipidică *(utilizat în biologie / medicină)*

liposuction ['lipəu,sʌkʃn] *s med* eliminare de țesut adipos prin puncție și aspirație

lip pencil ['lip pensəl] *s* creion de conturat buzele

lippy ['lipi] *adj* impertinent, insolent

lip-read ['lipri:d] *vi* a interpreta cuvintele după mișcarea buzelor; a citi de pe buze

lip-reading ['lipri:diŋ] *s* citit după mișcarea buzelor

lipsalve ['lipsa:v] *rar* ['lip sælv] *s* 1 alifie pentru buze 2 *fig* lingușire, cuvinte mieroase

lip-smacking [,lip'smækiŋ] *adj* apetisant, care îți lasă gura apă

liquate ['laikweit] *met* I *vi* a se lichefia, a se topi, a deveni fuzibil II *vt* 1 a topi, a lichefia 2 to ~ out a separa *(metale)* prin fuziune

liquefiable ['likwifaiəbl] *adj* lichefiabil

liquescent ['likwisənt] *amer* ['likwesənt] *adj* lichefiabil

liqueur [li'kjuə] *fr* I *s* lichior II *vt* a doza *(șampania)*

liqueur chocolate [li'kjuə,tʃɔklit] *s* lichior de ciocolată

liqueur glass [li'kjuə glɑːs] *s* pahar de lichior

liquid crystal [,likwid 'kristəl] *s ch* cristal lichid

liquid crystal display [,likwid 'kristəl displei] *s* afișaj cu cristale lichide

liquidize, liquidise ['likwidaiz] *vt* a lichefia

liquid paraffin [,likwid pæ'rəfin] *s* ulei de parafină

liquor store ['likə stɔː] *s amer* magazin de vinuri și de băuturi spirtoase; **state** ~ magazin de vinuri și de băuturi spirtoase aprobat de stat

lispingly ['lispiŋli] *adv* 1 susurând, șopotind 2 sâsâind

lissom(e)ness ['lisəmnis] *s* suplețe *(a taliei)*

listed building [,listid 'bildiŋ] *s brit* monument clasat

listed securities [,listid sj'kjuriti:z] *s pl* valori cotate la bursă

listening post ['lisniŋ pəust] *s* post de ascultare

Listerize ['listəraiz] *vt* a îngriji *(o rană, maladie etc.)* după metoda doctorului Lister

listing ['listiŋ] *s* 1 listă; **I found no** ~ **for the company in the directory** n-am găsit numele societății în cartea de telefon 2 *cib* listing, listare

list price ['list prais] *s* preț de catalog; **I can get 20% off (the)** ~ pot obține un rabat de 20% față de prețul de vânzare

literalism ['litərəlizm] *s* 1 exactitate literală, în spiritul literei; înțelegere a cuvântului după sensul lui luat ad litteram 2 exactitate a unei prezentări; redare fidelă

literal-minded [,litrəl'maindid] *adj* fără imaginație, banal

literary agent [,litərəri'eidʒənt] *s* agent literar

literary property [,litərəri 'prɔpəti] *s* proprietate literară

litheness ['laiðnis] *s* suplețe, agilitate, sprinteneală

lithographer [li'θɔgrəfə] *s poligr* litograf

lithology [li'θɔlədʒi] *s geol* litologie

lithophyte ['liθəfait] *s bot, zool* litofit

lithotome ['liθətəum] *s med* litotom

litterbug ['litəbʌg] *litter lout* ['litə ləut] *s brit* persoană care aruncă gunoaie, deșeuri pe stradă

Little Dipper [,litl 'dipə] *s amer astr* Ursa Mică

little ease [,litl 'i:z] *s ist* carceră

little end ['litlend] *s brit auto* picior al bielei

Little Englander [,litl 'iŋgləndə] *s pol* partizan al politicii imperialiste a Angliei

Little Englandism [,litl 'iŋgləndizm] *s pol* politică imperialistă a Angliei

little-known [,litl'nəun] *adj* puțin cunoscut

Little League [,litl 'li:g] *s amer* campionat de baseball pentru copii între 8 și 12 ani

little Mary [,litl ,meəri] *s F* burtă, pântece

little owl [,litl 'əul] *s orn* cucuvea, cucuvaie *(Athene noctua)*

Little Rhody [,litl 'rəudi] *s amer* Rhode Island *(poreclă dată celui mai mic stat din S.U.A.)*

Little Russian [,litl 'rʌʃn] *s* 1 malorus; ucrainean 2 *lingv* (limba) malorusă; (limba) ucraineană

little toe [,litl 'təu] *s* degetul mic de la picior

liturgics [li'tə:dʒiks] *s pl (folosit ca sg.)* liturgică

live axle [,laiv 'æksl] *s* 1 *tehn* osie motoare 2 *auto* arbore planetar

live bait [ˌlaiv 'beit] *s* nadă / momeală vie; **to fish with ~** a pescui cu nadă vie

live bearer [ˌlaiv 'beərə] *s iht* peşte vivipar

lived-in [ˌlivd'in] *adj* confortabil; locuit; **The room had a nice ~ feel** se simţea că era locuită camera

live-in [ˌliv'in] *adj (d o menajeră)* cu masă şi casă; **his ~ girlfriend** prietena cu care trăieşte; **she has a ~ lover** prietenul ei locuieşte la ea

liveness ['laivnis] *s* animaţie, însufleţire

live oak [ˌlaiv 'əuk] *s bot* specie de stejar american *(Quercus virginiana)*

liver fluke ['livə flu:k] *s zool* specie de parazit al ficatului *(Fasciola sp.)*

liverish ['livəriʃ] *adj F* **1** hepatic, suferind de ficat **2** susceptibil, irascibil

liver salts ['livə sɔ:ts] *s pl* substanţă care conţine litină

liver sausage ['livə ˌsɔsidʒ] *s gastr* cârnat din ficat, *bucăţele de carne şi condimente*

liver spot ['livə spɔt] *s* pată de bătrâneţe (pe piele)

livery ['livəri] *adj v.* **liverish**

live steam [ˌlaiv 'sti:m] *s tehn* aburi calzi sub presiune, abur viu / direct

live weight [ˌlaiv 'weit] *s* greutate a unui animal viu *(înainte de tăiere)*

live wire [ˌlaiv 'waiə] *s* **1** *el* fir sub tensiune, conductor sub curent **2** *amer* om energic / activ, argint viu

living-in [ˌliviŋ'in] *adj brit (d bucătar, menajeră)* care locuieşte în casa unde lucrează

livingly ['liviŋli] *adv* conform naturii

living rock [ˌliviŋ 'rɔk] *s geol* rocă vie

lixiviate [lik'sivieit] *vt* **1** *ch* a percola; a lixivia **2** *met* a trata cu leşie, a leşia

lixiviation [liksivi'eiʃn] *s* **1** *ch* percolare; lixiviere **2** *met* tratare cu leşie, leşiere

Lizard State [ˌlizəd 'steit] *s amer* statul Alabama

Lizzie ['lizi] *s sl* maşină ieftină (↓ Ford)

llano ['lɑːnəu] *s* llano *(pampas, ↓ în America de Sud)*

LLB *presc de la* Bachelor of Laws *s* licenţiat / licenţă în drept

LMT *presc de la* Local Mean Time *s* ora locală

Lo [ləu] *s amer F* umor indian, piele-roşie

load-bearing [ˌləud'beəriŋ] *adj (d zid)* portant

loader ['ləudə] *s* **1** încărcător, hamal **2** *el, mil foto* (dispozitiv) încărcător **3** *constr* maşină de încărcat **4** *cib* (program de) încărcare

loading coil ['ləudiŋ kɔil] *s el* bobină de sarcină

load line ['ləud lain] *s* **1** *constr* linie de încărcare **2** *nav* linie de plutire *(a unei nave încărcate)*

loads ['ləudz] *adv sl* tare, mult, o groază; **it's ~ easier than I thought** e mult mai uşor decât credeam; **it'll cost ~** o să coste o groază

loanable ['ləunəbl] *adj* de împrumut; care poate fi împrumutat

loaner ['ləunə] *s* creditor, împrumutător

loathly ['ləuðli] **I** *adj* scârbos, dezgustător, detestabil **II** *adv* cu silă / scârbă; în silă

loathness ['ləuðnis] *s* scârbă, aversiune

lobby correspondent ['lɔbi kɔrisˌpɔndənt] *s brit pol* jurnalist parlamentar

lobbying ['lɔbiiŋ] *s pol* presiuni; **there has been intense ~ against the bill** s-au făcut puternice presiuni pentru retragerea proiectului de lege

lobbyist ['lɔbiist] *s amer pol* persoană care face trafic de influenţă pentru votarea sau respingerea unei legi, dând târcoale parlamentarilor

lobectomy [ləu'bektəmi] *s med* lobectomie

loblolly ['lɔblɔli] *s amer* **1** fiertură groasă de arpacaş, crupe de grâu **2** *bot* pin din Florida, pin de terebentină *(Pinus taeda)* **3** *nav sl* doctorii **4** *înv* bădăran, mârlan

loblolly boy ['lɔblɔli bɔi] *s* infirmier (pe un vas)

loblolly pine ['lɔblɔli pain] *s v.* **loblolly (2)**

lobotomize, lobotomise [lə'bɔtəmaiz] *vt med* a face o operaţie de lobotomie

lobotomized [lə'bɔtəmaizd] *adj amer* apatic; **he acts like he's ~** se poartă de parcă ar fi căzut în cap

lobsterpot ['lɔbstəpɔt] *s* cuşcă de prins homari

lobster shift ['lɔbstə ʃift] *s amer, F* schimb de muncitori care începe lucrul la miezul nopţii; schimb de noapte

lobster thermidor ['lɔbstə ˌθə:midɔ:] *s gastr* mâncare de homari *(cu ciuperci, smântână, gălbenuş etc.)*

lobulate ['lɔbjuleit] *adj* lobulat

lobworm ['lɔbwə:m] *s* râmă, vierme *(ca nadă sau momeală)*

local action [ˌləukəl 'ækʃn] *s jur* proces bazat pe un conflict local

local agent [ˌləukəl 'eidʒənt] *s com* agent comercial local

local anaesthetic [ˌləukəl ænis-'θetik] *s med* anestezic local

local area network [ˌləukəl 'æriə netwə:k] *s cib* reţea locală de calculatoare

local education authority [ˌləukəl 'edjukeiʃn ɔ'θɔriti] *s* conducerea locală în învăţământ *(în Anglia şi Ţara Galilor)*

localizable ['ləukəlaizəbl] *adj* care poate fi localizat

localized ['ləukəlaizd] *adj* localizat

localizer ['ləukəlaizə] *s* **1** cineva *sau* ceva care localizează *etc.* **2** *tel* aparat localizator de radioghidaj

local preacher [ˌləukəl 'pri:tʃə] *s (la metodişti)* laic autorizat să predice în regiunea sa

local road [ˌləukəl 'rəud] *s* drum de ţară; drum de interes local

locater [ləu'keitə] *s v.* **locator**

locator ['ləukeitə] *s* **1** găsitor **2** *tehn* reper; fixator; ştift de control **3** persoană care dă cu arendă, proprietar

lochia ['lɔkiə] *s pl med* lohii *(scurgere uterină postnatală)*

Lockian ['lɔkiən] *adj filoz* lockian, referitor la John Locke *(filozof englez, 1632-1704)*

locking ['lɔkiŋ] *adj* cu cheie; **there was a fault in the ~ mechanism** mecanismul de închidere avea o defecţiune

lock jaw ['lɔk dʒɔ:] *s med* trismus *varietate de* tetanos; încleştare a / spasm al muşchilor masticaţiei *(la catalepsie)*

lock keeper ['lɔk ˌkiːpə] *s* paznic de ecluză

lock nut ['lɔk nʌt] *s tehn* contra-piuliță de siguranță

lockpin ['lɔk pin] *s tehn* splint; știft de blocare

locksman ['lɔksmən], *pl* **locksmen** ['lɔksmen] *s* 1 *v.* **lock keeper** 2 *scot* călău, gâde

lock stitch ['lɔk stitʃ] *s* cusătură la mașină, punctul cusăturii

lock-up garage ['lɔkʌp ˌgæraːʒ] *s brit* garaj

lock-up shop ['lɔkʌp ʃɔp] *s brit* butic, magazin *(care nu este în același loc cu locuința proprietarului)*

loco[1] ['ləukəu] *s span, amer, bot* specie de astragal american *(otrăvitor pentru vite)*; **to go ~** a o lua razna, a înnebuni

loco[2] ['ləukəu] *adj ec* loco

locomobile [ˌləukəu'məubil] I *adj auto* mobil II *s tehn* locomobilă

locomotor [ˌləukə'məutə] *adj* loco-motor

locomotor ataxia [ˌləukəməutə ə'tæksiə] *s med* ataxie locomo-torie

locoweed ['ləukəuwiːd] *s bot* spe-cie de plantă leguminoasă din America de Nord *(Astragalus și Oxytropis)*

locum ['ləukəm] *s F* înlocuitor, loc-țiitor

locum tenency [ˌləukəm 'tenənsi] *s* înlocuire

locust tree ['ləukəst triː] *s bot* 1 salcâm *(Robinia pseudacacia)* 2 roșcov *(Ceratonia siliqua)*

locutionary act [ləuˌkjuː'fnəri'ækt] *s lingv* act locuționar

loganberry ['ləugənbəri] *s amer bot* hibrid de zmeură și mure

log driving ['lɔg ˌdraiviŋ] *s* plutărit

log frame ['lɔg freim] *s tehn* gater

logged [lɔgd] *adj* 1 ca un buștean; ca un butuc; ca o bârnă 2 *nav (d un vas)* îmbibat cu apă, umflat de apă 3 *(d apă)* stătător, stătut; mlăștinos; mâlos 4 *(d pădure)* defrișat

logger ['lɔgə] *s* 1 *cib* înregistrator (automat) 2 *amer* tăietor de co-paci, cherestegiu

loggerheads ['lɔgəhedz] *s pl* **to be at ~ (with smb)**, a fi certat / la cuțite cu cineva **he's at ~ with the management over the issue** el este într-un complet dezacord

cu direcțiunea în privința aces-tei probleme

loggerhead shrike ['lɔgəhed ʃraik] *s orn* specie de sfrâncioc *(La-nius ludovicianus)*

logging ['lɔgiŋ] *s* 1 exploatare fo-restieră, tăiere de păduri 2 *(can-titate de)* lemm tăiat

logical form [ˌlɔdʒikəl 'fɔːm] *s lingv* formă logică

logicality [ˌlɔdʒi'kæliti] *s v.* **logi-calness**

logical positivism [ˌlɔdʒikəl pɔ'zi-tivizm] *s filoz* neopozitivism

logical positivist [ˌlɔdʒikəl pɔ'zi-tivist] *s filoz* adept al neopo-zitivismului

logician [lə'dʒiʃn] *s* logician

logistically [lə'dʒistikli] *adv* pe plan logistic

logjam ['lɔgdʒæm] *s* 1 baraj din trunchiuri de copac 2 *fig* impas

logo ['ləugəu] *s logotip,* reprezen-tarea grafică a unei sigle / mărci comerciale etc.

logogram ['lɔgəugræm] *s* logogramă *(semn sau literă care înlocuiește un cuvânt în stenografie etc.)*

logographer [ləu'gɔgrəfə] *s (ist Greciei)* logograf

logogriph ['lɔgəugrif] *s* logogrif

logomachy [lɔ'gɔməki] *s* logoma-hie

logorrhoea *brit,* **loggorrhea** *amer* [ˌlɔgə'riə] *s* logoree

logotype ['lɔgətaip] *s poligr* logotip

Log tables ['lɔg 'teiblz] *s pl* tabele logaritmice

loincloth ['lɔinklɔθ] *s* eșarfă de pânză *(în jurul șoldurilor, pur-tată de popoarele primitive)*

loiteringly ['lɔitəriŋli] *adv* alene, domol, încet

lollapalooza [ˌlɔləpə'luːzə] *s amer sl* lucru ieșit din comun; **her last film's a ~** ultimul ei film a fost o minune

lollipop lady ['lɔlipɔp ˌleidi], **lolli-pop man** ['lɔlipɔp mæn] *s (în Marea Britanie) persoană care oprește circulația cu un panou în formă de acadea, pentru a le permite școlarilor să treacă strada*

lollop ['lɔləp] *vi F* 1 *și* **to ~ along** a merge greoi; a se târî 2 *(d un vas)* a sălta pe valuri

lolly ['lɔli] *s* 1 zahăr candel; aca-dea, 2 *sl* bani, parale, biștari

Lombardic [lɔm'baːdik] *adj* lom-bard, din Lombardia

Lombardy poplar [ˌlɔmbədi 'pɔplə] *s* plop piramidal *(Populus nigra var. pyramidalis)*

Lomé ['ləumei] *s geogr* capitală și port în Togo

Lomond ['ləumənd] *s geogr* lac în Scoția

Londonese [ˌlʌndə'niːz] I *adj* lon-donez II *s* grai londonez, cockney

London ivy [ˌlʌndən 'aivi] *s F* 1 ceață londoneză, smog 2 fum londonez

London particular [ˌlʌndən pə'ti-kjuləl] *s F* ceață londoneză ti-pică

London Pride [ˌlɔndən 'praid] *s bot* ochii șoricelului *(Saxifraga umbrosa)*

lonely hearts [ˌləunli 'haːts] *adj* **~ club** club unde se întâlnesc per-soane care caută companie; **~ column** rubrică de mică publici-tate prin intermediul căreia per-soanele singure caută companie

lonesomeness ['ləunsəmnis] *s* 1 singurătate, izolare, sihăstrie 2 sentimentul de a fi părăsit

Lone-Star State [ˌləun staː'steit] *s amer* statul Texas *(poreclă)*

longanimity [ˌlɔngə'nimiti] *s rar* mare răbdare; îndelungată su-ferință

longanimous [lɔn'gæniməs] *adj rar* îndelung răbdător

long-awaited [ˌlɔŋ'weitid] *adj* mult- așteptat

long bill [ˌlɔŋ 'bil] *s ec* poliță cu termen lung

long-chain [ˌlɔŋ'tʃein] *adj ch (d o moleculă)* cu lanț lung

long-dated [ˌlɔŋ'deitid] *adj ec* pe termen lung

long-distance [ˌlɔŋ'distəns] I *adj* (în)depărtat, la mare distanță; de lungă distanță II *vt* a chema la telefon *(pe cineva)* din alt oraș sau din altă țară, a avea o convorbire telefonică interurba-nă / internațională

long division [ˌlɔŋ 'diviʒən] *s* îm-părțire a numerelor mari în eta-pe succesive, în scris

long drink [ˌlɔŋ 'drink] *s* băutură alcoolică diluată cu apă / sifon; pahar mare de băuturi răco-ritoare

longe [lʌndʒ] *s* 1 alonjă, funie de manej 2 manej, pistă circulară de dresaj

long-ears [‚lɔŋ'iəz] *s F* urechiat, măgar

longed-for [‚lɔŋd'fɔ:] *adj* mult-dorit / așteptat

long-established [‚lɔŋis'tæbliʃt] *adj* stabilit de multă vreme

longevous [lɔn'dʒi:vəs] *adj rar* care trăiește mult

long-forgotten [‚lɔŋfə'gɔtn] *adj* uitat de mult

long glass [‚lɔŋ 'glɑ::s] *s P* ochean

long green [‚lɔŋ 'gri:n] *s amer sl* bani de hârtie

long-hair [‚lɔŋ'heə] *s amer sl* intelectual din mediul de artă, estet, om de artă

long-handed [‚lɔŋ'hændid] *adj* cu mâini lungi

long-haul ['lɔŋhɔ:l] *s av* lung curier

long-headedness [‚lɔŋ'hedidnis] *s* 1 *med* dolicocefalie 2 *fig* prevedere, perspicacitate

long-horn [‚lɔŋ'hɔ:n] **I** *adj* cu coarne lungi **II** bou / vacă cu coarne lungi

longhouse ['lɔŋhaus] *s gen de locuință lungă folosită de indienii din America de Nord*

long hundred [‚lɔŋ 'hʌndrid] *s* (număr de) 120 bucăți

long johns [‚lɔŋ 'dʒɔnz] *s pl* indispensabili

long jumper [‚lɔŋ 'dʒʌmpə] *s brit* săritor în lungime

long-lasting [‚lɔŋ'lɑ:stiŋ] *adj* durabil, care durează mult

long-legged [‚lɔŋ'legd] *adj* cu picioarele lungi

long legs [‚lɔŋ 'legz] *s* 1 *F* persoană cu picioare lungi 2 *ent* orice insectă cu picioarele lungi țânțăroiul *(Tipula oleracea)*

long-life [‚lɔŋ'laif] *adj (d lapte)* cu durată mare de conservare; *(d baterii, becuri)* de lungă durată

long-limbed [‚lɔŋ'limbd] *adj* cu membre lungi

long-livedness [‚lɔŋ'livdnis] *s rar* longevitate

long-lost [‚lɔŋ'lɔst] *adj* pierdut de mult

longly ['lɔŋli] *adv rar* mult, multă vreme

long measure [‚lɔŋ 'meʒə] *s* măsură de lungime

long-nosed [‚lɔŋ'nəuzd] *adj* cu nasul lung

Longobard [‚lɔŋgə'bɑ:d] *s ist* longobard

long pig ['lɔŋ ‚pig] *s* carne de om *(ca aliment folosit de canibali)*

long playing record [‚lɔŋ pleiiŋ 're-kɔ:d] *s* disc cu microînregistrare

long primer [‚lɔŋ 'praimə] *s poligr* barghis; garmond; corp de literă de 10 puncte

long-running [‚lɔŋ'rʌniŋ] *adj (d un film etc.)* care rulează de mult timp

long saw [‚lɔŋ 'sɔ:] *s* ferăstrău de spintecat

longship ['lɔŋʃip] *s ist, nav* drakkar

long shot [‚lɔŋ 'ʃɔt] *s* 1 *(la curse de alergări)* concurent care nu figurează printre favoriți 2 pariu riscant 3 *cin* plan îndepărtat 4 *fig* decizie hazardată; **it's a bit of a ~ but we may be successful** este o hotărâre cam riscantă dar poate vom reuși

long-sleeved [‚lɔŋ'sli:vd] *adj* cu mâneca lungă

longsome ['lɔŋsəm] *adj înv* lung, plictisitor

long tackle [‚lɔŋ 'tækl] *s nav* palanc lung

long-tail [‚lɔŋ'teil] *s* animal cu coada lungă *(netăiată)*

long-time [‚lɔŋ'taim] *adj* pe termen lung

Long Tom [‚lɔŋ 'tɔm] *s* 1 *mil F* tun cu tragere lungă 2 *sl* trabuc; țigară lungă

long tongue [‚lɔŋ 'tʌŋ] *s F* palavragiu, vorbă-lungă

long vacation [‚lɔŋ və'keiʃn] *s* vacanța mare *(la judecătorii, universități etc.)*

long view [‚lɔŋ 'vju:] *s* previziuni pe termen lung

long-waisted [‚lɔŋ'weistid] *adj* lung în talie

longwearing [‚lɔŋ'weəriŋ] *adj amer* solid, rezistent

long weekend [‚lɔŋ'wi:kend] *s* week-end prelungit

long-woolled [‚lɔŋ'wu:ld] *adj (d oi)* cu blană cu fir lung

loo [lu:] *s* joc de cărți asemănător cu euchre jucat de mai multe persoane; fiecare are 3 sau 5 cărți în mână

looby ['lu:bi] *s F* nătărău, prostănac, neghiob, nătăfleț, găgăuță

loofah ['lu:fɑ:] *s bot* lufă *(Luffa aegyptica) (cuvânt arab)*

lookalike ['lukə‚laik] *s* sosie; a **John Major ~** sosia lui John Major

looked-for [‚lukd'fɔ:] *adj* căutat, așteptat

looking ['lukiŋ] **I** *adj (în compuși adjectivali)* care arată, care are un aspect; **good-~** frumos, chipeș; care arată bine; **ill-~** urât, care arată prost **II** *s* privire, expresie, înfățișare

looking back [‚lukiŋ 'bæk] *s* retrospecțiune

looking down [‚lukiŋ 'daun] *s ~ on smb* desconsiderare a cuiva, dispreț față de cineva

looking-over [‚lukiŋ'əuvə] *s* examen, trecere în revistă

LOOM [lu:m] *presc de la* Loyal Order of the Moose *s* asociație americană de caritate

looming [lu:miŋ] **I** *adj* vag, nedeslușit, estompat **II** *s* 1 ivire, apariție 2 *fiz* miraj în sus

loon pants ['lu:n pænts] *v.* **loons**

loons [lu:nz] *s pl sl* fustă-pantalon

loop aerial ['lu:p‚eəriəl] *s rad* antenă (de recepție) cu cadru

loopey ['lu:pi] *v.* **loopy**

loop stitch ['lu:p stitʃ] *s* cusătură în formă de lanț

loopy ['lu:pi] *adj* 1 buclat; plin de noduri 2 nebunatic, zăpăcit

loose box [‚lu:s 'bɔks] *s* boxă pentru cai

loose change [‚lu:s 'tʃeindʒ] *s* mărunt, bani mărunți

loose cover [‚lu:s 'kʌvə] *s brit* husă *(pentru fotolii etc.)*

loose-fitting [‚lu:s 'fitiŋ] *adj (d îmbrăcăminte)* neajustat; larg; comod

loose-jointed [‚lu:s'dʒɔintid] *adj* suplu, mlădios

loose-limbed [‚lu:s'limd] *adj* suplu, agil

loose scrum [‚lu:s 'skrʌm] *s rugby* grămadă deschisă

loose-weave [‚lu:s'wi:v] *adj (d o împletitură etc.)* cu ochiuri slab lucrate

looting ['lu:tiŋ] *s* jaf, jefuire

lop ear ['lɔp iə] *s* ureche pleoștită / clăpăugă

loper ['ləupə] *s* săritor, țopăitor

lopping shears ['lɔpiŋ ʃiəz] *s* foarfecă de cioturi, emondor

lop-sidedness [‚lɔp'saididnis] *s* aplecare / înclinare într-o parte, povârnire; lipsă de simetrie

loquaciously [ləu'kweiʃəsli] *adv* volubil

loquaciousness [ləu'kweiʃəsnis] *s* locvacitate, limbuție

Lord Advocate [ˌlɔːd ˈædvəkit] s jur procuror general (în Scoția)

Lord Chamberlain [ˌlɔːd ˈtʃeimbəliːn] s șambelanul curții (regale)

Lord Chief Justice [ˌlɔːd tʃiːf ˈdʒʌstis] s aprox (în Marea Britanie) președintele Curții de Justiție

Lord High Admiral [ˌlɔːd hai ˈædmərəl] s mare amiral

Lord Justice [ˌlɔːd ˈdʒʌstis] s judecător al Curții de Apel (în Anglia)

Lord Justice of Appeal [ˈlɔːd dʒʌstis əv əˈpjəl] s aprox președintele Curții de Apel

lordless [ˈlɔːdlis] adj fără stăpân

Lord Lieutenant [ˌlɔːd lefˈtenənt] s 1 șeful puterii executive judecătorești într-un comitat 2 guvernatorul general al Ulsterului (Irlanda); viceregele Irlandei (până la 1922)

lordolatry [lɔːˈdɔlətri] s ploconire în fața aristocraților, ↓ a lorzilor

Lord President [ˌlɔːdˈprezidənt] s președinte al Consiliului Privat (membru al cabinetului britanic)

Lord Privy Seal [ˌlɔːd ˈpraivi siːəl] s titlu de decan în guvernul britanic

Lord Provost [ˌlɔːd ˈprəuvost] s lord primar (din orașele mari ale Scoției)

Lord Rector [ˌlɔːd ˈrektə] s lord rector (la unele universități din Scoția)

Lord's [lɔːdz] s celebru teren de cricket în nordul Londrei

Lord's day [ˌlɔːdz ˈdei] s ziua Domnului, duminica

Lords spiritual [ˌlɔːdz ˈspiritjuəl] s pl membri ecleziastici ai Camerei Lorzilor

Lord's Table [ˌlɔːdz ˈteibl] s bis altar

Lords Temporal [ˌlɔːdz ˈtempərəl] s pl membri ai Camerei Lorzilor

Lord Steward [ˌlɔːd ˈstju(ː)əd] s mareșalul curții

lordy [ˈlɔːdi] interj P Dumnezeule! cerule!

lorgnon [lɔːˈnjɔːn] s fr 1 lornietă 2 binoclu

loricate [ˈlɔrikeit] adj zool înzestrat cu un înveliș protector / proteguitor, cu solzi cornoși etc.

lorry driver [ˈlɔri ˌdraivə] s auto șofer de camion

lorry-load [ˈlɔriləud] s brit încărcătură; he had a ~ of bricks to deliver avea de livrat o încărcătură / un transport de cărămizi

lory [ˈlɔːri] s orn lori (specie de papagal, Loriinae ș.a.)

losh [lɔʃ] interj scot v. lordy

loss adjuster [ˌlɔs ədˈdʒʌstə] s (în asigurări) expert

lossmaker [ˈlɔsmeikə] s articol vândut în pierdere

lost generation [ˌlɔst dʒənəˈreiʃn] s generație pierdută

lost property office [ˌlɔːst ˈprɔpəti ˌɔfis] s biroul obiectelor pierdute

iota(h) [ˈiəutə] s (cuvânt anglo-indian) ulcică de aramă

Lothario [ləuˈθaːriəu] s craidon, fante, curtezan; hoț de inimi; don Juan

Lothian Region [ˌləuðjənˈriːdʒən] s geogr regiune în Scoția, în sudul golfului Forth

lotophagi [ləˈtɔfədʒai] s pl mit lotofagi

lotus land [ˈləutəs lænd] s 1 mit țara mâncătorilor de lotus 2 fig țară de basm / a belșugului și trândăviei

lotus position [ˈləutəs pəˌziʃn] s poziția lotus

loud pedal [ˌlaud peˈdəl] s muz pedală forte

Louisiana Purchase [luːiziˈænəˈpəːtʃeis] s cumpărarea de către S.U.A. a teritoriului Louisiana, în 1803 de la francezi

Louisianian [luːiziˈæniən] I adj din (statul) Louisiana II s locuitor din (statul) Luisiana

lounge bar [ˈlaundʒbaː] s brit sală de cafenea; bar (într-un hotel)

lounge chair [ˈlaundʒ tʃeə] s fotoliu; șezlong; divan, sofa

lounge lizard [ˈlaundʒliːzəːd] s peior gigolo

lounge suit [ˈlaundʒ suːt] s brit costum de oraș, ținută festivă

lousiness [ˈlauzinis] s stare de a fi plin de insecte / de păduchi; păducherie; păducherniță

lovableness [ˈlʌvəblnis] s drăgălășenie, nuri, vino-ncoace

lovat [ˈlʌvət] s culoarea verde-gălbui (ca stofa de tweed)

lovebird [ˈlʌvbəːd] s 1 orn peruș 2 umor ~ s îndrăgostiți the ~s are in the other room porumbeii sunt în cealaltă cameră

lovebite [ˈlʌvbait] s brit acadea

love god [ˈlʌv gɔd] s zeul dragostei

love grass [ˈlʌv graːs] s bot specii de plante ierboase din genul Eragrostis

love-in-idleness [ˌlʌvinˈaidlnis] s bot o specie de toporași, trei-frați-pătați (Viola tricolor)

love-in-mist [ˌlʌvinˈmist] s bot chica-voinicului, negrușcă, floarea-morarului, moșnegei (Nigella damascena)

love knot [ˈlʌv nɔt] s nod făcut și purtat în semn de dragoste pentru cineva; reprezentare a acestuia pe o bijuterie

lovelessness [ˈlʌvlisnis] s 1 insensibilitate față de dragoste 2 lipsă de dragoste

love letter [ˈlʌv ˌletə] s scrisoare / răvaș de dragoste

love-lies-bleeding [ˌlʌv laizˈbliːdiŋ] s bot amaranța, merișor, moțul-curcanului (Amaranthus caudatus)

love life [ˈlʌv laif] s viață sentimentală; how's your ~? cum stai cu dragostea?

loveman [ˈlʌvmən], pl **lovemans** [ˈlʌvmənz] s bot turiță (Galium aparine)

love nest [ˈlʌv nest] s cuib de dragoste

love philtre [ˈlʌv filtə] s filtru / băutură de dragoste

love potion [ˈlʌvpəuːʃn] s filtrul dragostei

lover-boy [ˈlʌvəbɔi] s umor, peior Don Juan, seducător

lover's knot [ˈlʌvəz nɔt] s nod făcut și purtat în semn de dragoste pentru cineva; reprezentare a acestuia pe o bijuterie

loverwise [ˈlʌvəwaiz] adv ca un îndrăgostit

love scene [ˈlʌv siːn] s scenă de dragoste

lovesickness [ˈlʌv ˌsiknis] s v. love longing

love song [ˈlʌv sɔn] s cântec de dragoste; romanță

love story [ˈlʌv ˌstɔːri] s poveste de dragoste; roman de dragoste

love token [ˈlʌv ˌtəukən] s semn de dragoste, amintire

loveworthy [ˌlʌvˈwəːði] adj demn de a fi iubit, care merită să fie iubit

lovey dovey [ˌlʌvi ˈdʌvi] F I s dragostea / iubirea mea; dragul meu drag; draga mea dragă II adj sentimental, romantic

loving kindness [ˌlʌviŋ ˈkaindnis] s bunătate, afecțiune

low [ləu] scot I s flacără, lumină II vi a arde, a lumina, a licări

lowboy ['ləubɔi] *s* comodă

low-bred [,ləu'bred] *adj* **1** de origine socială modestă, din clasa de jos **2** *fig* needucat, prost crescut

low-browed [,ləu'braud] *adj (d o persoană)* cu fruntea joasă / îngustă; *(d o stâncă etc.)* ieşit în afară, proeminent; *(d o clădire etc.)* scund, întunecos

low-budget ['ləubʌdʒet] *adj* economic

low-built [,ləu'bilt] *adj* jos, scund

Low Church [,ləu 'tʃəːtʃ] *s bis* sectă religioasă anglicană caracterizată prin simplitatea ritualului şi flexibilitatea în privinţa dogmelor

Low Churchman [,ləu 'tʃəːtʃmən], *pl* **Low Churchmen** [,ləu 'tʃəːtʃmən] *s bis* adept al sectei Low Church

low-cost [,ləu'kɔst] *adj* cu preţ scăzut

low-cut [,ləu'kʌt] *adj* cu decolteul adânc; a ~ dress rochie decoltată adânc

lowerable ['ləuərəbl] *adj* care poate fi coborât

lower-case ['ləuəkeis] *s* (literă) minusculă / de rând

lower court [,ləuə' kɔːt] *s jur* instanţă inferioară

lowering ['ləuəriŋ] **I** *adj* degradant, înjositor, ruşinos **II** *s* **1** închinare, aplecare, lăsare în jos **2** coborâre **3** micşorare, scădere, diminuare

low-flying [,ləu'flaiiŋ] *adj* care zboară la joasă altitudine

low-heeled [,ləu'hiəld] *adj* cu toc jos

low-key [,ləu'kiː] *adj* moderat, rezervat; the meeting was a very ~ affair întâlnirea a avut loc cu cea mai mare discreţie

low-level [,ləu'levl] *adj* apropiat de sol; jos, scund

low life ['ləu ,laif] *s* viaţa celor de jos

lowlily ['ləulili] *adv* umil, cu umilinţă

low-loader ['ləu ,ləudə] *s* camion / remorcă cu platformă joasă

low-lying [,ləu'laiiŋ] *adj v.* **low-level**

Low Mass [,ləu'mɑːs] *bis* mesa mică *(liturghie fără muzică, cu o ceremonie restrânsă)*

low-paid [,ləu'peid] **I** *adj* prostplătit **II** *s* the ~s micii salariaţi

low-rise [,ləu'raiz] *adj* de joasă înălţime

low-speed [,ləu'spiːd] *adj* de mică viteză, de viteză redusă

low-tech [,ləu'tek] *adj* rudimentar

low-tension [,ləu'tenʃn] *adj el* de joasă tensiune

lox [lɔks] *s* **1** *presc de la* **liquid oxygen 2** *gastr* somon afumat

loxodrome ['lɔksəudrəum] *s geodezie* loxodromă

loyalism ['lɔiəlizm] *s* loialism, lealitate, credinţă

Loyola [lɔi'əulə] *s* Saint Ignatius ~ sfântul Ignaţiu de Loyola

lozenged ['lɔzindʒd] *adj* sub formă de tabletă

L-plate [,el 'pleit] *s brit* placă pusă pe o maşină de şcoală (l = learner)

LPN *presc de la* **licensed practical nurse** *s* infirmieră cu diplomă

LRAM *presc de la* **Licentiate of the Royal Academy of Music** *s* membru al Academiei Regale de muzică

LSAT *presc de la* **Law School Admissions Test** *s* examen de admitere la facultatea de drept

LSE *presc de la* **London School of Economics** *s* şcoală superioară de ştiinţe economice în Londra

L-shaped [,el'ʃeipt] *adj* în formă de L

LSI *presc de la* **Large Scale Integration** *s* integrare pe scară largă

LSO *presc de la* **London Symphony Orchestra** *s* orchestra simfonică din Londra

Luanda [luː'ændə] *s geogr* capitala Angolei

lubricated ['luːbrikeitid] *adj* umor abţiguit, afumat, cherchelit

lubricating oil [,luːbrikeitiŋ 'ɔil] *s tehn* ulei lubrifiant / de uns

lubrication [,luːbri'keiʃn] *s tehn* gresare, ungere, uns *(al maşinilor)*

lubricator ['luːbrikeitə] *s* **1** *v.* **lubricating plug 2** robinet, bidon de ulei **3** substanţă de uns

lubricious [luː'briʃəs] *adj* lubric

lucency ['luːsnsi] *s* luminozitate, strălucire

luces ['ljuːsiːz] *pl de la* **lux**

Lucianic [,luːsi'ænik] *adj* satiric în stilul lui Lucian

lucidness ['ljuːsidnis] *s* **1** luminozitate **2** claritate, transparenţă **3** luciditate

lucklessness ['lʌklisnis] *s* nenoroc, ghinion; nefericire

lucky bag [,lʌki 'bæg] *s* sac conţinând diverse obiecte de tras la sorţi *(la bâlci)*

lucky dip [,lʌki 'dip] *s v.* **lucky bag**

Lucretian [luː'kriːʃiən] *adj filoz* lucreţian, ţinând de filozofia lui Lucreţiu

lucubrate ['luːkju(ː)breit] *vi* **1** a gândi / a scrie cu efort intelectual intens *(de obicei noaptea)* **2** a scrie elucubraţii

luculent ['luːkjulənt] *adj rar* clar, evident; convingător; ~ proof dovadă convingătoare

ludicrously ['luːdikrəsli] *adv* ridicol, comic

ludicrousness ['luːdikrəsnis] *s* comic, grotesc; absurditate

ludo ['luːdəu] *s* joc de copii format din piese mici şi plate care se mută pe o tablă

luggage handler ['lʌgidʒ,hændlə] *s* persoană care are bagaje

lughole ['lʌghəul] *s brit* umor ureche

lugsail ['lʌgseil] *s v.* **lugger sail**

lug screw ['lʌg skruː] *s tehn* şurub fără cap

lugubriously [luː'guːbriəsli] *adv* lugubru

lugworn ['lʌgwɔːm] *s zool* viermele-de-nisip *(Arenicola marina)*

lukewarmly ['luːkwɔːmli] *adv* **1** călduţ **2** *fig* călduţ, fără entuziasm, fără tragere de inimă

lukewarmness ['luːkwɔːmnis] *s* **1** temperatură călduţă *(a apei etc.)* **2** *fig* nepăsare, lipsă de chef / tragere de inimă

lulu ['luːluː] *s amer sl* ceva remarcabil / de primul ordin / de prima calitate

lumbar puncture [,lʌmbə'pʌnktʃə] *s med* puncţie lombară

lumberer ['lʌmbərə] *s* **1** *amer* muncitor forestier, cherestegiu **2** *sl* escroc, pungaş

lumbering ['lʌmbəriŋ] **I** *s amer* exploatare forestieră **II** *adj* greu; *(d o persoană)* stângaci, neîndemânatic

lumber jacket ['lʌmbə,dʒækit] *s* bluză de vânt

lumber room ['lʌmbə ru(ː)m] *s* depozit / magazie / debara pentru vechituri

lumbersome ['lʌmbəsəm] *adj v.* **lumbering II**

lumen ['luːmən], *pl* **lumina** ['luːmənə] *s fiz* lumen, luminare

luminance ['lu:minəns] *s* luminan-
ță

luminesce [,lu:mi'nes] *vi* a deveni
luminescent

luminescent [,lu:mi'nesənt] *adj fiz*
luminescent

luminiferous [,lu:mi'nifərəs] *adj*
fiz luminifer

luminous intensity [,lu:minəs in-
'tensiti] *s fiz* intensitate luminoa-
să

luminousness ['lu:minəsnis] *s* 1
luminozitate, strălucire 2 *fig*
claritate, limpezime

lummox ['lʌməks] *s amer sl* 1 urs,
om greoi 2 prost, tâmpit

lummy ['lʌmi] *adj amer sl* clasa
întâi, de prima calitate; minunat,
strașnic, grozav

lumpectomy [,lʌm'pektəmi] *s med*
ablațiune a unei tumori la sân

lumpen proletariat ['lʌmpən ,prəu-
li'teəriət] *s pol* lumpen proletariat

lumpfish ['lʌmpfiʃ] *s iht specie de*
peste de pe coastele de nord
ale Atlanticului (Cyclopterus lum-
pus)

lumpishly ['lʌmpiʃli] *adv* greoi,
stângaci

lump sugar ['lʌmp ʃugə] *s* zahăr
cubic

lump sum ['lʌmp sʌm] *s* sumă
forfetară; **they pay me a ~** mi se
plătește o sumă forfetară; **to**
work for a ~ a lucra pentru o
sumă forfetară; **to be paid in a ~**
a fi plătit în pausal

lunar distance [,lu:nə 'distəns] *s*
astr distanța de la lună la soare
sau la orice astru

lunar eclipse [,lu:nə i'klips] *s astr*
eclipsă de lună

lunatic fringe [,lu:nætik 'frindʒ] *s*
amer pol grup de extremiști; **the**
Mc. Carthy ~ grupul de extre-
miști ai lui Mc. Carthy

lunchbox ['lʌntʃbɔks] *s cutie pen-*
tru transportat prânzul

luncheonette [,lʌntʃə'net] *s amer*
1 masă frugală 2 bodegă-res-
taurant, bar mic unde se ser-
vesc dejunuri

luncheon voucher ['lʌntʃn vautʃə]
s brit tichet de masă la restau-
rant

lunchtime ['lʌntʃtaim] *s* ora prân-
zului; **I saw him at ~** l-am vă-
zut la prânz, **it's ~** e ora prân-
zului

lunch wagon ['lʌntʃ ,wægən] *s*
amer bufet ambulant

lungfish ['lʌngfiʃ] *s iht pește din*
genul Dipneusti sau Cladistia

lungful ['lʌngful] *s* she breathed in
a ~ of cold air trase adânc aerul
rece în piept; **take a ~ of air**
inspirați profund

lunisolar [,lu:ni'səulə] *adj astr*
luni-solar

lunula ['lu:njulə], **lunule** ['lu:nju:l]
s lunulă

lupin(e) ['lu:pin] *s bot* lupin, ca-
feluțe *(Lupinus albus)*

Lurex ['luəreks] *s* lurex

lurry ['lʌri] *s* 1 autocamion, camion
2 *ferov* (vagon) platformă; va-
gonet 3 căruță, car; camion;
haraba

Lusaka [lu:'sɑːkə] *s geogr capitala*
Zambiei

lusciousness ['lʌʃəsnis] *s* sucu-
lență; gust delicios, savoare

lusfully ['lʌstfuli] *adv* lasciv, lubric

lush worker ['lʌʃ ,wə:kə] *s amer F*
hoț care operează asupra oa-
menilor beți

lushy ['lʌʃi] *adj amer F* beat

Lusitania [,lu:si'teinjə] *s geogr de-*
numire antică a peninsulei Ibe-
rice

Lusitanian [,lu:si'teinjən] *adj geogr*
din Lusitania

lustration [lʌs'treiʃn] *s* 1 *rel* pu-
rificare / curățire / spălare prin
sacrificiu / prin botez *etc.* 2 *umor*
spălare, spălat

lutanist ['lu:tənist] *s* cântăreț din
lăută

lutecium [lu:'ti:ʃiəm] *s v.* **lutetium**

luteinizing hormone [,lu:tiinaiziŋ
'hɔːməun] *s med* hormon lutei-
nizant

lutestring ['lu:tstriŋ] *s v.* **lustrine**

lutetium [lu:'ti:ʃiəm] *s ch* lutețiu

luting ['lju:tiŋ] *s* 1 chituire, lipire cu
chit 2 *nav* chit de barcă

lux[1] ['lʌks] *s fiz* lux

lux[2] [lʌks], *pl* **luces** ['lu:si:z] *s opt*
lux *(unitate de măsură)*

luxuriantly [lʌg'zjuəriəntli] *adv* din
belșug, abundent

luxuriousness [lʌg'ʒuəriəsnis] *s*
lux, opulență

luxury goods ['lʌkʃəri gudz] *s pl*
articole de lux

LV *presc de la* **luncheon voucher**

LW *presc de la* **long wave** *s radio*
unde lungi

LWT *presc de la* **London Weekend**
Television *s canal englez de*
televiziune

lycanthrope ['laikənθrəup] *s psih*
licantrop

lychee [,lai'tʃi:] *s bot arbore tropi-*
cal din Extremul Orient, fructul
său

Lycra ['laikrə] *s text* lycra

lyddite ['lidait] *s ch* lidită, melinită
(exploziv brizant)

Lydian ['lidiən] *adj, s* lidian

lyke wake ['laik weik] *s* veghe *(la*
mort)

lymph gland ['limfglænd], **lymph**
node ['limfnəud] *s* ganglion lim-
fatic

lyncean [lin'si:ən] *adj* de linx; cu
ochi de linx

Lynch law ['lintʃ lɔ:] *s amer ist* 1
legea / judecata lui Lynch 2
linșare

lyophilize, lyophilise [lai'ɔfilaiz]
vt a liofiliza

lyrate ['laiərit] *adj* în formă de liră

lyrics ['liriks] *s pl* textul unui cân-
tec

lyriform ['laiərifɔ:m] *adj* liriform, în
formă de liră

Lysander [lai'sændə] *s ist* Lisan-
dru, general spartan *(455 – 395*
î.e.n.)

lysergic [lai'sə:dʒik] *adj ch* ~ **acid**
acid lisergic

lysin(e) ['laisin] *s ch* lizină

lysozyme ['laisəzaim] *s biol* liso-
zim

M

Maastricht ['maːstrikt] *s geogr* oraş în Olanda

macaber [mə'kaːbə] *adj v.* macabru; lugubru

macaco [mə'keikəu] *s zool* 1 lemur *(gen de animale nocturne înrudite cu maimuţă* 2 macac *(maimuţă siameză din genul Macacus)*

macadamization [məkædəmai-'zeiʃn] *s (drumuri)* macadamizare, şoseluire cu macadam

macarize ['mækəraiz] *vt* a binecuvânta

macartney [mə'kaːrtni] *s orn* fazan-auriu *(Phasianus aureus)*

Macassar (oil) [mə'kæsə oil)] *s* ulei de Macassar *(pentru păr)*

maccarthyism [mə'kaːθiizm] *s pol* maccarthism

mace [meis] *sl* I *s* pungăşie, escrocherie II *vt şi vi* a înşela, a escroca

macerator ['mæsəreitə] *s tehn* holendru, maşină de mărunţit

Mach [mæk] *s fiz, av* Mach; **to fly at three ~** a zbura cu trei Mach

machete [maː'tʃeitei] *s* cuţit *(cu formă de sabie, folosit în America Centrală şi de Sud)*

machicolate [mæt'tʃikəuleit] *vt ist* a dota *(meterze etc.)* cu deschizături pentru aruncarea proiectilelor

machinable [mə'ʃiːnəbl] *adj tehn* prelucrabil

machine code [mə'ʃiːn ˌkəud] *s cib* cod maşină

machine-finished [mə,ʃiːn'finiʃt] *adj (d hârtie)* calandrată

machine-gunning [mə'ʃiːn,gʌniŋ] *s mil* mitraliere

machine intelligence [mə'ʃiːn in,te-lidʒəns] *s cib* inteligenţă artificială

machine language [mə'ʃiːn ˌlæŋwidʒ] *s cib* limbaj maşină

machine minder [mə'ʃiːn ˌmaində] *s* maşinist; mecanic

machine operator [mə'ʃiːn ˌopə-reitə] *s* 1 operator la calculator 2 operator la maşina industrială

machine pistol [mə'ʃiːn ˌpistl] *s* pistol mitralieră

machine-readable [mə,ʃiːn 'riːdəbl] *adj cib* care poate fi citit de calculator

machine revise [mə'ʃiːn ri,vaiz] *s poligr* revizie de maşină

machine washable [mə,ʃiːn'woʃəbl] *adj* care poate fi spălat la maşină

machismo [mə'tʃizməu] *s peior* 1 atitudine exagerat de bărbătească, de mascul feroce 2 *fig* manifestare exagerată a puterii, demonstraţie de forţă

machmeter ['mækmiːtə] *s fiz* machmetru

Mach number ['mæk ˌnʌmbə] *s fiz* număr Mach

macho ['mætʃəu] I *s peior* bărbat care doreşte să pară foarte viril, mascul II *adj (d un bărbat)* care doreşte să pară foarte viril

mack [mæk] *s F* (pardesiu) impermeabil; manta de cauciuc

macle ['mækl] *s minr* maclă

macramé [mə'kraːmi] *s* macrameu

macro ['mækrəu] *s cib* macroinstrucţiune

macroanalysis [ˌmækrəə'nælisis] *s ch* macroanaliză

macroclimate [ˌmækrəu'klaimət] *s* macroclimat

macrocosmic [ˌmækrəu'kozmik] *adj* macrocosmic

macroeconomics [ˌmækrəuikə'no-miks] *s ec* macroeconomie

macroglobulin [ˌmækrəu'globjulin] *s fiz* macroglobulină

macroinstruction [ˌmækrəuin-'strʌkʃn] *s cib* macroinstrucţiune

macromolecular [ˌmækrəmə'lekju-lə] *adj ch* macromolecular

macromolecule [ˌmækrəu'molikjuːl] *s ch, biol* macromoleculă

macron ['mækron] *s* semn grafic „-" aşezat deasupra unei vocale sau a unei silabe accentuate

macroporous [mə'kroporəs] *adj* macroporic

macrospore ['mækrəspoː] *s bot* macrospor

macula ['mækjulə] *pl* **maculae** ['mækjuliː] *s* 1 pată 2 *astr* pată solară 3 *med* pigment

macular ['mækjulə] *adj* 1 pătat, cu pete 2 *med* pigmentos

maculated ['mækjuleitid] *adj* pătat, plin de pete

macule ['mækjuːl] I *s poligr* tipar dublat 2 *înv* pată, murdărie II *vt* 1 *poligr* a dubla, a murdări 2 *înv* a păta, a murdări

maculose ['mækjuləus] *adj* pătat, murdar

MAD [mæd] *presc de la* 1 Mutual Assured Destruction „echilibrul terorii", ameninţare nucleară reciprocă 2 Magnetic Airborne Detector *av* detector magnetic de submarine aeropurtat

Madagascan [ˌmædə'geskn] I *s* malgaş, locuitor al insulei Madagascar II *adj* malgaş, care aparţine / este caracteristic insulei Madagascar

madapol(l)am [ˌmædə'poləm] *s text* madipolon

mad apple [ˌmæd'æpl] *s* (pătlăgea) vânătă *(Solanum melogena)*

-made [-meid] *(în cuvinte compuse)* **factory ~** fabricat industrial; **British ~** fabricat în Marea Britanie; **man ~** artificial, sintetic

Madeira cake [mə'diərə keik] *s gastr* prăjitură de culoare galbenă cu aspect spongios

Madeiran [mə'diərən] I *adj* (originar) din Madera II *s* locuitor din Madeira

made-to-measure [ˌmeidtə'meʒə] *adj (d haine)* confecţionat pe măsură / la comandă

made-to-order [ˌmeidtə'oːdə] *adj (d haine)* confecţionat la comandă

madge [mædʒ] *s orn F* 1 bufniţă 2 cotofană

mad-headed [ˌmæd'hedid] *adj* nebun; cretin, prost

madia ['meidiə] *s bot* plantă înrudită cu floarea soarelui *(Madia sativa)*

madid ['mædid] *adj înv* ud, umed

Madison Avenue [ˌmædisn'ævənjuː] *s* stradă în New York pe care se află sediul unor mari companii de publicitate

mad money ['mæd ˌmʌni] *s amer F* bani de buzunar ai unei fete invitate la o întâlnire *(care să-i permită eventual să se întoarcă singură acasă)*

madras [mə'drɑːs] *s text* madras

madreporite ['mædrəpɔːrait] *s geol* madreporit

madrigalian [ˌmædri'geiliən] *adj lit, muz* de madrigal

madrigalist ['mædrigəlist] *s* 1 *lit* autor de madrigaluri 2 *muz* compozitor / interpret de madrigaluri

maestoso [ˌmɑːes'təuzəu] *adv, s muz* maestoso

Mae West [ˌmei 'west] *s sl* 1 *av* jachetă pneumatică (de salvare) pentru aviatori 2 *mil* car de luptă cu două turele

maffick ['mæfik] *vi F* a petrece, a chefui, a o face lată, a face orgii *(în stradă, ca în 1900, după victoria de la Mafeking)*

mafic ['mæfik] *adj geol* mafic, femic

mafioso [ˌmæfi'əusəu], *pl* **mafiosi** [ˌmæfiəusi:] *s* mafiot

mag¹ [mæg] *s sl* jumătate de penny *(monedă divizionară engleză)*

mag² [mæg] *F* I *s* flecăreală, trăncăneală II *adj* vorbăreț, guraliv, palavragiu III *vi* a flecări, a trăncăni

magazinist [ˌmægə'ziːnist] *s* colaborator la o revistă

mage [meidʒ] *s* 1 *ist* mag 2 *înv* cărturar, învățat

Magellan Strait [məˌgelən 'streit] *s geogr* strâmtoarea Magellan

Maghreb ['mɑːgrəb] *s geogr* ansamblul țărilor din Africa de nord-vest

magic carpet [ˌmædʒik 'kɑːpit] *s* covor zburător

magic mushroom [ˌmædʒik 'mʌʃrum] *s sl* ciupercă halucinogenă

magic wand [ˌmædʒik 'wɔnd] *s* baghetă magică / fermecată

magistery ['mædʒistəri] *amer* ['mædʒisteri] *s* panaceu, piatra filozofală

magistrates' court [ˌmædʒistreits 'kɔːt] *s* tribunal / instanță pentru prima judecată a cazurilor

magistrateship ['mædʒistreitʃip] *s* magistratură

magistrature ['mædʒistrətjuə] ['mædʒistrətʃə] *s v.* **magistrateship**

magna cum laude [ˌmægnə kum 'laudei] *adv lat* apreciere foarte bună la obținerea unui titlu universitar

magnanimousness [mæg'næniməsnis] *s rar* mărinimie, generozitate

magnesium sulphate [mægˌniːziəm 'sʌlfeit] *s ch* sulfat de magneziu

magnetic bearing [mægˌnetik 'beəriŋ] *s* 1 *astr* azimut magnetic 2 *tel* radiogoniometrie magnetică

magnetic clutch [mægˌnetik 'klʌtʃ] *s* 1 *auto* ambreiaj magnetic 2 *el* cuplaj magnetic

magnetic equator [mægˌnetik i'kweitə] *s geogr* ecuator magnetic

magnetic north [mægˌnetik 'nɔːθ] *s* nord magnetic

magnetic storm [mægˌnetik 'stɔːm] *s fiz* furtună magnetică

magneto-electric [mægˌniːtəu i'lektrik] *adj fiz* electromagnetic

magnific(al) [mæg'nifik(əl)] *adj înv* magnific, măreț, sublim

magnificat [mæg'nifikæt] *s rel* magnificat

magnifico [mæg'nifikəu], *pl* **magnificoes** [mæg'nifikəuz] *s* 1 *(ist Italiei)* magnifico 2 persoană marcantă, personalitate

magnifying power ['mægnifaiiŋ ˌpauə] *s fiz* mărire; grosisment

Magnolia State [mægˌnəuliə 'steit] *s amer* statul Mississippi *(S.U.A.)*

magot ['mægət] *s zool* maimuță fără coadă, macac *(Macacus inuus)*

Magyarize ['mægjɑːraiz] *vt* a maghiariza

maharanee [ˌmɑːhə'rɑːni] *s (cuvânt indian)* maharani, soție de maharadjah

mah-jong(g) [mɑː'dʒɔŋ] *s joc chinezesc asemănător dominoului*

Mahometanism [mə'hɔmitənizm] *s rel* mahomedanizm

maidan [mai'dɑːn] *s (cuvânt anglo-indian)* 1 maidan 2 piață 3 esplanadă

maiden aunt [ˌmeidn 'ɑːnt] *s* mătușă necăsătorită / celibatară

maiden lady [ˌmeidn 'leidi] *s* domnișoară

maidenliness ['meidnlinis] *s* feciorie; fire cuviincioasă / decentă / modestă

maiden over [ˌmeidn 'əuvə] *s (la cricket)* serie de mingi în care nu a fost marcat nici un punct

maiden's blush [ˌmeidnz 'blʌʃ] *s* trandafir roz

maid-in-waiting [ˌmeidin'weitiŋ] *s* domnișoară de onoare

maigre ['meigə] *adj (d carne)* slab

mail [meil] *s* 1 *scot* impozit, dare, bir 2 *ist* monedă mică de argint din vremea lui Henric al V-lea

mailable ['meiləbl] *adj* care poate fi expediat prin poștă

mail carrier ['meil kæriə] *s* poștaș, factor poștal

mail clad [ˌmeil 'klæd] *adj* înzăuat, îmbrăcat în zale

mail clerk ['meil ˌklɑːk] *s* 1 funcționar care se ocupă cu corespondența într-o instituție 2 funcționar la poștă

mail drop ['meil ˌdrɔp] *s* cutie poștală

mailer ['meilə] *s amer* automat / mașină de francare

mail flag ['meil flæg] *s nav* pavilion poștal

mailing ['meiliŋ] *s* 1 expediere prin poștă 2 corespondență (poștală) 3 *cib* transmitere a mesajelor printr-o rețea

mailing shot ['meiliŋ ʃɔt] *s v.* **mailing (3)**

mail rider ['meil ˌraidə] *s amer* factor poștal călare

mail shot ['meil ʃɔt] *s v.* **mailing (3)**

main beam [ˌmein 'biːm] *s constr* grindă principală

main bearing [ˌmein 'beəriŋ] *s auto* palier (al unui motor)

main brace [ˌmein 'breis] *s nav* braț mare *(de vergă)*; *F* **to splice the ~** a se pili, a se îmbăta; *F* **he had his ~ well spliced** se pilise, se afumase

main couple [ˌmein 'kʌpl] *s constr* coardă

mainframe ['meinfreim] *s cib* ~ **computer** calculator de mare capacitate

main guard [ˌmein 'gɑːd] *s mil* strajă principală

main hatch(way) [ˌmein'hætʃ(wei)] *s nav* bocaport principal

mainlander ['meinlændə] *s rar* locuitor de pe continent

main line [ˌmein 'lain] *s* 1 *ferov* cale ferată principală 2 *tehn* linie principală

mainliner ['meinlainə] *s sl* drogat, toxicoman *(prin injectare)*

main sewer [ˌmein 'suːə] *s* canal colector *(la canalizare)*

main shaft [ˌmein ˈʃɑːft] *s* **1** *tehn* arbore / ax principal **2** *min* puţ principal

mainsheet [ˈmeinʃiːt] *s* *nav* parâma velei mari

mains-operated [ˌmeinzˈɒpəreitid] *adj (d instalaţii electrice)* care este legat la reţea

main squeeze [ˌmein ˈskwiːz] *s* *sl* *amer* **1** şef, barosan, mare mahăr **2** prieten(ă), iubit(ă)

mainstay sail [ˌmeinstei ˈseil] *s* *nav* velostraiul mare

main stem [ˌmein ˈstem] *s* *amer* magistrală, stradă principală *(într-un oraş)*

mainstream [ˈmeinstriːm] **I** *s* principalul curent de gândire / activitate într-un domeniu **II** *adj* care se află pe linia tendinţei dominante **III** *vt* *amer* *şcol* a se integra în viaţa şcolară

mainstreeting [ˈmeinstriːtiŋ] *s* *pol (în Canada)* to go ~ a merge în mijlocul alegătorilor

maintainer [meinˈteinə] *s* **1** menţinător *(al ordinii etc.)* **2** susţinător *(al unei familii etc.)*

maintainor [meinˈteinə] *s* *jur* persoană care susţine una din părţile litigante prin împrumuturi de bani

maintenance allowance [ˌmeintənəns əˈlauəns] *s* **1** bursă de studii **2** indemnizaţie pentru cheltuieli de deplasare

maintenance-free [ˌmeintənəns ˈfriː] *adj* care nu este sprijinit financiar

maintenance grant [ˈmeintənəns ˌgrɑːnt] *s* *v.* **maintenance allowance**

maintenance order [ˈmeintənəns ˌɔːdə] *s* *jur* decizie privind pensia alimentară

main top-man [ˌmeinˈtɒpmən] *s* *nav* gabierul mare

Mainz [maints] *s* *geogr* oraş în Germania

maître d' [ˌmetrəˈdiː] *s* *fr* *v.* **maître d'hôtel**

maître d'hôtel [ˈmetrə dɒˈtel] *s* *fr* **1** maître d'hôtel **2** majordom

majolica [məˈjɒlikə] [məˈdʒɒlikə] *s* majolică, un fel de faianţă

majorat [*pronunţia franceză*] *s* *fr* *jur* majorat

Majorcan [məˈdʒɔːkn] **I** *s* locuitor al insulei Mallorca **II** *adj* care aparţine insulei Mallorca

majorette [ˌmeidʒəˈret] *s* majoretă

major key [ˌmeidʒə ˈkiː] *s* *muz* ton major

major league [ˌmeidʒəˈliːg] *s* *amer* **1** *(în baseball)* divizie profesionistă **2** *sport* primă divizie

major orders [ˌmeidʒə ˈɔːdəz] *s* *pl* *bis* demnităţi bisericeşti superioare

majuscular [məˈdʒʌskjulə] *adj* **1** majuscul **2** scris / tipărit cu majuscule / cu litere mari

makable [ˈmeikəbl] *adj* *rar* de făcut, posibil

makepeace [ˈmeikpiːs] *s* împăciuitor, conciliator, făcător de pace

-maker *(în cuvinte compuse)* **1** producător, fabricant; **dress** ~ croitoreasă; **film** ~ regizor **2** aparat; **coffee** ~ râşniţă electrică

make-ready [ˈmeikˌredi] *s* *poligr* pregătire pentru aşezarea în maşină; potriveală

maker-up [ˈmeikərʌp] *s* **1** *poligr* paginator **2** *teatru* machior **3** *text* (persoană) care măsoară, împachetează şi expediază

malabsorption [ˌmæləbˈsɔːpʃn] *s* *med* tulburări ale absorbţiei intestinale

Malachi [ˈmæləkai] *s* carte profetică din Vechiul Testament

malacia [məˈleiʃiə] *s* *med* malacie, poftă de mâncare bolnăvicioasă

malacology [ˌmæləˈkɒlədʒi] *s* malacologie, studiu al moluştelor

maladaptation [ˌmælædæpˈteiʃn] *s* *biol* proastă adaptare; defect de adaptare

maladapted [ˌmæləˈdæptid] *adj* prost adaptat

maladminister [ˌmælədˈministə] *vt* a administra / a conduce prost *(o afacere, o ţară etc.)*

malafide [ˌmeiləˈfaidi] *adj* *lat* de rea credinţă

malaguetta (pepper) [ˌmæləˈgetə (ˌpepə)] *s* piper din Guineea

malapert [ˈmæləpəːt] *adj, s* *înv* obraznic, insolent, impertinent, neobrăzat, neruşinat

malaprop [ˈmæləprɒp] *s* cuvânt *abstract sau străin folosit greşit / denaturat*

malapropian [ˌmæləˈprɒpiən] *adj* **1** *(d cuvinte)* greşit, deformat **2** folosind cuvinte în mod greşit

malar [ˈmeilə] *adj* *anat* malar

malarial [məˈleəriəl] *adj* malaric, paludic

malarian [məˈleəriən] *adj* *v.* **malarial**

malarious [məˈleəriəs] *adj* *v.* **malarial**

malark(e)y [məˈlɑːki] *s* *amer* *sl* prostii, tâmpenii

malassimilation [ˌmæləsimiˈleiʃn] *s* *med etc.* proastă asimilare

malate [ˈmæleit] *s* *ch* malat *(sare a acidului malic)*

Malawi [məˈlɑːwi] *s* *geogr* **1** stat în Africa de Vest **2** lac în Africa de Vest

Malawian [məˈlɑːwiən] **I** *s* locuitor al statului Malawi **II** *adj* care aparţine / este caracteristic statului Malawi

malaxate [ˈmæləkseit] *vt* a amesteca; a malaxa

malaxation [ˌmæləkˈseiʃn] *s* malaxare

malaxator [ˌmæləkˈseitə] *s* malaxor

Malaysian [məˈleizən] **I** *s* **1** malaiez **2** *(limba)* malaieză **3** locuitor din *(penisula)* Malacca **4** indonezian **II** *adj* malaiez

malconformation [ˌmælkɒnfəˈmeiʃn] *s* *med* conformaţie defectuoasă

Maldives [ˈmɔːldaivz] *s* *geogr* stat insular în Oceanul Indian

Maldivian [mɔːlˈdivian] **I** *s* locuitor al statului Maldive **II** *adj* care aparţine / este caracteristic statului Maldive

Malé [ˈmɑːlei] *s* *geogr* capitala statului Maldive

male chauvinism [ˌmeil ˈʃəuvinizm] *s* credinţa bărbaţilor în superioritatea sexului căruia îi aparţin

male chauvinist [ˌmeil ˈʃəuvinist] *s* bărbat care crede în superioritatea sexului căruia îi aparţine

maleficence [məˈlefisns] [mæˈlefisns] *s* **1** răutate **2** influenţă nocivă

maleic [məˈleik] *adj* *ch* ~ **acid** acid malaic

maleness [ˈmeilnis] *s* masculinitate, virilitate

malfeasant [mælˈfiːzənt] *jur* **1** *adj* infracţional, de infracţiune **II** *s* infractor

malfunction routine [mælˈfʌŋkʃn ruːˌtiːn] *s* *cib* program pentru depistarea erorilor

malgré [*pronunţia franceză*] *prep* *fr* în ciuda / pofida *(cu gen)*; cu tot; cu toate

Mali ['mɑːli] *s geogr* stat în Africa de Vest

Malian ['mɑːliən] **I** *s* locuitor al statului Mali **II** *adj* care aparține / este caracteristic statului Mali

malic acid [,mælik 'æsid] *s ch* acid malic

malignant tumour [mə,lignənt 'tjuːmə] *s med* tumoare malignă, cancer

maligner [mə'lainə] *s* calomniator, defăimător

malingering [mə'lingəriŋ] *s mil, nav* simulare a unei boli

malison ['mælizən] *s înv* blestem, afurisenie

malleable iron [,mæliəbl'aiən] *s met* **1** fier forjabil **2** tontă maleabilă

malleableize ['mæliəblaiz] *vt met* a maleabiliza

malleolar [mə'liːələ] ['mæliələ] *adj anat* maleolar, care ține de osul gleznei

malleoli [mə'liːəlai] *pl de la* **malleolus**

malleolus [mə'liːələs], *pl* **malleoli** [mə'liːəlai] *s anat* maleolă, os al gleznei

malleus ['mæliəs], *pl* **mallei** ['mæliai] *s anat* ciocan *(os al urechii interne)*

malmsey ['mɑːmzi] *s* vin tămâios de Malvoisie

malnourished [,mæl'nʌriʃt] *adj* malnutrit, prost alimentat; subnutrit

malobservation [,mælɔbzə'veiʃn] *s* observare greșită *(a faptelor etc.)*

mal practice suit [,mæl præktis 'suːt] *s jur amer* proces intentat pentru greșeală sau neglijență profesională / în serviciu

maltase ['mɔ(ː)lteis] *s ch* maltază

malted ['mɔːltid] *adj* care conține malț; ~ milk lapte cu malț

maltha ['mælθə] *s minr* maltă; bitum natural

malt house ['mɔ(ː)lt haus] *s* slădărie

malting ['mɔ(ː)ltiŋ] *s* prefacere a grăunțelor *(de orz, grâu etc.* în malț

malt liquor ['mɔːlt ,likə] *s* bere

maltman ['mɔːltmən], *pl* **maltmen** ['mɔːltmən] *s v.* **maltster**

malt shop ['mɔ(ː)lt ʃɔp] *s amer* lactobar

maltster ['mɔːltstə] *s* lucrător la fabricarea malțului

malt whisky ['mɔːlt ,wiski] *s* whisky obținut din malț

maltworm ['mɔːlt wəːm] *s înv* băutor de bere învederat

malty ['mɔ(ː)lti] *adj* de / din malț

malvaceae [mæl'veisiː] *s pl bot* malvacee *(Malvaceae)*

mam [mæm] *s F* mamă, mămică

mama's boy [,mɑːməz 'bɔi] *s peior* băiat / bărbat cocoloșit / excesiv de protejat de mamă; mototol, nedescurcăreț

mamba ['mæmbə] *s zool* specie de șarpe african înrudit cu cobra, foarte veninos *(Dendraspis)*

mamilla [mæ'milə] *s* **1** *anat* gurgui, sfârc (de sân) **2** *anat, bot* mamelon

mammalian [mæ'meiliən] *zool* **I** *adj* mamifer **II** *s* mamifer

mammate ['mæmeit] *adj (d animale)* mamelat

mammifer ['mæmifə] *s zool rar* mamifer

mammitis [mæ'maitis] *s med* inflamare a mamelelor

mammock ['mæmək] *înv* **I** *vt* a sfărâma în bucăți **II** *s* sfărâmătură, frântură

mammography [mæ'mɔgrəfi] *s med* mamografie

mammonish ['mæməniʃ] *adj* lacom de bani, adorator al lui Mamon

mammonist ['mæmənist] *s* slujitor al lui Mamon

mammonite ['mæmənait] *s v.* **mammonist**

mammoth tree ['mæməθtriː] *s bot* varietate de secvoia *(Sequoiadendron giganteum)*

man-about-town [,mænəbaut'taun] *s brit* om de lume, monden

management buyout ['mænidʒmənt ,baiaut] *s ec* cumpărarea unei întreprinderi de către salariați

management committee ['mænidʒmənt kə,miti] *s* comitet director *(al unei întreprinderi)*

management consultancy ['mænidʒmənt kən,sʌltənsi] *s* **1** consultanță acordată pentru administrarea unei firme **2** firmă care acordă consultanță pentru gestionarea unei întreprinderi

management consultant ['mænidʒmənt kən,sʌltənt] *s* consilier care acordă consultanță de management

management studies ['mænidʒmənt ,stʌdiz] *s* studii de management

managing editor [,mænidʒiŋ 'editə] *s* redactor-șef *(al unei publicații)*

managing staff [,mænidʒiŋ 'staːf] *s* personal de conducere

Managua [mə'nægwə] *s geogr* capitala statului Nicaragua

manakin ['mænəkin] *s* **1** omuleț, pitic, mormoloc **2** manechin

Manchu [mæn'tʃuː] **I** *s* locuitor al Manciuriei **II** *adj* care aparține / este caracteristic Manciuriei

Mancunian [mæn'kjuːniən] **I** *adj* din Manchester **II** *s* locuitor din Manchester

Mandalay [,mændə'lei] *s geogr* oraș în Birmania

mandamus [mæn'deiməs] *s jur* ordin dat de Court of King's Bench unei instanțe inferioare, unui funcționar etc.

mandarin collar ['mændərin ,kɔlə] *s* guler îngust ridicat

mandatary ['mændətəri] *s jur* mandatar

man-day ['mændei] *s brit* muncă prestată de un om într-o zi de lucru normală; zi-muncă

mandibular [mæn'dibjulə] *adj zool* mandibular

mandibulate [mæn'dibjulit] *adj zool* **1** cu mandibule **2** care aparține mandibulelor

mandolin ['mændəlin] *s muz* mandolină

mandoline [,mændə'liːn] *s v.* **mandolin**

mandolinist ['mændəlinist] *s muz* cântăreț din mandolină

manducable ['mændjukəbl] *adj* care se poate mesteca

manducatory [,mændju'keitəri] *adj (d organe etc.)* de mestecat / de masticație

man-for-man [,mænfə'mæn] *adj brit sport* ~ **marking** marcaj individual, om la om

man Friday [,mæn 'fraidi] *s* servitor credincios / devotat, slugă credincioasă *(după numele personajului* Friday *din romanul „Robinson Crusoe" de D. Defoe)*

manfulness ['mænfulnis] *s* **1** bărbăție, virilitate; îndrăzneală, curaj, cutezanță **2** hotărâre, fermitate

manganese steel [,mængə'niːz stiːl] *s met* oțel mangan

manginess ['meindʒinis] *s* aspect râios *(al unui câine, al unei pisici etc.)*

mangle gear ['mæŋgl giə] *s tehn* angrenaj cu fusuri / role

mangonel ['mæŋgənel] *s ist* balistă, mașină militară de aruncat pietre

mangosteen ['mæŋgəusti:n] *s bot* mangustan, *arbore fructifer tropical (Garcinia mangostana)*

man-hour [,mæn'auə] *s brit* oră-muncă

-maniac ['meiniæk] *adj, s (în cuvinte compuse)* -man; **klepto-~** cleptoman

manic depression [,mænik di-'preʃn] *s med* psihoză maniaco-depresivă

manic-depressive [,mænik di-'presiv] **I** *s* persoană maniaco-depreivă **II** *adj (d persoane)* maniaco-depresiv; referitor la psihoza maniaco-depresivă

Manichaean [,mæni'ki:ən] *adj, s v.* **Manichean**

Manichean [,mæni'ki:ən] *rel* **I** *adj* maniheist **II** *s v.* **Manichee**

Manichee ['mæniki:] *s rel* maniheist, adept al lui Mani

manifestness ['mænifestnis] *s* claritate, limpezime

manifolder ['mænifəuldə] *s v.* **manifolding machine**

manifolding machine [,mænifəuldiŋ mə'ʃi:n] *s* aparat de multiplicat / de policopiat

manifoldness ['mænifəuldnis] *s* multiplicitate, diversitate; varietate

manil(l)a paper [mə'nilə ,peipə] *s* hârtie de ambalaj

maniple ['mænipl] *s* **1** *mil ist* companie de infanterie în legiunea romană **2** *bis* banderolă pe brațul stâng *(purtată de preoții catolici în timpul liturghiei)*

man-killer ['mæn,kilə] *s* ucigaș, asasin, criminal

manky ['mænki] *adj sl brit* de proastă calitate, mizerabil

manless ['mænlis] *adj* **1** nelocuit **2** *nav* fără echipaj

man-mad [,mæn'mæd] *adj* nimfo-mană

manna ash ['mænæʃ] *s bot* frăsiniță, mojdrean *(Fraxinus ornus)*

manning ['mæniŋ] *s nav* echipare; armare

manoeuvrable, *amer* **maneuvrable** [mə'nu:vrəbl] *adj* care poate fi manevrat / mânuit cu ușurință

manograph ['mænəgra:f] *s tehn* aparat de înregistrat presiunea

man o'war [,mæn ə'wɔ:] *s nav, mil* vas de război, navă militară; vas de linie; cuirasat

Manpower Services Commission [,mænpauə 'sə:visiz kə,miʃn] *(în Marea Britanie)* fosta agenție pentru forțele de muncă

mansard-roofed [,mænsa:d'ru:ft] *adj* mansardat

mansard room ['mænsa:d ru(:)m] *s constr* încăpere mansardată

mansuetude ['mænswitju:d] *s înv* blândețe

mantel tree ['mæntl tri:] *s* cămin; poliță deasupra căminului

mantle rock ['mæntl rɔk] *s geol* rocă acoperiș

Mantua ['mæntuə] *s geogr* oraș în Italia

manuka ['mænəkə] *s bot* manuca, *arbore din Australia ale cărui frunze pot înlocui ceaiul (Leptospermum)*

Manx [mæŋks] **I** *s* **1** locuitor al insulei Man **2** *lingv* limbă de origine celtică a locuitorilor insulei Man **II** *adj* care aparține / este caracteristic insulei Man

Manx cat [,mæŋks 'kæt] *s zool* pisică domestică fără coadă, originară din insula Man

Manxman ['mæŋksmən] *pl* **Manxmen** ['mæŋksmen] *s* locuitor din insula Man

Manxwoman ['mæŋks,wumən] *s* locuitoare a insulei Man

many-one [,mæni'wʌn] *adj mat* cu funcție multiplă

Maoism ['mauizm] *s pol* maoism, doctrina maoistă

Maoist ['mauist] **I** *s* maoist, adept al doctrinei maoiste **II** *adj* maoist, care se referă la maoism

Maoriland ['maurilænd] *s F* Noua Zeelandă

Mao Tse-Tung, Mao Zedong [,mautse'tuŋ] *ist om politic și conducător chinez (1893 – 1976)*

MAP *presc de la* Modified American Plan *regim de demipensiune în hotelurile americane*

maple leaf [,meipl 'li:f] *s* frunză de arțar

maple sugar [,meipl 'ʃugə] *s* **1** zahăr produs din sirop de arțar **2** nuanță gălbui-maronie

maple syrup [,meipl 'sirəp] *s* sirop de arțar

map reading ['mæp,ri:diŋ] *s* citire a unei hărți

Maputo [mə'pu:təu] *s geogr* capitala statului Mozambic

marabout ['mærəbu:t] *s* **1** marabut *(ascet musulman)* **2** monument funerar al unui marabut

maraca [mə'rækə] *s muz* instrument de percuție din America de Sud, ce marchează ritmul dansului

marasmus [mə'ræzməs] *s med* marasm, epuizare, slăbiciune accentuată

marble cake ['ma:bl keik] *s gastr* prăjitură marmorată

marbleize ['ma:blaiz] *vt amer* a da un aspect de marmoră *(cu dat)*

marbler ['ma:blə] *s* lucrător care marmorează muchiile foilor de cărți

marbling ['ma:bliŋ] *s* **1** acțiunea de a marmora *(hârtia, lemnul etc.)* **2** colorit asemănător marmurei **3** proporție între mușchi și grăsime la o bucată de carne

marbly ['ma:bli] *adj* ca marmora, marmorat

marcher ['ma:tʃə] *s* **1** locuitor al unei zone de graniță **2** *(la o demonstrație)* manifestant **3** *ist* lord care stăpânea un teritoriu de graniță

marconi [ma:'kəuni] *vt tel* a transmite *(un mesaj)* prin telegrafie fără fir

marconigram [ma:'kəunigræm] *s tel ist* telegramă

Marcus Aurelius [,ma:kəsɔː'ri:ljəs] *ist* împărat roman *(121 – 180)*

margarita [,ma:gə'ri:tə] *s* băutură alcoolică preparată din tequilla și suc de lămâie

margarite ['ma:gərait] *s înv* perlă

margent ['ma:dʒənt] *s înv* margine; tivitură

marginal seat [,ma:dʒinl 'si:t] *s pol (în Marea Britanie)* circumscripție electorală în care deputatul dispune numai de o slabă majoritate

margin release ['ma:dʒin ri,li:s] *s (la mașina de scris)* dispozitiv pentru deblocarea marginii

Maria de Medici [mə,riədə'meditʃi] *ist* regină a Franței *(1573-1642)*

Mariana Islands [mæri,a:nə 'ailəndz] *s geogr* insulele Mariane

Marie-Antoinette [ˌmæri æntwəˈnet] *ist regină a Franței (1755–1793)*

marinate [ˈmærineit] *vt, vi gastr* a marina

Marine Corps [məˈriːn kɔːps] *s marina militară americană*

marine engine [məˈriːn ˌendʒin] *s nav* mașină navală

marine stores [məˈriːn stɔːz] *s* 1 *nav* (material de) aprovizionare 2 *F* vechituri

Marinism [məˈriːnizm] *s* marinism *(stil afectat din sec. al XVII-lea în Italia, după scriitorul italian Marini)*

Mariolatry [ˌmeəriˈɔlətri] *s rel* cult excesiv al Fecioarei Maria

Mariology [ˌmeəriˈɔlədʒi] *s rel* parte a teologiei catolice care se referă la Fecioara Maria

Maritime Provinces [ˌmæritaim ˈprɔvinsiz], **Maritimes** [ˈmæritaimz] *s geogr* Provinciile Maritime *(teritoriu canadian pe coasta Oceanului Atlantic)*

markedness [ˈmɑːkidnis] *s* aspect marcant, înfățișare deosebită / ieșită din comun, evidență

marketableness [ˈmɑːkitəblnis] *s ec* vandabilitate

market economy [ˈmɑːkit iˌkɔnəmi] *s ec* economie de piață

market forces [ˈmɑːkit ˌfɔːsiz] *s ec* forțele economiei de piață *(cerere și ofertă)*

market gardener [ˈmɑːkit ˌgɑːdnə] *s* zarzavagiu

market gardening [ˈmɑːkit ˌgɑːdniŋ] *s* grădinărie legumicolă

marketing consultant [ˈmɑːkitiŋ kənˌsʌltənt] *s ec* consultant în probleme de marketing

marketing expenses [ˈmɑːkitiŋ iks,pensiz] *s pl ec* cheltuieli de vânzare

market leader [ˈmɑːkit ˌliːdə] *s ec (d o firmă, un produs)* lider de piață

market maker [ˈmɑːkit ˌmeikə] *s fin* agent bursier specializat în hârtii de valoare comercializabile

market man [ˈmɑːkit mæn], *pl* **market men** [ˈmɑːkit men] *s* 1 vânzător *(la piață)* 2 cumpărător *(la piață)*

market rate [ˈmɑːkit reit] *s* 1 *com* preț / curs al pieței 2 *(la bursă)* preț curent

market researcher [ˈmɑːkit riˌsəːtʃə] *s com* persoană care se ocupă cu studierea pieței / cererii pentru un produs

market share [ˈmɑːkit ˌʃeə] *s com* parte a pieței ocupată de un anumit produs

marking hammer [ˈmɑːkiŋ ˌhæmə] *s silv* ciocan marcator

mark-space [ˈmɑːkspeis] *s* automatică tot-nimic

markswoman [ˈmɑːks,wumən] *s* trăgătoare / țintașă de elită

marl¹ [mɑːl] *adj (d lâna de tricotat)* împestrițat

marl² [mɑːl] *vt nav* a merlina

marled [mɑːld] *adj scot* împestrițat

marlin [ˈmɑːlin] *s* 1 *iht* specie de pește oceanic mare *(Makaira)*; pește-lance *(Tetrapturus sp.)* 2 *sport* figură la sărituri în apă 3 *nav* merlin

marling [ˈmɑːliŋ] *s* fertilizare *(a solului)* cu marnă

marlinspike [ˈmɑːlinspaik] *s* 1 *nav* sculă pentru matisare 2 *orn* pasăre marină tropicală *(Phaeton sp)*; pasăre răpitoare din mările nordului *(Stercorarius parasiticus)*

marly [ˈmɑːli] *adj geol* de marnă, marnos

marmatite [ˈmɑːmətait] *s met* blendă

Maronite [ˈmærənait] **I** *s* creștin maronit **II** *adj* care aparține bisericii creștine maronite

Marquesos Islands [mɑːˌkeisəz ˈailəndz] *s geogr* insulele Marchize din arhipelagul polinezian

Marrakech, Marrakesh [ˌmærəˈkeʃ] *s geogr* oraș în Maroc

marriable [ˈmæriəbl] *adj rar* de măritat

marriageableness [ˈmæridʒəblnis] *s* vârsta căsătoriei

marriage bureau [ˈmæridʒ ˌbjuərəu] *s* agenție matrimonială

marriage certificate [ˈmæridʒ səˌtifikət] *s* certificat de căsătorie

marriage guidance [ˈmæridʒ ˌgaidəns] *s* consiliere în probleme conjugale; ~ **counsellor** consilier în probleme conjugale

marriage license [ˈmæridʒ ˌlaisəns] *s* autorizație de căsătorie

marriage lines [ˈmæridʒ lainz] *s brit înv* v. **marriage certificate**

marriage of convenience [ˌmæridʒ əv kənˈviːniəns] *s* căsătorie de conveniență

marriage settlement [ˈmæridʒ ˌsetlmənt] *s* 1 dotă, zestre 2 contract de căsătorie *(înțelegere prin care soții își reglementează drepturile privind bunurile celuilalt)*

marrowfat [ˈmærəufæt] *s bot* fasole-grasă *(originară din Olanda: Pisum sativum)*

marrowish [ˈmærəuiʃ] *adj* ca măduva

marrowless [ˈmærəulis] *adj* 1 fără măduvă 2 *fig* fără energie / vlagă

marrying [ˈmæriiŋ] **I** *adj* dispus să se căsătorească **II** *s* căsătorie

Marsala [mɑːˈsɑːlə] *s* vin de Marsala

marshaller [ˈmɑːʃələ] *s* ordonator, regulator, organizator

Marshall Plan [ˌmɑːʃl ˈplæn] *s ist* Planul Marshall *(program american vizând acordarea de ajutor economic Europei Occidentale după cel de-al II-lea război mondial)*

marshalsea [ˈmɑːʃəlsi] *s* 1 *ist* corp de cavaleri însărcinați cu securitatea publică, *vechea formă a jandarmeriei* 2 **Marshalsea** *ist* tribunalul mareșalului casei regale *(la Londra)*

marshalship [ˈmɑːʃəlʃip] *s* demnitatea de mareșal

marsh fern [ˈmɑːʃ fəːn] *s bot* ferigă *(Aspidium thelypteris)*

marsh fever [ˈmɑːʃ ˌfiːvə] *s med* paludism

marsh harrier [ˈmɑːʃ ˌhæriə] *s orn* șorecar-de-baltă *(Circus rufus)*

marsh hen [ˈmɑːʃ hen] *s orn* găinușă-de-baltă *(Gallinula chloropus)*

marshland [ˈmɑːʃlənd] *s* ținut mlăștinos; baltă

Marston Moor [ˌmɑːstən ˈmɔːr] *s ist* victorie a armatelor aliate ale Parlamentului englez și ale Scoției împotriva regaliștilor, în timpul războiului civil din Anglia *(1644)*

marsupialian [ˌmɑːsjuːpiˈeiliən] **I** *adj* cu pungă / marsupiu **II** *s* marsupial

martello-tower [mɑːˈteləu,tauə] *s* turn de pază la marginea mării *(în Anglia)*

Martial [ˈmɑːʃəl] *adj astr* marțian, din Marte, de pe Marte

martial art [ˌmɑːʃlˈɑːt] *s* artă marțială

martial law [ˌmɑːʃl ˈlɔː] *s* lege marțială, stare de asediu

martini [mɑːˈtiːni] *s* martini *(băutură alcoolică)*

martyress [ˈmɑːtəris] *s rar* martiră

martyrization [,mɑːtərai'zeiʃn] *s* martiriu, martirizare

martyrology [,mɑːti'rɔlədʒi] *s rel* martirolog; pomelnic

martyry ['mɑːtəri] *s* **1** martiriu **2** locul unde a murit un martir

marvellousness ['mɑːvələsnis] *s* caracter miraculos / extraordinar

mascaraed [mæs'kɑːrəd] *adj (d gene)* date cu rimel

masculinely ['mɑːskjulinli] *adv* bărbătește

masculineness ['mɑːskjulinnis] *s* masculinitate, bărbăție, virilitate

masculinize ['mæskjulinaiz] *vt* a masculiniza

MASH [mæʃ] *presc de la* Mobile Army Surgical Hospital spital militar de campanie

mash tub ['mæʃ tʌb] *s* cuvă pentru brasaj

masking ['mɑːskiŋ] *s* mascare *(la un bal mascat etc.)*; *fig* mascare, ascundere

masking tape ['mɑːskiŋ teip] *s* hârtie adezivă folosită pentru a acoperi o suprafață

Mason-Dixon Line [,meisn'diksn lain] *s ist (în S.U.A.)* frontiera între statele americane din nord și cele din sud înaintea războiului civil

mason's hammer ['meisnz ,hæmə] *s constr* ciocan de zidar

Mass *presc de la* Massachusetts stat în S.U.A.

massacrer ['mæsəkrə] *s* persoană care masacrează

massage parlour [mə'sɑːʒ ,pɑːlə] *s* salon de masaj

mass book ['mæs buk] *s rel* liturghier

massed [mæst] *adj (d mulțimi, soldați etc.)* masat, (re)grupat, adunat, strâns

mass-energy [,mɑːs'enədʒi] *s fiz* ~ equation / relation ecuația / relația masa-energie

mass-market [,mɑːs'mɑːkit] *adj* care se adresează unui public larg

mass meeting ['mæs, miːtiŋ] *s* adunare de masă

mass noun ['mɑːs naun] *s* substantiv nenumărabil / necuantificabil

master beam ['mɑːstə ,biːm] *s constr* traversă principală

master bedroom ['mɑːstə ,bedruːm] *s* dormitor principal

master class ['mɑːstə klɑːs] *s* curs magistral *(în Universitate)*

master cylinder ['mɑːstə ,silində] *s auto* cilindru principal

master file ['mɑːstə fail] *s cib* fișier principal

masterfulness ['mɑːstəfulnis] *s* **1** putere, autoritate **2** măiestrie, artă

master hand ['mɑːstə hænd] *s* mână de maestru; **he is a ~ at it** e un maestru (în acest domeniu)

masterhood ['mɑːstəhud] *s* **1** conducere, autoritate, superioritate; direcție; funcție de director / profesor **2** măiestrie

masterlessness ['mɑːstəlisnis] *s* neatârnare, independență

masterman ['mɑːstəmən], *pl* **mastermen** ['mɑːstəmen] *s F* supraveghetor

master mariner ['mɑːstə ,mærinə] *s nav* căpitan al unui vas comercial

master race ['mɑːstə reis] *s* rasă superioară

master singer ['mɑːstə ,siŋə] *s muz, ist* maestru cântăreț

masticatory ['mæstikeitəri] *adj* de / pentru mestecat

mastless ['mɑːstlis] *adj nav* fără catarg

mastodontic [,mæstə'dɔntik] *adj* de mastodont; de mamut

mastoidean [,mæstoi'diːən] *adj anat* mastoid

mast partner ['mɑːst ,pɑːtnə] *s nav* etambreu *(la catarg)*

masturbatory [,mæstə'beitəri] *adj* care se referă la masturbare

matchable ['mætʃəbl] *adj* **1** comparabil; egal **2** care se potrivește, care se asortează, potrivit (cu)

match board ['mætʃ bɔːd] *s tehn* scândură cu lambă și uluc

match book ['mætʃ buk] *s* pliculeț cu chibrituri

matchbox ['mætʃbɔks] *s* cutie de chibrituri

match fitness ['mætʃ ,fitnəs] *s brit sport* formă fizică pentru a fi apt de joc

matchlessness ['mætʃlisnis] *s* neasemuire, caracter neîntrecut, unicitate

match maker ['mætʃ ,meikə] *s tehn* fabricant de chibrituri

match making ['mætʃ ,meikiŋ] *s* fabricare a chibriturilor

match plate ['mætʃ pleit] *s met* placă de model / formare

match-play [,mætʃ'plei] *adj sport (în golf)* ~ **tournament** competiție în care se cumulează numărul de ținte atinse

match-winner ['mætʃ ,winə] *s fig* atu pentru a câștiga

matelassé [*pronunția franceză*] *adj fr text* matlasat

matelot [*pronunția franceză*] *s fr v.* **matlo(w)**

matelote ['meitələut] *fr s* **1** mâncare de pește cu ceapă **2** dans marinăresc vechi

material man [mə'tiəriəl mæn], *pl* **material men** [mə'tiəriəl ,men] *s tehn* magazioner, magaziner

materia medica [mə,tiːriə 'medikə] *s med* farmacologie

matériel [mə,tiəri'el și *pronunția franceză*] *s fr* **1** depozit de materiale **2** *mil* material de război **3** parte materială

maternity allowance [mə,təːnəti ə'lauəns] *s* alocație de maternitate plătită de către stat *(în Marea Britanie)*

maternity benefit [mə'təːnəti ,benifit] *s* ajutor de maternitate

maternity pay [mə'təːnəti pei] *s* alocație de maternitate plătită de către patron

math [mæθ] *s rar* recoltă

mathematicize [,mæθi'mætisaiz] **I** *vt* a considera / a privi din punct de vedere matematic **II** *vi* a raționa matematic

matinee coat ['mætinei kəut] *s* haină de casă

matinée idol ['mætinei ,aidl] *s* **1** actor cu trecere la femei **2** actor cu mare popularitate

matinee jacket ['mætinei ,dʒækit] *s v.* **matinee coat**

matiness ['meitinis] *s brit F* prietenie, camaraderie

mating ['meitiŋ] *s zool* **1** împerechere **2** perioada de împerechere, rut; ~ **instinct** instinct sexual

matins ['mætinz] *s bis* utrenie

matlo(w) ['mætləu] *s nav, sl* marinar, matroz, matelot

matricaria [,mætri'kæriə] *s bot* matrice, granat

matrilineal [,mætri'liːniəl] *adj (d descendență)* pe o linie feminină, după mamă

matrix algebra ['meitriks ,ældʒibrə] *s mat* algebră matricială

matrixer ['meitriksə] *s cib* schemă matricială

matronage ['meitrənidʒ] *s* 1 *F* matroană 2 responsabilităţi care revin unei intendente

matronal ['meitrənəl] *adj* 1 (ca) de matroană 2 *(d femei)* în vârstă; venerabil

matronlike [,meitrən'laik] *adj v.* **matronal (1)**

matron of honour [,meitrən əv 'ɔnə] *s* doamnă de onoare

matronship ['meitrənʃip] *s* post de intendentă / infirmieră şefă

matross [mə'trɔs] *s nav, înv* servant

matte [mæt] *s* 1 *tehn* mată 2 *fot* mаоoă

matterful ['mætəful] *adj* plin de miez / de substanţă şi *fig*

Matterhorn ['mætəhɔ:n] *s geogr* vârf în Munţii Alpi

matterless ['mætəlis] *adj* fără substanţă

matthiola [mə'θaiələ] *s bot* mixandră *(Matthiola incana)*

mattrass ['mætrəs] *s ch* retortă

maturative [mə'tju:rətiv] *adj* 1 care coace / face să se coacă 2 *med* maturativ

matured [mə'tjuəd] *adj* matur; copt

mature student [mə,tjuə 'stju:dnt] *s* student mai în vârstă decât media; *(în Marea Britanie)* student în vârstă de peste 26 ani

matutine ['mætjutain] *adj* 1 matinal, de dimineaţă 2 timpuriu 3 *astr* dinainte de răsăritul soarelui; care apare odată cu răsăritul soarelui

maty ['meiti] *adj* sociabil, prietenos; familiar

matzo ['mɑːtsəu], *pl* **matzoth** ['mɑːtsəuθ] *sau* **matzos** ['mɑːtsəuz] *s* pască, pâine nedospită *(de Paşti, la evrei)*

maud [mɔːd] *s* 1 glugă surâ în pătrăţele *(a ciobanilor scoţieni)* 2 pled *(de călătorie)*

mauler ['mɔːlə] *s* 1 schiloditor, chinuitor 2 *amer sl* boxer

mauley ['mɔːli] *s sl* labă, pumn, scatoalcă

maun [mɔ(ː)n] *vb scot* a trebui

maundy ['mɔːndi] *s rel* spălarea picioarelor săracilor în Joia Mare

maundy money ['mɔːndi ,mʌni] *s rel* pomeni împărţite în Săptămâna Mare *(↓ de către rege sau regină)*

Mauritian [mə'riʃn] **I** *s* locuitor al statului Mauritius **II** *adj* care aparţine statului Mauritius

Mauritius [mə'riʃəs] *s geogr* stat insular în Oceanul Indian

mausoleal [,mɔːsə'liːəl] *adj rar v.* **mausolean**

mausolean [,mɔːsə'liːən] *adj* 1 de mausoleu 2 monumental, măreţ

maven ['meivn] *s amer F* expert

mawkishness ['mɔːkiʃnis] *s* sentimentalism (fals / exagerat)

maw worm ['mɔːwəːm] *s* 1 *med* vierme intestinal 2 *fig* făţarnic, ipocrit, cu două feţe

maxilla [mæk'silə], *pl* **maxillae** [mæk'siliː] *s anat, zool* maxilar, falcă *(↓ falca de sus)*

Maxim ['mæksim] *s mil* mitralieră (sistem) Maxim

maximist ['mæksimist] *s* amator / iubitor de maxime

maximum output [,mæksiməm-'autput] *s ec* producţie maximă

may [mei] *s poetic* fecioară, fată

May ball ['mei bɔːl] *s bal* care se ţine în luna iunie la universitatea din Cambridge

May basket ['mei bɑːskit] *s amer* coş cu flori / dulciuri (atârnat de 1 Mai la uşa iubitei)

May bloom ['mei bluːm] *s bot* gherghin, gherghinar, păducel *(Crataegus sp.)*

may blossom ['mei ,blɔsm] *s bot* lăcrămioară, mărgăritar *(Convallaria majalis)*

mayer ['meiə] *s* participant la jocurile din luna mai

Mayfair ['meifeə] *s* cartier elegant din Londra

May flower ['mei ,flauə] *s v.* **May bloom**

mayflower ['meiflauə] *s bot* plantă care înfloreşte primăvara

Maying ['meiiŋ] *s* petrecere de 1 Mai; sărbătorirea zilei de 1 Mai

mayo ['meiəu] *s amer F* maioneză

may've ['meiəv] *forma contrasă de la* **may have**

May week ['mei wiːk] *s* săptămână din luna iunie în care au loc sărbătorile Mayball

mazarine [,mæzə'riːn] **I** *adj* albastru-violaceu **II** *s* 1 albastru-violaceu 2 haină albastră purtată de consilierii din Anglia

mazer ['meizə] *s* cupă, pocal *(iniţial din lemn)*

mazily ['meizili] *adv* încurcat, încâlcit

mazuma [mə'zuːmə] *s amer sl* bani, biştari, lovele

mazut [mə'zuːt] *s v.* mazout

MB *presc de la* 1 *cib* megabyte 2 *geogr* Manitoba *provincie canadiană*

MBA *presc de la* Master of Business Administration titlu de master în management

MBBS *presc de la* Bachelor of Medicine and Surgery licenţă în medicină

MBE *presc de la* Member of the Order of the British Empire membru al ordinului imperiului britanic *(titlu onorific)*

MBO *presc de la* management buyout

MC *presc de la* 1 Master of Ceremonies maestru de ceremonii 2 *brit* Military Cross Crucea Militară *(decoraţie)* 3 *amer* Member of Congress membru al Congresului 4 *amer* Marine Corps Marina Militară

MCAT *presc de la* Medical College Admissions Test test de admitere în facultăţile de medicină

MCC *presc de la* Marylebone Cricket Club celebru club de cricket din Londra

Mc Carthyism [mə'kɑːθiizm] *s ist (în S.U.A.)* campanie politică anti-comunistă de după cel de-al doilea război mondial; „vânătoare de vrăjitoare"

Mc Carthyist [mə'kɑːθiist], **Mc Canthyite** [mə'kɑːθait] *s ist (în S.U.A.)* partizan al politicii anti-comuniste din anii '50

Mc Coy [mə'kɔi] *s sl* 1 lucru autentic, original, veritabil; it's the real ~! e original! 2 *amer* băuturi alcoolice / droguri pure, nefalsificate

MCP *presc de la* Male Chauvinist Pig *sl* bărbat cu aere de superioritate faţă de femei

MD *presc de la* 1 Doctor of Medicine doctor în medicină 2 Managing Director director executiv 3 Maryland *stat în S.U.A.*

M day [,em 'dei] *s mil* prima zi a mobilizării

MDT *presc de la* Mountain Daylight Time *(în S.U.A.)* ora de vară în regiunea Munţilor Stâncoşi

me [miː] *s muz* nota mi

ME *presc de la* **1** Myalgic En-cephalomyelitis *med* mielo-en-cefalită **2** Maine *stat în S.U.A.*

meadow foxtail ['medəu ˌfɔksteil] *s bot* coada-vulpii *(Alopecurus pratensis)*

meadow land ['medəu lænd] *s* (teren de) fâneață

meadow pea ['medəu pi:] *s bot* lintea-prafului *(Lathyrus praten-sis)*

meadow pink ['medəu piŋk] *s bot* floarea-cucului *(Lychnis flos cu-culi)*

meadow pipit ['medəu ˌpipit] *s orn* fâsă-de-luncă *(Anthus pratensis)*

meadow saffron ['medəu ˌsæfrən] *s bot* brânduşă-de-toamnă *(Col-chicum autumnale)*

mealies ['mi:liz] *s pl (cuvânt sud-african)* porumb, păpuşoi

meals on wheels [ˌmi:lz ɔn'wi:lz] *s* serviciu de livrare a meselor gata preparate la domiciliul per-soanelor în vârstă / handicapate

meal ticket ['mi:l ˌtikit] *s* **1** *tichet pentru servirea mesei la res-taurant* **2** *sl brit* persoană cu su-ficienți bani pentru a-şi întreține și partenerul / partenera

mealy-mouthedness [ˌmi:li 'mauθdnis] *s* gură de aur, limbă dulce

mealy tree [ˌmi:li 'tri:] *s bot* dâr-mox *(Viburnum lantana)*

meandrous [mi(:)'ændrəs] *adj* co-tit, şerpuit(or)

mean error [ˌmi:n 'erə] *s tehn* eroare mijlocie; defect mijlociu

meanie ['mi:ni] *s sl* ticălos, ne-mernic

meaningfully ['mi:niŋfuli] *adv* în mod semnificativ, cu înțeles

mean life [ˌmi:n 'laif] *s* durată medie a vieții

mean-spirited [ˌmi:n'spiritid] *adj* josnic, ticălos, mârşav, abject, laş

means test ['mi:nz test] **I** *s* an-chetă asupra veniturilor unei persoane care solicită alocație de stat; **to undergo a** ~ a face obiectul unei astfel de anchete **II** *vt* a efectua o anchetă asupra veniturilor unei persoane care solicită alocație de stat

mean sun [ˌmi:n'sʌn] *s nav* soare mediu

mean times [ˌmi:n'taimz] *s* **1** *astr* timp mijlociu **2** *nav* timp mediu

meany ['mi:ni] *s v.* **meanie**

measled ['mi:zld] *adj med* bolnav de pojar

measurableness ['meʒərəblnis] *s* comensurabilitate

measured mile [ˌmeʒəd 'mail] *s nav* milă măsurată, bază de viteză

measurement goods ['meʒəmənt gudz] *s pl* mărfuri al căror trans-port nu se plăteşte pe baza greutății ci după dimensiuni

measurer ['meʒərə] *s* **1** măsurător *(de profesie)* **2** dispozitiv de măsurat

measuring glass ['meʒəriŋ glɑ:s] *s* cilindru gradat; pahar gradat

measuring jug ['meʒəriŋ dʒʌg] *s* pahar gradat, cană gradată

measuring tape ['meʒəriŋ teip] *s* ruletă / panglică de măsurat

measuring worm ['meʒəriŋ wɔ:m] *s ent* omidă urcătoare, cotar *(Geometridae)*

meatball ['mi:tbɔ:l] *s* **1** *gastr* chif-tea **2** *amer sl* prost, imbecil, idiot

meated ['mi:tid] *adj (în cuvinte compuse)* cu carnea...; **well-** ~ cu multă carne; *(d brânză)* gras

meat fly ['mi:t flai] *s v.* **flesh fly**

meat grinder ['mi:t ˌgraində] *s amer* maşină de tocat carne

meat head ['mi:t hed] *s amer sl v.* **meatball (2)**

meat hook ['mi:t hu:k] *s* cârlig de măcelărie

meat loaf ['mi:t ləuf] *s gastr* un fel de sandwich cu carne tocată şi ceapă

meat offering ['mi:t ˌɔfəriŋ] *s bibl* jertfă, ofrandă

meat tea [ˌmi:t 'ti:] *s* ceai la care se servesc preparate din carne

mebbe, mebby ['mebi] *adv F* poa-te, posibil

Meccan ['mekən] **I** *adj* din Mecca **II** *s* locuitor din Mecca

mechanical analysis [miˌkænikəl ə'nælisis] *s ch* analiză granu-lometrică

mechanical computer [miˌkænikəl kɔm'pju:tə] *s automatică* calcu-lator mecanic

mechanical engineering [miˌkæ-nikəl endʒi'niəriŋ] *s tehn* con-strucție de maşini; teoria maşi-nilor

mechanical equivalent [miˌkænikəl i'kwivələnt] *s tehn* echivalent mecanic al unității de căldură

mechanically [mi'kænikli] *adv* în mod mecanic, cu ajutorul ma-şinilor; *fig* în mod mecanic, ma-şinal, automat; **to answer** ~ a răspunde în mod mecanic

mechanical mixture [miˌkænikəl 'mikstʃə] *s tehn* amestec me-canic

mechanotherapy [ˌmekənə'θerəpi] *s med* mecanoterapie

mechlin ['meklin] *s text* dantelă de Brabant

meconium [mi'kəuniəm] *s* **1** opiu **2** meconiu, materie eliminată de făt după naştere

med [med] *s F* student în medicină

Med [med] *s brit F* **the** ~ Marea Mediterană

MEd [ˌem'ed] *presc de la* Master of Education titlu de master în ştiințele educației

medalled ['medəld] *adj* împodobit cu medalii, decorat cu o me-dalie / medalii; *amer* şi decorat cu un ordin / ordine

medallist ['medəlist] *s* **1** gravor de medalii **2** medaliat, persoană decorată cu o medalie / medalii

meddling ['medliŋ] **I** *adj* băgăcios, intrigant **II** *s* importunitate

medevac ['medivæk] *s mil* elicop-ter sanitar

media event ['mi:djə iˌvent] *s* eve-niment prezentat pe larg în mass-media

medially ['mi:diəli] *adv* medial

median strip [ˌmi:djən 'strip] *s amer* bandă mediană care se-pară cele două sensuri de circu-lație ale unei şosele

mediant ['mi:diənt] *s muz* medi-antă

mediastinum [ˌmi:diæs'tainəm], *pl* **mediastina** [ˌmi:diæs'tainə] *s anat* mediastin

mediating ['mi:dieitiŋ] *adj* care are rolul de mediator / intermediar

mediatize ['mi:diətaiz] *vt* **1** *ist* a anexa (un teritoriu) lăsându-i fostului proprietar titlul şi unele drepturi

mediatory ['mi:dieitəri] intermedi-ar, mediator

mediatress ['mi:dieitris] *s* mijloci-toare, mediatoare, intermediară

medicable ['medikəbl] *adj* vinde-cabil, medicabil

Medicaid ['medikeid] *s amer* asis-tență medicală acordată per-soanelor sărace

medical certificate [ˌmedikl səˈti-fikit] s certificat medical

medical examination [ˌmedikl igzæmiˈneiʃn] s examen medical, consultaţie medicală

medical jurisprudence [ˌmedikəl dʒjuərisˈpruːdəns] s med medicină judiciară

medical staff [ˌmedikəl ˈstɑːf] s med personal medical

Medicare [ˈmedikeə] s (în S.U.A.) program federal de asistenţă medicală pentru persoanele în vârstă

medicaster [ˈmedikæstə] s rar doctor prost, medicastru; vraci, şarlatan

medicate [ˈmedikeit] vt 1 a face medicaţia (cuiva); a trata prin medicamente; a trata medical 2 a satura cu medicamente

medicine ball [ˈmedsin bɔːl] s minge medicinală

medicine cabinet [ˈmedsin ˌkæbinit] s v. **medicine chest**

medicine chest [ˈmedsin ˌtʃest] s dulăpior cu medicamente, farmacie portativă

medicine glass [ˈmedsin ˌglɑːs] s eprubetă gradată

Medieval Latin [mediˌiːvl ˈlætin] s lingv latina medievală

medina [meˈdiːnaː] s cartier arab al unui oraş nord-african

meditativeness [ˈmeditətivnis] s caracter meditativ; contemplaţie

medium-dry [ˌmiːdiəmˈdrai] adj (d vinuri) demi-sec

medium-range [ˌmiːdiəmˈreindʒ] adj ~ missile rachetă balistică cu rază medie de acţiune

medium-rare [ˌmiːdiəmˈreə] adj (d carne friptă) pătrunsă

medium-term [ˌmiːdiəmˈtəːm] adj pe termen mediu

meeken [ˈmiːkn] vt rar a îmblânzi, a îndulci

meet [miːt] adj înv, lit potrivit, indicat, convenabil; propriu; corespunzător; ~ for indicat pentru; it is not ~ that nu se cuvine ca

meeting place [ˈmiːtiŋ, pleis] s loc de întrunire / de întâlnire / adunare

meetness [ˈmiːtnis] s oportunitate, caracter potrivit / adecvat

megacephalic [ˌmegəsiˈfælik] adj megacefalic; cu capul mare

megacephalous [ˌmegəˈsefələs] adj v. **megacephalic**

megadeath [ˈmegədeθ] s un milion de morţi (cu referire la arme nucleare)

megadose [ˈmegədəus] s doză extrem de mare (de medicamente)

megagamete [ˌmegəgəˈmiːt] s bot megagamet (element femel de reproducere întâlnit la plantele inferioare)

megahertz [ˈmegəhəːts] s fiz megahertz

megalocephalic [ˌmegələusiˈfælik] adj v. **megacephalic**

megalocephalous [ˌmegələuˈsefələs] adj v. **megacephalic**

megalocephaly [ˌmegələuˈsefəli] s megalocefalism

megalopolis [ˌmegəˈlɔpəlis] s sociol megalopolis

megalosaurian [ˌmegələuˈsɔːriən] adj arheol megalosaurian

megalosauroid [ˈmegələuˌsɔːrɔid] s arheol magalosaur, reptilă din timpul mezozoicului

megampere [ˌmegˈæmpeə] s el megamper

megaphoned [ˈmegəfəund] adj transmis prin megafon

Megarian [miˈgeəriən] adj filoz din Megara

Megaric [miˈgærik] adj v. **Megarian**

megascope [ˈmegəskəup] s fot aparat de proiecţie; lanternă magică

megascopic [ˌmegəˈskɔpik] adj macroscopic

megaseism [ˈmegəˌsaizm] s geol megaseism, cutremur catastrofal, catastrofă seismică

megasporangium [ˌmegəspəuˈrændʒiəm], pl **megasporangia** [ˌmegəspəuˈrændʒiə] (organ de reproducere asexuală cu spori mari)

megaspore [ˈmegəspɔː] s bot megaspor

megasporophyil [ˌmegəˈspəurəufil] s bot macrosporofil

megastar [ˈmegəstɑː] s F (în muzică, cinema etc.) vedetă extrem de cunoscută

megathere [ˈmegəθiə] s arheol megater (mamifer uriaş din pliocenul superior şi pleistocenul din America)

megaton [ˈmegətʌn] s megatonă (unitate de măsură); a five ~ bomb bombă de cinci megatone

megilp [məˈgilp] artă I s (ulei) sicativ II vt a da lustru (culorii)

megohm [ˈmegəum] s el megohm

meister-singer [ˈmaistəˌsiŋə] s muz, ist maestru cântăreţ

mel [mel] s farm miere

mela [ˈmelaː] s (cuvânt anglo-indian) 1 adunare, reuniune 2 sărbătoare religioasă în India

melaconite [miˈlækənait] s minr melaconit, oxid de cupru pulverulent

melamine [ˈmeləmiːn] s ch melamină

melanaemia [ˌmeləˈniːmiə] s med hemacromatoză, melanemie

melanaemic [ˌmeləˈniːmik] adj med bolnav de hemacromatoză / melanemie

melancholize [ˈmelənkəlaiz] înv I vi a fi / a deveni melancolic II vt a întrista, a indispune

melanemia [ˌmeləˈniːmiə] s v. **melanaemia**

melanemic [ˌmeləˈniːmik] adj v. **melanaemic**

melanian[1] [miˈleiniən] adj melanic, din rasa neagră

melanian[2] [miˈleiniən] s biol melanină (pigment negru de origine animală)

melanin [ˈmelənin] s biol melanină

melanism [ˈmelənizm] s biol melanism, pigmentaţie neagră

melanite [ˈmelənait] s minr melanit

melanocyte [ˈmelənəusait] s biol melanocit

melanoma [ˌmeləˈnəumə] s biol melanom

melanose [ˈmelənəus] adj med (d o tumoare) melanic

melanosis [ˌmeləˈnəusis] s med melanoză

Melba [ˈmelbə] s gastr îngheţată cu fructe şi frişcă

Melba toast [ˈmelbə təust] s gastr felie de pâine subţire şi bine prăjită

Melchior [ˈmelkiɔː] s bibl unul dintre cei trei magi

melena [miˈliːnə] s med melenă

melic [ˈmelik] adj rar melic, liric

melic grass [ˈmelik grɑːs] s bot mărgică (Melica sp.)

melilite [ˈmelilait] s minr melilit

melilot [ˈmelilɔt] s bot sulfină (Melilotus sp.)

melinite [ˈmelinait] s melinit (exploziv)

meliorative [ˈmiːliəureitiv] adj care ameliorează / îmbunătăţeşte; ameliorant

meliorist ['mi:liəurist] *s* meliorist

melisma [mi'lizmə] *pl* **melismata** [mi'lizmətə] *s muz* **1** melodie, cântec **2** coloratură

melismatic [,meliz'mætik] *adj muz* melodic

melissa [mi'lisə] *s bot* roiniță, melisă *(Melissa officinalis)*

mell [mel] *s înv* miere

meller ['melə] *s* melodramă

mellifluous [mə'lifluəs] *adj* melodios; curgător, armonios; dulce, plăcut

mellite ['melait] *s minr* melit *(mineral de culoarea mierii)*

mellophone ['meləfəun] *s muz* corn armonic

mellowing ['meləuiŋ] *s* **1** coacere, pârguire *(a fructelor)*, maturizare *(a vinului)* **2** afânare *(a pământului)* **3** *fig* înmuiere, îndulcire, atenuare, îmblânzire

melodeon [mi:'ləudiən] *s muz, înv* **1** melodion **2** acordeon

melodion [mi'ləudiən] *s v.* **melodeon**

melodist ['meləudist] *s* **1** compozitor de piese muzicale **2** cântăreț de lieduri, interpret de melodii **3** culegere de cântece

melodize ['meləudaiz] **I** *vt* a face melodios **II** *vi* a compune melodii; a cânta melodii

melodramatist [,meləu'dræmətist] *s* autor de melodrame

melodramatize [,meləu'dræmətaiz] *vt* a face melodramatic; a compune o melodramă *(pe baza unui subiect)*

Melody Maker [,melədi 'meikə] *s (în Marea Britanie)* revistă săptămânală dedicată muzicii pop

melomania [,melə'meiniə] *s* melomanie, pasiune puternică pentru muzică

melomaniac [,melə'meiniæk] *s* meloman, pasionat de muzică

melophone ['meləfəun] *s muz* melofon *(instrument muzical)*

melophonic ['meləfɔnik] *adj* muzical

melopoeia [,melə'pi:jə] *s* melopee

melos ['melos] /'mi:los] *s muz* cântec, melodie

melotragedy [,meləu'trædʒidi] *s* melodramă

meltable ['meltəbl] *adj met* fuzibil

melting-pot era [,meltiŋpot 'iərə] *s amer* epoca de formare a națiunii americane

melting-pot theory [,meltiŋpot 'θiəri] *s amer pol* teoria integrării

melton ['meltən] *s text* melton *(stofă de lână groasă)*

melton cloth ['meltən klɔ(:)θ] *s v.* **melton**

membranaceous [,membrə'neiʃəs] *adj* membranos, cu membrană

memoirist ['memwɑːrist] *s* autor de memorii

memo pad ['meməu pæd] *s* agendă, carnet de notițe, blocnotes

memorabilia [,meməurə'biliə] *s pl* evenimente memorabile

memorableness ['memərəblnis] *s* **1** calitatea de a fi memorabil / neuitat; aducere aminte **2** ceva memorabil

memory bank ['meməri bæŋk] *s cib* banc de memorie

memory card ['meməri kɑːd] *s cib* card de memorie

memory span ['meməri spæn] *s psih* cel mai lung interval de cifre / litere reprodus din memorie *(într-un experiment)*

mem-sahib [,mem'sɑːhiːb] *s (cuvânt anglo-indian)* doamnă *(europeană)*

menagerist [mi'nædʒərist] *s* proprietarul / conducătorul unei menajerii

Mencap ['menkæp] *s (în Marea Britanie)* asociație de asistență a persoanelor cu handicap mental

mendaciousness [men'deiʃəsnis] *s* **1** înclinare către minciună, obiceiul de a minți **2** falsitate

mendelevium [,mendi'li:viəm] *s ch* mendeleeviu *(element chimic)*

Mendelian [men'di:liən] *adj biol* mendelian

Mendelism ['mendəlizm] *s biol* mendelism

mendicant order [,mendikənt 'ɔːdə] *s* ordin de călugări cerșetori *(dominicani, franciscani, carmeliți și augustini)*

mendicate ['mendikeit] *vt și vi* a cerși

mendicity [men'disiti] *s* cerșetorie, cerșit, sărăcie lucie

menhaden [men'heidən] *s iht* specie de hering american *(Brevoortia tyrannus)*

menilite ['menilait] *s minr* menilit

meningeal [mi'nindʒiəl] *adj anat* de meninge

meninx ['mi:niŋks], *pl* **meninges** [mi'nindʒi:z] *s anat* meninge

menology [mi'nɔlədʒi] *s* **1** calendar al lunilor **2** *bis* colecție de vieți ale sfinților și martirilor reunită într-un calendar

menopausal [,menə'pɔːzl] *adj* care se referă la menopauză

Mensa ['mensə] *s (în Marea Britanie)* asociația persoanelor ce au un coeficient de inteligență foarte ridicat

mensal ['mensəl] *adj* lunar, care se întâmplă o dată pe lună

mensch [menʃ] *s amer sl* persoană matură și responsabilă, demnă de încredere

mense [mens] *scot* **I** *s* **1** grație; podoabă, ornament **2** onoare **3** recompensă, plată **II** *vt* **1** a onora, a respecta **2** a împodobi, a face ordine / curat (în)

Menshevism ['menʃəvizm] *s ist* menșevism

menstruum ['menstruəm], *pl* **menstrua** ['menstruə] *sau* **menstruums** ['menstruəmz] *s* **1** menstruație, reguli, soroc **2** *ch* dizolvant

mensurability [,menʃurə'biliti] *s* mensurabilitate

mensurableness ['menʃurəblnis] *s v.* **mensurability**

mensuralist ['menʃurəlist] *s muz* compozitor de muzică ritmată

mensurative ['mensjuəreitiv] *adj* care se măsoară, capabil de a fi măsurat

menswear ['menzweə] *s* articole de galanterie pentru bărbați

mental ['mentl] *adj* referitor la bărbie; *anat, zool* mental

mental cruelty [,mentl 'kru:əlti] *s jur (într-o căsnicie)* violență psihică *(exercitată asupra soției și care poate constitui motiv de divorț)*

mental deficiency [,mentl di'fiʃənsi] *s* deficiență mintală

mental home [,mentl 'həum], **mental hospital** [,mentl 'hɔspitl] *s* spital de psihiatrie

mentalis [men'tælis] *s anat* mușchi mental *(care ridică bărbia și împinge buza inferioară în sus)*

mentalism ['mentəlizm] *s psih, lingv* mentalism

mentioner ['menʃnə] *s* persoană care menționează

menu-driven [,menju:'drivn] *adj cib (d programe)* controlat prin selectare din meniu

menura [me'nju:rə], *pl* **menurae** [me'nju:ri] *s orn* pasăre-liră

menyanthes [,meni'ænθi:z] *s bot* trifoişte *(Menyanthes trifoliata)*

MEP *presc de la* **Member of the European Parliament** membru al Parlamentului European

mephitis [me'faitiz] *s* exalaţie metifică / rău mirositoare; miazmă; emanaţie nocivă pentru sănătate

meprobamate [mə'prəubəmeit] *s farm* meprobamat

mercenarily ['mə:sinərili] *adv* 1 mercantil, mercenar 2 venal, neclıntıl; interesal

mercenariness ['mə:sinərinis] *s* 1 natură mercenară / mercantilă / venală 2 *fig* venalitate

merchandising ['mə:tʃəndaiziŋ] *s com* tehnică de prezentare şi lansare a produselor

merchant adventurer [,mə:tʃənt əd'ventʃərə] *s nav, înv* marinar aventurier

merchant bank [,mə:tʃənt 'bæŋk] *s fin* bancă comercială

merchant marine [,mə:tʃənt mə'ri:n] *s amer* marina comercială

merchant seaman [,mə:tʃənt 'si:mən], *pl* **merchant seamen** [,mə:tʃənt'si:men] *s nav* marinar de pe un vas de comerţ

merchant service [,mə:tʃənt 'sə:vis] *s nav* marină comercială

merchant ship ['mə:tʃənt ʃip] *s nav* vas de comerţ, navă comercială / civilă

merchant tailor [,mə:tʃənt teilə] *s* croitor care lucrează cu material propriu

mercuriality [mə:kjuəri'æliti] *s* 1 vioiciune; isteţime, agerime; iuţime; perspicacitate, ingeniozitate 2 inconstanţă

mercuric chlorate [mə:,kjuərik 'klɔ:rəit] *s ch* clorat mercuric

mercurous ['mə:kjurəs] *a adj ch* mercuros

mercury chloride [,mə:kjuri 'klɔraid] *s ch* clorură mercurică

Mercury program ['mə:kjuri ,prəugræm] *the* ~ programul spaţial Mercury al S.U.A. *(1961–1963)*

meretriciously [,meri'triʃəsli] *adv* cu o strălucire falsă; (în mod) amăgitor

meretriciousness [,meri'triʃəsnis] *s* 1 desfrânare 2 *fig* ademenire prin strălucire / podoabe înşelătoare 3 falsitate

meretrix ['meritriks], *pl* **meretrices** [,meri'traisi:z] *s înv, lit* meretrice

merganser [mə:'gænsə] *s orn* bodârlău-cu-ferestrău *(Mergus merganser)*

mergence ['mə:dʒəns] *s* 1 (s)cufundare 2 contopire, fuzionare, fuziune

merging ['mə:dʒiŋ] *s* 1 cufundare, scufundare, afundare 2 fuziune, contopire; înghiţire *(de capital)*

mericarp ['merikɑ:p] *s bot* mericarp

merino sheep [mə'rinəu ʃi:p] *s zool* oaie merinos

meritedly ['meritidli] *adv* pe morit, pe drept; cu drept cuvânt

merit increase ['merit ,iŋkri:s] *s* mărire a salariului datorită meritelor profesionale

meritocracy [,meri'tɔkrəsi] *s sociol* meritocraţie

meritoriousness [,meri'tɔ:riəsnis] *s* 1 caracter meritoriu 2 merit; preţ, valoare

merit system ['merit ,sistəm] *s (în administraţie)* sistem de angajare şi promovare a funcţionarilor exclusiv pe baza competenţei profesionale

merlin ['mə:lin] *s om* erete *(Falco sp.)*

meroblastic [,merəu'blæstik] *adj bot* meroblastic

merohedral [,merə'hi:drəl] *adj (cristalografie)* meroedric

merriness ['merinis] *s rar* veselie, voioşie; caracter vesel

merry ['meri] *s bot* cireş-păsăresc / sălbatic *(Prunus avium)*

merry-go-rounder [,merigəu 'raundə] *s F* glumă proastă

merry-make ['merimeik] *vi rar* a se distra, a petrece

merry man ['meri mæn], *pl* **merry men** ['meri men] *s* bufon, măscărici

merry meeting [,meri 'mi:tiŋ] *s* petrecere, chef; ospăţ

merse [mə:s] *s* I *s* mlaştină; pământ mlăştinos lângă mare *sau* râu II *vt* a (s)cufunda, a afunda *(într-un lichid)*

merwoman ['mə:wumən], *pl* **merwomen** ['mə:wimin] *s mit* sirenă; naiadă

mescal ['mæskel] *s* 1 *bot* cactus mexican cu tuberculi uniţi *(Lophophora williamsii)* 2 alcool obţinut din frunzele unei agave mexicane 3 mescalină *(substanţă halucinogenă)*

mesenteric [,mesən'terik] *adj anat* mezenteric

meshuga [mə'ʃugə] *adj amer F* nebun, ţicnit, scrântit

mesmerian [mez'meriən] *adj* mesmeric, hipnotic

mesmerite ['mezmərait] *s* mesmerist; partizan al mesmerismului

mesmerization [,mezmə'rai'zeiʃn] *s* 1 mesmerizare; hipnotizare 2 mesmerism, magnetism 3 *fig* fascinare, fermecare

mesmerizer ['mezməraizə] *s* magnetizator; hipnotizator

mesne [mi:n] *adj* 1 mijlociu, mediu 2 *jur* intermediar

mesoblast ['mesəublæst] *s biol* mezoblast, mezoderm

mesocarp ['mesəukɑ:p] *s bot* mezocarp

mesocolon ['mesəukəulən] *s anat* colon; încreţitura colonului

mesodermal [,mesəu'də:məl] *adj biol* mezodermic

mesodermic [,mesəu'də:mik] *adj v.* **mesodermal**

mesogastric [,mesəu'gæstrik] *adj anat* mezogastric

mesolite ['mesəlait] *s minr* mezolit

Mesolithic [,mesə'liθik] I *s ist* mezolitic *(epoca mijlocie a pietrei)* II *adj* (care se referă la) mezolitic

mesomorph ['mesəumɔ:f] *s* 1 *tip constituţional uman atletic* 2 *bot* plantă adaptată unui mediu cu umiditate medie

Mesopotamian [,mesəpə'teimiən] *amer şi* [,mesəpəu'teimiən] I *adj* din Mesopotamia II *s* locuitor din Mesopotamia

mesospore ['mesəuspɔ:] *s bot* mezospor

message switching ['mesidʒ ,switʃiŋ] *s cib* comutare a mesajului

messenger RNA [,mesindʒə ɑ:ren'ei] *s biol* ARN mesager

messianism [me'saiənizm] *s rel, filoz* mesianism

messily ['mesili] *adv* 1 murdar 2 în dezordine, neîngrijit; *fig* the affair ended ~ povestea s-a sfârşit prost

messin ['mesən] *s scot* câine

Messinese [,mesi'ni:z] I *adj* din Messina II *s* locuitor din Messina

messiness ['mesinis] *s* 1 dezordine, harababură 2 murdărie

messtin ['mestin] *s mil* gamelă

Met [met] *F presc de la* **1** *amer* Metropolitan Opera **2** *amer* Metropolitan Museum **3** *brit* Metropolitan Police

metabasis ['metə,beisis] *s ret, med* metabază

metabolize [me'tæbəlaiz] *vt* a transforma (un țesut) prin metabolism

metacarpal [,metə'kɑːpəl] *adj anat* metacarpian, de metacarp

metacentric [,metə'sentrik] *adj (d o curbă)* metacentric

metagenetic [,metədʒi'netik] *adj biol* metagenezic

metal brush ['metl brʌʃ] *s* perie metalică

metalepsis [,metə'lepsis] *s ret* metalepsă *(înlocuirea trecutului cu viitorul)*

metalinguistics [,metəliŋ'gwistiks] *s (folosit ca sg)* metalingvistică

metalled *brit*, **metaled** *amer* ['metld] *adj* **1** acoperit cu metal **2** *(d străzi)* pavat cu macadam, pietruit; *(d calea ferată)* pietruit

metalline ['metəlain] *adj* **1** din metal, metalic **2** metalic, care conține metal; impregnat cu săruri metalice

metalling *brit*, **metaling** *amer* ['metəliŋ] *s (d străzi, cale ferată)* pietruire

metallization [,metəlai'zeiʃn] *s met* metalizare

metalman ['metlmæn], *pl* **metalmen** ['metlmen] *s v.* **metal worker**

metalware ['metlweə] *s* ustensile metalice de uz gospodăresc

metal worker ['metl ,wəːkə] *s* muncitor metalurgist

metamathematics [,metəmæθi-'mætiks] *s* metamatematică

metamorphic rock [metə,mɔː'fik 'rɔk] *s geol* rocă metamorficã

metamorphize [,metə'mɔːfaiz] *vt* **1** a transforma; a schimba forma *(cu gen)* **2** a metamorfoza

metamorphosable [,metə'mɔːfəuzəbl] *adj* metamorfozabil

metamorphous [,metə'mɔːfəs] *adj* metamorfic, care-și schimbă forma, care ține de metamorfoză

metaphony [mə'tæfəni] *s lingv* metafonie; schimbare vocalică

metaphorist ['metəfɔrist] *s ret* persoană care folosește metafore *(în vorbire)*; orator care face metafore

metaphosphoric [,metəfɔs'fɔrik] *adj ch* metafosforic

metaphrastic [,metə'fræstik] *adj (d o traducere)* cuvânt cu cuvânt, literal

metaphysician [,metəfi'ziʃn] *s* metafizician

metaphysics [,metə'fiziks] *s filoz* metafizică

metapsychology [,metəsai'kɔledʒi] *s* metapsihologie

metastable ['metəsteibl] *adj (d o substanță etc.)* metastabil

metastatic [,metə'stætik] *adj med* metastatic

metatheory [,metə'θiəri] *s* metateorie

metathorax [,metə'θəuræks] *s ent* metatorace

métayage [,meitei'ɑːʒ] *s fr agr* dijmă; loc de pământ lucrat în dijmă

métayer [,meitei'ei] *s fr agr* dijmaș

metazoan [,metə'zəuən] *s zool* metazoar *(animal din subregnul metazoarelor)*

meteoric shower [mi:ti,ɔrik 'ʃauə] *s astr* ploaie de stele *(căzătoare)*

meteorograph ['mi:tiərə,græf] *s meteor* meteorograf

meteorography [,mi:tjər'ɔgræfi] *s meteor* meteorografie

meteoroid ['mi:tjərɔid] *s astr* meteorit

meter maid ['mi:tə ,meid] *s F* polițistă care aplică amenzi pentru parcare neregulamentară

mete wand ['mi:t wɔnd] *s înv* măsură, criteriu

methadon ['meθədɔn], **methadone** ['meθədəun] *s farm* metadonă *(substanță narcotică)*

methane series [,mi:θein 'siəriz] *s ch* alcani

methodistic(al) [,meθə'distik(əl)] *adj peior* de un metodism exagerat

methodologist [,meθə'dɔlədʒist] *s* metodolog

meths [meθs] *presc de la* **methylated spirits** *brit F* alcool foarte tare, alcool metilic, spirt

methyl ether [,mi:θail 'i:θə] *s ch* eter metilic

metic ['metic] *s ist* metec

meticulousness [mi'tikjuləsnis] *s* **1** meticulozitate **2** *înv* timiditate

métis [mei'ti:s] *s* metis

métisse [mei'ti:s] *s* metisă

Metonic cycle [mi,tɔnik 'saikl] *s astr* ciclu metonic *(al lunii – 19 ani)*

metonym ['metənim] *s lit* metonim, cuvânt folosit în metonimie

metonymic(al) [,metəu'nimik(əl)] *adj ret* metonimic

me-tooism [,mi:'tu:izm] *s amer pol* preluare a unor puncte din programul unui partid politic advers

metoposcopy [,metə'pɔskɔpi] *s* metoposcopie *(arta cunoașterii caracterului din / după trăsăturile feței, mai ales liniile frunții)*

metrically ['metrikəli] *adv* **1** conform măsurii, după măsură **2** după sistemul metric **3** *metr* metric; versificat

metricate ['metrikeit] *vt* a converti / transforma în sistemul metric

metrication [metri'keiʃn] *s* conversiune / transformare în sistemul metric

metric lattice [,metrik 'lætis] *s mat* structură metrică

metric ton [,metrik 'tʌn] *s* tonă metrică

metrological [,metrə'lɔdʒikəl] *adj* metrologic

Metropolitanate [,metrə'pɔlitəneit] *s rel* **1** arhiepiscopie, mitropolie **2** funcție de mitropolit / arhiepiscop; arhiepiscopat

Metropolitan Police [metrə,pɔlitn pə'li:s] *s* **1** *brit* poliția londoneză **2** *amer* poliție a unui oraș

mettlesomeness ['metlsəmnis] *s* **1** înfocare; vitejie, curaj **2** iuțeală

MFA *presc de la* **Master of Fine Arts** titlu de master în arte plastice

mho [məu] *s* **1** *el* mho **2** *tel* siemens

MHz *presc de la* **megahertz** *fiz* megahertz

MI *presc de la* **Michigan** *stat în* S.U.A.

MIA *presc de la* **missing in action** *adj (d o persoană)* dispărut în luptă / misiune

miasmatic [miəz'mætik] *adj* miasmatic, purtător de miasme

Micah ['mi:kə] *s bibl* profetul Mica

Mich. *presc de la* **Michigan**

Michaelmas daisy [,miklməs 'deizi] *s bot* **1** steluță, ochiul-boului *(Aster alpinus)* **2** ruși-de-toamnă *(Aster chinensis)*

Michaelmas term [,miklməs' təːm] *s școl* semestru de toamnă, semestrul I *(la unele universități britanice mai vechi)*

Michigan roll [,miʃigən 'rɔl] s amer sl teanc de bancnote false având deasupra una autentică

Mickey Mouse [,miki' maus] s amer sl 1 personaj de desen animat 2 prostii, tâmpenii, pierdere de vreme 3 poliţist, copoi 4 bucăţică de hârtie impregnată cu LSD

mico ['mikəu] s zool o specie de maimuţă din America de Sud (Callithrix melanurus)

MICR presc de la Magnetic Ink Character Recognition cib identificare magnetică a caracterelor

micro-balance [,maikrəu'bæləns] s microbalanţă analitică

microbicidal [mai'krəubisaidl] adj microbicid

microbicide [mai'krəubisaid] s microbicid

microbiological [,maikrəubaiə'lɔdʒikl] adj microbiologic

microbiologist [,maikrəubai'ɔlədʒist] s microbiolog

microcephalic [,maikrəuke'fælik] adj v. **microcephalous**

microcephalous [,maikrəu'kefələs] adj med microcefal, cu capul mic

microcephaly [,maikrəu'kefəli] s med microcefalie

microchemistry [,maikrəu'kemistri] s microchimie

microchip ['maikrəutʃip] s cib microprocesor

microcircuit ['maikrəu,sə:kit] s tehn microcircuit

microcircuitry [,maikrəu'sə:kitri] s tehn microcircuite

micrococcus [,maikrəu'kɔkəs, pl **micrococci** [,maikrəu'kɔksai] s micrococ, bacterie sferică

microcode ['maikrəukəud] s cib microcod, microinstrucţiune

microcoding ['maikrəukəudiŋ] s cib microcodare

microcomputer [,maikrəukəm'pju:tə] s cib microcomputer

microcomputing [,maikrəukəm'pju:tiŋ] s cib microinformatică

microcopy [,maikrəu'kɔpi] s fotografie micşorată

microcosmic [,maikrəu'kɔzmik] adj referitor la microcosmos, microcosmic

microcosmical [,maikrəu'kɔzmikəl] adj microcosmic

microdot ['maikrəudɔt] s 1 tel reproducere fotografică punctuală 2 sl capsulă foarte mică de LSD

microeconomic [,maikrəuikə'nɔmik] adj care se referă la microeconomie

microeconomics [,maikrəuikə'nɔmiks] s microeconomie

microelectronic [,maikrəuilek'trɔnik] adj care se referă la microelectronică

microelectronics [,maikrəuilek'trɔniks] s microelectronică

microelement [,maikrəu'elimənt] s microelement

microfarad [,maikrəu'færəd] s el microfarad

microfiche ['maikrəufi:ʃ] s microfişă

micrograph ['maikrəugrɑ:f] I s micrografie II vt a micrografia

micrographic [,maikrəu'græfik] adj micrografic

microgroove ['maikrəu,gru:v] s v. **microgroove record**

microgroove record ['maikrəugru:v ,rekəd] s microsion, disc cu microînregistrare

microhabitat [,maikrəu'hæbitət] s microhabitat

microinstruction [,maikrəuins'trʌkʃn] s cib microinstrucţiune

microlight ['maikrəlait] s av avion ultra-uşor

microlinguistics [,maikrəuliŋ'gwistiks] s microlingvistică

microlith ['maikrəuliθ] s microlit

micromesh ['maikrəumeʃ] adj (d ciorapi de damă) foarte fini

micromillimetre ['maikrəu'mili,mi:tə] s 1 micromilimetru 2 ch, fiz micrometru, micron

microminiaturization [,maikrəu minitʃərai'zeiʃn] s microminiaturizare

microminiaturize [,maikrəu'minitʃəraiz] vt a microminiaturiza

micro-organic [,maikrəu ɔ:'gænik] adj biol microorganic

micro-organismal [,maikrəu ɔgə'nizməl] adj v. **microorganic**

microphony [,mai'krɔfəni] s tel efect microfonic Larsen

microphotograph [,maikrəu'fəutəgrɑ:f] s microfotografie

microphotography [,maikrəufə'tɔgrəfi] s fot microfotografie

microphysics [,maikrəu'fiziks] s microfizică; fizică atomică

microphyte ['maikrəufait] s bot microfit

microprobe ['maikrəuprəub] s microsondă

microprocessor [,maikrəuprə'sesə] s microprocesor

microprogram [,maikrəu'prəugræm] s cib microprogram

microprograming [,maikrəu'prəugræmiŋ] s cib microprogramare

microsecond ['maikrəu,sekənd] s microsecundă

microseism ['maikrəusaizm] s geol microseism

microsporangium [,maikrəuspɔ'rændʒiəm] s bot microsporange

microsurgery [,maikrəu'sə:dʒəri] s med microchirurgie

microsurgical [,maikrəu'sə:dʒikl] adj microchirurgical

microtomy [mai'krɔtəmi] s anat microtomie

microwave oven ['maikrəweiv ,ʌvn] s cuptor cu microunde

micturition [,miktʃə'riʃn] s 1 med micturiţie, nevoie patologică de a urina des, incontinenţă urinară 2 (greşit folosit) urinare

mid-Atlantic [,midət'læntik] I adj (d accent) americanizat, pe jumătate britanic, pe jumătate american II s in the ~ în mijlocul Atlanticului

midden ['midn] s scot 1 gunoi 2 băligar

Middle America [,midl ə'merikə] s 1 geogr regiunea centrală a S.U.A. 2 fig clasa de mijloc americană, mai ales cea tradiţionalistă

Middle American [,midl ə'merikn] I s 1 geogr locuitor al Vestului Mijlociu american 2 fig americanul mijlociu / care aparţine clasei de mijloc, mai ales celei tradiţionaliste II adj 1 geogr care aparţine Vestului Mijlociu american 2 fig care se referă la americanul de mijloc, tradiţionalist

middle-bracket [,midl'brækit] adj (d salarii etc.) de categorie mijlocie

middlebrow ['midlbrau] s amer persoană cu pretenţii de cultură

middle-distance [,midl'distəns] s 1 pict plan secund 2 sport cursă de semifond

middle earth ['midl, ə:θ] s înv Pământul, globul pământesc

293

Middle Eastern [ˌmidl 'iːstən] *adj* care se referă la Orientul Mijlociu

Middle English [ˌmidl'iŋgliʃ] *s lingv* engleza medie *(1200– 1500)*

middle finger [ˌmidl 'fiŋgə] *s* deget mijlociu

middle game [ˌmidl 'geim] *s (la şah)* joc de mijloc

Middle High German [ˌmidl hai 'dʒəːmən] *s ist, lingv* dialectul hoch Deutsch *(vorbit între 1100– 1500)*

middle management [ˌmidl 'mænidʒmənt] *s* cadre de conducere de rangul al doilea

middle-of-the-road [ˌmidlʌvðə'rəud] *adj* moderat, de mijloc; a ~ **policy** politică moderată / de centru / mijloc

middler ['midlə] *s amer* elev din clasa de mijloc *(la şcolile cu 3 clase)*

middle school [ˌmidl 'skuːl] *s brit* 1 *înv* şcoală pentru copii provenind din clasa de mijloc 2 parte a şcolii secundare *(pentru copii de 14 – 15 ani)* 3 *(în unele ţări)* şcoală pentru copii de 9 – 13 ani

middle term [ˌmidl 'təːm] *s log* termenul al doilea al silogismului

middle watch ['midl, wɔtʃ] *s nav* cartul de la 00,00–04,00 a.m.

middlingly ['midəliŋli] *adv* 1 binişor; aşa şi aşa, destul de 2 acceptabil

Mideast [ˌmid 'iːst] *s amer* Orientul Mijlociu

midfield ['midfiːld] *s* 1 zona de mijloc a unui teren (↓ *de sport)* 2 *sport* mijlocaş, jucător la mijlocul terenului

midheaven [ˌmid'hevn] *s astr* meridian ceresc

midi ['midi] *s* fustă / pantalon *etc.* până la jumătatea gambei, midi

midinette [ˌmiːdiː'net] *s F* midinetă

midiron ['midaiən] *s sport* crosă de golf *(cu cap metalic)*

MIDI system [ˌmidi 'sistəm] *s cib* sistem MIDI, conectare a aparatelor muzicale la calculator

midlife ['midlaif] *s* vârstă mijlocie

midlife crisis [ˌmidlaif 'craisis] *s* criză caracteristică vârstei mijlocii

midmorning [ˌmid'mɔːniŋ] *s* mijlocul dimineţii

midnight blue [ˌmidnait 'bluː] *adj* albastru foarte închis

mid-off ['mid,ɔf] *s sport (la cricket)* poziţia la dreapta lansatorului; jucătorul aflat în această poziţie

mid-on ['midɔn] *s sport (la cricket)* poziţia la stânga lansatorului; jucătorul aflat în această poziţie

midrib ['midrib] *s* 1 *bot* nervura centrală 2 *fig* linie despărţitoare / de demarcaţie

midrise ['midraiz] *adj amer* ~ **apartment block** imobil de înălţime medie *(maxim 10 etaje)*

midship bend ['midʃip bend] *s v.* **midship frame**

midship frame ['midʃip freim] *s nav* secţiune maestră, cuplu maestru

midship spoke ['midʃip spəuk] *s nav* cavilă de mijloc

midstream ['midstriːm] *s* 1 mijlocul unui curs de apă 2 *fig* **in the ~ of his career** la mijlocul carierei sale; **he stopped talking in ~** s-a oprit în mijlocul frazei

midterm ['midtəːm] *s* mijlocul unui interval de timp (↓ *al unui trimestru şcolar)*; *şcol* examen de mijloc de trimestru 2 *med* mijlocul unei sarcini 3 *pol amer* alegeri care au loc la mijlocul mandatului prezidenţial

midtown ['midtaun] *s* parte a unui oraş situată între centru şi periferie, zonă semi-centrală

midwife toad ['midwaif təud] *s zool* broasca-mamoş *(Alytes obstetricans, Alytes cisternasi)*

miffy ['mifi] *adj* 1 *F* sensibil, iritabil; bosumflat 2 *(d plante)* sensibil, care necesită condiţii speciale de cultivare

mightful ['maitful] *adj* puternic

might've ['maitəv] *formă contrasă de la* **might have**

mignonette [ˌminiə'net] *s fr* 1 *bot* rezeda *(Reseda odorata)* 2 un fel de dantelă lucrată în Franţa 3 culoare verde-deschis *(ca florile de rezeda)*

MI 5 *presc de la* **Military Intelligence 5** serviciul britanic de contraspionaj

MI 6 *presc de la* **Military Intelligence 6** serviciul britanic de informaţii

mike [maik] *s/I vi* a trage chiulul; a trândăvi **II** *s* 1 trândăvie; **to be on the ~** a umbla fără treabă; a umbla brambura; **to do / to have a ~** a trândăvi 2 *sl* lucrător irlandez; irlandez

mike fever ['maik ˌfiːvə] *s F v.* **mike fright**

mike fright ['maik frait] *s trac* în faţa microfonului

mil [mil] *s* 1 *farm* mililitru 2 a mia parte dintr-un ţol / inci *(= 0,0254 mm)*

milch [miltʃ] **I** *adj* 1 de lapte 2 blând **II** *s* vacă lăptoasă / cu lapte; *fig* vacă de muls

mildewed ['maildjuːd] *adj* cu mucegai, mucegăit

mild-mannered [ˌmaild'mænəd] *adj (d persoane)* blând, blajin, temperat

mild steel [ˌmaild 'stiːl] *s met* oţel moale, cu conţinut scăzut de carbon

mileage allowance ['mailidʒ ə,lauəns] *s indemnizaţie pentru cheltuieli de deplasare în funcţie de distanţă*

Mile-High City [ˌmailhai 'siti] *s supranume al oraşului Denver*

mile post ['mail pəust] *s* stâlp, bornă, indicator (de mile)

Milesian[1] [mai'liːziən] **I** *adj* din Milet, milezian **II** *s* locuitor din Milet

Milesian[2] [mai'liːziən] *adj, s* irlandez

miliaria [ˌmili'æriə] *s* 1 *med* friguri cu spuzeală 2 *orn* presură-cenuşie, presură-sură *(Emberiza calandra)*

miliary [mi'liəri] *adj med* miliar

miliary fever [miˌliəri 'fiːvə] *s med* febră miliară

military policeman [ˌmilitri pə'liːsmən] *s membru al poliţiei militare*

military school [ˌmilitəri'skuːl] *s mil* şcoală militară; şcoală de război; academie

militation ['militeiʃn] *s mil* stare de război; conflict

milk bar ['milk bɑː] *s* lactobar

milk brother ['milk ˌbrʌðə] *s* frate de lapte

milk chocolate [ˌmilk'tʃɔklit] *s* ciocolată cu lapte

milk dentition ['milk den,tiʃn] *s anat* dinţi de lapte

milk duct ['milk ˌdʌkt] *s anat* canal galactofor

milken ['milkn] *adj* (ca) de lapte, ca laptele

milk fat ['milk fæt] *s* grăsime de lapte, grăsimea laptelui

milk float ['milk fləut] *s* cărucior de transportat laptele

milk gland ['milk ˌglænd] *s anat* glandă mamară

milk house ['milk haus] *s* lăptărie

milking ['milkiŋ] *s* **1** muls, mulgere **2** lapte obținut de la muls

milking machine ['milkiŋ məˌʃiːn] *s* aparat de muls

milking parlour [ˌmilkiŋ 'pɑːlə] *s* încăpere unde sunt mulse vacile

milking stool [ˌmilkiŋ 'stuːl] *s* scăunel cu trei picioare de formă semicirculară

milkless ['milklis] *adj* fără lapte

milk loaf ['milk ləuf] *s* pâine cu conținut de lapte

milkness ['milknis] *s* **1** lactescență, caracter / aspect lăptos **2** *fig* blândețe, bunătate **3** *fig* moliciune, slăbiciune

milk plant ['milk plɑːnt] *s bot* ceara-albinei *(Asclepias syriaca)*

milk powder [ˌmilk 'paudə] *s* lapte praf

milk pudding [ˌmilk 'pudiŋ] *s gastr* budincă cu lapte

milk punch [ˌmilk' pʌntʃ] *s* băutură preparată din rom *sau* whisky și lapte

milkround ['milkraund] *s* **1** *traseu al celui care livrează laptele la domiciliul clienților* **2** *vizitare a universităților pentru a recruta absolvenți*

milk run ['milk rʌn] *s* **1** *av mil* zbor fără evenimente, nepericulos **2** traseu obișnuit, călătorie regulată

milk stout ['milk staut] *s brit* bere brună

milk train ['milk trein] *s* tren local, de mică viteză

milk vetch ['milk vetʃ] *s bot* cosaci *(Astragalus glycyphyllos)*

mill [mil] *s* **1** *înv* veche măsură de lungime (= 0,2539 mm) **2** *amer* a mia parte dintr-un dolar, a zecea parte dintr-un cent

mill cake ['mil keik] *s* **1** turtă *(de oleaginoase)* **2** clătită, plăcintuță **3** *farm* pastilă, pilulă

mill course ['mil kɔːs] *s* jgheabul morii

mill dam ['mil dæm] *s* stăvilar de moară

millenarian [ˌmili'neəriən] *rel* **I** *s* milenarist, adept al milenarismului **II** *adj* milenarist, referitor la milenarism

millenarianism [ˌmili'neəriənizm] *s rel* milenarism, chiliasm

miller's thumb ['miləz θʌm] *s iht* o specie nordică de pește, glăvoc, babete *(Cottus gobio)*

millesimal [mi'lesiməl] **I** *adj* al miilea **II** *s* miime, a mia parte

mill hand ['mil hænd] *s* muncitor / lucrător în fabrică

milliammeter [ˌmili'æmitə] *s el* miliampermetru

milliamp ['miliæmp] *s F el* miliamper

milliary ['miliəri] **I** *s ist* piatră miliară **II** *adj* miliar

millimetre ['milimiːtə] *s* milimetru

millimicron ['milimaikrɔn] *s* milimicron

milling ['miliŋ] *s* **1** măcinare, presare, călcare *etc.* **2** zimțuire, dințare, crestare a unei monede

milling cutter ['miliŋ ˌkʌtə] *s tehn* **1** freză **2** frezor

millionairedom [ˌmiliə'neədəm] *s* milionarii, lumea milionarilor

millionairess [ˌmiliə'neəris] *s* milionară

millionary ['miliənəri] **I** *adj* de milioane **II** *s rar* milionar

millioned ['miliənd] *adj* **1** de milioane **2** milionar

millisecond ['milisekənd] *s* milisecundă

millivolt ['milivəult] *s el* milivolt

mill owner ['mil ˌəunə] *s* **1** proprietar al unei mori **2** proprietar de fabrică; industriaș, patron

mill saw ['mil sɔː] *s* gater, ferăstrău cu ramă

mill stream ['mil striːm] *s* apa din scocul morii

mill worker ['mil ˌwəːkə] *s* muncitor la o uzină / de fabrică

milter ['miltə] *s iht* pește mascul; pește cu lapți

Miltonic [mil'tɔnik] *adj* miltonic

mim [mim] *adj brit dial (d o persoană)* care se preface timid / modest

mimetism ['mimətizm] *s biol* mimetism

mimicker ['mimikə] *s* **1** imitator **2** mim; persoană care mimează / copiază / pastișează / maimuțărește

miminy piminy [ˌmimini 'pimini] *adj F* afectat, prețios

minar [miːˈnɑː] *s (cuvânt anglo-indian)* far

mincer ['minsə] *s* mașină de tocat carne

mincingly ['minsiŋli] *adv* pe un ton / cu un aer afectat

MIND [maind] *organism pentru ajutorarea persoanelor cu handicap mental*

mind cure ['maind kjuə] *s med* psihoterapie

mind curer ['maind ˌkjuərə] *s med* psihiatru

minder ['maində] *s* **1** supraveghetor, îngrijitor **2** *ist* copil dintr-un cămin de zi (numit *„minding-school"*)

mind healer ['maind ˌhiːlə] *s v.* **mind curer**

mind reader ['maind ˌriːdə] *s* cititor al gândurilor; telepat

mind reading ['maind ˌriːdiŋ] *s* citire a gândurilor; telepatie

mindset ['maindset] *s* **1** mod de gândire, de a vedea lucrurile **2** idee fixă, fixație, obsesie

mineable ['mainəbl] *adj min* favorabil așezării minelor

minehunter ['mainˌhʌntə] *s nav* căutător de mine

mine owner ['main ˌəunə] *s* proprietar de mină / de mine

mineral coal ['minərəl kəul] *s met* cărbune mineral

mineral dust ['minərəl dʌst] *s* **1** *min* praf de rocă **2** *constr* filer *(mineral)*

mineralizable ['minərəlaizəbl] *adj* mineralizabil

mineral jelly ['minərəl ˌdʒeli] *s v.* **mineral butter**

mineral kingdom ['minərəl ˌkiŋdəm] *s* regnul mineral

mineral ore ['minərəl ɔː] *s min* minereu

mineral resin ['minərəl ˌrezin] *s min* bitum natural

mineral tar ['minərəl tɑː] *s min* bitum semifluid, maltă, gudron mineral

mine run ['main rʌn] *s minr* minereu neclasat / nesortat

mine shaft ['main ʃɑːft] *s min* puț / gaură de mină

minestrone soup [ˌmini'strəuni suːp] *s it gastr* supă groasă de legume cu paste făinoase

mine sweeping ['main ˌswiːpiŋ] *s v.* **mine dragging**

minever ['minivə] *s v.* **miniver**

mineworker ['main ˌwəːkə] *s min* miner

mini ['mini] **I** *s F* orice obiect mai mic decât în mod obişnuit; ~ (**skirt**) fustă mini, scurtă; ~ (**car**) autoturism mic; *cib* minicalculator **II** *adj* mic, de mici dimensiuni

miniaturization [,minitʃərai'zeiʃn] *s* miniaturizare

miniaturized ['minitʃəraizd] *adj* miniaturizat

minibudget ['minibʌdʒit] *s brit pol* anexă la legea bugetului

minicar ['minikɑ:] *s auto* automobil pitic

minicomputer [,minikəm'pju:tə] *s cib* minicalculator

minicourse ['minikɔ:s] *s amer şcol* stagiu, curs intensiv

minidress ['minidres] *s* rochie scurtă, minijupă

minification [,minifai'keiʃn] *s* micşorare, diminuare, reducere

minimal ['miniməl] *adj* minim; minimal

minimalism ['miniməlizm] *s* **1** artă minimală **2** *(în artă)* stil care foloseşte doar câteva elemente simple

minimally ['miniməli] *adv* foarte puţin, de abia, în foarte mică măsură

minimarket ['minimɑ:kit], **minimart** ['minimɑ:t] *s* mic magazin universal

minimax ['minimæks] *s mat* minimaximă

minim rest [,minim'rest] *s muz* pauză de doime

minimum lending rate [,miniməm'lendiŋ reit] *s brit fin* rata minimă de împrumut

minimum safeguard price [,miniməm 'seifgɑ:d prais] *s brit fin* preţul minim garantat al petrolului

minimus ['miniməs] **I** *adj (în familie)* mezin; *(în şcoală)* cel mai mic *(dintre mai mulţi copii cu acelaşi nume de familie)* **II** *s anat* degetul mic

mining engineer ['mainiŋ endʒi,niə] *s* inginer minier

mining engineering ['mainiŋ endʒi,niəriŋ] *s* inginerie minieră

mining lease ['mainiŋ li:s] *s min* perimetru minier

minipill ['minipil] *s farm* pilulă contraceptivă

miniscule ['miniskju:l] *adj* minuscul, extrem de mic

mini-series ['minisiəri:z] *s* serial de televiziune cu câteva episoade

minish ['miniʃ] *vt înv* a micşora, a diminua

miniskirt ['miniskə:t] *s* minifustă

ministerialist [,minis'tiəriəlist] *s* **1** membru al guvernului **2** partizan / susţinător al guvernului

minitrack ['minitræk] *s tehn* sistem electric sensibil folosit pentru urmărirea sateliţilor artificiali *(prin semnale radio)*

miniver ['minivə] *s* **1** (blană de) hermină *(întrebuinţată la ceremonii)* **2** *rar* blană de veveriţă

minnie[1] ['mini] *s mil sl* mortier *(presc de la germ „Minenwerfer")*

minnie[2] ['mini] *s scot* mamă, mămică

Minoan [mi'nəuən] **I** *s ist* perioada minoică **II** *adj* care se referă la perioada minoică, minoic

Minorcan [mi'nɔ:kn] **I** *s* locuitor al insulei Minorca **II** *adj* care aparţine insulei Minorca

minor key [,mainə 'ki:] *s muz* ton minor

minor league [,mainə 'li:g] **I** *s amer sport aprox* divizia a doua **II** *adj fig* secundar, de mică importanţă

Minos ['mainəs] *s mit* rege al Cretei

minstrel gallery ['minstrəl ,gæləri] *s* mic balcon în interiorul unei clădiri; galerie strană

mint mark ['mint mɑ:k] *s* marca / semnul monetăriei *(pe o monedă)*

mint price ['mint prais] *s ec* etalon monetar

minute gun ['minit gʌn] *s* salvă de artilerie *(↓la funeralii)*

minute guns ['minit gʌnz] *s pl* salvă / rafală de tun *(semnalând o nenorocire sau ca salut de doliu)*; semnal de alarmă *(prin arme de foc)*

minute wheel ['minit wi:l] *s* rotiţa minutarului *(la ceasornic)*

miosis [mai'əusis] *s ret* litotă

MIPS [mips] *presc de la* **Milion Instructions Per Second** *cib* viteză de procesare a unui calculator

mirabilite [mi'ræbilait] *s minr* mirabilit, sarea lui Glauber

mirable ['mirəbl] **I** *adj* minunat, admirabil **II** *s* lucru minunat; minune, minunăţie

miraculousness [mi'rækjuləsnis] *s* caracter miraculos

MIRAS ['mai,ræs] *presc de la* **Mortgage Interest Relief at Source** *s brit fin* sistem de exonerare fiscală asupra dobânzilor la împrumuturi imobiliare

mirific [mai'rifik] *adj rar* mirific, minunat, măreţ

miriness ['maiərinis] *s* caracter mocirlos / mlăstinos / smârcos

mirrorlike [,mirə'laik] *adj (d o apă etc.)* ca oglinda, limpede

mirror writing ['mirə,raitiŋ] *s* scris de la dreapta la stânga, în oglindă

mirthfulness ['mə:θfulnis] *s* veselie, bucurie, voioşie

mirthlessly ['mə:θlisli] *adv* fără bucurie / voioşie; cu tristeţe; **to laugh** ~ a râde forţat

mirthlessness ['mə:θlisnis] *s* lipsă de voioşie, tristeţe

MIRV [mə:v] *presc de la* **Multiple Independently Targeted re-entry vehicle** *s mil* rachetă balistică cu focoase nucleare dirijabile către mai multe ţinte

misaligned [,misə'laind] *adj* (rău) aliniat

misapplication [,misæpli'keiʃn] *s* aplicare / întrebuinţare greşită

misappreciate [,misə'pri:ʃieit] *vt* a aprecia greşit

misbelieve [,misbi'li:v] *vi* a avea o credinţă greşită; a avea concepţii neortodoxe

misbeliever [,misbi'li:və] *s* eretic, necredincios, păgân

misbestow [,misbis'təu] *vt* a acorda greşit / pe nedrept

misbirth [,mis'bə:θ] *s rar* avort, pierdere a sarcinii / pruncului

misc *presc de la* **miscellaneous** *adj* divers

miscegenation [,misidʒi'neiʃn] *s F peior* metisare a raselor umane *(mai ales a rasei albe cu o alta)*

miscellaneously [,misi'leiniəsli] *adv* divers, felurit, variat

miscellaneousness [,misi'leiniəsnis] *s* varietate, diversitate; caracter divers / variat

mischievousness ['mistʃivəsnis] *s* răutate, neascultare

mischoice ['mistʃɔis] *s* alegere greşită; alegere proastă

mischoose [,mis'tʃu:z] *vt* a alege prost / greşit

miscible ['misibl] *adj* care se poate amesteca

miscounsel [,mis'kaunsəl] *s* sfat greşit; părere greşită

misdeem [,mis'di:m] *poetic, înv* I *vt* 1 a confunda 2 a concepe / a judeca greşit, a-şi face o opinie greşită despre II *vi* (of) a gândi greşit / rău (despre)

misdemean [,misdi'mi:n] *vr* a se purta prost, a avea o conduită greşită

misdiagnose [,mis'daiəgnəuz] *vt med şi fig* a pune un diagnostic greşit

misdiagnosis [,misdaiəg'nəusis] *s med şi fig* diagnostic greşit

misdirection [,misdai'rekʃn] *s* indicaţie / adresă greşită

misdoer [,mis'du(:)ə] *s rar* răufăcător

misdoubt [,mis'daut] *înv* I *vb* 1 a pune la îndoială 2 a bănui, a suspecta II *s* 1 îndoială, suspiciune 2 presentiment, bănuială, presimţire

misdread [,mis'dred] *s* presimţire proastă / rea, teamă de ceva rău

mise [mi:z] [maiz] *s* 1 *ist* înţelegere, acord (*între Henric al III-lea şi baronii, în 1264*) 2 *sport* miză

miseducate [,mis'edju(:)keit] *vt* a educa (în mod) greşit

miserableness ['mizərəblnis] *s* mizerie, sărăcie; jale

misère [mi'zɛə] *s* (*la jocul de cărţi*) licitaţie de pierdere a fiecărei mâini

miserere [,mizə'riəri] *s lat, bis* Doamne miluieşte, miserere (*psalmul 51 din Biblie*); rugăciune de îndurare

misericord [mi'zerikɔ:d] *s rel* mizericordie, îndurare

misexplain [,misiks'plein] *vt* a explica prost / greşit

misfile [,mis'fail] *vt* a clasa în mod greşit

misgotten [,mis'gɔtn] *adj* 1 căpătat, însuşit pe nedrept 2 ilegal

misgovernor [,mis'gʌvənə] *s* conducător prost

misguidedly [,mis'gaididli] *adv* în mod greşit / care induce în eroare

misguidedness [,mis'gaididnis] *s* lipsă de judecată

mishear [,mis'hiə] *pret şi ptc* **misheard** [,mis'hə:d] *vt* a auzi greşit / rău / prost

mishit [,mis'hit] *sport* (*mai ales la cricket*) I *vt* a lovi în mod greşit (*mingea*) II *vi* a lovi mingea în mod greşit III ['mishit] *s* lovire greşită a mingii

mishmash [,miʃ'mæʃ] *s* 1 talmeş-balmeş, mişmaş 2 amestecătură, harababură, dezordine

misinformation [,misinfə'meiʃn] *s* 1 informare greşită; dezinformare 2 informaţii greşite

misinterpreter [misin'tə:pritə] *s* interpret greşit / prost

misjudg(e)ment [,mis'dʒʌdʒmənt] *s* judecată / apreciere greşită

misleader [,mis'li:də] *s* 1 înşelător, amăgitor 2 seducător, corupător

misleadingly [,mis'li:diŋli] *adv* în mod greşit / care induce în eroare; amăgitor

mislike [mis'laik] *înv* I *vt* (*poetic*) a nu-i plăcea II *s* dezaprobare, lipsă de simpatie / de afecţiune / de afinitate

mismarriage [,mis'mærid3] *s* căsătorie nefericită

mismatch [,mis'mætʃ] I *vt* a împerechea nepotrivit (↓ *într-o căsătorie*) II *s* 1 căsătorie nepotrivită 2 *cib* deranjament, dereglare 3 *tel* dezechilibru, dezacord

miso ['mi:səu] *s gastr* pastă obţinută din orez fiert şi seminţe de soia

misogamy [mi'sɔgəmi] *s* misogamie, ură faţă de căsnicie

misoneism [,misəu'niizm] *s* misoneism, aversiune faţă de nou, de schimbări

misplaced [,mis'pleist] *adj* 1 prost plasat, nepotrivit 2 deplasat

misprise [,mis'praiz] *vt v.* **misprize**

misprision [,mis'priʒn] *s* 1 *jur* tăinuire, ascundere, nedenunţare (*a unui delict, a unei crime*) 2 *înv* greşeală (*în interpretare, în înţelegerea unui text, a unei idei*)

misprize [,mis'praiz] *vt* 1 a dispreţui, a desconsidera 2 a nu aprecia, a subaprecia

misreckon [,mis'rekən] *vt* a calcula / a socoti greşit

misreport [,misri'pɔ:t] I *s* relatare / povestire falsă / incorectă II *vt* a relata / a povesti fals / incorect

missel ['misəl] *s orn* sturz (*Turdus viscivorus*)

missing ['misiŋ] I *adj* 1 absent, lipsă, care lipseşte 2 rătăcit, lipsă; ~ page foaie rătăcită 3 dispărut II *s mil* the ~ dispăruţii

missing link [,misiŋ 'liŋk] *s* 1 ceea ce lipseşte pentru a completa o succesiune 2 *biol* animal intermediar între om şi maimuţele antropoide 3 *fig* debil mintal

mission control ['miʃn kən,trəul] *s* centru de control

mission controller ['miʃn kən,trəulə] *s* şef al unui centru de control

missioner ['miʃənə] *s bis* misionar, propăvăduitor

mis-state [,mis'steit] *vt* a face o declaraţie / o afirmaţie greşită / falsă despre; a (re)prezenta greşit

mistakenly [,mis'teikənli] *adv* greşit, din greşeală

mistakenness [,mis'teikənnis] *s* falsitate, caracter greşit / eronat

mistime [,mis'taim] *vt* 1 a spune / a face (*ceva*) într-un moment inoportun; a nimeri prost 2 a calcula greşit (*o lovitură*)

mistle thrush ['mislθrʌʃ] *s orn* sturz-de-vâsc (*Turdus viscivorus*)

mistrial ['mistraiəl] *s jur* proces în care s-au comis erori de procedură

mistrustfulness [,mis'trʌstfulnis] *s* neîncredere

mistype [,mis'taip] I *vt* a dactilografia greşit II *s* greşeală de dactilografie

misvalue [,mis'vælju:] *vt* 1 a evalua greşit 2 a subestima, a subaprecia

miswrite [,mis'rait], *pret* **miswrote** [,mis'rəut], *ptc* **miswritten** [,mis'ritn] *vt şi vi* a scrie greşit / prost

MIT *presc de la* Massachusetts Institute of Technology Institutul de Tehnologie Massachusetts

mitigatory ['mitigeitəri] *adj* 1 atenuant, alinător, uşurător, temperator 2 *med* emolient, calmant

mitrailleuse [,mitrai'ə:z] *s fr* mitralieră

mitre box ['maitə bɔks] *s constr* echer, vinciu

mitre joint ['maitə dʒɔint] *s constr* îmbinare în unghi de 45° a două scânduri

mitre sill ['maitə sil] *s hidr* prag de izbire; rebord

mitre square ['maitə skweə] *s* echer în unghi de 45°

mitriform ['maitrifɔ:m] *adj* mitriform

mixed-ability [,mikst ə'biliti] *adj amer (d școală, clasă)* care cuprinde elevi de nivel diferit, fără grupe de nivel

mixed acid [,mikst 'æsid] *s ch* amestec nitrant

mixed blood [,mikst 'blʌd] *s biol* 1 sânge amestecat 2 corcitură

mixed-media [,mikst 'midiə] *adj (d calculatoare)* multimedia

mixen ['miksn] *s sl* bălegar, gunoi

mixing ['miksiŋ] *s* 1 amestecare; încorporare, omogenizare 2 *tehn* mixare *(a sunetului)*; ~ **table** masa de mixaj

mixing apparatus ['miksiŋ æpə,reitəs] *s tehn* malaxor, aparat / garnitură / serviciu de amestecat

mixing bowl ['miksiŋ ,bəul] *s* castron

mizzen topgallant royal ['mizn tɔp,gælənt ,rɔiəl] *s nav* vela rândunică artimon

mizzle ['mizl] *vi sl* a o șterge, a o întinde, a spăla putina, a-și lua tălpășița

mk, MK *presc de la* **mark** marcă *(monedă)*

MLitt [,em'lit] *presc de la* **Master of Literature, Master of Letters** (titlu de) master în literatură / litere

mnemonist ['mni:mɔnist] *s* mnemotehnician

mnemonize ['mni:mɔnaiz] *vt* a reține prin mnemotehnică

moaner ['məunə] *s F* persoană ursuză, bombănitoare, nemulțumită

moanful ['məunful] *adj* tânguitor, jeluitor

moaning ['məuniŋ] **I** *s* geamăt, suspin; jeluire, tânguire, văicăreală **II** *adj* gemător, suspinat; tânguitor

mob [mɔb] *s înv* 1 femeie stricată, prostituată 2 capot, halat; ținută neglijentă / de casă 3 bonetă de casă *(purtată de femei în sec. XVIII – XIX)*

mobile home [,məubail 'həum] *s* rulotă; automobil cu rulotă încorporată

mobile library [,məubail 'laibrəri] *s* bibliotecă volantă

mobile phone [,məubail'fəun] *s* telefon portabil / mobil

mobocracy [mɔb'ɔkrəsi] *s* demagogie

mob rule ['mɔb ru:l] *s fig peior* legea străzii, dictatura mulțimii / gloatei

mobsman ['mɔbzmən], *pl* **mobsmen** ['mɔbzmen] *s amer sl* gangster

mockable ['mɔkəbl] *adj* caraghios, ridicol

mock-epic [,mɔk'epic] *lit* **I** *adj* eroi-comic **II** *s* poem eroi-comic

mocker ['mɔkə] *s* 1 batjocoritor, zeflemitor 2 amăgitor, înșelător

mockers ['mɔkəz] *s F* **to put the ~ on smth** a distruge / a compromite ceva

mocking ['mɔkiŋ] **I** *adj* batjocoritor; de batjocură **II** *s* batjocură, batjocorire, derâdere

mock moon ['mɔk mu:n] *s v.* **paraselene**

mock orange [,mɔk 'ɔrindʒ] *s bot* sirinderică, iasomie-de-grădină *(Philadelphus)*

mock turtleneck [,mɔk'tə:rtlnek] *s amer* pulover cu guler rulat

mock-turtle (soup) [,mɔktə:tl 'su:p] *s* supă din cap de vițel, imitând supa de broască țestoasă

mod [mɔd] **I** *adj* modern, la modă **II** *s* 1 festival de muzică și poezie gaelică *(în Scoția)* 2 *brit* membru al unui grup de tineri din anii '60

MoD, MOD *presc de la* **Ministry of Defence** Ministerul Apărării (în Marea Britanie)

modally ['məudəli] *adv gram, filoz, muz* modal

modal value [,məudl 'vælju:] *s mat* valoare modală

model school ['mɔdl sku:l] *s* școală model

modem ['məudem] *s cib* modem

Modena ['mɔdinə] *s geogr* oraș în Italia

moderantism ['mɔdərəntizm] *s (ist Franței)* moderantism

moderate breeze [,mɔdərit 'bri:z] *s meteor* vânt potrivit *(4 grade Beaufort)*

moderate gale [,mɔdərit 'geil] *s meteor* vânt tare *(7 grade Beaufort)*

moderateness ['mɔdəritnis] *s* 1 moderație 2 caracter moderat; modicitate 3 mediocritate

moderator lamp ['mɔdəreitə læmp] *s* lampă cu dispozitiv pentru controlarea consumului de petrol

moderatorship ['mɔdəreitəʃip] *s* rol de moderator

modern-day [,mɔdən'dei] *adj* modern, contemporan, al timpurilor de astăzi

modern language [,mɔdən 'læŋgwidʒ] *s* limbă modernă

modernness ['mɔdənnis] *s* caracter modern, modernism

modern school [,mɔdn'sku:l] *s* școală în care nu se predau limbile clasice

modestly ['mɔdistli] *adv* 1 cu modestie; sfios, cu decență; fără pretenții / ifose 2 cuviincios, decent

modifiability [,mɔdifiə'biliti] *s* modificabilitate

modificative ['mɔdifikətiv] **I** *gram adj* modificator **II** *s* (element) modificator

modificatory ['mɔdifikeitri] *adj* modificator, care modifică

modishly ['məudiʃli] *adv (îmbrăcat etc.)* la modă

modishness ['məudiʃnis] *s* conformism față de cerințele modei; eleganță afectată

mods [mɔdz] *s sl presc de la* **moderation** primul examen public de bacalaureat *(la Oxford)*

Mods [mɔdz] *presc de la* (**Honour**) **Moderations** *univ* (la Oxford) primul examen public pentru titlul de B.A.

modularity [,mɔdju'læriti] *s tehn, cib* caracter modular / de modul

Moeso-Goth [,mi:səu'gɔθ] *s ist* mezogot

Moeso-Gothic [,mi:səu'gɔθik] *adj ist* mezogotic

mog [mɔg] *s F presc de la* **moggish** mâță, pisicuță

Mogadiscio, Mogadishu [,mɔgə'diʃu:] *s geogr* capitala Somaliei

Mohawk ['məuhɔ:k] *s* 1 indian din tribul Mohawk *(în America de Nord)* 2 limba Mohawk 3 *sport* figură de patinaj 4 *v.* **Mohock**

Mohock ['məuhɔk] *s ist* huligan, bandit, tâlhar (↓ tânăr aristocrat care comitea acte banditești noaptea pe străzile Londrei, la începutul sec. al XVIII-lea)

moil [mɔil] *s* târnăcop

moiré ['mwɑːrei și *pronunția fran-ceză*] *fr text* **I** *adj* moarat, cu ape **II** *s* țesătură care are aspect moarat / cu ape; moaraj

moist colours [ˌmɔist 'kʌləz] *s pl* acuarele *(sub formă de pastă în tuburi)*

moistener ['mɔisnə] *s* umezitor, dispozitiv de umezire; aparat de umezire

moistness ['mɔistnis] *s* umiditate, umezeală

moistureproof [ˌmɔistʃə'pruːf] **I** *vt tehn* a impermeabiliza; a etanșa **II** *adj* impermeabil; etanș

moisturize, moisturise ['mɔistʃəraiz] *vt (d piele)* a hidrata; *(d aer)* a umezi

moisturizer ['mɔistəraizə] *s* cremă hidratantă

Moldova [ˌmɔl'dəuvə] *s geogr* stat în Europa

mole [məul] *s ch* mol, molecu-lă-gram

molecularity [məˌlekju'læriti] *s fiz, ch* calitate moleculară **2** forță moleculară

mole rat ['məul ræt] *s zool* specie de cârtiță *(Spalax typhlus)*

molester [mə'lestə] *s* agresor (sexual); **child ~** pedofil

mollifier ['mɔlifaiə] *s* pacificator

mollusca [mə'lʌskə] *s pl zool* mo-luște

molluscous [mə'lʌskəs] *adj* **1** *zool* de moluscă **2** *fig* fără caracter, cu caracter slab

Molly-Maguire [ˌmɔlimə'gwaiə] *s ist* membru al unei societăți irlan-deze secrete care lupta împotri-va stăpânirii engleze (pe la 1843)

moly ['məuli] *s* **1** *mit* iarba fer-mecată (în Odiseea) **2** *bot* ustu-roi-sălbatic *(Allium moly)*

molybdate [ˌmə'libdeit] *s ch* mo-libdat

momental [məu'mentl] *adj fiz* de moment / al momentului

Monacan ['mɔnəkən] **I** *s* mone-gasc, locuitor al statului Mona-co **II** *adj* monegasc, care apar-ține statului Monaco

monadic [mɔ'nædik] *adj ch* mo-novalent; monoatomic

Mona Lisa [ˌməunə'liːzə] *s pict* the ~ Gioconda *(celebrul tablou de Leonardo da Vinci)*

monarchically [mə'nɑːkikəli] *adv* monarhic

monarchism ['mɔnəkizm] *s* mo-narhism

monastically [mə'næstikəli] *adv* călugărește, monahal

monatomic [ˌmɔnə'tɔmik] *adj ch* monoatomic

monaural [mɔ'nɔːrəl] *adj* care se referă la o singură ureche *(ca organ auditiv)*, monofonic

monazite ['mɔnəzait] *s minr* mo-nazit

Mondayish ['mʌndeiiʃ] *adj F (↓ d funcționari)* care nu are chef de lucru

Monegasque [ˌmɔni'gæsk] *v.* **Mo-nacan**

monetarism ['mʌnitərizm] *s ec* mo-netarism, politică monetară

monetarist ['mʌnitərist] *ec* **I** *s* adept al monetarismului **II** *adj* monetarist, referitor la mone-tarism

monetary unit [ˌmʌnitəri 'juːnit] *s ec* etalon monetar

money belt ['mʌni belt] *s* centură cu rol de portofel

money spider ['mʌni ˌspaidə] *s* păianjen aducător de noroc *(la bani)*

money spinner ['mʌni ˌspinə] *s* **1** păianjen mic (roșu) despre care se crede că aduce noroc **2** *fig* speculant; cămătar

money-spinning [ˌmʌni'spiniŋ] *adj brit F* lucrativ, bănos, care aduce câștiguri / profit

money supply ['mʌni ˌsəplai] *s ec* masă monetară

Mongolic [mɔn'gɔlik] **I** *adj* mongol **II** *s* **1** mongol **2** (limba) mongo-lă

mongrelize ['mʌŋgrəlaiz] *vt* a corci

moniliform [məu'nilifɔːm] *adj bot, zool* moniliform

monitorial [ˌmɔni'tɔːriəl] *adj* **1** în-demnător, povățuitor; de moni-tor **2** *v.* **monitory (I)**

monitory ['mɔnitəri] **I** *adj* de în-științare / avertisment, care aver-tizează **II** *s rel* mesaj povățuitor, avertisment / îndemn scris *(al unui episcop)*

monkey board ['mʌŋki bɔːd] *s min* pod de manevră

monkey bridge ['mʌŋki bridʒ] *s nav* pasarelă

monkey fist ['mʌŋki fist] *s nav* nod de maimuță

monkey gaff ['mʌŋki gæf] *s nav* pic de pavilion

monkey puzzle ['mʌŋki ˌpʌzl] *s bot* araucaria *(Araucaria imbri-cata)*

monkfish ['mʌŋkfiʃ] *s iht* **1** în-ger-de-mare *(Squatina squatina)* **2** pește-undiță *(Lophius pisca-torius)*

monkship ['mʌŋkʃip] *s* călugărie

monoacid [ˌmɔnəu'æsid] *adj ch* monoacid; monobazic

monobasic [ˌmɔnəu'beisik] *adj ch* monobazic

monoblock ['mɔnəublɔk] *ε tehn* monobloc

monochromator [ˌmɔnəukrəu-'meitəl] *s fiz* monocromator

monochrome ['mɔnəkrəum] **I** *s poligr, artă* imagine monocromă **II** *adj* monocrom

monocled ['mɔnəkld] *adj* care poartă monoclu

monoclinal [ˌmɔnəu'klainəl] *adj, s geol* monoclinal

monocline ['mɔnəuklain] *s geol* monoclinal

monocoque ['mɔnəukəuk] *s av* monococă, fuzelaj-cocă

monocotyledonous [ˌmɔnəukɔ-ti'liːdənəs] *adj bot* monocotile-donat

monocracy [mɔ'nɔkrəsi] *s pol* au-tocrație; absolutism

monocratic [ˌmɔnəu'krætik] *adj* autocratic; absolutist

monocular [məu'nɔkjulə] **I** *adj* **1** monocular, adaptare pentru un singur ochi **2** *rar* chior **II** *s* **1** *fiz* monocular **2** *med* monoftalm

monoculture ['mɔnəkʌltʃə] *s agr* monocultură

monocyclic [ˌmɔnəu'saiklik] *adj ch, fiz, mat* monociclic

monocyte ['mɔnəsait] *s biol* mo-nocit

monoecius [mə'niːʃəs] *s biol* her-mafrodit

monogamic [ˌmɔnəu'gæmik] *adj* monogam

monogrammed ['mɔnəgræmd] *s* cu monogramă

monogrammed *brit*, **monogramed** *amer* ['mɔnəgræmd] *adj* mono-gramatic, înscris cu monogra-mă

monogyny [məu'nɔdʒini] *s* mono-ginie

monohull ['mɔnəhʌl] *s nav* navă cu o singură cocă

monohydric [,mɔnəu'haidrik] *adj ch* monobazic; monohidroxilic; monovalent

monolingual [,mɔnəu'liŋgwəl] *adj* monolingv

monologic(al) [,mɔnə'lɔdʒik(əl)] *adj* monologat; în formă de monolog

monologist [mə'nɔlədʒist] *s* 1 persoană care rostește un monolog 2 persoană care monopolizează conversația, discuția

monologize [mɔ'nɔlədʒaiz] *vi* a monologa, a acapara conversația, a nu lăsa pe altcineva să vorbească

monomer ['mɔnəmə] *s ch* monomer

monometer [mə'nɔmi(:)tə] *s metr* monometru, vers alcătuit dintr-un (singur) picior

monomorphic [,mɔnəu'mɔ:fik] *adj* monomorf

monomorphism [,mɔnəu'mɔ:fizm] *s* caracter monomorf

mononuclear [,mɔnəu'nju:kliə] *adj* mononuclear

mononucleosis [,mɔnəunju:kli'əusis] *s med* mononucleoză

monophonic [,mɔnə'fɔnik] *adj fiz* monofonic

monophthongal [,mɔnəf'θɔŋgəl] *adj fon* de monoftong

monophthongize ['mɔnəfθɔŋgaiz] *vt fon* a monoftonga, a reduce la un singur sunet vocalic

monopolization [mə,nɔpəlai'zeiʃn] *s* monopolizare

monopsony [mə'nɔpsəni] *s ec* monopson

monosemic [,mɔnəu'si:mik] *adj (d cuvinte)* monosemic

monosepalous [,mɔnəu'sepələs] *adj bot* monosepal

monosodium glutamate [mɔnə-,səudjəm'glu:təmeit] *s ch* glutamat monosodic

monostich ['mɔnəustik] *s metr* monostih

monosyllabically [,mɔnəsi'læbikəli] *adv* monosilabic

monotint ['mɔnətint] *s* desen / gravură într-o singură culoare

monotonousness [mə'nɔtənəsnis] *s* monotonie, uniformitate; plicticeală

Monroeism [mən'rəuizm] *s (ist S.U.A.)* doctrina lui Monroe („America a Americanilor" proclamată în 1823 de președintele James Monroe)

Monrovia [mən'rəuviə] *s geogr* capitala statului Liberia

monstrousness ['mɔnstrəsnis] *s* monstruozitate *(a unei fapte etc.)*

Montanan [mɔn'tænən] **I** *s* locuitor din statul Montana *(S.U.A.)* **II** *adj* din Montana

montane [mɔn'tein] *adj* 1 muntos 2 care locuiește la munte

montan wax [,mɔntæn 'wæks] *s minr* ceară montană

monte-jus [*pronunția franceză*] *s ch* montejus

Montenegrin ['mɔnti:ni:grin] *adj, s* muntenegrean

monticule ['mɔntikju:l] *s* 1 dâmb, movilă, moviliță 2 *geol* con suplimentar *(la baza sau pe coasta unui vulcan)* 3 *(la animale)* gheb, cocoașă

monumentality [,mɔnjumən'tæliti] *s* monumentalitate, caracter monumental

monumentalize ['mɔnjumentəlaiz] *vt* a ridica un monument în cinstea *(cu gen)*, a eterniza printr-un monument

monumentally [,mɔnju'mentəli] *adv* 1 în manieră monumentală 2 extrem de, din cale afară de; ~ **boring** extrem de plictisitor

mooch [mu:tʃ] *sl* **I** *vi* 1 a umbla haimana, a trândăvi 2 a fura **II** *vt* a fura, a sfeterisi, a șterpeli

mood-faced ['mu:n,feist] *adj* cu fața rotundă ca o lună

mood swing ['mu:d swiŋ] *s amer* schimbare a dispoziției

moolah ['mu:lə] *s v.* **mulla(h)**

moon-blind [,mu:n'blaind] *adj* 1 *vet* suferind de oftalmie periodică 2 *med* suferind de hemerolapie 3 orb; miop

moonboots ['mu:nbu:ts] *s* cizme îmblănite folosite la munte după schi

mooned [mu:nd] *adj* 1 împodobit cu semiluni 2 de forma lunii / semilunii

mooner ['mu:nə] *s* 1 lunatic, somnambul 2 *fig* visător

moon-eyed [,mu:n'aid] *adj* 1 *v.* **moon-blind (1, 2)** 2 cu ochii larg deschiși / cu ochii holbați de frică, de surprindere *etc*

moonglade ['mu:ngleid] *s amer poetic* oglindirea lunii în apă

moonknife ['mu:n naif] *s (pielărie)* disc de înmuiat

moon landing ['mu:n ,lændiŋ] *s* aselenizare

moonlighter ['mu:nlaitə] *s* 1 persoană care are o a doua slujbă (la negru) 2 persoană șomeră care lucrează la negru 3 contrabandist *(de whisky)*

moonlighters ['mu:nlaitəz] *s pl ist* membri al „Ligii irlandeze" *(care distrugeau, în semn de protest noaptea semănăturile și vitele moșierilor englezi)*

moonlight flit [,mu:nlait 'flit] *s brit F* **to do a ~** a o șterge englezește / pe nesimțite

moonlighting ['mu:nlaitiŋ] *s* 1 muncă la negru 2 *av* raid nocturn

moon month ['mu:n mʌnθ] *s astr* lună lunară

moonscape ['mu:nskeip] *s* peisaj sub clar de lună

moonset ['mu:nset] *s* apusul / asfințitul lunii

moonshee ['mu:nʃi:] *s (cuvânt anglo-indian)* tălmaci, translator

moonshiner ['mu:n ,ʃainə] *s amer sl* 1 contrabandist *(care transportă alcool noaptea)* 2 alegător

moonshining ['mu:nʃainiŋ] *s* 1 lumina lunii 2 absurditate, nonsens, prostii 3 alcool distilat ilegal 4 *bot* imortelă originară din America cu involucre albe *(Anaphilis margaritacea)*

moon shot ['mu:n ʃɔt] *s* lansare a unui vehicul spațial spre Lună

moon walk ['mu:n wɔ:k] *s* mers / pășire pe Lună

moor cock ['muə kɔk] *s v.* **moor game**

moor fowl ['muə faul] *s v.* **moor game**

moor game ['muə geim] *s orn* potârniche albă din Scoția *(Lagopus scoticus)*; *(~ cock masculul; ~ hen femela)*

mooring anchor ['muəriŋ ,æŋkə] *s nav* ancoră de geamandură

mooring bitts ['muəriŋ bits] *s pl nav* bintă de lanț

mooring board ['muəriŋ bɔ:d] *s nav* planșetă de manevră

mooring buoy ['muəriŋ bɔi] *s nav* geamandură de acostare

mooring swivel ['muəriŋ ,swivl] *s nav* cheie de afurcare

mop [mɔp] **I** *vi* a face grimase / strâmbături **II** *s* grimasă, strâmbătură

mope-eyed [ˌməup'aid] *adj* miop

moper ['məupə] *s* om deprimat / blazat / apatic / ursuz

mopey ['məupi] *adj* trist, abătut, posomorât; predispus la ipohondrie; plictisit, ursuz

moppet ['mɔpit] *s* 1 *F* păpușă 2 *F* copil, puști 3 *înv* papușică, drăguță, micuță

mopping-up operation [ˌmɔpiŋʌp ɔpə'reiʃn] *s* operație de curățare

mopsy ['mɔpsi(:)] *s v.* **moppet (3)**

moralizer ['mɔrəlaizə] *s* moralist

moralizing ['mɔrəlaiziŋ] *adj* moralizator

moral majority [ˌmɔrəl mə'dʒɔriti] *s amer pol* the ~ neo-conservatorii

Moral Rearmament [ˌmɔrəl ri'ɑːməmənt] *s rel* mișcare internațională de renaștere morală; to **raise** ~ a ridica nivelul moral

morassy [mə'ræsii] *adj* mlăștinos

moratory ['mɔrətəri] *adj ec* de moratoriu, prin care se amână termenul de plată

Moravian [mə'reiviən] **I** *s* 1 locuitor din Moravia 2 *pl* ist frații din Moravia *(din secta husită, emigranți din Saxonia)* **II** *adj* 1 din Moravia 2 *ist* referitor la frații din Moravia

morbidly ['mɔːbidli] *adv* morbid, maladiv, nesănătos; groaznic, sumbru

morbidness ['mɔːbidnis] *s* 1 impresionabilitate bolnăvicioasă 2 bănuială 3 stare bolnăvicioasă 4 morbiditate

morbific(al) [mɔː'bifik(əl)] *adj* care produce boală, care îmbolnăvește

mordacity [mɔː'dæsiti] *s* corozivitate, causticitate, mordacitate

mordancy ['mɔːdənsi] *s v.* **mordacity**

moreen [mɔː'riːn] *s* damasc de lână *(întrebuințat pentru perdele)*

moreish ['mɔːriʃ] *adj brit F (d mâncare)* foarte gustos, apetisant

morganatically [ˌmɔːgə'nætikəli] *adv* morganatic

MORI ['mɔri] *presc de la* **Market & Opinion Research Institute** institut de sondare a opiniei publice

morion ['mɔurion] *s ist* chivără, coif, cască

Mormonite ['mɔːmənait] *s rel* mormon

morning-after pill [ˌmɔːniŋ aftə 'pil] *s* pilulă contraceptivă, pilulă de a doua zi

morning coat ['mɔːniŋ kəut] *s* haină bărbătească de vizită, redingotă

morning gown ['mɔːniŋ, gaun] *s* rochie de casă; halat

morning prayer [ˌmɔːniŋ 'preə] *s* rugăciune de dimineață

morning room ['mɔːniŋ ru(ː)m] *s* salonaș pentru doamne *(folosit dimineața)*

mornings ['mɔːniŋz] *adv* dimineața, în flecare dimineață

morning sickness ['mɔːniŋ ˌsiknis] *s* grețuri matinale

morocco leather [məˌrɔkəu 'leðə] *s* (piele) marochin

morph [mɔːf] *s zool* 1 populație a unei specii cu caracteristici morfologice / comportamentale distincte 2 variantă fenotipică a unei specii

morphinomania [ˌmɔːfinəu'meiniə] *s* morfinomanie

morphinomaniac [ˌmɔːfinəu'meiniæk] *adj, s* morfinoman

morphism ['mɔːfizm] *s mat* morfism

morphography [ˌmɔː'fɔgrəfi] *s* morfografie

morphophoneme [ˌmɔːfəu'fəuniːm] *s lingv* morfofonem

morse [mɔːs] *s zool* morsă, cal-demare *(Trichechus rosmarus)*

Morse alphabet [ˌmɔːs 'ælfəbit] *s* alfabet Morse

Morse code [ˌmɔːs 'kəud] *s tel* cod Morse

mort[1] [mɔːt] *s iht* somon de trei ani

mort[2] [mɔːt] *s dial* mulțime, grămadă; **I've a** ~ **things to do** am o grămadă de treburi de făcut

mortadella [ˌmɔːtə'delə] *s gastr* salam condimentat și afumat

mortar board ['mɔːtə bɔːd] *s* 1 netezitoare, mala; drișcă, fățuitoare 2 *F* tocă cu vârful pătrat *(a studenților și profesorilor din universitățile engleze)*

mortgage deed ['mɔːgidʒ diːd] *s jur* obligațiune ipotecară; titlu de gaj

mortage rate ['mɔːgidʒ reit] *s fin* rata creditului imobiliar

mortgagor [ˌmɔːgə'dʒɔː] *s jur* datornic, debitor de ipotecă

mortise lock ['mɔːtis lɔk] *s tehn* broască îngropată

mortuary urn [ˌmɔːtjuəri 'ɔːn] *s* urnă mortuară

MOS *presc de la* **Metal-Oxide-Semiconductor** *s tehn* metal-oxid-semiconductor

Mosaic [mə'zeiik] *adj bibl* mozaic

mosaic gold [məˌzeiik 'gəuld] *s* aur masiv *(bisulfură de staniu)*

Mosaism [mə'zeiizm] *s* mozaism

mosasaurus [ˌməusə'sɔ(ː)rəs] *s (paleontologie)* mozazaur (reptilă marină preistorică)

Moses basket [ˌməuziz 'bɑːskit] *s* leagăn portativ de răchită

mosquito fleet [mɔs'kiːtəu fliːt] *s nav mil* flotă de vedete torpiloare

Mosquito State [məs'kiːtəu steit] *s amer* statul New Jersey (S.U.A.)

moss back ['mɔs bæk] *s amer* 1 *v.* **menhaden** 2 *sl ist* om care se ascundea în mlaștini pe timpul războiului civil american, pentru a evita înrolarea în armata de sud 3 conservator extrem, retrograd

moss berry ['mɔs ˌberi] *s bot* soi de afin (Vaccinium oxycoccos)

moss bunker ['mɔs ˌbʌŋkə] *s v.* **menhaden**

mossed [mɔst] *adj* (acoperit) cu mușchi

moss green [ˌmɔs 'griːn] **I** *s (culoare)* verde (ca mușchiul) **II** *adj (d culori)* verde (ca mușchiul)

mossoo [mɔ'suː] *s P* 1 domn(ul) 2 francez

moss rose ['mɔs rəuz] *s bot* trandafir-de-dulceață (Rosa centifolia)

moss stitch ['mɔs stitʃ] *s text (împletitură)* bob de orez

moss trooper ['mɔs ˌtruːpə] *s* 1 *ist* contrabandist la hotarul Scoției *(în sec. al XVIII-lea)* 2 *fig* bandit, spărgător

most-favoured-nation [ˌməustfeivəd'neiʃn] *adj pol* ~ **clause** clauza națiunii celei mai favorizate

MOT [ˌem əu'tiː] **I** *s auto (în Marea Britanie)* control tehnic anual obligatoriu al autovehiculelor mai vechi de 3 ani **II** *vt* to have one's car ~ed a-și supune mașina controlului tehnic

mote[1] [məut] *vb modal înv* a putea; **so** ~ **it be** amin, așa să fie

mote[2] [məut] *s* 1 *înv ist* movilă, dâmb, colină; deal *(pe care se înalță un castel, o fortificație etc.)* 2 tumulus, gorgan, măgură

mote[3] [məut] *vi P* a merge cu automobilul; a face automobilism

mother ['mʌðə] *s (şi ~ of vinegar)* floare *(produsă în timpul fermentării oţetului)*

motherboard ['mʌðəbɔːd] *s cib* placă de bază *(a unui calculator)*

mothercraft ['mʌðəkrɑːft] *s* 1 însuşiri de mamă 2 îndatoriri de mamă 3 puericultură

motherfucker ['mʌðə,fʌkə] *s amer sl* imbecil, cretin, idiot

Mother Goose [,mʌðə 'guːs] *s* cunoscută autoare sau colecţionară de vechi poezii pentru copii publicate sub titlul „*Mother Goose's Melodies*"

Mother Goose rhyme [,mʌðə'guːs raim] *s amer* versuri pentru copii

Mother Hubbard [,mʌðə 'hʌbəd] *s* 1 personaj din *Mother Goose's Melodies* 2 un fel de rochie largă

mother liquor ['mʌðə ,likə] *s ch* soluţie-mamă

mother's mark [,mʌðəz 'mɑːk] *s* aluniţă; semn din naştere

motile ['məutil] *adj biol* înzestrat cu mobilitate / cu mobilitate

motion picture camera [,məuʃn piktʃə 'kæmərə] *s fot* aparat de filmat

motion-picture cartoons [,məuʃn piktʃə kɑː'tuːnz] *s pl* desene animate

motivational [,məuti'veiʃnəl] *adj* motivaţional

motocross ['məutəkrɔs] *s sport* motocros

motor bike ['məutə baik] *s F* motocicletă; motoretă

motor boating ['məutə ,bəutiŋ] *s* 1 canotaj cu barca cu motor 2 *tel* zgomot de motor

motor coach ['məutə kəutʃ] *s auto* autobuz; motocar

motor cycling ['məutə ,saikliŋ] *s* motociclism

motor-driven ['məutə drivn] *adj* 1 acţionat de motor, cu motor 2 cu electromotor

motordrome ['məutədrəum] *s auto* traseu / pistă de curse automobilistice

motor generator ['məutə ,dʒenəreitə] *s el* (grup) motor-generator; convertizor

motor home ['məutə həum] *s v.* **mobile home**

motorial [məu'təuriəl] *adj* motor; de mişcare; motociclism

motor inn ['məutərin] *s amer* motel

motor launch ['məutə lɔːntʃ] *s nav* barcaz

motorless ['məutəlis] *adj* fără motor

motor lodge ['məutə lɔdʒ] *s amer* motel

motor neurone disease [,məutə njurəun di'ziːz] *s med* afecţiune a neuronilor motori

motor school ['məutə ,skuːl] *s* şcoală de conducători auto

motor scooter ['məutə ,skuːtə] *s auto* scuter

motory ['məutəri] *adj anat (d nervi etc.)* motor, motrice

mottler ['mɔtlə] *s* 1 lucrător care colorează săpunul 2 bidinea / pensulă de stropit culoarea

moufflon ['muːflɔn] *s zool* oaie sălbatică *din sudul Europei (Ovis musimon)*

mouillation [muː'jeiʃn] *s fon* înmuiere, palatalizare

mouldy[1] ['məuldi] *adj* 1 mucezit, mucegăit 2 *fig* învechit, demodat

mouldy[2] ['məuldi] *s nav P* torpilă; **to squirt a ~** a arunca o torpilă

mound [maund] *s heraldică* glob de aur *(ca simbol al Pământului)*

mountain bike ['mauntin baik] *s* bicicletă pentru teren accidentat

Mountain Daylight Time [,mauntin 'deilait taim] *s (în S.U.A.)* ora de vară în M-ţii Stâncoşi

mountaineer [,maunti'niə] *I s* 1 alpinist, ascensionist 2 muntean *II vi* a face alpinism / ascensiuni

mountaineering [,maunti'njəriŋ] *s* alpinism

mountain flax ['mauntin flæks] *s bot* ineaţă *(Linum catharticum)*

mountain goat ['mauntin gəut] *s zool* capra-zăpezilor *(Oreamnos montanus)*

mountain lake ['mauntin leik] *s* iezer, lac de munte

mountain laurel ['mauntin ,lɔrəl] *s bot* smârdar *(Rhododendron sp.)*

mountain leather ['mauntin ,leðə] *s min* azbest

mountain making ['mauntin ,meikiŋ] *s* formare a munţilor, orogeneză

mountain pass ['mauntin pɑːs] *s* trecătoare *(de munte)*, pas, strungă, defileu

mountain sheep ['mauntin ʃiːp] *s* oricare din speciile de oaie sălbatică din regiunile muntoase

mountain side ['mauntin said] *s* povârniş de munte

mountain top ['mauntin tɔp] *s* vârf de munte, pisc

mountainy ['mauntini] *adj* 1 *(d o regiune etc.)* muntos 2 caracteristic unei regiuni de munte 3 *(d o persoană)* care locuieşte într-o regiune de munte

mountant ['mauntənt] *adj înv* înalt, ridicat

mountebankery ['mauntibæŋkəri] *s* 1 şarlatanie 2 lăudăroşenie

Mountie, Mounty ['maunti] *s F (în Canada)* membru al poliţiei călare; **the ~s** poliţia călare

mounting ['mauntiŋ] *I s* 1 instalare, aşezare, amplasare; montare *(a unei maşini)*; **the engine ~s** piesele de asamblaj ale unei maşini 2 *mil* înarmare *(a unei armate)*; echipare *(a unui vas)* 3 urcare, suire *(pe cal, în maşină)* 5 montaj; garnitură 4 împăiere *(a animalelor)* 6 legare, garnitură, suport, montare; **silver ~** garnitură de / montură de argint 7 *teatru* montare, punere în scenă 8 *mil* afet *(de tun, de mitralieră)* *II adj* suitor, urcător

mournfulness ['mɔːnfulnis] *s* 1 tristeţe; depresie; înfăţişare dezolantă 2 caracter funebru

mouse barley ['maus ,bɑːli] *s bot* orzul-şoarecilor *(Hordeum murinum)*

mouselike [,maus'laik] *adj* tăcut, care tace ca un peşte

mousquetaire [,muːskə'teə *şi pronunţia franceză*] *s mil ist* muschetar

mousseline ['muːsliːn] *s fr text* muselină

mouthful ['mauθful] *s* 1 îmbucătură, gură; duşcă, înghiţitură; **to say a ~** a spune ceva cu gravitate / emfază, a face pe grozavul 2 *fig* puţin, pic, strop

mouth-to-mouth [,mauθ tə'mauθ] *adj (d respiraţie)* artificială, gură-la-gură; **to give smb ~ resuscitation** a face cuiva respiraţie gură-la-gură / artificială

mouth-watering [,mauθ 'wɔːtəriŋ] *adj* apetisant, îmbietor, care îţi lasă gura apă

movableness ['mu:vəblnis] *s* mobilitate

movie camera ['mu:vi ,kæmrə] *s cin, telev* cameră de luat vederi

movie house ['mu:vi haus], **movie-maker** ['mu:vi ,meikə] *s amer sl* industriaş de filme

movie theatre ['mu:vi ,θiətə] *s amer* sală de cinematograf

moving coil [,mu:viŋ 'kɔil] *s el* bobină mobilă

moving iron meter [,mu:viŋ'aiən mi:-tə] *s el* contor electromagnetic

moving pavement [,mu:viŋ 'pei-vmənt] *s brit* trotuar rulant

mow[1] [məu] I *s* **1** grimasă II *vi* a face grimase / strâmbături, a se strâmba

mow[2] [məu], *pret* **mowed** [məud], *ptc* **mowed** *sau* **mown** [məud] [məun] *vt* **1** a cosi; a tunde cu maşina (*iarba, fânul*) **2** *fig* to ~ **down** a distruge în masă, a secera

mowing ['məuiŋ] *s agr* cosit; secerat

mown [məun] *ptc de la* **mow**[2]

moxa ['mɔksə] *s bot* un fel de pelin – plantă medicinală folosită împotriva gutei (*Artemisia moxa*)

moyen ['mɔiən] *s fr* mijloc, resursă

Mozambique Channel [məuzæm-,bi:k 'tʃænl] *s geogr* strâmtoarea Mozambic

mozzarella [,mɔtsə'relə] *s it gastr* specialitate de brânză

mpg *presc de la* miles per gallon mile pe galon

M Phil [,em'fil] *presc de la* Master of Philosophy titlu de master în filozofie

MPS *presc de la* Member of Pharmaceutical Society *s brit* membru al Societăţii de Farmacie (*diplomă în farmacie*)

Mr. Big [,mistə 'big] *s sl* ştab, barosan, şef, patron

MRC *presc de la* Medical Research Council *s* institut de cercetări medicale (*în Londra*)

MRCP *presc de la* Member of the Royal College of Physicians diplomă superioară de medicină generală

MRCS *presc de la* Member of the Royal College of Surgeons diplomă superioară de chirurgie

MRCVS *presc de la* Member of the Royal College of Veterinary Surgeons diplomă de medicină veterinară

MRP *presc de la* Manufacture's Recommended Price *ec* preţ recomandat de producător

Mr. Right [,mistə'rait] *s F* bărbatul ideal, bărbatul visurilor, Făt-Frumos

Mrs Mop [,misiz 'mɔp] *s F brit* femeie de serviciu, menajeră

MSA *presc de la* Master of Science in Agriculture *s* titlu de master în ştiinţe agricole

MSB *presc de la* Most Significant Bit *cib* bitul cel mai semnificativ

MSF *presc de la* Manufacturing, Science, Finance *s (în Marea Britanie)* confederaţie sindicală

Msgr *presc de la* Monsignor *s bis* monsenior

Mss *presc de la* manuscripts *s* manuscrise

MST *presc de la* Mountain Standard Time

MSW *presc de la* Master of Social Work *s* titlu de master în asistenţă socială

MT *presc de la* **1** Machine Translation *s* traducere automată **2** Montana *stat în S.U.A.*

muchly ['mʌtʃli] *adv înv umor* foarte, tare, grozav (de)

mucilaginous [,mju:si:lædʒinəs] *adj* mucilaginos, vâscos

mucker ['mʌkə] I *s* **1** *sl* cădere, eşec, fiasco; to come a ~ a se sparge; a da de belea **2** măturător de stradă **3** persoană care scurmă prin gunoi în căutare de bani II *vt* a băga în încurcătură, a vârî în belea III *vi* a o păţi rău (de tot)

muckraker ['mʌkreikə] *s fig* persoană căreia îi place să descopere scandaluri şi cazuri de corupţie

muckraking ['mʌkreikiŋ] *s fig* descoperire şi demascare a unor scandaluri şi cazuri de corupţie

mud bank ['mʌd bæŋk] *s* banc de nisip

mud boat ['mʌd bəut] *s nav* şalandă de dragă

muddledom ['mʌdldəm] *s umor* zăpăceală, harababură

muddle-headedness [,mʌdl'hed-idnis] *s* zăpăceală, confuzie, încurcătură

muddler ['mʌdlə] *s* zăpăcit; aiurit; persoană care încurcă lucrurile / care produce dezordine

muddle-up ['mʌdlʌp] *s* neînţelegere, confuzie, încurcătură

mudfish ['mʌdfiʃ] *s iht* peşte-de-mâl

mudflap ['mʌdflæp] *s auto* apărătoare de noroi (*la roţi*)

mud hut ['mʌd hʌt] *s* colibă de pământ

mudpack ['mʌd pæk] *s (în cosmetică)* mască de nămol

mud pie [,mʌd 'pai] *s* turtă de noroi

mudsill ['mʌdsil] *s min* grindă; bustean de fundaţie

mudslinger ['mʌd ,sliŋə] *s amer sl* clevetitor, gură rea, calomniator

mudslinging ['mʌd,sliŋiŋ] *s* calomniere, denigrare; *fig* împroşcare cu noroi (*mai ales în campaniile electorale*)

mudstone ['mʌd stəun] *s geol* argilit

muesli ['mju:zli] *s brit* amestec din fulgi de cereale şi fructe uscate (*pentru micul dejun*)

muffle ['mʌfl] *s zool* bot, gură, rât

mug [mʌg] *s dial* negură, ceaţă

mugful ['mʌgful] *s (indicând cantitatea)* (o) cană (*de bere etc.*)

mugger ['mʌgə] *s zool* crocodil (*de India*)

mugginess ['mʌginis] *s* **1** zăpuşeală, înăbuşeală, aer cald şi umed, umiditate atmosferică **2** aer închis / viciat / sufocant

mugging ['mʌgiŋ] *s* **1** (*în teatru*) cabotinism **2** agresiune, atac pe stradă (*în scop de jaf*)

mug house ['mʌg haus] *s înv* berărie, bodegă

mug shot ['mʌgʃɔt] *s* fotografie din faţă (*mai ales la poliţie*)

mugwort ['mʌgwə:t] *s bot* pelinariţă (*Artemisia vulgaris*)

mugwumpery ['mʌgwʌmpəri] *s amer pol sl* independenţă

mujaheddin [,mu:dʒəhe'di:n] *s* mujahedin, luptător al unei armate de eliberare islamice

mule [mju:l] *vi* **1** a miorlăi **2** a scânci

mule-headed [,mju:l'hedid] *adj* încăpăţânat ca un catâr

mule jenny ['mju:ldʒeni] *s tehn* selfactor, maşina de filat fire fine

muley ['mu(:)li] ['mju:li] *s amer* vacă *etc.* fără coarne

muliebrity [,mju:li'ebriti] *s* feminitate

mull[1] [mʌl] I *vt sport* a greşi, a rata (*o lovitură*), a nu lovi (*mingea*) II *s* eşec, ratare, greşeală, luft; to make a ~ of smb a strica / a greşi ceva; a rata ceva

mull[2] [mʌl] *vt amer* a (se) gândi / a cugeta / a medita la

mull[3] [mʌl] *s* tabacheră de masă *(din corn de berbec, legată în argint)*

mulla(h) ['mʌlə] *s (cuvânt arab)* preot musulman

muller ['mju:liə] *s înv* femeie

mullet ['mʌlit] *s iht* chefal *(Mugil)*

mulligan ['mʌligən] *s amer F* mâncare proastă

mullock ['mʌlək] *s constr* **1** murdărie, gunoi **2** *min* rocă sterilă, steril; grămadă de deșeuri

multeity [mʌl'ti:iti] *s* mulțime, multitudine

multiaccess [,mʌlti'æksəs] *adj cib* cu acces multiplu

multi-address [,mʌltiə'dres] *s autom* adresă multiplă

multiangular ['mʌlti'æŋgjulə] *adj mat* poligonal, cu mai multe unghiuri

multi-cellular [,mʌlti'seljulə] *adj* multicelular

multichannel [,mʌlti'tʃænl] *adj* multicanal

multicultural [,mʌlti'kʌltʃrəl] *adj* care cuprinde mai multe culturi, care aparține mai multor culturi

multiculturalism [,mʌlti'kʌltʃrəlizm] *s* integrare a mai multor culturi

multicylinder [,mʌlti'silində] *adj* cu mai mulți cilindri, policilindric

multidirectional [,mʌltidi'rekʃnəl] *adj* care este îndreptat în mai multe direcții

multidisciplinary [,mʌlti'disiplinəri] *adj* multidisciplinar, pluridisciplinar, interdisciplinar

multi-engined [,mʌlti'endʒind] *adj av* cu mai multe motoare, multimotor

multiethnic [,mʌlθi'eθnik] *adj* în care coexistă mai multe etnii

multifaceted [,mʌlti'fæsitid] *adj* care prezintă mai multe fațete / aspecte

multifamily [,mʌlti'fæmili] *adj (d case etc.)* pentru mai multe familii

multifariousness [,mʌlti'feəriəsnis] *s* varietate; multiplicitate

multifile ['mʌltifail] *adj cib* cu fișiere multiple

multifold ['mʌltifəuld] *adj* multiplu, repetat, cu repetiție

multiformity [,mʌlti'fɔ:miti] *s* polimorfism, multiformitate

multihull ['mʌltihʌl] **I** *adj (d o navă)* cu mai multe carcase **II** *s* navă cu mai multe carcase

multilaterally [,mʌlti'lætərəli] *adv* în mod multilateral

multilingual [,mʌlti'liŋgwəl] *adj* multilingv

multimedia [,mʌlti'mi:djə] *adj cib (d calculatoare)* multimedia

multimeter ['mʌlti,mi:tə] *s tehn* multimetru

multinational [,mʌlti'næʃnl] **I** *adj (d state etc.)* multinațional **II** *s* grup industrial, financiar *etc.* multinațional

multinomial [,mʌlti'nəumiəl] *s mat* polinom

multipartite [,mʌlti'pɑ:tait] *adj* divizat în mai multe părți, împărțit; care are mai mulți membri / semnatari

multiparty ['mʌlti,pɑ:ti] *adj (d un sistem politic)* pluralist, multipartid

multiped ['mʌltiped] *adj zool* cu multe picioare

multiphase ['mʌltifeiz] *adj el* polifazic, polifazat

multiplane ['mʌltiplein] *adj, s av* multiplan

multiple-access [,mʌltipl'æksəs] *adj v.* **multiaccess**

multiple-choice [,mʌltipl'tʃɔis] *adj* cu posibilități de alegere multiple

multiple personality [,mʌltipl pə:sə'næliti] *s psih* dedublare a personalității

multiple plough [,mʌltipl 'plau] *s agr* plug cu mai multe trupițe, plug polibrăzdar

multiple shop [,mʌltipl 'ʃɔp] *s* magazin cu sucursale

multiplexer, multiplexor ['mʌlti,pleksə] *s tel* multiplexor

multiplication sign [mʌltipli'keiʃn sain] *s mat* semnul înmulțirii

multiplicative [,mʌlti'plikətiv] *adj* multiplicativ

multi-ply ['mʌltiplai] *adj* cu mai multe straturi, stratificat

multiplying ['mʌltiplaiiŋ] *adj* multiplicativ

multi-polar [,mʌlti'pəulə] *adj el* multipolar

multiprocessor [,mʌlti'prəusesə] *adj cib* multiprocesor

multiprogramming [,mʌlti'prəugræmiŋ] *s cib* multiprogramare

multipurpose [,mʌlti'pə:pəs] *adj* care poate fi folosit în mai multe scopuri, polivalent, multifuncțional

multitasking [,mʌlti'tɑ:skiŋ] *s cib* sarcină multiplă

multitrack [,mʌlti'træk] *adj (d o bandă magnetică)* cu mai multe piste

multiuser [,mʌlti'ju:zə] *adj cib* multiutilizator

multivalence [,mʌlti'veiləns] *s ch* polivalență

multiwindow [,mʌlti'windəu] *adj cib* cu mai multe ferestre

multure ['mʌltʃə] *s* plată în natură la moară, uium

mumbler ['mʌmblə] *s* mormăitor, mormăit

mumblingly ['mʌmbliŋli] *adv* mormăit nedeslușit

mumchance ['mʌmtʃɑːns] *s înv* to sit / to keep ~ a tăcea mâlc / chitic

mu meson [,mju: 'mi:zɔn] *s fiz* mezon

mummiform ['mʌmifɔ:m] *adj* în formă de mumie

mump[1] [mʌmp] *vi înv* a se bosumfla

mump[2] [mʌmp] *vi și vt* a cerși

mumper ['mʌmpə] *s înv* cerșetor, milog

munchies ['mʌntʃiz] *s amer F* gustare, ceva de rontăit; to have the ~ a-i fi foame

mundaneness ['mʌndeinnis] *s* caracter lumesc; caracter monden

mundanity [mʌn'dæniti] *s v.* **mundaneness**

mung bean ['mʌŋ bi:n] *s bot* varietate de fasole din zonele calde *(Phaseolus aureus)*

mungoose ['mʌŋgu:s] *s zool* mangustă *(Herpestes sp.)*

municipal engineering [mju:,nisipəl endʒi'niəriŋ] *s* urbanism, tehnică urbanistică / municipală

muniment room ['mju:nimənt ru(:)m] *s* arhivă *(ca încăpere)*

munitioner [mju:'niʃnə] *s v.* **munition worker**

munshi ['mu:nʃi:] *s v.* **moonshee**

muntin ['mʌntin] *constr s* șpros *(la fereastră)* pentru fixarea geamurilor

muon ['mju:ɔn] *s fiz* miuon

mural painting [,mjuərəl 'peintiŋ] *s* pictură murală

Murcia ['mə:siə] *s geogr* oraș în Spania

murderess ['mə:dəris] *s* ucigaşă, criminală, asasină

mure [mjuə] **I** *s* perete, zid **II** *vt* **1** a zidi *(o uşă, o fereastră)* **2** *ist* a închide *(într-un turn etc.)*

murex ['mju:reks], *pl* **murexes** ['mju:reksiz] *sau* **murices** ['mju:risi:z] *s* moluscă din care se extrage purpura

muriate ['mjuərieit] *s ch* clorură de potasiu

murkiness ['mə:kinis] *s* întuneric, întunecime, obscuritate

murmurer ['mə:mərə] *s* cârtitor

Murphy bed ['mə:fi bed] *s amer* pat escamotabil

Murphy's law [,mə:fiz 'lɔ:] *s* legea lui Murphy

murrey ['mʌri] *adj înv* roşu-închis, purpuriu

Mururoa Atoll [muru,rəuə'ætɔl] *s geogr* atolul Mururoa

Mus B [,mʌz 'bi:], **MusBac** ['mʌz-bæk] *presc de la* Bachelor of Music licenţă în muzică

muscadine ['mʌskədaːn] *adj* tămâios, muscat

muscleman ['mʌslmæn] *s* bărbat foarte puternic, Hercule; *fig* gorilă, gardă personală

muscly ['mʌsli] *adj* musculos, plin de muşchi

muscology [mʌ'skɔlədʒi] *s bot* muscologie

Muscovy duck [,mʌskəvi'dʌk] *s v.* **musk duck**

muscular distrophy [,mʌskjulə 'distrɔfi] *s med* distrofie musculară

Mus D [,mʌz'di:], **Mus Doc** ['mʌz-dɔk] *presc de la* Doctor of Music (titlu de) doctor în muzică

muser ['mju:zə] *s* visător

mushiness ['mʌʃinis] *s* **1** porozitate, caracter spongios **2** lipsă de consistenţă *(a unui aliment etc.)* **3** sensibilitate falsă, afişată

mushroom anchor ['mʌʃrum ,æŋkə] *s nav* ancoră-ciupercă

mushroom cloud ['mʌʃrum ,klaud] *s* ciupercă atomică

mushrooming ['mʌʃru:miŋ] *s* **1** cules de ciuperci **2** *fig* creştere rapidă, proliferare

musical chairs [,mju:zikl 'tʃeəz] *s* **1** joc în care se urmăreşte ocuparea scaunelor la oprirea muzicii **2** *fig* schimbări dese pentru a obţine un avantaj; *pol* remanieri

musical instrument [,mju:zikəl 'instrumənt] *s* instrument muzical

musicalness ['mju:zikəlnis] *s* caracter melodios / armonios; muzicalitate

music box ['mju:zik bɔks] *s amer* cutie muzicală; tonomat

music case ['mju:zik keis] *s* dosar de carton pentru note

music centre ['mju:zik ,sentə] *s* combină muzicală

musicianly [mju:'ziʃnli] *adj (d interpretare etc.)* de virtuos

music lover [,mju:zik 'lʌvə] *s* iubitor de muzică, meloman

musicographer [,mju:zi'kɔgrəfə] *s* muzicograf

music paper ['mju:zik ,peipə] *s* hârtie de note muzicale

music wire ['mju:zik ,waiə] *s muz* coardă / strună de metal

musk duck ['mʌsk ,dʌk] *s zool* raţă cu miros de mosc *(Cairina moschata)*

muskeg ['mʌskeg] *s (în Canada)* **1** teren mlăştinos **2** turbărie

musk shrew ['mʌsk ,ʃru:] *s zool* şobolan / guzgan cu miros de mosc *(Fiber Zibetthicus)*

Mussorgsky [mu'sɔ:gski] *s* Modest ~ compozitor rus *(1839 – 1881)*

mussy ['mʌsi] *adj amer F* răvăşit; de-a valma; în dezordine

must [mʌst] *adj (d elefanţi etc.)* furios, nebun; **to go ~** a înnebuni, a fi cuprins de furie

mustachioed [mə'sta:ʃiəud] *adj* mustăcios, cu mustăţi

musteline ['mʌstilain] *zool* **I** *adj* de nevăstuică **II** *s* nevăstuică *(Mustela nivalis)*

muster-roll ['mʌstərəul] *s* listă nominală *(a personalului, a efectivului, a echipamentului)*, listă de apel; *mil* **to be on the ~** a se afla în evidenţele armatei / a face parte din cadrele armatei

mutagen ['mju:tədʒən] *adj* mutagen

mutch [mʌtʃ] *s scot* bonetă, scufie

mute[1] [mju:t] *vt* a opri fermentarea *(vinului)* prin sulfurare

mute[2] [mju:t] **I** *vt (d penele păsărilor)* a cădea **II** *vi (d păsări)* a năpârli

mute[3] [mju:t] **I** *vt (d păsări)* a face murdărie **II** *vi (d păsări)* a se murdări

mute[4] [mju:t] *s dial* catâr

muted ['mju:tid] *adj muz* în surdină

mute swan [,mju:t 'swɔn] *s ornit* lebăda-cucuiată *(Cygnus olor)*

mutilator ['mju:tileitə] *s* mutilator

mutinously ['mju:tinəsli] *adv* pe un ton de revoltă

mutinousness ['mju:tinəsnis] *s* tendinţă de revoltă; nesupunere

mutterer ['mʌtərə] *s* mormăitor; cel care mormăie / bombăne / bolboroseşte

muttering ['mʌtəriŋ] **I** *adj* ool oaro mormăie / bombăne / murmură / bolboroseşte **II** *s* **1** bombănit, mormăit, bolboroseală, murmur **2** rumoare **3** bubuit *(de tunet)*; hostile ~ duşmănie ascunsă / înăbuşită

mutton bird ['mʌtn bə:d] *s orn* vestitor de furtună *(Pterodroma sp. şi Pufinus sp.)*

mutton head ['mʌtnhed] *s F* prost, imbecil, tâmpit

mutton-headed [,mʌtn'hedid] *adj* bătut în cap, greu de cap, tâmpit

muttony ['mʌtəni] *adj* cu miros *sau* gust *(de carne)* de oaie

mutual fund [,mju:tʃuəl 'fʌnd] *s amer fin* fond mutual de investiţii

mutual inductance [,mju:tʃuəl in-'dʌktəns] *s tehn, fiz* inductanţă mutuală

mutual induction [,mju:tʃuəl in'dʌkʃn] *s el* inducţie mutuală

mutual insurance [,mju:tʃuəl in-'ʃuərəns] *s* asigurare mutuală

Muzak ['mju:zæk] *s* muzică înregistrată folosită ca fundal sonor *(în restaurante etc.)*

muz(z) [mʌz] *s*/ tocilar

muzziness ['mʌzinis] *s* **1** zăpăceală, stare confuză **2** *(d o imagine etc.)* neclar, imprecis, vag

muzzle loader ['mʌzl ,ləudə] *s mil* armă care se încarcă prin ţeavă

muzzle-loading [,mʌzl'ləudiŋ] *mil* **I** *s* încărcare prin ţeava armei **II** *adj mil* care se încarcă prin ţeavă

muzzle ring ['mʌzl riŋ] *s mil* brăţară *(la ţeava puştii)*

muzzle velocity ['mʌzl vi,lɔsiti] *s mil* viteză iniţială *(a unui proiectil, glonţ etc.)*

MVP *presc de la* Most Valuable Player *s amer sport* titlu acordat celui mai bun jucător al unei echipe

MW *presc de la* Medium Wave *s rad* undă medie

MX *presc de la* Missile-experimental *s mil* rachetă balistică americană cu focoasă nucleară

myalgia [mai'ældʒiə] *s med* mialgie, durere în mușchi, junghi muscular

myall ['maiɔːl] *s bot* salcâm-australian, lemn-violet (Acacia pendula, Acacia homalophylla)

Myanmar [ˌmaiæn'mɑːr] *s geogr* denumirea oficială a Birmaniei (stat în S-V Asiei)

Mycenaean [ˌmaisi'niən] I *s ist* micenian II *adj* micenian

Mycenean [ˌmais'niːən] *adj* micenian, de la Mycene

mycetes [mai'siːtiːz] *s pl bot* micete, bureți

myeloma [ˌmaiə'ləumə] *s med* mielom

mynheer [main'hiə] *s* 1 (înaintea unui nume olandez) domnul 2 olandez

myoblast ['maiəblɑːst] *s fizl* mioblast

myocardial [ˌmaiəu'kɑːdiəl] *adj* miocardic; ~ infarction infarct miocardic

myosis [mai'əusis] *s med* mioză

myosotis [ˌmaiə'səutis] *s bot* nu-mă-uita (Myosotis sp)

myotonia [ˌmaiəu'təuniə] *s med* miotonie

myriapoda [ˌmiri'æpədə] *s pl zool* miriapode

mystery ship ['mistəri ʃip] *s ist, nav* vas cursă împotriva bărcilor

mystery story ['mistəri ˌstɔri] *s* povestire polițistă; mister, intrigă misterioasă

mystery tour ['mistəri tuə] *s* excursie cu destinație necunoscută

mystified ['mistifaid] *adj* 1 mistificat, falsificat 2 indus în eroare 3 zăpăcit, lăsat perplex

mystifier ['mistifaiə] *s* 1 mistificator 2 persoană care dezorientează; persoană care complică o chestiune

mystique [mi'stiːk] *s* mistică

mythicize ['miθisaiz] *vt* 1 a conferi un caracter mitic (cu dat) 2 a interpreta dintr-un punct de vedere mitologic

myth maker ['miθ ˌmeikə] *s* creator de mituri

mythomania [ˌmiθə'meinjə] *s* mitomanie

mythomaniac [ˌmiθə'meiniæk] I *s* mitoman II *adj* mitoman

mythopoeic [ˌmiθə'piːik] *adj* care creează mituri

mythopoetic [ˌmiθəupəu'etik] *adj* v. **mythopoeic**

myxomatosis [ˌmiksəmə'təusis] *s med vet* mixomatoză

N

NA *presc de la* Narcotics Anonymous ['nɑːkɔtiks əˈnɔniməs] *s* asociație americană care acordă ajutor toxicomanilor

NAACP *presc de la* National Association for the Advancement of Colored People *s* ligă americană pentru apărarea drepturilor populației negre

Naafi ['næfi] *presc de la* Navy, Army and Air Force Institutes *s* (*în Marea Britanie*) magazin alimentar sau cantină rezervate militarilor

nab [næb] *s* **1** vârf (de munte); înălțime **2** recif, stâncă în apă **3** *mil* cocoș, trăgaci

nabs [næbz] *s* F individ, ins, flăcău; my ~! bătrâne! prietene!

nacarat ['nækəræt] **I** *adj* de culoare roșu-deschis **II** *s text* varietate de zăbranic de Portugalia

nachos ['nɑːtʃəuz] *s pl gastr* mâncare mexicană din porumb și brânză topită

nacred ['neikəːd] *adj* cu sidef

nacreous ['neikriəs] *adj* de sidef, ca sideful

nacreous clouds [ˌneikrəs 'klaudz] *s pl* nori irizați

NACU *presc de la* National Association of Colleges and Universities *s* asociația unităților de învățământ superior din S.U.A.

naff [næf] *adj brit sl* mizerabil, nasol

naffing ['næfiŋ] **I** *adj brit sl* afurisit; ~ hell! la naiba! **II** *adv* extrem de; ~ marvellous! grozav! excelent!

nagana [nəˈgɑːnə] *s vet* (*în Africa de Sud*) nagana

nagging ['nægiŋ] **I** *adj* **1** cicălitor, șicanator **2** (*d durere etc*) supărător, enervant **II** *s* ciorovăială, sfadă, ciondăneală, ceartă

nail bomb ['neil bɔm] *s* bombă artizanală (*umplută cu cuie*)

nail claw ['neil klɔː] *s tehn* rangă cu gheare

nail clippers ['neil ˌklipəːs] *s pl* unghieră, clește de unghii

nailless ['neillis] *adj* **1** fără cuie **2** fără unghii

nail maker ['neil ˌmeikə] *s tehn* forjor de cuie

nail polish ['neil ˌpɔliʃ] *s amer* lac de unghii, ojă

nail puller ['neil ˌpulə] *s v.* **nail claw**

Nairobi [nai'rəubi] *s geogr* capitala Kenyei (*stat în Africa orientală*)

naked eye [ˌneikid 'ai] *s* ochi neînarmat / liber

nakedly ['neikidli] *adv* **1** gol **2** *fig* simplu; fără perdea

NALGO ['nælgəu] *presc de la* National and Local Government Officers' Association *s* fost sindicat al funcționarilor publici din Marea Britanie

Nam [nɑːm] *s amer* F Vietnam

NAM *presc de la* National Association of Manufacturers *s* organizație patronală americană

name board ['neim bɔːd] *s tehn* tăbliță / plăcuță cu marca fabricii; emblemă

name-dropper ['neim ˌdrɔpə] *s* she's an awful ~ e culmea, cunoaște pe toată lumea!

name-dropping ['neim ˌdrɔpiŋ] *s* aluzie frecventă la persoane cunoscute (*pentru a-și da importanță, a impresiona*)

name part ['neim pɑːt] *s* (*în teatru*) rol titular

nametape ['neimteip] *s* emblemă, etichetă (*prinsa de căptușeala unei haine*)

Namib Desert [nəˌmib 'dezət] *s geogr* pustiu din sud-vestul Africii

Namibia [nəˈmibiə] *s geogr* stat în Africa

Namibian [nəˈmibiən] **I** *s* namibian, locuitor din Namibia **II** *adj* namibian

naming ['neimiŋ] *s* **1** denumire, botezare (*a unui vapor etc.*) **2** menționare, citare **3** nominalizare

nan [næn] *s* F *brit* mamaie

nana[1] ['nænə] *v.* **nan**

nana[2] ['nænə] *s* banană

nan bread ['nɑːn bred] *s gastr* pâine indiană

nandu ['nændu(ː)] *s orn* nandu (*Rhea americana*)

Nanjing [ˌnænˈdʒiŋ] *s geogr* oraș în China centrală

nankeen [nænˈkiːn] *s* **1** *text* nanchin **2** *pl* pantaloni de nanchin **3** galben pal **4** porțelan de Nankin

Nanking [ˌnænˈkiŋ] *v.* **Nanjing**

nannoplankton ['nænəuplæŋktən] *v.* **nanoplankton**

nanometre ['nænəumiːtə] *s* nanometru

nanoplankton ['nænəuplæŋktən] *s* plancton microscopic

naos ['neiɔs] *s arhit* naos

NAPA *presc de la* National Association of Performing Artists *s* sindicat american al artiștilor de scenă

napalm bomb [ˌneipɑːm 'bɔm] *s mil* bombă cu napalm

nap hand ['næp hænd] *s brit* to have / to hold a ~ a avea toate atuurile în mână

naphthenic acid [næfˌθiːnik 'æsid] *ch* acid naftenic

naphthyl ['næfθil] *s ch* naftil

naphthylamine [ˌnæfθilə'miːn] *s ch* naftilamină

Napoleonic Code [nəˌpəuliˌɔnik 'kəud] *s* the ~ Codul lui Napoleon

Napoleonic Wars [nəˌpəuliˌɔnik 'wɔːz] *s pl* the ~ războaiele napoleoniene

Napoleonist [nəˈpəuliənist] *s* susținător al lui Napoleon

nappe [næp] *s* **1** *geol* strat superior / de acoperire **2** *hidr* pânză de apă **3** *mat* învelitoare

napped [næpt] *adj text* scămoșat, plușat

napping ['næpiŋ] *s text* scămoșare, plușare

nappy rash ['næpi ræʃ] *s* eritem fesier; babies often get ~ bebelușii se irită foarte des la fund

narc [nɑːk] *s amer sl* polițist din brigada anti-droguri

narcolepsy ['nɑːkəulepsi] *s med* narcolepsie

narcotism ['nɑːkətizm] *s* **1** narcotism; influență narcotică **2** narcoză

narcotization [ˌnɑːkətai'zeiʃn] *s* narcotizare

narrowing ['nærəuiŋ] **I** *adj* care se strâmtează / se îngustează **2** *fig* din ce în ce mai mic **II** *s* **1** strâmtare, îngustare **2** limitare, restrângere, micşorare

narrow-mindedly [ˌnærəu'maindidli] *adv* fără (nici un fel de) orizont, cu îngustime

narrowness ['nærəunis] *s* **1** îngustime, caracter îngust; insuficienţă; limitare, mărginire; micime **2** caracter meticulos / amănunţit, meticulozitate

narrow-shouldered [ˌnærəu 'ʃəuldəd] *adj* cu umerii strâmţi / înguşti, strâmt în umeri

NAS *presc de la* National Academy of Sciences *s academie americană de ştiinţe*

NASA *presc de la* National Aeronautics and Space Administration *s* NASA

naso-pharyngeal [ˌneizɔfæ'rindʒiəl] *anat* rinofaringian, nazofaringian

NAS / UWT *presc de la* National Association of Schoolmasters / Union of Women Teachers *s uniunea a două sindicate din învăţământ din Marea Britanie*

natatory ['neitətəri] *adj* de înot, înotător

natch [nætʃ] *adv sl* firesc, fireşte, normal

national church [ˌnæʃnəl 'tʃəːtʃ] *s* biserică de stat

national code [ˌnæʃnəl'kəud] *s sport* fotbal australian

National Convention [ˌnæʃnəl kən'venʃn] *s amer pol* întrunirea unui partid politic (democrat sau republican) pentru alegerea candidaţilor la preşedinţie şi vicepreşedinţie

national economy [ˌnæʃnəl i'kɔnəmi] *s* economie naţională

National Enterprise Board [ˌnæʃnəl 'entəpraizbɔːd] *s brit aprox* agenţia naţională de dezvoltare a industriei

National Front [ˌnæʃnəl 'frɔnt] *s* frontul naţional

national grid [ˌnæʃnəl 'grid] *s brit* reţea naţională de electricitate

National Guardsman [ˌnæʃnəl 'gɑːdzmən] *s (în S.U.A.)* membru al gărzii naţionale

national hunt [ˌnæʃnəl 'hʌnt] *s* ~ (racing) curse cu obstacole

National League [ˌnæʃnəl 'liːg] *s (în S.U.A.) una din cele două ligi profesioniste de baseball*

national monument [ˌnæʃnəl 'mɔnjumənt] *s* monument naţional

national product [ˌnæʃnəl 'prɔdʌkt] *s ec* produs social

National Savings Bank [ˌnæʃnəl'seiviŋz bæŋk] *s aprox* Casa de Economii şi Consemnaţiuni

national serviceman [ˌnæʃnəl 'səːvismən] *s brit persoană care îşi satisface stagiul militar*

national socialism [ˌnæʃnəl 'səuʃəlizm] *s* naţional-socialism, nazism

national socialist [ˌnæʃnəl 'səuʃəlist] *s* naţional-socialist, nazist

National Trust [ˌnæʃnəl'trʌst] *s* the ~ *organizaţie britanică ce se ocupă de protejarea anumitor peisaje şi a monumentelor istorice*

nationhood ['neiʃənhud] *s* statutul de naţiune; to attain ~ a fi recunoscută drept naţiune

nation-state ['neiʃnsteit] *s* stat-naţiune

Native American [ˌneitiv ə'merikən] *s* indian, amerindian

nativeness ['neitivnis] *s* **1** natură, caracter, fire **2** origine **3** stare nativă / originară

native speaker [ˌneitiv'spiːkə] *s* vorbitor nativ al unei limbi; a ~ of Polish, a Polish ~ persoană a cărei limbă maternă este poloneza

natrolite ['nætrəlait] *s minr* natrolit

natterer ['nætərə] *s brit* vorbăreţ; what a ~! ce moară stricată!

natterjack ['nætədʒæk] *s zool* ~ (toad) broasca-râioasă (Bufo calamita)

nattiness ['nætinis] *s* **1** eleganţă, cochetărie **2** îndemânare, dexteritate

natural-born [ˌnætʃrəl'bɔːn] *adj* din naştere; prin naştere

natural cement [ˌnætʃrəl si'ment] *s constr* ciment roman

natural child birth [ˌnætʃrəl 'tʃaild bəːθ] *s* naştere pe cale naturală

natural day [ˌnætʃrəl 'dei] *s astr* zi naturală *(între răsăritul şi apusul soarelui)*

naturalized ['nætʃrəlaizd] *adj* **1** naturalizat **2** aclimatizat

natural justice [ˌnætʃrəl 'dʒʌstis] *s jur* drept natural

natural language [ˌnætʃrəl 'læŋgwidʒ] *s lingv* limbaj natural

natural logarithm [ˌnætʃrəl 'lɔgəriðm] *s mat* logaritm natural

natural number [ˌnætʃrəl 'nʌmbə] *s mat* număr natural

natural period [ˌnætʃrəl 'piəriəd] *s fiz etc.* perioadă proprie

natural philosopher [ˌnætʃrəl fi'lɔsəfə] *s* **1** filozof al naturii **2** fizician

natural religion [ˌnætʃrəl ri'lidʒən] *s rel* religie naturală

nature lover ['neitʃə ˌlʌvə] *s* îndrăgostit de natură, prieten al naturii

nature-loving [ˌneitʃə'lʌviŋ] *adj* iubitor de natură

nature reserve ['neitʃə ˌrizəːv] *s* rezervă naturală

nature trail ['neitʃə treil] *s potecă cu indicatori referitori la fenomenele naturale*

naturist ['neitʃərist] **I** *adj* naturist **II** *s* naturist

naturopathy [ˌneitʃə'rɔpəθi] *s* naturoterapie, naturopatie

nauseatingly ['nɔːsieitiŋli] *adv* într-un mod care-ţi face greaţă; she was ~ smug era scârbos de îngâmfată

nauseous ['nɔːsiəs] *adj* greţos, scârbos, care provoacă greaţă

nauseousness ['nɔːsiəsnis] *s* scârbă; caracter dezgustător

Nausicaa [nɔː'sikiə] *s mit* Nausicaa *(fiică a lui Alcinou, rege al feacienilor, care l-a găzduit pe Ulise naufragiat)*

naut [nɔːt] *s nav* milă marină *(în Australia; 1855,3 m)*

nautical astronomy [ˌnɔːtikl əs'trɔnəmi] *s nav* astronomie nautică

nautically ['nɔːtikəli] *adv* din punct de vedere nautic / naval / al navigaţiei

Navajo ['nævəhəu] **I** *s* trib indian din America de Nord **II** *adj* care aparţine tribului Navajo

naval architect [ˌneivl 'ɑːkitekt] *s nav* inginer de construcţii navale

navel orange ['neivl ˌɔrindʒ] *s bot* varietate de portocală

navel wort ['neivl wəːt] *s bot* plantă ierboasă înrudită cu urechelniţa (Cotyledon umbilicus)

navicular [nə'vikjulə] *adj anat* navicular

navigating ['nævigeitiŋ] *s* navigație; nautică; conducere; pilotare *(a unui vas, a unui balon)*

navigating officer [,nævigeitiŋ'ofisə] *s nav* navigator; ofiţer cu navigaţia

navigation lights [nævi,gei∫n 'laits] *s pl av, nav* lumini de poziţie

navvy excavator ['nævi ,ekskəveitə] *s* excavator mecanic

navy agent ['neivi ,eidʒənt] *s nav* agent maritim

navy board ['neivi bɔːd] *s nav* 1 consiliul amiralităţii 2 **Navy Board** amiralitatea

Navy Cut ['neivi ˌkʌt] *s brit* tip de tutun tăiat foarte fin

nawab [nə'wɑːb] *s* 1 *înv (în India)* nabab, vasal al Marelui Mogul 2 *fig* nabab, mare bogătaş; **his ~ uncle** unchiul lui bogat ca un nabab; unchiul lui care a făcut o mare avere în India

naze [neiz] *s geogr* cap, promontoriu

NBA *s* 1 *presc de la* National Basketball Association *federaţia americană de baschet* 2 *presc de la* National Boxing Association *federaţia americană de box*

NBC *s* I *presc de la* National Broadcasting Company *canal de televiziune american* II *adj presc de la* nuclear, biological, chemical *(d arme)* de tip nuclear, biologic şi chimic

nbg *presc de la* no bloody good *adj brit* care nu-i mare lucru

NBS *presc de la* National Bureau of Standards *s serviciu american de standardizare*

NC *presc de la* no charge gratuit

NCB *presc de la* National Coal Board *s brit* Asociaţia Minelor din Marea Britanie

NCC *presc de la* Nature Conservancy Council *s organizaţie britanică de protecţie a naturii*

NCCL *presc de la* National Council for Civil Liberties *s brit* ligă pentru apărarea drepturilor omului

NCU *presc de la* National Communications Union *s sindicatul salariaţilor din telecomunicaţii*

ND *presc de la* North Dakota

near-beer joint [,niəbiə 'dʒɔint] *s F* local unde nu se vând băuturi alcoolice *(servind mai ales ca centru al prostituţiei clandestine)*

nearctic [ni:'ɑːktik] *adj geogr* nearctic

near gale [,niə 'geil] *s mar* vânt puternic *(de gradul 7 pe scara Beaufort)*

neaten ['ni:tn] *vt* a ajusta, a potrivi

neat-handed [,ni:t'hændid] *adj* îndemânatic, priceput, abil

neb [neb] *s (cuvânt scoţian)* 1 cioc, plisc, clonţ 2 *rar* capăt, vârf *(de creion etc.)*

nebular ['nebjulə] *adj astr* nebular

nebulium [nə'bjuliəm] *s astr* nebuliu(m)

nebulize, nebulise ['nebjulaiz] *vt* a proiecta (un lichid) în stropi mici

NEC *presc de la* National Exhibition Centre *s (în Anglia) centru de expoziţii în apropiere de Birmingham*

necessarian [,nesi'seəriən] *s filoz* determinist

neck-deep [,nek'di:p] *adj* cufundat până la gât

necking ['nekiŋ] *s* 1 *arhit* partea de jos a capitelului, astragal 2 *tehn* strangulare, gâtuire 3 *amer F* purtare drăgăstoasă; alintare; îmbrăţişări; **~ and petting** manifestări de dragoste

necklace poplar ['neklis ,poplə] *s v.* **cottonwood**

neckline ['neklain] *s* decolteu; **plunging ~** decolteu adânc

neck-tie party [,nektai 'pɑːti] *s amer sl* linşaj, linşare *(prin spânzurare)*

necrobiotic [,nekrəubai'ɔtik] *adj med* necrobiotic

necrographer [ne'krɔgrəfə] *s v.* **necrologist**

necrolatry [ne'krɔlətri] *s* necrolatrie

necrologist [ne'krɔlədʒist] *s* autor de necrologuri

necrophiliac [,nekrə'filiæk] *s* necrofil

necrophobia [,nekrəu'fəubiə] *s med* necrofobie

necrophore ['nekrəufɔ:] *s ent* necrofor

necrotic [ne'krɔtik] *adj* necrotic

nectariferous [,nektə'rifərəs] *adj bot* melifer

nectary ['nektəri] *s* 1 *bot* nectar 2 *ent* glandă / organ care secretă nectar

NEDC *presc de la* National Economic Development Council *s agenţie naţională britanică de dezvoltare economică (desfiinţată în 1992)*

Neddy ['nedi] *s* Urechiat, Urechilă *(nume dat măgarului, ↓ în basme)*

needfulness ['ni:d fulnis] *s* necesitate, nevoie, trebuinţă

needle bar ['ni:dl bɑː] *s met* fontură

needle bath ['ni:dl bɑːθ] *s* 1 duş *(în care apa cade sub forma unei ploi mărunte)* 2 *el* duşul lui Franklin

needle bearing ['ni:dl ,beəriŋ] *s tehn* rulment cu ace

needlecord ['ni:dlkɔ:d] *s* catifea reiată; **~ trousers** pantaloni din catifea reiată

needlecraft ['ni:dlkrɑːft] *s* lucru de mână / cusut

needle file ['ni:dl fail] *s tehn* pilă-ac; pilă subţire fină

needle gun ['ni:dl gʌn] *s ist* puşcă cu ac / Dreyse

needle ice ['ni:dl ais] *s* 1 gheaţă aciformă 2 *hidr* zai

needle lace ['ni:dl leis] *s* dantelă făcută cu acul

needle-like [,ni:dl'laik] *adj* acicular; aciform; ca acul

needle match ['ni:dl mæt∫] *s brit* meci foarte disputat

needle ore ['ni:dl ɔ:] *s minr* aikinit

needle-pointed [,ni:dl'pointid] *adj* cu vârful ascuţit (ca de ac)

needle-sharp [,ni:dl'∫ɑːp] *adj* ascuţit *(ca un ac)*; ager, perspicace

needle-threader ['ni:dlθredə] *s* obiect special pentru băgat aţa în ac

needling ['ni:dliŋ] *s* 1 *constr* grinzi transversale, traverse *(pe poduri)* 2 *rar* lucru cu acul

needs test ['ni:dz test] *s brit* anchetă asupra condiţiilor de viaţă *(pentru a beneficia de ajutorul statului)*

nefariousness [ni'feəriəsnis] *s* ticăloşie, mârşăvie

Nefertiti [,nefə'ti:ti] *s ist* regină a Egiptului *(sec, XIV î.Ch.)*

negationist [ni'gei∫nist] *s* negativist

negative acceleration [,negətiv æksələ'rei∫n] *s tehn* decelerare

negative feedback [,negətiv 'fi:dbæk] *s* 1 *el, cib* reacţie negativă 2 *fig* **we got a lot of ~ from the questionnaire** acest chestionar a provocat o serie de reacţii negative

negatively ['negətivli] *adv* în mod negativ; **she replied** ~ răspunsul ei a fost negativ

negativeness ['negətivnis] *s* caracter negativ, însuşire negativă

negative sign [,negətiv 'sain] *s* 1 (semn) minus, semn negativ 2 *F umor* nimic, zero

negativistic [,negəti'vistik] *adj* negativist

negator [ni'geitə] *s* persoană care neagă

negatron ['negətrɔn] *s fiz* negatron; electron negativ

neglectable [ni'glektəbl] *adj rar* neglijabil, neînsemnat

neglectfully [ni'glektfuli] *adv* neglijent, cu neglijenţă

neglectfulness [ni'glektfulnis] *s* neglijenţă, lipsă de grijă / atenţie; greşeală provocată din neatenţie; *jur* **culpable** ~ neglijenţă vinovată; *jur* **contributory** ~ neglijenţă care a contribuit la provocarea unui accident *etc.*

negotiant [ni'gəuʃiənt] *s* negociator; mijlocitor, intermediar

negotiating table [ni,gəuʃieitiŋ 'teibl] *s pol* masa negocierilor

negotiatress [ni'gəuʃieitris] *s* negociatoare; mijlocitoare, intermediară

negotiatrix [ni'gəuʃieitriks] *s v.* **negotiatress**

Negrillo [ne'grilǝu] *s* 1 pigmeu, negru pitic *(din Africa de Sud şi Centrală)* 2 **negrillo** *(dim de la* **negro***)* negrişor

Negrito [ne'gri:təu] *s* 1 negritos *(din Arhipelagul Malaiez)* 2 pigmeu, boşiman

negritude ['negritju:d] *s* apartenenţă la rasa neagră

negro head ['ni:grəu hed] *s* 1 mahorcă, tutun tare de culoare neagră 2 gumă de calitate proastă

Negroidal [ni:'grɔuidl] *adj* negroid

negrophil(e) ['ni:grəufil] *s, adj* negrofil

negrophilist [ni:'grɔufilist] *s v.* **negrophil(e)**

negrophobe ['ni:grəufəub] *s, adj* negrofob

negrophobia [,ni:grɔu'fəubiə] *s* negrofobie, ură faţă de negri

Negro spiritual [,nigrǝu spi'ri-tjuǝl] *s* cântec religios al negrilor din S.U.A.

Nehemiah [,ni:i'maiǝ] *s bibl* Neemia

Neighbourhood Watch ['neibǝhud wɔtʃ] *s* sistem de supraveghere asigurat de către locuitorii unui cartier

nekton ['nektɔn] *s biol* necton

nelly ['neli] *s (cuvânt australian) sl* vin ieftin / prost; **not on your** ~! nici în ruptul capului!

nemalite ['neməlait] *s minr* nemalit

nematodes ['nemətəuds] *s pl zool* nematode

nemesia [ni'mi:ʒə] *s bot* plantă africană din familia *Scrophulariaceea*

nemo ['ni:məu] *s telev* transmisiune exterioară; reportaj din exterior

neoarsphenamine [,niǝuɑ:s-'fenəmin] *s ch, med* neoarsfenamină; neosalvarsan

neocolonial [,ni:əukǝ'ləuniǝl] *adj* neocolonial

neo-Darwinism [,ni:ǝu'dɑ:winizm] *s biol* neodarwinism

neodymium [,ni:ǝu'dimiəm] *s ch* neodim

neofascism [,ni:ǝu'fæʃizm] *s* neofascism

Neo-Greek [,ni:ǝu 'gri:k] **I** *adj* neogrec(esc) **II** *s* neogreacă, greaca nouă

neologian [,ni:(:)ǝu'ləudʒiən] *s rel* raţionalist

neologist [ni:(:)'ɔlədʒist] *s* 1 *lingv* neologist 2 *rel* raţionalist

neomycin [,ni:ǝu'maisin] *s med* neomicină

neonatal [,ni:ǝu'neitl] *adj* referitor la nou-născuţi

neonate [,ni:ǝu'neit] *s* nou-născut

neo-Nazi [,ni:ǝu'nɑ:tsi] **I** *s* neonazist **II** *adj* neonazist

neophobia [,ni:(:)ǝu'fəubiə] *s* neofobie, frică de ceea ce este nou

neoplasm ['ni:ǝuplæzm] *s med* neoplasm

neoplatonist [,ni:(:)ǝu'pleitǝunist] *s filoz* neoplatonist

Neotropic(al) [,ni:(:)ǝu'trɔpik(l)] *adj geogr* neotropical *(privitor la tro- picele din America)*

nep [nep] *s text* nopeu; buton

Nepalese [,nepɔ:'li:z] **I** *adj* din Nepal **II** *s* locuitor din Nepal

Nepali [ni'pɔ:li] **I** *s* locuitor din Nepal, nepalez **II** *adj* nepalez

neper ['ni:pǝ] *s fiz* neper

nephology [ne'fɔlǝdʒi] *s* nefologie, studiul norilor

nephralgia [ni'frældʒiǝ] *s med* nefralgie

nephrectomy [ni'frektǝmi] *s med* nefrectomie

nepotal ['nepǝtǝl] *adj* de nepot

nepotist ['nepǝtist] *s* persoană care practică nepotismul

Neptunian [nep'tju:niǝn] *adj* 1 *fig* de mare; de ocean; oceanic 2 **neptunian** *geol* neptunian *(produs prin acţiunea apei)*; acvatic, oceanic, marin 3 **neptunian** *geol* adept al teoriei privind originea acvatică a rocilor

neritic [nǝ'ritik] *adj* neritic

nerol ['ni(ǝ)rɔ:l] *s ch* nerol

Neronian [ni'rǝuniǝn] *adj* neronian

nerve centre ['nǝ:v ,sentǝ] *s anat* centru nervos

nerve ending ['nǝ:v,endiŋ] *s biol* terminaţie nervoasă

nerve fibre ['nǝ:v ,faibǝ] *s anat* fibră nervoasă

nerve gas ['nǝ:v gæs] *s* gaz neurotoxic

nerve impulse ['nǝ:v ,impʌls] *s fizl* impuls nervos

nerviness ['nǝ:vinis] *s* 1 *F* nervozitate; agitaţie; enervare 2 *tehn* elasticitate *(a cauciucului)*

nervose ['nǝ:vǝus] *adj* 1 *anat, înv* de nervi, nervos 2 *bot* cu nervuri

Ness [nes] *s* **Loch** ~ lac în Scoţia; **the Loch** ~ **monster** monstrul din Loch Ness

Nessie ['nesie] *s* denumire a monstrului din Loch Ness

nest box ['nest bɔks] *s* cuibar *(pentru ouat)*

nesting box ['nestiŋ bɔks] *v.* **nest box**

netball ['netbɔ:l] *s sport* feminin asemănător cu baschetul

net curtain ['net kǝ:tn] *s* perdea transparentă

net domestic product [,net dǝmes-tik'prǝudʌkt] *s ec* produs intern net

Netherlandish ['neðǝlændiʃ] **I** *adj* din Ţările de Jos, neerlandez, olandez **II** *s* (limba) olandeză

net layer ['net ,leiǝ] *s nav* reţea de baraj

net-like [,net'laik] *adj* în formă de reţea, reticulat, reticular

netted ['netid] *adj* 1 în formă de plasă / reţea, reticular, reticulat 2 (acoperit / prevăzut) cu plase 3 *(d animale)* prins cu plasa

netter ['netǝ] *s* împletitor de plase

nettled ['netld] *adj F* supărat, iritat

networking ['netwə:kiŋ] *s* **1** *cib* interconectare de rețele **2** *ec etc.* stabilirea unei rețele de legături / contacte

network TV [,netwə:k ti'vi] *s* rețea de televiziune

neurectomy [,nju(ə)'rektəmi] *s med* neurectomie

neurine ['nju(ə)ri(:)n] *s ch* neurină

neurogenic [,njuərəu'dʒenik] *adj anat* neurogen

neuroleptic [,njuərəu'leptik] **I** *adj farm* neuroleptic **II** *s* neuroleptic

neurolinguistic [,njuərəuliŋ'gwɪstɪk] *adj* neurolingvistic

neurolinguistics [,njuərəuliŋ'gwɪstɪks] *s* neurolingvistică

neuroma [,njuə'rəumə], *pl* **neuromas** [,njuə'rəuməs] *sau* **neuromata** [,njuə'rəmətə] *s med* nevrom

neuromuscular [,njuərəu'mʌskjulə] *adj anat* neuromuscular

neuropathic [,njuərə'pæθik] *adj* nevropat

neuropathology [,njuərəupə'θɒlədʒi] *s med* neuropatologie, patologia sistemului nervos

neuropathy [njuə'rɒpəθi] *s med* neuropatie, afecțiune a unui nerv / a sistemului nervos

neuropsychiatric [,njuərəusaiki'ætrik] *adj med* neuropsihiatric

neurosurgeon ['njuərəu,sə:dʒən] *s med* neurochirurg

neurosurgical [,njuərəu'sə:dʒikl] *s med* neurochirurgical

neuroticism [,njuə'rɒtisizm] *s med* neurastenie

neurotransmitter [,njuərəutrænz'mitə] *s* neurotransmițător

neuston ['nju:stən] *s biol* neuston

neutralism ['nju:trəlizm] *s pol* neutralism

neutralist ['nju:trəlist] **I** *adj pol* neutralist **II** *s* neutralist

neutron bomb ['nju:trɒn bɒːm] *s* bombă cu neutroni

neutron star ['nju:trɒn stɑ:] *s astron* stea neutronică

New Age [,nju'eidʒ] *s* New Age, curent religios apărut în S.U.A. în 1970 care anunță începutul unei noi epoci a umanității, era Vărsătorului

new birth [,nju: 'bə:θ] *s* nouă naștere; regenerare

new boy [,nju'bɔi] *s (într-o școală, echipă etc.)* nou-venit

New Britain [,nju'britn] *s geogr* insulă în arhipelagul Bismarck *(în Melanezia)*

new broom [,nju'bru:m] *s brit* nou-angajat dornic să facă schimbări

New Brunswick [,nju'brʌnzwik] *s geogr* provincie în sud-estul Canadei

New Caledonian [,nju kæli'dəuniən] **I** *s* locuitor din Noua Caledonie **II** *adj* care aparține Noii Caledonii

new-come [,nju'kʌm] *adj* sosit de curând, nouvenit

New Delhi [,nju'deli] *s geogr* capitala Indiei

New Englander [,nju: 'iŋləndə] *s* locuitor din Noua Anglie

New English Bible [,nju ingliʃ 'baibl] *s* noua traducere a Bibliei în engleză

new-found [,nju'faund] *adj* nou descoperit; recent

Newfoundland (dog) [nju(:),faundlənd 'dɒg] *s* câine de rasă terra-nova

Newfoundlander [,nju'fandlændə] *s* **1** locuitor din Terra-Nova **2** *v.* **Newfoundland (dog)**

new girl [,nju'gə:l] *s (într-o școală, echipă etc.)* nou-venită

new-growth ['nju:grəuθ] *s v.* **neoplasm**

New Hampshire [,nju'hæmpʃə] *s geogr* stat în nord-estul S.U.A.

New Hebridean [,njuhebrə'di:ən] **I** *s geogr* locuitor din Noile Hebride **II** *adj* care aparține Noilor Hebride

New Left [,nju'left] *s pol* noua stângă

Newmarket ['nju:,mɑːkit] *s* **1** un fel de pardesiu lung și strâns în talie **2** denumirea unui joc de cărți

new-mown [,nju'məun] *adj (d iarbă)* proaspăt tuns; *(d fân)* proaspăt cosit

New Quebec [,nju kwi'bek] *s geogr* Noul Quebec *(regiune în Canada)*

new-rich [,nju:'ritʃ] *s* parvenit

news analyst ['njuz ,ænəlist] *s amer* comentator *(de radio, TV etc.)*

news dealer ['nju:z ,di:lə] *s amer* **1** corespondent de presă **2** depozitar de ziare; vânzător de ziare

newsflash ['nju:zflæʃ] *s* flash informativ

news hawk ['nju:z hɔ:k] *s amer* **1** vânzător de ziare **2** reporter; ziarist

news headlines ['nju:z ,hedlainz] *s pl* titlurile știrilor

newshound ['nju:zhaund] *s amer* reporter de teren

news letter ['nju:z ,letə] *s* **1** *ist* scrisoare săptămânală cuprinzând noutăți, care se trimitea abonaților *(în sec. XVII și XVIII)* **2** *amer* buletin multiplicat, distribuit prin abonament

newsocracy [,nju:z'ɒkrəsi] *s (în S.U.A.)* ansamblul rețelelor de televiziune și presa cu audiență națională

newspaper clipping [,nju:zpeipə 'klipiŋ], **newspaper cutting** [,nju:zpeipə'kʌtiŋ] *s* tăietură din ziare

newspaper rack ['nju:zpeipə,ræk] *s* suport pentru ziare

newspaperwoman ['nju:zpeipə,wumən] *s* jurnalistă *(în presa scrisă)*

newspeak [,nju:'spi:k] *s aprox* limbă de lemn

New-Style [,nju:'stail] *s* stilul nou *(după calendarul gregorian)*

newswoman ['nju:zwumən] *s* jurnalistă

newsworthiness ['nju:zwə:ðinis] *s* interes pentru mass media

Newtonian [nju(:)'təuniən] **I** *adj* newtonian **II** *s* **1** partizan al teoriilor lui Newton **2** *astr* telescopul lui Newton

new town [,nju'taun] *s brit* tip de orașe mici, construite în Marea Britanie în 1946 *(de ex. Marlow New Town)*

new wave [,nju'weiv] *s (în cinema)* nou val; *(în muzica pop)* new wave

NFL *presc de la* **National Football League** *s (în S.U.A.)* federația de fotbal american

NFU *presc de la* **National Farmers' Union** *s* sindicat britanic al fermierilor

NG *presc de la* **National Guard** *s amer* Garda Națională *(un fel de poliție)*

NGO *presc de la* **non-governmental organization** *s* organizație neguvernamentală

NH *presc de la* **New Hampshire**

NHL presc de la National Hockey League s (în S.U.A.) federația națională de hochei pe gheață

nibbed [nibd] adj (în cuvinte compuse) cu vârf(ul); **gold-~** cu vârf de aur

nibbler ['niblə] s persoană care ronțăie; fig persoană care sapă (încetul cu încetul) pe cineva

nibbling machine ['niblɪŋ mə, ʃiːn] s tehn mașină de ștanțat

niblick ['niblik] s crosă pentru golf, cu spatulă de metal la capăt

Nicaraguan [,nikə'ræguən] I s nicaraguan II adj nicaraguan

nice-looking [,nais'lukiŋ] adj frumos, plăcut la înfățișare

Nicene [nai'siːn] adj ist din Niceea

Nicene Council [nai,siːn 'kaunsil] s rel sinodul de la Niceea (325; 787)

Nick [nik] s (↓ Old ~) dracul, Aghiuță, Scaraoțchi

nickelage ['niklidʒ] s tehn nichelare, nichelaj

nickel-and-dime store [,niklæn 'daim stɔː] s amer magazin cu lucruri ieftine (care au toate același preț)

nickel bag ['nikəl bæg] s amer pliculeț cu marihuana sau heroină, de cinci dolari

nickel-chrome [,nikl'krəum] s met nichel-crom

nickellous ['nikələs] adj ch nichelos

nickelodeon ['nikl'əudiən] s amer 1 cinematograf sau sală de spectacol ieftin (de 5 cenți intrarea) 2 tonomat

nickel-plated [,nikl 'pleitid] s nichelat

nickel silver [,nikl 'silvə] s met alpaca; argentan

Nicodemus [,nikə'diːməs] s bibl Nicodim (fariseu, discipol tainic al lui Isus)

Nicosia [,nikə'siːə] s geogr capitala Ciprului

nicotian [ni'kəuʃn] I adj tabagic, de tutun II s 1 fumător 2 înv tutun

nicotine-stained [,nikəti:n'steind] adj îngălbenit de nicotină

nicotinic acid [nikə,tinik'æsid] s ch acid nicotinic

nicotinism ['nikəti(:)nizm] s intoxicare cu nicotină, tabagism, nicotinism, stare toxică produsă de excesul de fumat

nictitating membrane [,niktiteitiŋ 'membrein] s membrană nictitantă, membrană / pleoapă care acoperă ochiul unor animale (mai ales păsări)

niddering ['nidəriŋ] înv I adj mârșav, josnic, laș II s ființă josnică / de disprețuit

nidge [nidʒ] vi v. nig

nidify ['nidifai] vi a construi un cuib

nid-nod ['nidnɔd] I vt a clătina (capul) II vi a da din cap

nidus ['naidəs], pl **nidi** ['naidai] sau **niduses** ['naidəsiz] s lat 1 ent cuib / loc unde o insectă își depune ouăle 3 focar (de boli contagioase, de infecție)

niello [ni'eləu], pl **nielli** [ni'eli] sau **niellos** [ni'eləuz] s 1 ch nielo (orice aliaj de sulf cu argint, cupru sau plumb, având o culoare neagră) 2 met nielare

Nietzschean ['niːtʃiən] I adj filoz referitor la Nietzsche II s adept al lui Nietzsche

nieve [niːv] s înv, dial pumn; mână

nig [nig] vi a șlefui piatra

Nigerian [nai'dʒiəriən] I s nigerian II adj nigerian

nigger heaven ['nigə,hevn] s amer (la teatru) galerie, „cucurigu"

night-blind [,nait 'blaind] adj care suferă de cecitate nocturnă

night cart ['nait kaːt] s căruță a serviciului de ecarisaj

night chair ['nait tʃeə] s 1 oală de noapte, țucal 2 scaun cu o gaură rotundă

nightclubber ['naitklʌbə] s he's a bit of a ~ este un fan al cluburilor de noapte

night clubbing ['naitklʌbiŋ] s to go ~ a merge la un club de noapte

nighted ['naitid] adj 1 surprins de noapte 2 rar noptatec, întunecat

night editor ['nait ,editə] s redactor de noapte (al unui ziar)

night fighter ['nait ,faitə] s av avion de vânătoare de noapte

night glass ['nait glaːs] s nav binoclu marinăresc de noapte

nightjar ['naitdʒaː] s orn caprimulg (Caprimulgus europaeus)

night life ['nait laif] s viață de noapte

nightlifer ['nait laifə] s noctambul, pasăre de noapte

night line ['nait lain] s cârlige / undițe lăsate peste noapte în apă pentru a prinde pește

nightman ['naitmən], pl **nightmen** ['naitmen] s lucrător de noapte / din schimbul de noapte

night-night [,nait 'nait] s F noapte bună!

night nurse ['nait nəːs] s infirmieră de noapte

night owl ['nait əul] s fig pasăre de noapte (d o persoană)

night piece ['nait piːs] s tablou care reprezintă noaptea / seara; efect de noapte (într-o pictură)

night porter ['nait pɔːtə] s portar / paznic de noapte

night rider ['nait ,raidə] s amer membru al unei bande de teroriști călare

night safe ['nait seif] s seif pentru noapte

night singer ['nait ,siŋə] s pasăre care cântă noaptea, privighetoare

night soil ['nait sɔil] s conținutul haznalelor (care se transportă noaptea)

night stick ['nait stik] s amer baston de cauciuc (cu care sunt dotați polițiștii de serviciu în timpul nopții)

night stool ['nait stuːl] s v. **night chair**

night terror ['nait ,terə] s med Pavor nocturnus

night work ['nait wəːk] s muncă de noapte

nighty ['naiti] I s F cămașă de noapte (de femeie) II adj înv de noapte, nocturn

nighty-night [,naiti'nait] v. **night night**

nigrescence [nai'gresəns] s înnegrire, negreală

nigrescent [nai'gresənt] adj negricios

nihility [nai'hiliti] s rar 1 inexistență, non-existență, neant, nimic 2 nimic, fleac

Nijinsky [ni'dʒinski] celebru balerin rus de origine poloneză (1889 – 1950)

Nike ['naikiː] mit zeița biruinței (în mitologia greacă)

nilgai ['nilgai] s zool nilgai, antilopă mare din India (Boselaphus tragocamelus)

nimble-fingered [,nimbl 'fiŋgəd] adj cu degete suple / agile; îndemânatic

nimbleness ['nimblnis] s sprinteneală, agilitate, vioiciune, ușurință

nimble-witted [,nimbl'witid] *adj* ager, isteț

nimbostratus [,nimbəu'streitəs] *s* nimbostratus

n.i.m.b.y. ['nimbi] *s presc de la* not in my backyard *persoană care este de acord cu un proiect, dar nu în vecinătatea sa*

niminy-pimininess [,nimini-'piminis] *s* **1** afectare, fando-seală **2** mofturi, fasoane; sensibilitate afectată

nine-killer [,nain 'kilə] *s ent* miriapod mare

nine men's morris [,nain menz'mo-ris] *s* denumire a unui vechi joc englez, asemănător cu țintarul

nine-to-five [,nain tə 'faiv] **I** *adv* de la noua dimineața la cinci după-amiază; **to work ~** *a lucra de la noua dimineața până la cinci după-amiaza* **II** *adj* **1** (d muncă, serviciu) de rutină **2** (d mentalitate, atitudine) de conțopist

ninny hammer ['nini ,hæmə] *s* prostănac, neghiob, găgăuță

niobium [nai'əubiəm] *s ch* niobiu, columbiu

nipplewort ['niplwə:t] *s bot* zgăr-buntică (Lapsana communis)

nisi ['naisai] *conj lat jur (folosit ca adj)* **decree ~** decret care intră în vigoare de la o anumită dată, dacă nu cumva s-a ivit până la data respectivă un motiv de ca-sare; **~ prins court** tribunal civil; **trail at ~ prins** audiere a pro-ceselor civile la o curte cu juri

Nissen hut ['nisn hʌt] *s brit mil* adăpost construit din tablă ondulată și având podea de ci-ment

nit[1] [nit] *s (cuvânt scoțian)* alună

nit[2] [nit] *s text* gogoașă (de fire)

nitery ['naitəri] *s amer* cabaret, local de noapte

nitric ['naitrik] *adj ch* azotic, nitric

nitride ['naitraid] *s ch* azotură, nitrură

nitrification [,naitrifai'keiʃn] *s ch* nitrificare

nitro-cellulose [,naitrəu'seljuləus] *s ch* nitroceluloză; fulmicoton

nitrogelatine [,naitrəu'dʒeləti:n] *s ch* gelatină detonantă / explozibilă

nitrogen cycle ['naitrədʒən ,saikl] *s ch* circuitul azotului în natură

nitrogen fixation ['naitrədʒən fik,seiʃn] *s ch* fixarea azotului

nitrogenous [nai'trodʒinəs] *adj ch* azotic

nitrogen peroxide [,naitrədʒən pə'rɔksaid] *s ch* peroxid de azot

nitrometer [nai'trɔmitə] *s ch* nitrometru

nitrous acid [,naitrəs'æsid] *s ch* acid nitros / azotos

Nizam [ni'zɑ:m] *s* **1** Nizam (titlul regilor din Haiderabad, India) **2** **nizam** *sg și pl* soldat în armata turcă

NLF *presc de la* National Liberation Front Frontul de Elibe-rare Națională

NLRB *presc de la* National Labor Relations Board *s* comisie ame-ricană de arbitraj în probleme de muncă

NME *presc de la* New Musical Express *revistă săptămânală de muzică rock*

no-account [,nəuə'kaunt] **F I** *s* ne-trebnic, neisprăvit **II** *adj* bun de nimic, prăpădit

Noachian [nəu'eikiən] *adj* al lui Noe; din vremea lui Noe

Noah's ark [,nəuəz'ɑ:k] *s* arca lui Noe

nobelium [nəu'bi:liəm] *s ch* no-beliu

noble ['nəubl] *s amer sl* șef al spărgătorilor de grevă

noble metals [,nəubl 'metlz] *s pl* metale nobile

nock [nɔk] **I** *s* **1** adâncitură, sco-bitură, crestătură (la capătul ar-cului, pentru a fixa coarda sau partea posterioară a săgeții) **2** nav colț de învergare **II** *vt* **1** a cresta, a scobi **2** a întinde (coar-da unui arc)

no-claim(s) bonus [,nəukleimz 'bəunəs] *s brit* reducere a primei de asigurare pentru automobile

noctambulant [nɔk'tæmbjulənt] *adj* noctambul; somnambul

noctiluca [,nɔkti'lju:kə], *pl* **nocti-lucae** [,nɔkti'lju:si] *s zool* noctiluca (Noctiluca)

noctovision [,nɔkti'viʒn] *s* facul-tate de a vedea noaptea

noctule ['nɔktjul] *s zool specie de liliac-uriaș (Chiroptere)

nodical ['nɔdikəl] *adj astr* referitor la punctele de intersecție ale orbitelor

nodulose ['nɔdjuləus] *adj* cu no-duli, cu nodulozități

nodulous ['nɔdjuləus] *adj v.* **no-dulose**

nodus ['nəudəs], *pl* **nodi** ['nəudai] *s* **1** nod **2** punct delicat, complica-ție, dificultate, nod (al unei intrigi)

noetic [nəu'etik] **I** *adj* **1** intelectual, spiritual **2** abstract **II** *s* **noetics** *pl (folosit ca sg)* noetica, teoria cunoașterii

no-frills [,nəu'frilz] *adj* simplu, fără nici un adaos; **a ~ hotel** simplu / fără pretenții

nog [nɔg] *s* **1** dial bere tare **2** gastr cremă de ou peste care se toamă bere, vin oto. fierbinte **3** gastr lapte de pasăre

nogging piece ['nɔgiŋ pi:s] *s* constr antretoază; traversă

no-hoper [,nəu'həupə] *s* incom-petent, nepriceput

noiselessness [,nɔizlisnis] *s* li-niște, lipsă de zgomot

noisemaker ['nɔizmeikə] *s* hârâi-toare, plesnitoare; persoană gu-ralivă

noisette[1] [nwɑ:'zet] *s fr* un fel de catifea

noisette[2] [nwɑ:'zet] *s bot specie horticolă de trandafir (Rosa noisettia)

noli me tangere [,nəulai mi: 'tæn-dʒiri:] *s lat literal: „nu mă atin-ge")* **1** med lupus **2** bot mi-moză, senzitivă (Mimosa pudica) **3** fig persoană extrem de sensibilă

no man's land ['nəu mænzlænd] *s* **1** țara nimănui, zonă devastată / abandonată **2** lucru ambiguu, neclar

nomic ['nəumik] ['nɔmik] **I** *adj (d scriere)* obișnuit, uzual **II** *s* scriere engleză obișnuită / uzua-lă (deosebită de cea fonetică)

nominal error [,nɔminl 'erə] *s* eroare privitoare la nume

nominalize, nominalise ['nɔminə-laiz] *vt* a nominaliza

nominal sentence [,nɔminl 'sen-təns] *s jur* condamnare con-diționată, cu suspendarea pe-depsei

nominator ['nɔmineitə] *s* **1** per-soană care numește / propune **2** persoană pe numele căreia este înscris un cal la curse **3** mat numitor (al unei fracții or-dinare)

nomogram ['nɔməgræm] *s* nomo-gramă, abacă

313

nomograph ['nɔməgraːf] *s v.* **no-mogram**

non-ability [ˌnɔnə'biliti] *s* inabilitate; neputință

non-absorbent [ˌnɔnəb'sɔːbənt] *adj ch* hidrofob

nonacademic [ˌnɔnækə'demik] *adj* **1** *(d activități)* extrașcolar **2** *(d personalul unei școli / universități)* care nu predă **3** *(d cursuri)* practic

non-acceptance [ˌnɔnək'septəns] *s* neacceptare

non-access [ˌnɔn'ækses] *s jur* separație de corp *(pentru a stabili paternitatea într-un proces de divorț)*

nonachiever [ˌnɔnə'tʃiːvə] *s școl* elev slab, care nu reușește să-și îndeplinească îndatoririle

nonaddictive [ˌnɔnə'diktiv] *adj* care nu creează dependență

nonadmission [ˌnɔnəd 'miʃn] *s* neadmitere, respingere

non-affiliated [ˌnɔnə'filieitid] *adj* neafiliat, nemembru

nonaligned [ˌnɔnə'laind] *adj pol* nealiniat

nonalignment [ˌnɔnə'lainmənt] *s pol* nealiniere

non-available [ˌnɔnə'veiləbl] *adj* nedisponibil

nonbinding [ˌnɔn'baindiŋ] *adj* care nu obligă / constrânge

nonbiodegradable [ˌnɔnbaiəudi'greidəbl] *adj* care nu este biodegradabil

non-capital ship [ˌnɔnkæpitl 'ʃip] *s nav* vapor de mic tonaj

nonchalantly ['nɔnʃələntli] *adv* nepăsător, cu indiferență

non-claim ['nɔnkleim] *s jur* întârziere în înaintarea unei plângeri / cereri în termen legal

noncombustible [ˌnɔnkəm'bʌstəbl] *adj* incombustibil, care nu arde

non-communicable [ˌnɔnkə'mju(ː)-nikəbl] *adj* nemolipsitor, necontagios

non-conducting [ˌnɔnkən'dʌktiŋ] *adj fiz* neconductor, rău conducător, izolant

non-conductor [ˌnɔnkən'dʌktə] *s fiz* neconductor, izolator

nonconforming [ˌnɔnkən'fɔːmiŋ] *adj* neconformist; protestar

nonconformism [ˌnɔnkən'fɔːmizm] *s* **1** nonconformism **2** *rel* protestantism, nonconformist / dizident

non-contagious [ˌnɔnkən'teidʒəs] *adj* nemolipsitor, necontagios

non-content [ˌnɔnkən'tent] *s* **1** nesatisfăcut, nemulțumit; persoană în dezacord (cu) **2** persoană care votează împotriva unei propuneri *(în Camera Lorzilor)*

non-contradiction [ˌnɔnkɔntrə'dikʃn] *s* lipsă de contradicție

non-cooperation [ˌnɔnkəuopə'reiʃn] *s* politică de boicot; nesupunere, insubordonare; refuz de a coopera

non-dairy [ˌnɔn'deəri] *adj* care nu conține produse pe bază de lapte

non-dazzle [ˌnɔn'dæzl] *adj* care protejează împotriva orbirii / strălucirii

nondeductible [ˌnɔndi'dʌktəbl] *adj* care nu poate fi dedus

nondelivery [ˌnɔndi'livəri] *s* faptul de a nu livra

nondrinker [ˌnɔn'driŋkə] *s* abstinent

nondrip [ˌnɔn'drip] *adj* care nu curge / picură

nondriver [ˌnɔn'draivə] *s* persoană fără permis de conducere

nondurable [ˌnɔn'djuərəbl] *adj* nedurabil, lipsit de o durată mai lungă; netrainic

non-effective [ˌnɔni'fektiv] **I** *adj* **1** ineficace; inutil, nefolositor **2** inapt; incapabil **II** *s* bărbat inapt pentru serviciul militar

nones [nəunz] *s pl (în vechiul calendar roman, a 7-a zi a lunilor martie, mai, iulie și octombrie și a 5-a zi a celorlalte luni)*

nonet [nəu'net] *s muz* nonet

nonfat [ˌnɔn'fæt] *adj* fără grăsimi; ~ diet regim fără grăsimi

nonfattening [ˌnɔn'fætniŋ] *adj* care nu îngrașă

non-feasance [ˌnɔn'fiːzəns] *s jur* neîndeplinire a obligațiilor legale

nonfiction [ˌnɔn'fikʃn] *s* scrieri nebeletristice

nonfigurative [ˌnɔn'figjurətiv] *adj* nonfigurativ

nonflammable [ˌnɔn'flæməbl] *adj* care nu este inflamabil

non-fulfil(l)ment [ˌnɔnful'filmənt] *s* neîndeplinire

non-habit-forming [ˌnɔnhæbit 'fɔː-miŋ] *adj* care nu favorizează crearea obișnuinței

nonhuman [ˌnɔn'hjuːmən] *adj* inuman

non-inductive [ˌnɔnin'dʌktiv] *adj fiz* neinductiv, fără inducție

noninterventionist [ˌnɔnintə'venʃənist] *adj (d politică)* neintervenționist

non-iron [ˌnɔn'aiən] *adj (d haine)* care nu trebuie să fie călcate după ce au fost spălate

nonjudg(e)mental [ˌnɔndʒʌdʒ'mentl] *adj* neutru, imparțial

non-metal [ˌnɔn'metl] *s ch* metaloid

non-metallic [ˌnɔnme'tælik] *adj* nemetalic

non-moral [ˌnɔn'mɔrəl] *adj* amoral

non-native [ˌnɔn'neitiv] *adj* care nu este indigen

non-necessity [ˌnɔnnə'sesiti] *s* lipsă de necesitate

non-negotiable [ˌnɔnni 'gəuʃiəbl] *adj* care nu este negociabil

no-no ['nəunəu] *s F* lucru interzis; that subject is a ~ subiectul acesta este tabu

non obst. *presc de la* **non obstante** *prep, adv* în ciuda, cu toate acestea

non-official [ˌnɔnə'fiʃl] *adj* neoficial

no-nonsense [ˌnəu 'nɔnsəns] *adj* eficient, practic; she's got a very ~ approach abordează lucrurile într-o manieră eficientă / practică

nonparticipant [ˌnɔnpa:'tisipənt] *s* neparticipant

non-party [ˌnɔn'paːti] *adj* fără (de) partid

non-performance [ˌnɔnpə'fɔːməns] *s* neexecutare, neîndeplinire

nonperson [ˌnɔn'pəːsən] *s* **1** proscris, persoană fără nici un statut, aflată în afara societății **2** persoană lipsită de importanță, nulitate, nimic

nonplussed [ˌnɔn'plʌst] *adj* zăpăcit, derutat; perplex

nonpractising [ˌnɔn'præktisiŋ] *adj (d o persoană)* care nu practică (ceva), nepracticant

nonprofit [ˌnɔn'prɔfit] *adj amer* cu scop nelucrativ

non-profitmaking [ˌnɔn'prɔfit-meikiŋ] *adj brit v.* **nonprofit**

nonproliferation [ˌnɔnprəlifə'reiʃn] *s* neproliferare

non-prosequitur [ˌnɔnprəu'sekwitə] *s lat jur* hotărâre dată în defavoarea reclamantului în cazul neprezentării lui la proces

nonreader [,nɔn'riːdə] *s* analfabet, persoană care nu știe să citească

nonresistance [,nɔnri'zistəns] *s* nonviolență, lipsă de ripostă

non-resistant [,nɔnri'zistənt] *adj* care nu opune rezistență; supus, ascultător

nonreturnable [,nɔnri'təːnəbl] *adj (d sticle etc.)* care nu se returnează

non-reversible [,nɔnri'vəːsəbl] *adj* ireversibil

non-rigid [,nɔn'ridʒid] *adj av (d un dirijabil)* suplu

nonrun [,nɔn'rʌn] *adj* nedeșirabil

nonsectarian [,nɔnsek'teəriən] *adj* care nu aparține unui grup religios anume

nonsense verse ['nɔnsens vəːs] *s* poezie absurdă

nonsensically [nɔn'sensikli] *adv* absurd, prostește, fără noimă

nonsexist [,nɔn'seksist] **I** *adj* care nu este sexist **II** *s* persoană care nu este sexistă

nonshrink [,nɔn'ʃrink] *adj (d textile)* care nu intră la apă

nonslip [,nɔn'slip] *adj* antiderapant

nonsmoking [,nɔn'sməukiŋ] *adj* pentru nefumători; **we have a ~ office** avem un birou pentru nefumători

nonspecific urethritis [,nɔnspisifik juərə'θraitis] *s med* inflamare nespecifică a unui ureter

nonstarter [,nɔn'staːtə] *s* **1** *(d cai)* care nu pornește în cursă **2** *fig F* **this project is a ~** proiectul acesta nu este viabil

nonstick [,nɔn'stik] *adj* care nu se lipește / nu este adeziv; *(d tigăi)* cu fundul neted (pentru a nu se lipi mâncarea)

nonsuit [,nɔn'sjuːt] *jur* **I** *s* **1** retragere a plângerii, suspendare a cercetărilor **II** *vb* a respinge *(o cerere)*; a retrage *(o acțiune)*

non-term [,nɔn'təːm] *s* interval între sesiuni judiciare

nontoxic [,nɔn'tɔksik] *adj* care nu este toxic

non-U [,nɔn'juː] *adj brit înv* referitor la ceea ce nu este frumos / politicos să faci

non-union [,nɔn'juːniən] **I** *adj* care nu e membru de sindicat, nesindicalist; **to employ ~ labour** a angaja muncitori nesindicaliști **II** *s med* nesudură *(a unei fracturi)*

nonviolent [,nɔn'vaiələnt] *adj* nonviolent

nonwhite [,nɔn'wait] **I** *s* persoană care nu aparține rasei albe **II** *adj* referitor la persoanele de culoare

nookie, nooky ['nuki] *s umor* act sexual, coit, cordeală

nopal ['nəupəl] *s bot* napal, cactus-mexican *(Napalea coccinellifera)*

no-par [,nəu'paː] *adj brit* fără valoare nominală

nor [nɔː] *s* nord, miazănoapte

noria ['nəuriə] *s tehn* noria; elevator cu cupe

North Africa [,nɔː'æfrikə] *s* Africa de Nord

North African [,nɔː'æfrikən] **I** *s* locuitor al Africii de Nord **II** *adj* referitor la Africa de Nord, nord-african

North Carolina [,nɔːθkærə'lainə] *stat în sudul S.U.A.*

North Country [,nɔːθ'kʌntri] **1** *(în Marea Britanie)* partea de nord a Angliei **2** *(în S.U.A.)* Alaska, Yukon și teritoriile din nord-est

north-countryman [,nɔːθ'kʌntrimən] *s* locuitor din partea nordică a Angliei

North Dakota [,nɔːθ də'kəutə] *stat în nordul S.U.A.*

northeasterly [,nɔːθ'iːstəli] **I** *adj* **1** de nord-est; **go in a ~ direction** a merge spre nord-est **2** *(d vânt)* din nord-est **II** *adv* spre / către nord-est

north-eastward [,nɔːθ'iːstwəd] **I** *adv* în direcția nord-est **II** *adj* situat în direcția nord-est **III** *s* nord-est

northern hemisphere [,nɔːðən'hemisfiə] *s* emisfera de nord / boreală

Northern Ireland [,nɔːðən'aiələnd] *s geogr* Irlanda de Nord

Northernism ['nɔːðənizm] *s* particularitate lingvistică a englezei vorbite în Nord

north-facing [,nɔːθ 'feisiŋ] *adj* care dă spre nord

northing ['nɔːθiŋ] *s nav* rută / drum / deviere către nord; diferență de latitudine spre nord; **two miles ~** o deviere de două mile spre nord

North Island [,nɔːθ'ailənd] *s geogr* insulă în arhipelagul Noua Zeelandă

North Korea [,nɔːθkə'riə] *s geogr* Coreea de Nord

North Korean [,nɔːθkə'riən] *s, adj* nord-coreean

north-northeast [,nɔːθ'nɔːθi:st] **I** *s* nord-nord-est **II** *adj* din nord-nord-est **III** *adv* spre / către nord-nord-est

north-northwest [,nɔːθ'nɔːθwest] **I** *s* nord-nord-vest **II** *adj* din nord-nord-vest **III** *adv* către / spre nord-nord-vest

North Rhine-Westphalia [,nɔːθ rain west'feiliə] *s geogr* Renania de Nord-Westfalia, *(land în vestul Germaniei)*

North Star [,nɔːθ 'staː] *s* **the ~** steaua polară

North Vietnam [,nɔːθ viː'et'næm] *stat în Asia de Sud-Est*

North Vietnamese [,nɔːθ viːetnə'miːz] *s, adj* nord-vietnamez

northwardly ['nɔːθwədli] **I** *adv* în direcția nordului; la / spre nord **II** *adj (d vânt)* de nord

north-wester [,nɔːθ'westə] *s* **1** vânt de nord-vest **2** *sl* grog

northwestern [,nɔːθ'westən] *adj* nord-vestic, de nord-vest

north-westward [,nɔːθ'westwəd] **I** *adv* în direcția nord-vest **II** *adj* situat în direcția nord-vest **III** *s* nord-vest

North Yemen [,nɔːθ 'jemən] *Republica Arabă Yemen*, *stat în sud-vestul peninsulei Arabia*

norward ['nɔːwəd] *adv* către nord, în direcția nordului

Norway lobster [,nɔːwei 'lɔbstə] *s iht* homarul-zvelt *(Nephrops norvegicus)*

nose candy ['nəuz ,kændi] *s amer sl* cocaină

nose cone ['nəuz kəun] *s tehn* con protector *(al unei rachete etc.)*

nose drops ['nəuz drɔps] *s* picături pentru nas

nose flute ['nəuz fluːt] *s muz* instrument muzical în care se suflă cu nasul *(în Siam etc.)*

nose-heavy [,nəuz 'hevi] *adj* **1** *av* greu de bot **2** *nav* aprovat

nose job ['nəuz dʒɔb] *s* operație estetică la nas; **she had a ~** a făcut o operație estetică la nas

noseless ['nəuzlis] *adj* fără nas

noser ['nəuzə] *s* **1** *(și dead ~)* vânt puternic din față **2** *sl* om care-și bagă nasul peste tot

nosh-up ['nɔʃʌp] *s sl* chiolhan

no-side ['nəusaid] *s sport (la rugby)* final de meci

nosiness ['nəuzinis] *s* curiozitate; **his ~ really annoys me** mă enervează de-a binelea faptul că își bagă nasul peste tot

nosing ['nəuziŋ] *s* **1** apărătoare / întăritoare / margine metalică *(pentru colțuri, trepte etc.)* **2** *av* capotare

nosological [,nɔsɔ'lədʒikəl] *adj med* nosologic, patologic

nostalgy ['nɔstəldʒi] *s* **1** nostalgie **2** dor de țară / patrie

nosy parker [,nəuzi 'pa:kə] *s brit sl* curios, persoană care își bagă nasul peste tot

notableness ['nəutəblnis] *s* distincție; importanță, caracter demn de a fi remarcat

notched [nɔtʃt] *adj* **1** crestat; zimțat **2** cu renuri, cu jgheaburi

notch wheel ['nɔtʃ wi:l] *s tehn* roată de clichet

notecase ['nəutkeis] *s brit înv* portofel

notepad ['nəutpæd] *s* carnet de notițe; hârtie de scrisori

note shaver ['nəut ,ʃeivə] *s amer sl* cămătar

noteworthiness ['nəutwə:ðinis] *s* importanță

no-trump [,nəu 'trʌmp] **I** *adj* fără carte / avantaj / atu **II** *s* carte fără atu

Notts [nɔts] *presc de la* Nottinghamshire *comitat în Marea Britanie*

Nova Scotian [,nəuvə'skəuʃn] **I** *s* locuitor al Noii Scoții **II** *adj* referitor la Noua Scoție

novation [nəu'veiʃn] *s* **1** inovație, înnoire **2** *jur* novațiune

novel writer ['nɔvəl ,raitə] *s* romancier

novena [nəu 'vi:nə] , *pl* **novenae** [nəu'vi:ni] *s rel* rugăciuni / slujbe făcute timp de nouă zile *(în biserici catolice)*

novercal [nəu'və:kl] *adj* de mașteră, vitreg; crud, nemilos

NOW [nau] *presc de la* National Organization for Women *organizație feministă americană*

nowhither ['nəuwiðə] *adv înv* nicăieri

noxiously ['nɔkʃəsli] *adv* vătămător, nociv

noxiousness ['nɔkʃəsnis] *s* nocivitate; caracter vătămător / dăunător

noyade [nwa:'ja:d] *vt* a îmbăta

noyau ['nwaiəu] *s fr* lichior parfumat cu sâmburi de fructe

NS *presc de la* Nova Scotia *s geogr* Noua Scoție *(peninsulă în sud-estul Canadei)*

NSC *presc de la* National Security Council *organism însărcinat cu supervizarea politicii militare de apărare a guvernului S.U.A.*

NSF 1 *presc de la* National Science Foundation Fundația Națională de Științe **2** *presc de la* not sufficient funds fonduri insuficiente

NSPCC *presc de la* National Society for the Prevention of Cruelty to Children societate națională pentru protejarea / ocrotirea copiilor

NSW *presc de la* New Wales *stat în* sud-estul Australiei

NU AAW *presc de la* National Union of Agricultural and Allied Workers *sindicat britanic al muncitorilor care lucrează în agricultură*

nubbin ['nʌbin] *s amer* capăt, vârf, bucățică

nubbly ['nʌbli] *adj* îmbucătățit, în bucăți, fărâmițat

nubby ['nʌbi] *adj amer (d textile)* plușat, păros

nucha ['nju:kə], *pl* **nuchae** ['nju:ki:] *s anat* ceafă

nuclear family [,nju:kliə'fæməli] *s sociol* familie nucleară

nuclear fission bomb [,nju:kliə 'fiʃn bɔm] *s mil* bombă cu fisiune

nuclear furnace [,nju:kliə 'fə:nis] *s fiz* reactor (nuclear)

nuclear reaction [,nju:kliə ri(:)-'ækʃn] *s fiz* reacție nucleară

nuclear reactor [,nju:kliə ri(:)'æktə] *s fiz* reactor (nuclear)

nuclear winter [,nju:kliə' wintə] *s* iarnă nucleară

nucleic acid [nju:,kliik 'æsid] *s ch* acid nucleic

nuggar [nə'ga:] *s* șlep de pe Nil

NUJ *presc de la* National Union of Journalists *sindicat britanic al ziariștilor*

nuke [nju:k] **I** *vt F* a ataca cu bombe atomice **II** *s* **1** armă nucleară **2** *amer* centrală nucleară

nullah ['nʌlə] *s (cuvânt anglo-indian)* **1** apă curgătoare; fluviu; pârâu; râu; torent, șuvoi **2** albie de râu secată

NUM *presc de la* National Union of Mineworkers *sindicat britanic al lucrătorilor din mine*

number board ['nʌmbə bɔ:d] *s sport* tablou de afișaj

number cruncher ['nʌmbə ,krʌntʃə] *s cib F* computer de mare randament

number crunching ['nʌmbə ,krʌntʃiŋ] *s cib F* faptul de a face calcule cu un număr foarte mare de cifre, folosind un computer

numberer ['nʌmbərə] *s* socotitor

numbering machine ['nʌmbriŋ mə,ʃi:n] *s* **1** *poligr* aparat de numerotat **2** *tehn* automat de marcare **3** *ec* ștampilă de număr curent

number language ['nʌmbə ,læŋgwidʒ] *s cib* sistem de calcul; limbaj numeric

numbers game ['nʌmbəz geim] *s amer* loterie ilegală

Number Ten [,nʌmbə 'ten] *s* ~ (Downing Street) reședința oficială a primului ministru al Marii Britanii

numb fish ['nʌm fiʃ] *s iht* torpilă, pește torpilă *(Torpedo marmorata)*

numbhead ['nʌmhed] *s amer sl* găgăuță, tâmpit, cretin

numbscull ['nʌmskʌl] *s F* imbecil, idiot, cap sec

numdah ['nʌmda:] *s v.* numnah

numeracy ['nju:mərəsi] *s brit* noțiuni de aritmetică

numerical analysis [nju:,merikl ə'næləsis] *s mat* analiză numerică

numerously ['nju:mərəsli] *adv* **1** în număr mare **2** *metr* armonios

numerousness ['nju:mərəsnis] *s* **1** (mare) număr; mulțime **2** *metr* armonie, cadență

nummary ['nʌməri] *adj* **1** numular, monetar, bănesc, pecuniar **2** numular, în formă de monedă

nummulary ['nʌmələri] *adj v.* **nummary**

numnah ['nʌmnə] *s (cuvânt anglo-indian)* pâslă, postav grosolan

nuncheon ['nʌntʃən] *s dial* micul dejun

nunciature ['nʌnʃiətʃə] *s* nunciatură

nuncupative ['nʌŋkju:pətiv] *adj jur (d testamente)* oral, verbal, nescris

nundinal ['nʌndinəl] *adj* de bâlci, de iarmaroc; de târg

nunhood ['nʌnhud] *s* starea de călugăriță

nun-like [,nʌn'laik] *adj* (ca) de călugăriță

nunnation [nʌ'neiʃn] *s lingv* folosire frecventă a consoanei n (↓ în limba arabă)

nun's veiling [,nʌnz 'veiliŋ] *s* voal de lână (pentru rochii)

NUPE ['nju:pi] *presc de la* National Union of Public Employees vechi sindicat britanic al lucrătorilor din domeniul public

nuphar ['nju:fɑ:] *s bot* nufăr-galben (Nuphar luteum)

Nureyev ['njuei ieʃ] Rudolph · celebru balerin de origine rusă (1938 – 1993)

nurse [nə:s] *s iht* rechin (din Groenlanda sau din Indiile de vest)

nurseryman ['nə:srimən], *pl* **nurserymen** ['nə:srimen] *s* grădinar (într-o pepinieră)

nursery nurse ['nə:səri ,nə:s] *s* asistentă medicală specializată în puericultură

nursery slopes ['nə:səri sləups] *s pl brit* (la schi) pârtie pentru începători

nursing mother [,nə:siŋ 'mʌðə] *s* mamă adoptivă

nursing officer [,nə:siŋ 'ofisə] *s brit* asistent șef

NUT *presc de la* National Union of Teachers sindicat britanic al profesorilor

nutcase ['nʌtkeis] *s sl* țicnit, sărit de pe fix

nut gall ['nʌt gɔ:l] *s bot* gogoașă de ristic

nuthatch ['nʌthætʃ] *o orn* țoi (Sitta caesia)

nuthouse ['nʌthaus] *s sl* balamuc, spital de nebuni

Nutmeg State [,nʌtmeg 'steit] *s amer* statul Connecticut (în S.U.A.)

nutmeg tree ['nʌtmeg tri:] *s bot* nucșoară (Myristica fragrans)

nut oil ['nʌt ɔil] *s* ulei obținut din nuci / alune

nutritionist [nju'triʃənist] *s* dietetician

nutritiousness [nju'triʃəsnis] *s* nutritivitate, caracter nutritiv

nutter ['nʌtə] *s sl brit* bolnav la cap, nebun

nux vomica [,nʌks 'vomikə] *s bot* turta-lupului (Strychnos nux vomica)

NV *presc de la* Nevada stat în vestul S.U.A.

nyctalope ['niktələup] **I** *adj* nictalopic **II** *s* nictalop

nylghau ['nilgɔ:] *s v.* nilgai

nympho ['nimfəu] *s* nimfomană

nympholepsy ['nimfəulepsi] *s med* nimfolepsie

NYSE *presc de la* New York Exchange bursa din New York

NZ *presc de la* New Zealand stat în sud-vestul oceanului Pacific

O

oak beauty ['əuk ˌbjuːti] *s ent* cotor-de-stejar *(Amphidasis prodomaria)*

oak berry ['əuk ˌbəri] *s* gogoaşă de ristic

oak fern ['əuk fəːn] *s bot* ferigă *(Dryopteris phegopteris)*

oak gall ['əuk goːl] *s v.* **oak berry**

oak leaf ['əuk liːf], *pl* **oak leaves** ['əuk liːvz] *s* frunză de stejar

oak-leaf cluster [ˌəukliːfˈklʌstə] *s amer mil* baretă *(a unei decoraţii pentru merite deosebite)*

oakling ['əuklin] *s* stejar tânăr

oaky ['əuki] *adj* (ca) de stejar; tare, puternic *(şi fig)*

oarage ['ɔːridʒ] *s poetic* 1 vâslit, vâslire, vâslaj; ramaj 2 vâsle

oarer ['ɔːrə] *s* vâslaş, lopătar

OAS 1 *presc de la* **Organization of American States** *s* Organizaţia Statelor Americane

oast [əust] *s* cuptor de uscat hameiul, malţul *sau* tutunul

oast house ['əust haus] *s* uscătorie de hamei

oatgrass ['əutgrɑːs] *s bot* odos, ovăz-sălbatic *(Avena fatua)*

oath-bound [ˌəuθˈbaund] *adj* legat prin jurământ

OAU *presc de la* **Organization of African Unity** *s* Organizaţia Unităţii Africane

obbligato [ˌɔbliˈgɑːtəu] *adj, s muz* obligato

obconical [ɔbˈkɔnikl] *adj* în formă de con răsturnat

obdurately ['ɔbdjurətli] *adv* cu încăpăţânare, neînduplecat

obdurateness ['ɔbdjuritnis] *s* îndărătnicie, încăpăţânare; inflexibilitate, neînduplecare; asprime; îndârjire

obduration [ˌɔbdjuəˈreiʃn] *s v.* **obdurateness**

OBE *presc de la* **Officer of the Order of the British Empire** *s* distincţie onorifică britanică

obeah ['əubiə] *s (în Africa)* vrăjitorie; fetiş, farmec

obedientary [əbiˈdiːentri] *s* călugăr care deţine o funcţie într-o mănăstire

obeliscal [ˌɔbəˈliskl] *adj* de obelisc

obelize ['ɔbəlaiz] *vt* a însemna cu o cruce *sau* cu semnul (–) *sau* (+)

obeseness [əuˈbiːsnis] *s* obezitate, grăsime

obeyer [əˈbeiə] *s* persoană care ascultă *(de legi etc.)*

obfuscated ['ɔbfʌskeitid] *adj* 1 întunecat, înnourat; eclipsat 2 zăpăcit 3 *sl* beat, pilit

obit ['əubit] *s* 1 *rel* parastas 2 anunţ mortuar *(în ziar)*; necrolog 3 *înv* moarte, deces

obiter ['ɔbitə] *adv lat* printre altele, în treacăt; ~ **dictum** observaţie incidentală făcută de judecător într-un proces; observaţie incidentală

object d'art [*pronunţia franceză*] *s fr* obiect / operă de artă

objectionableness [əbˈdʒekʃnəblinis] *s* caracter reprehensibil / neplăcut / supărător

objectivate [ɔbˈdʒektiveit] *vt* a obiectiva; a întruchipa, a concretiza

objectivation [ɔbdʒekti'veiʃn] *s filoz* obiectivare

object program ['ɔbdʒekt ˌprəugræm] *s cib* program obiect

oblational [əˈbleiʃnəl] *adj* ca jertfă; oferit ca danie / dar

oblatory ['ɔblətri] *adj v.* **oblational**

obligato [ˌɔbliˈgɑːtəu] *adj, s* obligato

obligement [əˈblaidʒmənt] *s* 1 obligaţie; îndatorire 2 amabilitate

obliger [əˈblaidʒə] *s* persoană care îndatorează *(pe cineva)*

oblique-angled [əˌblik: ˈæŋgld] *adj geom* oblic, înclinat

oblique case [əˌbliːk ˈkeis] *s gram* caz oblic

obliqueness [əˈbliːknis] *s* 1 oblicitate, caracter oblic 2 *fig* nesinceritate, falsitate

oblique system [əˌbliːk ˈsistəm] *s minr* singonie *(a cristalelor)*

oblique triangle [əˌbliːk ˈtraiæŋgl] *s geom* triunghi cu toate unghiurile ascuţite

obnubilate [ɔbˈnjuːbileit] *vt rar* a acoperi cu nori

obnubilation [ˌɔbnjuːbiˈleiʃn] *s rar* înnorare

obol ['ɔbɔl] *s ist* obol *(monedă grecească = 1 / 6 de drahmă)*

obrotund [ˌɔbrəˈtʌnd] *adj bot etc.* rotund

obscurant [ɔbˈskjuərənt] *s* obscurantist

obscuration [ˌɔbskjuəˈreiʃn] *s* 1 întunecare, umbrire 2 *astr* eclipsare

obscurement [ˌɔbˈskjuərmənt] *s v.* **obscuration**

obscuring [əbˈskjuərin] *s fig* întunecare

obsecrate ['ɔbsikreit] *vt* a implora, a ruga fierbinte

obsecration [ˌɔbsiˈkreiʃn] *s* 1 implorare, rugă, rugăciune 2 litanie

obsequial [ɔbˈsiːkwiəl] *adj* funerar, de înmormântare / îngropăciune; funebru

observableness [əbˈzəːvəblnis] *s* 1 posibilitatea de a vedea / observa; vizibilitate 2 obiect vrednic de atenţie

observation equation [ɔbzəˈveiʃn iˌkweiʃn] *s mat* ecuaţie de corecţie

observation satellite [ɔbzəˈveiʃn ˌsætəlait] *s* satelit de observaţie

observation tower [ɔbzəˌveiʃn ˌtəuə] *s* turn de observaţie

observing [əbˈzəːvin] *adj* 1 care observă 2 atent; grijuliu 3 cu putere de observaţie

obsessed [əbˈsest] *adj* obsedat; posedat

obsessing [əbˈsesin] *adj* obsedant

obsessionist [əbˈseʃənist] *s* obsedat

obsessively [əbˈsesivli] *adv* în mod obsesiv; he's ~ **cautious** este exagerat de prudent; he is ~ **attached to the toy** este foarte ataşat de jucăria lui; she is ~ **attached to her mother** este mult prea ataşată de mama ei

obsoleteness ['ɔbsəliːtnis] *s* desuetudine, caracter învechit

obstacle course ['ɔbstəkl kɔːs] *s sport* pistă pentru cursă de obstacole

318

obstreperously [əb'streprəsli] *adv* zgomotos, gălăgios

obstreperousness [əb'streprəsnis] *s* larmă, zarvă, zgomot, gălăgie

obstructor [əb'strʌktə] *s pol* obstrucţionist

obstruent ['obstruənt] *adj med* astringent

obtainment [əb'teinmənt] *s* (of) obţinere (de)

obtention [ob'tenʃn] *s v.* **obtainment**

obtest [ob'test] *rar* I *vt* 1 a implora, a ruga stăruitor / fierbinte 2 a lua ca martor II *vi* 1 a chema cerul ca martor 2 a protesta

obtestation [,obtɒs'teiʃn] *s rar* 1 rugăminte stăruitoare / fierbinte, implorare 2 protest

obtruncate [ob'trʌnkeit] *vt* a trunchia, a reteza vârful *sau* capul *(cu gen)*; a decapita

obturate ['obtjureit] *vt* 1 a astupa; a închide drumul *(cu gen)*; a bloca; a etanşa 2 a îndesa 3 *mil* a obtura

obtuse angle [əb,tju:s 'æŋgl] *s geom* unghi obtuz

obtuse-angled [əb,tju:s 'æŋgld] *adj geom* cu unghiuri obtuze

obtusely [əb'tju:sli] *adv* obtuz; neinteligent

obverse ['obvə:s] I *s* 1 faţă; parte din faţă / importantă / de sus; efigie *(a unei monede, a unei medalii)* 2 revers; cealaltă latură a unei chestiuni II *adj* 1 din faţă, exterior 2 celălalt

OCAS *presc de la* **Organization of Central American States** *s* Organizaţia Statelor din America Centrală

Occamism ['okəmizm] *s filoz* învăţătura lui William of Ockham (1349)

occasional table [ə,keiʒnəl 'teibl] *s brit* masă (uşor) deplasabilă

Occidentalist [,oksi'dentəlist] *s* occidentalist

occidentalize [,oksi'dentəlaiz] *vt* a occidentaliza

occipital bone [ek'sipitəl bəun] *s anat* os occipital

occipital lobe [ek'sipitəl ləub] *s anat* lob occipital

occiput ['oksiput] *s anat* occiput

occluded front [,əklu:did'front] *s meteor* front închis

occultist ['okʌltist] *s* ocultist

occultness [o'kʌltnis] *s* caracter ocult

occupational psychology [okju,peiʃnəlsai'kolədʒi] *s* psihologia muncii

occupational therapist [okju,peiʃnəl'θerəpist] *s* ergoterapeut

occupation bridge [okju'peiʃn bridʒ] *s* 1 pod de cale ferată 2 pod aflat în posesie privată

occurrent [ə'kʌrənt] I *adj* care se petrece, care are loc II *s* întâmplare

ocean deeps ['əuʃn di:ps] *s pl* adâncimi abisale

ocean front ['əuʃn front] *s amer* malul mării

ocean-going [,əuʃn 'gəuiŋ] *adj* oceanic; *(d vase)* transatlantic

Oceanian [,əuʃi'ɑːniən] I *s* locuitor din Oceania II *adj* din Oceania

ocean lane ['əuʃn lein] *s nav* rută oceanică

ocean liner ['əuʃn ,lainə] *s nav* transatlantic

och [ox] *interj (în Scoţia şi Irlanda)* oh! *(exprimă regretul sau surpriza)*

oche ['oki] *s* linie în spatele căreia stă cel care aruncă săgeţi *(mici)* la ţintă

ochreous ['əukriəs] *adj* ca ocrul

octachord ['oktəko:d] *adj, s muz* octacord

octahedrite [oktə'hi:drait] *s minr* anatas, octaedrit

octal ['oktl] *adj* de octal

octameter [ok'tæmitə] *s lit* octometru, vers de opt silabe

octane number ['oktein ,nʌmbə] *s ch* cifră octanică

octangular [ok'tæŋgjulə] *adj geom* octogonal

octant ['oktənt] *s* 1 *astr* octant *(instrument pentru măsurarea unghiurilor)* 2 *mat* octant *(a opta parte dintr-un cerc, un arc de 45°)*

octavalent [,oktə'veilənt] *adj ch* octovalent

Octavian [ok'teivjən] *s* împărat roman, nepotul lui Iulius Cezar (63 î.Ch.–14 d.Ch.)

octennial [ok'teniəl] *adj* 1 de opt ani 2 care are loc din opt în opt ani

octennially [ok'teniəli] *adv* din opt în opt ani

octillion [ok'tiliən] *s* 1 sextilion de octilioane (10^{48}) 2 *amer* octilion (10^{27})

octogenary [ok'təudʒenəri] I octogenar, de 80 de ani II *s* octogenar, persoană de 80 de ani

octogynious [,oktəu'dʒiniəs] *s bot* octogin, cu opt seminţe

octonarian [,oktəu'neəriən] *metr* I *s* vers de opt picioare II *adj* de opt picioare

octopole ['oktəpəul] *s fiz* octopol, octupol

octostyle ['oktəustail] *s arhit* octostil

octosyllabic [,oktəusi'læbik] I *adj* octosilabic II *s* vers octosilabic

octuple ['oktju:pl] I *adj* octuplu, de opt ani II *s* octuplu III *vt* a multiplica de opt ori

ocularist ['okjulərist] *s* fabricant de ochi artificiali

ocularly ['okjulərli] *adv* 1 aparent 2 cu ochii proprii

oculus ['okjuləs], *pl* **oculi** ['okjulai] *s* 1 *med* ochi 2 *arhit* fereastră rotundă

OD *s presc de la* **overdose** supradoză *(de droguri etc.)*

odd-even [,od'i:vən] *adj cib* ~ **check** control al parităţii

Odd Fellow [,od 'feləu] *s* membru al unei societăţi secrete *(de tip masonic)*

odd-looking [,od'lukiŋ] *adj* cu înfăţişare ciudată / stranie; bizar, ciudat

odd lot [,od'lot] *s ec* lot de dimensiune redusă, lot fracţionat *(ex. la bursă: mai puţin de 100 de acţiuni)*

odd-lotter ['od,lotə] *s amer (la bursă)* mic acţionar

oddly ['odli] *adv* în mod ciudat; ~ **shaped** cu o formă bizară; ~ **enough, he didn't recognize me** destul de ciudat, dar nu m-a recunoscut

odeum [əu'di(:)əm] *pl* **odeum** [əu'diəm] *sau* **odea** [əu'diə] *s (ist Greciei)* odeon 2 sală de concerte / spectacole

odograph ['əudəgrɑːf] *s* 1 *auto* contor de parcurs 2 înregistrator de paşi

odontalgia [,əudon'tældʒiə] *s med* odontalgie

odontography [,əudon'togrəfi] *s med* odontografie

odontoid [əu'dontoid] *adj* asemănător unui / ca un dinte

odorant ['əudərənt] *adj* 1 înmires-
mat, parfumat, frumos mirosi-
tor 2 mirositor

odourless ['əudələs] *adj* inodor,
fără miros

Odyssean [,ɔdi'si:ən] 1 odiseic;
amintind de Odiseea 2 demn de
Ulise

Odysseus [ə'di:siəs] *s* Ulise, Odi-
seu

OECD *presc de la* Organization for
Economic Cooperation and De-
velopment Organizaţia pentru
Cooperare Economică şi Dez-
voltare

oecological [,i:kə'lɔdʒikəl] *adj*
biol ecologic

oecology [i:'kɔlədʒi] *s biol* ecolo-
logie

Oedipal ['i:dipl] *adj* oedipian

oenologist [i:'nɔlədʒist] *s* (o)eno-
log, specialist în vinuri

oesophageal [,i:səu'feidʒiəl] *adj*
anat de esofag, al esofagului

oestrous ['i:strəs] *brit*, **estrus**
['i:strəs] *amer adj* estral; ~ cycle
ciclu estral

oestrum ['i:strəm] *s* 1 *zool* tăun,
streche 2 *zool* oestrum, călduri,
perioada împerecherii 3 *fig* sti-
mulent; patimă, dorinţă pătima-
şă

oestrus ['i:strəs] *s v.* **oestrum**

off-board ['ɔf bɔ:d] *s (legătorie)*
verso

off-Broadway [,ɔf'brɔ:dwei] *adj*
amer an ~ show spectacol
newyorkez neconvenţional, de-
osebit de stilul celor de pe
Broadway; an ~ director re-
gizor de piese avangardiste

off-campus [,ɔf'kæmpəs] *adv* în
afara campusului universitar; I
prefer to live ~ prefer să lo-
cuiesc în exteriorul campusului

off-centre(d) [,ɔ(:)f 'sentə(d)] *adj*
tehn dezaxat, descentrat; ex-
centric

off day ['ɔf dei] *s* zi liberă

off-day ['ɔfdei] *s* he was having an
~ era într-o pasă proastă;
everyone has their ~ s oricine are
zile mai proaste

off-duty [,ɔf'djuti] *adj* în afara ser-
viciului; I'm off duty at 6 termin
serviciul la ora 6

offended [ə'fendid] *adj* ofensat,
jignit

offendedly [ə'fendidli] *adv* pe un
ton de om jignit

offending [ə'fendiŋ] *adj* ofensator,
jignitor

offensive defensive [ə,fensiv di'fen-
siv] *s mil* apărare activă

offerer ['ɔfərə] *s* persoană care
oferă; ofertant

offer price ['ɔfə: prais] *s fin (la
bursă)* ofertă de preţ

off-guard [,ɔf'ga:d] I *adj* in an ~
moment într-un moment de ne-
atenţie II *adv* to catch / to take
smb ~ a lua pe cineva pe ne-
pregătite; his offer of help caught
her ~ nu se aştepta ca el să-i
propună s-o ajute

offhandedness [,ɔ(:)f'hændidnis]
s dezinvoltură; lipsă de jenă / de
timiditate

office bearer ['ɔfis ,beərə] *s* func-
ţionar; persoană oficială

office block ['ɔfis blɔk] *s brit*
imobil cu birouri

office hours ['ɔfis ,auəz] *s* ore de
birou

office junior ['ɔfis,dʒunjə] *s* sta-
giar *(într-un secretariat)*

office seeker ['ɔfis,si:kə] *s* carie-
rist, oportunist; vânător de pos-
turi

officiality [əfiʃi'æliti] *s* 1 caracter
oficial 2 caracter funcţionăresc /
birocratic

officialize [ə'fiʃəlaiz] *vt* a oficializa

Official Receiver [ə,fiʃl 'risivə] *s*
brit administrator judiciar; the ~
has been called in s-a convocat
administraţia judiciară

off-line [,ɔf'lain] *adj cib (d echipa-
mente periferice)* deconectate
temporar de la unitatea centrală

off-off-Broadway [,ɔfɔf'brɔdwei] *adj*
amer (d un spectacol) de avan-
gardă, absolut experimental

off-peak [,ɔf'pi:k] *adj (d tren etc.)*
în afara orelor de vârf; ~ hours /
times ore în afara celor de vârf

off-piste [,ɔf'pist] *adj, adv sport* în
afara pistei

off sales ['ɔfseils] *s pl brit* per-
misiune de vânzare a băuturilor
alcoolice, sigilate şi care se con-
sumă doar în afara localurilor

off-season ['ɔfsi:zn] I *s* extra se-
zon II *adv* în extrasezon

off-shore procurements [,ɔf'ʃɔ:
prə'kjuəmənts] *s amer* comenzi
„off-shore" *(comenzi de arma-
ment plasate de guvernul
S.U.A. în ţările membre ale
pactului NATO)*

off-the-cuff [,ɔ:f ðə 'kʌf] I *adj* ne-
prevăzut, neaşteptat, improvi-
zat II *adv* pe neaşteptate, pe
nepregătite

off-the-face [,ɔf ðə 'feis] *adj (d pă-
lării)* acoperind numai jumătate
din cap

off-the-peg [,ɔf ðə 'peg] *(d articole
de îmbrăcăminte)* de gata

off-the-record [,ɔf ðə 'rekɔ:d] *adj*
neoficial, neconsemnat în docu-
mente oficiale; cvasi-confiden-
ţial; he has with the reporters an
~ talk are cu ziariştii o conversa-
ţie cvasi-confidenţială / nedesti-
nată publicităţii

off-the-wall [,ɔ:f ðə'wɔ:l] *adj* ţicnit,
sărit, aiurit; imprevizibil, original

off year [,ɔf'jə] *s amer pol* an când
au loc alegeri pentru Congres,
dar nu şi pentru postul de pre-
şedinte

Ofgas ['ɔfgæs] *presc de la* Office of
Gas Supply *s* organizaţia bri-
tanică ce controlează activită-
ţile companiilor regionale de
distribuire a gazului

OFT *presc de la* Office of Fair
Traiding *s* serviciu britanic de
protecţie a consumatorului

Oftel ['ɔftel] *presc de la* Office of
Telecommunications *s* organ
guvernamental britanic însărci-
nat să controleze activităţile so-
cietăţilor de telecomunicaţii

Ofwat ['ɔfwɔt] *presc de la* Office of
Water Supply *s* organ guver-
namental britanic însărcinat să
controleze companiile regiona-
le de distribuire a apelor

ogham ['ɔgəm] *s ist* 1 ogam *(vechi
alfabet al celţilor)* 2 inscripţie
sau literă în alfabetul ogam

ogle ['əugl] *s orn* bufniţă, cucuvea
(Athene noctua)

ogler ['əuglə] *s* persoană care
aruncă ocheade

OH *presc de la* Ohio stat în S.U.A.

ohmic [ik] *s el* ohmic

ohmmeter ['əum,mi:tə] *s el* ohm-
metru

OHMS *presc de la* On His / Her
Majesty's Service ştampilă pu-
să pe corespondenţa administra-
tivă britanică

oidium [əu'idiəm] *s biol* oidium

oik [ɔik] *s brit peior* zgârcit, maţe
fripte

oil bath ['ɔil ba:θ] *s tehn* baie de
ulei / de ţiţei

oil-bearing [,ɔil 'beəriŋ] *adj min* petrolifer, purtător de țiței

oil burner ['ɔil ,bəːnə] *s v.* **oil thrower**

oil-burning [,ɔil'bəːniŋ] *adj (d lampă)* cu petrol; *(d combustibil)* cu păcură

oil can ['ɔil kæn] *s* **1** *tehn* canistră / cană / bidon de ulei **2** *min* ungător, gresor

oil feed ['ɔil fiːd] *s tehn* alimentare cu ulei

oil feeder ['ɔil ,fiːdə] *s tehn* lubrificator, ungător

oil geology ['ɔil dʒi,ɔlədʒi] *s geo* logia petrolului

oil groove ['ɔil gruːv] *s tehn* canal de ungere

oil hardening ['ɔil ,haːdəniŋ] *s* **1** *(ind ch)* hidrogenarea uleiului / grăsimilor **2** *met* călire în ulei

oil paint ['ɔil peint] *s* vopsea de ulei

oil pan ['ɔil pæn] *s auto* hale de ulei

oil press ['ɔil pres] *s* presă de ulei

oil-producing [,ɔil prə'djuːsiŋ] *adj* producător de petrol; **the ~ countries** țările producătoare de petrol

oil proof [,ɔil 'pruːf] *adj* rezistent la ulei

oil refinery ['ɔil ri,fainəri] *s* rafinărie de petrol

oil rig ['ɔil rig] *s tehn* derrick, turla sondei; platformă petrolieră

oil shale ['ɔil ʃeil] *s geol* șist bituminos

oil slick ['ɔil slik] *s* peliculă de petrol *(pe suprafața apei)*

oil spill ['ɔil spil] *s* **1** maree neagră **2** *v.* **oil slick**

oilstone ['ɔil stəun] *s* piatră de șlefuit / de tras

oil stove ['ɔil stəuv] *s brit* sobă cu păcură; reșou cu petrol

oil terminal ['ɔil ,təːminəl] *s* port de plecare sau de sosire al petrolierelor

oil varnish ['ɔil ,vaːniʃ] *s* **1** *ch* ulei de in sicativat, firnis, lac de ulei **2** *tehn* strat protector de ulei

okapi [əu'kaːpi] *s zool* okapi, specie de girafă *(Okapia Johnstoni)*

okay [əu'kei] **I** *adj* în regulă, foarte bine, perfect **II** *vt și vi* a aproba **III** *interj* bine, de acord, în regulă, perfect **IV** *s* aprobare

okeydoke(y) [,əuki'dəuk(i)] *interj* s-a făcut, OK

okie ['əuki] *s amer* **1** muncitor agricol ambulant *(↓ din statul Oklahoma)* **2** refugiat din regiunile bântuite de furtuni din statul Oklahoma **3** vagabond **4** *sl* locuitor din Oklahoma

okra ['əukrə] *s bot* bamă *(Hibiscus esculentus)*

oky ['əuki] *s v.* **okie**

Old Adversary [,əuld əd've:səri] *s* **F** dracul, necuratul, satana, Scaraoțchi, Sarsailă, Aghiuță, Ucigă-l-Toaca

old age pensioner [,əuld eidʒ 'penʃənə] *s brit* pensionar *(de vârstă)*

Old Bailey [,əuld 'beili] *s jur* principala curte cu juri din Londra, înlocuită prin „Central Criminal Court" în 1906

Old Bill [,əuld'bil] *s brit* **P 1** sticleți **2 the ~** poliția *(ca instituție)*

old-clothes shop [,əuld kləuð 'ʃɔp] *s* magazin de haine de ocazie

Old English sheepdog [,əuld ingliʃ'ʃiːpdɔg] *s zool* câine ciobănesc englez de talie medie

old face [,əuld 'feis] *s poligr* (caractere) medievale

old-fangled [əuld 'fæŋld] *adj* demodat, învechit, de modă veche, vechi

old-fashionedness [,əuld 'fæʃəndnis] *s* caracter demodat / învechit

old flame [,əuld'fleim] *s* o veche dragoste; **Edward is an ~ of mine** Edward este un fost iubit de-al meu

Old Gooseberry [,əuld 'guzbəri] *s v.* **Old Adversary**

old hand [,əuld 'hænd] *s* **F** vulpe bătrână, om cu experiență; om umblat; **he's an ~ at it** se pricepe grozav

old hat [,əuld'hæt] *adj* depășit, învechit

oldie ['əuldi] *s* **1** vechi succes *(al unui cântec / spectacol)*; **F** vechi șlagăr **2** *F* bătrânel, bătrânică

oldish ['əuldiʃ] *adj* **1** bătrâior, destul de bătrân **2** cam vechi

old-line [,əuld'lain] *adj* **1** conservator **2** tradițional

oldness ['əuldnis] *s rar* bătrânețe

old salt [,əuld 'sɔːlt] *s amer* **F** bătrân lup de mare

old-school [,əuld 'skuːl] *adj* de școală veche, demodat

old school tie [,əuld'skuːl tai] *s brit* **1** cravată purtată la unele școli particulare din Anglia **2** sistem de menținere a relațiilor între foști elevi de la unele școli particulare și după terminarea școlii

Old Scratch [,əuld 'skrætʃ] *s v.* **Old Adversary**

old stager [,əuld'steidʒə] *s* persoană cu practică îndelungată, cu rutină, cu experiență

old-time [,əuld 'taim] *adj* de altădată; demodat, învechit

oldwife ['əuld ,waif] *s iht* hering

old-womanish [əuld 'wuməniʃ] *adj* de femeie bătrână, băbesc

oleaceae [,əuli'eiʃii] *s pl bot* oleacee

oleaginously [,əuli'ædʒinəsli] *adv* *fig* mieros, onctuos

oleaster [,əuli'æstə] *s bot* salcie mirositoare, măslin sălbatic, răchițică *(Elaeagnus angustifolia)*

oleography [,əuli'ɔgrəfi] *s* oleografie

oleoresin [,əuliəu'resin] *s min* rășină fluidă

O level ['əu ,level] *s brit* (înainte de 1988) primul examen (din cele două) dat de elevii din școlile britanice la sfârșitul claselor de studiu obligatorii

olfaction [ɔl'fækʃn] *s fizl* miros, simțul mirosului

olfactive [ɔl'fæktiv] *adj* olfactiv

oligarch ['ɔligaːk] *s* oligarh

oligopoly [,ɔli'gɔpəli] *s ec* oligopol

oligopsony [,ɔli'gɔpsəni] *s ec* piață caracterizată printr-un număr mic de cumpărători față de cel al vânzătorilor

oliphant ['ɔlifənt] *s* olifant, corn de fildeș *(în Evul Mediu)*

olivaceous [,ɔli'veiʃəs] *adj* măsliniu, de culoarea măslinei

olivary ['ɔlivəri] *adj* în formă de măslină, oval

olive-green [,ɔliv 'griːn] **I** *adj* verde-oliv **II** *s* (culoare) verde-oliv

olivet(te) ['ɔlivet] *s* încheietoare *(în formă de măslină)*

olive wood ['ɔliv wud] *s* **1** lemn de măslin **2** pădure de măslini

olla podrida [,ɔlə pɔ'driːdə] *s* **1** *gastr* un fel de tocană cu carne și zarzavaturi **2** ghiveci, amestec (pestriț)

ology ['ɔlədʒi] *s umor* **1** știință **2** *pl* teorie (goală), teorii abstracte

Olympic green [əu,limpik 'gri:n] *s minr* verde de smarald / de jad

OM *presc de la* **Order of Merit** *s* Ordin de Merit

ombre ['ɔmbə] *s înv* ombre *(joc de cărți)*

ombudswoman ['ɔmbədz,wumən], *pl* **ombudswomen** ['ɔmbədz-,wimin] *s* femeie-funcționar însărcinată cu sondarea opiniei publice *(nemulțumiri față de guvern etc.)*

omentum [əu'mentəm] *s anat* epiplon

ominousness ['ɔminəsnis] *s* caracter sinistru / amenințător

omissive [əu'misiv] *adj* făcut prin omisiune

omnibus bill ['ɔmnibʌs bil] *s amer* proiect de lege conținând diferite măsuri

omnibus box ['ɔmnibəs bɔks] *s (la teatru)* lojă mare pentru mai mulți abonați; lojă de avanscenă

omnidirectional [,ɔmnidi'rekʃnəl] *adj (d surse sau receptoare de radiații)* omnidirectional

omnirange ['ɔmnireindʒ] *s* radiofar omnidirectional

omnivore ['ɔmnivɔ:] *s* omnivor

omnivorously [ɔm'nivərəsli] *adv F (a citi etc.)* fără alegere, de toate

omoplate ['əuməpleit] *s anat înv* omoplat

omphalos ['ɔmfələs] *s (cuvânt grecesc)* **1** *anat* ombilic, buric **2** *ist* omphalos *(piatră conică aflată la Delfi care se crede a fi centrul pământului)* **3** *ist* ridicătură în mijlocul pavezei **4** *fig* punct central, centru; buricul pământului

ON *presc de la* **Ontario** *s* provincie în Canada

oncer ['wʌnsə] *s F* persoană care se duce duminică la biserică doar o dată

oncogenesis [,ɔŋkəu'dʒenisis] *s* oncogeneză, originea și dezvoltarea neoplasmului

oncogenic [,ɔŋkə'dʒenik] *adj* oncogenic, care favorizează dezvoltarea unui neoplasm

oncome ['ɔnkʌm] *s* început *(al unei activități importante)*

oncost ['ɔnkɔst] *s ec* cheltuieli indirecte; cheltuieli de regie

OND *presc de la* **Ordinary National Diploma** *s* brevet de tehnician superior în Marea Britanie

one-arm-bandit [,wʌn ɑːm 'bændit] *s amer* joc de noroc automat, automat pentru jocurile de noroc

one-dimensional [,wʌn dai'menʃnəl] *adj* unidimensional

one-footed [,wʌn'futid] *adj zool* monopod

one-handed [,wʌn 'hændid] *adj* cu o singură mână; ciung

oneiric [ɔ'najərik] *adj* oniric

one-line ['wʌnlain] *s* maximă; she has some very good ~s spune niște vorbe de duh foarte nostime; there are some great ~s in the film sunt niște replici grozave în film

one-man band [,wʌn mæn 'bænd] *s* persoană care cântă simultan la mai multe instrumente

one-man show [,wʌn mæn 'ʃəu] *s* expoziție individuală / personală

one-night stand [,wʌnnait'stænd] *s* **1** reprezentație unică *(a unei piese de teatru, a unui concert)* **2** aventură de o singură noapte

one-off [,wʌn'ɔf] *adj* unic; she wants a ~ payment vrea să fie plătită o singură dată; I'll do it if it's a ~ job sunt de acord să fac asta doar în mod excepțional; this trip is definitely a ~ deal *amer* este prima și ultima oară când fac această călătorie

one-parent [,wʌn'pærənt] *adj* ~ family familie cu un singur părinte

one-party [,wʌn'pa:ti] *adj pol* monopartid

one-room [,wʌn'ru:m] *adj* cu o singură cameră; a ~ flat / apartment apartament cu o cameră

onerousness ['əunərəsnis] *s* caracter oneros

onesidedness [,wʌn'saididnis] *s* asimetrie; caracter unilateral

one-stop [,wʌn'stɔp] *adj (d un magazin)* unde se găsește tot ce ai nevoie

onetime ['wʌntaim] *adj* fost, de pe vremuri

one-to-one [,wʌntə'wʌn] *adj* **1** *(d o discuție)* în particular I'd prefer to talk to you on a ~ basis aș prefera să vă vorbesc între patru ochi; students receive ~ instruction studenților li se predă fiecăruia în particular **2** *(d o comparație, o corespondență)* termen cu termen, biunivoc

one-track [,wʌn'træk] *adj (d calea ferată)* cu o singură linie; fig ~ mind minte strâmtă, om strâmt la minte / cu ochelari de cal

one-two [,wʌn'tu:] *s (la box)* directă urmată de un croșeu cu cealaltă mână

one-up [,wʌn'ʌp] **I** *adj* we're ~ on our competitors avem un avantaj față de concurenții noștri **II** *vt amer* a marca un punct

one-upmanship [,wʌn'ʌpmənʃip] *s* comportament al unei persoane care nu suportă ca altcineva să se descurce mai bine decât ea; it's pure ~ on her part vrea să dovedească faptul că nu e nimeni mai bun decât ea

one-woman [,wʌn'wumən] *adj* I'm a ~ man sunt bărbatul devotat unei singure femei; ~ show expoziție individuală *(a unui artist)*, spectacol solo

ongoings ['ɔngəuiŋz] *s* acțiuni; purtare *(↓ ciudată, scandaloasă sau necuviincioasă)*

onion dome ['ʌnjən dəum] *s arhit* dom în formă de bulb

oniony ['ʌnjəni] *adj* de ceapă, ca ceapa; cu bulb

onlay ['ɔnlei] *s* aplicație, garnitură

on-license ['ɔn,laisəns] *s* brevet care autorizează vânzarea băuturilor spirtoase consumate în local

on-line [,ɔn'lain] *adj cib (d echipamente periferice)* conectate la unitatea centrală

onlooking [,ɔn'lukiŋ] *adj* the ~ crowd publicul spectator *(la meciuri etc.)* gură-cască *(la un accident etc.)*

on-off [,ɔn'ɔ(:)f] *adj tehn* conectat-deconectat

onomastics [,ɔnə'mæstiks] *s* onomastică

onomatop(e) [ɔ'nɔmətəup] *s* cuvânt onomatopeic

onsetter ['ɔnsetə] *s* **1** *min* gurar, muncitor la gura puțului **2** *el* electrician de serviciu

on-side ['ɔnsaid] *s sport (la crichet)* stânga jucătorului care apără barele

on-site [,ɔn'sait] *adj* pe loc

Ont. *v.* **ON**

on-the-job [,ɔn ðə 'dʒɔb] *adj* **1** *(d o afacere necinstită)* aranjat dinainte **2** calificat la locul de muncă

ontogenetic [,ɔntəudʒi'netik] *adj* biol ontogenetic

ontogenist [ɔn'tɔdʒinist] *s* biol ontogenetician

ontologism [ɔn'tɔlədʒizm] *s* fizl ontologism, cunoașterea directă a lui Dumnezeu de către om

onymy ['ɔnimi] *s* biol rar nomenclatură științifică

oocyte ['əuəsait] *s* biol oocit, ovocit

ooftish ['uːftiʃ] *s* sl bani, pitaci, biștari, bogăție, avere

oofy ['uːfi] *sl* plin de bani, putred de bogat

oogonium [,əuə'gəuniəm], *pl* **oogoniums** [,əuə'gəuniəmz] **oogonia** [,əuə'gəuniə] *s* bot oogonium, oogon

oology [əu'ɔlədʒi] *s* oologie, știința care se ocupă cu ouăle păsărilor

oompah ['uːmpaː] *s* acompaniament de bas insistent și monoton într-o orchestră sau formație

oomycetes [,əuəmai'siːtiz] *s pl* oomicete

oosphere ['əuəsfiə] *s* bot oosferă

oospore ['əuəspɔ] *s* bot oospor

ooze leather ['uːz ,leðə] *s (în pielărie)* velur

opalesque [,əuə'lesk] *adj* opalescent, multicolor

opal glass ['əupl glaːs] *s* sticlă opală / lăptoasă

opaque projector [əu,peik prə'dʒektə] *s* amer episcop, epidiascop

OPEC ['əupek] *presc de la* Organization of Petroleum Exporting Countries *s* OPEC (Organizația Țărilor Exportatoare de Petrol)

openable ['əupnəbl] *adj* care se poate deschide

open-armed [,əupn 'aːmd] *adj* călduros, cu brațele deschise; **an ~ welcome** o primire călduroasă

open day [,əupən'dei] *s* brit zi pentru public

open door [,əupn 'dɔː] **I** *s* **1** ușă / intrare deschisă *(pentru oricine)* **2** ec acces liber *(pentru toate țările)* **II** *adj* **open-door** ec liber, a(l) ușilor deschise

open-ended [,əupn'endid] *adj* cu două deschideri, *(discuții)* de o durată nelimitată; **~ ticket** bilet fără rezervare de întoarcere

open-field [,əupən'fiːld] *adj ist* the **~ system** sistem în agricultură în Europa medievală care constă în împărțirea terenului arabil neîngrădit prin rotație, pe o perioadă de 3 ani

open-heart surgery [,əupnhaːt 'səːdʒəri] *s* operație pe cord deschis

open house [,əupn 'haus] *s* **1** casă deschisă, ospitalitate **2** zi / perioadă de vizitare *(a instituțiilor etc.)*

open market [,əupn 'maːkit] *s* ec piață liberă

open-necked [,əupn 'nekt] *adj (d o rochie)* decoltată

open-plan [,əupn'plæn] *adj* arhit în plan deschis, fără pereți, **~ kitchen** bucătărie americană

open sand [,əupn 'sænd] *s* nisip poros / permeabil

open sesame [,əupn'sesəmi] **I** *interj* sesam, deschide-te! **II** *s* good **A** level results aren't necessarily an **~** to university dacă ai rezultate bune la bacalaureat nu înseamnă neapărat că ai deschis porțile facultății

Open University [,əupn juni'vəːsiti] *s* brit universitate britanică pentru studenți de toate vârstele care nu dau examen de admitere și cărora li se predă prin intermediul radioului sau al televizorului

open verdict [,əupn 've.dikt] *s* jur verdict de înregistrare a morții fără a constata cauza

open water [,əupn 'wɔːtə] *s* apă fără sloiuri / gheață

open-work cloth [,əupnwɔːk 'klɔθ] *s* text țesătură ajurată

opéra comique [*pronunția franceză*] fr muz operă comică

opera-goer ['ɔprə,gəuə] *s* amator de operă

operant ['ɔprənt] **I** *s* **1** cib număr operator **2** the **~** elementul activ **II** *adj* operant, activ

operating costs ['ɔpəreitiŋ kɔsts] *s pl* **1** cheltuieli curente **2** tehn cheltuieli de exploatare

operating personnel [,ɔpəreitiŋ pəːsə'nel] *s* personal tehnic

operating room ['ɔpəreitiŋ rum] *s* med sală de operații

operating table ['ɔpəreitiŋ,teibl] *s* masă de operație

operations room [ɔpə'reiʃns ruːm] *s* bază de operații

operatively ['ɔprətivli] *adv* operativ

operatize ['ɔpərətaiz] *vt* muz a face o operă pe baza, a adapta *(un text)* pentru operă

opercle [əu'pəːkl] *s* zool, bot opercul, căpăcel

operettist [,ɔpə'retist] *s* compozitor de operete

ophioglossum [,ɔfiəu'glɔsəm] *s* bot limba-șarpelui *(Ophioglossum vulgatum)*

ophiolatry [,ɔfi'ɔlətri] *s* închinare la șerpi

ophiolite ['ɔfiəlait] *s* minr ofiolit

ophiology [,ɔfi'ɔlədʒi] *s* zool ofiologie, studiul șerpilor

ophite ['ɔfait] *s* minr ofit, serpentin

ophthalmic optician [ɔf,θælmik ɔp'tiʃn] *s* optician

ophthalmoscopy [,ɔfθæl'mɔskəpi] *s* med oftalmoscopie

opian ['əupiən] *s* ch narcotină

opinable [əu'painəbl] *adj* care poate fi gândit / concept

opinionatedly [ə'piniəneitidli] *adv* cu încăpățânare

opinionatedness [ə'piniəneitidnis] *s* dogmatism

opinionative [ə'piniəneitiv] *adj* **1** dogmatic; doctrină; încăpățânat **2** voluntar; prea sigur de sine **3** teoretic

opinionativeness [ə'piniəneitivnis] *s* încăpățânare, îndărătnicie

opinion poll [ə'pinjən pɔːl] *s* sondaj de opinie

opium den ['əupiəm den] *s* speluncă unde se fumează opiu

opopanax [əu'pɔpənæks] *s* bot opopanax *(Opopanax chironium); substanța aromatică respectivă*

opotherapy [,ɔpə'θerəpi] *s* med opoterapie, organoterapie

opportunity cost [ɔpə'tjuniti kɔst] *s* ec cost de oportunitate

opposing [ə'pəuziŋ] *adj* **1** opus, potrivnic **2** lingv etc. antonimic

oppositeness ['ɔpəzitnis] *s* opoziție

oppositional [,ɔpə'ziʃnəl] *adj* **1** pol de opoziție **2** opus, contrar

oppositionist [,ɔpə'ziʃnist] **I** *s* **1** persoană care face opoziție **2** pol membru al opoziției **II** *adj* v. **oppositional**

oppositive [ə'pɔzitiv] *adj* rar care opune / contrastează; opus

oppositiveness [ə'pɔzitivnis] *s* rar opoziție

oppressed [ə'prest] I adj asuprit, oprimat II s pl the ~ asupriţi, cei asupriţi

opprobriously [ə'prəubriəsli] adv 1 insultător, injurios 2 rar ruşinos, infam, înjositor

opprobriousness [ə'prəubriəsnis] s caracter injurios; infamie

oppugnance [ə'pʌgnəns] s rar opoziţie, opunere; contrastare

oppugnancy [ɔ'pʌgnənsi] s v. oppugnance

oppugnant [ə'pʌgnənt] adj rar opus; ostil

oppugner [ə'pju:nə] amer s rar opozant, potrivnic, adversar; atacator

opsonic [ɔp'sɔnik] adj med opsonic

optant ['ɔptənt] s pol optant

optate ['ɔpteit] vi rar a opta

optical activity [,ɔptikl æk'tiviti] s ch activitate optică

optical character reader [,ɔptikl 'kæriktə ri:də] s cib lector optic de caractere

optical character recognition [,ɔptikl 'kæriktə rekəgniʃn] s cib recunoaştere optică a caracterelor

optical fibre [,ɔptikl 'faibə] s fibră optică

optical square [,ɔptikl 'skweə] s geodezie echer cu oglinzi

optical train [,ɔptikl 'trein] s sistem de lentile

optic axis [,ɔptik 'æksiz] s opt axă optică / vizuală

optimal ['ɔptiməl] adj optim; extrem

optimally ['ɔptiməli] adv în mod optim

optoelectronics [,ɔptəilek'trɔniks] s optoelectronică

optometrist [,ɔp'tɔmətrist] s optometrist, specialist în optometrie

optophone ['ɔptəfəun] s fiz optofon

opulency ['ɔpjulənsi] s îmbelşugare, bogăţie, opulenţă

opuscule [ɔ'pʌskju:l] s lucrare literară / compoziţie muzicală de importanţă mai mică

opusculum [ɔ'pʌskjuləm], pl opuscula [ɔ'pʌskjulə] s v. opuscule

or [ɔ:] s (în heraldică) culoare aurie sau galbenă

oracularity [ɔ,rækju'læriti] s 1 caracter oracular / profetic 2 dogmatism 3 ambiguitate, echivoc 4 neclaritate, obscuritate

oracularly [ɔ'rækjulərli] adv ca un oracol

oracularness [ɔ'rækjulərnis] s v. oracularity

oraculous [ɔ'rækjuləs] adj 1 oracular, profetic 2 cu pretenţii de infailibilitate; dogmatic; dictatorial 3 echivoc, ambiguu 4 neclar, obscur

orange blossom ['ɔrindʒ ,blɔsəm] s 1 floare de portocal 2 lămâiţă (podoaba miresei)

orange-flower water [,ɔrindʒ flawə'wɔtə] s apă din flori de portocal

Orangeism ['ɔrindʒizm] s ist oranjism (ultraprotestantism politic în nordul Irlandei)

orange lily [,ɔrindʒ 'lili] s bot crin-roşu (Lilium bulbiferum)

Orange Lodge [,ɔrindʒ'lɔdʒ] s ist asociaţie a oranjiştilor (membri ai partidului ultraprotestant din Irlanda de Nord)

Orangeman's Day [,ɔrindʒimənz 'dei] s sărbătoare anuală a oranjiştilor (12 iulie)

orange oil ['ɔrindʒ ,ɔil] s ulei de portocale

orange peel ['ɔrindʒ pi:l] s 1 coajă de portocală 2 coajă de portocală glasată

orange tip ['ɔrindʒ tip] s ent specie de fluture (↓ fam Synchloë)

Orangewoman ['ɔrindʒwumən], pl orangewoman ['ɔrindʒwimin] s oranjistă

orangewood ['ɔrindʒwud] s (lemn de) portocal

orangey ['ɔrindʒi] adj 1 cu gust / miros de portocală 2 de culoare portocalie

orangy ['ɔrindʒi] adj v. orangey

orbed [ɔ:bd] adj rotund, sferic, în formă de glob

orbicular [ɔ:'bikjulə] adj 1 orbicular, circular; sferic 2 care formează un întreg / tot; complet; rotunjit

orbicularity [,ɔ:bikju'læriti] s caracter orbicular / circular; sfericitate

orbiculate [ɔ:'bikjulit] adj v. orbicular

orby ['ɔ:bi] adj rar v. orbed

orc [ɔ:k] s 1 zool cetaceu, balenă 2 monstru marin

orchardman ['ɔ:tʃədmən], pl orchardmen ['ɔ:rtʃədmen] s pomicultor

orchestra stall ['ɔ:kistrə stɔ:l] s (la teatru) fotoliu de orchestră

orchidaceous [,ɔ:ki'deiʃəs] adj de orhidee

orchitis [ɔ:'kaitis] s med orhită

ordainment [ɔ:'deinmənt] s bis hirotonisire

orderer ['ɔ:dərə] s comandant şef

orderly man ['ɔ:dəli mæn], pl orderly men v. orderly (II, 1)

orderly officer ['ɔ:dəli ,ɔfisə] s mil ofiţer de serviciu; rar ofiţer de legătură

Ordinary level [,ɔ:dinəri'levl] v. O level

Ordinary share [,ɔ:dinəri'ʃeə] s ec acţiune ordinară

ordnance corps ['ɔ:dnəns kɔ:ps] s mil serviciu de materiale

ordnance factory ['ɔ:dnəns,fæktəri] s uzină de artilerie

ore body ['ɔ: ,bɔdi] s geol, min zăcământ de minereu

ore dressing ['ɔ: ,dresiŋ] s min preparare / îmbogăţire a minereului

Oreo ['ɔ:riəu] s amer 1 ~ (cookie) biscuite de ciocolată umplut cu cremă 2 termen injurios adresat de către confraţi unui negru care frecventează comunitatea albilor

Oresteia [,ɔre'staiə] s Orestia (trilogie de Eschil)

Orestes [ɔ'resti:z] s mit Orestes, Oreste

orfe [ɔ:f] s iht văduviţă, văduvioară (Idus idus)

organ-blower ['ɔ:gən ,bləuə] s persoană / mecanism care acţionează foalele orgii

organic chemistry [ɔ:,gænik 'kemistri] s chimie organică

organic farming [ɔ:,gænik 'fɑ:miŋ] s cultură biologică

organization chart [ɔ:gænai'zein tʃɑ:t] s regulament de organizare

organization man [,ɔ:gənai'zeiʃn mæn] s angajat care se devotează întru totul societăţii în care lucrează

organized crime [,ɔ:gənaizd 'kraim] s crimă organizată

organ loft ['ɔ:gən lɔ:ft] s galerie pentru orgă şi cor în biserică

organotherapy [,ɔ:gənəu'θerəpi] s med organoterapie

organ stop ['ɔ:gən stɔp] s joc de orgă

organza [ɔ:'gænzə] *s* organdină

orgasmic [ɔ:'gæzmik] *adj* orgasmic

orientalize [,ɔ:ri'entəlaiz] **I** *vt* a conferi un aspect oriental / asiatic *(cu dat)* **II** *vi* a căpăta un aspect oriental / asiatic, a se orientaliza

oriented ['ɔ:rientid] *adj* orientat

orienteer [,ɔ:rien'tiə] *s sport* persoană care practică orientarea turistică

orienteering [,ɔ:rien'tiəriŋ] *s sport* orientare turistică

origan ['ɔrigən] *s bot* maghiran *(Origanum)*

original sin [ɔ,ridʒinəl 'sin] *s rel* păcat originar

originative [ə'ridʒineitiv] [ɔ'r] *adj* **1** inventiv, creator **2** inovator

orlop deck ['ɔ:lɔp dek] *s nav* punte falsă, ultima punte

ormer ['ɔ:mə] *s zool* urechea-de-mare *(Holiotis)*

ornery ['ɔ:nəri] *adj amer* **1** rău, obraznic; **an ~ trick** o poantă proastă **2** încăpățânat, căpos

ornithopter [,ɔ:ni'θɔptə] *s av* ornitopter, pasăre mecanică

orogenic [,ɔ(:)rəu'dʒenik] *adj geol* orogenetic

orology [ɔ(:)'rɔlədʒi] *s geol* orologie, studiul munților

orometry [ɔ(:)'rɔmitri] *s top* orometrie

orphaned ['ɔ:fənd] *adj* (rămas) orfan, lipsit de părinți

orphanize ['ɔ:fənaiz] *vt* a lăsa orfan; a face să devină orfan

Orpington ['ɔ:piŋtən] *s* orpington *(rasă engleză de găini)*

orris ['ɔris] *s* **1** *bot* iris, stânjenel *(Iris sp)* **2** rădăcină de iris; praf din rădăcina de iris

orthicon ['ɔ:θikɔn] *s tehn* orticon

orthochromatic [,ɔ:θəukrə'mætik] *adj (d materiale fotosensibile)* ortocromatic

orthodontist [,ɔ:θə'dɔntist] *s med* specialist în ortodonție

Orthodox Church [,ɔ:θədəks 'tʃə:tʃ] *s* **the ~** *rel* biserica ortodoxă

orthodoxly ['ɔ:θədɔksli] *adv* ortodox

orthogenetic [,ɔ:θəudʒi'netik] *adj biol* ortogenetic

orthogenic [,ɔ:θə'dʒenik] *adj biol* referitor la ortogeneză

orthopaedy ['ɔ:θəupi:di] *s med* ortopedie

orthopedist [,ɔ:θə'pi:dist] *s med* ortoped

orthoptics [ɔ:'θɔptiks] *s* ortoptică, ramură a oftalmologiei care tratează defectele vederii binoculare

Oscan ['ɔskən] **I** *adj* osc(an), din țara oscilor **II** *s* **1** osc(an) **2** *lingv* (limba) oscă

oscar ['ɔ:skə] *s amer* **1** revolver, pistol **2** manechin *(pentru încercarea parașutelor)* **3** statuetă de aur decernată de Academia cinomatografică

oscillatory circuit [,ɔsilətri 'sə:kit] *s el* circuit oscilant

oscillogram [ɔ'siləgra:m] *fiz* oscilogramă

osculant ['ɔskjulənt] *adj* **1** *biol* intermediar **2** *mat* cu trei sau mai multe puncte de contact

oscular ['ɔskjulə] *adj* **1** *anat* referitor la gură, stomatologic **2** *umor* de sărutare

oscularity [,ɔskju'læriti] *s* sărutări; sărut(are)

osculate ['ɔskjuleit] **I** *vt umor* a săruta **II** *vi* **1** *umor* a se săruta **2** *mat* a avea cel puțin trei puncte comune / de contact **3** *biol* a avea caractere comune

osculatory [,ɔskju'leitəri] *adj* **1** de sărut(are) **2** *mat* osculator

OSD *presc de la* **optical scanning device** *s cib* cititor optic

OSHA *presc de la* **Occupational Safety and Health Administration** *s (în S.U.A.) administrație care se ocupă de îngrijirea sănătății și păstrarea curățeniei la locul de muncă*

osier bed ['ɔsiə bed] *s* zăvoi de răchită

osmometer [ɔz'mɔmitə] *s* osmometru

osmose ['ɔsməus] *s fizl* osmoză

osmotic pressure [ɔz,mɔtik 'preʃə] *s fiz* presiune osmotică

osmunda [ɔz'mʌndə] *s bot specie de* ferigă *(Osmunda)*

Ossianesque [,ɔsiə'nesk] *adj* în stilul lui Ossian, amintind de poemele atribuite lui Ossian

Ossianism ['ɔsiənizm] *s* ossianism, imitarea poemelor atribuite lui Ossian

ossicle ['ɔsikl] *s anat* oscior

ossiferous [ɔ'sifərəs] *adj med* care conține sau produce țesut osos

ossified ['ɔsifaid] *adj* **1** osificat **2** *fig* osificat, închistat; (ultra)convențional

ossifrage ['ɔsifridʒ] *s* **1** *ornit* vultur-de-mare *(Pandion haliaetus)*

ostein(e) ['ɔsti:in] *s ch* oseină

ostensory [ɔs'tensri] *s bis* chivotul agnețului

ostentatiously [,ɔsten'teiʃəsli] *adv* cu ostentație, cu fast

ostentatiousness [,ɔsten'teiʃəsnis] *s* **1** ostentație, paradă, pompă **2** fanfaronadă, lăudăroșenie

osteoarthritis [,ɔstiəuɑ:'θraitis] *s med* osteoartrită

osteogenesis [,ɔstiəu'dʒenisis] *s biol* osteogeneză

osteopath ['ɔstiəpæθ] *s med* specialist în osteopatie

osteoporosis [,ɔstiəupɔ:'rəusis] *s med* osteoporoză

ostreiculture ['ɔstriikʌltʃə] *s* ostricultură, creșterea stridiilor

ostrich plume ['ɔstritʃ plu:m] *s* pană de struț; *(colectiv)* pene de struț

otalgic [ou'tældʒik] *adj med* otalgic

OTC *presc de la* **Officer Training Corps I** *s (în Marea Britanie)* secția de formare / instruire a ofițerilor **II** *adj presc de la* **over-the-counter** vândut direct / fără intermediar

otherguess ['ʌðəges] *adj v.* **othergates (II)**

otherworldliness ['ʌðəwə:ldlinis] *s* transcendența; detașare de preocupările acestei lumi

Othman ['ɔθmən] *s ist* otoman, turc

otioseness ['əuʃiəusnis] *s* inutilitate, caracter superfluu

otiosity [,əuʃi'ɔsiti] *s v.* **otioseness**

otology [əu'tɔlədʒi] *s med* otologie

otoscope ['əutəskəup] *s med* otoscop

OTT *presc de la* **over-the-top** *adj brit* **that's a bit ~!** e cam exagerat!, e cam tare!

ottava [əu'tɑ:və] *muz* octavă

ottava rima [əu,tɑ:və 'ri:mə] *s metr* ottava rima *(strofă de 8 versuri rimând ababbcc)*

otter dog ['ɔtə dɔg] *s* câine pentru vânarea vidrelor

otter hound ['ɔtə haund] *s v.* **otter dog**

OU *presc de la* **Open University**

ounce [auns] *s zool* **1** pisică-sălbatică *(din Tibet și sudul Siberiei) (Felis uncia)* **2** jaguar *(Felis onca)*

OUP *presc de la* **Oxford University Press** *s* Editura Universității din Oxford

Our Lady [ˌawəˈleidi] *s bis* Sfânta Fecioară

ouster [ˈaustə] *s* **1** *jur* evacuare, sechestrare / poprire a bunurilor (↓ *ilegală*) **2** persoană care înlătură / îndepărtează

out-and-outer [ˌautənd ˈautə] *s F* **1** exemplar unic / care n-are pereche / fără egal **2** mare nemernic; mare hoț **3** minciună gogonată **4** capodoperă

outasight [ˈautəsait] *adj amer înv* grozav, excelent

outbidder [ˈautbidə] *s* supralicitant

outbidding [ˈautbidiŋ] *s* supralicitare

outblaze [ˌautˈbleiz] *vt fig* a întrece *(pe cineva)* în strălucire

outbuild [ˌautˈbild], *pret și ptc* **outbuilt** [ˌautˈbilt] *vt* a construi / a clădi mai bine *sau* mai trainic decât

out college [ˈautkɔlidʒ] *adj* **1** extern, care nu stă în colegiu **2** care nu (apar)ține de colegiu

outdare [ˌautˈdeə] *vt* **1** a sfida, a brava **2** a fi mai îndrăzneț decât, a întrece în îndrăzneală

outer [ˈautə] *s v.* **ouster**

outer ear [ˌautəˈiːə] *s anat* ureche externă

Outer Mongolia [ˌautə mɔŋˈgəuliə] *s geogr* Mongolia Exterioară

outer-space flight [ˌautə speis ˈflait] *s* zbor în spațiul cosmic

outfielder [ˈautfiːldə] *s amer (la baseball)* jucător în partea exterioară a terenului

outfly [ˌautˈflai] *pret* **outflew** [ˌaut ˈfluː] *ptc* **outflown** [ˌautˈfləun] *vt* a întrece în zbor, a zbura mai rapid decât

outgiving [ˈautgiviŋ] *s* enunțare, frazare

outgun [ˌautˈgʌn] *vt mil* a avea o mare putere de foc; *fig* a învinge

outgush [ˈautgʌʃ] *vi min* a erupe

outjockey [ˌautˈdʒɔki] *vt F* a fi mai isteț / mai șmecher decât, a întrece în istețime

outjump [ˌautˈdʒʌmp] *vt* a sări mai sus decât

outlandishness [ˌautˈlændiʃnis] *s* **1** ciudățenie, bizarerie **2** lipsă de civilizație, grosolănie, înapoiere **3** *înv* caracter străin; exotism

outlet [ˈautlet] *vt înv* a lăsa să iasă / să curgă

outlet box [ˈautlet bɔks] *s el* cutie de distribuție

outlier [ˈautlaiə] *s* **1** *mil* soldat care nu locuiește în cazarmă, soldat descazarmat **2** funcționar care nu locuiește la locul de producție **3** *geol* dâmb-martor

outline drawing [ˈautlain ˌdrɔːiŋ] *s* schiță de contur

outline map [ˈautlain mæp] *s* hartă mută

outmarch [ˌautˈmɑːtʃ] *vt* **1** a merge mai repede decât **2** a întrece

outmarriage [ˈautmæridʒ] *s* exogamie

out-of-bounds [ˌautəvˈbaundz] *adj* **1** interzis; ~ **to civilians** interzis civililor **2** *amer sport* în afara terenului

out-of-the-ordinary [ˌautəvðiˈɔːdinəri] *adj* inedit

out-of-work [ˌaut əv ˈwəːk] *adj, s* șomer

outpace [ˌautˈpeis] *vt* a merge mai repede decât, a întrece, a o lua înaintea *(cu gen)*

outperform [ˌautpəˈfɔːm] *vt* a fi mai performant decât, a avea performanțe mai bune decât

outplacement [ˈautpleismənt] *s* asistență oferită de unele întreprinderi angajaților săi pentru a-și găsi un alt serviciu în cazul concedierii

output device [ˈautput diˌvais] *s cib* dispozitiv periferic de ieșire

output signal [ˈautputˌsignəl] *s cib* semnal de ieșire

outrageously [ˌautˈreidʒəsli] *adv* **1** peste măsură, exagerat **2** revoltător, rușinos

outrageousness [ˌautˈreidʒəsnis] *s* caracter ultragios / jignitor / ofensator

outreach [ˌautˈriːtʃ] **I** *vt* **1** a depăși **2** a avea brațul mai lung decât **II** [ˈautriːtʃ] *s* căutare a persoanelor care nu solicită ajutorul social de care ar putea beneficia

out relief [ˈaut riˌliːf] *s* ajutor dat unui sărac care nu trăiește la azil

outrightness [ˈautraitnis] *s* sinceritate *(întrucâtva brutală)*

outroot [ˌautˈruːt] *vt* a dezrădăcina; a extirpa

outrush [ˈautrʌʃ] *s* scurgere (de apă *etc.*); viitură

outsail [ˌautˈseil] *vt nav (d un vas)* a întrece, a depăși, a o lua înainte *(cu gen)*

outsea [ˈautˌsiː] *s* larg, largul mării / oceanului

outsell [ˌautˈsel], *pret și ptc* **outsold** [ˌautˈsəuld] *vt* a se vinde mai bine / mai scump decât *(o altă marfă)*

outshoot [ˌautˈʃuːt] *pret și ptc* **outshot** [ˌautˈʃɔt] *vt mil etc.* a trage mai bine decât; a ochi mai bine decât

outside broadcast [ˌautsaidˈbrɔːdkɑːst] *s* reportaj

outside left [ˌautsaidˈleft] *s sport* (jucător) extremă stânga

outsized [ˈautsaizd] *adj* (↓ *d rochii*) mai mare decât măsura obișnuită

outsleep [autˈsliːp], *pret și ptc* **outslept** [ˌautˈslept] *vt* a pierde *(timpul etc.)* dormind

outspan [ˌautˈspæn] *vt și vi (în Africa de Sud)* a desjuga, a deshăma

outspeed [ˌautˈspiːd], *pret și ptc* **outsped** [ˌautˈsped] *vt* a întrece, a depăși *(ca viteză)*

outspend [ˌautˈspend], *pret și ptc* **outspent** [ˌautˈspent] *vt* a cheltui mai mult decât

outspent [ˌautˈspent] *adj* epuizat, frânt, istovit

outstare [ˌautˈsteə] *vt* a privi fix pe *(cineva)* până când e silit să-și întoarcă privirea; a face *(pe cineva)* să-și plece privirile

outstation [ˈautsteiʃn] *s* **1** *(într-o colonie, într-o regiune izolată)* avanpost **2** *rad* stație exterioară / satelit

outstep [ˌautˈstep] *vt* a trece peste; a trece dincolo de; a depăși *(și fig)*

outtake [ˈautteik] *s cinema, telev* tăietură

outtop [ˌautˈtɔp] *vt* **1** a fi mai sus decât **2** a depăși, a întrece

out tray [ˈauttrei] *s* coș pentru corespondență de trimis

outvoter [ˈautvəutə] *s* alegător care nu locuiește în circumscripția electorală respectivă

outwalk [,aut'wɔ:k] *vt* a merge mai departe / mai repede decât

outwall ['autwɔ:l] *s* zid / perete exterior

outwardness ['autwədnis] *s* **1** exterior, lumea exterioară **2** obiectivitate

outwash [,aut'wɔʃ] *vt* a spăla, a curăța

outwatch [,aut'wotʃ] *vt* a fi treaz mai mult timp decât; **to ~ the night** a veghea toată noaptea

outworker ['autwə:kə] *s* lucrător, muncitor *(în afara fabricii sau atelierului)*

ovally ['əuvəli] *adv* oval

Oval Office [,əuvl 'ofis] *s (în S.U.A.)* Biroul Oval, președinția Statelor Unite

ovariectomy [,əuvəri'ektəmi] *s med* ovariectomie

ovariotomy [,əuvəəri'ɔtəmi] *s med* ovariotomie, ovariectomie

ovaritis [,əuvə'raitis] *s med* ovarită

ovenable ['ʌvnəbl] *adj* care poate fi făcut la cuptor

oven bird ['ʌvən bə:d] *s orn* silvie *(Seiurus aurocapillus)*

ovenette [,ʌvə'net] *s* cuptoraș, cuptor mic

oven glove ['ʌvənglʌv] *s* mănușă izolantă pentru bucătărie

ovenproof [,ʌvn'pru:f] *adj* rezistent la căldura cuptorului

oven-ready [,ʌvn'redi] *adj* gata de băgat la cuptor

ovenware ['ʌvnweə] *s* veselă specială de cuptor

overachieve [,əuvərə'tʃi:v] *vi* a reuși într-un mod strălucit; **children who ~** copii supradotați

overachiever [,əuvərə'tʃi:və] *s* supradotat

over-activity [,əuvər æk'tiviti] *s* activitate excesivă, supraactivitate

over-age ['əuvəreidʒ] *adj* (prea) în vârstă

overalled ['əuvərɔ:ld] *adj* cu salopetă / halat / haină de protecție

overambitious [,əuvəræm'biʃəs] *adj* foarte ambițios

overanxious [,əuvər'æŋkʃəs] *adj* **1** foarte îngrijorat; **don't be ~ about the exam** nu te agita prea tare din cauza examenului **2** foarte preocupat; **he did not seem ~ to meet her** nu părea prea preocupat de faptul că urma să se întâlnească cu ea; **she is ~ to please** este foarte preocupată să placă

overarm ['əuvərɑ:m] *s sport* fluture *(stil de înot)*

overbearingness [,əuvə'beəriŋis] *s* aroganță

overblouse ['əuvəblauz] *s* bluză de damă purtată deasupra fustei

overbook [,əuvə'buk] *vt* a rezerva de două ori *(un bilet de avion, o cameră la hotel etc.)*

overbooking [,əuvə'bukiŋ] *s* rezervare dublă *(a aceleiași camere de hotel etc.)*

overbrim [,əuvə'brim] **I** *vt* a umple prea mult; a da / a curge / a se revărsa peste, a curge afară din **II** *vi* a fi prea plin; a deborda, a se revărsa

overbuilt [,əuvə'bilt] *adj (d un oraş etc.)* dens populat

overcall [,əuvə'kɔ:l] **I** *vt (la bridge)* a supralicita **II** ['əuvəkɔ:l] *s* supralicitație

overclothe [,əuvə'kləuð] **I** *vt (with)* a acoperi (cu) **II** *vr* a se îmbrăca prea gros

overcomer ['əuvəkʌmə] *s* biruitor, învingător

overcompensate [,əuvə'kompənseit] *vt* a compensa excesiv

overcompensation [,əuvəkompən'seiʃn] *s* compensare excesivă

overcomplicated [,əuvə'komplikeitid] *adj* foarte complicat

overcompound [,əuvə'kompaund] *s el* hipercompus

overconfidence [,əuvə'konfidəns] *s* **1** aroganță, suficiență de sine **2** încredere oarbă / excesivă

overcook [,əuvə'kuk] *vt* a coace / fierbe prea tare; **vegetables are ~ed** legumele sunt prea fierte

overcrowded [,əuvə'kraudid] *adj* ticsit, plin până la refuz; suprapopulat

overcrowding [,əuvə'kraudiŋ] *s* suprapopulare; înghesuială, aglomerație *(în autobuz etc.)*; **~ on trains means you sometimes have to stand când sunt aglomerate trenurile se mai stă și în picioare; prison ~ is a growing problem** suprapopularea închisorilor este o problemă din ce în ce mai mare

overdaring [,əuvə'deəriŋ] *adj* temerar, prea cutezător

overdecorate [,əuvə'dekəreit] *vt* a împodobi / a orna prea mult

overdevelopment [,əuvədi'veləpmənt] *s* supradezvoltare

overdose I ['əuvədəus] *s* supradoză, doză dăunătoare **II** [,əuvə'dəuz] *vt* a da o doză prea mare *(cu dat)*

overdramatic [,əuvədrə'mætik] *adj* melodramatic, exagerat

overdub [,əuvə'dʌb] **I** *vt* a imprima / a înregistra pe deasupra **II** ['əuvədʌb] *s* înregistrare pe deasupra

overeager [,əuvər'i:gə] *adj* foarte dornic; **he is ~ to please** dorește foarte mult să placă; **I can't say I'm ~ to go** nu pot să spun că sunt prea dornic **să mă duc**

overelaborate [,əuvəri'læbərit] *adj (d stil)* foarte, afectat, rafinat; *(d ornamente)* fasonat în exces; *(d scuze, explicații)* tras de păr; *(d o descriere)* alambicat, complicat

overemotional [,əuvəri'məuʃnəl] *adj* foarte emotiv, hiperemotiv

overemployment [,əuvərim'plɔimənt] *s* angajare excesivă

overenthusiastic [,əuvərinθju:zi'æstik] *adj* foarte entuziasmat

overexaggerate [,əuvərig'zædʒəreit] *vt* a exagera foarte tare, a da prea multă importanță

overexcite [,əuvərik'sait] *vt* a surescita; **to become / to get ~d** a se enerva; **don't get ~d, they haven't arrived yet** nu vă enervați, n-au sosit încă; **she got ~d and burst into tears** s-a umplut de nervi și a izbucnit în plâns

overexcitement [,əuvərik'saitmənt] *s* surescitare

overexertion [,əuvərig'zə:ʃn] *s* surmenaj, extenuare

over-exposure [,əuvəriks'pəuʒə] *s fot* expunere excesivă

overfall ['əuvəfɔ:l] *s hidr* **1** deversor, dispozitiv de deversare **2** deversare

overfamiliar [,əuvəfə'miljə] *adj* **1** foarte familiar **2** familiarizat **I'm not ~ with the British electoral system** nu sunt foarte familiarizat cu sistemul electoral britanic

overfamiliarity [,əuvəfəmili'ærəti] *s* familiaritate excesivă

overfeed [,əuvə'fi:d], *pret și ptc* **overfed** [,əuvə'fed] **I** *vt* a supra-alimenta **II** *vi* a se supraalimenta

overflow pipe ['əuvəfləu paip] *s* conductă de scurgere

overfond [ˌəuvə'fɔnd] *adj* she's not ~ of children ea nu este deloc înnebunită după copii; he's not ~ of the cinema nu prea îi place să meargă la cinema

overfull [ˌəuvə'ful] *adj* prea plin, care debordează

overgenerous [ˌəuvə'dʒenərəs] *adj* extrem de generos

overgild [əuvə'gild] *pret și ptc* **overgilded** [əuvə'gildid] / **overgilt** [ˌəuvə'gilt] *vt* a auri

overground[1] [ˌəuvə'graund] *adj* de deasupra / de la suprafața pământului; F still ~ încă în viață, care mai face încă umbră pământului

overground[2] [ˌəuvə'graund] *adj* măcinat, râșnit / pisat mărunt de tot

overhanging [ˌəuvə'hæŋiŋ] *adj* 1 *(d stânci, balcon etc.)* care iese în afară / deasupra *(unei străzi etc.)*; we walked under the ~ branches am mers pe sub o boltă de ramuri 2 *fig* care planează amenințător deasupra

overhead camshaft [ˌəuvəhed 'kæmʃɑːft] *s auto* arbore cu came în cap

overhead projector [ˌəuvəhed prə'dʒektə] *s* retroproiector

overheat [ˌəuvə'hiːt] I *vt* a supraîncălzi, a încălzi prea tare; sl to ~ one's flues a bea prea mult, a se afuma, a se pili II *s* supraîncălzire

overheated [ˌəuvə'hiːtid] *adj* 1 supraîncălzit 2 *fig* exaltat, pasionat, violent; to become / to get ~ a se enerva, a se încălzi; *(d o situație)* a deveni exploziv; *(d o conversație)* a se anima

overheating [ˌəuvə'hiːtiŋ] *s* supraîncălzire

overimpress [ˌəuvərim'pres] *vt* she wasn't ~ed by the film filmul n-a prea impresionat-o

overindulge [ˌəuvərin'dʌldʒ] I *vt* 1 a ceda la, a se lăsa ispitit de; she ~s her passion for chocolate ea se lasă ispitită de pasiunea ei pentru ciocolată 2 a răsfăța foarte tare; she ~s her children ea își răsfață copiii foarte tare; he has a tendency to ~ himself are o tendință de a exagera *sau* de a nu se înfrâna de la nimic II *vi* a se îndopa prea tare, a bea prea mult

overindulgence [ˌəuvərin'dʌldʒəns] *s* 1 exces, abuz *(de mâncare, băutură etc.)* 2 indulgență excesivă, complezență *(față de persoane)*

overindulgent [ˌəuvərin'dʌldʒənt] *adj* he's ~ știe să-și trăiască viața *(mâncând și bând mult)*; an ~ week-end un week-end de pomină *(plin de distracții)*

overissue [ˌəuvər'isjuː] *ec* I *vt* a face o supraemisiune de *(bilete de bancă, obligațiuni)* II *s* supraemisiune

overkill ['əuvəkil] *s* 1 *mil* cantitate de armament *(în special atomic)* mai mare decât cea necesară pentru a extermina populația unei țări 2 *fig* exagerare, exces; media ~ difuzare excesivă prin mass media

overlabour [ˌəuvə'leibə] *vt* 1 a obosi peste măsură, a munci, a istovi, a speti, a epuiza 2 a lucra cu prea multă minuțiozitate / prea pedant

overladen [ˌəuvə'leidn] *adj* supraîncărcat

overlarge [ˌəuvə'lɑːdʒ] *adj* prea mare, exagerat de mare

overlooker [ˌəuvə'lukə] *s* supraveghetor

overmanned [ˌəuvə'mænd] *adj* *(d o fabrică etc.)* cu un efectiv considerat ca fiind prea mare

overmanning [ˌəuvə'mæniŋ] *s* efectiv *(dintr-o fabrică etc.)* considerat ca fiind prea mare

overmantel ['əuvəmæntl] *s* poliță / etajeră deasupra căminului

overmasted [ˌəuvə'mɑːstid] *s nav* (prevăzut) cu catarge prea lungi / prea grele

overmastering [ˌəuvə'mɑːstəriŋ] *adj* 1 *(d o patimă etc.)* irezistibil, înrobitor 2 *(d voință etc.)* dominator

overmatch [ˌəuvə'mætʃ] I *vt* a fi mai puternic / mai priceput decât; a bate, a înfrânge II *s* adversar prea puternic

overmature [ˌəuvəmə'tjuə] *adj* răscopt; prea matur; îmbătrânit; ~ forest pădure îmbătrânită

over-measure [ˌəuvə'meʒə] *s* 1 măsură prea mare 2 adaos, supliment

overmuchness [ˌəuvə'mʌtʃnis] *s* exces, prisos

overnight bag ['əuvənait bæg] *s* trusă de voiaj

overpayment ['əuvəpeimənt] *s* plată prea mare (pentru)

overpeople [ˌəuvə'piːpl] *vt* a suprapopula

over-persuade [ˌəuvəpə(ː)'sweid] *vt* a hotărî, a îndupleca *(împotriva voinței cuiva)*

overplay [ˌəuvə'plei] *vt* a exagera; to ~ one's hand a se încrede prea mult în forțele sale

overpoise [ˌəuvə'pɔiz] I *vt* a precumpăni asupra *(cu gen)*, a avea mai multă greutate ca / decât II *s* precumpănire

overpopulated [ˌəuvə'pɔpjuleitid] *adj* suprapopulat

overpopulation [ˌəuvəpɔpju'leiʃn] *s* suprapopulare

overprescribe [ˌəuvəpri'skraib] I *vi med* a prescrie prea multe medicamente II *vt* a prescrie *(medicamente, tablete)* în cantități prea mari

overpressure ['əuvəpreʃə] *s* 1 presiune excesivă 2 oboseală mintală, surmenaj, surmenare; tensiune nervoasă

overprice [ˌəuvə'prais] *vt* a vinde prea scump; these books are really ~d prețul acestor cărți este într-adevăr ridicat

over-produce [ˌəuvəprə'djuːs] *vt și vi* a produce excedentar, a supraproduce

over-proof [ˌəuvə'pruːf] *adj* *(d spirt etc.)* având mai multe grade decât e stabilit

overprotect [ˌəuvəprə'tekt] *vt* a proteja excesiv; he was ~ed as a child a fost prea protejat când a fost copil

overprotective [ˌəuvəprə'tektiv] *adj* foarte protector; she is ~ of / towards her son își protejează copilul prea tare

overpublicize [ˌəuvə'pʌblisaiz] *vt* a face prea multă publicitate la / pentru

overqualified [ˌəuvə'kwɔlifaid] *adj* cu înaltă calificare

overreact [ˌəuvəri'ækt] *vi* a reacționa într-un mod excesiv; a dramatiza; he has a tendency to ~ are tendința să dramatizeze totul; I thought she ~ed to the news mi s-a părut că a reacționat prea puternic la aflarea veștilor

overreaction [ˌəuvəri'ækʃn] *s* reacție excesivă / exagerată

over-refine [,əuvəri'fain] *vi* a recurge la subtilități inutile

over-refinement [,əuvəri'fainmənt] *s* subtilitate exagerată; afectare, prețiozitate

overrider ['əuvəraidə] *s brit auto* tampon anti-șoc

overriding [,əuvə'raidiŋ] *adj* **1** primordial, capital; *(d factori, considerație)* preponderent, dominant; **our ~ desire is to avoid conflict** dorința noastră primordială este evitarea unui conflict **2** *jur (d o clauză)* derogatoriu

overscore [,əuvə'sko:] *vt* a bara

overscrupulous [,əuvə'skru:pjuləs] *adj* excesiv de scrupulos; (prea) pretențios

overset [,əuvə'set], *pret și ptc* **overset** [,əuvə'set] **I** *vt* **1** a răsturna; a răsturna ordinea *(cu gen)* **2** a zădărnici, a împiedica **II** *vi* a se răsturna

overslaugh I [,əuvə'slo:] *vt* **1** a scuti de *(o însărcinare)* datorită unei sarcini mai presante **2** *amer* a trece peste, a nu avansa în grad **3** *amer pol* a împiedica votarea *(unui proiect de lege)* **II** ['əuvəslo:] *s* **1** *mil* scutire **2** *amer* barieră de nisip *(într-un râu)*

oversleeve ['əuvəsli:v] *s* mânecă falsă

overspend [,əuvə'spend] *pret și ptc* **overspent** [,əuvə'spent] **I** *vi* a cheltui prea mult / nebunește, a arunca / a irosi banii **II** *vr* **1** a-și cheltui averea **2** a-și strica sănătatea; a se extenua, a se istovi

overspread [,əuvə'spred] *pret și ptc* **overspread** [,əuvə'spred] *vt* **1** a acoperi **2** *(d apă, lumină etc.)* a cuprinde, a se răspândi/a se împrăștia peste / în, a inunda **3** a extinde

overstaffed [,əuvə'sta:ft] *adj* cu un excedent de personal; **the firm is ~** firma are un personal prea numeros

oversteer ['əuvəstiə] **I** *s auto* alunecare spre exteriorul curbei **II** [,əuvə'stiə] *vi* a aluneca spre exteriorul curbei

overstocked [,əuvə'stokt] *adj* **1** *(d un depozit)* prea aprovizionat; *(d piață)* supraîncărcat; **the market is ~ with foreign goods** piața este supraîncărcată cu produse străine **2** *(d o fermă)* cu un exces de șeptel; *(d un râu)* prea plin de pești

overstrain [,əuvə'strein] **I** *vt* **1** a forța *(și fig)*, a istovi, a surmena **2** a întinde prea tare **II** *vi și vr* a se forța; a se extenua, a face eforturi prea mari **III** *s* efort excesiv, eforturi excesive; surmenare

overstress [,əuvə'stres] *vt* a insista prea mult asupra *(cu gen)*

overstuffed [,əuvə'stʌft] *adj* îndesat prea tare

oversubscribe [,əuvəsəb'skraib] *vi* a subscrie cu o sumă mai mare decât se cere, a depăși suma prevăzută

oversubtle [,əuvə'sʌtl] *adj* prea subtil

overtaking lane ['əuvəteikiŋ lein] *s brit auto* bandă de depășire

overtired [,əuvə'taiəd] *adj* surmenat

overtrain [,əuvə'trein] *sport* **I** *vi* a face prea mult antrenament **II** *vt* a antrena în mod exagerat

overtrick ['əuvətrik] *s (la bridge)* levată suplimentară

overtrump [,əuvə'trʌmp] **I** *vt* a juca un atu mai mare decât **II** *vi* a juca un atu mai mare

overvalue [,əuvə'vælju(:)] **I** *vt* a a supraaprecia, supraevalua, a prețui prea mult **II** *s* supraevaluare, supraapreciere

overview ['əuvəvju:] *s* vedere de ansamblu

overweening [əuvə'wi:niŋ] *adj* arogant, trufaș; îndrăzneț; înfumurat; **~ ambition** ambiție nemăsurată

overwhelmingly [,əuvə'welmiŋli] *adv* **1** în mod covârșitor; **the House of Lords voted ~ against the bill** Camera Lorzilor a votat împotriva acestei legi cu majoritate zdrobitoare **2** în mod extrem; mai ales

overwind [,əuvə'waind], *pret* **overwound** [,əuvə'waund], *ptc* **overwound** [,əuvə'waund] *vt* a întoarce un ceas prea mult

overwrite [,əuvə'rait], *pret* **overwrote** [,əuvə'rəut] *ptc* **overwritten** [,əuvə'ritn] **I** *vt* a scrie prea mult despre **II** *vi și vr* a scrie prea mult

ovipositor [,əuvi'pozitə] *s zool* ovipozitor *(organ tubular pentru depunerea ouălor la insecte)*

ovulate ['ovjuleit] *vi* a ovula

ovulation [,ovju'leiʃn] *s* ovulație

ow [əu] *interj (exprimă surpriza sau o durere neașteptată)* ah!

Owenite ['əuinait] *s* partizan al lui Robert Owen *(socialist englez, 1771 – 1858)*

owl [aul] *s dial* lână

owl light ['aul lait] *s* amurg, înserare

own goal [,əun 'gəul] *s fotbal* autogol; **to score an ~** a marca un autogol; **the government scored another ~** *fig* guvernul a acționat încă o dată împotriva propriilor sale interese

ownsome ['əunsəm], **owny-o** ['əuniəu] *s brit* (all) on one's ~ singur-singurel

owt [əut] *pr brit dial* oova

oxalate ['oksəleit] [lit] *s ch* oxalat

oxalic [ok'sælik] *adj ch* oxalic

oxblood ['oksblʌd] **I** *s* culoarea roșu-sângeriu **II** *adj* roșu-sângeriu

oxer ['oksə] *s v.* **ox-fence**

oxeye daisy ['oksai,deizi] *s bot* aurată, ochiu-boului *(Chrysanthemum Levcanthemum)*

Oxfam ['oksfæm] *presc de la* **Oxford Committee for Famine Relief** *s asociație britanică de caritate*

ox-fence ['oks fens] *s* îngrădire pentru vite *(gard dublat cu mărăciniș și cu un șanț de-a lungul lui)*

Oxford bags [,oksfəd 'bægs] *s pl* pantaloni foarte largi

Oxford blue [,oksfəd 'blu:] **I** *s* **1** culoarea albastru închis **2** *sportiv care poartă sau a purtat culorile universității Oxford* **II** *adj* albastru închis

oxfords ['oksfədz] *s pl* botine; șoșoni

Oxford Street ['oksfəd stri:t] *s* una din marile artere comerciale ale Londrei

oxhide ['okshaid] *s* piele de bou

oxidant ['oksidənt] *s ch* oxidant

oxidization [,oksidai'zeiʃn] *s ch* oxidare

oxidizing agent [,oksidaiziŋ 'eidʒənt] *s ch* oxidant

oxygenated ['oksidʒineitid] *adj* oxigenat

oxygenize ['oksidʒinaiz] *vt* **1** a oxigena **2** a oxida

oxygenous [ok'sidʒinəs] *adj ch* de oxigen

oxygen tent ['oksidʒən tent] *s* cort de oxigen

oxyhydrogen [ˌɔksiˈhaidridʒən] *s min* grizu, gaz detonant

oyer [ˈɔiei] *s jur* cercetare juridică

oyster man [ˈɔistə mən], *pl* **oyster men** [ˈɔistə men] *s* vânzător de stridii

oyster pink [ˈɔistəpink] **I** *s* culoarea roz sidefiu **II** *adj* de o culoare roz-sidefie (ca a stridiilor)

oyster white [ˌɔistə ˈwait] **I** *s* culoarea alb-sidefiu **II** *adj* de o culoare alb-sidefie

Oz [ɔz] *s F* Australia

Ozalid [ˈɔzəlid] *s poligr* ozalid

ozone-friendly [ˌəuzəun ˈfrendli] *s* care protejează pătura de ozon

ozonizer [ˈəuzənaizə] *s ch* ozoni-zor, aparat de ozonizare

P

PABX *presc de la* private automatic branch exchange *s* centrală de interior cu selecție automată și trunchiuri de ieșire; centrală automată secundară

PAC *presc de la* Political Action Comittee *s (în S.U.A.)* comitot care strânge fonduri pentru susținerea unei cauze politice

pace ['peisi] *prep lat* ~ **tua** cu voia dumitale; ~ **Mr Smith** cu permisiunea domnului Smith

pace making ['peis ,meikiŋ] *s sport* antrenament

pacer ['peisə] *s* buiestraș

pacey ['peisi] *comp* **pacier** ['peisiə], *superl* **paciest** ['peisiəst] *adj (d vehicule, alergători, cai)* rapid; *(d film, povestire)* antrenant, palpitant

pacifiable ['pæsifaiəbl] *adj* de pacificat

Pacific (Standard) Time [pə,sifik 'stændəd taim] *s* ora de iarnă în Pacific

Pacific Daylight Time [pə,sifik 'deilait taim] *s* ora de vară în Pacific

Pacific Islands [pə,sifik 'ailəndz] *s pl* insulele din Pacific

Pacific Rim [pə,sifik 'rim] *s* the ~ grup de țări de pe malul Pacificului, în special cele industrializate din Asia

Pacific States [pə,sifik 'steits] *s pl (în S.U.A.)* statele de pe coasta Pacificului *(Oregon, Washington, California)*

package car ['pækidʒ kɑː] *s auto* furgon de coletărie

package deal ['pækidʒ diːl] *s* acord global

package holiday ['pækidʒ,holidei] *s amer* excursie cu itinerariul prestabilit, plătită integral dinainte

packager ['pækidʒə] *s aprox* agent / persoană implicată în acțiunea de promovare a unui produs pe piață

packaging ['pækidʒiŋ] *s* **1** ambalare, împachetare **2** tehnică de ambalare a produselor în scop publicitar

pack drill ['pæk dril] *s mil* pedeapsă militară constând în patrularea înainte și înapoi cu tot echipamentul în spate

packed lunch [,pækt 'lʌntʃ] *s* coș / pachet conținând mâncare rece pentru excursie

packet switching ['pækit ,switʃiŋ] *s cib* comutare prin pachete *(transmitere simultană a informațiilor de la mai multe surse la aceleași canale de comunicație sau linii telefonice optimizând astfel legătura)*

pack horse ['pæk hɔːs] *s* cal de samar

packing ['pækiŋ] *s* **1** împachetare, ambalare; **to do one's** ~ a-și face bagajele **2** ambalaj; ~ **not included** exclusiv ambalajul **3** *tehn* garnitură, umplutură; etanșare; manșon colier **4** *amer telev* comprimare a imaginii **5** *poligr* așternut

packing box ['pækiŋ bɔks] *s tehn* presgarnitură, cutie de etanșare

packing gland ['pækiŋ glænd] *s v.* **packing box**

packless ['pæklis] *adj tehn* fără presgarnitură

packman ['pækmən], *pl* **packmen** ['pækmen] *s* **1** negustor ambulant **2** hamal

packthread ['pækθred] *s* sfoară (de legat)

pack train ['pæk trein] *s* caravană de animale de samar

pack trip ['pæk trip] *s amer* călătorie pe jos cu rucsacul la spinare

pad[1] [pæd] *s* coș pentru fructe *(ca măsură)*

pad[2] [pæd] *s amer sl* speluncă *(unde se fumează opiu etc.)*

paddle boat ['pædl bəut] *s nav* navă cu zbaturi

paddle box ['pædl bɔks] *s nav* **1** rodcos *(navă cu zbaturi)* **2** apărătoare a roții cu zbaturi

paddy ['pædi] *s min* garnitură de foraj

paddy field ['pædi fiːld] *s* orezărie; câmp cultivat cu orez

paddywhack ['pædi wæk] *s v.* **paddy**

pademelon ['pædimələn] *s zool* cangur *(Halmaturus)*

padmelon ['pædmelən] *s v.* **pademelon**

pad roll ['pæd rɔːl] *s tehn* rolă de presiune

padrone [pə'drəuni] *pl* **padroni** [pə'drəuni] *s ital* **1** *nav* căpitan *(de vas comercial în Meditorana)* **2** patron *(al micilor cerșetori, al lucrătorilor emigranți, al cântăreților ambulanți)* **3** hangiu

pad saw ['pæd sɔː] *s* ferăstrău cu pânză

pad stone ['pæd stəun] *s constr* piatră cuzinet

Paduan ['pædjuən] **I** *adj* din Padova, de Padova **II** *s* locuitor din Padova

paedology [piː'dɔlədʒi] *s* pediatrice

paedophile ['piːdəufail] *s v.* **pedophile**

paeon ['piːən] *s metr* paeon

paganic(al) [pə'gænik(əl)] *adj înv* păgân, păgânesc

paganishness ['peigəniʃnis] *s* păgânism, caracter păgân

pager ['peidʒə] *s* pager, telereceptor de buzunar

paginal ['pædʒinəl] *adj* compus din pagini; al paginilor; pe pagini

pagoda tree [pə'gəudə triː] *s bot* specie de dud din China și India *(Sophora japonica)*; **to stake the** ~ a face avere peste noapte, a se îmbogăți cât ai clipi din ochi

pagurian [pə'gjuːriən] **I** *s zool* un soi de crab *(Pagurida)* **II** *adj* din familia crabilor

pagus ['peigəs], *pl* **pagi** ['peidʒai] *s (ist Romei)* sat întărit

pah [pɑː] *s* fort indigen *(în Noua Zeelandă)*

paillette [pæl'jet] *s fr* **1** foiță de metal *(întrebuințată la emailat)* **2** fluturaș *(de aur)*, paietă

painfulness ['peinfulnis] *s* **(of)** caracter dureros *(al)*

pain-killing drug [,peinkiliŋ 'drʌg] *s med* calmant (al durerii), sedativ

painlessness ['peinlisnis] *s* lipsă de durere; uşurinţă

painstaker ['peinzteikə] *s* muncitor neobosit; persoană care se osteneşte, truditor

painsworthy ['peinzwɔ:ði] *adj* care merită osteneală

paintable ['peintəbl] *adj* care poate fi pictat / zugrăvit / vopsit

paint box ['peint bɔks] *s* cutie de acuarele

painted beauty [,peintid 'bju:ti] *s zool* specie de vulpe *(Vanessa huntera)*

painted grass [,peintid 'grɑ:s] *s bot* iarbă-albă *(Phalaris picta)*

painted lady [,peintid 'leidi] *s ent* specie de fluture *portocaliu cu pete roşii şi negre (Vanessa cardui)*

painter ['peintə] *s amer dial zool* caguar *(Felis concolor)*

painter's colic [,peintəz 'kɔlik] *s med* colici produse de intoxicarea cu plumb

paint pot ['peint pɔt] *s* vas pentru vopsea

paintress ['peintris] *s* pictoriţă

paint shop ['peint ʃɔp] *s* atelier de pictură

paint stripper ['peint ,stripə] *s* decapant

pair-horse ['peəhɔ:s] *adj* pentru doi cai

pair royal [,peə 'rɔiəl] *s (la jocul de cărţi)* trei cărţi de acelaşi fel *(regi etc.),* brelan

Paki ['pæki] *s termen rasist desemnând un cetăţean de naţionalitate pakistaneză*

Paki-bashing ['pæki ,bæʃiŋ] *s denumire dată brutalităţilor cu care sunt trataţi emigranţii pakistanezi*

PAL [pæl] *presc de la* Phase Alternation Line sistem PAL....

palace car ['pælis kɑ:] *s ferov* vagon de lux

palace revolution ['pælis revə,lu:ʃn] *s* revoluţie de palat

palaeosaur ['peiliəusɔ:] *s geol* paleosaur

palaestra [pə'lestrə], *pl* **palaestrae** [pə'lestri(:)] *s (cuvânt grec)* palestră

palatably ['pælətəbli] *adv* palatabil

palatial [pə'leiʃəl] *adj* **1** de palat; ca un palat **2** măreţ, magnific, impozant, superb

palatine ['pælətain] *anat* **I** *adj* al palatului, al cerului gurii **II** *s pl* oasele palatului

palatography [pælə'tɔgrəfi] *s fon* palatografie, folosirea / realizarea palatogramelor

paleaceous [,peili'eiʃəs] *adj* ca miezul de pâine

pale-faced [,peil' feist] *adj* palid la faţă

paleness ['peilnis] *s* paloare

paleolith ['pæliəuliθ] *s geol* paleolit

Palermitan [pə'lə:mitən] **I** *adj* din Palermo **II** *s* locuitor din Palermo

Palestine Liberation Organization [,pælistain libe'reiʃn ɔ:gənaizeiʃn] *s* Organizaţia pentru Eliberarea Palestinei

palimony ['pæliməni] *s* pensie alimentară *(acordată unei foste concubine sau unui fost concubin)*

pall bearer ['pɔ:l ,beərə] *s* the ~s cei care poartă sicriul; cortegiu funebru

pallidness ['pælidnis] *s* paloare

pallium ['pæliəm], *pl* **pallia** ['pæliə] *s* **1** *lat ist bis* palium **2** *zool* palium *(al moluştelor)*

Palma (de Mallorca) [,pælmə də mə'jɔ:kə] *s* Palma (de Mallorca)

palmaceous [pæl'meiʃəs] *adj bot* asemănător palmierului

Palma Christi [,pælmə'kristi] *s bot* ricin *(Ricinus communis)*

palmar ['pælmə] *adj anat* palmar, al palmei

palmary ['pælməri] *adj* care merită toate elogiile; eminent, distins

palmated ['pælmeitid] *adj bot orn* palmat

palm butter ['pɑ:m ,bʌtə] *s* ulei de palmier

palmcrist ['pɑ:mkrist] *s v.* **Palma Christi**

palmed [pɑ:md] *adj (d coarnele cerbului)* palmat

palmer worm ['pɑ:mə wə:m] *s ent* omidă păroasă

Palmetto State [pæl,mætəu 'steit] *s amer* (statul) Carolina de Sud *(S.U.A.)*

palm grease ['pɑ:m gri:s] *s F* mită, şperţ

palmiped ['pælmiped] *adj, s* palmiped

palmipede ['pælmipi:d] *adj, v.* **palmiped**

palmitic [pæl'mitik] *adj ch* palmitic

palm sugar ['pɑ:m ,ʃugə] *s* zahăr extras din seva palmierului

palmyra [pæl'maiərə] *s bot* specie de palmier indian *(Borassus flabeliformis)*

palp [pælp] *s ent* antenă

palpableness ['pælpəblnis] *s* **1** palpabilitate **2** certitudine

palpal ['pælpəl] *adj ent* ca de antenă

palpus ['pælpəs], *pl* **palpi** ['pælpai] *s v.* **palp**

palsgrave ['pɔ:lzgreiv] *s ist* conte palatin

palstave ['pɔ:lsteiv] *s arheol* daltă de piatră *sau* bronz cu mâner

palter ['pɔ(:)ltə] *vi* **1** a se purta necinstit, a nu fi sincer; a avea o atitudine dubioasă / echivocă; a vorbi în doi peri; **to ~ with facts** a se eschiva de la adevăr; a deforma / a denatura faptele **2** a se tocmi **3** a nu lua în serios un fapt

paludism ['pæljudizm] *s med* paludism, malaria

pampero[1] [pɑːm'peirəu] *s span* indian din pampas

Pampero[2] [pɑːm'peirəu] *s span* pampero *(vânt rece care suflă din Anzi înspre Atlantic)*

pamphletary ['pæmflitəri] *adj* de pamflet(e); biciuitor

Pamplona [pæm'pləunə] *s geogr* Pamplona

panada [pə'nɑ:də] *s* budincă de pâine

Pan-African [,pæn'æfrikən] *adj* panafrican

Pan-Africanism [,pæn 'æfrikənizm] *s* panafricanism

Panamanian [,pænə'meiniən] **I** *s* panamez, locuitor din Panama **II** *adj* panamez

Pan-Americanism [,pænə'mærikənizm] *s* panamericanism

Pan-Arab [,pæn 'ærəb] *adj* pan-arab

Pan-Arabism [,pæn 'ærəbizm] *s* panarabism

panary ['pænəri] *adj* al pâinii, de pâine

Pancake Tuesday ['pænkeik ,tju:zdei] *s F* marţea de lăsatul secului

panchromatic [,pænkrəu'mætik] *adj fot* pancromatic

pancratium [pæn'kreiʃiəm] *s* competiţie atletică *(la vechii greci)*

pancreatitis [,pæŋkriə'taitis] *s med* inflamare a pancreasului, pancreatită

pandal ['pændl] *s (cuvânt anglo-indian)* grajd; staul; şopron

Pand(a)ean [pæn'di(:)ən] **I** *adj* mit al zeului Pan **II** *s* cântăreț din nai

pandemia [pæn'di:miə] *s med* pandemie, epidemie generalizată

panderer ['pændərə] *s* codoș, proxenet; **to be a ~ to smb's vices** a alimenta cu josnicie viciile cuiva

panderism ['pændərizm] *s* codoșlâc, proxenetism

panderize ['pændəraiz] *vi* a face codoșlâc

pandora [pæn'dɔ:rə] *s ist muz* varietate de lăută

pandowdy [pæn'daudi] *s amer F* varietate de plăcintă cu mere

pandura [pæn'dju(i)rə] *s v.* **pandora**

pandy ['pændi] *scot, dial* **I** *s* bătaie la palmă *(ca pedeapsă)* **II** *vt* a bate la palmă

paned [peind] *adj* **1** *(d ferestre)* prevăzut cu geamuri **2** compus din pătrate, alcătuit din tăblii **3** *(d o stofă)* în carouri **4** *(d haine)* lucrat în benzi de diferite culori

panegyrist [ˌpæni'dʒirist] *s* panegirist

panegyrize ['pænidʒiraiz] **I** *vt* a proslăvi, a preamări, a ridica în slava cerului, a lăuda excesiv **II** *vi* a face un panegiric

panel beater ['pænəl ˌbi:tə] *s* reparator / proiectant / desenator de caroserii de automobile

panel discussion ['pænəl disˌkʌʃn] *s* masă rotundă, dezbatere, simpozion

panel doctor ['pænəl ˌdɔktə] *s* medic de asigurări sociale

paneless ['peinlis] *adj* fără geamuri

panel game ['pænəl geim] *s* joc la radio / la televizor

panel heating ['pænəl ˌhi:tiŋ] *s* sistem de încălzire *(constând în panouri fixate în perete / podea)*

panel truck ['pænəl trʌk] *s* camionetă

pan-fries ['pæn frais] *s pl gastr* cartofi soté

panful ['pænful] *s* **(of)** cratiță plină (de)

pangenesis [ˌpæn'dʒenisis] *s biol* pangeneză

pangenetic [ˌpændʒi'netik] *adj biol* pangenetic

pan-German [ˌpæn'dʒə:mən] *adj* pangermanic

pan-Germanic [ˌpændʒə:'mænik] *adj v.* **pan-German**

pan-Germanism [ˌpændʒə'mænizm] *s* pangermanism

pangless ['pæŋglis] *adj* nedureros, fără durere

pangolin [pæŋ'gəulin] *s zool* furnicar *(Manis sp.)*

panhandler ['pænhændlə] *s F* cerșetor, calic

Panhandle State [ˌpænhændl 'steit] *s amer* statul Virginia de Vest

panhead ['pænhed] *s tehn* cap conic / tronconic

panhellenic [ˌpænhi'lenik] *adj* panhelenic

panic ['pænik] *s bot* mei *(Panicum)*

panic bolt ['pænik bəult] *s constr* oromon de siguranță *(la ieșirile sălilor publice; cedează la presiunea exercitată din interior)*

panic button ['pænik ˌbʌtən] *s* semnal de alarmă *(în avion)*

panic buying ['pænik ˌbaiŋ] *s* cumpărături făcute în ultimul moment sau atunci când se întrevede o catastrofă

panic monger ['pænik ˌmʌŋgə] *s* alarmist, (persoană) care răspândește panica

panic stations ['pænik ˌsteiʃəns] *s pl* **it was ~ !** a fost o panică generală!

panislam [pæn'izlɑ:m] *s* lume panislamică

panislamic [ˌpæniz'læmik] *adj* panislamic

panmixia [pæn'miksiə] *s biol* încrucișare promiscuă

pannage ['pænidʒ] *s* **1** pășunat în pădure **2** drept de a paște porci în pădure **3** taxă pentru pășunatul porcilor în pădure **4** ghindă *(ca hrană pentru porci)*

panne [pæn] *s* catifea panne

pannier ['pæniə] *s om de serviciu la „Inns of Court" din Londra*

panniered ['pæniəd] *adj* prevăzut cu coșuri; împovărat cu panere

pannier man ['pæniəmæn] *s v.* **pannier**

pannum ['pænəm] *s sl* haleală, hrană

pannus ['pænəs] *s med* tulburare a corneei ochiului

panocha [pɑ'nəutʃɑː] *s amer* **1** zahăr din Mexic *(nerafinat)* **2** *varietate de* nuga

panoistic [ˌpænɔ'istik] *adj ent* care face numai ouă

panophobia [ˌpænəu'fəubiə] *s med* teamă bolnăvicioasă și neîntemeiată

panophthalmia [ˌpænɔf'θælmiə] *s med* oftalmie

panoramical [ˌpænə'ræmikəl] *adj* panoramic, de panoramă

pan scrubber ['pæn ˌskrʌbə] *s* burete de frecat / curățat *(tigăi)*

Panslavist ['pænslɑ:vist] *s* panslavist

pansophic(al) [ˌpæn'sɔfik(əl)] *adj rar* atotștiutor

pansophy ['pænsəfi] *s rar* știință universală

pansy boy ['pænzi bɔi] *s* **1** băiat drăguț, cu trăsături feminine / efeminat **2** homosexual

pantagraph ['pæntəgrɑ:f] *s* **1** *el* pantograf; troleu **2** *text* pantograf

pantagruelian [ˌpæntəgruː'eliən] *adj* pantagruelic

pantalet(te)s [ˌpæntə'lets] *s pl* **1** pantaloni dantelați *(de copii / de damă)* **2** *peior înv și amer* chiloți de damă pentru bicicletă

pantaloonery [ˌpæntə'lu:nəri] *înv teatru* farsă cu Pantalone

pantarchy ['pentɑ:ki] *s* pentarhie

panter ['pæntə] *s* **1** om care gâfâie **2** om care poftește intens

pantheress ['pænθəris] *s zool* panteră *(femelă) (Felis pardus)*

pantherine ['pænθərain] *adj* de panteră

pantie girdle ['pænti ˌgə:dl] *s v.* **panty girdle**

pantie hose ['pænti həuz] *s v.* **panty hose**

pantihose ['pæntihəuz] *s amer v.* **panty hose**

panting ['pæntiŋ] **I** *adj* **1** gâfâitor; palpitant **2** **(after, for)** poftitor, râvnitor (la) **II** *s* **1** gâfâire, gâfâit **2** palpitare *(a inimii)* **3** **~ after / for** poftă / apetit mare de

pantisocracy [ˌpænti'sɔkrəsi] *s* pantisocrație *(orânduire utopică în care toți sunt egali și toți guvernează)*

pantographic(al) [ˌpæntə'græfik(əl)] *adj* pantografic

pantographically [ˌpæntə'græfikəli] *adv* pantografic

pantometer [ˌpæn'tɔmitə] *s geod* pantometru

pantryman ['pæntrimən] *pl* **pantrymen** ['pæntrimen] *s* majordom; ajutor al majordomului; chelar

panty girdle ['pænti ˌgə:dl] *s* corset-chilot

333

panty hose ['pæntihəuz] *s* ciorapi de damă, dres

pantywaist ['pæntiweist] *s* **1** pantalonaşi de copil cu nasturi **2** persoană laşă / timidă

papa ['pɑːpɑː] *s bis* **1** sapă **2** patriarhul Alexandriei

papalism ['peipəlizm] *s bis* papism

papalize ['peipəlaiz] *bis* **I** *vt* a converti la catolicism **II** *vi* a se converti la catolicism

papaveraceae [pəpævə'reisii] *s pl bot* papavaracee

papaveraceous [pəpævə'reiʃəs] *adj bot* papavaraceu

papaw [pə'pɔː] *amer şi* ['pəːpɔː] *s* **1** arborele-de-pepeni *(Carica papaya)* **2** fructul acestui copac

paperboard ['peipəbɔːd] *s* **1** carton asfaltat **2** mucava

paper book ['peipə buk] *s* carte broşată

paper bound [,peipə 'baund] *adj* broşat

paper chase ['peipə tʃeis] *s sport* cros a cărui pistă este marcată prin hârtiuţe aruncate de primii participanţi

paper coal ['peipə kəul] *s min* cărbune foios

paper-covered [,peipə 'kʌvəd] *adj* broşat

paperer ['peipərə] *s* tapiţer

paper feed ['peipə fiːd] *s (la imprimantă, la maşina de scris)* alimentare cu hârtie

papergirl ['peipəgəːl] *s* tânără care vinde / împarte ziare

paper guide ['peipə gaid] *s poligr* conducere / ghidare a hârtiei

paperless ['peipəlis] *adj* fără hârtie; **the ~ office** birou în care nu se mai înregistrează date pe hârtie, ci numai pe calculator

paper maker ['peipə ,meikə] *s* **1** fabricant de hârtie **2** lucrător într-o fabrică de hârtie

paper making ['peipə ,meikiŋ] *s* fabricare a hârtiei

paper round ['peipə raund] *s* **to do a ~** a livra ziarele la domiciliu

paper shop ['peipə ʃɔp] *s* magazin de ziare

paper shredder ['peipə ,ʃredə] *s* tocător de hârtie

paper stock ['peipə stɔk] *s tehn* pastă de hârtie

paper tape ['peipə teip] *s cib* bandă perforată

paper-thin [,peipə 'θin] *adj* foarte fin *sau* îngust

paper tiger ['peipə ,taigə] *s persoană foarte puternică şi curajoasă în aparenţă, dar slabă şi ineficientă în esenţă*

papilionaceae [pəpiliɔ'neisiː] *s pl bot* papilionacee

papilionaceous [pəpiliə'neiʃəs] *adj bot* papilionaceu

papillate ['pæpileit] *adj* papiliform

papillated ['pæpileitid] *adj v.* **papillate**

papilliform [pə'pilifɔːm] *adj* papiliform

papilose ['pæpiləus] *adj* papilar

papism ['peipizm] *s* papism

pappus ['pæpəs] *s bot* egretă

pappy ['pæpi] *adj* **1** terciuit, ca pireul **2** moale, zemos **3** *(d caracter)* moale, molatic, bleg

Papua ['pæpjuə] *s* Papua

Papua New Guinea [,pæpjuə nju 'gini] *s* Papua Noua Guinee

papula ['pæpjulə], *pl* **papulae** ['pæpjuliː] *s med* papulă, pustulă, bubuliţă

papular ['pæpjulə] *adj med* papulos, pustulos

papule ['pæpjul] *s v.* **papula**

papulose ['pæpjuləus] *adj* **1** *med* papulos, pustulos **2** *bot* papulos

papulous ['pæpjuləs] *adj v.* **papulose**

papyraceous [,pæpi'reiʃəs] *adj* **1** subţire ca hârtia **2** asemănător hârtiei

par [pɑː] *s presc de la* **paragraph** **I** **1** *F* articolaş de ziar; **writer of ~s,** **~ writer** jurnalist de fapte diverse **2** paragraf, alineat

parabrake ['pærəbreik] *s av* paraşută de frânare

paracentral [,pærə'sentrəl] *adj anat* paracentral

paracentric(al) [,pærə'sentrik(əl)] *adj* paracentric, eliptic

parachronism [,pæræ'krɔnizm] *s* paracronism *(eroare cronologică, prin care se atribuie unui eveniment o dată ulterioară celei reale)*

parachutism ['pærəʃuːtizm] *s* paraşutism

paraclete ['pærəkliːt] *s (↓ bis)* apărător, ocrotitor

paraclinical [,pærə'klinikl] *adj* paraclinic

parade ground [pə'reid graund] *s* loc de defilare

parader [pə'reidə] *s* **1** plimbăreţ **2** manifestant

paradisian [,pærə'disiən] *adj v.* **paradisial**

parados ['pærədɔs] *s mil* parapet pentru oprirea proiectilelor

paradoxic [,pærə'dɔksik] *adj rar* **1** paradoxal; neaşteptat, neobişnuit **2** înclinat spre afirmaţii paradoxale

paraesthesia [,pæres'θiːʒiə] *s med* parestezie

paraffinic [,pærə'finik] *adj ch* parafinic

paraffin series ['pærəfin ,siəri(ː)z] *s pl ch* parafene

paragliding ['pærəglaidiŋ] *s (sport practicat cu o)* parapantă

paragoge [,pærə'gəudʒi] *s lingv* paragogă *(adăugare de literă la sfârşitul unui cuvânt)*

paragogic(al) [,pærə'gɔdʒik(əl)] *adj* lingv paragogic

paragonite [pə'rægənait] *s minr* paragonit

paragraphing ['pærəgrɑːfiŋ] *s* **1** dispunere în paragrafe **2** *(în ziaristică)* compunere de articolaşe

paraguay ['pærəgwai] *s bot* ceai maté, ceai de Paraguay *(din fructe de Ilex Paraguayensis)*

Paraguayan [,pærə'gwaiən] *s* locuitor din Paraguay

paraldehyde [pə'rældihaid] *s ch* paraldehidă

paralinguistics [,pærəliŋ'gwistiks] *s* paralingvistică

paralipsis [,pærə'lipsis], *pl* **paralipses** [,pærə'lipsiːz] *s* paralipsă, pretenţiune

parallactic [,pærə'læktik] *adj astr, fiz* paralactic

parallelopiped [,pærələ'lɔpiped] *s geom* paralelipiped

parallel rule [,pærələl 'ruːl] *s poligr* linie dublă

parallel turn [,pærələl 'təːn] *s (la ski)* slalom paralel

paralogist [pə'rælədʒist] *s persoană care face raţionamente ilogice*

paralysation *brit,* **paralyzation** *amer* [pærəlai'zeiʃn] *s* paralizare

paralysed ['pærəlaizd] *adj* paralizat *(şi fig)*; **~ in one arm** paralizat de o mână; **~ in both legs** paralizat de ambele picioare; **~ with fear** paralizat de frică

paramagnetic [,pærəmæg'netik] *adj el* paramagnetic

paramagnetism [,pærə'mægnitizm] s el paramagnetism

paramatta [,pærə'mætə] s ţesătură uşoară de lână, lâniţă

paramedic [,pærə'medik] I s medic paraşutat în zone greu accesibile II adj v. **paramedical**

paramedical [,pærə'medikl] adj 1 referitor la un medic paraşutat în zone greu accesibile 2 care are o legătură indirectă cu medicina

parament ['pærəment] s 1 constr parte exterioară (a unui perete etc.) 2 înv ornament de cameră; chamber of ~s cameră de paradă

paramnesia [,pærəm'ni:ziə] s med paramnezie

paramo ['pɑ:rəməu] s span platou înalt despădurit (în America de Sud)

parang [pɑ:'rɑ:ŋ] s pumnal mare malaez

parapet ['pærəpit] s 1 mil parapet 2 trotuar 3 constr parapet; fronton; balustradă; rambleu

parapeted ['pærəpitid] adj mil constr prevăzut cu parapete

paraphernal [,pærə'fə:nəl] adj jur parafernal

paraphrastic [,pærə'fræstik] adj parafrastic

parapraxis [,pærə'præksis] s psih parapraxis, act ratat (ex. lapsus, punerea greşită a obiectelor)

parapsychologist [,pærəsai'kɔlədʒist] s parapsiholog

parapsychology [,pærəsai'kɔlədʒi] s parapsihologie

parasailing ['pærəseiliŋ] s sport care constă în a trage un paraşutist cu o barcă cu motor

parascience ['pærəsaiəns] s paraştiinţă

parasital ['pærəsaitəl] adj parazit; parazitar

parasiticide [,pærə'sitisaid] s substanţă care distruge paraziţii; insecticid

parasitize ['pærəsitaiz] vt biol a trăi ca parazit pe

parasitized ['pærəsitaizd] adj infestat / năpădit de paraziţi

parasitoid ['pærəsitɔid] adj 1 parazit(ar) 2 fig parazitar

parasitologist [,pærəsai'tɔlədʒist] s parazitolog

parasitology [,pærəsai'tɔlədʒi] s parazitologie

parasol mushroom ['pærəsɔl ,mʌʃru:m] s bot ciupercă din genul Lepiota, ↓ burete şerpesc (Lepiota procera)

parasynthesis [,pærə'sinθisis] s lingv derivare parasintetică

parcel bomb ['pɑ:sl bɔm] s colet capcană

parched ['pɑ:tʃt] adj uscat; arid

parching ['pɑ:tʃiŋ] I adj (d căldură etc.) arzător; (d vânt etc.) care usucă II s uscare

parchmenty ['pɑ:tʃmənti] adj pergamentos

pard [pɑ:d] o amor el tovarăş, camarad; asociat

pardonableness ['pɑ:dənəblnis] s 1 calitate (a unui fapt etc.) care îi permite să fie iertat; scuzabilitate (a unei greşeli) 2 jur natură graţiabilă / amnistiabilă (a unui delict etc.)

paregoric elixir [pærə,gɔrik i'liksə] s farm tinctură de opium

parenteral [pæ'rentərəl] adj med parenteral

parenting ['peərəntiŋ] s creşterea / educarea unui copil

parentless [,peərəntlis] adj orfan, fără părinţi

parent-teaching association [,peərənt 'ti:tʃiŋ əsəusi'eiʃn] s asociaţie formată din părinţii elevilor şi profesori

parer ['peərə] s 1 tăietor, persoană care taie 2 taietor, maşină de tăiat

parergon [pæ'rə:gɔn], pl **parerga** [pæ'rə:gə] s 1 lucru suplimentar 2 ornament, podoabă

parfleche ['pɑ:fleʃ] s amer 1 piele de bivol 2 şa din piele de bivol

pargeting ['pɑ:dʒetiŋ] s constr 1 stucatură 2 tencuire

pargetry ['pɑ:dʒetri] s constr 1 tencuială 2 stucărie

pariah dog ['pæriə dɔg] s câine vagabond (în India)

Parian ['peəriən] I adj de Paros II s porţelan de Paros, biscuit

paries ['peirii:z], pl **parietes** [pə'raieti:z] s biol perete al unei cavităţi

paring ['periŋ] s 1 tăiere 2 pl bucăţele (de hârtie etc.) tăiate; coji; resturi 3 talaş

paring knife ['periŋ naif] s cuţit de sculptat în lemn

parish church ['pæriʃ tʃə:tʃ] s biserică parohială

parish lantern ['pæriʃ ,læntən] s umor, peior luna

parish-pump politics [,pæriʃ pʌmp 'pɔlitiks] s politică mărginită

parish school ['pæriʃ sku:l] s şcoală comunală

Paris red [,pæris 'red] s ch oxid de fier; roşu englez

parity ['pæriti] s med fecunditate

parity bit ['pæriti bit] s cib bit de paritate

park-and-ride [,pɑ:k ənd 'raid] s sistem de control al circulaţiei care constă în parcarea maşinilor în afara marilor oraşe şi folosirea mijloacelor de transport în comun

parked [pɑ:kt] adj 1 parcat 2 (d automobile) staţionat

Parkhurst ['pɑ:khə:st] s numele unei închisori din Anglia

parkin ['pɑ:kin] s brit aprox turtă dulce

parking attendant ['pɑ:kiŋ ə,tendənt] s persoană care păzeşte parcurile de vehicule, paznic de parcare

parking brake ['pɑ:kiŋ breik] s auto frână de mână

parking garage ['pɑ:kiŋ ,gærɑ:ʒ] s parcare acoperită

parking light ['pɑ:kiŋ lait] s auto lanternă de poziţie

parking ticket ['pɑ:kiŋ ,tikit] s amendă dată pentru parcarea neregulamentară

parliament ['pɑ:ləmənt] s turtă dulce

parliamentarianism [,pɑ:ləmən'teəriənizm] s parlamentarism

parliamentary agent [pɑ:lə,mentəri 'eidʒənt] s consilier juridic acreditat pe lângă un corp legislativ, reprezentant al unei corporaţii interesate la un proiect de lege

Parliamentary Commissioner (for Administration) [pɑ:lə,mentəri kə'miʃənə (fɔ: ədminis,treiʃn)] s pol preşedinte sau membru al comisiei parlamentare administrative

Parliamentary private secretary [pɑ:lə,mentəri praivit 'sekrətri] s pol (în Marea Britanie) deputat care asigură legătura între un ministru şi Camera Comunelor

Parliamentary secretary [pɑ:lə,mentəri 'sekrətri] s pol brit aprox subsecretar de stat

335

parliamentary train [pɑːlə,mentəri 'trein] *s înv* tren cu tarif redus

parliament cake ['pɑːləment keik] *s v.* **parliament**

parlour games ['pɑːlə geimz] *s pl* jocuri de societate

Parma ['pɑːmə] *s georgr* Parma; ~ ham șuncă de Parma

parol [pəˈrəul] *s* **1** cuvânt; *jur* by ~ verbal **2** *jur* avocat pledant

parol contract [pəˈrəul ,kɔntrækt] *s jur* contract verbal

paronymy [pəˈrɔnimi] *s lingv* paronimie

parotitis [,pærəˈtaitis] *s med* parotidită, oreion

paroxysmic [,pærəkˈsizmik] *adj* cu paroxism; de o violență extremă

parpen ['pɑːpən] *s constr* piatră de grosimea zidului

parquet(t)ed ['pɑːkeitid] *adj* parchetat

parral ['pærəl] *s v.* **parrel**

parrel ['pærəl] *s nav* troță de vergă

parrot disease ['pærət di,ziːz] *s med* psitacoză, boala papagalilor

parrot green [,pærət 'griːn] *s* celadon, culoare verde-palid

parser [pɑːzə] *s cib* program de analiză (gramaticală)

parsimoniously [,pɑːsiˈməunjəsli] cu parcimonie

parsing ['pɑːziŋ] *s* analiză gramaticală

parsonic(al) [pɑːˈsɔnik(əl)] *adj F* popesc, preoțesc

Parsons table [,pɑːsnz 'teibl] *s amer* masă pătrată sau dreptunghiulară ale cărei picioare fac corp comun cu blatul mesei

partaker [pɑːˈteikə] *s* părtaș, participant; we were wholehearted ~s in their sorrow (noi) ne-am alăturat din toată inima nenorocirii lor

parti [pɑːˈtiː] *s fr* partidă, căsătorie

partial eclipse [,pɑːʃəl 'iklips] *s* eclipsă parțială

partially sighted [,pɑːʃəli 'saitid] *adj* cu o vedere foarte proastă

participatory [pɑːtisiˈpeitəri] *adj* participativ

particle accelerator ['pɑːtikl ək,seləreitə] *s fiz* accelerator de particule

particle beam ['pɑːtikl biːm] *s fiz* fascicul de particule

particle board ['pɑːtikl bɔːd] *s fiz* tabel de particule

particled ['pɑːtikld] *adj (format)* din particule

particle physics ['pɑːtikl ,fiziks] *s* fizica particulelor

parti pris [pɑːti 'priː] *s fr* idee preconcepută, prejudecată

partisan ['pɑːtizən] *s ist* halebardă

partite ['pɑːtait] *adj bot, zool* despicat

Partlet ['pɑːtlit] *s înv* **1** găină, găinușă **2** femeie bătrână, babă, baborniță

part music ['pɑːt ,mjuːzik] *s muz* muzică pe mai multe voci

parton ['pɑːtn] *s fiz* parton, constituent ipotetic al unui nucleon

part payment ['pɑːt ,peimənt] *s* acont

partridge wood ['pɑːtridʒ wud] *s bot* varietate de lemn roșu

part-singing ['pɑːt ,siŋiŋ] *s* cântat pe mai multe voci

part time [,pɑːt 'taim] *s tehn* timp incomplet

part timer [,pɑːt 'taimə] *s v.* **part-time worker**

part-time worker [,pɑːt taim 'wəːkə] *s* muncitor care lucrează doar câteva ore pe săptămână; muncitor auxiliar; zilier

parturifacient [pɑː,tjuːriˈfeiʃənt] *s med* medicament care accelerează / ușurează durerile facerii

partway ['pɑːtwei] *adv* în parte, parțial; ~ through the year she resigned a demisionat în cursul anului, I'm only ~ through the book nu am parcurs încă toată cartea

part work [,pɑːt 'wəːk] *s brit* serie de publicații periodice care urmează să fie incluse într-o singură lucrare; they published it as a ~ au publicat lucrarea sub formă de fascicule

partying ['pɑːtiiŋ] *s* she's a great one for ~ ea se pricepe de minune să facă o petrecere

party liner [,pɑːti ,lainə] *s pol* membru fidel liniei partidului

party man [,pɑːti mæn], *pl* **party men** ['pɑːti men] *s* **1** om al partidului **2** *v.* **party member**

party piece [,pɑːti piːs] *s* cântec / poezie concepută / pentru diferite ocazii

party political [,pɑːti pəˈlitikəl] *adj (d o emisiune)* rezervată unui partid politic

party politics ['pɑːti ,pɔlitiks] *s pl (folosit ca sg) pol* politica partidului

party pooper ['pɑːti ,puːpə] *s* persoană care refuză să se distreze împreună cu ceilalți invitați la o petrecere

par value [,pəˈvælju] *s* valoare nominală

pascal ['pæskəl] *s fiz* pascal

PASCAL ['pæskəl] *s cib* limbajul PASCAL

Paschal Lamb [,pæskəl 'læm] *s* mielul pascal

passage ['pæsidʒ] **I** *vt* a forța *(calul)* să o ia în lături, la dreapta / la stânga **II** *vi (d un cal, un călăreț)* a o lua în lături, la dreapta / la stânga

passant ['pæsənt] *adj heraldică* pășind cu o labă ridicată

pass band [pɑːs bænd] *s tel* bandă de trecere

pass degree ['pæs di,griː] *s licență obținută într-o universitate britanică fără specificația de merit deosebit („honors degree")

passementerie [pæsˈmentri] *s fr* pasmanterie

passenger carriage ['pæsindʒə ,kæridʒ] *s ferov* vagon de pasageri

passenger coach ['pæsindʒə kəutʃ] *s v.* **passenger carriage**

passenger list ['pæsindʒə list] *s* lista pasagerilor

passenger mile ['pæsindʒə mail] *s av* kilometru pasager; *ferov* kilometru călător

passenger seat ['pæsindʒə siːt] *s av* loc pentru pasageri

passenger train ['pæsindʒə trein] *s* tren de călători

passiflora [pæsiˈflɔːrə] *s bot* ceasornic *(Passiflora coerulea, P. incarnata)*, pasiflora, floarea-patimilor *(plantă ornamentală agățătoare)*

passimeter [pæˈsimitə] *s* automat pentru vânzarea biletelor de tren

passingly ['pɑːsiŋli] *adv* **1** în treacăt **2** *înv* foarte, grozav de, excesiv de, neînchipuit de

passing note ['pɑːsiŋ nəut] *s muz* notă de legătură

passing-out parade [,pɑːsiŋ 'aut pəreid] *s mil* paradă, defilare *(cu ocazia promovării în grad)*

passing place ['pɑːsiŋ pleis] *s* loc de trecere / de traversare

passing shot ['pɑːsiŋ ʃɔt] s (la tenis) passing shot

passionary ['pæʃənəri] adj pătimaș, pasional

passionateness ['pæʃənitnis] s 1 patimă, pasiune, caracter pătimaș 2 vehemență, violență

passioned ['pæʃənd] adj pasionat, pătimaș, înflăcărat

passionlessly ['pæʃənlisli] adv fără pasiune, cu răceală; impasibil

passivation [,pæsi'veiʃn] s tehn pasivizare; decapare

passive defence [,pæsiv di'fens] s apărare pasivă

passive smoker [,pæsiv 'sməukə] s fumător pasiv

passive smoking [,pæsiv 'sməukiŋ] s fumat pasiv

passivisation [,pæsivai'zeiʃən] s pasivizare

passivize ['pæsivaiz] vt gram a pasiviza

passman ['pɑːs mæn] pl **passmen** ['pɑːs men] s univ candidat care și-a luat diploma cu suficient

pass-out check [,pɑːsaut'tʃek] s contramarcă (permițând reintrarea)

passover ['pɑːsəuvə] s 1 Paștele evreiesc 2 mielul pascal

pass-the-parcel [,pɑːs ðə 'pɑːsəl] s brit joc ce constă în trecerea unui pachet care conține fie un cadou, fie un gaj, de la un jucător la altul

Pasteurian [pæs'tə:riən] adj pasteurian

pasteurized ['pɑːstʃəraizd] adj 1 (d bere, lapte) pasteurizat 2 peior (d o descriere, versiune) edulcorat, aseptizat

pasticcio [pɑːs'tiːtʃiəu] s 1 potpuriu (și fig), amestec 2 pastișă

pastorally ['pɑːstərəli] adv rel păstorește, duhovnicește

pastry board ['peistri bɔːd] s planșă pentru frământat coca de patiserie

pastry brush ['peistri brʌʃ] s pensulă pentru uns coca

pastry case ['peistri keis] s crustă a produselor de patiserie

pastry cook ['peistri kuk] s plăcintar, cofetar

pastry cream ['peistri kriːm] s gastr cremă de patiserie

pastry custard ['peistri ,kʌstəːd] s v. pastry cream

pastry shell ['peistri ʃel] s gastr partea de aluat a unei tarte

pasturable ['pɑːstʃərəbl] adj (bun) de pășunat, de pășune

patch board ['pætʃ bɔːd] s tehn panou de racordare

patcher ['pætʃə] s cârpaci

patch test ['pætʃ test] s med test pentru determinarea sensibilității prin aplicarea pe suprafața pielii a unor substanțe alergice

patella [pə'telə] s anat rotulă

patency ['peitənsi] s evidență, caracter incontestabil

patentable ['peitəntəbl] adj brevetabil

patent agent ['peitənt ,eidʒənt] s agent de brevet

patent application ['peitənt æpli,keiʃən] s cerere de brevet

patent log ['peitənt lɔg] s nav loh mecanic

patent right ['peitənt rait] s amer brevet, patentă

patent slip ['peitənt slip] s nav cală de holaj

patera ['pɑːteirə], pl **paterae** ['pɑːteiriː] s arhit 1 pateră, rozetă 2 ornament rotund (ca o farfurie)

paternally [pə'tə:nəli] adv patern, părintește

paternity leave [pə'tə:niti liːv] s concediu de paternitate

paternity order [pə'tə:niti ,ɔːdə] s jur (act de) recunoaștere a paternității

paternity suit [pə'tə:niti suːt] s jur proces de aflare a paternității

paternity test [pə'tə:niti test] s test de aflare a paternității

paternoster line [,pætə'nɔstə lain] s undiță cu cârlige la diferite intervale

Pathan [pə'tɑːn] s geogr pathan, membru al unui popor iranian (din coloniile din India și Pakistan)

pathogenesis [,pæθəu'dʒenisis] s patogenie

patio doors ['pætiəu dɔːz] s pl uși de sticlă care dau într-un patio

Patna rice ['pætnə rais] s varietate de orez cu bobul lung

patness ['pætnis] s oportunitate, caracter potrivit

patriarchal [,peitri'ɑːkəl] adj patriarhal

patriarchally [,peitri'ɑːkəli] adv patriarhal; ca (un) patriarh

patrilineal [,peitri'liniəl] adj pe linie paternă

patrilinear [,peitri'liniə] adj v. patrilineal

patrol boat [pə'trəul bəut] s nav vas de patrulare

patrol leader [pə'trəul ,liːdə] s șef al unei patrule

patrolwoman [pə'trəul wumən] pl **patrolwomen** [pə'trəul wimin] s amer femeie polițist (care patrulează într-un anumit sector)

patronizer ['pætrənaizə] s protector

patronizing ['pætrənaiziŋ] adj protector; de condescendență

patronizingly ['pætrənaiziŋli] adv (cu un aer) protector

patsy ['pætsi] s amer persoană ridicolă, nătăfleț; țap ispășitor

pattern designer ['pætən di,zainə] s desenator de modele

patterned ['pætənd] adj cu model (tapet, stofă etc.)

patterning ['pætəniŋ] s decorare sau configurație conform unui model; sociol comportament al unei persoane ilustrând un model sociocultural

pattern maker ['pætən ,meikə] s tehn modelier

pattern plate ['pætən pleit] s met placă de model

Paul Jones [,pɔːl 'dʒəunz] s dans de societate în care partenerii se schimbă foarte des

paulo-post-future [,pɔːləu,pəust'fjuːtʃə] s 1 gram viitorul anterior, viitorul 2 umor viitorul imediat

paver ['peivə] s 1 caldarâmgiu; turnător de beton 2 fig persoană care pregătește calea 3 pavea, piatră de pavaj 4 constr betonieră 5 constr v. paving beetle

paving beetle ['peiviŋ ,biːtl] s mai, bătător, piletă

pavlova [pæv'ləuvə] s gastr tip de brânză de vaci elvețiană

Pavlovian [pæv'ləuviən] adj pavlovian

pawnee [pɔː'niː] s amanetator

pawn ticket ['pɔːn ,tikit] s bon de identificare a lucrurilor duse la muntele de pietate

pawpaw ['pɔːpɔː] s bot papaya

pay bed ['pei bed] s pat de spital plătit

pay box ['pei bɔks] s casierie; casă; ghișeu

pay check ['pei tʃek] s amer v. pay packet

pay dirt ['pei də:t] s minr aluviune exploatabilă

337

paying guest [,peiiŋ 'gest] *s* invitat care plăteşte pentru masă şi cazare

paying-in book [,peiiŋ'in buk] *s* libret de bancă

pay sheet ['pei ʃi:t] *s* stat de plată / de salarii

payslip ['peislip] *s fin* foaie / buletin de plată

pay television ['pei ,televiʒn] *s* canal de televiziune cu plată

P&L *presc de la* **profit and loss** *ec* profit şi pierdere

PBS *presc do la* **Public Broadcasting Service** *s societate americană de emisiuni de televiziune*

PC *s* **1** *presc de la* **police constable** poliţist **2** *presc de la* **privy councillor** consilier privat *(al regelui)*

PCV *presc de la* **Passenger Carrying Vehicle** *s brit* vehicul pentru transportul în comun

pd *presc de la* **paid** plătit

PD *amer presc de la* **police department**

pdq *presc de la* **pretty damn quick** *adv* al naibii de repede

PDSA *presc de la* **People's Dispensary for Sick Animals** *s* dispensar pentru animale

PDT *presc de la s* **Pacific Daylight Time**

P / C *presc de la* **petty cash** *s* mărunţiş

PE *presc de la* **physical education** educaţie fizică

peaceableness ['pi:səblnis] *s* caracter împăciuitor, pacific

Peace Corps ['pi:s kɔ:ps] *s organizaţie americană de cooperare cu ţările în curs de dezvoltare*

peacekeeper ['pi:ski:pə] *s* soldat pentru menţinerea păcii; soldat din detaşamentul de căşti albastre

peacekeeping ['pi:ski:piŋ] *s* menţinere a păcii

peaceless ['pi:slis] *adj* neliniştit, tulburat

peace-loving [,pi:s 'lʌviŋ] *adj* iubitor de pace

peace offensive ['pi:s ə,fensiv] *s* ofensivă de pace. *campanie menită să servească interesele unei naţiuni dornice să pună capăt războiului sau conflictelor de orice tip*

peace sign ['pi:s sain] *s* semn de pace

peace-time strenght [,pi:staim 'streŋθ] *s mil* efectivul armatei în timp de pace

peach [pi:tʃ] *vi sl* **to ~ on / upon / against** a denunţa, a pârî *(un complice)*

Peach Melba [,pi:tʃ'melbə] *s gastr* jumătate de piersică umplută cu cremă, pusă pe îngheţată de vanilie şi stropită cu sirop de zmeură

peach tree ['pi:tʃ tri:] *s* piersic *(Prunus persica)*

peachy ['pi:tʃi] *adj* **1** ca piersica; ca de piersică **2** *sl* plăcut; minunat, straşnic, grozav

pea coal ['pi: kəul] *s* cărbune mărunt / griş / boabe

pea coat ['pi: kəut] *s nav* haină de postav scurtă

peacock butterfly ['pi:kɔk ,bʌtəflai] *s ent* orice specie de fluture cu pete în formă de ochi pe aripi *(de ex. Precis Lavinia Nymphalis io)*

peacockery ['pi:kɔkəri] *s* poză; îngâmfare; paradă

peacock blue [,pi:kɔk 'blu:] *s* nuanţă de albastru *(asemănătoare cu penele păunului)*

pea grit ['pi: grit] *s* pietriş mărunt, mărgăritar

peak load ['pi:k ləud] *s tehn* sarcină maximă / de vârf

pealike ['pi:laik] *adj* ca mazărea, ca de mazăre

peanut oil ['pi:nʌt oil] *s* untdelemn / ulei de arahide

pea pod ['pi: pɔd] *s* păstaie de mazăre

pearl ash ['pə:l æʃ] *s ch* potasă, carbonat de potasiu

pearled ['pə:ld] *adj* perlat; sidefiu

pearler ['pə:lə] *s* **1** *nav* luntre a pescuitorilor de perle **2** pescuitor de perle

pearl-grey [,pə:l 'grei] *adj s* gris-perle, cenuşiu

pearl grey [,pə:l'grei] *s* gri-perl

Pearl Harbor [,pə:l 'ha:bə] *s* Pearl Harbor

pearliness ['pə:linis] *s* **1** ten sidefiu / sidefat **2** culoarea sidefului

pearling ['pə:liŋ] *s* pescuitul perlelor *sau* al scoicilor de mărgăritar

pearl shell ['pə:l ʃel] *s* scoică de mărgăritar

pearlweed ['pə:lwi:d] *s bot* buruiană din genul Sagina

pearlwort ['pə:lwə(:)t] *s v.* **pearlweed**

Pearly Gates [,pə:li 'geits] *s the ~* Porţile Raiului

pearly king [,pə:li 'kiŋ] *s* zarzavagiu cockney cu haina plină de nasturi din sidef

pearly queen [,pə:li 'kwi:n] *s* femeie zarzavagiu cockney

pear-shaped [,peə'ʃeipt] *adj* în formă de pară, piriform

peart ['piət] *amer F* bine dispus, vesel, vioi; ager, rapid

peasantess ['pezəntis] *s* ţărancă, săteancă, femeie de la ţară

peasant-like [,pezənt'laik] *adj* ţărănesc; de ţăran; grosolan

peasant proprietor [,pezənt prə'praiətə] *s* ţăran înstărit, proprietar agricol

pease pudding ['pi:z ,pudiŋ] *s* budincă de mazăre

pea shooter ['pi: ,ʃu:tə] *s* puşcoace, puşcă cu aer comprimat *(jucărie)*

pea-soup fog [,pi: su:p 'fɔg] *s* ceaţă galbenă şi deasă, pâclă groasă s-o tai cu cuţitul *(↓ la Londra)*

peat coal ['pi:t kəul] *s minr* turbă

peat hagg ['pi:t hæg] *s scot* turbărie părăsită / secătuită

peatman ['pi:tmən], *pl* **peatmen** ['pi:tmen] *s* lucrător la o turbărie

peat reek ['pi:t ri:k] *s* **1** fumul unui foc de turbă **2** whisky distilat la foc de turbă *(care îşi menţine mirosul de fum)*

peat spade ['pi:t speid] *s* sapă de exploatat turbă

pebbled ['pebld] *adj* cu prundiş etc.

pebble dash ['pebl dæʃ] *s constr* tencuială cu mortar de prundiş; **to give a ~ finish to a wall** a tencui cu mortar de prundiş

pebble-dashed [,pebl 'dæʃt] *adj constr* tencuit cu mortar de prundiş

pebble dashing ['pebl ,dæʃiŋ] *s constr* tencuire cu mortar de prundiş

pebble powder ['pebl ,paudə] *s* pulbere cu firul mare / gros

pebblestone ['peblstəun] *s* piatră-bolovani

peccant ['pekənt] *adj* **1** păcătos; ticălos; imoral; vinovat; culpabil *(şi fig);* **the ~ string** coarda care sună fals **2** *med* dureros, care provoacă durere; morbid; bolnăvicios; care aduce boală

peccavi [pe'kɑ:vi:] *înv* [pe'keivai] *lat* am greșit, am păcătuit; **to cry ~** a-și recunoaște vinovăția, a face mea culpa

pecking order ['pekiŋ ,ɔ:də] *s* **1** sistem ierarhic într-un cârd de păsări domestice **2** ierarhie, sistem ierarhic

Pecksniffery ['peksnifəri] *s* fățărnicie, ipocrizie, prefăcătorie

pectic ['pektik] *adj ch* pectic; **~ acid** acid pectic

pectinate ['pektineit] *adj* **1** *bot* crestat, dințat **2** *zool* cu creastă

pectinated ['pektineitid] *adj v.* **pectinate**

pectination [,pekti'neiʃn] *s* **1** *bot* crestături **2** *zool* creastă

pectoral fin [,pektərəl 'fin] *s fin* aripioară pectorală

pectoral girdle [,pektərəl 'gə:dl] *s anat, zool* centură pectorală / superioară

pectoral muscle [,pektərəl 'mʌsl] *s anat* mușchi pectoral

peculiar people [pi,kju:liə 'pi:pl] *s* **1** *bibl* evreii, poporul ales, neamul lui Israel / Iehova **2** **Peculiar People** sectă religioasă fără organizații bisericești

peculium [pi'kju:liəm] *s (ist Romei)* proprietate acordată unui sclav, unui copil / unei soții **2** proprietate / posesiune particulară / personală

ped [ped] **I** *presc de la* **pedal** pedulă **2** *presc de la* **pedestal** piedestal

pedagog ['pedəgog] *s* (↓ ironic) profesor, belfer (↓ *pedant*)

pedagogically [,pedə'godʒikəli] *adv* **1** pedagogic **2** prin / după pedagogie

pedala ['pedələ] *s v.* **pedal boat**

pedal bin ['pedl bin] *s brit* coș de gunoi cu pedală

pedal boat ['pedl bəut] *s* hidrobicicletă

pedal car ['pedl kɑ:] *s* mașină cu pedale

pedal note ['pedl nəut] *s muz* notă susținută de pedală

pedal point ['pedl pɔint] *s v.* **pedal note**

pedal pushers ['pedl ,puʃəz] *s* pantaloni pescărești (purtați de femei pe bicicletă sau la sport)

pedestrianism [pə,destriənizm] *s* **1** exercițiu fizic; marș, mers pe jos **2** *fig* stil plicticos, mediocritate

pedestrianization [pə,destriənai'zeiʃn] *s* transformare a străzii în loc pentru pietoni

pedestrianize [pə'destriənaiz] *vt* a transforma o stradă în loc pentru pietoni

pedicellar [,pedi'selə] *adj bot* ca un / referitor la pedicel / peduncul

pedicellate ['pedisəlit] *adj bot* cu pedicel

pedicular [pi'dikjulə] *adj* **1** *ent* referitor la / de păduche **2** păduchios; infestat / plin de păduchi

pediculosis [pe,dikju'ləusis] *s* infestare cu păduchi

pediculous [pe'dikjuləs] *adj v.* **pedicular**

pediform ['pedifɔ:m] *adj* în formă de picior

pedobaptism [,pi:də'bæptizm] *s bis* botezul copiilor

pedophile ['pi:dəufail] *s* pedofil

pedophilia [,pi:dəu'filiə] *s* pedofilie

pedro ['peidrəu] *s* **1** sancho pedro (fel de joc de cărți) **2** atu, cinci (la acest joc)

peduncular [pi'dʌŋkjulə] *adj bot* peduncular, de / ca un peduncul

pedunculated [pi'dʌŋkjuleitid] *adj bot* pedunculat, cu peduncul

pee [pi:] *s* pipi; **to have / to take a ~** a face pipi

peel [pi:l] *s ist* turn (pătrat, la frontiera dintre Anglia și Scoția, în sec XVI)

peep [pi:p] *s amer mil sl* jeep, mașină mică militară

peepbo ['pi:p,bəu] *interj* cucu! **II** *s* **to play ~** a se juca de-a v-ați ascunselea

peep sight ['pi:p sait] *s mil* vizieră

peep-toe(d) shoes [,pi:p təu(d) 'ʃu:z] *s* pantofi cu vârful decupat

peer group ['piə gru:p] *s sociol* cuplu

peerlessness ['piəlisnis] *s* superioritate incontestabilă

peer pressure ['piə ,preʃə] *s sociol* influența cuplului sau a grupului

pegboard ['pegbɔ:d] *s* placă perforată pentru diferitele jocuri de copii

pegging ['pegiŋ] *s* **1** fixare, batere (a țărușilor) **2** *sport* scor; **it is still at level ~** sunt încă la egalitate **3** *com* stabilizare a bursei / pieței / cursurilor

pegmatoid ['pegmətɔid] *s minr* pegmatoid

peg-top trousers [,pegtop 'trauzəz] *s pl* pantaloni largi strâmți jos; ițari

peg wood ['pegwud] *s* **1** *constr* scoabă pentru împreunat părți de zidărie **2** *tehn* bagatelă de lemn pentru curățat lagărele fine

PEI *presc de la* **Prince Edward Island**

pejoration [,pi:dʒə'reiʃn] *s lingv* depreciere

pejoratively [pi'dʒɔrətivli] *adv* peiorativ

peke [pi:k] *s* pekinez (câine)

pekin [,pi:'kin] *s text* pekin, țesătură de mătase

Pekingman [,pi:'kiŋmæn], *pl* **Pekingmen** [,pi:'kiŋmen] *s* antropologie sinantrop, om preistoric descoperit în China

pelade [pə'lɑ:d] *s med* alopecie, peladă, pete albe în păr

pelage ['pelidʒ] *s zool* blană, păr, lână (la patrupede)

pelican crossing ['pelikən ,krɔsiŋ] *s brit* trecere de pietoni cu semafor acționat manual

pellicular [pə'likjulə] *adj* membranos; sub formă de peliculă

pellicule ['pelikju:l] *s* pieliță; cojiță; membrană

pellitory ['pelitəri] *s v.* **feverfew**

pellucidity [,pelju'siditi] *s* **1** transparență, transluciditate **2** limpezime, claritate (a discursului etc.)

Pelmanism ['pelmənizm] *s* sistem mnemotehnic, sistem de exersare a memoriei

pelmet ['pelmit] *s* draperie, lambrechin

Pelops ['pi:ləps] *s mit* Pelops

pelorus [pi'lɔ:rəs] *s nav* disc de relevmente

peltate ['pelteit] *adj bot* în formă de scut

peltry ['peltri] *s* piei

pelt wool ['pelt wu:l] *s* lână tăbăcărească

pelure [pə'ljuə] *s* **și ~ paper** hârtie pelur, foiță de mașină

pelvic girdle [,pelvik 'gə:dl] *s* centură pelviană

pelvic inflammatory disease [,pelvik in'flæmətəri dizi:z] *s med* metrită

pelvimeter [pel'vimitə] *s med* pelvimetru

Pembroke table [‚pembruk 'teibl] *s* masă cu tăblii care se întind

pemphigoid ['pemfigɔld] *adj med* pemfigoid

pemphigous ['pemfigəs] *adj med* **1** referitor la pemfigus / urticarie **2** atins de pemfigus / urticarie

penalty box ['penəlti bɔks] *s* **1** *(la fotbal)* careu **2** *(la hochei pe gheață)* perimetru de penalitate

penalty double ['penəlti ‚dʌbl] *s (la bridge)* contră de penalizare

penalty envelope ['penəlti ‚enviləup] *s amer* plic oficial *(a cărui întrebuințare în alte scopuri e pedepsită de lege)*

penalty goal ['penəlti gəul] *s sport* gol (înscris) din 11 metri prin penalty

penalty points ['penəlti pɔints] *s pl* **1** gaj *(la jocul de cărți)* **2** puncte de penalizare (la examenul pentru carnet de șoferi)

penalty shot ['penəlti ʃɔt] *s sport* penalty, lovitură de pedeapsă, unsprezece metri; **a ~ taken by** x o lovitură de pedeapsă executată de x

penalty spot ['penəlti spɔt] *s sport* punct de penalizare

penalty try ['penəlti trai] *s (la rugby)* încercare de penalitate

penci(l)ler ['penslə] *s sport sl* bookmakerul *sau* secretarul său, cel care ține registrul de pariuri *(la cursele de cai)*

pencil box ['pensl bɔks] *s* penar, penal, plumieră

pencil cedar ['pensl ‚si:də] *s bot* ienupăr de Virginia *(Juniferus virginiana)*

pencil-holder ['pensl ‚həuldə] *s* prelungitor de creion, port-creion

pencilled ['pensld] *adj* **1** scris cu creionul; creionat **2** făcut / tras / însemnat cu creionul; **~ eyebrows** sprâncene desenate cu creionul; *F* **delicately ~ eyebrows** sprâncene fine / subțiri **3** *orn* moțat **4** hașurat

pencilling ['pensəliŋ] *s* creionare, marcare / trasare / însemnare cu creionul

pencil sharpener ['pensl ‚ʃɑːpnə] *s* ascuțitoare de creioane

pencil sketch ['pensl sketʃ] *s artă* schiță / desen în creion, crochiu, creion

pending tray ['pendiŋ trei] *s brit* grămadă de dosare în așteptare; **mail is piling up in the ~** s-au strâns o grămadă de scrisori

pendragon [pen'drægən] *s (ist Țării Galilor)* prinț, șef

pendulum clock ['pendjuləm klɔk] *s* pendulă, orologiu; ceas cu cuc

penetralia [‚peni'treiliə] *s pl bis* sanctuar *(la un templu)*; altar, sfânta sfintelor; locul cel mai tainic

penetratingly ['penətreitiŋli] *adv* **1** *(d strigăt)* strident, răsunător **2** *fig* pătrunzător *(privire etc.)*

pen feather ['pen ‚feðə] *s* pană

penial ['piːniəl] *adj zool* referitor la penis, al penisului

penicillate [‚peni'silit] *adj bot* penicilat

penicilliform [‚peni'silifɔːm] *adj bot* peniciliform

penile ['piːnail] *adj anat* penian

Peninsular war [pi‚ninsjulə 'wɔː] *s ist* războiul din Spania (1880 – 1814)

penis envy ['piːnəs ‚envi] *s dorință neexprimată verbal a unei fete / femei de a fi băiat / bărbat

penlight ['penlait] *s* lanternă-stilou

penner ['penə] *s* redactor, autor *(al unui document etc.)*

pen nib ['pen nib] *s* peniță (de stilou)

Pennines ['penainz] *s pl geogr* munții Penini *(în Marea Britanie)*

Pennine Way ['penain wei] *s the ~* drum de mare circulație pe creasta Munților Penini

Pennsylvania Avenue [pensil‚veinjə 'ævənju] *s* 1600 ~ adresa Casei Albe folosită de mass-media americană ca mod de a se adresa guvernului

penny arcade ['peni ‚ɑːkeid] *s amer* sală de jocuri mecanice unde orice joc funcționează cu un penny

Penny Black [‚peni 'blæk] *s* primul timbru poștal britanic

penny cress ['peni kres] *s bot* punguliță *(Thlaspi arvense)*

penny farhing [‚peni 'faːðiŋ] *adj F* și ~ **bycicle** velociped

penny grass ['peni grɑːs] *s bot* buricul-apei *(Hydrocotile vulgaris)*

penny loafers ['peni ‚ləufəːz] *s pl amer* mocasini

penny-pincher ['peni ‚pintʃə] *s* zgârcit, avar

penny-pinching ['peni ‚pintʃiŋ] *s* economii făcute cu multă zgârcenie

penny post ['peni pəust] *s* serviciu poștal intern *(în Anglia, francare cu un penny)*

penny whistle [‚peni 'wisl] *s* fluieraș

penny-wise [‚peni 'waiz] *adj* zgârcit, calic, strâns la pungă, zgârie-brânză, meschin; **~ and pound foolish** scump la tărâțe și ieftin la făină

pensile ['pensil] *adj* **1** *(d cuib etc.)* care atârnă; suspendat; **~ gardens** grădini suspendate **2** *(d păsări)* care construiește cuiburi suspendate

pension book ['penʃn buk] *s aprox (în Marea Britanie)* talon de pensie

pensioned ['penʃnd] *adj* pensionat

pension fund ['penʃn fʌnd] *s* fond de pensie

pension plan ['penʃn plæn] *s* regim de pensie

penstemon [pen'stiːmən] *s bot* plantă din genul Penstemon

pensum ['pensəm] *s școl* pedeapsă *(temă în plus etc.)*

pentahedron [‚pentə'hiːdrən] *s geom* pentaedru

pentalpha [pen'tælfə] *s* pentagramă *(magică)*

pentamerous [pen'tæmərəs] *adj ent, bot* pentamer, quinar

pentandria [pen'tændriə] *s bot* pentandrie

pentandrous [pen'tændrəs] *adj bot* pentandru, cu cinci stamine

pentangle ['pentæŋgl] *s* figură magică, ↓ stea cu cinci colțuri

pentasulphide [‚pentə'sʌlfaid] *s ch* pentasulfură

pentasyllable [‚pentə'siləbl] *s* cuvânt pentasilabic

pentathlete [pen'tæθliːt] *s* pentatlet

pentatomic [‚pentə'tɔmik] *adj ch* **1** pentaatomic; ciclic **2** pentaciclic **3** pentabazic

pentatonic scale [pentə‚tɔnik 'skeil] *s muz* gamă pentatonică

pentavalence [‚pentə'veiləns] *s ch* pentavalență

pentavalent [‚pentə'veilənt] *adj* pentavalent

pentecostal [‚penti'kɔstəl] *adj rel* penticostal, referitor la Rusalii

Pentecostalism [,penti'kɔstəlizm] *s rel* cultul penticostal

Pentecostalist [,penti'kɔstəlist] *s rel* adept al cultului penticostal

Pentonville ['pəntnvil] *s* închisoare în nordul Londrei

pentose ['pentəuz] *s ch* pentoză

penuriously [pi'njuəriəsli] *adv* **1** în sărăcie, în mizerie **2** zgârcit, cu zgârcenie, cu parcimonie, parcimonios **3** avar, meschin, cu avariţie, cu meschinărie

peonage ['pi:ənidʒ] *s* muncă iobagă; corbie, peonaj

People's Republic of China [,pi:pəlz ripʌblik ɔv 't ʃainə] *s* the ~ *Republica Populară Chineză*

people mover ['pi:pəl ,mu:və] *s* sistem de transport automat, bandă rulantă

PEP [pep] *presc de la* **Personal Equity Plan** *s plan de investiţii în acţiuni în condiţii fiscale avantajoase*

peplum ['pepləm], *pl* **peplums** ['pepləmz] / **pepla** ['peplə] *s* peplu, peplum

peppercorn rent ['pepəkɔ:n rent] *s jur* rentă / chirie plătită doar de formă

pepperiness ['pepərinis] *s* **(of)** gust pipărat (al) **2** *fig* sare (şi piper), element / moment picant *(al unei povestiri etc.)* **3** *F* irascibilitate, ţâfnă

pepper mill ['pepə mil] *s* râşniţă de piper

pepper plant ['pepə pla:nt] *s bot* arbust de piper *(Piper nigrum)*

peptic gland [,peptik 'glænd] *s anat* glandă gastrică

peptonization [peptənai'zei ʃn] *s fizl* peptonizare

peptonize ['peptənaiz] *vt fizl* a peptoniza

peracute [,pə:rə'kju:t] *adj med* hiperacut

perambulating [pə'ræmbjuleitiŋ] *adj* ambulant

P.E. ratio *presc de la* **price-earnings ratio** *s ec* raportul cost-beneficiu; coeficient de capitalizare a rezultatelor

percale [pə:'keil] *s text* percal

percaline [,pə:kə'li:n] *adj text* percalină

perceiving [pə'si:viŋ] *adj* sensibil, pătrunzător, care remarcă / percepe / observă / pricepe uşor

perceptual [pə'septjuəl] *adj* perceptor *(d organ etc.)*

perchloric [pə:'klɔ:rik] *adj ch* percloric; ~ **acid** acid percloric

perchloride [pə:'klɔ:raid] *s ch* perclorură

percussion fuse [pə:'kʌ ʃn fju:z] *s mil* fuzee percutantă / cu percuţie; ~ **shell** obuz / proiectil percutant

percussion instruments [pə:'kʌ ʃn ,instrumənts] *s muz* instrument de percuţie; baterie

percussionist [pə'kʌ ʃənist] *s muz* percuţionist

percussion-lock [pə:'kʌ ʃn lɔk] *s înv* placă cu oţele de percuţie *(la puşcă)*

percussion tool [pə'kʌ ʃn tu:l] *s* instrument de percuţie

percussive [pə(:)'kʌsiv] *adj* percutant; de / prin / cu percuţie

percutaneous [,pə:kju(:)'teiniəs] *adj med (d o injecţie)* subcutanat, hipodermic

perdu(e) [pə:'dju:] *adj mil* ascuns, la pândă; to lie ~ a sta la pândă; a evita publicitatea

peregrinator ['perigrineitə] *s umor* călător, pribeag

perenniality [pə,reni'æliti] *s* perenitate, durabilitate, perpetuitate

perestroika [,perə'strɔikə] *s* perestroika

perfect competition [,pə:fikt kɔmpi'ti ʃn] *s ec* concurenţă perfectă

perfecter [pə'fektə] *s* cel ce perfecţionează / definitivează / pune la punct ceva

perfecting [pə'fektiŋ] *s* **1** împlinire, îndeplinire **2** perfecţionare, desăvârşire, perfectare, punere la punct **3** *tehn* finisare **4** *poligr* tipărire pe verso; ~ **machine** *amer* ~ **press** presă care tipăreşte o coală pe o faţă şi pe alta / cu dublă imprimare

perfecto [pə(:)'fektəu] *s* trabuc cu două capete

perfoliate [pə(:)'fəulieit] *adj bot, ent* perfoliat

perforated [pə:fəreitid] *adj* perforat, găurit, bortelit, ajurat

perforating ['pə:fəreitiŋ] *adj med (d ulcer etc.)* perforant; ~ **wound** rană penetrantă / adâncă

performable [pə'fɔ:məbl] *adj* **1** *(d o sarcină etc.)* realizabil, care poate fi îndeplinit / executat **2** *(d o piesă)* care poate fi reprezentat **3** *bis (d un rit)* practicabil

performance appraisal [pə'fɔ:məns ə,preizəl] *s* sistem de evaluare; evaluare

performance art [pə'fɔ:məns a:t] *s* spectacol total

performance test [pə'fɔ:məns test] *s* test de inteligenţă

performative [pə'fɔ:mətiv] *adj lingv, filoz* performativ

performing arts [pə,fɔ:miŋ 'a:tz] *s pl* artele spectacolului *(teatrul, muzica, dansul)*

performing rights [pə'fɔ:miŋ raitz] *s pl (în teatru)* drepturi de reprezentaţie; *muz* drepturi de execuţie

perfumed ['pə:fju:md] *amer adj* parfumat

peri ['piəri] *s mit* geniu bun, zână; **as fair as a** ~ de o frumuseţe divină

periblast ['peribla:st] *s biol* talisman

peribolos [pə'ribələs] *s arhit* peribol

peribolus [pə'ribələs] *s v.* **peribolos**

pericardial [,peri'ka:diəl] *adj anat* pericardic

perichondrium [,peri'kɔndriəm] *s anat* pericondru

perigeal [,peri'dʒiəl] *s astr* de perigeu

periglacial [,peri'glei ʃl] *adj* periglaciar

perigon ['perigon] *s bot* perigon

perimeter fence [pə'rimitə fens] *s* grilaj

perimetric(al) [,peri'metrik(əl)] *adj mat* perimetric

perimorphism [,peri'mɔ:fizm] *s minr* perimorfism

perinatal [,peri'neitl] *adj med* prenatal şi imediat după naştere

perineal [,peri'ni:əl] *adj anat* perineal

periodic law [piəri,ɔdik 'lɔ:] *s ch* legea periodicităţii elementelor, legea lui Mendeleev

periodontics [,periə'dɔntiks] *s* ramură a stomatologiei care se ocupă de periodont

periosteal [,peri'ɔstiəl] *adj anat* periostic

peripheric [,peri'ferik] *adj* periferic

periplus ['peripləs] *s nav* circumnavigare

peripteral [pə'riptərəl] *adj arhit* peripteric, înconjurat de un şir de coloane

341

perishableness ['periʃəblnis] *s* caracter trecător / efemer, perisabilitate

perishingly ['periʃingli] *adv brit* it's ~ cold este îngrozitor de frig

peristalsis [,peri'stælsis] *s fizl* peristaltism

peristaltic [,peri'stæltik] *adj fizl* peristaltic

peritoneal [,peritəu'ni(:)əl] *adj anat* de peritoneu, al peritoneului

periwigged ['periwigd] *adj înv* cu perucă

perjurious [pə'dʒuəriəs] *adj* sperjur; mincinos, fals

perlite ['pə:lait] *s minr* perlită

permalloy [,pə:m'æloi] *s met* permaloi *(aliaj de fier şi nichel)*

permanent-press [,pə:mənənt 'pres] *adj* ~ trousers / skirt pantaloni cu dungă / fustă cu pliuri care nu se descalcă

permissively [pə'misivli] *adv* 1 cu îngăduinţă 2 în mod facultativ

permissiveness [pə'misivnis] *s* legalitate *(a unei acţiuni)*

permittance [pə(:)'mitəns] *s* 1 autorizaţie, voie, permisie, îngăduinţă 2 *el* conductibilitate

permittivity [,pə(:)mi'tiviti] *s el* conductibilitate

permutable [pə(:)'mju:təbl] *adj* permutabil, care poate fi permutat

pern [pə:n] *s orn* şoim-negru

perpend [pə:'pend] *vt înv umor* a chibzui la; a-şi cumpăni *(cuvintele)*

perplexing [pə'pleksiŋ] *adj* care te pune în încurcătură; greu de înţeles, abscons, alambicat

perse [pə:s] *adj înv* albastru-cenuşiu

persecution complex [pə:si'kju:ʃn ,kompleks] *s psih* complexul persecuţiei

persecution mania [pə:si'kju:ʃn ,meiniə] *s psih* mania persecuţiei

Perseids ['pə:siidz] *s pl astr* the ~ Perseidele

perseverate [pə:'sevəreit] *vi* a reveni mereu

perseveringly [,pə:si'viərinli] *adv* stăruitor, perseverent, cu stăruinţă

Persian blinds [,pə:ʃn 'blaindz] *s pl* persiene; obloane

Persian carpet [,pə:ʃn 'ka:pit] *s* covor persan

Persian cat [,pə:ʃn 'kæt] *s zool* pisică de Angora

persona [pə'səunə], *pl* **personas** [pə'səunəz], **personae** [pə'səuni] *s lit, psih* persona

personal computer [,pə:sənəl kəm'pjutə] *s* calculator personal

personal foul [,pə:sənəl 'faul] *s (la baschet)* greşeală personală

personalia [,pə:sə'neiliə] *s pl* efecte personale, obiecte de uz personal

personality disorder [pə:sə'næliti diz,o:də] *s psih* tulburare a personalităţii

personality test [pə:sə'næliti test] *s* test de personalitate

personality type [pə:sə'næliti taip] *s* configuraţie psihologică

personalized ['pə:sənəlaizd] *adj* personalizat; ~ stationery hârtie de scrisori cu antet

personal stereo [,pə:sənəl 'stiriəu] *s* walkman, casetofon portabil

personnel carrier [pə:sə'nel ,kæriə] *s mil* vehicul blindat pentru transportul personalului militar şi a echipamentului

person-to-person [,pə:sən tə 'pə:sən] I *adv* I'd like to speak to her ~ aş vrea să-i vorbesc între patru ochi II *adj* 1 în particular *(d conversaţie etc.)* 2 *tel* ~ call convorbire telefonică cu preaviz

perspective geometry [pə:'spektiv dʒi,omitri] *s mat* axonometrie

perspicuousness [pə:'spikjuəsnis] *s* 1 claritate, luciditate 2 transparenţă; limpezime

perspirable [pəs'paiərəbl] *adj* 1 *(d ţesut)* care permite sudaţia / transpirarea 2 care poate fi eliminat prin sudaţie

persuadable [pə(:)'sweidəbl] *adj* care poate fi convins

persuader [pə:'sweidə] *s* 1 persoană / fapt / lucru care convinge; sfătuitor 2 *pl sl* pinteni 3 *F* reclamă; literatură de reclamă

persuasibility [pəsweiʒə'biləti] *s* posibilitatea de a se lăsa convins

persuasiveness [pə:'sweisivnis] *s* putere de convingere, dar de a convinge

persulphate [pə:'sʌlfeit] *s ch* persulfat

persulphuric acid [pə:sʌl,fju(ə)rik 'æsid] *s ch* acid persulfuric

pertinaciousness [,pə:ti'neiʃəsnis] *s* 1 îndărătnicie, încăpăţânare 2 stăruinţă, insistenţă

pertness ['pə:tnis] *s* obrăznicie, neobrăzare, neruşinare

perturbed [pə'tə:bd] *adj* tulburat, îngrijorat

perturbing [pə'tə:biŋ] *adj* tulburător, îngrijorător

Perugia [pə'ru:dʒə] *s geogr* Perugia

Perugino [pə'ru:dʒinəu] *s* Perugino *(pictor italian din sec XVI)*

peruke maker [pə'ru:k ,meikə] *s* peruchier

perv [pə:v] *s brit* pervers (sexual)

pervading [pə'veidiŋ] *adj* care se răspândeşte peste tot; predominant

pervasiveness [pə'veisivnis] *s* capacitate de pătrundere / de împrăştiere

perversive [pə(:)'və:siv] *adj* pervertitor; depravant

perverter [pə(:)'və:tə] *s* pervertitor; corupător

perviousness ['pə:viəsnis] *s* 1 permeabilitate *(a unui material etc.)* 2 *F* sensibilitate *(a unei inimi etc.)*

pesticidal ['pestisaidl] *adj* pesticid

pestilently ['pestiləntli] *adv F* (în mod) execrabil, mizerabil

pet cock ['pet kok] *s* robinet *(mic)*

Pete [pi:t] *s* for ~ sake! ce naiba!

Peter's penny [,pi:təz 'peni] *s ist* „obolul Sfântului Petru" *(impozit anual plătit Papei)*

petersham ['pi:təʃəm] *s* 1 panglică ripsată 2 palton / pantaloni de postav

petitionary [pə'tiʃnəri] *adj* 1 care solicită / roagă / cere 2 conţinând o cerere / rugăminte, solicitare

petitio principii [pe,tiʃiəu prin'sipii] *s lat* petitio principii

Petra ['petrə] *s* oraş în vechea Arabie

Petrarch ['petra:k] *s* Petrarca

petrifactive [,petri'fæktiv] *adj* petrificant

petrification [,petrifi'keiʃn] *s* petrificare; petrificaţie

petrified ['petrifaid] *adj* petrificat

petrocurrency [,petrəu'kʌrənsi] *s* deviză petrolieră

petrodollar ['petrəudolə] *s* petrodolar

petrographic(al) [,petrəu'græfik(əl)] *adj* petrografic

petrol blue [,petrəl 'blu:] *s* albastru petrol

petrol bomb ['petrəl bɔm] *s* cocteil Molotov

petrol bomber ['petrəl ,bɔmə] *s* aruncător de explozive cocteil Molotov

petrol can ['petrəl kæn] *s brit* canistră de benzină

petrol cap ['petrəl kæp] *s brit* capac de la rezervorul de benzină

petrol-driven [,petrəl 'drivən] *adj brit* cu (motor) pe benzină

petrol engine ['petrəl ,endʒin] *s brit* motor pe benzină

petroleum asphalt [pi'trəuliəm ,æsfælt] *s* asfalt de petrol

petroleum coke [pi'trəuliəm kəuk] *s* cocs de petrol

petroleum jelly [pi'trəuliəm ,dʒeli] *s brit* **vaselină**

petroleum spirit [pi'trəuliəm ,spirit] *s* **1** *auto* benzină **2** *mil* ligrolină

petrol gauge ['petrəl geidʒ] *s brit* măsură de capacitate a benzinei

petroliferous [,petrə'lifərəs] *adj geol* petrolifer

petrolize ['petrəlaiz] *vt* a prelucra cu petrol; a îmbiba cu petrol

petrol pump ['petrəl pʌmp] *s brit* pompă de benzină

petrol station ['petrəl ,steiʃn] *s brit* stație de benzină

petrol tank ['petrəl tænk] *s brit* rezervor de benzină

petrol tanker ['petrəl ,tænkə] *s brit* **1** cisternă de benzină **2** vas petrolier

Petrushka [pə'tru:ʃkə] *s* „Petruşka" (balet de I. Stravinski)

pet shop ['pet ʃɔp] *s* magazin de animale domestice

Petticoat Lane ['petikəut lein] *s* stradă din Londra cunoscută pentru piaţa de duminică dimineaţa

petticoat pipe ['petikəut paip] *s* **1** *tehn* ţeavă evazată / cu mufă **2** *ferov* cap de emisiune cu conuri etajate

pettifoggerry ['petifɔgəri] *s* **1** chichiţe, tertipuri, şicane **2** avocatură măruntă / meschină

petting ['petiŋ] *s* mângâiere erotică

petting zoo ['petiŋ zu:] *s amer loc* într-o grădină zoologică unde copiii se pot apropia de animale

petty bourgeoisie [,peti buəʒwɑ:'zi:] *s* mica burghezie

petty-minded [,peti 'maindid] *adj* limitat, meschin

petty sessions [,peti 'seʃnz] *s pl* (în Anglia) tribunal care este dependent de jurisdicţia unui judecător de pace

pew rent ['pju:rent] *s* chirie pentru un loc în biserică

peyote [pei'əuti] *s bot* orice cactus din genul Laphophora, ↓ cactusul din care se extrage mescalul (Laphophora williamsii)

Pfc, PFC *presc de la* private first class *s amer* soldat de primă clasă

PG *presc de la* **1** parental guidance *s* recomandare făcută părinţilor de a-şi însoţi copiii la anumite filme cu scene şocante **2** paying guest musafir care îşi plăteşte casa şi masa

pH *s ch* pH

PH *s presc de la* **Purple Heart**

PHA *s presc de la* **Public Housing Administration** (în S.U.A.) serviciu de închiriere de locuinţe la preţ redus

Phalangist [fæ'læŋgist] **I** *adj* falangist, referitor la falangă **II** *s* falangist, membru al falangei fasciste din Spania

Phanariot [fə'næriət] *s, adj ist* fanariot

phanerogamia [,fænərəu'gæmiə] *s pl bot* fanerogame

phanerogamic [,fænərəu'gæmik] *adj v.* **phanerogamous**

phanerogamous [,fænə'rɔgəməs] *adj bot* fanerogam

pharaoh ant ['fɛərəu ænt] *s ent* furnica-faraonilor (Monomorium faraonis)

Pharisaically [,færi'seiikəli] *adv* (în mod) fariseic etc.

Pharisaism ['færiseiizm] *s* fariseism, ipocrizie

pharmacogenetics [,fɑːməkədʒi'netiks] *s* farmacogenetică

pharyingoscope [fə'riŋgəuskəup] *s med* faringoscop

pharyngeal [,færin'dʒi:əl] *adj anat* faringal

pharyngobranchial [fə,riŋgəu'brænkiəl] *adj biol* faringobranhial

phased [feizd] *adj* (d dezvoltare, retragere) progresiv, treptat

phasemeter ['feizmi:tə] *s el* faz(o)metru, cosfimetru

phatic ['fætik] *adj lingv* fatic

phenic acid [,fi:nik'æsid] *sau* [,fenik 'æsid] *s ch* acid fenic

phenomenological [fi,nɔminə'lɔdʒikəl] *adj* fenomenologic

pheromone ['ferəməun] *s biol* feromon

Philadelphian [,filə'delfiən] **I** *adj* din Philadelphia **II** *s* locuitor din Philadelphia

philandering [fi'lændəriŋ] *s* flirt, curte făcută femeilor, donjuanism

philanthropism [fi'lænθrəpizm] *s* filantropism

Philemon ['fili:mən] *s mit* Filemon

Philippians [fi'lipiənz] *s pl rel* filipeni, locuitori din vechea Macedonia

philippina [filə'pi:nə] *s* **1** migdală etc. cu doi sâmburi **2** joc cu gajuri (obiceiul de a oferi un dar celui care îţi cedează unul din sâmburii migdalei etc.)

philippine [filipi:n] *s v.* **philippina**

Philistinize [fi'listinaiz] *vt* a face un filistin din; a introduce obiceiuri mic-burgheze (în)

Phillips ['filips] *s* ~ screw / screwdriver şurubelniţă cu cap în cruce

philologize [fi'lɔlədʒaiz] *vi rar* a se ocupa cu filologia, a face filologie

philoprogenitive [,filəuprəu'dʒenitiv] *adj* **1** iubitor de posteritate **2** fecund

phlebotomize [fli(:)'bɔtəmaiz] *med* **I** *vt* a lua sânge (cuiva) **II** *vi* a practica flebotomia, a lua sânge

phlegmy ['flemi] *adj med* flegmatic, pituitar

Phnom Penh [,nɔm'pen] *s geogr* capitala Cambodgiei

Phocaea [fəu'si:ə] *s ist* oraş în vechea Asie Mică

Phoebus [,fi:bəs] *s poetic* Phebus, soarele

phoenix-like [,fi:niks 'laik] *adj, adv* ca pasărea phoenix; the new movement was born ~ out of the old noul curent s-a născut din cenuşa celui precedent

phonate ['fəuneit] *vi fon* a produce sunete

phonation [fəu'neiʃn] *s fon* fonaţie

phonatory ['fəunətri] *adj fon* fonator

phone [fəun] *s fon* fonem

phone book ['fəun buk] *s* carte de telefon

343

phone booth ['fəun bu:θ] *s* cabină telefonică

phone box ['fəun bɔks] *s* cabină telefonică

phone call ['fəun kɔːl] *s* apel telefonic

phone card ['fəun kɑːd] *s* cartelă telefonică

phone number ['fəun nʌmbə] *s* număr de telefon

phone-tapping ['fəun tæpiŋ] *s* interceptare a unei convorbiri telefonice

phonetic-alphabet [fə netik 'ælfəbit] *s* alfabet fonetic

phonographer [fəu'nɔgrəfə] *s* stenograf

phosgenite ['fɔsdʒinait] *s minr* fosgenit

phosphated ['fɔsfeitid] *adj ch* fosfat

phosphatize ['fɔsfətaiz] *vt* a fosfata, a trata cu fosfat

phosphine ['fɔsfi:n] *s ch* fosfină

phosphorate ['fɔsfəreit] *vt* a impregna, a îmbiba, a combina cu fosfor

phosphoresce [fɔsfə'res] *vi* a fi fosforescent; a străluci, a lumina

phosphoric [fɔs'fɔrik] *adj* **1** fosforescent **2** *ch* fosforic

phosphorism ['fɔsfərizm] *s* fosforism, intoxicație cu fosfor

photocall ['fəutəukɔːl] *s* perioadă înaintea unei conferințe de presă consacrată fotografilor

photochromy ['fəutəukrəumi] *s* fotocromie

photocompose [fəutəukəm'pəuz] *vt* a fotocompune

photocomposition [fəutəu kɔmpə'ziʃn] *s* fotocompoziție

photoconductivity [fəutəukɔndʌk'tiviti] *s* fotoconductivitate

photocopying ['fəutəukɔpiiŋ] *s* fotocopiere

photodisintegration [fəutəudizinti'greiʃn] *s fiz* fotodezintegrare

photodynamics [fəutəudai'næmiks] *s fiz* fotodinamică

photoelasticity [fəutəuilæs'stiseti] *s fiz* fotoelasticitate

photoelectricity [fəutəuilek'triseti] *s* fotoelectricitate

photo-electron [fəutəui'lektrɔn] *s* fotoelectron

photoemission [fəutəui'miʃn] *s fiz* fotoemisie

photoengraving [fəutəuin'greiviŋ] *s* fotogravură

Photofit ['fəutəufit] *s* portret-robot

photoflood ['fəutəuflʌd] *s fot* reflector foto de studio

photofluorography [fəutəufluə'rɔgrəfi] *s* radiofotografie

photogeology [fəutəugi'ɔlɔdʒi] *s* fotogeologie, *tehnică de realizare a hărților geologice cu ajutorul fotografiilor aeriene*

photogram ['fəutəugræm] *s* fotogramă

photojournalism [fəutəu'dʒə:nəlizm] *s* jurnalism în care informația este prezentată predominant pictural, în special fotografic

photoluminescent [fəutəulu:mi'nesnt] *adj* fotoluminescent

photo-mechanical [fəutəumi'kænikəl] *adj* fotomecanic

photomultiplier [fəutəu'mʌltiplaiə] *s fiz* fotomultiplicator

photonovel ['fəutəunɔvl] *s* povestire sub formă de fotografii

photo-offset ['fəutəu ɔfset] *s poligr procedeu de tipărire offset cu plăci preparate litografic*

photo opportunity ['fəutəu ɔpo tju:niti] *s* ședință de fotografiere protocolară

photo period ['fəutəu piriəd] *s biol lungimile relative ale perioadelor de alternare lumină-întuneric care afectează creșterea și maturizarea unui organism*

photoperiodic [fəutəupiri'ɔdik] *adj referitor la reacția plantelor față de schimbarea lungimii zilei și a nopții*

photophily [fəu'təufili] *s necesitatea unor animale de a trăi într-o lumină foarte puternică*

photophobia [fəutəu'fəubiə] *s* fotofobie

photophobic [fəutəu'fəubik] *adj* fotofobic

photophore ['fəutəufɔ:] *s zool* fotofor

photopolymer [fəutəu'pɔlimə] *s material folosit la realizarea clișeelor*

photorealism [fəutəu'riəlizm] *s pict realism în pictură, caracterizat prin accentul pus pe detaliu*

photoreceptor [fəutəuri'septə] *s fiz* receptor de stimulenți luminoși

photoreconnaissance [fəutəuri'kɔnisns] *s* recunoaștere după fotografii aeriene

photosensitivity [fəutəusensi'tivəti] *s fiz* fotosensibilitate

Photostat ['fəutəustæt] *s fot* fotostat, fotocopie

photosynthesize [fəutəu'sinθəsaiz] *vt* a realiza prin fotosinteză

phototransistor [fəutəutræn'zistə] *s fiz* tranzistor *care funcționează ca o celulă fotoconductivă*

phototypesetting [fəutəu'taipsetiŋ] *s fot* fotocompoziție

phototypography [fəutəutai'pɔgrəfi] *s poligr proces fotomecanic prin care se realizează un produs asemănător cu cel obținut prin procedee tipografice*

photovoltaic [fəutəuvɔl'teik] *adj fiz* fotovoltaic

phrase maker ['freiz meikə] *s* to be a ~ a avea capacitatea de a se exprima lapidar / în formule / în expresii; a construi expresii / locuțiuni

phrase marker ['freiz mɑːkə] *s lingv* indicator sintagmatic, arbore derivațional

phrase structure ['freiz strʌktʃə] *s lingv* structură sintagmatică; ~**grammar** gramatica constituenților frazei; ~ **rules** reguli sintagmatice

phreatic [fri'ætik] *adj* freatic; the ~ layer pânză freatică

Phrygia ['fridʒiə] *s geogr* Frigia *(regiune din Asia Mică)*

phycology [fai'kɔlədʒi] *s* ficologie, algologie

phylloxera [fi'lɔksərə] *s ent* filoxeră *(Dactylosphaera vitifolii)*

phylum ['failəm], *pl* **phyla** ['failə] *s biol* tip

physiatrics [fizi'ætriks] *s amer* fizioterapie

physiatrist [fizi'ætrist] *s amer* fizioterapeut

physical exercise [fizikəl 'eksəsais] *s* exerciții fizice, mișcare

physical therapist [fizikəl 'θerəpist] *s v.* physiatrist

physicism ['fizisizm] *s filoz* fizicism; materialism

physicky ['fiziki] *adj* cu gust / miros de doctorie

physico-chemical [fizikəu'kemikəl] *adj* fizicochimic

physico-mathematical [fizikəu-mæθi'mætikəl] *adj* fizico-matematic

physico-mechanical [fizikəu-mi'kænikəl] *adj* fizico-mecanic

physiognomic(al) [ˌfiziə'nɔmik(əl)] *adj* al fizionomiei, de fizionomie

physiographer [ˌfizi'ɔgrəfə] *s* fiziograf

physiographic(al) [ˌfiziəu'græfik(əl)] *adj* fiziografic

phytobiology [ˌfaitəubai'ɔlədʒi] *s* fitobiologie

phytogeny [fai'tɔdʒeni] *s v.* **phytogenesis**

phytography [fai'tɔgrəfi] *s* fitografie

phytology [fai'tɔlədʒi] *s* fitologie, botanică

phytophagous [fai'tɔfəgəs] *adj ent* fitofag, care se hrănește cu plante

phytoplankton [ˌfaitə'plænktən] *s bot* fitoplancton

pi [pai] *adj scot sl* evlavios, cucernic, cuvios

piaffe [pi'æf] *vi* a merge în trap încet

Piacenza [piə'tʃentsə] *s geogr* oraș în nordul Italiei

pia mater [ˌpaiə 'meitə] *s* 1 *anat* pia mater 2 *fig* minte, creier, înțelepciune

pianette [ˌpi:ə'net] *s muz* pianină

pianino [ˌpi:ə'ni:nəu] *s muz* pianină

piano accordion [pi'ænəu ə,kɔ:diən] *s* acordeon cu clape

piano roll [pi'ænəu rɔːl] *s* bandă perforată *(pentru piano mecanice)*

pica ['paikə] *s med, vet* poftă de mâncare bolnăvicioasă

picayune [ˌpikə'juːn] *s amer* 1 *ist* veche monedă de argint *(6 1/4 cenți, 1/16 de dolar)* 2 *F* fleac, nimic

piccalilli ['pikəlili] *s* murături *(în muștar și oțet)*

pick¹ [pik] *interj (d ciugulitul unei păsări)* pic!

pick² [pik] **I** *vt dial* a arunca / a lansa în sus **II** *vi* 1 *text* a arunca suveica 2 **to ~ on / upon** smth a pune ochii pe ceva, a alege ceva

pick³ [pik] *s dial* smoală, catran

pick⁴ [pik] *s amer iht* știucă *(Esox lucius)*

pickman ['pikmən], *pl* **pickmen** ['pikmen] *s* miner

Pickwickian [pik'wikiən] *adj umor* **in a ~ sense** în sensul tehnic / special *(al unui cuvânt)*

picnic basket ['piknik ,bɑːskit] *s* coș pentru picnic

picnic hamper ['piknik ,hæmpə] *s v.* **picnic basket**

picofarad ['pi:kəfærəd] *s el* picofarad

picosecond ['pikəsekənd] *s* picosecundă

picotite ['pikətait] *s minr* picotit

picric ['pikrik] *adj ch* picric

pictography [pik'tɔgrəfi] *s* pictografie

picturedrome ['piktʃədrəum] *s v.* **picture palace**

picture frame ['piktʃə freim] *s* ramă de tablou

picture library ['piktʃə ,laibrəri] *s* bibliotecă de stocare a imaginilor

picture measuring ['piktʃə ,mezə-riŋ] *s fiz, top* fotogrametrie

picture palace ['piktʃə ,pælis] *s* cinema

picture puzzle ['piktʃə ,pʌzl] *s* rebus

picture rail ['piktʃə reil] *s baghetă aplicată foarte aproape de tavan pe care se fixează cârligele pentru tablouri*

picture research ['piktʃə ,risərtʃ] *s* documentație iconografică

picture researcher ['piktʃə ri-,sə:rtʃə] *s* documentarist iconografic

picture restorer ['piktʃə ri,stɔ:rə] *s* restaurator de tablouri

picturesquely [ˌpiktʃə'reskli] *adv* în mod pitoresc; **the village is ~ situated** satul este situat într-o zonă pitorească

picture tube ['piktʃə tjuːb] *s el* tub de imagine

piddock ['pidək] *s zool* moluscă bivalvă *întrebuințată ca momeală (Pholas)*

pidginization [ˌpidʒinai'zeiʃn] *s lingv* procesul de transformare a unei limbi într-o formă cu o gramatică simplificată și un vocabular limitat

pie [pai] *s (cuvânt anglo-indian) monedă de aramă (= 1/12 anna)*

piece goods ['piːs gudz] *s pl text* metraj în bucată

piece rate ['piːs reit] *s* prețul plătit unui muncitor pe unitatea de produs

pie chart ['pai tʃɑːt] *s* grafic circular divizat în sectoare

piecrust ['paikrʌst] *s* coajă (a unui pateu); *F* **promises like ~** promisiuni deșarte

pied [paid] *adj* pestriț, bălțat; de diferite culori

pie dish ['pai diʃ] *s* vas termoizolant pentru tartă / friptură

Piedmontese [ˌpiːdmən'tiːz] **I** *s geogr* piemontez, locuitor din Piemont **II** *adj* referitor la Piemont

Pied Piper (of Hamelin) [ˌpaid paipə əv 'hæmlin] *s lit* **the ~** personaj din poemul cu același titlu de R. Browning, poet victorian englez

pied wagtail [ˌpaid 'wægteil] *s orn* codobatură albă *(Motacilla alba yarrelli)*

pieman ['paimən], *pl* **piemen** ['paimen] *s* plăcintar, vânzător de pateuri

pie plate ['pai pleit] *s amer* vas din metal, ceramică sau sticlă pentru copt plăcinte

pierage ['piəridʒ] *s* taxă pentru întrebuințarea debarcaderului

pierced ['piəst] *adj* găurit; **~ earring** cercei pentru găuri făcute în urechi; **to have ~ ears** a avea găuri în urechi

piercer ['piəsə] *s* 1 *tehn* sfredel, burghiu 2 *tehn* perforator 3 *met* dorn de perforat

piercingly ['piəsiŋli] *adv* **the wind is ~ cold** bate un vânt cumplit de rece; **she looked at me ~** mi-a aruncat o privire tăioasă

Pierian [pai'əriən] *adj* 1 din Pieria 2 al muzelor

pierrette [ˌpiə'ret] *s fr* pieretă

pier table ['piə ,teibl] *s* consolă

piezometer [ˌpi:ə'zɔmitə] *s fiz* piezometru

piezometric [pi:ə,zəu'metrik] *s fiz* piezometric

pigeon's milk [ˌpidʒinz 'milk] *s* lapte de porumbel, ceva imposibil de realizat

pigeongram ['pidʒingræm] *s* mesaj transmis printr-un porumbel

piggy (wiggy) [ˌpigi('wigi)] *s* 1 purceluș 2 țurcă *(joc)*

pigheadedness [ˌpig'hedidnis] *s* 1 îndărătnicie, încăpățânare 2 tâmpenie, prostie

Pig Latin ['pig ,lætin] *s lingv* jargon obținut prin mutilarea limbii engleze

pig lead ['pig led] *s met* lingou de plumb

pigling ['pigliŋ] *s* purcel(uș)

pigman ['pigmən], *pl* **pigmen** ['pigmen] *s* porcar

345

pigmeat ['pigmi:t] *s* carne de porc

pigmental [pig'mentl] *adj* pigmentar; al pigmenților

pigment finish ['pigmənt ˌfiniʃ] *s* vopsea de acoperire

pigsticker ['pigstikə] *s* **1** vânător de mistreți **2** cuțit lung de buzunar

pigwash ['pigwɔʃ] *s* lături

pika ['paikə] *s zool* iepure-șuierător *(familia Ochotonidae)*

pikeman ['paikmən], *pl* **pikemen** ['paikmen] *s* miner

pile [pail] *s rar* pajură, dosul monedei; **cross or ~** cap sau pajură

pile dwelling ['pail ˌdweliŋ] *s* locuință lacustră

pile hammer ['pail ˌhæmə] *s constr* sonetă; ciocan pentru baterea piloților

pile plank ['pail plæŋk] *s constr* palplanșă

pilfering ['pilfəriŋ] *s* furt *(de obiecte neînsemnate)*

pillar bolt ['pilə bəult] *s tehn* șurub distanțier

pillar-box red [ˌpilə bɔks 'red] *adj brit* roșu aprins

pillar crane ['pilə krein] *s* **1** *tehn* macara cu coloană **2** *min* gruie cu pilier central de reazem al brațului

pilliwinks ['piliwiŋks] *s ist* instrument de tortură *(cu care se strângeau degetele)*

pillow fight ['piləu fait] *s* bătaie cu perne

pillow sham ['piləu ʃæm] *s* cuvertură (de pernă)

pillow talk ['piləu tɔ:k] *s* discuție confidențială (seara, la culcare)

pilot cloth ['pailət klɔ:θ] *s postav* gros albastru *(pentru haine marinărești)*

pilot film ['pailət film] *s* film pilot

pilot jet ['pailət dʒet] *s auto* jiclor de mers încet

pilot ladder ['pailət ˌlædə] *s nav* scară de pilot / pisică

pilot method ['pailət ˌmeθəd] *s min* exploatare cu galerii de profil mic în avans

pilot motor ['pailət ˌməutə] *s tehn* motor de control

pilot pin ['pailət pin] *s tehn* știft de ajustare / ghidare

pilot wheel ['pailət wi:l] *s tehn* roată de mână cu brațe

PIN [pin] *presc de la* **Personal Identification Number** număr de identificare personal

pinacoid ['pinəkɔid] *s minr* pinacoid

pincette [pen'set] *s fr* clește mic, pensetă

pinched ['pintʃt] *adj* **1** cu trăsăturile feței căzute; **his face looked pale and ~** era palid și cu trăsături căzute **2 I'm a bit ~ for money** sunt cam strâmtorat cu banii; **I'm a bit ~ for time** sunt în criză de timp

pinch-hit ['pintʃ hit] *vi amer sport* a executa o lovitură în locul altcuiva

pin drill ['pin dril] *s tehn* burghiu cu fus de ghidare

pineal ['piniəl] *adj anat* pineal

pineapple weed ['painæpl wi:d] *s bot* plantă aromatică înrudită cu mușețelul *(Matricaria matricarioidea)*

pine grove ['pain grəuv] *s* pădure de pini, plantație de pini

pine kernel ['pain ˌkə:nəl] *s bot* sămânță de pin

pine marten ['pain mɑːtən] *s zool* jder *(Martes martes)*

pine needle ['pain ˌni:dl] *s bot* ac de pin

pine nut ['pain nʌt] *s v.* pine kernel

pine wood ['pain wud] *s* **1** pădure de pini **2** lemn de pin

pinfold ['pinfəuld] **I** *s* țarc de vite **II** *vt* a băga în țarc

pinger ['piŋə] *s* ceas de bucătărie cu sonerie

pinging ['piŋiŋ] *s amer v.* **pinking**

pinguid ['piŋgwid] *adj* **1** *(↓ glumeț)* gras, uleios **2** *(d sol)* bogat, productiv, fertil

pinheaded [ˌpin'hedid] *adj* tâmpit

pin hinge ['pin hindʒ] *s tehn* axa articulației; balama

pinhole camera [ˌpinhəul 'kæmərə] *s* aparat de fotografiat cu stenopă

pink [piŋk] *s iht* **1** un fel de somn mic *(Salmo salar)* **2** *dial* boiștean, crăiete *(Phoxinus phoxinus)*

pinking ['piŋkiŋ] *s brit auto* detonație

pinking shears ['piŋkiŋ ˌʃiə:z] *s pl* foarfecă cu tăiș zimțat *(folosită în croitorie)*

pink slip [ˌpink 'slip] *s amer* scrisoare / aviz de concediere; **to get a ~** a fi concediat

Pinkster ['piŋkstə] *s amer rel* Rusalii

pinkster flower ['piŋkstə ˌflauə] *s bot* azalee nord-americană roz, smârdar nord-american *(Azalea nudiflora)*

pinnated ['pineitid] *adj bot, zool* asemănător unei pene

pinner ['pinə] *s* **1** *ist* bonetă **2** șorț

pinnothere ['pinəθiə] *s zool* crab care locuiește într-o scoică

pinnule ['pinju:l] *s* pinulă *(instrument pentru măsurat unghiurile)*

pin number ['pin ˌnʌmbə] *s* cod secret *(al unei cartele bancare)*

pin raill ['pin reil] *s nav* cavilieră

pinstripe ['pinstraip] *s* stofă reiată fină

pinstriped ['pinstraipt] *adj* reiat

pinto ['pintəu] *s amer* cal rotat

pinto bean ['pintəu bi:n] *s bot* fasole pestriță

pin tuck ['pin tʌk] *s* pliu / cută subțire

pin wheel ['pin wi:l] *s tehn* roată cu știfturi

pin wire ['pin ˌwaiə] *s met* sârmă pentru nituire

pinworm ['pinwɔ:m] *s zool* oxiur

pion ['paiɔn] *s fiz* mezon pi

pioneering [ˌpaiə'niəriŋ] *adj* original, pionieresc

piotine ['paiəti:n] *s minr* saponit

pip [pip] *s* **1** punct *(pe cărți de joc, domino)* **2** semn *(pe epoleții ofițerilor)*

pipe-cleaner ['paip ˌkli:nə] *s* perie de curățat pipa

pipe cutter ['paip ˌkʌtə] *s* **1** *tehn* dispozitiv de tăiat țevi **2** *min* cuțit de burlane / prăjini

pipe fitter ['paip ˌfitə] *s* instalator de țevi / conducte; țevar

pipe liner ['paip ˌlainə] *s min* burlan de tubaj

pipe major [ˌpaip 'meidʒə] *s aprox* solist într-o orchestră de cimpoieri

pip-emma [ˌpip'emə] *adv sl* postmeridiem

pipe rack ['paip ræk] *s* suport pentru pipe

pipe work ['paip wə:k] *s tehn* țevărie, instalație de țevi, tuburi, conducte

piping bag ['paipiŋ bæg] *s gastr* dispozitiv în formă de pâlnie pentru ornat prăjituri

pip-pip [ˌpip 'pip] *interj brit* pa, pa!

piqued ['pi:kt] *adj* vexat

piquet ['pikit] *s* **1** par, stâlp, țăruș **2** *mil* pichet; post de pază **3** *geol* pichet; jalon, țăruș **4** *nav* cazic **5** *mil ist* țeapă **6** pichet *(al greviștilor)*

piragua [pi'rɑ:gwə] *s nav* pirogă

piranha [pi'rɑ:nə], *pl invar sau* **piranhas** [pi'rɑ:nəz] *s iht* piranha

pirate radio ['pairət ‚reidiəu] *s* post de radio pirat

piscation [pi:'skeiʃn] *s* pescuit

piscatory ['piskətri] *adj* **1** de pescuit **2** de pescar **3** amator de pescuit

pisciculturist ['pisikʌltʃərist] *s* piscicultor

piscina [pi'si:nə], *pl* piscinae [pi'si:-ni:] *sau* **piscinas** [pi'si:nəz] *s* **1** piscină **2** eleșteu, crescătorie de pește **3** *bis* găleată de piatră *(cu scurgere pentru spălarea odăjdiilor)*

piscivorous [pi'sivərəs] *adj* care se hrănește cu pește

pisé ['pi:ze și pronunția franceză] *s fr* paiantă, vălătuci

pishogue [pi'ʃəug] *s (cuvânt irlandez)* vrăjitorie; farmec

piss artist ['pis ‚ɑ:tist] *s brit* bețivan, alcoolic, pilangiu

pisshead ['pished] *s* **1** *brit* bețivan **2** *amer* ticălos, nesuferit

piss-take ['pisteik] *s* băscălie *(d o carte, un film)* parodie

piss-up ['pisʌp] *s F brit* petrecere la care se bea mult

pistachio nut [‚pi'stɑ:ʃiəu nʌt] *s bot* fistic *(fructul)*

piste [pist] *s* pistă (de ski)

pistillate ['pistileit] *adj bot* cu pistil; feminin

pistole [pis'təul] *s span* pistol *(monedă de aur)*

pistol grip ['pistəl grip] *s* mâner de unelte *(în formă de pistol)*

pistol-whip ['pistəl wip] *vt* a lovi pe cineva (peste față) cu un pistol

piston drill ['pistn dril] *s tehn* perforator cu piston

piston drive ['pistn draiv] *s tehn* acționare cu piston

piston pump ['pistn pʌmp] *s tehn* pompă cu piston

pit bull terrier [‚pit bul 'teriə] *s zool* bull-terrier

pitch accent ['pitʃ ‚æksənt] *s fon* accent muzical

pitch-and-put [‚pitʃ ænd 'put] *s (la golf)* mișcare simplificată

pitch coal ['pitʃ kəul] *s* **1** *minr* cărbune bituminos; lignit gras **2** *min* strat de cărbune cu mare înclinare

pitch cone ['pitʃ kəun] *s tehn* con primitiv / de divizare

pitched [pitʃt] *adj* ~ **battle** bătălie hotărâtoare / decisivă

pitch ore ['pitʃ ɔ:] *s minr* uraninit

pitch pipe ['pitʃ paip] *s* diapazon

pit head frame [‚pit hed 'freim] *s min* turn de extracție

pith fleck ['piθ flek] *s* **1** loc viermănos / mâncat de viermi **2** miez alb *(de pe coaja de portocală etc.)*

pith helmet ['piθ ‚helmət] *s* cască colonială

pithless ['piθlis] *adj* **1** fără miez / măduvă **2** *fig* lipsit de vlagă / vigoare, vlăguit; neputincios; slab, pasiv **3** fără conținut / fond / miez

pitier ['pitiə] *s* persoană compătimitoare, suflet milos

pit-pat [‚pit 'pæt] *adv (d inimă)* to go ~ a bate puternic

pit-props ['pit prɔps] *s pl* lemn de mină pentru export

pitta (bread) ['pitə bred] *s gastr* pâine nedospită umplută cu carne, brânză sau legume

pittite ['pitait] *s* spectator din ultimele rânduri de la parter

pituitary [pi'tju:itəri] *adj anat* pituitar

pit viper ['pit ‚vaipə] *s zool* viperă-cu-gropițe

pityingly ['pitiiŋli] *adv* cu milă, cu compasiune

pityriasis [‚piti'raiəsis] *s med* pitiriasis

pivot bearing ['pivət ‚beəriŋ] *s tehn* lagăr basculant; crapodină

pizazz [pə'zæz] *s v.* pizzazz

pizzazz [pə'zæz] *s F amer* tonus, dinamism

pizzle ['pizl] *s* organul sexual al taurului

placableness ['plækəblnis] *s* blândețe; fire blajină / blândă / domoală / iertătoare

placating [plə'keitiŋ] *adj v.* **placatory**

placatory [plə'keitri] *adj* conciliant, împăcare

place brick ['pleis brik] *s* cărămidă nearsă

place kick ['pleis kik] *s sport* degajare de pe linia porții

placeman ['pleismən], *pl* **placemen** ['pleismen] *s* **1** ↓ *peior* funcționar, conțopist **2** arhivist

place mat ['pleis mæt] *s* șervet dreptunghiular pe care se așază farfuriile și tacâmurile pentru o persoană

place name ['pleis neim] *s* nume de localitate, denumire geografică; **study of ~s** toponimie

placentary [plə'sentəri] *adj* placentar

placer ['plæsə] *s* ↓ *pl* zăcământ aurifer *(în albia unui râu)*

placidness ['plæsidnis] *s* fire blajină / blândă / liniștită; blândețe, liniște, calm; seninătate

placit ['plæsit] *s jur* hotărâre, sentință

placket hole ['plækit həul] *s* tăietură *(la fustă)*

plagiostome ['pleidʒiəstəum] *s iht* selacien

plaguesome ['pleigsəm] *adj F* plictisitor, neplăcut, căcăitor, nesuferit, supărător; blestemat, afurisit

plaguily ['pleigili] *adj* drăcește, cu asprime

plaided ['plædid] *adj* cadrilat, ecosez

plain-clothes man [‚plein kləuðz 'mæn], *pl* **plain-clothes men** [‚plein kləuðz 'men] *s sl* polițist în haine civile

Plains Indian ['pleins ‚indiən] *s* indian din Vestul Mijlociu *(în S.U.A.)*

plaintiveness ['pleintivnis] *s* ton plângător / jalnic

planation [plei'neiʃn] *s* nivelare (a solului, datorită ghețarilor etc.)

planch [plɑ:nʃ] *s* **1** placă *(de metal, faianță etc.)*; lespede *(de piatră)* **2** scândură

planchet ['plɑ:nʃet] *s tehn* placă pe care se bate monedă

planchette [plɑ:nʃet] *s fr* planșetă

plane iron [‚plein 'aiən] *s* cuțit de geaälu / rindea, lamă de rindea

plane knife [‚plein 'naif] *s* cuțit / plan de rinduluit

planetesimal [‚plæni'tesiml] *astr* **I** *adj* de meteorit, meteoritic **II** *s* corp meteoritic

planetology [‚plæni'tɔlədʒi] *s astr* planetologie

plangency ['plændʒənsi] *s* **1** zgomot surd *(al valurilor)* **2** caracter tânguios / plângător

planing machine ['pleiniŋ mə‚ʃi:n] *s* **1** *met* mașină de rabotat **2** mașină de rinduluire **3** *poligr* mașină de bizotat

planing mill ['pleiniŋ mil] *s* atelier de rabotare

planisher ['pleiniʃə] *s* **1** șlefuitor, polizor **2** *met* calibru finisor

planker ['plæŋkə] s 1 *agr* târșitoare 2 *nav* marangoz

planless ['plænlis] *adj* fără plan

planning ['plæniŋ] s 1 planificare; întocmire a unei scheme / a unui plan 2 *constr* sistematizare

planning blight ['plæniŋ blait] s *brit* posibile efecte negative ale urbanismului

plantable ['plɑːntəbl] *adj* care poate fi plantat / sădit

planter's punch [ˌplæntərs 'pʌntʃ] s *gastr* tip de punci

plant kingdom ['plɑːnt ˌkindəm] s regnul vegetal

plantlike [ˌplɑːnt'laik] *adj* ca o plantă

plant louse ['plɑːnt laus], *pl* **plant lice** ['plɑːnt lais] s *ent* păduche de frunze / plante

plant pot ['plɑːnt pot] s vas pentru plante

plashing ['plæʃiŋ] *adj* (*d ploaie*) răpăitor; plescăitor

plasma cell ['plæzmə sel] s *biol* plasmocită

plasterboard ['plɑːstəbɔːd] s *constr* panou de ipsos turnat între două foi de carton

plaster cast ['plɑːstə kɑːst] s 1 *med* ghips 2 *artă* mulaj din ipsos

plasterwork ['plɑːstəwəːk] s *constr* ipsos, (*la pl*) tencuială

plastic bomb ['plæstik bom] s bombă cu plastic

plastic bullet [ˌplæstik 'bulit] s glonț din plastic

plastic explosive [ˌplæstik ik'spləuziv] s plastic (*ca exploziv*); the laboratory was blown up with ~s laboratorul a fost aruncat în aer cu o bombă de plastic

plasticizer ['plæstisaizə] s plastifiant, plastificator

plastic money [ˌplæstik 'mʌni] s cărți de credit

plastic surgeon [ˌplæstik 'səːdʒən] s chirurg estetician / plastician

plat[1] ['plɑː] s plan *sau* fotografie în proiecție orizontală

plat[2] [plæt] s *fr* (fel de) mâncare

platband ['plætbænd] s 1 *constr* ancadrament; pervaz (*al ușii*) 2 *tehn* margine, bordură

plate armour ['pleit ˌɑːmə] s armură (*din plăci metalice*)

plate tectonics [ˌpleit tek'toniks] s tectonica plăcilor

plate voltage ['pleit ˌvəultidʒ] s *tel* tensiune de placă / anodică

platewarmer ['pleitwɔːmə] s reșou care păstrează mâncarea caldă pe masă

platform scales ['plætfɔːm skeils] s *pl* cântar cu platouri

platform shoes ['plætfɔːm ʃuːz] s *pl* pantofi cu talpă turnată, din lemn, plută sau alt material ușor

platform-soled [ˌplætfɔːm 'səuld] *adj* cu talpa turnată

platform soles ['plætfɔːm səulz] s *pl* tălpi turnate

platform ticket ['plætfɔːm ˌtikit] s *ferov* bilet de peron

platform truck ['plætfɔːm trʌk] s *ferov* vagon-platformă

platinoid ['plætinoid] s *met* platinoid

platinum record [ˌplætinəm 'rekəːd] s *muz* disc de platină

platinum sponge [ˌplætinəm 'spʌndʒ] s *met* platină spongioasă

platitudinarian [ˌplætitjuːdi'neəriən] I *adj* plat, searbăd II s (persoană) care debitează platitudini

Platonic love [pləˌtonik 'lʌv] s dragoste platonică

platterbug ['plætəbʌg] s *amer, F* fanatic al discurilor cu muzică de jazz

play-act ['plei ækt] vi 1 *fig* a juca teatru; he's not in pain, he's just ~ing! nu-i este rău, joacă teatru! stop ~ing nu mai juca teatru! 2 a juca într-o piesă de teatru

play-acting ['plei ˌæktiŋ] s 1 prefăcătorie, teatru 2 actorie (*în teatru*)

play actor ['plei ˌæktə] s *peior* actor cabotin, panglicar

play book ['plei buk] s culegere de piese de teatru

play box ['plei boks] s cutie cu jucării

play-by-play story [ˌplei bai'plei stɔːri] s *amer* (*d o competiție, un meci*) reportaj radiofonic

Play-Doh ['plei dəu] s tip de pastă pentru modelat

play girl ['plei gəːl] s demimondenă

playlist ['pleilist] s *rad* listă cu discurile care se pun într-o emisiune

playpen ['pleipen] s țarc (*pentru copii*)

play-reading ['plei ˌriːdiŋ] s citirea unei piese de teatru

play room ['plei ruː(ː)m] s *amer* camera copiilor

playsome ['pleisəm] *adj* (↓ *dial*) zburdalnic, neastâmpărat

playsuit ['plei suːt] s costum de sport / de joacă pentru femei sau copii

play-the-ball [ˌplei ðə 'bɔːl] s (la rugby) jucarea mingii

play time ['plei taim] s timp de joacă; timp liber

plc, PLC *presc de la* **public limited company** s *brit* aprox societate cu responsabilitate limitată

plea bargaining ['pliː ˌbɑːgəniŋ] s *jur* posibilitatea unui inculpat de a primi un cap de acuzație mai puțin grav dacă își recunoaște vina

pleasurableness ['pleʒərəblnis] s farmec, încântare

pleasure principle ['pleʒə ˌprinsipl] s *psih* principiul plăcerii

pleasure-seeking [ˌpleʒə 'siːkiŋ] *adj psih* hedonist

pleated ['pliːtid] *adj* în cute, gofrat, plisat

plebby ['plebi] *adj brit* comun, vulgar

plebe [pliːb] s *amer* „boboc", elev din prima clasă a unei școli militare

plebs [plebz] s the ~ (ist Romei) plebea, plebeii

pledger ['pledʒə] s 1 datornic, ipotecar 2 persoană care a promis ceva

Pleiocene ['plaiəsiːn] s v. **Pliocene**

plenishing ['pleniʃiŋ] s (↓ *pl* cuvânt scoțian) inventar casnic, lucrurile din casă

pleochroism [ˌpliːɔ'krəuizm] s *fiz* pleocroism

pliableness ['plaiəblnis] s 1 flexibilitate, plasticitate, suplețe 2 docilitate, caracter docil / ascultător / supus / care cedează

plica ['plaikə], *pl* **pliacae** ['plaisiː] 1 *anat* cută 2 *med* împâslire a părului

plicate ['plaikeit] *adj bot*, *zool*, *geol* în cute

plicated ['plaikeitid] *adj v.* **plicate**

Plimsoll line [ˌplimsəl 'lain] s *nav* linie de încărcare (*la vase comerciale*); semn de bord liber, semnul lui Plimsoll

plink [plink] I s zgomot metalic II vi a face un zgomot metalic

Pliocene ['plaiəsi:n] *s geol* pliocen

PLO *presc de la* **Palestine Liberation Organization** Organizația pentru Eliberarea Palestinei

plodding [plɔdiŋ] *adj* care muncește din greu; *şcol* tocilar

plosion ['pləuʒn] *s fon* explozie

plotting ['plɔtiŋ] I *s* 1 intrigi; urzeli 2 *constr* fragmentare, parcelare 3 *tehn* reprezentare grafică; cartografie 4 *tehn* trasare, marcare

plover ['plʌvə] *s orn* fluierar, ploier (*Charadriidae*)

PLP *presc de la* **Parliamentary Labour Party** *o brit pol* deputați ai partidului laburist

PLR *presc de la* **Public Lending Right** *s* drept de autor plătit pentru lucrările împrumutate de biblioteci

plucker ['plʌkə] *s* jumulitor

plughole ['plʌghəul] *s* gaură de scurgere; *brit* that's all our work gone down the ~! toată munca noastră s-a dus pe apa sâmbetei!

plug valve ['plʌg vælv] *s tehn* ventil (cu scaun) conic

plumbaginous [plʌm'bædʒinəs] *adj* de grafit; cu grafit

plumbeous ['plʌmbiəs] *adj* (ca) de plumb; de culoarea plumbului

plumber's friend ['plʌməs ,frend] *s amer* pompă de desfundat (chiuveta etc.)

plumber's helper ['plʌməz ,helpə] *s v.* **plumber's friend**

plumbery ['plʌməri] *s* 1 meseria de instalator 2 atelier de instalator

plumbic ['plʌmbik] *adj* referitor la plumb, care conține plumb

plumbiferous [plʌm'bifərəs] *s* plumbifer

plumbless ['plʌmlis] *adj poetic* fără fund

plum duff ['plʌm dʌf] *s* budincă cu stafide

plumed [plu:md] *adj* 1 (*d pălărie, coif*) cu pene 2 (*d păsări*) brightly ~ peacocks păuni cu penajul viu colorat

plumelet ['plʌmlit] *s* pană mică, peniță

plummy ['plu:mi] *adj* 1 acoperit / împodobit cu pene 2 de pene 3 ca o pană

plumose ['plu:məus] *adj* 1 acoperit cu pene 2 ca o pană

plumpness ['plʌmpnis] *s* grăsime, forme durdulii / dolofane

plumule ['plumju:l] *s* 1 pană mică, peniță 2 *bot* tijă embrionară

plundering ['plʌndəriŋ] I *s* jefuire II *adj* jefuitor

plunge bath ['plʌndʒ ba:θ] *s* baie / cadă adâncă

plunging ['plʌndʒiŋ] *adj* scufundător; a ~ neckline decolteu adânc

pluralistic [,pluərə'listik] *adj* pluralist

plural vote ['pluərəl vəut] *s pol* votare în mai multe circumscripții de către o persoană

plus sign ['plʌs sain] *s* 1 semnul + (*de adiționare sau care denotă o cantitate pozitivă*) 2 semn favorabil

plutonomy [plu:'tɔnəmi] *s* economie politică

pluviograph ['plu:viəgræt] *s fiz* pluviograf

Plymouth Brethren [,pliməθ ,breðrən] *s pl rel* „confreria din Plymouth" (*fondată în Anglia, în 1830*)

PMS *presc de la* **premenstrual syndrome** *v.* **PMT**

PMT *presc de la* **premenstrual tension** *s med* tensiune premenstruală

pneumatic drill [nju,mætik 'dril] *s* ciocan pneumatic

pneumatic hammer [nju'mætik 'hæmə] *s v.* **pneumatic drill**

pneumatic tyre [nju,mætik 'taiə] *s auto* anvelopă (pneumatică)

pneumatolysis [,nju:mə'tɔlisis] *s geol* pneumatoliză

pneumococcus [,nju:mə'kɔkəs] *pl* **pneumecoci** [,nju:mə'kɔkai] *s* pneumococ

pneumogastric [,nju:mə'gæstrik] *adj anat* pneumogastric

pneumonic [nju(:)'mɔnik] *adj med* pneumonic

pneumonologist [,nju:mə'nɔledʒist] *s* pneumolog

pneumonology [,nju:mə'nɔledʒi] *s* pneumonologie

POA *presc de la* **Prison Officers Association** *s* sindicatul agenților penitenciari din Marea Britanie

poached ['pəutʃt] *adj* ~ eggs ochiuri românești, ochiuri făcute în apă (*nu cu ulei*)

poachy ['pəutʃi] *adj* mlăștinos, mocirlos

pocket piece ['pɔkit pi:s] *s* monedă port-bonheur

pocketable ['pɔkitəbl] *adj* portativ, de buzunar

pocket battleship ['pɔkit ,bætlʃip] *s* navă mică de război

pocket billiards ['pɔkit ,biliə:dz] *s* biliard american

pocket calculator ['pɔkit ,kælkjuleitə'] *s* calculator de buzunar

pocket dictionary ['pɔkit,dikʃənri] *s* dicționar de buzunar

pocket edition ['pɔkit i,diʃn] *s* ediție de buzunar

pocketing ['pɔkitiŋ] *s* vârâre / băgare în buzunar

pocket pistol ['pɔkit,pistl] *s* 1 pistol de buzunar 2 *umor* sticluță de buzunar (*cu alcool*)

pocket-sized [,pɔkit'saizd] *adj* poligr (având) format de buzunar

pocket veto ['pɔkit,vi:təu] *s amer* amânarea semnării unui proiect de lege de către Președintele S.U.A. până după închiderea Congresului

pockety ['pɔkiti] *adj* 1 complicat, complex 2 sufocant, înăbușitor, închis

pock mark ['pɔk ma:k] *s* semn / urmă / ciupitură de vărsat

poco ['pɔkɔ] I *adv* puțin; cam, întrucâtva II *adj* puțin

podagral [pə'dægrəl] *adj v.* **podagric**

podagric [pə'dægrik] *adj med* (atins) de podagră

podagrous [pə'dægrəs] *s v.* **podagric**

pod bit ['pɔd bit] *s tehn* burghiu-lingură

poddy (calf) ['pɔd (ka:f)] *s* (*cuvânt australian*) mânz

podge [pɔdʒ] *s F* bondoc, buflea

Podunk ['pəudʌŋk] *s amer* oraș imaginar, simbol al târgurilor provinciale

POE *s presc de la* 1 **Port Of Embarkation** port de îmbarcare 2 *presc de la* **Port Of Entry** port de intrare

poeticize [pəu'etisaiz] *vt* a poetiza

po-faced [,pəu'feist] *adj brit* cu un aer înțepat, rece

pogamoggan [,pɔgə'mɔgən] *s* un fel de măciucă *a* indienilor din America de Nord

poggy ['pɔgi] *s* balenă mică

pogo ['pəugəu] *s* gen de dans modern (*în stil punk*)

pogo stick ['pəugəu stik] *s* baston prevăzut la un capăt cu două mânere, iar la celălalt cu un arc puternic și folosit pentru deplasarea în salturi

349

poind [poind] s (cuvânt scoțian) constrângere

poinsettia [poin'setiə] s bot o plantă decorativă (Euphorbia pulcherrima)

point-by-point [,point bai 'point] adj punct cu punct, metodic

point-device ['pointdi,vais] adj meticulos, corect, îngrijit, exact, precis

pointlessly ['pointləsli] adv inutil, fără rost

point of order [,point əv 'o:də] s ordine de zi (la o ședință)

point of reference [,point əv 'refrəns] s punct de referință

point-of-sale [,point əv 'seil] adj (d publicitate) la punctul de vânzare

point rail ['point reil] s ferov ac de macaz

point shoes ['point ʃu:z] s pl pantofi cu poante (pentru balet)

pointsman ['pointsmən], pl pointsmen ['pointsmen] s 1 ferov macagiu, acar 2 polițist care dirijează circulația

poisoner ['poizənə] s 1 otrăvitor 2 criminal, ucigaș

poisoning ['poiziniŋ] s otrăvire; intoxicare

poison ivy ['poizn ,aivi] s bot toxicodendron, un oțelar otrăvitor (Rhus toxicodendron)

poison nut ['poizn ,nʌt] s bot nucă-vomică

poison oak ['poizn ,əuk] s v. poison ivy

poisonousness ['poiznəsnis] s toxicitate, caracter otrăvitor

poison tree ['poizn tri:] s arbore veninos

poker dice ['pəukə dais] s pl 1 poker de ași 2 zaruri pentru poker de ași

poker-faced [,pəukə'feist] adj F cu o față inexpresivă

poker work ['pəukə wə:k] s pirogravură

polacca [pəu'lækə] s poloneză, polcă (dans)

polar axis [,pəulər 'æksis] s mat axă polară

polariscope [pəu'læriskəup] s opt polariscop

polarizer ['pəuləraizə] s fiz polariz(at)or

polarizing ['pəuləraiziŋ] I adj polarizant, polarizator II s fiz polarizare, polarizație

poleaxed ['pəulækst] adj 1 uimit, surprins 2 amețit, băut

pole boat ['pəul bəut] s barcă împinsă cu prăjina

pole chain ['pəul tʃein] s lanț de măsură (lung de 66 picioare)

pole horse ['pəul ho:s] s cal rotaș

polemics [pə'lemiks] s pl (folosit ca sg) polemică, arta de a polemiza

polemist ['polimist] s polemist

pole piece ['pəul pi:s] s v. pole face

pole pitch ['pəul pitʃ] s el pas polar

pole position ['pəul pə,ziʃn] s (la cursele cu motociclete) prima poziție pe grila de start

pole shoe ['pəul,ʃu:] s 1 v. pole face 2 (automată) papuc de poli

pole-vaulter ['pəul ,vo:ltə] s sport săritor cu prăjina

pole vaulting ['pəul,vo(:)ltiŋ] s săritură cu prăjina

polianthus [,poli'ænθəs] s bot 1 țâța-vacii (Primula elation) 2 zarnacadea (Narcisus tazetta)

police academy [pə'li:s ə,kædəmi] s amer școala de poliție

police cell [pə'li:s sel] s celulă într-un post de poliție

police chief [pə'li:s tʃi:f] s comandant de poliție

police commissioner [pə'li:s kə,miʃnə] s amer membru al unei comisii de persoane civile, cu rol de supervizare a unui departament de poliție

police force [pə'li:s fo:s] s poliția (ca instituție); the local ~ poliția locală; to join the ~ a se angaja în cadrul poliției

police inspector [pə'li:s in,spektə] s inspector de poliție

police magistrate [pə'li:s,mædʒistrit] s președintele tribunalului de instrucție, judecător de instrucție

police office [pə'li:s,ofis] s departamentul poliției (într-un oraș)

police power [pə'li:s,pauə] s amer organe însărcinate cu paza ordinii în stat

police record [pə'li:s ,rekə:d] s cazier judiciar; she has no ~ ea nu are cazier

police sergeant [pə'li:s ,sa:dʒənt] s ofițer de poliție

police wagon [pə'li:s ,wægən] s amer mașină de poliție (în care se încarcă prizonierii)

police woman [pə'li:s,wumən], pl police women [pə'li:s,wimin] s femeie polițist

policymaker ['polisimeikə] s pol responsabil politic

political agent [pə,litikəl'eidʒənt] s rezident / agent / consilier politic (pe lângă conducătorul unui stat din India)

politically correct [pə,litikəli kə'rekt] adj caracteristica unei mișcări intelectuale americane, care dorește să stabilească o nouă etică, în special înlocuind anumiți termeni considerați discriminatorii („American Indian" cu „Native American", „Black" cu „African American")

political scientist [pə,litikəl 'saiəntist] s specialist în științe politice

politicaster [pəliti'kæstə] s peior politician de cafenea

politicization [pəlitisai'zeiʃn] s politizare

politick ['politik] vi amer a face politică; a duce o campanie politică

politico-economical [pə,litikəu i:kə'nəmikl] adj politico-economic; de economie politică

politicomania [pə,litikəu'meinjə] s politicomanie

polk [polk] vi înv a dansa polca

polka dot ['polkə dot] s material (imprimat) cu buline; bulină

pollen count ['polən kaunt] s determinarea cantității de polen din aer

pollen sac ['polən sæk] s bot anteric, sac polinic

pollicitation [pəlisi'teiʃn] s jur policitație

polling ['pəuliŋ] s 1 votare; alegeri 2 anchetă, sondaj, sondare a opiniei publice

polling day ['poliŋ dei] s ziua alegerilor / a scrutinului

polling station ['pəuliŋ,steiʃn] s secție de votare

pollinic [pə'linik] adj bot polenic

polliniferous [,poli'nifərəs] adj bot cu polen, polinifer

pollinization [,polini'zeiʃn] s bot polenizare

pollock ['polək] s v. pollack

pollster ['pəulstə] s 1 director al unei agenții de sondare a opiniei publice 2 v. poll taker

poll taker ['pəul ,teikə] s anchetator, persoană însărcinată cu efectuarea sondajelor de opinie

polluter [pə'lju:tə] s corupător; pângăritor

Pollyanna [,pɔli'ænə] s individ optimist și naiv

polo neck ['pələu nek] s brit guler rulat (bluză, pulover etc.)

polony [pə'ləuni] s salam polonez

polyacid [,pɔli'æsid] s ch poliacid

polyadelphous [,pɔliə'delfəs] adj bot poliadelf (cu staminele adunate în trei sau mai multe grupe)

polyamide [,pɔli'æmaid] s ch poliamidă

polyarchy ['pɔliɑ:ki] s poliarhie

polybasite [,pɔli'beisait] s minr polibasit

polycotyledonous [,pɔlikɔti'li:dənəs] bot policotiledonat

polycyclic [,pɔli'saiklik] adj ch, el policiclic

polydactyl [,pɔli'dæktil] adj, s zool polidactil

polyergus [,pɔli'ə:gəs] s ent furnică amazoană (Polyergus rufescens)

polygeny [pɔ'lidʒəni] s biol poligenie

polyglot(t)ism ['pɔliglətizm] s poliglotism

polymath ['pɔlimæθ] s polimație, enciclopedism

polyphase ['pɔlifeiz] adj (d curent electric) polifazat

polypody ['pɔlipədi] s bot specie de ferigă (Polypodium)

polypoid ['pɔlipɔid] adj zool, med de polip, polipoid, asemănător unui polip sau polipilor

polypropylene [,pɔli'prəupəli:n] s ch polipropilenă

polysemous [pə'lisiməs] adj lingv polisemic

polystyrene [,pɔli'stairi:n] s ch polistirenă

polysyndetic [,pɔlisin'detik] adj gram polisintetic

polysynthesis [,pɔli'sinθəsis] s lingv polisinteză

polysynthetic [,pɔlisin'θetik] adj lingv polisintetic

polytechnical [,pɔli'teknikəl] adj politehnic

polyurethane [,pɔli'juərəθein] s ch poliuretan

pomander [pəu'mændə] s ist 1 bulină aromată (folosită ca mijloc de protecție împotriva molimelor) 2 pandantiv de argint, aur etc. (în care se purta această bulină)

Pomeranian dog [pɔmə,reiniən'dɔg] s spiț (câine)

pomiferous [pəu'mifərəs] adj bot pomifer

pommel horse ['pɔml hɔ:s] s sport cal cu mânere

pommie ['pɔmi] s (cuvânt australian) englez, britanic

pompadour ['pɔmpəduə] s coafură în stil Pompadur

pompier ['pɔmpiə] s scară de pompier

pom-pom ['pɔmpɔm] s mil tun de 37-40 mm

ponce [pɔns] s sl pește (întreținut)

poncey ['pɔnsi] adj brit peior efeminat

poncho shirt ['pɔntʃəu ʃə:t] s cămașă de plajă formată din două bucăți triunghiulare cusute împreună

poncy ['pɔnsi] adj v. poncey

pondage ['pɔndidʒ] s acumulare de apă

ponderation [,pɔndə'reiʃn] s caracter ponderat

ponderousness ['pɔndərəsnis] s 1 greutate 2 gravitate 3 emfază

Pondicherry [,pɔndi'tʃeri] s geogr oraș în India

pond pine ['pɔnd pain] s bot pinamerican (Pinus serotina)

pond skater ['pɔnd ,skeitə] s ent ploșniță-de-apă

pond snail ['pɔnd sneil] s zool limnea

pone¹ [pəun] s bot poamă

pone² [pəun] s 1 pâine de mălai 2 un fel de cozonac

pong ['pɔŋ] I s brit putoare, duhoare II vi a puți, a duhni

pongee [pɔn'dʒi:] s text pongé

pongo ['pɔŋgəu] s 1 mil sl soldat 2 zool urangutan (Pango pygmaeus)

pontificalia [pɔntifi'keiliə] s pl odăjdii și embleme pontificale

Pontius Pilate [,pɔntjəs 'pailət] s Pilat din Pont

pony express ['pəuni iks,pres] s serviciu poștal american înființat în 1860 (înlocuit de apariția telegrafului)

poogye ['pu:gi] s (cuvânt anglo-indian) flaut indian

Pooh Bah [,pu'bɑ:] s amer F 1 cumulard (după numele unui personaj din opereta „The Mikado" de Gilbert și Sullivan) 2 stab, grangur

poolside ['pu:lsaid] s marginea bazinului de înot; at the ~ la ștrand

pool table ['pu:l ,teibl] s masă de biliard

poon [pu:n] s amer sl organul genital feminin

poontang ['pu:ntæŋ] s amer contact sexual (↓ cu o femeie de culoare)

poop [pu:p] s F 1 găgăuță, prostănac, neghiob, zevzec 2 persoană lipsită de caracter

poop deck ['pu:p dek] s nav puntea pupa

pooper-scooper [,pu:pə 'sku:pə] s obiect pentru adunat fecalele de câine

poor rate ['puə reit] s impozit pentru ajutorarea săracilor

pop [pɔp] s F tăticu(țu)

popadum ['pɔpədəm] s gastr prăjitură indiană din făină de gluten care se consumă cu curry

pope [pəup] I s încheietura coapsei II vt a lovi în coapsă

pope's eye ['pəups ai] s anat nucă

pope's nose ['pəups,nəuz] s târtiță

pope head ['pəup hed] s mături oi

Pope Joan [,pəup'dʒəun] s 1 papă-femeie de legendă 2 un joc de cărți

popemobile ['pəupməbi:l] s mașină blindată cu care se deplasează papa prin mulțime

pop hole ['pɔp həul] s min gaură de mină auxiliară

popover ['pɔp,əuvə] s gastr colțunaș

poppadom, poppadum ['pɔpədəm] s v. popadum

popper ['pɔpə] s 1 brit capsă (pentru haine) 2 amer aparat de făcut floricele de porumb

Poppy Day ['pɔpi dei] s „ziua macilor", ziua comemorării eroilor (11 noiembrie, când se comercializează, în folosul mutilaților de război, flori de mac pentru pus la butonieră)

pop shop ['pɔp ʃɔp] s Munte de Pietate, magazin unde se împrumută bani contra gaj

popsicle ['pɔpsaikl] s amer acadea / înghețată „pe băț"

popularizer ['pɔpjuləraizə] s popularizator (de idei, de modă etc.)

populism ['pɔpjulizm] s populism

porbeagle ['pɔ:bi:gl] s iht rechin vivipar (Lamna nasus)

porcelain clay ['pɔ:slin klei] s caolin, argilă de porțelan

porcelain(e)ous ['pɔːslinəs] *adj* ca porțelanul, de porțelan

porch climber ['pɔːtʃ‚klaimə] *s amer* hoț acrobat, „șoarece de hotel"

pork barrel ['pɔːk‚bærəl] *s amer pol* tezaur public, fonduri publice

pork-barrel legislation [‚pɔːk bærəl ledʒis'leiʃn] *s amer pol* acțiune dusă de un parlamentar în scopul favorizării intereselor locale în circumscripția sa

porkling ['pɔːkliŋ] *s* porcușor

porkpie hat ['pɔːkpai hæt] *s* pălărie de fetru, paie sau alt material, rotundă și plată

pork scratchings [‚pɔːk 'skrætʃiŋz] *s* bucățele de șoric de porc

porno ['pɔːnəu] *adj* pornografic

porpoise oil ['pɔːpəs ɔil] *s* untură de delfin

porridge oats ['pɔridʒ əuts] *s pl* fulgi de ovăz

portableness ['pɔːtəblnis] *s* calitatea de a fi portativ; portabilitate

Portakabin ['pɔːtəkæbin] *s* baracă din prefabricate

porte-monnaie ['pɔːtmʌni] *s* portmoneu, portofel

portentousness [pɔː'tentəsnis] *s* **1** de rău augur **2** monstruozitate; caracter neobișnuit / uimitor

portfire ['pɔːtfaiə] *s min* fitil de aprindere

Portland stone [‚pɔːtlənd 'stəun] *s geol* piatră de Portland (piatră de var alb gălbuie *sau* gresie maronie)

Port of Spain [‚pɔːt əv 'spein] *s geogr* capitala statului Trinidad-Tobago

Porton Down [‚pɔːtən 'daun] *s geogr* oraș în Wiltshire (comitat în Anglia meridională)

portrait gallery ['pɔːtrit ‚gæləri] *s* galerie de portrete

portrait painter ['pɔːtrit ‚peintə] *s* portretist

portrait photograph ['pɔːtrit ‚fəutəgraːf] *s* fotoportret

portrait photographer ['pɔːtrit fə'tɔgrəfə] *s* fotograf portretist

portreeve ['pɔːtriːv] *s* **1** *ist* primar (↓ *al Londrei*) **2** ajutor de primar (în anumite orașe, ↓ maritime)

port sill ['pɔːt sil] *s nav* prag de sabord

port wine ['pɔːt wain] *s* vin de Porto

posada [pə'saːðə] *s span* hotel

posh [pɔʃ] *sl* **I** *adj* elegant, fercheș, șic; grozav, clasa întâi **II** *s* bani (mărunți)

position artilery [pə'ziʃn ɑː‚tiləri] *s mil* artilerie grea de câmp

positive discrimination [‚pozitiv diskrimi'neiʃn] *s* discriminare pozitivă (măsuri care favorizează membrii unor grupuri minoritare); ~ in favour of people with disabilities măsuri luate în favoarea handicapaților

positive feedback [‚pozətiv 'fiːdbæk] *s* (într-un circuit electric) reacție pozitivă (într-un sistem mecanic sau cibernetic) feedback pozitiv; I didn't get much ~ on my suggestion propunerea mea nu a fost primită cu reacții pozitive

positive vetting [‚pozətiv 'vetiŋ] *s* control / anchetă de secu- ritate (la care este supus un candidat la un post ce vizează securitatea națională)

posse comitatus [‚posi kəmi'teitəs] *s* gardă civilă

possessive adjective [pə‚zesiv 'ædʒiktiv] *s gram* adjectiv posesiv

possessively [pə'zesivli] *adv* **1** *gram* ca posesiv; în cazul genitiv **2** lacom; posesiv; ca un stăpân

possessiveness [pə'zesivnis] *s* sete de stăpânire / posesiune; caracter posesiv

possessive pronoun [pə‚zesiv 'prəunaun] *s gram* pronume posesiv

possessorship [pə'zesəʃip] *s* faptul de a poseda / de a stăpâni; posedare, posesie, stăpânire

post [pəust] *s* **1** *min* bucată de cărbune / minereu **2** *geol* piatră de var cu granulații mărunte, calcar cu straturi subțiri de ardezie

Postal Union [‚pəustəl'juːniən] *s* Uniunea Poștală Internațională

post bag ['pəust bæg] *s* geantă de poștaș

post-belium [‚pəust'beləm] *lat* **I** *adv* după război **II** *adj* post-belic

postbus ['pəustbʌs] *s brit* mijloc de transport rural pentru pasageri și corespondență

post captain ['pəust‚kæptin] *s ist mar* **1** comandant al unui vas cu cel puțin 20 tunuri **2** căpitan de prim rang

postdiluvial [‚pəustdai'ljuːviəl] *adj* **1** *bibl* de după potop **2** *geol* post-dilian

postdoctoral [‚pəust'dɔktərəl], **postdoctorate** [‚pəust'dɔktərət] *adj* de postdoctorat

posteriorly [pɔs'tiəriəli] *adv* din spate

poster paint ['pəustə peint] *s* vopsea viu colorată fără ulei, folosită pentru reclame, tablouri etc.

post-exist [‚pəustig'zist] *vi* a trăi / a supraviețui după moarte

postface ['pəustfeis] *s* postfață (la o carte)

post horse ['pəust hɔːs] *s* cal de poștă / poștalion

post house ['pəust haus] *s înv* casa poștei, poștă

posticous [pɔs'taikəs] *adj bot* posterior

postil ['pɔstil] *s înv* glosă

postindustrial [‚pəustin'dʌstriəl] *adj* postindustrial

postman's knock ['pəustməns nɔk] *s brit* joc de copii în care unul din jucători se face că împarte scrisori în schimbul cărora așteaptă un sărut

postmistress ['pəustmistris] *s* femeie poștaș

postnatal [‚pəust'neitl] *adj* postnatal; ~ depression depresie postnatală

postnuptial [‚pəust'nʌpʃəl] *adj* postnupțial, posterior nunții

post-obit [‚pəust'əubit] *jur* **I** *adj* care intră în vigoare după deces **II** *s* angajament de a plăti creditorului o anumită sumă la primirea moștenirii

post-office order [‚pəustɔfis 'ɔːdə] *s* mandat poștal

post office savings [‚pəust ɔfis 'seiviŋz] *s brit aprox* casă națională de economii

postponer [‚pəust'pəunə] *s* persoană care amână (un termen etc.)

post-primary education [‚pəust praiməri edju(:)'keiʃn] *s școl* învățământ primar superior

post-scoring [‚pəust'skɔːriŋ] *s* sonorizare, postsincronizare (a unui film mut)

post-synch ['pəust‚siŋk] *s v.* **postsynchronization**

postsynchronization [pəust siŋ-krənai'zeiʃn] *s* postsincronizare

post town ['pəust taun] *s* oraş cu oficiu poştal

postural ['postʃərəl] *adj* de postură, referitor la postură

postvocalic [pəustvə'kælik] *adj fon* postvocalic

potassium-argon dating [pə tæsiəm aːgən 'deitiŋ] *s* dotare cu potasiu-argon

potassium cyanide [pətæsiəm 'saiənaid] *s ch* cianură de potasiu

potato ball [pə'teitəu bɔːl] *s* găluşcă de cartofi

potato blight [pə'teitəu blait] *s* paraziІ al cartofilor

potato crisp [pə'teitəu krisp] *s brit* cartofi prăjiţi în grăsime

potato digger [pə'teitəu digə] *s agr* maşină de scos cartofi

potato masher [pə'teitəu mæʃə] *s* ustensilă pentru pasat cartofi fierţi

potato peeler [pə'teitəu piːələ] *s* maşină / cuţit de decojit cartofii, legumele

potatory ['pəutətəri] *adj* de băut, băubil

potato soup [pə'teitəu suːp] *s gastr* supă de cartofi

pot-bound [pot'baund] *adj (d o plantă)* care nu mai încape în vas

pot companion ['potkəm pæniən] *s* tovarăş de chef / de băutură

potential difference [pə tenʃl'difrəns] *s el* diferenţă de potenţial / tensiune

potentialize [pə'tenʃəlaiz] *vt tehn* a transforma în energie potenţială

potful ['potful] *s* conţinutul unui vas; a ~ of coffee un vas plin de cafea

pot hat ['pot hæt] *s* melon

potheen [pɔ'θiːn] *s* whisky irlandez

pot holer ['pot həulə] *s F* speolog

pot holing ['pot həuliŋ] *s F* speologie

potlatch ['potlætʃ] *s* 1 ceremonie / festival al indienilor americani de pe coasta de nord-vest, la care se schimbă bunuri între două grupuri sociale, simbolic rivale 2 *amer* petrecere zgomotoasă

pot plant ['pot plaːnt] *s brit* plantă de interior

pot still ['pot stil] *s* alambic cu încălzire directă

pottah ['potə] *s (cuvânt anglo-indian)* act dovedind dreptul de a uza de un lucru

potter's field [potəz 'fiːld] *s amer* cimitir pentru săraci

potterer ['potərə] *s* pierde-vară, trântor, leneş

potting ['potiŋ] *s hort* mutare într-alt ghiveci

potting shed ['potiŋ ʃed] *s* magazie de grădinar

potto ['potəu] *s zool* lemur din Africa de Vest (Perodictius potto)

potty-train ['poti trein] *vt* to ~ a child a învăţa un copil să meargă singur la oală

potty-training ['poti treiniŋ] *s* învăţare a unui copil să meargă singur la oală

poultry farm ['paultri faːm] *s* fermă avicolă

poultry farmer ['paultri faːmə] *s* crescător de păsări (de curte), avicultor

poultry farming ['paultri faːmiŋ] *s* creşterea păsărilor de curte

poultry man ['paultri mæn], *pl* **poultry men** ['paultri men] *s* negustor de păsări *(domestice)*

pounder[1] ['paundə] *s* 1 pisălog; mai 2 piuliţă

pounder[2] ['paundə] *s amer sl* poliţist care îşi face rondul

pound-foolish [paund'fuːliʃ] *adj* calic, zgârcit, strâns la pungă, zgârie-brânză, meschin

pound net ['paund net] *s* vârşă *(plasă de pescuit cu formă de pâlnie)*

pourparler [puəpæ'lei] *s fr (↓ pl)* tratative (preliminare)

pouter ['pautə] *s* 1 bosumflat, supărat 2 porumbel cu guşă mare

poverty line ['povəti lain] *s* pragul sărăciei; to live on / below the ~ a trăi sub / pe pragul sărăciei

poverty trap ['povəti træp] *s stare de sărăcie a unei persoane datorită faptului că ea câştigă puţin peste limita de la care statul oferă ajutor

powder blue [paudə 'bluː] *s* bleu pastel

powder compact ['paudə kompækt] *s* pudrieră

powdered sugar [paudəd ʃugə] *s* zahăr praf; pudră de zahăr

powder monkey ['paudə mʌnki] 1 *ist nav* băiat care aduce pulberea pentru tun; servant 2 *amer* muncitor sabotor

powerable ['pauərbl] *adj* posibil, cu putinţă

power base ['pauə beiz] *s* suprafaţă, grup etc. asupra căreia / căruia are influenţă o persoană

power broker ['pauə brəukə] *s pol* persoană însărcinată cu controlul gradului de influenţă al altor persoane

power dive ['pauə daiv] *s av* coborâre în picaj

power drill ['pauə dril] *s* burghiu electric

power failure ['pauə feiliə] *s* pană de curent

powerfulness ['pauəfulnis] *s* putere; forţă, vigoare

power game ['pauə geim] *s* luptă pentru influenţă

power gas ['pauə gæs] *s tehn* gaz combustibil pentru motoarele termice, gaz de generator

power line ['pauə lain] *s* 1 *tehn* conductă principală 2 *el* linie principală *(electrică)* de energie

power pack ['pauə pæk] *s el* bloc de alimentare

power play ['pauə plei] *(la hochei)* joc ofensiv / de atac

power point ['pauə point] *s* priză electrică

power set ['pauə set] *s mat* mulţime de submulţimi

power sharing ['pauə ʃeəriŋ] *s pol* împărţirea puterii politice

power shovel ['pauə ʃʌvl] *s tehn* excavator cu cupă dreaptă

power structure ['pauə strʌktʃə] *s* ierarhie, repartizare a puterilor *(totalitatea persoanelor care deţin puterea)*

power tool ['pauə tuːl] *s tehn* maşină unealtă grea

power tube ['pauə tjuːb] *s v.* **power valve**

power valve ['pauə vælv] *s el* tub de putere (mare); tub de forţă

poxed [pokst] *adj* sifilitic; *F* căptuşit

ppe *presc de la* **philosophy, politics and economics** *s brit* filozofie, ştiinţe politice şi economice *(curs universitar)*

ppm *presc de la* **parts per million** *s pl ch* părţi pe milion

pps *s presc de la* **parliamentary private secretary**

ppsi *presc de la* **pounds per square inch** livre pe inch pătrat (pentru măsurarea presiunii)

PQ *presc de la* **Province of Quebec** provincia Quebec

Pr *presc de la* **prince** prinţ

praam [prɑːm] *s v.* pram

practical joker [ˌpræktikl ˈdʒəukə] *s* bufon, farsor

practicalness [ˈpræktikəlnis] *s* 1 caracter practic (al unui proiect etc.) 2 simţ practic

practising *brit*, **practicing** *amer* [ˈpræktisiŋ] *adj* 1 *rel* practicant; **he's a ~ Jew** este un evreu practicant 2 (d un doctor) practicant 3 (d un avocat) în exerciţiu 4 (d un homosexual) activ

praepostor [priːˈpɒstə] *s* şcol monitor / elev din clasele mari care supraveghează disciplina

praetorial [priː(ː)ˈtɔːriəl] *adj* (ist Romei) pretorial

praetorium [priː(ː)ˈtɔːriəm] *s* lat, (ist Romei) pretoriu

pragmatics [prægˈmætiks] *s lingv* pragmatică

pragmatic sanction [prægˌmætik ˈsæŋkʃn] *s ist* constituţie, sancţiunea pragmatică, lege de bază a statului,

pragmatize [ˈprægmətaiz] *vt* a explica logic (un mit)

prairie chicken [ˈpreəriˌtʃikin] *s orn* găinuşă-americană / -de-prerie (Tympanuchus sp)

prairie hen [ˈpreəri hen] *s orn* găinuşă americană de baltă

prairie oyster [ˈpreəriˌɔistə] *s* băutură făcută cu un ou crud (remediu împotriva excesului de alcool)

Prairie Provinces [ˈpreəriˌprɒvinsiz] *s pl* (în Canada) provinciile de preerie

Prairie State [ˌpreəri ˈsteit] *s the ~ amer* statul Ilinois (în S.U.A.)

praiseless [ˈpreizlis] *adj* 1 fără elogii / laudă, neelogiat 2 nevrednic de laudă

praiser [ˈpreizə] *s* (persoană) care laudă / elogiază, elogiator; slăvitor, panegirist

pram [prɑːm] *s nav* barcă cu fundul plat

prandial [ˈprændiəl] *adj umor* de prânz

prang [præŋ] *av sl* I *s* avarie II *vi* 1 a doborî un avion 2 a distruge / a nimici obiectivul adversarului

prase [preiz] *s minr* cuarţ de culoarea prazului

praties [ˈpreitiz] *s pl* (cuvânt irlandez) F cartofi

pratincole [ˈprætiŋkəul] *s orn* specie de fluierar (Glareola pratincola)

pratique [præˈtiːk] *s nav* ridicarea carantinei

praya [ˈpraiə] *s* (cuvânt anglo-indian) chei, debarcader

prayer beads [ˈpreə biːdz] *s* şirag de mărgele pe care se numără rugăciunile, mătănii

prayer mat [ˈpreə mæt] *s* covor pentru rugăciune

prayer shawl [ˈpreə ʃɔːl] *s* şal ritual purtat de evrei în timpul rugăciunilor

prayer wheel [ˈpreə wiːəl] *s* roată de metal / lemn pe care sunt înscrise rugăciuni de către budiştii tibetani

preaching [ˈpriːtʃiŋ] *s* (şi fig) predică

pre-adamic [ˌpriːəˈdæmik] *adj* pre-adamic

pre-adamite [ˌpriːˈædəmait] *adj v.* preadamitic

pre-adamitic [ˌpriːædəˈmitik] *adj* pre-adamit

preadmission [ˌpriːədˈmiʃn] *s tehn* admisie anticipată, avans la admisie

preamplifier [ˌpriːˈæmplifaiə] *s el* preamplificator

preaudience [ˌpriː(ː)ˈɔːdiəns] *s jur* dreptul (avocatului pledant) de a vorbi înaintea altcuiva

precancerous [ˌpriːˈkænsərəs] *adj* precanceros

precedented [ˈpresidəntid] *rar adj* care are un precedent

preceptorial [ˌpriːsepˈtəuriəl] *adj* de preceptor; profesoral

precession [ˌpriːˈseʃn] *s* precesiune; *astr* ~ **of the equinoxes** precesiune a echinocţiilor

preciousness [ˈpreʃəsnis] *s* 1 mare preţ, valoare 2 preţiozitate, afectare (în exprimare etc.)

precipitable [priˈsipitəbl] *adj ch* precipitabil

precisianism [priˈsiʒənizm] *s* formalism, pedanterie

pre-Columbian [ˌpriːkəˈlʌmbiən] *adj* precolumbian

precombustion [ˌpriːkəmˈbʌstʃn] *s tehn* precombustie

preconcert [ˌpriːkənˈsəːt] *vt* a pune la cale, a plănui în prealabil; a se înţelege asupra (cu gen)

precondemn [ˌpriːkənˈdem] *vt* a condamna dinainte

precondition [ˌpriːkənˈdiʃn] *s* condiţie preliminară, premizã

preconization [ˌpriːkənaiˈzeiʃn] *s bis* recunoaştere (a unui episcop nou-numit)

preconize [ˈpriːkənaiz] *vt* 1 a preconiza, a prevedea 2 a chema pe nume 3 *bis* a încuviinţa numirea (unui episcop)

pre-contract [ˌpriːˈkɒntrækt] *s jur* contract anterior (care împiedică încheierea altuia nou)

precook [ˌpriːˈkuk] *vt* a coace în prealabil

precool [ˌpriːˈkuːl] *vt* a răci artificial (fructe, carne) înainte de congelare

precostal [ˌpriːˈkɒstl] *adj anat* pre-costal, din faţa coastelor

precursive [priː(ː)ˈkəːsiv] *adj* premergător, vestitor; anterior, care precede

predacity [priː(ː)ˈdæsiti] *s* instinct de animal / de pasăre de pradă

predate [priːˈdeit] *vt* 1 a antedata 2 a preceda

predecease [ˌpriːdiˈsiːs] I *vi* a muri înainte II *vt* a muri înainte de III *s* moarte anterioară altei morţi

predetermined [priːdiˈtəːmind] *adj* predeterminat; **at a ~ date** la o dată determinată în avans

predial [ˈpriːdiəl] I *adj* 1 funciar 2 (de avere) imobil 3 (d un sclav) legat de pământ II *s* rob, şerb

predicate calculus [ˈpredikətˌkælkjuləs] *s mat* calcul funcţional

predicatively [priˈdikətivli] *adv gram* predicativ

predicted fire [priˌdiktid ˈfaiə] *s mil* tragere după calcule

predictive [priˈdiktiv] *adj* profetic; prezicător

predigested [ˌpriːdaiˈdʒestid] *adj* predigerat

predominating [priˈdɒmineitiŋ] *adj* predominant

pre-eminently [priːˈeminentli] *adv* în primul rând, cu precădere

pre-emptive [priːˈemptiv] *adj* (d un drept) de preemţiune; (la bridge) ~ **bid** licitaţie de baraj; ~ **strike** atac împotriva duşmanilor

pre-examination [ˌpriːigzæmiˈneiʃn] *s* examen prealabil, examinare prealabilă

prefabricated [ˌpriːˈfæbrikeitid] *adj* prefabricat

prefaded [pri:'feidid] *adj (d un material)* decolorat

preference ['prefərəns] *s* preferans *(joc de cărți)*

preference share ['prefərəns ʃeə] *s brit fin* acțiune preferențială

preferred stock [pri,fə:d 'stɔk] *s amer fin v.* **preference share**

prefigurement [pri'figəmənt] *s* prefigurare

preflight ['pri:flait] *adj* înainte de zbor; ~ **checks** verificări înainte de zbor

prefrontal [pri:'frʌntəl] *adj* prefrontal

preggers ['pregəz] *adj brit sl* **she's** ~ este borțoasă

pregnable ['pregnəbl] *adj* care poate fi ocupat / cucerit *(prin forța armată)*; vulnerabil

pregnancy test ['pregnənsi test] *s* test de sarcină

prehistory [,pri:'histəri] *s* preistorie

pre-human [,pri:'hju:mən] *adj* anterior epocii când a apărut omul pe Pământ

pre-ignition [,priig'niʃn] *s* autoaprindere

pre-industrial [,priin'dʌstriəl] *adj* preindustrial

prejudiced ['predʒudist] *adj* cu prejudecăți, pornit

pre-knowledge [,pri:'nɔlidʒ] *s* preștiință, cunoaștere anticipată

prematureness [premə'tjuənis] *s* prematuritate, faptul de a fi prematur

premed ['pri:med] *adj* **1** *presc de la* **premedical** *s* **2** *presc de la* **premedication**

premedical [,pri:'medikl] *adj* **she's** ~ **student** este student în primul an la medicină

premedication [,pri:medi'keiʃn] *s* premedicație

premeditation [pri(:),medi'teiʃn] *s* premeditare

premenstrual [,pri:'menstruəl] *adj* premenstrual

premenstrual tension [pri:,menstruəl 'tenʃn] *brit*, **premenstrual syndrome** [pri:,menstruəl 'sindrəum] *s amer med* tensiune premenstruală

Premier League ['premiə li:g] *s* prima ligă *(în Anglia, la fotbal)*

prenuptial [,pri:'nʌpʃl] *adj* prenupțial

preop ['pri:ɔp] *presc de la* **preoperative** *adj* preoperator; ~ **medication** premedicație, medicație preoperatorie

prepack [,pri:'pæk], **prepackage** [,pri:'pækidʒ] *vt* a preambala *(mărfuri)*

prepackaging [,pri:'pækidʒiŋ] *s* preambalare *(a mărfurilor)*

prepayable [,pri:'peiəbl] *adj* care se plătește / se poate plăti anticipat

prepossessingly [,pri:pə'zesiŋli] *adv* într-un chip foarte plăcut / atrăgător

prepossessingness [,pri:pə'zesiŋnis] *s* caracter atrăgător

preposterousness [pri'pɔstərəsnis] *s* absurditate

prepple, preppy ['prepi], *compar* **preppier** ['prepiə], *superl* **preppiest** ['prepiəst] **I** *s amer* **she's a** ~ este o tipă șic **II** *adj* șic, elegant, tineresc

preprandial [,pri:'prændiəl] *adj* ~ **drink** băutură servită înainte de masă

preprocessor [,pri:'prəusesə] *s cib* preprocesor, program care realizează un tratament preliminar

preprogrammed [,pri:'prəugræmd] *adj* preprogramat

prequel ['pri:kwəl] *s F* film în care acțiunea este anterioară celei dintr-o operă deja existentă în momentul lansării lui

prerelease [,pri:ri'li:s] **I** *s (d un* film) avanpremieră, *(d un disc)* lansare înainte de comercia- lizare **II** *vt* a scoate un film / un disc în avanpremieră **III** *adj* ~ **publicity** publicitate care preceda apariția pe piață a unui film / disc

prerevolutionary [,pri:revə'lu:ʃnəri] *adj* prerevoluționar

presbyopia [,prezbi'əupiə] *s med* prezbiție, prezbitism

preschooler [,pri:'sku:lə] *s amer* preșcolar

prescientific [,pri:saiən'tifik] *adj* preștiințific, anterior concepțiilor științifice actuale

prescriptivism [pri'skriptivizm] *s filoz* normativism

presentation ceremony [prezn'teiʃn ,serəməni] *s* ceremonie de decernare a premiilor

presenter [pri'zentə] *s* **1** prezentator, persoană care prezintă *(pe cineva etc.)* **2** persoană care oferă *(un dar etc.)*

present tense ['preznt'tens] *s gram* (timpul) prezent

preservation order [prezə,veiʃn 'ɔ:də] *s* **to put a** ~ **on a building** a clasa un edificiu drept monument istoric

preshrunk [,pri:'ʃrʌnk] *adj (d textile)* care nu intră la spălat

presidentess ['prezidəntis] *s* **1** președintă **2** soție de președinte

presider [pri'zaidə] *s* președinte *(la o ședință etc.)*

presidiary [pri'sidiəri] *adj mil (d trupe)* de garnizoană

presiding officer [pri,zaidiŋ 'ɔfisə] *s brit* președinte al unei secții de votare

presoak [,pri:'səuk] *vt* a înmuia, a uda

pressable ['presəbl] *adj tehn* presabil

press baron ['pres ,bærən] *s* magnat al presei

press bed ['pres bed] **1** pat pliant **2** loc rezervat reprezentanților presei *(la concursuri sportive, spectacole etc.)*

press cake ['pres keik] *s* **1** turtă, chec **2** *tehn* turtă cu ulei **3** *ch* turtă de presare

press campaign ['pres kæm,pein] *s* campanie de presă

press clipping ['pres,klipiŋ] *s* tăietură din ziar

press copy ['pres,kɔpi] **I** *s* **1** copie *(a unei scrisori)* făcută la biroul de copiat acte **2** exemplar pentru presă **3** *pl* serviciu de presă **II** *vt* a face o(foto)copie *(a unei scrisori)*

press corps ['pres kɔ:ps] *s* grup de ziariști; **the White House** ~ ziariștii acreditați la Casa Albă

press cutting ['pres,kʌtiŋ] *s v.* **press clipping**

press gallery ['pres ,gæləri] *s* tribuna presei *(la parlament etc)*

press-gang ['pres gæŋ] **I** *s mil, ist* persoane care se ocupă cu recrutarea forțată **II** *vt* **1** *brit* **to** ~ **smb into doing smth** a obliga pe cineva să facă ceva; **I was ~ed into taking part** m-au forțat să particip **2** *mil, ist* a recruta cu forța

pressing machine ['presiŋ mə,ʃi:n] *s* mașină de călcat

press kit ['pres kit] *s* colecție de material promoțional care se distribuie presei

press money ['pres,mʌni] *s înv* avans bănesc din prima soldă a unui soldat / marinar

press office ['pres ,ofis] *s* birou de presă

press run ['pres rʌn] *s* tiraj

press secretary ['pres ,sekrətri] *s pol* (în S.U.A.) purtător de cuvânt al Casei Albe

press stud ['pres stʌd] *s* 1 buton de sonerie 2 buton de mănușă 3 *auto* buton de presiune

press-up ['presʌp] *s brit sport* flotare; **to do ~s** a face flotări

pressure angle ['preʃə ,æŋgl] *s tehn* unghi de presiune

pressure cabin ['preʃə ,kæbin] *s av* cabină presurizată

pressure chamber ['preʃə,tʃeimbə] *s tehn* cameră de (com)presiune, barocameră

pressure-cook ['preʃə kuk] *vt* a găti la oala sub presiune

pressure feed ['preʃə fi:d] *s* 1 *auto* alimentare sub presiune 2 *tehn* transport prin presiune

pressure point ['preʃə point] *s anat* punct de presopunctură

pressure suit ['preʃə su:t] *s av* costum presurizat *(pentru zbor la mare înălțime)*

pressure welding ['preʃə,weldiŋ] *s met* sudare prin presiune

pressurization [,preʃərai'zeiʃn] *s* presurizare

pressurized ['preʃəraizd] *adj* presurizat; *(d un lichid / gaz)* sub presiune; **a ~ cabin** cabină presurizată *sau* sub presiune

pressurized-water reactor [,preʃəraizd 'wətə riektə] *s* reactor conținând apă sub presiune

prestation [pre'steiʃn] *s* prestație, prestare (în natură)

presternum [pri'stə:nəm] *s anat* manubrium

prestigious [pre'stidʒəs] *adj* prestigios

prestissimo [pres'tisiməu] *adj, adv, s muz* prestissimo

prestress [,pri:'stres] *vt constr* a precomprima

prestressed concrete [pri:,strest 'konkri:t] *s* ciment precomprimat

presumed [pri'zju:md] *adj* presupus, pretins, socotit

presumer [pri'zju:mə] *s* prezumțios, înfumurat, încrezut

presuming [pri'zju:miŋ] *adj* 1 încrezut, trufaș, îngâmfat, înfumurat 2 cutezător, îndrăzneț, impertinent

presumptively [pri'zʌmptivli] *adv* prin presupunere; presupus, prezumtiv

presumptuously [pri'zʌmptjuəsli] *adv* 1 cu îngâmfare; înfumurat; încrezut 2 cu îndrăzneală; cu obrăznicie; impertinent, cutezător

presumptuousness [pri'zʌmptjuəsnis] *s* 1 înfumurare, îngâmfare, prezumție 2 îndrăzneală, cutezanță; impertinență

presupposal [,pri:sə'pəuzəl] *s* presupunere, închipuire, bănuială

pre-tax [,pri:'tæx] *adj* brut, înainte de aplicarea impozitului; **~ profits** profituri brute

pretender [pri'tendə] *s* 1 prefăcut, fățarnic; închipuit, încrezut 2 reclamant, persoană care revendică 3 aspirant, pretendent, candidat; *(în istoria Angliei)* **the age of ~s** domnia lui Henric al VII-lea; **the Old Pretender** James Edward Stuart, fiul lui James al II-lea

pretentionless [pri'tenʃənlis] *adj* 1 modest, fără pretenții 2 fără fumuri, neîngâmfat

pretentiously [pri'tenʃəsli] *adv* pretențios; afectat, nefiresc

preterition [,pretə'riʃn] *s v.* **pretermission (1, 4)**

pretermission [,pri:tə(:)'miʃn] *s* 1 omisiune, scăpare (din vedere) 2 neglijență, nepăsare; **~ of duty** neglijență în serviciu; 3 întrerupere, suspendare 4 *ret* preterițiune

preternaturalism [,pri:tə(:)'nætʃrəlizm] *s* supranaturalism

preternaturally [,pri:tə(:)'nætʃrəli] *adv* neobișnuit; supranatural

pretone ['pri:təun] *s lingv* silabă pretonică; vocală pretonică

prettification [pritifi'keiʃn] *s F* înfrumusețare

prettifying ['pritifaiiŋ] *s v.* **prettification**

prettish ['pritiʃ] *adj F* destul de drăguț

prevaricating [pri'værikeitiŋ] **I** *adj* înșelător, mincinos **II** *s* ocolire a adevărului, atitudine evazivă; echivoc; tergiversare; minciună

preventable [pri'ventəbl] *adj* evitabil, care poate fi împiedicat, care poate fi oprit

preventible [pri'ventəbl] *adj v.* **preventable**

preverbal [,pri:'və:bl] *adj* 1 *(d un copil)* care nu vorbește încă; **~ communication** activitate preverbală 2 *gram* înaintea verbului

previousness ['pri:viəsnis] *s* 1 *rar* anterioritate; prioritate 2 *F* pripă, grabă, lipsă de chibzuință

previse [pri'vaiz] *vt* 1 a prevedea; a prezice, a prevesti, 2 a preveni, a avertiza

prevocalic [,pri:və'kælik] *adj* prevocalic

prevue ['pri:vju:] *s amer* film anunț, forșpan; rulare din filmul pentru care se face reclamă

prewash ['pri:woʃ] **I** *s* prespălare **II** *vt* a prespăla

preyer ['preiə:] *s* spoliator; devastator

prezzie ['prezi] *s* cadou

priapic [prai'æpik] *adj* priapic

priapism ['praiəpizəm] *s* 1 *med* priapism 2 desfrânare, destrăbălare

pribble-prabble [,pribl 'præbl] *s* flecăreală, trăncăneală

price cut ['prais kʌt] *s* reducere a prețului

price fixing ['prais,fiksiŋ] *s* calculație, calcul

price index ['prais ,indeks] *s ec* indice de preț

pricelessness ['praislisnis] *s* valoare neprețuită

price-rigging ['prais ,rigiŋ] *s ec* alinierea prețurilor

price ring ['prais riŋ] *s com* coaliție între negustori *(pentru menținerea prețurilor)*

price war ['prais wo:] *s ec* războiul prețurilor

prick-ears ['prik,iəz] *s pl* 1 urechi ridicate în sus / ciulite 2 *F* cu ochii în patru, ochi și urechii

pricking ['prikiŋ] *s* 1 operație prin care se realizează un desen înțepând modelul cu acul 2 punctare

prickly pear (cactus) [,prikli'peə (kæktəs)] *s bot* specii de cactus, broască, limba-soacrei *(Opuntia ficus-indica și alte specii de O.)*

prick-me-dainty [,prik mi:'deinti] *scot* **I** *adj* mofturos; afectat **II** *s* (om) mofturos; afectat

prick punch ['prik pʌntʃ] *s tehn* punctator de / pentru trasare

prickwood ['prikwud] *s bot* salbă-moale, voiniceriu *(Evonymus europaeus)*

prier ['praiǝ] *s* 1 băgăcios, curios 2 spion

priest hole ['pri:st hǝul] *s* ascunzătoare pentru preoți în perioada persecuției catolicilor

priestless ['pri:stlis] *adj* fără preot

priestling ['pri:stliŋ] *s peior* popă

priestship ['pri:stʃip] *s* 1 preoție 2 cler, preoțime

prigger ['prigǝ] *s* hoț, pungaș

prill [pril] *s min* 1 metal în stare nativă, pepită 2 bucată mică de minereu; model, mostră, probă

prime ministership [,praim 'ministǝ:ʃip], **prime ministry** [,praim 'ministri] *s* funcțiile primului ministru; **during her ~** în timpul funcției ei de prim ministru

primeness ['praimnis] *s* calitate bună *(a cărnii, mărfii etc.)*

prime rate [,praim 'reit] *s fin* rata de bază a dobânzii

prime time [,praim 'taim] I *s* oră de maximă audiență II *adj* **prime-time** *(d un program TV)* difuzat la o oră de maximă audiență

primitivism ['primitivizm] *s* primitivism

primordially [prai'mɔ:diǝli] *adv* 1 primordial, fundamental 2 primitiv, străvechi

primrosed ['primrǝuzd] *adj* acoperit cu primule

primrose peerless ['primrǝuz,piǝlis] *s bot* varietate de zarnacadea *(Narcissus biflorus)*

primrose yellow [,primrǝuz 'jelǝu] *s* culoare galben-pai

primrosy ['prim,rǝuzi] *adj v.* **primrosed**

primus stove ['praimǝs stǝuv] *s* primus

prince's metal ['prinsiz,metl] *s met* aliaj de cupru cu zinc

Prince Charming [,prins 'tʃa:miŋ] *s* Făt-Frumos

Prince Edward Island [,prins 'edwǝ:d ,ailǝnd] *s geogr* insulă și provincie maritimă în Canada

princekin ['prinskin] *s rar* prințișor

princeless ['prinslis] *adj* fără prinț

prince regent [,prins 'ri:dʒǝnt] *s* prinț regent

princesse dress [prin'ses dres] *s* rochie „princesse"

Princess Royal [,prinses'rɔiǝl] *s* principesă moștenitoare *(a tronului englez)*

principal parts [,prinsǝpǝl 'pa:ts] *s pl gram* rădăcina verbului

principial [prin'sipiǝl] *adj* elementar, de începător

prink [priŋk] I *vt* 1 *(și* to ~ up) a dichisi, a împopoțona 2 *(d păsări)* to ~ **its feathers** a-și curăța penele II *vi* 1 a-și da aere / ifose 2 a se împopoțona, a se dichisi

printed ['printid] *adj* 1 imprimat, tipărit; **the ~ word** cuvântul scris 2 *(d o foaie de hârtie)* cu antet

printhead ['printhed] *s poligr* cap de tipărire

printing apparatus ['printiŋæpǝ,reitǝs] *s* 1 *tel* teleimprimator; mecanism de imprimat 2 *poligr* aparat de imprimat / tipărit

printing frame ['printiŋ freim] *s poligr* heliograf; aparat de imprimat

printing machine ['printiŋmǝ,ʃi:n] *s poligr* presă de tipar; mașină de imprimat

printing works ['printiŋ wǝ:ks] *s pl (folosit și ca sg)* tipografie

printmaker ['printmeikǝ] *s* 1 tipograf 2 gravor

printout ['printaut] *s* tipărire la imprimantă, tiraj; to do a ~ a scoate la imprimantă *(un document etc.)*, a imprima

print seller ['print,selǝ] *s* vânzător de gravuri / stampe / litografii

printwheel ['printwiǝl] *s* disc cu caractere *(la mașina de scris sau la unele imprimante)*

print works ['print wǝ:ks] *s pl (folosit ca sg)* fabrică de imprimat stambă

priorate ['praiǝrit] *s* 1 stăreție 2 demnitate de stareț

prioritize [prai'ɔritaiz] *vt* a acorda prioritate; **if elected we will ~ health care** dacă vom fi aleși, vom acorda prioritate sănătății

priority share [prai'ɔriti ʃeǝ] *s ec* acțiune privilegiată

prism binoculars [,prizm bi'nɔkjulǝz] *s pl* binoclu prismatic

prismy ['prizmi] *adj* de culori prismatice

prison bars ['prizn ba:z] *s pl* zăbrele, gratii de închisoare

prison bird ['prizn bǝ:d] *s* deținut, pușcăriaș, întemnițat

prison breach ['prizn,bri:tʃ] *s* evadare, fugă din închisoare

prison colony ['prizǝn ,kɔlǝni] *s* colonie penitenciară

prisonment ['priznmǝnt] *s* detenție

prison van ['prizn væn] *s* dubă

prison visitor ['prizn ,vizitǝ] *s* vizitator în închisoare

prittle-prattle [,pritl'prætl] *s F* palavre, flecăreală

private bill [,praivit'bil] *s* proiect de lege parlamentar privitor la persoane particulare / corporații

private company [,praivit 'kʌmpǝni] *s* întreprindere / societate privată

privateering [,praivǝ'tiǝriŋ] *ist* I *s* piraterie II *adj* de corsari

privateersman [,praivǝ'tiǝrzmǝn] *pl* **privateersmen** [,praivǝ'tiǝrzmen] *s nav* ist ofiter sau marinar de pe un vas de corsari

privately ['praivitli] *adv* 1 a ~ **owned company** o întreprindere privată; **she sold her house ~** și-a vândut casa unui particular; **to be ~ educated** a-și face studiile într-o școală particulară; **the jury's deliberations took place ~** deliberările juriului au avut loc cu ușile închise 2 ~, **he didn't agree** în sinea lui, nu era de acord; **she informed me ~** m-a informat în secret 3 **he acted ~ and not in his capacity as mayor** a acționat în calitate de persoană particulară, nu în cea de primar

private member's bill [,praivit 'membǝ:z bil] *s pol* proiect de lege dat de un membru din parlament care nu ocupă nici un post ministerial

private practice [,praivit 'præktis] *s* practicarea unei profesii independent / nu ca angajat permanent; **she's in ~** are un cabinet medical particular

private secretary [,praivit'sekretǝri] *s* secretar personal

privatization [,praivitai'zeiʃn] *s* privatizare

privatize ['praivitaiz] *vt* a privatiza

privy parts ['privi pa:ts] *s pl* organe genitale

prize crew ['praiz kru:] *s nav* echipaj dus pe bordul unui vas capturat

prize day ['praiz dei] *s brit* ziua de decernare a premiilor *(la şcoală)*

prize draw ['praiz drɔ:] *s* tombolă, loterie

prize fighter ['praiz,faitə] *s sport* boxer profesionist, pugilist

prize giving ['praiz,giviŋ] *s* distribuire a premiilor

prize goods ['praiz gudz] *s nav* mărfuri de captură

prize master ['praiz,mɑːstə] *s nav* ofiţer numit căpitan al unei capturi

prize money ['praiz,mʌni] *s* **1** premiu de bani **2** *nav* parte din captură, bani obţinuţi din vânzarea unei prize

prizer ['praizə] *s* **1** expert în evaluări, estimator, preţuitor, **2** concurent

prize taker ['praiz,teikə] *s nav* persoană care capturează un vas

prizewinning [,praiz'winiŋ] *adj (d* roman, film etc.) premiat; *(d un* bilet, număr etc.) câştigător

probabiliorism [,prɔbə'biliərizm] *s rel (catolicism)* probabiliorism

probabiliorist [,prɔbə'biliərist] *s rel (catolicism)* adept al probabiliorismului

probability curve [,prɔbə'biliti kə:v] *s mat* curba probabilităţilor

probang ['prəubæŋ] *s med, vet* sondă esofagiană

Probate Court ['prəubeit kɔ:t] *s jur* secţie a Înaltei Curţi de Justiţie care se ocupă de testamente şi succesiuni

probate duty ['prəubeit,djuːti] *s jur* taxă de moştenire

probationership [prə'beiʃənəʃip] *s* stagiu de probă, ucenicie; *bis* noviciat

probation officer [prə'beiʃn,ɔfisə] *s* supraveghetor al condamnaţilor eliberaţi sub supraveghere; inspector de criminali minori condamnaţi în condiţional

probationship [prə'beiʃnʃip] *s rar* ucenicie; *bis* noviciat

probator [prəu'beitə] *s* verificator, examinator, expert

prober ['prəubə] *s* persoană care face un sondaj; *F* scormonitor; ~ **of secrets** scormonitor de secrete

problem page ['prɔbləm peidʒ] *s brit* rubrică sentimentală dintr-un ziar

problem-solving ['prɔbləm ,sɔlviŋ] *s* rezolvare a problemelor

proboscidal [prəu'bɔsidəl] *adj* în formă de trompă / rât; proboscidal

proboscidate [prəu'bɔsideit] *adj zool* înzestrat cu trompă

proboscidea [,prəubə'sidiə] *s zool* proboscidieni

proboscidial [,prəubə'sidiəl] *adj* proboscidean

proboscidiform [,prəubə'sidifɔːm] *adj zool* proboscidiform, în formă de trompă / rât

prosbosciformed [,prəubə'sifɔːmd] *adj v.* **proboscidiform**

procacity [prə'kæsiti] *s rar* impertinenţă, insolenţă, obrăznicie

pro-cathedral [,prəukə'θiːdrəl] *s* biserică ce ţine loc de catedrală

proceleusmatic [,prɔsilju:'smætik] **I** *adj metr* proceleusmatic **II** *s metr* picior proceleusmatic

procephalic [,prəusi'fælik] *adj anat* procefalic

process annealing ['prəuses ə,niːliŋ] *s tehn* cristalizare, recoacere a pieselor prelucrate la rece, recoacere incompletă

process chart ['prəuses tʃɑːt] *s tehn* fişă tehnologică, fişă a procesului tehnologic

processionary [prə'seʃnəri] **I** *adj* **1** *bis* procesional, de / în procesiune **2** *ent* ~ **caterpillar** omidă primejdioasă care năpădeşte în valuri **II** *s v.* **processioner (3)**

processioner [prə'seʃnə] *s* **1** participant la un cortegiu / la o procesiune **2** *bis (în catolicism)* carte rituală pentru procesiuni; imn bisericesc cântat la procesiuni **3** *amer* hotarnic

procession flower [prə'seʃn ,flauə] *s bot* amăreală, iarbă-lăptoasă, şerpariţă *(Polygala vulgaris)*

processionist [prə'seʃnist] *s* participant la un cortegiu / la o procesiune

processionize [prə'seʃnaiz] *vi* a merge într-un cortegiu / într-o procesiune, a defila

processive [prə'sesiv] *adj* progresiv

processor ['prəusesə] *s* **1** *cib* procesor **2** robot de bucătărie

processual [prə'sesjuəl] *adj jur* procesual

pro-choise [,prəu'tʃɔis] *adj* care este pentru avort şi eutanasie

prochronism [prəu'krɔnizm] *s* eroare cronologică constând în plasarea unei date într-o perioadă anterioară celei reale

procident ['prɔsidənt] *adj* **1** care cade **2** *med* procident

proclaimer [prə'kleimə] *s* pristav, strigător public, vestitor, crainic

proclive [prə'klaiv] **I** *adj înv* **(to)** aplecat, înclinat, dispus, predispus (la) **II** *vt* a face să fie înclinat / dispus **III** *vi* a fi înclinat / aplecat / predispus / dispus

procoelian [prəu'siːliən] **I** *adj* **1** *zool* proiectat înainte **2** *zool (d* crocodili) cu capul proiectat în faţă **3** *anat* care prezintă procalis **II** *s zool* animal cu capul proiectat înainte, crocodil

proconsulship [prəu'kɔnsəlʃip] *(ist Romei)* proconsulat

procrastinative [prəu'kræstineitiv] *adj* **1** care amână / tărăgănează, încet, zăbovitor **2** *(d tactică)* de tărăgănare

procrastinator [prəu'kræstineitə] *s* persoană care amână / tărăgănează / temporizează / zăboveşte

procrastinatory [prəu'kræstineitəri] *adj* care amână / tărăgănează / întârzie

procreativeness ['prəukrieitivnis] *s* putere generatoare, fecunditate, putere de procreare, rodnicie

procrusteanize [prəu'krʌstiənaiz] *vt* a întinde / a scurta cu forţa, a da o formă violentă *(unui lucru)*

procryptic [prəu'kriptik] *adj* mimetic

proctitis [prɔk'taitis] *s med* proctită

proctology [prɔk'tɔlədʒi] *s med* proctologie

proctorial [prɔk'tɔːriəl] *adj* **1** *(la universităţile Oxford şi Cambridge)* care se referă la proctori *(la membrii executivi ai consiliului de disciplină)* **2** *jur* care se referă la avocaţi *(în faţa unui tribunal special sau bisericesc)* **3** care se referă la procurorul regelui

proctorize ['prɔktəraiz] *vt (la universităţile Oxford şi Cambridge)* a supune *(un student)* disciplinei universităţii, a mustra / a dojeni / a trimite (un student) la arest; a aplica o amendă *(unui student)*

procurator fiscal [,prɔkjureitə 'fiskəl] s *(în Scoția)* procuror într-un district local

procuratorship ['prɔkjuəreitəʃip] s *(ist Romei)* funcția de procurator

procuratory ['prɔkjuərətri] s *jur* procură; **letter of ~** procură

procuring [prə'kjuəriŋ] s **1** procurare, achiziționare, obținere, dobândire **2** *amer* aprovizionare; serviciu de aprovizionare **3** stăruință, silință **4** mijlocire, executare, îndeplinire, realizare **5** codoșlâc, proxenetism

prodder ['prɔdə] s instrument ascuțit, unealtă ascuțită, ac, bold, sulă

prodigalize ['prɔdigəlaiz] *vt* a risipi, a mânca, a toca *(bani, avere)*, a cheltui nebunește; a împărți cu dărnicie / generozitate, a da din belșug

prodigiousness [prə'didʒəsnis] s prodigiu, minunăție; enormitate

producers'goods [prə,dju:səz'gudz] s mijloace de producție

producibility [prə,dju:sə'biliti] s productibilitate

producing [prə'dju:siŋ] **I** *adj* producător, productiv **II** s producere, fabricare, producție *(de mărfuri etc.)*; proces de producție, prelucrare, extragere

productibility [prɔdʌktə'biliti] s *rar* productibilitate

productible [prə'dʌktibl] *adj rar* care poate fi produs / fabricat / confecționat; care poate fi arătat / etalat

productile [prə'dʌktil] *adj* care lungește / tărăgănează

production manager [prə'dʌkʃn ,mænidʒə] s director de producție

production platform [prə'dʌkʃn ,plætfɔ:m] s platformă de producție

productively [prə'dʌktivli] *adv* **1** *ec* într-o manieră productivă **2** în mod util / profitabil

profanatory [prəu'fænətri] *adj rar* profanator, pângăritor, care profanează / pângărește

profaneness [prə'feinnis] s **1** caracter profan *(al unei scrieri etc.)* caracter nelegiuit *(al unei acțiuni etc.)* **2** blasfemie

profaner [prə'feinə] s **1** (of) pângăritor / violator (de), persoană

care profanează / pângărește / necinstește / violează *(ceva)* **2** calomniuat, scelerat, hulitor, calomniator, defăimător

profert ['prəufə:t] s *jur* prezentare, arătare *(a unui document)*

professional foul [prə,feʃnəl 'faul] s *(la fotbal)* greșeală intenționată

professionalize [prə'feʃnəlaiz] **I** *vt* a transforma *(o ocupație)* în meserie, a face o meserie / o profesie din, a lăsa *(un sport)* pe seama profesioniștilor **II** *vi* a se apuca de o profesie / meserie, a începe să profeseze; a dovedi profesionist

professionally [prə'feʃnəli] *adv* **1** în mod profesional; **he writes ~** trăiește din ce scrie; **she's a ~ qualified doctor** este un bun medic; **he plays ~** joacă ca un profesionist **2** într-o manieră profesionistă; **she works very ~** lucrează profesionist

profferer ['prɔfərə] s ofertant, persoană care face o propunere / o ofertă; **the best ~** cel care oferă mai mult

proficiently [prə'fiʃəntli] *adv* competent, cu competență

profile board ['prəufail bɔ:d] s *tehn* șablon

profile cutter ['prəufail ,kʌtə] s *tehn* freză de formă / profilată

profile drag ['prəufail dræg] s *tehn* rezistență profilată

profile paper ['prəufail ,peipə] s *tehn* hârtie cu pătrățele / milimetrică

profile piece ['prəufail pi:s] s *tehn* culisă cu contururi neregulate / cu profil neregulat

profiling machine ['prəufi:liŋ mə,ʃi:n] s *tehn* strung de copiat

profilograph [prəu'filəgra:f] s *tehn* profilograf

profilometer [,prəufi'lɔmitə] s *tehn* profilometru

profit-and-loss account [,prɔfit ənd'lɔs əkaunt] s *ec* cont de profit și pierderi

profiteering [,prɔfi'tiəriŋ] s speculă, mercantilism **they were accused of ~** au fost acuzați de speculă

profiterole [prə'fitərəul] s profiterol

profit-making [,prɔfit 'meikiŋ] *adj* **1** în scop lucrativ; **non ~ organization** asociație non-profit **2** rentabil

profit margin ['prɔfit ,ma:gin] s *ec* marja profitului

profit motive ['prɔfit ,məutiv] s *ec* încercare de maximizare a profitului

profit rate ['prɔfit reit] s *ec* rata profitului

profit squeeze ['prɔfit skwi:z] s *ec* comprimarea beneficiilor

profit-taking ['prɔfit ,teikiŋ] s *ec* vânzarea acțiunilor cu un profit

profligation [prɔfli'geiʃn] s *înv* descurajare, mâhnire, deprimare

pro-form ['prəufɔ:m] s *lingv* formă pro, formă de substituție

pro forma [,prəu 'fɔ:mə] s *lat* **I** *loc adv* de formă **II** *loc adj* ~ **account** calcul fictiv / aproximativ; ~ **invoice** factură simulată / formală / de complezență

profuseness [prə'fju:snis] s risipă, prisosință, îmbelșugare, belșug, abundență

prog[1] [prɔg] **I** *vi* **1** *P* a căuta, a scotoci *(↓ pentru a fura)*, a umbla după o pleașcă / o lovitură **2** *P* a se apuca de cerșit; a cerși, a trăi din cerșit **3** *P* a șterpeli, a sparli **4** *amer* a căuta scoici **II** s *sl* **1** haleală, de-ale gurii, potol, merinde, provizii de drum / pentru un picnic **2** cerșetor, vagabond

prog[2] [prɔg] *vt sl școl* **to be ~ged** a fi prins călcând disciplina; a primi o pedeapsă disciplinară

prog[n] [prɔg] **I** *vt* **1** *(d persoane, semne etc.)* a prevesti, a prezice, a proroci **2** a pronostica, a prevedea **II** *vi* a face o profeție / o prorocire

progenitorial [,prəudʒeni'tɔ:riəl] *adj* strămoșesc, străbun

progenitress [prəu'dʒenitris] s strămoașă, străbună

progenitrix [prəu'dʒenitriks] s v. **progenitress**

progging ['prɔgiŋ] s cerșit, cerșetorie

prognathous [prɔg'neiθəs] *adj anat* prognatic

prognose [prɔg'nəus] *vt med* a pronostica

prognosticable [prɔg'nɔstikəbl] *adj* care poate fi pronosticat / prevăzut / prevestit / prezis

prognosticative [prɔg'nɔstikeitiv] *adj* care prevestește, prevestitor; ~ **of smth** care prevestește / prezice ceva, prevestitor a ceva

prognosticator [prəg'nɔstikeitə] *s* proroc, prezicător, profet; ghicitor; ursitor

prognosticatory [prəg'nɔstikeitəri] *adj* simptomatic; ~ of smth care prevesteşte / prezice ceva, prevestitor a ceva

programmable random access (memory) *s* memorie cu acces aleator programabilă

programmed learning [,prəugræmd 'lə:niŋ] *s* învăţământ programat *(în care materia este divizată în aşa fel încât elevul să o poată asimila cât mai uşor)*

programme notes ['prəugræm nəuts] *s pl* adnotări pe margi- nea unui program de teatru; **the ~ are very useful** comentariile făcute în program sunt foarte utile

progress chart ['prougres tʃɑːt] *s* v. **process chart**

progress chaser ['prougres ,tʃeisə] *s* responsabil cu desfăşurarea unui proiect

progressional [prə'greʃnəl] *adj* (care este) în progres

progressionism [prə'greʃnizm] *s pol* progresism, atitudine / concepţie progresistă, caracter progresist

progressist [prə'gresist] *s* 1 progresist 2 *rar* persoană care crede în progresul continuu al societăţii 3 evoluţionist

progressiveness [prə'gresivnis] *s* mers înainte / progresiv / treptat; caracter progresist

prohibiter [prə'hibitə] *s* persoană care interzice / opreşte

prohibitionism [,prəuhi'biʃənizm] *s* 1 protecţionism, sistem protecţionist *(în comerţ)* 2 **Prohibitionism** prohibiţionism *(în materie de băuturi alcoolice)*

prohibitively [prə'hibətivli] *adv* ~ expensive îngrozitor de scump

projectile grab ['prɔdʒiktail'græb] *s tehn* cleşte pentru proiectile

projecting [prə'dʒektiŋ] I *adj* ieşit, scos în afară, proeminent; ~ **forehead** frunte proeminentă; ~ **teeth** dinţi ieşiţi în afară II *s* aruncare, zvârlire, lansare *(a unui proiectil etc.)*

projecting geometry [prə,dʒektiŋdʒi'ɔmitri] *s* geometrie descriptivă

projective geometry [prə,dʒektiv dʒi'ɔmitri] *s* v. **projecting geometry**

projective test [prə,dʒektiv 'test] *s psih* test de personalitate

project manager ['prəudʒekt ,mænidʒə] *s* şef / conducător de proiect

projecture [prə'dʒektʃə] *s arhit* proeminenţă, ieşind, ieşitură

Prokofiev [prə'kɔfiev] *s* **Serghei Sergheevici ~** compozitor şi pianist rus

prolate ['prəuleit] *adj* 1 *geom* alungit, oblong, lungăreţ, prelung; întins, extins 2 larg răspândit

proleg ['prəuleg] *s ent* picior fals

proletarianism [,prəule'teəriənizm] *s* 1 proletariat 2 concepţii politice ale proletariatului

proletariat(e) [,prəule'teəriət] *s* proletariat

pro-life [,prəu'laif] *adj* împotriva avortului şi a eutanasiei

prolificacy [prə'lifikəsi] *s* prolificitate, rodnicie, productivitate, fertilitate

prolification [prəlifi'keiʃn] *s* 1 producere, zămislire; fecunditate, fertilitate 2 proliferare

prolificly [prə'lifikli] *adv* prolific, abundent, fertil, fecund

prolificness [prə'lifiknis] *s* fertilitate, fecunditate, caracter prolific, rodnicie

prolixly ['prəuliksli] *adv* prolix

prolocutorship [prəu'lɔkjutəʃip] *s* funcţie de preşedinte *(↓ al unui sobor bisericesc)*

prolongation clause [prəulɔn'geiʃn klɔ:z] *s nav* clauză privind prelungirea termenului

prolonge [prə'lɔndʒ] *s mil* funie / odgon de remorcat

promenade deck [prɔmi'nɑːd dek] *s nav* punte de promenadă

prominently ['prɔminəntli] *adv* în mod proeminent; **he figures ~ in** French politics ocupă o po- ziţie importantă în viaţa politică franceză; **the medal was ~ displayed** medalia a fost expusă / pusă în evidenţă

promiscuousness [prə'miskjuəsnis] *s* 1 eterogenitate, amestecătură, confuzie, neorânduială 2 promiscuitate *(între cele două sexe)*

promisingly ['prɔmisiŋli] *adv* promiţător

promontoried ['prɔməntərid] *adj* *(d un golf, o coastă etc)* cu promontoriu

promotional [prə'məuʃnəl] *adj* 1 de încurajare 2 *amer* de reclamă, privind reclama

promotive [prə'məutiv] *adj* **to be ~ of smth** a încuraja / a promova / a favoriza ceva

prompter's box [,prɔmptəz 'bɔks] *s* cuşca suflerului

prompting ['prɔmptiŋ] *s* 1 sugestie, imbold, îndemn *(cuiva să facă ceva)*; **at whose ~ was it done?** la îndemnul cui a fost făcut acest lucru? 2 suflat *(al unui actor, elev etc.)*; **no ~!** nu suflaţi! lăsaţi-l să răspundă singur!

promptly ['prɔmptli] *adv* prompt, cu promptitudine, rapid, iute; pe loc, imediat; **your orders will be executed ~** ordinele dumneavoastră vor fi îndeplinite prompt; **to pay ~** a plăti în numerar / cu bani gheaţă; a plăti punctual

promptness ['prɔmptnis] *s* 1 promptitudine, repeziciune, iuţeală, grabă *(în executarea unui lucru)* 2 ↓ *ec* punctualitate

prompt note [,prɔmpt'nəut] *s com* notă memorială privind un termen de plată *(trimisă de vânzător cumpărătorului)*

prompt side ['prɔmpt said] *s (în teatru)* partea scenei din stânga actorilor *(amer din dreapta actorilor)*

promptuary ['prɔmptʃuəri] *s* manual, prescurtar

promulgator ['prɔmʌlgeitə] *s* 1 persoană care promulgă *(o lege etc.)* 2 persoană care răspândeşte / difuzează *(o idee, o doctrină)*, vulgarizator

promulge [prə'mʌldʒ] *vt* 1 a promulga, a da, a publica *(o lege, un decret)* 2 a răspândi *(o idee, o doctrină)*; a face cunoscut, a anunţa, a răspândi *(o ştire)*

promycelium [,prəumai'si:liəm] *s bot* promiceliu

pronaos [prəu'neiɔs] *s (în Grecia Antică)* pronaos

pronate ['prəuneit] *vt* a pune *(mâna etc.)* în

pronation [prə'neiʃn] *s fizl* pronaţie

pronator [prəu'neitə] *adj fizl (d muşchi)* pronator

prong die ['prɔŋ dai] *s tehn* filieră tubulară

pronged [prɔŋd] *adj* cu dinţi de furcă, cu colţi; **three- ~** cu trei dinţi

prong key ['prɔŋ ki:] *s tehn* cheie-furcă

pronograde ['prəunɔgreid] *adj* care se mișcă / merge / se deplasează în poziție orizontală; care merge pe patru picioare

pronominalize [prə'nɔminəlaiz] *vt gram* a pronominaliza

pronotum [prəu'nəutəm] *s ent* pronotum

pronucleus [prəu'nju:kliəs], *pl* **pronuclei** [prəu'nju:kliai] *s biol* nucleu haploid masculin sau feminin prezent în ou în timpul fecundării

proofing ['pru:fiŋ] *s* 1 încercare, probă; verificare a impenetrabilității / a impermeabilității etc. 2 substanță / material care face obiectele impenetrabile / impermeabile etc.; *pl text* țesături cauciucate 3 impregnare cu cauciuc, cauciucare; îmbibare, impregnare, impermeabilizare 4 punere la crescut / dospit *(a aluatului)*

proof-reader's mark [,pru:f ri:dəz 'mɑːk] *s poligr* semn de corectură

proof reading ['pru:f,ri:diŋ] *s poligr* corectură

proof-test ['pru:ftest] I *s* probă, încercare, verificare II *vt* a supune la încercare / probă, a verifica, a încerca

propaedeutic [,prəupi:'dju:tik] I *adj* propedeutic, preparator II *s* propedeutică, învățământ preparator

propagative ['prɔpəgeitiv] *adj* propagativ, care propagă / răspândește

propagator ['prɔpəgeitə] *s* 1 propagator 2 *hort* ladă cu grăuntele ce trebuie să încolțească

proparoxytone [,prəupə'rɔksitəun] *s lingv* proparoxiton

propeller shaft [prə'pelə ʃɑːft] *s* 1 *av* arborele elicei 2 *tehn* transmisie cardanică 3 *nav* arbore portelice, arborele elicei 4 *tehn* arbore conducător, arbore de antrenare

propelling engine [prə,peliŋ'endʒin] *s nav* mașină principală de propulsie a navei

propelling pencil [prə,peliŋ 'pensəl] *s brit* creion mecanic

propension [prə'penʃn] *s* (to, against, for doing smth) aplecare, înclinație (spre, de a face ceva)

proper motion [,prɔpə'məuʃn] *s astr* mișcare proprie

properness ['prɔpənis] *s* (bună-) cuviință

property damage ['prɔpəti,dæmidʒ] *s ec* pagubă materială

property master ['prɔpəti,mɑːstə] *s* recuziter

property mistress ['prɔpəti,mistris] *s* recuzitoare (la teatru)

prop forward [,prɔp 'fɔːwəd] *s (la rugby)* pilier

prophesier ['prɔfisaiə] *s* profet, proroc, prezicător

prophetically [prə'fetikəli] *adv* profetic

prophylaxy ['prɔfilæksi] *s med* profilaxie, măsură preventivă

propionat ['prəupiəneit] *s ch* propionat

propionic [,prəupi'ɔnik] *adj ch* propionic

propitiable [prə'piʃiəbl] *s* care poate fi (făcut) propice, care poate fi favorabil

propitiative [prə'piʃieitiv] *adj (d o declarație, o acțiune etc.)* de ispășire

proplasm ['prəuplæzm] *s* 1 tipar, formă, șablon 2 *poligr* matriță 3 *min* filon

propolis ['prɔpəlis] *s ent* propolis *(substanță cleioasă secretată de albine)*

propono [prə'pəun] *vt* 1 a expune 2 a propune spre discutare

proportionably [prə'pɔːʃnəbli] *adv* în proporție, proporțional, proporționat

proportionalism [prə'pɔːʃnəlizm] *s pol* teorie a reprezentării proporționale

proportionalist [prə'pɔːʃnəlist] *s pol* partizan al reprezentării proporționale

proportionately [prə'pɔːʃnətli] *adv* în mod proporțional

proportionateness [prə'pɔːʃnətnis] *s* proporționalitate

proportioned [prə'pɔːʃnd] *adj* proporționat; well ~ bine proporționat

proportioning [prə'pɔːʃniŋ] *s* 1 dozare *(a ingredientelor)* 2 *tehn* dimensionarea *(unei piese)*

proportionment [prə'pɔːʃnmənt] *s* împărțire proporțională

proposed [prə'pəuzd] *adj* propus; ~ rendering încercare de traducere

propounder [prə'paundə] *s* persoană care propune / care pune *(o problemă etc.)*; autor *(al unei sugestii, al unei propuneri)*

propped [prɔpt] *adj* proptit, sprijinit, rezemat

propping ['prɔpiŋ] *s* 1 proptire, rezemare, sprijinire 2 *min* susținere cu stâlpi

proprietary article [prə'praiətri,ɑːtikl] *s com* articol al unui drept de producție / de vânzare aparținând unei firme

proprietary colony [prə'praiətri,kɔləni] *s ist* (în S.U.A.) colonie concesionată unui proprietar de către Coroana engleză, în sec. al XVII-lea

proprietary company [prə'praiətri,kʌmpəni] *s* 1 societate care controlează 2 societate pe acțiuni care posedă terenuri pe care le vinde în parcele *sau* le dă în arendă

proprietary hospital [prə'praiətri,hɔspitəl] *s amer* spital privat, clinică privată

proprietary rights [prə'praiətri raits] *s pl* drept de proprietate

proprietress [prə'praiətris] *s* proprietară, posesoare, stăpână, patroană

prop shaft ['prɔp ʃɑːft] *s tehn* arbore de transmisie

propulsive coeficient [prə,pʌlsiv kəui'fiʃənt] *s fig* coeficient de propulsie

propyl ['prəupil] *s ch* propil

propylaeum [,prɔpi'liəm], *pl* **propylaea** [,prɔpi'liːə] *s (ist Greciei)* propilee

propyl alcohol [,prɔpil'ælkəhɔl] *s ch* alcool propilic

proquaestor [prəu'kwestə] *s (ist Romei)* prochestor

pro rata [,prəu'rɑːtə] *adv* proporțional, în proporție, conform

proration [prəu'reiʃn] *s amer* repartizare proporțională

prore ['prəuə] *s* 1 *nav* proră, provă 2 *poetic* corabie, vas

prorector [prəu'rektə] *s* prorector

prosaicness [prəu'zei:knis] *s* prozaism, banalitate *(a stilului etc.)*

prosaist ['prəuzəist] *s* 1 prozator 2 persoană prozaică / lipsită de poezie

Pros. Atty *presc de la* **prosecuting attorney**

proscenium arch [prə'siːnjəm ɑːtʃ] *s (la teatru)* bolta prosceniului

proscript ['prəuskript] *s* proscris

prosector [prə'sektə] [prəu'sektə] *s* prosector, preparator de disecții

prosecutable ['prɔsikju:təbl] *adj jur* **1** *(d o persoană)* care poate fi urmărită **2** *(d o reclamație)* care poate fi depusă; *(d o acțiune)* care poate fi intentată

prosecutrix ['prɔsikju:triks] *s* reclamantă

prosecuting attorney [ˌprɔsikju-tiŋ ə:'tə:ni] *s jur (în S.U.A.)* procuror

prose poem ['prəuz ˌpəuim] *s* poem în proză

prosify ['prəusifai] *peior* I *vt* a da o înfățișare prozaică / comună, a banaliza II *vi* a scrie proză plictisitoare

pro-slavery [prəu'sleivəri] *(ist S.U.A.)* I *adj* sclavagist; **the ~ States** statele sclavagiste II *s* sprijinire a sclaviei

prosodist ['prɔsədist] *s* expert în prozodie

prospect glass ['prɔspekt glɑːs] *s înv* lunetă, ochean, binoclu

prospecting [prəs'pektiŋ] *s* prospecțiune, cercetare, căutare, explorare

prospection [prəs'pekʃn] *s (spirit de)* prevedere, precauție

prosperousness ['prɔspərəsnis] *s* prosperitate, succes *(al unei întreprinderi)*

prostaglandin [ˌprɔstə'glændin] *s biol* prostaglandină, hormon cu rol în procesul de reproducere

prostatic [prə'stætik] *adj anat* prostatic

prosthetic [prɔs'θetik] *adj* **1** protetic, de proteză **2** *lingv* prostetic

prostitutor ['prɔstitjutə] *s* persoană care își prostituează talentul, onoarea *etc.*

protactinium [ˌprəutæk'tiniəm] *s ch* protactiniu

protagonism [prəu'tægənizm] *s* apărare *(a unei doctrine etc.)*

protatic [prəu'tætik] *adj (în teatrul antic etc. d un personaj)* protatic

protea [prəu'tiə] *s bot* protee

protecting [prə'tektiŋ] I *adj* de protecție / apărare, protector, de siguranță II *s* protejare, protecție, ferire, ocrotire, salvgardare *(a intereselor)*

protective coating [prəˌtektiv 'kəutiŋ] *s tehn* acoperire de protecție, strat protector

protective covering [prəˌtektiv 'kʌvəriŋ] *s v.* **protective coating**

protective custody [prəˌtektiv 'kʌstədi] *s jur* detenție preventivă *(ca măsură de protecție)*

protective deck [prəˌtektiv'dek] *s nav* punte cuirasată

proteolysis [ˌprəuti'ɔlisis] *s fizl* proteoliză

proteolytic [ˌprəutiə'litik] *adj fizl* proteolitic

Protestant Episcopal Church [ˌprɔtistənt i'piskəpəl tʃətʃ] *s* biserica anglicană din S.U.A.

Protestantize ['prɔtistəntaiz] I *vt bis* a converti la protestantism II *vi* a fi de religie protestantă; a practica protestantismul

protester [prə'testə] *s* **1** protestatar, persoană care protestează **2** *jur* debitor care protestează o poliță

protestor [prə'testə] *s v.* **protester**

protococcus [ˌprəutə'kɔkəs] *pl* **protococci** [ˌprəutə'kɔkai] *s bot* protococ

protocolar ['prəutəkɔlə] *adj* protocolar

protocolist ['prəutəkɔlist] *s* secretar

protocolize ['prəutəkɔlaiz] *vi* a redacta un protocol / un proces verbal

proton microscope ['prəutɔn ˌmaikrəskəup] *s* microscop protonic

proton number ['prəutɔn ˌnʌmbə] *s* număr atomic

protoplasmatic [ˌprəutəplæz'mætik] *adj* protoplasmatic

prototypal ['prəutətaipəl] *adj* prototipic

prototypic(al) [ˌprəutə'taipik(əl)] *adj v.* **prototypal**

protozoic [ˌprəutə'zəuik] *adj* de protozoar, privitor la protozoare

protozoology [ˌprəutəzəu'ɔlədʒi] *s* protozoologie

protozoon [ˌprəutə'zəuən] *s biol* protozoar

protracted [prə'træktid] *adj* **1** prelungit; amânat **2** tărăgănat, tergiversat

protractedly [prə'træktidli] *adv* în prelungire, prelungit, alungit

protracter [prə'træktə] *s* pertractor, persoană care amână; persoană care ezită

protractive [prə'træktiv] *adj* de amânare / tergiversare

protruding [prə'tru:diŋ] *adj* proeminent, ieșit în afară; **~ forehead** frunte bombată

protrusive [prə'tru:siv] *adj* care împinge înainte; de propulsie

Proustian ['pru:stiən] *adj* proustian, referitor la Marcel Proust *(scriitor francez din sec. XX)*

provableness ['pru:vəblnis] *s* putință de a dovedi / de a demonstra

provection [prəu'vekʃn] *s lingv* **1** mutație consonantică **2** aglutinare *(a consoanei finale cu termenul care urmează, de ex.: the tother pentru that other)*

providentially [ˌprɔvi'denʃəli] *adv* providențial, prin intervenție providențială

provident society ['prɔvidənt sə-'saiəti] *s* asociație de binefacere

provider [prə'vaidə] *s* furnizor

provincialate [prə'vinʃələt] *s bis* arhiepiscopat

provine [prəu'vain] I *vi* a strânge recolta de struguri II *s* butaș de vie

proving ['pru:viŋ] *s* **1** probă **2** *jur* probă, dovadă; atestare

provisionment [prə'viʒnmənt] *s v.* **provisioning**

provisorily [prə'vaizərili] *adv* provizoriu

provitamin [prəu'vitəmin] *s* provitamină

Provo ['prəuvəu] *s pol (în Irlanda)* membru al IRA *(Armata Republicană Irlandeză)*

provocativeness [prə'vɔkətivnis] *s* întărâtare, iritare, excitare

provost court [ˌprɔvəst 'kɔ:t] *s mil* tribunal militar *(judecă sumar infractorii din zonele de război)*

provost guard [ˌprɔvəst 'gɑːd] *s mil* poliție militară

provost marshal [ˌprɔvəst 'mɑːʃəl] *s mil* **1** comandant al poliției militare **2** ofițer de poliție *(militară)* **3** *ist* funcționar militar cu atribuții judiciare / de poliție

Prowling ['prauliŋ] *s* căutare de pradă

proximately ['prɔksimitli] *adv* **1** imediat; fără intermediu, nemijlocit **2** aproximativ

proximity effect [prɔk'simiti iˌfekt] *s tel* efect de apropiere

proximo ['prɔksiməu] *adv* ale lunii viitoare

prudential committee [pruˌdenʃl kə-'miti] *s amer* comitet de supraveghere *(a unei gestiuni)*

prudentialism [pru'den∫əlizm] *s* **1** prudență exagerată **2** politică / purtare bazată pe prudență

prunella [pru'nelə] *s* prunela, țesătură groasă de mătase

pruner ['pru:nə] *s hort* emondor

pruning ['pru:niŋ] *s* **1** tăiere *a unui arbust prea mult crescut* **2** curățire *(a unui pom de uscături / de crengile de prisos)* **3** *pl* uscături, crăci tăiate *(la curățirea unui arbore)*

pruning hook ['pru:niŋ huk] *s hort* unealtă de curățit arborii

pruning saw ['pru:niŋ sɔ:] *s* **1** *hort* ferăstrău pentru curățit arborii **2** *tehn* ferăstrău coadă-de-vulpe

pruning shears ['pru:niŋ ʃɪəz] *s v.* **pruning scissors**

pruriginous [pru'ridʒinəs] *adj* care produce mâncărime

prurigo [pru'raigəu] *s med* prurigo *(boală de piele)*

pruritus [pru:'raitəs] *s med* prurit *(boală de piele)*

pryingly ['praiiŋli] *adv* cu indiscreție, curios

psalmodic [sæl'mɔdik] *adj* psalmodic

psalmodize ['sælmədaiz] *vi* a psalmodia

psammitic [sæ'mitik] *adj geol* psamitic

PSAT *presc de la* **Preliminary Scholastic Aptitude Test** *test preliminar examenului de admitere la universitate în S.U.A.*

PSBR *s presc de la* **Public Sector Borrowing Requirement**

pseudo-bulbar [,sju:dəu'bʌlbə] *adj med* pseudobulbar, care ține de pseudobulb

pseudo-membrane [,sju:dəu'membrein] *s med* membrană falsă

pseudopod ['psju:dəpɔd] *s biol* pseudopod

PSI *presc de la* **pounds per square inch** *s* livre pe inch pătrat (unitate de măsură a presiunii)

psittacossis [,sitə'kəusis] *s med* psitacoză

PST *presc de la* **Pacific Standard Time**

PSV *presc de la* **public service vehicle** *s v.* **PCV**

psych [saik] *vt* **1** a face psihanaliză **2** *amer* a surescita: **I'm really ~ed about my vacation** nu mai am astâmpăr când mă gândesc la vacanță

psyche ['saiki] *s* oglindă mare cu pivoturi

psychedelia [,saikə'di:liə] *s pl* obiecte psihedelice; univers psihedelic

psychically ['saikikəli] *adv (din punct de vedere)* psihic; sufletește

psychoanalyse [,saikəu'ænəlaiz] *vt* a practica psihanaliza asupra cuiva

psychobabble ['saikəubæbl] *s peior* jargonul psihologilor

psychodrama ['saikəudra:mə] *s* psihodramă

psychodynamic [,saikəudai'næmik] *adj* psihodinamic

psychodynamics [,saikəudai'næmiks] *s* psihodinamică

psychogenic [,saikəu'dʒenik] *adj* psihogenic

psychokinesis [,saikəuki'ni:sis] *s* psihokinezie

psycholinguistic [,saikəuliŋ'gwistik] *adj* psiholingvistic

psycholinguistics [,saikəuliŋ'gwistiks] *s* psiholingvistică

psychological block [saikə,lodʒikəl 'blɔk] *s* blocaj psihologic; **I have a ~ about driving** mă blochez psihic când trebuie să conduc

psychological test [saikə,lodʒikəl 'test] *s* test psihologic; examen de aptitudine

psychological warfare [saikə,lodʒikəl 'wɔ:feə] *s* război psihologic

psychometric [,saikə'metrik] *adj* psihometric

psychometrics [,saikə'metriks] *s* psihometrie

psychomotor [,saikəu'məutə] *adj* psihomotor

psychoneurosis [,saikəunjuə'rəusis], *pl* psychoneuroses [,saikəunjuə'rəusi:z] *s med* psihonevroză

psychopathy [sai'kɔpəθi] *s med* psihopatie

psychopharmacology [,saikəufa:mə 'kɔlədʒi] *s* psihofarmacologie

psychophysiology [,saikəufizi'ɔlədʒi] *s* psihofiziologie

psychosexual [,saikəu'sekʃuəl] *adj* psihosexual

psychotherapist [,saikəu'θerəpist] *s* psihoterapeut

psychotropic [,saikəu'trɔpik] *adj* psihotrop

Pte *brit mil presc de la* **private** soldat

ptisan [ti'zæn] ['tizn] *s* **1** tizană **2** ravac, zeamă de struguri nestorși

ptosis ['təusis], *pl* **ptoses** ['təusi:z] *s med* ptoză

PTV *s presc de la* **1** **pay television** program de televiziune plătit **2** **public television** programe de televiziune educative

ptyalin ['ptaiəlin] *s biol, ch* ptialină

puberulent [pju'berjulənt] *adj bot, zool* care se acoperă cu perișori / pufuleț

publication date [pʌbli'keiʃn ,deit] *s poligr* data apariției

public bill [,pʌblik 'bil] *s* proiect de lege de interes public

public defender [,pʌblik di'fendə] *s amer* avocat din oficiu

public domain [,pʌblik 'dəmein] *s* domeniu public, teren care aparține sau este administrat de guvernul american

public enemy [,pʌblik'enimi] *s* **1** inamic public, element periculos pentru societate **2** persoană în afara legii **3** țară inamică

public enterprise [,pʌblik 'entəpraiz] *s* întreprindere de stat

public footpath [,pʌblik 'fu:tpa:θ] *s brit* aleea publică

public gallery [,pʌblik 'gæləri] *s* tribună rezervată publicului

public highway [,pʌblik'haiwei] *s* drum public

public holiday [,pʌblik'hɔlədi] *s* sărbătoare legală

publicistic [,pʌbli'sistik] *adj* publicistic

publicity agent [,pʌb'lisiti,eidʒənt] *s* agent de publicitate

publicity-seeking [pʌb,lisiti'si:kiŋ] *adj (d o persoană)* care dorește să i se facă reclamă *(d o acțiune)* publicitar

public lavatory [,pʌblik 'lævətri] *s brit* toaletă publică

public lending right [,pʌblik' lendiŋ rait] *s* drepturi primite de un autor sau de un editor pentru faptul că împrumută cărți unei biblioteci

public library [,pʌblik'laibrəri] *s* bibliotecă publică

public limited company [,pʌblik 'limitid kɔmpəni] *s* companie cu răspundere limitată

public loan [,pʌblik'ləun] *s* împrumut public / de stat

public man [,pʌblik'mæn], pl
public men [,pʌblik'men] **1**
politician **2** om cu vază / de
seamă

public mindedness [,pʌblik'maind-
idnis] s v. **public spiritedness**

publicness ['pʌbliknis] s caracter
public (al dezbaterilor etc.)

public nuisance [,pʌblik 'nju:səns]
s **1** the pub's late opening hours
were creating a ~ ora târzie de
închidere a cârciumii deranja
liniștea publică **2** (d o persoană)
pacoste

public prosecutor [,pʌblik'prəsi-
kju:tə] s jur procuror public

Public Record Office [,pʌblik' re-
kə:d ɔfis] s brit aprox Arhivele
Naționale

public schoolboy [,pʌblik 'sku:l-
bɔi] s brit elev al unei școli
publice

public schoolgirl [,pʌblik 'sku:l
gə:l] s brit elevă a unei școli
publice

public sector [,pʌblik 'sektə] s
sector public; ~ borrowing re-
quirement împrumut de la stat

public service [,pʌblik'sə:vis] s **1**
serviciu de stat, serviciu public
2 servicii comunale

public speaker [,pʌblik 'spi:kə] s
orator

public speaking [,pʌblik 'spi:kiŋ]
s oratorie; unaccustomed as I am
to ~ cum nu sunt eu obișnuit să
vorbesc în public; (la școală) ~
contest concurs de elocvență

public spending [,pʌblik'spendiŋ]
s cheltuieli publice sau de stat

public spirit [,pʌblik'spirit] s pa-
triotism, civism

public spiritedness [,pʌblik'spiri-
tidnis] s patriotism

public transport [,pʌblik 'træns-
pɔ:t] s transport în comun

public utility [,pʌblik ju'tiliti] s **1**
amer (la bursă) utilitate publică
2 companie privată care asi-
gură un serviciu public

published books [,pʌbliʃt'buks] s
pl publicații

published works [,pʌbliʃt'wə:ks]
s pl lucrări publicate

publishing business ['pʌbliʃiŋ
,biznis] s întreprindere de editură

puce [pju:s] adj de culoare ro-
șu-brun II s culoare roșie-brună

pud¹ [pʌd] s F **1** mânuță (de copil)
2 lăbuță (de animal)

pud² [pud] s **1** brit presc de la
pudding budincă desert **2** amer
sl penis, sulă

puddening ['pud(ə)niŋ] s nav înfă-
șurare

pudding basin ['pudiŋ,beisn] s for-
mă de budincă, vas în care se
pune budinca la cuptor

puddle duck ['pʌdl dʌk] s orn rață
domestică (Anas)

puddling ['pʌdliŋ] s **1** met pudlaj **2**
argilă plastică

pudency ['pju:dənsi] s înv pudici-
tate

pudendum [pju'dendəm], pl **pu-
denda** [pju'dendə] s organe ge-
nitale (↓ femeiești); vulvă

pudic(al) ['pju:dik(əl)] adj anat
genital

pudicity [pju:'disiti] s pudicitate,
rușine

Puebla ['pweblə] s geogr oraș în
Mexic

pueblo ['pweblə u], pl invar sau
pueblos ['pweblə uz] s amer
pueblo (grup de triburi de in-
dieni)

puerilely [pjuə'rilli] adv copilăros

puerility [pjuə'riliti] adj puerilitate;
copilărie

puerperal [pju(:)ə:'pərəl] adj med
puerperal

puerperium [,pju(:)'pi:riəm] s med
lăuzie

Puerto Rican [,pwe:təu'rikən] s
portorican

puffed-up [,pʌft'ʌp] adj **1** umflat,
buhăit **2** mulțumit de sine

puffin ['pʌfin] s **1** orn specie de
pinguin (Mormon arctica) **2** bot
gogoașe, bășica-porcului (Ly-
coperdon sp.)

puffiness ['pʌfinis] s umflătură,
buhăială

puffing ['pʌfiŋ] I adj **1** gâfâitor, cu
sufletul la gură **2** (d reclame)
strident și înșelător II s **1** emi-
siune (de aburi etc.) prin răbuf-
nire **2** gâfâire **3** reclamă stri-
dentă și înșelătoare

puggaree ['pʌgəri] s (cuvânt an-
glo-indian) **1** eșarfă albă de mus-
lin legată în jurul unui turban,
căști coloniale etc. pentru a pro-
teja capul de soare **2** turban

puggish ['pʌgiʃ] adj cu nasul turtit,
cu nas de mops

puggy ['pʌgi] adj v. **puggish**

pug mill ['pʌg mil] s **1** ch malaxor
2 tehn moară cu tăvălug / chiliană

pugnaciously [pʌg'neiʃəsli] adv
bătăios; certăreț

pugnaciousness [pʌg'neiʃəsnis] s
combativitate; caracter bătăios

pugree ['pʌgri(:)] s v. **puggaree**

pukka(h) ['pʌkə] adj (cuvânt an-
glo-indian) **1** care are greutatea
justă **2** veritabil, autentic **3** bun;
de prima calitate

pulchritude ['pʌlkritju:d] s lit fru-
musețe

puling ['pju:liŋ] I adj scâncitor, ca-
re scâncește II s scâncet (de
copil, cățel etc.)

pulled bread [,puld'bred] s bucăți
de miez de pâine

pulled figs [,puld'figz] s pl smo-
chine uscate și presate

pulling ['puliŋ] s **1** tracțiune; tra-
gere **2** poligr tiraj **3** mânuire (a
unei vâsle) **4** sl descindere (a
poliției) **5** sl arestare **6** tehn
extragere

pulling-apart [,puliŋə'pa:t] s se-
parație, despărțire

pulling asunder [,puliŋ ə'sʌndə] s
v. **pulling-apart**

pulling-away [,puliŋə'wei] s smul-
gere

pulling-back [,puliŋ'bæk] s tragere
înapoi

pulling-down [,puliŋ'daun] s **1** dă-
râmare, demolare **2** răsturnare

pulling-in [,puliŋ'in] s intrare în
gară (a unui tren)

pulling-off [,puliŋ'ɔ(:)f] s **1** retra-
gere **2** câștigare (de premii etc.)

pulling-out [,puliŋ'aut] s **1** smul-
gere, scoatere (de dinte) **2** ple-
care, pornire (a unui tren)

pulling-through [,puliŋ'θru:] s în-
frângere a dificultăților

pully-haul ['pulihɔ:l] vt F a trage
cu brațele

pulmometer [pʌl'mɔmitə] s med
spirometru

pulmonar ['pʌlmənə] adj **1** anat
pulmonar **2** (d oameni) de tip
pulmonar; cu plămânii bine dez-
voltați **3** (d animale) prevăzut cu
plămâni

pulpiness ['pʌlpinis] s natură căr-
noasă (a unui fruct)

pulpitarian [,pulpi'tɛəriən] s peior
predicator

pulsar ['pʌlsə] s fiz pulsar

pulseless ['pʌlslis] adj **1** fără puls
2 fig fără viață

pulse modulation ['pʌls mɔdju-
,leiʃn] s el modulație în impul suri

pultaceous [pʌl'teiʃəs] adj cărnos, cu pulpă

pulton ['pʌltən] s regiment indian de infanterie

pultun ['pʌltən] s v. **pulton**

pulverizing ['pulvəraiziŋ] s pulverizare; vaporizare

pulvinar [pʌl'vainə] I adj ca perna II s 1 pernă 2 med saseu, perniță cu ierburi aromatice

pulwar [pʌl'wɑ:] s (cuvânt anglo-indian) barcă ușoară

pumice stone ['pʌmis stəun] s piatră ponce

pumper ['pʌmpə] s 1 lucrător cu pompa 2 F iscoditor, om care iscodește 3 sport sl înfrângere rușinoasă 4 F pompă 5 amer izvor de petrol

pumpernickel ['pʌmpənikl] s pâine neagră de Westfalia

pump gun ['pʌmp gʌn] s pușcă

pumping ['pʌmpiŋ] s 1 extragere (a apei) cu pompa 2 F iscodire, aflare de secrete

pumping out [,pʌmpiŋ'aut] s secare, epuizare (a apelor dintr-un puț)

pumping up [,pʌmpiŋ'ʌp] s umflare (a unui cauciuc)

pumpkinseed ['pʌmpkinsi:d] s iht bibanul-soare (Lepomis gibbasus)

pump priming ['pʌmp,praimiŋ] s amer stimularea economiei prin cele mai diferite mijloace

pun [pʌn] vt a bătători (pământ etc.); a tasa (beton)

punch [pʌntʃ] I s (și Suffolk ~) cal greu de povară (din Suffolk) II adj dial scund, bondoc

punch-bag ['pʌntʃbæg] s brit 1 punctbal 2 fig sac de bătaie

punch ball ['pʌntʃbɔ:l] s brit v. **punching-ball**

punch bowl ['pʌntʃ bəul] s cupă pentru punci

punch-drunk [,pʌntʃ'drʌnk] adj (d un boxer) năuc, groggy; fig abrutizat; I was ~ after seeing four films in a row eram complet amețit după ce am văzut patru filme unul după altul

punched card [,pʌntʃt 'kɑ:d] s brit cib cartelă perforată

Punchinello [,pʌntʃi'neləu] s 1 țăndărică (în teatrul italian) 2 F bondoc, om rotofei, om scund și gros

punching bag ['pʌntʃiŋ bæg] s amer v. **punch-bag**

punching ball ['pʌntʃiŋ bɔ:l] s amer sac de bătaie

punch line ['pʌntʃ lain] s poantă (a unei anecdote)

punch-up ['pʌntʃʌp] s încăierare; they had a ~ s-au luat la bătaie

punchy ['pʌntʃi], compar **punchier** ['pʌntʃiə], superl **punchiest** ['pʌntʃiəst] adj sl trăsnet, dărâmător; he produced a ~ piece of writing on the election campaign a scris un text trăsnet despre campania electorală

punctual co-ordinates [,pʌnktjuəl kəu'ɔ:dinits] s pl mat coordonatele unui punct

punctuated ['pʌnktjueitid] adj anat punctat; cu puncte

puniness ['pju:ninis] s 1 calicie 2 micime

punishing ['pʌniʃiŋ] I adj 1 violent 2 istovitor, obositor II s pedeapsă, corecție, penalitate

Punjabi [,pʌn'dʒɑ:bi] s 1 locuitor din Punjab 2 lingv limba vorbită în Punjab

punky ['pʌŋki] adj amer (d lemn) putred

punning ['pʌniŋ] s calambururi, jocuri de cuvinte

punter ['pʌntə] s conducător de barcă cu fund plat

punt gun ['pʌnt gʌn] s pușcă pentru vânat rațe

pupal ['pju:pəl] adj de pupă / nimfă / crisalidă

pupation [pju:'peiʃn] s ent transformare în crisalidă

pupil(l)arity [,pju:pi'læriti] s jur pupilaritate, minoritate sub tutelă

pupil(l)ary[1] ['pju:piləri] adj 1 de pupil 2 de elev

pupil(l)ary[2] ['pju:piləri] adj anat pupilar

pupiparous [pju:'pipərəs] adj ent pupipar

puppet player ['pʌpit,pleiə] s păpușar, artist de marionete

puppetry ['pʌpitri] s 1 atitudine de marionetă 2 mofturi, maimuțărire 3 teatru de marionete

puppy dog ['pʌpi dog] s cățel, cățeluș

puppy fat ['pʌpi fæt] s (strat de) grăsime datorată pubertății

puppyhood ['pʌpihud] s 1 perioadă când câinii sunt pui, tinerețe a câinilor 2 ani de tinerețe, inexperiență

puppyism ['pʌpiizm] s obrăznicie, impertinență; înfumurare

purblindness ['pə:blaindnis] s 1 miopie 2 lipsă de viziune / orizont, mărginire

purchase money ['pə:tʃəs,mʌni] s preț de cumpărare

purchasing ['pə:tʃəsiŋ] s 1 cumpărare, achiziție 2 nav ridicare (a ancorei)

purdahed ['pə:dɑ:d] adj (cuvânt anglo-indian) (d femei) separată printr-o purda

pure blood [,pjuə'blʌd] adj pur-sânge

purger ['pə:dʒə] s purificator, curățitor

purging ['pə:dʒiŋ] I adj 1 farm purgativ 2 (a un robinet etc.) de curățenie, purificator II s 1 curățire 2 purificare (a sângelui) 3 limpezire (a apei etc.)

puristical ['pjuristikəl] adj purist

purl stitch ['pə:l stitʃ] s text ochi pe dos (la tricotaje)

purple heart [,pə:pl 'hɑ:t] s farm tabletă de drynamil (amestec de amfetamine cu barbiturice); **Purple Heart** amer medalie oferită răniților în război

purported [pə'pɔ:tid] adj pretins

purportedly [pə'pɔ:tidli] adv în mod susținut

purpose-built [,pə:pəs 'bilt] adj brit construit / proiectat pentru un scop anume; ~ flats for the disabled apartamente construite special pentru handicapați

purposefully ['pə:pəsfuli] adv într-un scop determinat, cu un scop precis / anumit

purposeless ['pə:pəslis] adj fără scop / țel / țintă; inutil, fără rost

purposelessness ['pə:pəslisnis] s 1 zădărnicie, inutilitate 2 lipsă de scop / obiectiv

purpose-made [,pə:pəs'meid] adj fabricat special

purposer ['pə:pəsə] s rar persoană care face un plan / care ia o hotărâre

purpura ['pə:pjurə] s 1 med purpura; spuzeală 2 zool moluscă purpuriferă

purpuric [pə:'pjuərik] adj purpuriu

purpuric acid [pə:,pjuərik'æsid] s ch acid purpuric

purpurin ['pə:pjurin] s v. **purpurine**

purpurine ['pə:pjuri:n] s ch purpurină

purree ['pʌri:] *s* galben indian natural *(substanţă colorantă de culoare galbenă folosită în India şi China)*

pur sang [,puə'saŋ] *adj fr* pur-sânge

purser ['pə:sə] *s nav* contabil *sau* casier *pe un vapor*

pursership ['pə:səʃip] *s nav* contabilitate *sau* casierie *pe un vapor*

pursuable [pə:'sju(:)əbl] *adj* care poate fi urmărit

pursuit curve [pə:'sjut kə:v] *s mat* curbă de urmărire

pursuit machine [pə'sjut mə,ʃi:n] *s v.* **pursuit plane**

pursuit plane [pə'sjut'plein] *s av* avion de vânătoare

purveying [pə(:)'veiiŋ] *s* 1 procurare, furnizare *(de provizii)*, aprovizionare; provizii 2 *înv* rechiziţie pentru nevoile curţii regale

purwannah [pə(:)'wa:nə] *s (cuvânt anglo-indian)* 1 ordin, ordonanţă 2 autorizaţie, permis

push-and-pull [,puʃənd'pul] *adj* care funcţionează prin contracţie şi dilataţie; care se împinge şi se trage

push boat ['puʃ bəut] *s nav* remorcher împingător

push-broom ['puʃ bru:m] *s amer* perie de spălat podeaua *(cu coadă lungă)*

push-button control [,puʃbʌtn kən'trəul] *s el* comandă prin butoane

push-button drive [,puʃbʌtn'draiv] *s auto* schimbător de viteze cu comandă prin butoane

pushfulness ['puʃfulnis] *s* arivism

pushiness ['puʃinis] *s* arivism; insistenţă; **I can't stand his ~** nu pot să sufăr insistenţa lui

pushing aside [,puʃiŋ ə'said] *s* înlăturare

pushing away [,puʃiŋ ə'wei] *s* îndepărtare; înlăturare

pushing back [,puʃiŋ'bæk] *s* respingere; împingere înapoi

pushing down [,puʃiŋ'daun] *s* 1 răsturnare 2 înfrângere

pushing forward [,puʃiŋ'fɔ:wəd] *s* împingere înainte; înaintare

pushing on [,puʃiŋ'ɔn] *s* 1 accelerare; **~ of the work** accelerare a lucrului 2 împingere înainte; înaintare

push pin ['puʃpin] *s* 1 joc de copii cu două ace încrucişate 2 *amer* piuneză *(pentru planşe de desen)*

push-pull [,puʃ'pul] **I** *adj tehn (d un motor)* în doi timpi **II** *s tel* schemă în contratimp / în „push-pull"

push-pull circuit [,puʃpul'sə:kit] *s el* montaj în contratimp / în „push-pull"

push rod ['puʃrɔd] *s tehn* tachet; tijă a tachetului *(unei supape)*; tija supapei

pussy ['pusi] *adj* purulent, plin de puroi, cu puroi; cu aspect purulent

pussyfootism ['pusifutizm] *s sl* propagandă prohibiţionistă

pustulate ['pʌstjuleit] **I** *vt* a acoperi de pustule, cu bubuliţe **II** *vi* a se forma în pustule, a se acoperi cu pustule **III** *adj* pustulos

pustule ['pʌstju:l] *s med* pustulă; **malignant ~** pustulă malignă

put-and-take [,putənd'teik] *s* titirez hexagonal cu cifre *(pentru jocuri de noroc)*

put-in ['putin] *s (la rugby)* introducere *(a mingii)*

put-put ['put put] **I** *s* rablă, maşină veche **II** *vi* **to ~ along** *(d o rablă)* a porni pârâind

putrefactive [,pju:tri'fæktiv] *adj* de putrefacţie, care provoacă putrefacţia

putrefiable ['pju:trifaiəbl] *adj* care poate putrezi

putridness ['pju:tridnis] *s* putreziciune, putrefacţie, descompunere

putter[1] ['pʌtə] *s sport* 1 crosă scurtă *(de golf)* 2 aruncător *(de greutăţi mari)* 3 jucător de golf

putter[2] ['pʌtə] *s* 1 persoană care pune; **~ of questions** persoană care pune întrebări 2 *min* vagonetar 3 hamal, încărcător

puttier ['pʌtiə] *s* geamgiu

putting ['putiŋ] *s* 1 punere, ~~aşezare~~ 2 prezentare *(a unei teorii etc.)* 3 *tehn* aşezare, montare 4 *sport* aruncare; **~ the weight** aruncare a greutăţii 5 *min* împingere a vagonetelor

putting green ['putiŋ gri:n] *s sport* pajişte netedă *(în jurul pădurii de golf)*

putting-in [,putiŋ 'in] *s* 1 introducere *(a cheii în broască)*, inserare *(a unui articol într-un ziar)* 2 prezentare *(a unui document)*; candidatură *(în alegeri)*; desemnare *(a unui candidat)*

putting-off [,putiŋ'ɔ:f] *s* amânare

putting-on [,putiŋ'ɔn] *s* 1 montare, punere în scenă *(a unei piese de teatru)* 2 *ferov* ataşare *(de noi vagonete)*; punere în serviciu *(a unui tren)*; strângere *(a frânei)* 3 punere *(a hainelor)*; îmbrăcare *(a pardesiului etc.)* 5 aprindere *(a gazului)* 4 mărire *(a preţurilor)*; **~ of flesh** îngrăşare

putting-out [,putiŋ'aut] *s* 1 întindere *(a braţului etc.)* 2 dare afară din casă, expediere *(a unui intrus)* 3 luxare *(a umărului)* 4 stingere *(a focului)* 5 plasare cu dobândă *(a banilor)*

putting-through ['putiŋ'θru:] *s* ducere la capăt / la bun sfârşit

putting-to ['putiŋ'tu:] *s* înhămare, atelare *(a unui cal)*

putting-together [,putiŋtə'geðə] *s* 1 reunire, punere laolaltă *(a unor bucăţi)*; montare, asamblare *(a unei maşini)* 2 împachetare *(a lucrurilor)* 3 comparare, comparaţie *(a faptelor)*

putting-up [,putiŋ'ʌp] *s* 1 ridicare *(a jaluzelelor, a farului etc.)*; deschidere *(a unei umbrele)*; atârnare *(a unui tablou)*; punere *(a unei perdele)*; afişare *(a unui anunţ)*; strigare 2 mărire, urcare, majorare *(a preţurilor)* 3 prezentare *(a unei cereri)* 4 desemnare *(a unui candidat la alegeri)* 5 punere în vânzare, scoatere la licitaţie 6 găzduire *(a unei persoane)*. garare, parcare *(a unui vehicul)* 7 înălţare, construire, ridicare, durare *(a unei clădiri, a unui monument etc.)*

puttoo ['pʌtu:] *s text* caşmir (gros)

putty knife ['pʌti naif] *s tehn* şpaclu de chituire

putty powder ['pʌti,paudə] *s ch* bioxid de staniu

put-you-up [,put ju 'ʌp] *s brit* canapea, pat

puzzle book ['pʌzl buk]*s* carte cu instrucţiunile unui joc; carte de cuvinte încrucişate

puzzle-head ['pʌzlhed] *s* zăpăcit, aiurit

puzzle-pate ['pʌzlpeit] *s F v* **puzzle-head**

puzzolan ['pʌzələn] *s* 1 *constr* puţolană 2 *geol* tuf vulcanic

PVC *presc de la* polyvinyl chloride *s* PVC

PWA *presc de la* person with AIDS *s* persoană bolnavă de SIDA

PX *presc de la* post exchange *s amer mil* cantină

pyaemia [pai'i:miə] *s med* piemie, infecție purulentă

pycnometer [pik'nɔmitə] *s tehn* picnometru

pyedog ['paidɔg] *s (cuvânt anglo-indian)* câine vagabond

pyloric [pai'lə:rik] *adj anat* piloric

PYO *presc de la* pick your own culegeți singuri

Pyramidalist [pi'ræmidəlist] *s* cercetător al piramidelor

pyramidally [pi'ræmidəli] *adv* piramidal, în piramidă

pyramidion [pirə'midiən] *s arhit* vârf în formă de piramidă *(al unui obelisc)*

pyramid selling ['pirəmid ,seliŋ] *s ec* sistem de vânzare interzis care constă în a face din fiecare eventual client un vânzător benevol care procură alți clienți

pyranometer [pirə'nɔmitər] *s tehn* piranometru *(aparat pentru măsurarea radiației)*

pyrargyrite [pai'rɑ:dʒirait] *s min* pirargirit

pyrazol ['pirəzɔl] *s ch* pirazol

pyrene ['pairi:n] *s ch* piren

Pyrenean [,pirə'ni:ən] *adj* pirineic, din Pirinei

Pyrenean mountain dog [pirə,ni:ən 'mauntin dɔg] *s* câine de Pirinei

pyrethrum [pai'ri:θrəm] *s bot* piretru

Pyrex ['paireks] *s* pirex

pyrgeometer [,paiədʒi'ɔmitə] *s el* pirgeometru

pyriform ['pirifɔ:m] *adj* piriform

pyritaceous [,pairai'teiʃəs] *adj* care conține pirită

pyritous [pi'raitəs] *adj minr* piritos

pyrocatechin [,paiərəu'kætikin] *s ch* pirocatechină

pyroelectric(al) [,paiərəui'lektrik] *adj el* piroelectric

pyrogallic acid [paiərəu,gælik 'æsid] *s ch* acid pirogalic, pirogalol

pyrogallol [,paiərəu'gælɔl] *s ch* pirogalol

pyrogenous [,paiə'rɔdʒinəs] *adj* **1** *min (d un minereu)* pirogenic **2** *ch (d huile, răşini)* pirogenat

pyrographer [,paiə'rɔgrəfə] *s* pirogravor, artist în pirogravură

pyrography [,paiə'rɔgrəfi] *s* pirografie

pyrogravure [,paiərəugrə'vjuə] *s* pirogravură

pyrola [pai'rəulə] *s bot* merişor, perişor, verdeața-iernii *(Pirola secunda)*

pyrolater [pai'rɔlətə] *s* pirolatru, adorator al focului

pyrolatry [pai'rɔlətri] *s* pirolatrie, adorarea focului

pyroligneous acid [paiərəu,ligniəs 'æsid] *s ch* **1** acid pirolignos **2** oțet de lemn

pyrolignite [,paiərəu'lignait] *s ch* pirolignit

pyrolusite [,paiərəu'lu:sait] *s ch, min* piroluzită

pyrolysis [,pairɔ'lisis] *s ch* piroliză

pyromania [,paiərəu'meiniə] *s med* piromanie

pyromaniac [,pairə'meiniæk] *s* piroman

pyrometric(al) [,paiərəu'metrik(əl)] *adj fiz* pirometric

pyromorphite [,paiərəu'mɔ:fait] *s min* piromorfit

pyrope ['pairəup] *s min* pirop

pyrophoric [,paiərəu'fɔ:rik] *adj ch* piroforic

pyrophosphate [,paiərəu'fɔsfeit] *s ch* pirofosfat

pyrophyllite [,paiərəu'filait] *s min* pirofilit

pyroscope ['paiərəskəup] *s tehn* piroscop

pyrosis [pai'rəusis] *s med* piroză

pyrosphere ['paiərəsfiə] *s geol* pirosferă

pyrostat ['pairəustæt] *s* pirostat

pyroxene [pai'rəksi(:)n] *s min* piroxen

pyrrhic ['pirik] *s* **1** *dans războinic în Grecia antică* **2** *metr (şi ~ foot)* piric, picior format din două silabe scurte

Pyrrhonic [pi'rɔnik] *adj filoz* pironic; sceptic

Pyrrhonism ['pirənizm] *s filoz* pironism, doctrina filozofului grec antic Piron; scepticism

Pyrrhonist ['pirənist] *s filoz* adept al (doctrinei) lui Piron; sceptic

pyrrhothine ['pirəti(:)n] *s min* pirotină

pyrrothite ['pirətait] *s v.* **pyrrothine**

Pythagoras theorem [pai,θægərəs 'θiərəm] *s* teorema lui Pitagora

Pythagoreanism [pai,θægə'ri(:)ənizm] *s v.* **Pythagorism**

Pythagorean proposition [paiθægə,ri(:)ən prɔpə'ziʃn] *mat* teorema lui Pitagora

Pythagorean theorem [paiθægə,ri(:)ən 'θiərəm] *s v.* **Pythagorean proposition**

Pythagorism [pai'θægərizm] *s filoz* doctrina / filozofia lui Pitagora

Pythian ['piθiən] *adj* **1** *mitol* pitic; ~ games jocuri pitice; the ~ Odes Piticele *(lui Pindar)* **2** *fig* extatic

pythogenic [,paiθə'dʒenik] *adj med (d o boală etc.)* generat / cauzat de murdărie

pythogenic fever [pai'θə,dʒenik 'fi:və] *s med* febră tifoidă

pythoness ['paiθənes] *s* **1** *(în antichitate)* pitie, preoteasă a Pitiei **2** ghicitoare, prezicătoare

pyuria [pai'ju:riə] *s med* piurie

pyxidium [pik'sidiəm] *s* **1** *bot* pixidă **2** *F* savonieră

Q

Qatar ['kætɑː] *s geogr stat arab în Golful Persic*

QE2 *presc. de la* Queen Elizabeth II *(pachebot de lux)*

QM *presc. de la* **1** quarter master *mil* şeful intendenţei; *nav* timonier şef **2** quo modo *lat* în ce mod

Qom [kum] *s geogr oraş în Iran*

qty *presc de la* quantity cantitate

quadrantal error [kwɔˌdræntl 'erə] *s* **1** *nav av* deviaţie radiogoniometrică **2** *automatică* eroare pătratică

quadraphonic [ˌkwɔdrə 'fɔnik] *adj tehn* tetrafonic

quadric ['kwɔdrik] *mat* **I** *adj* cvadric, de ordinul al doilea **II** *s* cvadrică, curbă / suprafaţă de ordinul al doilea

quadriceps ['kwɔdriseps] *s anat* cvadriceps

quadrigeminal [ˌkwɔdri'dʒeminəl] *adj anat* cvadrigeamăn, cu patru părţi egale

quadrilingual [ˌkwɔdri'lingwəl] **I** *adj* în patru limbi **II** *s* persoană care vorbeşte patru limbi

quadrillé paper [kwɔ'drili ˌpeipə] *s* hârtie cu pătrăţele

quadriplegia [ˌkwɔdri'pli:dʒiə] *s med* tetraplegie

quadriplegic [ˌkwɔdri'pli:dʒik] *adj* tetraplegic

quadrisyllable [ˌkwɔdri'siləbl] *s* cuvânt format din patru silabe

quadrivium [kwɔ'driviəm] *s (ist Evului Mediu)* quadrivium, cele patru arte matematice *(aritmetica, geometria, muzica şi astronomia)*

quadrophonic [ˌkwɔdrə'fɔnik] *adj v.* quadraphonic

quadrumane ['kwɔdrumein], *pl* **quadrumana** [kwɔ'drumənə] *s* cvadruman

quadrumanous [kwɔ'dru:mənəs] *adj* cvadruman

quadrupedal [ˌkwɔ'dru:pədəl] *adj zool* patruped

quadruplane ['kwɔdruplein] *s av* avion cu patru planuri

quaere ['kwiəri] *lat* **I** *vt* **1** *imperativ* caută! întreabă! **2** se pune întrebarea, oare; most interesting, but ~ is it true? foarte interesant dar este oare adevărat? **II** *s* întrebare

quaestorial [kwi(:)s'tɔːriəl] *adj (ist Romei)* de chestor

quaffer ['kwɔfə] *s* mare băutor

quagga ['kwægə] *s zool* specie de zebră *(Equus guagga)*

quahog ['kwɔhɔg] *s zool* **1** specie de scoică din America *(Mercenaria mercenaria)* **2** specie de scoică din Atlanticul de Nord *(Cyprina Islandica)*

quail call ['kweil kɔːl] *s v.* **quail pipe**

Quaker City [ˌkweikə 'siti] *s amer* poreclă dată oraşului Philadelphia

qualifying examination [ˌkwɔlifaiŋ igzæmi'neiʃn] *s* **1** examen de calificare **2** examen de admitere *(la o şcoală)*

qualitative analysis [ˌkwɔlitətiv ə'næləsis] *s ch* analiză calitativă

qualitatively ['kwɔlitətivli] *adv* (din punct de vedere) calitativ

quality assurance ['kwɔliti əˌʃuərəns] *s brit* asigurarea calităţii

quality circle ['kwɔliti ˌsəːcl] *s brit* control al calităţii

quality control ['kwɔliti kənˌtrəul] *s ec* control de calitate

quango ['kwæŋgəu] *presc. de la* quasi autonomous non-governmental organization *s brit* organism semi-public finanţat mai ales de către stat, dar dispunând de o anumită autonomie

quantifiable ['kwɔntifaiəbl] *adj* cvantificabil

quantitative analysis [ˌkwɔntitətiv ə'næləsis] *s ch* analiză cantitativă

quantity surveying ['kwɔntiti səːˌveiiŋ] *s tehn* măsurare, măsurătoare a lucrărilor / cu metrul

quantization [kwɔntai'zeiʃn] *s fiz* cuantificare

quantum jump ['kwɔntəm dʒʌmp] *s fiz* salt cuantic, tranziţie cuantică

quantum number ['kwɔntəm ˌnʌmbə] *s fiz* număr cuantic

quaquaversally [ˌkweikwə'vəːsəli] *adv geol* în toate sensurile / direcţiile

quarriable ['kwɔriəbl] *adj (d o stâncă)* friabil, care se sfărâmă *sau* poate fi sfărâmat uşor

quarrying ['kwɔriiŋ] *s min* muncă într-o carieră; exploatare în carieră / a carierelor; spargere a pietrei într-o carieră; ~ of stone scoatere a pietrei

quarry tile ['kwɔri ˌtail] *s* plăcuţă de ceramică, marmură etc., de formă pătrată, utilizată la pavarea străzilor, decorarea pereţilor etc.

quarter boom ['kwɔtə buːm] *s nav* tangon pupa

quarter point ['kwɔtə pɔint] *s nav* cartină

quarter round ['kwɔtə raund] *s* **1** *arhit* friză semirotundă **2** *constr* profil în sfert de cerc **3** sfert de cerc (arc de 90°)

quarter-sawed [ˌkwɔtə' sɔːd] *adj (d cherestea)* tăiat radial

quartz crystal ['kwɔːts ˌkristl] *s telec* cristal de cuarţ

quartz mining ['kwɔːts mainiŋ] *s min* exploatare minieră a cuarţului

Quasimodo [kwɑːsi'məudəu] *s bis* Duminica Tomii

quasi-stellar [ˌkweizai 'stelə] *adj astr* cvasi-stelar, care se referă la quasar

quaveringly ['kweivəriŋli] *adv* cu voce tremurată / tremurândă / nesigură

quaver rest ['kweivə rest] *s muz brit* pauză de optime

quayage ['kiːidʒ] *s* **1** taxă de dană **2** *colectiv* cheiuri

quayside ['kiːsaid] *s nav* chei

quean [kwiːn] *s* **1** târfă, dezmăţată **2** *peior* muiere **3** *scoţ* fată, boboc de fată, fetişcană,

Quebecker, Quebecer [kwi'bekə] *s v.* Québecois

Québecois [kebe'kwɑː] *s* locuitor al provinciei Québec din Canada

queen bee [,kwi:n 'bi:] *s* **1** *ent (la albine)* matcă, regină **2** *fig* femeie care domină sau conduce un grup (într-o activitate socială etc.)

queen consort ['kwi:n ,kɔnsɔ:t] *s* regină, soția regelui

queenless ['kwi:nlis] *adj* fără regină

queen post ['kwi:n pəust] *s constr* stâlp agățat *(la o șarpantă de acoperiș)*

queen regent [,kwi:n 'ri:dʒənt] *s* regină regentă

Queens [kwi:nz] *s cartier în New York*

Queen's Bench (Division) [,kwi:nz bentʃ (di'viʒn)] *s v.* **King's Bench (Division)**

Queen's English [,kwi:nz 'ingliʃ] *s* limba engleză cultă

Queen's evidence [,kwi:nz 'evidəns] *s v.* **King's evidence**

Queen's highway [,kwi:nz 'haiwei] *s v.* **King's highway**

Queenslander ['kwi:nzləndə] *s* locuitor al provinciei Queensland din Australia

Queen's Speech [,kwi:nz 'spi:tʃ] *s* discursul anual rostit de regina Marii Britanii în fața Parlamentului

queer-bashing ['kwiə,bæʃiŋ] *s brit sl* molestare a unui homosexual

queerly ['kwiəli] *adv* în mod ciudat, straniu, bizar

quelling ['kwi:əliŋ] *s* **1** înăbușire, reprimare *(a unei răscoale)* **2** potolire *(a fricii etc.)*

quenchable ['kwentʃəbl] *adj (d sete)* care poate fi stinsă / potolită

quenching ['kwentʃiŋ] *s* **1** stingere *(a focului)*; potolire *(a setei)* **2** călire, răcire cu un lichid

quenelle [kə'nel] *s gastr* un soi de perișoare

quern [kwə:n] *s* **1** moară acționată cu mâna **2** râșniță *(de piper etc.)*

query language [,kwiəri 'læŋgwidʒ] *s cib* limbaj interogativ

quetch [kwetʃ] *s text* mașină de impregnat cu valțuri

queue-jump ['kju:,dʒʌmp] *vi brit* a sări peste rând, a se băga în fața unei cozi

queue-jumper ['kju:,dʒʌmpə] *s brit* persoană care încearcă să sară peste rând / să se bage în fața unei cozi

quiche [ki:ʃ] *s gastr* tartă cu slănină și omletă

quick- [kwik] *(în cuvinte compuse)* ~ **dry / drying paint** vopsea cu uscare rapidă; ~ **setting cement** ciment cu priză rapidă

quick assets [,kwik'æsets] *s ec* bunuri lichide

quick-break switch [,kwik breik 'switʃ] *s el* întrerupător cu instantaneu, întrerupător rapid

quick-change gear device [,kwik tʃeindʒ 'giə divais] *s tehn* sistem de schimbare rapidă a angrenajelor

quickfire ['kwikfaiə] *s mil* tragere cu foc automat

quicksilvering ['kwiksilvəriŋ] *s* **1** argintare *(a unei oglinzi)* **2** amalgam de cositor cu mercur *(pentru argintarea oglinzilor)*

quicksilverish ['kwiksilvəriʃ] *adj (d oglinzi)* argintat

quicksilvery ['kwiksilvəri] *adj v.* **quick silverish**

quid pro quo [,kwidprəu'kwəu] *s lat* serviciu contra serviciu, echivalent al unui serviciu; compensație

quiff [kwif] *s F* buclă *(pe frunte)*

quiller ['kwilə] *s text* mașină de canetat

quilted coat [,kwiltid 'kəut] *s* haină din mătase vătuită, haină matlasată

quilting ['kwiltiŋ] *s text* tighelire, pichet

quinary ['kwainəri] *adj cib* quinar, divizibil prin cinci

quincentennial [,kwinsen'teniəl] **I** *s* a cinci suta aniversare **II** *adj* care are cinci sute de ani

quincuncial [,kwin'kʌnʃl] *adj* în formă de **quincunx**

quincunx ['kwinkʌŋks] *s* dispunere a cinci obiecte: patru în colțurile unui pătrat și al cincilea în centru

quinine water [kwi'ni:n ,wɔ:tə] *s* apă tonică *(cu care se servește ginul)*

quinquagesima [,kwiŋkwə'dʒesimə] *s* (perioadă de) cincizeci de zile

quinquevalent [,kwiŋkwi(:)'veilənt] *adj ch* pentavalent

quinquivalent [,kwiŋkwi'veilənt] *adj v.* **quinquevalent**

quintessential [kwinti'senʃl] *adj* esențial, de chintesență

quintuplicate [kwin'tjuplikeit] **I** *adj* (alcătuit) din cinci părți **2** de cinci ori, încincit **II** *s* **1** al cincilea exemplar **2** grup de cinci obiecte **III** *vt* a încinci, a mări de cinci ori

quipster ['kwipstə:] *s brit* persoană ironică / sarcastică / zeflemitoare

quirky ['kwə:ki] *adj* **1** *(d persoane)* căruia îi plac echivocurile **2** *(d drumuri)* sinuos, cotit

quitclaim ['kwitkleim] *jur* **I** *s* renunțare formală la un drept **II** *vt* a renunța la / a abandona *(un drept)*

quitter ['kwitə] *s amer, F* om lipsit de perseverență, (om) delăsător

quivered ['kwivəd] *adj (prevăzut)* cu tolbă

Quixote ['kwiksət] *s* Don ~ don Quijote

quixotically [kwik'sɔtikli] *adv* ca Don Quijote

quixotry ['kwiksətri] *s* donchișotism

quizzing ['kwiziŋ] **I** *adj* zeflemisitor, de persiflare; batjocoritor **II** *s* **1** batjocură, persiflare, zeflemea **2** privire cu coada ochiului

quo [kwəu] *vt defectiv înv* ~ **he** zise / spuse / grăi el

quoining ['kɔiniŋ] *s* înțepenire / fixare cu ajutorul penelor

quonset hut ['kwɔnset hʌt] *s amer mil* adăpost prefabricat din tablă ondulată *(folosit în timpul războiului 1941–1945)*

quorate ['kwɔ:reit] *adj brit* care are quorumul întrunit

quotha ['kwəuθə] *interj înv peior* într-adevăr! n-am ce zice, nimic de zis!

R

rabat ['ræbi] *s* guler de in răsfrânt

rabbet plane ['ræbit plein] *s (la tâmplărie)* falț

rabbit burrow ['ræbit ,bʌrəu] *s* vizuină de iepure

rabbiter ['ræbitə] *s* vânător de iepuri

rabbit-mouthed [,ræbit'mauθt] *adj* v. **harelipped**

rabbler ['ræblə] *s tehn* agitator mecanic

rabble-rousing ['ræbl ,rauziŋ] **I** *s* demagogie **II** *adj* demagogic

Rabelaisian [,ræbə'leiziən] *adj* rabelaisian

rabidity [rə'biditi] *s* turbare, furie, nebunie

racemate ['ræsimit] *s ch* racemat

racer[1] ['reisə] *s tehn* **1** culisă *(a palierului etc.);* inel *(de rulment)* **2** platformă turnată

racer[2] ['reisə] *s zool specie de șarpe negru (Coluber constrictor)*

rachis ['reikis], *pl* **rachises** ['reikisiz] *sau* **rachides** ['rækidi:z] *s* **1** *anat* șira spinării **2** *bot* ax central al spiculului

racially ['reiʃəli] *adv* din punct de vedere rasial

racily ['reisili] *adv* **1** picant **2** cu vervă

racing cyclist ['reisiŋ ,saiklist] *s* ciclist de curse

racing driver ['reisiŋ ,draivə] *s* șofer de curse

racing pigeon [,reisiŋ 'pidʒən] *s* porumbel călător *(de concurs)*

rack [ræk] *vt nav* a sugruma, a frâna *(două parâme)*

rackabones ['rækəbəunz] *s amer F* schelet, târ, „pielea și oasele"

rack and pinion [,ræk ænd 'pinjən] *s mec* cremalieră

rack bar ['ræk ba:] *s tehn* cremalieră

racker ['rækə] *s* **1** *ist* călău **2** cal cu trap *(conformație)* defectuos

racketeering [rækə'tiəriŋ] *s amer* participare la o acțiune de gangsteri

racket press ['rækit pres] *s dispozitiv fixat pe racheta de tenis pentru a împiedica deformarea*

racking[1] ['rækiŋ] *s ist* supliciu pe roată

racking[2] ['rækiŋ] *adj (d trap)* defectuos

raconteuse [rækɔn'tə:z] *s fr* povestitoare

rad [ræd] *s F, pol* radical; **the ~s** radicalii

radar beacon ['reida: ,bi:kən] *s* radiofar

radial tyre [,reidiəl'taiə] *s* cauciuc cu fibrele dispuse radial

radian ['reidiən] *s mat* radian

radiant flux [,reidiənt'flʌks] *s fiz* flux radiant / luminos

radiant heat [,reidiənt 'hi:t] *s* căldură radiantă

radiant heating [,reidiənt 'hi:tiŋ] *s* v. **panel heating**

radiantly ['reidiəntli] *adv* cu un aer radios

radiated ['reidieitid] *adj* radial, în raze

radiating ['reidieitiŋ] **I** *adj* care emană raze **II** *s* radiație

radicality [,rædi'kæliti] *s* **1** radicalism **2** esențial(ul)

radicand ['rædikænd] *s mat* numărul de sub semnul radical

radioactivate [,reidiəu'æktiveit] *vt* a radioactiva

radio alarm (clock) [,reidiəu ə'la:m klɔk] *s* ceas deșteptător cu radio

radio beacon ['reidiəu ,bi:kən] *s av, nav* radioboliză, radiofar

radio beam ['reidiəu bi:m] *s* fascicul radio

radio bearing beam [,reidiəu 'beəriŋ bi:m] *s av* linie de relevment

radiobiology [,reidiəubai'ɔlədʒi] *s* radiobiologie

radio car ['reidiəuka:] *s* mașină-radio

radiocarbon [,reidiəu'ka:bən] *s ch* radiocarbon

radiocarbon dating [,reidiəuka:bən 'deitiŋ] *s* datare cu radiocarbon

radio cassette (recorder) [,reidiəu kə'set (rikɔ:də)] *s* radiocasetofon

radiocast ['reidiəuka:st] *vt amer* a radiodifuza

radio control [,reidiəukən'trəul] *s* radiocomandă

radio frequency ['reidiəu ,frikwənsi] *s* frecvență radio

radiographer [,reidi'ɔgrəfə] *s* radiolog

radioisotope [,reidiəu'aisətəup] *s* radioizotop, izotop radioactiv

radiologist [,reidi'ɔlədʒist] *s* radiolog

radiolysis [,reidi'ɔləsis] *s ch* radioliză

radiometer [,reidi'ɔmitə] *s telec* radiometru, roentgenmetru

radio microphone [,reidiəu' maikrəfəun] *s* microfon fără fir

radionics [,reidi'ɔniks] *s pl (folosit ca sg)* electronică

radionuclide [,reidiəu'nju:klaid] *s* nucleidă radioactivă

radiopager ['reidiəupeidʒə] *s* receptor de buzunar

radiophone ['reidiəufəun] *s* radiotelefon; fotofon

radio station ['reidiəu ,steiʃn] *s* stație radio

radio taxi ['reidiəu ,tæksi] *s* radio-taxi

radio telescope ['reidiəu ,teliskəup] *s* radiotelescop

radiotherapist [,reidiəu'θerəpist] *s* radioterapeut

radiotrician [,reidiəu'triʃn] *s* radiotehnician, radioelectrician

radio vision ['reidiəu ,viʒn] *s telec* televiziune

radiumize ['reidiəmaiz] *vt med* a trata *(cancerul etc.)* cu radiu

radon (gas) ['reidɔn gæs] *s ch* radon

RAF *presc de la* Royal Air Force *s* forțele militare aeriene britanice

rafale [rə'fæl] *s* **1** *mil* foc de rafale **2** rafală

raga ['ra:gə] *s* tip de muzică indiană

rag baby ['ræg ,beibi] *s* păpușă din cârpe

rag bolt ['ræg bəult] *s* **1** *tehn* șurub de ancorare; bolțul cârligului **2** *constr* bulon de scelment

rag fair ['ræg feə] *s* târg de vechituri, talcioc

raggedly ['rægidli] *adv (îmbrăcat etc.)* în zdrențe

ragged robin [‚rægid 'rɔbin] *s bot* floarea-cucului, cuculeasă *(Lychnis flos-cuculi)*

raggedy ['rægidi] *adj* zdrenţăros

ragger ['rægə] *s* 1 *F* dansator dezmăţat 2 telal

raggle-taggle [‚rægl'tægl] *adj brit* şleampăt, neglijent *(în îmbrăcăminte)*

ragingly ['reidʒiŋli] *adv* cu furie

rag-rolling ['ræg‚rɔliŋ] *s const* tehnică ce constă în aplicarea vopselii cu o bucată de pânză

ragtime music ['regtaim ‚mjuːzik] *s* muzică de jazz, muzică puternic sincopată

rag week ['ræg wiːk] *s* săptămână în care studenţii pregătesc programe de divertisment în scop caritabil

rag wheel ['ræg wiːl] *s tehn* roată de lanţ; pulie cu lanţ

ragworm ['rægwəːm] *s* vierme folosit ca momeală la pescuit

raiding party ['reidiŋ ‚paːti] *s* comando

railage ['reilidʒ] *s* 1 transport pe calea ferată 2 plată a transportului feroviar

railbird ['reil bəːd] *s amer* fanatic al curselor de cai

rail card ['reilkaːd] *s brit* abonament cu preţ redus pe căile ferate britanice *(pentru tineri sau pensionari)*

rail motor ['reil ‚məutə] *s ferov* vagon motor

railway bridge ['reilwei bridʒ] *s ferov* pod de cale ferată

railway embankment [‚reilwei im-'bæŋmənt] *s brit ferov* terasament

railway track ['reilwei træk] *s brit* drum de cale ferată

railway yard ['reilwei jaːd] *s brit ferov* depou

rain band ['rein bænd] *s fiz* virga *(rază spectrală indicând prezenţa vaporilor de apă)*

rainbelt ['reinbelt] *s* regiune cu ploi abundente

rainboots ['reinbuːts] *s pl* galoşi (↓ *pentru femei)*

rainbow-coloured [‚reinbəu 'kʌləd] *adj* de culoarea curcubeului

rainbow trout ['reinbəu traut] *s iht* păstrăv-canadian *(Salmo irideus)*

rain cap ['rein kæp] *s* umbrelă *(pentru hornuri)*

rain cloud ['rein klaud] *s* nor de ploaie

rain dance ['rein daːns] *s* dans de invocare a ploii

rain drop ['rein drɔp] *s* picătură de ploaie

rainout ['reinaut] *s* 1 funingine poluantă antrenată de ploaie 2 *amer sport* meci anulat din cauza ploii

raised beach [‚reizd 'biːtʃ] *s geogr* plajă cu un nivel mai ridicat decât cel al mării, datorită depunerii de crustacee sau scăderii nivelului apoi

raiser ['reizə] *s* crescător de vite; cultivator

raising ['reiziŋ] *s* 1 ridicare *(a unui obiect căzut)* 2 înviere *(a morţilor)* 3 înălţare *(a unei clădiri)* 4 creştere *(a vitelor)* 5 cultură *(a plantelor)* 6 extracţie *(de minereuri)* 7 creştere *(a tarifelor etc.)* 8 urcare *(a minerilor din mină)* 9 înălţare *(de teren)* 10 evocare *(a spiritelor)* 11 sporire, ridicare *(a impozitelor etc.)* 12 ridicare *(a blocadei)*

raising agent ['reiziŋ ‚eidʒənt] *s gastr* drojdie

raj [raːdʒ] *s (cuvânt anglo-indian)* supremaţie, dominaţie; suveranitate, autoritate; **under the British ~** sub dominaţie britanică

Rajpoot, Rajput ['raːdʒpuːt] *s (cuvânt anglo-indian)* rajput *(membru al unei caste din nordul Indiei)*

raked [reikt] *adj* înclinat

raker ['reikə] *s* 1 greblă 2 persoană care lucrează cu o greblă 3 *F* pieptene

rakishness ['reikiʃnis] *s* 1 destrăbălare, desfrâu 2 îndrăzneală, dezinvoltură

rallicart ['rælikaːt] *s ist* şaretă pe arcuri pentru patru cai

rallying[1] ['ræliiŋ] *s* 1 regrupare 2 restabilire *(a forţelor)*, înviorare

rallying[2] ['ræliiŋ] **I** *adj* zeflemisitor; ironic **II** *s* derâdere, zeflemea, ironie, luare peste picior

rallyingly ['ræliiŋli] *adv* zeflemisitor, ironic

RAM [ræm] *presc de la* **random access memory** *s cib* RAM

rambling expedition ['ræmbliŋ ekspi‚diʃn] ‚*s* 1 incursiune 2 excursie

ramblingly ['ræmbliŋli] *adv* împrăştiat, risipit, dezlânat *(şi fig)*

rambutan [ræm'buːtən] *s bot* fruct comestibil al unui pom din Indonezia *(Nephelium lappaceum)*

ramfeezled [ræm'fiːzld] *adj scot* istovit, obosit, frânt

ram jet engine [‚ræm dʃet 'endʒin] *s av* statoreactor

rammelsbergite ['ræməlzbəːgait] *s minr* rammelsbergit, nichelină

rampageously [ræm'peidʒəsli] *adv* 1 cu furie 2 cu zgomot, gălăgios

rampancy ['ræmpənsi] *s* 1 furie, agresivitate, violenţă, turbare, frenezie 2 exces, exagerare 3 extravaganţă 4 deşfrânare, dezmăţ 5 creştere, înmulţire rapidă, lăţire, propagare

ramper ['ræmpə] *s sl* 1 şantajist 2 hoţ

rampick ['ræmpik] *s înv* copac uscat

rampike ['ræmpaik] *s v.* **rampick**

ramp valley ['ræmp ‚væli] *s geol* scufundare în trepte; vale de rampă; graben format cu ajutorul faliei de ascensiune

ram raider ['ræm ‚reidə] *s* persoană care fură din magazine spărgând vitrinele cu maşina

ramroddy ['ræmrɔdi] *adj F rar* băţos, înţepenit ca o vergea de tun

ramshorn ['ræmzhɔːn] *s tehn* cârlig gheară / copcă / agrafă / crampon / agăţătoare cu clichet

ramshorn snail ['ræmzhɔːn sneil] *s zool* planorbis, melc–ştafetă *(Planorbis)*

rana ['raːnə] *s (cuvânt anglo-indian)* prinţ indian

ranching[1] ['ræntʃiŋ] *s* cuţit lung şi subţire *(în Malaia)*

ranching[2] ['ræntʃiŋ] *s* exploatare a unei ferme; **cattle / chicken ~** creştere de vite / păsări

randanite [ræn'dænait] *s geol* diatomit

randem ['rændəm] *s* trăsură cu două roţi şi trei cai

randing ['rændiŋ] *s geol* cercetare transversală a aflorimentului

random access ['rændəm ‚ækses] *cib* **I** *s* acces aleatoriu / direct **II** *adj* cu acces aleatoriu / direct; **~ memory** memorie de lucru

randomize ['rændəmaiz] *vt* a introduce un element aleatoriu într-un calcul *(la o statistică)*

random searching ['rændəm ‚səːtʃiŋ] *s cib* explorare aleatorie

R and R *presc de la* **rest and recreation** *s* odihnă și recreere

range angle ['reindʒ ˌæŋgl] *s mil* unghi de derivă a bombei

range lights ['reindʒ laits] *s pl nav* lumini de aliniament

range masonry ['reindʒ ˌmeisnri] *s constr* șir de zidărie de grosime diferită

range pole ['reindʒ pəul] *s* jalon de reper

rangership ['reindʒəʃip] *s* slujbă de pădurar, funcția de agent silvic

range table ['reindʒ ˌteibl] *s mil* tabel de tragere

range work ['reindʒ wə:k] *s constr* zidărie în rând

ranidae ['rænidi:] *s zool* ranide, familie de batraciene

ransom bill ['rænsəm bil] *s ist* contract prin care reglementează răscumpărarea bunurilor capturate pe mare în timpul războiului

rantingly ['ræntiŋli] *adv* zgomotos

ranty ['rænti] *adj* zgomotos; sălbatic, violent

rap [ræp] *s text* **1** măsură echivalentă cu 120 iarzi **2** ghem, tort; fire toarse în lungime de 120 iarzi

rapacious beast [rə,peiʃəs 'bi:st] *s* animal de pradă

rapid eye movement [ˌræpid 'ai mu:vmənt] *s* mișcare a globilor oculari în timpul somnului paradoxal (cel în timpul căruia au loc visele)

rapidness ['ræpidnis] *s rar* rapiditate

rapid-transit railway [ˌræpid 'trænzit reilwei] *s ferov* cale ferată pentru trenuri rapide

rapparee [ˌræpə'ri:] *s* haiduc irlandez din sec XVII

rappee [ræ'pi:] *s* tutun tare; tabac tare de prizat

rapping ['ræpiŋ] *s* ciocănire

raptorial [ˌræp'təuriəl] *orn* **I** *adj* răpitor, de pradă **II** *s* pasăre răpitoare

raptorial bird [ræp,təuriəl 'bə:d] *s orn* pasăre de pradă

rapturously ['ræptʃərəsli] *adv* **1** încântător, fermecător **2** (în mod) entuziast, cu frenezie

rapturousness ['ræptʃəsnis] *s* extaz, încântare

rarefied ['reərifaid] *adj* (d aer) rarefiat; **to become ~** a se rarefia **2** rafinat; **the ~ circle in which she moves** cercurile rafinate în care se mișcă

rarefied air [ˌreərifaid 'eə] *s* aer rarefiat; vacuum

rarefied-air space [ˌreərifaid 'eə speis] *s* spațiu rarefiat

rashing ['ræʃiŋ] *s min* șist cărbunos moale în culcușul unui strat, șist fragil în intercalații de cărbune

rasp file ['ra:sp fail] *s* raspel

Rasputin [ræ'spju:tin] *s* aventurier rus în timpul domniei lui Alexandru al III-lea

Rasta ['ræstə] *presc de la* **rastafarian** *s* Rasta, mișcare politică și culturală a negrilor din Antile

Rastafarian [ˌræstə'feəriən] **I** *s v.* **Rasta II** *adj* care aparține mișcării Rasta

Rastafarianism [ˌræstə'feəriənizm] *s* filozofia Rasta

ratal ['reitəl] *s* cuantum până la care se pot impune prețurile, suma impunerii

rat-arsed [ˌræt'a:st] *adj brit sl* beat, amețit, afumat; **to get ~** a se chercheli

rat-a-tat (-tat) [ˌrætə tæt ('tæt)] *s* cioc cioc (la ușă)

ratchet brace ['rætʃit breis] *s tehn* burghiu cu clichet / coarbă

ratchet drill ['rætʃit dril] *s* burghiu cu clichet

ratchet tooth ['rætʃit tu:θ] *s tehn* dinte de angrenare / cuplare; dinte de închidere / reținere

ratchet wheel ['rætʃit wi:l] *s tehn* roată cu clichet / de cuplare

ratchet wrench ['rætʃit rentʃ] *s tehn* cheie cu clichet, boraci

rate-cap ['reit kæp] *vt (în Marea Britanie)* **the town council was rate-capped** guvernul a fixat un plafon pentru impozitele locale

rate-capping ['reit,kæpiŋ] *s (în Marea Britanie)* plafonul impozitelor locale stabilite de guvern

rated load [ˌreitid 'ləud] *s* încărcătură nominală

ratel ['reitəl] *s zool* bursuc exotic melivor (Mellivora ratel)

rath¹ [ræθ] *s (cuvânt irlandez)* **1** munte, deal; colină **2** întăritură / fortificație antică (în Irlanda)

rath² [ræθ] *adj* **1** matinal; timpuriu **2** iute, grăbit, impetuos

ratifier ['rætifaiə] *s* persoană care ratifică

ratio arm ['reiʃiəu a:m] *s el* brațul raportului

rational fraction [ˌræʃnəl 'frækʃn] *s mat* fracție rațională; fracție corectă

rational function [ˌræʃnəl 'fʌŋkʃn] *s mat* funcție rațională

rational horizon [ˌræʃnəl hə'raizn] *s astr* orizont

rationalistic [ˌræʃənə'listik] *adj* raționalist

rational number [ˌræʃnəl 'nʌmbə] *s mat* număr rațional

rationing ['ræʃəniŋ] *s* **1** raționalizare (a mâncării) **2** (d fonduri) **banks are warning of mortgage ~** băncile anunță că vor limita numărul de împrumuturi imobiliare

Ratisbon ['rætizbɔn] *s geogr* Ratisbana, numele latin al orașului Regensburg (în Germania)

rat kangaroo [ˌræt kæŋgə,ru:] *s zool* șobolanul-cangur (Potorous tridactylus)

rat poison ['ræt,pɔizən] *s* otravă de șoareci

ratteen ['ræti:n] *s* ratin, țesătură de lână (pentru flanele de corp)

rattle-snake fern [,rætl sneik 'fə:n] *s bot* ferigă-americană (Botrychium virginianum)

rattle-snake master [,rætl sneik 'ma:stə] *s bot* câteva plante americane despre sucul cărora se crede că vindecă mușcătura șarpelui (Agave virginica, Eryngium yuccaefolium, Liatris squarrosa)

raucid ['rɔ:sid] *adj* răgușit, aspru

raucousness ['rɔ:kəsnis] *s* **1** gălăgie **2** răgușire (a vocii)

raupo ['raupəu] *s* papură, trestie

ravaged ['rævidʒd] *adj* devastat, răvășit

ravager ['rævidʒə] *s* pustiitor, distrugător, jefuitor

ravelin ['rævlin] *s mil* ravelină

raven-haired [ˌreivn 'heə:d] *adj lit* (d păr) negru ca pana corbului

raver ['reivə] *s brit* petrecăreț; **she's a little ~!** e o fată de viață!

rave-up ['reivʌp] *s brit* petrecere; **to have a ~** a da o petrecere

ravine stream [rə'vi:n stri:m] *s* torent de munte

ravishingly ['rævi ʃiŋli] *adv* în mod fermecător; **~ beautiful** de o frumusețe fermecătoare

Rawlplug ['rɔ:lplʌg] *s (la tâmplă-rie)* cep, cui de lemn

raw-stock drier [,rɔ: stɔk 'draiə] *s* uscătoare pentru materii prime

rax [ræks] *vi scot* a se întinde, a se lungi

ray filter ['rei ,filtə] *s bot* ecran ortocromatic

ray gun ['reigʌn] *s* presupusă armă a viitorului, cu raze ucigătoare

razor clam ['reizə,klæm] *s amer zool* scoică din familia *Sole-nidae*

razor cut ['reizə,kʌt] **I** *s* tunsoare cu briciul **II** *vt* a tunde cu briciul

razor-sharp [,reizə'ʃɑ:p] *adj* **1** as-cuțit ca lama **2** cu mintea foarte ageră

razor wire ['reizə,waiə] *s* sârmă ghimpată

razz [ræz] *amer sl* **I** *vt* a tachina, a necăji **II** *s* to get the ~ for fair a fi luat peste picior / în derâdere

razzle ['ræzl] *s brit* to be / to go on the ~ a face chef, a petrece

reabsorb [,ri:əb'sɔ:b] *vt* a reabsorbi

reabsorption [,ri:əb'sɔ:pʃn] *s* re-absorbție; reabsorbire

react coil [ri'ækt kɔil] *s el* bobină de reactanță

reaction component [ri'ækʃn kəm'pəunənt] *s el* componentă reactivă

reaction engine [ri'ækʃn ,endʒin] *s* motor cu reacție

reaction turbine [ri'ækʃn ,tə:bin] *s tehn* turbină reactivă

reactivate [ri'æktiveit] *vt* a reac-tiva

reactive component [ri,æktiv kəm'pəunənt] *s v.* **reaction com-ponent**

readership ['ri:dəʃip] *s* **1** număr de cititori *(ai unui ziar, ai unei re-viste)*; what is their ~ (figure)? câți cititori au? this book should attract a wide ~ această carte ar trebui să intereseze un număr mare de cititori **2** *brit* gradul de lector universitar

reading light ['ri:diŋ lait] *s* lampă de lucru / de birou

reading list ['ri:diŋ list] *s* biblio-grafie, listă de opere recoman-date ca lectură

read-only memory [,ri:d əunli 'meməri] *s cib* ROM, memorie al cărei conținut poate fi doar citit

readvertise [,ri:'ædvətaiz] *vt* a re-înnoi un anunț

readvertisement [,ri:əd'və:tismənt] *s* înnoire a unui anunț

read-write head [,ri:d rait 'hed] *s cib* cap de citire-scriere

read-write memory [,ri:d rait 'meməri] *s cib* memorie de citi-re-scriere

ready-mix [,redi'miks] *adj (d pră-jituri)* semipreparat, cu ingre-diente gata amestecate

ready-to-serve [,redit 'sə:v] *adj* gata de servit

reaffirmance [,riə'fə:məns] *s* reafir-mare, (o) nouă afirmare, (o) nouă confirmare

reaffirmation [,ri:æfə'meiʃn] *s v.* **rearfirmance**

real ale [,riəl 'eil] *s brit* bere tradi-țională

realia [,ri:'eiliə] *s pl texte / obiecte* autentice folosite ca material di-dactic de către profesori pentru a anima lecțiile

real-life [,riəl 'laif] *adj* adevărat, autentic; the ~ drama of her battle against illness adevărata dramă a luptei pe care a dus-o împotriva bolii

reallocate [,ri:'æləkeit] *vt* a rea-loca *(fonduri etc.)*; a redistribui *(sarcini etc.)*

real number [,riəl 'nʌmbə] *s mat* număr real

real tennis [,riəl 'tenis] *s sport* joc cu mingea (asemănător cu oina)

real time [,riəl 'taim] **I** *s cib* timp real **II** *adj (d un sistem, control, proces)* în / de timp real

reaming ['ri:miŋ] *s tehn* alezarea orificiilor

reaming edge ['ri:miŋ edʒ] *s min* tăiș de netezitor de gaură de mină

reaping ['ri:piŋ] *s* seceriș; ~ ma-chine secerătoare

rear end [,riər 'end] *s v.* **rear axle**

rearguard action [,riəgɑ:d 'ækʃn] *s* luptă de ariergardă; to fight a ~ a duce o luptă de ariergar-dă

rear gunner [,riə'gʌnə] *s* mitralior din spate

rear-mounted [,riə 'mauntid] *adj* montat în spate

rear-wheel drive [,ri:ə wiəl 'draiv] *s auto* tracțiune pe spate

reassembling [,riə'sembliŋ] *s tehn* reasamblare

réaumur ['reiəmjuə] *s fiz* **1** *(d ter-mometre, grade)* Réaumur; **a**

temperature of 15° ~ tempe-ratură de 15° Réaumur **2** ter-mometru Réaumur

reaving ['ri:viŋ] *s* jefuire; pustiire; jaf; prăpăd

reawake [,ri:ə'weik], *pret* **reawoke** [,ri:ə'wouk], *ptc* **reawoken** [,ri:ə-'woukn] *vi* a se trezi din nou

reawakening [,ri:ə'weikniŋ] *s* tre-zire din somn, trezire a intere-sului; the ~ of national pride trezirea orgoliului național

reboil [,ri:'bɔil] **I** *vi* a fierbe din nou, a refierbe; a fermenta din nou **II** *vt* a fierbe din nou, a fierbe încă o dată

reboot [,ri:'bu:t] *vt cib* reinițializare *(a unui sistem de operare)*

rebore [,ri:'bɔ:] *vt tehn* a reascuți; a aleza / a ascuți din nou; a sfredeli / a găuri din nou

reborn [,ri:'bɔ:n] *adj* renăscut, re-încarnat; to be ~ a se naște din nou; I feel ~ mă simt ca un nou-născut

rebroadcasting [,ri'brɔ:dkɑ:stiŋ] *s rad* retransmitere

rebuilder [,ri'bildə] *s* reconstructor

rebukeful [ri'bjukful] *adj* dojenitor, mustrător; plin de reproș, care sună a reproș

recalcitrancy [ri'kælsitrənsi] *s* re-calcitranță, nesupunere

recalcitrant [ri'kælsitrənt] **I** *adj* re-calcitrant; neascultător, nesupus **II** *s* persoană recalcitrantă

recalcitrate [ri'kælsitreit] *vi* (against, at) a nu se supune, a fi refractar (la); a se opune (la, *sau cu dat*); a se încăpățâna (să / să nu)

recalcitration [,rikælsi'treiʃn] *s* recalcitranță, nesupunere

recapitalize [ri:'kæpitəlaiz] *vt ec* a capitaliza din nou

recapitulative [,ri:kə'pitjuleitiv] *adj* recapitulativ

recarburization [,ri:kɑ:bjurai'zeiʃn] *s met* recarburare

recasting ['ri:kɑ:stiŋ] *s* aruncare din nou **2** refacere, transfor-mare, modificare; reconstruire **3** *(teatru)* punere în scenă cu o nouă distribuție **4** *met* returnare

receiver general [ri,si:və 'dʒenərəl], *pl* **receivers general** [ri,si:vəz 'dʒenərəl] *s amer* persoană pu-blică ce încasează impozitele

receiving yard [ri'si:viŋ jɑ:d] *s ferov* grupă de linii la intrarea în triaj

373

receptible [ri'septibl] *adj rar* 1 de primit; care poate fi primit 2 of receptiv (la)

reception centre [ri'sepʃn ,sentə] *s brit* centru de primire

reception committee [ri'sepʃn kə-'miti:] *s* comitet de primire

recesionary [ri'seʃnəri] *adj ec* criză, de secesiune

recessional hymn [ri,seʃnəl 'him] *s imn religios care se cântă la încheierea serviciului divin*

rechargeable [,ri:'tʃɑːdʒəbl] *adj* reşarjabil

recidivism [ri'sidivizm] *s* recidivism

Recife [re'si:fə] *s geogr* oraş în nord-estul Braziliei

recision [ri'siʒn] *s* 1 *rar* tăiere, amputare 2 *înv* ştergere

reckoning book ['rekəniŋ buk] *s înv v.* account book

reclaimer [ri'kleimə] *s tehn* conveier, transportor, bandă rulantă

reclaiming [ri'kleimiŋ] *s* 1 regenerare 2 recuperare 3 corectare 4 ameliorare

reclaimless [ri'kleimlis] *adj rar* incorogibil

reclassification [,reklæsifi'keiʃn] *s* reclasificare

reclassify [,ri:'klæsifai] *vt* a clasifica din nou

recleaner [,ri:'kli:nə] *s tehn* recurăţire

reclination [,riklai'neiʃn] *s* înclinaţie, poziţie înclinată

reclined [ri'kłaind] *adj* aplecat, înclinat

recloser [ri'kłəuzə] *s el* autoanclanşator, releu de reanclanşare automată

reclosure [ri'kłəuʒə] *s el* reclanşare, închidere

recognizably [rekəg'naizəbli] *adv* în mod recognoscibil; **the car was not ~ Japanese** maşina aceasta nu părea să fie japoneză

recognized ['rekəgnaizd] *adj* recunoscut, admis; **a ~ fact** un fapt recunoscut; **a ~ authority on medieval history** o autoritate în materie de istorie medievală; oficial; **that's not the ~ legal term** nu este un termen juridic oficial

recognizer ['rekəgnaizə] *s* persoană care recunoaşte pe cineva

recoiling [ri'kɔiliŋ] *s tehn* rotare a bobinelor în sens invers

recoilless ['ri:kɔillis] *adj mil tehn* fără recul

recombinant [ri:'kɔmbinənt] *adj biol* ~ DNA ADN recombinat

recommendableness [rekə'mend-əblnis] *s* caracter recomandabil

recommission [,rekə'miʃn] *vt mil* a da din nou (cuiva) gradul de ofiter

recommunicate [,rekə'mju(:)nikeit] *vt* a comunica din nou

recomplete [rekəm'pli:t] *vt* a completa din nou

reconditioned [,ri:kən'diʃnd] *adj* recondiţionat; *brit (d un cauciuc)* reeşapat; ~ **engine** motor recondiţionat

reconfigure [,ri:kən'figə] *vt cib* a reconfigura (un calculator)

reconfirm [,ri:kən'fə:m] *vt* a confirma (o rezervare); a reafirma (o opinie, o decizie)

reconnect [,ri:kə'nekt] *vt* a reconecta

reconnection [,rekə'nekʃn] *s el* rebobinare

reconnoissance [ri'kɔnisəns] *s fr mil* 1 recunoaştere, cercetare 2 detaşament de cercetare / recunoaştere

reconquest [,ri:'kɔŋkwest] *s* recucerire

reconstitute [,ri:'kɔnstitju:t] *vt* a reconstitui

reconstitution [,ri:kɔnsti'tjuʃn] *s* reconstituire

record-breaker ['rekɔːd ,breikə] *s sport* recordman; *fig, brit* **the new product is a ~** noul produs bate toate recordurile

record-breaking [,rekɔː'dbreikiŋ] *adj* 1 *sport* **a ~ jump** o săritură care a stabilit un nou record 2 *(d un an, o temperatură)* record

record cabinet ['rekɔːd ,kæbinət] *s* mobilă compartimentată pentru discuri

record card ['rekɔːd kɑːd] *s* fişă

record-changer ['rekɔːd ,tʃeindʒə] *s* pick-up cu schimbător automat de discuri

record deck ['rekɔːd dek] *s* patefon

recorded [ri'kɔːdid] *adj* 1 *(d muzică, mesaj)* înregistrat; *(d emisiuni de radio, de televiziune)* transmisă la câtva timp de la înregistrare 2 *(d un fapt)* atestat, notat; *(d istorie)* scris; *(d voturi)* exprimat; **throughout ~ history** pe tot parcursul perioadei atestate istoric

recorded delivery [ri,kɔːdid di'li-vəri] *s brit* recomandată; **to send (by) ~** a trimite (o scrisoare, un colet) recomandat cu confirmare de primire

recordership [ri'kɔːdəʃip] *s* slujba de arhivar *sau* grefier

recording head [ri'kɔːdiŋ hed] *s* cap de înregistrare

recording studio [ri'kɔːdiŋ ,stju:diəu] *s* studio de înregistrare

recork [,ri:'kɔːk] *vt* a pune din nou un dop (la sticlă)

recoverability [,rikʌvərə'biliti] *s v.* recoverableness

recoverableness [ri'kʌvərəblnis] *s* posibilitate de redobândire / regenerare / recuperare

recovery oven [ri'kʌvəri ,ʌvn] *s tehn* cuptor de cocs cu extragerea produselor secundare

recovery position [ri'kʌvəri pə-,ziʃn] *s med* poziţie laterală de siguranţă

recovery room [ri'kʌvəri ru:m] *s med* sală de reanimare

recovery vehicle [ri'kʌvəri ,vi:ikl] *s brit* maşină de depanare

recreation room [rikri'eiʃn ru:m] *s (la şcoală, la spital)* sală de recreaţie; *(la hotel)* sală de jocuri

recrement ['rekrimənt] *s* 1 impuritate, cenuşă, deşeu, scorie, zgură; reziduu, rest 2 *med* recrement

recrudescency [ri:kru'desənsi] *s rar* recrudescenţă, revenire, reînviere

recruital [ri'kru:təl] *s* recrutare; admitere, angajare

recruiting [ri'kru:tiŋ] *s* recrutare

recruiting office [ri'kru:tiŋ ,ofis] *s* birou de recrutare

recruiting officer [ri'kru:tiŋ ,ofisə] *s* ofiter care face recrutările

rectifying tube ['rektifaiŋ tju:b] *s v.* rectifier tube

rectirostral [,rekti'rostrəl] *adj orn* cu ciocul drept

rectrix ['rektriks], *pl* **rectrices** ['rektrisiz] *s zool* rectricelă

recurrent fever [ri,kʌrənt 'fi:və] *s* febră recurentă

recurring decimal [ri,kə:riŋ 'desi-məl] *s mat* fracţie periodică

recusancy ['rekjuzənsi] *s* 1 insubordonare, nesupunere 2 *înv* învăţământ sectar / neconformist

recut [ri:'kʌt] *vt* a tăia din nou

recyclable [ˌriːˈsaikləbl] *adj* reciclabil

recycled [ˌriːˈsaikld] *adj* reciclat; ~ paper hârtie reciclată

redactor [riˈdæktə] *s* redactor

red alert [ˌred əˈləːt] *s* alertă maximă; **to be on** ~ a fi în stare de alertă maximă

Red Army [ˌred ˈɑːmi] *s* Armata Roșie

red bark [ˌred ˈbɑːk] *s* varietate de chinchina

red bat [ˌred ˈbæt] *s zool* liliac-american (*Lasiurus borealis*)

red-blooded American [ˌred blʌdid əˈmerikən] *s amer* american get-beget

red box [ˌred ˈbɔks] *s* cutie (roșie) (*pentru acte sau documente importante, mai ales de stat*)

red brass [ˌred ˈbrɑːs] *s met* alamă roșie

red bronze [ˌred ˈbrɔnz] *s* piesă turnată din bronz

red card [ˌred ˈkɑːd] *s sport* cartonaș roșu; **to get / to receive the** ~ a primi cartonaș roșu

red cedar [ˌred ˈsiːdə] *s bot* ienupăr-de-Virginia (*Juniperus virginiana*)

red chalk [ˌred ˈtʃɔːk] *s minr* cretă roșie

red children [ˌred ˈtʃildrən] *s poetic* indieni

Red China [ˌred ˈtʃainə] *s* China comunistă

red corpuscle [ˌred ˈkɔːpʌsəl] *s biol* globulă roșie

red count [ˌred ˈkaunt] *s biol* calculul eritrocitelor

red cross society [ˌred krɔs səˈsaiəti] *s* societate de cruce roșie

red cypress [ˌred ˈsaipris] *s bot* chiparos-de-mlaștină, taxodiu (*Taxodinum distichum*)

red deal [ˌred ˈdiːl] *s bot* lemn de molid-roșu

reddishness [ˈrediʃnis] *s* culoare roșiatică

red dwarf [ˌred ˈdwɔːf] *s astr* pitică roșie

redeemable [riˈdiːməbl] *adj* **1** (*d datorii*) rambursabil, amortizabil; **the stamps are not** ~ **for cash** nu se pot obține bani contra timbrelor **2** (*d greșeli*) reparabil; (*d păcate, crime*) expiabil, răscumpărabil

redeeming [riˈdiːmiŋ] *adj* (*d trăsături*) care compensează de-

fectele; **his one** ~ **feature** singura lui calitate, singura trăsătură compensatorie

redefine [ˌriːdiˈfain] *vt* a redefini; a modifica

redevelop [ˌriːdiˈveləp] *vt* **1** a reexploata, a revitaliza (*o regiune*), a renova, a reconstrui (*o zonă urbană*); a relansa (*turismul, industria*) **2** a expune din nou (*un argument*) **2** *foto* a developa din nou

redevelopment [ˌriːdiˈveləpmənt] *s* **1** revitalizare, dezvoltare (*a unei regiuni*); renovare (*a unei zone urbane*); relansare (*a turismului, a industriei*); **urban** ~ renovare urbană **2** *fot* redevelopare

red-eye [ˈredai] *s amer* whisky prost și ieftin **2** zbor de noapte

red eye [ˌred ˈai] *s foto* ochi roșii de la blițul aparatului de fotografiat

red-faced [ˌred ˈfeist] *adj* roșu la față (*de rușine, de emoții etc.*)

red fox [ˌred ˈfɔks] *s zool* vulpe roșie (*Vulpes vulpes*)

red giant [ˌred ˈʒaiənt] *s astr* gigantică roșie

red grouse [ˌred ˈgraus] *s orn* potârnichea-scoțiană (*Lagopus scoticus*)

red hardness [ˌred ˈhɑːdnis] *s met* duritate / rezistență la roșu (*păstrarea caracteristicilor de tăiere ale oțelului în timpul încălzirii până la incandescentă*)

red haw [ˌred ˈhɔː] *s bot* specie americană de păducel, gheorghin (*Crataegus coccinea*)

red-hot momma [ˌred hɔt ˈmɔmə] *s amer F* actriță de estradă care se bucură în continuare de mare succes în rândurile publicului

red-hot poker [ˌredhɔtˈpəukə] *s bot* specie de plantă sud-africană cu flori roșii (*Kniphofia uvaria*)

redirect [ˌriːdiˈrekt] *vt* **1** a reexpedia (*un colet etc.*); a schimba itinerariul (*unui vapor, unui tren*) **2** *fig* a reorienta (*eforturile, atenția*)

red-iron ore [ˌredaiən ˈɔː] *s minr* hematită

red lattice [ˌred ˈlætis] *s* **1** grilaj roșu (*la hanuri, bordeluri etc.*) **2** han, cârciumă

red lead ore [ˌred led ˈɔː] *s ch* cromat de plumb

red-legged [ˌred ˈlegd] *adj* cu picioarele roșii

redline [ˈredlain] *vt* **1** a tăia (*ceva*) de pe o listă **2** a indica viteza admisă a unui avion

red manganese [ˌred mæŋgəˈniːz] *s minr* rodonit

red mange [ˌred ˈmeindʒ] *s vet* rapăn, râie

red maple [ˌred ˈmeipl] *s bot* paltin-american roșu (*Acer Rubrum*)

red mite [ˌred ˈmait] *s ent* o specie de păianjen

red mullet [ˌredˈmʌlit] *s iht* specie de barbun din fam *Mullidae*

red ochre [ˌred ˈəukə] *s ch* ocru, miniu de fier, limonit

redoubled [riˈdʌbld] *adj* dublat; *fig* **with** ~ **anger** cu mânie înmiită

redoubling [riˈdʌbliŋ] *s* sporire, întețire

redowa [ˈredəuwə] *s* dans originar din Boemia

red-pencil [ˈredpensl] *vt* a corecta cu creionul roșu; a cenzura

red-polled [ˌredˈpəuld] *adj orn* cu creștetul capului roșu

redressive [riˈdresiv] *adj* care reformează / reface / remediază / ușurează

red setter [ˌred ˈsetə] *s zool* setter irlandez

redshank [ˈredʃæŋk] *s orn* fluierarul cu picioare roșii (*Tringa totanus*)

red-skinned [ˌredˈskind] *adj* cu pielea roșie

Red Square [ˌred ˈskweə] *s* Piața Roșie

red squirrel [ˌredˈskwirəl] *s zool* veverița de Hudson (*Tamia sciurus hudsonicus*); veverița comună (*Sciurus vulgaris*)

redstart [ˈredstɑːt] *s orn* codroșul-de-grădină (*Phoenicurus phoenicurus*)

red tide [ˌred ˈtaid] *s* maree roșie

reducibleness [riˈdjuːsəblnis] *s* reductibilitate

reducing cream [riˈdjuːsiŋ kriːm] *s* cremă pentru slăbit

reduplicated [riˈdjuplikeitid] *adj* (*d un verb etc.*) reduplicativ

reduplication [riˌdjuːpliˈkeiʃn] *s* **1** repetare, dublare **2** *gram* reduplicare

reduplicative [riˈdjuːplikətiv] *amer adj* reduplicativ, care se dublează

redwing [ˈredwiŋ] *s orn* specie de mierlă (*Turdus iliacus*)

re-edifying [ˌriːˈedifaiiŋ] *s* reclădire

reed instrument [ˈriːd ˌinstrəmənt] *s muz* instrument cu ancie *(clarinet, oboi etc.)*

re-editing [ˌriːˈeditiŋ] *s* reeditare

reedling [ˈriːdliŋ] *s orn* pițigoi-de-stuf *(Panurus biarmicus russicus)*

reed warbler [ˈriːdˌwɔːblə] *s orn* lăcarul mic *sau* gălăgios *(Acrocephalus scirpaceus)*

reef knot [ˈriːf nɔt] *s nav* nod plat

reef line [ˈriːf lain] *s nav* parâmă scurtă pentru manevrat terțarola

reel holder [ˈriəlˌhəuldə] *s tel* suport pentru bobine

reel-to-reel [ˌriəltəˈriəl] *adj (d un sistem, un aparat de înregistrat)* cu două bobine

re-emphasize [ˌriˈemfəsaiz] *vt* a sublinia încă o dată, a mai insista încă o dată asupra unui lucru

re-employ [ˌriimˈplɔi] *vt* a refolosi; a reangaja *(muncitori etc.)*

re-employment [riimˈplɔimənt] *s* refolosire *(a materialelor)*; reangajare

re-entry point [ˌriˈentri pɔint] *s astr* punct de reintrare în atmosfera terestră *(a unei nave cosmice etc.)*

re-equip [ˌriiˈkwip] *vt* a reechipa

reestablisher [ˌriːisˈtæbliʃə] *s* restaurator

re-evaluate [ˌriiˈvæljueit] *vt* a reevalua

re-evaluation [ˌriivæljuˈeiʃn] *s* reevaluare

reeving [ˈriːviŋ] *s nav* trecere *(a unei funii printr-o verigă etc.)*

refect [ˌriˈfekt] *vt înv* a împrospăta, a reface

reference mark [ˈrefrəns maːk] *s* **1** reper **2** *tel* reper reglabil

reference number [ˈrefrənsˌnʌmbə] *s ec* număr de referință

referendary [ˌrefəˈrendəri] *s* **1** referendar **2** *rar* arbitru

referential [ˌrefəˈrenʃl] *adj* referențial

referred pain [riˌfəːd ˈpein] *s* durere iradiată

refillable [ˌriːˈfiləbl] *adj* care se poate încărca din nou

refinance [ˌriːˈfainæns] *vt* a refinanța

refining [riˈfainiŋ] *s* rafinare, purificare

refitting [ˌriˈfitiŋ] *s* repartiție; reutilare, reechipare

refix [ˌriːˈfiks] *vt* a fixa din nou; a înțepeni din nou

reflationary [ˌriːˈfleiʃnəri] *adj ec* reflaționar; ~ **pressure** presiune reflaționară

reflexed [ˈriːflekst] *adj* reflectat

reflexibility [riˌfleksəˈbiliti] *s* răsfrângere, reflexibilitate

reflorescence [ˌriːflɔ(ː)ˈresns] *s* reînflorire

refocus [ˌriːˈfəukəs] *vt* a regla din nou *(o lunetă etc.)*; **it has ~ed attention on the problem** s-a atras atenția încă o dată asupra problemei

refracted [riˈfræktid] *adj fiz* refractat, deviat

refracting [riˈfræktiŋ] *adj fiz* care se refractă, refringent

refracting telescope [riˌfræktiŋ ˈteliskəup] *s* telescop, lunetă astronomică

refractional [riˈfrækʃnəl] *adj* care se refractă; refractant, refringent

refractive index [riˌfræktiv ˈindeks] *s fiz* indice de refracție

refreeze [ˌriːˈfriːz], *pret* **refroze** [ˌriːˈfrəuz], *ptc* **refrozen** [ˌriːˈfrəuzn] *vt* a pune din nou la înghețat, a recongela *(mâncare etc.)*

refrenation [rifriˈneiʃn] *s înv* reprimare, împiedicare, asuprire

refreshingly [riˈfreʃiŋli] *adv* înfiorător; în chip plăcut

refreshment bar [riːˈfreʃmənt baː], **refreshment stall** [ˌriːˈfreʃmənt stɔːl] *s* bufet de răcoritoare

refrigerative [riˈfridʒəreitiv] *adj înv* care îngheață; care produce frig artificial

refrigerator-freezer [riˌfridʒəreitəˈfriːzə] *s* frigider dotat cu un compartiment special pentru congelare

refringency [riˈfrindʒənsi] *s fiz* refringență

refundment [riˈfʌndmənt] *s* rambursare

refusable [riˈfjuːzəbl] *adj* refuzabil

refuse bin [ˈrefjuːs bin] *s brit* pubelă, ladă de gunoi

refuse chute [ˈrefjuːs ʃuːt] *s brit* depozit de gunoi, ghenă *(la bloc)*

refuse collection [ˈrefjuːs kəˌlekʃn] *s brit* strângerea gunoiului

refuse collector [ˈrefjuːs kəˌlektə] *s brit* gunoier, măturător

refuse disposal [ˈrefjuːs disˌpəuzl] *s* prelucrare a gunoiului

refuse dump [ˈrefjuːs dʌm] *s* groapă de gunoi

refus(e)nik [riˈfjuːznik] *s pol* cetățean sovietic căruia autoritățile îi refuzau dreptul de emigrare

refuser [riˈfjuːzə] *s* **1** persoană care refuză **2** cal care refuză

refuter [riˈfjuːtə] *s* persoană care respinge

regainable [riˈgeinəbl] *adj* recuperabil

regalement [riˈgeilmənt] *s* gustare

regalian [riˈgeiliən] *s ist* regalist

regally [ˈriːgəli] *adv* regește, în mod regesc

regardable [riˈgaːdəbl] *adj rar* remarcabil, care merită să fie luat în seamă

regarder [riˈgaːdə] *s* privitor, spectator

regenerating [riˈdʒenəreitiŋ] *adj* regenerator

regermination [ˌriːdʒəˈmiˈneiʃn] *s* reîncolțire, renaștere; *fig* revenire la viață

reggae [ˈregei] *s* reggae, muzică pop jamaicană

regimental sergeant major [reˌdʒiˌmentəl saːdʒənt ˈmeidʒə] *s aprox* plutonier de campanie

regimented [ˌredʒiˈmentid] *adj* înregimentat; **a ~ life-style** un stil de viață strict / sever

regional development [ˌriːdʒnəl diˈveləpmənt] *s* amenajare a teritoriului, acțiune regională; ~ **corporation** organizație pentru amenajarea teritoriului

regionalist [ˈriːdʒnəlist] **I** *adj* regional **II** *s* regionalist

regionalization [ˌriːdʒənəlaiˈzeiʃn] *s* regionalizare

regionalize [ˈriːdʒənəlaiz] *vt* a regionaliza

regionally [ˈriːdʒnəli] *adv* la nivel regional

regionary [ˈriːdʒnəri] *adj* regional

registered disabled [ˌredʒistəd diˈzeibəld] *adj brit* **to be ~** a avea un certificat de handicapat

Registered General Nurse [ˌredʒistəd dʒenərəl ˈnəːs] *s v.* **RGN**

Registered Nurse [ˌredʒistəd ˈnəːs] *s* infirmieră cu diplomă *(cu drept oficial de practicare a meseriei)*

registered office [ˌredʒistədˈofis] *s brit* sediu social; domiciliu legal

registered post ['redʒistəd pəust] *s brit* colet / scrisoare recomandată

registered tonnage [ˌredʒistəd 'tʌnidʒ] *s nav* capacitate a unei nave comerciale

Registered Trademark [ˌredʒistəd 'treidmɑːk] *s* marcă înregistrată

register office ['redʒistər ˌɔfis] *s brit* oficiu de stare civilă

register ton ['redʒistə tʌn] *s nav* tonă registru

registrant ['redʒistrənt] *s* persoană care cere o înscriere *(în registrele de sarcini)*

registration document [redʒi'streiʃn ˌdɔkjumənt] *s brit* talon de înregistrare *(al unei mașini)*

registration fee [redʒi'streiʃn fiː] *s* taxă / drepturi de înscriere

registration number [redʒi'streiʃn ˌnʌmbə] *s* **1** *brit* număr de înmatriculare; **the car has the ~ E 123 syk** mașina are numărul de înmatriculare E 123 syk **2** număr de înscriere *(al unui student);* număr de înregistrare *(al unui bagaj)*

registration plate [redʒi'streiʃn pleit] *s* placă de înmatriculare *(în Australia și Noua Zeelandă)*

regive [ˌriː'giv] *vt* a da din nou

regrade ['riː'greid] *vt* a reclasa

regreet [ˌriː'griːt] **I** *vt* a saluta din nou **II** *s* înapoiere a salutului

regrouping [ˌri'gruːpiŋ] *s* regrupare

regularization [ˌregjulərai'zeiʃn] *s* regularizare

regulating ['regjuleitiŋ] **I** *adj* regulator, care reglează **II** *s* reglare *(a unui ceas etc.)*

regulatory ['regjulətri] *adj* regulamentar

regulo ['regjuləu] *s brit* ~4~ **(mark)** gradul 4 de încălzire *(la un cuptor cu gaze)*

rehabilitating [ˌriə'biliteitiŋ] *adj* de reabilitare

rehabilitation centre [riːəbili'teiʃn ˌsentə] *s* centru de readaptare *(al unui bolnav etc.)*

rehearser [ri'həːsə] *s* actor care repetă un rol

rehearsing [ri'həːsiŋ] *s teatru* repetiție

reif [riːf] *s scot* jaf, hoție, tâlhărie

reigning ['reiniŋ] *adj* **1** domnitor, care domnește **2** titular **3** predominant

reinfect [ˌriːin'fekt] *vt* a reinfecta

reinfection [ˌriːin'fekʃn] *s* reinfectare

reinsurance [ˌriːin'ʃuərəns] *s* reasigurare, asigurare nouă

reintegration [ˌriːinti'greiʃn] *s* reintegrare

reintroduce [ˌriːintrə'djuːs] *vt* a reintroduce

rejected [ri'dʒektid] *adj (d un proiect etc.)* respins

rejigger [ˌriː'dʒigə] *vt amer* a reprofila, a reutila *(pentru o nouă destinație);* a schimba destinația *(unei fabrici etc.)*

rejuvenating cream [ri'dʒuːvəneitiŋ kriːm] *s* cremă pentru întinerit

relational database [ri,leiʃnəl 'deitəbeiz] *s cib* baze de date relaționale

relative density [ˌrelətiv'densiti] *s* densitate relativă

relative humidity [ˌrelətiv hjuː'miditi] *s* umiditate relativă

relay station ['riːlei ˌsteiʃn] *s el, tehn etc.* releu

relearn [ˌriː'ləːn], *pret și ptc* **relearned** [ˌriː'ləːnd] / **relearnt** [ˌriː'ləːnt] *vt* a învăța din nou

release print [ri'liːs print] *s cin* copie de exploatare

relenting [ri'lentiŋ] *s* iertare

relet [ˌriː'let] *pret și ptc* **relet** *vt* a împrumuta din nou *(cuiva)*

reliably [ri'laiəbli] *adv* în mod serios; **we are ~ informed that** am aflat din surse sigure că

reliction [re'likʃn] *s* **1** *geol* formare a uscatului în urma retragerii lente și treptate a apei **2** pământ rămas în urma retragerii apelor mării

relieved [ri'liːvd] *adj* ușurat; **to feel ~** a se simți ușurat; **we were greatly ~ at the news** ne-am simțit foarte ușurați când am aflat vestea

reliever [ri'liːvə] *s* alinător, mângâietor

religioner [ri'lidʒənə] *s* **1** membru al unui ordin religios **2** habotnic; bigot

reloading [ri'ləudiŋ] *s* reîncărcare

reluctivity [ˌrelək'tiviti] *s el* reluctanță specifică, reluctivitate

remainderman [ri'meindəmæn], *pl* **remaindermen** [ri'meindəmən] *s jur* **1** moștenitor subsecvent **2** succesor *(al unei moșteniri)*

remaining [ri'meiniŋ] *adj* restant, care rămâne; **the only ~ member of her family** singurul membru din familia ei rămas în viață; **the ~ guests** restul musafirilor; **it's our ~ hope** este ultima speranță care ne-a mai rămas

remains [ri'meinz] *s pl* **1** rămășițe *(ale mesei);* vestigii *(ale unei clădiri)* **2** rămășițe umane

remand centre [ri'mɑːnd ˌsentə] *s brit* centru de detenție preventivă

remand home [ri'mɑːnd həum] *s brit* centru de educație supravegheată

rematch [ˌriː'mætʃ] **I** *vt sport* a intra din nou în competiție **II** ['riːmætʃ] *s* meci retur; meciul al doilea

remembrancer [ri'membrənsə] *s* **1** *înv* suvenir, amintire **2** *înv* carnețel / însemnări

remigrant ['remigrənt] *s* repatriat

remigrate [ˌriː'maigreit] *vi* a repatria

reminiscently [remi'nisntli] *adv* ca unul care își amintește

remix [ˌriː'miks] *s* **I** *vt* a remixa (o înregistrare) **II** *s* ['riːmiks] remixare *(a unei înregistrări)*

remorselessness [ri'mɔːslisnis] *s* lipsă de părere de rău; lipsă a milei

remortgage [ˌriː'mɔːgidʒ] *vt* a ipoteca din nou

remote-controlled [ri,məut kən'trəuld] *adj* prin telecomandă

remotion [ri'məuʃn] *s from* îndepărtare (de); depărtare (de)

remunerativeness [ri'mjunərei-tivnis] *s* caracter remunerator

Renaissance man [rə'neisns mæn] *s* persoană cu talente multiple

rename [ˌriː'neim] *vt* a renumi, a reboteza

renationalization [riː,næʃnəlai-'zeiʃn] *s* renaționalizare

renege [ri'niːg] *vi (la jocul de cărți)* a refuza să dea culoarea cerută; **to ~ on** a nu-și îndeplini *(responsabilitățile);* a reveni asupra *(cuvântului dat / promisiunii)*

renewed [ri'njuːd] *adj (d încredere, speranță)* înnoit; *(d forță)* mărit, crescut; **with ~ enthusiasm** cu un entuziasm mărit; **~ out breaks of fighting** recrudescență a luptei

renewedly [ri'njuː(ː)ədli] *adv* din nou; repetat

rent-a-car [,rentə'kɑː] *s* birou de închiriere a mașinilor

rent-a-crowd [,rentə'kraud], **rent-a-mob** [,rentə'mɒb] *s brit* agitatori profesioniști; galerie plătită

rent book ['rent buk] *s* chitanțier pentru plătit chiria

rent boy ['rent bɔi] *s* tânăr prostituat *(pentru bărbați)*

rent collector ['rent kə,lektə] *s* încasator de chirie

rent control ['rent kən,trəul] *s* control al chiriei *(de către guvern)*

rent-controlled [,rent 'kəntrəuld] *adj (despre locuințe)* a cărei chirie este sub controlul guvernului

rented ['rentid] *adj* închiriat, în locație

rent rebate ['rent ri,beit] *s* reducere a chiriei

rent strike ['rent straik] *s* grevă a chiriilor

rent tribunal ['rent trai,bjunəl] *s* comisie de control al chiriei

reopening [,riː'əupniŋ] *s* redeschidere *(a unui magazin)*; reluare *(a negocierilor)*

repack [,riː'pæk] *vt* a reambala; a împacheta din nou *(un bagaj)*

repackage [,riː'pækidʒ] *vt* **1** a reîmpacheta, a reambala **2** *amer fig* a reface imaginea publică

repairing shop [ri'peəriŋ ʃɒp] *s nav* atelier plutitor

repatriable [riː'pætriəbl] *adj* repatriabil, care poate fi trimis înapoi în patrie

repealer [ri'piːlə] *s* **1** persoană care anulează / abrogă / revocă / contramandează **2** *ist* adept al ruperii unității dintre Marea Britanie și Irlanda

repeating [ri'piːtiŋ] *adj* **1** *mat* periodic **2** *(d o armă)* cu repetiție

repeating watch [ri'piːtiŋ wɒtʃ] *s* ceas cu repetiție

repeat performance [ri'piːt pə,fɔːməns] *s (în teatru)* a doua reprezentație; *fig* we don't want a ~ of last year's chaos nu vrem să se mai repete haosul de anul trecut; *peior* to give a ~ a juca din nou teatru

repechage [,repə'ʃɑːʒ] *s* probă suplimentară pentru a obține o notă de trecere (la examen)

repenter [ri'pentə] *s* penitent

repertory company ['repətri ,kɒmpəni] *s* companie / trupă (de teatru) de repertoriu

repetitive [ri'petətiv] *adj (d o activitate, un ritm)* repetitiv, monoton; *(d un cântec, un discurs)* plin de repetiții; *(d o persoană)* care se repetă

rephrase [,riː'freiz] *vt* a reformula; can you ~ that remark / question? vreți să vă formulați altfel părerea / întrebarea?

replier [ri'plaiə] *s* persoană care răspunde / care dă o replică

repoint [,riː'pɔint] *vt constr* a repara tencuiala căzută

report card [ri'pɔːt kɑːd] *s amer* carnet în care profesorii notează observații referitoare la comportamentul elevilor (pentru informarea părinților)

reported [ri'pɔːtid] *adj* there have been ~ sightings of dolphins off the coast au fost văzuți delfini lângă coastă; the last ~ sighting of the aircraft ultima oară când a fost văzut avionul; what was their last ~ position? unde au fost semnalați ultima oară?

report stage [ri'pɔːt steidʒ] *s brit pol* examen al unui proiect de lege înainte de a treia lectură; the bill has reached ~ *aprox* proiectul de lege tocmai a trecut printr-o comisie

reposition [,riː'pə'ziʃn] *vt* a repoziționa

repossession order [ri:pə'zeʃn ,ɔːdə] *s* ordonanță de reintrare în posesie

representationalism [,reprizen'teiʃnəlizm] *s* artă figurativă

representationalist [,reprizen'teiʃnəlist] **I** *adj* care aparține artei figurative **II** *s* figurativ

repressed [ri'prest] *adj* reprimat; *psih* refulat

represser [ri'presə] *s* asupritor, tiran, despot

repressiveness [ri'presivnis] *s* caracter represiv *(al unui regim etc.)*

reprocess [,riː'prəuses] *vt* a reprocesa

reprocessing [,riː'prəusesiŋ] *s* reprocesare

reproductiveness [,riː'prəd'ʌktivnis] *s* reproductivitate, fecunditate

reprogram [,riː'prəugræm] *vt* a reprograma

REPROM [,riː'prɒm] *s cib* memorie ROM reprogramabilă

reproval [ri'pruːvl] *s* repros; a look of ~ o privire plină de repros

reprovingly [ri'pruːviŋli] *adv* în mod reprobator *sau* cu repros *(d privire / glas)*

reptile house ['reptail haus] *s* tetariu *(pentru reptile)*

Republican party [ri,pʌblikən 'pɑːti] *s* the ~ partidul republican

repugnancy [ri'pʌgnənsi] *s* **1** (for / to / against) repulsie, antipatie, aversiune, scârbă *(pentru, față de)* **2** contrazicere, incompatibilitate; inconsecvență

repulsively [ri'pʌlsivli] *adv* cu repulsie; ~ ugly de o urâțenie respingătoare

requiem mass ['rekwiəm mɑːs] *s bis* mesă pentru recviem

required [ri'kwaiəd] *adj (d condiții, calificări)* cerut, necesar; in / by the ~ time în perioada de timp prevăzută; to reach the ~ standard a atinge standardul cerut; ~ reading lectură particulară obligatorie *(a elevilor, studenților)*

requisiteness [ri'kwisitnis] *s* necesitate; caracter indispensabil

rerelease [,riː'riːliːs] **I** *vt* a scoate din nou *(un film, un disc)* **II** *s* reluare *(a unui film, a unui disc)*

resale price maintenance [,riː'seil 'prais meinteinəns] *s* vânzare en detail la preț impus

reschedule *brit* [,riː'ʃedjuːl] *vt* **1** a reprograma *(o întâlnire, o ședință)*, a schimba orarul *(unui autobuz, tren)* the meeting has been ~ed for next week ședința a fost reprogramată săptămâna viitoare **2** *fin* a reeșalona *(credite, dobânzi etc.)*

resealable [,riː'siː'ləbl] *adj* care poate fi sigilat din nou *(plic etc.)*

research student [ri'səːtʃ ,stjudənt] *s* student care lucrează în cercetare *(după licență)*

reselect [,riː'silekt] *vt* a selecta din nou

reserve bank [ri'zəːv bæŋk] *s (în S.U.A.)* oricare dintre cele 12 bănci înființate sub sistemul Rezervelor Federale

reserve tank [ri'zəːv tæŋk] *s auto* rezervor suplimentar

residence hall ['rezidəns hɔːl] *s amer* rezidență universitară

residence permit ['rezidəns ,pəːmit] *s aprox* permis de ședere *(într-o țară străină)*

residential [,rezi'denʃl] *adj (d un cartier)* rezidenţial; *(d un statut)* de rezident; ~ **student** intern

residentiary [,rezi'denʃəri] *adj* **1** de reşedinţă, rezidenţial; domiciliar; referitor la locuinţă / domiciliu **2** cu locuinţă / reşedinţă

resignedness [ri'zainidnis] *s* resemnare

resit [,ri:'sit], *pret* **resat** [,ri:'sæt], *ptc* **resat** [,ri:'sæt] **I** *vt* a da din nou *(un examen)* **II** *s* ['ri:sit] restanţă *(după picarea unui examen)*

resonantly ['rezənəntli] *adv* cu voce răsunătoare

resourcefully [ri'sɔːsfuli] *adv* în mod ingenios; **he acted ~ in a difficult situation** în această situaţie dificilă a venit cu soluţii ingenioase

respectably [ri'spektəbli] *adv* în mod respectabil, onorabil; **he's married** s-a căsătorit onorabil; **she has to dress ~ for work** trebuie să se îmbrace decent la serviciu

respected [ri'spektid] *adj* respectat; **she's a highly ~ researcher** este un cercetător respectabil

response time [ri'spɔns taim] *s cib* timp de răspuns; *med psih* timp de reacţie

responsibly [ri'spɔnsəbli] *adv* în mod responsabil; **to behave ~** a avea un comportament responsabil

responsiveness [ri'spɔnsivnis] *s* **1** sensibilitate; cordialitate **2** *(d frâne)* supleţe; *(d aparate de radio)* sensibilitate

ressala(h) [rə'saːlə] *s ist mil* escadron de cavalerie indian *(încadrat în armata britanică)*

ressaldar [,resəl'daː] *s ist mil* căpitan de cavalerie *(în India)*

rest area ['rest,eəriə] *s auto* zonă de staţionare

restively ['restivli] *adv* cu nervozitate

restricted users groupe [ri,striktid'juːzəːz gruːp] *s cib* număr restrâns de utilizatori cu acces la informaţii confidenţiale

restrictive practice [ri,striktiv 'præktis] *s* practică sindicală restrictivă; prejudiciu la libera concurenţă

rest stop ['rest stɔp] *s amer auto* zonă de staţionare / de oprire

restuff [,ri:'stʌf] *vt* a umple din nou, a reumple *(o saltea, un animal împăiat etc.)*

resupply [,ri:sə'plai] *vt* a reaproviziona

retail price index [,ri:teil 'prais indeks] *s brit* indice de preţuri en detail

retarding [ri'taːdiŋ] **I** *adj* de întârziere; care întârzie **II** *s* întârziere

retinas ['retinəz] *s anat* retină *(a ochiului)*

retirement age [ri'taiəmənt eidʒ] *s* vârstă de pensionare

retirement benefit [ri'taiəmənt ,benəfit] *s* indemnizaţie / primă la ieşirea la pensie

retirement pay [ri'taiəmənt pei] *s* plata pensiei

retracting [ri'træktiŋ] *adj* de retragere

retrain [,ri:'trein] **I** *vt* a recicla, a pregăti din nou **II** *vi* a se recicla

retree [ri'tri:] *s* hârtie cu pete datorate umidităţii, hârtie de rebut

retributor [ri'tribjutə] *s* răzbunător

retro ['retrəu] *adj* retro; ~ **fashions** moda retro

retroactively [,retrəu'æktivli] *adv* retroactiv

retrofit ['retrəufit] *vt* a echipa *(un avion, un automobil)* după fabricaţie

retropack ['retrəupæk] *s* sistem de retrofuzee

retrospectively [,retrə'spektivli] *adv* în mod retrospectiv

retrovaccine [,retrəu'væksi(:)n] *s med* retrovaccin

retrovirus ['retrəuvairəs] *s biol* retrovirus

retry [,ri:'trai] *vt* **1** a încerca din nou, a mai face încercare cu **2** *jur* a rejudeca, a repune pe rol *(un proces)*

retune [,ri:'tjuːn] **I** *vt* **1** *muz* a acorda din nou **2** *rad* a regla **II** *vi* **listeners in Europe are invited to ~ to medium wave** ascultătorii din Europa sunt invitaţi să dea pe unde medii; **don't forget to ~ tomorrow to the same wavelength** nu uitaţi mâine să vă fixaţi radioul pe aceeaşi lungime de undă

retype [,ri:'taip] *vt* a bate din nou la maşină

reunification [,ri:juːnifi'keiʃn] *s* reunificare

reupholster [,ri:ʌp'həulstə] *vt* a capitona din nou, a tapiţa din nou

reusable [ri:'juːzəbl] *adj* reutilizabil, reciclabil

revaluate [,ri:'væljueit] *vt amer* a reevalua

rev counter ['rev,kauntə] *s tehn* tahometru

Revd [revd] *presc de la* **reverend** reverend

revealingly [ri'viːliŋli] *adv* **1** ~ **not one of them speaks a foreign language** este relevant că nici unul din ei nu vorbeşte o limbă străină **2** a ~ **short dress** o rochie scurtă care lasă să se vadă tot

revelatory [,revə'leitəri] *adj* revelator

revenue bond ['revənjuː bɔnd] *s* obligaţiune de stat

revenue man ['revənjuː mæn] *s* agent al fiscului

revenue tariff ['revənjuː ,tærif] *s* tarif vamal fiscal

Reverend Mother [,revərənd 'mʌðə] *s* Maica Stareţă

reverentially [,revə'renʃəli] *adv* reverenţios, respectuos

revers [ri'viə] *s* revers

reversal film [ri'vəːsl film] *s fot* film reversibil

reverse-charge call [ri,vəːs tʃaːdʒ 'kɔːl] *s brit* telefon cu taxă inversă

reversing light [ri'vəːsiŋ lait] *s auto* lampă albă de mers înapoi

reversionary [ri'vəːʃnəri] *adj* **1** *jur* care implică dreptul de reversiune **2** atavic; ~ **degeneration** degenerescenţă atavică

revictualment [ri'viktjuəlmənt] *s v.* **revictualling**

review copy [ri'vjuː,kɔpi] *s* exemplar al revistei presei

revivalism [ri'vaivəlizm] *s* **1** *rel* mişcare de revitalizare a sentimentului religios **2** tendinţă de revitalizare / restaurare

revivalist [ri'vaivəlist] *s* **1** *rel* membru al unei mişcări de revitalizare a sentimentului religios; **Hindu ~s** membri ai unei mişcări de revitalizare a tradiţiei hinduse **2** tradiţionalist

revoltingly [ri'vəultiŋli] *adv* în mod revoltător; **he's ~ ugly / dirty** este de o urâţenie / murdărie revoltătoare; **she's so ~ clever!** este uimitor de deşteaptă

revolving fund [ri,vɔlviŋ 'fʌnd] *s ec* fond (bancar) reînnoibil

re-win [,ri:'win] *vt* a recâştiga

rework [,ri:'wə:k] *vt* **1** a lucra din nou *(la un discurs, la un text)*; **his last novel ~s the same theme** ultimul său roman reia aceeași temă **2** a retrata *(un produs industrial)*

reworking [,ri:'wə:kiŋ] *s* reluare; **the film is a ~ of the doppelganger theme** filmul este o reluare a temei dublului

rewrap [,ri:'ræp] *vt* a reambala

rewrite rule [ri:'rait ru:l] *s* regulă de rescriere

RGN *presc de la* **registered general nurse** *s brit* infirmier cu diplomă de stat

rhea ['ri:ə] *s orn* nandu, struț american

rheme [ri:m] *s lingv* remă

rhesus monkey ['ri:səs ,mʌnki] *s zool* macac cu coadă scurtă, originar din Asia de Sud-Est

rhetorical question [ri,tɔrikəl 'kwestʃn] *s* întrebare retorică

Rh factor [,ɑːr'eitʃ fæktə] *s* factorul Rhesus, RH

Rhineland-Palatinate [,rainlænd pə'lætinət] *s geogr* Renania-Palatinat

rhinoscopy [rai'nɔskəpi] *s med* rinoscopie

rhizoctonia disease [raizɔk'təuniə di,zi:z] *s agr* râia neagră a cartofului *(Rhizoctonia solani)*

rhizopod ['raizəpod] *s zool* rizopod

Rh-negative [,ɑːr'eitʃ'negətiv] *s* Rh negativ

Rhodesian man [rəu'di:ʃn mæn] *s* omul rodezian *(Homo rhodesiensis)*

rhombic aerial [,rɔmbik 'æəriəl] *s* antenă în formă de romb

Rh-positive [,ɑːreitʃ'pozitiv] *s* Rh pozitiv

rhythm guitar ['riðəm gi,tɑː] *s* chitară ritmică

rhythm method ['riðəm ,meθəd] *s* metodă de control al sarcinii *(prin măsurarea temperaturii)*

rhythm section ['riðəm,sekʃn] *s* grup de instrumente care ține ritmul *(la o orchestră de jazz etc.)*

rial [ri'ɑːl] *s fin* rial

ribcage ['ribkeidʒ] *s anat* cutie toracică

rib-tickler ['rib,tiklə] *s fig* glumă, poantă, spirit

rib vaulting ['rib ,vɔ(:)ltiŋ] *s arhit* boltă gotică / ogivală

ricefield ['raisfiəld] *s* orezărie

rice wine ['raiswain] *s* băutură din orez, sake

riddled ['ridld] *adj* plin; **a wall ~ with holes** un zid plin de găuri; **his letter is ~ with spelling mistakes** scrisoarea lui e plină de greșeli de ortografie

ridership ['raidəʃip] *s amer* număr de călători

ridge tent ['ridʒ tent] *s* cort (cu acoperiș în pantă)

ridgeway ['ridʒwei] *s* drum amenajat pe coama unui munte

ridging ['ridʒiŋ] *s* **1** *constr* acoperire a coamei acoperișului cu olane curbe **2** săpare de șanțuri între răzoare pentru sădire

riding crop ['raidiŋ krɔp] *s* cravașă

right-about turn [,rait ə'bəut tə:n] *s mil* semiîntoarcere la dreapta

right-footed [,rait'futid] *adj* care se folosește de piciorul drept

right footer ['rait ,futə] *s* **1** *sport* jucător care joacă cu piciorul drept **2** *peior* protestant

right-hand drive [,raithænd 'draiv] *s auto* condus pe partea dreaptă; **a ~ vehicle** o mașină cu volanul pe dreapta

right-handed [,rait'hændid] *adj* **1** *(d o persoană)* care are mai multă îndemânare în mâna dreaptă **2** *(d o lovitură)* de dreapta **3** *(d un șurub)* cu filet pe dreapta

right-ho [,rait'həu] *interj v.* **righto**

Right Honourable [,rait 'ɔnɔrəbl] *adj brit* formulă de adresare față de anumiți funcționari înalți sau cu un titlu de noblețe

righto [,rait'əu] *interj brit* OK, s-a făcut

right-of-centre [,raitəv'sentə] *adj pol etc.* de centru dreapta

right-oh [,raiti'əu] *interj v.* **righto**

rights issue ['raits,iʃu:] *s ec* drept de preemțiune

right-to-work movement [,rait tə 'wə:k mu:vmənt] *s (în S.U.A.)* sindicat care se opune ideii de „sindicat unic"

rigid disk [,rigid 'disk] *s cib* disc fix

ring-a-ring-a-roses [,riŋəriŋə'rəuziz] *s* cântec de copii

ring binder ['riŋ,baində] *s* clasor (cu inele)

ringed plover [,riŋd'plʌvə] *s* prundărașul gulerat *(Charadrius hiaticula)*

ringing tone ['riŋiŋ ,təun] *s* sonerie, semnal de apel

ring main ['riŋ mein] *s* conductă cu buclă

ring-pull ['riŋpul] *s brit* inel *(pe cutiile de băutură)*; **~ can** conservă / cutie de tablă *(care se deschide trăgând de un inel)*

ring spanner ['riŋ,spænə] *s brit* cheie poligonală

rinky-dink [,riŋki'diŋk] *adj amer* ieftin, inferior, uzat

Rio Negro [,ri:əu'neigrəu] *s* râu în America de Sud

rioting ['raiətiŋ] *s* răzmeriță, răscoală

riot police ['raiət pə,li:s] *s* brigadă polițienească mobilă

riot shield ['raiət ʃiəld] *s* scut *(de poliție)*

rising damp ['raiziŋ dæmp] *s* umiditate datorată capilarității

risk capital ['risk,kæpitəl] *s brit* capital de risc

risk-taking [,risk'teikiŋ] *s* asumare a riscului; **we knew there would be some ~ involved** știam că vom avea parte și de riscuri

rivage ['rividʒ] *s înv poetic* țărm, mal

river blindness ['rivə,blaindnis] *s med* anchocerciază *(infecție a ochiului)*

Riviera [,rivi'eərə] *s* **the French ~** Coasta de Azur; **on the French Riviera** pe Coasta de Azur; **the Italian ~** riviera italiană; **on the Italian ~** pe riviera italiană

Riyadh ['ri:æd] *s geogr* Riad

RMT *presc de la* **National Union of Rail, Maritime and Transport Workers** *s* sindicatul britanic al muncitorilor de la căile ferate și maritime

roadie ['rəudi] *s tehnician care însoțește formațiile de rock în turnee*

road manager ['rəud ,mænidʒə] *s responsabil al unui turneu (pentru un cântăreț sau o formație)*

road racing ['rəud ,reisiŋ] *s* raliu *(pe șosea)*

road roller ['rəud ,rəulə] *s drumuri* rulou, cilindru compresor rutier

road safety ['rəud ,seifti] *s* securitate rutieră

road sign ['rəud sain] *s* panou de semnalizare

roadster ['rəudstə] *s* **1** cal de călărie **2** *nav* vapor (ancorat) în radă **3** vehicul rutier **4** *înv* călător inveterat **5** automobil sport cu două locuri

road sweeper ['rəud‚swiːpə] *s* maşină de măturat străzile; măturător

road-user ['rəudjuːzə] *s* persoană care foloseşte străzile

roadworthiness ['rəudwə:ðinis] *s* starea generală a unui vehicul

roamer ['rəumə] *s* vagabond; nomad; rătăcitor

roaming ['rəumiŋ] **I** *adj* rătăcitor, hoinar **II** *s* plimbare la întâmplare, hoinăreală

Robert the Bruce [‚rɔbətðə'bruːs] *s rege al Scoţiei (sec XIV)*

robot bomb ['rəubɔt bɔmb] *s* bombă zburătoare

robot dancing ['rəubɔt ‚dænsiŋ] *s dans al anilor '80, caracterizat prin mişcări sacadate*

robotic ['rəubɔtik] *adj* robotic

robotize ['rəubətaiz] *vt* a robotiza

rockabilly ['rɔkəbili] *s rock and roll combinat cu un gen de muzică populară americană (a albilor) din sud*

rock bass ['rɔkbæs] *s iht gen de peşte din America de Nord (Ambloplites rupestris)*

rock bun ['rɔkbʌn], **rock cake** ['rɔkkeik] *s gastr prăjitură dintr-un aluat tare*

rock climbing ['rɔk ‚klaimiŋ] *s* ascensiune pe stânci

rock dash ['rɔkdæʃ] *s amer* tencuială (nedrişcuită)

rocker arm ['rɔkər ‚aːm] *s tehn* culbutor, basculator

rocket bomb ['rɔkit bɔːmb] *s* **1** bombă aer sol **2** bombă lansată de la sol

rocket range ['rɔkit‚reindʒ] *s* bază de lansare a rachetelor

rock face ['rɔkfeis] *s* faţă asprită din cauza vremii

rockfall ['rɔkfɔːl] *s* avalanşă de pietre / de stânci

rock-hard [‚rɔk'haːd] *adj* tare ca piatra

rock melon ['rɔkmelən] *s bot* cantalup (Cucumis melo)

rock music ['rɔk ‚mjuzik] *s* muzică rock

rock pool ['rɔkpuːl] *s* smârc de apă de mare rămas după reflux între stânci

rock salmon ['rɔk sæmən] *s iht* gen de peşte din Atlanticul de vest (Seripla zonata)

rodent operative ['rəudənt‚ɔprətiv] *s brit* angajat al serviciului de deratizare

Rodeo Drive [‚rəudiəu 'draiv] *s (în S.U.A.) stradă cu magazine de lux, în Hollywood*

Roedean ['rəudiːn] *s* ~ (School) celebră şcoală particulară de fete în Anglia

roisterous ['rɔistərəs] *adj* gălăgios, scandalagiu

rolled ['rəuld] *adj* **1** (d hârtie) în rulou; (d covor) rulat **2** (d tablă) laminat

rolled-up [‚rəuld 'ʌp] *adj* rulat, înfăşurat

roller blades ['rəuləbleids] *s* patine cu rotile (dispuse în linie)

roller blind ['rəuləblaind] *s* stor rulat

roller skater ['rələ ‚skeitə] *s* patinator pe rotile

roll film ['rəul film] *s* rolfilm

rollmop ['rəulmɔp] *s gastr* file de scrumbie rulat şi marinat în vin

roll-necked [‚rəul 'nekt] *adj* cu guler rulat

roll-your-own [‚rəuljor'əun] *s* ţigaretă rulată manual

ROM [rɔm] *presc de la* read only memory *s cib* ROM

Roman calendar [‚rəumən 'kælində] *s* calendar roman

rondelet ['rɔndlit] *s lit* varietate de rondei (cu cinci versuri şi două refrene)

roofing felt ['ruːfiŋ felt] *s* carton cu bitum / gudron

roof light ['ruːf lait] *s auto* plafonieră; lucarnă

roomette ['ruː(:)met] *s amer ferov* cabină de vagon-lit, cuşetă

root canal ['ruːt kə‚næl] *s med* canal dentar; ~ treatment tratament pe canalul dentar

rootle ['ruːtl] *vi brit* a scormoni, a da cu râtul

rope sandals ['rəup‚sændəls] *s* espadrile

rope trick ['rəup trik] *s* scamatorie cu o sfoară

rosebed ['rəuzbed] *s* parte de grădină plantată cu trandafiri

Rose Bowl ['rəuz bəul] *s the* ~ meci universitar de fotbal organizat în Pasadena, statul California

rose garden ['rəuz ‚gaːdən] *s* grădină de trandafiri

Rosenberg ['rəuzənbəːg] *s the* ~ case cazul Rosenberg (proces finalizat cu executarea oamenilor de ştiinţă americani Rosenberg, soţ şi soţie, acuzaţi de livrarea informaţiilor despre bomba atomică ruşilor)

rose quartz ['rəuz kwɔːts] *s* cuarţ roz

rose-red [‚rəuz'red] *adj* roşu deschis

rose-tinted [‚rəuz'tintid] *adj* cu o nuanţă de roz

rotary cultivator ['rəutəri ‚kʌltiveitə] *s* motocultor

rotary tiller ['rəutəri‚tilə] *s amer* motocultor

rotavate ['rəutəveit] *s v.* rotovate

Rotavator ['rəutəveitə] *s v.* Rotovator

rotor arm ['rəutər aːm] *s* rotor (al unui elicopter / motor)

rotor blade ['rəutəbleid] *s* paletă de rotor

rotovate ['rəutəveit] *vt* a lucra pământul cu un motocultor

Rotovator ['rəutəveitə] *s brit* motocultor

rotting ['rɔtiŋ] *adj* care putrezeşte, putrezit

rough sleeper ['rʌf‚sliːpə] *s* persoană fără acoperiş

round-eyed [‚rəund'aid] *adj* cu ochii rotunzi

round-faced [‚raund 'feist] *adj* cu o faţă rotundă

rounding ['raundiŋ] *s cib* şi *mat* rotunjire; ~ error eroare de rotunjire

round-shouldered [‚raund'ʃəuldəːd] *adj* to be ~ cu umerii lăsaţi / rotunzi

round table [‚raund 'teibl] **I** *s* masă rotundă **II** *adj* round-table discussions discuţii în jurul unei mese rotunde

round-the-clock [‚raundðə'klɔk] *adj* de douăzeci şi patru de ore, de o zi şi o noapte; a ~ vigil o permanenţă de douăzeci şi patru de ore

roust [raust] *vt* to ~ smb (out) from bed a scoate pe cineva din pat

route map ['ruːt mæp] *s* hartă rutieră; traseu (al unui autobuz); hartă cu mersul trenurilor

routh [rauθ] *s scot* belşug, abundenţă

rowing[1] ['rəuiŋ] *s* vâslire, canotaj

rowing[2] ['rəuiŋ] *s* barcă cu vâsle

Royal Highness [‚rɔiəl'hainis] *s* Your ~ Alteţa Voastră Regală; His ~, the Prince of Wales Alteţa Sa Regală, prinţul de Wales

royal icing [‚rɔiəl 'aisiŋ] *s brit gastr* glasare (a unor prăjituri) cu zahăr şi albuş bătut

royally ['rɔiəli] *adv* regeşte; ca un rege

Royal Mail [,rɔiəl'meil] *s* the ~ poşta britanică

Royal Ulster Constabulary [,rɔiəl 'ʌlstə kənstæbjuləri] *s* the ~ corp de poliţie din Irlanda de Nord

RPI *presc de la* retail price index *s brit ec* indice de preţuri en detail

RSC *presc de la* Royal Shakespeare Company *celebră trupă de teatru din Anglia*

RSI *presc de la* repetitive strain / stress injury *s durere a braţelor cauzată de anumite mişcări bruşte pe care le fac violoniştii, pianiştii etc.*

RSPB *presc de la* Royal Society for the Protection of Birds *s ligă britanică pentru protecţia păsărilor*

RST *presc de la* Royal Shakespeare Theatre *s celebru teatru în Stratford-upon-Avon*

RTE *presc de la* Radio Télefis Eireann *s oficiu de radio şi de televiziune irlandez*

rubber band ['rʌbəbænd] *s* elastic

rubber cement ['rʌbə,semənt] *s adeziv obţinut prin dispersia unui cauciuc nevulcanizat într-un solvent organic*

rubbish chute ['rʌbiʃʃuːt] *s* ghenă *(într-un bloc)*; ghenă de evacuare a molozului *(pe un şantier)*

rubbish dump ['rʌbiʃ dʌmp] *s brit* depozit de gunoaie

rubdown ['rʌbdaun] *s* frecare; frecţie; to give smb a ~ a freca / frecţiona pe cineva; to give a horse a ~ a buşuma (un cal)

rubidium [ru:'bidiəm] *s ch* rubidiu

ruffled ['rʌfld] *adj* **1** încurcat, tulburat **2** mototolit, şifonat **3** plisat

rugby tackle ['rʌgbi tækl] **I** *s* placare *(la rugbi)* **II** *vt* a placa; the policeman rugby-tackled poliţistul a placat

rulebook ['ruːlbuk] *s* regulament; to do smth by the ~ a face ceva ca la carte; to go by the ~ a respecta regulamentul cu strictețe

rumbling ['rʌmbliŋ] *s* bubuială *(de tunet)*; ghiorăială *(a maţelor)*

rumourmonger *brit*, **rumormonger** *amer* ['rumə:mɔŋgə] *s* persoană care transmite zvonurile

Rump Parliament ['rʌmp ,pɑːləmənt] *s ist (în Anglia)* parlamentul lung *(1640 – 1650 şi 1659 – 1660)*

rumpy-pumpy [,rʌmpi'pʌmpi] *s brit umor* act sexual, coit

rumrunner ['rʌmrʌnə] *s amer F* **1** *nav* vas care transportă alcool de contrabandă **2** contrabandist *(de alcool)*

runlet ['rʌnlit] *s înv* butoi de vin

running head [,rʌniŋ 'hed] *s poligr* titlu curent

rupestrine [ru(:)'pestrain] *adj bot* care creşte pe stânci, rupestru

rupicolous [ru:'pikələs] *adj v.* **rupestrine**

rupturewort ['rʌptʃəwə:t] *s bot* feciorică; iarba-surpatului *(Herniaria glabra)*

ruralism ['ruərəlizm] *s* **1** rusticitate; ţărănie **2** viaţă de ţară

rurality [ruə'ræliti] *s v.* **ruralism**

ruralize ['ruərəlaiz] **I** *vt* a rusticiza, a ruraliza **II** *vi* **1** a trăi la ţară **2** a merge la ţară, a fi în vilegiatură

Ruritania [,ruəri'tænjə] *s* numele unui ţinut imaginar din Europa centrală, teatru al intrigilor şi aventurilor din romane

rush-bottomed [,rʌʃ'bɔtəmd] *adj (d scaune etc.)* cu fundul de trestie

Russian dressing [,rʌʃn 'dresiŋ] *s gastr* sos cu maioneză şi condimente *(ardei iute, murături tăiate şi ardei-roşu)*

Russian wolfhound [,rʌʃn'wolfhaund] *s zool* barzoi rusesc

rusted ['rʌstid] *adj amer* ruginit

rustling ['rʌsliŋ] *s* **1** foşnet, fâşâit **2** furt de vite / de cai

rustproofing ['rʌstpru:fiŋ] *s* tratament anticoroziv

Ruthenia [,ru:'θinjə] *s ist* Rutenia *(azi în Ucraina)*

rutherford ['rʌðəfəd] *s fiz* rutherford

Rwandan [ru'ændən] *s* ruandez

rye whiskey ['rai,wiski] *s* whisky *(din secară)*

S

Saarbücken [,sa:'brukən] *s geogr* oraș în Germania

Saarland ['sa:lænd] *s geogr* land în sud-estul Germaniei

sabadine ['sæbədi(:)n] *s ch* sabadină

Sabbatarianiom [,sæbə'teəriən- izm] *s* sabatism

sabinene ['sæbini:n] *s ch* sabinen

sable antelope ['seibl ,æntiləup] *s* antilopă-cal (Hippotragus niger)

sabra ['sæbrə] *s amer F* evreu născut în Israel

sabre rattling ['seibə ,rætliŋ] *s* lău- dăroșenie; fanfaronadă; ame- nințări războinice

sabretache ['sæbətæʃ] *s mil* tașcă atârnată de centiron purtată de ofiterii cavaleriști

sabre-toothed tiger [,seibə tu:θt 'taigə] *s zool* machairodus, ma- mifer carnivor fosil (Machairo- dus)

sabulosity [,sæbju'lɔsiti] *s* carac- ter nisipos

sacbrood ['sækbru:d] *s* locă (boa- lă a albinelor)

saccate ['sækeit] *adj bot* 1 în lorma de sac 2 închis în sac

saccharates ['sækəreits] *s pl ch* zaharați

saccharic acid [sə,kærik 'æsid] *s ch* acid zaharic

saccharides ['sækəraidz] *s pl ch* zaharide, glucide

saccharify [sə'kærifai] *vt ch* a transforma (amidonul) în za- hăr

saccharimeter [,sækə'rimitə] *s* za- harimetru

saccharose ['sækərəus] *s ch* za- haroză, zahăr din trestie (de zahăr)

sacciform ['sæksifɔ:m] *adj biol* în formă de sac / pungă

saccular ['sækjulə] *adj* în formă de sac

saccule ['sækju:l] *s anat* săculeț

sachet ['sæʃei] *s* săculeț (în care se păstrează levănțică)

sacking ['sækiŋ] *s* jefuire, prădare, distrugere (a unui oraș etc.)

sackload ['sækləud] *s un* sac (plin)

sacramentarian [,sækrəmən'teə- riən] *adj* de sacrament; care se referă la cuminecătură / de îm- părtășanie

sacramentary [,sækrə'mentəri] **I** *adj* sacramental **II** *s* (în biserica catolică) carte rituală (care cu- prinde ceremonialul și toate ru- găciunile care se fac la cele- brarea sacramentului)

Sacred Heart [,ɔeikrid 'ha:t] *s rel* inima lui Isus adorată ca simbol al lubirii divine (în catolicism)

sacring ['seikriŋ] *s* 1 *bis rar* sfințire a darurilor 2 consacrare; sfințire (a unui episcop); ungere (a unui rege etc.)

sacring bell ['seikriŋ bel] *s* (în biserica catolică) clopoțel care anunță părțile solemne ale li- turghiei

saddleback ['sædlbæk] **I** *s* 1 coa- mă de munte cu o depresiune 2 *geol* pliu anticlinal **II** *adj* cu formă de șa; cu o depresiune în formă de șa **III** *adv* pe spate

saddle-backed [,sædl 'bækt] *adj* 1 cu o adâncitura / depresiune în mijlocul spatelui 2 (d cai) în- șeuat

saddlebill ['sædlbil] *s orn* (barză) jabiru (Ephippiorhynchus sene- galensis)

saddle blanket ['sædl ,blæŋkit] *s* valtrap; pătură îndoită pusă sub șa

saddle bow ['sædl bəu] *s* oblânc de șa

saddle reef ['sædl ri:f] *s min* filon în formă de șa, anticlinal

saddle soap ['sædl səup] *s* săpun folosit la curățarea / întreținerea pielii tăbăcite

saddle sore ['sædl sɔ:] *s* rosătură pe spinarea calului; iritație, ro- sătură provocată (călărețului) de o ședere îndelungată în șa

sadomasochism [,seidəu'mæsə- kizm] *s* sadomasochism

sadomasochist [,seidəu'mæsə- kist] *s* sadomasochist

sadomasochistic [,seidəu'mæsə- kistik] *adj* sadomasochist

s.a.e. [,es ei 'i:] *v.* sae

sae *presc de la* stamped addres- sed envelope *s brit* plic timbrat pe care sunt menționate numele și adresa expeditorului

safari jacket [sə'fa:ri ,dʒækit] *s* vestă cu centură și buzunare

safari park [ɔə'fa:ri pa:k] *s* rezer- vație de animale care poate fi vizitată cu mașina

safari suit [sə'fa:ri su:t] *s* costum (asemănător cu cel militar) pur- tat de participanții la un safari

safeblower ['seifbləuə] *s* spărgător de seifuri (care folosește exploziv)

safe-deposit box ['seif-di,pozit boks] *s* safe (păstrat în bancă)

safelight ['seiflait] *s fot* lampă cu lumină inactinică

safety bolt ['seifti bəult] *s* 1 lacăt de siguranță; zăvor la lacătul de siguranță 2 opritoare, siguranță (la o armă de foc); **automatic ~** dispozitiv automat de siguranță

safety cage ['seifti keidʒ] *s min* colivie cu paracăzători

safety chain ['seifti tʃæin] *s auto* lanț de siguranță; lanț care asi- gură o legătură secundara de siguranță

safety-deposit box ['seifti-di,pozit boks] *s v.* safe-deposit box

safety film ['seifti film] *s cin* film neinflamabil / ignifugat

safety helmet ['seifti ,helmit] *s* cască (de protecție)

safety net ['seifti net] *s* program guvernamental constând în mă- suri preventive; precauție

safety nut ['seifti nʌt] *s tehn* con- trapiuliță

safety officer ['seifti ,ofisə] *s* ofiter responsabil cu paza

safety plug ['seifti plʌg] *s tehn* siguranță fuzibilă

safflower ['sæflauə] *s bot* șofră- naș, șofran (Carthamus tinctorius)

sagaciousness [sə'geiʃəsnis] *s* sagacitate

sagamore ['sægəmɔ:] *s amer* 1 sachem, căpetenie indiană, șef de trib; 2 *fig* persoană impor- tantă, personalitate; F stab

sageness ['seidʒnis] *s* înțelepciune

sagittaria [sædʒi'tæriə] *s bot* săgeata-apei *(Sagittaria sagittaefolia)*

Saida ['saidə] *s geogr* oraș în sudul Libanului

sailboard ['seilbɔ:d] *s* windsurf, planșă cu velă

sailboarder ['seilbɔ:də] *s* persoană care practică windsurf

sailboarding ['seilbɔ:diŋ] *s* windsurf, sportul cu planșă cu velă

sailing master ['seiliŋ ,mɑ:stə] *s* 1 căpitan de vas 2 *(în S.U.A.)* ofițer de marină

sailmaker ['seil,meikə] *s nav* velar, muncitor care construiește / repară vele

sailor collar ['seilə ,kɔlə:] *s* guler de marinar

sailor hat ['seilə hæt] *s* canotieră, pălărie tare de pai *(pentru femei)*

sainfoin ['sænfɔin] *s bot* Onobrychis sativa

Saint Bernard [,seint 'bə:nəd] *s* câine Saint Bernard

Saint Elmo's fire [,seint 'elməuz faiə] *s* focurile sfântului Elm *(ionizare în vârful obiectelor înalte pe timp de furtună)*

Saint Helena [,seint i'li:nə] *s geogr* insulă vulcanică în Oceanul Atlantic

Saint John's wort [,seint 'dʒɔnz wə:t] *s bot* pojarniță *(Hypericum perforatum)*

Saint Lawrence [,seint 'lɔrəns] *s* the~ *fluviu din America de Nord*

Saint Lawrence Seaway [,seint 'lɔrəns si:wei] *s* calea maritimă navigabilă Saint Lawrence

saintling ['seintliŋ] *s ironic* sfântuleț, sfințișor

Saint Mark's Square [,seint 'mɑ:kz skweə] *s* piața San Marco din Veneția

Saint Peter [,seint 'pi:tə] *s~'s* Basilica biserica Sfântul Petru

Saint Petersburg [,seint 'pi:təzbə:g] *s* oraș în Federația Rusă

Saint Pierre and Miquelon [,seint pi'eə ænd 'mi:kələn] *s geogr* arhipelag francez situat lângă insula Terranova

Saint Trinian's [,seint'triniənz] *s* școală de fete care apare în filmele englezești, asociată cu imaginea unor elevi indisciplinați și impertinenți

Saint Vitus' dance [,seint 'vitəs dɑ:ns] *s med* coree

saithe [seiθ] *s iht* specie de pește înrudit cu merlanul *(Pollachius virens)*

salaciousness [sə'leiʃəsnis] *s v.* salacity

salacity [sə'læsiti] *s* lubricitate, obscenitate

salad bar ['sæləd bɑ:] *s* restaurant unde se servesc diverse feluri de salate

salad bowl ['sæləd bəul] *s* salatieră

salad servers ['sæləd ,sə:vəz] *s pl* tacâmuri pentru servit salata

Salamanca [,sælə'mæŋkə] *s* oraș în Spania

Salem ['seiləm] *s geogr* oraș în nord-vestul S.U.A.; **the ~ witch trials** serie de procese împotriva vrăjitoarelor din Salem

saleratus [,sælə'reitəs] *s* 1 *ch* bicarbonat de potasiu 2 *gastr* bicarbonat de sodiu

Salerno [sə'lə:nəu] *s geogr* oraș în sudul Italiei

saleslady ['seilzleidi] *amer* vânzătoare (în magazin)

sales manager ['seilz ,mænidʒə] *s* director comercial

sales person ['seilz,pə:sn] *s* vânzător; reprezentant comercial, comis voiajor

sales pitch ['seilz pitʃ] *s v.* sales talk

sales rep ['seilz rep] *s v.* sales representative

sales representative ['seilz repri,zentətiv] *s* reprezentant comercial

sales talk ['seilz tɔ:k] *s* reclamă urmată de demonstrații practice

saligenin [sæli'dʒenin] *s ch* saligenină

salinelle [,sæli'nel] *s geol* vulcan de noroi

salival [sə'laivəl] *adj* salivar

salivary gland [,sælivəri 'glænd] *s* glandă salivară

sally ['sæli] *s* 1 punere în mișcare a unui clopot 2 frânghiile cu care se trage clopotul

Sally Army ['sæli ,ɑ:mi] *s presc de la* Salvation Army *brit F* Armata Salvării

sally port ['sæli pɔ:t] *s* ușă tainică de ieșire, poartă de ieșire *(la fortărețe, fortificații)*

salmonellosis [,sælmənə'ləusis] *s med* salmoneloză

salmon peal ['sæmən pi:l] *s iht* somon tânăr

salmon pink [,sæmən'pink] *s, adj (de culoare)* roz (ca somonu)

saloon deck [sə'lu:n dek] *s nav* punte de clasa întâi

saloonist [sə'lu:nist] *s amer* birtaș; patron de berărie / cârciumă

salsa ['sælsə] *s* muzică de dans afro-cubaneză

sal soda [,sæl 'səudə] *s ch* sodă cristalizată naturală

salt box ['sɔ(:)lt bɔks] *s* cutie în care se ține sarea la bucătărie; solniță

salt cake ['sɔ:lt keik] *s ch* sulfat de sodiu

salter ['sɔ(:)ltə] *s* 1 muncitor într-o sărărie 2 fabricant de sare 3 vânzător de murături / de sărături 4 sărător *(de pește etc.)*

salt flat ['sɔ:lt flæt] *s teren de pe fundul unei întinderi de apă unde se depune sarea*

salt-free [,sɔ:lt 'fri:] *adj* fără sare

saltishness ['sɔ:ltiʃnis] *s* gust ușor sărat

salt lake [,sɔ:lt 'leik] *s* lac cu apă sărată

saltless ['sɔ:ltlis] *adj* fără sare, nesărat *și fig*

salt marsh [,sɔ:lt 'mɑ:ʃ] *s* sărătură, mlaștină sărată

salt meadow [,sɔ:lt 'medəu] *s* pășune udată de apa sărată a mării

salt mill ['sɔ:lt mil] *s* piuliță pentru sare

saltness [sɔ(:)ltnis] *s* salinitate *(a apei mării etc.)*

salt pit ['sɔ:lt pit] *s* salină, ocnă de sare

salt-rising ['sɔ:lt ,raisiŋ] *s amer* drojdie

salt spoon ['sɔ:lt spu:n] *s* linguriță de sare

salt tax ['sɔ:lt tæks] *s ist* sărărit, impozit pe sare, gabelă

saltus ['sæltəs] *s mat* salt, oscilație

saluki [sə'lu:ki] *s zool* (ogar) saluki

salutariness ['sæljutərinis] *s* sănătate

salvable ['sælvəbl] *adj* 1 care poate fi salvat 2 *rel* (d persoane, suflete) care poate fi mântuit

salvager ['sælvidʒə] *s* salvator (de mărfuri)

salvarsan ['sælvəsæn] *s ch* salvarsan

SAM [sæm] *presc de la sur-face-to-air-missile* *mil* proiectil, rachetă sol-aer

samara ['sæmərə] *s bot* samară

Sam Browne [,sæm 'braun] *s* **1** centiron ofițeresc de campanie **2** *amer F* ofițer

same-day [,seim 'dei] *adj (d ser-vicii)* efectuat în aceeași zi

samey ['seimi] *adj brit peior* mo-noton, plicticos

samizdat ['sæmizdæt] *s* samizdat *(ansamblul mijloacelor utilizate în fostele țări comuniste pentru difuzarea clandestină a litera-turii interzise de cenzură)*

samite ['sæmait] *s înv, text* brocart de lamé, stofă țesută cu fir *(de aur / argint)*

Sammy ['sæmi] *s* **1** *diminutiv de la* **Samuel 2** *sl (și simple ~)* pros-tănac, nătâng **3** *mil F (în primul război mondial)* soldat american

sammying ['sæmiiŋ] *s ind* **1** stors **2** zvântare *(a pieilor etc.)*

Samoan [sə'məuən] **I** *s* **1** samoan **2** limbă polineziană din familia de limbi malaiezo-polineziene, vor-bită în Samoa de Vest **II** *adj* samoan

samosa [sə'məusə] *s gastr* pateu din carne sau legume *(specia-litate culinară indiană)*

samp [sæmp] *s amer* mălai; fier-tură de porumb, mămăliga

sample man ['sæmpl mæn] *s min* probagiu

sample mean ['sæmpl mi:n] *s mat* medie de selecție

sampling ['sæmpliŋ] *s* luare de mostre; eșantioane; **random ~** prelevare aleatorie de mostre *(în comerț, industrie)*

san [sæn] *sl* infirmerie *(în limbajul școlarilor)*

Sana'a [sɑː'nɑː] *s geogr* capitala Republicii Arabe Yemen

sanctifier ['sæŋktifaiə] *s rel* sanc-tificator, sfințitor; **the Sanctifier** sfântul duh

sanctioned ['sæŋkʃənd] *adj* **1** *jur* sancționat **2** *(d persoane, lu-cruri)* autorizat, care a primit aprobare *sau* sancțiune

sand bagger ['sænd ,bægə] *s* ban-dit *(care folosește drept armă sacul cu nisip)*

sand bath ['sænd bɑːθ] *s* baie de nisip

sandblaster ['sænd,blɑːstə] *s tehn* mașină de sablare

sand blasting ['sænd ,blɑːstiŋ] *s tehn* sablare

sand-blind [,sænd 'blaind] *adj* care vede rău, care nu vede bine, cu vederea slabă, chior

sand casting ['sænd ,kɑːstiŋ] *s met* turnare în *(forme de)* nisip

sand crack ['sænd kræk] *s* cră-pătură într-o cărămidă *(înainte de arderea acesteia)*

sand dollar ['sænd ,dolə] *s zool (orice)* arici de mare din ordinul *Exocycloida*

sand drift ['sænd drift] *s geol* nisip mișcător; barcano

sand eel ['sænd i:l] *s iht* specie de țipar marin *(Gonorrhynchus greyi)*

sand flea ['sænd fli:] *s zool* **1** specie de purice *(Tunga pene-trans)* **2** *(orice)* crustaceu amfi-pod din familia *Orchestiidae*

sand fly ['sænd flai] *s zool* muscă din familia *Psychodidae, Simu-liidae* și *Ceratopogonidae;* ↓ muscă din genul *Phleboto-mus*

Sandhurst ['sændhɜːst] *s* școală militară din Marea Britanie

Sandinista [,sændi'ni:stə] **I** *adj* sandinist **II** *s* partizan al gene-ralului Augustus César Sandi-no, sandinist

sand lance ['sænd lɑːns] *v.* **sand eel**

sand lot ['sænd lot] *s amer* teren de joacă / de sport; **~ orator** orator improvizat

sand martin ['sænd ,mɑːtin] *s orn* lăstun de mal *(Riparia ripa-ria)*

Sandown Park [,sændaun 'pɑːk] *s* teren de curse în Surrey *(Marea Britanie)*

sandpie ['sændpai] *s* nisip umed pus în forme

sand pit ['sænd pit] *s* carieră de nisip mărunt

Sandringham ['sændriŋəm] *s geogr* sat din regiunea Norfolk unde se află una din reședințele fami-liei regale britanice

sand spout ['sænd spaut] *s* trombă de nisip

sandwich bar ['sændwitʃ bɑː] *s brit* bufet / bar unde se vând sandvișuri

sandwich cake ['sændwitʃ keik] *s* prăjitură cu cremă

sandwich loaf ['sændwitʃ ləuf] *s* pâine crocantă folosită la pre-pararea sandvișurilor

sand-yachting ['sænd ,jotiŋ] *s* sport practicat cu un vehicul care se deplasează pe nisip prin forța vântului

sanely ['seinli] *adv* rațional, rezo-nabil, sănătos

sanguinely ['sæŋgwinli] *adv* (în mod) optimist, plin de încredere

sanitary cordon [,sæniteri 'kɔːdn] *s mil, pol* cordon sanitar

sanitary inspector [,sæniteri in'spektə] *s* inspector al salu-brității publice

sanitation worker [sæni'teiʃn ,wɜːkə] *s amer* gunoier

sanitize ['sænitaiz] *vt* **1** a dezin-fecta, a curăța **2** a elimina (ce e rău), a expurga

sansculotte [,sænzkju'lot] *s* sans-culotte, sanculat *(revoluționar francez, sec al XVIII-lea)*

San Sebastian [,sænsə'bæstiən] *s* oraș în nordul Spaniei

Santa Fe [,sæntə'fei] *s* oraș în sud-vestul S.U.A.

Santiago de Compostela [sæn-ti,ɑːgəu də kompə'stelə] *s* oraș în nord-vestul Spaniei

Santorini [,sæntə'ri:ni] *s* grup de insule grecești în Marea Egee

sap green [,sæp 'gri:n] *s* culoarea verde a sevei

sapid ['sæpid] *adj* **1** *(d mâncare etc.)* gustos, savuros **2** *(d con-versație etc.)* interesant, antre-nant, cu miez

sapidity [sə'piditi] *s* **1** gust, sa-voare **2** calitatea de a avea miez / conținut

saponaceous [,sæpəu'neiʃəs] *adj* **1** săpunos, de săpun **2** *umor (d persoane)* mieros, onctuos

saponifier [sə'ponifaiə] *s ch* agent / reactiv de saponificare

sapping ['sæpiŋ] *s* săpare, minare, subminare *(a unui zid, a unei credințe)*

sap rot ['sæp rot] *s* gaură făcută de carii

saran [sə'ræn] *s ch* clorură de poli-viniliden, policlorură de viniliden

saratoga [,særə'təugə] *s amer* gea-mantan mare, cufăr de voiaj

sarge [sɑːdʒ] *s F presc de la* **ser-geant** sergent

sari ['sɑːri] *s* sari

sarky ['sɑːki] *adj brit F* sarcastic, ironic

sarsen ['sɑːsən] *s* **1** bloc mare din piatră de nisip **2** monolit tumular *(din câmpiile din Wiltshire)*

385

sartorite ['sɑ:tərait] *s minr* sartorit

sartorius [sɑ:'tɔ:riəs] *s anat* mușchi croitor

Sartrean, Sartrian ['sɑ:triən] *adj* referitor la Jean Paul Sartre

SAS [sæs] *presc de la* Special Air Service *s* comando al armatei britanice, folosit pentru intervenții în cazuri speciale

SASE [seis] *presc de la* self-addressed stamped envelope *s* plic pe care sunt menționate numele și adresa expeditorului

sashay [sæ'ʃei] *vi sl amer* a merge cu pași ușori și elastici; to ~ off a spăla putina, a o șterge englezește

sash bar ['sæʃ bɑ:] *s tehn* spros (la fereastră) pentru fixarea geamurilor

Saskatchewan [sæs'kætʃiwən] *s* rău în Canada

sasquatch ['sæskwætʃ] *s* animal legendar (un fel de om al zăpezilor)

sass [sæs] **I** *s F* persoană obraznică / impertinentă **II** *vt* a răspunde cu tupeu / impertinență, a întoarce vorba (cuiva)

sassolite ['sæsəlait] *s minr* sassolin

satchelled ['sætʃəld] *adj* cu ghiozdan, cu geantă

sassy ['sæsi] *adj amer* **1** obraznic, impertinent **2** vioi, plin de viață **3** elegant, șic

SAT [sæt] *presc de la* Scholastic Aptitude Test *s* examen de admitere susținut în universitățile din S.U.A.

sateless ['seitlis] *adj poetic* nesătul, nesățios

satin flower ['sætin ˌflauə] *s bot* pana-zburătorului (Lunaria annua)

satin pod ['sætin pɔd] *s v.* **satin flower**

satin stitch ['sætin stitʃ] *s* tip de broderie manuală, stofă ușoară care imită această broderie

satinwood ['sætinwud] *s* **1** *bot* arbore indian din familia Melia-ceae (Chroloxylon swietenia) **2** orice arbore asemănător cu arborele indian din familia Melia-ceae **3** lemnul unui astfel de arbore

saturate ['sætʃəreit] *vt* **1** (with) a impregna, a satura, a îmbiba (cu); **2** *ch, fiz* a satura (o soluție etc.)

saturation bombing [sætʃə'reiʃn ˌbɔmiŋ] *s mil* covor de bombe

saturnine poisoning [ˌsætənain 'pɔizəniŋ] *s* intoxicație cu plumb, saturnism

saucer eyed [ˌsɔ:sə 'aid] *adj* cu ochii mari / căscați / holbați

saucer-eyes ['sɔ:sə aiz] *s pl* ochi mari / căscați / holbați

saucerful ['sɔ:səful] *s* (of) farfurie plină (de)

Saudi (Arabian) [ˌsaudi ə'reibiən] **I** *s* locuitor al Arabiei Saudite **II** *adj* referitor la Arabia Saudită

sauntering ['sɔ:ntəriŋ] *s* hoinărea-lă, pierdere de timp

saunteringly ['sɔ:ntəriŋli] *adv* fără grabă, agale, cu pași înceți

sauria ['sɔ:riə] *s pl zool* saurieni

sausage balloon ['sɔ:sidʒ bəˌlu:n] *s* balon captiv

sausage filler ['sɔ:sidʒ ˌfilə] *s* mașină de umplut / făcut cârnați

sausage machine ['sɔ:sidʒ məˈʃi:n] *s* mașină de făcut cârnați

savageness ['sævidʒnəs] *s* **1** sălbăticie, barbarie (a unui obicei etc.); to live in ~ a trăi în stadiu de sălbăticie **2** ferocitate (a unui animal), brutalitate, violență (a unei lovituri)

savarin ['sævərin] *s gastr* savarină

save as you earn [ˌseiv æz juːˈəːn] *s brit* metodă de economisire a banilor (asociată cu anumite privilegii legate de impozare)

Savile Row [ˌsævil'rəu] *s* stradă din Londra unde se află croitorii de lux

savings account ['seiviŋz əˌkaunt] *s fin* cont de economii

savings and load association [ˌseiviŋz ænd ləun əsəusi'eiʃn] *s fin* instituție financiară care oferă împrumuturi cu rată fixă de dobândă

savings bond ['seiviŋz bɔnd] *s fin* titlu de economii

savings book ['seiviŋz buk] *s* libret de depuneri, libret de economii

savings certificate ['seiviŋz səˌti-fikət] *s fin* certificat de economii

savouriness ['seivərinis] *s* savoare, gust ales, suculență (al unui fel de mâncare etc.)

Sawdust City [ˌsɔ:dʌst 'siti] *s geogr F* orașul Minneapolis (în S.U.A.)

sawdusty ['sɔ:dʌsti] *adj* **1** *F* presărat cu rumeguș **2** *F* ca de rumeguș **3** *P* lingușitor **4** *P* smintit, absurd

sawed-off [ˌsɔ:d'ɔf] *v.* **sawn-off**

sawer ['sɔ:ə] *s* tăietor (cu ferăs-trăul)

saw file ['sɔ: fail] *s* pilă de ascuțit ferăstraie, ceapraz

saw gin ['sɔ: dʒin] *s tehn* mașină de egrenat cu ferăstraie

saw grass ['sɔ: grɑ:s] *s amer bot* ceapraz (Cladium mariscus)

saw like [ˌsɔ: 'laik] *adj* (ca) de ferăstrău; (d sunet) ascuțit, pătrunzător

Sawney ['sɔ:ni] *s* **1** *peior* scoțian **2** prost, nătâng, tâmpit

sawn-off [ˌsɔ:n'ɔf] *adj* **1** trunchiat, cu un capăt tăiat / retezat **2** (d persoane) mic (de statură), pitic

saw set ['sɔ: set] *s tehn* ceapraz

sawtooth [ˌsɔ:tu:θ] **I** *s* dinte de ferăstrău; dinte (al unui animal, al unei unelte) asemănător cu dintele de ferăstrău **II** *adj* zimțat

saw-toothed [ˌsɔ: 'tu:θt] *adj* **1** prevăzut cu dinți de ferăstrău **2** în formă de ferăstrău

saw-tooth roof [ˌsɔ: tu:θ 'ru:f] *s tehn* acoperiș cu ședuri

sax[1] [sæks] *s înv* cuțit, stilet, sabie scurtă

sax[2] *numer scot* șase

Sax[3] *presc de la* **Saxon**

saxatile ['sæksətil] *adj bot, zool* trăind pe stâncă, saxatil

saxcornet ['sæksəkɔ:nit] *s muz* saxhorn

saxicavous ['sæksikeivəs] *adj zool* care găurește piatra

saxicole ['sæksikəul] *adj bot* care crește pe stâncă

saxicolous [sæks'ikələs] *adj bot, zool* care trăiește pe stâncă

saxifragine ['sæksifrædʒain] *s* **1** praf de pușcă **2** un fel de dinamită

saxigenous [sæk'sidʒinəs] *adj bot* care crește pe stânci

Saxonism ['sæksənizm] *s* saxonism

Saxonist ['sæksənist] *s* cunoscător al limbii anglo-saxone

Saxonize ['sæksənaiz] *vt* a face anglo-saxon

sayable ['seiəbl] *adj* care poate fi exprimat / spus

SAYE *presc de la* save as you earn

sayer ['seiə] *s* persoană care spune / care exprimă

S&M *presc de la* sadism and masochism sado-masochism

SBA *presc de la* Small Business Administration *s organism federal american care acordă sprijin întreprinderilor economice mici*

SBS *presc de la* sick building syndrome

scabbard[1] ['skæbəd] *s înv* golan; calic; secătură

scabbard[2] ['skæbəd] *s* placă subțire de lemn *(pe dosul tablourilor, oglinzilor)*

scabbard-fish ['skæbəd fiʃ] *s iht* pește marin din genul *Lepidopus* (↓ *L. caudatus)*

scabbed ['skæbd] *adj* 1 cu coajă, cu pojghiță 2 râios; one ~ sheep is enough to spoil a flock o singură oaie râioasă molipsește turma întreagă 3 *fig* zdrențăros; nenorocit, mizer

scabbling ['skæbliŋ] *s tehn* 1 cioplire cu un ciocan cu două capete ascuțite 2 așchie, țandără de piatră; *pl* deșeuri de la cioplirea pietrei

scab mite ['skæb mait] *s ent* sarcoptul râiei *(Sarcoptes scabiae)*

scabrousness ['skeibrəsnəs] *s* 1 asperitate, asprime; zbârceală *(a unei suprafețe)* 2 *fig* caracter scabros / grețos / dezgustător; scabrozitate

scabwort ['skæbwə:t] *s bot* iarbă-mare *(Inula helenium)*

scaffolder ['skæfəldə] *s* 1 lucrător care ridică schele 2 *teatru* spectator de la galerie

scag [skæg] *s sl* heroină

scalable ['skeiləbl] *adj (d cazane)* care poate fi curățat de piatră

scalade [skə'leid] I *s mil* escaladare II *vt* a escalada

scalariform [skə'lærifɔ:m] *adj bot* scalariform, în formă de scară

scale armour ['skeil ˌa:mə] *s mil, arhit* cuirasă de solzi

scaled [skeild] *adj* 1 solzos 2 *orn* cu pene în formă de solzi 3 cu coajă 4 *zool* cu pete în formă de solzi 5 *(d pești)* curățat de solzi

scale drawing ['skeil ˌdrɔ:iŋ] *s tehn* desen la scară

scale insect ['skeil ˌinsekt] *s ent* coșenilă *(Coccus)*

scaleless ['skeillis] *adj* fără solzi

scale louse ['skeil laus] *s v.* scale insect

scale model ['skeil ˌmɔdl] *s tehn* model la scară; machetă

scalepan ['skeilpæn] *s* taler *(de cântar)*

scaler[1] ['skeilə] *s* 1 instrument pentru curățirea tartrului (dentar) 2 instrument pentru curățirea solzilor *(la pești)* 3 *fiz* demultiplicator

scaler[2] ['skeilə] *s* 1 *amer* persoană care măsoară bușteni 2 ascensionist

scale rule ['skeil ru:l] *s* riglă de măsurat, metru

scale wax ['skeil wæks] *s ch* parafină în solzi

scaling[1] ['skeiliŋ] *s* 1 *tehn* îndepărtare a pietrei *(de pe cazane)* 2 curățire a solzilor 3 *ferov* desprindere a straturilor, destratificare *(de pe șine)*

scaling[2] ['skeiliŋ] *s* 1 cântărire 2 escaladare cu scări

scalled ['skɔ:ld] *adj* 1 râios 2 *fig* sărăcăcios, calic

scalloped ['skɔləpt] *amer* și ['skæləpt] *adj* 1 prevăzut cu o scoică 2 crestat (la margine) 3 *bot* dantelat 4 *herald* cu solzi

scalloping ['skɔ:ləpiŋ] *s text* surfilare

scalping ['skælpiŋ] *s* 1 scalpare 2 *fig* nimicire, distrugere 3 *com* vânzare sub preț, concurență neloială 4 *met* eboșare

scalpless ['skælplis] *adj* 1 fără scalp 2 chel

scam [skæm] *s* escrocherie, șmecherie, înșelătorie

scamble ['skæmbl] I *vi* 1 a se bate pentru ceva, a se încăiera 2 a se muta de colo-colo; a se agita, a fi neliniștit; a fi activ II *vt* 1 a sfâșia, a ciopârți; 2 to ~ away a risipi; 3 to ~ up a strânge laolaltă *(trupe)*; a-și aduna *(forțele)* III *s* 1 bătaie *(pentru ceva)* 2 risipire, împrăștiere

scamper ['skæmpə] *s sl* cârpaci

scampi ['skæmpi] *s* homari / creveți prăjiți

scampishness ['skæmpiʃnəs] *s* netrebnicie, păcătoșenie

scandalmongering ['skændlˌmʌŋgəriŋ] *s* bârfă

scandalousness ['skændələsnəs] *s* caracter scandalos / rușinos; infamie, mârșăvie

scandent ['skændənt] *adj bot, orn* cățărător

scandix ['skændiks] *s bot* acul-doamnei *(Scandix pecten Veneris)*

scanning ['skæniŋ] I *s telev* explorare, cercetare, examinare, baleiaj, analiză II *adj telev de* explorare, explorator

scanning electron microscope [ˌskæniŋ i'lektrɔn maikrəskəup] *s el* microscop electronic explorator

scansorial [skæn'sɔuriəl] *adj orn* cățărător, agățător

scantle ['skæntl] I *vt* 1 a ciopârți, a face bucăți 2 *tehn* a tăia, a pregăti *(lemn de construcție)* II *vi* a se găsi greu, a lipsi

scantly ['skæntli] *adv* 1 rar, sărăcăcios; abia; ~ dressed îmbrăcat subțire 2 cu zgârcenie

scantness ['skæntnis] *s* sărăcie, raritate, insuficiență; the ~ of her attire ținuta ei sumară

scape [skeip] *s* sitar

scape gallows ['skeip ˌgæləuz] *s* ticălos, mișel, netrebnic

scapeless ['skeiplis] *adj bot* fără tulpină, fără cotor

scapement ['skeipmənt] *s tehn* regulator *(la ceas)*

scape wheel ['skeip wi:l] *s tehn* opritoare la ceasornice

scaphander [skæ'fændə] *s* scafandru, costum de scafandrier

scaphocephalic [ˌskæfəuse'fælik] *adj (antropologie)* scafocefal

scaphocephalous [ˌskæfəu'sefələs] *adj v.* scaphocephalic

scaphoid ['skæfɔid] *adj, s anat* scafoid

scapolite ['skæpəlait] *s minr* scapolit

scapple ['skæpl] *vt* a ciopli, a subția *(piatra)* cu o daltă

scapulated ['skæpjuleitid] *adj orn* cu pene pe umăr *(deosebite prin formă și culoare)*

scarab ['skærəb], **scarabee** ['skærəbi:] *s ent* scarabeu *(Scaraboeus)*

scarcement ['skeəsmənt] *s* 1 ieșitură într-un zid 2 *min* bucata de stâncă rămasă în galerie

scarcity ['skeəsiti], **scarceness** ['skeəsnis] *s* 1 lipsă, insuficiență, raritate 2 economie 3 scumpete

scared ['skeəd] *adj* înfricoșat, înspăimântat; to be ~ (of smth) a fi speriat (de ceva); to be ~ stiff / to death a fi țeapăn de frică, a fi speriat de moarte

scaredy cat ['skeədi kæt] *s F* fricos

scaremongering ['skeəmʌŋgəriŋ] *s* tendința de a fi alarmist

387

scarf [ska:f] **I** *s zool* tăietură, crestătură *(pe capul unei balene)* **II** *vt* a tăia, a cresta; a tăia în bucăți, a tranșa *(corpul, grăsimea unei balene)*

Scarface ['ska:feis] *s* persoană cu o cicatrice pe obraz, persoană malefică

scarfed ['ska:ft] *adj* împodobit cu stegulețe

scarf joint ['ska:f dʒɔint] *s constr* îmbinare semiacoperită

scariose ['skeəriəus] *adj* v. **scarious**

scarious ['skeəriəs] *adj* **1** *bot* uscat; uscățiv **2** *zool* cu solzi, solzos

scarless ['ska:lis] *adj* fără nici o cicatrice / zgârietură; nevătămat

scarlet cup ['ska:lit kʌp] *s bot* urechea-babei *(Peziza)*

scarp [ska:p] *s* eșarfă

scarped [ska:pt] *adj* abrupt

scarper ['ska:pə] *vi sl* a fugi, a scăpa

scarred [ska:d] *adj* cu cicatrice, crestat; balafrat

scart[1] [ska:t] *scot* **I** *vt* a zgâria, a crăpa **II** *s* **1** trăsătură, linie *(de peniță)* **2** zgârietură, rană din zgârietură

scart[2] [ska:t] *s scot* **1** persoană uscățivă **2** zgârcit

scar tissue ['ska:ˌtiʃu:] *s med* țesut cicatricial

scat[1] [skæt] *s* impozit, impozit pe pământ

scat[2] *s* pagubă, pierdere

scatheful ['skeiðful] *adj* vătămător; fatal

scathefulness ['skeiðfulnis] *s* caracter păgubitor

scathely ['skeiðli] *adj* mușcător, tăios, caustic

scathful ['skæθful] *adj* v. **scatheful**

scathless ['skæθlis] *adj* teafăr, nevătămat; inofensiv, pașnic

scatteration [ˌskætə'reiʃn] *s* dispersare

scatter bomb ['skætə bɔm] *s mil* bombă incendiară *(care își împrăștie încărcătura inflamabilă pe o arie extinsă)*

scatter cushion ['skætəˌkuʃn] *s* pernuță

scatterer ['skætərə] *s fiz* difuzor, substanță difuzantă

scatter gun ['skætə gʌn] *s amer* armă cu alice

scatterling ['skætəliŋ] *s* vagabond

scattery ['skætəri] *adj F* zăpăcit, distrat

scattiness ['skætinis] *s F* năuceală, zăpăceală; tâmpenie, prostie

scavenge oil ['skævindʒ ɔil] *s ind* ulei uzat

scavenger's daughter ['skævindʒəzˌdɔ:tə] *s ist* clește, instrument de tortură

scavenger hunt ['skævindʒə hʌnt] *s* vânătoare de comori

scavenging ['skævindʒiŋ] *s* **1** ridicare a gunoaielor; măturare a străzilor **2** *mil* curățire cu peria *(a unei piese de artilerie)* **3** *tehn* evacuare *(a gazelor arse etc.)*

scaw [skɔ:] *s dial* regiune premuntoasă *(pe insulele Shetland)*

scene change ['si:n tʃeindʒ] *s* schimbare de decor

scene designer ['si:n diˌzainə] *s* decorator *(la teatru)*

scene dock ['si:n dɔk] *s* depozit de decoruri

scene man ['si:n mæn] *s teatru* mașinist

scenic railway [ˌsi:nik 'reilwei] *s* tren de plăcere *(într-un parc de distracții)*, „montagne russe"

scent bag ['sent bæg] *s* **1** *zool* pungă cu secreție odorifică **2** pernță cu parfum

scent bottle ['sent ˌbɔtl] *s* sticluță de parfum

scent spray ['sent sprei] *s* **1** vaporizator, pulverizator, atomizor **2** *av sl* instalație radar

scepsis ['skepsis] *s filoz* scepticism

sceptered ['skeptəd] *adj* **1** cu sceptru, purtând sceptru **2** regesc, regal

sceptreless ['septəlis] *adj* fără sceptru

SCF [ˌessi:'ef] *presc de la* Save the Children Fund

scheelite ['ʃailait] *s min* scheelit, volframat de calciu

schemy ['ski:mi] *adj* șiret, pișicher

Schering bridge [ˌʃeriŋ 'bridʒ] *s tehn* punte Schering

schiedam [ski:'dæm] *s* gin olandez

schismatize ['sizmətaiz] *vi* a provoca o schismă

schistoid ['ʃistɔid] *adj minr* șistoid

schist oil ['ʃist ɔil] *s* ulei distilat din șist bituminos

schizo ['skitsəu] **I** *adj* schizofrenic **II** *s* persoană care suferă de schizofrenie, schizofrenic

schlemiel, schlemihl [ʃlə'mi:l] *s sl amer* tântălău, nătăfleț, fraier, fazan

schlep(p) [ʃlep] **I** *vt* a căra, a trambala; a fura *(ʃ)* vi a (se) trambala **II** *s sl* tolomac, prostănac

Schleswig-Holstein [ˌʃlezvig'hɔlstain] *s land* în Germania

schlock [ʃlɔk] *s* **1** lucru de nimic, marfă de duzină **2** trântor, leneș

scholarlike [ˌskɔlə 'laik] *adj* învățat, savant, erudit; **a ~ translation** o traducere savantă; **a very ~ man** un om cu cunoștințe vaste

schoolchild ['sku:ltʃaild], *s* școlar, elev

school committee ['sku:l kəˌmiti] *s* comitet școlar *(al unui oraș)*

school dame ['sku:l deim] *s* **1** conducătoare a unei școli de copii mici **2** *umor* învățătoare *(de țară)* **3** domnișoară bătrână proprietară a unei școli

school day ['sku:l dei] *s* **1** zi de școală **2** *pl* anii de școală, timpul școlii; **in my ~s** pe vremea școlii, în școală

school district ['sku:l ˌdistrikt] *s* district școlar

school divine ['sku:l diˌvain] *s* teolog scolastic

schooled [sku:ld] *adj* **1** *(d persoane)* format; educat; deprins; **~ to patience** învățat să rabde; **a well ~ servant** un servitor foarte stilat **2** *(d cai)* dresat; îmblânzit

schoolgirlish ['sku:lgə:liʃ] *adj* v. **schoolgirly**

schoolgirly ['sku:lgə:li] *adj* de fetiță

school holiday ['sku:l ˌhɔlidei] *s* vacanță

school hour ['sku:l ˌauə] *s* oră de școală, lecție; **out of ~s** în afara orelor de școală

school kid ['sku:l kid] *s* elev

school-leaving [ˌsku:l 'li:viŋ] *adj* de absolvent, la vârsta când părăsește școala; **raising of the ~ age** prelungire a școlarității

school teaching ['sku:l ˌti:tʃiŋ] *s* **1** ținere de cursuri școlare **2** profesia didactică

school tie [ˌsku:l 'tai] *s* cravată care face parte dintr-o uniformă școlară

school uniform [ˌskuːl ˈjuːnifɔːm] *s* uniformă școlară

schorl [ʃɔːl] *s minr* turmalină neagră

schuss [ʃus] **I** *s (sport)* schuss **II** *vi* a coborî direct pe o pantă de schi

sciatical [saiˈætikəl] *adj* sciatic

science park [ˈsaiəns paːk] *s* rezervație științifică

scienter [ˈsaiəntə] *adv jur* cu bună știință, cu dinadinsul, în mod deliberat / intenționat

scientism [ˈsaiəntizm] *s filoz* scientism

scientize [ˈsaiəntalz] *vt* a dezbate științific

Scientology [ˌsaiənˈtolədʒi] *s cult* organizat sub numele de „Biserica lui Cristos", care propovăduiește ideea că omul se poate vindeca de boli prin credință

sci-fi [ˌsaiˈfai] *s F presc de la* science-fiction science-fiction

scilla [ˈskilə] *s bot* scilă

Scilly Isles [ˌsili ˈailz] *s geogr* grup de insule în sud-estul Marii Britanii

scintigram [ˈsintigræm] *s fiz* scintigramă

scintillating [ˈsintileitiŋ] *adj* scânteietor, strălucitor, sclipitor

scintillometer [ˌsintiˈlomitə] *s fiz* scintilometru

scirrhoid [ˈsiroid] *adj med* scirotic, scirotic

scirrhous [ˈsirəs] *adj v.* scirrhoid

scissel [ˈsisəl] *s* **1** deșeuri de tăiere; răzuitură, pilitură; bandă obținută prin ștanțare **2** foarfeci mari pentru tăiatul metalelor

scissiparity [ˌsisəˈpæriti] *s* sciziparitate

scissor chair [ˈsizə ˌtʃeər] *s* scaun pliant

scissors-and-paste production [ˌsizəzəndˈpeist prəˌdʌkʃn] *s* compilație, colaj

scissors grinder [ˈsizəz ˌgraində] *s* tocilar

scissors hold [ˈsizəz həuld] *s (sport)* foarfecă

scissors jump [ˈsizəz dʒʌmp] *s (sport)* săritură în foarfecă

scissors kick [ˈsizəz kik] *s (sport)* lovitură dată mingii când se realizează săritura în foarfecă

scissure [ˈsiʒə] *s* crăpătură, spărtură, deschizătură

sclaff [sklæf] *(la golf)* **I** *s* lovitură care zgârie terenul **II** *vt* a zgâria *(terenul)*

sclera [ˈskliərə] *s anat* sclerotică; albul ochiului

scleritis [skliəˈraitis] *s med* sclerită

sclerogenic [ˌskliərəuˈdʒenik] *adj med* sclerogen

scleroma [skliˈrəumə] *s med* scleroză a țesutului celular

sclerometer [skliˈromitə] *s tehn* sclerometru, durometru, scleroscop

sclerosed [skliˈrəust] *adj* sclerozat

sclerotica [skliəˈrotikə] *s anat* sclerotică, albul ochiului

sclerotitis [ˌskliərəuˈtaitis] *s med* slerotită

scoffer [ˈskofə] *s* zeflemisitor, batjocoritor

scoffing [ˈskofiŋ] **I** *adj* ironic, batjocoritor **II** *s* ironie, bătaie de joc

scofflaw [ˈskoflɔː] *s* contravenient, infractor

scolder [ˈskəuldə] *s* persoană care ceartă / care dojenește; bombănitor

scolding [ˈskəuldiŋ] **I** *s* ocară, ceartă; **to get a good ~** a căpăta un perdaf **II** *adj* gâlcevitor, certăreț; care bombăne

scolion [ˈskəuliən] *s* scolie

scolopendrium [ˌskoləˈpendriəm] *s bot* scolopendră, limba-cerbului

scomber [ˈskombə] *s iht* scrumbie

scooper [ˈskuːpə] *s* **1** săpător **2** daltă

scoopful [ˈskuːpful] *s* lopată, cupă, lingură *(conținutul)*

scoop-minded [ˌskuːp ˈmaindid] *adj amer* veșnic în goană după senzațional

scoop neck [ˈskuːp nek] *s* decolteu

scopeless [ˈskəuplis] *adj* fără scop

scopiform [ˈskəupifɔːm] *adj minr* în formă de mătură; în mănunchi

scopolamine [skəuˈpoləmi(ː)n] *s ch* scopolamină

scopulite [ˈskopjulait] *s minr* scopulit

scorbutically [skoːˈbjutikəli] *adv* scorbutic

scorched [ˈskoːtʃt] *adj* pârlit, ars ușor; *(d iarbă)* uscat

scorching [ˈskoːtʃiŋ] **I** *adj* **1** arzător, fierbinte **2** înțepător, dureros; *fig* mușcător **II** *s* **1** *sl, sport* cursă foarte rapidă; alură excesivă; **to be had up for ~** a fi amendat pentru exces de viteză **2** uscare *(a rufelor)* **3** *agr* pălire, uscare

scored [ˈskoːd] *adj* **1** brăzdat; ghintuit **2** bifat, subliniat

score draw [ˈskoːdrɔː] *s (sport)* meci nul

scoreline [ˈskoːlain] *s (sport)* scor

scoresheet [ˈskoːʃiːt] *s (sport)* tabelă de scor

scoriaceous [ˌskoːriˈeiʃs] *adj* ca zgura

scorification [ˌskoːrifiˈkeiʃn] *s met* prefacere în zgură

scorify [ˈskoːrifai] *vt, vi* a (se) zgurifica, a (se) transforma în zgură

scoring [ˈskoːriŋ] *s* **1** cercetătură **2** *met* plesnire, crăpare *(a unei piese turnate)* **3** *tehn* formare a canelurilor **4** *muz* orchestrare *(a unei compoziții)*

scornfulness [ˈskoːnfulnis] *s* caracter disprețuitor; dispreț, ironie *(în atitudine)*

scorper [ˈskoːpə] *s* **1** sulă de gravor **2** daltă, priboi

scorpioid(al) [ˌskoːpiˈəuid(əl)] *adj* **1** *zool* ca de scorpion **2** *bot* în formă de sul la coadă

scorpion fish [ˈskoːpiən fiʃ] *s iht* pește din familia Scorpaenidae

Scotch carpet [ˌskotʃ ˈkaːpit] *s* covor scoțian

Scotch egg [ˌskotʃ ˈeg] *s gastr* ou fiert tare și acoperit cu pesmet

Scotch fiddle [ˌskotʃ ˈfidl] *s med P* râie, scabie

Scotch pancake [ˌskotʃ ˈpænkeik] *s gastr* clătită groasă

Scotch pine [ˌskotʃ ˈpain] *s bot* pin *(Pinus sylvestris)*

Scotch terrier [ˌskotʃˈteriə] *v.* **Scottish terrier**

scoter [ˈskəutə] *s orn* rață-de-mare *(familia Ordemia sau Melanitta)*

Scots pine [ˈskots pain] *v.* **Scotch pine**

Scotticize [ˈskotisaiz] *vt* a introduce obiceiuri scoțiene *sau* graiul scoțian

scottie [ˈskoti] *v.* **Scottish terrier**

Scottify [ˈskotifai] *vt F v.* **Scotticize**

Scottish National Party [ˌskotiʃ ˈnæʃnəl paːti] *s pol* partid scoțian independent, fondat în 1934

Scottish terrier [ˌskotiʃ ˈteriə] *s zool* terier scoțian

scotty [ˈskoti] *s v.* **Scottish terrier**

scoundreldom [ˈskaundrəldəm] *s* **1** ticăloșie, mișelie **2** *pl F* ticăloși

scoundrelism [ˈskaundrəlizm] *s* ticăloșie, infamie, nemernicie, mârșăvie

scourger ['skə:dʒə] *s* **1** pedepsitor, biciuitor **2** asupritor

scouring ['skauəriŋ] *s* **1** curățire, frecare; *text* spălare, degresare *(a lânei)*; *met* curățire pe deasupra, scoatere a ruginei **2** spălare *(a unui canal)* **3** degradare *(a unui mal)* **4** purgare *(a intestinelor)* **5** *pl* impurități ale grâului eliminate prin curățire **6** excursie

scouring pad ['skauəriŋ pæd] *s* burete de sârmă *(pentru bucătărie)*

scourings ['skauəriŋz] *s* rămășițe, resturi *(rezultate în urma curățării cu un burete de sârmă)*

Scouse [skaus] **I** *s brit F* **1** *(d persoane)* nume dat celor care locuiesc în Liverpool **2** dialect vorbit în Liverpool **II** *adj* referitor la Liverpool

scouting ['skautiŋ] *s* **1** *mil* recunoaștere; **to go off** ~ a porni în recunoaștere **2** cercetășie

scoutingly ['skautiŋli] *adv* batjocoritor, disprețuitor

scouting plane ['skautiŋ plein] *s av* avion de recunoaștere

scout plane ['skaut plein] *s av* avion de recunoaștere

Scrabble ['skræbl] *s (joc de)* scrabble

scragged ['skrægd] *adj* **1** ascuțit, aspru, inegal **2** uscățiv, deșirat

scramble net ['skræmbl net] *s nav* plasă de salvare

scrambler ['skræmblə] *s rad, tel* bruior

scrambling[1] ['skræmbliŋ] *adj* **1** dezordonat, pe nimerite; **to do smth. in a ~ fashion** a face ceva nemetodic / dezordonat **2** pripit

scrambling[2] ['skræmbliŋ] *s* încăierare, luptă; busculadă

scran ['skræn] *s sl* resturi de mâncare; **bad ~ to you!** dracu să te ia!

scraper ring ['skre:pə riŋ] *s tehn* segment de piston

scraping ['skreipiŋ] **I** *adj* **1** econom, calic **2** rozător **II** *s* **1** roadere **2** zgâriere **3** *pl* rumeguș, așchii; gunoi **4** *pl* economii *(făcute cu greu)*

scrappily ['skræpili] *adv* fragmentar; **to be ~ educated** a avea lacune în cunoștințe

scratching post ['skrætʃiŋ pəust] *s* stâlp *(de care se pot freca vitele)*

scratch mark ['skrætʃ ma:k] *s (semn lăsat de o)* zgârietură, înțepătură; zgârietură, scrijelitură *(pe mobilă, piele tăbăcită etc.)*

scratch pad ['skrætʃ pæd] *s amer* bloc-notes, carnet de însemnări; *cib* memorie bloc-notes

scratch proof [,skrætʃ 'pru:f] *adj tehn* rezistent la zgâriere

scratch sheet [,skrætʃ 'ʃi:t] *s publicație care oferă informații despre concursuri hipice*

scratch team ['skrætʃ ti:m] *s sport* echipă secundă / de rezervă *(a unei universități)*

scratch test ['skrætʃ test] *s* **1** *tehn* test pentru determinarea cantității de material abraziv dintr-un produs / a gradului de rezistență a unei suprafețe la contactul cu un material abraziv **2** *med* test pentru determinarea alergiei la diverse substanțe

scratch wig ['skrætʃ wig] *s* perucă

scratch work ['skrætʃ wə:k] *s arhit* sgrafit

scraw [skrɔ:] *s scot* **1** iarbă, gazon **2** sărărie

scrawl [skrɔ:l] *s amer* cracă noduroasă

scrawler ['skrɔ:lə] *s* **1** mâzgălitor **2** om murdar

scrawly ['skrɔ:li] *adj F* mâzgălit, mânjit

scrawn [skrɔ:n] *vt dial* a zgâria

scray [skrei] *s orn* rânduni-că-de-mare *(Sterna hirunda)*

screamy ['skri:mi] *adj* isteric, care țipă

screechy ['skri:tʃi] *adj* strident, strigător; cicălitor

screen cloth ['skri:n klɔθ] *s constr* pânză de sită

screen door ['skri:n dɔ] *s amer* ușă / plasă de țânțari

screen grid ['skri:n grid] *s tel* grilă ecran

screen memory ['skri:n ,meməri] *s psih* memorie ecran

screen printing ['skri:n ,printiŋ] *s* serigrafie

screen process ['skri:n prəu,ses] *s* proces de tipărire similar serigrafiei

screen wall ['skri:n wɔ:l] *s arhit* zid, perete de protecție

screw ball ['skru: bɔ:l] *adj* trăsnit, țicnit; original

screw gear ['skru: giə] *s tehn* angrenaj elicoidal

screw head ['skru: hed] *s* capul șurubului

screw hook ['skru: huk] *s* cârlig cu șurub

screw key ['skru: ki:] *s tehn* cheie pentru piulițe / de strâns șuruburi

screw machine ['skru: mə,ʃi:n] *s tehn* mașină de filetat

screw nut ['skru: nʌt] *s tehn* piuliță / mutelcă pentru șuruburi, matricea / gâsca șurubului

screw plate ['skru: pleit] *s tehn* planșă de filetat, filieră simplă

screw propeller ['skru: prə,pelə] *s nav* elice

screw rivet ['skru: ,rivit] *s tehn* nit cu șurub

screw ship ['skru: ʃip] *s* navă cu elice

screw tap ['skru: tæp] *s tehn* tarod, dorn

screw wheel ['skru: wi:l] *s tehn* roată melc

screw wrench ['skru: rentʃ] *s tehn* cheie franceză; cheie universală

scribbler ['skriblə] *s text* darac

scribbling ['skribliŋ] *s* mâzgălire, scriere neciteață

scribbling pad ['skribliŋ pæd] *s* carnet de însemnări

scribing block ['skraibiŋ blɔk] *s* (trasator) paralel

scrip issue ['skrip ,isju:] *s fin* emisiune de noi certificate de acțiuni care să reflecte acumularea de profituri în balanța financiară a unei companii

script girl ['skript gə:l] *s* secretară de platou / de film, scriptgirl

scriptory ['skriptəri] *adj* scris, prin scris

scripturist ['skriptʃərist] *s* scripturalist

scrivener's palsy [,skrivnəz 'pɔ(:)l-zi] *s med* crampa scriitorului, afecțiune a mușchilor brațului, care împiedică scrisul

scrobiculate [skrəu'bikjulit] *adj* **1** *bot, zool* brăzdat de șanțuri, cu găuri / adâncituri **2** ciupit de vărsat

scrod [skrɔd] *s* **1** *iht* morua *(Gadus morruha)* **2** pește tăiat și dezosat, gata de a fi preparat

scrolling ['skrəuliŋ] *s cib* derulare de bandă magnetică

scroll sawing ['skrəul ,sɔ:iŋ] *s* gravare cu ferăstrăul

scroop [skru:p] **I** s scârțâit; hârșâit *(ca de ferăstrău)* **II** vi a scârțâi; a scrâșni, a hârșâi, a râcâi, a zgâria

scrotal ['skrəutəl] adj anat scrotal

scrubbable ['skrʌbəbl] adj care poate fi frecat / spălat

scrubbing board ['skrʌbiŋ bɔ:d] s scândură de spălat rufe

scrubbing brush ['skrʌbiŋ brʌʃ] s perie de frecat

scrub brush ['skrʌb brʌʃ] amer v. **scrubbing brush**

scrubland ['skrʌblænd] s regiune cu multe tufișuri

scrub-up ['skrʌb ʌp] s curățenie generală *(în casă etc.)*

scruffily ['skrʌfili] adv dressed prost îmbrăcat

scrum [skrʌm] s ceartă, gâlceavă; bătaie, încăierare

scrum-cap ['skrʌm kæp] s caschetă *(de jucător de rugby)*

scrum half [,skrʌm'hɑ:f] s *(sport)* mijlocaș la deschidere

scrump [skrʌmp] vi brit F a fura fructe din pomi

scrumpy ['skrʌmpi] s cidru sec fabricat în sud-vestul Marii Britanii

scrunchy ['skrʌntʃi] adj crocant

scrutinizer ['skru:tinaizə] s persoană care scrutează

scry [skrai] vi a cerceta viitorul prin cristalul magic

scuba ['skju:bə] s dispozitiv pentru respirația sub apă

scuba dive ['skju:bə ˌdaiv] vi a (se) scufunda folosind un dispozitiv pentru respirația sub apă

scuba diver ['skju:bə daivə] s înotător care folosește un dispozitiv pentru respirația sub apă

scuba diving ['skju:bə ˌdaiviŋ] s acțiunea de a se scufunda folosind un dispozitiv de respirat sub apă

scudding ['skʌdiŋ] s tehn fălțuire

scuff [skʌf] s ceafă

scuffing ['skʌfiŋ] s tehn uzură prin frecare

scuffler ['skʌflə] s gâlcevitor, bătăuș

scuffling ['skʌfliŋ] s încăierare

scuffs [skʌfs] s pl papuci de casă

scug [skʌg] s sl mocofan, mitocan, mocârțan

sculduddery [skʌl'dʌdəri] s scot, amer 1 grosolănie, mojicie, mitocănie; obscenitate 2 adulter

scullery maid ['skʌləri meid] s servitoare care spală vasele; ajutoare de bucătăreasă

scullionly ['skʌliənli] adj 1 înv de ajutor de bucătar 2 de nimic, prost; mârșav, ticălos

sculp [skʌlp] vt min a sparge șisturile în lespezi

sculpin ['skʌlpin] s 1 iht specie de pește din Oceanul Atlantic de Nord *(familia Lottidae, genul Acanthocottus)* 2 înv om de nimic

sculptor's plaster ['skʌlptəz ˌplɑstə] s arhit stuc

sculpturesque [ˌskʌlptʃə'resk] adj sculptural; demn de sculptat

scumbag ['skʌmbæg] s ticălos, om de nimic

scuncheon ['skʌntʃən] s arhit glaf, pervaz

scunner ['skʌnə] **I** vi to ~ at smth a fi scârbit / a-i fi silă de ceva; a se revolta *(pe cineva)* **II** vt a scârbi, a revolta *(pe cineva)*

scurvy grass ['skə:vi grɑ:s] s bot lingurea, linguriță *(Cochlearis officinalis)*

scutage ['skju:tidʒ] s ist sumă în bani plătită de proprietarul de pământ feudal pentru scutirea de serviciu personal

scutate ['skju:teit] 1 bot *(d frunze etc.)* peltat 2 zool acoperit cu plăci osoase *sau* cu solzi mari

scutcher ['skʌtʃə] s text 1 meliță, mașină de melițat / de bătut *(inul etc.)* 2 mașină vibratoare pentru fibrele de in

scute [skju:t] s 1 scut, pavăză 2 zool carapace 3 anat rotulă *(la genunchi)*

scutellum [skju'teləm] s bot, zool înveliș, placă mică, solz mic

scutiform ['skju:tifɔ:m] adj bot, zool în formă de scut

scutter ['skʌtə] vi dial a o lua la fugă / la goană, a o șterge, a o tuli

scuzzy ['skʌzi] adj amer murdar, scârbos

scyphus ['saifəs] s 1 *(ist Greciei)* cupă pentru băut cu două toarte 2 bot parte în formă de cupă *(la narcise, licheni etc.)*

scythe stone ['saið stəun] s cute, piatră de ascuțit coasa

SD [,es 'di:] presc de la **South Dakota**

SDRs fin presc de la **special drawing rights** s drepturi speciale de tragere, DST

sea air ['si: eə] s aer de mare

sea bass ['si: bæs] s iht *(orice)* pește marin din familia *Serranidae*

sea bear ['si: beə] s 1 zool focă-comună *(Phoca vitulina)* 2 urs-de-mare, urs-alb *(Ursus maritimus)*; urs-polar *(Ursus arctos)*

sea beard ['si: biəd] s bot mătasea-broaștei *(Conferva rupestris)*

sea boat ['si: bəut] s nav navă maritimă

sea born ['si: bɔ:n] adj poetic născut din mare; **the ~ city** Veneția

sea-borne trade [ˌsi:bɔ:n 'treid] s comerț maritim

sea-bound [ˌsi: 'baund] adj mărginit de mare

sea bread ['si: bred] s pesmeți marinărești

sea bream ['si: bri:m] s iht pește din familia *Sparidae*; pește cap-de-aur *(Brama rayi)*

sea burdock ['si: ˌbə:dɔk] s bot scaietele-popii

sea cabbage ['si: ˌkæbidʒ] s bot varză-de-mare

sea cloth ['si: klɔθ] s teatru pânză vopsită în albastru pentru a reprezenta marea

sea club ['si: klʌb] s 1 măciucă, bâtă *(pentru omorârea urșilor polari)*

sea-cock ['si: kɔk] s nav supapă de siguranță; valvulă / robinet de fum 2 orn pasăre din genul fluerarilor *(Fripla)*

sea compass ['si: ˌkʌmpəs] s nav busolă marină

sea cucumber ['si: ˌkju:kʌmbə] s zool holoturie *(Holothuria)*

sea-devil ['si: ˌdevl] s iht 1 pește mare de mări calde *(genul Manta, familia Mobulidae)* 2 specie de rechin *(Squatina squatina și Squatina dumeril)*

sea egg [ˌsi: 'eg] s zool arici-de-mare *(Echinus)*

sea elephant ['si: ˌelifənt] s zool morsă, elefant-de-mare *(Cystophora probascida)*

sea fan ['si: fæn] s zool specie de gorgonacee *(Gorgonia flabellum)*

seafaring [ˌsi: 'feəriŋ] **I** adj care călătorește pe mare; navigant; de mare, de navigație **II** s navigație, traversarea mărilor

sea fennel ['si: ˌfenəl] s bot pătrunjel de mare *(Erithmum maritimum)*

sea fowl ['si: faul] *s* pasăre de mare; *(colectiv)* păsări de mare

sea god ['si: gɔd] *s* zeu marin, zeitate marină

seagoing position [,si:gəuiŋ pə'ziʃn] *s nav* post maritim

sea grape ['si: greip] *s* 1 sargasă, iarbă-de-mare tropicală din Atlantic *(Sargassum bacciferum)* 2 *pl* ouă de calmar

sea lane ['si: lein] *s* cale maritimă; drum navigabil

sea language ['si: ,læŋgwidʒ] *s* limbaj marinăresc

sealant ['si:lənt] *s tehn* pastă de etanșare, mastic

sea law ['si: lɔ:] *s jur* lege maritimă

seal-brown [,si:l 'braun] *adj* castaniu-închis

sea lead ['si: led] *s nav* plumb, sondă, loh

sea legs ['si: legz] *s pl F* picioare de marinar; abilitatea de a merge pe puntea unui vas care se clatină; **he has found his ~** a devenit un adevărat marinar

sea leopard ['si: ,lepəd] *s zool* leopard-de-mare *(Stenorhyncus leptonyx)*

sealery ['si:ləri] *s* 1 regiune unde trăiesc foci 2 vânatul focilor

seal fishery ['si:l ,fiʃəri] *s* regiune unde trăiesc foci

sea line ['si: lain] *s (pe mare)* linia orizontului; orizont

sealing ['si:liŋ] *s* 1 vânătoare de foci 2 pecetluire, sigilare; închidere, obturare *(a unei mine)*

sea lord ['si: lɔ:d] *s* lord al Amiralității

seal-point ['si:l pɔint] *s zool* pisică siameză cu blana de culoare bej cu puncte maronii

seal press ['si:l pres] *s tehn* cleşte de plumbuit

seal ring ['si:l riŋ] *s* inel pentru sigilat *(cu inițiale sau blazon)*

seamed [si:md] *adj* brăzdat; ridat, zbârcit

seamlessly ['si:mlisli] *adv* (în mod) omogen

sea mouse ['si: maus] *s zool* anelidă-marină *(Aphrodite aculeata)*

sea nettle ['si: ,netl] *s zool* meduză *(Hydrozoa și Scyphozoa sp.)*

sea pass ['si: pɑːs] *s nav* permis de liberă navigație *(pentru vasele țărilor neutre, în vreme de război)*

sea pay ['si: pei] *s nav* soldă / salariu pentru serviciul activ pe mare

sea pie ['si: pai] *s* 1 plăcintă cu carne sărată *(mâncată de marinari)* 2 *orn* pasăre de mare ce se hrănește cu stridii *(Haematopus ostralegus)*

searchable ['sə:tʃəbl] *adj* care poate fi cercetat

searcher ['sə:tʃə] *s* 1 cercetător, căutător; explorator; perchezitor 2 vameș 3 *med* sondă

searchingly ['sə:tʃiŋli] *adv* cercetător, străpungător, pătrunzător, scrutător; sistematic

searchingness ['sə:tʃiŋnis] *s* subtilitate; examen profund, examinare minuțioasă

search party ['sə:tʃ pɑːti] *s* echipă de salvare; poteră

sea road ['siə rəud] *s amer* cale maritimă, rută maritimă

sea robin ['si: ,rɔbin] *s iht* rândunică-de-mare *(Trigla)*

sea room ['si: ru(:)m] *s nav* loc / spațiu de manevră

sea scout ['si: skaut] *s* cercetaş marin

sea shanty ['si: ʃænti] *s* cântec marinăresc

seashell ['si:ʃel] *s* cochilie *(de moluscă)*

sea slug ['si:slʌg] *s* 1 *zool* castravete de mare *(Holothuriodeia)* 2 *(orice)* gasteropod marin nudibranhiat

seasonableness ['si:zənəbəlnis] *s* oportunitate, caracter oportun

season crack ['si:zən kræk] *s tehn* fisură de îmbătrânire

sea tangle ['si: ,tæŋgl] *s bot* laminaria *(Laminaria)*

sea term ['si: tə:m] *s* cuvânt / termen marinăresc, expresie marinărească

sea thief ['si: θi:f] *s rar* corsar, pirat

sea trout ['si:traut] *s* 1 *iht* păstrăv marin *(Salmo trutta)* 2 *(orice)* pește marin comestibil din genul *Cynoscion*; *(orice)* pește comestibil din familia *Hexagrammidae*

sea-walled [,si: 'wɔ:ld] *adj* 1 înconjurat / apărat de mare 2 îndiguit, apărat de mare printr-un dig

sea ware [,si: 'weə] *s bot* iarbă-de-mare *(folosită ca îngrăşământ)*

sea-washed [,si: 'wɔʃt] *adj* scăldat de mare

sea water ['si: ,wɔ:tə] *s* apă de mare

seaworthiness ['si: ,wə:ðinis] *s nav* stare de navigabilitate; capacitate de navigație

sebum ['si:bəm] *s* sebum

SEC [,es i:'si:] *fin presc de la* **Securities and Exchange Commission** *s* agenție guvernamentală care supervizează activitatea brokerilor / agenților de bursă *(în S.U.A.)*

SECAM ['si:kæm] *s telev* sistem de televiziune în culori SECAM

secco ['sekkəu] *s (cuvânt italian)*, *artă s* pictură în tempera

seccotine ['sekəti:n] **I** *s* secotină, *un fel de clei* **II** *vt și* **to ~ in /** **together** a încleia cu secotină

seceder [si:'si:də] *s pol* secesionist; separatist; dizident; scizionist

secern [si'sə:n] *vt* a secreta, a produce

secernent [si:'sə:nənt] **I** *adj fizl* secretor, care secretă **II** *s* 1 organ care secretă 2 medicament / substanță care produce secreție

secondary cell [,sekəndəri 'sel] *s tehn* acumulator

secondary picketing [,sekəndəri 'pikitiŋ] *s brit* pichet al celor care organizează o grevă de solidaritate

second ballot [,sekənd 'bælət] *s pol* al doilea tur de scrutin

second chamber [,sekənd 'tʃeimbə] *s pol (în sistemele parlamentare bicamerale)* a doua cameră a parlamentului; Camera Lorzilor *(în Marea Britanie)*; Senatul *(în S.U.A.)*

second-class citizen [,sekənd-klɑːs'sitizən] *s* cetăţean care aparţine clasei sociale inferioare

Second Coming [,sekənd 'kʌmiŋ] *s rel* A Doua Venire a lui Isus Christos

second-degree burn [,sekənddi-gri: 'bə:n] *s* arsură de gradul doi

second generation [,sekənd dʒenə'reiʃn] *s* 1 a doua generaţie 2 copil născut în S.U.A. din părinţi imigranţi sau dintr-un părinte imigrant şi unul cetăţean american

second-hand bookshop [,sekənd hænd 'bukʃop] *s* anticariat *(de cărţi)*

second-hand car [ˌsekənd hænd 'kɑ:] *s* mașină de ocazie

second-hand clothes [ˌsekənd hænd 'kləuðz] *s pl* îmbrăcăminte purtată; haine vechi

secondment [si'kɔndmənt] *s brit* detașare temporară a unei persoane într-un alt serviciu

second name [ˌsekənd 'neim] *s* nume de familie

second nerve [ˌsekənd 'nə:v] *s anat* nerv optic

second officer [ˌsekənd 'ɔfisə] *s nav* ofiţer II

second-papers [ˌsekənd 'peipəz] *s pl amer* documente care permit unui străin cererea naturalizării definitive

second rateness [ˌsekənd 'reitnis] *s* inferioritate

second rater [ˌsekənd 'reitə] *s F* mediocritate, om de inteligenţă mijlocie; **ministry of ~s** minister alcătuit din mediocrităţi

second-sighted [ˌsekənd 'saitid] *adj* clarvăzător, care are al șaselea simţ

second-strike [ˌsekənd 'straik] *adj* referitor la tipuri de arme care pot rezista unui atac nuclear, fiind apoi folosite la un contraatac

second string [ˌsekənd 'striŋ] *adj amer (sport)* de rezervă

second thought [ˌsekənd 'θɔ:t] *s* **to have~s** a avea îndoieli / dubiu; **on ~s** I'd better go myself dacă mă gândesc mai bine, ar trebui să merg chiar eu

secretory [si'kri:təri] *adj fizl* secretor, care secretă

secret police [ˌsi:krit pə'li:s] *s* poliţie secretă

sectarianism [sekteə'riənizm] *s* sectarism, spirit de sectă

sectary ['sektəri] *adj* sectant, membru al unei secte, sectarist

sectile ['sektil] *adj (d minerale moi)* care poate fi tăiat

sectionalize ['sekʃnəlaiz] *vt* a secţiona

section hand ['sekʃn hænd] *s amer* lucrător de terasamente

secular arm [ˌsekjulə 'ɑ:m] *s ist* **the ~** tribunal secular / civil *(instanţă judecătorească civilă unde se trimitea un criminal de către curtea eclesiastică pentru o pedeapsă mai severă)*

secularist ['sekjulərist] *s* adept al învăţământului laic

secund ['si:kʌnd] *adj* dispus de o singură parte, unilateral

secured [si'kjuəd] *adj (d împrumuturi)* asigurat

secureness [si'kjuənis] *s înv* siguranţă

secure tenancy [siˌkjuə 'tenənsi] *s* rezervare / închiriere asigurată

security guard [si'kjuərəti gɑːd] *s* pază, gardă

security leak [si'kjuərəti li:k] *s* scurgere de informaţii *(referitoare la securitatea unui obiectiv)*

security officer [siˈkjuərəti ˌɔfisə] *s* ofiţer însărcinat cu paza *(pe o navă)*; angajat însărcinat cu paza unei instituţii

security police [si'kjuərəti pəˌli:s] *s* serviciu de pază

sedateness [si'deitnis] *s* calm, echilibrat; caracter așezat

sedge warbler ['sedʒ ˌwɔ:blə] *s orn* pitulice de baltă

sedilia [se'diliə] *s pl bis* unul dintre cele trei locuri situate în spaţiul din jurul altarului, folosite de preoţi când se fac pauze în timpul oficierii slujbei

sedulousness ['sedjulisnis] *s* asiduitate, silinţă, perseverenţă

seeable ['si:əbl] *adj* vizibil, care se vede, care se poate vedea

seed box ['si:d bɔks] *s* **1** *bot* capsulă **2** *bot (orice)* plantă din genul *Ludwigia*

seedcake ['si:dkeik] *s* **1** prăjitură cu susan / chimen **2** turtă de oleaginoase

seed case ['si:d keis] *s bot* capsulă de seminţe

seed coat ['si:d kəut] *s bot* episperm

seed corn ['si:d kɔ:n] *s* grâu de sămânţă

seeding ['si:diŋ] *s* **1** amorsare, iniţiere **2** *agr* semănat, semănătură, însământare, însământare

seed leaf ['si:d li:f] *s* **1** *bot* cotiledon, frunză seminală **2** *amer* calitate de tutun

seedless ['si:dlis] *adj* asperm; fără sămânţă; care nu face sămânţă

seed merchant ['si:d ˌmə:tʃənt] *s* vânzător de seminţe

seed money ['si:d ˌmʌni] *s fin* capital de pornire

seed oyster ['si:d ˌɔistə] *s* stridie tânără *(folosită pentru reproducere)*

seed pearl ['si:d pə:l] *s* perlă mică, de formă neregulată; perle mici fixate / prinse pe un articol de îmbrăcăminte

seed plot ['si:d plɔt] *s* şi *fig* pepinieră, răsadniţă

seed pod ['si:d pɔd] *s bot* păstaie, teacă

seed potato ['si:d pəˌteitəu] *s* cartof de sămânţă

seed tree ['si:d tri:] *s silv* copac semincer

seeing-eye-dog [ˌsi:ŋ ai'dɔg] *s* câine-călăuză pentru orbi

seeker ['si:kə] *s* cercetător, căutător

-seeker [-sikə] *(în cuvinte compuse)* **pleasure / peace ~** persoană care umblă după plăceri / persoană pacifistă

seeking ['si:kiŋ] *s* căutare, cercetare

seemer ['si:mə] *s* persoană care se preface, prefăcut, ipocrit

seer ['siə] *s* **1** măsură de greutate *(folosită în unele părţi ale Indiei)* **2** măsură de capacitate *(= 1 litru)*

seersucker ['siəsʌkə] *s* material indian de bumbac în dungi albastre și albe

seething ['si:ðiŋ] *adj* **1** *(d lichide)* care fierbe / clocoteşte **2** furios **3** colcăitor, care forfoteşte

segmented [seg'mentid] *adj* segmentat; segmentar

Segovia [si'gəuviə] *s* oraş în Spania

segregationist [ˌsegri'geiʃnist] **I** *adj* referitor la segregaţionism **II** *s* segregaţionist

segregative ['segrigeitiv] *adj* **1** care separă / desparte / izolează **2** *(d personaje)* nesociabil, necomunicativ, retras, care se izolează

seiche [seiʃ] *s geogr* şeişă, clătinare, variaţiune a nivelului apei

seiner ['seinə] *s* **1** vas de pescuit *(cu setcă sau cu năvod danez)* **2** pescar *(care pescuieşte cu setcă sau cu năvod danez)*

seisin ['si:zin] *s* **1** stăpânire a unui bun funciar **2** act de posesiune a unui bun funciar **3** posesiune funciară

seismogram ['saizməgræm] *s* seismogramă

seismography [ˌsaiz'mɔgrəfi] *s* **1** seismografie **2** seismologie

seizing ['si:ziŋ] *s* **1** prindere, apu-
care, însfăcare, înhățare, *(cu
gen)* **2** capturare *(a unui vas
inamic, a unei cazemate etc.)* **3**
nav legătură (cu parâma), ma-
riaj; șnur, saulă **4** *tehn* blocare,
gripare, înțepenire

seldomness ['seldəmnis] *s* raritate

selected [si'lektid] *adj* ales, selec-
tat; de prima mână; **before a ~
audience** în fața unui public ales
/ de calitate

selectee [,silek'ti:] *s amer* soldat,
militar, bărbat chemat sub dra-
pel

selectionist [si'lekʃənist] *s* per-
soană care selecționează / care
alege; selecționer

selectively [si'lektivli] *adv* selectiv

selectman [si'lektmən], *pl* **select-
men** [si'lektmən] *s amer* mem-
bru al municipalității, înalt func-
ționar municipal *(în statele din
Noua-Anglie)*

selectness [si'lektnis] *s* superio-
ritate, excelență

selenate ['selineit] *s ch* seleniat

selenian [si'li:niən] *adj astr* sele-
nic, din lună

selenographic(al) [si,li:nəu'græ-
fik(əl)] *adj* selenografic

selenography [,seli'nɔgrəfi] *s ch*
selenografie

self abnegation ['self,æbni'geiʃn]
s abnegație totală, dăruire de sine

self-addressed envelope [,self
ədrest 'ænviləup] *s* plic cu adre-
să de retur / autoadresat

self-adhesive [self əd'hi:siv] *adj*
poligr autoadeziv

self-analysis [self ə'næləsis] *s* au-
toanaliză, introspecție

self-appointed [self ə'pɔintid] *adj*
numit din proprie inițiativă, auto-
proclamat

self-assembly [,self ə'sembli] *s* **1**
*ch proces prin care o moleculă
organică se autoasamblează din
componentele sale* **2** ansamblu
*de piese mobiliere vândute îm-
preună cu planul de montaj (pen-
tru a fi asamblate de cumpă-
rători)*

self-aware [,self ə'weə] *adj* con-
știent de sine

self-awareness [,self ə'weənis] *s*
faptul de a fi conștient de sine

self-catering [,self 'kætəriŋ] *adj (d
apartamente, locuințe)* inde-
pendent *(cu bucătărie)*

self-certification ['self sə:tifi,keiʃn]
s scutire de boală *(redactată
chiar de persoana bolnavă)*

self-cleaning [,self 'kli:niŋ] *s* cu
autocurățire, care își asigură
propria curățare

self-complacency [,self kəm'plei-
sənsi] *s* mulțumire de sine; auto-
liniștire

self-composure [,self kəm'pəuʒə]
s autocontrol, sânge rece; **to
keep / to lose one's ~** a-și păstra
/ pierde calmul

self-congratulation [,self kəngræ-
tʃu'leiʃn] *s* autosatisfacție

self-congratulatory [,self kəngræ-
tʃu'leitəri] *adj* satisfăcut, mul-
țumit de sine

self-deprecating [,self'deprəkeitiŋ]
adj care se subestimează

self-destruct [,self di'strʌkt] **I** *vi* a
se autodistruge **II** *adj (d meca-
nisme)* care se autodistruge

self-destructive [,self di'strʌktiv]
adj care se autodistruge

self-determined [,self di'tə:mind]
adj independent, care se con-
duce singur, care-și decide sin-
gur soarta

self-disciplined [,self 'disəplind]
adj stăpân pe sine

self-doubt [,self 'daut] *s* nesigu-
ranță de sine

self-drive car [,self draiv 'ka:] *s
auto* automobil de închiriat *(fără
șofer)*

self-effacing [,self i'feisiŋ] *adj* mo-
dest, retras

self-evidently [,self evidəntli] *adj*
evident, care sare în ochi

self-existent [,self ig'zistənt] *adj*
cu existență independentă

self-experience [,self iks'piəriəns]
s experiență personală

self-expression [,self ik'spreʃn] *s*
exprimare a propriei persona-
lități

self-feeder [,self 'fi:də] *s tehn* me-
canism automat; alimentator au-
tomat; furnal, mașină *(care își re-
înnoiește automat combustibi-
lul atunci când acesta s-a terminat)*

self-financing [,self fai'nænsiŋ] *s*
autofinanțare

self-fulfilling [,self ful'filiŋ] *adj* ca-
re se realizează de la sine

self-governed [,self 'gʌvənd] *adj*
autonom

self-hypnosis [,self hip'nəusis] *s*
autohipnoză

self-ignition [,self ig'niʃn] *s* auto-
aprindere

self-improvement [,self im'pru:v-
mənt] *s* autoperfecționare

self-induced [,self in'dju:st] *adj el*
autoindus

self-indulgent [,self in'dʌldʒənt]
adj indulgent / îngăduitor cu sine

self-inflicted [,self in'fliktid] **1** *adj*
autoimpus **2** făcut cu propria
mână

self-loving [,self 'lʌviŋ] *adj* egoist

self-lubricating [,self 'lu:brikeitiŋ]
adj tehn cu ungere automată

self-mockery [,self 'mɔkəri] *s* haz
pe propria socoteală, autoironi-
zare

self-opinioned [,selfə'piniənd] *adj*
1 încăpățânat, greu de convins,
cu idei fixe **2** suficient, închipuit

self-perpetuating [,self pə'petju-
eitiŋ] *adj* care se perpetuează
singur

self-pitying [,self 'pitiiŋ] *adj* auto-
compătimitor

self-proclaimed [,self prə'kleimd]
adj autoproclamat

self-propelling [,self prə'peliŋ] *adj*
autopropulsat; cu autopropul-
sie, automotor

self-pruning [,self 'pru:niŋ] *s silv*
elagaj natural

self-realization [,self riəlai'zeiʃn]
s realizare, dezvoltare a pro-
priilor facultăți

self-reversal [,self ri'və:səl] *s fiz* **1**
autoinversiune **2** autoabsorbție

self-righting [,self 'raitiŋ] *adj (d
nave, ambarcațiuni)* nescufun-
dabil

self-sacrificing [,self 'sækrifaisiŋ]
adj care se autosacrifică / are
spirit de sacrificiu

self-sealing [,self si:liŋ] *adj (d pli-
curi)* autoadeziv; *(d rezervoare)*
care se închide / blochează au-
tomat

self-serving [,self 'sə:viŋ] *adj* care
se îngrijește numai de intere-
sele personale

self-tapping [,self 'tæpiŋ] *adj tehn*
cu autofiletare

self-test [,self 'test] *s cib* autotes-
tare *(la imprimante)*

sell-by date [,selbai 'deit] *s* dată
limită de vânzare

semantically [si'mæntikli] *adv* din
punct de vedere semantic

semanticist [si'mæntisist] *s* se-
mantician

sematic [si'mætik] *adj* sematic, *(d culoare, semn)* care avertizează inamicii *sau* atrage atenția

sememe ['si:mi:m] *s lingv* semem

semi ['semi] *s* 1 *brit presc de la* semi-detached house casă despărțită de altă casă printr-un zid / perete comun 2 *presc de la* semifinal semifinală 3 *presc de la* semitrailer semiremorcă

semi-basement [,semi 'beismənt] *s arhit* demisol

semi-centenary [,semi sen'ti:nəri] *s* semicentenar

semi-circumference [,semi sə'kʌmfərəns] *s mat* semicircumferință

semiconsciousness [,semi'konʃəsnis] *s (stare de)* semiconștiență

semiconsonant [,semi'konsənənt] *s* semiconsoană

semi-darkness [,semi 'dɑːknis] *s* semiîntuneric

semidiurnal [,semi dai'ə:nəl] *adj* semidiurnal; de / în jumătate de zi

semifluid [,semi'flu:id] I *adj tehn* semifluid II *s* semifluid

semi-invalid [,semi'invəlid] *s* invalid / infirm pe jumătate

semiliterate [,semi'litərət] *s* pe jumătate analfabet

seminal fluid [,seminəl 'flu(:)id] *s fizl* spermă

seminiferous [,semi'nifərəs] *adj* 1 *bot* care se înmulțește prin sămânță 2 *biol* care produce spermă

semioccasionally [,semi ə'keiʒənəli] *adv amer* din când în când, din vreme în vreme, câteodată

semi-official [,semi ə'fiʃəl] *adj* semioficial

semi-officially [,semi ə'fiʃəli] *adv* semioficial

semiologist [,semi'olədʒist] *s* semiotician

semi-plant [,semi'plɑːnt] *s* instalație semiindustrială

semiprofessional [,semiprə'feʃənəl] *adj* referitor la cineva care lucrează pentru plată, fără a fi angajat permanent însă

semiretired [,semiri'taiəd] *adj* referitor la o persoană pe jumătate pensionată

semiskilled [,semi'skild] *adj (d muncitori)* calificat

semisubmersible [,semisəb'mə:səbl] *adj (d o platformă marină de foraj)* cu imersiune variabilă

semitonic [,semi 'tonik] *adj muz* de semiton

semi-trailer [,semi 'treilə] *s* semiremorcă

semi-transparency [,semi træns'peərəns] *s* semitransparență

semi-transparent [,semi træns'peərənt] *adj* 1 semitransparent 2 *ch* semipermeabil

semola ['semələ] *s* griș

sempiternally [sempi'tə:nəli] *adv* de-a pururi, etern, veșnic

sen [sen] *presc de la* senior I *adj* senior 2 mai în vârstă II *s* bătrân, persoană mai în vârstă

Sen. [sen] *pol presc de la* Senator *s* senator

senatorial courtesy [senə,tɔ:riəl 'kə:təsi] *s amer pol* acord între senatorii unui stat pentru numirea înalților funcționari

senatorial district [senə,tɔ:riəl 'distrikt] *s amer* district care are dreptul de a alege un senator

sendal ['sendəl] *s* țesătură de mătase medievală folosită pentru haine scumpe

send-up ['send ʌp] *s F* parodie, maimuțăreală

Seneca ['senikə] *scriitor latin (55 î.Ch. – 41 d.Ch.)*

senega ['senigə] *s bot* amăreală, șerpariță, șopârliță *(Polygala vulgaris)*

Senegambia [,seni'gæmbiə] *s* nume dat uniunii confederate dintre Senegal și Gambia, formată în 1982 și dizolvată în 1989

Senegambian [,seni'gæmbiən] *adj, s* senegambian

senior citizen [,si:njə 'sitizən] *s* persoană în vârstă, persoană de vârsta a treia, bătrân

senior classic [,si:niə 'klæsik] *s (la Cambridge)* candidat care a reușit primul la examenul de limbi clasice

Senior Common Room [,si:njə 'komən ru:m] *s brit* cancelarie *(pentru profesori)*

senior wrangler [,si:niə 'ræŋglə] *s (la Cambridge)* candidat care a reușit primul la examenul de matematici

sensate ['senseit] I *vt* a simți, a percepe II *adj* care se simte, care se percepe

sense finder ['sens ,faində] *s telev* indicator de sens

sensible horizon [,sensibl hɔ'raizən] *s tehn* orizont aparent

sensibleness ['sensiblnis] *s* bun simț, judecată sănătoasă; inteligență

sensing ['sensiŋ] *s cib* detectare

sensitive adjustment [,sensitiv ə'dʒʌstmənt] *s tehn* reglare / ajustare precisă

sensitive paper [,sensitiv 'peipə] *s* hârtie sensibilă

sensitivization [,sensitivai'zeiʃn] *s* sensibilizare

sensor ['sensə] *s tehn* senzor, detector

sensorium [sen'sɔ:riəm] *pl* **sensoriums** [sen'sɔ:riəmz] / **sensoria** [sen'sɔ:riə] *s* 1 organ senzorial 2 centru senzorial ipotetic 3 conștiință, minte

sentential calculus [sen,tenʃəl 'kælkələs] *s mat* calculul propozițiilor

sententiousness [sen'tenʃəsnis] *s* caracter sentențios; ton sentențios

sentimentally [,senti'mentəli] *adv* sentimental

sentry duty [,sentri 'dju:ti] *s mil* gardă; **to be on ~** a fi de gardă

separate estate [,sepərit is'teit] *s jur* proprietate dotală

separately ['seprətli] *adv* (în mod) separat, individual

separate maintenance [,sepərit 'meintənəns] *s jur* pensie alimentară

separateness ['seprətnis] *s* faptul de a fi separat / despărțit

separation allowance [,sepə'reiʃn ə'lauəns] *s* 1 *mil* alocație lunară *(plătită de armată soției unui soldat)* 2 pensie alimentară

separationism [sepə'reiʃənizm] *s* v. **separatism**

separatism ['seprətizm] *s* separatism

separative ['sepəreitiv] *adj* separativ, separator

Sephardi [se'fɑ:di:], *pl* **Sephardim** [se'fɑ:di:m] *s* sefard, evreu din țările mediteraneene

Sephardic [se'fɑ:dik] *adj* sefard

seps [seps] *s zool* specie de șopârlă

septate ['septeit] *adj bot, zool, anat* cu septum, separat printr-un septum

Septembrist [sep'tembrist] *s ist* participant la masacrarea deținuților politici din închisorile pariziene în septembrie 1792; revoluționar

septenary [sep'tenəri] **1** incluzând numărul șapte; grup de șapte **2** *v.* **septennial**

septennate [sep'teneit] *s* angajament făcut pe termen de șapte ani *(la un serviciu etc.)*

septennial [sep'teniəl] *adj* **1** *(pe timp)* de șapte ani **2** care se întâmplă la fiecare șapte ani

septimal ['septiməl] *adj* septimal, de șapte

septime ['septi:m] *s* septimă *(poziție la scrimă)*

septuagenary [ˌseptjuə'dʒi:nəri] *amer adj* septuagenar

septuple ['septjupl] **I** *adj* de șapte, înșeptit, de șapte ori mai mare **II** *vt* a înșepti, a înmulți cu șapte

septuplet [sep'tju:plit] *s* **1** *(d copii)* grup de șapte gemeni **2** *muz* septet

sequacious [si'kweiʃəs] *adj* **1** *(pedant)* lipsit de independență / de originalitate; servil **2** *(d un raționament)* coerent, consistent

sequencer ['si:kwənsə] *s* **1** *bis* carte de imnuri liturgice **2** *cib* secvențiar, unitate automată a unui automat secvențial cu program înregistrat

sequestrable [si'kwestrəbl] *adj jur* care poate fi sechestrat; confiscabil

sequestrum [si'kwestrəm], *pl* **sequestra** [si'kwestrə] *s med* porțiune de os mort detașat de osul viu, dar care rămâne în același loc

sequin(n)ed ['si:kwind] *adj* împodobit cu paiete

serac ['seræk] *s geol* serac, jintiță

serai [se'rai] *s (cuvânt anglo-indian)* vas de argilă pentru apă

seraphina [serə'fi:nə] *s* formă primitivă de armonică

Serbo-Croat [ˌsə:bəu'krəuæt], **Serbo-Croatian** [ˌsə:bəukrəu'eiʃn] **I** *s lingv* limba sârbo-croată **II** *adj* sârbo-croat

serein [sə'ræŋ] *s* ploaie care cade când cerul e senin *(în ținuturile tropicale)*

serialization [ˌsiəriəlai'zeiʃn] *s (d cărți)* publicare în foileton *(d piese de teatru, filme)* difuzare în serial

serialize ['siəriəlaiz] *vt* a publica în foileton, a difuza în seriale

serial killer [ˌsiəriəl 'kilə] *s* ucigaș în serie

serial number [ˌsiəriəl 'nʌmbə] *s* **1** *(d mașini, publicații)* număr de înmatriculare; număr de serie **2** *(d cecuri, chitanțe)* număr de serie **3** *(d soldați)* număr matricol

serial rights [ˌsiəriəl 'raits] *s* drepturi de reproducere în foileton

sericeous [si'riʃəs] *adj* **1** mătăsos **2** *bot* cu perișori

sericine ['serisin] *s ch* sericină

series connection ['siəri:z kəˌnekʃn] *el* montaj / conexiune în serie

series-parallel connection [ˌsiəri:z 'pærələl kəˌnekʃn] *s el* legătură în serie-paralel

serigraphy [se'rigrəfi] *s poligr* serigrafie

seringa [si'riŋgə] *s bot* varietate braziliană de arbore de cauciuc *(Syringa Hevea)*

serotinous [si'rotinəs] *adj bot* târziu, care apare târziu în sezon

serration [se'reiʃn] *s* **1** ferestruire, dințare **2** dinte, colț *(pe o latură ferestruită)*

serrulate ['serjulit] *adj* dințat mărunt, ferestruit

servant girl ['sə:vnt gə:l] *s* servitoare, slujnică; fată în casă

servery ['sə:vəri] *s* deschidere într-un perete pentru trecerea farfuriilor din bucătărie în sala de mese; tejghea

service ['sə:vis] *s bot* scoruș *(Sorbus domestica)*

serviceability [sə:visə'biliti] *s* **1** folos, utilitate, ajutor **2** serviabilitate

service academy ['sə:vis əˌkædəmi] *s amer* școală militară

service area ['sə:vis ˌeəriə] *s tel* zonă utilă de serviciu

service berry ['sə:vis ˌberi] *s bot* boabă de scoruș *(Sorbus domestica)*

service book ['sə:ris buk] *s bis* carte de rugăciuni

service cap ['sə:vis kæp] *s mil* capelă

service charge ['sə:vis tʃa:dʒ] *s* onorariu încasat pentru prestarea de servicii speciale *(adesea separat de onorariul de bază)*

service flat ['sə:vis flæt] *s brit* apartament a cărui chirie include și încasări pentru alte servicii *(menaj, servirea mesei etc.)*

service game ['sə:vis geim] *s (tenis)* joc câștigat pe serviciul propriu

service industry ['sə:vis ˌindəstri] *s* industria serviciilor

service line ['sə:vis lain] *s (tenis)* linie de serviciu

service module ['sə:vis ˌmɔdju:l] *s (astronautică)* modul de serviciu

service plaza ['sə:vis ˌplɑ:zə] *s amer* piață

service tree ['sə:vis tri:] *s v.* **service**

serving man ['sə:viŋ mən], *pl* **serving men** ['sə:viŋ men] *s înv* servitor, slujitor, slugă

servo ['sə:vəu] *s tehn* servomecanism; servomotor

servo-assisted [ˌsə:vəu ə'sistid] *adj tehn* ~ **brakes** servofrână

servomotor [ˌsə:vəu'məutə] *s tehn* servomotor

sesame oil ['sesəmi ɔil] *s* ulei de susan

sesame seed ['sesəmi si:d] *s* sămânță de susan

sessile ['sesail] *adj bot* sesil

session musician ['seʃn mjuˌziʃn] *s* muzician care cântă într-un studio de înregistrare

sestina [ses'ti:nə], *pl* **sestinas** [ses'ti:nəz] *sau* **sestine** [ses'ti:ni] *s metr* sestină

setaceous [si'teiʃəs] *adj v.* **setose**

set hammer ['set ˌhæmə] *s tehn* ciocan de nituit

seton ['si:tən] *s med, vet* setolină

setose ['sitəus] *adj* țepos, cu țepi, aspru

set point [ˌset 'point] *s (tenis)* minge de set

set scrum [ˌset 'skrʌm] *s (sport)* grămadă organizată

setsquare ['setskweə] *s* echer

set theory ['set ˌθiəri] *s mat* teoria mulțimilor

setting lotion ['setiŋ ˌləuʃn] *s* soluție de permanent

setting out [ˌsetiŋ 'aut] *s* **1** plecare, îmbarcare **2** trasare *(a unei curbe)*

setting rule ['setiŋ ru:l] *s poligr* zețlinie, linie de cules

setting stick ['setiŋ stik] *s poligr* culegere, vingălac, culegău

setting up [ˌsetiŋ 'ʌp] *s* **1** *tehn* ajustare, montare, îmbinare *(a pieselor)* **2** instaurare, stabilire, întemeiere, fondare **3** prezentare *(a unui argument etc.)*

settlement of accounts [ˌsetlmənt əv əˈkaunts] *s com* decontare

settling basin [ˈsetliŋ ˌbeisn] *s tehn* bazin de limpezire / de decantare

settling chamber [ˈsetliŋ ˌtʃeimbə] *s tehn* cameră de decantare

settling day [ˈsetliŋ dei] *s (la bursă)* ziua lichidării socotelilor *(de obicei la fiecare două săptămâni)*

settlor [ˈsetlə] *s jur* dispozant *(al unei anuităţi)*

setwall [ˈsetwɔːl] *s bot* odolean *(Valeriana officinalis)*

seven-league boots [ˌsevnliːg ˈbuːts] *s* cizme care fac paşi gigantici *(în poveşti)*

seventh day [ˌsevnθ dei] *s* ziua a şaptea, sabat, sâmbăta *(la sectele religioase care celebrează sâmbăta)*

Seventh Day Adventist [ˌsevnθ dæi ædˈventist] *s rel* adventist de ziua a şaptea

seventh heaven [ˌsevnθ ˈhevn] *s* al nouălea cer; **to be in (one's)** ~ a fi în al nouălea cer

seventy five [ˌseventi ˈfaiv] *s* tun francez de 75 mm

seventy-four [ˌseventi ˈfɔː] *s ist nav* vas de război cu 74 tunuri

seven-year itch [ˌsevnjə ˈitʃ] *s umor* tentaţia de a-şi înşela soţul / soţia *(după şapte ani de la căsătorie)*

severing [ˈsevəriŋ] *s* 1 separare 2 secţionare 3 scindare

severy [ˈsevəri] *s arhit* compartiment al unui tavan boltit

Sevill(i)an [siˈviliən] I *adj* din Sevilla II *s* locuitor din Sevilla

Seville orange [səˌvil ˈɔrindʒ] *s bot* portocală amară

Sèvres china [ˌseivr ˈtʃainə] *s* porţelan de Sèvres

sewer [ˈsəuə] *s ist* sluger; *dregător care se ocupă de punerea mesei, de poftirea oaspeţilor, de servirea mâncării etc.*

sewer rat [ˈsjuə ræt] *s* şoarece cafeniu *(Mus decumanus)*

sewing [ˈsəuiŋ] *s* cusut, coasere

sexadecimal [ˌseksəˈdesiml] *adj* sexazecimal

sexagenary [ˌseksəˈdʒinəri] *adj* sexagenar

Sexagesima Sunday [ˌseksəˈdʒesimə ˈsʌndi] *s* a doua duminică înainte de postul Paştelui

sexangle [ˈseksæŋgl] *s* hexagon

sexangular [ˌseksˈæŋgjulə] *adj* hexagonal

sexcentenary [seksˈsentinəri] I *adj* de şase sute de ani; sexcentenar II *s* sexcentenar, a şase suta aniversare

sex change [ˈseks tʃeindʒ] *s (operaţie de)* schimbare a sexului

sex chromosome [ˈseks ˌkrəuməsəum] *s* cromozom de sex

sex education [ˈseks edjuˌkeiʃn] *s* educaţie sexuală

sexfoil [ˈseksfɔil] *s* 1 *arhit, artă* figură cu şase lobi 2 *bot* plantă cu şase frunze

sex hormone [ˈseks ˌhɔːməun] *s* hormon sexual

sexily [ˈseksili] *adv* senzual

sex intergrades [ˈseks ˌintəgreidz] *s pl zool, bot* hermafrodiţi

sexism [ˈseksizm] *s* sexism, discriminare între sexe

sexist [ˈseksist] I *adj* sexist II *s* sexist, care face discriminare între sexe

sex kitten [ˈseks ˌkitn] *s F* femeie / tipă sexy

sex-mad [ˌseks ˈmæd] *adj F (d o persoană)* care nu se gândeşte decât la sex

sex maniac [ˈseks ˌmeiniæk] *s* obsedat sexual

sex object [ˈseks ˌɔbdʒekt] *s* persoană apreciată numai pentru aspectul ei fizic atrăgător

sex offender [ˈseks əˌfendə] *s* autorul unui abuz sexual

sexologist [sekˈsɔlədʒist] *s* sexolog

sexology [sekˈsɔlədʒi] *s* sexologie

sex organ [ˈseks ˌɔːgən] *s* organ sexual

sexpot [ˈsekspɔt] *s umor F* persoană foarte sexy

sex shop [ˈseks ˌʃɔp] *s* sex-shop, magazin cu obiecte erotice

sex-starved [ˌseks ˈstaːvd] *adj umor* referitor la o persoană care are frustrări sexuale

sex symbol [ˈseks ˌsimbl] *s* sex simbol

sextan [ˈsekstən] I *adj (d friguri etc.)* care apare din şase în şase zile II *s med* friguri care apar din şase în şase zile

sex therapy [ˈseks ˌθerəpi] *s* terapie practicată de un sexolog

sexto [ˈsekstəu] *s in* ~ format de carte obţinut prin împăturirea foii în şase

sexton beetle [ˈsekstən ˌbiːtl] *s ent* necrofor *(Necrophorus)*

sextuplet [ˈsekstjuplit] *s* 1 număr de şase ori mai mare 2 grup de şase gemeni 3 *muz* sextet

sextuplicate [seksˈtjuːpliːkit] I *s* număr de şase ori mai mare II *adj* înşesit

sexual abuse [ˌsekʃuəl əˈbjuːs] *s* abuz sexual

sexual harassment [ˌsekʃuəl ˈhærəsmənt] *s* hărţuire sexuală

sexual intercourse [ˌseksjuəl ˈintə(ː)kɔːs] *s* relaţii / raporturi sexuale

sexual organ [ˌseksjuəl ˈɔːgən] *s* organ sexual

sexvalent [ˈseksvælənt] *adj ch* hexavalent

SG *prescurt de la Surgeon General*

shadow box [ˈʃædəu bɔks] *vi (sport)* a boxa cu umbra

shack[1] [ʃæk] I *s (în S.U.A. şi Canada)* cocioabă, bojdeucă, bordei, baracă, gheretă II *vi* a se instala, a locui, a sta

shack[2] [ʃæk] *s* 1 fructe / seminţe căzute la pământ *(bune pentru porci, găini etc.)* 2 resturi de peşte *(bune pentru momea- lă, nadă)*

shack[3] [ʃæk] *vt F amer* a urmări, a alerga după; a pune mâna pe *(o minge etc.)*

shack[4] [ʃæk] *s amer P* 1 golan, vagabond, coate-goale 2 gloabă, mârţoagă

shackle bar [ˈʃækl baː] *s amer, ferov* cuplă de vagoane

shackle bolt [ˈʃækl bəult] *s* 1 *ferov* şurub cu cap crestat pentru chei furcă 2 *tehn* bolţ de cercel

shadberry bush [ˈʃædbəri buʃ] *s bot* specie de păr pădureţ *(Amelanchier vulgaris)*

shadblow [ˈʃædbləu] *s* specie de pară pădureaţă

shadbush [ˈʃædbuʃ] *s* **shadblow**

shad flower [ˈʃæd ˌflauə] *s bot* flămânzică *(Draba verna)*

shadow-boxing [ˈʃædəuˌbɔksiŋ] *s (sport)* box cu umbra; *fig* let's stop all this ~ and get down to business hai să terminăm cu ocolişurile şi să ne apucăm de treabă

shadow land [ˈʃædəu lænd] *s* împărăţia umbrelor

shaft furnace [ˈʃaːft ˌfəːnis] *s tehn* cuptor vertical, cuptor cu baie; cuptor cu cuvă

shaft house ['ʃɑːft haus] *s min* clădirea puțului

shaft kiln ['ʃɑːft kiln] *s tehn* cuptor vertical

shag [ʃæg] *s orn* cormoran-moțat *(Phalacrocorax graculus)*

shaggy dog story [,ʃægi'dɔg stɔri] *s* poveste fără cap și coadă; anecdotă absurdă

shake-hands [,ʃeik 'hændz] *s* strângere de mână; încheierea unei afaceri prin baterea palmei

shakeout ['ʃeikaut] *s ec* vânzare la prețuri scăzute pentru a lichida un stoc de marfă

Shakers ['ʃeikəz] *s pl rel* membrii unei secte religioase engleze *(sec. al XVIII-lea),* care susțin că Dumnezeu este atât bărbat, cât și femeie și că oamenii trebuie să ducă o viață simplă

Shakespeareana [,ʃeikspiəri'ɑnə] *s pl* operele lui William Shakespeare; articole și cărți referitoare la William Shakespeare

shake-up ['ʃeikʌp] *s* **1** construcție făcută la repezeală **2** *(d companii, organizații)* restructurare fundamentală **3** tulburare emoțională

shaking down [,ʃeikiŋ 'daun] *s* **1** scuturare *(a fructelor)* **2** *F* instalare

shalloon [ʃæ'luːn] *s* stofă ușoară de lână *(pentru căptușeală și rochii de damă)*

shallow hardening [,ʃæləu 'hɑːdəniŋ] *s met* călire superficială

shallow-minded [,ʃæləu'maindid] *adj* care are o gândire superficială

shamateur ['ʃæmətəː] *s sport* fals amator, profesionist deghizat

shambolic [ʃæm'bɔlik] *adj brit F* dezordonat, confuz

shaming ['ʃeimiŋ] *adj* uimitor, mortifiant

shamus ['ʃeiməs] *s sl* **1** polițist, curcan **2** detectiv particular

shandrydan ['ʃændridæn] *s* **1** cariolă irlandeză **2** *F* rablă, vehicul vechi în stare proastă

shandy ['ʃændi] *s brit* amestec de bere și băutură răcoritoare cu ghimber

shandygaff ['ʃændigæf] *s* amestec de bere și **ginger beer**

shanghai [ʃæn'hai] *vt amer, nav sl* a recruta *(marinari)* cu ajutorul unui stupefiant; **to ~ smb into**

doing smth a forța / obliga pe cineva să facă ceva

Shangri-la [,ʃæŋgri'lɑː] *s* **1** regiune izolată, ținut neumblat, țară utopică **2** rai, nirvana

shank cutter ['ʃæŋk ,kʌtə] *s tehn* freză cu coadă

shank painter ['ʃæŋk ,peintə] *s nav* stopa de ancoră, călcâi

shanny ['ʃæni] *s iht* specie de cocoșel-de-mare; *aprox* guvid *(Blennius pholis)*

shanty town ['ʃænti taun] *s* orășel format din cocioabe; mahala cu case mizere / cu cocioabe

-shaped [ʃeipt] *(în cuvinte compuse)* în formă de; **egg / crescent ~** în formă de ou / semilună

shaper ['ʃeipə] *s* **1** modelator, fasonator **2** *tehn v.* **shaping machine**

shaping ['ʃeipiŋ] *s* **1** formare **2** făurire *(a destinelor)* **3** *tehn* rabotare; formare; fasonare

share [ʃeə] *s agr* fier lat, brăzdar

share capital ['ʃeə ,kæpitl] *s fin* capital social subscris

share certificate ['ʃeə sə,tifikeit] *s fin* certificat de acțiuni

sharecrop ['ʃeəkrɔp] *vt amer (d arendași)* a cultiva pământul, a ține o fermă în arendă

share cropping ['ʃeə,krɔpiŋ] *s fin* arendare în parte

share-crop system [,ʃeə krɔp 'sistəm] *s amer* dijmă

sharefarmer ['ʃeə,fɑmə] *s* fermier care împarte beneficiile cu lucrătorii săi

shareholdings ['ʃeə ,həuldiŋz] *s pl com* acțiuni

share index ['ʃeə ,indeks] *s fin* indice bursier

sharing ['ʃeəriŋ] **I** *adj* care împarte (ceva) / deține (ceva) în comun **II** *s* împărțire, partaj

sharpening ['ʃɑːpəniŋ] *s* ascuțire; **~ anew** reascuțire

sharpening stone ['ʃɑːpniŋ stəun] *s* piatră abrazivă, gresie

sharpish ['ʃɑːpiʃ] *adj F* **1** destul de ascuțit **2** *fig* destul de șmecher

sharply-pointed [,ʃɑːpli 'pɔintid] *adj* cu vârful ascuțit

sharp-shod [,ʃɑːp 'ʃɔd] *adj* **1** potcovit **2** încălțat cu bocanci cu ținte

sharp shooter [,ʃɑːp 'ʃuːtə] *s* bun trăgător, bun țintaș, trăgător de elită

sharp-sightedness [,ʃɑːp 'saitidnis] *s* **1** vedere ageră / pătrunzătoare **2** *fig* perspicacitate, agerime

sharpster ['ʃɑːpstə] *s F* escroc, șmecher; trișor

sharp-tempered [,ʃɑːp 'tempəd] *adj* coleric, irascibil

sharp-tongued [,ʃɑːp 'tʌŋd] *adj* cu limba ascuțită

sharp witted [,ʃɑːp 'witid] *adj* inteligent, deștept

sharpy ['ʃɑːpi] *s amer F* persoană care se îmbracă exagerat de elegant, persoană de o eleganță țipătoare, extravagantă

shat [ʃæt] *s sl* rahat; prostii, porcării

shatterable ['ʃætərəbl] *adj* casabil

shattered ['ʃætəd] *adj* spart; stricat, dărâmat; zdrobit, sfărâmat

shatterer ['ʃætərə] *s* distrugător *(al speranțelor etc.)*

-shattering ['ʃætəriŋ] *(în cuvinte compuse)* **earth ~** extraordinar, uimitor; **an ear ~ noise** zgomot care îți sparge urechile

shatter proof [,ʃætə 'pruːf] *adj* **1** incasabil **2** care se sparge fără a produce cioburi; securit

shavegrass ['ʃeivgrɑːs] *s bot* pipirig *(Equisetum hiemale)*

shave tail ['ʃeiv teil] *s* **1** *amer mil* sublocotenent **2** catâr

shaving soap ['ʃeiviŋ səup] *s* săpun de ras

shaving stick ['ʃeiviŋ stik] *s* săpun de ras

shawl collar ['ʃɔːl ,kʌlə] *s* guler șal

shea ['ʃi(ː)ə] *s bot* arborele-de-unt *(Bassia butyracea)*

sheading ['ʃiːdiŋ] *s* diviziune administrativă, regiune *(în insula Man)*

shear blade ['ʃiə: bleid] *s* cuțit *sau* lamă de foarfecă

shear hulk ['ʃiə hʌlk] *s nav* bac nepuntat cu braț de ridicare

shearing ['ʃiəriŋ] *s* tundere a oilor

shearing machine ['ʃiəriŋ mə,ʃiːn] *s* foarfecă mecanică

shear plane ['ʃiə plein] *s tehn* plan de forfecare

shear steel ['ʃiə stiːl] *s* oțel sudabil

shearwater ['ʃiəwɔːtə] *s orn* **1** furtunar *(Puffinus)* **2** *(orice)* pasăre din genul *Rhynchops*

sheath dress ['ʃiə:θ dres] *s* rochie colantă / strânsă pe corp

sheath-winged [,ʃiːθ'wiŋd] *adj ent* coleopter

sheave [ʃi:v] *vt* a face snopi

shedder ['ʃedə] *s* animal care năpârleşte

shedding ['ʃediŋ] *s text* formare a rostului

sheeny ['ʃi:ni] *s P* evreu

sheep backs ['ʃi:p bæks] *s pl geol* stânci rotunjite de gheţari

sheep bot ['ʃi:p bɔt] *s ent* strechea-oilor *(Oestrus ovis)*

sheep botfly ['ʃi:p ˌbɔtfli] *v.* **sheep bot**

sheep-dip ['ʃi:p dip] *s* **1** substanţă în care sunt îmbăiate oile pentru a fi deparazitate **2** dezinfectant *(pentru rănile animalelor domestice)*

sheep hook ['ʃi:p huk] *s* caţă ciobănească

sheep master ['ʃi:p ˌmɑːstə] *s v.* **sheep breeder**

sheep pox ['ʃi:p pɔks] *s vet* variolă ovină

sheep's eyes ['ʃi:ps aiz] *s F* to cast / make ~ at smb a face ochi dulci cuiva

sheep shank ['ʃi:p ʃæŋk] *s nav* picior de câine

sheep shearer ['ʃi:p ˌʃiərə] *s* persoană care tunde oi

sheep shearing ['ʃi:p ˌʃiəriŋ] *s* tunderea oilor

sheep shears ['ʃi:p ʃiəz] *s pl* foarfecă de tuns oile

sheep tick ['ʃi:p tik] *s ent* chicheriţa-oilor; *aprox* căpuşă *(Melophagus ovinus)*

sheep yard ['ʃi:p jɑːd] *s* stână, târlă

sheer line ['ʃiə lain] *s nav* curbură *(a punţii)*

sheer off [ˌʃiər 'ɔ(:)f] *vi nav* **1** a ieşi în larg *(pentru a lăsa să treacă alt vas la chei)*; to ~ from a ship a trece la o distanţă apreciabilă de un vas; to ~ a point a se abate de la un punct **2** *F* a se îndepărta, a ieşi în larg

sheer strake ['ʃiə streik] *s nav* centură, şirul tablelor centurii

sheet deposit ['ʃi:t diˌpɔzit] *s geol* zăcământ stratiform

sheet-fed [ˌʃi:t 'fed] *adj (d alimentarea cu hârtie a imprimantelor)* foaie cu foaie

sheet feed ['ʃi:t fi:d] *s cib* alimentare cu hârtie *(a imprimantelor)*

sheet flood ['ʃi:t flʌd] *s* apă de ploaie care se scurge pe toată suprafaţa

sheet glass ['ʃi:t glɑːs] *s* sticlă în plăci, sticlă plană

sheet ice ['ʃi:t ais] *s* strat subţire de gheaţă format la nivelul de suprafaţă al unei întinderi de apă; polei

sheet rubber ['ʃi:t ˌrʌbə] *s* placă de cauciuc

sheet steel ['ʃi:t sti:l] *s met* tablă de oţel subţire

sheik(h)dom ['ʃeikdəm] *s* teritoriu aflat sub autoritatea unui şeic

sheila(h) ['ʃi:lə] *s F* fată, femeie (tânără); muiere

shekaree, shekarry [ʃi(:)'kæri] *s* *(cuvânt anglo-indian) v.* **shikaree**

shelduck ['ʃeldʌk] *s orn* **1** călifarul alb *(T. tadorna)* **2** ferăstraş *(Mergus)*

shelf life ['ʃelf laif] *s* perioadă de timp în limitele căreia un aliment poate fi consumat *(înainte de a expira)*

shelf mark ['ʃelf mɑːk] *s* cotă *(a cărţile din bibliotecile publice)*

shelf space ['ʃelf speis] *s* spaţiu disponibil *(pe rafturile dintr-un magazin)*

shelfy ['ʃelfi] *adj (d fundul unei ape)* pietros, stâncos

shellacked ['ʃelækt] *adj amer F* afumat, beat, pilit, într-o dungă, criţă

shellacking [ʃə'lækiŋ] *s* chelfăneală, mardeală

shell bark ['ʃel bɑːk] *s bot* nuc (alb) american

shell bit ['ʃel bit] *s* piciorul unui burghiu

shelled ['ʃeld] *adj* **1** *(d animale)* cu cochilie, cu ţeastă, cu carapace; ţestos; *(d fruct)* cu coajă, cu pojghiţă **2** *(d exploziv)* în obuz **3** *(d plajă etc.)* acoperită cu scoici **4** *(d nuci etc.)* curăţite *(de coajă)*; *(d fasole etc.)* cojită, curăţită; *amer* ~ **corn** porumb egrenat / curăţit

sheller ['ʃelə] *s* **1** *(d persoane)* cel care curăţă de coajă *(de fasole etc.)* **2** *(maşină)* curăţitoare *(de fasole, mazăre etc.)*; maşină de curăţat *(porumb etc.)* **3** *F* cel care plăteşte pentru ceilalţi

shell heap ['ʃel hi:p] *s geol* grămezi de scoici / de animale cu cochilie

shell hole ['ʃel həul] *s* gaură / crater / pâlnie de obuz

shell jacket ['ʃel ˌdʒækit] *s mil* vestă *(din uniforma)* de serviciu

shell pink [ˌʃel 'piŋk] *adj, s* roz-pal

shell plate ['ʃel pleit] *s nav* învelitoare de tablă

shell suit ['ʃel su:t] *s* trening *(din material poliamidic dublat şi şifonat)*

shell work ['ʃel wə:k] *s* împodobire / decorare cu scoici

shelta ['ʃeltə] *s lingv* dialect vorbit de ţiganii din Irlanda

shelter deck ['ʃeltə dek] *s nav* shelter-deck

sheltered accommodation [ˌʃeltəd əkɔmə'deiʃn] *s v.* **sheltered housing**

sheltered housing [ˌʃeltəd 'hauziŋ] *s* apartament într-un azil pentru bătrâni *sau* persoane handicapate

shelterer ['ʃeltərə] *s* **1** persoană care se adăposteşte / care caută adăpost **2** persoană care oferă adăpost; gazdă

shelter trench ['ʃeltə trentʃ] *s (drumuri)* şanţ / transee de protecţie

sheltie ['ʃelti] *s* ponei de Shetland

shelty[1] ['ʃelti] *s v.* **sheltie**

shelty[2] ['ʃelti] *s scot* colibă, bordei, bojdeucă

shemozzle [ʃi'mɔzl] *F* **I** *s* bucluc, strâmtoare **II** *vi* a spăla putina, a o şterge

shenanigan [ʃi'næni(:)gən] *s amer* **1** înşelăciune, mistificare; escrocherie **2** peripeţie, întâmplare ieşită din comun **3** escapadă, aventură extravagantă

shepherd boy ['ʃepəd bɔi] *s* păstor tânăr

shepherd spider ['ʃepəd ˌspaidə] *s ent* varietate de păianjen *(Phalangium)*

sherardize [ʃi'rɑːdaiz] *vt met* a şerardiza

Sherlock Holmes [ˌʃə:lək'həumz] *s* personaj literar creat de Arthur Conan Doyle

Sherpa ['ʃə:pə] *s* şerpaş

shet [ʃet] *s min* acoperiş dărâmat

Shetlander ['ʃetləndə] *s* locuitor al arhipelagului Shetland

Shetland pony [ˌʃetlənd 'pəuni] *s (rasă de)* ponei

Shetland sheepdog [ˌʃetlənd 'ʃi:pdɔg] *s* câine de stână din rasa Shetland

shh [ʃ] *interj* sst

Shia(h) ['ʃi:ə] *s rel* şiism, adept al religiei şiite **II** *adj* şiit

shick [ʃik] *adj (cuvânt australian)* F beat, făcut

shield fern [ˈʃiːld fəːn] *s bot* creasta-cocoșului *(Aspidium lobatum)*

shieldless [ˈʃiːldlis] *s* fără scut, fără apărare *și fig*

shieling [ˈʃiːliŋ] *s* **1** *scot* pășune montană de vară **2** colibă în munți folosită ca adăpost pentru oi

shift lock [ˈʃift lok] *s tehn* organ de fixare / de blocare

shift stick [ˈʃift stik] *s auto* pârghie a mecanismului de acționare

shift work [ˈʃift wəːk] *s* muncă în schimburi

shift worker [ˈʃift wəːkə] *s* muncitor care lucrează în schimburi

Shiism [ˈʃiːizm] *s rel* șiism

Shiite [ˈʃiːait] *s, adj* șiit

shikar [ʃiˈkɑː] *(cuvânt anglo-indian)* **I** *s* vânătoare **II** *vt și vi* a vâna

shikaree [ʃiˈkɑːri] *s (cuvânt anglo-indian)* vânător; indigen în serviciul unui vânător

shillelagh [ʃiˈleilə] *s (cuvânt irlandez)* bâtă, măciucă

shilly-shallying [ˌʃiliˈʃæliiŋ] *s* F ezitare, șovăială, nehotărâre

shimmering [ˈʃiməriŋ] *adj (d lumină)* scânteietor; *(d bijuterii, stofe)* cu reflexe, lucios, *(d apă)* sclipitor, scânteietor

shimmy [ˈʃimi] F cămașă, cămășuță

shinguard [ˈʃingɑːd] *v.* shinpad

shinpad [ˈʃinpæd] *s (sport)* jambieră

Shintoist [ˈʃintəuist] *s adj rel* șintoist

shinty [ˈʃinti] *s (sport)* joc asemănător cu hocheiul

ship breaker [ˈʃip ˌbreikə] *s* cel care demontează vapoare vechi *(pe baza unui contract)*

ship broker [ˈʃip ˌbrəukə] *s nav* agent maritim / naval, agent de asigurare maritimă

shipbuilding plate [ˌʃipbildiŋ ˈpleit] *s nav* tablă navală

shipbuilding way [ˌʃipbildiŋ ˈwei] *s nav* cală de construcție

ship canal [ˈʃip kəˌnæl] *s* canal maritim

ship chandler [ˈʃip ˌtʃɑːndlə] *s nav* furnizor, agent de aprovizionare *(pentru vapoare)*; serviciu de aprovizionare a vapoarelor

ship fever [ˈʃip ˌfiːvə] *s med* tifos

ship holder [ˈʃip ˌhəuldə] *s nav* armator, proprietar de vapoare

ship letter [ˈʃip ˌletə] *s* scrisoare transportată pe orice alt vas decât cele poștale

shipping agent [ˈʃipiŋ ˌeidʒənt] *s nav* expeditor

shipping clerk [ˈʃipiŋ klɑːk] *s nav* expeditor

shipping lane [ˈʃipiŋ lein] *s nav* drum de navigație / rută de navigație

ship railway [ˈʃip ˌreilwei] *s* linie de cale ferată pentru transportul vaselor

ship's articles [ˌʃips ˈɑːtiklz] *s nav* lista echipajului

ship's biscuit [ˌʃips ˈbiskit] *s* pesmet marinăresc *(varietate de pâine uscată care rezistă mult)*

ship's chandler [ˌʃips ˈtʃɑːndlə] *s nav* furnizor maritim

ship's days [ˌʃips ˈdeiz] *s pl nav* zile destinate efectuării operațiilor de încărcare

shipshape [ˈʃipʃeip] *adj* în regulă, în ordine, bun

ship's side [ˌʃips ˈsaid] *s nav* bordul navei

ship worm [ˈʃip wəːm] *s* moluscă *(care pătrunde în lemnul vapoarelor)*

shire horse [ˈʃaiə hɔːs] *s* rasă englezească de cal de tracțiune

shirker [ˈʃəːkə] *s* persoană care se eschivează / se sustrage *(de la o îndatorire, o răspundere etc.)* laș; chiulangiu

shirring [ˈʃəːriŋ] *s* pliuri, cute, crețuri

shirting [ˈʃəːtiŋ] *s* pânză / material pentru cămăși

shirtless [ˈʃəːtlis] *adj* fără cămașă

shirt-sleeved [ˌʃəːt ˈsliːvd] *s* cu mâneci de cămașă

shirttail [ˈʃəːtteil] *s* poală a cămășii

shirt waist [ˈʃəːt weist] *s amer* bluză de damă

shish kebab [ˈʃiʃkə bæb] *s gastr* chebab

shit [ʃit] *vulg* **I** *s* excremente, fecale **II** *vi* a avea scaun; a elimina excremente

shithead [ˈʃithed] *s sl* nemernic, om de nimic

shit-hot [ˈʃit hot] *adj sl* al naibii de bun; **he's ~ as an actor** e un actor al naibii de bun

shithouse [ˈʃithaus] *s sl* closet, budă

shitless [ˈʃitlis] *adj sl* **to be scared ~** a fi mort de frică; **to be bored ~** a se plictisi de moarte

shit-scared [ˌʃit ˈskeəd] *adj sl* **to be ~** a face pe tine de frică

shiv [ʃiv] *s sl* șiș

shiveringly [ˈʃivəriŋli] *adv* tremurând, cu un tremur / fior

shivy [ˈʃivi] *adj text* murdar, impurificat

shoaling [ˈʃəuliŋ] *s geol* depunere aluvionară

shock absorber spring [ˌʃok əbˈsɔːbə ˈspriŋ] *s ferov* arc de tampon

shock damper [ˈʃok ˌdæmpə] *s tehn* amortizor *(de șocuri)*

shocked [ʃokt] *adj* **1** uimit, stupefiat, șocat **2** scandalizat, jignit

shock head [ˈʃok hed] *s* cap zbârlit; păr neîngrijit / zbârlit / vâlvoi

shockingly [ˈʃokiŋli] *adv* **1** îngrozitor (de), groaznic de; **this whisky is ~ expensive** whisky-ul acesta este groaznic de scump **2** foarte prost, lamentabil

shocking pink [ˌʃokiŋˈpink] **I** *s* roz aprins, roz bonbon **II** *adj* roz bonbon

shockproof [ˈʃokpruːf] *adj* rezistent la lovituri

shock therapy [ˈʃok ˌθerəpi] *v.* shock treatment

shock treatment [ˈʃok ˌtriːtmənt] *s med* tratament cu electroșocuri

shock wave [ˈʃok weiv] *s fiz* undă de șoc

shoddily [ˈʃodili] *adv* **1** prost făcut, (în mod) grosolan / neglijent **2** (în mod) meschin

shoe box [ˈʃuːboks] *s* cutie de pantofi

shoebrush [ˈʃuːbrʌʃ] *s* perie de ghete

shoeing smith [ˈʃuːiŋ smiθ] *s* potcovar

shoemaker's wax [ˌʃuːmeikəz ˈwæks] *s* ceară de cizmărie

shoeshine boy [ˈʃuːʃain bɔi] *s* băiat care lustruiește pantofi, lustragiu

shoeshop [ˈʃuːʃop] *s* magazin de pantofi

shoestring sand [ˈʃuːstriŋ sænd] *s constr* nisip lenticular

shoetree [ˈʃuːtriː] *s* șan

shogun [ˈʃəuguːn] *s ist* șogun, comandant militar japonez *(conducător politic virtual cu drepturi ereditare până la desființarea acestei funcții în 1868)*

shoo-in ['ʃuin] *s amer F* he's / she's a ~ el / ea este o persoană care câștigă ușor / de succes

shook-up [,ʃuːk 'ʌp] *adj* zguduit, zăpăcit

shooter ['ʃuːtə] *s* 1 trăgător, pușcaș, țintaș, arcaș, vânător 2 revolver; **six ~** revolver cu șase focuri 3 *sl* vizită de condoleanțe 4 *sport* mingea care lovește *(la crichet)*

shooting script ['ʃuːtiŋ skript] *s* decupaj (cinematografic)

shoot-out ['ʃuːtaut] *s F* salvă de arme de foc, schimb de focuri

shop board ['ʃop bɔːd] *s* tejghea

shop committee ['ʃop kə,miti] *s* comitet de atelier

shopfitter ['ʃop,fitə] *s brit* decorator de magazine

shop floor ['ʃop ,floː] *s* 1 atelier *(într-o fabrică)* 2 persoanele care lucrează în ateliere

shop front ['ʃop frʌnt] *s* galantar; vitrină

shoplift ['ʃop,lift] *vt* a fura marfa de pe rafturile unui magazin

shoplifting ['ʃop,liftiŋ] *s* furt din magazine

shopping basket ['ʃopiŋ ,baːskit] *s* coș pentru cumpărături

shopping centre ['ʃopiŋ ,sentə] *s* centru comercial

shopping list ['ʃopiŋ ,list] *s* listă de cumpărături

shopping mall ['ʃopiŋ ,mɔːl] *s amer* centru comercial

shopping trolley ['ʃopiŋ ,troli] *s* cărucior pentru cumpărături

shoptalk ['ʃoptoːk] *s* discuție despre problemele de serviciu

shopworn ['ʃopwoːn] *s adj (d marfa din magazin)* lipsit de prospețime, decolorat

shore [ʃoː] *scot* I *vt* a socoti II *vi* a face o socoteală

shorebird ['ʃoːbəːd] *s orn (orice)* pasăre din subordinul *Charadrii*

shore crab ['ʃoːkræb] *s zool* 1 crabul-de-țărm *(Carcinus maenas)* 2 crab din genul *Libinia*

shore leave ['ʃoː liːv] *s nav* permis de ieșire la uscat

shore patrol ['ʃoː pə,trəul] *s* 1 unitate de marină care are sarcini similare cu cele ale poliției militare 2 membru al unei asemenea unități

shoring ['ʃoːriŋ] *s constr* susținere, zidire

short-arse ['ʃoːt aːs] *s sl* pitic, stârpitură

short back and sides [,ʃoːt ,bæk ænd 'saidz] *s tunsoare bărbătească în care părul de la ceafă și cel de deasupra urechilor este tuns foarte scurt

short-cycle [,ʃoːt 'saikl] *adj* referitor la învățământul profesional

short-date [,ʃoːt 'deit] *adj* pe termen scurt

short division [,ʃoːt di'viʒən] *s mat* diviziune în una *sau* două cifre

short-eared [,ʃoːt' iəd] *adj* cu urechi(le) scurte

shortfall ['ʃoːtfɔːl] *s (of, in)* lipsă (de); **there is a ~ of $ 100** lipsesc o sută de dolari

shorthand typist [,ʃoːthænd-'taipist] *s* stenodactilograf

shorthand writer [,ʃoːt hænd 'raitə] *s* stenograf(ă)

short-haul [,ʃoːt 'hoːl] *adj (d transportul aerian)* pe distanțe scurte

shorting ['ʃoːtiŋ] *s el* scurtcircuitare

short-legged [,ʃoːt 'legd] *adj* cu picioare(le) scurte

short-order cook [,ʃoːt oːdə 'kuk] *s* bucătar la un bufet

short sightedly [,ʃoːt'saitidli] *adv* 1 **he peered ~ at the book** se uita atent la carte cu ochii lui miopi 2 *fig* **to act ~** a acționa fără prevedere / băgare de seamă

short-sleeved [,ʃoːt 'sliːvd] *adj* cu mânecă scurtă

short-stay [,ʃoːt 'stei] *adj* referitor la ceva de scurtă durată, **a ~ car park** o parcare unde se poate lăsa mașina pentru puțin timp; **~ patient** pacient spitalizat pentru o perioadă scurtă de timp

short-tailed [,ʃoːt 'teild] *adj* cu coada scurtă

short tennis [,ʃoːt 'tenis] *s* tenis jucat de copii

short-term [,ʃoːt 'təːm] *adj* cu / pe termen scurt

short-time [,ʃoːt 'taim] *adj brit* **to be on ~ working** a fi în șomaj parțial

shotcrete ['ʃotkriːt] *s constr* beton torcretat

shotgun wedding [,ʃotgʌn'wediŋ] *s umor* căsătorie forțată *(din cauză că femeia este însărcinată)*

shot put ['ʃot put] *s (sport)* aruncarea greutății

shot putter ['ʃot putə] *s atlet care participă la competiția de aruncare a greutății*

shot putting ['ʃot ,putiŋ] *s (sport)* aruncarea greutății

shotten ['ʃotn] *adj* 1 ieșit, pronunțat, evident 2 *(d o articulație)* scrântit, dislocat, luxat 3 *(d pești)* care și-a depus icrele

shot tower ['ʃot ,tauə] *s* strung, mașină pentru fabricarea alicelor

shoulda ['ʃudə] *F presc de la* should have

shoulder bag ['ʃəuldə bæg] *s* geantă de purtat pe umăr *(de damă)*

shoulder belt ['ʃəuldə belt] *s* 1 eșarfă de pus pe umeri 2 *mil* bandulieră

shoulder charge ['ʃəuldə tʃaːdʒ] I *s* atac umăr la umăr II *vt* a ataca umăr la umăr

shoulder-high [,ʃəuldə 'hai] *adj* care ajunge până la umăr *(ca înălțime)*

shoulder length [,ʃəuldə 'leŋθ] *adj (d păr)* care ajunge până la umăr, lung până la umăr

shoulder loop ['ʃəuldə luːp] *s mil* epolet

shoulder pad ['ʃəuldə pæd] *s* 1 epolet 2 *(sport)* apărătoare pentru umeri

should've ['ʃudəv] *presc de la* should have

shouter ['ʃautə] *s* persoană care strigă / aclamă

shove halfpenny ['ʃʌv ,heipni] *s v.* shovel board

shovel board ['ʃʌvl bɔːd] *s joc în care se împinge o monedă sau un jeton pe o suprafață marcată

shovelman ['ʃʌvlmən], *pl* **shovelmen** ['ʃʌvlmen] *s* 1 excavatorist, operator la un excavator 2 lucrător terasier, săpător

shoving ['ʃʌviŋ] *s* împingere

show board ['ʃəu bɔːd] *s text* tablă de seriplan

show bread ['ʃəu bred] *s bibl* cele 12 pâini depuse în mod săptămânal în sanctuarul templului din Ierusalim

show card ['ʃəu kaːd] *s* reclamă, afiș, placardă, panou

shower cap ['ʃauə kæp] *s* bonetă / cască pentru duș

shower party ['ʃəuə ,paːti] *s amer* petrecere cu daruri *(↓ în cinstea noilor căsătoriți)*

showerproof ['ʃauəpruːf] *adj* impermeabil

show glass ['ʃəu glɑːs] *s* vitrină, galantar

showground ['ʃəugraund] *s* loc unde se află un circ / un târg / o expoziție

show house ['ʃəu haus] *s* **1** teatru **2** seră unde se expun diverse plante *(într-un parc, într-o grădină botanică)*

showing off ['ʃəuiŋ 'ɔf] *s* lăudăroşenie, aere; **I've had enough of his ~** m-am săturat de aerele pe care şi le dă

show jumping ['ʃəu ˌdʒʌmpiŋ] *s* probă de sărituri peste obstacole *(într-un concurs hipic)*

showpiece ['ʃəupiːs] *s* obiect de valoare, care merită să fie apreciat; **that carpet is a real ~** covorul acela e o minune

showstopper ['ʃəuˌstɔpə] *s* număr senzaţional *(într-un spectacol)*; **her song was a real ~** cântecul ei a fost extraordinar

show trial ['ʃəuˌtraiəl] *s* peior proces pus la cale mai degrabă pentru a impresiona opinia publică decât cu scopul de a stabili vinovăţia acuzatului

shrammed [ʃræmd] *adj* **~ with cold** înţepenit / amorţit de frig

shredder ['ʃredə] *s* **1** *agr* tocătoare de ştiuleţi **2** defibrator **3** *text* mărunţitor, dezintegrator

shrewdness ['ʃruːdnis] *s* pătrundere, perspicacitate, fineţe, ascuţime a minţii

shrewishly ['ʃruːiʃli] *adv* certăreţ, gâlcevitor

shrewishness ['ʃruːiʃnis] *s* arţag, caracter certăreţ, predispoziţie spre ceartă

shrew mole ['ʃruː məul] *s* amer zool cârtiţă, sobol *(Talpa europaea)*

shrieking ['ʃriːkiŋ] **I** *adj* ţipător, strident şi fig **II** *s* ţipete / strigăte stridente

shrievalty ['ʃriːvəlti] *s* funcţia de şerif

shrillness ['ʃrilnis] *s* stridenţă

shrimper ['ʃrimpə] *s* pescuitor de crevete

shrinkage fault ['ʃrinkidʒ fɔːlt] *s* met retasură

shrinker ['ʃriŋkə] *s* persoană care dă înapoi / care se retrage / care se fereşte

shrinking ['ʃriŋkiŋ] *adj* temător, sperios; timid

shrinking violet [ˌʃriŋkiŋ 'vaiəlit] *s* umor persoană sfioasă, lipsită de încredere în sine

shrink-wrap ['ʃriŋk ræp] *vt* a ambala cu o folie subţire de plastic

shroff [ʃrɔf] *s* zaraf *(în Orient)*

Shrove Tuesday [ˌʃrəuv 'tjuːzdi] *s* rel ziua spovedaniei

shrub [ʃrʌb] *s* înv băutură plăcută; din zeamă de fructe şi spirt *(de obicei rom)*; grog

shuddering ['ʃʌdəriŋ] **I** *adj* tremurător, înfiorat, cuprins de fiori **II** *s* fiori, tremur

shuffleboard ['ʃʌflbɔːd] *s* joc în care discuri mici de lemn sunt împinse spre nişte pătrate numerotate, fiecare reprezentând un anumit punctaj; tabla pe care se desfăşoară acest joc

shuffler ['ʃʌflə] *s* şiret, şmecher

'shun [ʃʌn] *presc de la* **attention** *interj* mil drepţi!

shunless ['ʃʌnlis] *adj* poetic inevitabil, de neînlăturat

shunt excitation ['ʃʌnt eksiˌteiʃn] *s* el excitaţie în derivaţie / şuntată

shutoff ['ʃʌtɔf] *s* **1** tehn opritor **2** oprire, stopare **3** sezon în care nu se practică un anumit sport

shuttered ['ʃʌtəd] *adj* **~ windows** ferestre cu obloanele trase; **all the windows were tightly ~** toate ferestrele aveau obloanele trase

shutter priority ['ʃʌtə praiˌɔrəti] *s* fot prioritate de timp de expunere

shutter release ['ʃʌtə riˌliːs] *s* fot declanşarea obturatorului

shutter speed ['ʃʌtə spiːd] *s* fot timp de expunere

shutting ['ʃʌtiŋ] *s* închidere

shuttle diplomacy ['ʃʌtl ˌdipləuməsi] *s* negocieri internaţionale desfăşurate prin intermediul unei persoane care se deplasează în ţările negociatoare ducând mesaje şi sugerând soluţii

shwa [ʃwaː] *s* fon sunet vocalic neaccentuat *(ca [ə] în* **about***)*

shyly ['ʃaili] *adv* timid, cu sfială

shyness ['ʃainis] *s* timiditate

shyster ['ʃaistə] *s* amer sl avocat necinstit; jurist de mâna a doua

SI *presc de la* Système International *s* sistem internaţional de unităţi

sialagogue [sai'æləgɔg] *s med* sialagog; medicament care produce salivaţie

sib [sib] *adj* înv **(-to)** înrudit (cu); legat (de); asemănător (cu)

SIB *presc de la* Securities and Investments Board *s* organism înfiinţat în 1986 cu scopul de a superviza piaţa financiară londoneză

Siberia [sai'biəriə] *s* regiune naturală în nordul Federaţiei Ruse

sibilance ['sibiləns] *s* fluierat, şuierat

sibilate ['sibileit] **I** *vt* a pronunţa cu un sunet şuierător / sibilant **II** *vi* a scoate un sunet şuierător / sibilant

sibilation [ˌsibi'leiʃn] *s* şuierare

sibyl ['sibil] *s* sibilă, prezicătoare, ghicitoare; vrăjitoare

sice[1] [sais] *s* şase puncte *(la zaruri)*

sice[2] [sais] *s (cuvânt anglo-indian)* grăjdar

siciliana [siˌsili'ɑːnə] *s muz* siciliană *(dans)*

sick-bag ['sik bæg] *s* pungă pusă la dispoziţia pasagerilor care au rău de avion

sick berth ['sik bəːθ] *s nav* infirmerie de navă

sick building syndrome [ˌsik bildiŋ 'sindrəum] *s med* sindrom de care suferă angajaţii care lucrează în birouri, caracterizat prin oboseală şi dureri acute de cap

sickle-cell anaemia [ˌsikl seləˌniːmiə] *s med* drepanocitoză *(boală ereditară)*

sickener ['sikənə] *s* **1** sl şcol om plicticos, pisălog **2** F aversiune, dezgust, scârbă, repulsie; **to give smb a ~** a plictisi, a agasa pe cineva **3** decepţie, dezamăgire, deziluzie

sick-flag ['sikflæg] *s* steag galben anunţând o boală contagioasă *(la o staţie de carantină sau pe un vas)*

sickheadache [ˌsik 'hedeik] *s* migrenă, durere de cap

sickishness ['sikiʃnis] *s* greaţă

sick-making [ˌsik 'meikiŋ] *adj* F scârbos, dezgustător

sickness benefit ['siknis ˌbenifit] *s brit* sumă de bani plătită persoanelor inapte de muncă

sick note ['sik nəut] *s* scutire medicală

sicko ['sikəu] *adj* amer ţăcănit, scrântit

sick parade ['sik ˌpəreid] *s mil* **to go on ~** a ieşi la raport pentru a se declara bolnav

sick pay ['sik pei] *s* sumă de bani plătită de patron unui angajat bolnav

sick room ['sik ru(:)m] *s* camera bolnavului

sideband ['saidbænd] *s rad* bandă laterală

side bar ['said bɑː] *s met* eclisă, lonjeron, bară longitudinală

side chain ['said tʃein] *s ch* catenă laterală

-sided ['saidid] *(în cuvinte compuse)* three / five ~ cu trei / cinci părți; a many ~ figure figură poligonală; a steep ~ valley vale cu pereți abrupți

side dish ['said diʃ] *s fel de mâncare servit între friptură și desert*

side frequency ['said ˌfriːkwənsi] *s tel* frecvență roală

side keelson ['said ˌkiːlsən] *s nav* carlingă laterală

side-kick ['said kik] *s F* prieten, companion, asociat

sideman ['saidmən] *s muz* membru al unei orchestre

side meat ['said miːt] *s gastr* costiță de porc afumată

side neck ['said nek] *s ch* tub lateral

side-on [ˌsaid'ɔn] *adv* din profil; **the car was hit ~** mașina a fost lovită dintr-o parte

side order ['said ˌɔːdə] *s gastr* comandă pentru garnitură

side plate ['said pleit] *s* farfurioară

side road ['said ˌrəud] *s* drum secundar; străduță; șosea transversală

side saddle ['said ˌsædl] *s* șa de damă

side salad ['said ˌsæləd] *s* salată *(folosită ca garnitură)*

side sheet ['said ʃiːt] *s el* ecran lateral

sidesman ['saidzmən], *pl* **sidesmen** ['saidz men] *s* **1** paracliser **2** om de partid

side spring ['said spriŋ] *s auto* arc longitudinal

side street ['said striːt] *s* străduță laterală

side stroke ['said strəuk] *s* **1** lovitură laterală **2** acțiune incidentală

side table ['said teibl] *s* **1** masă care se reazemă de perete **2** măsuță pentru copii

sidewalk artist [ˌsaidwɔːk 'ɑːtist] *s amer* artist care desenează pe trotuar

sidewalk café [ˌsaidwɔːk kæ'fei] *s* cafenea cu terasă

sidewalk furniture [ˌsaidwɔːk 'fəːnitʃə] *s amer* ansamblu de echipamente instalate pe străzile unui oraș *(chioșcuri, bănci etc.)*

side-wheeler ['said ˌwiːlə] *s nav* navă cu zbaturi

side-whiskers ['said ˌwiskəz] *s pl* favoriți

sidewinder ['said ˌwaində] *s* **1** *amer* lovitură laterală puternică **2** șarpele-cu-clopoței cu coarne *(Crotalus cerastes)*

SIDS *s proc de la* sudden infant death syndrome

sidy ['saidi] *adj F* mândru, îngâmfat, fudul; tantos

siege economy ['siːdʒ iˌkɔnəmi] *s ec* economie protecționistă

Siena [si'enə] *s oraș în centrul Italiei*

Sierra Leone [siˌerə li'əun] *s stat în Africa Occidentală*

Sierra Leonean [siˌerə li'əunjən] **I** *s* locuitor din Sierra Leone **II** *adj* referitor la statul Sierra Leone

Sierra Madre [siˌerə 'mɑːdrei] *s munți din America de Nord*

Sierra Nevada [siˌerə nə'vɑːdə] *s* **1** munți în sudul Spaniei **2** lanț muntos în S.U.A.

sievert ['siːvət] *s fiz* unitate SI de măsură a echivalentului dozei de radiație ionizantă

siffleur [si'fləː] *s fr muz* suflător *(instrumentist)*

sifting ['siftiŋ] *s* **1** cernere **2** *tehn* ciuruire

sighing ['saiiŋ] *s* suspinare; murmur *(al vântului)*; foșnet, freamăt *(al copacilor)*

sighting ['saitiŋ] *s tehn* reperare; vizare

sightline ['saitlain] *s* câmp vizual

sight-reading ['sait ˌriːdiŋ] *s muz* interpretare / executare la prima vedere *(a unei partituri)*

sightseer ['saitsiːə] *s* excursionist, turist, vizitator; curios

sigma ['sigmə] *s* literă a alfabetului grecesc

signal bridge ['signəl bridʒ] *s ferov* pasarelă pentru semnale

signaling ['signəliŋ] *s* **1** *av, auto, el* semnalizare **2** *el* transmisie, emitere de semnale

signal-to-noise ratio [ˌsignəltə'nɔiz reiʃiəu] *s el* raport semnal-zgomot

signed [saind] *adj* semnat, iscălit

significant digis [sigˌnifikənt diˌdʒiz] *s pl cib* cifre semnificative

significant figures [sigˌnifikənt 'figəz] *s pl amer v.* **significant digis**

signified ['signifaid] *s lingv* semnificat

signifier ['signifaiə] *s lingv* semnificant

signing ['sainiŋ] *s* **1** persoană care tocmai a semnat un contract *(↓ în fotbal)* **2** traducere simultană prin semne

sign painter ['sain ˌpeintə] *s* pictor de firme

signposting ['sainpəustiŋ] *s* semnalizare, informare *(prin stâlpi indicatori, ghiduri etc.)*

signwriter ['sainraitə] *s* persoană care gravează litere

silane ['silein] *s ch* silan

silent majority [ˌsailənt mə'dʒɔriti] *s* parte majoritară a unei populații care nu exprimă opinii de interes general

silent system [ˌsailənt 'sistim] *s* regim celular, detențiune solitară

silhouettist [silu'etist] *s* desenator de siluete

silica gel ['silikə dʒel] *s ch* silicagel

silicane ['silikein] *s ch* monosilan

silicating ['silikeitiŋ] *s ch* silicatizare

silicify [si'lisifai] *vt ch* a silicifica

silicon chip [ˌsilikən'tʃip] *s cib* cip, circuit imprimat pe o singură plăcuță de siliciu

Silicon Valley [ˌsilikən 'væli] *s* centru al industriei electronice americane, situat în California

silk cotton ['silk ˌkɔtn] *s text* capoc; ~ **tree** *bot* arbore din care se extrage capocul

silk grower ['silk ˌgrəuə] *s* sericicultor, crescător de viermi de mătase

silk-hatted [ˌsilk'hætid] *adj* cu joben

silk paper ['silk ˌpeipə] *s* hârtie de mătase

silk stocking ['silk ˌstɔkiŋ] **I** *s* ciorap de mătase **II** *adj amer* elegant, la modă; **the ~s section** cartier la modă într-un oraș

silkworm moth ['silkwəːm mɔθ] *ent* larva fluturelui de mătase *(Bombyx mori)*

sillimanite ['silimənait] *s minr* silimanit

silly-billy [ˌsili'bili] *s F* prostănac

silly season [ˌsili'siːzən] *s F* perioadă de timp (mai ales vara) când ziarele nu au știri importante de transmis și publică reportaje ieftine

silly-willy [ˌsili'wili] *v.* **silly-billy**

siltstone ['siltstəun] *s minr* alevrit

silver chloride [ˌsilvə'klɔːraid] *s ch* clorură de argint

silvered ['silvəd] *adj lit* argintat

silver-gilt [ˌsilvə 'gilt] **I** *adj* din argint aurit **II** *s* argint aurit

silver glance ['silvə glɑːns] *s minr* argentit

silver-headed [ˌsilvə 'hedid] *adj* **1** cu părul argintiu **2** *(d ace, bastoane etc.)* cu măciulia de argint

silver iodide [ˌsilvə'aiədaid] *s ch* iodură de argint

silver jubilee [ˌsilvə'dʒuːbiliː] *s* aniversarea a douăzeci și cinci de ani de la un eveniment important

silver leaf [ˌsilvə 'liːf] *s* foaie subțire de argint

silver maple [ˌsilvə'meipl] *s bot* paltin argintiu *(Acer sacharanium)*

silver medal [ˌsilvə'medl] *s* medalie de argint

silver nitrate [ˌsilvə'naitreit] *s ch* nitrat de argint

silver-plated [ˌsilvə 'pleitid] *adj* argintat; placat cu argint

silver plating [ˌsilvə 'pleitiŋ] *s* argintare; placare cu argint

silver point ['silvə pɔint] *s* creion cu vârf de argint *(pentru desen)*

silver print ['silvə print] *s fot* pozitiv pe hârtie cu săruri de argint

silver protein [ˌsilvə 'prəuti(ː)n] *s ch* protargol

silver screen [ˌsilvə'skriːn] *s cin* marele ecran, cinema

silver side ['silvə said] *s* bucată de carne din pulpă tare de vacă; but de vacă

silversides ['silvəsaidz] *s pl iht (orice)* pește din familia *Atherinidae*

silver standard [ˌsilvə'stændəd] *s fin* sistem monetar cu etalon argint

silver stick [ˌsilvə 'stik] *s* ofițer superior *(din „Life Guards" garda palatului regal)*

silver thaw [ˌsilvə 'θɔː] *s* polei, alunecuș, ghețuș

similize ['similaiz] *rar* **I** *vt* a exprima / a descrie prin comparații **II** *vi* a folosi o comparație

simmering ['siməriŋ] **I** *adj (d apă etc.)* care este aproape de a da în clocot; *F* long ~ ambitions ambiții mult timp înăbușite **II** *s* **1** susur înainte de clocotire **2** *F* germen / embrion de revoltă

simnel cake ['simnl keik] *s brit* prăjitură cu fructe consumată în mod tradițional de Paște

simp [simp] *s amer sl* prost, nătărău

simperer ['simpərə] *s* năzuros, mofturos, persoană afectată

simpering ['simpəriŋ] **I** *s* moft, nazuri, afectare **II** *adj* mofturos, năzuros, afectat

simple contract [ˌsimpl 'kɔntrækt] *s jur* convenție tacită, obligație chirografară

simple fracture [ˌsimpl'fræktʃə] *s* fractură simplă

simple-mindedly [ˌsimpl'maindidli] *adv* cu simplitate, cu candoare

simple replacement [ˌsimpl ri'pleismənt] *s ch* reacție de substituție

simple tense [ˌsimpl 'tens] *s gram* timp la aspectul simplu

simpliciter [sim'plisitə] *adv jur scot* în mod absolut, pur și simplu; **to resign ~** a renunța pur și simplu, fără a cere compensații

simplifying ['simplifaiiŋ] **I** *s* simplificare **II** *adj (d metode etc.)* de simplificare

simplism ['simplizm] *s* simplism

simplistic [sim'plistik] *adj* simplist

simplistically [sim'plistikli] *adv* (în mod) simplist

simulcast ['siməlkɑːst] *brit*, ['saiməlkæst] *amer* **I** *vt* a difuza simultan la radio și televiziune **II** *adj* radiotelevizat **III** *s* emisiune radiotelevizată

simultaneous equations [siməlˌteinjəs i'kweiʃnz] *s pl mat* sistem de ecuații diferențiale

Sinanthropus [si'nænθrəpəs] *s* sinantrop

sinapism ['sinəpizm] *s med* sinapism

sin bin ['sin bin] *s* **1** *amer* bordel **2** *(sport)* banca unde stau jucătorii eliminați temporar

sincipital [sin'sipitəl] *adj anat* sincipital, referitor la creștetul capului

Sindbad ['sinbæd] *s* personaj din „1001 de nopți"; ~ **the Sailor** Sindbad marinarul

sine curve ['sain kəːv] *s mat* sinusoidă

sine wave ['sain weiv] *s fiz* undă sinusoidală

Singapore [ˌsiŋə'pɔː] *s* insulă în Marea Chinei de Sud

Singaporean [ˌsiŋə'pɔːriən] **I** *s* locuitor din Singapore **II** *adj* referitor la Singapore

singing man [ˌsiŋiŋ 'mæn], *pl* **singing men** [ˌsiŋiŋ 'men] *s* cântăreț

singing telegram [ˌsiŋiŋ 'teligræm] *s* telegramă în versuri *(trimisă în general cu ocazia aniversării cuiva)*

single-action [ˌsiŋgl 'ækʃn] *adj (d arme de foc)* care trebuie reîncărcată după fiecare împușcătură

single bedroom [ˌsiŋgl 'bedrum] *s* cameră cu un (singur) pat

single-celled [ˌsiŋgl'seld] *adj biol* unicelular

single cream [ˌsiŋgl'kriːm] *s brit* frișcă / smântână lichidă

single-cut [ˌsiŋgl 'kʌt] *adj (d pilă)* cu o singură muchie

single-decker [ˌsiŋgl'dekə] *s* autobuz fără platformă

single density [ˌsiŋgl'densiti] *adj cib (d dischete)* cu densitate simplă

single-eyed [ˌsiŋgl 'aid] *adj* **1** chior **2** *fig* onest, drept, franc, deschis **3** orientat către un obiectiv unic; stăpânit de o singură idee

single foot [ˌsiŋgl 'fut] *s amer* buestru

single-handedly [ˌsiŋgl'hændidli] *adv* **1** pe cont propriu **2** cu o singură mână

single-heartedly [ˌsiŋgl 'hɑːtidli] *adv* cu sinceritate, pe față, deschis

single-heartedness [ˌsiŋgl 'hɑːtidnis] *s* sinceritate, cinste, franchețe

single-lens reflex [ˌsiŋgl 'lenz rifleks] *s fot* aparat cu un singur obiectiv

single loader [ˌsiŋgl 'ləudə] *s* armă cu un singur foc

single-masted [ˌsiŋgl'mɑːstid] *adj* cu un singur catarg

single-mindedly [ˌsiŋgl'maindidli] *adv* (în mod) înverșunat, tenace

single-parent family [,siŋgl 'peə-rənt fæməli] s familie cu un singur părinte, monoparientală

single-party [,siŋgl 'pɑːti] adj care are un singur partid politic

single phase [,siŋgl 'feiz] adj el monofazic, monofazat

single-pole [,siŋgl 'pəul] adj el unipolar, monopolar

single room [,siŋgl 'ru(ː)m] s cameră pentru o singură persoa-nă / cu un singur pat

singles ['siŋglz] s 1 (sport) simplu; the men's ~ champion campio nul de la simplu bărbați 2 (în cuvinte compuse) pentru ce-libatari; ~ bar bar pentru bur-laci

single-screw [,siŋgl 'skruː] adj nav (d nave) cu o singură elice

single seater [,siŋgl 'siːtə] s av avion cu un singur loc

single-sex [,siŋgl'seks] adj (d școli) numai pentru fete / băieți

single-space [,siŋgl'speis] vt a dactilografia / imprima cu inter-liniere simplă

singlestick ['siŋglstik] s 1 scrimă cu bățul 2 băț de scrimă, un fel de sabie de lemn

single tax [,siŋgl 'tæks] s impozit funciar unic

single-valued [,siŋgl 'væljuːd] adj ch monovalent

sinic ['sinik] adj chinez(esc)

sinicism ['sinisizm] s 1 purtări, obiceiuri sau principii chinezești 2 adaptare / afectare a unor obiceiuri chinezești

sinistral ['sinistrəl] adj 1 rar așezat la stânga 2 care se învârtește de la dreapta la stânga 3 (d oameni) stângaci, care lucrea-ză cu stânga 4 fig (d caracter) întunecat, bănuitor; meschin

sinistrorsal [sinis'trɔːsəl] adj 1 rar așezat la stânga 2 care se în-vârtește de la dreapta la stânga 3 (d oameni) stângaci, care lu-crează cu stânga

sinkable ['siŋkəbl] adj (d nave) submersibil, scufundător

sinker bar ['siŋkə bɑː] s min prăjină grea

sink hole ['siŋk həul] s 1 geol panos; dolină 2 canal, hazna

sinking fund ['siŋkiŋ fʌnd] s com capital de amortizare

sink tidy ['siŋk taidi] s suport unde se pun vasele la uscat

sink unit ['siŋk ,juːnit] s piesă pre-fabricată de bucătărie inclu-zând chiuveta și masa de lucru

sinlessly ['sinlisli] adv fără păcat; cu nevinovăție

Sinn Feiner [,ʃin 'feinə] s partizan al mișcării Sinn Fein (în Irlanda)

sinning ['siniŋ] I s păcătuire, păcat II adj păcătos, care păcătuiește

Sino- ['sainəu] (în cuvinte com-puse) sino-; the ~ Japanese war războiul chino-japonez

sin offering ['sin ,ɔfəriŋ] s jertfire a unui animal pentru ispășirea pă-catelor (la vechii evrei)

sinophile ['sainəfail] s sinofil

sinuose ['sinjuəus] adj sinuos, cu sinuozități

sinusoid ['sainəsɔid] adj mat sinu-soid(al)

sipe [saip] s 1 filtrare, strecurare, pătrundere (de lichid) 2 izvoraș; baltă mică

siphonet ['saifənit] s ent mic tub prin care păduchii de plante emit un suc dulce

siphuncle ['saifʌŋkl] s zool tub prin care sorb unele cefalopo-de; tub la anumite crustacee

sipper ['sipə] s 1 persoană care soarbe 2 băutor, bețivan

sipple ['sipl] I vt 1 a sorbi, a bea puțin câte puțin 2 to ~ up a goli sorbind II vi a sorbi dintr-un lichid, a bea încet lichid

sircar ['səːkɑː] s (cuvânt anglo-in-dian) 1 guvern, stăpânire 2 dis-trict

sirdar ['səːdɑː] s (cuvânt persan) 1 comandant șef (în Orient) 2 ist comandant șef al armatei an-glo-egiptene

siree [sə'riː] interj amer yes / no ~! asta da / nu!

siren call ['saiərən kɔːl] v. siren song

sirenian [sai'riːniən] I adj zool care aparține ordinului Sirenia II s zool orice mamifer acvatic din ordinul Sirenia

sirenic [sai'renik] adj rar (ca) de sirenă, fermecător, melodios, de vrajă, amăgitor

siren song ['saiərən sɔŋ] s cântec al sirenei; fig atracție, momeală

sirvente [sə'vent] s ist lit sirventă, poemă satirică a trubadurilor

siss [sis] s amer F surioară

sister hook ['sistə huk] s tehn cârlig bicorn

sisterliness ['sistəlinis] s dragoste de soră

Sisyphean [,sisi'fi(ː)ən] adj mit de sisif, sisific

sitar [si'tɑː] s muz sitar (instrument muzical indian)

sitcom ['sitkɔm] s comedie de si-tuații

sit-down ['sit daun] I s 1 ~ (strike) grevă la locul de muncă 2 odih-nă, pauză; I could do with a bit of ~ mi-ar prinde bine să mă așez un pic II adj ~ dinner cină la care oamenii sunt serviți în timp ce stau la masă, there are too many guests for a ~ meal sunt prea mulți invitați ca să-i așe-zăm pe toți la masă

sitfast ['sitfɑːst] s vet bătătură, în-tărire a pielii (pe spatele unui cal)

sitting duck [,sitiŋ'dʌk] s F persoa-nă care poate fi ușor atacată / păcălită, pradă ușoară

sitting target [,sitiŋ'tɑːgit] s F țintă facilă, pradă ușoară

sitting trot [,sitiŋ'trɔt] s (sport) trap așezat

situationism [,sitju'eiʃənizm] s teo-rie care afirmă ca personali-tatea umană este produsul re-acțiilor pe care le are în diverse situații

situationist [,sitju'eiʃənist] I adj referitor la teoria care afirmă că personalitatea umană este pro-dusul reacțiilor pe care le are în diverse situații II adept al a-cestei teorii

six-by-six [,siks bai'siks] s auto automobil cu șase roți motrice

Six Counties [,siks'kauntiz] s pl the ~ cele șase comitate care alcătuiesc Irlanda de Nord

Six Day War [,siks 'dei wɔː] s the ~ războiul de șase zile

sixer ['siksə] s șase (obiecte etc.)

six-gun ['siks gʌn] s pistol cu șase gloanțe

six-pack ['siks pæk] s set de șase sticle he polishes off a couple of ~s every night rade vreo 12 beri în fiecare seară

sixpennyworth ['sikspəniwəːθ] s (obiect în) valoare de șase penny; to buy a ~ of chocolate a cumpăra ciocolată de șase penny; F she is a mere ~ of halfpence e înaltă de o șchioa-pă

sixte [sikst] *s (la scrimă)* sextă; **to parry in ~** a para *(o lovitură)* în sextă

sixteenmo [siks'ti:nməu] *s* format de carte obținut prin împăturirea foii în 16; coală de hârtie împăturită în 16; **in ~** format *(de carte)* obținut prin împăturirea foii de hârtie în 16

sixteenthly [siks'ti:nθli] *adv* în al șaisprezecelea rând

sixth former [,siksθ 'fɔ:mə] *s brit* elev în ultima clasă de liceu

sixtyfold ['sikstifəuld] *adj* de șaizeci de ori mai mare sau mai mult

sizarship ['saizəʃip] *s* bursă de studii

sizeably ['saizəbli] *adv* (în mod) considerabil

sizzling ['sizliŋ] *s* sfârâială

sjambok ['ʃæmbɔk] *s (cuvânt sud-african)* bici mare *(din piele de hipopotam sau de rinocer)*

SK *presc de la* Saskatchewan

ska [ska:] *s* tip de muzică jamaicană

skateboard ['skeitbɔ:d] **I** *s* skateboard, planșă cu rotile **II** *vi* a practica sportul cu skateboard-ul

skateboarding ['skeitbɔ:diŋ] *s* practicarea sportului cu skateboard-ul

skatole ['skætəul] *s ch* scatol

skelp [skelp] *s scot F* chelfăneală, bătaie

skene [ski:n] *s înv ist* pumnal, cuțit mic *(în Irlanda și Scoția)*

skerry ['skeri] *s scot* recif, stâncă *(pe fundul mării)*

skertch block ['sketʃblɔk] *s* bloc de desen

sketch map ['sketʃ mæp] *s* hartă schematică

sketchpad ['sketʃpæd] *s* **1** colecție (publicată) de schițe literare **2** carnet pentru schițe

skewed ['skju:d] *adj* **1** strâmb, înclinat **2** *(d noțiuni, păreri)* părtinitor **3** oblic, pieziș

skewy ['skju:i] *adj* **1** strâmb **2** extravagant, ciudat

skibby ['skibi:] *s amer peior* poreclă dată japonezilor

skibob ['ski:bɔb] *s* schi-bob

ski boots ['ski: bu:ts] *s pl* bocanci de schi

skiddy ['skidi] *adj (d drumuri etc.)* pe care se poate derapa

skid mark ['skid ma:k] *s* urmă lăsată de pneuri *(după derapaj)*

skid road ['skid rəud] *s amer* jilip, făgaș de alunecare pentru bușteni

skid way ['skid wei] *s v.* **skid track**

ski-ing ['ski:iŋ] *s* **to go in for ~** a face schi; **good ~ snow** zăpadă favorabilă pentru schi

skiing ['ski:iŋ] *s v.* **ski-ing**

ski jump ['ski: dʒʌmp] *s* săritură cu schiurile

ski lift ['ski lift] *s* telescaun

Skillcentre ['skilsentə] *s* centru de formare profesională aparținând Ministerului Muncii din Marea Britanie

skilless ['skillis] *adj* **1** neîndemânatic **2** neștiutor, lipsit de experiență

skillessness ['skillisnis] *s* neîndemânare

skilly ['skili] *s* zeamă lungă, supă apoasă de ovăz *(la închisoare etc.)*

skim-colter ['skim ˌkəultə] *s agr* antebrăzdar, antetrupiță

skimming ['skimiŋ] *s amer F* fraudă fiscală

skimming dish ['skimiŋ diʃ] *s* **1** farfurie găurită *(pentru strecurat brânza etc.)* **2** iaht de curse cu fundul plat

skin diver ['skindaivə] *s* scufundător, scafandru

skin diving ['skin daiviŋ] *s* scufundare, plonjeu

skin flick ['skin flik] *s sl* film pornografic

skin food ['skin fu:d] *s* cremă de întreținere pentru față

skinful ['skinful] *s* atât cât încape într-un burduf; *sl* **to have a ~** a se îmbăta

skin graft ['skin gra:ft] *s* grefă de piele

skin grafting ['skin ˌgra:ftiŋ] *s v.* **skin graft**

skinhead ['skinhed] *s* tânăr ras în cap agresiv, xenofob și rasist

skinless ['skinlis] *adj* fără piele

skin mag ['skinmæg] *s sl* revistă pornografică

-skinned [skind] *(în cuvinte compuse)* **she's dark ~** are piele închisă la culoare

skinnerry ['skinəri] *s* pielărie

skinny dip ['skini dip] *vi F* a face baie în pielea goală

skinny-dipping ['skini dipiŋ] *s* **to go ~** a face baie în pielea goală

skin test ['skin test] *s med* reacție cutanee

skin wool ['skin wul] *s* lână tăbăcărească

skip¹ [skip] *s* **1** *min* schip de extracție, cupă **2** vagonet **3** cutie cu mostre *(a comis-voiajorului)*

skip² [skip] *s scot* șef de echipă

ski pants ['ski pænts] *s* pantaloni de schi

skipper ['skipə] *s* persoană care sare *(cu coarda etc.)*

skipping ['skipiŋ] *s* **1** salt, săritură **2** omisiune; eliminare; **no ~, mind!** vezi să citești fără să omiți ceva

skirmish line ['skə:miʃ lain] *s mil* linie de trăgători

skirr [skə:] **I** *vi și to* **~ away** a o lua la goană, a fugi, a o zbughi **II** *vt* a cutreiera *(o regiune)* în căutare de ceva

skirt dancer ['skə:t ˌda:nsə] *amer s* dansatoare de **skirt dancing**

skirt dancing ['skə:t ˌda:nsiŋ] *s* balet în care dansatoarele manevrează fuste lungi plisate

ski run ['ski:rʌn] *s* **1** pantă de schi **2** *v.* **ski running**

ski running ['ski ˌrʌniŋ] *s* cursă pe schiuri

ski tow ['ski ˌtəu] *s* teleschi

skitter ['skitə] **I** *vi* **1** *(d păsări de apă)* a zbura atingând apa **2** a fugi / a alerga repede **II** *vt amer* a pescui trăgând undița de-a lungul apei

skittishness ['skitiʃnis] *s* **1** zburdălnicie, neastâmpăr *(al unui cal)* **2** fire (de) fâșneață *(a unei femei)* **3** frivolitate, ușurință, neseriozitate, ușurătate; cochetărie

skiver¹ ['skaivə] *s tehn* șpalt de față

skiver² ['skaivə] *s brit F* persoană care trage chiulul de la serviciu / muncă

skrimshanker ['skrimʃænkə] *s mil sl* chiulangiu

skua ['skju(:)ə] *s orn* pescăruș mare aparținând genului Stercorarius

skulduggery ['skʌldʌgəri] *s* manevră dubioasă (făcută în secret), lucru necinstit

skullduggery ['skʌldʌgəri] *v.* **skulduggery**

skydiving ['skaiˌdaiviŋ] *s* parașutism

skyer ['skaiə] *s* lumânare, luftare, aruncare drept în sus *(a mingii)*

skylarker ['skai ˌla:kə] *s F* poznaș, ghiduș

skylarking ['skai ˌlɑːkiŋ] *s F* giumbușlucuri, zburdălnicii, pozne, farse

skyscape ['skai skeip] *s* pictură a cerului, tablou reprezentând o parte din cer

sky sign ['skai sain] *s* **1** firmă luminoasă *(așezată în aer)* **2** *poetic* meteor

slab [slæb] *s nav* fluturare *(a velei, steagului etc.)*

slabbing mill ['slæbiŋ mil] *s met* slebing, laminor de brame

slabstone ['slæbstəun] *s* lespede, dală

slack [slæk] *s amer F* obrăznicie, impertinență

slackening ['slækəniŋ] *s* încetinire, diminuare; destindere; înmuiere; micșorare; slăbire

slacking ['slækiŋ] *s* **1** încetinire **2** *tehn* slăbire *(a unei piese fixate)*; deșurubare **3** stingere *(a varului)* **4** *F* lenevire *(la lucru)*

slackly ['slækli] *adv* (în mod) neglijent, delăsător; moale

slag heap ['slæg hiːp] *s met* grămadă de zgură

slaked lime [ˌsleikt 'laim] *s var* stins

slakeless ['sleiklis] *adj (d sete, răzbunare etc.)* nepotolit

slammer ['slæmə] *s* **1** rafală puternică *(de vânt)* **2** persoană gălăgioasă, care trântește uși etc.

slandering ['slɑːndəriŋ] **I** *adj* defăimător, bârfitor; ~ **tongue** gură rea, limbă ascuțită / de viperă **II** *s* calomnie, defăimare, bârfă

slangily ['slæŋili] *adv* în termeni argotici

slanging match ['slæŋiŋ mætʃ] *s F* schimb de înjurături

slangster ['slæŋstə] *s* persoană care vorbește în argou

slant-eyed [ˌslɑːnt 'aid] *adj* cu ochi alungiți, mijiți

slanting line ['slɑːntiŋ lain] *s poligr* rând diagonal

slaphappy ['slæphæpi] *adj F* exagerat de vesel, euforic

slapstick ['slæpstik] **I** *s* bufonerie **II** *adj (d umor)* trust; ~ **comedy** comedie bufă

slash [slæʃ] *s (↓ pl) amer* loc mlăștinos, regiune palustră

slash-and-burn [ˌslæʃ ænd 'bəːn] *adj agr* referitor la metoda de defrișare și ardere a copacilor pentru a se obține teren arabil

slat [slæt] **I** *vi (d vele)* a fâlfâi puternic **II** *vt* a lovi repede și cu forță

slate-blue [ˌsleit' bluː] *adj* albastru ca ardezia

slate-coloured [ˌsleit'kʌləd] *adj* de culoarea ardeziei, cenușiu

slate-grey [ˌsleit'grei] *adj* gri *(ca ardezia)*

slate pencil ['sleit ˌpensl] *s* creion de plăcuță, plumb, creion de ardezie pentru scris pe tăbliță

slate quarry ['sleit ˌkwɔri] *s* carieră de ardezie

slater ['sleitə] *s* lucrător la acoperișuri de ardezie

slating ['sleitiŋ] *s tehn* fălțuire *(a pielii)*

slatted ['slætid] *adj* în plăci, în lamele

slatternliness ['slætəːnlinis] *s* dezordine; murdărie

slaughtering ['slɔːtəriŋ] *s* **1** tăiere, omorâre *(a animalelor)* **2** masacru, măcelărire

Slavdom ['slɑːvdəm] *s* lumea slavă

slave cylinder ['sleiv ˌsilində] *s auto* cilindru receptor *(la ambreiaj)*

slaveholder ['sleivhəuldə] *s* proprietar de sclavi

slave labour ['sleiv ˌleibə] *s* muncă făcută de sclavi; *fig* muncă de ocnaș

slavery ['sleivəri] *adj* josnic; ~ **compliments** lingușire josnică

sleaze [sliːz] *s F* porcărie, mizerie; pornografie

sleazy ['sliːzi] *adj (d materiale textile)* ros / subțiat / uzat până la fir

sledge-hammer argument [ˌsledʒ hæmə 'ɑːgjumənt] *s* argument peremptoriu

sledge-hammer blow [ˌsledʒhæmə 'bləu] *s* lovitură de grație

sleekness ['sliːknis] *s* **1** luciu, netezime *(a pielii, a mătăsii etc.)* **2** dulcegărie

sleeping berth ['sliːpiŋˌbəːθ] *s* cușetă

sleeping draught ['sliːpiŋ drɑːft] *s* somnifer, narcotic

sleeping policeman [ˌsliːpiŋ pə'liːsmən] *s* ridicătură de teren pe o șosea care determină încetinirea vitezei

sleeping quarters ['sliːpiŋˌkwɔːtəz] *s pl* dormitoare

sleeping suit ['sliːpiŋ sjuːt] *s* pijama

sleep-learning ['sliːpləˌniŋ] *s* hipnopedie *(totalitatea procedeelor de transmitere a cunoștințelor în timpul somnului)*

sleeplessly ['sliːplisli] *adv* fără somn

sleepwalk ['sliːpwɔːk] *vi* a suferi de somnambulism **he was ~ing last night** azi noapte a avut o criză de somnambulism

sleep walker ['sliːp ˌwɔːkə] *s* lunatic, somnambul

sleepwear ['sliːpwɛə] *s* haine de noapte

sleeve board ['sliːv bɔːd] *s* scândură de călcat *(mâneci etc.)*

sleeve button ['sliːv ˌbʌtn] *s* buton de manșetă

-sleeved [-sliːvd] *(în cuvinte compuse)* cu mâneci; **short ~** cu mâneci scurte

sleeve link ['sliːv liŋk] *s* buton de manșetă dublă

sleeve notes ['sliːv nəuts] *s pl brit* textul scris pe partea din spate a coperților de discuri

sleeve nut ['sliːv nʌt] *s tehn* manșon / mufă cu filet interior

sleigher ['sleiə] *s* persoană care se plimbă cu sania

slender-bodied [ˌslendə 'bɔdid] *adj (cu corpul)* zvelt, tras ca prin inel

slenderizing ['slendəraiziŋ] **I** *s amer F* slăbire **II** *adj (d regim)* care slăbește, *(d alimente)* hipocaloric, care nu îngrașă

slenderly ['slendəli] *adv* slab, modest, redus

slenderness ['slendənis] *s* **1** caracter zvelt **2** puținătate; caracter redus / neîndestulător

sleuthing ['sluːθiŋ] *s F* muncă de detectiv

slewing ['sluːiŋ] **I** *s* **1** viraj, întoarcere **2** rotire **II** *adj* **1** care virează **2** turnant, rotitor, rotativ

sley [slei] *s text* pieptene de țesător, spată

sliced bread [ˌslaisd'bred] *s* pâine tăiată în felii

slice of life [ˌslais əv'laif] *s (în piese de teatru, romane)* „felie de viață", descriere realistă

slidable ['slaidəbl] *adj tehn* mobil, alunecător

slide guitar ['slaid ˌgitɑː] *s muz* un fel de chitară

slide projector ['slaid prəˌdʒektə] *s* aparat de proiecție *(pentru diapozitive)*

slide show ['slaidʃəu] *s* diaporamă

slideway ['slaidwei] *s tehn* ghidaj, culisă

sliding bow [ˌslaidiŋ 'bəu] *s el* contact alunecător

sliding roof [ˌslaidiŋ 'ru:f] *s constr* acoperiș culisant

sliding rule [ˌslaidiŋ 'ru:l] *s* riglă de calcul; riglă logaritmică

sliding seat [ˌslaidiŋ 'si:t] *s* slaid, bancă mobilă *(într-o barcă de curse)*

slightness ['slaitnis] *s* micime; puținătate; caracter neînsemnat / redus, lipsă de importanță

slimline ['slimlain] *adj (d un produs alimentar)* degresat, căruia i s-a redus cantitatea de glucide; *fig (d siluetă)* zvelt

slimly ['slimli] *adv* viclean, cu viclenie

slimmer ['slimə] *s* persoană care face cură de slăbire

slimming ['slimiŋ] I *s (regim de)* slăbire II *adj* 1 *(d regim, exerciții)* de slăbire; *(d alimente)* care nu îngrașă, hipocaloric 2 *(d rochii)* care vine bine pe corp

sling [sliŋ] *s* băutură din gin, apă, zahăr și lămâie

slinkily ['sliŋkili] *adv (d mers)* în mod legănat, unduit; *(d rochii)* în mod provocator

slip bands ['slip bændz] *s fiz* benzi de lunecare

slip carriage ['slip ˌkæridʒ] *s ferov* vagon care este detașat din garnitură *(rămânând la o fază intermediară)*

slipcase ['slipkeis] *s* suport de carton *(pentru discuri, pentru mai multe volume ale unei cărți etc.)*

slip form ['slip fɔ:m] *s tehn* cofraj glisant

sliphon ['slifən] *s tehn* sifon

slip road ['slip rəud] *s brit* drum prin care se intră sau se iese dintr-o autostradă

slip scraper ['slip ˌskreipə] *s tehn* screper pe patine

slipsheet ['slipʃi:t] *s* foaie de hârtie pusă între colile proaspăt tipărite ca să nu se lipească unele de altele

slipshodness ['slipʃodnis] *s* 1 caracter șleampăt / neîngrijit 2 neîngrijire, neglijență

slip stitch ['slip stitʃ] *s* împletitură cu ochi pierduți

slipstream ['slipstri:m] *s* 1 zonă de „apă moartă" *(din spatele unui obiect în mișcare într-un fluid)* 2 *av* jet *(al motorului / elicei)*

slipways ['slip weiz] *s pl nav* cală de lansare, cală de halaj

slithery ['sliðəri] *adj* alunecos; *(d șerpi)* care se unduiește

slit pocket ['slit ˌpokit] *s* buzunar fără clapă

slitter ['slitə] *s* 1 tăietor *(cu ferăstrăul)* 2 ferăstrău subțire

slitting mill ['slitiŋ mil] *s met* ferăstrău pentru tăiatul metalelor

slit trench ['slit trentʃ] *s mil* tranșee îngustă

Sloane [sləun] *s F* tânără absolventă de liceu care lucrează ca secretară; tânără funcționară londoneză

Sloaney ['sləuni] *adj F* referitor la absolventele de liceu care lucrează ca secretare; referitor la tinerele funcționare londoneze

slobberer ['slo+bərə] *s* 1 mucos, copil plângăreț 2 om căruia îi curg balele

sloe-eyed [ˌsləu'aid] *adj* 1 cu ochii albaștri închis *sau* negri 2 cu ochi sașii

slogger ['slogə] *s* 1 muncitor îndârjit 2 tocilar 3 boxer cu pumn puternic 4 bătăuș

slogging ['slogiŋ] *s* 1 bătaie zdravănă 2 muncă serioasă, toceală, bătaie de cap

slop bucket ['slop ˌbʌkit] *s* găleată pentru lături / zoaie

sloped [sləupt] *adj* în pantă, înclinat, povârnit; taluzat

slopewise ['sləupwaiz] *adv* oblic, piezis; *(d țesături)* în „biais"; evazat, scobit

slop pail ['slop peil] *s* găleată pentru lături / zoaie

sloppy joe [ˌslopi 'dʒəu] *s F* 1 bărbat care își neglijează aspectul exterior 2 pulover foarte larg purtat mai ales de fete

slops [slops] *s pl* 1 *înv* pantaloni largi, nădragi 2 haine de gata 3 așternut 4 hrană lichidă, lichide; *peior* lături, zoaie

slop seller ['slop ˌselə] *s F* 1 negustor de haine vechi 2 cârciumar care vinde băuturi proaste

sloshed [sloʃt] *adj F* beat, matol

slothfulness ['sloθfulnis] *s* lenevie, trândăvie, lene; încetineală

slot hound ['slot haund] *s zool* copoi

slotted spatula [ˌslotid 'spætjulə] *s amer* paletă perforată folosită în bucătărie

slotted spoon [ˌslotid 'spu:n] *s* spumieră

slotter ['slotə] *s tehn* mașină de mortezat, morteză

sloucher ['slautʃə] *s* 1 om greoi, urs 2 leneș, trântor, pierde-vară

slouch hat ['slautʃ hæt] *s* pălărie moale cu boruri late

Slovakian [slə'vækiən] *s* 1 slovac 2 referitor la Slovacia, slovac

Slovenia [slə'vi:njə] *s* țară din centrul Europei

slow burn [ˌsləu 'bə:n] *s amer* furie lentă; to do a ~ a simți cum crește mânia în tine

slow handclap [ˌsləu 'hændklæp] *s brit* aplauze ritmice *(pentru a exprima dezaprobarea față de ceva)*

slowly ['sləuli] *adv* încet, alene, fără grabă; drive ~! la pas!

slow match [ˌsləu 'mætʃ] *s* fitil bickford

slow motion [ˌsləu 'məuʃn] I *s* încetinitor II *adj* filmat cu încetinitorul

slow-moving [ˌsləu 'mu:viŋ] *adj* cu mișcare lentă

slowpoke ['sləupəuk] *s amer F* pierde-vară; gură-cască; mocăit, adormit

slow-spoken [ˌsləu 'spəukn] *adj* domol la vorbă

slubberdeguillion ['slʌbədigʌliən] *s F* derbedeu, golan

slubbing ['slʌbiŋ] *s text* semitort de la flaierul gros

sluff [slʌf] *s* carte inutilă de care se debarasează un jucător

slug-abed [ˌslʌg ə'bed] *s înv F* leneș, somnoros, adormit

slug casting ['slʌg ˌkɑːstiŋ] *s poligr* turnare a rândurilor

slugger ['slʌgə] *s (sport)* boxer lent; bătăuș angajat pentru a ataca / intimida

sluicing ['slu:siŋ] *s* 1 îndiguire, stăvilire *(a cursului unei ape)* 2 golire / deșertare a apei *(printr-un stăvilar, printr-o ecluză, prin vane)* 3 spălare cu un curent mare de apă; spălatul minereurilor; spălatul unui canal de scurgere 4 șuvoi, revărsare abundentă de apă, potop

slum [slʌm] *s amer mil sl* ciorbă, supă

slumber cap ['slʌmbə kæp] *s* bonetă, scufie

slumberer ['slʌmbərə] *s* persoană care doarme

slumberless ['slʌmbəlis] *adj* care nu poate dormi

slumber party ['slʌmbə,pɑːti] *s amer* petrecere între fete *(în cursul căreia stau de vorbă, vizionează filme apoi își petrec noaptea împreună)*

slumberwear ['slʌmbəweə] *s* îmbrăcăminte de noapte

slum clearance ['slʌm kliərəns] *s brit* renovare / amenajarea cartierelor insalubre

slumgullion [slʌm'gʌliən] *s amer* **1** resturi de pește *(măruntaie etc.)* **2** băutură proastă, poșircă **3** servitor **4** ticălos, pezevenghi

slummy ['slʌmi] *adj* sărac

slurp [sləːp] **I** *vt, vi F* a clefăi, a leorpăi **II** *s* a loud ~ sorbitură

sluttishly ['slʌtiʃli] *adj* murdar, neîngrijit, șleampăt

slype [slaip] *s arhit* coridor acoperit *(↓ în catedrale)*

smack [smæk] *s nav* lescador, vas mic de pescuit, vas mic de coastă *(cu un singur catarg)*

smack dab ['smæk dæb] *adv* la timp, la țanc

small bore [,smɔːl 'bɔː] *adj mil* de calibru mic

small-claims court [,smɔːl keimz 'kɔːt] *s jur* instanță judecătorească specializată în rezolvarea unor reclamații mai puțin importante

small courtyard [,smɔːl'kɔːtjɑːd] *s arhit* curte de lumină

small-fibred [,smɔːl 'faibəd] *adj* cu fibra fină / subțire

smallholding [,smɔːl'həuldiŋ] *s brit* mică proprietate întreținută de o persoană (mai mică decât o fermă)

small hours [,smɔːl 'auəz] *s pl* orele care urmează imediat după miezul nopții

small letter [,smɔːl 'letə] *s* literă mică; **in ~s** cu minuscule

small-mindedness [,smɔːl'maindidnis] *s* meschinărie

small-mouthed [,smɔːl 'mauðd] *adj* cu gura mică

small potatoes [,smɔːl pə'teitəuz] *s pl amer* persoană neînsemnată; fleacuri, prostii

small print [,smɔːl 'print] *s* scriere cu caractere mici

small scale [,smɔːl 'skeil] **I** *s* scară restrânsă; **on a ~** pe scară restrânsă **II** *adj* la scară restrânsă, de importanță mai mică; *(d hărți)* la scară mică

small screen [,smɔːl 'skriːn] *s* the ~ micul ecran

small-timer [,smɔːl 'taimə] *s F* persoană modestă / jalnică

small-toothed [,smɔːl 'tuːθt] *adj* cu dinți sau zimți mici

small-town [,smɔːl 'taun] *adj* provincial; ~ **rivalries** rivalități locale; ~ **gossip** bârfe de cartier

small-ware merchant [,smɔːlweə 'məːtʃənt] *s* vânzător de mercerie sau mărunțișuri

smaltite ['smɔːltait] *s minr* smaltină

smarm [smɑːm] **I** *vt peior* a linguși, a peria; **you won't ~ your way out of this one!** n-o să scapi de asta cu lingușeli; **II** *vi* **to ~ up to smb** a peria pe cineva **III** *s* servil, slugarnic

smarmily ['smɑːmili] *adv peior* (în mod) servil, lingușitor

smartarse ['smɑːtæs] *s brit sl* tip care face pe deșteptul

smartass ['smɑːtæs] *v.* **smartarse**

smart card [,smɑːt 'kɑːd] *s* cartelă cu memorie folosită la accesul în aparate automate, la efectuarea plăților etc.

smarty ['smɑːti] *s F* domnul / doamna Știe-tot

smarty-pants ['smɑːtipænts] *s sl pl* tupeist, neobrăzat

smasher ['smæʃə] *s brit F* damă bine, tipă mișto

smash hit ['smæʃhit] *s* mare succes muzical, hit

smear campaign ['smiə kæm,pein] *s* campanie de defăimare / calomniere

smear test ['smiə test] *s med* biopsie

smeech [smiːtʃ] *s* arsură, miros de arsură

smegma ['smegmə] *s anat* secreție a glandelor sebacee

smell feast ['smel fiːst] *s înv* oaspete nepoftit; linge-blide

smelliness ['smelinis] *s* miros urât

smelter ['smeltə] *s met* topitor

smidgen ['smidʒin] *s F* pic, strop; **there isn't a ~ of truth in what he says** nu-i nici un pic de adevăr în ceea ce spune

smidgin ['smidʒin] *v.* **smidgen**

smirking ['sməːkiŋ] *adj* afectat; încrezut

smitch [smitʃ] *s* arsură, miros de arsură

smiter ['smaitə] *s lit* persoană care lovește

Smithfield Market [,smiθfiːld 'mɑːkit] *s* piața din Londra unde se vinde carne en gros

Smith Square [,smiθ 'skweə] *s* stradă din Londra unde se află sediul partidului conservator

smokable ['sməukəbl] **I** *adj* care se poate fuma **II** *s pl F* tutun, mahorcă; iarba dracului

smoke ball ['sməuk bɔːl] *s av* bombă funigenă

smoke-filled [,sməuk'fild] **I** *adj* plin de fum **II** *s* ~ **room** cameră de hotel în care se adună câțiva politicieni pentru a negocia

smoke grey [,sməuk' grei] *adj* fumuriu

smoke helmet ['sməuk ,helmit] *s* pălărie de fum, apărătoarea coșului de fum

smoke house ['sməuk haus] *s* afumătoare, cameră pentru afumat carnea

smokeless fuel [,sməuklis 'fjuəl] *s* combustibil care nu poluează

smokeless powder [,sməuklis 'paudə] *s* pulbere fără fum

smokeless zone [,sməuklis'zəun] *s* zonă în care nu este admisă folosirea combustibililor poluanți

smoke pipe ['sməuk paip] *s* coș de fum

smoke shop ['sməuk ʃop] *s amer* tutungerie

smoke signal ['sməuk ,signəl] *s* semnal transmis cu ajutorul fumului

smokestack industry [,sməukstæk 'indəstri] *s* industria grea

smoking concert ['sməukiŋ ,kɔnsət] *s* concert unde fumatul e permis

smoking compartment ['sməukiŋ kəm,pɑːtmənt] *s* compartiment pentru fumători

smoking jacket ['sməukiŋ dʒækit] *s* haină bărbătească de casă

smoky quartz ['sməuki 'kwɔːts] *s minr* cuarț fumuriu

smoochy ['smuːtʃi] *adj* *(d un cântec)* care se dansează „la sentiment"

smooth bore [,smu:ð 'bɔ:] *s mil* țeavă neghintuită, țeavă lisă

smooth-bored [,smu:ð 'bɔ:d] *adj mil* cu țeava lisă

smooth-chinned [,smu:ð 'tʃind] *adj* 1 cu bărbia rasă 2 imberb

smoother ['smu(:)ðə] *s* 1 *constr* mistrie 2 pacificator, împăciuitor

smoothing ['smu:ðiŋ] *s* netezire; aplatizare

smooth-shaven [,smu:ð 'ʃeivn] *adj* ras proaspăt

smooth-talk ['smu:ð tɔ:k] *vt* a cuceri cu vorba, a seduce; **she was ~ed into accepting the job** au convins-o cu vorbe frumoase să accepte slujba

smorgasbord ['smɔ:gəsbɔ:d] *s* 1 *gastr* aperitive constând în: mezeluri, pește afumat, brânzeturi, salate etc. 2 *fig* amestecătură, ghiveci

smothered ['smʌðəd] *adj (d un sunet etc.)* înăbușit

smuggled ['smʌgld] *adj* adus prin contrabandă, de contrabandă

smuggling ['smʌgliŋ] *s* contrabandă

smugly ['smʌgli] *adv* plin de sine însuși, cu îngâmfare

smut balls ['smʌt bɔ:lz] *s bot* mălură *(Tilletia caries)*

Smyrnean ['smə:niən] I *adj* din Smirna II *s* locuitor din Smirna

snafu [snæ'fu:] I *adj sl fig* haotic, vraiște II *vt* a face o gafă, a o zbârci III *s* confuzie, haos, balamuc

snakebird ['sneikbə:d] *s orn (orice)* pasăre din genul *Anhiga*

snake fence ['sneik fens] *s amer* gard în zigzag

snake-headed [,sneik'hedid] *adj amer* înfuriat, mânios

snake hole ['sneik həul] *s min* gaură șerpuită

snakelet ['sneiklit] *s zool* pui de șarpe, șarpe mic

snakelike ['sneiklaik] *adj* (ca) de șarpe, anguiform

snake moss ['sneik mɔs] *s bot* pedicuță *(Lycopodium clavatum)*

snaker ['sneikə] *s met* ștanță de îndoit

snake root ['sneik ru:t] *s bot* rădăculeț *(Polygonum bistoria)*

snakes and ladders [,sneiks ænd-'lædəz] *s pl* joc asemănător cu jocul de zaruri

snake's head ['sneiks hed] *s bot* bibilică *(Fritillaria meleagris)*

snakeskin ['sneikskin] *s* piele de șarpe; *(în cuvinte compuse)* din piele de șarpe; **~ shoes** pantofi din piele de șarpe

snakestone ['sneikstəun] *s geol* amonit fosil

snake weed ['sneik wi:d] *s v.* **snake root**

snake wood ['sneik wud] *s bot* arborele șarpe *(Strychnos colubrina)*

snap beans ['snæp bi:nz] *s pl bot* fasole verde

snap fastener [,snæp'fɑ:sənə] *s amer* capsă *(la articolele de îmbrăcăminte)*

snaplock ['snæplɔk] *s* lacăt cu arc

snap-on [,snæp'ɔn] *adj (d guler, glugă)* detașabil, care se poate scoate *(cu capse)*

snappily ['snæpili] *adv F* 1 elegant, șic 2 cu voiciune, cu ardoare 3 rapid, prompt

snappishly ['snæpiʃli] *adv* morocănos; artăgos

snappishness ['snæpiʃnis] *s* proastă dispoziție, toane proaste; artag

snap roll ['snæp rəul] *s av* tonou

snapshotter ['snæpʃɔtə] *s* fotograf care face / ia instantanee, fotograf la minut

snarer ['sneərə] *s* puitor de capcane, vânător care vânează cu capcane, trapeur

snarl [snɑ:l] I *vt* 1 *înv* a încurca *(fire, păr)* 2 a lucra *(metalul)* bătându-l cu un ciocan special II *vi* a se încurca, a se amesteca III *s* 1 scul încurcat; ghem 2 *amer* dezordine, încurcătură

snarl-up ['snɑ:lʌp] *s* trafic aglomerat, ambuteiaj; dezordine, situație confuză

-snatcher ['snætʃə] *(în cuvinte compuse)* persoană care smulge, ia; **bag ~** hoț de genți

snatch squad ['snætʃ skwɔd] *s brit* brigadă de polițiști însărcinată cu arestarea capilor manifestației

snath(e) [sneiθ] *s (amer)* coada coasei

snazzily ['snæzili] *adv F* elegant, șic

sneak current ['sni:k ,kʌrənt] *s el* curent parazit / vagabond / de conturnare

sneakingly ['sni:kiŋli] *adv* 1 pe furiș 2 servil, cu servilism

sneak preview [,sni:k 'pri:vju:] *s* premieră a unui film anunțată în cerc restrâns

sneerer ['sniərə] *s* batjocoritor, zeflemisitor

sneezer ['sni:zə] *s* persoană care strănută

snickersnee ['snikəsni:] *s înv* cuțit lung

snide [snaid] *sl* I *adj* fals, contrafăcut II *s* 1 bijuterie falsă 2 monedă falsă

snidely ['snaidli] *adv (în mod)* sarcastic, batjocoritor; *(în mod)* insidios

sniffer dog ['snifə dɔg] *s* câine polițist *(dresat pentru a depista droguri, explozive etc.)*

snifter ['sniftə] *s* 1 *brit* cantitate mică dintr-o băutură alcoolică; **fancy a ~?** bem una mică? 2 *F amer* cocainoman; doză de cocaină

sniggering ['snigəriŋ] *s* râsete pe furiș, rânjet

snipper ['snipə] *s* 1 tăietor, cupeur 2 *pl* foarfecă

snippersnapper [,snipə'snæpə] *s* obraznic

snips [snips] *s pl* foarfece de tinichigerie

snipsnap [,snip'snæp] *s rar* schimb de cuvinte *(injurioase)*

snip-snap-snorum [,snipsnæp-'snɔ:rəm] *s* un fel de joc de cărți

sniveller ['snivlə] *s* plângăreț

snivelling ['snivliŋ] I *adj* smiorcăit, plângăcios II *s* scâncet; smiorcăială *(din cauza frigului / plânsului)*

Sno-Cat ['snəukæt] *v.* **snowcat**

snog [snɔg] I *vt brit F* a strânge în brațe și a săruta II *s* **to have a ~** a se îmbrățișa, a se giuguli

snogging ['snɔgiŋ] *s brit F* îmbrătișare

snood [snu(:)d] *s înv* fileu, plasă pentru păr *(purtată de fetele scoțiene)*

snooper ['snu:pə] *s peior (persoană)* indiscretă, care își bagă nasul peste tot

snooty ['snu:ti] *adj (cam)* snob, fandosit, îngâmfat

snorer ['snɔ:rə] *s* sforăitor

snoring ['snɔ:riŋ] *s* sforăit

snorter ['snɔ:tə] *s sl* 1 lucru care surprinde, grozăvie, ceva extraordinar 2 *F* vânt tare, furtună puternică

snorting ['snɔ:tiŋ] *adj F* neobiș-nuit, extraordinar, nemaipome-nit, strașnic, grozav

snot rag ['snɒt ræg] *s vulg* batistă, cârpă

snotty-faced [,snɒti 'feist] *adj F* răpciugos; mucos

snotty-nosed [,snɒti 'nəuzd] *adj* 1 *F* care își dă importanță / aere 2 mucos

snowberry ['snəubəri] *s bot (orice)* arbust din genul *Symphori-carpos*

snow blindness ['snəu ,blaindnəs] *s* orbire temporară provocată de albul strălucitor al zăpezii

snow blower ['snəu ,bləuə] *s* plug de zăpadă care curăță zăpada prin împrăștiere

snow boots ['snəu bu:ts] *s pl* șo-șoni

snow breaker ['snəu ,breikə] *s tehn* curățitor de zăpadă

snow cap ['snəu kæp] *s* pisc aco-perit de zăpadă

snowcat ['snəukæt] *s* vehicul cu șenile pentru deplasarea pe ză-padă

snowfield ['snəu fi:ld] *s* câmpie acoperită cu zăpadă

snow goose ['snəu gu:s] *s orn* gâscă albastră de zăpadă *(Chen caerulescens)*

snow job ['snəu dʒɒb] *s amer sl* încercare de-a măguli / păcăli / convinge *(pe cineva de ceva)*

snow leopard ['snəu ,lepəd] *s zool* irbis *(Felis uncia)*

snowline ['snəulain] *s* limita din-colo de care zăpada nu se topește niciodată

snowmobile ['snəuməbi:l] *v.* **snow-cat**

snowsuit ['snəusu:t] *s* costum de schi

snow tyre ['snəu ,taiə] *s* cauciuc cu aderență pe suprafețe înzăpe-zite / înghețate

snowy owl [,snəui 'aul] *s orn* buf-niță polară *(Nyctea nyctea)*

SNP *presc de la* **Scottish National Party** Partidul Național Sco-țian

Snr *presc de la* **Senior** I *adj* 1 senior *(ant* junior) 2 mai în vârstă II *s* 1 persoană în vârstă 2 *(cu adj posesiv)* persoană mai în vâr-stă 3 student în ultimul an

snuffer ['snʌfə] *s* tutun / tabac mirositor

snuffles ['snʌflz] *s pl* înfundare a nasului; fârnâire

snuff movie ['snʌf ,mu:vi] *s F film* în care se insistă pe scenele cu crime

snug fit ['snʌg fit] *s tehn* ajustaj alunecător

snugly ['snʌgli] *adv* 1 (în mod) confortabil 2 *(d haine)* care se potrivesc perfect

snugness ['snʌgnis] *s* confort

SO *presc de la* **standing order** *s* ordine în vigoare

soaked ['səukt] *adj* 1 ud 2 (with, in) impregnat / plin de; the place is ~ in history locul acesta este plin de istorie

so-and-so [,səuən'səu] I *adj* cutare II *adv* așa și așa

soap boiler ['səup ,bɔilə] *s* 1 să-punar 2 cazan pentru fierberea săpunului

soap-box orator [,səup bɒks 'ɒrətə] *s F* orator de stradă / de bâlci

soap earth ['səup ə:θ] *s minr* steatit

soap powder ['səup ,paudə] *s* leșie

soap test ['səup test] *s* saponificare

SOAS ['səuæs] *presc de la* **School of Oriental and African Studies** *s* Școala de studii orientale și africane din Londra

sob, SOB *presc de la* **son of a bitch** *s* 1 ticălos, nemernic 2 cama-rad, amic; why, you old son of a bitch! How are you? Ei, bătrâne! Cum o mai duci?

sobbing ['sɒbiŋ] *adj* plin de sus-pine, întretăiat de suspine

sobering ['səubəriŋ] *adj* care te pune pe gânduri, care te face serios; what she said had a ~ effect on everyone cele spuse de ea le-a dat de gândit tuturor

soberly ['səubəli] *adv (d compor-tament, vorbe)* sobru, serios, *(d îmbrăcăminte)* sobru, discret; so-lemn, serios; the soldiers filed ~ past soldații au defilat solemn

sobersides ['səubəsaid] *s F* per-soană așezată / serioasă / gravă

sob sister ['sɒb ,sistə] *s amer sl* autoare de romane *sau* articole sentimentale

sob stuff ['sɒb stʌf] *s amer sl* sentimentalism (dulceag), dul-cegărie, sirop

Soc [sɒk] *presc de la* **Society** *s* societate, club *(abreviere folo-sită în limbajul studențesc pen-tru a desemna diverse cluburi universitare)*

sociably ['səuʃəbli] *adv* (în mod) sociabil, amical

social climber [,səuʃl 'klaimə] *s* arivist, parvenit

social climbing [,səuʃl 'klaimiŋ] *s* parvenire, arivism

social contract [,səuʃl 'kɒntrækt] *s* contract social

social democracy [,səuʃl di'mɔ-krəsi] *s* social-democrație

social democratic [,səuʃl demə-'krætik] *adj* social democrat

Social Democratic and Labour Party [,səuʃl deməkrætik ænd 'leibə pa:ti] *s* Partidul Social De-mocratic al Muncii *(din Irlanda de Nord)*

Social Democratic Party [,səuʃl demə'krætik pa:ti] *s* Partidul So-cial Democrat

social drinker [,səuʃl 'drinkə] *s* persoană căreia nu îi place să bea singură

social drinking [,səuʃl 'drinkiŋ] *s* faptul de a bea în compania mai multor persoane

social engineering [,səuʃl endʒi-'niəriŋ] *s* realizarea de statistici, studii sociale

social fund [,səuʃl 'fʌnd] *s ec, fin* fond de ajutor social

socialized medicine [,səuʃəlaizd 'medsin] *s amer* administrarea serviciilor medicale astfel încât acestea să poată satisface di-verse necesități ale populației

socializing ['səuʃəlaiziŋ] *s* faptul de a fi sociabil; ~ between tea-chers and pupils is discouraged nu se încurajează deloc apropi-erea profesorilor de elevi

social life [,səuʃl 'laif] *s* viață mon-denă; to have a busy ~ a avea o viață mondenă intensă; there isn't much of a ~ in this town nu se petrece mare lucru în acest oraș

social scientist [,səuʃl 'saiəntist] *s* specialist în științe sociale

social studies [,səuʃl 'stʌdiz] *s pl* științe sociale

sociocultural [,səusiəu'kʌltʃərəl] *adj* sociocultural

socioeconomic [,səusiəui:kə'nɔ-mik] *adj* socioeconomic

sociolinguistic [,səusiəulin'gwistik] *adj* referitor la sociolingvis-tică

sociolinguistics [,səusiəulin'gwis-tiks] *s* sociolingvistică

411

sociometric [,səusiəu'metrik] *adj* sociometric

sociometry [,səusi'ɔmitri] *s* sociometrie

sociopath ['səusiəupæθ] *s* sociopat

sociopathic [,səusiəu'pæθik] *adj* referitor la sociopatie

sociopolitical [,səusiəupə'litikl] *adj* sociopolitic

sockdolager [sɔk'dɔlədʒə] *s amer sl* 1 lovitură puternică; argument hotărâtor 2 ceva enorm / colosal

sockdologer [,sɔk'dɔlədʒə] *s v.* **sockdolager**

socket joint ['sɔkit dʒɔint] *s tehn* îmbinare prin mufe

socket set ['sɔkit set] *s tehn* cofret de dulii

socket wrench ['sɔkit rentʃ] *s amer* cheie tubulară

sockeye ['sɔkai] *s iht* somonul roşu *(Oncorhynchus nerka)*

socking ['sɔkiŋ] *adv brit F* (excesiv de) mult, foarte; **he had a ~ bruise!** avea o vânătaie teribilă!

Socratist ['sɔkrətist] *s* discipol al lui Socrate

sod [sɔd] *s vulg* sodomist, pederast, homosexual

soda biscuit ['səudə ,biskit] *s brit* tip de biscuit *(din drojdie chimică)*

soda bread ['səudə bred] *s* tip de pâine *(cu drojdie chimică)*

soda jerk ['səudə dʒə:k] *s amer* persoană care serveşte pahare cu sifon

soda lime ['səudə laim] *s ch* amestec granular de hidroxid de calciu şi hidroxid de sodiu / potasiu *(folosit la măştile de gaz, în procedeele de anesteziere etc.)*

sod all ['sɔd ɔ:l] *s brit sl* **I'll tell you what you'll get out of him: ~!** îţi spun eu ce-ai să scoţi de la el; nimic! / un rahat!

soda siphon ['səudə ,saifən] *s* sifon

sodding ['sɔdiŋ] **I** *adj brit sl* de rahat; **I lost my ~ umbrella** mi-am pierdut porcăria de umbrelă **II** *adv sl* (excesiv de) mult, foarte; **you can ~ well do it yourself** n-ai decât să o faci singur / poţi foarte bine s-o faci şi singur

sodic ['səudik] *adj ch* sodic

sodium bicarbonate [,səudiəm bai'kɑːbənit] *s* bicarbonat de sodiu

sodium lamp ['səudiəm læmp] *s* lampă cu vapori de sodiu

sodomize ['sɔdəmaiz] *vt* a sodomiza

softbound [,sɔft'baund] *v.* **soft-co- ver**

soft-centred [,sɔft 'sentəd] *adj (d ciocolată, dulciuri)* moale

soft coal [,sɔft 'kəul] *s minr* cărbune bituminos

soft core [,sɔft 'kɔː] *adj (d filmele pornografice)* semiobscent, cât de cât decent

soft-cover [,sɔft 'kʌvə] *adj* broşat

softener ['sɔ(ː)fnə] *s* 1 alinător, mângâietor 2 *med* calmant

soft fruit [,sɔft'fruːt] *s* fructe comestibile fără coajă şi sâmburi *(ex. căpşuni, zmeură, coacăze)*

soft furnishings [,sɔft'fəːniʃiŋz] *s pl brit* materiale folosite la confecţionarea perdelelor, cuverturilor, huselor pentru fotolii / scaune etc.

soft-heartedness [,sɔft 'hɑːtidnis] *s* bunătate, blândeţe, caracter blajin

softly ['sɔftli] *adv* 1 încet, uşor, blând 2 tandru

softly-softly [,sɔftli'sɔftli] **I** *adv brit* foarte încet; prudent **II** *adj* prudent, precaut

soft pedal [,sɔft'pedəl] **I** *s (la pian)* pedală moale, surdină **II** *vt* a reduce importanţa *(unui fapt, lucru etc.)*, a muşamaliza

soft porn [,sɔft'pɔːn] *s* pornografie mai puţin şocantă

soft science [,sɔft'saiəns] *s* **the ~s** ştiinţele umane

soft-shell crab [,sɔftʃel 'kræb] *s zool (orice)* crab din genul *Callinectes*

soft-shelled turtle [,sɔftʃeld 'təːtl] *s zool* (orice) broască ţestoasă din familia *Trionychidae*

soft shoulder [,sɔft'ʃəuldə] *v.* **soft verge**

soft top [,sɔft'tɔp] *s F* maşină decapotabilă

soft touch [,sɔft'tʌtʃ] *s brit F* tip uşor de manipulat, mangafa

soft toy [,sɔft'tɔi] *s* jucărie de pluş

soft verge [,sɔft'vədʒ] *s* acostament nestabilizat

soh [səu] *s muz (nota)* sol

soho [,səu'həu] *interj (cinegetică)* ho! stai! opreşte!

soiled [sɔild] *adj (d îmbrăcăminte)* murdar, pătat

soil pipe ['sɔil paip] *s* ţeavă de scurgere *(a closetelor)*

solan ['səulən] *s orn* gâscă-de-mare *(Sula bassana)*

Solanaceae [,səulə'neisiə] *s pl bot* solanacee

solander [sə'lɑːndə] *s* crăpătură în genunchiul calului

solan goose ['səulən guːs] *s v.* **solan**

solar flare [,səulə 'fleə] *s* erupţie solară

solar furnace [,səulə 'fəːnis] *s* cuptor solar

solar panel [,səulə 'pænl] *s* panou solar

solar power [,səulə 'pauə] *s* energie solară

solar-powered [,səulə'pauəd] *adj* care are energie solară

soldanella [sɔldə'nelə] *s bot* degetăruţ *(Soldanella)*

solderer ['sɔ(ː)ldərə] *s* sudor

soldering fat ['sɔ(ː)ldəriŋ fæt] *s auto* pastă de lipit

solderless ['sɔ(ː)ldəlis] *adj met* fără sudură

soldier ant ['səuldʒə ænt] *s ent* furnică soldat

soldier crab ['səuldʒə kræb] *s iht* rac-ermit, pagur *(Pagarus)*

-soled [-səuld] *adj (în cuvinte compuse)* cu talpă; **rubber- ~** cu talpă de cauciuc

solemnify [sə'lemnifai] *vt* a solemniza

soleness ['səulnis] *s* unicitate; exclusivitate

solenoidal [,səuli'nɔidəl] *adj el* solenoidal

sole-plate ['səulpleit] *s ferov* placă sub şină / de bază

soliciting [sə'lisitiŋ] *s* racolare, agăţare *(de către o prostituată)*

solicitudinous [sɔlisi'tjuːdinəs] *adj* grijuliu, atent

solid angle [,sɔlid 'æŋgl] *s mat* unghi solid

solidarism [sɔli'dərizm] *s com* solidarism

solid board [,sɔlid 'bɔːd] *s* carton compact

solid-hoofed [,sɔlid'huːft] *adj zool* cu o singură copită; soliped; imparicopitat

solid injection [,sɔlid in'dʒekʃn] *s tehn* injecţie sub presiune

soliloquist [sə'liləkwist] *s* persoană care vorbeşte singură *(ca într-un monolog)*

solipsistic [ˌsɔlip'sistik] *adj* solipsist

solitary confinement [ˌsɔlitəri kən'fainmənt] *s* izolare, încarcerare *(a unui deținut)*

solivagant [sɔli'veigənt] *adj* care rătăcește (de unul) singur

Solomon Islander [ˌsɔləmən 'ailəndə] *s* locuitor al insulelor Solomon

Solothurn ['sɔləθəːn] *s* oraș în Elveția

solo whist ['səuləu wist] *s joc de cărți asemănător cu whist-ul*

solubilize ['sɔljubilaiz] *vt* a solubiliza

soluble group [ˌsɔljubl 'gruːp] *s mat* grup rezolubil

solute ['sɔljuːt] *ch* I *adj* în soluție II *s* substanță dizolvată

solutive ['sɔlju(ː)tiv] *adj med înv* laxativ

solutizer ['sɔlju(ː)taizə] *s ch* accelerator de dizolvare

solvent abuse ['sɔlvənt ə‚bjuːs] *s* inhalarea aburilor cu efect halucinogen emanați de substanțe dizolvante

solvent naphtha [ˌsɔlvənt 'næfθə] *s ch* benzen de dizolvare

solver ['sɔlvə] *s* dezlegător, persoană care a găsit soluția, cheia / care a dezlegat o problemă

Solzhenitsyn [ˌsɔlʒe'nitsin] *s scriitor rus (1918)*

Som [sɔm] *presc de la* Somerset *s comitat în Marea Britanie*

Somali [sə'mɑːli] I *s* 1 somalez 2 *lingv* limba afro-asiatică oficială în Somalia II *adj* somalez

Somalia [sə'mɑːliə] *s stat în Africa*

Somalian [sə'mɑːliən] *v.* **Somali**

Somali Democratic Republic [səˌmɑːli deme'krætik ri‚pʌblik] *s* Republica Democrată Somalia

somberness ['sɔmbənis] *s amer v.* **sombreness**

sombrely ['sɔmbəli] *adv* sumbru, întunecat

sombreness ['sɔmbənis] *s brit* 1 sobrietate, gravitate 2 întunecime, obscuritate

someplace ['sʌmpleis] *adv amer* undeva, într-un loc oarecare; ~ **in the drawer / on the desk** pe undeva prin sertar / birou; **she's** ~ **around** e pe undeva pe aici; **let's go** ~ **else** hai să mergem în altă parte

Somerset House [ˌsʌməset 'haus] *s* clădire din Londra care a funcționat ca centru administrativ

somewhile ['sʌmwail] *adv poetic* 1 cândva, odinioară, odată 2 câtva timp, un timp

somewhither ['sʌmwiðə] *adv poetic* undeva, într-un loc necunoscut

sommelier [sɔ'melie] *s fr* ospătar care servește băuturile

somnambulant [sɔm'næmbjulənt] *adj* somnambulic

sonde [sɔnd] *s astr* sondă spațială / cosmică

sone [səun] *s fiz* son

song cycle ['sɔŋ saikəl] *s* ciclu de cântece

songfest ['sɔŋfest] *s amer* festival de muzică

songless ['sɔŋlis] *adj (d păsări)* necântător

song writer ['sɔŋ ‚raitə] *s* compozitor, autor de cântece

sonic barrier [ˌsɔnik 'bæriə] *v.* **sound barrier**

sonic depth finder [ˌsɔnik' depθ faində] *s min* ecometru, sondă acustică

soniferous [sə'nifərəs] *adj* 1 care transmite sunetul 2 sonor, care produce sunet

sonobuoy ['səunəbɔi] *s nav* geamandură sonoră

son-of-a bitch [ˌsʌn əv ə'bitʃ] I *s amer sl* 1 nemernic, ticălos, împuțit 2 prieten, amic, gagiu II *interj* fir-ar să fie!

son-of-a-gun [ˌsʌn əv ə'gʌn] I *sl (apelativ)* prieten, amic II *interj (exprimând surpriză, uimire)* văleu! mamă!

sonometer [səu'nɔmitə] *s fiz* sonometru

soojee ['suːdʒi(ː)] *s (cuvânt anglo-indian)* făină din grâu indian

Sooner ['suːnə] *s locuitor al statului Oklahoma*

soonish ['suːniʃ] *adv* destul de repede / rapid

soother ['suːðə] *s* 1 biberon, tetină 2 persoană care calmează / liniștește 3 flatator, lingușitor

soothingly ['suːðiŋli] *adv* liniștitor, alinător

SOP *presc de la* **standing operating procedures** *s proceduri tactice sau administrative de rutină*

soph [sɔf] *s* student în anul doi *(sau trei)*

sophorine ['sɔfərain] *s ch* citizină

sorbitol ['sɔːbitɔl] *s ch* polialcool derivat din glucoză și fructoză

sordes ['sɔːdis] *s pl med* materii rămase în stomac în urma unei proaste digestii

sordino [sɔː'diːnəu], *pl* **sordini** [sɔː'diːni] *s muz* surdină

sore [sɔː] *s zool* căprior, cerb de patru ani

soreness ['sɔːnis] *s* 1 sensibilitate, inflamație, durere, susceptibilitate 2 iritabilitate, enervare 3 necaz, supărare

sorption ['sɔːpʃn] *s ch* sorbție

sorra ['sɔːrə] *adv (cuvânt irlandez)* F 1 nu; ~ **a bit** nici o bucățică; ~ **a one** nici unul 2 niciodată

sorrowing ['sɔrəuiŋ] *adj* întristat, îndurerat

sorta ['sɔːtə] *adv* F ca și cum, de parcă; ca să spun / zic așa; cum să spun; **I'm** ~ **glad that I missed them** îmi pare destul de bine că nu i-am întâlnit

sortable ['sɔːtəbl] *adj* 1 ce poate fi clasat / distribuit / triat 2 convenabil, pe măsură, potrivit

sorting ['sɔːtiŋ] *s* sortare, triere, clasificare

sorting office ['sɔːtiŋ ɔfis] *s* centru de triere

sortition [sɔː'tiʃn] *s* tragere la sorți

sot [sɔt] *s* 1 nerod, neghiob, dobitoc 2 bețivan, alcoolic

Sotheby's ['sʌðəbiːz] *s societate londoneză care se ocupă cu vânzările prin licitație

sotto-voce [ˌsɔtəu'vəutʃi] *adv (cuvânt italian)* cu voce înceată

souchong [ˌsuː'tʃɔŋ] *s (cuvânt chinezesc)* o calitate de ceai (negru)

sou-easter [ˌsəu'iːstə] *adj nav* vânt de la sud-est

soul bell ['səul bel] *s* dangăt funebru

soul brother ['səul‚brʌðə] *s* prieten de culoare al unui negru

soul-destroying [ˌsəuldi'strɔiŋ] *adj (d serviciu)* neinteresant, plictisitor; *(d situații, locuri)* deprimant

soul food ['səul fuːd] *s F* bucătăria tradițională a negrilor americani

soul mate ['səul meit] *s* prieten de suflet

soul music ['səul‚mjuːzik] *s* muzică soul

413

soul-searching [,səul'sə:tʃiŋ] s introspecţie; **after much ~ she decided to hand in her resignation** după ce a reflectat îndelung s-a hotărât să-şi dea demisia

soul sister ['səul,sistə] s, prietena de culoare a unui negru

soul-stirring [,səul'stə:riŋ] adj mişcător, emoţionant

sound archives ['səund ,ɑːkaivs] s pl fonotecă

sound barrier ['saund ,bæriə] s fiz barieră sonică

sound box ['saund bɔks] s cutie de rezonanţă

sound engineer ['saund endʒi,niə] s inginer de sunet

sound hole ['saund həul] s gaură de rezonanţă (la unele instrumente cu coarde)

-sounding ['saundiŋ] (în cuvinte compuse) **a foreign ~ name** un nume cu rezonanţă străină; **high ~ phrases** fraze bombastice

sounding line ['saundiŋ lain] s fir / sârmă de sondare a adâncimii apei (cu o greutate la un capăt)

soundlessly ['saundlisli] adv în linişte, fără zgomot

soundproofing ['saundpru:fiŋ] s insonorizare

sound shift ['saund ʃift] s lingv mutaţie fonetică

sound system ['saund ,sistim] s lingv sistem de sunete; el canal hi-fi; sonorizare

souped-up [,su:pt'ʌp] adj F (d automobile) puternic; cu adaptări la motor

soup spoon ['su:p spu:n] s lingură de supă

source language ['sɔ:s ,læŋgwidʒ] s 1 lingv limba sursă 2 cib limbaj sursă

source program ['sɔ:s ,prəugræm] s cib program sursă

sour cream [,sauə 'kri:m] s smântână

sour-faced [,sauə 'feist] adj ursuz, posomorât la chip, neprietenos, cu o mutră acră

sourly ['sauəli] adv acru, cu acrime

sour grapes [,sauə 'greips] s dispreţ manifestat faţă de ceva care nu poate fi obţinut

sour mash [,sauə 'mæʃ] s păsat folosit la fabricarea whisky-ului

sourpuss ['sauəpus] s F mutră acră, acritură; nesuferit

soursop ['sauəsɔp] s bot specie de arbore tropical cu fructe comestibile (Annona muricata)

sousaphone ['su:zəfəun] s muz tip de tubă

soused [saust] adj sl beat, cherchelit, făcut

soutache [su'tɑ:ʃ] s text suitaş

South Australia [,səuθ ɔ:'streiliə] s stat în sudul Australiei

South Bank ['sauθbæŋk] s the~ complex pe malul de sud al Tamisei în care se află săli de concerte, teatre şi muzee

South Dakota [,sauθ də'kəutə] s stat în S.U.A.

Southdown ['sauθdaun] s rasă englezească de oi

Southeast Asia [,sauθi:st 'eiʃə] s Asia de Sud-Est

southeastwards [,sauθ'i:stwədz] adv spre sud-est, cu direcţia sud-est

Southern Cross [,sʌðən 'krɔs] s astr Crucea Sudului

Southern Ireland [,sʌðən 'aiələnd] s Irlanda de Sud

Southern Rhodesia [,sʌðən rəu'di:ʃə] s Rhodezia de Sud

south-facing [,sauθ 'feisiŋ] adj (d case, ziduri) care dă spre sud

southing ['sauðiŋ] s 1 (d nave, vapoare) tendinţă de a se îndrepta spre sud 2 momentul în care luna traversează meridianul

South Island [,sauθ 'ailənd] s insulă în arhipelagul Noua Zeelandă

South Korea [,sauθ kə'riə] s Coreea de Sud

South Korean [,sauθ kə'riən] I s sud-coreean, locuitor al Coreei de Sud II adj sud-corean

South Pacific [sauθ pə'sifik] the ~ Pacificul de Sud

southpaw ['sauθpɔ:] s amer sl stângaci

southron ['sʌðrən] s scot 1 meridional, locuitor din sud 2 englez

South Sea Bubble [,sauθsi: 'bʌbl] the ~ crah financiar care a avut loc în Marea Britanie în anul 1720

south-southeast [,sauθsauθ'i:st] I s sud-sud-est II adj referitor la sud-sud-est III adv spre / în direcţia sud-sud-est

south-southwest [,sauθ sauθ'west] I s sud-sud-vest II adj referitor la sud-sud-vest III adv spre / către sud-sud-vest

South Vietnam [,sauθ vi:et'næm] s Vietnamul de Sud

South Vietnamese [,sauθ vi:etnə'mi:z] I s sud-vietnamez, locuitor al Vietnamului de Sud II adj sud vietnamez

south westwards [,sauθ'westwədz] adv spre sud-vest, în direcţia sud-vest

South Yemen [,sauθ'jemən] s Republica Democratică Populară Yemen sau Yemenul de Sud

sovietize ['səuviətaiz] vt a sovietiza

sovprene ['sɔvpri:n] s ch neopren, sovpren

sowar [sə'wɑ:] s (cuvânt anglo-indian) 1 cavalerist 2 poliţist călare

sowback ['səubæk] s min umflarea vetrei

sowbread ['saubred] s bot pâinea-porcului (Cyclamen europaeum)

sow bug ['sau bʌg] s zool (orice) crustaceu din subordinul Oniscoidea

sox [sɔks] s pl F şosete

soy [sɔi] s bot soia (Soja hispida)

soya bean ['sɔiə bi:n] s bob de soia

soy-bean oil [,sɔibi:n 'ɔil] s ch ulei de soia

soy sauce ['sɔi sɔ:s] s sos de soia

sozzled ['sɔzld] adj brit sl beat, pilit, matolit

space age ['speis eidʒ] s era spaţială

space band ['speis bænd] s poligr pană de spaţiat

space bar ['speis bɑ:] s bară pentru spaţii (a maşinii de scris)

space blanket ['speis ,blæŋkit] s mil acoperire aeriană

space capsule ['speis ,kæpsju:l] s capsulă spaţială

spacecraft ['speiskrɑ:ft] s navă spaţială

-spaced [speist] (în cuvinte compuse) 1 **the buildings are closely / widely ~** clădirile sunt aproape / departe una de alta; **widely ~ eyes** ochi depărtaţi (unul de altul) 2 tipogr single / double ~ cu interliniere simplă / dublă

spaced-out [,speist 'aut] adj împrăş- tiat, cu capul în nori

space heater ['speis hi:tə] s sistem de încălzire pentru camere, radiator

Space Invaders [,speis in'veidəz] *s joc video în care trebuie distruşi invadatorii extratereştri*

spacelab ['speislæb] *s* laborator spaţial

space platform ['speis ,plætfɔ:m] *s (astronautică)* platformă de lansare

space probe ['speis prəub] *s* staţie orbitală

space race ['speisreis] *s* lupta pentru obţinerea supremaţiei în spaţiu

space rocket ['speis ,rɔkit] *s* rachetă cosmică

space shot ['speis ʃɔt] *s* lansare spaţială

space shuttle ['speis ,ʃʌtl] *s* navetă spaţială

space-sick [,spcis 'sik] *adj* to be ~ a avea rău de spaţiu

space sickness [,speis 'siknəs] *s* rău de spaţiu

spacesuit ['speissju:t] *s* costum de astronaut

space-time continuum [,speistaim kən'tinjuəm] *s* continuum spaţio-temporal

space travel ['speis ,trævl] *s* călătorie / voiaj în spaţiu

space writer ['speis ,raitə] *s amer* ziarist plătit cu rândul

space walk ['speiswɔ:k] I *s* mers în spaţiu II *vi* a merge în spaţiu

space woman ['speis ,wumən] *s* astronaută

spacey ['speisi] *adj sl* 1 *(d muzică)* care planează, pluteşte 2 drogat (↓ cu substanţe halucinogene)

spaciously ['speiʃəsli] *adv* spaţios, vast, larg

spaciousness ['speiʃəsnis] *s* 1 întindere vastă, spaţiu vast, spaţiozitate; caracter încăpător 2 grandoare, măreţie *(a unei epoci)*

spadger ['spædʒə] *s* 1 *orn F* vrabie *(Fringilla domestica)* 2 pui de vrabie

spae [spei] *vi scot* a prezice, a proroci

Spaghetti Junction [spə,geti 'dʒʌŋkʃn] *s denumirea unei joncţiuni de pe autostrada M6 aflată la nord de Birmingham*

spaghetti Western [spə,geti 'westən] *s „western spaghetti", film western turnat în Italia*

spalpeen [spæl'pi:n] *(cuvânt irlandez) s* 1 argat *(la ţară)* 2 secă-

tură, lichea, nemernic, ticălos, şnapan 3 golan, vagabond

spancel ['spænsl] I *s* piedică *(pentru cai, vite)* II *vt* a împiedica *(o vită etc. legându-i picioarele)*

spang [spæŋ] *adv amer F* exact, fix; ~ **on target** drept la ţintă

Spanish America [,spæniʃ ə'merikə] *s* America hispanofonă

Spanish American [,spæniʃ ə'merikən] I *s* 1 spaniol *(din S.U.A.)* 2 locuitor al Americii Latine, hispano-american II *adj* 1 spaniol, hispanic 2 hispano-american 3 ~ **War** războiul hispano-american *(1898)*

Spanish Armada [,spæniʃ a:'ma:də] *s ist* flotă trimisă în 1588 de către Filip al II-lea al Spaniei pentru a cuceri Anglia

Spanish burton [,spæniʃ 'bə:tn] *s nav* chiţibuş

Spanish fly [,spæniʃ 'flai] *s ent* cantaridă, gândăcel, gândac-de-turbă *(Lytta vesicatoria)*

Spanish Inquisition [,spæniʃ iŋkwi'ziʃn] *s* the ~ Inchiziţia spaniolă

Spanish Main [,spæniʃ 'mein] *s* the ~ Marea Caraibelor

Spanish omelette [,spæniʃ 'ɔmlət] *s* omletă cu ardei gras, ceapă şi roşii

Spanish onion [,spæniʃ 'ɔnjən] *s* ceapă spaniolă

span-long [,spæn 'lɔŋ] *adj* (lung) de o palmă, de o schioapă

span roof ['spæn ru:f] *s arhit* acoperiş cu două versante

span worm ['spæn wə:m] *s ent (omidă de)* cotar *(Geometra)*

sparable ['spærəbl] *s* cui(şor), ţintă *(de cizmărie)*, (cui-)tex *(fără floare, fără cap)*

sparable tin [,spærəbl 'tin] *s minr* casiterit

spare-part surgery [,speəpa:t 'sə:dʒəri] *s med* chirurgie a grefelor

sparer ['speərə] *s* bun gospodar, persoană care ştie să se gospodărească

spark chamber [,spa:k 'tʃeimbə] *s* cameră înstelată

sparking ['spa:kiŋ] *s* scânteiere

sparking plug [,spa:kiŋ 'plʌg] *s auto* bujie

sparkling water [,spa:kliŋ 'wɔ:tə] *s amer F* apă minerală gazoasă

sparkling wine [,spa:kliŋ 'wain] *s* vin spumos

sparring match ['spa:riŋ mætʃ] *s* 1 *sport* meci de antrenament 2 discuţie animată

sparring partner ['spa:riŋ pa:tnə] *s* 1 *sport* partener de antrenament 2 *fig* adversar

Spartacist ['spa:təsist] *s pol* spartachist *(participant la mişcarea „Spartakus" din Germania în 1918 – 1919)*

spatchcock ['spætʃkɔk] I *s* pasăre friptă în pripă II *vt* 1 a frige în pripă; ~ed chicken pui fript în pripă 2 *F* a intercala / a introduce în ultimul moment *(o frază, un pasaj într-o scrisoare etc.)*

spatially ['speiʃəli] *adv* privitor la spaţiu; în spaţiu

spatiotemporal [,speiʃiəu'temprəl] *adj* spaţio-temporal

SPCA *presc de la* Society for the Prevention of Cruelty to Animals *s* societate americană pentru protecţia animalelor

SPCC *presc de la* Society for the Prevention of Cruelty to Children *s* societate americană pentru protecţia copiilor

-speak [spi:k] *(în cuvinte compuse) peior* psycho ~ jargonul psihologilor; computer ~ jargonul informaticienilor

speak-easy ['spi:k ,i:zi] *s amer sl* bar clandestin

Speaker's Corner [,spi:kəz 'kɔ:nə] *s loc în Hyde Park cu tribune improvizate unde oricine poate ţine un discurs*

-speaking ['spi:kiŋ] *(în cuvinte compuse)* 1 *(d persoane)* care vorbeşte; they're both German / Spanish ~ amândoi vorbesc germana / spaniola; a child of Polish ~ parents copil ai cărui părinţi vorbesc poloneza 2 *(d ţări)* English / French ~ countries ţări în care se vorbeşte engleza / franceza

speaking clock [,spi:kiŋ 'klɔk]. *s tel* ceasornic vorbitor *(de anunţare a orei exacte)*

spear ['spiə] *s* 1 fir de iarbă 2 nuia 3 copac tânăr, puiet

speargun ['spiəgʌn] *s* puşcă *(pentru pescuitul subacvatic)*

spear hand ['spiə hænd] *s* mâna dreaptă *(a călăreţului)*

spearwort ['spiəwə:t] *s bot* plantă înrudită cu piciorul cocoşului *(Ranunculus flammula)*

Special Air Service [ˌspeʃl 'eə:
səːvis] *s mil comando al armatei
britanice, folosit pentru inter-
venţii speciale*

Special Branch [ˌspeʃl 'brɑːntʃ] *s
departament în cadrul poliţiei
britanice care se ocupă de cri-
mele împotriva statului*

special constable [ˌspeʃl 'kʌnstə-
bəl] *s brit persoană care cola-
borează cu poliţia*

special correspondent [ˌspeʃl
kəuri'spɔndənt] *s corespondent
special (în presă)*

special effects [ˌspeʃl i'fekts] *s pl
cin, telev efecte speciale*

specialized ['speʃəlaizd] *adj spe-
cializat; we need somebody with
~ knowledge avem nevoie de un
specialist*

special licence [ˌspeʃl'laisəns] *s
dispensă care permite înche-
ierea unei căsătorii fără forma-
lităţile preliminare*

special school [ˌspeʃl 'skuːl] *s brit
şcoală pentru copiii cu defici-
enţe fizice / mentale*

special sort [ˌspeʃl 'sɔːt] *s tipogr*
caracter special

speciate ['spiːsieit] *vi biol a pro-
duce o speciaţie*

specifiable ['spesifaiəbl] *adj* deter-
minabil, care se poate distinge

specific capacity [spəˌsifik kə'pæ-
siti] *s* **1** *el* capacitate specifică **2**
tehn productivitate specifică

specific conductivity [spəˌsifik
kɔndək'tiviti] *s el* conductivitate

specificity [ˌspesi'fisəti] *s* specifi-
citate

speck [spek] *s* **1** *amer dial, (cuvânt
sud-african)* grăsime; carne
grasă; untură de balenă **2** *amer
dial, (cuvânt sud-african)* carne
de porc **3** *(cuvânt sud-african)*
untură de hipopotam

spectacle frame ['spektəkl freim]
s ramă / montură pentru oche-
lari

spectacles ['spektəklz] *s pl* oche-
lari

spectacularly [spek'tækjuləli] *adv*
(în mod) spectacular

spectate [spek'teit] *vi* **(at)** a asista,
a fi prezent *(ca spectator)*

spectator sport [spek'teitə spɔːt] *s
sport la care se asistă fără să se
poată participa direct*

spectrogram ['spektrəgræm] *s fiz*
spectrogramă

spectrograph ['spektrəgrɑːf] *s fiz*
spectrograf

spectrometre [spek'trɔmitə] *s fiz*
spectrometru

spectrometric [ˌspektrɔ'metrik] *adj
fiz* spectrometric

specular ['spekjulə] *adj* (lucios /
neted) ca oglinda; lucios; ~ **sur-
face** suprafaţă reflectoare

specular iron [ˌspekjulə 'aiən] *s
minr* oligist

speech community ['spiːtʃ kə-
ˌmjuːniti] *s lingv* comunitate
lingvistică

speech day ['spiːtʃ dei] *s* serbare
(şcolară) de sfârşit de an; (ziua
de) împărţire a premiilor

speech defect ['spiːtʃ ˌdiːfekt] *s*
defect de vorbire

speech impediment ['spiːtʃ im,pe-
dimənt] *s* defect de vorbire /
pronunţare

speechmaking ['spiːtʃˌmeikiŋ] *s*
producerea discursurilor

speech pattern ['spiːtʃ ˌpætən] *s*
model lingvistic

speech processing ['spiːtʃ ˌprəu-
sesiŋ] *s* înţelegerea limbajului
vorbit

speech recognition ['spiːtʃ rekəg-
ˌniʃn] *s cib* recunoaşterea vor-
birii

speech therapy ['spiːtʃ ˌθerəpi] *s*
tratament pentru persoanele cu
dificultăţi de vorbire

speechwriter ['spiːtʃ ˌraitə] *s* per-
soană care scrie discursuri

speed box ['spiːd bɔks] *s auto*
cutie de viteze

speed bump ['spiːd bʌmp] *s ridi-
cătură de teren pe străzi / şo-
sele care îi obligă pe condu-
cătorii auto să reducă viteza*

speed control ['spiːd kən,trəul] *s
tehn* reglarea vitezei

speed cop ['spiːd kɔp] *s* motociclist
în cadrul jandarmeriei / poliţiei /
armatei

speed counter ['spiːd ˌkauntə] *s
auto* vitezometru

speed gear ['spiːd ˌgiə] *s tehn*
transmisie acceleratoare **2** an-
grenaj multiplicator

speed merchant ['spiːd ˌmə:tʃənt]
s maniac al vitezei, vitezoman

speed-read ['spiːd:dri:d] *vi, vt* a ci-
ti prin metoda de lectură rapi-
dă

speed-reading ['spiːd ˌriːdiŋ] *s* lec-
tură rapidă

spellbinder ['spel,baində] *s (↓ amer)*
orator / vorbitor care-şi fasci-
nează / captivează auditoriul

spellbinding ['spel,baindiŋ] *adj* **1**
care vrăjeşte, farmecă **2** sedu-
cător, captivant

spell-check ['speltʃek] **I** *s* veri-
ficarea ortografiei; **to do / run a
~ on a document** a verifica orto-
grafia unui document **II** *vt* a
verifica ortografia

spell-checker ['spel,tʃekə] *s* co-
rector *(al ortografiei)*

spelling bee [ˌspeliŋ 'biː] *s (joc
de)* întrecere în ortografie, joc
ortografic

spelling checker ['speliŋ,tʃekə] *v.*
spell-checker

spelunker [spi'lʌŋkə] *s amer* spe-
olog

spelunking [spi'lʌŋkiŋ] *s amer*
speologie

Spencerian [spen'siəriən] *adj* spen-
cerian, referitor la Herbert Spen-
cer *(filozof englez, 1820 – 1903)*

spending ['spendiŋ] *s* cheltuire,
cheltuială

spending power ['spendiŋ ˌpauə] *s*
putere de cumpărare

spending spree ['spendiŋ spri:] *s*
we went on a ~ ne-am apucat să
cheltuim nebuneşte

spermaceti [ˌspə:mə'seti] *s* sper-
manţet

spermary ['spə:məri] *s anat* glan-
dă seminală

spermatocyte ['spə:mətəusait] *s
med* spermatocit, celulă care
produce spermatozoizi

sperm bank ['spə:m bæŋk] *s* ban-
că de spermă

spermicidal [ˌspə:mi'saidl] *adj* re-
feritor la spermicide

spermicide ['spə:misaid] *s* sper-
micid

sphinxlike ['sfiŋkslaik] *adj* ca de
sfinx şi fig

spic [spik] *s amer sl* termen inju-
rios adresat americanilor hispa-
nofoni, ↓ *portoricani*

spice cake ['spais keik] *s* prăjitură
cu gust de scorţişoară, cuişoare
sau altă mirodenie

spiciness ['spaisinis] *s* **1** gust pi-
cant **2** *fig* picanterie

spick-and-spanness [ˌspikən-
'spænnis] *s prospeţime; curăţenie*

spider crab ['spaidə kræb] *s zool*
crab asemănător cu un păian-
jen *(Oxyrrhyncha sp.)*

spiderman ['spaidəmæn] *s* **1** *brit* muncitor care lucrează la înălțime **2** Omul Păianjen

spider monkey ['spaidə ,mʌŋki] *s* *zool* maimuța agățătoare (Ateles)

spider plant ['spaidə plɑːnt] *s bot* **1** (orice) plantă din genul *Cleome* **2** plantă din genul *Tradescantia*

spiegel iron ['spiːgəl ,aiən] *s met* fontă-oglindă

spieler ['spiːlə] *s amer F* om bun de gură, care încântă cu vorbe; escroc

spiffing ['spifiŋ] *adj brit F* excelent, trăsnet, mortal

spif(f)licate ['spiflikeit] *vt brit F* a zdrobi, a strivi, a bate

spiffy ['spifi] *adj amer* **1** elegant, șic **2** excelent, splendid

spile hole ['spail həul] *s* gaură (a butoiului) în care se pune cepul *sau* canaua

spiller ['spilə] *s ~ of blood* vărsător de sânge

spillover ['spiləuvə] *s* **1** răsturnare, vărsare **2** cantitate (de lichid) vărsată

spina bifida [,spainə'bifidə] *s med* spina bifida, bolnav de spina bifida

spinal marrow [,spainəl 'mærəu] *s anat* măduva spinării

spindleful ['spindlful] *s* fus (de lână, de ață)

spindleshanks ['spindlʃæŋks] *s F* picioare subțiri (ca niște fuse)

spindling ['spindliŋ] *adj* **1** filiform **2** moale, slab

spin doctor ['spin ,dɔktə] *s peior* persoană care se ocupă de relațiile cu presa, dar manipulează / selecționează informațiile pe care le oferă acesteia

spin-dryer ['spindraiə] *s* mașină de stors, centrifugă

spine-chiller [,spain'tʃilə] *s* carte / film de groază; *that story is a real ~* povestea asta îți îngheață sângele în vine

spine-chilling [,spain'tʃiliŋ] *adj* îngrozitor, care îți îngheață sângele în vine

spined ['spaind] *adj* **1** *zool* vertebrat **2** *bot, zool* (prevăzut) cu spini, cu ghimpi, cu țepi

spinel ['spinəl] *s minr* spinel

spinnaker ['spinəkə] *s nav* spinaker

spinneret ['spinəret] *s* **1** (folosit ca sg) om cu picioare subțiri ca niște fuse **2** *tehn* filieră, duză (a mașinii de filat mătase artificială)

spinning lathe ['spiniŋ leiθ] *s tehn* strung de presat, drucbanc

spinning top ['spiniŋ tɔp] *s* sfârlează, titirez

Spinozist [spi'nəuzist] *s filoz* adept al lui Spinoza (filozof olandez, 1632 – 1667)

spinsterish ['spinstəriʃ] *adj* de fată bătrână

spinsterly ['spinstəːli] I *adj* v. **spinsterish** II *adv* ca o fată bătrână

spinstress ['spinstris] *s* **1** torcătoare **2** fată bătrână

spiny lobster [,spaini 'lɔbstə] *s* homar din familia *Palinuridae*

spiracle ['spairəkl] *s* **1** *ent, anat* stigmat **2** *zool* orificiu de eliminare a apei intrate în căile respiratorii (la cetacee) **3** ferestruică / orificiu de aerisire, răsuflătoare

spiral galaxy [spairəl 'gæləksi] *s astr* galaxie în spirală

spirally ['spairəli] *adv* **1** în spirală **2** *av* în vrie

spiral staircase [,spairəl 'steəkeis] *s* scară în spirală

spiriform ['spirifɔːm] *adj* spiriform

spirit gum ['spirit gʌm] *s* soluție de gumă arabică folosită pentru fixarea perucilor, bărbilor false etc.

spiritist ['spiritist] *s* spiritist

Spirit of Saint Louis [,spirit əv seint 'luːi] *s* **the ~** avion cu care pilotul american Charles Lindbergh a reușit să facă, în 1927, prima traversare a Atlanticului, fără nici o escală

spirit rapper ['spirit ,ræpə] *s* spiritist

spirit rapping ['spirit ,ræpiŋ] *s* rapsuri (la ședințele de spiritism)

spirit stove ['spirit stəuv] *s* sobă cu spirt

spiritual court [,spiritjuəl 'kɔːt] *s bis* tribunal bisericesc

spiritual director [,spiritjuəl di'rektə] *s bis* duhovnic

spirit-varnish ['spirit ,vɑːniʃ] *s* lac de spirt

spirogyra [,spairəu'dʒairə] *s bot* algă verde de apă dulce

spit curl ['spit kəːl] *s amer* cârlionț (pe frunte)

spitefulness ['spaitfulnis] *s* rea voință, dușmănie, răutate

spitfire ['spitfaiə] *s* **1** *F* femeie artăgoasă / iute de mânie / repezită / irascibilă **2** *nav* floc de furtună

spit roast ['spit rəust] I *s* friptură la frigare II *vt* a face friptură la frigare

spitter ['spitə] *s* **1** om care scuipă **2** grătaragiu **3** cerb tânăr

spitting image [,spitiŋ 'imidʒ] *s F* **to be the ~ of smb** a semăna leit cu cineva; **he's the ~ of his father** e taică-su întreg / seamănă leit cu taică-su

splashback ['splæʃbæk] *s* apărătoare (montată în spatele unei chiuvete de bucătărie)

splashguard ['splæʃgɑːd] *s* apărătoare de noroi (la roțile bicicletelor, mașinilor)

splat [splæt] I *s F* zgomot produs de un obiect ud care se lovește de o suprafață II *vt, vi* (**against**) a face pleosc

splay-foot(ed) [,splei 'fut(id)] *adj* cu picioare plate și răsucite în afară

splendidly ['splendidli] *adv* splendid, magnific, superb

splenitis [spli(:)'naitis] I *med* splenită, înflamarea splinei

splice grafting ['splais ,grɑːftiŋ] *s hort* altoire în despicătură

splint coal ['splint kəul] *s minr* hulă cu flacără lungă

splinter bar ['splintə bɑː] *s* cruce de atelaj

splinter bone ['splintə bəun] *s anat* os peroneu; unul din oasele metacarpiene, unul din oasele fluierului dinainte (la cal și alte copitate)

split cane [,split 'kein] *s* (nuia de) răchită

split decision [,split di'siʒən] *s* (la box) decizie luată de arbitrul de ring atunci când juriul nu poate ajunge la o concluzie comună

split end [,split'end] *s* fir de păr tocit

split pea [,split'piː] *s* bob de mazăre cu cotiledoanele separate

split pin [,split 'pin] *s tehn* șplint; pană de siguranță

split shift [,split'ʃift] *s* schimb (al muncitorilor) împărțit în două tranșe orare

split ticket. [,split 'tikit] *s amer* buletin de vot *(cu candidații mai multor partide)*

split-up ['split ʌp] *s* **1** ruptură, separație **2** *pol* sciziune

splodge [splɔdʒ] **I** *s* pată *(de murdărie, de cerneală)* **II** *vt* a păta **III** *vi* to ~ through the mud a se bălăci în noroi

splodgy ['splɔdʒi] *adj* **1** *(d un tablou)* mâzgălit, pătat **2** *(d ten)* cu bubulițe, cu coșuri

splore [splɔ:] *scot* **I** *s* **1** zarvă, larmă, zgomot **2** petrecere zgomotoasă **II** *vi* **1** a face senzație **2** a apărea în toată splendoarea

splosh [splɔʃ] **I** *vt* a împroșca, a merge împroșcând, a lipăi; we ~ed through the mud / puddles am lipăit prin noroi / bălți **II** *s* stropire, împroșcare

splotchy ['splɔtʃi] *adj* pătat, murdar, murdărit, mânjit, feștelit

splurge [splə:dʒ] *amer* **F I** *s* **1** ifose **2** lux, extravaganță; activitate ostentativă; agitație; foială **3** stropire cu noroi **4** aversă; potop **II** *vi* **1** a-și da aere, a face paradă de ceva; a face caz de ceva **2** a trăi pe picior mare, a face lux *(fără ca veniturile să-i permită)*

splutterer ['splʌtərə] *s* **F** persoană care bolborosește

spode [spəud] *s* porțelan fin *(din sec XVII-XIX produs al fabricii J. Spode)*

spoffish ['spɔfiʃ] *adj sl* **1** activ, zelos **2** indiscret, curios

spoilable ['spɔiləbl] *adj* **1** care poate fi prădat / furat **2** alterabil

spoil bank ['spɔil bæŋk] *s* **1** povârniș, debleu; depozit de deșeuri **2** *mil* depozit de steril

spoiler ['spɔilə] *s* **1** distrugător, persoană care strică / distruge **2** *fig* cârpaci **3** jefuitor, spoliator

spoil five [,spɔil 'faiv] *s* joc de cărți *(cu câte 5 cărți pentru 3-10 persoane)*

spoil heap ['spɔil hi:p] *s v.* **spoil bank**

spoils system ['spɔils ,sistim] *s amer pol* încurajarea și promovarea funcționarilor necinstiți din cadrul administrației civile

-spoken [-'spəukn] *(în cuvinte compuse)* soft ~ cu voce blândă; well ~ bine spus / exprimat

spokesperson ['spəukspə:sn] *s* purtător de cuvânt

spokeswoman ['spəukswumən] *pl*, **spokeswomen** ['spəukswimin] *s* purtătoare de cuvânt, reprezentantă delegată

spondylus ['spɔndiləs], *pl* **spondyli** ['spɔndilai] *s anat* vertebră

sponge bath ['spʌndʒ ba:θ] *s* îmbăiere făcută cu ajutorul unui burete înmuiat; frecare cu buretele

sponge cloth ['spʌndʒ klɔ(:)θ] *s* **1** *text* buret; țesut spongios **2** cârpă de șters piese de mașini

sponge-down ['spʌndʒ daun] *s* burete de baie

sponge-finger ['spʌndʒ fiŋgə] *s* biscuit lung pudrat cu zahăr

sponge gourd ['spʌndʒ ,guəd] *s bot* castravete-burete, burete vegetal *(Luffa sp.)*

spongeless ['spʌndʒlis] *adj* fără bureți

sponge rubber ['spʌndʒ ,rʌbə] *s auto* burete de cauciuc

spongicolous [spʌn'dʒikələs] *adj* trăind pe *sau* în bureți

sponginess ['spʌndʒinis] *s* natură spongioasă, porozitate

sponging ['spʌndʒiŋ] *s* **1** spălare, curățare *etc.* cu buretele **2** cules de bureți *(în apă)*

sponging house ['spʌndʒ haus] *s ist* închisoare / casă de arest preventiv pentru datornici

spongious ['spʌndʒiəs] *adj* spongios, (ca) de burete

spongoid ['spɔngoid] *adj anat* în formă de burete, spongiform

sponsal ['spɔnsəl] *adj* de nuntă, nupțial

sponsional ['spɔnʃənəl] *adj* obligatoriu; răspunzător; cuprinzând o garanție

sponsored walk [,spɔnsəd 'wɔ:k] *s* maraton care are drept scop strângerea de fonduri

spontaneousness [spɔn'teiniəsnis] *s* **1** spontaneitate **2** impulsivitate **3** voluntariat **4** naturalețe

spontoon [spɔn'tu:n] *ist mil* un fel de halebardă *(folosită la paradă de unii ofițeri de infanterie englezi din sec. al XVIII-lea)*

spoofer ['spu:fə] *s sl* escroc, șarlatan

spookish ['spu:kiʃ] *adj* **1** fantomatic, ca o stafie; supranatural **2** obsedat de frica stafiilor

spookism ['spu:kizm] *s* arătare de vedenii / stafii

spooling ['spu:liŋ] *s* bobinaj, bobinare

spoon [spu:n] **F I** *s* **1** prost, nătărău, prostănac, nătâng, nerod, nătăfleț **2** persoană îndrăgostită nebunește; *pl* îndrăgostiți; to be ~ed on smb a fi îndrăgostit lulea de cineva **II** *vi* a fi îndrăgostit lulea

spoon-fashion [,spu:n'fæʃən] *adv amer* **F** lipit, strâns

spooniness ['spu:ninis] *s sl* **1** prostie, nerozie **2** dragoste nebună

spoonlike ['spu:nlaik] *adj* în formă de lingură

spoons [spu:nz] *s pl amer sl* bani, parale, biștari

spoon tool ['spu:n tu:l] *s tehn* racletă, răzuitoare

spoonyism ['spu:nizm] *s v.* **spooniness**

spoorer ['spu:rə] *s* persoană care urmărește vânatul după urmele picioarelor

Sporades ['spɔrədz] *s geogr* insule grecești din Marea Egee

sporal ['spɔ:rəl] *adj* în formă de spori

sporange [spɔ'rændʒ] *s bot* sporange

sporangiophore [spə'rændʒiəfɔ:] *s bot* cu sporange

spore case ['spɔ: keis] *s v.* **spore capsule**

sporid ['spɔrid] *s bot* spor *(secundar)*

sporiferous [spɔ'rifərəs] *adj bot zool*, purtător *sau* producător de spori

sporocyst ['spəurəsist] *s bot* capsulă cu spori, perisperm

sporogenesis [,spəurə'dʒenisis] *s biol* reproducere prin spori; formare de spori

sporozoan [,spɔ:rə'zəuən], *pl* **sporozoa** [,spɔ:rə' zəuə] *s zool* sporozoar

sporran ['spɔrən] *s* geantă / sac de piele acoperit cu blană *(pe care scoțienii o agață de fustă)*

sportability [spɔ:tə'biləti] *s* **1** veselie, caracter vesel **2** caracter glumeț **3** neastâmpăr, zburdălnicie

sporter ['spɔ:tə] *s* **1** sportiv; iubitor al sportului **2** persoană echipată sportiv **3** *înv* jucător; glumeț, șugubăț

sportfulness ['spɔ:tfulnis] *s rar* veselie; fire veselă

sportingly ['spɔːtɪŋli] *adv* (în mod) loial, cinstit

sporting paper ['spɔːtɪŋ ˌpeipə] *s* gazetă sportivă, ziar de sport

sporting powder ['spɔːtɪŋ ˌpaudə] *s* praf de pușcă pentru arme de vânătoare

sport jacket ['spɔːt ˌdʒækit] *s amer* haină sport

sports coat ['spɔːts kəut] *s* haină / veston de sport

sports day ['spɔːts dei] *s brit* reuniune sportivă anuală la care sunt invitați și părinții elevilor

sports jacket ['spɔːts ˌdʒæklt] *s v.* **sports coat**

sportsperson ['spɔːtspəːsn] *s* sportiv

sportswear ['spɔːtsweə] *s* haine de sport

sportula ['spɔːtjulə], *pl* **sportulae** ['spɔːtjuliː] *s* pomană

sporulate ['spɔrjuleit] **I** *vi* a forma spori **II** *vt* a transforma în spori

sporulation [ˌspɔrju'leiʃn] *s* formare de spori

sposh [spɔʃ] *s amer* zăpadă moale

sposhy ['spɔʃi] *adj amer* noroios, moale, mocirlos

spot cash ['spɔt kæʃ] *s amer* **1** plată imediată **2** bani gheață / numerar

spotlit ['spɔtlit] *adj* luminat de proiectoare / reflectoare

spot market ['spɔt ˌmɑːkit] *s* piață în care se plătește în numerar

spot-on [ˌspɔt 'ɔn] **I** *adj brit* **F 1** (*d remarci, păreri*) pertinent, care a nimerit din plin; (*d măsuri*) foarte precis **2** perfect, deplin **II** *adv* din plin, la mustață; **he timed it ~** a calculat-o la cel mai mic amănunt

spottable ['spɔtəbl] *adj* (*d o stofă etc.*) care se pătează / se murdărește ușor

spotted crake [ˌspɔtid 'kreik] *s orn* găinușă-marmorată de baltă (*Porzana porzana*)

spotted flycatcher [ˌspɔtid 'flaikætʃə] *s orn* muscarul cenușiu (*Muscicapa striata*)

spottedness ['spɔtidnis] *s* înfățișare băltată / pestriță

spot-weld [ˌspɔt'weld] **I** *vt tehn* a suda prin puncte **II** *s* sudură prin puncte

spouseless ['spauslis] *adj* necăsătorit, fără soț

spouter ['spəutə] *s* **1** persoană care stropește **2** gaură de sondă; izvor de țiței **3** *fig* vorbitor patetic; orator public; declamator **4** *nav sl* pescar de balene experimentat **5** *nav sl* balenieră **6** *nav sl* balenă **7** *min* sondă eruptivă

spout hole ['spaut həul] *s* **1** orificiu de pompă **2** *anat* orificiu nazal

spoutless ['spautlis] *adj* fără burlane

spouty ['spauti] *adj amer* umed

sprack [spræk] *adj* **F** vioi, sprinten, ager

sprag[1] [spræg] *s iht* somon de un an

sprag[2] [spræg] *adj dial* vioi, sprinten, ager

sprawl [sprɔːl] *s dial* rămurea

sprawler ['sprɔːlə] *s* **1** persoană care tresare **2** persoană care se târăște

sprawling ['sprɔːlɪŋ] *adj* tolănit, lăbărțat (*d suburbii, orașe*) tentacular, întins pe o suprafață mare

spray can ['sprei kæn] *s* tub de spray; vaporizator

sprayey[1] ['spreiiː] *adj* **1** (prevăzut) cu ramuri **2** ramificat fin

sprayey[2] ['spreiiː] *adj* pulverizat

spraying ['spreiiŋ] *s* **1** împrăștiere; stropire; împroșcare **2** pulverizare

spray nozzle ['sprei ˌnɔzl] *s tehn* duză de pulverizare

spray-on ['sprei ɔn] *adj* ~ **deodorant** deodorant ambalat în tub

spread-eagled [ˌspred'iːgld] *adj* cu brațele întinse și picioarele depărtate; **the police had him ~ against the wall** poliția l-a pus la zid, cu brațele întinse și picioarele depărtate

spread-eagleism [ˌspred'iːgəlizm] *s amer* **F** patriotism exagerat; șovinism

spread eagleist [ˌspred 'iːgəlist] *s amer* **F** patriot exagerat; șovin

spreading ['spredin] **I** *s* răspândire, lățire; întindere; difuzare, dispersare; împrăștiere **II** *adj* care se dispersează

spreadsheet ['spredʃiːt] *s cib* spreadsheet, *program pentru crearea și manipularea interactivă a tabelelor numerice*

spreagh ['sprei] *s scot* **1** furt, pradă **2** zdrențe, vechituri

spreckled ['sprekld] *adj scot* pestriț; băltat

spree [spriː] *adj dial* **1** vioi **2** fercheș, elegant

spreng ['spreŋ] *pret și ptc* **sprent** [sprent] *vt înv* a stropi

sprig[1] [sprig] *s orn dial* vrabie

sprig[2] [sprig] *adj înv* frumos, elegant

spright [sprait] *s* **1** spirit, duh, fantomă **2** elf, spiriduș

sprightful ['spraitful] *adj înv* **1** însuflețit, viu, vivace, vioi, vesel **2** ca o stafie, ca o fantomă

spring blade ['spriŋ bleid] *s auto* lamă de arc

spring bolt ['spriŋ bəult] *s tehn* bulon de arc

spring chicken [ˌspriŋ 'tʃikin] *s amer* tânără naivă și fără experiență, găsculiță

spring corn [ˌspriŋ 'kɔːn] *s* grâu de primăvară

springe [sprindʒ] *adj rar* mobil, repede de picior

spring fashion [ˌspriŋ 'fæʃn] *s* modă de primăvară

spring flood [ˌspriŋ 'flʌd] *s înv* **1** *poetic* primăvară **2** flux subit și violent al mării **3** *fig* potop, revărsare

spring fly [ˌspriŋ 'flai] *s ent* friganidă (*Phryganea striata*)

spring greens [ˌspriŋ 'griːnz] *s pl* trufandale

spring halt [ˌspriŋ 'hɔ(ː)lt] *s vet* șchiopătat

spring hammer ['spriŋ ˌhæmə] *s met* ciocan de forjă cu arc

spring hook ['spriŋ huk] *s* agrafă / cârlig de care se agață banduliera unei carabine

spring house ['spriŋ haus] *s amer* acoperiș deasupra unui izvor

springing ['spriŋiŋ] *s* **1** ivire, răsărire **2** *constr* nașterea bolții **3** *constr* impostă; boltă; zid de sprijin

spring latch ['spriŋ lætʃ] *s ferov* macaz automat

springle ['spriŋl] *s rar* laț

spring needle ['spriŋ ˌniːdl] *s text* ac cu cârlig

spring pin ['spriŋ pin] *s* **1** *tehn* șplint elastic **2** *auto* bolț de arc

spring roll ['spriŋ rɔl] *s gastr* plăcintă chinezească umplută cu legume sau carne

spring scales ['spriŋ skeilz] *s pl* balanță cu resort / arc

419

spring steel ['spriŋ sti:l] *s met* oţel de / pentru arcuri

spring switch ['spriŋ switʃ] *s ferov* ac / macaz cu arcuri

spring wheat [,spriŋ 'wi:t] *s bot* grâu-de-primăvară

sprinkling can ['spriŋkliŋ kæn] *s amer* stropitoare

sprint race ['sprint reis] *s* sprint, cursă de alergare pe o distanţă scurtă cu viteză maximă

sprint runner ['sprint ,rʌnə] *s* sprinter, alergător pe distanţă scurtă

sprite [sprait] *s* săgeată scurtă

spriteliness ['spraitlinis] *s* 1 viaţă; vioiciune 2 curaj

spritely ['spraitli] *adj, adv* vioi, vivace

spritsail ['spritseil] *s nav* vela cu ghionder

spritty ['spriti] *adj scot* plin de papură

spritzer ['spritsə] *s* şpriţ cu vin alb

sprocket wheel ['sprɔkit wi:l] *s tehn* roată dinţată; coroană de lanţ *(pentru antrenarea şenilei)*

sprog [sprɔg] *s F* 1 puşti, copil 2 *mil* recrut, novice

sprouted ['sprautid] *adj* cu muguri; încolţit

sprucely ['spru:sli] *adv* (în mod) impecabil, elegant; ~ **dressed** îmbrăcat la patru ace

spruceness ['spru:snis] *s* 1 eleganţă, şic 2 afectare

spruce pine ['spru:s pain] *s bot* molid *(Picea)*

sprue[1] [spru:] *s med* psihoză

sprue[2] [spru:] *s met* pâlnie / cupă de turnare

sprug[1] [sprʌg] *vt dial* a împodobi, a găti, a spilcui

sprug[2] [sprʌg] *s dial orn* vrabie

spruit [spreit] *s (cuvânt sud-african)* albie de râu *(mai ales secată)*

sprung rhythm [,sprʌŋ 'riðəm] *s metr* ritm cu accentul pe prima silabă dintr-o succesiune de silabe variind ca număr, dar nu şi ca lungime şi intensitate *(termen inventat de Gerard Manley Hopkins)*

sprunt [sprʌnt] **I** *vi* 1 a încolţi 2 a sări în sus (de bucurie) 3 *amer F* a se aprinde de furie **II** *s* 1 *înv* săritură 2 pantă abruptă a unui drum

spud-bashing ['spʌd ,bæʃiŋ] *s brit F* cules de cartofi *(la care sunt duşi soldaţii)*

spuddy ['spʌdi] **I** *adj* scurt şi gras, îndesat **II** *s sl* vânzător de cartofi *(stricaţi)*

spumescence [spju'mesəns] *s* 1 spumegare 2 spumozitate

spumescent [spju'mesənt] *adj* ca spuma, spumos; înspumat

spumiferous [spju:'mifərəs] *adj* generator de spumă; spumegând; spumegător

spumous ['spju:məs] *adj* 1 spumos 2 *bot* spongios

spumy ['spju:mi] *adj v.* **spumous**

spunky ['spʌŋki] *adj F* 1 curajos, brav 2 irascibil, iritabil 3 plin de viaţă, animat

spun silk [,spʌn'silk] *s* fire de mătase

spun sugar [,spʌn 'ʃugə] *s amer* vată de zahăr

spur gall ['spə: gɔ:l] **I** *s* înţepătură de pinteni **II** *vt* a răni cu pintenul

spurge [spə:dʒ] *vi înv* 1 a spumega 2 a se purifica prin fermentare

spurge laurel ['spə:dʒ ,lɔrəl] *s bot* iederă albă *(Daphne laureola)*

spurless ['spə:lis] *adj* fără pinteni

spur line ['spə: lain] *s amer* 1 *ferov* linie ferată secundară 2 drum de acces / cale

spurn [spə:n] *s* demon, spirit rău

spurner ['spə:nə] *s fig* dispreţuitor; defăimător

spur-of-the-moment [,spə:əv ðə 'məumənt] *adj* făcut pe moment; improvizat; **I made a ~ decision** m-am decis pe moment / pe loc

spurred rye [,spə:d'rai] *s bot* secară-cornută *(Claviceps purpurea)*

spurrey ['spə:ri] *s bot* hrana vacii *(Spergula arvensis)*

spur rowel ['spə: ,rauəl] *s* rotiţă de pinten, duriţă

spurtle ['spə:tl] *scot* **I** *vt* şi *vi* a stropi **II** *s* făcăleţ

spur track ['spə: træk] *s ferov* linie scurtă de garaj

spycatcher ['spai,kætʃə] *s* vânător de spioni

spying ['spaiiŋ] *s* spionaj

spymaster ['spai,mɑ:stə] *s* şeful unui serviciu secret

squab [skwɔb] **I** *vi* a cădea **II** *adv* greoi, greu, lat; **he came down ~ on the floor** căzu lat pe podea

squabash ['skwɔbəʃ] **I** *vt* a strivi; a face de petrecanie *(cuiva)* **II** *s* strivire

squabbish ['skwɔbiʃ] *adj* gras, bondoc

squabbling ['skwɔbliŋ] *s* ceartă, ciondăneală

squab chick ['skwɔb tʃik] *s* pui de pasăre fără pene / cu puf / cu caş la gură

squacco ['skwækəu] *s orn* bâtlan-moţat *din Europa sudică, Africa şi Asia (Ardeola sp.)*

squad [skwɔd] *s dial* mocirlă, nămol, noroi

squad car ['skwɔd kɑ:] *s* maşină cu care patrulează poliţia

squaddy ['skwɔdi] *s brit mil F* recrut; răcan

squadroned ['skwɔdrənd] *adj mil* împărţit în escadroane / escadre / escadrile

squadron leader ['skwɔdrən ,li:də] *s av* comandant de escadron

squail [skweil] **I** *s pl* joc cu discuri mici de lemn pe o masă sau o scândură rotundă **II** *amer vi* a arunca la ţintă *(cu un băţ)* **III** *vt* a arunca cu un băţ spre

squalidity [skwɔ'liditi] *s* murdărie, mizerie, necurăţenie

squalidness ['skwɔlidnis] *s v.* **squalidity**

squaliform ['skwɔlifɔ:m] *adj iht* în formă de rechin

squall [skwɔ:l] *s F* copilaşule; dragă

squaller ['skɔ:lə] *s* persoană care ţipă / zbiară / urlă

squally ['skɔ:li] *adj* 1 *agr dial* cu porţiuni neproductive 2 *text* defectuos, cu defecte; cu noduri

squamaceous [skwə'meiʃəs] *adj* cu solzi, solzos

squamation [skwə'meiʃn] *s* 1 caracter solzos 2 formare de solzi

squamiform ['skweimifɔ:m] *adj* în formă de solzi

squamosity [skwə'mɔsiti] *s* caracter solzos

squamula ['skwæmjulə], *pl* **squamulae** ['skwæmjuli:] *s* solz mic, solzişor

squamulose ['skwæmjuləus] *adj* cu solzi mici

square cap [,skweə 'kæp] *s* 1 şapcă studenţească *(cu patru colţuri)* 2 *înv* ucenic londonez

square dancing ['skweə ,dɑ:nsiŋ] *s* cadril american

Square Deal [ˌskweə: 'diːl] *s amer politica economică a administraţiei Theodore Roosevelt*

square-dealing [ˌskweə: 'diːliŋ] *adj* onest, cinstit

square flipper [ˌskweə 'flipə] *s zool* o specie de focă *(Erignathus barbarus)*

square-headed [ˌskweə: 'hedid] *adj* **1** cu capul pătrat **2** *tehn* cu patru muchii

squareman ['skweəmən], *pl* **squaremen** ['skweəmen] *s* tâmplar, dulgher

square meter ['skweə miːtə] *s* metru pătrat

Square Mile ['skweə mail] *s* the ~ *centru vechi al Londrei, a cărui suprafaţă are aproape o milă pătrată*

square number [ˌskweə 'nʌmbə] *s mat* (număr la) pătrat

squarer ['skweərə] *s* **1** cel care dă o formă pătrată / dreptunghiulară unui obiect **2** *fig* persoană care încearcă imposibilul **3** *F* boxer **4** *înv* certăreţ; intrigant

square-set [ˌskweə 'set] *adj* **1** clădire în formă de pătrat sau în linii drepte **2** *fig* spătos, lat în spate, bine clădit, voinic

square-shouldered [ˌskweə 'ʃəuldəd] *adj* lat în umeri, spătos

square-toed [ˌskweə 'təud] *adj* **1** *(d încălţăminte)* cu vârful în formă pătrată **2** *fig* demodat, învechit, de modă veche **3** *fig* formalist; scrupulos, meticulos

squaring ['skweəriŋ] *s* **1** darea unei forme pătrate **2** cuadratura cercului **3** *fig* atitudine / purtare imposibilă

squarrose ['skwærəus] *adj bot zool* cu suprafaţă neregulată / solzoasă

squarson ['skwɑːsn] *s umor* preot-moşier

Squatter State [ˌskwɒtə 'steit] *s amer* statul Kansas *(în S.U.A.)*

squatting run ['skwɒtiŋ rʌn] *s (cuvânt australian)* fermă

squattish ['skwɒtiʃ] *adj* cam scund / îndesat / bondoc

squattle ['skwɒtl] *vi amer F* to ~ away a o lua din loc; a se eschiva

squaw corn ['skwɔː kɔːn] *s amer bot* porumb

squaw duck ['skwɔː dʌk] *s orn* specie de raţă *(Anas glocitans)*

squawk box ['skwɔːk bɒks] *s amer F* difuzor; interfon; staţie portabilă de emisie-recepţie

squeaker ['skwiːkə] *s* **1** animal care chiţăie / scheaună; chiţoran; obiect care scârţâie **2** pui de pasăre *(↓ de porumbel)* **3** *sl* denunţător, pârâtor, turnător

squeaky clean [ˌskwiːki 'kliːn] *adj F* **1** foarte curat, curat lună **2** *(d reputaţie)* fără pată

squealer ['skwiːlə] *s* **1** persoană / animal care ţipă **2** *amer* raţă gulerată *(Anas histrionica)* **3** pasăre lânară, ↓ porumbel tânăr **4** *sl şcol* băiat mic **5** trădător, denunţător, turnător

squeezebox ['skwiːzbɒks] *s* acordeon, concertină

squeezing ['skwiːziŋ] *s* **1** apăsare, presare **2** presiune **3** stors

squelcher ['skweltʃə] *s F* **1** lovitură zdrobitoare **2** răspuns nimicitor

squelchy ['skweltʃi] *adj F* şifonat, deformat, fără fason

squidgy ['skwidʒi] *adj brit* lipicios, cleios

squiggly ['skwigli] *adj F* răsucit, unduitor

squinancy ['skwinənsi] *s înv* anghină, amigdalită, gâlci

squinch [skwintʃ] *s vt amer F* a contorsiona / strâmba *(faţa etc.)*; a închide ochii pe jumătate

squinny ['skwini] *vi înv* a se uita chiorâş

squinter ['skwintə] *s* **1** persoană care se uită chiorâş **2** *sl* ochi

squintingly ['skwintiŋli] *adv* privind chiorâş

squirearch ['skwaiərɑːk] *s* nobil de la ţară, boiernaş

squirearch(ic)al [ˌskwaiə'rɑː(tʃi)kəl] *adj* de nobil / boier

squirehood ['skwaiəhud] *s* rang / demnitate de nobil / boier

squirely ['skwaiəli] *adj* cavaleresc

squireship ['skwaiəʃip] *s v.* **squirehood**

squirr [skwəː] *vt, vi dial* a zvârli, a arunca *(cu praştia)*

squirrel cage ['skwirəl keidʒ] *s el* înfăşurare în colivie de veveriţă

squirrel-tail ['skwirəl teil] *s* **1** *bot* specie de orz *(Hordeum maritimum; Hordeum jubatum)* **2** *amer bot* orzul-şoarecilor *(Hordeum murinum)*

squirter ['skwəːtə] *s* **1** persoană care stropeşte **2** *F* flecar; palavragiu

squirtish ['skwəːtiʃ] *adj amer F* ca un filfizon, de filfizon

squish [skwiʃ] **I** *vt* a strivi, a zdrobi; he ~ed his nose against the glass şi-a turtit nasul de geam; **II** *vi* a lipăi

squit [skwit] *s brit F* prostovan, găgăuţă

SRC *s* **1** *brit presc de la* **Students' Representative Council** Comitetul studenţilor

Sri Lankan [ˌsriː 'læŋkən] **I** *s* locuitor din Sri Lanka **II** *adj* referitor la Sri Lanka

SRO *presc de la* **standing room only** *s* loc numai pentru stat în picioare

SRV *presc de la* **space rescue vehicle** *s* vehicul spaţial de salvare

SSA *presc de la* **Social Security Administration** *s* Administraţia serviciilor de asigurare socială

SSP *presc de la* **statutory sick pay** *s* indemnizaţie de boală plătită de patron unui angajat

SST *presc de la* **supersonic transport** *s* transport supersonic

ST *presc de la* **Standard Time** *s* ora oficială

stabber ['stæbə] *s* **1** persoană care înjunghie **2** asasin, ucigaş **3** priboi

stabbing ['stæbiŋ] **I** *s* atac cu o armă albă **II** *adj (d durere)* care înjunghie, care zvâcneşte

stabbingly ['stæbiŋli] *adv rar* **1** şiret, viclean **2** ucigător

stabilitate [stə'biliteit] *vt* a stabili; a fixa

stable door ['steibl dɔː] *s* poartă de grajd

stable girl ['steibl gəːl] *s* fată care lucrează la grajduri

stable lad ['steibl læd] *s* **1** băiat care lucrează la grajduri **2** grăjdar la caii de curse

stablemate ['steiblmeit] *s* **1** *(d cai)* vecin de grajd **2** *fig* coleg de serviciu / şcoală

stable pool ['steibl puːl] *s* hazna de grajd

stable yard ['steibl jɑːd] *s* curte de vite

stablish ['stæbliʃ] *vt înv* a stabili, a fixa; a constitui

staccato mark [stə'kɑːtəu mɑːk] *s muz* semn de stacato

stacked [stækt] *adj sl (d femei)* cu sânii mari, țâțoasă

stacken cloud ['stækən klaud] *s nor* cumulus

stacker ['stækə] *s* palisadă, gard

staff [stɑːf] *s* material de construcție compus din ipsos, ciment *etc.*

staff corporal ['stɑːf ˌkɔːpərəl] *s mil* sergent major

staffer ['stɑːfə] *s* membru al colegiului de redacție al unui ziar

staff notation ['stɑːf nəuˌteiʃn] *s muz* scrierea notelor pe linii

staff nurse ['stɑːf nəːs] *s brit* asistentă medicală mai mică în grad decât asistenta care răspunde de o întreagă rezervă

staffroom ['stɑːfruːm] *s școl* cancelarie

staff system ['stɑːf ˌsistim] *s ferov* semnalizare cu baston-pilot

stage carriage ['steidʒ ˌkæridʒ] *s* diligență

stage coachman ['steidʒ ˌkəutʃmən], *pl* **stage coachmen** ['steidʒ ˌkəutʃmen] *s* vizitiu de diligență

stage designer [ˌsteidʒ di'zainə] *s* decorator *(de teatru)*

stagehand ['steidʒhænd] *s* mașinist *(la teatru)*

stage name ['steidʒ neim] *s* nume de teatru purtat de un actor

stage-rights ['steidʒ raits] *s pl* drepturile de reprezentare *(a unei piese)*

stage set ['steidʒ set] *s* decor *(de teatru)*

stage setting ['steidʒ ˌsetiŋ] *s* decor de scenă

stage wait ['steidʒ weit] *s teatru* pauză

stagflation [stæg'fleiʃn] *s ec* stagflație

staggered ['stægəːd] *adj* 1 eșalonat 2 *tehn* în eșichier 3 *fiz* alternat; decalat

staggerer ['stægərə] *s* 1 om care se clatină 2 *fig* lovitură (puternică); bombă; șoc 3 problemă grea / dificilă

staghound ['stæghaund] *s* câine care aparține unui echipaj

staidly ['steidli] *adv* cu calm; demn; sobru

-stained [steind] *(în cuvinte compuse)* pătat; **his sweat ~ shirt**

cămașa lui pătată de transpirație; **nicotine ~** pătat de nicotină

stainer ['steinə] *s* vopsitor; boiangiu; pictor

stainless steel [ˌsteinlis 'stiːl] *s met* oțel inoxidabil

stair-rod ['steə rɔd] *s vergea de metal folosită pentru a fixa un covor pe scări*

staith [steiθ] *s* 1 rampă de debarcare a cărbunelui 2 antrepozit de cărbuni de-a lungul cheiului

Stakhanovism [stə'kænəvizm] *s ist* stahanovism

stalag ['stælæg] *s (în Germania nazistă)* lagăr de concentrare pentru militari

stale [steil] *s înv* 1 ademenire, ispitire, înșelăciune 2 mască 3 țintă

staleness ['steilnis] *s* 1 stare de răsuflare / de învechire *(a pâinii etc.)* 2 lipsă de actualitate *(a unei vești)*, banalitate

Stalingrad ['stɑːlingræd] *s ist* oraș în Rusia

Stalinism ['stɑːːlinizm] *s* stalinism

Stalinist ['stɑːlinist] I *adj* stalinist II *s* adept al stalinismului, stalinist

stalling speed ['stɔːliŋ spiːd] *s av* viteză minimă pentru portanță

stalwartness ['stɔːlwɔːtnis] *s* 1 voinicie, robustețe 2 curaj, tărie

stamened ['steimend] *adj bot* cu stamine

stammering ['stæməriŋ] I *adj* bâlbâit, gângav II *s* bâlbâit; gângăvire

stammeringly ['stæməriŋli] *adv* bâlbâit, gângăvit

stamp book ['stæmpbuːk] *s* clasor, album cu timbre

stamp collecting ['stæmp kəˌlektiŋ] *s* filatelie

stamped [stæmpt] *adj* timbrat; **send a ~ addressed envelope** trimite un plic timbrat pe care sunt menționate numele și adresa expeditorului

stampeder [stæm'piːdə] *s* căutător de aur

stamping ['stæmpiŋ] *s tehn* 1 întipărire; tipar 2 matrițare, poansonare, 3 piesă presată

stamping die ['stæmpiŋ dai] *s tehn* matriță; ștanță

stamp mill ['stæmp mil] *s min* instalație de șteampuri

stand-alone [ˌstænd ə'ləun] *adj cib (d sistem)* autonom

standard deviation ['stændəd diːˌviˌeiʃn] *s* marjă de eroare *(în statistică)*

standard gauge ['stændəd geidʒ] *s ferov* cale ferată cu ecartament normal

standard lamp ['stændəd læmp] *s brit* lampadar

standaway ['stændəwei] *adj* bufant

stand development ['stænd diˌveləpmənt] *s fot* developare lentă

standing crop [ˌstændiŋ 'krɔp] *s* fond forestier

standing gear [ˌstændiŋ 'giə] *s nav* parâme fixe, greement fix

standing matter [ˌstændiŋ 'mætə] *s poligr* culegere nefolosită

standing vice [ˌstændiŋ 'vais] *s tehn* menghină cu picior

standing water [ˌstændiŋ 'wɔ(ː)tə] *s* apă stătătoare

standing wave [ˌstændiŋ 'weiv] *s* 1 *tel* undă de suprafață 2 *el* undă staționară 3 *arhit* dusină dreaptă

standish ['stændiʃ] *s înv* 1 călimară 2 mapă de scris

standoff ['stændɔf] *s* 1 rezervă, distanță 2 perioadă în care un angajat rămâne șomer 3 impas, încurcătură; **their debate ended in a ~** discuția lor n-a dus nicăieri

standoff missile ['stændɔf ˌmisail] *s* rachetă lansată de la o distanță de siguranță

standpoint ['stænd pɔint] *s* punct de vedere; **from the geographical ~** din punct de vedere geografic

Stanley knife [ˌstænli 'naif] *s* cuțit de tăiat hârtia / cartonul

stanniferous [stæ'nifərəs] *adj* bogat în cositor / staniu

stannite ['stænait] *s minr* stanină

staple gun ['steipl gʌn] *s* dispozitiv de prins agrafe / clame

staple remover ['steipl riˌmuːvə] *s* dispozitiv de scos agrafe / clame

-star [stɑː] *(în cuvinte compuse)* **a two ~ hotel** hotel două stele; **a four ~** general general cu patru stele; **four ~ petrol** benzină Premium

star apple ['stɑː ˌæpl] *s bot* copac din genul *Chrysophyllum*

starch-reduced [ˌstɑːtʃ ri'djuːst] *adj (d regim)* sărac în amidon

star connection ['stɑː kə,nekʃn] s el cuplare în formă de stea, conexiune în stea

stardust ['stɑː dʌst] s 1 astr praf cosmic 2 sentimentalism; **to have ~ in one's eyes** a fi victima iluziilor / sentimentalismului

stargaze ['stɑːgeiz] vi 1 a privi la stele 2 a privi absorbit la

starkness ['stɑːknis] s 1 pustietate 2 nuditate, goliciune; **the ~ of the author's style** stilul lipsit de figuri retorice al autorului

star map ['stɑː mæp] s hartă celestă

star sapphire ['stɑːsæfaiə] s safir în formă de stea

star shell ['stɑː ʃel] s mil obuz

star ship ['stɑː ʃip] s navă spațială

star sign ['stɑː sain] s semn zodiacal

star system ['stɑː sistim] 1 cin sistem centrat pe prestigiul unei vedete 2 astr galaxie, roi de stele

starter home ['stɑːtə həum] s prima casă pe care o cumpără un cuplu / un individ

starter set ['stɑːtə set] s amer serviciu de farfurii pentru șase persoane

starting block ['stɑːtiŋ blɔk] s bloc-start

starting grid ['stɑːtiŋ grid] s sport grilă de start

starting handle ['stɑːtiŋ hændl] s auto manivelă

starting line ['stɑːtiŋ lain] s sport linie de start

starting pistol ['stɑːtiŋ ,pistl] s pistol cu care se dă startul

starting price ['stɑːtiŋ prais] s 1 ultima cotă de pariuri înainte de începerea cursei 2 preț de pornire (la licitație)

startled ['stɑːtld] adj uimit, năucit; **there was a ~ silence** s-a lăsat o tăcere plină de uimire

start-up ['stɑːtʌp] I s pornire, demarare II adj de pornire

starvation diet [stɑːˈveiʃn ,daiət] s regim de înfometare, regim negru

starvation wages [stɑːˈveiʃn weidʒiz] s salariu de mizerie

starving ['stɑːviŋ] s înfometat, nemâncat

Star Wars ['stɑːwəːz] s Războiul stelelor (inițiativă de apărare strategică)

state aid ['steit eid] s ajutor de stat

state apartments ['steit ə,pɑːtmənt] s pl apartamente oficiale

state capitalism ['steit kæpitlizm] s sistem capitalist în care capitalul este controlat și deținut în mare parte de către stat

state control ['steit kən,trəul] s control de stat; doctrină etatistă; **to be put / placed under ~** a fi naționalizat

state-controlled [,steit kən'trəuld] s (d industrie) naționalizat; (d economie) etatizată; (d activități) pus sub controlul statului

State Enrolled Nurse [,steit in-'rəuld nəːs] s brit persoană cu atribuții de soră medicală, dar fără diplomă

state line ['steit lain] s frontieră între state

stately home [,steitli 'həum] s brit conac / castel de țară deschis pentru public

Staten Island [,steitən 'ailənd] s cartier din New York

state of affairs [,steit əv ə'feəz] s stare de lucruri, situație; **nothing can be done under the present ~** nimic nu poate fi făcut în situația actuală

state of the art [,steit əv ði'ɑːt] I s nivel de evoluție; **the ~ in linguistics** nivel de evoluție la care s-a ajuns în lingvistică II adj care folosește cele mai moderne metode / materiale / cunoștințe; **it's ~** e ultimul strigăt

State of the Union address [,steit əvði 'juːniən ədres] s discurs radiotelevizat în care președintele S.U.A. își prezintă în fața Congresului bilanțul programului său

state-owned [,steit'əund] adj naționalizat

state prison [steit,prizn] s amer închisoare administrată de stat (pentru deținuții care au comis delicte grave)

State Registered Nurse [,steit re-dʒistəd 'nəːs] s brit asistent medical cu diplomă de specialitate

state socialism [steit,səuʃəlizm] s socialism care se folosește de puterea statului pentru a egaliza câștigurile cetățenilor

states woman ['steits wumən] s politiciană

state trooper ['steit,truːpə] s amer jandarm

state visit ['steit,vizit] s pol vizită oficială; **he's on a ~ to Japan** e într-o vizită oficială în Japonia

state-wide [,steit'waid] I adj amer care se petrece / are loc în toată țara; **the epidemic / our distribution is ~** epidemia / rețeaua noastră de distribuție se întinde în toată țara II adv peste tot (în țară)

station pointer ['steiʃn ,pointə] s nav stațiograf

station wag(g)on ['steiʃn ,wægən] s auto vagon militar

statistics [stə'tistiks] s statistică

stator ['steitə] s tehn stator

statued ['stætjuːd] adj 1 împodobit cu statui 2 înfățișat ca statuie

status line ['steitəs lain] s cib linie / bară de stare

status symbol ['steitəs simbəl] s semn al unei poziții sociale înalte, semn de respectabilitate

statutorily ['stætjutərili] adv (în mod) statutar

staunchly ['stɔːntʃli] adv (în mod) loial, devotat; ferm, hotărât

staunchness ['stɔːntʃnis] s loialitate, devotament; fermitate, hotărâre

staybolt ['steibəult] s tehn șurub distanțier

stayer ['steiə] s 1 sprijin 2 persoană care stă sau rămâne

stay stitch ['stei stitʃ] s punct de oprire, haltă

steading ['stediŋ] s scot fermă; dependințele unei ferme

steakhouse ['steikhaus] s loc unde se pregătesc fripturile la grătar

steak knife ['steik naif] s cuțit pentru carne

steak tartare [,steik tɑː'tɑː] s biftec tartar

stealing ['stiːliŋ] s furt, hoție

stealthiness ['stelθinis] s caracter ascuns / secret / tainic

steam bath ['stiːm bɑːθ] s ch baie de aburi

steam blower ['stiːm ,bləuə] s tehn suflantă de aer acționată cu abur

steam box ['stiːm bɔks] s 1 tehn rezervor de vapori 2 text cameră de aburire

steam coal ['stiːm kəul] s 1 cărbune pentru cazan 2 nav cărbune de buncăr

steamed-up [,stiːmd 'ʌp] adj înfuriat, scos din pepeni; **what's he all ~ about?** ce l-a înfuriat așa?

steam heat ['sti:m hi:t] *s* căldură generată de aburi

steam navvy ['sti:m ˌnævi] *s tehn* excavator cu abur

steam point ['sti:m pɔint] *s* punct de fierbere

steam radio ['sti:m reidiəu] *s* 1 *F umor* bunul și bătrânul nostru radio 2 radio foarte vechi

steam roll ['sti:m rəul] *vt* a cilindra, a nivela, a da cu tăvălugul

steam roller ['sti:m ˌrəulə] *s tehn* tăvălug / cilindru compresor cu abur

steam shovel ['sti:m ˌʃʌvəl] *s* excavator cu abur

steel band ['sti:l bænd] *s* orchestră compusă din instrumente de percuție *(specifică Zonei Indiilor de Vest)*

steel blue [ˌsti:l 'blu:] I *s* albastru de oțel II *adj* albastru ca oțelul

steel engraving ['sti:l inˌgreiviŋ] *s* gravură în oțel

steel grey [ˌsti:l 'grei] I *s* gri ca oțelul II *adj* gri

steel guitar ['sti:l giˌtɑ:] *s muz* havaiană

steel wool ['sti:l wul] *s* sârmă de parchet

steel worker ['sti:l ˌwə:kə] *s* siderurgist

steeped [sti:pt] *adj* impregnat; ~ **in tradition / mystery** încărcat / plin de tradiție / mister

steepish ['sti:piʃ] *adj* cam râpos / abrupt

steeplechaser ['sti:pltʃeisə] *s sport* jocheu la curse de steeplechase

steepled ['sti:pld] *adj constr* cu clopotniță *sau* turlă

steeple jack ['sti:pl dʒæk] *s* reparator de clopotnițe *sau* de coșuri de uzină

steeply ['sti:pli] *adv* abrupt, vertical; **the path climbs** ~ drumul o ia abrupt în sus; **costs are rising** ~ prețurile urcă brusc

steerable ['stiərəbl] *adj* care poate fi cârmit / condus

steerage passenger ['stiəridʒ ˌpæsindʒə] *s nav* pasager de clasa a patra

steerage way ['stiəridʒ wei] *s nav* viteză de guvernare

steering ['stiəriŋ] *s nav* navigare, cârmuire; **nice** ~ navigare precisă

steering arm ['stiəriŋ ɑ:m] *s auto* arbore de direcție; levier / bară de comandă a direcției

steerless ['stiəlis] *adj* fără cârmă

steersmanship ['stiəzmənʃip] *s nav* arta cârmaciului / arta de a cârmi un vas

steery ['stiəri] *s scot* revoltă, agitație

steeve [sti:v] I *adj* țeapăn, înțepenit, amorțit II *vt* a înțepeni, a amorți

stein [stain] *s* halbă *(de bere)*

stell [stel] *înv* I *vt* a așeza, a funda II *s* 1 poziție permanentă; domiciliu permanent 2 țarc de vite

stellary ['steləri] *adj* plin de stele, înstelat

stelliferous [ste'lifərəs] *adj* 1 înstelat, plin de stele 2 ca o stea; în formă de stea

stelliform ['stelifɔ:m] *adj* în formă de stea

stellify ['stelifai] *vt* 1 a preface în stea 2 *fig* a ridica în slăvi; a diviniza

stellionate ['steliəneit] *s scot* șarlatanie, coțcărie

stellite ['stelait] *s minr* stelit

stellular ['steljulə] *adj* cu steluțe; în formă de steluță

stem glass ['stem glɑ:s] *s* pahar cu picior

stemless ['stemlis] *adj bot* fără tulpină / tijă

stemma ['stemə] *pl* **stemmata** [ste'mʌtə] *sau* **stemmas** ['steməs] *s* 1 arbore genealogic; gintă 2 *ent* ochi simplu

stemmer ['stemə] *s min* furător; dârg

stemming ['stemiŋ] *s* 1 *tehn* margine, bordură 2 *meteor* baraj *(al maselor de aer)* 3 *constr* burare *(a găurilor pentru explozivi)*

stem turn ['stem tə:n] *s sport* ocolire în plug

stem winder ['stem ˌwaində] *s* 1 arc de ceasornic 2 ceasornic cu întoarcere prin buton

stem-winding [stem 'waindiŋ] *adj (d ceasornice)* cu întoarcere prin buton

stenchful ['stentʃful] *adj înv* plin de duhoare, împuțit

stend [stend] *scot* I *pret și pct* **stent** [stent] *vi* 1 a sări 2 a se întinde 3 a merge cu pași mari II *s* 1 săritură 2 pas mare

Sten gun ['sten gʌn] *s* pistol mitralieră Sten *(în dotarea armatei britanice în al doilea război mondial)*

steno ['stenəu] *s F* 1 stenograf 2 steno(grafie)

stenosed [sti'nəuzd] *adj med* stenozat

stenotype ['stenətaip] *s* mașină de stenografiat

stenotypist ['stenəutaipist] *s* stenotipist

stent[1] [stent] *s* 1 întindere 2 graniță, limită II *vt* 1 a întinde 2 a îngusta; a limita, a restrânge

stent[2] [stent] *scot* I *s* evaluare, impunere II *vt* a evalua, a impune

stentorious [sten'tɔ:riəs] *adj rar* stentorian, de stentor; tunător, răsunător, sonor

step-by-step [ˌstep bai 'step] I *adv* treptat, pas cu pas II *adj* gradat

stepdame ['step deim] *s înv* mamă vitregă

step-down transformer [ˌstep daun trænsˈfɔ:mə] *s el* transformator coborâtor

step fault ['step fɔ:lt] *s geol* falie în trepte

step-in [ˌstep'in] *adj (d fustă)* pe elastic

stepmotherly [ˌstep 'mʌðəli] *adj* vitreg; dușmănos, neprietenos, ostil

stepney ['stepni] *s auto înv* roată de rezervă

stepped-up [ˌstept'ʌp] *adj* crescut, mărit; *(d pași)* mai rapid; *(d activități, eforturi)* intensificat

stepping stone ['stepiŋ stəun] *s* 1 piatră de pus piciorul *(la traversarea unui râu)* 2 *fig* treaptă, mijloc *(pentru atingerea unui scop)*

step-up transformer [ˌstepʌp trænsˈfɔ:mə] *s el* transformator ridicător

stercoraceous [ˌstə:kə'reiʃəs] *adj* 1 de gunoi, de murdărie 2 *ent* care trăiește prin gunoaie

stercoration [ˌstə:kə'reiʃn] *s agr* îngrășare

stereochemistry [ˌstiəriəu'kemistri] *s ch* stereochimie

stereogram ['steriəgræm] *s* 1 *fot* stereogramă 2 stereograf *(instrument)*

stereograph ['stiəriəgrɑ:f] *s* stereogramă

stereography [ˌstiəri'ogrəfi] *s* stereografie

stereometer [ˌstiəri'əumi:tə] *s tehn* stereometru

stereometric(al) [ˌstɪərɪəu'metri-k(əl)] *adj* stereometric

stereophonic [ˌstɪərɪə'fɔnik] *adj* stereofonic

stereotypical [ˌstɪərɪəu'tipikl] *adj* stereotipic

sterilizer ['sterəlaizə] *s* sterilizator

sternal ['stə:nəl] *adj anat* al sternului

stern board ['stə:n bɔ:d] *s nav* mers înapoi

sternfast ['stə:n fɑ:st] *s nav* parâmă pupa

sternforemost [ˌstə:n'fɔ:məust] *adv nav* cu vânt la pupa

stern light ['stə:n lait] *s nav* lumină la pupa

sternoon ['ɔtɔːnɔn] *c nav* colţar de etambou

sternutation [ˌstə:nju'teiʃn] *s* strănut(are)

sternutatory [stə:'njutətri] **I** *s* agent care provoacă strănutul **II** *adj* care provoacă strănutul

sternward ['stə:nwə:d] *adj* dinspre pupa

sternward(s) ['stə:nwə:dz] *adv* spre pupa, către pupa

stern wheel ['stə:nwi:l] *s nav* roată cu zbaturi în pupa

stern wheeler ['stə:n ˌwi:lə] *s nav* navă cu roată cu zbaturi în pupa

steroid ['stiərɔid] *s med* steroid

sterol ['stiərɔl] *s ch* sterol

stertorousness ['stə:tərəsnis] *s* sforăit

stethoscopic(al) [ˌsteθəs'kɔpik(əl)] *adj med* stetoscopic

Stetson ['stetsn] *s* pălărie Stetson (de cowboy)

steven ['sti:vn] *s înv* 1 întrunire, întâlnire; *dial* to set (a) ~ a conveni asupra locului şi orei unei întâlniri 2 glas, voce 3 strigăt

stewardly ['stju(:)ədli] *adj, adv F rar* econom

stewed [stju:d] *adj* 1 *gastr* ~ meat tocană; ~ fruit compot 2 *F* pilit, matolit

St.Ex. *presc de la* stock exchange *s* bursa de valori

stibble ['stibl] *s scot* mirişte

stibial ['stibiəl] *adj ch, minr* de antimoniu

stichic ['stikik] *adj rar* compus / format din versuri / stihuri

stichometry [sti'kɔmitri] *s* 1 numărarea rândurilor unui manuscris 2 împărţire după numărul rândurilor

stick fast ['stik fɑ:st] *s F* 1 cocă de lipit / clei 2 persoană care se ţine scai

stick figure ['stik ˌfigə] *s desen care reprezintă un om / animal realizat numai din linii simple şi cercuri*

stick handle ['stik ˌhændl] *s* mâner de baston

stickiness ['stikinis] *s* vâscozitate; adezivitate

sticking ['stikiŋ] *s* 1 împungere, perforare 2 broderie 3 aderenţă, adeziune 4 oprire; întrerupere 5 *tehn* blocaj; calaj 6 *poligr* afişare

sticking place ['stikiŋ pleis] *s* 1 punct de oprire 2 *text* loc lipicios

sticking point ['stikiŋ ˌpɔint] *s* încurcătură (care nu mai permite luarea niciunei decizii), punct mort

stick insect ['stik ˌinsekt] *s ent* (orice) insectă din genul *Phasmatidae*

stickleback ['stiklbæk] *s iht* plevuşcă-ghimpoasă (*Gasterosteus aculeatus*)

stickly ['stikli] *adj dial* ţepos, aspru

stick man ['stik mæn] *s amer* 1 crupier 2 *sport* jucător de hochei; jucător de biliard 3 *v.* stick figure

stick-on [ˌstik 'ɔn] *adj* care se lipeşte (pe ceva), autocolant

stick shift ['stik ʃift] *s amer auto* levierul schimbătorului de viteze

stick-to-it-ive [ˌstiktu'itiv] *adj amer F* stăruitor, perseverent

stick-up ['stik ʌp] *s sl* guler înalt (de cămaşă)

sticky-fingered [ˌstiki 'fingəd] *adj F* hoţ, furăcios

stiff-backed [ˌstik'bækt] *adj* cu spatele ţeapăn

stiffish ['stifiʃ] *adj* cam ţeapăn; cam tare; ~ sum sumă destul de mare; ~ exam examen cam greu

stiffly ['stifli] *adv* (în mod) rigid, ţeapăn; rece, distant

stiff-neckedness [ˌstif 'nekidnis] *s* încăpăţânare

stifle bone ['stifl bəun] *s* rotulă (de cal)

stifled ['staifld] *adj* (d cai) cu rotula deplasată

stifler ['staiflə] *s* 1 *F* întâmplare nefericită / tragică 2 *F* duş rece 3 *înv* spânzurătoare

stigmatic [stig'mætik] **I** *adj* 1 însemnat; *fig* înfierat 2 *rar* desfigurător 3 *zool, bot* privitor la stigmă, de stigmă, ca o stigmă **II** *s* stigmatizat

stigmatical [stig'mætikəl] *s v.* stigmatic (I)

stigmatist ['stigmətist] *s bis* stigmatizat

stiller ['stilə] *s rar* distilator

still-fish ['stilfiʃ] *vi amer* a pescui dintr-o ambarcaţiune ancorată

still fisher ['stil ˌfiʃə] *s amer* persoană care pescuieşte dintr-o ambarcaţiune ancorată

stilling ['stiliŋ] *s* 1 podoabe 2 (la fabricarea berii) albie pentru drojdie 3 (olărie) rastel, raft pentru uscat

still water ['stil ˌwɔ:tə] *s* apă stătătoare

stilp [stilp] *vi scot* 1 a merge cu paşi mari 2 a merge cu picioroange *sau* cârje

stimulator ['stimjuleitə] *s* stimulator

sting [stiŋ] *s* 1 *nav* catarg 2 *înv* prăjină 3 *înv* suliţă

stinging nettle [ˌstiŋiŋ 'netl] *s bot* 1 (orice) plantă din familia *Urticaceae* 2 urzică (*Urtica dioica*)

stingo ['stiŋgəu] *s sl* 1 avânt, zel, energie 2 *înv* bere tare; băutură tare

stingray ['stiŋrei] *s iht* specie de calcan

stinkardly ['stiŋkədli] *adj înv* mirositor, împuţit; ordinar

stink bomb ['stiŋk bɔm] *s bombă care împrăştie un miros foarte urât atunci când explodează*

stink horn ['stiŋkhɔ:n] *s bot* burete puturos (*Phallus impudicus*)

stinkpot ['stiŋkpɔt] *s* 1 *mil* bombă cu gaze asfixiante 2 recipient rău mirositor; oală de noapte, ţucal

stink wood ['stiŋk wud] *s bot* casie-americană (*Cassia occidentalis*)

stintedness ['stintidnis] *s* limitare; diminuare

stintingly ['stintiŋli] *adv* limitat, sărăcăcios

stintless ['stintlis] *adj* 1 fără limită, nemărginit 2 *înv* neîntrerupt

stipe1 [staip] *s dial* înălţime abruptă

stipe² [staip] *s bot* tulpină, cocean

stipendless ['staipəndlis] *adj* fără salariu, nesalariat

stipple ['stipl] **I** *vt* a desena, a grava *sau* a picta cu puncte, a puncta **II** *s* arta / metoda desenului / a gravurii punctate

stippled ['stipld] *adj* pătat, cu pete, pestriț

stippler ['stiplə] *s* priboi de punctat, pensulă de pictat / gravat puncte

stipuled ['stipjuld] *adj* prevăzut cu frunze secundare

stipuliform ['stipjulifɔːm] *adj* de forma unei frunze secundare

stir-fry ['stəːfrai] *vt gastr* a prăji la foc iute

stirrup iron ['stirʌp ˌaiən] *s* scară de la șa

stirrup pump ['stirəp ˌpʌmp] *s* tip de pompă portabilă folosită la stingerea incendiilor mici

stitchery ['stitʃəri] *s peior* cusut, cârpăceală

stitching ['stitʃiŋ] *s* cusut; brodat

stith[1] [stiθ] *s înv* nicovală

stith[2] [stiθ] *adj înv* tare, dur

stive[1] [staiv] *vt înv* a îndopa, a umple / la maxim / până la refuz

stive[2] [staiv] **I** *vt* a frige *sau* a fierbe înăbușit **II** *vi* a se sufoca / a se înăbuși de căldură

stiver ['staivə] *s înv* târfă

stoat [stəut] *vt* a coase, a stopa, a cârpi

stoccade [stɔ'keid] *s* **1** palisadă, îngrăditură **2** *amer* pușcărie, ocnă

stoccado [stə'kaːdəu] *s v.* **stoccade**

stoccata [stə'kaːtə] *s v.* **stoccade**

stochastic [stɔ'kæstik] *adj* stocastic, aleatoriu

stockbreeding ['stɔkˌbriːdiŋ] *s* creșterea animalelor

stockbroker belt ['stɔkbrəukə belt] *s brit* zonă în sudul Londrei unde locuiesc agenții de bursă și alte persoane din același mediu socio-profesional

stockbroking ['stɔkbrəukiŋ] *s* comerț la bursa de valori

stockbuild ['stɔkbild] *vt fin, ec* a acumula acțiuni *(în timp)*

stock building ['stɔk bildiŋ] *s fin, ec* cumpărare de acțiuni

stock certificate ['stɔk səˌtifikət] *s fin* titlu de valori

stockily ['stɔkili] *adv* ~ **built** scund și îndesat, bondoc

stockiness ['stɔkinis] *s* aspectul pe care îl are un om scurt și îndesat; **he inherited his ~ from**

his father a moștenit silueta aceasta îndesată / bondoacă de la tatăl lui

stockinet(te) [ˌstɔki'net] *s* tricou, jerseu

stockinger ['stɔkiŋə] *s* **1** împletitor de ciorapi **2** comerciant de ciorapi

stocking filler ['stɔkiŋˌfilə] *s* cadou de Crăciun ieftin

stocking frame ['stɔkiŋ freim] *s text* mașină de tricotat

stocking stich ['stɔkiŋ stitʃ] *s* punct de jerseu

stock jobbery ['stɔk ˌdʒɔbəri] *s* speculare la bursă; comerț de efecte

stock jobbing ['stɔk ˌdʒɔbiŋ] *s v.* **stock jobbery**

stock keeper ['stɔkˌkiːpə] *s* **1** văcar, păstor **2** magazioner

stock list ['stɔk list] *s com* cota bursei

stockpiling ['stɔkpailiŋ] *s* acumulare de rezerve

stock rider ['stɔk ˌraidə] *s (în Australia)* păstor *(călăre)*, cowboy, păzitor de turme

stock room ['stɔk ruː(ː)m] *s ec* magazie de provizii

stock saddle [stɔk sædl] *s* șa de cowboy

stock take ['stɔk teik] *s* inventariere / revizuire / examinare a mărfurilor

stock whip ['stɔk wip] *s* bici *(al păzitorului de vite)*

stodge [stɔdʒ] *sl școl* **I** *s* **1** haleală, hrană, mâncare; nutreț **2** fărâmitură **3** miez de pâine **4** *rar* coleașă cu lapte **II** *vi* a înghiți lacom, a înfuleca, a se îndopa **III** *vt* a umple până la refuz

stoep [stuːp] *s (în Africa de Sud)* verandă, pridvor

stog [stɔg] **I** *vt* **1** a cerceta adâncimea *(cu gen)* cu un baston **2** *F* a cădea în mocirlă; **to be ~ged** a se înfunda în mocirlă / în noroi **II** *vi* a merge încet / cu băgare de seamă

STOL *presc de la* **short take off and landing** *av* decolare și aterizare scurtă

stoma ['stəumə], *pl* **stomata** [stəu'maːtə] *s* **1** *zool* gură **2** *bot* stomată

stomachfulness ['stʌməkfulnis] *s înv* încăpățânare

stomachless ['stʌməklis] *adj* **1** fără stomac **2** fără poftă de mâncare

stomach worm ['stʌmək wɔːm] *s* limbric *(Ascaris lumbricoides)*

stomata [stəu'maːtə] *s pl de la* **stoma**

stomatic [stə'mætik] **I** *adj bot* stomatic **II** *s med* medicament contra stomatitei

stomatologist [ˌstəumə'tɔlədʒist] *s* stomatolog

stomatology [ˌstəumə'tɔlədʒi] *s* stomatologie

stone boiling ['stəun ˌbɔiliŋ] *s* fierbere cu ajutorul unor pietre fierbinți

stone breaker ['stəun ˌbreikə] *s* **1** pietrar **2** concasor, mașină de fărâmițat pietre

stone brick ['stəun brik] *s* șamotă, piatră de șamot, cărămidă rezistentă la temperaturi înalte

stonechat ['stəuntʃæt] *s orn* mărăcinarul mare *(Saxicola torguata)*

stone china ['stəun ˌtʃainə] *s ec* marfă / lucruri din faianță fină

stone coal ['stəun kəul] *s* cărbune de piatră, antracit

stone-cold [ˌstəun'kəuld] *adj* complet rece, înghețat; *F* **to have smb ~** a avea pe cineva la cheremul său

stonecrop ['stəun krɔp] *s bot* **1** iarbă-de-șoadină *(Sedum acre)* **2** iarba-faptului *(Sedum album)*

stone cutter ['stəun ˌkʌtə] *s* **1** cioplitor de piatră, pietrar **2** săpător în pietre scumpe **3** *rar* sculptor

stone cutting ['stəun ˌkʌtiŋ] *s* **1** cioplire a pietrei **2** săpare în pietre scumpe **3** *pl* deșeuri de piatră

stone fence ['stəun fens] *s amer sl* cocteil, ↓ *din* whisky și must de mere

stone-ground [ˌstəun 'graund] *adj (d făină)* măcinată cu ajutorul pietrelor de moară

stone hammer ['stəun ˌhæmə] *s tehn* baros, ciocan greu

stone hearth ['stəun haːθ] *s* vatră zidită

stone horse ['stəun hɔːs] *s dial* armăsar

stone packing ['stəun ˌpækiŋ] *s constr* patul împietruirii

stone parsley ['stəun ˌpaːsli] *s bot* zmeoaie *(Seseli libanotis)*

stone pine ['stəun pain] *s bot* varietate de pin *(Pinus pinea)*

stone rue ['stəun ru:] *s bot* ruginiță *(Osplenium ruta muraria)*

stone seed ['stəunsi:d] *s bot* mărgeluşe *(Lithospermum arvense)*

Stonewall ['stəunwɔ:l] *s amer* Stonewall *(bar frecventat de homosexuali, unde a început să se dezvolte, după anul 1969, mişcarea pentru egalitatea în drepturi a homosexualilor)*

stone walling ['stəun ‚wɔ:liŋ] *s (în Australia) sl* obstrucţie parlamentară

stonewashed ['stəunwɔʃt] *adj (d blugi)* decolorat

stonily ['stəunili] *adv* rece, distant

stonish ['stəuniʃ] *adj înv* pietros

stonker ['stɔŋkə] *o F* luoru fantastic / de prima mână; **what a ~ of a goal!** ce gol fantastic / reuşit

stony-broke [‚stəuni'brəuk] *adj* lefter, fără o para chioară în buzunar

stony-faced [‚stəuni'feist] *adj* impasibil, nepăsător

stooge [stu:dʒ] **I** *s* 1 personaj într-o comedie care o face pe prostul 2 *peior* lingău, valet **II** *vi* a face pe omul de paie, a fi pionul cuiva

stook [stu(:)k] **I** *s* 1 stog, căpiţă 2 *sl* batistă **II** *vt* a clădi, a face *(o căpiţă, un stog)* **III** *vi* a face stoguri

stool ball ['stu:l bɔ:l] *s joc cu mingea asemănător cu crichetul*

stoolie ['stu:li] *s sl* informator, turnător

stoop [stu:p] *s* 1 *dial* stâlp, pilon 2 sprijin, suport 3 *fig* reazem, sprijin 4 *înv* butuc, buştean

stoor[1] [stɔə] *adj înv* 1 mare, puternic 2 ţeapăn, dur 3 sever; violent 4 *(d voce)* aspru; grav

stoor[2] [stɔə] **I** *vi* 1 a se mişca, a fi în mişcare 2 *(d fum, praf)* a se ridica *(aidoma norilor)* **II** *vt* 1 a amesteca 2 a stropi 3 a deşerta încet **III** *s* 1 nelinişte; larmă; ceartă 2 nor de praf; praf 3 bură, ploaie măruntă

stop-and-go [‚stɔpænd'gəu] *s amer ec* alternare rapidă a inflaţiei şi a deflaţiei

stop bead ['stɔp bi:d] *s tehn* prag superior

stope [stəup] *s* excavaţie în trepte

stoping ['stəupiŋ] *s min* exploatare în abataj

stop knob ['stɔp nɔb] *s* 1 *muz* mâner, buton de registru 2 *el* buton de oprire

stopless ['stɔplis] *adj rar* irezistibil

stop motion['stɔp ‚məuʃən] *s tehn* mecanism de oprire

stop order ['stɔp ‚ɔ:də] *s ec* ordin de cumpărare limitat

stop payment ['stɔp ‚peimənt] *s dispoziţie de oprire a plăţii unui CEC

stopperless ['stɔpəlis] *adj rar* fără dop, neastupat

stopping ['stɔpiŋ] *s* 1 închidere; stopare 2 plombă *(dentară)* 3 umplere *(a crăpăturilor)* 4 masă de umplere 5 *fiz* frânare, încetinire 6 *text* stopuire 7 *min* dig

stopping train [‚stɔpiŋ 'trein] *s ferov* tren personal

stopple['stɔpl] *s înv* mirişte

stop screw ['stɔp skru:] *s tehn* şurub de blocare / oprire

stop sign ['stɔp sain] *s (semn de)* stop

storage card ['stɔ:ridʒ kɑ:d] *s* cartelă cu memorie

storage cell ['stɔ:ridʒ sel] *s el* baterie cu acumulator

storage space ['stɔ:ridʒ speis] *s* spaţiu de depozitare

storage tank ['stɔ:ridʒ tæŋk] *s* rezervor, cisternă

storax ['stɔ:ræks] *s* balsam, răşină aromată *(produsă de Styrax officinalis)*

store-bought [‚stɔ:'bɔ:t] *adj (cumpărat)* din comerţ; **a ~ cake** prăjitură de cofetărie

store detective [‚stɔ:di'tektiv] *s* paznic *(într-un magazin)*

storefront ['stɔ:frʌnt] *s amer* vitrina / faţada unui magazin

storeman ['stɔ:mən] *s brit* 1 magazioner 2 vânzător

storer ['stɔ:rə] *s* 1 colector 2 administrator de magazie

storiated ['stɔ:rieitid] *adj (d cărţi, reviste)* cu desene / figuri / poze, ilustrat

storify[1] ['stɔ:rifai] *vt înv* a spune poveşti despre

storify[2] ['stɔ:rifai] *vt rar* a aranja în etaje *(stupi de albine)*

storing ['stɔ:riŋ] *s* depozitare, înmagazinare

storing place ['stɔ:riŋ pleis] *s* loc de depozitare

storm bird ['stɔ:m bə:d] *s orn* pasărea-furtunii *(Hydrobates pelagicus)*

storm breeder ['stɔ:m ‚bri:də] *s nav fig* nor de furtună

storm cellar ['stɔ:m ‚selə] *s amer* adăpost folosit în timpul uraganelor

storm door ['stɔ:m dɔ:] *s amer* uşă exterioară care dublează uşa de la intrarea unei case

storm drain ['stɔ:m drein] *s* canal de scurgere pentru apa de ploaie

stormer ['stɔ:mə] *s* 1 năvălitor 2 *fig* om aprig, fire iute

stormful ['stɔ:mful] *adj* furtunos, vijelios, violent

storming ['stɔ:miŋ] *s* atac, asalt

storm lantern ['stɔ:m ‚læntən] *s* lampă de furtună

stormless ['stɔ:mlis] *adj* fără furtună

Stormont ['stɔ:mənt] *s* clădire din Belfast unde s-a aflat sediul parlamentului Irlandei de Nord între anii 1921 – 1972

storm petrel ['stɔ:m ‚petrəl] *s v.* **storm bird**

storm signal ['stɔ:m ‚signəl] *s nav* semnal de furtună

storm track ['stɔ:m træk] *s meteor* drumul unui ciclon

storm trooper ['stɔ:m tru:pə] *s* membru al unei trupe de asalt

storm troops ['stɔ:m tru:ps] *s pl mil* trupe de asalt / şoc

storyboard ['stɔ:ribɔ:d] *s cin* suită de desene corespunzând fiecare câte unui plan

story telling ['stɔri ‚teliŋ] *s* 1 arta de a povesti, darul povestirii 2 *fig F* braşoave, poveşti, minciuni

stoup [stu:p] *s rel* agheasmatar

stove-in [‚stəuv'in] *adj amer* 1 înfundat *(în urma unei lovituri)* 2 obosit, epuizat

stove plant ['stəuv plɑ:nt] *s hort* plantă de seră

stover ['stəuvə] *s amer dial* furaj, nutreţ

stovies ['stəuviz] *s gatsr* tocană scoţiană cu cartofi şi ceapă

straight-arm ['streit ‚ɑ:m] *s sport ~* tackle jucătorul care are mingea şi îndepărtează cu mâna liberă adversarii *(la rugby)*

straight-cut [‚streit'kʌt] *adj (d tutun)* tăiat longitudinal / în lung

straightening ['streitəniŋ] *s* îndreptare *(a corpului etc.)*

straight-faced [‚streit 'feist] *adj (d expresia feţei)* serios, impasibil

427

straight jacket ['streit,dʒækit] *s* **1** cămaşă de forţă

straight laced [,streit 'leist] *adj* **1** care poartă un sutien / corset strâmt **2** cu un comportament rigid, cu o morală rigidă

straight-line [,streit 'lain] *adj ec, fin* constant

straight man ['streit mæn] *s* figurant la teatru

straight out [,streit 'aut] *adj amer F* **1** *(d răspunsuri)* clar, cinstit, categoric **2** complet

straining ['streiniŋ] *s* **1** efort, sfortare; tensiune; oboseală, surmenaj **2** filtrare **3** interpretare forţată / trasă de păr

straining beam ['streiniŋ bi:m] *s constr* moază, grindă orizontală

strainless ['streinlis] *adj* făcut fără efort

straitness ['streitnis] *s înv* **1** îngustime; strâmtoare; lipsă de spaţiu **2** rigoare, asprime, severitate **3** *fig* jenă, strâmtoare, nevoie

strait waistcoat ['streit ,weistkəut] *s* cămaşă de forţă

strander ['strændə] *s tehn* maşină de răsucit *(în toroane)*

stranding ['strændiŋ] *s nav* eşuare

Stranger's Gallery [,streindʒəz 'gæləri] *s* tribună pentru public în cadrul parlamentului englez

strangled ['stræŋgld] *adj* înăbuşit, sugrumat; *fig* gâtuit

strangling ['stræŋgliŋ] *s* strangulare, gâturire şi *fig*

straphang ['stræphæŋ] *vi* a călători în picioare într-un mijloc de transport

strapline ['stræplain] *s* subtitlu, subtitrare

strappado [strə'peidəu], *pl* **strappadoes** [strə'peidəuz] *s* **1** tortură prin ridicarea cu o frânghie şi lăsarea bruscă în jos a osânditului **2** *rar* bătaie

strapped [stræpt] *adj F* fără un ban, lefter

strapper ['stræpə] *s F* zdravăn, solid

stratal ['streitəl] *adj* de straturi; în straturi

Stratfordshire ['strætfə:dʃə] *s* comitat în Marea Britanie

strath [stræθ] *s scot* luncă, vale largă cu apă curgătoare

strathspey [stræθ'spei] *s dans scoţian vioi*

stratificational [,strætifi'keiʃnl] *adj lingv* stratificaţional

stratified ['strætifaid] *adj* stratificat

stratocumulus [,strætəu'kju:mjuləs] *s* stratocumulus

Stravinsky [strə'vinski], **Igor** ~ *s* compozitor, dirijor şi pianist american de origine rusă *(1882 – 1971)*

strawberry blonde ['strɔːbəri blɔnd] *s* femeie cu ten deschis la culoare şi păr blond roşcat

strawberry mark ['strɔːbəri mɑːk] *s* aluniţă *(semn din naştere)*

strawberry tree ['strɔːbəri triː] *s bot* arbust cu fructe semănând a fragi *(Arbutus unedo)*

strawboard ['strɔːbɔːd] *s* carton din paie

straw colour ['strɔː ,kʌlə] **I** *s* culoarea paiului **II** *adj* galben-pai, de culoarea paiului, galben ca paiul

straw hat ['strɔː hæt] *s* pălărie de paie

straw mattress ['strɔː,mætris] *s* saltea de paie

strayer ['streiə] *s* rătăcit

stray line ['strei lain] *s nav* saulă a lohului

streaker ['striːkə] *s* persoană care umblă dezbrăcată în locuri publice, exhibitionist

streakily ['striːkili] *adv* neuniform

streamless ['striːmlis] *adj* fără ape curgătoare; uscat, sărac în apă

stream-lined [,striːm'laind] *adj* **1** *tehn* carenat, fuzelat, aerodinamic **2** *fig F* (care merge) ca untul, ca pe roate

stream lining ['striːm ,lainiŋ] *s* **1** *auto, av* carenaj **2** modernizare, restructurare

street café ['striːt kæ,fei] *s brit* cafenea cu terasă

street cleaner ['striːt kliːnə] *s* măturător de stradă

street cry ['striːt krai] *s* strigăte scoase de negustori pentru a-şi face reclamă la produse

street fighting ['striːt ,faitiŋ] *s* lupte de stradă

street guide ['striːt gaid] *s* ghid al străzilor

street hawker ['striːt hɔːkə] *s* bârfitor, colportor

street lamp ['striːt læmp] *s* felinar de stradă

street lighting [,striːt 'laitiŋ] *s* iluminatul public

street map ['striːt mæp] *s* hartă cu străzile unui oraş

street market ['striːt ,mɑːkit] *s* piaţă în aer liber

street orderly ['striːt ,ɔːdəli] *s* măturător de stradă *(la Londra)*

street party ['striːt ,pɑːti] *s* sărbătoare în aer liber organizată în cinstea unui eveniment important

street photographer ['striːt fə,tɔgrəfə] *s* persoană care fotografiază trecătorii şi le vinde pozele

street railroad ['striːt ,reilrəud] *s amer* linie de tramvai; cale ferată pe străzile unui oraş

street theatre ['striːt ,θiətə] *s* teatru care dă spectacole pe străzi

street trader ['striːt ,treidə] *s* vânzător ambulant

street trading ['striːt ,treidiŋ] *s* comerţ stradal

street value ['striːt ,væljuː] *s* (d droguri) valoare de piaţă

street vendor ['striːt ,vendə] *v.* **street trader**

streetwalking ['striːtwɔːkiŋ] *s* agăţare *(a unui client de către o prostituată)*

streetwise ['striːtwaiz] *adj* adaptat la durităţile vieţii, uns cu toate alifiile

strengthener ['streŋθənə] *s med* fortifiant şi *fig*

strenuously ['strenjuəsli] *adv* cu efort mare / încordare maximă; înverşunat, aprig

strenuousness ['strenjuəsnis] *s* energie, activitate; vigoare; încordare; efort

strepitous ['strepitəs] *adj* tumultuos, zgomotos, gălăgios

stressed [strest] *adj (d persoane, relaţii)* stresat, tracasat *(d silabe, cuvinte)* accentuat

stressed-out [,strest'aut] *adj F* subliniat, accentuat

stressful ['stresful] *adj* stresant, tracasant; **to lead a ~ life** a duce o viaţă stresantă

stress mark ['stres mɑːk] *s lingv* semn care marchează accentul

stress-timed [,stres'taimt] *adj* ~ **language** limbă al cărei ritm este dat de silabele accentuate

stretcher case ['stretʃə keis] *s* rănit / bolnav care trebuie transportat pe targă

stretcher man ['stretʃə mæn], *pl* **stretcher men** ['stretʃə men] *s mil* brancardier

stretcher party ['stretʃəpɑːti] *s* grup de brancardieri

stretching ['stretʃiŋ] *s tehn* întindere, alungire; tragere

stretchmarks ['stretʃmɑːks] *s pl med* vergeturi

strewth [struːθ] *interj brit înv* fir-ar să fie!, la naiba!

stria ['straiə], *pl* **striae** ['straiiː] *s* **1** striură, șănțuleț, dungă, linie; brăzdiță, canelură **2** *arhit* striu; canelură; listel *(de coloană)*

-stricken ['strikn] *(în cuvinte compuse)* grief ~ zdrobit de durere; terror ~ cuprins de groază

stricken field ['strikn fiːld] *s înv* **1** luptă, bătălie **2** câmp de luptă, bătaie

strife-torn [,straif 'tɔːn] *adj* răvășit din pricina conflictelor

strike-a-light [,straik ə'lait] *s F* aprinzătoare, scăpărătoare cu cremene

strike benefit ['straik ,benifit] *s* ajutor de grevă *(acordat de sindicat membrilor săi)*

strikebreaking ['straikbreikiŋ] *s* spargere de grevă

strike force ['straik fɔːs] *s* **1** forță de atac **2** detașament / brigadă de intervenție *(în armată, la poliție)* **3** forță de intervenție

strikeover ['straikəuvə] *s* **1** *cin* supraimpresiune **2** *tipogr* supraimprimare

strike struggle ['straik ,strʌgl] *s* acțiune grevistă, luptă prin grevă

striking force ['straikiŋ fɔːs] *s mil* grupă de asalt; unitate de șoc

strine [strain] *s umor engleza vorbită în Australia*

string bag ['striŋ bæg] *s* fileu, plasă *(pentru cumpărături etc.)*

-stringed [striŋd] *(în cuvinte compuse)* five ~ cu cinci corzi

string halt ['striŋ hɔ(ː)lt] *s v.* **spring halt**

stringless ['striŋlis] *adj (d instrumente cu coarde)* fără coarde / strune

string-puller ['striŋ,pulə] *s F* persoană care trage sfori

string-pulling ['striŋ,puliŋ] *s* faptul de a trage sfori

string variable ['striŋ,veəriəbl] *s cib* variabilă alfa numerică

strip club ['strip klʌb] *s* club în care se face strip tease

strip cropping ['strip,krɔpiŋ] *s* cultivarea unor recolte variate pe niște fâșii înguste de pământ

stripey ['straipi] *adj* dungat, vărgat, crestat, vârstat

strip farming ['strip,fɑːmiŋ] *s* **1** sistem prin care se dau în arendă suprafețe de pământ **2** *v.* **strip cropping**

strip light ['strip,lait] *s (tub de)* neon

strip lighting ['strip,laitiŋ] *s* iluminare cu ajutorul unui tub fluorescent

strip mining ['strip,mainiŋ] *s amer* extracție făcută la suprafață *(fără a se mai coborî în puțuri de foraj)*

strippagram ['stripəgræm] *s* mesaj trimis de un spectator unei persoane care face strip tease pe o scenă

stripped [stript] *adj* **1** dezbrăcat, despuiat **2** jupuit **3** lipsit (de), văduvit (de) **4** *tehn* demontat

stripping comb ['stripiŋ kəum] *s met* pieptene

strip poker ['strip,pəukə] *s* pocher pe dezbrăcate

strip search ['strip,səːtʃ] *s* percheziție corporală

strip show ['strip,ʃəu] *s* spectacol de strip tease

striving ['straiviŋ] *s* **1** eforturi, străduință, străduințe **2** luptă

stroke play ['strəuk plei] *s sport* partidă de golf în care scorul se ține în funcție de numărul de lovituri

strolling ['strəuliŋ] *adj (d muzicanți)* ambulant; **a troupe of ~ players** grup de cântăreți ambulanți

strong-limbed [,strɔŋ 'limd] *adj* cu brațe / picioare puternice / atletice

strongman ['strɔŋmæn] *s* bărbat foarte puternic

strontianite ['strɔnʃiənait] *s minr* stronțianit

structured ['strʌktʃəd] *adj* structurat

struggling ['strʌgliŋ] *adj* care se luptă / face pe dracu în patru ca să învingă greutățile

strumming ['strʌmiŋ] *s* melodie prost interpretată, zdrăngăneală

strung-out [,strʌŋ'aut] *adj sl* **1** *(d toxicomani)* dependent în ultimul grad **2** deprimat, nervos; cu nervii la pământ

strung-up [,strʌŋ 'ʌp] *adj F* nervos; cu nervii la pământ; **don't get ~ about it!** nu te enerva din cauza asta

strut(ting) beam ['strʌt(iŋ) biːm] *s arhit* arbaletier

stubble burning ['stʌbl,bəːniŋ] *s agr* ardere a unei miriști

stuccoed ['stʌkəud] *adj* decorat cu stuc

stucco work ['stʌkəu wəːk] *s* lucrare / ornamentație în stuc

stud bolt ['stʌd bəult] *s tehn* știft filetat

studded ['stʌdid] *adj* **1** cu ținte **2** presărat, smălțat; **the sky was ~ with stars** cerul era presărat cu stele

-studded ['stʌdid] *(în cuvinte compuse)* diamond ~ presărat cu diamante; star ~ plin de stele; *(d spectacole)* cu multe vedete

studding sail boom [,stʌdiŋ 'seil buːm] *s nav* verfafor

stud earring ['stʌd ,iəriŋ] *s* cercel mic

student adviser ['stjuːdənt əd,vaizə] *s* consilier pedagogic

student card ['stjuːdənt,kɑːd] *s* carnet de student pe baza căruia posesorul obține reduceri de prețuri

student grant ['stjuːdənt grænt] *s* bursă *(pentru studenți)*

student hostel ['stjuːdənt ,hɔstəl] *s* cămin studențesc

student lamp ['stjuːdənt læmp] *s* lampă de birou

student nurse ['stjuːdənt nəːs] *s* infirmier / asistent medical care încă mai studiază

student teacher ['stjuːdənt ,tiːtʃə] *s* student în ultimul an care și predă, profesor stagiar

studio flat ['stjuːdiəu flæt] *s brit* studio, garsonieră

studio portrait ['stjuːdiəu ,pɔːtrit] *s* portret fotografic

stud poker [,stʌd 'pəukə] *s* tip de pocher la care anumite cărți pot fi etalate

study group ['stʌdi gruːp] *s* grup de studiu

stuffed [stʌft] *adj* **1** *gastr* umplut, cu umplutură **2** *(d scaune, perne)* umplut cu lână / câlți **3** *(d animale)* împăiat **4** *(d jucării)* de pluș

stuff gownsman ['stʌf ,gaunzmən], *pl* **stuff-gownsmen** ['stʌf ,gaunzmen] *s jur* avocat pledant mai tânăr

stuffing box ['stʌfiŋ bɔks] *s tehn* presetupă, presgarnitură; îmbinare etanșă

stultifying ['stʌltifaiiŋ] *adj* care te prostește, abrutizant; agasant, obositor la culme

stumblebum ['stʌmblbʌm] *s sl amer* vagabond beat

stumbly ['stʌmbli] *adj* care se împiedică, care se poticnește (ușor); împiedicat

stumpage ['stʌmpidʒ] *s valoarea / prețul materialului lemnos aflat încă netăiat în pădure*

stumper ['stʌmpə] *s* 1 *F* problemă / chestiune complicată 2 *constr* buldozer pentru defrișare 3 *F* muncă grea

stumpish ['stʌmpiʃ] *adj* ca o buturugă; cioturos

stump puller ['stʌmp ,pulə] *s* mașină de scos cioate

stundist ['stʌndist] *adj, s biś* stundist

stunned [stʌnd] *adj* prostit, uluit, stupefiat

stunningly ['stʌniŋli] *adv* (în mod) remarcabil, incredibil; **she is ~ beautiful este uimitor de frumoasă**

stunsail ['stʌnsəl] *s nav* trichetin, bonetă

stuntedness ['stʌntidnis] *s* pipernicire, ofilire

stunt woman ['stʌnt wumən] *s* cascadoare

stunty ['stʌnti] *adj* mic, pipernicit, chircit

stupa ['stu:pə] *s* stupă

stupefactive [,stju:pi'fæktiv] *s* stupefiant, narcotic

stupefied ['stju:pifaid] *adj* stupefiat, năucit

stupefier ['stju:pifaiə] *s v.* **stupefactive**

stupefying ['stju:pifaiŋ] *adj* uluitor

stupendously [stju:'pendəsli] *adv* uimitor

stupendousness [stju:'pendəsnis] *s* caracter prodigios; imensitate, măreție

stupeous ['stju:piəs] *adj* lânos, ca lâna

stuttering ['stʌtəriŋ] **I** *adj* 1 bâlbâit, gângăvit 2 șovăitor, nehotărât **II** *s* bâlbâit, gângăvit

stylar ['stailə] *adj bot* stiliform, în formă de stil

-style [stail] (*în cuvinte compuse*) în stilul..., **baroque ~ architecture** arhitectură în stil baroc

styler ['stailə] *s* stilist

styling ['stailiŋ] *s* (*d îmbrăcăminte*) linie, tăietură

stylized ['stailaizd] *adj* stilizat

stylobate ['stailəbeit] *s arhit* stilobat

stylus ['stailəs], *pl* **styluses** ['stailəsiz] / **styli** ['stailai] *s* 1 doză de redare (*la pickup*) 2 stilet

stymie ['staimi] *vt* 1 (*golf*) a bara / bloca o altă minge 2 *fig* a bloca, a îngheța, a inhiba

styptic pencil [,stiptik 'pensəl] *s* creion hemostatic

styrian ['stiriən] *adj* din Styria, styrian

styrofoam ['stairəfəum] *s* polistiren expandat

Suabian [su:'eibiən] *adj, s* șvab

suable ['sju(:)əbl] *adj jur* 1 care poate fi dat în judecată 2 de jurisdicție

suasible ['swa:səbl] *adj rar* care se lasă ușor convins

suaveness ['swævnis] *s v.* **suavity**

suavity ['swæviti] *s* 1 suavitate (*a unui parfum etc.*) 2 amabilitate, afabilitate

subaerial [,sʌb'eriəl] *adj* 1 în aer liber 2 *geol* subaerian

subagent [,sʌb'eidʒənt] *s* agent secundar

subah ['su:ba:] *s* (*cuvânt anglo-indian*) provincie (*în India*)

suba(h) dar [,su:ba: 'da:] *s* (*cuvânt anglo-indian*) 1 ofițer, căpitan (*în India*) 2 guvernatorul unei provincii (*în India*)

sub-aqua [,sʌb'ækwə] *adj* subacvatic, submarin

subaquatic [,sʌbə'kwætik] *adj* subacvatic, submarin

subarctic [,sʌb'a:ktik] *adj* subarctic, subpolar

subatomic [,sʌbə'tɔmik] *adj fiz* intraatomic; subatomic

subaudition [,sʌbɔ:'diʃn] *s* subînțelegere, citit printre rânduri

subbasement [,sʌb'beismənt] *s* al doilea nivel al unui subsol

subcategory [,sʌb'kætəgəri] *s* subcategorie

subchaser [,sʌb't'ʃeisə] *s amer nav* distrugător de submarine

subclass ['sʌbkla:s] *s* subclasă

subclinical [,sʌb'klinikl] *adj* referitor la o boală / infecție etc. ale cărei simptome nu s-au manifestat încă

sub-commissioner [,sʌbkə'miʃənə] *s* subcomisar, ajutor de comisar

subcompact [,sʌbkəm'pækt] *s sl amer* mașină de dimensiuni mici

subcontracting [,sʌbkən'træktiŋ] *adj* (*d o persoană*) care se angajează să execute o parte dintr-o lucrare contractată integral de altul

sub cortex [,sʌb'kɔ:teks] *s anat* zona subcorticală

subcritical [,sʌb'kritikl] *adj* aflat mai jos de punctul critic / maxim

sub-culture ['sʌbkʌltʃə] *s* cultură secundară

subdeacon [,sʌb'di:kən] *s bis* subdiacon

subdistrict [,sʌb'distrikt] *s* subdiviziune a unui cartier

subdivisible [,sʌbdi'vizəbl] *adj* care poate fi subîmpărțit / subdivizat

subduer [,sʌb'djuə] *s* subjugător, cuceritor, învingător

sub-editorship [,sʌb'editəʃip] *s* secretariat (*al unui ziar*)

subentry [,sʌb'entri] *s* articol (într-un catalog, dicționar etc.) înregistrat sub un alt articol mai important / cu valoare generală

suber ['sjubə] *s bot* suber

subfamily ['sʌbfæməli] *s biol* subfamilie

subframe ['sʌbfreim] *s* 1 schelet, osatură secundară 2 cadru secundar

subfusc ['sʌbfʌsk] **I** *s brit* îmbrăcăminte / ținută universitară (↓ *la Oxford*) **II** *adj* întunecat, lipsit de strălucire; *fig* cenușiu, monoton

subgenus [,sʌb'dʒi:nəs], *pl* **subgenera** [,sʌb'gi:nərə] *s* subgen

subgroup ['sʌbgru:p] *s* subgrupă

subharmonic [,sʌbha:'mɔnik] *adj fiz* subarmonică

subject catalogue ['sʌbdʒekt ,kætəlɔg] *s* catalog în care cărțile / materialele sunt aranjate în funcție de subiectele tratate

subject index ['sʌbdʒekt ,indeks] *s poligr* indice de materii, repertoar

subjectivist [səb'dʒektivist] *s filoz* subiectivist

subject substantive ['sʌbdʒekt ,sʌbstəntiv] *s gram* subiect simplu

sub judice [,sʌb 'dʒu:disi] *adj* care se află încă în dezbaterile tribunalului; **I cannot comment on a case which is still ~** nu pot face comentarii despre un caz care încă se mai află în dezbatere

subkingdom [ˌsʌb'kiŋdəm] *s biol* ramificare, încrengătură

sublanguage [ˌsʌb'læŋgwidʒ] *s lingv* dialect

sublessee [ˌsʌble'si:] *amer s* sub-arendaș; subînchiriaș

sublessor [ˌsʌb'lesɔ] *s amer* persoană care subînchiriază / sub-arendează

submarine chaser [sʌbmə'ri:n ˌtʃeisə] *s nav mil* distrugător de submarine

submaxillary [sʌb'mæksiləri] *adj anat* submaxilar

submediant [ˌsʌb'mi:djənt] *s muz* supradominantă

submerged [sʌb'mə:dʒd] *adj* 1 cufundat, scufundat, afundat, inundat 2 împovărat de datorii *sau* obligații; the ~ tenth procentul de populație săracă

subminiature [ˌsʌb'miniətʃə] *adj* referitor la un obiect mai mic decât o miniatură

subminister [ˌsʌb'ministə] *vt înv* a aproviziona, a furniza

sub-office [ˌsʌb'ɔfis] *s com* sucursală *(a unei bănci)*

subordinately [səb'ɔ:dinətli] *adv* subordonat; în subordine

sub-permanent [ˌsʌb'pə:mənənt] *adj* cvasi-permanent

subpolar [sʌb'pəulə] *adj* subpolar

subpopulation [ˌsʌbpɔpju'leiʃn] *s* subpopulaţie

sub-postmaster [ˌsʌb'pəustmɑːstə] *s brit* adjunctul dirigintelui de poștă

sub-post office [ˌsʌb'pəust ɔfis] *s* filială locală a unui oficiu de poștă

sub-prefect [ˌsʌb'pri:fekt] *s* sub-prefect *(în Franța)*

subprefecture [ˌsʌb'prifektʃuə] *s* subprefectură *(în Franța)*

subprogram ['sʌb,prəugræm] *s cib* subprogram

subrogate ['sʌbrəgeit] *vt* 1 *rar* a înlocui 2 *jur* a instala *(în locul cuiva)*

subrogation [ˌsʌbrə'geiʃn] *s* 1 *rar* înlocuire 2 *jur* instalare *(în locul cuiva)*

sub rosa [ˌsʌb'rəuzə] *adv* (în mod) confidenţial, secret

subroutine [ˌsʌbru:'ti:n] *s cib* sub-rutină

sub-Saharan Africa [sʌb sə,hɑːrən 'æfrikə] *s* Africa sud-saharia-nă

subscriber trunk dialling [səb-,skraibə 'trʌŋk daiəliŋ] *s brit* rețea telefonică automată

subsea [ˌsʌb'si:] *adj* submarin, subacvatic

subsection [ˌsʌb'sekʃn] *s* sub-secție, subdiviziune

subsequence ['sʌbsikwəns] *s* eveniment următor; consecință

subserviently [ˌsʌb'sə:viəntli] *adv* 1 util 2 în subordine 3 servil

subset ['sʌbset] *s* subansamblu

subsidiarity [ˌsʌbsidi'æriti] *s* 1 faptul de a fi subsidiar 2 *teorie sociologică conform căreia fiecare organizație locală / subordonată își administrează mai bine activitățile dacă nu este supervizată de o organizație centrală superioară*

subsidiary company [sʌb,sidiəri 'kʌmpəni] *s* filială

subsidized ['sʌbsidaizd] *adj* sub-venționat

subsistence allowance [səb'zistəns ə,lauəns] *s* 1 acont, avans *(din salariu)* 2 diurnă 3 soldă

subsistence farm [sʌb'zistəns fɑːm] *s amer* mică bucată de pământ care asigură întreţinerea unei familii

substance abuse ['sʌbstəns ə,bjuz] *s* abuz de stupefiante

substantivally [sʌb'stæntivəli] *adv gram* substantival, ca substan-tiv

substantivize [səb'stæntivaiz] *vt gram* a substantiva

substrate ['sʌbstreit] *s ch* substrat

substruct [sʌb'strʌkt] *vt rar* a folosi ca bază, ca temelie

substruction [sʌb'strʌkʃn] *s* fundament, bază

substructure ['sʌb,strʌktʃə] *s v.* **substruction**

subsystem ['sʌbsistəm] *s* sub-sistem

subtangent [ˌsʌb'tændʒənt] *s nav* subtangentă

subteen [ˌsʌb'ti:n] I *s amer* pre-adolescent II *adj* referitor la pre-adolescenţi

subteenage [ˌsʌb'ti:neidʒ] *adj amer v.* **subteen (II)**

subteenager [ˌsʌb'ti:neidʒə] *s amer v.* **subteen (II)**

subtenancy [ˌsʌb'tenənsi] *s* sub-arendă; subînchiriere

subterraneously [ˌsʌbtə'reiniəsli] *adv* subteran

subtilization [ˌsʌbtilai'zeiʃn] *s* 1 rafinament 2 *înv* sublimare, subtilizare

subtitled ['sʌbtaitld] *adj* subintitulat

subtitling ['sʌbtaitliŋ] *s* subintitulare

subtonic [ˌsʌb'tɔnik] *s muz* semiton

subtotal ['sʌb,təutl] *s* totalul unei părți

subtype ['sʌbtaip] *s* subclasă

suburbanization [ˌsəbə:bənai'zeiʃn] *s* suburbanizare

suburbanize [sə'bə:bənaiz] *vt* a suburbaniza

suburbia [sə'bə:biə] *s* suburbie, periferie

subvariety [ˌsʌbvə'raiəti] *s* subvarietate

subvassal [ˌsʌb'væsəl] *s ist* sub-vasal

subventioned [sʌb'venʃnd] *adj* subvenţionat

sub-zero [ˌsʌb'ziərəu] *adj* aflat sub zero

succession duties [sək'seʃn ,dju:-tiz] *s pl jur* taxe de moștenire

succession states [sək'seʃn steits] *s pl* the ~ *ist* statele care s-au format după dezmembrarea Austro-Ungariei

successively [sək'sesivli] *adv* succesiv; consecutiv; rând pe rând

successiveness [sək'sesivnis] *s* succesivitate

success story [sək'ses ,stɔ:ri] *s povestea unei persoane care pornește de la zero și sfârșește prin a avea succes deplin în viață*

succinite ['sʌksinait] *s* chihlimbar

succubus ['sʌkjubəs], *pl* **succube** ['sʌkjubai] *s* sucub

succursal [sʌ'kə:səl] *adj* auxiliar; de sucursală

suchwise ['sʌtʃwaiz] *adv* astfel

suck-bottle ['sʌk ,bɔtl] *s* biberon

sucking pig ['sʌkiŋ pig] *s* purceluș, purcel de lapte

suckling pig ['sʌkliŋ pig] *s* purceluș de lapte

sucrose ['su:krəuz] *s ch* zaharoză

suction pad ['sʌkʃn pæd] *s* ventuză

suction valve ['sʌkʃn vælv] *s* supapă de aspirație

Sudanic [su:'dænik] I *adj* sudanez II *s* limbă înrudită cu Bantu și vorbită în zona cuprinsă între Senegal și sudul Sudanului

sudd [sʌd] *s (cuvânt arab) masă plutitoare formată din tulpini de plante acvatice etc., care împiedică navigaţia pe Nilul Alb*

sudden infant death syndrome [ˌsʌdn ˌinfənt deθ 'sindrəum] *s moarte subită / neaşteptată a unui copil aparent sănătos*

sudor ['sju:də] *s lat sudoare, transpiraţie*

sudsy ['sʌdzi] *adj spumos; cu clăbuci*

suedette [swei'det] *s ţesătură de bumbac imitând pielea întoarsă*

suet pudding ['suit pudiŋ] *s gastr budincă preparată din carne cu grăsime, făină, pâine, stafide şi mirodenii*

sufferance wharf ['sʌfrəns wɔ:f] *s nav antrepozit într-un port liber*

suffocating ['sʌfəkeitiŋ] *adj* 1 *sufocant, înăbuşitor şi fig* 2 *(d fum) asfixiant*

suffragan ['sʌfrəgən] *s rel sufragant, ajutor de episcop*

sugar ant ['ʃugər ænt] *s ent furnică-roşie (Monomorium pharaonis)*

sugar candy ['ʃugə ˌkændi] *s candel*

sugar-coated [ˌʃugə'kəutid] *adj glasat*

sugar cube ['ʃugə kjub] *s bucăţică de zahăr*

sugar daddy ['ʃugə,dædi] *s F bărbat vârstnic care întreţine o femeie tânără*

sugared almond [ˌʃugəd 'a:mənd] *s drajeu*

sugar-free [ˌʃugə'fri:] *adj fără zahăr*

sugarless ['ʃugəlis] *adj fără zahăr*

sugar lump ['ʃugəlʌmp] *s bucată de zahăr*

sugar maple ['ʃugə ˌmeipl] *s bot paltin argintiu (Acer saccharum)*

sugar pea ['ʃugə pi:] *s mazăre law care se mănâncă şi păstaia şi boabele*

sugar pine ['ʃugə pain] *s bot pin-de-zahăr californian (Pinus lambertiana)*

sugar shaker ['ʃugə ˌʃeikə] *s zaharniţă cu găurele*

suggestiveness [sə'dʒestivnis] *s caracter sugestiv*

suiting ['sju:tiŋ] *s material / stofă pentru un costum*

Sulawesi [ˌsu:lə'weisi] *s geogr insulă indoneziană în arhipelagul malaiezian*

Suleiman [ˌsu:lei'ma:n] *~ the Magnificent* Suleiman I (sau II) Magnificul

sulfa drug ['sʌlfə drʌg] *s amer v.* **sulpha drug**

sulfate ['sʌlfeit] *s amer v.* **sulphate**

sulfide ['sʌlfaid] *s amer v.* **sulphide**

sulfonamide [sʌl'fɒnəmaid] *s amer v.* **sulphonamide**

sulfur ['sʌlfə] *s amer ch sulf, pucioasă*

sulpha drug ['sʌlfə drʌg] *s ch, brit med sulfamidă*

sulphate ['sʌlfeit] *s ch sulfat; copper / zinc ~ sulfat de cupru / zinc*

sulphide ['sʌlfaid] *s ch brit sulfură*

sulphonamide [sʌl'fɒnəmaid] *s ch sulfamidă*

sulphurate ['sʌlfjuəreit] *vt* 1 *a impregna / a îmbiba / cu pucioasă* 2 *a afuma cu pucioasă*

sulphuric [sʌl'fju:rik] *adj ch sulfuric, de sulf*

sulphurize ['sʌlfjuəraiz] *vt v.* **sulphurate**

sulphury ['sʌlfəri] *adj ch asemănător sulfului; sulfuric; sulfuros*

Sumatran [su'ma:trən] **I** *s locuitor din Sumatra* **II** *adj referitor la Sumatra*

Sumer ['su:mə] *s geogr teritoriu în sudul Mesopotamiei*

summa cum laude [ˌsʌmə kum 'laudei] *adj, adv amer cu cele mai bune / onorabile rezultate*

summer ['sʌmə] *s constr cosoroabă superioară*

summer beam ['sʌmə bi:m] *s constr talpa grinzii*

summer camp ['sʌməkæmp] *s amer tabără de vară*

summerly ['sʌməli] *adj de vară, văratic*

summer pudding ['sʌmə ˌpudiŋ] *s brit budincă preparată din fructe*

summer solstice ['sʌmə ˌsɒlstis] *s solstiţiul de vară*

summer squash ['sʌmə skɔ:ʃ] *s bot fructele unor plante înrudite cu bostanul (Cucurbita pepo-melopepo)*

summer term ['sʌmə tə:m] *s şcol trimestrul al treilea*

summerweight [ˌsʌmə'weit] *adj (d haine) de vară, uşor, lejer*

summit conference ['sʌmit ˌkɒnfərəns] *s conferinţă de vârf*

sumo ['su:məu] *s (sport) sumo; ~ wrestler sportiv care practică sumo*

sump oil ['sʌmp ɔil] *s brit auto baie de ulei*

sumptuosity [ˌsʌmptju'ɒsiti] *s* 1 *caracter somptuos* 2 *bogăţie, lux*

sumptuously ['sʌmptʃuəsli] *adv (în mod) somptuos*

sumptuousness ['sʌmptjuəsnis] *s v.* **sumptuosity**

sum total [ˌsʌm 'təutl] *s totalitate, rezumat;* the report contains the ~ of research in the field *raportul conţine rezumatul tuturor cercetărilor din acest domeniu*

sunbathing ['sʌnbeiðiŋ] *s şedere la soare, plajă*

sunbed ['sʌnbed] *s pat pliant; pat cu ultraviolete*

sunbelt ['sʌnbelt] *s amer* the ~ / Sunbelt *denumire dată tuturor statelor aflate în sudul S.U.A.*

sunblock ['sʌnblɒk] *s loţiune de plajă (care împiedică arderea pielii la soare)*

sunbonnet ['sʌnˌbɒnit] *s pălărie de soare cu boruri largi*

sunburst ['sʌnbə:st] *s amer bijuterie încrustată cu diamante radiind dintr-un centru*

sun-cured [ˌsʌn'kjuəd] *adj (d frunzele de tutun) uscat de soare*

sundae ['sʌndei] *s amer îngheţată cu fructe, sirop etc.*

sun dance ['sʌn ˌda:ns] *s dans ritual executat de indienii americani; (în Peru) dans ritual executat de către o persoană travestită în Zeul Soare*

sun deck ['sʌn dek] *s* 1 *nav puntea superioară a unei nave* 2 *acoperiş de clădire / terasă unde se poate sta la soare*

sundress ['sʌndres] *s rochie foarte decoltată, care lasă spatele, umerii şi braţele libere*

sun-dried [ˌsʌn'draid] *adj uscat la soare*

sun exposure ['sʌn iks,pəuʒə] *s expunere la soare*

sunk fence [ˌsʌŋk 'fens] *s şanţ în faţa intrării dintr-un zid de apărare*

Sun King [ˌsʌn'kiŋ] *s ist* the ~ Regele Soare (Ludovic al XIV-lea)

sunlessness ['sʌnlisnis] *s lipsă de soare; umbră*

sun lotion ['sʌn ləuʃn] *s loţiune de plajă*

sunlounger ['sʌn,laundʒə] *s brit* şezlong

sunn [sʌn] *s bot* cânepă-indiană *(Crotalaria juncea)*

Sunna ['sʌnə] *s rel* sunna

Sunni ['sʌni] *s (rel islamică)* sunnism

sunniness ['sʌninis] *s* **1** caracter *sau* aspect însorit **2** optimism; veselie, voioşie

Sunnite ['sʌnait] **I** *adj* sunnit, referitor la sunnism **II** *s* adept al sunnismului

sun parlour ['sʌn ,pɑːlə] *s amer* solariu *(într-o casă particulară)*

sunray lamp ['sʌnrei læmp] *s* lampă cu ultraviolete

sunray treatment ['sʌnrei ,triːtmənt] *s* helioterapie

sunrise industry ['sʌnraiz ,indəstri] *s* industrie de vârf

sunrising ['sʌnraiziŋ] *s* răsărit de soare, zori, auroră

sunscreen ['sʌn skriːn] *s* loţiune de plajă

sunsetting ['sʌnsetiŋ] *s* **1** apus de soare, asfinţit, amurg, crepuscul **2** *fig* apus, declin, asfinţit

sunshine law ['sʌnʃain lɔː] *s amer* lege referitoare la transparenţă în domeniul administrativ

sunshine roof ['sʌnʃain ruːf] *s auto* acoperiş culisant

sun shower ['sʌn ,ʃauə] *s F* ploaie cu soare

sun-soaked [,sʌn 'səukt] *adj* inundat / scăldat de soare

sunspecs ['sʌnspeks] *s F* ochelari de soare

sun-spotted [,sʌn 'spotid] *adj astr* cu pete solare

sun spurge ['sʌn spəːdʒ] *s bot* laptele-cucului, alior, arior, laptele-lupului *(Euphorbia helioscopia)*

sunsuit ['sʌnsjuːt] *s* costum de baie

suntanned ['sʌntænd] *adj* bronzat, prins de soare

sun visor ['sʌn ,vaizə] *s* parasolar *(într-un automobil)*

sun wheel ['sʌn wiːl] *s tehn* roată dinţată stelară

sun-worship ['sʌn ,wəːʃip] *s* cult al soarelui ca divinitate

sun-worshipper ['sʌn ,wəːʃipə] *s* **1** adept al cultului soarelui **2** fanatic al statului la soare

supawn [sjuː'pɔːn] *s amer dial* mămăligă

supe [sjuːp] *sl* **I** *s* **1** *teatru* figurant **2** *amer şcol* periuţă, linguşitor ordinar *(al profesorilor)* **II** *vi* **1** a fi figurant **2** a se ocupa cu linguşirea

superacidulated [,suːpərə'sidjuleitid] *adj* supraacidulat

superblock ['suːpəblɔk] *s amer* zonă în care este permis doar accesul pietonilor

Super Bowl ['suːpə bəul] *s amer* finala campionatului de fotbal american al S.U.A.

supercargo ['suːpə,kɑːgəu], *pl* **supercargoes** ['suːpə,kɑːgənz] *o nav* supraveghetor al încărcării unui vas comercial

supercelestial [suːpəsi'lestiəl] *adj* supraceresc

supercharged ['suːpətʃɑːdʒd] *adj tehn (d motoare)* supracomprimat

superclass ['suːpəklɑːs] *s biol* superclasă

supercomputer [,suːpəkəm'pjuːtə] *s* supercalculator, superordinator

superconductive [,suːpəkən'dʌktiv] *adj fiz* supraconductor

superconductivity [,suːpəkɔndak'tiveti] *s fiz* supraconducţie, supraconductibilitate

superconductor [,suːpəkən'dʌktə] *s fiz* supraconductor

superconscious [,suːpə 'kɔnʃəs] *adj* **1** mult prea conştient **2** care depăşeşte conştiinţa

superelevation [,suːpəreli'veiʃn] *s drumuri, ferov* supraînălţare, supraelevaţie (a drumului la curbe)

superexcellent [,suːpər'ekselənt] *adj* mai mult decât excelent; *(d mărfuri)* suprafin

superfamily ['suːpəfæməli] *s biol* superfamilie

superfatted [,suːpə'fætid] *adj (d săpun etc.)* excesiv de gras

superfetation [,suːpəfi'teiʃn] *s* prisosinţă, supraîmbelşugare; supraproducţie, excedent

superficialist [,suːpə'fiʃəlist] *s* **1** om superficial **2** lucrător prost, cârpaci; ageamiu

superfluent [suːpə'fluənt] *adj* excedentar, în plus, de prisos

supergiant ['suːpə,dʒaiənt] *s* **1** obiect de dimensiuni foarte mari **2** *astr* supergigant

supergrass ['suːpəgrɑːs] *s* informator al poliţiei care adesea este el însuşi delincvent

supergroup [1] ['suːpə,gruːp] *s* trupă de muzică rock ai cărei membri sunt deja celebri

supergroup [2] ['suːpə,gruːp] *s tel* grup secundar

superheating [,suːpə 'hiːtiŋ] *s* supraîncălzire

superhero ['suːpəhiərəu] *s* om cu calităţi deosebite, supraom

superhigh frequency [,suːpəhai 'friːkwənsi] *s rad* gamă de frecvenţe radio superioară gamei UIF, utilizată pentru transmisiile prin satelit

superhighway [,suːpə'haiwei] *s* autostradă

superimposable [,suːpərim'pəuzəbl] *adj* superimpozabil, care se poate suprapune

superimposition [,suːpər impə'ziʃn] *s* suprapunere

superincumbence [,suːpər in'kʌmbəns] *s rar* **1** suprapunere **2** împovărare, apăsare

superincumbency [,suːpər in'kʌmbənsi] *s v.* **superincumbence**

superintendentship [,suːpərin'tendəntʃip] *s* supraveghere; conducere; şefie

superior court [suː,piəriə 'kɔːt] *s jur* **1** *amer* curte supremă *(într-un stat din S.U.A.)* **2** instanţă supremă

superlunary [,suːpə'luːnəri] *adj* suprapământesc; ceresc

supernaculum [suːpə'nækjuləm] **I** *s* **1** cantitate dintr-un vas plin ochi **2** vin de cea mai bună calitate **3** *fig* lucru de mare preţ **II** *adv înv* to drink ~ a bea până la fund / până la ultima picătură

supernatant [suːpə'neitənt] *adj* care înoată la suprafaţă

supernova [,suːpə'nəuvə], *pl* **supernovas** [,suːpə'nəuvəz] **supernovae** [,suːpə'nəuviː] *s astr* supernovă

superorder ['suːpər,ɔːdə] *s biol* supraordin

superposable [suːpə'pəuzəbl] *adj* suprapozabil

supersaturated [suːpə 'sætʃəreitid] *adj ch* suprasaturat

superseder [suːpə'siːdə] *s* înlocuitor

supersedure [suːpə'siːdʒə] *s* înlocuire

superstore ['suːpəstɔː] *s* supermagazin

superstratum [ˌsuːpəˈstrɑːtəm], *pl* **superstrata** [ˌsuːpəˈstrɑːtə] *s geol* strat superior

supersubtle [ˌsuːpəˈsʌtl] *adj* de o subtilitate excesivă

supertanker [ˈsuːpətænkə] *s* tanc petrolier de peste 100000 de tone

supertonic [ˌsuːpəˈtɒnik] *s muz* a doua treaptă a gamei diatonice

supervision order [suːpəˈviʒn ˌɔːdə] *s jur* ordin de supraveghere

supervisory [ˌsuːpəˈvaizəri] *adj* referitor la supraveghere; **staff in ~ posts** personal cu rol de supraveghere

super woman [ˈsuːpərˌwumən] *s* femeie cu calități / puteri deosebite

supinate [ˈsjuːpineit] *vt* a întoarce *(mâna)* cu palma înainte *sau* în sus

supinely [ˈsjuːpainli] *adv* 1 *(culcat, întins etc.)* pe spate 2 cu indolență; cu moliciune; cu nepăsare

supineness [ˈsjuːpainnis] *s* moliciune; inerție; indolență

supperless [ˈsʌpəlis] *adj* care nu a cinat

supple jack [ˌsʌpl ˈdʒæk] *s amer* paiață, marionetă

supplely [ˈsʌplli] *adv* cu suplețe

supplemental air [sʌpli,mentl ˈeə] *s fizl* aer rezidual *(în plămâni)*

supplementarily [ˌsʌpliˈmentərili] *adv* ca supliment

suppleness [ˈsʌplinis] *s* 1 suplețe, flexibilitate, mlădiere 2 îndatorire, complezență 3 smerenie

suppletive [səˈpliːtiv] *adj lingv* supletiv

supplicant [ˈsʌplikənt] *adj* rugător, implorator

supplier [səˈplaiə] *s com* furnizor

supply-side economics [sə,plai said ekəˈnɔmiks] *s ec* teoria ofertei

supply teacher [səˈplai,tiːtʃə] *s brit* profesor suplinitor

supportive [səˈpɔːtiv] *adj* care oferă sprijin / ajutor; **my parents have always been very ~** părinții mei mi-au fost întotdeauna de mare ajutor; **they need ~ counselling** au nevoie să fie sprijiniți / orientați

supportless [səˈpɔːtlis] *adj* fără sprijin / ajutor

support price [səˈpɔːt prais] *s ec* preț subvenționat

supposal [səˈpəuzəl] *s* presupunere, supoziție; ipoteză

suppressible [səˈpresəbl] *adj* 1 care se poate trece sub tăcere 2 suprimabil, care se poate suprima 3 reprimabil, care se poate înăbuși / reprima

suppressor [səˈpresə] *s* 1 persoană care înăbușă *(o revoltă etc.)* 2 disimulator *(al unei acțiuni)*

suppressor grid [səˈpresə ˌgrid] *s telec* grilă de frânare

suppurating [ˈsʌpjuəreitiŋ] *adj* care supurează

supra [ˈsuːprə] *adv* peste, deasupra

suprahepatic [ˌsuːprəhiˈpætik] *adj anat* suprahepatic

supramundane [ˌsuːprəˈmʌndein] *adj* suprapământesc

suprasegmental [ˌsuːprəsegˈmentl] *adj* suprasegmental

supremacist [suˈpreməsist] *s* persoană care crede în supremația unui grup; **they are white ~s** ei cred în supremația rasei albe

surah [ˈsjuərə] *s text* surah

surbase [ˈsəːbeis] *constr* I *s* 1 ciubuc de plintă 2 cornișă II *vt* a construi *(o boltă etc. care se lasă în jos la mijloc)*

surcingle [ˈsəːsiŋgl] I *s* cingătoare, chingă *(de cai)* II *vt* a încinge, a lega cu o chingă *(un cal)*

surety bond [ˈʃuəti bɔnd] *s* garantare, cauționare

suretyship [ˈʃuətiʃip] *s* garantare, cauționare

surface area [ˈsəːfis ,eəriə] *s* suprafață

surface mail [ˈsəːfis meil] *s* serviciu de poștă care transportă corespondența pe uscat / pe mare

surface man [ˈsəːfis mæn], *pl* **surface men** [ˈsəːfis men] *s* 1 *min* lucrător la suprafață 2 *ferov* angajat al căilor ferate

surface noise [ˈsəːfis nɔiz] *s* zgomot de fond care apare într-o înregistrare pe fonograf

surface printing [ˈsəːfis ,printiŋ] *s poligr* imprimare cu plăci gravate în relief

surfacer [ˈsəːfisə] *s tehn* 1 mașină de îndreptat 2 mașină de polizat

surface soil [ˈsəːfis sɔil] *s* pământ vegetal

surface structure [ˈsəːfis ,strʌktʃə] *s lingv* structură de suprafață

surface-to-surface [ˌsəːfis tə ˈsəːfis] *adj mil* sol-sol

surfacing machine [ˈsəːfisiŋ mə,ʃiːn] *s tehn* mașină de îndreptat

surfboarder [ˈsəːfbɔːdə] *s* surfist

surfboarding [ˈsəːfbɔːdiŋ] *s* surf

surf boat [ˈsəːf bəut] *s* barcă pentru trecerea prin brizanți; piroagă pentru brizanți *(a havaienilor)*

surfcasting [ˈsəːfkɑːstiŋ] *s* tehnică de pescuit care constă în aruncarea momelii naturale / artificiale în largul oceanului sau într-un golf *(în locul unde se sparg valurile)*

surfer [ˈsəːfə] *s* surfist

surfride [ˈsəːfraid] *vi* a face surfing

surf rider [ˈsəːf ,raidə] *s sport* schior pe brizanți

surgeon general [ˌsəːdʒən ˈdʒenərəl] *s* 1 șeful serviciilor medicale din cadrul armatei S.U.A., având grad de general maior 2 șeful Biroului de Medicină și Chirurgie din cadrul armatei S.U.A., având gradul de contraamiral 3 medic șef din cadrul Biroului de Sănătate Publică *(în S.U.A.)*

surgical cotton [ˌsəːdʒiklˈkɔtn] *s* vată hidrofilă

surgical dressing [ˌsəːdʒikl ˈdresiŋ] *s* pansament

surging [ˈsəːdʒiŋ] I *adj* 1 *(d mare)* cu hulă 2 *(d mulțime)* agitat, în mișcare II *s* șoc, salt

Surinam [ˌsuəriˈnæm] *s geogr* stat în nordul Americii de Sud

Surinamese [ˌsuərinæˈmiːz] I *s* locuitor al Surinamului II *adj* referitor la Surinam

surma [ˈsəːmə] *s (cuvânt anglo-indian)* preparat din antimoniu cu care indiencele își vopsesc pleoapele

surmounter [səˈmauntə] *s* persoană care înfrânge *(dificultăți, pasiuni etc.)*

surplusage [səːˈplʌsidʒ] *s* supraîmbelșugare, supraabundență

surra(h) [ˈsuːrə] *s (cuvânt anglo-indian) vet* febră palustră a cailor

surrealistic [ˌsəriəlˈistik] *adj* suprarealist *și fig*

surrebutter [ˈsʌriebʌtə] *s jur* răspunsul reclamantului la replica apărării

surrejoinder ['sʌriədʒɔində] *s jur* excepție la răspunsul unei replici

surrogacy ['sʌrəgəsi] *s* stare de surogat / înlocuitor

surrogate mother [ˌsʌrəgeit 'mʌðə] *s* persoană care ține locul mamei

surveying [sə'veiiŋ] *s* releveu; măsurătoare de teren

survivalism [sə'vaivəlizm] *s* antrenament făcut în vederea supraviețuirii în caz de catastrofe

survivalist [sə'vaivəlist] *s* persoană care se pregătește în vederea supraviețuirii în caz de catastrofe

surviver [sə'vaivə] *s* supraviețuitor

survivor [sə'vaivə] *s v.* **surviver**

sus [sʌs] *s brit F* ~ *laws* sistem de legi abrogate în 1981 care autoriza arestarea persoanelor cu comportament suspect

sushi ['su:ʃi] *s gastr* fel de mâncare japonez preparat din orez și pește crud sau alge

suspected [səs'pektid] *adj* suspectat

suspended animation [səˌspendid æni'meiʃn] *s* **1** *med* încetarea temporară a tuturor funcțiilor vitale **2** hibernare

suspended sentence [səˌspendid 'sentəns] *s jur* condamnare cu suspendare

suspender belt [sə'spendə belt] *s* portjartier

suspire [səs'paiə] *vi poetic* a suspina, a ofta

suss [sʌs] *vt brit F* a-ți da seama; *fig* a mirosi, a adulmeca

sustainable [səs'teinəbl] *adj* de susținut, care se poate susține

sustaining pedal [səˌsteiniŋ 'pedəl] *s* pedală *(la pian, orgă)*

sustaining program [səˌsteiniŋ 'prəugræm] *s amer rad, telev* emisiune nesponsorizată

Svengali [ˌsveŋ'gɑːli] *s* manipulator

swad [swɔd] *s sl* recrut; soldat

swag [swæg] *s sl* **1** bunuri jefuite, pradă **2** mită

swage [sweidʒ] *tehn* **I** *s* **1** matriță de forjare **2** gâtuire **II** *vt* a forja la cald

swaggering ['swægəriŋ] **I** *adj* arogant; lăudăros, fanfaron **II** *s* mers țanțoș / arogant; lăudăroșenie

swagman ['swægmæn] *s F* vagabond

swale [sweil] *s amer* șes mlăștinos

swallet ['swɔlit] *s* **1** *geol* puț natural **2** *dial* apă subterană

swallowable ['swɔləubl] *adj* **1** care se poate înghiți; comestibil, care se poate mânca **2** *F (d o poveste)* credibil

swallower ['swɔləuə] *s* **1** înghițitor **2** *F* om care înghite tot felul de povești

swallow hole ['swɔləu həul] *s brit geol* arenă; prăpastie, vâltoare

swallow-tailed coat [ˌswɔləu teild 'kəut] *s* frac

swamp buggy ['swɔmp ˌbʌgi] *s* vehicul folosit la deplasarea prin mlaștini, ↓ hidroglisor

swamp fever ['swɔmp ˌfiːvə] *s amer* paludism, malarie

swampland ['swɔmplænd] *s* teren mlăștinos

swan neck ['swɔn nek] *s nav* gât-de-lebădă, răsuflătoare

swan-necked [ˌswɔn' nekt] *adj* cu gâtul ca de lebădă

swannery ['swɔnəri] *s* iaz pentru creșterea lebedelor

swan shot ['swɔn ʃɔt] *s* alice mari

swan-upping ['swɔnˌʌpiŋ] *s brit* recensământ anual al lebedelor de pe Tamisa, care sunt în proprietatea Coroanei

swap meet ['swɔpˌmiːt] *s amer* târg unde se vând, se cumpără sau se schimbă mărfuri de mâna a doua

SWAPO ['swɑːpəu] *presc de la* South West Africa People's Organization *s* Organizația populației din Africa de Sud-Vest

Swaraj [swə'rɑːdʒ] *s (în India)* mișcare pentru independență

Swarajist [swə'rɑːdʒist] *s (ist Indiei)* partizan al autonomiei Indiei

swarded ['swɔːdid] *adj* gazonat, acoperit cu gazon

swarf [swɔːf] *s* **1** pilitură *(de fier etc.)* **2** *met* bavură îndepărtată

swarming ['swɔːmiŋ] *s* **1** roire **2** mișunare, forfotire

swart [swɔːt] *adj înv (d ten)* pârlit, oacheș, închis

swastika ['swɔstikə] *s* zvastică

swatch [swɔtʃ] *s* mostră

swatter ['swɔtə] *s* plici *(pentru omorât muște)*

Swazi ['swɑːzi] *s* etnic din Swaziland *(stat în Africa de Sud)*

swearer ['sweərə] *s* **1** persoană care prestează jurământ **2** persoană care înjură, suduie

swearing ['sweəriŋ] *s* **1** atestare sub prestare de jurământ **2** prestare de jurământ **3** înjurătură

sweat box ['swet bɔks] *s sl* carceră

sweater ['swetə] *s* **1** pulover, flanelă de lână **2** *peior* exploatator

sweatiness ['swetinis] *s* umezeală datorită transpirației

sweatshop ['swetʃɔp] *s* mică întreprindere care angajează muncitori în condiții improprii

sweat suit ['swet suːt] *s* trening

swede [swiːd] *s brit bot* specie de varză cu rădăcină comestibilă; nap

swedge [swedʒ] *s tehn* dorn, montură

Swedish gymnastics [ˌswidiʃ dʒim'næstiks] *s (folosit ca sg)* gimnastică suedeză

Sweeney ['swiːni] *s brit sl* membru al brigăzii mobile a poliției londoneze

sweep hand ['swiːp hænd] *s (la ceas)* secundar

sweet-and-sour [ˌswiːt n'sauə] *adj (d sos)* cu gust dulce-acrișor

sweet chestnut [ˌswiːt 'tʃestnʌt] *s bot* castan *(Castanea sativa)*

sweet cider [ˌswiːt 'saidə] **1** *amer* cidru nefermentat **2** *brit* cidru dulce

sweetiepie ['swiːtipai] *s F* om / lucru drăguț, bomboană

sweetmeal ['swiːtmiːl] *adj brit* ~ *biscuit* fursec

sweet orange [ˌswiːt 'ɔrindʒ] *s bot* portocal *(Citrus sinensis)*

sweet reed [ˌswiːt 'riːd] *s bot* trestie-de-zahăr chinezească *(Sorghum vulgare / saccharatum)*

sweet root [ˌswiːt 'ruːt] *s v.* **licorice**

sweet rush [ˌswiːt 'rʌʃ] *s bot* obligeană, trestie-mirositoare *(Acorus calamus)*

sweet shop ['swiːt ʃɔp] *s brit* cofetărie

sweet talk ['swiːt tɔːk] **I** *s* lingușeli; vorbe dulci **II** *vt* a duce cu vorba, a linguși; *don't try to* ~ *me* nu încerca să mă duci cu vorba / să mă convingi cu lingușeli

sweet wood [ˌswiːt 'wud] *s bot* denumire generică dată mai multor plante tropicale din America *(din fam Nectandra, Amyris etc.)*

sweety ['swiːti] **I** *adj dial (d vreme)* frumos, plăcut **II** *s* **1** drăguț(ă), iubit(ă) **2** *pl* bomboane, dulciuri

swell box ['swel bɔks] *s* cutie a regulatorului de intensitate (*la orgă*)

swell-headed [ˌswel'hedid] *adj F* arogant, încrezut

swelteringly ['sweltəriŋli] *adv* it's ~ hot e o căldură înăbușitoare; a ~ hot day o zi caniculară

swiftly ['swiftli] *adv* **1** rapid, în grabă **2** prompt

swimming bell ['swimiŋ bel] *s zool* umbrelă (*de meduză*)

swimming cap ['swimiŋ kæp] *s* cască de baie

swimming instructor ['swimiŋ inˌstrʌktə] *s* instructor / profesor de înot

swimwear ['swimweə] *s* costum de baie

swine pipe ['swain paip] *s orn* sturz (*Turdus iliacus*)

swingboat ['swiŋbəut] *s* barcă mi-că, nacelă

swinger[1] ['swiŋə] *s tehn* troliu pivo-tant

swinger[2] ['swiŋə] *s* **1** *persoană modernă, care merge la multe petreceri, baruri de noapte etc.* **2** dezmățat, desfrânat

swing gate ['swiŋ geit] *s ferov* barieră rotitoare

swinging boom [ˌswiŋiŋ 'buːm] *s nav* tangon de pupă

swing joint ['swiŋ dʒɔint] *s tehn* îmbinare articulată

swingletree ['swiŋltriː] *s tehn* cru-ce de atelaj

swingometer [swiŋ'ɔmitə] *s indi-cator care afișează fluctuațiile procentelor cu care sunt aleși candidații de pe listele elec-torale*

swing shift ['swiŋ ʃift] *s amer F schimb de lucru care durează de la ora 16 până la miezul nopții; echipă care lucrează în acest schimb*

swing swang [ˌswiŋ 'swæŋ] *s F oscilație completă (a unei pen-dule)*

swipes ['swaips] *s pl sl* bere de proastă calitate

swirly ['swəːli] *adj* cu vârtejuri

swishy ['swiʃi] *adj* **1** foșnitor, care fâșâie **2** efeminat

Swiss-French [ˌswis'frentʃ] **I** *s* **1** *lingv* limba romanică vorbită de retoromani, romanșă **2** retoro-man **II** *adj* referitor la retoromani

Swiss-German [ˌswis'dʒəːmən] **I** *s* **1** *lingv* germana vorbită în El-veția **2** elvețian vorbitor de lim-bă germană

Swiss Guard [ˌswis 'gɑːd] *s mic grup de soldați care formează garda Papei*

switchboard operator ['switʃbɔːd ɔpəreitə] *s* telefonist

switched-on [ˌswitʃt'ɔn] *adj brit F* la modă, modern

switcheroo [ˌswitʃə'ruː] *s amer sl* răsturnare de situație, turnură neașteptată a evenimentelor

switch-hitter ['switʃhitə] *s amer* **1** jucător aflat la bătaie care lo-vește mingea la fel de bine cu ambele mâini (*în baseball*) **2** persoană bisexuală

switching ['switʃiŋ] *s cib, el, tel* comutare

switch lamp ['switʃ læmp] *s ferov* felinar de ace

switchman ['switʃmən], *pl* **switch-men** ['switʃmen] *s ferov* acar, macagiu

switchover ['switʃəuvə] *s* trecere (*de la o metodă la alta, de la un sistem la altul*); there's to be a ~ from the British to the continen-tal system s-a făcut o trecere de la sistemul britanic la cel con-tinental

switch tender ['switʃ ˌtendə] *s v.* switchman

switch tower ['switʃ ˌtauə] *s amer ferov* cabină de acar

swivel bridge ['swivl bridʒ] *s (drum)* pod turnant / rotitor

swivel chain ['swivl tʃein] *s tehn* carabină cu lanț

swivel pin ['swivl pin] *s auto* pivot de fuzetă

swiz(z) [swiz] *s brit F* escrocherie, înșelătorie

swoony ['swuːni] *adj sl* clasa pri-ma, grozav, strașnic

swoosh [swuʃ] *vi F (d apă)* a susura; (*d vehicule, cauciucuri*) a merge cu viteză foarte mare, a scrâșni; the express train ~ed past expresul a trecut rapid / în viteză pe lângă noi

sword fight ['sɔːd fait] *s* luptă cu sabia

sword knot ['sɔːd nɔt] *s* ciucure sau curelușă care atârnă de mânerul sabiei

sword mat ['sɔːd mæt] *s nav* paiet țesut

sword-swallower ['sɔːd ˌswələuə] *s* înghițitor de săbii

swotting ['swotiŋ] *s brit F* studiu intens, toceală

swung dash ['swʌŋ dæʃ] *s* tildă

sycamine ['sikəmain] *s bot înv* mur (*Rutus fructicosus*)

sycophantic [ˌsikə'fæntik] *adj* de sicofant

sycophantically [ˌsikə'fæntikəli] *adv* ca un sicofant

syllabary ['siləbəri] *s* alfabet silabic

syllabicate [si'læbikeit] *vt* a sila-bisi

syllabub ['siləbʌb] *s* **1** *brit (băutură din)* lapte covăsit cu vin și zahăr **2** stil pompos

syllogistically [siləˈdʒistikəli] *adv* silogistic

sylph-like [ˌsilf'laik] *adj* ca de silf; ca un silf

sylva ['silvə] *s* floră silvestră

sylvanite ['silvənait] *s minr* silvanit

symbolization [ˌsimbəlai'zeiʃn] *s* simbolizare

symmetrically [si'metrikli] *adv* (în mod) simetric

symmetrize ['simitraiz] *vt* a face simetric; a așeza simetric

symmetry ['simətri] *s* simetrie

sympathy strike ['simpəθi straik] *s* grevă de solidaritate

symphonic poem [sim'fɔnik 'pəuim] *s muz* poem simfonic

symphonic orchestra [simˌfɔnik 'ɔːkistrə] *s muz* orchestră sim-fonică

symptomatize ['simptəmətaiz] *vt* a fi un simptom de

symptomatology [ˌsimptəmə'tol-ədʒi] *s* simptomatologie

synal(o)epha [ˌsinə'liːfə] *s lingv* sinalefă

synapse ['sainæps] *s anat* sinapsă

synapsis [si'næpsis] *s (genetică)* sinapsă

synarchy ['sinəki] *s* sinarchie

synchro ['siŋkrəu] *s auto F* cutie de viteză sincronizată

synchroflash ['siŋkrəuflæʃ] *s foto* flash sincronizat

synchronistic [ˌsiŋkrə'nistik] *adj* sincronic

synchronizer ['siŋkrənaizə] *s* sin-cronizator; dispozitiv de sincro-nizare

synchronoscope [sin'krɔnəskəup] *s el* sincronoscop

synchronously ['siŋkrənəsli] *adv*
sincronic; simultan
syncline ['siŋklain] *s geol* sinclinal
syndical ['sindikəl] *adj* sindical
syndicalism ['sindikəlizm] *s* sindi-
calism
syndicalist ['sindikəlist] *s* sindi-
calist
synergia [si'nə:dʒiə] *s ret* sinergie
synergism ['sinədʒizm] *s* sinergie
synesthesia [,sinis'θi:zjə] *s* sines-
tezie
synodal ['sinodəl] *adj* sinoidal
synodic(al) [si'nɔdlk(əl)] *adj* sinodic
synopsize [si'nɔpsaiz] *vt amer* a
face un sumar / rezumat

syntactically [sin'tæktikli] *adv* din
punct de vedere sintactic
syntagm ['sintæm] *s* sintagmă
syntagmatic [,sintæg'mætik] *adj*
lingv sintagmatic
syntax error ['sintæks ,erə] *s cib*
eroare de sintaxă
synthetic rubber [sin,θetik 'rʌbə]
s cauciuc sintetic
syntonic [sin'tɔnik] *adj tel* sintonic
syntonize ['sintənaiz] *vt rad* a
acorda tonic
syrtis ['sə:tis] *s* banc de nisip
system analysis ['sistəm ə,næli-
sis] *s cib* analiză de sistem

system analyst ['sistəm ,ænəlist]
s cib analist
system disk ['sistəm disk] *s cib*
disc de pe care se poate în-
cărca sistemul de operare, disc
sistem
system error ['sistəm ,erə] *s cib*
eroare de sistem
systems engineer ['sistəmz en-
dʒi,niə] *s cib* inginer de sistem
systems engineering ['sistəmz
endʒi,niəriŋ] *s cib* inginerie de
sistem
system software ['sistəm ,softweə]
s cib soft de sistem

T

tabby ['tæbi] *s* **1** moar *(de mătase)* **2** *constr* amestec de pietriș, nisip, var și apă **3** fată bătrână; cumătră **4** pisică tărcată *(cu dungi negre, maro și gri)*

tabor ['teibə] *s muz, ist* tobă mică

tache [tæʃ] *s F* mustață

tackily ['tækili] *adv* jalnic, lamentabil; vulgar, de prost gust

tacking ['tækiŋ] *s* însăilare; **you'll have to take the ~ out of the skirt** va trebui să scoți tivul provizoriu al fustei

tacking stitch ['tækiŋ stitʃ] *s* punct de însăilare, împunsătură *(de ac)*

tact [tækt] *s* tact, diplomație, delicatețe *(în comportament)*

tad [tæd] *s F* **1** puștan, băiețaș, strengar **2** pic, strop; **we had only a ~** n-am avut decât un pic; **the coat is a ~ expensive** haina e puțin / nițel cam scumpă

taeniacide ['ti:niəsaid] *s med* remediu contra teniei

Taff [tæf] *F (peior, umor)* locuitor din Țara Galilor, velș

tagboard ['tægbɔ:d] *s* carton pentru ecusoane / etichete

tagmeme ['tægmi:m] *s lingv* tagmem

Tagus ['teigəs] *s* **the ~** fluviul Tajo

tahini [tə'hi:ni] *s gastr* tahini

tail assembly ['teil ə,sembli] *s av* derivă

tail back ['teilbæk] *s* ambuteiaj; **a 3-mile ~** un ambuteiaj de 5 km

tail feather ['teil ,feðə] *s* pană de la coada păsărilor

tailor's tack [,teilə:z 'tæk] *s* cusătură de însăilare

tail race ['teil reis] *s hidr nav* etambou

tail section ['teil ,sekʃn] *s av* partea din spate a avionului, fuselajul posterior

tail water ['teil ,wɔ:tə] *s hidr* apă uzată

Taiwanese [,taiwə'ni:z] *s, adj* taivanez

takeaway ['teikəwei] **I** *s* restaurant de unde se poate lua mâncarea la pachet **II** *adj* ~ restaurant restaurant care servește mâncare la pachet

takeover bid ['teikəuvə bid] *s* ofertă publică de cumpărare

talcose ['tælkəus] *adj* de talc

talk-in ['tɔ:k in] *s F* întâlnire în cursul căreia se discută și se face schimb de idei

talking head [,tɔ:kiŋ 'hed] *s telev* prezentator TV *(încadrat astfel încât nu-i apare decât capul)*

tallow wood ['tæləu wud] *s bot* specie de eucalipt *(Eucalyptus microcorys)* din a cărui scoarță se extrage o substanță bogată în tanin

tall ship ['tɔ:l ʃip] *s nav* tip de velier cu greement pătrat

taluk ['tɑ:luk] *s (cuvânt anglo-indian)* **1** subdiviziune administrativă în India de Vest **2** proprietate ereditară

tamarin ['tæmərin] *s zool* tamarin *(Lentocebus)*

taming ['teimiŋ] *s* îmblânzire, domesticire, dresare

Tammanysm ['tæmənizm] *s amer, pol* corupție la nivel guvernamental / administrativ

tana ['tɑ:nə] *s (cuvânt anglo-indian)* **1** secție polițienească **2** post militar

tandoori [tæn'duəri] *s gastr* bucăți de carne marinate coapte / prăjite în cuptor *(specialitate culinară indiană)*

tanga ['tæŋgə] *s* slip foarte sumar

tangled ['tæŋgld] *adj* **1** încâlcit, încurcat **2** complicat, confuz; ~ **story** poveste încurcată / confuză

tankful ['tæŋful] *s* conținutul unui rezervor / al unei cisterne

tank top ['tæŋk tɔp] *s* bluză fără mâneci, decoltată și răscroită adânc

tank trap ['tæŋk ,træp] *s mil* șanț antitanc

tanning ['tæniŋ] *s* **1** bronzare *(la soare)* **2** tăbăcire, argăsire **3** *fig* chelfăneală, mamă de bătaie

Tanzanian [,tænzə'niən] **I** *adj* tanzanian, din Tanzania **II** *s* tanzanian

Taoiseach ['ti:ʃək] *s* titlu dat primului ministru al Republicii Irlanda

tape cleaner ['teip ,kli:nər] *s tehn* dispozitiv / substanță pentru curățarea capetelor de redare / înregistrare

tape deck ['teip dek] *s tehn* magnetofon / casetofon „deck", magnetofon / casetofon fără amplificare finală și difuzoare

tape drive ['teip draiv] *s tehn* sistem de antrenare / derulare de bandă magnetică, unitate de bandă magnetică

tape head ['teip hed] *s tehn* cap de citire / redare

tape reader ['teip ,ri:də] *s cib* sistem de citire a benzii perforate

tape recording ['teip ri,kɔ:diŋ] *s tehn* înregistrare *(pe bandă magnetică)*

tape streamer ['teip,stri:mə] *s cib* sistem de citire / derulare de bandă

tape transport ['teip ,trænspɔ:t] *s tehn* sistem care antrenează / derulează banda

taramasalata [,tærəməsə'lɑ:tə] *s gastr* salată de icre *(specialitate culinară turcească)*

Taranto [tə'ræntəu] *port în Italia*

target language ['tɑ:git ,læŋgwidʒ] *s lingv* limba țintă, limba în care se traduce

tarpan ['tɑ:pæn] *s zool* cal sălbatic din Asia Centrală

tartlet ['tɑ:tlit] *s* **1** tartă mică **2** femeie ușoară, târfuliță

tartrazine ['tɑ:trəzi:n] *s ch* substanță colorantă utilizată pentru vopsirea lânii sau fabricarea pigmenților alimentari

tarty ['tɑ:ti] *adj* vulgar, de prost gust

Tasman Sea [,tæzmən 'si:] *s* **the ~** Marea Tasmaniei

tasteable ['teistəbl] *adj* care se poate gusta

tastelessly ['teistlisli] *adv (d îmbrăcăminte, podoabe)* lipsit de gust, vulgar

tatters ['tætəz] *s pl* **1** zdreanță, buleandră; **to tear to ~** a rupe în bucăți, a face praf **2** *F* cerșetor, calic, vagabond

tatty[1] ['tæti] *s (cuvânt anglo-indian)* paravan / rogojină de iarbă, de bambus etc. *cu care se astupă ferestrele sau ușile contra vântului*

tatty[2] ['tæti] *adj (d haine)* tocit, ros, uzat; *(d persoane)* amărât, zdrențaros; *(d clădiri)* șubrezit, deteriorat, ruinat; *(d cărți)* zdrențuit, cu colțurile rupte

tawny owl [,tɔːni 'əul] *s orn* huhurez·mic *(Strix aluco)*

tax adjustement ['tæks əd,dʒʌstmənt] *s fin* redresare / ameliorare fiscală

tax allowance ['tæks ə,ləuəns] *s fin* reducere de impozit / taxe

tax avoidance ['tæks ə,voidəns] *s fin* evaziune fiscală realizată prin abuz de mijloace legale

tax bracket ['tæks ,brækit] *s fin* tranșă de impozit

tax code ['tæks kəud] *s fin* categorie / clasă de impozit

tax disc ['tæks disk] *s fin* chitanță pentru achitarea impozitelor pe automobil

tax exempt ['tæks ik,sempt] *s fin* scutit de taxe / impozite, neimpozabil

tax exile ['tæks,egzail] *s persoană care se expatriază pentru a evita plata unor impozite mari pe venit*

tax form ['tæks fɔːm] *s fin* declarație de impozit

taxi fare ['tæksi feə] *s* costul / tariful unei călătorii cu taxiul

tax incentive ['tæks in,sentiv] *s fin* atragerea clienților în sistemul de asigurări

tax inspector ['tæks ins,pektə] *s* agent fiscal

taxman ['tæksmæn] *s* 1 perceptor 2 *brit* the ~ fiscul

tax relief ['tæks ri,liːf] *s fin* degrevare de impozit / taxe; to get a ~ on smth a obține o degrevare de impozit

tax shelter ['tæks ,ʃeltə] *s fin* scutire de taxe, cheltuială scutită de impozit

tax threshold ['taks ,θreʃəld] *s fin* limită de impozare

T-bar ['tiːbɑː] *s* 1 teleschi 2 *tehn* cheie de piuliță *(tubulară cu mâner fix)* 3 *tehn* profil (în formă de) T

TCP [,tiːsiː'piː] *presc de la* trichlorophonaxyacetic acid dezinfectant utilizat pentru răni / gargare

te [tiː] *s muz* (nota) si

tea bag ['tiːbæg] *s* punguță de ceai

tea boy ['tiː bɔi] *s brit om de serviciu însărcinat cu prepararea ceaiului*

tea bread ['tiːbred] *s* prăjitură (servită la ceai)

tea break ['tiː breik] *s* pauză de ceai

teacart ['tiːkɑːt] *s* cărucior pe rotile folosit la servirea ceaiului

teacher certification ['tiːtʃə sə,tifi,keiʃn] *s amer* diplomă de profesor

teacher education ['tiːtʃə edju,keiʃn] *s amer* instruirea / pregătirea profesorilor

teacher evaluation ['tiːtʃə evə,lju,eiʃn] *s amer* evaluarea competenței profesorilor

teacher's aide [,tiːtʃəz 'eid] *s amer* asistentul unui profesor

teacher's pet [,tiːtʃəz 'pet] *s* elev favorizat de profesor

teacher training [,tiːtʃə 'treiniŋ] *s* pregătirea / instruirea profesorilor ~ certificate diplomă de profesor

teaching aid ['tiːtʃiŋ eid] *s* material didactic auxiliar

teaching diploma ['tiːtʃiŋdi,pləumə] *s* diplomă de profesor

teaching fellow ['tiːtʃiŋ,feləu] *s student care beneficiază de instruire gratuită și colaborează în schimb la activitatea didactică*

teaching practice ['tiːtʃiŋ,præktis] *s* practică pedagogică; to go on ~ a face practică pedagogică

tea egg ['tiː eg] *s* strecurătoare pentru ceai *(în formă de ou)*

tea lady ['tiː,leidi] *s brit* persoană care prepară / servește ceaiul

team boat ['tiːm bəut] *s* barcă, bac tras de cai

team member ['tiːm ,membə] *s* membru al unei echipe, echipier

Teamster's Union [,tiːmstəz'juniən] *s amer* sindicatul șoferilor de camioane

team teaching ['tiːm ,tiːtʃiŋ] *s* (metodă de) predare în echipă

tea plant ['tiː plɑːnt] *s* arbore de ceai

tea plate ['tiː pleit] *s brit* farfurie mică, farfurioară pentru desert

tearjerking ['tiədʒə:kiŋ] *adj F* excesiv de sentimental / patetic, siropos

TEC [tek] *presc de la* Training and Enterprise Council centru de instruire / formare

technical college [,teknikl 'kɔlidʒ] *s* institut de tehnologie

technical drawing [,teknikl 'drɔːiŋ] *s* desen tehnic

techonologically [,teknə'lɔdʒikli] *adv* din punct de vedere tehnologic, pe plan tehnologic

teen[1] [tiːn] *dial s* 1 mâhnire, necaz, nefericire, supărare 2 mânie, furie

teen[2] [tiːn] *adj* referitor la tineret / adolescenți; ~ idol idol al tineretului

teepee ['tiːpiː] *s amer* cort al pieilor roșii; colibă indiană

teeter-totter [,tiːtə'totə] *s* scrânciob, leagăn

Teflon ['teflon] *s* teflon; a ~ coated pan cratiță, tigaie de teflon

teg [teg] *s dial* 1 oaie în al doilea an 2 căprioară în al doilea an

telecommuting [,telikə'mjuːtiŋ] *s* muncă la domiciliu folosind computerul și transmițând apoi rezultatele prin diverse mijloace de telecomunicație

telecom(s) ['telikɔm(z)] *presc de la* telecommunication

Telefax ['telifæks] *s* telefax

telegraphically [,teli'græfikli] *adv* telegrafic; în stil telegrafic

telemarketing ['telimɑːkitiŋ] *s* vânzare prin telefon

Telemessage ['telimesidʒ] *s brit* corespondență / comunicare prin mijloace electronice

telepathic [,teli'pæθik] *adj* telepatic, privitor la telepatie

telephone answering machine [,telifəun 'ænsəriŋ məʃiːn] *s* robot telefonic

telephone subscriber ['telifəun,sʌbskraibə] *s* abonat telefonic

telephone tapping ['telifəun ,tæpiŋ] *s* supravegherea convorbirilor telefonice

teleportation [,telipɔ:'teiʃn] *s* telekinezie

teleprint ['teliprint] *vt* a transmite prin teleimprimator

teleprocessing [,teli'prəusesiŋ] *s (d calculatoare)* funcționare în rețea prin mijloace telefonice, telegrafice

telesales ['teliseilz] *s pl* vânzare prin telefon

teleselling [,teli'selin] s v. **tele-marketing**

telesoftware [,teli'sɔftweə] s software pentru teletext

telestich [ti'lestik] s poezie în care literele finale alcătuiesc un cuvânt

teletypewriter [,teli'taipraitə] s amer teleimprimator

televangelist [,teli'ivændʒəlist] s evanghelist care predică la televizor

televiewing ['telivju:in] s acțiunea de a privi la televizor; program de televiziune

television licence [teli'viʒn ,laisəns] s brit redevență (pentru televiziune)

television tube [teli'viʒn tju:b] s tub catodic

teleworking ['teliwə:kiŋ] s v. **telecommuting**

telic ['telik] adj care tinde spre un scop bine definit, teleologic

telling-off [,telin'ɔf] pl **tellings-off** [,telinz'ɔf] s dojană / mustrare; to get a good ~ a primi o mustrare, a fi admonestat

Temperate Zone [,temprit 'zəun] s geogr Zona temperată

temper tantrum ['tempə ,tæntrəm] criză de furie; to throw a ~ a avea o criză de furie

Temple Bar ['templ bɑ:] s poartă în partea estică a Londrei unde primarul vine pentru a-l întâmpina pe suveran

temporal lobe [,temprəl 'ləub] s anat lobul temporal

ten-cent-store [,tensent 'stɔ:] 1 magazin care vinde articole / obiecte în valoare de 5-10 cenți 2 magazin care vinde articole ieftine

tenderizer ['tendəraizə] s substanță folosită la frăgezirea cărnii / produselor din carne

tenement building ['tenmənt ,bildiŋ] s imobil cu apartamente

Tenerife [,tenə'ri:f] geogr cea mai întinsă dintre insulele Canare

tenotomize [te'nɔtəmaiz] vt a împărți (un tendon)

tenpenny ['tenpəni] adj (în valoare) de 10 penny

ten-pin ['ten pin] I adj amer de popice II s popic

tenpin bowling ['tenpin ,bəuliŋ] s brit bowling, joc de popice

tensibility [tensi'biliti] s tensibilitate, ductilitate

tensile strength ['tensail strenθ] s rezistență la întindere / tracțiune

tensive ['tensiv] adj care dă senzația de rigiditate / contractare

tensor ['tensə] s 1 anat mușchi tensor 2 mat tensor

tenuously ['tenjuəsli] adv (în mod) precar / superficial

tenuousness ['tenjuəsnis] s 1 (d fire) subțirime; (d voce) slăbiciune, lipsă de tărie 2 (d legături, relații) precaritate, superficialitate; (d dovezi, argumente) lipsă de motivație, superficialitate 3 (d existență) precaritate, nesiguranță 4 fiz rarefiere

tenured ['tenjuəd] adj titular (pe un post)

tenure-tracked [,tenjuə'træk] adj amer pe cale de titularizare; he's got a ~ job va fi titularizat pe post în curând

tephra ['tefrə] s geol cenușă vulcanică

terebinthine [,terə'binθain] adj ca terebentina

terminally ['tə:minəli] adv 1 la termen 2 în faza finală / terminală; to be ~ ill a fi bolnav incurabil, în ultima fază a bolii

terminologist [,tə:mi'nɔlədʒist] s specialist în terminologie

term insurance [,tə:m 'inʃuərəns] s asigurare pe termen

termly ['tə:mli] I adj trimestrial II adv trimestrial, pe trimestru

terrace ['terəs] s șir de case ieftine cu un etaj sau două

terrace cultivation ['terəs kʌlti-,veiʃn] s agr cultură în terasă

terrestrially [ti'restriəli] adv pământesc, pământean

terricolous [te'rikələs] adj care trăiește în pământ, în sol

terrified ['terifaid] adj îngrozit, înspăimântat, înfricoșat

terrifying ['terifaiŋ] adj 1 terifiant, îngrozitor 2 copleșitor, teribil

terrifyingly ['terifaiŋli] adv (în mod) îngrozitor, înspăimântător

tersely ['tə:sli] adv laconic, concis

Terylene ['teriliːn] s tergal

TESL ['tesl] presc de la Teaching (of) English as a Second Language predarea limbii engleze ca limbă secundară

TESOL ['ti:sɔl] presc de la Teaching English to Speakers of Other Languages predarea limbii engleze ca limbă străină

testaceous [tes'teiʃəs] adj zool având carapace/scoarță/înveliș tare, calcaros

test ban ['test bæn] s interzicere a testării armelor nucleare în atmosferă

test-bed ['test bed] s tehn banc de probă / încercare (la bordul unui submarin / avion)

test card ['test kɑːd] s brit miră (la televizor)

testing ['testiŋ] I adj dificil, greu de suportat II s 1 (d un produs, un vehicol) testare, încercare, verificare 2 med (d vedere, auz) examinare, verificare; (d sânge, urină) analiză 3 (d inteligență, cunoștințe, aptitudini) evaluare; (d candidați) evaluare, examinare

testing bench ['testiŋ bentʃ] tehn, med banc de încercare

testing ground ['testiŋ ,graund] s teren de încercare / probă; Scotland is often used as a ~ for new government policies Scoția este deseori folosită ca teren de testare a noilor măsuri guvernamentale

test signal ['test ,signəl] s tehn semnal de test

tetracycline [,tetrə'saikli:n] s tetraciclină

tetraplegic [,tetrə'pli:dʒik] I s tetraplegic II adj tetraplegic

Tex-Mex [,teks'meks] I s 1 bucătărie mexicană adaptată la gusturile americanilor 2 muz muzică mexico-americană II adj referitor la cultura mexico-americană

textured vegetable protein [,tekstʃəd 'vedʒtəbl prəuti:n] s proteină vegetală cu gust și aspect de carne

TGIF [,ti:dʒi:ai'ef] presc de la thank God it's Friday! bine că a mai trecut o săptămână!

thalassaemia brit, **thalassemia** amer [,θælə'si:miə] s med talasemie, anemie hemolitică ereditară

thankyou letter ['θæŋkju:,letə] s scrisoare de mulțumire

Thatcherism ['θætʃərizm] s pol politica dusă de Margaret Thatcher

Thatcherite ['θætʃərait] I s pol adept al politicii lui Margaret Thatcher II adj referitor la adepții politicii lui Margaret Thatcher

theatreland ['θɪətəlænd] *s brit* cartier al teatrelor

theme park ['θi:m‚pɑːk] *s* parc de distracţii amenajat după tema principală a unei poveşti

theme tune ['θi:m tjuːn] *s* **1** temă melodică a unui film **2** *brit* melodie-temă cântată la începutul şi / sau sfârşitul unui program

theorematic(al) [θɪərə'mætikəl] *adj* care face parte dintr-o teoremă

therapist ['θerəpist] *s* terapeut, psihoterapeut

thereabout ['ðɛərəhaut] *adv amer* **1** (cam) pe acolo; prin preajmă / împrejurimi; nu departe de acolo **2** cam / aproximativ; cam aşa ceva

thermal paper [‚θəːml 'peipə] *s poligr* hârtie pe care se imprimă sub efect termic *(pentru fax)*

thermal printer [‚θəːml 'printə] *s poligr* imprimantă care funcţionează cu hârtie pe care se imprimă sub efect termic

thermocouple ['θəːməukʌpl] *s tehn* termocuplu

thermography [θəˈmɔgrəfi] *s med* termografie

thermostatically [‚θəːmə'stætikli] *adv* cu ajutorul termostatului; **~ controlled** control prin termostat / termostatic

thiazol(e) ['θaiəzəul] *s ch* tiazol

thickener ['θikmə] *s* **1** *ch* întăritor *(pentru vopsele)* **2** *tehn* decantor (de şlam)

thickie ['θiki] *s F brit* prostănac, neghiob, imbecil

thickish ['θikiʃ] *adj* destul de dens; grosut; groscior

thicko ['θikəu] *s* debil, tâmpit

thieving ['θiːviŋ] *adj F* referitor la hoţi, hoţesc

thingy ['θiŋi] I *s* **1** *F* obiect mic, lucru, chestie; parte mică a unui dispozitiv; **have you seen the ~ for the food processor?** ai văzut butonul / şurubul de la robotul de bucătărie? **2** *(d persoane)* cutare, cutărică, un oarecare II *adj* referitor la lucruri, real, material

think tank ['θiŋk tæŋk] *s* grup de experţi pentru cercetări interdisciplinare

third-degree burn [‚θəːd digri:'bəːn] *s* arsură de gradul trei

third reading [‚θəd'riːdiŋ] *s (în parlament)* procedură în cursul căreia textul unui proiect de lege este dezbătut (pentru a fi ulterior supus la vot)

thirty something [‚θəːti 'sʌmθiŋ] *adj* caracteristici ale unor persoane în vârstă de treizeci de ani provenite din medii înstărite

thitherto [‚ðiðətuː] *adv* până atunci

thornbill ['θɔːnbil] *s orn* **1** pasăre colibri din genurile *Romphomicron* şi *Chalcostigma* **2** pasăre-spin *(Acanthiza)*

Thousand Island Dressing [‚θauzənd'əilənd dresiŋ] *s gastr* sos preparat cu maioneză, ketchup şi felii de castraveciori

threateningly ['θretniŋli] *adv (d comportament, gesturi)* ameninţător; *(d voce, ton)* ameninţător

three-day event [‚θriːdei i'vent] *s* concurs hipic care durează trei zile

three-line whip [‚θriːlain 'wip] *s pol* invitaţie adresată unui deputat de a lua parte la o dezbatere sau la vot

Three Mile Island [‚θriːmail 'ailənd] Three Mile Island *(localitate din S.U.A. unde s-a petrecut un accident într-o centrală nucleară în anul 1979)*

three-way [‚θriː' wei] *adj tehn* **1** *(d robinet, supapă etc.)* cu trei căi **2** *ferov* cu linie triplă **3** *el (d comutator)* cu trei direcţii

thrift shop ['θrift ʃɔp] *s magazin în care se vând articole de mâna a doua şi se realizează profituri pentru opere caritabile*

thrips [θrips], *pl invar* **thrips** [θrips] *s ent* trips *(Thrips)*

thrivingly ['θraiviŋli] *adv* înfloritor

thrusting ['θrʌstiŋ] *adj* dinamic, întreprinzător, îndrăzneţ

thumbs-down [‚θʌmz'daun] *s* act de respingere, dezaprobare; **my proposal was given the ~** propunerea mea a fost respinsă

thumbs-up [‚θʌmz'ʌp] *s* act / gest de aprobare / încurajare; **to give ~** a da cale liberă

thunderbox ['θʌndəbɔks] *s F umor* toaletă, closet, budă

thunder sheet ['θʌndə ʃiːt] *s* placă mare de tablă galvanizată suspendată de o frânghie şi lovită pentru a imita zgomotele de tunet, explozie *(folosită în teatru)*

thymelaeaceous [‚θimili'eiʃəs] *adj bot* din familia *Thymelaeaceae*

thymine ['θaimiːn] *s ch* timină, bază azotată din acizi nucleici

thyristor [θai'ristə] *s tehn* tiristor

thyroid cartilage [‚θairɔid 'kɑːtilidʒ] *s anat* cartilaj tiroid

thyroxin(e) [θai'rɔksin] *s ch* tiroxină

Tiananmen Square [‚tjænənmen 'skweə] *s* Piaţa Tiananmen

Tibesti [ti'besti] *s* **the ~** *geogr* (masivul) Tibesti

tical [ti'kɑːl] *s* **1** unitate de măsură de groutate *(în Siam şi Birmania)* egală cu 1490 g **2** monedă siameză

ticca ['tikə] *adj (cuvânt anglo-indian)* de închiriat; **~ gharry** trăsură închiriată cu ora

tich [titʃ] *s brit* **1** microb **2** *(d persoane)* persoană foarte plăpândă, stârpitură, pitic

tichy ['titʃi] *adj brit F* minuscul, foarte mic

Ticino [ti'tʃiːnəu] *s geogr* cantonul elveţian Ticino / Tessin

tickertape parade ['tikəteip pə‚reid] *s (în America)* defilare *(în cadrul căreia o celebritate naţională este întâmpinată sub o ploaie de confeti)*

ticket machine ['tikit mə‚ʃiːn] *s* distribuitor automat de tichete / bilete

ticket tout ['tikit taut] *s persoană care cumpără şi apoi revinde bilete cu suprapreţ, bişniţar*

tickle pitcher ['tikl‚pitʃə] *s pop* beţiv

tick-tack-toe [‚tiktæk'təu] *s amer* (un fel de) x şi zero *(joc)*

ticky-tacky [‚tiki'tæki] I *s* materiale de proastă calitate folosite în special în construcţii II *adj* banal, lipsit de individualitate

tic tac [‚tik'tæk] *s brit* semn discret *(pe care şi-l fac persoanele care se ocupă de organizarea şi evidenţa pariurilor la curse, pentru a-şi da informaţii despre cotele pariurilor)*

tiddler ['tidlə] *s* **1** plevuşcă, peşte mărunt **2** *iht (orice)* peşte din familia *Gasterosteidae* **3** puşti **4** *sl* minisubmarin *(folosit de englezi în al doilea război mondial)*

tiddly ['tidli] I *adj* beat II *s* băutură (alcoolică)

tideline ['taidlain] s nav **1** limita fluxului sau refluxului **2** fig umor margine de jeg, mizerie (în jurul băii / gâtului)

tide race ['taid reis] s nav curent de maree rapidă

tidy-out ['taidi aut] s curățenie (generală);

tiebreaker ['taibreikə] s **1** sport mijloc de departajare (a concurenților aflați la egalitate) **2** probă secundară, auxiliară (într-un joc); întrebare suplimentară (într-un test)

tied cottage [,taid 'kɔtidʒ] s brit casă construită în preajma unei ferme și locuită de muncitorii care lucrează acolo

tied house [,taid 'haus] s local închiriat de la o fabrică de bere, al cărui patron se aprovizionează cu băuturi produse de respectiva fabrică

tied up [,taid 'ʌp] adj ocupat, absorbit, prins

tie-dye ['tai dai] vt a vopsi țesături astfel încât acestea să nu aibă o culoare uniformă

tie-dyeing ['tai ,daiŋ] s metodă manuală de vopsire a țesăturilor astfel încât acestea să nu aibă o culoare uniformă

tie line ['tai lain] s el, tel linie de legătură / de cuplaj

tie-tack ['tai tæk] s (tip de) ac de cravată

Tiger balm ['taigə baːm] s alifie / unsoare mentolată folosită ca panaceu

tiger shark ['taigə ʃaːk] s iht specie de rechin (Stegostoma tigrinum)

tight-arsed brit, **tight-assed** amer [,tait 'aːst] adj, sl prea rigid, convențional, constipat

Tigré ['tiːgrei] s geogr regiune situată la nord de Etiopia

tiled [taild] adj **1** învelit cu țigle / cu olane **2** pardosit / căptușit cu plăci de ceramică

tiliaceous [,tili'eiʃəs] adj bot din familia tiliaceelor

timberman ['timbəmən], pl **timbermen** ['timbəmen] s min miner de la susținere, armator

time check ['taim tʃek] s tel contor de convorbiri; control al timpului

time filler ['taim ,filə] s lucru care ține pe cineva ocupat / îi ocupă timpul; I'm doing this job as a ~ fac munca aceasta numai pentru a-mi umple timpul

time frame ['taim freim] s răgaz de timp

time-lapse photography [,taimlæps fə'tɔgrəfi] s fotografie accelerată

time loan ['taim ləun] s împrumut cu dată de scadență fixă

time machine ['taim mə,ʃiːn] s mașină a timpului, mașină de călătorit în timp

time-out ['taim aut] s pauză (în sport); pauză, repaus

time-saver ['taim ,seivə] s mijloc de economisire a timpului

time-share ['taim ʃeə] s **1** locuință de vacanță închiriată / deținută în proprietate de mai multe familii care o folosesc pe rând, pe anumite perioade **2** cib diviziune de timp

time slice ['taim slais] s cib diviziune de timp

time trial ['taim ,traiəl] s sport cursă contra cronometru

time warp ['taim wɔːp] s discontinuitate, suspensie de timp; the country seems to have entered a ~ se pare că timpul s-a oprit în această țară

timing device ['taimiŋ di,vais] s mecanism de orologerie (la bombe); mecanism de ceasornicărie

timing mechanism ['taimiŋ ,mekənizəm] s el mecanism de orologerie (la contor cu dublu tarif)

tinderbox ['tindəbɔks] s **1** cutie metalică în care se păstrează iască, amnar și cremene pentru aprinderea focului; clădire / loc unde se află materiale inflamabile **2** adj situație explozivă, butoi de pulbere

tine [tain] s **1** dinte (de furculiță, ferăstrău etc.) **2** ramificație a coarnelor de cerb

ting-a-ling [,tiŋ-ə'liŋ] s onomatopeic dring-dring

tingly ['tiŋgli] adj înțepător, pișcător, care furnică

tinkling ['tiŋkliŋ] I s țiuit, clinchet II adj (d clopote) care sună; (d apă) care susură

tinkly ['tiŋkli] adj v. tinkling (II)

tinter ['tintə] s geam colorat (pentru proiecții în culori)

tip-off ['tip ɔːf] s F aluzie, indicație; avertisment, prevenire; a ~ to the police led to his arrest cineva l-a vândut poliției

tipped [tipt] adj care acoperă / învelește vârful / capătul; ~ with steel cu vârful învelit, îmbrăcat în fier

tipper truck ['tipə trʌk] s autocamion basculant

Tipp-Ex ['tipeks] I s pastă albă, lichidă folosită la corectarea / ștergerea erorilor II vt ~ out a șterge / corecta folosind această pastă

tiredly ['taiədli] adv obosit, fără vlagă

tissue type ['tisjuː taip] s anat tip de țesut

titch [titʃ] s v. tich

titchy ['titʃi] adj v. tichy

titfer ['titfə] s brit F pălărie

tithe barn ['taið baːn] s hambar construit pentru depozitarea dijmelor în natură plătite bisericii

titian ['tiʃn] adj galben venețian

titivation [,titi'veiʃn] s F dichisire, gătire, ferchezuire

title sheet ['taitl ʃiːt] s poligr coală de titlu

title track ['taitl træk] s piesă muzicală care dă titlul unui album

Titoism ['tiːtəuizm] s politica dusă de Iosip Broz(ovitch) Tito

Titoist ['tiːtəuist] I adj referitor la politica lui Iosip Broz(ovitch) Tito II adept al acestei politici

tit-tat-to [,tit-tæt-'təu] s **1** încrucișare, păienjeniș, încurcătură **2** neînțelegeri

tiz-woz ['tizwɔz] brit F v. tizzy

tizz [tiz] F v. tizzy

tizzy ['tizi] s **1** înv monedă de șase peni **2** agitație, surescitare; all in a ~ în mare fierbere, pe jăratic, pe cărbuni

toad-in-the-hole [,təud-in-ðə 'həul] s gastr (un fel de) plăcintă cu carne

toadstone ['təud stəun] s minr melafir

toadying ['təudiiŋ] s peior lingușire

toasty ['təusti] I adj F cald și plăcut / comfortabil; it's ~ in here e plăcut aici II s v. toastie

tobacco brown [tə,bækəu 'braun] I adj invar de culoarea tutunului II s culoarea tutunului

tocher good ['tɔhə gud] s scot zestre

toeless ['təulis] adj fără deget de la picior; (d pantofi) decupat

toe-piece ['təu piːs] s opritor (la schi)

toerag ['təuræg] s brit peior mizerie, jeg

toe-strap ['təu stræp] s curea, bandă care se leagă peste degetele de la picior pentru a fixa ceva (un schi etc.)

toffee-apple ['tɔfi ˌæpl] s bot tomată (Lycopersicum esculentum)

togetherness [tə'geðənis] s unitate, solidaritate, camaraderie; apropiere (fizică)

Togo ['təugəu] s stat în Vestul Africii

toilet bag ['tɔilit bæg] s trusă de toaletă

toilet-train ['tɔilit trein] vt a învăţa un copil că şi faci nevoile la oliţă

tolerantly ['tɔlərəntli] adv cu toleranţă, tolerant

toll charge ['təul tʃɑːdʒ] s 1 taxă percepută pentru traversarea unui pod 2 tel tarif interurban

toll free [ˌtoul 'friː] I adj (d servicii telefonice) gratuit II adv (în mod) gratuit

tomboyish ['tɔmbɔiiʃ] adj (d fete) băieţos

Tom, Dik and Harry [ˌtɔm dik ənd'hæri] s F lumea simplă, plevuşcă; every ~ toată lumea, oricine (oricât de simplu)

tone deafness ['təun ˌdefnis] s faptul de a fi aton, afon

tone language ['təun ˌlæŋgwidʒ] s lingv limbă în care variaţiile de ton sunt folosite pentru a distinge diversele sensuri ale unor cuvinte scrise la fel

tone quality ['təun ˌkwɔliti] s muz calitate a sunetului

Tonga ['tɔŋgə] s stat în sudul oceanului Pacific

Tongan ['tɔŋgən] s 1 locuitor al statului Tonga 2 limba vorbită în statul Tonga II adj referitor la statul Tonga

tongue-in-cheek [ˌtʌŋin'tʃiːk] I adv (în mod) nesincer, ironic, prea exagerat II adj nesincer, ironic

tonic sol-fa [ˌtɔnik 'sɔlfɑː] s muz sistem de solfegiere

toolcase ['tuːlkeis] s cutie de scule

toolchest ['tuːltʃest] s ladă de scule

toolmaking ['tuːlmeikiŋ] s fabricare de scule / unelte

top-class [ˌtɔp 'klɑːs] adj excelent, de prima clasă

top-down [ˌtɔp 'daun] adj ierarhizat

top-hatted [ˌtɔp'hætid] adj cu joben, care poartă joben

top-level [ˌtɔp'levəl] adj care se află la cel mai înalt nivel

top-ranking [ˌtɔp'ræŋkiŋ] adj de prim rang, care deţine o poziţie înaltă

tops [tɔps] I s F maximă calitate; it's the ~! e clasa-ntâi! II adj excelent

TOPS [tɔps] presc de la Training Opportunities Scheme program de reciclare profesională (în Marea Britanie)

top-security [ˌtɔp si'kjuərəti] adj de maximă securitate

topspin ['tɔpspin] s sport topspin

top ten [ˌtɔp 'ten] s topul primelor zece melodii / hiturilor

top-up ['tɔpʌp] s brit actul de a umple (paharul) din nou; can I give you a ~ ? să-ţi mai torn, mai vrei o picătură?

top water ['tɔp ˌwɔːtə] s min apă dintr-un orizont aflat mai sus de stratul productiv / din acoperiş

toreador pants ['tɔriədɔːˌpænts] s pantaloni prinşi sub genunchi

torque wrench ['tɔːk rentʃ] s tehn cheie tarată

torture chamber ['tɔːtʃə ˌtʃeimbə] s cameră de tortură

touché ['tuːʃei] 1 interj sport touché! 2 (d observaţii, acuzaţii) atins! bine zis!

touch kick ['tʌtʃ kik] s sport punerea pe tuşa (lovitură spre tuşă cu scopul de a câştiga teren)

touch rugby ['tʌtʃ ˌrʌgbi] s sport tip de rugby fără placaj

touch-tone [ˌtʌtʃ 'təun] adj tel (d telefon) cu ton selectat cu claviatură

touch-type ['tʌtʃ taip] vi a dactilografia fără a privi tastatura maşinii

tour guide ['tuə gaid] s (d persoane) ghid; (d cărţi) ghid turistic

tourist trade ['tuərist treid] s turism; the country relies on its ~ ţara scoate mari venituri din turism

tourist traffic [ˌtuərist 'træfik] s afluenţă de turişti

tour operator ['tuə ˌɔpəreitə] s firmă care propune călătorii la preţuri forfetare, agenţie de voiaj; firmă de autocare / autobuze care organizează excursii

tow-away zone [ˌtəu əwei 'zəun] s zonă interzisă parcării, din care sunt ridicate vehiculele parcate neregulamentar

towbar ['təubɑː] s tehn bară de remorcat

tower block ['tauə blɔk] s brit bloc turn

tower crane ['tauə krein] s tehn macara-turn

tow-headed [ˌtəu-'hedid] adj brit cu părul cânepiu / blond

town centre ['taun ˌsentə] s centrul oraşului

town scape ['taun skeip] s peisaj urban

towtruck ['təutrʌk] s camion de depanare

toxicant ['tɔksikənt] s toxic

toy boy ['tɔi bɔi] s peior, umor tânăr care iese cu o femeie mai în vârstă decât el

toymaker ['tɔimeikə] s fabricant de jucării

trace element ['treis elimənt] s biol oligoelement

traceried ['treisərid] adj arhit (împodobit / ornamentat) cu nervuri

tracker dog ['trækə dɔg] s câine poliţist

track event ['træk iˌvent] s sport probă desfăşurată pe pistă

tracking ['trækiŋ] s 1 urmărire; (d proiectile, rachete) reperare 2 amer şcol repartizarea elevilor pe secţii în funcţie de aptitudinl

tracking shot ['trækiŋ ʃɔt] s cin travling

tracking station ['trækiŋˌsteiʃn] s staţie de supraveghere

track meet ['træk miːt] s amer competiţie de atletism

track racing ['træk ˌreisiŋ] s sport curse pe pistă

track rod ['træk rɔd] s auto bieletă de direcţie

tractive force [ˌtræktiv 'fɔːs] s tehn forţă de tracţiune

tractor feed ['træktə fiːd] s cib dispozitiv de antrenare a hârtiei

tractor-trailer ['træktə ˌtreilə] s amer semiremorcă

trade association ['treid əsəusiˌeiʃn] s asociaţie sindicală

trade barriers ['treid ˌbæriəz] s barieră vamală

Trade Descriptions Act [ˌtreid diskripʃnz 'ækt] lege britanică împotriva publicităţii mincinoase

trade fair ['treid feə] *s* târg, expoziție
trade gap ['treid gæp] *s* deficit comercial
traditionally [trə'diʃnəli] *adv* (în mod) tradițional
traffic control ['træfik kən,trəul] *s* controlul circulației; *av, nav* control de trafic; ~ **tower** turn de control
traffic controller ['træfik kən,trəulə] *s av* control de trafic
traffic offence ['træfik ə,fens] *s* încălcare a codului rutier
traffic pattern ['træfik,pætən] *s av* procedurile de apropiere, virare și schimbare de altitudine prescrise unui avion care vine la aterizare
traffic police ['træfik pə,li:s] *s* poliție rutieră
traffic policeman ['træfik pə,li:smən] *s* agent de circulație
trail bike ['treil baik] *s* motocros
trail blazing [,treil'bleiziŋ] *adj* de pionierat / început
trail eye ['treil ai] *s mil* ochiul de împerechere *(la afetul de tun)*
Training Agency ['treiniŋ,eidʒənsi] *s* the ~ organism britanic creat în 1989, care propune stadii de instruire și reciclare
training camp ['treiniŋ kæmp] *s* tabără de antrenament
training college ['treiniŋ,kɔlidʒ] *s* colegiu pentru instruirea profesorilor
training course ['treiniŋ kɔ:s] *s* perioadă / etapă de instruire
training shoes ['treiniŋ ʃu:z] *s* pantofi de sport
train set ['trein set] *s* trenuleț electric
train spotting ['trein,spotiŋ] *s* supravegherea trenurilor
trannie ['træni] *s* tranzistor
transactional [træn'zækʃnəl] *adj* tranzacțional
transduce [,trænz'dju:s] *vt tehn* a transforma
transduction [,trænz'dʌkʃn] *s fiz* transformarea energiei dintr-o formă în alta; *biol* transducție
transferee [,trænsfə(:)'ri:] *s jur, com* cesionar
transfer-listed [,trænsfə:'listid] *adj brit* referitor la lista de transfer; **to be** ~ a fi pe lista jucătorilor care pot fi transferați
transfer passenger ['trænsfə:,pæsindʒə] *s* pasager aflat în tranzit *(între două zboruri)*

transformational grammar [trænsfə,meiʃnəl 'græmə] *s lingv* gramatică transformațională
transmitting [trænz'mitin] I *s tel* emițător II *adj* emițător
transmutable [trænz'mju:təbl] *adj* care poate fi transmutat
Transport House ['træns'pɔ:t haus] *clădire din Londra care a adăpostit sediul sindicatului muncitorilor din transporturi și alte servicii iar până în 1980, sediul partidului laburist*
transputer [træns'pju:tə] *s cib* calculator integrat care tratează informațiile în paralel
transverter [trænz'və:tə] *s rad* emițător-receptor adițional
trapdoor spider ['træpdɔ:,spaidə] *s zool* migala *(păianjen tropical din familia Ctenizidae)*
trasher ['træʃə] *s amer* golan, lichea, secătură
trashman ['træʃmæn] *s* gunoier
traumatize ['trɔ:mətaiz] *vt brit* a traumatiza
travelator ['trævəleitə] *s* bandă rulantă *(pentru persoane și mărfuri)*
travel brochure ['trævl,brəuʃə] *s* pliant turistic
Travelcard ['trævlkɑ:d] *s* abonament *(pentru transport comun la Londra)*
travel insurance ['trævl in,ʃuərəns] *s* asigurare de călătorie
travelling library [,trævliŋ 'laibrəri] *s* 1 colecție de cărți împrumutate unei instituții *(bibliotecă, școală)* 2 bibliobuz
travelling people [,trævliŋ 'pi:pl] *s* oameni care călătoresc
travolator ['trævəleitə] *s v.* **travelator**
traycloth ['treiklɔθ] *s* șervețel (de pus pe tavă)
treacle pudding ['tri:kl,pudiŋ] *s brit* budincă de melasă
treacle tart ['tri:kl tɑ:t] *s* tartă cu melasă
treas. *presc de la* **treasurer** trezorier
treehouse ['tri:haus] *s* colibă / casă construită într-un copac
tree-lined [,tri:'laind] *adj* mărginit de copaci
trench mouth ['trentʃ mauθ] *s med* anghină ulceroasă
trench warfare ['trentʃ,wɔ:feə] *s* război în cursul căruia forțele

inamice atacă și contraatacă dintr-un sistem de tranșee protejat de sârmă ghimpată
trendsetter ['trendsetə] *s* persoană care deschide drumuri noi, inițiator; persoană care lansează un nou stil în modă
trendsetting ['trendsetiŋ] I *adj* care lansează o nouă modă; *(d idei)* de avangardă II *s* lansarea unei mode
Trento ['trentəu] *s* oraș în nordul Italiei
triage [tri'ɑ:ʒ] *s* 1 triere, triaj; sortare 2 triere, sortare de boabe de cafea
triangulation [trai,æŋgju'leiʃn] *s* 1 triangulație *(în geodezie)* 2 prevestire, previziune bazată pe fapte cunoscute
triangulation station [trai,æŋgju'leiʃn,steiʃn] *s* centru geodezic
triathlon [trai'æθlɔn] *s sport* triatlon
Tribune Group ['tribju:n gru:p] the ~ *s pol* grup de deputați de stânga ai partidului laburist din Marea Britanie
tricentennial [,traisen'tenjəl] I *s* tricentenar II *adj* tricentenar
triceratops [trai'serətɔps] *s* triceratops *(reptilă fosilă din Cretacic)*
trichology [tri'kɔlədʒi] *s* tricologie *(disciplină medicală care studiază afecțiunile pielii acoperite cu păr)*
trichord ['traikɔ:d] *muz* I *s* instrument (muzical) cu trei coarde II *adj* cu trei coarde
trickle charger ['trikl,tʃɑːdʒə] *s el* sursă de încărcare intermitentă (a acumulatoarelor electrice)
tricktrack ['triktræk] *s* (joc de) table
trictrac ['triktræk] *s v.* **tricktrack**
Tridentine Mass [tri,dentain 'mæs] *s* mesă celebrată în limba latină
trifocal [trai'fəukl] I *adj opt (d lentile)* trifocal II *s* lentilă trifocală
trigger finger ['trigə,fiŋgə] *s* degetul cu care se apasă pe trăgaci, index
trig point ['trig pɔint] *s* centru geodezic
trimeter ['trimitə] *s metr* trimetru
trimonthly [trai'mʌnθli] *adj* trimestrial
trinary ['trainəri] *adj* ternar, compus din trei unități

Trinidad and Tobago [trini,dæd ænd tə'beigəu] *s stat în Marea Caraibelor*

Trinidadian [,trini'dædiən] **I** *s* locuitor al Trinidadului **II** *adj* referitor la Trinidad

trinitroglycerin [trai,naitrəu'glisəri:n] *s ch* nitroglicerină

trio sonata ['tri:əu sə,na:tə] *s muz* sonată interpretată de un trio

trip switch ['trip switʃ] *s el* întrerupător

trip wire ['trip ,waiə] *s mil* fir de declanșare *(la mine)*

triumphalist [trai'ʌmfəlist] *adj* îngâmfat, infatuat, vanitos

triumphantly [trai'ʌmfəntli] *adv* (în mod) triumfal, victorios

t-RNA [,ti:a:r en'ei] *presc de la* transfer RNA *ch, biol* ARN de transfer

troctolite ['trɔktəlait] *s minr* troctolit

trog [trɔg] *vi* F a trena, a lâncezi; *vr* a se târî, a umbla cu greutate

troilism ['trɔilizm] *s* triolism, practică sexuală în trei

Trojan War [,trəudʒən 'wɔ:] *s* războiul troian

trooping ['tru:piŋ] *s brit* salutarea drapelului național; *Trooping the Colour* defilare de regimente ce are loc în fiecare an, la ziua oficială de aniversare a reginei

Trot [trɔt] *peior presc de la* Trotskyst **I** *adj* referitor la adepții politicii lui Lev Davidovici Troțki **II** *s* adept al politicii lui Lev Davidovici Troțki

trotline ['trɔtlain] *s* montură cu mai multe cârlige pentru pescuit pe fundul apei

troubled ['trʌbld] *adj* **1** îngrijorat, preocupat **2** *(d somn, respirație)* agitat, zbuciumat; *(d apă)* învolburat; *(d viață)* frământat, zbuciumat

trouble-free [,trʌbl'fri:] *adj* (d călătorii, echipamente) sigur, fără probleme; *(d viață)* lipsit de griji; *(d industrie)* fără greve / agitații

trouncing ['traunsiŋ] *s* înfrângere *(în sport)*; *we gave Rovers a real ~* i-am bătut la sânge pe cei de la Rovers

trouser ['trauzə] *adj* care se referă la pantaloni; *~ pockets* buzunarele pantalonilor

truck driver ['trʌk ,draivə] *s* șofer de camion, camionagiu

truck stop ['trʌk stɔp] *s* refugiu pe șosea (pentru camioane)

true-life [,tru: 'laif] *adj* adevărat, palpabil, trăit (în realitate)

true north [,tru: 'nɔ:θ] *s* nordul geografic

trumpeting ['trʌmpitiŋ] *s* **1** muget (de elefant, rinocer) **2** anunțarea, proclamarea unui eveniment prin sunete de trompetă

truss bridge ['trʌs bridʒ] *s* pod cu grinzi cu zăbrele

trust account ['trʌst ə,kaunt] *s fin* cont deschis într-o bancă comercială, creat fie prin anumite dispoziții testamentare, fie prin transfer de proprietate

trustbuster ['trʌst,bʌstə] *s* persoană oficială (procuror) care intentează acțiune legală împotriva companiilor care nu funcționează în deplină legalitate

trustfully ['trʌstfuli] *adv* (în mod) încrezător, optimist

trust fund ['trʌst fʌnd] *s fin* **1** bani, proprietate care aparține unui fond **2** proprietate pentru care posesorul este considerat responsabil *(ca și când ar fi mandatar)* **3** fond guvernamental (constând în bani destinați anumitor scopuri și administrați separat de celelalte fonduri)

trust hospital ['trʌst ,hɔspitl] *s* spital care se autogestionează, dar continuă să rămână bugetar

trusting ['trʌstiŋ] *adj* (d persoane, priviri) încrezător

truth-condition ['tru:θ kən,diʃn] *s log, filoz* condiție necesară și prealabilă

truth-function ['tru:θ ,fʌŋkʃn] *s log* funcție de adevăr

truth value ['tru:θ,vælju] *s log, filoz* valoare de adevăr

T-section ['ti: ,sekʃn] *s tehn* profil (în formă de) T

T-shaped [,ti:'ʃeipt] *adj* în formă de T

T-stop ['ti: stɔp] *s fot* ~ *system* sistem de reglare a deschiderii diafragmei

TTL [,ti:ti:'el] *adj presc de la* through the lens ~ *measurement* măsurare a intensității luminoase prin obiectiv

tube dress ['tju:b dres] *s brit* rochie dreaptă și largă

tube feed ['tju:b fi:d] *vt med* a hrăni prin perfuzii

tuberculosed [tju'bə:kjuləust] *adj med* tuberculizat

tube skirt ['tju:b skə:t] *s brit* fustă dreaptă, largă și lungă

Tubuai Islands [tu:bu:,ai 'ailəndz] *s geogr* arhipelag vulcanic în sudul Oceanului Pacific (Polinezia franceză)

tuck box ['tʌk bɔks] *s brit* gamelă, cutie cu mâncare adusă de acasă

tuffet ['tʌfit] *s* **1** smoc de iarbă **2** taburet, taburel

tufted duck [,tʌftid 'dʌk] *s orn* rața-moțată (Aythya fuligula)

tug-of-love [,tʌg əv 'lʌv] *s brit* conflict creat între părinții aflați în divorț pentru obținerea custodiei copilului

tumble-dry [,tʌmbl'drai] *vt* a stoarce rufele (la mașina de spălat)

tuned-in [,tju:nd 'in] *adj tehn* **1** branșat **2** receptiv, atent

tuner amplifier ['tju:nə,æmplifaiə] *s el* amplificator tuner

tungsten carbide ['tʌŋstən ,ka:baid] *s ch* carbură de wolfram

tungsten steel ['tʌŋstən sti:l] *s met* wolfram

tuning ['tju:niŋ] *s muz* **1** acordare **2** *rad, telev* acordare (pe post) **3** *fiz, tel* reglaj

tuning key ['tju:niŋ ki:] *s* acordor

tunnage¹ ['tʌnidʒ] *s înv* impozit pe vinurile importate

tunnage² ['tʌnidʒ] *s nav* **1** tonaj, capacitate de încărcare **2** taxe (în funcție de tonaj)

tunnel effect ['tʌnl i,fekt] *s el* efect de tunel (trecere a unui purtător de sarcină printr-o barieră de potențial)

tunneling machine ['tʌnəliŋ mə,ʃi:n] *s tehn* foreză

tuppenny-ha'penny [,tʌpni'heipni] *adj brit* nevaloros, de doi bani

turbocharged ['tə:bəutʃa:dʒd] *adj auto* turbo

turbocharger [,tə:bəu'tʃa:dʒə] *s auto* turbocompresor

turboelectric [,tə:bəui'lektrik] *adj auto* turboelectric

turbofan ['tə:bəufæn] *s av* ~ engine turboreactor (cu dublu flux) cu ventilator

Turks and Caicos Islands [,tə:ks ænd'keikəs ailəndz] *s geogr* grup de insule în Oceanul Atlantic

turnabout ['tə:nəbaut] *s* **1** schimbare de direcție; stânga-mprejur **2** schimbare subită de părere, atitudine

turnaround ['tə:nəraund] *amer v.* **turnround**

turned [tə:nd] *adj* **1** *(d lapte)* fermentat, acrit **2** ~ **comma** ghilimea; ~ **period** virgulă *(care desparte unitățile de zecimalele unui număr)*

turned-on [,tə:nd'ɔn] *adj* F **1** informat, avizat **2** excitat (sexual); **to get ~** a se excita

turning radius ['tə:niŋ ,reidiəs] *s auto* diametrul cercului de rotire / întoarcere

turnkey system ['tə:nki: ,sistəm] *s cib* sistem de cheie

turn-on ['tə:nɔn] *s* F **what a ~!** ce excitant!

turnround ['tə:nraund] *s* **1** pauză necesară între două călătorii *(la nave, avioane)*; timp necesar pentru descărcarea mărfurilor; *nav* durata / rotația escalei; *cib* întârziere (la executarea unei comenzi) **2** schimbare, răsturnare; schimbare de opinie

turn signal lever [,tə:n signəl 'levə] *s auto* întrerupător de semnalizare

turntable ladder ['tə:nteibl ,lædə] *s* scară pivotantă (pe mașina de pompieri)

turret head ['tʌrit hed] *s mil* tanchist-observator *(care dirijează mișcările tancului din postul de observație aflat în turelă)*

turtleback ['tə:tlbæk] *s nav* (tip de) punte convexă care permite scurgerea apei

tutti frutti [,tu:ti'fru:ti] *s* înghețată cu fructe confiate

tweeze [twi:z] *med* **I** *s înv* trusă (medicală) **II** *vt* F a smulge, a scoate, a îndepărta cu penseta

twenty first [,twenti 'fə:st] *s* al douăzeci și unulea, a douăzeci și una

twenty four [,twenti 'fɔ:] *adj* **a ~ -hour petrol station** benzinărie deschisă permanent; **open ~ hours a day** deschis non stop

twenty one [,twenti 'wʌn] *s* „douăzeci și unu" *(joc de cărți)*

twenty-twenty vision [,twenti twenti 'viʒn] *adj* referitor la acuitatea vizuală normală a ochiului uman *(care poate distinge la o distanță de aproximativ șapte metri un caracter cu înălțimea de trei centimetri)*

twin-bedded [,twin'bedid] *adj* cu două paturi

twin bill ['twin bil] *s cin* F *program* în care se includ două filme de lung metraj

twin cylinder ['twin ,silində] *s auto* motor cu doi cilindri

twining ['twainiŋ] *adj* cățărător, agățător

Twinkie ['twiŋki] *s amer* **1** prăjitură umplută cu cremă **2** F efeminat

twin-lens reflex [,twinlenz 'rifleks] *s fot* ~ **camera** aparat foto cu două obiective *(unul pentru vizare și unul pentru fotografiere)*

twirler ['twələ] *s* persoană care învârtește

twist grip ['twist grip] *s auto* manetă de accelerație; maneta schimbătorului de viteze

two-cylinder [,tu: 'silində] *adj* cu doi cilindri

two-door [,tu: 'dɔ:] *adj* *(d mașini)* cu două uși

two-level [,tu:'levl] *adj* cu două nivele

two-party [,tu: 'pɑːti] *adj* bipartit

two-star [,tu: 'stɑ:] **I** *adj* **1** două stele *(d restaurant, hotel)* **2** *brit* calitativ inferior *(d benzină)* **3** *mil* care are grad de general maior sau contraamiral **II** *s brit* benzină de calitate inferioară

TX [,ti: 'eks] *presc de la* Texas

tympanitis [,timpə'naitis] *s med* **1** timpanită; otită medie **2** *med* meteorism, timpanism

typeset ['taipset] *s poligr* a culege (și tehnoredacta)

typhlology [ti'flɔlədʒi] *s med* ramură a medicinii care se ocupă cu cauzele și prevenirea orbirii

typing paper ['taipiŋ ,peipə] *s* hârtie pentru mașina de scris

typing speed ['taipiŋ ,spi:d] *s* viteză de dactilografiere

tyrannically [ti'rænikli] *adv* (în mod) tiranic

tyre ['taiə] *s (cuvânt anglo-indian)* *(un fel de)* lapte covăsit

tyre fitter ['taiə ,fitə] *s* persoană care montează pneuri

U

UAE *presc de la* United Arab Emirates

UAW *presc de la* United Automobile Workers *sindicat din industria americană de automobile*

U-bend ['ju: bend] *s* **1** (la țeavă) cot; (la chiuvetă) sifon **2** *brit* viraj în ac de păr

UB 40 *presc de la* unemployment benefit form 40 *s* (în Marea Britanie) I formular completat pentru a beneficia de ajutorul de șomaj **2** șomer

U-bolt ['ju: bəult] *s tehn* prizon în formă de U

UCL *presc de la* University College, London *colegiu din Londra*

UDA *presc de la* Ulster Defence Association *organizație paramilitară protestantă din Irlanda de Nord*

UDM *presc de la* Union of Democratic Mineworkers *sindicat britanic al minerilor*

UDR *presc de la* Ulster Defence Regiment *înv mil regiment de rezerviști din Irlanda de Nord*

UEFA [ju:'cifə] *presc de la* Union of European Football Associations

ufology [,ju:'folədʒi] *s* ufologie

UGC *presc de la* University Grants Committee (în Marea Britanie) *organism care repartizează creditele între universități*

uhlan ['u:la:n] *s mil ist* ulan

UHT *presc de la* ultra heat treated (d alimente etc.) adj ch tratat la temperaturi înalte

uke [ju:k] *s presc de la* ukelele

ukelele [,ju:kə'leili] *s* chitară havaiană

ulcerated ['ʌlsəreitid] *adj* ulcerat, ulceros

'ullo ['ʌləu] *interj* salut! bună!

Ulster Democratic Unionist Party *s* Partidul Democratic Unionist din Irlanda de Nord

ultraclean [,ʌltrə'kli:n] *adj* foarte / extrem de curat

ultra fiche ['ʌltrəfi:ʃ] *s* microfișă

ultra light [,ʌltrə'lait] I *adj* foarte / extrem de ușor II ['ʌltrəlait] *s av* avion ultra ușor

ultramicroscopy [,ʌltrəmai'kroskəpi] *s* ultramicroscopie

ultranationalist [,ʌltrə'næʃnəlist] I *s* ultranationalist, extremist naționalist II *adj* ultranaționalist

ultrasound scan [,ʌtrəsaund 'skæn] *s med* ecografie

um [ʌm] I *interj* hm II *vi* a rosti „hm"; to ~ and err a ezita, a tergiversa

umbrella pine [ʌm'brelə,pain] *s bot* varietate de pin din Japonia (Sciadopitys verticillata)

umbrella plant / sedge [ʌm'brelə plant / sedʒ] *s bot* **1** varietate de rogoz din Africa (Cyperus alternifolius) **2** oricare dintre plantele din genul Eriogonum din vestul S.U.A.

UMW *presc de la* United Mineworkers of America *sindicat american al minerilor*

UN *presc de la* United Nations, the ~ ONU (Organizația Națiunilor Unite)

unacceptably [,ʌnək'septəbli] *adv* în mod inacceptabil, inadmisibil

unacquainted [,ʌnə'kweintid] *adj* **1** lipsit de experiență sau cunoștințe; to be ~ with smth a nu fi la curent cu ceva **2** (d oameni) necunoscuți, care nu se cunosc între ei

unaffectionate [,ʌnə'fekʃənit] *adj* lipsit de afecțiune, rece

unalike [,ʌnə'laik] *adj pred* diferit, puțin asemănător

unappalled [,ʌnə'po:ld] *adj* netulburat, impasibil; neînfricoșat

unappealing [,ʌnə'pi:liŋ] *adj* neatrăgător; lipsit de farmec

unarguable [ʌn'ɑ:gjuəbl] *adj* **1** indiscutabil; neîndoielnic **2** nedemonstrabil

unarguably [ʌn'ɑ:gjuəbli] *adv* în mod incontestabil, afirmat categoric

unarmed combat [ʌn,ɑ:md 'kombæt] *s* luptă fără arme / corp la corp

unary ['ju:nəri] *adj* **1** ch care se referă la molecule de un singur fel **2** (d sisteme fizico-chimice) care constă dintr-un singur element

unashamedly [,ʌnə'ʃeimidli] *adv* fără rușine / jenă

unasked [,ʌn'ɑ:skt] I *adj* neîntrebat, neformulat, implicit (d întrebări); (d sfaturi) necerut II *adv* fără a fi invitat he came in ~ a venit neinvitat; fără a fi cerut; he did it ~ a făcut-o fără să-i fi fost cerută

unassumingly [,ʌnə'sju:miŋli] *adv* cu modestie, fără pretenții

unattended [,ʌnə'tendid] *adj* **1** neînsoțit, singur; action ~ by / with consequences acțiune fără consecințe **2** neîngrijit, neglijat; to leave smth ~ to a neglija ceva; ~ wound rană neîngrijită

unauthorize [,ʌn'ɔ:θəraiz] *vt* a nu autoriza

unbacked [,ʌn'bækt] *adj* **1** nesusținut, nesprijinit, neajutat **2** (d caii de curse) nejucat, nesusținut; nedresat (pentru călărie)

unbar [,ʌn'bɑ:] *vt* a descuia, a deschide, a trage zăvorul (cu gen); fam to ~ the way a deschide drumul

unbarbarized [,ʌn'bɑ:bəraizd] *adj* scos din starea de barbarie, civilizat

unbelievably [,ʌnbi'li:vəbli] *adv* **1** de necrezut, în mod incredibil / extraordinar **2** improbabil, neplauzibil

unbelievingly [,ʌnbi:'li:viŋli] *adv* cu un aer neîncrezător

unbenevolent [,ʌnbi'nevələnt] *adj* (prea) puțin binevoitor

unblinking [,ʌn'bliŋkiŋ] *adj* **1** care nu clipește **2** impasibil, imperturbabil

unbowed [,ʌn'baud] *adj* **1** neaplecat, neîndoit **2** *fig* nesupus, neîngenuncheat

unceasingly [,ʌn'si:ziŋli] *adv* fără încetare / întrerupere, în mod continuu

uncelebrated [,ʌn'selibreitid] *adj* **1** nesărbătorit, necelebrat **2** lipsit de faimă, obscur

unceremoniously [,ʌnseri'məuniəsli] *adv* **1** neceremonios; fără ceremonial; în familie **2** fără jenă

447

uncharacteristically [,ʌnkærək-tə'ristikli] *adv* în mod necaracteristic, nedistinctiv

unclassified [,ʌn'klæsifaid] *adj* 1 care nu este clasificat; neclasat 2 *(d documente, informații)* care nu este secret

unclench [,ʌn'klentʃ] *vt* a descleșta

uncluttered [,ʌn'klʌtəd] *adj* simplu, sobru; *(d gândire)* clar

uncoil [,ʌn'kɔil] 1 *vt* a desfășura; a debobina 2 *vi* a se desfășura; a se debobina

uncomprehendingly [,ʌnkompri'hendiŋli] *adv* neînțelegător, în mod lipsit de înțelegere

unconsummated [,ʌn'konsəmeitid] *adj* neconsumat

uncontented [,ʌnkən'tentid] *adj* nemulțumit, nesatisfăcut

uncontrollably [,ʌnkən'trəuləbli] *adv* în mod necontrolat

uncontrovertibly [,ʌnkontrə'və:tibli] *adv* incontestabil

unconvincingly [,ʌnkən'vinsiŋli] *adv* în mod neconvingător

uncouthness [,ʌn'kauθnis] *s* 1 asprime *(a moravurilor etc.)* 2 stângăcie

uncreatable [,ʌnkri:'eitəbl] *adj* de necrezut, de neconceput; de neînfăptuit

unctuosly ['ʌnktjuəsli] *adv fig* în mod onctuos, mieros, insinuant

unctuousness ['ʌnktjuəsnis] *s fig* onctuozitate, comportament mieros, insinuant

undenominational [,ʌndinomi-'neiʃnəl] *adj rel* care nu aparține nici unei confesiuni

underblanket ['ʌndəblænkit] *s* aleză, bucată de pânză care se așază peste saltea

undercapitalized [,ʌndə'kæpitə-laizd] *adj ec* subcapitalizat, care nu dispune de fonduri suficiente în comparație cu activitatea desfășurată

underdressed [,ʌndə'drest] *adj* 1 îmbrăcat prea subțire 2 îmbrăcat informal, simplu

under-18 [,ʌndə ei'ti:n] *s* minor, persoană sub 18 ani

underemployed [,ʌndərim'ploid] *adj* 1 *(d forța de muncă)* subutilizat; *(d resurse)* subexploatat

underemployment [,ʌndərim-'ploimənt] *s* subutilizare *(a forței de muncă, a resurselor)*

underfelt ['ʌndəfelt] *s* material gros pentru dublarea mochetei

underfinanced [,ʌndə'fainænst] *adj* care nu dispune de fonduri suficiente

underglaze ['ʌndəgleiz] *s* primul strat de vopsea de pe o suprafață

underinsure [,ʌndərin'ʃuə] *vt ec* a subevalua o asigurare

underinvestment [,ʌndərin'vest-mənt] *s ec* investiție insuficientă

underlining [,ʌndə'lainiŋ] *s* 1 subliniere 2 *fig* subliniere, scoatere în relief, întărire

undernamed [,ʌndə'neimd] I *s* persoană amintită mai jos II *adj* care este amintit mai jos

underperform [,ʌndəpə'fɔ:m] *vi* a realiza ceva sub limita posibilităților

underpinning [,ʌndə'piniŋ] *s* 1 *constr* subzidire, sprijinire *(a unei zidării etc.)* 2 *constr* punerea fundației / temeliei 3 *fig* sprijin 4 *pl* lenjerie de corp 5 *pl sl* picioare

underpowered [,ʌndə'pauəd] *adj* fără forță suficientă

underrehearsed [,ʌndəri'hə:st] *adj (d un spectacol etc.)* insuficient repetat

undersexed [,ʌndə'sekst] *adj* care are un libido scăzut

undershoot [,ʌndə'ʃu:t] *vt* 1 *(d avioane)* a face o aterizare prea scurtă 2 a rata o țintă *(trăgând prea scurt sau sub țintă)*

undershot [,ʌndə'ʃot] *adj* 1 *(d falcă)* proeminent, ieșit în afară 2 *(d roți de moară etc.)* mișcat de curentul de apă pe dedesubt

understandably [,ʌndə'stændəbli] *adv* 1 de înțeles, în mod logic 2 în mod inteligibil, comprehensibil

understandingly [,ʌndə'stændiŋli] *adv* cu înțelegere, cu bunăvoință

understated [,ʌndə'steitid] *adj* simplu, discret

undertip [,ʌndə'tip] *vi* a da un bacșiș prea mic

undertrick ['ʌndətrik] *s (la bridge)* cădere

undertrump [,ʌndə'trʌmp] *vt (la cărți)* a juca un atu inferior celui jucat deja

underuse [,ʌndə'ju:z] *vt* a subutiliza

underused [,ʌndə'ju:zd], **underutilized** [,ʌndə'ju:təlaizd] *adj (d pământ, resurse etc.)* a subutiliza, a subexploata

underwhelm [,ʌndə'welm] *vt umor* a dezamăgi, a decepționa

undesigned [,ʌndi'zaind] *adj* 1 involuntar, accidental 2 neașteptat, neprevăzut

undetected [,ʌndi'tektid] *adj* nedetectat, neobservat, nedepistat; **to go ~** a trece neobservat

undimmed [,ʌn'dimd] *adj* strălucitor, luminos; *(d ochi)* care nu e tulbure, care vede bine

undipped [,ʌn'dipt] *adj brit auto* **to drive on ~ head lights** a rula cu farurile aprinse

undocumented [,ʌn'dokjumentid] *adj* 1 lipsit de acte doveditoare 2 neînregistrat, fără licență

undulous ['ʌndjuləs] *adj* unduios

unduteous [,ʌn'dju:tiəs] *adj* care nu-și respectă obligațiile *(filiale, conjugale etc.)*

unearned income [ʌn,ə:nd 'inkʌm] *s* venit nerezultat din activități profesionale, rentă

uneatable [,ʌn'i:təbl] *adj* necomestibil, de nemâncat

unedited [,ʌn'editid] *adj* 1 nereeditat, nepublicat 2 *(d un text)* fără aparat critic, fără note și comentarii

unelectable [,ʌni'lektəbl] *adj (d persoane)* ineligibil, care nu poate fi ales; *(d partide)* incapabil de a câștiga alegerile

unethical [,ʌn'eθikl] *adj* lipsit de etică

uneventfully [,ʌni'ventfuli] *adv* fără evenimente / incidente

unfalteringly [,ʌn'fɔ:ltəriŋli] *adv* fără șovăire, neșovăitor, ferm, hotărât

unfeminine [,ʌn'feminin] *adj* lipsit de feminitate, nefeminin

unflaggingly [,ʌn'flægiŋli] *adv* în mod susținut, neobosit, cu perseverență

unflappable [,ʌn'flæpəbl] *adj brit* imperturbabil, netulburat, stăpân pe sine

unfocus(s)ed [,ʌn'fəukəst] *adj* 1 *(d aparat de fotografiat)* nefocalizat; *(d privire)* în gol, fără țintă, fix 2 *fig (d scopuri, dorințe etc.)* vag, imprecis, confuz

unformatted [,ʌn'fomætid] *adj cib* neformatat

unframed [ˌʌnˈfreimd] *adj* fără rame / cadru, neînrămat

unfreeze [ˌʌnˈfriːz] *pret* **unfroze** [ˌʌnˈfrəuz], *ptc* **unfrozen** [ˌʌnˈfrəuzn] *vt* **1** a dezgheța **2** *ec* a debloca, a dezgheța *(d credite, salarii etc.)* *vi* a (se) dezgheța

unfussy [ˌʌnˈfʌsi] *adj* simplu, necomplicat; nepretențios

ungallant [ˌʌnˈgælənt] *adj* lipsit de politețe, curtoazie

unglazed [ˌʌnˈgleizd] *adj (d fereastră, tablou)* fără geam; *(d hârtie)* mat, nelucios

ungrammatically [ˌʌngrəˈmætikli] *adv lingv* incorect (din punct de vedere) gramatical

unhappily [ʌnˈhæplli] *adv* **1** cu tristețe **2** din păcate, din nefericire

unhelpfully [ˌʌnˈhelpfuli] *adv* **1** fără a fi de ajutor, fără a coopera **2** în mod inutil

unhelpfulness [ˌʌnˈhelpfulnis] *s* **1** lipsă de serviabilitate, de amabilitate **2** inutilitate

unheralded [ˌʌnˈherəldid] *adj* **1** necunoscut, anonim **2** neanunțat, neașteptat

unhinged [ˌʌnˈhindʒd] *adj* **1** *(d ușă etc.)* scos din balamale **2** dezechilibrat, dezorganizat **3** *(d timbre)* care nu a fost lipit cu șarnieră *(în clasor)*

unhopeful [ˌʌnˈhəupful] *adj* **1** *(d persoane)* pesimist, lipsit de speranță **2** *(d situații)* descurajant, nepromițător

unhurriedly [ˌʌnˈhʌridli] *adv* cu calm, fără grabă

unhygienic [ˌʌnhaiˈdʒiːnik] *adj* neigienic

unifying [ˈjuːnifaiŋ] *adj* unificator

unilateral disarmament [juni,lætərəl disˈɑːməmənt] *s* dezarmare unilaterală

unilateralism [ˌjuniˈlætərəlizm] *s* **1** unilateralitate **2** doctrină a dezarmării unilaterale

unilateralist [juniˈlætərəlist] *adj* **1** unilateral **2** adept al dezarmării unilaterale

unilaterally [ˌjuniˈlætərəli] *adv* în mod unilateral

unimaginably [ˌʌniˈmædʒinəbli] *adv* în mod inimaginabil, incredibil, de neînchipuit, extraordinar

unimaginatively [ˌʌniˈmædʒinətivli] *adv* fără imaginație

unimposing [ˌʌnimˈpəuziŋ] *adj* neimpozant, neimpresionant, neimpunător

unimpressive [ˌʌnimˈpresiv] *adj* neimpresionant, insignifiant, neconvingător

uninterested [ˌʌnˈintrəstid] *adj* indiferent, neinteresat; **to be ~ in smb / smth** a nu fi interesat de ceva / cineva

union-bashing [ˈjuːnjən ˌbæʃiŋ] *s brit* antisindicalism

uniprocessor [ˌjuːniˈprəusesə] *s cib* monoprocesor, sistem cu un singur procesor

uniprogramming [ˌjuːniˈprəugræmiŋ] *s cib* monoprogramare

unironed [ˌʌnˈaiənd] *adj (d haine)* care nu este călcat cu fierul, necălcat

UNISON [ˈjuːnizn] *s (în Marea Britanie)* „super-sindicat" al administrației publice

unit charge [ˌjuːnit ˈtʃɑːdʒ] *s tel* taxă unitară

unit cost [ˌjuːnitˈkɔst] *s ec* cost unitar

United Arab Emirates [juːˌnaitid ærəb ˈemərəts] *s geogr* **the ~** Emiratele Arabe Unite

United Provinces [juːˌnaitid ˈprɔvinsiz] *s ist* Provinciile Unite

univalent [ˌjuːniˈveilənt] *adj ch, biol* monovalent

universal grammar [juːni,vɜːsl ˈgræmə] *s lingv* gramatică universală

universal joint [juːni,vɜːsl ˈdʒɔint] *s auto* articulație cardanică

unknit [ˌʌnˈnit] *vt* **1** a deșira *(un obiect tricotat)* **2** *fig (d o alianță etc.)* a rupe, a desface

unlamented [ˌʌnləˈmentid] *adj* neregretat; **to die ~** a muri neregretat

unlatch [ˌʌnˈlætʃ] **I** *vt* a deschide ușa prin apăsarea clanței **II** *vi (d ușă)* a se deschide

unleaded [ˌʌnˈledid] *adj (d benzină)* fără plumb

unleavened [ˌʌnˈlevnd] *adj gastr* **~ bread** pâine nedospită; *rel* azimă; *fig* **~ by any humour** lipsit de orice urmă de umor

unliberated [ˌʌnˈlibereitid] *adj (d sclavi)* care nu este eliberat / liber; *(d femei)* neemancipată

unloved [ˌʌnˈlʌvd] *adj* neiubit, nesimpatizat

unmade-up [ˌʌn,meidˈʌp] *adj* **1** neterminat, nefinisat **2** nemachiat, fără machiaj

unmanned [ˌʌnˈmænd] *adj (d vapor, avion etc.)* fără echipaj, fără oameni la bord; *(d instalații etc.)* automat, nesupravegheat de oameni **2** *(d șoim)* neantrenat

unmapped [ˌʌnˈmæpt] *adj* care nu există pe hartă

unmasked [ˌʌnˈmɑːskt] *adj* **1** demascat **2** fără mască

unmeasurable [ˌʌnˈmeʒərəbl] *adj* nemăsurabil, necuantificabil

unmoor [ˌʌnˈmuə] *nav* **I** *vt* a desfurca *(un vas)* **II** *vi (d un vas)* a pleca de la chei

unmourned [ˌʌnˈmɔːnd] *adj* neregretat **to die ~** a muri neregretat

unnameable [ˌʌnˈneiməbl] *adj* fără nume, care nu poate fi (de)numit

unnerving [ˌʌnˈnɜːviŋ] *adj* **1** *(d evenimente etc.)* descurajant, demoralizant **2** care slăbește, vlăguiește

UNO *presc de la* **United Nations Organization** Organizația Națiunilor Unite (ONU)

unopened [ˌʌnˈəupənd] *adj* închis, care nu a fost deschis

unopposed [ˌʌnəˈpəuzd] *adj* care nu întâmpină nici o opoziție / rezistență

unpardonably [ˌʌnˈpɑːdnəbli] *adv* (în mod) nescuzabil, de neiertat, inadmisibil

unplaced [ˌʌnˈpleist] *adj* **1** care nu are o poziție stabilită **2** *(d cal, atleți etc.)* care nu s-a clasat pe unul dintre primele trei locuri

unplanned [ˌʌnˈplænd] *adj* neprevăzut, neașteptat; neplanificat

unplayable [ˌʌnˈpleiəbl] *adj (d o bucată muzicală)* care nu poate fi interpretată; *(d o minge)* care nu poate fi jucată / returnată

unpleasing [ˌʌnˈpliːziŋ] *adj* neplăcut, dezagreabil

unplug [ˌʌnˈplʌg] *vt* **1** *el* a deconecta **2** a scoate dopul unei chiuvete

unplumbed [ˌʌnˈplʌmd] *adj și fig* nesondat, neexplorat

unpolluted [ˌʌnpəˈluːtid] *adj* nepoluat, necontaminat

unpreparedness [ˌʌnpriˈpɛəridnis] *s* lipsă de pregătire

unpronounceable [ˌʌnprəˈnaunsəbl] *adj* care nu poate fi pronunțat (în mod corect)

unprop [ˌʌnˈprɔp] *vt* a nu mai sprijini, a nu mai propti

unputdownable [,ʌnput'daunəbl] *adj brit (d cărți)* care nu poate fi lăsat din mână, pasionant

unqualifiable [,ʌnkwɔli'faiəbl] *adj* incalificabil

unquestionably [,ʌn'kwestʃənəbli] *adv* **1** în mod sigur, cert, indiscutabil; neîndoielnic

unquestioningly [,ʌn'kwestʃəninli] *adv* în mod necondiționat, orbește

unrealistic [,ʌnriə'listik] *adj* nerealist

unrealistically [,ʌnriə'listikli] *adv* în mod nerealist

unreason [,ʌn'ri:zn] *s* **1** prostie, absurditate **2** nebunie, smințeală

unreconstructed [,ʌnri:kən'strʌktid] *adj (d persoane, idei etc.)* retrograd, învechit

unreliably [,ʌnri'laiəbli] *adv* într-un mod care nu prezintă încredere

unrepeatable [,ʌnri'pi:təbl] *adj* **1** nerepetabil, unic, excepțional **2** prea grosolan / indecent pentru a putea fi repetat / reprodus

unreported [,ʌnri'pɔ:tid] *adj (d accidente, crime etc.)* neraportat, nesemnalat

unrestraint [,ʌnris'treint] *s* lipsă de reținere / de control

unroadworthy [,ʌn'rəudwə:ði] *adj (d vehicule)* care nu poate rula

unround [,ʌn'raund] *vt fon* a delabializa

unscannable [,ʌn'skænəbl] *adj (d un vers)* inscandabil

unscramble [,ʌn'skræmbl] *vt* **1** a separa / despărți în elementele componente **2** a descifra, a decoda; *fig* a rezolva *(o problemă)*

unscrambler [,ʌn'skræmblə] *s* persoană care se ocupă cu decodarea mesajelor

unscripted [,ʌn'skriptid] *adj (d un discurs, un interviu, o piesă de teatru etc.)* improvizat, care nu dispune de un text scris

unset [,ʌn'set] *adj* **1** nefixat (într-un locaș) **2** *(d o piatră prețioasă)* nemontată, neîncastrată **3** *(d ciment)* nesolidificat

unsex [,ʌn'seks] *vt* a lipsi de sex; a emascula, a defeminiza

unshakeably [,ʌn'ʃeikəbli] *adv* în mod ferm, de nezdruncinat

unsheltered [,ʌn'ʃeltəd] *adj* (from) neadăpostit, neprotejat, neapărat, neocrotit (de); ~ from wind expus la vânt; *com* ~ **industries** industrii neprotejate *(de importul produselor similare)*

unshielded [,ʌn'ʃi:ldid] *adj* from neadăpostit, neapărat, neocrotit (de)

unshiftable [,ʌn'ʃiftəbl] *adj* imobil, de neclintit, căruia nu i se poate schimba locul; *(d mobilă)* fix

unship [,ʌn'ʃip] *vt* **1** a debarca *(pasageri)*, a descărca *(mărfuri)* **2** a desface *(o vâslă etc.)* de la barcă; ~ **oars!** intrați ramele! **3** *F* a destitui, a scoate dintr-un post *(pe cineva)*

unshriven [,ʌn'ʃrivn] *adj* nespovedit

unsighted [,ʌn'saitid] *adj* **1** invizibil, nevăzut; neexaminat **2** *(d arme)* fără cătare

unsightliness [,ʌn'saitlinis] *s* urâțenie

unsorted [,ʌn'sɔ:tid] *adj* nesortat, netriat, neclasat

unstratified [,ʌn'strætifaid] *adj* nestratificat

unstructured [,ʌn'strʌktʃəd] *adj* nestructurat, dezorganizat

unsubtle [,ʌn'sʌtl] *adj* lipsit de subtilitate / finețe

unsullied [,ʌn'sʌlid] *adj* nepătat, nemurdărit; curat, imaculat; *fig* ~ **name** / **reputation** o reputație nepătată

unsupplied [,ʌnsə'plaid] *adj* **1** neaprovizionat, nealimentat, fără provizii **2** *(d un post)* neocupat

unsurprisingly [,ʌnsə'praiziŋli] *adv* după cum era de așteptat / prevăzut

unsustained [,ʌnsəs'teind] *adj (d un efort)* nesusținut

untangle [,ʌn'tæŋgl] *vt* a descurca, a descâlci; *fig* a descurca, a clarifica *(un mister etc.)*

untilled [,ʌn'tild] *adj (d pământ)* nearat, nelucrat; necultivat

untogether [,ʌntə'geðə] *adj (d o persoană)* **1** împrăștiat, lipsit de organizare **2** instabil (din punct de vedere emoțional)

untreated [,ʌn'tri:tid] *adj* **1** *(d o boală, o rană)* netratat, neîngrijit **2** *(d lemn, substanțe chimice, pământ)* netratat, neprelucrat, brut

untwist [,ʌn'twist] **1** *vt* a desface *(ceea ce era răsucit)*; a câlci; a despleti **2** *vi* a se desrăsuci; a se descâlci, a se despleti

unusually [,ʌn'ju:ʒuəli] *adv* neobișnuit, excepțional de; rar; ~ **tall** neobișnuit de înalt

unvaried [,ʌn'veərid] *adj* lipsit de varietate, monoton, uniform

unvarying [,ʌn'veəriiŋ] *adj* invariabil, uniform

unvaryingly [,ʌn'veəriŋli] *adv* în mod invariabil

unveiling [,ʌn'veiliŋ] *s (d o pictură, o sculptură etc.)* dezvelire, inaugurare; *fig (d un secret)* dezvăluire

unverified [,ʌn'verifaid] *adj* neverificat

unwaged [,ʌn'weidʒd] **I** *adj* nesalariat; șomer, fără loc de muncă **II** *s pl* **the** ~ șomerii

unwaveringly [,ʌn'weivəriŋli] *adv (d credințe etc.)* ferm, fără rezerve, de nezdruncinat; *(d privire)* fixă

unwelcoming [,ʌn'welkəmiŋ] *adj* ostil, rece, neprimitor

unzoned [,ʌn'zəund] *adj* fără cingătoare, fără centură

up-and-doing [,ʌpən 'du:iŋ] *adj* întreprinzător, energic; (foarte) activ, în plină activitate

up-and-over [,ʌp ən'əuvə] *adj* ~ **door** ușă batantă *(a unui garaj etc.)*

up-and-under [,ʌp ən 'ʌndə] *s (în rugby)* lumânare

upchuck ['ʌptʃʌk] *vi* a vomita, a vărsa

upcoming ['ʌpkʌmiŋ] *adj* care urmează să apară, să aibă loc, să fie lansat

updated [,ʌp'deitid] *adj* actualizat, modernizat, adus la zi

upfront [,ʌp'frʌnt] *amer* **I** *adj* **1** sincer, deschis, direct **2** important **3** *(d plată)* în avans **II** *adv* **1** (a plăti) în avans **2** în mod deschis, sincer, direct

upgradable [,ʌp'greidəbl] *adj cib (d computere)* căruia i se pot îmbunătăți performanțele

uplifting [,ʌp'liftiŋ] *adj* **1** care ridică (de jos); care înalță de la pământ **2** *fig* înălțător, care înnobilează, încurajator

upload ['ʌpləud] *vt cib* a transmite un fișier într-un server

up-market [,ʌp'mɑːkit] *adj (d bunuri, servicii etc.)* de cea mai bună calitate, care se adresează celor bogați; *fig (d ziare, programe TV etc.)* care se adresează unui public cultivat

upper middle class [,ʌpə 'midl clɑːs] *s sociol* pătura superioară a clasei de mijloc, cuprinzând profesiunile liberale și universitare, cadrele din industrie și înalții funcționari

upper school [,ʌpə'skuːl] *s școl brit* the ~ clasele superioare

upper sixth (form) [,ʌpə'sikθ fɔːm] *s școl brit* ultima clasă de liceu; grup de elevi în ultima clasă de liceu

upraised [,ʌpreizd] *adj* 1 ridicat, înălțat 2 *fig* înveselit, căruia i s-a ridicat moralul

upscale ['ʌpskeil] *adj amer muz* referitor la notele înalte

upsetting [,ʌp'setin] *adj* 1 neliniștitor, tulburător; *F* care întoarce pe dos 2 întristător

uptime ['ʌptaim] *s cib* durată de funcționare

upturned ['ʌptəːnd] *adj* 1 *(d nas)* cârn 2 răsturnat, cu susul în jos

upwardly mobile [,ʌpwədli 'məubail] *adj sociol* în ascendență din punct de vedere social

upward mobility [,ʌpwəd mə'biliti] *s social* mobilitate socială ascendentă, posibilități de ascensiune socială

upwind [,ʌp'wind] **I** *adv* în vânt, în direcția în care bate vântul, împotriva vântului **II** *adj* în vânt

Ur [əː] *s ist* oraș antic în Mesopotamia

uralite ['juərəlait] *s minr* uralit

uranite ['juərənait] *s minr, ch* uranit

urbanely [ə:'beinli] *adv* în mod civilizat, politicos

urbanite ['ə:bənait] *s* orășean

urchin cut ['ə:tʃin kʌt] *s* tunsoare băietească

uric acid [,juərik 'æsid] *s ch* acid uric

urologist [juə'rɔlədʒist] *s med* urolog

USDAW ['ʌzdɔ:] *presc de la* Union of Shop, Distributive and Allied Workers *sindicat britanic al personalului de distribuire*

USDI *presc de la* United States Department of the Interior *(în S.U.A.) ministerul mediului*

user-defined [,juːzə di'faind] *adj cib* programat de către utilizator

user-friendliness ['juːzə,frendlinis] *s cib* capacitatea de a fi utilizat cu ușurință

user-friendly ['juːzə,frendli] *adj cib* „prietenos", care poate fi utilizat cu ușurință

user-interface ['juːzər,intəfeis] *s cib* interfață utilizator

USES *presc de la* United States Employment Service *agenție americană pentru ocuparea forței de muncă*

U-shaped [,juː'ʃeipt] *adj* în formă de U

USPHS *presc de la* United States Public Health Service *agenție americană pentru afacerile sanitare și sociale*

utility player [juːtiliti,pleiə] *s (în sport)* jucător capabil să ocupe mai multe posturi

utility room [ju'tiliti ruːm] *s* încăpere care servește pentru instalarea echipamentului electric casnic, pentru stocarea unor provizii etc.

U-turn ['juːtəːn] *s* 1 *auto* întoarcere pentru schimbarea sensului de mers 2 *fig* schimbare radicală a politicii / atitudinii

V

vacant run [ˌveikənt ˈrʌn] *s tehn* cursă / parcurs în gol

vacuum-packed [ˌvækjuəmˈpækt] *adj (d alimente)* în ambalaj vidat

vakeel, vakil [vəˈkiːl] *s (cuvânt anglo-indian)* **1** reprezentant **2** plenipotenţiar **3** avocat

validly [ˈvælidli] *adv* **1** valid, valabil **2** eficace

Valley Forge [ˌvæliˈfɔːdʒ] *s vale în statul Pennsylvania, unde armata lui George Washington a staţionat în timpul războiului de independenţă (1777 – 1778)*

vampire bat [ˈvæmpaiə bæt] *s zool* denumirea unor specii de liliac din America de Sud

Vandyke collar [vænˈdaik ˌkɔlə] *s* guler à la Van Dyck

vanilla bean [vəˈnilə biːn] *s bot* păstaie de vanilie

vanilla pod [vəˈnilə pɔːd] *s v.* **vanilla bean**

vanilla sugar [vəˈnilə ˌʃugə] *s* zahăr vanilat

vanishing trick [ˈvæniʃiŋ trik] *s scamatorie constând în dispariţia de obiecte sau persoane*

vanity mirror [ˈvæniti ˌmirə] *s auto* oglinjoară fixată pe apărătoarea de soare

vanity press [ˈvæniti pres] *s* editură care publică pe cheltuiala autorului

vanity table [ˈvæniti ˌteibl] *s* masă de toaletă

vanity unit [ˈvæniti ˌjunit] *s* mobilă de baie cu lavoar încorporat

vaporarium [ˌveipəˈre(ə)riəm] *s* baie de aburi

vapour density [ˈveipə ˌdensiti] *s fiz* densitate vaporică

varicose vein [ˌværikəuz ˈvein] *s med* varice

varix [ˈveəriks], *pl* **varices** [ˈværisiːz] *s med* varice

varletry [ˈvɑːlitri] *s înv* slugi, servitorime

varnisher [ˈvɑːniʃə] *s* lăcuitor

varnish tree [ˈvɑːniʃ triː] *s bot* cenuşar *(Rhus vernicifera)*

varoom [vəˈruːm] *interj v.* **vroom**

varsovienne [ˌvɑːsəˈvien] *s fr muz* varşoviana *(dans)*

vat [væt] **I** *s* **1** cadă, vas, baie **2** hârlău, ciubăr, butoi **II** *vt* a pune *(struguri)* în căzi; a pune *(piei etc.)* în groapă *(la argăsit)*

Vatican council [ˈvætikən ˌkaunsl] *s ist* conciliul de la Vatican

vatman [ˈvætmæn] *s brit* **1** muncitor care spală, vopseşte etc. într-o vană **2** *ec* membru al serviciului responsabil cu aplicarea TVA

VCR *presc de la* **video cassette recorder** *s telev* magnetoscop

VDT *presc de la* **video display terminal** *s cib* monitor

VDU *presc de la* **video display unit** *s cib* monitor

veganism [ˈviːgənizm] *s* regim alimentar bazat exclusiv pe produse vegetale

vegetable butter [ˈvedʒtəbl ˌbʌtə] *s* unt vegetal, margarină

vegetable dish [ˈvedʒtəbl diʃ] *s* platou pentru legume

vegetable knife [ˈvedʒtəbl naif] *s* cuţit pentru curăţat legume

vegetable peeler [ˈvedʒtəbl ˌpiːlə] *s v.* **vegetable knife**

vegetable slicer [ˈvedʒtəbl ˌslaisə] *s* cuţit pentru tăiat legume

veggie [ˈvedʒi] *s, adj presc de la* **vegetarian** vegetarian

velarize, velarise [ˈviːləraiz] *vt lingv* a velariza

velocipedist [viˈlɔsipiːdist] *s înv* biciclist

Velvet Revolution [ˌvelvit revəˈluːʃn] *s ist* the ~ Revoluţia de catifea

vending [ˈvendiŋ] *s jur* vânzare

venisection [ˈvenisekʃn] *s med* flebotomie, venesecţie

Venn diagram [ˈven ˌdaiəgræm] *s log* diagrama Venn

Ventimiglia [ventiˈmiljə] *s geogr* oraş în Italia

venture capital [ˈventʃə ˌkæpitl] *s ec* capital de risc

Venture Scout [ˈventʃə skaut] *s brit* cercetaş

vermicelli [ˌvəːmiˈseli] *s it* fidea

vermifugal [vəːˈmifjugəl] *adj med* vermifug

veronal [ˈverənəl] *s farm* veronal

verticity [vəːˈtisiti] *s rar* rotaţie, revoluţie

very high frequency [ˌveri hai ˈfriːkwensi] *s fiz, tel* frecvenţă foarte înaltă

very low frequency [ˌveri ləu ˈfriːkwensi] *s fiz, tel* frecvenţă foarte joasă

vesper sparrow [ˈvespə ˌspærəu] *s orn* varietate de presură *(Poaecetes gramineus)*

Vesuvius [viˈsuːvjəs] *s geogr* (Mount) ~ (Muntele) Vezuviu

vetting [ˈvetiŋ] *s* corectare, verificare *(a unui text etc.)*; verificare, cercetare, interogare *(a unei persoane etc.)*

vetturino [ˈvetuːriːnəu] *s it* trăsură de piaţă *(în Italia)*

vexillar [ˈveksilə] *adj v.* **vexillary (I)**

vexillary [ˈveksiləri] **I** *adj* de stindard **II** *s* steag, port-drapel, purtător de stindard

vgc *presc de la* **very good condition** în stare foarte bună

VHS *presc de la* **video home system** *telev* VHS

vibraharp [ˈvaibrəhɑːp] *s amer v.* **vipraphone**

vibrancy [ˈvaibrənsi] *s* **1** rezonanţă, vibraţie *(a sunetului)* **2** entuziasm, vivacitate

vibraphone [ˈvaibrəfəun] *s muz* vibrafon

vicegerency [ˌvaisˈdʒerənsi] *s* **1** locotenenţă **2** guvernământ

vicegerent [ˌvaisˈdʒerənt] **I** *adj* care ţine locul, care suplineşte **II** *s* reprezentant, delegat, înlocuitor, loctiitor; guvernator

Vicenza [viˈtʃentsə] *s geogr* oraş în Italia

vice-premier [ˌvaisˈpremjə] *s pol* vice premier, vice prim-ministru

vice-presidential [ˌvais preziˈdenʃəl] *adj* viceprezidenţial; ~ candidate candidat la vicepreşedenţie *(în S.U.A. etc.)*

vicontiels [vai'kɔntiəlz] *s pl înv* anumite arenzi pe care şeriful trebuie să le plătească regelui

Victoriana [ˌviktɔːriˈɑːnə] *s* obiecte din epoca victoriană, antichităţi victoriene

victory roll ['viktəri ˌrɔl] *s av* luping pentru a marca o victorie

victory sign ['viktəri ˌsain] *s* semnul „V" al victoriei

victrix ['viktriks] *s rar* biruitor, învingător

video art ['vidiəu ɑːt] *s telev* artă video

video camera ['vidiəuˌkæmərə] *s telev* cameră video

video cartridge ['vidiəu ˌkɑːtridʒ] *s telev* cartuş video

video cassette recorder [ˌvidiəu kə'set rikɔdə] *s telev* magnetoscop

video clip ['vidiəu klip] *s telev* videoclip, clip video

video club ['vidiəu klʌb] *s* club video, videoclub

video conference [ˌvidiəu'kɔnfərəns] *s* videoconferinţă

videodisc ['vidiəudisk] *s telev* videodisc, disc video

video game ['vidiəu geim] *s telev* joc video

video library ['vidiəuˌlaibrəri] *s telev* videotecă

video nasty ['vidiəuˌnæsti] *s* videocasetă cu caracter violent, adesea pornografic

video-record ['vidiəu riˌkɔːd] *vt telev* a înregistra cu ajutorul unui magnetoscop

videorecorder ['vidiəurikɔːdə] *s telev* magnetoscop

video recording ['vidiəuˌrikɔːdiŋ] *s telev* înregistrare cu ajutorul unui magnetoscop

video shop ['vidiəuˌʃɔp] *s* club video, videoclub

videotext ['vidiətekst] *s telev* videotext

vidicon ['vidikɔn] *s telev* vidicon, videocaptor

Vietcong [ˌvjet'kɔn] *s ist* Frontul naţional de eliberare (comunist) în războiul din Vietnam

viewphone ['vjuːfəun] *s tel* videotelefon

vig [vig] *s amer* dobândă, beneficiu

vigilantism [ˌvidʒi'læntizm] *s amer* atitudine agresivă a grupurilor paramilitare de auto-apărare

Viking ship [ˌvaikiŋ'ʃip] *s nav* corabie vikingă, drakkar

village green [ˌvilidʒ 'griːn] *s* spaţiu verde în centrul oraşului

village hall ['vilidʒ hɔːl] *s* sala de festivităţi a primăriei

village idiot [ˌvilidʒ'idiət] *s* prostul satului

Vilnius ['vilniəs] *s geogr* capitala Lituaniei

vindaloo [vində'luː] *s gastr* fel de mâncare cu mult curry

vindictively [vin'diktivli] *adv* în mod vindicativ

vinegar fly ['vinigə flɑl] *s* musculiţă de oţet (Drosophila melanogaster)

vinification [ˌvinifi'keiʃn] *s* vinificaţie

vino ['viːnəu] *s F* vin

vintage model [ˌvintidʒ'mɔdl] *s* obiecte / model de epocă

vintage wine [ˌvintidʒ'wain] *s* vin dintr-o podgorie renumită, de calitate superioară

vintage year [ˌvintidʒ'jə] *s* an foarte bun (pentru vin, cărţi, filme etc.)

viola d'amore [viˌəulədæ'mɔːri] *pl* **viole d'amore** [viˌəulidæ'mɔːri] *s muz* viola d'amore

viper's bugloss ['vaipəz ˌbjuːglɔs] *s bot* iarba-şarpelui (Echinum vulgare)

Virginia tobacco [vəˌdʒinjə tə'bækəu] *s* tutun de Virginia

Virgin islands [ˌvəːdʒin'ailəndz] *s geogr* the ~ insulele Virgine

virtual image [ˌvəːtʃuəl'imidʒ] *s fiz* imagine virtuală

virtual memory [ˌvəːtʃuəl 'meməri] *s cib* memorie virtuală

virtual reality [ˌvəːtʃuəl ri'æliti] *s* realitate virtuală

virtual storage [ˌvəːtʃuəl'stɔridʒ] *s cib* stocare virtuală a informaţiei

visaged ['vizidʒd] *adj (în cuvinte compuse)* cu faţa... ; **dark- ~** oacheş; **long- ~** cu faţa prelungă

vision mixer ['viʒnˌmiksə] *s cin, telev* **1** echipament de mixaj al imaginilor **2** (persoană) operator de mixaj

vision mixing ['viʒnˌmiksiŋ] *s cin, telev* mixare de imagini

visiting ['vizitiŋ] *adj (d circ etc.)* aflat în trecere, în turneu; (d un conferenţiar) invitat; (d păsări) migrator, călător

visiting fireman [ˌvizitiŋ'faiəmən] *s* vizitator foarte important

visiting hours ['vizitiŋˌauərs] *s* ore de vizită

visiting nurse [ˌvizitiŋ'nəːs] *s* infirmieră la domiciliu

visiting time ['vizitiŋ taim] *s v.* **visiting hours**

visitors' gallery [ˌvizitəz'gæləri] *s* tribuna rezervată publicului (în Parlament etc.)

visitor's passport [ˌvizitəz'pɑːspɔːt] *s brit* paşaport pe termen scurt

VISTA ['vistə] *presc de la* Volunteers in Service of America *program american de ajutorare a celor mai defavorizate persoane*

visual arts [ˌviʒuəl'ɑːts] *s* arte vizuale

visual display terminal, visual display unit [ˌviʒuəl 'displei təminəl / junit] *s cib* monitor

visual handicap [ˌviʒuəl'hændikæp] *s* handicap vizual

visually handicapped, visually impaired [ˌviʒuəli 'hændikæpt / im'peəd] **I** *adj* cu handicap vizual **II** *s* the ~ nevăzătorii

vitamin deficiency ['vitəmin diˌfiʃənsi] *s med* carenţă vitaminică

vitamin pill [ˌvitəmin'pil] *s farm* comprimat de vitamine

vitious ['viʃəs] *adj* **1** vicios, incorect **2** stricat, corupt

vittle ['vitl] *s dial* hrană, alimente, provizii

vizierate ['vizirit] *s* vizirat

vizierial [vi'ziriəl] *adj ist* de vizir

VLSI *presc de la* very large scale integration *cib* integrare pe scară foarte largă

V-neck ['viːnek] **I** *s (la îmbrăcăminte)* răscroială în formă de V

V-necked ['viːnekt] *adj (d îmbrăcăminte)* cu răscroiala în formă de V

VOA *presc de la* Voice of America „Vocea Americii"; *staţie de radio americană care emite pentru străinătate*

vociferously [vəu'sifərəsli] *adv (în mod)* zgomotos, în gura mare

vocoder [ˌvəu'kəudə] *s tel* vocoder, sintetizator de voce

voice-activated [ˌvɔis'æktiveitid] *adj (d aparate)* cu comandă verbală

-voiced [-vɔist] *în compuşi* low / soft ~ cu voce joasă / dulce

voice input ['vɔis ˌinput] *s cib* comandă verbală

voice recognition ['vɔis rekəgˌniʃn] *s cib* recunoașterea parolei

voice response ['vɔis riˌspɔns] *s cib* răspuns prin sintetizatorul de voce

voice training ['vɔisˌtreiniŋ] *s muz* 1 (exerciții de) cultivare a vocii, de canto 2 *(în teatru)* exerciții de dicție

volitionless [vɔ'liʃnlis] *adj* fără / lipsit de voință

voluntary agency, voluntary body [ˌvɔləntri 'eidʒənsi / 'bɔdi] *s* organizație voluntară, benevolă

voluntaryism ['vɔləntəriizm] *s* 1 *filoz* voluntarism 2 mişcare împotriva obligațiilor militare

voluntary liquidation [ˌvɔləntri liˌkwi'deiʃn] *s brit ec* depunerea bilanțului; to go into ~ a-și depune bilanțul

voluntary manslaughter [ˌvɔləntri 'mænslɔːtə] *s jur* omor intenționat

voluntary redundancy [ˌvɔləntri ri'dʌndənsi] *s brit* concediere consimțită *(în schimbul unei sume de bani)*

Voluntary Service Overseas [ˌvɔləntri'səːvis ˌəuvəsiːz] *s (în Marea Britanie)* cooperare tehnică în străinătate *(neremunerată)*

voluntary work [ˌvɔləntri'wɔːk] *s* muncă voluntară / neremunerată, benevolă

voluntary worker [ˌvɔləntri'wɔːkə] *s* persoană care prestează o muncă voluntară / benevolă / neremunerată

voluted [və'luːtid] *adj arhit* în formă de volută, spiralat

vomiting ['vɔmitiŋ] *s* vomitare, vărsătură

vote-catcher ['vəutˌkætʃə] *s* politică populistă, de captare a voturilor electoratului

vote-loser ['vəutˌluːzə] *s* politică nepopulară, care riscă să ducă la pierderea voturilor electoratului

voter registration ['vəutə redʒisˌtreiʃn] *s* înscriere pe listele electorale

voting booth ['vəutiŋ buːθ] *s* cabină de votare

votress ['vəutris] *s înv* 1 călugăriță, maică, soră 2 admiratoare, adoratoare 3 aderentă, adeptă, partizană, sectantă 4 iubită

vowel shift ['vauəl ˌʃift] *s lingv* mutație vocalică

vox pop [ˌvɔks'pɔp] *s brit* emisiune de radio sau televiziune cu intervenția publicului

voyeuristic [ˌvɔiə'ristik] *adj* care se referă la voyeurism

vroom [vruːm] *interj (imitând zgomotul unui motor)* vrum!

V-shaped [ˌviː'ʃeipt] *adj* în formă de V

V-sign ['viːsain] *s* semnul victoriei *(în formă de V)*; to give the ~ *(pentru victorie, aprobare)* a face semnul victoriei

VTR *presc de la* video tape recorder

W

WA *presc de la* **1** Washington (State) **2** Western Australia

wader ['weidə] *s* **1** persoană care se bălăceşte; persoană care merge cu greu prin apă, noroi, zăpadă *etc.* **2** *orn* pasăre de baltă cu picioroange **3** cizmă pescărească; salopetă cauciucată, impermeabilă

waders ['weidəz] *s v.* **wader (3)**

wading ['weidiŋ] *s* bălăceală

wading pool ['weidiŋ pu:l] *s* bazin mic

wafer-thin [,weifə'θin], **wafery** ['weifəri] *adj şi fig* subţire ca o foiţă de hârtie, foarte subţire

waffler ['wɔflə] *s brit F* persoană care vorbeşte mult, trăncăneşte, bate apa în piuă *(inclusiv în scris)*

waffling ['wɔfliŋ] *s brit F* trăncăneală, gargară; *(în scris)* umplutură

waffly ['wɔfli] *adj F (d un discurs, un eseu etc.)* de umplutură, care conţine multă gargară

waftage ['wɑːftidʒ] *s rar* **1** transport; călătorie **2** adiere, boare *(a vântului)*

wage bargaining ['weidʒ ,bɑːginiŋ] *s ec* negociere a salariilor

wage packet ['weidʒ ,pækit] *s* plată a salariului *(mai ales în numerar)*

wage slip ['weidʒ slip] *s* fişă pe care sunt înscrise date privind salariul

waggon master ['wægən ,mɑːstə] *s mil* comandantul trenului de luptă

waggon train ['wægən trein] *s* convoi cu tracţiune animală

Wagnerian [vɑːg'niəriən] *adj* wagnerian

wagonload ['wægənləud] *s* încărcătura unei căruţe / a unui vagon

Wahhabi [wə'hɑːbi] **I** *s* sectă musulmană **II** *adj* membru al acestei secte

waiflike ['weiflaik] *adj* fragil

wailingly ['weiliŋli] *adv* plângător; gemând

wainman ['weinmən], *pl* **wainmen** ['weinmen] *s înv* căruţaş

wainwright ['weinrait] *s* rotar

waistcoated ['weistkəutid] *adj F* (îmbrăcat) cu vestă, cu jiletcă

waist-deep [,weis(t)'di:p] *adj, adv* (adânc) până la talie

waiting game ['weitiŋ geim] *s sport* joc de aşteptare; *fig* **to play a ~ a** face un joc de aşteptare

wait state ['weit steit] *s cib* stare de aşteptare

wake-up call [,weikʌp 'kɔ:l] *s* apel telefonic care dă deşteptarea

Waldorf salad ['wɔːldɔːf ,sæləd] *s gastr* salată de crudităţi cu maioneză

Waler ['weilə] *s* cal de călărie australian

Walhalla [væl'hælə]] *s* Valhala

walkable ['wɔːkəbl] *adj* care se poate parcurge pe jos

walkathon ['wɔːkəθɔn] *s* **1** *amer* marş de mare distanţă; *sport* maraton **2** dans de durată

Walker ['wɔːkə] *interj dial* absurditate! nu se poate!

walker-on [,wɔːkər 'ɔn] *s teatru* figurant, statist

walkies ['wɔːkiz] *s brit F* (let's go) ~! hai la plimbare!

walking delegate [,wɔːkiŋ 'deligit] *s* delegat sindical

walking frame ['wɔːkiŋ freim] *s* cadru de metal folosit la mers de către handicapaţi / bătrâni

walking gentleman [,wɔːkiŋ 'dʒentlmən], *s pl* **walking gentlemen** [,wɔːkiŋ 'dʒentlmen] *s teatru* figurant

walking lady [,wɔːkiŋ 'leidi] *s teatru* figurantă

walking race ['wɔːkiŋ reis] *s sport* (cursă de) marş

walking shoes ['wɔːkiŋ ʃuːz] *s* pantofi pentru sport

Walkman ['wɔːkmən] *s* walkman *(casetofon portativ cu căşti)*

walk mill ['wɔːk mil] *s text* piuă, maşină de călcat postavul

walk-through [,wɔːk'θru:] *s* **1** *(în teatru)* repetiţie într-un stadiu al montării; *(în televiziune)* repetiţie fără filmare **2** pasaj pentru pietoni

wallaroo [,wɔlə'ru:] *s zool* cea mai răspândită specie de cangur *(Macropus robustus)*

wall bars ['wɔːl bɑːz] *s sport* spalier

wall bracket ['wɔːl ,brækit] *s constr* suport în consolă încastrat (în zid); contrafort

wall chart ['wɔːl tʃɑːt] *s* hartă de perete

wall cupboard ['wɔːl ,kʌbəd] *s* dulap de perete / suspendat

waller ['wɔlə] *s* **1** zidar **2** hamal (de port)

wall game ['wɔːl geim] *s* partidă de fotbal

wall hanging ['wɔːl ,hæŋiŋ] *s* draperie / tapiserie aşezată pe perete cu rol decorativ

Wallis and Futuna Islands [,wɔlis n fu:'tjuːnə ,ailəndz] *s geogr* insulele Wallis şi Futuna

wall lamp, wall light ['wɔːl læmp / lait] *s* lampă de perete

wall lighting ['wɔːl ,laitiŋ] *s* iluminare prin lămpi de perete

wall newspaper ['wɔːl ,njuːspeipə] *s* gazetă de perete

wallposter ['wɔːl,pəustə] *s* afiş de perete, poster

wall socket ['wɔːl ,sɔkit] *s el* priză de perete

wally ['wɔli] *s brit F* nătărău, imbecil

Walworth Road [,wɔlwə 'rəud] *s* stradă londoneză unde se află sediul Partidului Laburist

wampee [wɔm'pi:] *s bot* pom asiatic din familia Rutaceae, cultivat în Hawai (Clausena lansium)

wandoo [wʌn'du:] *s bot* arbore alb de cauciuc din Australia vestică (Eucalyptus redunca)

Wandsworth Prison ['wɔnzwə ,prizn] *s* închisoare în Marea Britanie

waning ['weiniŋ] **I** *s (d lună etc.)* descreștere a mărimii; *(d lumină, interes etc.)* descreștere a intensității ; reflux; *fig* declin **II** *adj* care descrește / se diminuează / este în declin

wanion ['wɔniən] *s înv* descreștere *(a lunii)*

wanna ['wɔnə] *F forma contrasă de la* **1** want to **2** want a

wannabe ['wɔnə,bi:] *s F* persoană care dorește să reușească în viață, veleitar, oportunist

wanty ['wʌnti] *s* **1** *dial* partea de sus a cingătorii unei șei **2** *înv* curea de împerecheat / de legat animale

wapenschaw ['wæpənʃɔ:] *s v.* **wapinschaw**

wapinschaw ['wæpinʃɔ:] *s scot* inspecție militară, trecere în revistă a trupelor

Wapping ['wɔpiŋ] *s* cartier din estul Londrei unde se află sediile mai multor ziare

warbling ['wɔ:bliŋ] *s* tril, cântec cu modulații *sau* melodios

war bond ['wɔ: bɔnd] *s fin, ist* titlu de împrumut de război *(în timpul celui de-al doilea război mondial)*

war cabinet ['wɔ:,kæbinit] *s pol* cabinet de război

war chest ['wɔ: tʃest] *s fond* acumulat pentru a finanța un război / o campanie / o acțiune cu un anumit scop

warden ['wɔ:dən]] *s* **1** șef, director, guvernator **2** guvernator de închisoare **3** stareț **4** persoană de serviciu **5** *ec* custode

wardenship ['wɔ:dənʃip] *s* funcția unui **warden**

wardership ['wɔ:dəʃip] *s* funcția de temnicer / paznic

ward heeler ['wɔ:d ˌhi:lə] *s pol* agent electoral

Wardour-street English [ˌwɔ:dəstri:t 'iŋgliʃ] *s vorbire engleză împodobită cu arhaisme (de la numele străzii cu multe anticariate)*

wardress ['wɔ:dris] *s* temniceră

wardrobe mistress [ˌwɔ:drəub 'mistris] *s (în teatru)* costumieră

wardrobe trunk ['wɔ:drəub trʌnk] *s* cufăr vertical în care se transportă și haine pe umerașe

wardsman ['wɔ:dzmən], *pl* **wardsmen** ['wɔ:dzmen] *s* paznic, pază, strajă; supraveghetor

warehouseman ['weəhausmən], *pl* **warehousemen** ['weəhausmen] *s* **1** proprietar de depozit **2** comerciant angrosist **3** magazioner

warfaring ['wɔ: feəriŋ] *adj* de război, de luptă

war game ['wɔ: geim] *s* joc de-a războiul

war grave ['wɔ: greiv] *s* mormânt al unui soldat căzut în război

war horse ['wɔ: hɔ:s] *s* **1** *înv* cal de război **2** *fig* veteran

Warks. *presc de la* **Warwickshire** *comitat în Marea Britanie*

war loan ['wɔ: ləun] *s brit* împrumut de război

war machine ['wɔ: mə,ʃi:n] *s* mașină de război

warman ['wɔ:mən], *pl* **warmen** ['wɔ:men]] *s rar* ostaș, soldat, luptător

war memorial ['wɔ: mi,mɔ:riəl] *s* monument dedicat eroilor de război

warmongering ['wɔ:mɔŋgəriŋ] *s* ațâțare de război; propagandă în favoarea războiului

warmups ['wɔ:mʌps] *s amer* trening

War Office ['wɔ:r ˌɔfis] *s* Ministerul de Război *(în Anglia)*

warper ['wɔ:pə] *s text* urzitor

warrantableness ['wɔrəntəblnis] *s* îndreptățire, legitimitate

warrigal ['wɔrigəl] *s zool* dingo *(specie de câine australian)*

warring ['wɔriŋ] *adj* contradictoriu; ireconciliabil; beligerant

war-torn [ˌwɔ: 'tɔ:n] *adj (d o țară etc.)* frământat de războaie

war whoop ['wɔ: hu:p] *s* strigăt de luptă *(la indienii americani)*

war widow ['wɔ: ˌwidəu] *s* văduvă de război

was-bird ['wɔzbə:d] *s sl* fost, fostă personalitate, om care și-a pierdut vechea calitate

wash-and-wear [ˌwɔʃənd'weə] *adj (d țesături, haine)* care nu este necesar să fie călcat cu fierul după spălare

wash bag ['wɔʃ bæg] *s* trusă de toaletă

wash boiler ['wɔʃ ˌbɔilə] *s* cazan în care se fierb rufele

washer-dryer [ˌwɔʃə'draiə] *s* mașină de spălat cu uscător

washer-up [ˌwɔʃər'ʌp] *s* persoană care spală vesela

wash-hand basin [ˌwɔʃhənd 'beisn] *s* lighean

wash-hand stand [ˌwɔʃhənd 'stænd] *s* lavoar, lavabou, spălător

washing powder ['wɔʃiŋ ˌpaudə] *s* praf de spălat

washing soda ['wɔʃiŋ ˌsəudə] *s ch* carbonat de sodiu, *F* sodă de rufe

Washingtonian [ˌwɔʃiŋ'təuniən] **I** *adj* din Washington **II** *s* locuitor din Washington

washing-up [ˌwɔʃiŋ'ʌp] *s (cuvânt australian) min* spălare *(în vederea extracției de aur)*

washing-up liquid [ˌwɔʃiŋʌp 'likwid] *s* detergent lichid pentru spălarea veselei

wash leather ['wɔʃ ˌleðə] *s* piele (de căprioară) de șters și de curățat

wash rag ['wɔʃræg] *s* cârpă pentru spălat vesela, spălător de vase

Wasp, WASP ['wɔsp] *presc de la* **White Anglo-Saxon Protestant** *s amer* persoană de rasă albă, origine anglo-saxonă și protestantă, aparținând claselor înstărite și influente

wasp bee ['wɔspbi:] *s ent* specie de viespe fără ac *(Nomada)*

wasp waist ['wɔsp ˌweist] *s fig* to have a ~ a avea o talie de viespe, a fi foarte zvelt

waste bin ['weist bin] *s brit* pubelă, ladă de gunoi; coș pentru hârtii

waste disposal unit [ˌweist dispəuzl 'ju:nit] *s* utilaj pentru sfărâmarea resturilor menajere

waste ground ['weist graund] *s* teren viran

waste product ['weist ˌprɔdʌkt] *s* deșeu

wasting ['weistiŋ] *adj* **1** devastator, nimicitor **2** care se micșorează / se reduce / se împuținează **3** care slăbește / subrezește *(corpul etc.)*

wat [wɔt] *s înv* lepurilă, iepure

watch chain ['wɔtʃ tʃein] *s* lanțul ceasului

watchet ['wɔtʃit] *adj înv* albastru; albastru-deschis

watch glass ['wɔtʃ glɑ:s] *s* **1** sticlă / geam de ceasornic **2** *nav* nisipelniță, clepsidră *(pentru măsurat timpul unei gărzi)*

watching ['wɔtʃiŋ] *s* **1** pază; atenție **2** (stare de) veghe

watch key ['wɔtʃ ki:] s cheie pentru ceasornic

watch making ['wɔtʃ ˌmeikiŋ] s ceasornicărie

watch pocket ['wɔtʃ pɔkit] s buzunar pentru ceas

water-absorbing [ˌwɔːtə əb'sɔːbiŋ] adj higroscopic

water bag ['wɔːtə bæg] s tehn cameră de fierbere

water bailiff ['wɔːtə ˌbeilif] s brit 1 od ofiţer care supraveghează circulaţia fluvială 2 paznic de pescuit

water beetle ['wɔːtə ˌbiːtl] s ent gândac de apă (fam Dytiscidae, Haliplidae etc.)

water biscuit ['wɔːtə ˌbiskit] s gastr biscuit sărat

water boatman ['wɔːtə ˌbəutmən] s ent ploşniţă de apă (Rhynchotes)

water bomb ['wɔːtə bɔmb] s bombă cu apă

water brake ['wɔːtə breik] s tehn frână hidraulică

water break ['wɔːtə breik] s rar val mic, undă

water bug ['wɔːtə bʌg] s ent insectă de apă (fam Belostomatide, Rhynchotes etc.)

water bus ['wɔːtə bʌs] s vas care face naveta pe apă

water cannon ['wɔːtə ˌkænən] s tun cu apă

water carriage ['wɔːtə ˌkæridʒ] s transport pe apă

water cart ['wɔːtə kɑːt] s cisternă pentru stropitul străzilor, autocisternă, autostropitoare

water chestnut ['wɔːtə ˌtʃestnʌt] s bot 1 castan de apă (Trapa); castană de apă 2 rogoz chinezesc (Eleocharis tuberosa)

water chute ['wɔːtə ʃuːt] s cădere de apă

water clock ['wɔːtə klɔk] s orologiu de apă

water colourist ['wɔːtə ˌkʌlərist] s acuarelist

water-diviner ['wɔːtə ˌdivainə] s persoană care caută surse de apă, radiestezist

watered-down [ˌwɔːtəd 'daun] adj 1 (d băutură) botezat, îndoit / amestecat cu apă 2 fig atenuat, îndulcit; a ~ criticism critică mai puţin aspră

watered silk [ˌwɔːtəd 'silk] s text mătase cu reflexe de moar cu ape

water engine ['wɔːtər ˌendʒin] s 1 maşină hidraulică 2 pompă de incendiu

water fennel ['wɔːtə ˌfenəl] s bot mărăraş (Oenanthe phellandrium)

water flag ['wɔːtə flæg] s bot stânjenel-galben (Iris pseudacorus)

water flea ['wɔːtə fliː] s ent purice-de-apă (Daphnia pulex)

water flood ['wɔːtə flʌd] s inundatie

water-flowing ['wɔːtəˌfləuiŋ] adj rar curgător

water fly ['wɔːtə flai] s ent orice fluture care trăieşte pe lângă apă sau pe apă

water gall ['wɔːtə gɔːl] s 1 cavitate creată de ape prin eroziune 2 al doilea curcubeu

Watergate ['wɔːtəgeit] s scandal politic ce a dus la demisia preşedintelui american Richard Nixon în august 1974

water gruel ['wɔːtə gruəl] s terci cu apă

water gun ['wɔtə gʌn] s pistol cu apă

water header ['wɔːtə ˌhedə] s hidr colector de apă, bazin hidraulic

watering ['wɔːtəriŋ] s 1 udare; stropire; umezire 2 şanţ, canal 3 (la un material textil) ape

watering cart ['wɔːtəriŋ kɑːt] s v. **water cart**

watering hole ['wɔːtəriŋ həul] s 1 mic lac, iaz (adăpătoare) 2 fig F cârciumă

watering pot ['wɔːtəriŋ pɔt] s stropitoare

watering trough ['wɔːtəriŋ trɔ(ː)f] s adăpătoare

water joint ['wɔːtə dʒɔint] s tehn articulaţie impermeabilă

waterless ['wɔːtəlis] adj sec, fără apă

water lime ['wɔːtə laim] s var hidraulic

watermanship ['wɔːtəmənʃip] s îndemânare de a vâsli

water meter ['wɔːtə ˌmiːtə] s cantor de apă, apometru

water monitor ['wɔːtə ˌmɔnitə] s tehn controlor al activităţii apei

water monkey ['wɔːtə ˌmʌŋki] s carafă de pământ

water motor ['wɔːtə ˌməutə] s tehn turbină hidraulică; motor acţionat de apă

water nixy ['wɔːtə ˌniksi] s spirit al apelor; ştimă; naiadă

water nymph ['wɔːtə nimf] s 1 v. **water nixy** 2 bot nufăr (Nuphar)

water ox ['wɔːtər ɔks] s zool arni, bivol de apă (Bubalus bubalis)

water parsley ['wɔːtə ˌpɑːsli] s bot ţelină (Apium graveolens)

water pipe ['wɔːtə ˌpaip] s 1 constr conductă de apă, canalizare 2 narghilea

water pistol ['wɔːtə ˌpistl] s pistol cu apă

water plant ['wɔːtə plɑːnt] s plantă de apă

water-power engine [ˌwɔːtə pauə 'endʒin] s tehn motor hidraulic

waterproofing ['wɔːtəpruːfiŋ] s tehn impermeabilizare (a unei ţesături etc); etanşeizare (a unui butoi etc.)

waterproofness ['wɔːtəpruːfnis] s impermeabilitate

water pump ['wɔːtə pʌmp] s pompă de apă

water rail ['wɔːtə reil] s orn cârstei-de-baltă (Rallus aquaticus)

water ram ['wɔːtə ræm] s tehn berbec hidraulic; lovitură de apă

water-repellent [ˌwɔːtə ri'pelənt] adj hidrofug, impermeabil

water resistance ['wɔːtə riˌzistəns] s el reostat hidraulic

water-resistant ['wɔːtə ri'zistənt] adj (d un material) semi-impermeabil, rezistent la apă; (d o substanţă) indelibil, rezistent la apă; ~ ink cerneală indelibilă

water rug ['wɔːtə rʌg] s zool înv pudel

water seal ['wɔːtə siːl] s tehn supapă hidraulică, obturator hidraulic

water ski ['wɔːtə skiː] I s sport schi nautic II vi a practica schi nautic

water snake ['wɔːtə sneik] s zool şarpe de apă (genul Natix, familia Homalópsidae etc.)

water spider ['wɔːtə ˌspaidə] s ent păianjen de apă (Argyoneta aquatica, Dolomedes sexpunctatus)

water sport ['wɔːtə spɔːt] s sport nautic

water stop ['wɔːtə stɔp] s stăvilar, ecluză

water tank ['wɔːtə tænk] s rezervor de apă, cisternă

water torture ['wɔːtə ˌtɔːtʃə] s tortura apei

water tube ['wɔːtə tjuːb] *s tehn* **1** conductă de apă **2** ţeavă fierbătoare

water violet ['wɔːtə ˌvaiəlit] *s bot* crin-de-apă *(Hottonia palustris)*

water wagtail ['wɔːtə ˌwægteil] *s orn* codobatură *(Motacilla)*

waterweed ['wɔtəwiːd] *s bot* ciuma-apei *(Elodea)*

water willow ['wɔːtə ˌwiləu] *s bot* zăloagă *(Salix cinerea)*

waterwings ['wɔːtəwiŋz] *s* un fel de colac purtat pe braţe pentru a pluti

watt-hour [ˌwɔtˈauə] *s fiz, el* watt-oră

wattmeter ['wɔtmiːtə] *s fiz, el* wattmetru

waved ['weivd] *adj (d păr)* ondulat, frizat

waveform ['weivfɔːm] *s tel* formă de undă

wave function ['weiv ˌfʌŋkʃn] *s fiz* funcţie de undă

waveguide ['weivgaid] *s tel* ghid de unde

wavy-haired [ˌweivi ˈheəd] *adj* cu păr ondulat

waxed paper [ˌwækst ˈpeipə] *s* hârtie cerată

wax light ['wæks lait] *s* lumânare de ceară

wax moth ['wæks mɔ(ː)θ] *s ent* molie-de-ceară *(Galberia)*

wax plant ['wæks plɑːnt] *s bot* ceară *(Hoya)*

wax-red [ˌwæks ˈred] *adj* de culoarea cerei roşii

waxwing ['wækswiŋ] *s orn* mătăsar *(Bombycilla)*

waybread ['wei bred] *s bot* pătlagină *(Slantago major)*

wayfarer ['wei fɛərə] *s* drumeţ, călător

wayfaring tree ['weifɛəriŋ triː] *s bot* dârmoz *(Viburnum lantana)*

waylayer ['wei leiə] *s* **1** persoană care întinde curse *(cuiva)*; pânditor **2** pisălog, persoană plictisitoare

waylaying ['weileiiŋ] *s* cursă

way leave ['wei liːv] *jur* drept de trecere *(prîntr-un teritoriu străin)*; drept de zbor *(pe deasupra unui teritoriu străin)*

wayless ['weilis] *adj (d o regiune etc.)* fără drumuri; nebătătorit

waymaker ['wei ˌmeikə] *s fig* deschizător de drumuri, pionier

way mark ['wei mɑːk] *s* stâlp indicator *(al drumului)*

Ways and Means Committee [ˌweiz ənd ˈmiːnz kəˌmiti] *(în S.U.A.)* comisia pentru buget a Camerei Reprezentanţilor

wayzgoose ['weizguːs] *s* sărbătoare anuală a imprimeriilor *(de obicei la 24 august)*

WBC *presc de la* **World Boxing Council** *sport* consiliul mondial al boxului

WCC *presc de la* **World Council of Churches** *bis* Consiliul Mondial al Bisericilor

weakish ['wiːkiʃ] *s F* slăbuţ, cam slab, destul de slab; fără vlagă

weakishness ['wiːkiʃnis] *s F* (stare de) slăbiciune

wealth tax ['welθ tæks] *s brit fin* impozit pe avere

wean [wiːn] *s scot* copil(aş)

weaning ['wiːniŋ] *s* întărcare

weapon system ['wepən ˌsistəm] *s mil* sistem de armament

weariedness ['wiəridnis] *s* plictiseală; oboseală, sfârşeală

wearisomely ['wiərisʌmli] *adv* plictisitor

wearisomeness ['wiərisʌmnis] *s* caracter plictisitor *(al unei conversaţii etc.)*

weather balloon ['weðə bəˌluːn] *s* balon (sondă) meteorologic(ă)

weather-bitten [ˌweðəˈbitn] *adj* ros / stricat / deteriorat de vreme / intemperii

weatherboarding ['weðəbɔːdiŋ] *s constr* şindrilă

weather box ['weðə bɔks] *s* higroscop

weather center ['weðə ˌsentə] *s brit* centru / staţie meteorologic(ă)

weather chart ['weðə tʃɑːt] *s* diagramă sinoptică a stării timpului; hartă meteo-sinoptică; buletin meteorologic

weather contact ['weðə ˌkɔntækt] *s el* scurt-circuit *(între conductori aerieni)* datorat intemperiilor

weather cross ['weðə krɔs] *s v.* **weather contact**

weather deck ['weðə dek] *s nav* punte descoperită

weather door ['weðə dɔː] *s min* uşă de ventilaţie

weathered ['weðəd] *adj* **1** aerisit, aerat **2** decolorat *(prin expunere la aer)* **3** *constr (d un acoperiş etc.)* înclinat

weather helm ['weðə helm] *s nav* încercare de a aduce nava sub vânt

weather house ['weðə haus] *s* barometru decorativ reprezentând o casă

weathering ['weðəriŋ] *s* **1** alterare, degradare, dezagregare *(a rocilor)*; eroziune **2** *constr* ciubuc la rama de jos a ferestrei **3** ruginire

weatherliness ['weðəlinis] *s nav* lipsă de stabilitate la drum, ambardaj, ambardee

weatherly ['weðəli] *adj nav (d un vas)* lipsit de stabilitate

weathermost ['weðəməust] *adj* cel mai expus la vânt

weather satellite ['weðə ˌsætəlait] *s* satelit meteorologic

weather side ['weðə said] *s* parte *(a unei case, păduri etc.)* expusă vântului

weather-stained [ˌweðəˈsteind] *adj* decolorat *(de agenţi atmosferici)*

weather strip ['weðə strip] *s* cârlig de vânt; garnitură de etanşare *(pentru uşi, ferestre etc.)* contra vântului

weather-tight [ˌweðə ˈtait] *adj* **1** *(d îmbrăcăminte)* impermeabil; rezistent la intemperii **2** călit, rezistent

weather woman ['weðə ˌwumən] *s* **1** femeie care profesează meteorologia **2** prezentatoare a buletinului meteo *(la radio şi TV)*

weaver finch ['wiːvə fintʃ] *s orn* pasărea-ţesător *(familia Ploceidae)*

weaver's knot [ˌwiːvəz ˈnɔt] *s* nodul ţesătorului

weber ['veibə] *s fiz* weber

webfoot ['webfut] *s zool, orn* labă palmată *(a unui animal)* **2** *(animal)* palmiped

web member ['web ˌmembə] *s constr* bară de umplutură

web press ['web pres] *s poligr* presă rotativă

wedding anniversary ['wediŋ æniˌvəːsri] *s* aniversare a căsătoriei

wedding band ['wediŋ bænd] *s* verighetă

wedding day ['wediŋ dei] *s* ziua nunţii

wedding dress ['wediŋ dres] *s* rochie de nuntă / mireasă; haină de nuntă

wedding list ['wediŋ list] *s* listă a invitaţilor la oficierea unei căsătorii

wedge bone ['wedʒ bəun] *s anat* os sfenoid

wedge heel ['wedʒ hi:l] *s* talpă ortopedică

wedge-heeled shoe [ˌwedʒ hi:ld 'ʃu:], **wedgie** ['wedʒi] *s* pantof cu talpă ortopedică

wedge-shaped [ˌwedʒ'ʃeipt] *adj* în formă de pană / ic

wedgy ['wedʒi] *adj v.* **wedge-shaped**

weed hook ['wi:d huk] *s agr* plivitoare

weeding ['wi:diŋ] *s agr* plivit

weed killer ['wi:dkilə] *s ch, agr* ierbicid

weedy ['wi:di] *adj* năpădit de buruieni, plin de buruieni

week [wi:k] *s* colţ; **the ~s of the mouth** colţurile gurii

weeny bopper ['wi:niˌbɔpə] *s F* persoană tânără amatoare de muzică pop

Weeping Cross [ˌwi:piŋ'krɔs] *s ist* troiţă la care se roagă cei pocăiţi; **to come home by ~** a se căi, a se pocăi, a regreta o faptă *etc.*; a se întoarce pocăit

weeping rock [ˌwi:piŋ 'rɔk] *s* stalactită

weepy ['wi:pi] **I** *adj* **1** plângăreţ, înlăcrimat *(d persoane, voce etc.)* **2** sentimental, lacrimogen *(d filme etc.)* **II** *s brit* melodramă, film sentimental, roman siropos

weever ['wi:və] *s iht* **1** dracul-de-mare *(Trachinus draco)* **2** vipera-de-mare *(Trachinus vipera)*

weevil(l)ed ['wi:vild] *adj (d seminţe, grăunţe)* mâncat de gărgăriţe

weevily ['wi:vili] *adj v.* **weevil(l)ed**

weighable ['weiəbl] *adj* care poate fi cântărit

weigh beam ['wei bi:m] *s* balanţă romană / cu arc

weighman ['weimən], *pl* **weighmen** ['weimen] *s înv* cântăritor

weighting ['weitiŋ] *s* **1** cântărire; *sport* ~ **in** cântărire *(a jocheului)* înainte de cursă; *sport* ~ **out** cântărire *(a jocheului)* după cursă **2** *nav* ridicare *(a ancorei)*, plecare (din port)

weight loss ['weit lɔs] *s* pierdere în greutate

weight training ['weit ˌtreiniŋ] *s* antrenament cu haltere

weight watcher ['weit ˌwɔtʃə] *s* **1** persoană care urmează un regim alimentar **2** persoană care îşi supraveghează greutatea

weisenheimer ['waiznhaimə] *s amer* individ care se crede şmecher / deştept

Weismannism ['vaismənizm] *s biol* teoria lui Weissmann, weissmanism

weiss beer [ˌvais 'biə] *s amer* bere blondă

welcomer ['welkʌmə] *s* persoană care vine să întâmpine pe cineva / care urează cuiva bun venit

welcoming ['welkʌmiŋ] **I** *adj (d o cuvântare etc.)* de bun sosit / venit **II** *s* bun venit

weldability [ˌweldə'biliti] *s tehn* sudabilitate

welding ['weldiŋ] *s tehn* sudare, sudură

welding rod ['weldiŋ rɔd] *s el* electrod / vergea de sudură

welding torch ['weldiŋ tɔ:tʃ] *s tehn* lampă de sudură

weldless ['weldlis] *adj met* tras fără sudură

welfare centre ['welfeə ˌsentə] *s* centru de asistenţă socială; dispensar

welfare officer ['welfeə ˌofisə] *s* lucrător social care supraveghează o persoană pusă în libertate condiţionată

welfare service ['welfeə ˌsə:vis] *s* serviciu de asistenţă socială

welfare worker ['welfeə ˌwə:kə] *s* **1** persoană care se consacră asistenţei sociale **2** supraveghetor *(într-o uzină)*

welfarism ['welfeərizm] *s* teoria statului providenţial

well-acquainted [ˌwelə'kweintid] *adj* familiarizat îndeaproape

well-adjusted [ˌweləˈdʒʌstid] *adj (d persoane)* echilibrat; bine adaptat *(în societate etc.)*

well-aimed [ˌwel 'eimd] *adj* bine ţintit

well-appointed [ˌwel ə'pɔintid] *(d un birou)* prevăzut cu toate cele necesare

well-argued [ˌwel'ɑːgjud] *adj* bine argumentat

wellaway [ˌwelə'wei] *interj înv* vai (de mine)! vai şi amar!

well-beloved [ˌwel bi'lʌvd] *adj* drag, iubit

well-breasted [ˌwel 'brestid] *adj* cu voce frumoasă

well-brought-up [ˌwel 'brɔːt ʌp] *adj* bine-crescut, educat

well-built [ˌwel 'bilt] *adj* **1** *(d persoane)* bine clădit / făcut, solid **2** *(d clădiri)* bine construit

well-developed [ˌwel di'veləpt] *adj* **1** *(d persoane)* bine făcut / dezvoltat **2** *(d o idee etc.)* bine expus, argumentat; *(d un program)* bine dezvoltat

welldigger ['weldigə] *s* săpător de puţuri / fântâni

well drain ['wel drein] *s* puţ de scurgere

well-dressed [ˌwel 'drest] *adj v.* **well-apparel(l)ed**

well-endowed [ˌwel in'daud] *adj fig* a ~ **young man / woman** un tânăr / o tânără bine făcut(ă), înzestrat(ă)

well-equipped [ˌwel i'qwipt] *adj* bine echipat, bine utilat

Wellerism ['welərizm] *s* vorbă de spirit *(demnă de unul din cei doi Weller – personajele din „Pickwick Papers" de Dickens)*

well-grounded [ˌwel 'graundid] *adj* motivat, întemeiat, justificat; bine pregătit, cu cunoştinţe solide / temeinice

wellie ['weli] *s v.* **welly**

well-judged [ˌwel 'dʒʌdʒd] *adj* **1** cu tact **2** judicios, chibzuit; bine calculat; gândit **3** oportun, potrivit

well-made play [ˌwel meid 'plei] *s* teatru piesă de construcţie clasică / cu structură banală

well-paid [ˌwel 'peid] *adj* bine retribuit / plătit / remunerat

Wellsian ['welziən] *adj* în felul / după maniera scriitorului H.G. Wells

well-spent [ˌwel 'spent] *adj (d bani etc.)* bine întrebuinţat / folosit

well-stacked [ˌwel 'stækt] *adj (d o femeie)* planturoasă

well-thumbed [ˌwel'θʌmbd] *adj (d cărţi, reviste)* care a fost răsfoit foarte mult, citit şi răscitit

well tomb ['wel tu:m] *s* mormânt adânc *(în Fenicia etc.)*

well-versed [ˌwel'və:st] *adj* **to be ~ in smth** a fi foarte versat în ceva, a cunoaşte foarte bine ceva

well-woman clinic [ˌwel wumn 'klinik] *s* centru de sănătate pentru femei

welly ['weli] *s brit* **1** cizmă de cauciuc **2** **give it some ~!** hai, mai cu viață / mai repede!

Welsh dresser [ˌwelʃ 'dresə] *s* dulap pentru vase

Wenceslas ['wensisləs] *s nume masculin*

wencher[1] ['wentʃə] *s înv* crai, desfrânat

wencher[2] ['wentʃ]] *înv* **I** *vt* **to ~ one's way to** a se îndrepta spre **II** *vi* a se duce

Wendy house ['wendi haus] *s brit* casă în miniatură în care copiii se pot juca

wenny ['weni] *adj v.* **wennish**

West Africa [ˌwest 'æfrikə] *s geogr* Africa de Vest / Occidentală

West African [ˌwest 'æfrikən] **I** *s* locuitor al Africii de Vest **II** *adj (d state, limbi etc.)* care aparține Africii de Vest

West Bank [ˌwest 'bænk] *s geogr* Cisiordania

West Berlin [ˌwest bə'lin] *s geogr, ist* Berlinul de Vest

West Coast [ˌwest 'kəust] *s geogr* coasta de vest *(a S.U.A.)*

wester ['westə] *vi (↓ d un corp ceresc)* a se îndrepta spre vest

westering ['westəriŋ] *adj (d soare, vânt etc.)* care se îndreaptă spre asfințit

Western Australia [ˌwestən ɔs'treiljə] *s geogr* Australia de Vest

Westerner ['westənə] *s* **1** occidental, apusean; locuitor din Vest **2** locuitor din statele vestice ale S.U.A.

Western Isles [ˌwestən'ailz] *s geogr* **the ~** insulele Hebride

Western Sahara [ˌwestən sə'hɑːrə] *s geogr* Sahara Occidentală

Western Samoa [ˌwestən sə'məuə] *s geogr* Samoa de Vest

Western Union [ˌwestən 'juniən] *s* companie americană privată de telegraf

west-facing [ˌwest 'feisiŋ] *adj* orientat spre vest; *(d soare)* aflat la apus

West German [ˌwest'dʒəːmən] **I** *s* vest-german **II** *adj* vest-german, care aparține Germaniei de Vest

West Germany [ˌwest 'dʒəːməni] *s geogr, ist* Germania de Vest

West Indiaman [ˌwest'indiəmən], *pl* **West Indiamen** [ˌwest'indiəmen]] *s nav* navă făcând comerț cu Antilele

westing ['westiŋ] *s nav* direcție *sau* deviere spre vest

west-north-west [ˌwestnɔ:θ'west] *pronunția marinărească* [nɔ:-'west] *s* vest-nord-vest

Westralian [west'reəliən] *adj* din partea de vest a Australiei

west-southwest [ˌwest sauθ'west] *s geogr* vest-sud-vest

West Virginia [ˌwest və:'dʒiniə] *s geogr (în S.U.A.)* Virginia de Vest

wet and dry [ˌwet ənd 'drai] *s* pânză de șmirghel foarte fină

wetback ['wet'bæk] *s amer* imigrant mexican ilegal *(în S.U.A.)*

wet bar [ˌwet 'bɑ:] *s nav* mic bar cu chiuvetă

wet cell [ˌwet 'sel] *s el* element umed, pilă umedă

wet fish [ˌwet 'fiʃ] *s* pește proaspăt

wetland ['wetlənd] **I** *s* mlaștină, mocirlă **II** *adj (d o plantă)* care trăiește în mediu mlăștinos

wet-look [ˌwet 'luk] **I** *adj* strălucitor **II** *s* strălucire, aspect strălucitor

wet machine [ˌwet mə'ʃi:n] *s hidr* mașină de deshidratat

wet process [ˌwet 'prəuses] *s tehn* procedeu umed

wet rot [ˌwet 'rɔt] *s* igrasie

WEU *presc de la* **Western European Union** Uniunea Europei Occidentale

WFTU *presc de la* **World Federation of Trade Unions** Federația Mondială a Sindicatelor

whacko [ˌweik'əu] *interj* grozav! fain! mișto!

whale [weil] *vt amer F* a bate, a ciomăgi

whale fin ['weil fin] *s* os de balenă, fanon

whale fisher ['weil ˌfiʃə] *s* vânător de balene

whale oil ['weil ɔil] *s* untură de balenă

whale-shark ['weil ʃɑ:k] *s iht* rechin-balenă *(Rhincondon typus)*

whaling ['weiliŋ] *s* vânătoare de balene **II** *adj sl* mătăhălos

whap [wæp] *s* lovitură puternică; ghiont

whare [weə] *s (cuvânt australian)* colibă, bordei

wharfinger ['wɔ:findʒə] *s nav* **1** proprietar al cheiului **2** gardian al cheiului

what-abouts ['wɔt əˌbauts] *s amer F* treabă, chestiune

whatchamacallit ['wɔtʃəməkɔ:-lit], **whatd'you-call-it** ['wɔtdju kɔ:lit] *s F (d un obiect)* chestie, șmecherie, drăcie

whatitsname ['wɔtsitsneim] *s v.* **whatsit**

Whatman ['wɔtmən] *s* hârtie de desen Whatman *(numele fabricantului)*

Whatman paper ['wɔtmən ˌpeipə] *s v.* **Whatman**

what's [wɔts] *formă contrasă de la* **what is**

whatshername ['wɔtsəneim] *s F* cutărica, zi-i pe nume

whatshisname ['wɔtsisneim] *s F* cutare, zi-i pe nume

whatsit ['wɔtsit] *s F (d un obiect)* chestie, șmecherie, drăcie

Wheatstone bridge ['wi:tstən bridʒ] *s el* pod Wheatstone

whee [wi:] *interj (exprimă încântarea, exuberanța)* uliu! fain!

wheedler ['wi:dlə] *s* ademenitor, amăgitor, înșelător

wheedling ['wi:dliŋ] *s* lingușire, flatare; determinare prin lingușire a cuiva să facă ceva

wheelage ['wi:lidʒ] *s* camionaj *(plată)*, costul transportului cu camionul

wheel box ['wi:l bɔks] *s tehn* cutie de viteze

wheel brace ['wi:l breis] *s* cheie în cruce

wheel clamp ['wi:l klæmp] *s* dispozitiv pentru blocarea roților la mașinile parcate în locuri interzise

wheel drag ['wi:l dræg] *s* talpă, sabot

wheeler-dealer [ˌwi:lə 'di:lə] *s peior* afacerist, bișnițar

wheelie ['wi:li] *s F* manevră făcută pe bicicletă sau motocicletă, constând în ridicarea roții din față

wheel ore ['wi:l ɔ:] *s minr* burnonit

wheelspin ['wi:lspin] *s auto* patinare

whelm [welm] *vt* **1** *poetic* a absorbi; a afunda, a cufunda, a vârî; a acoperi **2** *fig* a strivi, a copleși

whichways ['witʃweiz] *adv* **1** *dial* unde **2** pretutindeni, peste tot

whiff [wif] *s iht* varietate de peşte turtit *(Lepidorhomus megastoma)*

while-you-wait [,wail ju'weit] *adj* aprox pe loc, la minut

whim gin ['wim dʒin] *s tehn* crivac, troliu cu cai

whimpering ['wimpəriŋ] **I** *s* scâncete, smiorcăieli, gemete; **stop your ~** încetează cu smiorcăiala! **II** *adj* plângăreţ, plângăcios, înlăcrimat

whinge ['windʒ] **I** *vi brit* **1** a scânci; a geme **2** *fig* a se văita, a se văicări, a se plânge

whingeing ['windʒiŋ] *s brit* **1** scâncet, geamăt **2** *fig* vaiet; plânset; văicăreală

whinger ['wiŋə] *s* pumnal; sabie scurtă; tesac, cuţit lung

whining ['wainiŋ] **I** *s* **1** scâncet, geamăt **2** *fig* vaiet; văicăreală **II** *adj fig* plângăcios, scâncit

whip-grafting ['wip ,grɑːftiŋ] *s* altoire după sistemul englezesc

whipping cream ['wipiŋ kriːm] *s* frişcă proaspătă

whipping post ['wipiŋ pəust] *s* stâlp la care erau legaţi condamnaţii la biciuire

whipping top ['wipiŋ top] *s* sfârlează, titirez, zambllușcă

whipster ['wipstə] *s F* mucos încrezut, puşti care-şi dă importanţă

whirler ['wəːlə] *s* **1** *tehn* dezintegrator **2** *poligr* turnetă

whirlpool bath ['wəːlpul bɑːθ] *s* bazin cu jeturi de apă sub presiune

whisker ['wiskə] *s* **1** mustaţă *(de pisică etc.)*; antenă *(de insectă)*; *fig* **by a ~** la mustaţă **1** fir de păr din barbă

whiskery ['wiskəri] *adj* **1** cu favoriţi **2** mustăcios

whisky mac ['wiski mæk] *s* whisky amestecat cu vin de ghimbir

whisky sour [,wiski 'sauə] *s* whisky amestecat cu zahăr şi suc de lămâie

whispering gallery [,wispəriŋ 'gæləri] *s* galerie cu ecou

whist drive ['wist draiv] *s* partidă de whist *(joc de cărţi)*

whistle-blower ['wisl ,bləuə] *s sl* informator, turnător

whistling ['wisliŋ] **I** *adj* şuierător, fluierător **II** *s* fluierat, şuierat

whit [wit] *interj* cip-cirip!

white admiral [,wait 'ædmirəl] *s zool* fluture cu aripi maro cu dungi albe *(genul Limenitis)*

white alkali [,wait 'ælkəlai] *s geol* soloneţ

white beech [,wait 'biːtʃ] *s bot* fag-american *(Fagus americana)*

whitebill [,waitbil] *s orn* lişiţă-americană *(Fulica americana)*

Whiteboy ['waitbɔi] *s ist* membru al unei organizaţii irlandeze care în preajma anului 1761 a luptat împotriva latifundiarilor

white bryony [,wait 'braiəni] *s bot* mutătoare *(Bryonia dioica)*

white coat ['wait kəut] *s mil* soldat în bluză albă, ↓ soldat australian

white deal [,wait 'diːl] *s* scândură de brad

white elephant stall [,wait elifənt 'stɔːl] *s* tarabă cu obiecte inutile

white eye ['wait ai] *s mil sl* rachiu tare

white fir [,wait 'fəː] *s bot* brad-alb *(Abies alba)*

white fly [,wait 'flai] *s ent* păduche-de-frunze *(Aphidina)*

whitefoot ['waitfut], *pl* **whitefeet** ['waitfiːt] *s* cal cu picioarele albe

white-footed [,wait 'futid] *adj (d cai)* cu picioare albe

white gold [,wait'gəuld] *s* aur alb

white goods [,wait'guːdz] *s* **1** ţesături de culoare albă, ↓ din bumbac sau lână; lenjerie de pat **2** aparatură electrocasnică *(vopsită de obicei în alb)*

whiteguard ['waitgɑːd] *ist* **I** *s* gardist alb **II** *adj* din gărzile albe

Whitehall ['waitɔːl] *s* **1** stradă şi cartier al ministerelor din Londra **2** *F* guvernul, conducerea

white heat [,wait 'hiːt] *s* incandescenţă la alb

white hope [,wait 'həup] *s* **1** *sl (la box)* adversar alb al unui campion de culoare **2** persoană de la care se aşteaptă mult, mare speranţă

white knight [,wait 'nait] *s fig* salvator

white lead ore [,wait 'led ɔː] *s* **1** *ch* alb / ceruză de plumb **2** *minr* ceruzit

White League [,wait 'liːg] *s amer* **1** organizaţie formată în sudul S.U.A., în 1874 în scopul de a împiedica creşterea puterii politice a negrilor **2** Ku-Klux-Klan

white-lipped [,wait 'lipt] *adj* livid, cu buzele albe *(de frică)*

white meter [,wait 'miːtə] *s tehn* sistem economicos de încălzire, care utilizează electricitatea în timpul în care aceasta este mai ieftină

whitener ['waitnə] *s* înălbitor

White Nile [,wait 'nail] *s geogr* Nilul Alb

white-nosed [,wait'nəuzd] *adj* cu nasul / botul alb

white out ['waitaut] *s (în zonele arctice)* absenţă a vizibilităţii datorată stratului de nori / ceţii şi reflexiei luminii pe zăpadă

white owl [,wait 'aul] *s* **1** *v.* **snowy owl, barn owl 2** *dial* oală de noapte

White Russia [,wait 'rʌʃə] *s geogr* Bielorusia

White Russian [,wait 'rʌʃn] **I** *s* bielorus **II** *adj* bielorus, referitor la Bielorusia

white sale [,wait 'seil] *s* vânzare de lenjerie albă de pat

white-spotted [,wait 'spotid] *adj* cu pete albe

whitetail [,waitteil] *s* **1** *orn* pietrar-sur comun, pietroaică-sură, codalbiţa *(Oenanthe oenanthe, Saxicola oenanthe)* **2** *zool* cerb-de-Virginia *(Cervus virginianus)*

white-tailed [,waitteild] *adj* cu coada albă

whitetip ['waittip] *s orn* specie de colibri *(Urosticte)*

white trash [,wait 'treʃ] *s peior* persoane sărace aparţinând rasei albe

whitewall [,wait 'wɔːl], **white tire** [,wait 'taiə] *s auto* pneu cu partea laterală de culoare albă

white walnut [,wait 'wɔːlnət] *s bot* nuc-american cenuşiu *(Juglans cinerea)*

white ware [,wait 'weə] *s* porţelanuri fine

whitewasher ['waitwɔʃə] *s* **1** văruitor, spoitor; zidar tencuitor **2** *F* apologet, apărător

white water [,wait 'wɔtə] *s* **1** apă învolburată **2** mare clară, limpede la ţărm **3** apă cu impurităţi *(la o moară de hârtie)*

whitewater rafting ['waitwɔ:tə ,rɑːftiŋ] s coborâre cu pluta pe râu de munte

white wedding [,wait 'wediŋ] s nuntă în care mireasa este îmbrăcată în alb

white witch [,wait 'witʃ] s vrăjitoare care practica magia albă

white wood [,wait 'wud] s 1 lemn alb 2 bot liriodendron (Liriodendron tulipifera)

whitey ['waiti] s peior alb, persoană aparținând rasei albe

whithersoever [,wiðəsəu'evə] adv înv orișiunde; în orișice direcție; oriîncotro

whitherward ['wiðəwəd] adv înv 1 unde, încotro 2 oriunde, în orice loc

Whit Monday ['wit ,mʌndi] s lunea Rusaliilor

Whitsuntide ['witsʌntaid] s Duminica Rusaliilor și zilele următoare, săptămâna Rusaliilor

whitter ['witə] s v. **witter**

whity[1] ['waiti] adj spre alb, albicios (se folosește și în combinație cu alte nume de culori); ~ -brown castaniu-deschis

whity[2] ['waiti] s v. **whitey**

whizz-bang ['wiz bæŋ] s mil, sl obuz de calibru mic, șrapnel; grenadă

whole-hogger ['həul ,hɔgə] s sl persoană foarte conștiincioasă, om de nădejde; perfecționist consecvent

wholemeal bread [,həulmiːl 'bred] s pâine neagră din făină integrală

wholesale dealer [,həulseil 'diːlə] s com angrosist

wholewheat ['həulwiːt] adj ~ bread pâine integrală; ~ flour făină integrală

WH question [,dʌblju:eitʃ 'kwestʃn] s (în limba engleză) întrebare care începe printr-un cuvânt având primele două litere „wh"

WH word [,dʌblju:eitʃ 'wɔːd] s (în limba engleză) cuvânt care începe prin literele „wh" și prin care se cere o informație (what, when, where, who, why)

wickered ['wikəd] adj 1 împletit 2 din răchită împletită

wicket dam ['wikit dæm] s hidr stăvilar demontabil

-wide [-waid] (în cuvinte compuse) world ~ în toată lumea

wide-angle lens [,waid æŋgl 'lens] s fot obiectiv cu distanță focală scurtă

wide area network [,waid 'eiriə ,netwɔːk] s cib rețea de mare suprafață

wide-body [,waid 'bɔdi] adj av a ~ aircraft avion de mare capacitate

wide boy ['waid bɔi] s brit peior pungaș, bișnițar

wideness ['waidnis] s 1 lărgime, lățime 2 întindere (vastă)

wide-ranging [,waid 'reindʒiŋ] adj care acoperă o sferă largă, extensiv, de mare amploare; ~ studies / topics studii / subiecte care acoperă o sferă largă

wide-screen [,waid'skriːn] adj (d un film) proiectat pe ecran lat

widish ['waidiʃ] adj destul de larg / încăpător / cuprinzător / lat

widow lady ['widəu ,leidi] s văduvă

widow's peak [,widəwz 'piːk] s șuviță de păr pe frunte în formă de V

widthways ['widθweiz], **widthwise** ['widθwaiz] adv pe / în lățime

wielder ['wiːldə] s mânuitor (al paloșului etc.)

wieldy ['wiːldi] adj (d o armă etc.) maniabil; ușor de mânuit

wife-swapping ['waif,swɔpiŋ] s schimbarea partenerelor între două cupluri căsătorite

wigeon ['widʒn] s 1 orn varietate de rață sălbatică din America (Anas) 2 înv prost, neghiob, tâmpit

wigless ['wiglis] adj fără perucă

wilco ['wilkəu] interj 1 tel execut comanda! 2 sl 'nțeles, să trăiți!

wildcard ['waildkɑːd] s cib joker, caracter cu rol de joker

wild cotton [,waild 'kɔtn] s bot floare-de-ceară (Asclepias syriaca)

wild emmer [,waild 'emə] s bot grâu moale (Triticum cicoccum)

wilderness permit ['wildənis ,pəːmit] s (în parcurile naturale americane) autorizație pentru a pătrunde în locurile cele mai sălbatice

wild flag [,waild flæg] s bot stânjenei-pestriți (Iris versicolor)

wild ginger [,waild 'dʒindʒə] s bot rodul-pământului (Arum masculatum)

wild honey [,waild 'hʌni] s miere de albine sălbatice

wild hyacinth [,waild 'haiəsinθ] s bot zambilă de pădure (Scilla nonscripta)

wildlife park ['waildlaif pɑːk] s rezervație naturală

wild madder ['waild ,mædə] s bot sânzâiene-albe (Gallium mollugo; Gallium tinctoria)

wild man [,waild 'mæn] s 1 om necivilizat, sălbatic 2 persoană cu opinii politice radicale 3 ~ of the woods orangutan

wild mustard [,waild 'mʌstəd] s bot muștar-de-câmp (Sinapis arvensis)

wild olive [,waild 'ɔliv] s bot măslin-sălbatic (Olea verrucosa)

wild pear [,waild 'peə] s bot păr-sălbatic (Pyrus communis)

wild pig [,waild 'pig] s zool mistreț, porc sălbatic (Sus scrofa)

wild rosemary [,waild 'rəuzməri] s bot ruginare (Andromeda polyfolia)

wild silk [,waild 'silk] s mătase obținută din viermi de mătase sălbatici

wild thyme [,waild 'taim] s bot cimbrișor (Thymus serpillum)

willow warbler ['wiləu ,wɔːblə] s orn pitulice fluierătoare (Phylloscopus trochilus)

Wilson chamber ['wilsn ,tʃeimbə] s tehn cameră Wilson / de ionizare

wimp [wimp] s amer peior slăbănog; bleg, mototol; don't be such a~! nu fi mototol!

wimpish ['wimpiʃ] adj peior slăbănog; bleg, mototol, nătărău

wimpy ['wimpi] adj v. **wimpish**

Wimshurst machine ['wimzhəːst mə,ʃiːn] s el mașină electronică Wimshurst

wincey ['winsi] s țesătură cu fir de lână și bumbac

wind-bent [,wind' bent] adj clătinat de vânt

wind-borne [,wind 'bɔːn] adj purtat / transportat de vânt ~ sand nisip purtat de vânt

wind-bound [,wind'baund] adj nav oprit (în loc) de vânturi potrivnice / contrarii

wind box ['wind bɔks] *s meteor* cutie de vânt

windbroken [,wind 'brəukn] *adj (d cai)* cu respirația grea

windburn ['windbə:n] *s iritație a pielii cauzată de expunerea la vânt*

windchill factor ['windt∫il ‚fæktə] *s factor de scădere a temperaturii din cauza expunerii la vânt*

wind cone ['wind kəun] *s av* sac de vânt

wind egg ['wind eg] *s ou nefecundat (care nu dă pui)*

windfarm ['windfɑːm] *s instalație eoliană*

wind force ['wind fɔːs] *s tăria / intensitatea vântului*

Windhoek ['windhuk] *s geogr capitala Namibiei*

windhover ['windhɔvə] *s orn vânturel (Falcotinnunculus)*

winding-up [,waindiŋʌp] *s închidere (a unui cont, a unei întruniri etc.)*, lichidare *(a unei afaceri); jur fin ~* **arrangements** concordat

wind instrument ['wind‚instrumənt] *s muz instrument de suflat*

wind machine ['wind mə‚∫iːn] *s (în teatru) mașină care produce curenți de aer*

wind motor ['wind ‚məutə] *s tehn motor eolian*

window bar ['windəu bɑː] *s tehn șpros de fereastră*

window cleaner ['windəu‚kliːnə] *s* **1** *persoană care spală geamuri* **2** *substanță pentru curățarea geamurilor*

window display ['windəu dis‚plei] *s aranjarea mărfurilor în vitrină*

window glass ['windəu glɑːs] *s geam, sticlă pentru geamuri*

windowless ['windəulis] *adj fără ferestre*

windowman ['windəumən], *pl* **windowmen** ['windəumen] *s funcționar care stă la ghișeu*

window roller ['windəu ‚rɔlə] *s amer auto dispozitiv pentru ridicarea / coborârea geamurilor*

window seat ['windəu ‚siːt] *s (în tren, autobuz etc.) loc lângă fereastră; (în cameră) banchetă sub fereastră*

wind power ['wind ‚pauə] *s energie eoliană*

wind proof [‚wind 'pruːf] *adj care protejează împotriva vântului*

wind sail ['wind seil] *s nav mânecă de vânt, trombă de aerisire*

windscreen washer ['windskriːn ‚wɔ∫ə] *s spălător de parbriz*

wind-shaken [‚wind'∫eikn] *adj clătinat de vânt*

windshield wiper ['wind∫iːld ‚waipə] *s amer ștergător de parbriz*

Windsor chair ['winzə ‚t∫eə] *s scaun / jilț Windsor (de lemn încrustat)*

windsurf ['windsə:f] *vi sport* a practica windsurfing

windsurfer ['windsə:fə] *s* **1** *scândură cu velă folosită pentru a practica windsurfing* **2** *persoană care practică windsurfing*

windsurfing ['windsə:fiŋ] *s sport nautic practicat cu ajutorul unei scânduri cu velă*

wind vane ['wind vein] *s giruetă, ampenaj de vânt*

Windward Islands [‚windwəd 'ailəndz] *s geogr* Insulele Vântului

wind way ['wind wei] *s min galerie de aeraj*

wine and cheese evening [‚wain ən t∫iːz 'ivniŋ] *s petrecere la care se servește vin și brânză*

wine bar ['wain bɑː] *s brit cârciumă, bodegă*

wine cup ['wain kʌp] *s cupă de vin*

wineglassful ['wainglɑːsful] *s med pahar (măsură corespunzând capacității a patru linguri de masă)*

wine lees ['wain liːz] *s pl drojdie de vin*

wine list ['wain list] *s listă de vinuri*

wine merchant ['wain ‚mə:t∫ənt] *s negustor de vinuri*

wine pressing ['wain ‚presiŋ] *s must de struguri*

winery ['wainəri] *s distilerie pentru producerea vinurilor*

wine taster ['wain ‚teistə] *s* **1** *degustător de vinuri* **2** *mic bol folosit la degustarea vinurilor*

wine tasting ['wain ‚teistiŋ] *s degustare de vinuri*

wine vinegar ['wain ‚vinigə] *s oțet de vin*

wine waiter ['wain ‚weitə] *s ospătar care se ocupă cu servirea*

wing cell ['wiŋ sel] *s av celulă*

wing collar ['wiŋ ‚kʌlə] *s guler ridicat având colțurile întoarse*

winge [windʒ] *v.* whinge

wing flap ['wiŋ flæp] *s av aripioară de curbură, volet de torsionare; aripă auxiliară*

wing forward [‚wiŋ 'fɔːwəd] *s sport (în rugby) aripă*

wing mirror ['wiŋ ‚mirə] *s auto oglindă retrovizoare exterioară*

wing sheath ['wiŋ ∫iːθ] *s ent elitră*

wing spread ['wiŋ spred] *s anvergura aripilor*

wing three-quarter [‚wiŋ θriː-'kwɔːtə] *s sport (în rugby) aripă pe trei-sferturi*

wing tip ['wiŋ tip] *s vârf de aripă*

winking ['wiŋkiŋ] **I** *adj (d lumină) care clipește* **II** *s clipire (din ochi); clipită, clipă* **2** *clipire (a stelelor etc.), semnalizare (cu farurile)*

winkle-pickers ['wiŋkl ‚pikərs] *s brit F pantofi cu vârfurile ascuțite*

winnowing ['winəuiŋ] *s* **1** *vânturat, vânturare* **2** *fig cercetare, examinare* **3** *pleavă (rămasă de la vânturat)*

wino ['wainəu], *pl* **winos** ['wainəuz] *s alcoolic, bețivan (obișnuit să bea vin)*

winter apple ['wintər ‚æpl] *s bot măr-de-toamnă / târziu*

winterfeed ['wintəfiːd] *vt a hrăni pe timp de iarnă*

winter quarters [‚wintə 'kwɔːtəz] *s pl mil cazări / încartiruiri pe timpul iernii*

winter solstice [‚wintə 'sɔlstis] *s solstițiu de iarnă*

winterweight ['wintəweit] *adj (d haine) de iarnă, gros*

wire brush ['waiə ‚brʌ∫] *s muz un fel de perie utilizată la lovirea unor instrumente de percuție*

wire coated [‚waiə'kəutid] *adj (d blană etc.) cu peri tari, sârmoși*

wired ['waiəd] *adj* **1** *el bobinat; conectat* **2** *tehn cuplat; legat (cu sârmă)* **2** *telegrafiat* **4** *F amer nervos, agitat*

wire draw ['waiə drɔ:] *vt met a trefila*

wire gauge [‚waiə 'geidʒ] *s tehn calibru pentru fire metalice*

wire gauze [‚waiə 'gɔ:z] *s plasă de sârmă*

wire glass [‚waiə 'glɑːs] *s sticlă armată*

wireless operator [‚waiəlis 'opəreitə] *s radiotelegrafist*

wireless room [‚waiəlis 'ru:m] *s* cabină radio

wireless set [‚waiəlis 'set] *s* post de radiotelegrafie

wire photo ['waiə ‚fəutəu] *s* foto-telegrafie, belinogramă

wire service ['waiə ‚sə:vis] *s* agen-ție de presă care trimite depeșe telegrafice

wise man ['waiz mən], *pl* **wise men** ['waiz men] *s înv* vrăjitor, solomonar

wise woman ['waiz ‚wumən], *pl* **wise women** ['waiz ‚wimin] *s înv* 1 vrăjitoare 2 moașă, dof-toroaie

wisher ['wiʃə] *s* 1 doritor 2 persoană care urează ceva; urător

wish fulfilment ['wiʃ ful‚filmənt] *s* îndeplinirea / realizarea unei do-rințe

wish-wash ['wiʃwɔʃ] *s* F 1 băutură slabă / apoasă 2 flecăreală, trăncăneală, pălăvrăgeală, vor-bărie, apă de ploaie

witch elm ['witʃ elm] *s bot* ulm de munte (*Ulmus glabra*)

witches' broom ['witʃizbru(:)m] *s* 1 mătură de vrăjitoare 2 *bot* patul-vântului (*Melampsorella cerastii*)

witches' sabbath [‚witʃi:z 'sæbəθ] *s* sabatul vrăjitoarelor

witch hazel ['witʃ ‚heizl] *s* 1 *bot* ulm de munte (*Ulmus glabra*) 2 tip de arbust care are frunze asemănătoare cu cele de alun (*Hamamelis virginiana*)

witch hunt ['witʃ hʌnt] *s* vână-toare de vrăjitoare și fig

witching ['witʃiŋ] I *adj* 1 ferme-cător, seducător 2 magic, vrăji-toresc; ~ **hour** oră prielnică vră-jilor II *s* 1 fascinație, seducție, farmec 2 vrăjitorie, magie

witenagemot ['witinəgiməut] *s ist* sfatul bătrânilor (*la anglo-saxoni*)

withal [wiðˈɔ:l] *adv lit* 1 în plus, pe lângă 2 totuși, pe de altă parte

withdrawable [wiðˈdrɔ:əbl] *adj* care poate fi retras

withdrawal symptoms [wiðˈdrɔ:əl ‚simptəmz] *s pl med* simptome de reacție în timpul abstinenței (*la toxicomani*)

withered ['wiðəd] *adj* veștejit, ofilit *și fig*; **he was old and ~** era bătrân și uscat / veștejit

withholder [wiðˈhəuldə] *s* deten-tor

withholding tax [wiðˈhəuldiŋ tæks] *s* reținere din salariu (pentru plata impozitelor)

withindoors [‚wiðin'dɔ:z] *adv* în casă, înăuntru

with it [‚wiðˈit] *adj F* 1 treaz, cu mintea limpede; **she is not really ~ this morning** nu prea are min-tea limpede în dimineața aceas-ta 2 informat, la zi

withoutdoors [‚wiðaut 'dɔ:z] *adv* afară; în afara casei; plecat

withstander [wiðˈstændə] *s* 1 po-trivnic, adversar 2 împotrivire, opunere, rezistență

witling ['witliŋ] *s peior* caraghios, om care face glume proaste

witloof ['witləuf] *s bot* cicoare (*Cichorium*)

witnesser ['witnisə] *s rar* martor

witnessing ['witnisiŋ] *s* 1 mărturie 2 *jur* atestare; certificare, legali-zare (*a unei semnături*)

witness stand ['witnis stænd] *s amer jur* boxa martorilor; **to take the ~** a merge în boxa martorilor, a depune mărturie

witter ['witə] *vi brit* a turui, a trăn-căni, a flecări; **they were ~ing on about diets** trăncăneau despre mâncare de regim fără înce-tare

wittol ['witəl] *s înv* soț încornorat / îmbrobodit

wivern(e) ['waivə:n] *s heraldică* balaur înaripat

wiz [wiz] *s F* as (*la jocul de cărți, și fig*); (*sport*) campion

Wm *presc de la* **William**

wo [wəu] *interj scot* 1 ptiu! (*la cai*) 2 ~ **ha ho!** hei ho! **wo-back** [‚wəu'bæk] *interj scot* înapoi!

WO *presc de la* **warrant officer** 1 *mil* grad intermediar între sub-ofiter și ofiter; ofiter subaltern; subofiter brevetat 2 *nav* mici-man

wobbler ['wɔblə] *s* 1 persoană șo-văielnică 2 *met* treflă, rozetă (*la vălțuri de laminare*)

wodge [wɔdʒ] *s brit F* bucată ma-re; teanc (*de foi etc.*)

woggle ['wɔgl] *s brit* inel de piele cu care se prinde cravata de cercetaș

wok [wɔk] *s* tigaie folosită în bu-cătăria chinezească

wolf child ['wulf tʃaild] *s* (*în tradiții populare*) copil despre care se spune că a fost crescut de lupi

wolfishly ['wulfiʃli] *adv* cu lăco-mie / aviditate

wolf's claws ['wulfs klɔ:z] *s bot* pedicuță, brădișor (*Lycopodium clavatum*)

wolf tooth ['wulf tu:θ], *pl* **wolf teeth** ['wulf ti:θ] *s* dinte crescut peste altul; dinte mai lung decât ceilalți (*la cai*)

wolver ['wulvə] *s* vânător de lupi

Wolverene / Wolverine State [‚wulvəri:n 'steit] *s amer* statul Michigan (*S.U.A.*)

woman child ['wumən tʃaild] *s rar* fetiță

womanfully ['wumənfuli] *adv* ca o (adevărată) femeie

womanizer ['wumənaizə] *s* crai, vânător de fuste

womanizing ['wumənaiziŋ] *s* ac-țiunea de a cuceri femei

woman suffrage [‚wumən 'sʌfridʒ] *s pol* dreptul de vot al femeilor

women's group [‚wiminz 'gru:p] *s* organizație feministă; club al femeilor

Women's Institute [‚wiminz'insti-tju:t] *asociație britanică a fe-meilor casnice*

Women's Lib [‚wiminz'lib] *miș-care de emancipare a femeilor*

Women's Libber [‚wiminz'libə] *s* feministă

Women's Liberation [‚wiminz libə'reiʃn] *mișcare de emanci-pare a femeilor*

Women's Movement [‚wiminz 'mu:vmənt] *s mișcare femi-nistă*

women's refuge [‚wiminz'refju:dʒ] *s* centru de primire a femeilor fără adăpost

women's rights [‚wiminz'raits] *s pl* drepturile femeilor

women's room [‚wiminz ru:m] *s amer* toaletă pentru femei

Women's studies [‚wiminz'stʌd-i:z] *s pl* studii care au drept obiect contribuțiile aduse de femei în istorie, literatură etc.

wondering ['wʌndəriŋ] *adj* sur-prins, mirat, uimit

wondrously ['wʌndrəsli] *adv* sur-prinzător / extraordinar / uimitor de, de minune; ~ **kind** uimitor de bun

wood-burning [‚wud 'bə:niŋ] *adj* (*d sobă, boiler*) care folosește lemne drept combustibil

woodchip ['wudtʃip] s constr aş-chie de lemn

woodchuck ['wudtʃʌk] s zool spe-cie de marmotă nord-america-nă (Marmota monax)

wood cutting ['wud ˌkʌtiŋ] s 1 do-borâre, tăiere de arbori 2 sculp-tură în lemn

wood dove ['wud dʌv] s orn po-rumbel-sălbatic (Columba oe-nas)

wooden walls [ˌwudn 'wɔːlz] s pl poetic corăbii de război / luptă

wood hen ['wud hon] s orn găi-nă-sălbatică (Ocydromus sp)

wood hoopoe ['wud ˌhuːpuː] s orn pupăză (Irrisor sp.)

wood horse ['wud hɔːs] s capra (de tăiat lemne)

woodlark ['wudlɑːk] s orn ciocâr-lia-de-pădure (LuUula arborea)

wood oil ['wud ɔil] s ch ulei de lemn

wood owl ['wud aul] s orn huhurez (Strix sp.)

woodpidgeon ['wud,pidʒn] s 1 orn porumbelul gulerat / popesc (Columba palumbus) 2 porum-bel sălbatic din vestul Americii de Nord (Columba fasciata) 3 specie de porumbel neozeelan-dez (Hemiphaga novaeseelan-dinae)

wood ranger ['wud ˌreindʒə] s amer paznic de pădure

wood reeve ['wud riːv] s paznic de pădure

wood rosin ['wud ˌrɔzin] s colo-foniu

wood screw ['wud skruː] s constr şurub pentru lemn (holţ-şurub)

wood sugar ['wud ˌʃugə] s ch glucoză (obţinută prin distilarea lemnului)

woodward ['wudwɔːd] s înv pă-durar

wood wool ['wud wu(ː)l] s lână de lemn

woodworking ['wudwəːkiŋ] s pre-lucrare a lemnului

wooing ['wu(ː)iŋ] I adj care face curte; curtenitor II s curte, peţit

wooingly ['wu(ː)iŋli] adv cu dra-goste, mângâios

wool ball ['wul bɔːl] s ghem de lână

wool card(er) ['wul ˌkɑːd(ə)] s text cardă

wool comb ['wul kəum] s text pieptene pentru lână

wool comber ['wul ˌkəumə] s dă-răcitor, scărmănător

woolder ['wuldə] s nav binoclu

wooled [wuld] adj 1 lânos, aco-perit cu lână 2 (în cuvinte com-puse) cu lână; long ~ cu lână lungă

wool fell ['wul fel] s piele de ovină

wool growing ['wul ˌgrəuiŋ] s creştere a oilor

woollen draper ['wulən ˌdreipə] s postăvar

woolly bear [ˌwuli 'beə] s zool omidă-păroasă

wool oil ['wul ɔil] s lanolină

wool pack ['wul pæk] s balot de lână

wool skin ['wul skin] s v. wool fell

wool sorter ['wul ˌsɔːtə] s sortator de lână

wool staple ['wul ˌsteipl] s piaţă / târg pentru lână

wool stapler ['wul ˌsteiplə] s ne-gustor de lână

wool waste ['wul weist] s buci de lână

woolwork ['wul wəːk] s lucrătură din fire de lână

Woolworth's ['wulwə(ː)θs] s ma-gazin universal cu preţuri unice (în Anglia)

Worcs presc de la Worcestershire comitat în Marea Britanie

word accent ['wəːd ˌæksənt] s lingv accent tonic

wordage ['wəːdidʒ] s 1 cuvinte 2 fond lexical

word association ['wəːd əsəu-si,eiʃn] s asociaţii de idei re-zultate din asociaţii de cuvinte

word catcher ['wəːd ˌkætʃə] s pu-rist; persoană care se leagă de fiecare cuvânt

word game ['wəːd geim] s joc de vocabular

wordlist ['wəːdlist] s listă de cu-vinte; (la dicţionar) nomencla-tură

word-of-mouth [ˌwəːdəv 'mauθ] adj (d comunicări) oral, ver-bal

word picture ['wəːd ˌpiktʃə] s des-criere pitorească / plastică; the ~ of smb in verse portretul cuiva în versuri

word-process ['wəːd ˌprəuses] vt a edita un text (cu ajutorul unui procesor de text)

word processing ['wəːd ˌprəu-sesiŋ] s procesare de text

word processor ['wəːd ˌprəusesə] s procesor de text

wordsmith ['wəːdsmiθ] s fig ma-estru al cuvintelor, făuritor de cuvinte

word wrapping ['wəːd ˌræpiŋ] s cib aşezarea automată a cuvin-telor

workaday clothes ['wəːkdei ˌkləuðz] s pl haine de toate zilele

workaholic [ˌwəːkə'hɔlik] s F per-soană care munceşte în draci / care se speteşte muncind

work area ['wəːk ˌeəriə] s tehn suprafaţă de lucru

work camp ['wəːk kæmp] s 1 tabără de muncă (într-o închi-soare) 2 loc de muncă pentru grupuri care activează voluntar, în cadrul unui program de scur-tă durată

work coat ['wəːk kəut] s amer haină de lucru

worker ant ['wəːkər ænt] s ent fur-nică lucrătoare

worker director ['wəːkə dai,rektə] s lucrător care face parte din consiliul de administraţie al unei întreprinderi

worker participation ['wəːkə pɑːti-si,peiʃn] s participarea munci-torilor / lucrătorilor

worker priest ['wəːkə priːst] s pre-ot romano-catolic care munceş-te o zi pe săptămână în afara bisericii, în scopuri misionare

work ethic ['wəːk ˌeθik] s atitudine moralistă faţă de muncă

work experience ['wəːk ik,spiə-riəns] s practică (în muncă); the course includes two months' ~ programul include şi o perioadă de practică de două luni

work function ['wəːk ˌfʌŋkʃn] s fiz lucru mecanic

working drawing ['wəːkiŋ ˌdrɔːiŋ] s desen de execuţie / de con-strucţie

working efficiency ['wəːkiŋ i,fi-ʃənsi] s eficienţa / randamentul muncii; productivitatea mun-cii

working group [ˌwəːkiŋ 'gruːp] s 1 comisie / comitet de lucru 2 grup de lucru (la ONU etc.)

working load ['wəːkiŋ ləud] s tehn sarcină utilă

working lunch ['wəːkiŋ lʌntʃ] s dejun servit în cursul desfă-şurării unor lucrări

working men's club [,wəːkiŋ menz 'klʌb] *s* club al muncitorilor în care se află un bar şi o scenă pe care se prezintă spectacole de music-hall

workload ['wəːkləud] *s* munca pe care cineva trebuie s-o depună; my ~ has eased off a bit m-am mai eliberat puţin cu munca

work party ['wəːk paːti] *s (d prizonieri)* grup care merge la lucru

work permit ['wəːk ,pəːmit] *s* autorizaţie de a munci într-un anumit post, eliberată de sindicat şi oferită unei persoane care nu este membră a acelui sindicat

workplace ['wəːkpleis] *s* loc de muncă; in the ~ la locul de muncă

works band ['wəːkz bænd] *s* fanfară *(a unei întreprinderi)*

work-sharing ['wəːkˌʃeəriŋ] *s* împărţire a muncii

work sheet ['wəːkˌʃiːt] *s cib* foaie de lucru

work-shy [,wəːkˈʃai] *adj F* căruia nu-i place munca, trântor; to be ~ a se da înapoi de la treabă

works manager ['wəːkz ,mænidʒə] *s* director de producţie

workstation ['wəːkˌsteiʃn] *s cib* staţie de lucru

work-study ['wəːkˌstʌdi] *s* studiu făcut asupra condiţiilor de muncă în vederea propunerii unor îmbunătăţiri care să stimuleze productivitatea

work surface ['wəːk ,səːfis] *s* suprafaţă de lucru

worktop ['wəːktɔp] *s (în bucătărie)* suprafaţa unui bufet / dulap pe care se pregăteşte mâncarea

work week ['wəːk wiːk] *s amer* săptămână de lucru

World Bank [,wəːld 'bæŋk] *s* Banca Mondială

world-beater ['wəːldˌbiːtə] *s F* persoană ambiţioasă şi cu tupeu; lucru de mâna-ntâi; this new car is going to be a ~ maşina aceasta nouă o să cucerească piaţa

World Cup [,wəːld 'kʌp] *s* the ~ Cupa Mondială

World Fair [,wəːld 'feə] *s* expoziţie internaţională

world-famous [,wəːld'feiməs] *adj* cu renume mondial

World Health Organization [,wəːld 'helθ ɔːgənaizeiʃn] Organizaţia Mondială a Sănătăţii

World Service [,wəːld 'səːvis] *s* post BBC care funcţionează în afara Marii Britanii

world-shattering [,wəːld 'ʃætəriŋ] *adj (despre o ştire, un eveniment)* care a zguduit lumea

world view ['wəːld ,vjuː] *s* concepţie despre lume

worm bit ['wəːm bit] *s tehn* vârf ghiventat al unui sfredel

worm drive ['wəːm draiv] *s tehn* 1 transmisie elicoidală, angrenaj cu melc

worm's eye view [,wəːmz ai 'vjuː] *s fot, cin* contraplonjeu

Wormwood Scrubs ['wəːmwud skrʌbs] *s* închisoare pentru cei care se află la prima condamnare

worrier ['wʌriə] *s* neliniştit, anxios; he's a born ~ de mic a fost un om neliniştit / agitat

worrisome ['wʌrisəm] *adj amer* 1 neliniştit; agitat, întăritor 2 care pricinuieşte nelinişte 3 gălăgios, zgomotos

worrying ['wʌriiŋ] I *adj* îngrijorător, neliniştitor II *s* îngrijorare, nelinişte; ~ won't solve anything nu se rezolvă nimic dacă ne îngrijorăm

worryingly ['wʌriiŋli] *adv* în mod îngrijorător

worrywart ['wʌriwɔːt] *s amer F* tip speriat de bombe / mereu îngrijorat

worsening ['wəːsəniŋ] *s* înrăutăţire, agravare

worse-off [,wəːs'ɔf] I *adj* 1 mai puţin prosper *(financiar)*; tax increases mean we are ~ than before mărirea impozitelor ne va micşora câştigurile 2 *(d situaţii, stări)* mai prost; the country is not ~ for having a coalition government situaţia ţării nu este mai proastă din cauză că avem un guvern de coaliţie II *s* the ~ cei săraci / lipsiţi de mijloace materiale

worshipful ['wəːʃipful] *adj* 1 plin de respect şi admiraţie 2 *brit, F (în titluri)* the Worshipful Mayor of Portsmouth onorabilul primar al oraşului Portsmouth

worshipper *brit,* **worshiper** *amer* ['wəːʃipə] 1 *rel* credincios; the ~s take off their shoes credincioşii se descalţă 2 *fig* adorator, admirator

worshipping ['wəːʃipiŋ] *s* cult, adorare

worst- [wəːst-] *(în cuvinte compuse)* the ~ dressed cei mai prost îmbrăcaţi; the ~ behaved cei mai prost crescuţi; to be ~ off a sta prost din punct de vedere financiar

worst-case [,wəːst 'keis] *adj (d ipoteze, păreri)* cel mai pesimist

wouldst [wudst] *înv, pers II sg, pret şi cond prez de la* will

would've ['wudəv] *formă contrasă din* would have

Wounded Knee [,wuːndid 'niː] *loc* situat în Dakota de Sud, unde, la 29 decembrie 1890, 146 de indieni sioux au fost învinşi de soldaţii americani

wounding ['wuːndiŋ] *adj* care doare şi *fig*

wound-up [,waund'ʌp] *adj* 1 *(d ceas)* întors; *(d geamurile maşinilor)* închis 2 *F* crispat, tensionat, cu nervii în piuneze

WP *presc de la* word processing, word processor

WPC *presc de la* woman police constable *s brit* poliţistă

wpm *presc de la* words per minute (număr de) cuvinte pe minut

wrack grass ['ræk graːs] *s bot* iarbă-de mare, iarba mării *(Zostera marina)*

wrangling ['ræŋgliŋ] *s* ceartă, tărăboi; stop all this ~! terminaţi cu ciondăneala!

wrapover ['ræpəuvə] *adj (d fuste, rochii)* care se înfăşoară în jurul taliei

wrapped [ræpt] *adj* împachetat, înfăşurat

wreakful ['riːkful] *adj* zăcaş, pismătăreţ, vindicativ; furios, răzbunător

wrecking bar ['rekiŋ baː] *s* cleşte *(de dentist, de scos cuie etc.)*; *(la maşina de cusut)* piesă care ţine şi ghidează pânza

wright [rait] *s înv* maistru, meşter; artizan

wring bolt ['riŋ bəult] *s tehn* cheia presei

wringing ['riŋiŋ] *adj (d haine)* ~ (wet) care poate fi stors (de ud ce este); **the shirt was ~ with sweat** cămaşa era impregnată / udă de transpiraţie

writable ['raitəbl] *adj* care se poate scrie; care poate fi încredinţat hârtiei

write head ['rait hed] *s cib* cap de scriere

write protected [,rait prə'tektid] *adj cib* protejat la scriere

writer's block [,raitəz 'blɔk] *s* angoasa / blocajul pe care un scriitor îl simte în faţa paginii albe / nescrise

writer's cramp [,raitəz 'kræmp] *s med* contracţie / spasm al muşchilor braţului datorită scrisului îndelungat

WRNS *presc de la* Women's Royal Naval Service corpul de femei al marinei britanice de război

wrong-foot ['rɔŋfuːt] *vt sport* a prinde pe picior greşit *şi fig*

wrongly ['rɔŋli] *adv* **1** (în mod) greşit, incorect; **I guessed ~** n-am ghicit bine; **to be ~ informed** a fi greşit informat **2** din greşeală; **he was ~ assigned to the night shift** a fost trecut din greşeală în schimbul de noapte

wrongness ['rɔŋnis] *s* **1** eroare, inexactitate **2** rău, nedreptate

WRVS *presc de la* Women's Royal Voluntary Service corpul de femei voluntare al armatei britanice

WV *presc de la* West Virginia *stat în estul Americii de Nord*

WW *presc de la* World War război mondial

WWF *presc de la* Worldwide Fund for Nature *organizaţie internaţională pentru protecţia naturii*

WY *presc de la* Wyoming *stat în vestul Americii de Nord*

wych [witʃ] *(intră în compunerea unor cuvinte – denumiri de arbori)* plângător

Wykehamist ['wikəmist] *s* elev de la Winchester College

wynd [waind] *s scot* alee îngustă

WYSIWYG ['wiziwig] *presc de la* what you see is what you get *s, adj cib* WYSIWYG (veţi-obţine-ce-vedeţi)

467

X

X [eks] **I** s **1** mat x / factor necunoscut **2** fig necunoscut; **Mr X** domnul X **3** cin film nerecomandat persoanelor sub 18 ani **II** vt a marca cu o cruce / un x

x-axis ['eks ,æksis] s mat axa absciselor

X-certificate ['eks sə,tifikət] s brit indicație care semnalează faptul că un anumit film este interzis persoanelor sub 18 ani

X chromosome ['eks ,krəuməsəum] s biol cromozom X

x-coordinate ['eks kəu,ɔ:dineit] s mat abscisă

xenial ['zi:niəl] adj ospitalier, primitor

xenogamy [zi(:)'nɔgəmi] s bot polenizare încrucișată

xenomania [,zənə'meiniə] s xenomanie, pasiune pentru tot ce este străin

xerographic [,ziərə'græfik] adj referitor la fotocopii

xerography [,ziə'rɔgrəfi] s fotocopie

xerophagy [zi'rɔfədʒi] s bis xerofagie, alimentație cu alimente uscate

xerosis [zi'rəusis] s med xeroză

Xerox ['ziərɔks] s **1** copiator, xerox **2** copie xerox

xiphoid ['zifɔid] adj anat xifoid

XL presc de la **extra-large** măsură de îmbrăcăminte corespunzătoare numerelor 50-52

x-line ['ekslain] s mat axa icșilor, abscisa

X-rated [,eks 'reitid] adj (d filme) interzis persoanelor sub 18 ani

xylol ['zailɔl] s ch xilol, xilen brut

xylonite ['gzailənait] s celuloid

xylophonist [zi'lɔfənist] s xilofonist

Y

yabber ['jæbə] **I** *vi* a flecări, a trăncăni **II** *s* trăncăneală, turuială

yacca ['jækə] *s bot* numele a două specii de arbori din Indiile Occidentale *(Podocarpus coriacea și Podocarpus purdieana)*

yacht club ['jɔt klʌb] *s nav* iaht-club

yachtmanship ['jɔtmənʃip] *ε v.* **yachtsmanship**

yachtsmanship ['jɔtsmənʃip] *s* știința / arta de a conduce un iaht

yachtswoman ['jɔtswumən] *s sport* femeie care face iahting

yack [jæk] **I** *s* trăncăneală **II** *vi* a vorbi mult și zgomotos, a flecări

yackety-yak [ˌjækəti'jæk] *v.* **yack**

yaffil ['jæfl] *s orn* vărdare, ghionoaie-verde *(Picus viridis)*

yaffle ['jæfl] *s v.* **yaffil**

yagi ['jɑːgi] *s tel* antenă Yagi

yakin [jə'kiːn] *s zool* antilopă mare din Himalaia *(Budorcas taxicolor)*

Yale lock ['jeil lɔk] *s* broască / lacăt Yale *(cu mecanism cilindric)*

y'all [jɑːl] *pr amer (în sudul S.U.A.)* voi, dumneavoastră, vouă

Yankeedom ['jænkiːdəm] *s* **1** ianchei, nord-americani **2** țara iancheilor, *S.U.A.*

Yankeefy ['jænkifai] *vt* a americaniza

Yankeeland ['jænkilænd] *s amer* **1** regiunea New England **2** *v.* **Yankeedom (2)**

Yaoundé [jaː'undei] *capitala Republicii Camerun*

yapper ['jæpə] *s amer sl* târfă, pasăre de noapte

yappy ['jæpi] *adj* **1** *(d câini)* care schelălăie **2** *F* palavragiu, flecar

yarborough ['jɑːbərə] *s* mână fără onoruri *(la bridge)*

yardage ['jɑːdidʒ] *s* **1** drept de folosință asupra unei curți **2** plată pentru folosirea unei curți

yard bird ['jɑːd bəːd] *s amer mil sl* **1** recrut, boboc **2** soldat prost

yard lumber ['jɑːd ˌlʌmbə] *s* material lemnos uscat *(cu umiditate normală)*, material lemnos depozitat

yard tackle ['jɑːd ˌtækl] *s nav* palanc de capăt de vergă, rai do cap de vergă

yardwand ['jɑːdwɔnd] *s* **1** riglă de măsurat lungă de un iard **2** măsură, criteriu

yarmulke [jɑː'mulkə] *s tichie purtată de evrei în sinagogi, acasă etc.*

yawing ['jɔːniŋ] *s av* deplasare unghiulară a avionului; rotație, răsucire; abatere, defecție, ambardee

yaw line ['jɔːlain] *s nav* cablu lateral, parâmă laterală

yaw meter ['jɔː ˌmiːtə] *s av* aparat pentru determinarea unghiului deviației

yawning ['jɔːniŋ] **I** *adj* **1** *(d persoane)* care cască **2** căscat, deschis **II** *s* căscat

Y-axis ['wai ˌæksis] *s mat* axa Y / ordonatelor

Y chromosome ['wai ˌkrəuməsəum] *s biol* cromozom Y

y-connected [ˌwaikə'nektid] *adj el* racordat / cuplat în stea

y-coordinate [ˌwai kəu'ɔːdinət] *s mat* ordonată

y-current ['wai ˌkʌrənt] *s el* curentul dintre orice sârmă a sistemului trifazic și punctul neutru

yea-and-nay man [ˌjeiəndnei 'mæn], *pl* **yea-and-nay men** [ˌjeiəndnei 'men] *s* **1** quaker; puritan **2** om scump la vorbă

year-end [ˌjiə'end] **I** *adj brit* făcut / realizat la sfârșit de an; a ~ **report** un raport făcut la sfârșit de an **II** *s* sfârșit de an; **at the ~** la sfârșit de an

year-round [ˌjiər'aund] *adj (d activități)* care se desfășoară pe tot parcursul anului

yeast culture ['jiːst ˌkʌltʃə] *s ch* cultură de fermenți

yecch [jek] *interj amer F* eah! puah! *(exprimă dezgustul)*

yelling ['jeliŋ] *s* țipăt, urlet, zbieret

yellow-belly ['jeləuˌbeli] *s F* **1** fricos, laș **2** *peior* rasa galbenă

yellow book [ˌjeləu 'buk] *s pol* carte galbenă *(culegere de documente statale, mai ales în Franța)*

yellow boy [ˌjeləu bɔi] *s* **1** *sl* liră aur **2** *(cuvânt sud-american)* mulatru

yellow card [ˌjeləu'kɑːd] *s* cartonaș galben *(la fotbal)*

yellow cat ['jeləu kæt] *s iht* varietate de rechin *(Leptops olivaris)*

yellow cedar [ˌjeləu 'siːdə] *s bot* cedru *(Chamaecyparis nootkatensis)*

yellow copperas [ˌjeləu 'kɔpərəs] *s minr* sulfat de fier

yellow dack [ˌjeləu 'dæk] *s sl* friguri galbene

yellow dog [ˌjeləu 'dɔg] *s amer* **1** om josnic / laș / demn de dispreț, tip abject **2** obligația de a nu intra în sindicat / de a nu participa la grevé / de a consimți la prelungirea zilei de lucru etc., impusă muncitorului cu ocazia angajării

yellow-dog contract [ˌjeləu dɔg 'kɔntrækt] *s amer contract prin care patronul obligă pe muncitorii nou angajați să nu se înscrie în sindicat*

yellow earth [ˌjeləu 'əːθ] *s minr* varietate de ocru *(folosită câteodată ca pigment)*

yellow flag [ˌjeləu 'flæg] *s nav* steag / pavilion de carantină

yellow hammer ['jeləu ˌhæmə] *s* **1** *v.* **yellow-ammer 2** *amer* locuitor al statului Alabama *(S.U.A)*

Yellowhammer State [ˌjeləuæmə 'steit] *s amer* statul Alabama *(S.U.A.)*

yellowing ['jeləuiŋ] *s* îngălbenire

yellow jacket ['jeləu ˌdʒækit] *s* **1** *ent* orice specie de viespe care își face cuibul în pământ **2** *bot* specie de eucalipt australian

469

yellow lead [ˌjeləu 'led] s oxid de plumb

yellow line [ˌjeləu 'lain] s linie galbenă, paralelă cu trotuarul, care indică locuri de parcare regulamentară (în Marea Britanie)

yellowness ['jeləunis] s 1 culoarea galbenă 2 F lașitate, frică

yellow ochre [ˌjeləu 'əukə] s galben ocru

Yellow Pages [ˌjeləu'peidʒiz] s pl the ~ Pagini Naționale

yellow peril, Yellow Peril [ˌjeləu'peril] s 1 pericolul pe care îl reprezintă popoarele orientale pentru civilizația occidentală, din cauză că își extind încontinuu puterea și influența 2 pericolul pe care îl reprezintă pentru standardul de viață occidental muncitorii din Orient care emigrează în Vest și sunt dispuși să lucreze pentru salarii mai mici și în condiții de muncă necorespunzătoare

yellow pimpernel [ˌjeləu 'pimpənel] s bot minleuță (Lysimachia memorum)

yellow pine [ˌjeləu 'pain] s 1 bot coconar (Pinus pinea) 2 amer persoană născută dintr-un alb și o mulatră (sau viceversa)

yellow precipitate [ˌjeləu pri'sipitit] s oxid de mercur, precipitat galben (de mercur)

yellow rattle [ˌjeləu 'rætl] s bot creasta-cocoșului (Rhinanthus cristagalli)

yellow ribbon [ˌjeləu 'ribən] s (în S.U.A.) panglică galbenă arborată în semn de patriotism și solidaritate cu cei care luptă în război, sunt deținuți politici etc.

yellow root [ˌjeləu 'ru:t] s v. **yellow rattle**

yellow seed [ˌjeləu 'si:d] s bot hreniță (Lepidium campestre)

yellow soil [ˌjeləu 'sɔil] s pământ galben / argilos

yellow ware [ˌjeləu 'weə] s faianță galbenă

yelper ['jelpə] s 1 potaie, javră 2 cinegetică fluier (care imită țipătul dropiei)

Yeltsin ['jeltsin] s Boris Eltîn

Yemeni ['jeməni] I s locuitor din Yemen, iemenit II adj iemenit

Yenisei [ˌjeni'sei] s the (River) ~ rîu care izvorăște în Mongolia

yeomanette ['jəumənet] s nume dat unei femei care a servit în forțele navale de rezervă ale S.U.A. în timpul primului război mondial

yeomanlike [ˌjəumən'laik] I adj înv de țăran liber, simplu, modest II adv fig vitejește

yerba ['jə:ba:] s 1 plantă, iarbă, buruiană 2 v. ~ **maté**

yerba maté [ˌjə:ba: 'ma:tei] s bot yerba maté

yerk [jə:k] înv, dial I vt 1 a lovi, a bate; a biciui 2 a arunca brusc 3 a smuci II vi 1 a se smuci 2 a munci din greu III s 1 lovitură 2 smucitură

yesternoon [ˌjestə'nu:n] s înv poetic I s după-amiaza de ieri II adv ieri după-amiaza

yesterweek [ˌjestə 'wi:k] s adv înv, poetic săptămâna trecută

yew [ju:] s 1 ulcior (cu toarte de susținere) 2 v. **yew tree**

yew tree ['ju: tri:] s bot tisă (Taxus baccata)

y-gun ['waigʌn] s nav mil tun naval cu două brațe (folosit în primul război mondial)

YHA presc de la **Youth Hosts Association** federația proprietarilor caselor de odihnă ieftine (pentru studenți)

yiddischer ['jidiʃə] amer sl evreu

yield point ['ji:ld pɔint] s 1 met limită de curgere 2 met punctul de începere a curgerii 3 tehn punct de rupere

yield value ['ji:ld ˌvælju:] s 1 met punct de curgere 2 text producția de fibră de pe o suprafață de teren

yipe [jaip] interj amer la naiba! drace! drăcia dracului!

ylem ['ailəm] s fiz ylem, plasmă primordială

y-level ['wai ˌlevl] s drumuri nivelă cu lunetă de vizare

YMCA presc de la **Young Women's Christian Association** asociația tinerelor femei creștine

yo [jəu] interj amer F 1 salut! 2 ei! hei!

yogism ['jəugizm] s yoga, yoghism

yoho [ˌjəu'həu] I interj iuhu, ihi II s (strigătul) ihi, iuhu III vi rar a striga ihi / iuhu

yoke elm ['jəuk elm] s bot carpen (Carpinus betelus)

yoke mate ['jəuk meit] s 1 tovarăș, tovarășă 2 soț, soție

yolk sac ['jɔlk sæk] s v. **yolk bag**

Yom Kippur [ˌjɔm'kipə] s sărbătoare evreiască de penitență, celebrată la zece zile după noul an

yomp [jɔmp] vi brit sl a merge în marș forțat

YOP [jɔp] presc de la **Youth Opportunities Programme**

yorkie ['jɔ:ki] s v. **Yorkshire terrier**

Yorkish ['jɔ:kiʃ] adj 1 din York 2 ist din Casa de York

Yorkist ['jɔ:kist] s ist partizan al Casei de York / al Rozei Albe

Yorks ['jɔ:ks] presc de la **Yorkshire** comitat în Marea Britanie

Yorkshire man ['jɔ:kʃə mæn], pl **Yorkshire men** ['jɔ:kʃə men] s 1 locuitor din Yorkshire 2 pișicher, vulpoi

Yorkshire Ripper [ˌjɔ:kʃə 'ripə] s the ~ asasinul din Yorkshire, acuzat în 1981 de uciderea a treisprezece femei

Yorkshire terrier [ˌjɔ:kʃə'teriə] s rasă de câine englezesc

you-know-who [ˌju:nəu'hu:] s F știi-tu-cine

young blood [ˌjʌŋ'blʌd] s nou-venit

youngish ['jʌŋiʃ] adj tinerel

young-looking [ˌjʌŋ'lu:kiŋ] adj care arată tânăr

young Turk [ˌjʌŋ'tə:k] s pol oponent radical al unui regim politic

yours truly [ˌjɔ:z 'tru:li] pron sl eu, mandea

youth club ['ju:θ klʌb] s brit club de tineret

youth culture ['ju:θˌkʌltʃə] s cultura tinerilor

youth custody ['ju:θˌkʌstədi] s brit detenție a minorilor

youth custody centre [ˌju:θ 'kʌstədi sentə] s brit centru de detenție a delincvenților minori (denumire folosită până în 1988)

youth hosteller ['ju:θ ˌhɔstlə] s tânăr care merge la casele de odihnă ieftine, pentru studenți

youth hostelling ['ju:θ ˌhɔstliŋ] s sejur într-o casă de odihnă pentru studenți

yr presc de la **year** an

Y-shaped ['waiʃeipt] adj în formă de furcă / de Y

YT *presc de la* Yukon Territory
    teritoriu federal din Canada
YTS *presc de la* Youth Training
    Scheme *program guvernamen-*
    tal britanic de integrare a tinere-
    tului în muncă
yuan [ju:'ɑːn], *pl* **yuan** *s fin* yuan,
    unitate monetară principală din
    China
yuck [jʌk] *interj sl* puah! oac! blea!

yucky ['jʌki] *adj sl* scârbos, dez-
    gustător
yuft [juft] *s* toval, iuft
Yugoslavic [ˌjuːgəu'slɑːvik] *adj*
    iugoslav, din Iugoslavia
yuk [jʌk] *interj v.* **yuck**
yukky ['jʌki] *adj v.* **yucky**
Yukon Territory [ˌjuːkɔn 'teritri]
    teritoriu federal din Canada
Yule clog ['juːl klɔg] *s v.* **Yule log**

Yule log ['juːl lɔg] *s* buştean care
    se arde în ajunul Crăciunului
Yule tide ['juːl taid] *s* sărbătorile
    Crăciunului
yuppie, yuppy ['jʌpi] **I** *s peior*
    tânăr în ascensiune socio-pro-
    fesională **II** *adj* referitor la un
    asemenea tânăr

Z

Zaïre [zɑ:'iə] *s* stat în Africa Centrală

Zaïrean [zɑ:'iəriən] **I** *s* zairez, locuitor al Zairului **II** *adj* zairez

Zambian ['zæmbiən] **I** *s* locuitor din Zambia **II** *adj* referitor la Zambia

zap[1] [zæp] *s amer F* asasin, criminal

zap[2] [zæp] **I 1** *vi* a se deplasa / mișca rapid; **I'll ~ over to see her** o să mă reped s-o văd **2** a schimba frecvent canalele de televiziune cu telecomanda; **stop ~ !** nu mai schimba atât canalele! **II** *vt* **1** a ataca violent, a distruge **2** *cib* a șterge datele **III** *s* energie, vioiciune **IV** *interj* poc! tronc!

zappy ['zæpi] *adj brit* energic, dinamic; *(d muzică)* tare, zgomotos

Zarathustra [ˌzærə'θu:strə] *profet persan, fondator al zoroastrismului*

zaratite ['zɑ:rətait] *s ch* zaratit

zare(e)ba, zariba [zə'ri:bə] *s (cuvânt arab)* palisadă, gard viu; gard de nuiele

z-axis ['zed ˌæksis] *s mat* axa z *(a celei de-a treia coordonate spațiale)*

Z-car ['zed kɑ:] *s brit* mașină a poliției

Z chart ['zed tʃɑ:t] *s* tabelă statistică de variație a unor date în cursul unui an

z-Day ['zeddei] *s* ziua decisivă / hotărâtoare

zebrine ['zi:brain] *adj* de zebră

zebrula ['zi:brulə] *s zool* corcitură de iapă și de mascul zebră

Zechariah [ˌzekə'raiə] *s* **1** *bibl* profet biblic **2** tatăl lui Ioan Botezătorul

zeolite ['zi:əlait] *s minr* zeolit

zero-rated [ˌzi:rəu'reitid] *adj* ~ (for VAT) scutit de TVA

zeta ['zi:tə] *s* zeta *(literă în alfabetul grecesc)*

Zilch [ziltʃ] *s sl* nimic, ciuciu, zero tăiat

zillionaire [ziljə'neə:] *s amer F* multimilionar

Zimbabwe [zim'bɑ:bwi] *stat în sudul Africii*

Zimbabwean [zim'bɑ:bwiən] **I** *s* locuitor din Zimbabwe **II** *adj* referitor la Zimbabwe

zincic ['ziŋkik] *adj* care conține zinc

zincographic(al) [ˌziŋkɔ'græfik(əl)] *adj poligr* zincografic

zinc ointment ['ziŋk ˌɔintmənt] *s* alifie pe bază de oxid de zinc folosită la tratarea unor boli de piele

zinger ['ziŋə] *s* remarcă înțepătoare, bășcălie

Zionward ['zaiənwəd] *adv* **1** *bibl* spre Sion **2** *fig* spre cer(uri)

zip gun ['zip gʌn] *s amer, F* revolver primitiv *(cu țeavă de plumb și încărcătură de praf de pușcă)*

Zip-on [ˌzip'ɔn] *adj (d glugi etc.)* care se poate atașa de o haină printr-un fermoar

zit [zit] *s* coș, bubă

zone defence ['zəun diˌfens] *s sport* apărarea terenului

zoning ['zəuniŋ] *s (urbanistică)* zonare

zoogeographer [ˌzəuədʒi'ɔgrəfə] *s* zoogeograf

zoogeographical [ˌzəuədʒiə'græfik(əl)] *adj* zoogeografic

zoography [zəu'ɔgrəfi] *s* zoografie

Zookeeper ['zu:ˌki:pə] *s* îngrijitor de animale *(la grădina zoologică)*

Zooplankton [ˌzəuə'plæŋtən] *s biol* zooplancton

zoosperm ['zəuəspə:m] *s* zoosperm

zoospore ['zəuəspɔ:] *s* zoospor

zoot suit ['zu:t sju:t] *s amer* costum al bulevardiștilor *(sacou larg, vestă țipătoare, pantaloni strânși pe picior)*

zoot-suiter ['zu:tsju:tə] *s amer* bulevardist, haimana de pe bulevarde

Zoroastrian [ˌzɔrəu'æstriən] **I** *adj* referitor la Zoroastru / zoroastrism **II** *s* adept al lui Zoroastru / al zoroastrismului

zucchini [zu:'ki:ni] *s amer* dovlecel

zugzwang ['zu:gzwæŋ] **I** *s (în șah)* situație în care nu se poate face o mutare fără a se ivi un dezavantaj **II** *vt* a pune într-o situație din care nu există o ieșire fără dezavantaje

Zululand ['zu:lu:lænd] *regiune din Africa de Sud*

zygomatic [ˌzaigo'mætik] *adj med, zool* zigomatic

zygote ['zaigəut] *s biol* zigot

zymogenesis [ˌzaimɔ'dʒenisis] *s* zimogeneză

zymology [zai'mɔlədʒi] *s* zimologie